# LA GARDE D'AUTRUI

*Fondée par*
***Henry Solus***
*Professeur honoraire*
*à la Faculté de droit*
*et des sciences*
*économiques de Paris*

BIBLIOTHÈQUE
DE DROIT
PRIVÉ
TOME 521

*Dirigée par*
***Jacques Ghestin***
*Professeur émérite*
*de l'Université de Paris I*
*(Panthéon-Sorbonne)*

# LA GARDE D'AUTRUI

Louis Perdrix
Maître de conférences à l'Université Paris-Est
Créteil-Val de Marne

*Préface de*
*Geneviève Viney*
Professeur émérite de l'Université Panthéon-Sorbonne (Paris I)

L.G.D.J
lextenso éditions

33, rue du Mail, 75081 Paris Cedex 02

I.S.B.N. : 978-2-275-03605-2 I.S.S.N. : 0520-0261

# PRÉFACE

La thèse que Monsieur Louis PERDRIX a consacrée à *La garde d'autrui* et qui est aujourd'hui publiée est un ouvrage à la fois savant et ambitieux.

L'auteur examine, dans la première partie, la notion de "garde d'autrui" en droit des personnes. Après avoir dressé le constat d'une "perception éclatée et incomplète" de cette notion, aussi bien en ce qui concerne les mineurs que les handicapés mentaux et les délinquants, il propose une "perception unitaire et globale" de la garde qu'il assimile à la "détention intellectuelle" comprenant "les pouvoirs de contrôler le mode de vie et de déterminer le lieu de vie", par opposition à la direction purement "matérielle", celle-ci s'exerçant sur les seules activités quotidiennes du sujet. Il développe ensuite de façon très minutieuse les différentes applications de la "garde d'autrui" en envisageant d'abord la situation des mineurs, puis celle des majeurs qui se trouvent exceptionnellement privés d'autonomie pour des raisons diverses (handicap, délinquance, diverses situations de marginalité...).

La deuxième partie intitulée "L'opportune transposition de la garde d'autrui en droit de la responsabilité" rend compte d'abord du grand désordre qui règne actuellement dans le domaine des responsabilités du fait des personnes soumises à la surveillance d'autrui tant en droit civil qu'en droit administratif. L'auteur propose donc de réorganiser les responsabilités de plein droit autour de la notion de "garde d'autrui" qu'il a dégagée en première partie et montre que cette notion pourrait également être un facteur de renouvellement des responsabilités pour faute, tant de la personne gardée que des gardiens et des tiers. Il formule donc, en conclusion, une série de propositions extrêmement précises destinées à clarifier et à réorienter le droit positif.

Cette thèse se caractérise d'abord par sa clarté. L'élégance du style et la simplicité de la construction permettent de suivre sans aucune difficulté le développement des raisonnements, même lorsque ceux-ci sont complexes et conduisent à des propositions nuancées.

La lecture de l'ouvrage révèle également l'ampleur de la culture juridique de l'auteur. Celui-ci traite en effet avec la même aisance des questions relevant non seulement du droit civil de la famille, des incapacités, de la responsabilité, mais aussi du droit de la santé, du droit administratif, du droit pénal, du droit constitutionnel, du droit des droits de l'homme ainsi que du droit international. L'apport de ces différentes disciplines les unes aux autres est exploité de façon extrêmement habile.

Un autre trait qui frappe le lecteur est l'esprit humaniste qui inspire les propositions faites. Toutes sont en effet orientées vers un système permettant la prise en considération équilibrée de tous les intérêts en cause : celui des victimes, bien entendu, mais aussi celui des personnes soumises, en raison de leur état ou de leur situation, au contrôle et à la surveillance d'autrui, ainsi que celui des individus ou organismes qui exercent ces pouvoirs.

Cependant, ce qui est le plus marquant, c'est la parfaite cohérence des développements et des propositions avancées. Si l'on adhère à l'idée de base selon laquelle tous les cas de responsabilité de plein droit du fait d'une personne soumise à la surveillance d'autrui doivent reposer sur une notion unique de "garde d'autrui" empruntée au droit des personnes, on ne peut échapper à la logique du raisonnement mené d'un bout à l'autre avec une rigueur exemplaire.

Certes, cette idée n'échappe pas à la discussion car il n'est pas évident que la "garde", au sens que lui donne le droit des personnes – qui a d'ailleurs répudié désormais cette expression – soit la notion la mieux adaptée pour justifier les responsabilités de plein droit du fait d'autrui. En effet, alors qu'en droit des personnes la "garde" est essentiellement destinée à assurer la protection de la personne gardée ou celle de la société dans son ensemble, les responsabilités de plein droit se proposent principalement de prémunir les tiers contre les risques auxquels les expose le défaut d'autonomie juridique et financière de cette personne.

Il n'en reste pas moins que la construction proposée est particulièrement séduisante, non seulement par sa fermeté et son caractère achevé, car toutes les situations sont envisagées et examinées avec soin, mais aussi et surtout par l'harmonie qu'elle suppose et tend à renforcer entre les différentes branches du droit.

Geneviève VINEY
Professeur émérite de l'Université Panthéon-Sorbonne (Paris I)

# SOMMAIRE

# LISTE DES ABRÉVIATIONS

| | |
|---|---|
| *adde* | ajouter |
| AFDI | Annuaire français de droit international |
| AJDA | L'actualité juridique. Droit administratif |
| AJ Famille | Actualité juridique. Famille |
| AJ Pénal | Actualité juridique. Pénal |
| al. | alinéa |
| ALD | Actualité législative Dalloz |
| A.P. | Cour de cassation, Assemblée plénière |
| APD | Archives de philosophie du droit |
| art. | article |
| Ass. Nat. | Assemblée Nationale |
| BDH | Bulletin des droits de l'homme |
| BGB | *Bürgerliches Gesetzbuch* (Code civil allemand) |
| Bibl. dr. int. | Bibliothèque de droit international |
| Bibl. dr. pr. | Bibliothèque de droit privé |
| Bibl. dr. pub. | Bibliothèque de droit public |
| Bibl. dr. trav. | Bibliothèque de droit du travail |
| BICC | Bulletin d'information de la Cour de cassation |
| Bull. civ. | Bulletin des arrêts de la Cour de cassation, Chambres civiles |
| Bull. crim. | Bulletin des arrêts de la Cour de cassation, Chambre criminelle |
| Bull. Joly | Bulletin Joly |
| CA | Cour d'appel |
| CAA | Cour administrative d'appel |
| CAJAMP | Cahiers de jurisprudence d'Aquitaine et Midi-Pyrénées |
| Cass. belge | Cour de cassation de Belgique |
| CC | Conseil constitutionnel |
| CCE | Communication, commerce électronique |
| CDE | Cahiers de droit européen |
| CDH | Comité des droits de l'homme |
| CE | Conseil d'État |
| CEDH | Convention européenne de sauvegarde des droits de l'homme et des libertés fondamentales |
| *Cf.* | *confere* |
| Ch. mixte | Cour de cassation, Chambre mixte |
| Ch. réunies | Cour de cassation, Chambres réunies |
| chr. | chronique |
| Civ. | Cour de cassation, Chambre civile |
| comm. | commentaire |
| concl. | conclusions |
| *contra* | en sens contraire |
| Cour EDH | Cour européenne des droits de l'homme |
| C.Pén. | Code pénal |

| | |
|---|---|
| D. | Dalloz |
| DA | Droit administratif |
| D. aff. | Dalloz affaires |
| D. crit. | Dalloz, Recueil Critique |
| déc. | décision |
| Defrénois | Répertoire du notariat Defrénois |
| D.H. | Dalloz, Recueil Hebdomadaire |
| dir. | sous la direction de |
| Doc. Parl. | Documents parlementaires |
| D.P. | Dalloz, Recueil Périodique |
| Dr. et Cult. | Droit et Cultures, Revue semestrielle d'anthropologie et d'histoire |
| Dr. et Pat. | Droit et Patrimoine |
| Dr. fam. | Droit de la famille |
| Dr. pénal | Droit pénal |
| Dr. social | Droit social |
| Droits | Droits, Revue française de théorie juridique |
| DUDH | Déclaration universelle des droits de l'homme |
| éd. | édition |
| *e.g.* | *exemple gratia* |
| fasc. | fascicule |
| GACEDH | Les grands arrêts de la Cour européenne des Droits de l'homme (3e éd., PUF, 2005) |
| GAJA | Les grands arrêts de la jurisprudence administrative (15e éd., Dalloz, 2005) |
| GAJC | Les grands arrêts de la jurisprudence civile (11e éd., Dalloz, 2000) |
| Gaz. Pal. | Gazette du Palais |
| Gaz. Trib. | Gazette des Tribunaux |
| Gest. hosp. | Gestions hospitalières |
| *ibid.* | *ibidem* |
| Inf. Psy. | L'information psychiatrique |
| *infra* | ci-dessous |
| IR | Informations rapides |
| *J.-Cl.* | Juris-Classeur |
| *JCP A* | Juris-Classeur Périodique, La semaine juridique, Administration et collectivités territoriales |
| *JCP E* | Juris-Classeur Périodique, La semaine juridique, Entreprises et affaires |
| *JCP G* | Juris-Classeur Périodique, La semaine juridique, édition générale |
| *JCP N* | Juris-Classeur Périodique, La semaine juridique notariale et immobilière |
| *JDI* | Journal du droit international |
| *JLMB* | Revue de jurisprudence de Liège, Mons et Bruxelles |
| *JO* | Journal officiel de la République française |
| *JT* | Journal des tribunaux |
| *LPA* | Petites affiches, La loi, Le quotidien juridique |
| *LRDB* | La revue du Barreau du Québec |
| *LRDN* | La revue du Notariat du Québec |
| n° | numéro |
| not. | notamment |
| obs. | observations |

| | |
|---|---|
| *op. cit.* | *opere citato* |
| p. | page |
| par ex. | par exemple |
| *passim* | *passimenta* |
| PIDCP | Pacte international de New York relatif aux droits civils et politiques |
| précit. | précité |
| préf. | préface |
| q. | question |
| R. | Rapport annuel de la Cour de cassation |
| RAJS | La revue d'action juridique et sociale |
| rapp. | rapport |
| rappr. | rapprocher |
| *RBDI* | Revue belge de droit international |
| *RCA* | Responsabilité civile et assurance |
| *RCJB* | Revue critique de jurisprudence belge |
| *RDB* | Revue de droit bancaire et de la bourse |
| *RDP* | Revue du droit public et de la science politique en France et à l'étranger |
| *RDC* | Revue des contrats |
| *RDIDC* | Revue de droit international et de droit comparé |
| *RDSS* | Revue de droit sanitaire et social |
| *RDT* | Revue de droit des transports |
| *Rec.* | Recueil des décisions du Conseil constitutionnel |
| *Rec. CEDH* | Recueil des arrêts et décision de la Cour européenne des droits de l'homme |
| *REDP* | Revue européenne de droit privé |
| rééd. | réédition |
| réimp. | réimpression |
| Req. | Cour de cassation, Chambre des requêtes |
| *Rép. pén. Dalloz* | Répertoire de droit pénal et de procédure pénale Dalloz |
| *Rev. adm.* | La revue administrative |
| *Rev. crit.* | Revue critique de législation et de jurisprudence |
| *Rev. fr. dr. aérien* | Revue française de droit aérien |
| *RFDA* | Revue française de droit administratif |
| *RGAR* | Revue générale des assurances et des responsabilités |
| *RGAT* | Revue générale des assurances terrestres |
| *RGDA* | Revue générale du droit des assurances |
| *RGDC* | Revue générale de droit civil |
| *RGDIP* | Revue générale de droit international public |
| *RGDM* | Revue générale de droit médical |
| *RHF* | Revue hospitalière de France |
| *RIDC* | Revue internaionale de droit comparé |
| *RJDA* | Revue de jurisprudence de droit des affaires |
| *RJPF* | Revue juridique personnes et famille |
| *RLDC* | Revue Lamy droit civil |
| *RPDA* | Revue pratique de droit administratif |
| *RPDP* | Revue pénitentiaire et de droit pénal |
| *RRJ* | Revue de la recherche juridique. Droit prospectif |
| *RSC* | Revue de science criminelle et de droit pénal comparé |
| *RTD civ.* | Revue trimestrielle de droit civil |
| *RTD com.* | Revue trimestrielle de droit commercial |
| *RTDH* | Revue trimestrielle des droits de l'homme |

| | |
|---|---|
| *RTDSS* | Revue trimestrielle de droit sanitaire et social |
| S. | Sirey |
| s. | et suivant[e]s |
| SC | sommaires commentés |
| Sauvegarde | Sauvegarde de l'enfance |
| somm. | sommaire |
| spéc. | spécialement |
| Suppl. | Supplément |
| *supra* | ci-dessus |
| t. | tome |
| TA | Tribunal administratif |
| T. civ. | Tribunal civil |
| T. confl. | Tribunal des conflits |
| T. corr. | Tribunal correctionnel |
| TGI | Tribunal de grande instance |
| TI | Tribunal d'instance |
| T. enf. | Tribunal pour enfants |
| Trib. | tribunal |
| vol. | volume |

Je remercie le Professeur Geneviève Viney d'avoir dirigé avec tant d'attention et de bienveillance les recherches ayant conduit à cette thèse.

Qu'elle veuille bien trouver ici l'expression de ma profonde gratitude.

*À la mémoire de mon père*

*À ma mère*

# INTRODUCTION GÉNÉRALE

**1.** « *La garde meurt et ne se rend pas* »[1] ! Tel semble être, de prime abord, le destin de la garde d'autrui lorsqu'elle accède à la vie juridique. Plutôt mourir et disparaître du paysage juridique que se laisser appréhender et être étroitement définie.

Qualifiée de « *désuète* »[2], d'« *imprécise* »[3] et d'« *inutile* »[4] par le législateur, véritable source d'interrogations pour la doctrine, laquelle s'est demandée si elle ne devait pas être perçue comme « *une peau de chagrin, une notion-fantôme qui, dès qu'on l'approche et qu'on veut en saisir le contenu précis et concret, se résorbe pour disparaître* »[5], la notion de garde des mineurs a été méthodiquement supprimée des dispositions relatives à l'autorité parentale par les lois du 22 juillet 1987[6] et du 4 mars 2002[7]. Désormais, la notion de garde d'autrui n'est maintenue qu'à titre résiduel dans quelques textes qui ne semblent pas souffrir de son imprécision.

Utilisée par la Cour de cassation à propos de la nouvelle responsabilité du fait d'autrui, dégagée sur le fondement de l'article 1384, alinéa 1er du Code civil par l'arrêt *Blieck* du 29 mars 1991[8], la notion de garde d'autrui a suscité derechef des interrogations doctrinales et

---

[1] La paternité de ces paroles est contestée. Attribuée le plus souvent au général Cambronne, il n'est pas sûr qu'il ait prononcé cette phrase sur le champ de bataille de Waterloo. Certains auteurs l'attribuent au général Michel. *Cf.* : H. HOUSSAYE, *La garde meurt et ne se rend pas, Histoire d'un mot historique*, 3e éd., Librairie académique Perrin, 1907 ; F. BLUCHE, *Dictionnaire des citations et des mots historiques*, Éditions du Rocher, 1997, p. 264.

[2] M. DOLEZ, *Rapport fait au nom de la commission des lois constitutionnelles, de la législation et de l'administration générale de la République sur la proposition de loi (n° 3074) de M. J.-M. Ayrault et les membres du groupe socialiste et apparentés, relative à l'autorité parentale*, Rapport n° 3117, Ass. Nat., 13 juin 2001, p. 23.

[3] P. MAZEAUD, *Rapport fait au nom de la commission des lois constitutionnelles, de la législation et de l'administration générale de la République sur le projet de loi (n° 617) sur l'exercice de l'autorité parentale*, Rapport n° 693, Ass. Nat., 5 mai 1987, p. 14.

[4] P. MAZEAUD, *ibid.*

[5] PH. SIMLER, *La notion de garde de l'enfant (sa signification et son rôle au regard de l'autorité parentale), RTD civ.* 1972, pp. 685-728, *spéc.* n° 3, p. 690.

[6] Loi n° 87-570 du 22 juillet 1987 sur l'exercice de l'autorité parentale.

[7] Loi n° 2002-305 du 4 mars 2002 relative à l'autorité parentale.

[8] A.P., 29 mars 1991, *Blieck, Bull. A.P.* n° 1 ; *R.* 351 ; *GAJC*, t. 2, nos 218-219, pp. 343-354 ; G. VINEY, *Vers un élargissement de la catégorie des « personnes dont on doit répondre » : la porte entrouverte sur une nouvelle interprétation de l'article 1384, alinéa 1er, du Code civil, D.* 1991. chr. XXXII, pp. 157-161 ; *RTD civ.* 1990. 541, obs. P. JOURDAIN ; *RTD civ.* 1991, 312, obs. J. HAUSER ; *JCP G* 1991, II, 21673, concl. D.H. DONTENWILLE et note J. GHESTIN ; *Defrénois.* 1991, art. 35062, note J.-L. AUBERT ; *Gaz. Pal.* 1992, 2, 513, note F. CHABAS ; *D.* 1991, 324, note CH. LARROUMET ; H. GROUTEL, *La responsabilité du fait d'autrui : un arrêt à moitié historique, RCA* 1991, chr. 9 ; M. BEHAR-TOUCHAIS, *Nouvelles orientations en matière de responsabilité du fait d'autrui, À propos de l'arrêt de l'Assemblée plénière du 29 mars 1991, RJDA* 1991, pp. 487-493 ; A. TRIDI, *Une relecture de l'article 1384 du Code civil : dans la mouvance objectiviste, LPA,* 13 mars 1992, pp. 4-10 ; R. LEGEAIS, *La responsabilité civile du fait d'autrui : un aspect du nouveau dynamisme du droit français de la*

une multiplicité de conceptions[9]. Sa disparition des arrêts les plus récents de la Cour de cassation pourrait toutefois être le signe d'une volonté renouvellée de s'affranchir d'une notion, qui n'en finit pas d'échapper aux tentatives d'appréhension du droit, et d'un nouveau bannissement.

En somme, bien que communément utilisée dans le langage commun, l'expression « *garde d'autrui* » ne cesse de susciter de nombreuses questions sitôt qu'elle est utilisée dans le langage juridique.

**2. Autrui.** Dans l'absolu, les deux termes de l'expression « *garde d'autrui* » peuvent attirer l'attention. « *Autrui* » renvoie à l'altérité, à l'« *autre,* [aux] *autres hommes* »[10]. Ce terme, à connotations philosophique[11] et sociologique[12], est fréquemment employé en droit[13]. Il sert à qualifier l'autre personne, c'est-à-dire dans une acception très générale, que nous retiendrons présentement, l'autre sujet de droit[14]. Notre étude sur la garde d'autrui ou d'une autre personne va donc se focaliser sur le premier élément de cette expression, c'est-à-dire sur le terme de « *garde* ».

**3. Éthymologie.** L'analyse étymologique et historique[15] révèle que le verbe « *garder* » est issu du germanique « *wardôn* » qui signifie « *regarder vers* », reconstitué par l'ancien haut allemand « *warten* », « *regarder, se garder de* », le moyen haut allemand « *warten* », « *regarder, prendre soin de* » et le moyen néerlandais « *waerden* », « *veiller sur, se garder de* ». Ainsi, initialement, le verbe « *garder* » signifiait tantôt « *regarder* », tantôt « *veiller sur, prendre soin de* ». Progressivement, en vieux français, le sens de « *regarder* » a disparu, « *garder* » étant remplacé par « *esgarder* », puis « *regarder* ». Le sémantisme très général « *veiller sur, protéger, prendre soin de, surveiller* » a alors pu se développer aussi bien à propos des personnes que des choses. Cette diversité du verbe « *garder* » s'est logiquement transmise au terme « *garde* »[16].

---

*responsabilité civile, in Évolutions récentes du droit en France et en Allemagne*, Colloque franco-allemand Marburg-Poitiers, Marburg : Institut für Rechtsvergleichung, Philipps-Universität, 1993, pp. 33-45 ; F. CHABAS, *L'interprétation de l'article 1384, alinéa 1er du Code civil en droit français, in Les obligations en droit français et en droit belge, convergences et divergences*, Bruylant, Dalloz, 1994, pp. 271-279.

[9] *Cf.* par ex. : M.-P. BLIN-FRANCHOMME, *Le critère de « garde » des personnes au regard du principe général de responsabilité civile du fait d'autrui, LPA*, 24 novembre 1997, pp. 5-10 ; F. ALT-MAES, *La garde, fondement de la responsabilité du fait des mineurs, JCP G* 1998, I, 154 ; R. ROLLAND, *La double nature de la responsabilité délictuelle du fait d'autrui : garde ou surveillance d'autrui ?, LPA*, 19 septembre 2000, pp. 4-11 ; V. LASSERRE-KIESOW, *La garde et la responsabilité du fait d'autrui sur le fondement de l'article 1384, alinéa 1 ou 4 du Code civil, LPA*, 11 octobre 2001, pp. 12-19.

[10] P. ROBERT, *Le grand Robert de la langue française, dictionnaire alphabétique et analogique de la langue française*, 2e éd. entièrement revue et enrichie par A. REY, Dictionnaires Le Robert, 1996, t. 1, « *Autrui* », p. 740.

[11] M. BLAY (dir.), *Grand dictionnaire de la philosophie*, Larousse, CNRS Éditions, 2003, « *Autrui* », pp. 85-87.

[12] A. AKOUN et P. ANSART (dir.), *Dictionnaire de la sociologie*, Le Robert, Seuil, 1999, « *Autrui* », p. 47.

[13] Sans être exhaustif, nous pouvons constater que ce terme apparaît dans de nombreux textes du Code civil (*cf.* par ex. : art. 16-3, 16-7, 109, 482, 489-2, 553, 1382, 1595, 1635, 1813, 1915, 2231, 2236, 2335…).

[14] J. CARBONNIER, *Droit civil*, 1, *Les personnes*, 21e éd. refondue, PUF, Thémis droit privé, 2000, n° 1, p. 11.

[15] A. REY (dir.), *Dictionnaire historique de la langue française*, Dictionnaires Le Robert, 2006, t. 2, pp. 1555-1556.

[16] P.-E. LITTRÉ, *Dictionnaire de la langue française*, Encyclopaedia Brittanica, 2004, t. 3, pp. 2712-2716 ; P. ROBERT, *Le grand Robert de la langue française, dictionnaire alphabétique et analogique de la langue française*, *op. cit.*, t. 4, pp. 822-825 ; CENTRE NATIONAL DE LA RECHERCHE SCIENTIFIQUE,

**4. Premier sens.** Dérivée de « *garder* », la garde correspond, dans une première acception, à l'« *action de garder avec attention* ». Ce sens est d'ailleurs dominant dans ses différentes utilisations[17]. Il met l'accent soit sur l'idée de surveillance – il faut éviter un danger –, soit sur celle de protection – il faut mettre quelque chose ou quelqu'un à l'abri. Dans cette acception, la garde véhicule deux idées majeures aux intensités variables. Le gardien doit protéger une chose ou une personne, mais il doit aussi éviter que cette chose ou cette personne ne cause un dommage à un tiers. Ce sens premier de la garde a donné lieu à de nombreuses applications en raison de la variabilité de son contenu. Tantôt l'accent est mis sur la protection, tantôt il est mis sur la surveillance. Ainsi, dans le langage courant, on parle de garde du nourrisson, d'un enfant, d'un vieillard, d'un malade, ou encore de la garde d'une personnalité que l'on accompagne dans ses déplacements. Entendu de la sorte, le terme de garde reste assez général. Il fixe la mission du gardien d'autrui. Celui-ci doit assurer la protection et la surveillance du gardé. Mais le terme de garde ne permet pas de déterminer les moyens pour y parvenir. En soi, rien n'indique que le gardien dispose, par exemple, du pouvoir de retenir la personne gardée. Autrement dit, le mot « *garde* » met d'avantage en exergue les finalités du pouvoir exercé sur autrui que son contenu. Celui-ci peut varier selon les situations.

**5. Second sens.** Dans une seconde acception, le terme de garde, utilisé à propos des personnes, s'est développé autour des idées de surveillance et de rétention d'autrui. En effet, dès le XIe siècle, dans une série d'emplois, « *garder* » signifie « *empêcher une personne de sortir d'un lieu* », c'est-à-dire « *retenir autrui* ». La caractéristique principale de cette garde est la rétention d'autrui. À la différence de la première signification, elle est expressément associée à la faculté de retenir une personne. Appliquée aux prisonniers, la garde a alors acquis une valeur spéciale et se confond avec la détention. La garde a ainsi perdu une de ses deux caractéristiques. En effet, à cette époque, le gardien de prison a pour mission de surveiller les prisonniers et non d'assurer leur protection. Elle s'est donc éloignée de son sens premier, le gardien de prison n'a pas réellement pour principal souci la protection des prisonniers. Seule la protection de la société est recherchée. Dans ce cas, la garde d'autrui peut se définir comme l'« *action de surveiller quelqu'un maintenu sans liberté* »[18].

**6. Polysémie.** Ces multiples applications témoignent de la polysémie de ce terme dans le langage commun. La réponse de Caïn à Dieu, à propos de la disparition de son frère Abel, peut en attester. À la question « *où est ton frère Abel ? Il répondit : Je ne sais pas ; suis-je le gardien de mon frère ?* »[19] ? Dans l'esprit de son auteur, cette interrogation utilise très certainement une conception restrictive de la garde d'autrui. Elle sous-entend que, par principe, une personne est autonome et ne peut se trouver sous la garde d'autrui. Une telle situation doit demeurer exceptionnelle. Toutefois, une conception plus souple de la notion de garde d'autrui permettrait d'affirmer exactement le contraire. La lecture de Bossuet peut nous en convaincre. Celui-ci affirme, en effet, que « *c'est une parole digne de Caïn que de dire : ce n'est pas à moi à garder mon frère, croyons, messieurs, au contraire, que nos amis sont à notre garde* »[20]. Dans cette affirmation, la garde d'autrui est perçue très largement. Tout le monde est gardien d'autrui et tout le monde est placé sous la garde d'autrui. Ainsi, il est

---

INSTITUT DE LA LANGUE FRANÇAISE, *Trésor de la langue française, Dictionnaire de la langue du XIXe et du XXe siècles* (1789-1960), t. 9, Éditions du CNRS, 1981, pp. 82-85.

[17] A. REY (dir.), *Dictionnaire historique de la langue française, op. cit.*, t. 2, p. 1555.

[18] P. ROBERT, *Le grand Robert de la langue française, dictionnaire alphabétique et analogique de la langue française, op. cit.*, t. 4, p. 823., § I, n° 3.

[19] Genèse 4, 9.

[20] J. B. BOSSUET, *Sermons*, Cattier, 1883, t. 2, *Sermon pour le mardi de la 3e semaine de carême prêché à la Cour en 1666 sur la charité fraternelle*, p. 61.

manifeste que le langage commun use de la polysémie de ce terme de « *garde* » et lui offre de multiples applications. Or, ne serait-ce que dans un souci de précision terminologique, il n'est guère évident que le langage juridique accepte aussi facilement un mot à sens multiples. Il est dès lors possible de s'interroger sur l'appréhension de ce terme de « *garde* » par le droit.

**7. Réticences initiales du législateur pour les notions de garde des choses et de garde d'autrui.** Il est remarquable qu'au début du XIX$^{e}$ siècle, le législateur n'a témoigné que d'un intérêt très modéré pour ce terme de garde. Cette attitude de prudence initiale se manifeste aussi bien pour la garde des choses que la garde des personnes. En effet, le Code civil de 1804 ne comporte que quelques références à la garde des choses. Et encore, cette notion n'apparaît pas dans les dispositions relatives au droit des biens, mais aux articles 1384, alinéa 1$^{er}$ et 1385. Autrement dit, elle n'apparaît que dans des textes relatifs à la responsabilité du fait des choses et des animaux. L'attitude du législateur à l'égard de la notion de garde d'autrui, c'est-à-dire de la garde des personnes, est encore plus symptomatique de son désintérêt, voire de sa défiance, à l'égard du terme de garde. Si l'expression « *garde d'autrui* » était employée dans les coutumes, au point d'être érigée en institution avec la garde-noble et la garde-bourgeoise, et figurait dans certains textes de droit romain[21], aucune disposition du Code civil ne l'utilise expressément. La lecture des travaux préparatoires conforte d'ailleurs ce refus de la notion de garde d'autrui. Treilhard, Bertrand de Greuille et Tarrible[22] ne parlent de garde que pour les animaux, ils préfèrent employer les termes d'« *autorité* » et de « *surveillance* » pour le père, l'instituteur ou l'artisan, et de « *vigilance* » et de « *discipline* » pour le commettant. En revanche, la notion de garde d'autrui figure dans le Code d'instruction criminelle de 1810, qui qualifie de gardiens les personnes chargées de la détention et de la surveillance des délinquants[23]. De même, l'article 475-7 du Code pénal de 1810 utilise cette expression à propos des fous et des furieux. Il punit ainsi d'une amende « *ceux qui auraient laissé divaguer des fous ou des furieux étant sous leur garde ou des animaux malfaisants ou féroces ; ceux qui auront excité ou n'auront pas retenu leurs chiens, lorsqu'ils attaquent ou poursuivent les passants, quand même il n'en serait résulté aucun mal ni dommage* ». Ces rares utilisations de la notion de garde donnent un premier aperçu de la garde des personnes. À l'instar de la garde des choses, le législateur ne donne pas de définition de la garde d'autrui. Le contenu exact de ce pouvoir sur autrui ne semble pas le préoccuper. En somme, il ne prête guère attention à la condition des personnes gardées. Bien au contraire, il semble les assimiler à des choses ou à des animaux.

**8. Intérêt de la doctrine pour les notions de garde des choses et de garde d'autrui.** En dépit des réticences du législateur à utiliser largement les notions de garde des choses et de garde d'autrui, la doctrine n'a pas hésité à les employer dans une perspective de droit des biens ou de droit des personnes. Il convient néanmoins de relativiser cet intérêt doctrinal. Le plus souvent, seuls quelques aspects de la garde des choses ou de la garde d'autrui ont été étudiés.

La thèse d'André Tunc sur *Le contrat de garde*[24] témoigne de cet intérêt pour la notion de garde des choses. Pour autant, l'auteur ne l'envisage que dans une perspective de droit des contrats et de droit des biens. Dans ce domaine, André Tunc lui accorde expressément une

---

[21] Pour une étude plus approfondie de la conception de la garde d'autrui en droit romain et dans l'Ancien droit, *cf. infra* Partie 1, Titre 1, Chapitre 1 : n$^{os}$ 44-57, 85-87 et 98-100.

[22] P. A. FENET, *Recueil complet des travaux préparatoires du Code civil*, 1827, t. 13, pp. 462-471.

[23] Articles 603 et suivants du Code d'instruction criminelle.

[24] A. TUNC, *Le contrat de garde*, préf. H. SOLUS, Dalloz, 1942.

existence juridique et estime qu'une chose est gardée lorsqu'elle est placée dans un lieu sous la surveillance d'une personne prête à la protéger des dangers extérieurs[25].

Quant à la notion de garde des personnes, elle a rapidement suscité l'intérêt de la doctrine lorsqu'elle est appliquée aux mineurs. En dépit de l'absence de références expresses à la notion de garde des mineurs dans les textes relatifs à l'autorité parentale, la doctrine n'a pas hésité à la faire figurer au nombre des prérogatives de l'autorité parentale, sans pour autant lui donner une définition uniforme[26]. De même, les auteurs ont abondamment utilisé la notion de garde à propos des handicapés mentaux[27] ou des délinquants[28]. Mais, là encore, la notion de garde a rarement fait l'objet d'une définition précise. Parfois, la doctrine est allée plus loin et a libéralement utilisé cette notion de garde d'autrui. Ainsi, dans une étude consacrée à la responsabilité contractuelle[29], Paul Esmein attribue très largement la qualité de gardien à l'employeur, au transporteur, au tenancier d'un établissement public, à la nourrice ou encore au pensionnat. De même, s'appuyant sur une conception tout aussi large de la garde d'autrui, Jacques Becqué affirme, dans sa thèse sur *La protection de la victime d'un dommage corporel et de ses proches dans le cadre contractuel*, que la garde est le fondement de l'obligation de sécurité[30]. De telles analyses témoignent des risques d'une transposition non encadrée d'un terme polysémique du langage commun vers le langage juridique. L'absence de définition rigoureuse favorise une multiplication de ses emplois et perturbe d'autant sa perception.

**9. Intérêt du législateur pour la notion de garde des mineurs.** Progressivement, le législateur s'est rallié à certaines analyses doctrinales. Ainsi la notion de garde d'un mineur apparaît-elle vers la fin du XIX^e siècle dans la loi du 25 juillet 1889 sur la protection des enfants maltraités ou moralement abandonnés[31]. On la retrouve ensuite dans la loi du 19 avril 1898 sur la répression des violences, voies de fait, actes de cruauté et attentats commis envers les enfants[32], puis dans la loi du 27 juin 1904 sur le service des enfants assistés[33].

---

[25] A. TUNC, *thèse précit.*, *spéc.* n° 4, p. 9. L'auteur définit la garde des choses en l'opposant à la conservation et à l'entretien. Il retient ainsi que la garde aurait un double aspect. Tandis qu'au sens passif, on garde une chose lorsqu'on ne la jette pas, au sens actif, on garde une chose « *lorsqu'on la protège contre les dangers extérieurs* ». Par conséquent, si au sens passif, la garde et la conservation présentent les mêmes caractéristiques, il n'en est pas de même au sens actif, la conservation visant les mesures prises pour que la chose « *ne se détruise pas ou ne se détériore pas d'elle-même, sous l'influence de sa nature propre ou de vices internes* ». L'auteur constate cependant que la distinction entre garde et conservation risque d'être difficile, la détérioration naturelle d'une chose ayant souvent son origine dans une influence extérieures. En revanche, la garde s'oppose nettement à l'entretien. En effet, on entretient un objet « *lorsqu'on lui donne des soins périodiques destinés à le maintenir en bon état en dépit d'influences extérieures, et plus spécialement, en dépit de l'utilisation qui en est faite* ». Par conséquent, vue sous l'angle du contrat de garde, une chose est gardée si elle est laissée dans un lieu sous surveillance d'une personne prête à la soigner et à la protéger contre les dangers extérieurs. L'objectif du contrat de garde est bien d'assurer la sécurité des biens. Une telle vision de la garde d'une chose présente le mérite d'être claire, on peut déterminer avec précision l'existence d'un contrat de garde. De même, les conséquences de cette obligation contractuelle de garde sont envisagées tant en ce qui concerne les tiers que la chose elle-même.

[26] *Cf. infra* n^os 66-69.

[27] *Cf. infra* n^os 119-128.

[28] *Cf. infra* n^os 93-94.

[29] P. ESMEIN, *Le fondement de la responsabilité contractuelle rapprochée de la responsabilité délictuelle*, *RTD civ.* 1933, pp. 627-692.

[30] J. BECQUÉ, *La protection de la victime d'un dommage corporel et de ses proches dans le cadre contractuel*, Montpellier, 1943, p. 161.

[31] Loi du 24 juillet 1889 sur la protection des enfants maltraités ou moralement abandonnés, *D.* 1890, 4, pp. 15-20 ; J.-B. DUVERGIER, *Collection complète des lois, décrets, ordonnances, règlements et avis du Conseil d'Etat*, année 1889, t. 89, Ch. Noblet, 1889, pp. 428-434.

[32] Loi du 19 avril 1898 sur la répression des violences, voies de fait, actes de cruauté et attentats commis envers les enfants, J.-B. DUVERGIER, *Collection complète des lois, décrets, ordonnances,*

Les premières utilisations législatives de la garde des mineurs témoignent immédiatement d'une absence de conception globale de cette notion. En effet, les lois du 25 juillet 1889 et du 19 avril 1898 n'hésitent pas à employer, dans un même texte, l'expression « *garde des mineurs* » pour qualifier des situations fondamentalement différentes. Tantôt la garde est utilisée pour qualifier la situation d'un mineur confié par une décision judiciaire à une personne[34], tantôt elle est employée à propos de la situation d'un mineur hébergé par une personne, sans tenir compte de la nature des pouvoirs exercés sur lui[35]. Autrement dit, dans cette seconde hypothèse, le gardien de l'enfant peut tenir son pouvoir de la loi, du juge, des parents ou du simple fait d'avoir recueilli l'enfant. On mesure ainsi que dès les premières utilisations de l'expression « *garde des mineurs* », le législateur ne lui a pas attaché une seule conception.

Par opposition, la loi du 27 juin 1904 sur le service des enfants assistés a pris soin de définir les notions utilisées. En effet, elle explique, dans son article 5, que l'enfant en garde est « *l'enfant dont la garde a été confiée, par les tribunaux, à l'assistance publique, en exécution des articles 4 et 5 de la loi du 19 avril 1898* ». La garde du tiers sur le mineur résulte d'une décision judiciaire sanctionnant un mauvais exercice des prérogatives parentales. Cette même loi établit une distinction fondamentale entre les mineurs en garde et les mineurs en dépôt, puisqu'elle explique que l'enfant en dépôt est « *l'enfant qui, laissé sans protection ni moyens d'existence, par suite de l'hospitalisation ou de la détention de ses père, mère ou ascendants, est recueilli temporairement dans le service des enfants assistés* ». L'opposition entre les deux catégories est de la sorte clairement affirmée. À la différence des enfants en garde, les enfants en dépôt peuvent être librement repris par leurs parents, une fois l'hospitalisation ou la détention terminée, car il n'y a eu ni déchéance ni déplacement des prérogatives parentales. Un tel souci terminologique de la part du législateur est particulièrement louable. Il évite de multiples confusions et prend en considération la nature des pouvoirs exercés sur l'enfant mineur.

---

*règlements et avis du Conseil d'État*, année 1898, t. 98, Librairie de la société du recueil général des lois et des arrêts, 1898, pp. 257-261.

[33] Loi du 27 juin 1904 sur le service des enfants assistés, *S., Lois annotées*, 1901-1905, pp. 833-849 ; J.-B. DUVERGIER, *Collection complète des lois, décrets, ordonnances, règlements et avis du Conseil d'État*, année 1904, t. 104, réimp. Schmidt Periiodicalx GmbH, 1995, pp. 176-192.

[34] Article 5 de la loi du 24 juillet 1889 : « *Pendant l'instance en déchéance, la chambre du conseil peut ordonner, relativement à la garde et à l'éducation des enfants, telles mesures provisoires qu'elle juge utiles* ». Art. 5 de la loi du 19 avril 1898 : « *Dans les mêmes cas, les cours ou tribunaux saisis du crime ou du délit pourront, le ministère public entendu, statuer définitivement sur la garde de l'enfant* ». Dans ces deux articles, il est manifeste que la décision judicaire va avoir des conséquences sur les pouvoirs des parents. Elle transfère une prérogative juridique parentale à un tiers.

[35] Article 17 de la loi du 24 juillet 1889 : « *Lorsque des administrations d'assistance publique, des associations de bienfaisance régulièrement autorisées à cet effet, des particuliers jouissant de leurs droits civils ont accepté la charge de mineurs de seize ans que des pères, mères ou des tuteurs autorisés par le conseil de famille leur ont confiés, le tribunal du domicile de ces pères, mères ou tuteurs peut à la requête des parties intéressées agissant conjointement, décider qu'il y a lieu, dans l'intérêt de l'enfant, de déléguer à l'assistance publique les droits de puissance paternelle abandonnés par les parents et de remettre l'exercice de ces droits à l'établissement ou au particulier gardien de l'enfant* ». De même, l'article 1er, aliéna 4 de la loi du 19 avril 1898 dispose à propos des coups et blessures à un enfant de moins de quinze ans : « *Si les coupables sont les père et mère légitimes, naturels ou adoptifs, ou autres ascendants légitimes ou toutes autres personnes ayant autorité sur l'enfant ou ayant sa garde, les peines seront celles portées au paragraphes précédent, s'il n'y a eu ni maladie ou incapacité de travail de plus de vingt jours ni préméditation ou guet-apens, et celle de la réclusion dans le cas contraire* ». Dans ces deux articles, la qualité de gardien n'est pas attachée à une l'exercice d'un pouvoir d'origine légale ou judiciaire. Elle est beaucoup plus large et peut englober les personnes, auxquelles les parents ont confié l'enfant mineur, mais également celles qui ont recueilli le mineur.

**10. Généralisation puis rejet législatif de la notion de garde des mineurs.** La précision du législateur quant au sens des termes utilisés est néanmoins peu fréquente en matière de garde des mineurs. En effet, la loi du 4 janvier 1970 relative à l'autorité parentale énonça expressément que le droit de garde est une prérogative de l'autorité parentale et généralisa son emploi en droit de la famille, au point d'en faire le fondement de l'attribution de l'exercice de l'autorité parentale après divorce. Pour autant, en dépit des nombreux emplois de la notion de garde des mineurs, la loi de 1970 ne lui associa pas une définition précise. Les interprétations doctrinales de la notion de garde des mineurs furent alors multiples, allant de la plus restrictive à la plus large[36], autorisant ainsi quelques doutes sur son existence[37]. Cette notion de garde des mineurs fut d'ailleurs de plus en plus critiquée. Tout d'abord, son imprécision fut mal ressentie. Ensuite, l'association étroite du droit de garde et de l'exercice de l'autorité parentale attisa les rancœurs des parents non gardiens. La garde revêtit à leurs yeux une connotation négative. Enfin, à une époque où la promotion de l'intérêt de l'enfant est croissante, l'idée même de garde a pu finalement paraître en décalage avec cette évolution de la société. Aussi, mal définie, la notion de garde des mineurs fut méthodiquement supprimée des textes de l'autorité parentale par la loi n° 87-570 du 22 juillet 1987, dite loi Malhuret, et par la loi n° 2002-305 du 4 mars 2002 relative à l'autorité parentale. Un tel mouvement législatif reste cependant limité aux textes concernant l'autorité parentale et n'est que superficiel. En effet, en 2001, la Commission des lois de l'Assemblée Nationale a affirmé que les droits de garde et de surveillance « *sont implicitement compris dans les notions de sécurité, de santé ou de moralité ou sont déclinés dans divers articles du Code civil (droit d'entretenir des relations avec les grands-parents notamment)* »[38]. La garde des mineurs n'a donc pas totalement disparu des textes relatifs à l'autorité parentale. Alors que son imprécision la destinait à une mort juridique, elle est transformée en « *attribut innommé* »[39] de l'autorité parentale. Sa mort semble impossible. Son maintien explicite dans l'article 380, alinéa 1er, du Code civil est particulièrement parlant[40]. Pour autant, la notion de garde des mineurs reste imprécise. Ainsi, dans le droit de l'autorité parentale, la garde ne se rend pas et ne meurt pas…

**11. Manifestations législatives contemporaines de la notion de garde des mineurs.** Si le législateur éprouve dorénavant une certaine réticence à employer expressément la notion de garde des mineurs dans les textes relatifs à l'autorité parentale, il n'hésite toutefois pas à utiliser cette expression dans d'autres domaines. Ainsi, il n'est pas rare de la retrouver dans de nombreux textes relevant du droit du travail, de l'action sociale ou encore de l'éducation[41]. La loi du 26 juillet 2005[42], relative aux services à la personne, a, par exemple, modifié l'article L. 129-1 du Code du travail, celui-ci disposant alors : « *les associations et les entreprises dont l'activité porte sur la garde des enfants…doivent être agréées par l'État* ». Dès lors, le législateur peut-il réellement affirmer que cette notion est désuète, inutile et imprécise, et qu'elle ne saurait s'appliquer aux mineurs ?

---

[36] *Cf. infra* nos 66-69.

[37] PH. SIMLER, *La notion de garde de l'enfant (sa signification et son rôle au regard de l'autorité parentale), art. précit, spéc.* n° 3, p. 690.

[38] M. DOLEZ, *rapp. précit.*, p. 23.

[39] G. CORNU, *Droit civil, La famille*, Montchrestien, Domat droit privé, 8e éd., 2003, n° 77, p. 162.

[40] Article 380, alinéa 1er, du Code civil : « *En prononçant le retrait total ou partiel de l'autorité parentale ou du droit de garde, la juridiction saisie devra, si l'autre parent est décédé ou s'il a perdu l'exercice de l'autorité parentale, soit désigner un tiers auquel l'enfant sera provisoirement confié à charge pour lui de requérir l'organisation de la tutelle, soit confier l'enfant au service départemental de l'aide social à l'enfance* ».

[41] *Cf. infra* nos 71-72.

[42] Loi n° 2005-841 du 26 juillet 2005 relative au développement des services à la personne et portant diverses mesures en faveur de la cohésion sociale.

**12. Manifestations législatives contemporaines de la notion de garde d'autrui.** De même, la notion de garde n'est pas totalement méconnue en dehors du droit des mineurs. Si le Code de procédure pénale ne parle plus de gardiens de prisons, il affirme toujours que la garde est une des missions du service public pénitentiaire[43]. Cette notion est d'ailleurs utilisée pour définir certaines catégories d'évasion[44]. Pour autant, ni le Code pénal ni le Code de procédure pénale ne donnent une définition de la mission de garde. En revanche, en ce qui concerne les malades mentaux, le législateur n'emploie plus le terme de garde depuis l'abrogation de la contravention de divagation des fous et furieux, intervenue lors de l'adoption du nouveau Code pénal. Les grandes lois du 30 juin 1838 et du 27 juin 1990[45] relatives à l'hospitalisation des handicapés mentaux ne mentionnent pas expressément l'existence d'une obligation de garde. Enfin, on peut observer qu'en parallèle à ces utilisations classiques, certains textes juridiques ont employé le terme de « *garde* » à propos d'autres personnes, dont les personnes âgées[46].

**13. Mise en évidence d'une double lacune législative.** À travers ces différentes utilisation de la notion de garde des personnes, il est possible de percevoir une double lacune législative se manifestant, d'une part, par l'absence de définition de ces différentes gardes et, d'autre part, par l'absence de conception unitaire de la notion de garde d'autrui en droit des personnes. Il semblerait que le législateur ait retranscrit la polysémie du langage courant dans le langage juridique en considérant que l'usage permettrait de distinguer les différents emplois. De telles constatations sont en elles-mêmes suffisantes pour redouter des confusions, en particulier dans l'hypothèse où l'on souhaiterait élaborer une conception unitaire de la garde d'autrui en lui attachant des effets juridiques précis.

**14. Développement de la notion de garde dans le droit de la responsabilité.** Par ailleurs, en parallèle au droit des personnes, la notion de garde s'est développée dans le droit de la responsabilité. Elle a été mise en avant par la relecture jurisprudentielle de l'article 1384, alinéa 1er du Code civil. De prime abord, rien ne prédestinait cette « *courte phrase* »[47], cette « *humble phrase* »[48], cette « *phrase très simple* »[49], commandée par le seul souci de respecter « *les règles de rhétorique conseillant d'annoncer les développements du sujet par*

---

[43] Article D. 188 du Code de procédure pénale : « *le service public pénitentiaire a pour fonction d'assurer la mise en exécution des décisions judiciaires prononçant une peine privative de liberté ou ordonnant une incarcération provisoire, et d'assurer la garde et l'entretien des personnes qui, dans les cas déterminés par la loi, doivent être placées ou maintenues en détention en vertu ou à la suite de décision de justice* ».

[44] Article 434-27 du Code pénal : « *Constitue une évasion punissable le fait, par un détenu, de se soustraire à la garde à laquelle il est soumis* ».

[45] Loi n° 90-527 du 27 juin 1990 relative aux droits et à la protection des personnes hospitalisées en raison de troubles mentaux et à leurs conditions d'hospitalisation.

[46] *Cf.* par ex. : Circulaire n° 86-14, 7 mars 1986 relative aux actions alternatives à l'hospitalisation des personnes âgées et à leur maintien à domicile : « *pour tenter d'éviter l'hospitalisation, des services de garde à domicile, créés par divers organismes, assurent une présence permanente ou temporaire auprès de la personne gardée, de jour et de nuit, en l'aidant pour la prise de médicaments comme pour l'accomplissement des actes de la vie quotidienne : repas, toilette... en alertant le médecin en cas d'aggravation de son état. Cette présence constitue aussi un soutien moral ; mais la garde à domicile ne se substitue en aucun cas aux autres services de maintien à domicile et constitue essentiellement une aide aux aidants* ».

[47] M. PLANIOL, *Études sur la responsabilité civile, Deuxième étude, Responsabilité du fait des choses*, *Rev. crit.* 1906, p. 89.

[48] G. RIPERT, *La règle morale dans les obligations civiles*, 4e éd., LGDJ, 1949, réimp. 2000, n° 113, p. 202.

[49] R. SAVATIER, *Du droit civil au droit public à travers les personnes, les biens et la responsabilité civile*, LGDJ, 2e éd., 1950, p. 145.

*son exorde* »[50], à devenir le fondement d'un principe général de responsabilité du fait des choses et de nouveaux cas de responsabilité du fait d'autrui. Rien ne la prédestinait donc à devenir l'origine du regain d'intérêt pour la notion de garde. Or, à l'insu de ses auteurs, « *elle était riche de ressources insoupçonnées et lourde d'un destin singulièrement fécond* »[51]. Comment s'est effectuée cette redécouverte de la notion de garde ? Quelles sont les conceptions de la garde qui se sont dégagées ? Comment la doctrine a-t-elle réagi à ces nouveaux développements de la notion de garde ?

**15. Développement de la garde des choses dans le droit de la responsabilité du fait des choses.** La relecture de l'article 1384, alinéa 1er a d'abord concerné la responsabilité du fait des choses. À partir de ce texte, la Cour de cassation a dégagé un principe général de responsabilité du fait des choses[52], qu'elle a expressément rattaché « *à la garde de la chose et non à la chose elle-même* »[53]. Cette affirmation n'est en elle-même guère surprenante, puisque l'article 1384, alinéa 1er du Code civil renvoie expressément aux « *choses que l'on a sous sa garde* ». Dès lors, « *la notion de garde pass*[a] *au premier plan, elle dev*[int] *la base de l'article 1384* »[54] et apparu comme « *une notion fondamentale* »[55]. Pour autant cette notion restait indéfinie[56]. En effet, la garde des choses n'est pas une notion essentielle du droit des biens. Ce dernier lui préfère les notions de propriété, de possession, de détention, de détention précaire ou encore de mise à disposition[57]. Confrontés à ce silence des textes, les tribunaux et la doctrine ont développé de multiples théories, afin de définir cette notion de garde des choses. Le débat s'est porté sur le domaine de la garde - certains ont voulu le restreindre[58] aux choses dangereuses, non conduites par l'homme et en mouvement[59] -, mais aussi sur la nature même de ce pouvoir avec l'opposition des défenseurs de la garde juridique[60] aux tenants de la garde matérielle[61]. Tandis que les premiers associaient la qualité de gardien à l'exercice d'un pouvoir juridique de direction, de contrôle ou de commandement sur la chose, les seconds,

---

[50] R. SAVATIER, *ibid.*

[51] R. SAVATIER, *ibid.*

[52] Civ. 18 juin 1896, *Teffaine* ; *S.* 1897, 1, 17, note A. ESMEIN ; *D.* 1897, 1, 433, concl. L. SARRUT, note R. SALEILLES.

[53] Civ. 16 novembre 1920, *D.P.* 1920, 1, 169, note R. SAVATIER ; *S.* 1922, 1, 97, note L. HUGUENEY ; *cf.* également : Ch. réunies, 13 février 1930, *Jand'heur* ; *GAJC*, n° 193, pp. 254-260 ; *D.P.* 1930, 1, 57, rapport LE MARC'HADOUR, concl. P. MATTER, note G. RIPERT ; *S.* 1930, 1, 121, note P. ESMEIN ; H. CAPITANT, *La responsabilité du fait des choses inanimées d'après l'arrêt des Chambres réunies du 13 février 1930, D.H.* 1930, chr., pp. 29-32 ; L. JOSSERAND, *La responsabilité du fait des automobiles devant les Chambres réunies de la Cour de cassation, D.H.* 1930, chr., pp. 25-28.

[54] A. BESSON, *La notion de garde dans la responsabilité du fait des choses*, Dijon, 1927, p.29.

[55] H. MAZEAUD, *La faute dans la garde, RTD civ.* 1925, pp. 793-855.

[56] A. BESSON, *thèse précit.*, p. 31 : « *Il est difficile, pour ne pas dire impossible, de donner a priori une définition de la garde ; la notion de garde est une notion excessivement souple, dont il est malaisé de fixer, de prime abord, le contenu par une formule nette* ». *Adde* J. BICHOT, *L'autonomie de la responsabilité du fait des choses et du fait d'autrui devant la jurisprudence contemporaine*, Paris 1933, p. 167 : la notion de garde « *est très difficile à préciser et, à l'heure actuelle, il serait téméraire d'affirmer que la jurisprudence lui donne un sens définitif* ».

[57] F. TERRÉ, PH. SIMLER et Y. LEQUETTE, *Droit civil, Les obligations*, 10e éd., Dalloz, 2009, n° 786, p. 781.

[58] L. JOSSERAND, *Le travail de refoulement de la responsabilité du fait des choses, D.H.* 1930, chr., pp. 5-8.

[59] P. ESMEIN, *L'article 1384 du Code civil est-il applicable à celui qui heurte une chose immobile ?, D.H.* 1937, pp. 65-68.

[60] H. MAZEAUD, *La faute dans la garde, art. précit.* ; L. JOSSERAND, *Le gardien de l'automobile, le voleur et la victime d'un accident, D.H.* 1936, chr. 37 ; H. MAZEAUD, *En attendant l'arrêt des Chambres réunies : garde matérielle et garde juridique, D.H.* 1937, chr., pp. 45-52.

[61] *Cf.* dans ce sens la note de H. CAPITANT, note sous l'arrêt Civ. 3 Mars 1936 (1er arrêt *Franck*), *D.P.* 1936, 1, 81.

vilipendant « *cette garde juridique, tunique de Nessus,* [qui] *reste attachée à la personne et la brûle de tous les feux qu'elle peut allumer* »[62], adoptèrent une conception plus concrète de la garde et la rattachèrent à la possibilité de surveiller la chose. La Cour de cassation a successivement tranché ces débats. Elle a affirmé que la responsabilité du fait des choses pouvait s'appliquer aussi bien aux choses en mouvement qu'aux choses inertes, sous réserve que celles-ci aient joué un rôle actif[63]. De même, elle a précisé que la responsabilité du fait des choses, reposant sur la garde de la chose et non sur la chose elle-même, ne fait pas de différence selon qu'elle est ou non actionnée par la main de l'homme[64] et que la dangerosité de la chose ne constitue pas un critère déterminant de cette responsabilité[65]. Enfin, dans l'arrêt *Franck* du 2 décembre 1941[66], les Chambres réunies de la Cour de cassation ont pris parti pour la garde matérielle, caractérisée par l'usage, la direction et le contrôle de la chose. Or, si cette définition jurisprudentielle a pour objectif de mettre fin à de nombreuses interrogations, elle n'en suscite pas moins de nombreux commentaires et réflexions.

**16. Interrogations sur les origines de la définition de la garde des choses.** Ainsi, l'on a pu considérer que cette définition n'était pas totalement une création prétorienne. La Cour de cassation aurait en réalité transposé la définition de la garde des personnes développée dans les alinéas de l'article 1384 du Code civil[67]. Une telle analyse peut doublement surprendre. D'une part, en 1941, l'article 1384 du Code civil n'envisageait pas expressément la garde d'autrui. Il faudra en effet attendre la loi du 4 juin 1970 pour que la notion apparaisse dans cet article. D'autre part, à cette époque, la notion de garde des personnes n'existait pas réellement dans les textes et était par conséquent loin d'être définie. Cette affirmation d'une transposition de la définition de la garde des personnes est donc peu convaincante.

**17. Interrogations sur le sens de la définition de la garde des choses.** Par ailleurs, il convient de constater que l'arrêt *Franck* établit une définition pour les besoins du droit de la responsabilité du fait des choses. La Cour de cassation envisage ce pouvoir de garde uniquement dans ses conséquences à l'égard des tiers : le gardien doit s'assurer que la chose ne cause pas de dommage à autrui[68]. On ne se demande pas, dans cette hypothèse, s'il doit également protéger la chose contre les dommages qu'elle pourrait subir[69]. Ce n'est pas l'objectif de cette définition. Cette dernière est uniquement élaborée pour les besoins du droit de la responsabilité et a pour finalité la détermination d'un responsable.

Or, sur ce point, la définition jurisprudentielle se révèle être incertaine et d'une utilisation assez malléable[70]. En effet, selon l'arrêt *Franck*, la garde serait l'usage, la direction et le

---

[62] G. Ripert, note sous Ch. Réunies, 2 décembre 1941, *Franck, D. crit.* 1942, 25.

[63] Ch. req., 19 févier 1941 et 26 mars 1941, *S.* 1941, 1, 89, note R. Houin ; 19 et 24 février 1941, *GAJC*, n° 200, pp. 279-283 ; *D. crit.* 1941, 84, note J. Flour.

[64] Ch. réunies, 13 février 1930, *Jand'heur, précit.*

[65] Ch. réunies, 13 février 1930, *Jand'heur, précit.*

[66] Ch. réunies, 2 décembre 1941, *Franck* ; *GAJC* n° 194, pp. 261-266 ; *D. crit.* 1942, 25, note G. Ripert ; *S.* 1941, 1, 217, note H. Mazeaud ; *JCP G* 1942, II, 1766, note J. Milhura ; *RGAT* 1942, 89, note M. P. ; P. Roubier, *L'arrêt des chambres réunies du 2 décembre 1941 et la théorie générale de la responsabilité civile, JCP G* 1942, I, 257 ; P. Esmein, *La responsabilité du dommage causé par une chose volée, Gaz. Pal.* 1942, doc., pp. 5-7.

[67] J. Milhura, note sous Ch. réunies, 2 décembre 1941, *Franck, JCP G* 1942, 2, 1766.

[68] Cette idée a d'ailleurs été mise en avant par le Président Lagarde dans son rapport rendu à propos de l'arrêt *Franck* : « *L'obligation de garde qui résulte de l'article 1384, c'est l'obligation de garder la chose de manière qu'elle ne cause point de préjudice à autrui* », *D. crit.* 1942, 25.

[69] A. Besson, *La notion de garde dans la responsabilité du fait des choses, thèse précit.*, p. 33.

[70] F. Leduc, *L'état actuel du principe général de responsabilité délictuelle du fait des choses, in La responsabilité du fait des choses, réflexions autour d'un centenaire*, Economica, 1997, pp. 35-59.

contrôle de la chose. Une telle définition est loin d'être satisfaisante. D'une part, l'on ne peut qu'être frappé par le fait qu'en visant l'usage, la direction et le contrôle de la chose, la Cour emploie certains termes utilisés par la doctrine pour caractériser la garde juridique, alors même qu'elle est censée avoir pris parti pour la garde matérielle[71]. D'autre part, il est permis de s'interroger sur la signification précise de ces termes. Cette question semble demeurer sans réponse. Les auteurs admettent d'ailleurs fréquemment que la définition apportée par l'arrêt *Franck* n'en est pas une. Elle refléterait surtout « *l'incertitude et la complexité du pouvoir, qui est une donnée de fait* »[72]. Il faudrait donc considérer que l'arrêt *Franck* « *n'apporte pas de réponse précise à la question de savoir "qu'est-ce que la garde ?" Les mots usage, contrôle, direction restent des termes à contours fuyants et à contenu variable* »[73].

Les auteurs se sont alors demandés si l'usage, la direction et le contrôle forment un ensemble de notions indistinctes ou si, au contraire, il faut accorder un sens précis à chaque terme[74]. Les tribunaux ont profité de cette incertitude pour arriver à une « *détermination fonctionnelle* »[75] du gardien de la chose. Ainsi, dans plusieurs décisions, ils ont implicitement accordé une place primordiale à la notion de contrôle[76]. D'autres arrêts[77], transposant une proposition doctrinale distinguant la garde de la structure de la garde du comportement[78], ont, au contraire, mis expressément en avant l'usage de la chose[79]. Les tribunaux ont ainsi développé une véritable casuistique qui entraîne une certaine imprévisibilité juridique. Il n'est pas rare de trouver des solutions divergentes rendues dans des affaires proches. Ces solutions ne s'expliquent que difficilement. Les décisions rendues à propos des contrats de prêt constituent un exemple topique. La jurisprudence reconnaît qu'en principe le contrat de prêt entraîne un transfert de la garde du propriétaire à l'emprunteur[80]. Le magasin qui prête un chariot à son client lui en transfère donc la garde[81]. De même, par principe, l'emprunteur d'un véhicule est légalement constitué gardien pendant la durée du contrat[82]. Cependant, le

---

[71] H. MAZEAUD, *La faute dans la garde*, *art. précit.*, *spéc.* pp 852-855.

[72] PH. MALAURIE, L. AYNÈS et PH. STOFFEL-MUNCK, *Les obligations*, Defrénois, 2003 n° 199, p.100.

[73] B. STARCK, H. ROLAND, L. BOYER, *Obligations*, t. 1, *Responsabilité délictuelle*, Litec, 5e éd., 1996, n° 512, p. 237.

[74] *Cf.* par exemple G. RIPERT, note sous Ch. Réunies, 2 décembre 1941, *Franck*, *D. crit.* 1942, 25 : l'auteur ne pense pas que « *la Cour, par cette énumération des trois termes à peu près synonymes, ait entendu marquer une distinction entre des expressions dont chacune pourrait avoir un sens propre. Elle a craint sans doute que si elle employait un seul mot, les autres puissent être encore proposés* ». De même, A. TUNC, *La détermination du gardien dans la responsabilité du fait des choses inanimées*, *JCP G* 1960, 1, 1592.

[75] A. TUNC, *La détermination du gardien dans la responsabilité du fait des choses inanimées*, *art. précit.*

[76] *Cf.* not. Civ. 3 novembre 1942 et Req. 22 juin 1943, *D.* 1947, 145, note A. TUNC.

[77] Civ. 2e, 5 janvier 1956, (1er arrêt *Société L'Oxygène liquide*), *JCP G* 1956, II, 9095, note R. SAVATIER ; *D.* 1957, 261, note R. RODIÈRE ; *Gaz. Pal.* 1956, 1, 184, obs. H. et L. MAZEAUD ; *RTD civ.* 1957, 529 ; Civ. 2e, 10 juin 1960, (2nd arrêt *Société de L'Oxygène liquide*), *D.* 1960, 609, note R. RODIÈRE ; *JCP G* 1960, II, 11824, note P. ESMEIN.

[78] B. GOLDMAN, *La détermination du gardien responsable du fait des choses inanimées*, Lyon, 1946. *Adde*, B. GOLDMAN, *Garde de la structure et garde du comportement*, *in Mélanges en l'honneur de P. ROUBIER*, Librairies Dalloz et Sirey, 1961, t. 2, pp. 51-71 ; F. DREYFUS, *La garde de la structure dans la responsabilité du fait des choses inanimées*, Paris I, 1980.

[79] Civ. 2e, 10 juin 1960, *précit.* Ainsi pour casser l'arrêt de la Cour d'appel qui avait retenu la responsabilité du transporteur de bouteilles d'oxygène comprimée, la Cour de cassation argue du fait que « *l'arrêt n'avait pas recherché si le détenteur de la chose en avait l'usage* ». *Cf.* A. TUNC, *La détermination du gardien dans la responsabilité du fait des choses inanimées*, *art. précit.*

[80] Req. 3, juin 1903, *D.* 1907, 1, 177 ; Civ., 8 mai 1944, *D.* 1945, 29 ; Ch. mixte, 26 mars 1971, *JCP G* 1972, II, 16957, note N. DEJEAN DE LA BÂTIE.

[81] Civ. 2e, 14 janvier 1999, *Bull. civ.* II, n°13 ; *RTD civ.* 1999, 630, note P. JOURDAIN.

[82] Civ. 24 novembre 1941, *Gaz. Pal.* 1942, 1, 103 ; Civ. 8 mai 1944, *Gaz. Pal.* 1944, 2, 51; Civ. 12 novembre 1951, *D.* 1952, 56.

transfert de garde n'est pas toujours admis. La Cour de cassation a retenu que le prêt d'une motocyclette, pour un trajet déterminé relativement court et pour un temps limité, n'opère pas un transfert de garde au conducteur[83]. Néanmoins, une Cour d'appel a admis l'existence d'un tel transfert alors que les parties s'étaient contentées de procéder à l'essai réciproque de leurs motocyclettes[84]. En définitive, il semble bien que la garde matérielle soit parfois écartée au profit de la garde juridique.

L'indétermination de ce critère de garde des choses est donc bien à l'origine d'une jurisprudence fluctuante et imprévisible, mais qui néanmoins ne semble pas porter préjudice à l'intérêt des victimes. La présomption de garde devient, dans de telles hypothèses, un véritable instrument de politique juridique[85]. Toutefois, si une telle politique permet d'assurer l'indemnisation des victimes, elle s'accompagne d'une grande incertitude quant à la détermination du responsable. La souplesse de la notion de garde des choses et sa difficile appréhension privent la responsabilité du fait des choses d'une certaine prévisibilité. Cette qualité semble pourtant essentielle. Or, ces défauts de la responsabilité du fait des choses fondée sur la garde des choses semblent s'être transmis à la responsabilité du fait d'autrui fondée sur la garde d'autrui.

**18. Développement de la responsabilité du fait d'autrui sur le fondement de l'article 1384, alinéa 1er du Code civil.** En effet, l'émergence d'un principe général de la responsabilité du fait des choses n'a pas mis fin à « *l'histoire des conquêtes de l'article 1384, alinéa 1er* » [86] du Code civil. L'« *humble phrase* »[87] n'avait pas fini de sortir de son humilité. « *La merveilleuse histoire de l'article 1384, alinéa 1er du Code civil* »[88] devait se prolonger. Cette seconde mutation de l'article 1384, alinéa 1er du Code civil fut cependant beaucoup plus lente. En dépit des vœux de certains auteurs[89] et des avancées de certains juges du fond[90], la Cour de cassation a longtemps refusé d'admettre que cet alinéa puisse servir de support à une responsabilité du fait d'autrui[91]. Il a fallu attendre l'arrêt *Blieck* du 29 mars 1991[92] pour que l'Assemblée plénière de la Cour de cassation mette fin à cette jurisprudence. Dorénavant, l'alinéa 1er de l'article 1384 du Code civil peut servir de fondement à de nouveaux cas de responsabilité du fait d'autrui. Même si elle était de plus en plus souhaitée[93], une telle

---

[83] Civ. 2e, 15 décembre 1986, *Gaz. Pal.* 1988, 1, somm., 40, obs. F. CHABAS.

[84] Dijon, 18 décembre 1998, *Juris-Data* n° 1998-048304.

[85] PH. BRUN, *Les présomptions dans le droit de la responsabilité civile*, thèse Grenoble II, 1993, pp. 106-124.

[86] J. BORÉ, *La responsabilité des parents pour le fait des choses ou des animaux dont leur enfant mineur a la garde*, *JCP G* 1968, I, 2180, n° 1.

[87] G. RIPERT, *La règle morale dans les obligations civiles*, *op. cit.*, n° 113, p. 202.

[88] R. SAVATIER, *Le gouvernement des juges en matière de responsabilité civile*, in *Introduction à l'étude du droit comparé, Recueil d'Études en l'honneur d'E. LAMBERT*, t. 1, pp. 453-466, *spéc.* p. 453.

[89] P. MATTER, conclusions sous Ch. réunies, 13 février 1930, *Jand'heur*, *D.P.* 1930, 1, 57 ; R. DEMOGUE, *Traité des obligations en général*, *op. cit.*, t. 5, 1925, nos 819 et 819 bis, pp. 1-3 ; R. SAVATIER, *La responsabilité générale du fait des choses que l'on a sous sa garde a-t-elle pour pendant une responsabilité générale du fait des personnes dont on doit répondre ?*, *art. précit.* ; J. BICHOT, *L'autonomie de la responsabilité du fait des choses et du fait d'autrui devant la jurisprudence contemporaine*, *thèse précit.*, p. 143-147.

[90] T. enf. Dijon, 27 février 1965, *D.* 1965, 439 ; *Gaz. Pal.* 1965, 1, 297 ; *RTD civ.* 1965, p. 651, obs. R. RODIÈRE ; *RTDSS* 1965, p. 175, note P. RAYNAUD ; R. LEGEAIS, *Un article à surprises ou le nouvel essai de généraliser la responsabilité civile du fait d'autrui*, *D.* 1965, chr. XXXI, pp. 131-134 ; T. enf. Poitiers, 22 mars 1966, *RTDSS* 1966, pp. 262-269, note E. ALFANDARI ; T. enf. Chambéry, 1er juin 1977, *Gaz. Pal.* 1977, 2, somm., 340.

[91] Civ. 2e, 15 février 1956, *D.* 1956, 410, note E. BLANC ; *JCP G* 1956, II, 9564, note R. RODIÈRE ; Civ. 2e, 24 novembre 1976, *D.* 1977, p. 595, note CH. LARROUMET.

[92] A.P., 29 mars 1991, *Blieck*, *Bull. A.P.*, n° 1, *précit.*

[93] *Cf.* D.H. DONTENWILLE, concl. sous A.P., 29 mars 1991, *JCP G* 1991, II, 21673.

évolution n'en demeure pas moins spectaculaire. N'avait-on pas affirmé que l'alinéa 1er de l'article 1384 du Code civil « *n'est, en ce qui concerne la responsabilité du fait d'autrui, qu'une simple introduction aux alinéas suivants, d'une rédaction inconsistante, où affleure l'esprit de Monsieur de la Palice puisqu'elle nous apprend qu'on est responsable (...) du fait des personnes dont on doit répondre* »[94], au point d'en déduire que « *la portée de* [cette] *tautologie est nécessairement limitée* »[95] ? Plus récemment, n'a-t-on pas dénigré la formule selon laquelle « *on est responsable (...) du fait des personnes dont on doit répondre* », en affirmant que « *ce petit morceau d'article 1384, alinéa 1er, ne dit rien,* [que] *ce n'est pas un texte, c'est un prétexte* »[96] ? Malgré ces remarques, la Cour de cassation a accordé une valeur normative à cette disposition, et s'en est servie pour créer de nouveaux cas de responsabilité du fait d'autrui.

**19. Recherches jurisprudentielles des fondements des nouveaux cas de responsabilité du fait d'autrui.** Pour autant, l'œuvre jurisprudentielle se devait d'accorder un fondement à cette responsabilité du fait d'autrui fondée sur l'article 1384, alinéa 1er du Code civil. Or, sur ce point, le texte de cet article ne lui était d'aucun secours. En effet, pour la responsabilité du fait des choses, elle a pu s'appuyer sur la référence à la « *garde* », puisque l'article 1384, alinéa 1er du Code civil dispose qu'on est responsable du fait « *des choses que l'on a sous sa garde* ». Pour la responsabilité du fait d'autrui, il faut bien admettre que la formule « *on est responsable (...) du fait des personnes dont on doit répondre* » n'apporte aucune indication précise sur le fondement de ces nouveaux cas de responsabilité du fait d'autrui. En l'absence d'un fondement précis, la Cour de cassation a pu librement multiplier les applications de la nouvelle responsabilité du fait d'autrui.

Elle a ainsi retenu la responsabilité de l'association gérant un centre d'aide par le travail du fait des dommages causés par un handicapé mental majeur, au motif qu'elle avait « *accepté la charge d'organiser et de contrôler, à titre permanent, le mode de vie de ce handicapé* »[97]. Toujours à propos d'un handicapé mental majeur, elle a admis qu'une association gérant un institut médico-pédagogique est responsable des dommages qu'il peut causer dès lors qu'elle assure « *la surveillance et l'organisation de* [ses] *conditions de vie* »[98].

En parallèle, la Cour de cassation a développé de nouveaux cas de responsabilité applicables aux dommages causés par un mineur. Sur le fondement de l'article 1384, alinéa 1er du Code civil, elle a retenu la responsabilité d'une association gérant un foyer hébergeant des mineurs en danger ou délinquants placés par décision judiciaire, au motif qu'elle « *dirig*[ait], *organis*[ait] *et contrôl*[ait] [leur] *mode de vie* »[99] au moment de l'acte

---

[94] J. BORÉ, *La responsabilité des parents pour le fait des choses ou des animaux dont leur enfant mineur a la garde, art. précit.*, n° 13. *Cf.* également H. et L. MAZEAUD, et A. TUNC, *Traité théorique et pratique de la responsabilité civile délictuelle et contractuelle*, t. 1, Montchrestien, 5e éd., 1957, n° 713, pp. 830-832.

[95] J. BORÉ, *ibid.*

[96] F. CHABAS, note sous Crim., 10 octobre 1996, *JCP G* 1997, II, 22833.

[97] A.P., 29 mars 1991, *Blieck, Bull. A.P.*, n° 1, *précit.*

[98] Civ. 2e, 25 février 1998, *Bull. civ.* II, n° 62 ; *R.* 268 ; *D.* 1998, 315, concl. R. KESSOUS ; *JCP G* 1998, II, 10149 et 10162 bis, note G. VINEY ; *RTD civ.* 1998, 388, note P. JOURDAIN ; *RTD civ.* 1998, 345, note J. HAUSER ; *Defrénois*, 1998, 1029, note J. MASSIP ; *Dr. et Pat.*, juillet-août 1998, 66, obs. F. CHABAS ; *Gaz. Pal.* 1998, 2, 725, note J. BONNEAU ; A.-M. GALLIOU-SCANVION, *L'article 1384, alinéa 1er, et la responsabilité du fait d'autrui : un fardeau non transférable sur les épaules du tuteur, D.* 1998, pp. 240-242 ; M. JOSSELIN-GALL, *Un pas en arrière sur le chemin de la reconnaissance d'un principe général de responsabilité du fait d'autrui, JCP N* 1998, pp. 1217-1221.

[99] À propos de mineurs en danger : Rouen, 25 septembre 1991, *D.* 1993, 5, note C. PIGACHE ; Crim., 10 octobre 1996, *Bull. crim.*, n° 357 ; *D.* 1997, 309, note M. HUYETTE ; *JCP G* 1997, II, 22833, note F. CHABAS ; *Dr. fam.* 1997, comm. 83, note P. MURAT ; Crim, 26 mars 1997 (3 arrêts), *Bull. crim.*, n° 124 ; *GAJC*, t. 2, n[os] 218-219, pp. 343-354 ; *JCP G* 1997, II, 22868, rapport F. DESPORTES ; *JCP G* 1997, I, 4070, n[os] 19-23, obs. G. VINEY ; *JCP G* 1998, II, 10015, note M. HUYETTE ; *D.* 1997, 496, note

dommageable. Cette responsabilité a également été appliquée au tuteur d'un mineur[100]. En revanche, après avoir admis que les associations gérant un institut médico-pédagogique pouvaient être responsables des dommages causés par les mineurs directement confiés par leurs parents, dès lors qu'elles assuraient « *la surveillance et l'organisation des conditions de vie* »[101], la Cour de cassation refuse maintenant de retenir leur responsabilité sur le fondement de l'article 1384, alinéa 1er du Code civil, préférant rechercher la responsabilité des parents[102].

Par ailleurs, la Cour de cassation affirme également que les associations sportives peuvent être responsables du fait de leurs membres sur le fondement de l'article 1384, alinéa 1er du Code civil, dès lors qu'elles ont pour « *mission d'organiser, de diriger et de contrôler*

---

P. JOURDAIN ; *D.* 1998, SC, 201, obs. D. MAZEAUD ; *Dr. et Pat.*, septembre 1997, p. 86, note F. CHABAS ; *RCA* 1997, comm. 292, note H. GROUTEL ; *Dr. fam.* 1997, comm. 98, note P. MURAT ; F. ALT-MAES, *L'hébergement chez ses parents du mineur placé : un conflit de responsabilités ?*, *LPA*, 5 octobre 1999, pp. 14-21 ; Crim., 25 mars 1998, *Bull. crim.*, n° 114 ; *JCP G* 1998, II, 10162, note M. HUYETTE ; *JCP G* 1998, I, 187, nos 22-24, obs. G. VINEY ; *RTD civ.* 1998, 918, note P. JOURDAIN ; F. ALT-MAES, *L'hébergement chez ses parents du mineur placé : un conflit de responsabilités ?*, *art. précit.* ; O. GAN, *La responsabilité délictuelle du fait des agissements d'un mineur faisant l'objet d'une mesure de placement : évolution ou révolution ?*, *Gaz. Pal.* 1999, doc., pp. 101-104 ; Pau, 2 décembre 1999, *JCP G* 2000, IV, 2571 ; Civ. 2e, 20 janvier 2000, *Bull. civ.* II, n° 15 ; *R.* 398 ; *JCP G* 2000, I, 241, n° 14, obs. G. VINEY ; *D.* 2000, 571, note M. HUYETTE ; *RTD civ.* 2000, 588, note P. JOURDAIN ; *RCA* 2000, comm. 111, note P. VAILLIER ; *RDSS* 2000, 420, note E. ALFANDARI ; *RDSS* 2000, 431, note J.-M. LHUILLIER ; Crim., 15 juin 2000, *Bull. crim.*, n° 233 ; *D.* 2001, 653, note M. HUYETTE ; Civ. 2e, 6 juin 2002 (3 arrêts), *Bull. civ.* II, n° 120 ; *R.*, 476 ; *JCP G* 2003, II, 10068, note A. GOUTTENOIRE et N. ROGET ; *JCP G* 2003, I, 154, nos 37-45, obs. G. VINEY ; *JCP G* 2003, I, 101, n° 5, obs. TH. FOSSIER ; *D.* 2002, 2750, note M. HUYETTE ; *RTD civ.* 2002, 825, note P. JOURDAIN ; *RJPF*, novembre 2002, 20, note F. CHABAS ; N. REXAND-POURIAS, *Le renforcement de l'objectivation de la responsabilité du fait d'autrui*, *LPA*, 9 juillet 2003, pp. 21-27 ; J.-B. LAYDU, *Quelques précisions sur la responsabilité des associations d'assistance éducative fondée sur l'article 1384, alinéa 1er du Code civil*, *LPA*, 16 janvier 2003, pp. 16-22 ; Civ. 2e, 22 mai 2003, *Bull. civ.* II, n° 157 ; *D.* 2004, SC, 1342, obs. P. JOURDAIN ; *Dr. fam.* 2003, comm. 155, note J. JULIEN ; Civ. 2e, 15 décembre 2005, *JurisData* n° 2005-031351 ; Crim., 8 janvier 2008, *Bull. crim.*, n° 3 ; *RCA* 2008, comm. 88, note H. GROUTEL ; *LPA*, 22 septembre 2008, obs. A. VIGNON-BARRAULT.

À propos de mineurs délinquants : Civ. 2e, 9 décembre 1999, *Bull. civ.* II, n° 189 ; D. 2000, 713, note A.-M. GALLIOU-SCANVION ; *RTD civ.* 2000, 338, note P. JOURDAIN ; *JCP G* 2000, I, 241, nos 12-13, obs. G. VINEY ; *RDSS* 2000, 424, note E. ALFANDARI ; *RJPF*, février 2000, 20, note F. CHABAS ; M.-CH. MEYZEAUD-GARAUD, *Application de la responsabilité du fait d'autrui aux associations accueillant des mineurs sous un régime de liberté surveillée*, *LPA*, 23 mars 2000, pp. 20-23 ; J.-B. LAYDU, *Entre cohérence et incertitudes (Réflexions autour d'un arrêt de la deuxième Chambre civile de la Cour de cassation du 9 décembre 1999)*, *RRJ* 2000, n° 3, pp. 1265-1274 ; Civ. 2e, 7 mai 2003, *Bull. civ.* II, n° 129 ; *JCP G* 2004, I, 101, nos 19-20, obs. G. VINEY ; *D.* 2003, 2256, note M. HUYETTE ; *RJPF*, septembre 2003, 35, note F. CHABAS.

[100] Crim., 28 mars 2000, *Bull. crim.*, n° 140 ; *D.* 2000, SC, 466, obs. D. MAZEAUD ; *JCP G* 2000, I, 241, nos 10-11, obs. G. VINEY ; *JCP G* 2001, II, 10456, note C. ROBACZEWSKI ; *RTD civ.* 2000, 545, note J. HAUSER ; *RTD civ.* 2000, 586, note P. JOURDAIN ; *RJPF*, juillet-août 2000, 19, note F. CHABAS ; A.-M. GALLIOU-SCANVION, *La chambre criminelle et la responsabilité du fait d'autrui : le tuteur emporté dans le tourbillon de l'article 1384, alinéa 1er*, *LPA*, 16 juin 2000, pp. 17-20.

[101] Crim., 15 juin 2000, *Bull. crim*, n° 232 ; *JCP G* 2000, I, 280, nos 15-16, obs. G. VINEY ; Y. DAGORNE-LABBÉ, *L'évolution de la notion de cohabitation de l'enfant mineur avec ses parents*, *LPA*, 9 novembre 2000, pp. 16-19.

[102] Civ. 2e, 7 octobre 2004, *Bull. civ.* II, n° 453 ; *D.* 2005, 819, note M. HUYETTE ; *JCP G* 2005, I, 132, n° 6, obs. G. VINEY ; *RTD civ.* 2005, 100, note J. HAUSER ; *RJPF*, janvier 2005, 34, note F. CHABAS ; E. LEVERBE, *Le civilement responsable du fait du mineur*, *RCA*, février 2005, pp. 15-18 ; Civ. 2e, 24 mai 2006, *Bull. civ.* II, n° 136 ; *RCA* 2006, comm. 218 ; *RTD civ.* 2006, 779, note P. JOURDAIN ; *R.D.C.* 2007, 286, note J.-S. BORGHETTI ; A. PAULIN, *Placer n'est pas... (forcément) exonérer !*, *LPA*, 9 février 2007, pp. 6-14.

*l'activité de leurs membres au cours des compétitions sportives* »[103]. Le domaine de cette responsabilité n'a toutefois pas vocation à se limiter aux associations sportives, puisque la Cour de cassation n'a pas hésité à l'appliquer à une association de majorettes[104].

**20. Analyses doctrinales de cette recherche jurisprudentielle des fondements des nouveaux cas de responsabilité du fait d'autrui.** Si certains auteurs refusent d'admettre que la notion de garde d'autrui puisse intervenir dans l'organisation des nouveaux cas de responsabilité du fait d'autrui[105], notamment parce qu'ils refusent d'employer un terme utilisé pour les choses[106], et préfèrent utiliser les notions de contrôle du mode de vie et de l'activité d'autrui, la majorité de la doctrine a admis que la notion de garde d'autrui pourrait servir de fondement à ces nouveaux cas de responsabilité pour autrui. S'appuyant, d'une part, sur l'idée que l'expression de l'article 1384, alinéa 1er du Code civil - « *personnes dont on doit répondre* » - a peut-être été utilisée pour éviter une répétition du terme « *garde* » et signifierait en réalité « *personnes dont on a la garde* »[107] et, d'autre part, sur l'utilisation

---

[103] Civ. 2e, 22 mai 1995, *Bull. civ.* II, n° 155 (2 arrêts) ; *R.*, 319 ; *RJDA* 1995, 853, rapport P. BONNET ; *JCP G* 1995, II, 22550, note J. MOULY ; *JCP G* 1995, I, 3893, nos 5-10, obs. G. VINEY ; *Defrénois* 1996, 357, obs. D. MAZEAUD ; *Gaz. Pal.* 1996, 1, 16, note F. CHABAS ; *RTD civ.* 1995, 899, note P. JOURDAIN ; *D.* 1996, SC, 29, obs. F. ALAPHILIPPE ; H. GROUTEL, *Joueurs ou voyous ? (À propos de deux arrêts sur la responsabilité civile des associations sportives) RCA* 1995, chr. 36 ; S. HOCQUET-BERG, *La responsabilité civile des associations sportives fondée sur l'article 1384 alinéa 1er du Code civil*, *LPA*, 2 février 1996, pp. 16-22 ; Civ. 2e, 3 février 2000, *Bull. civ.* II, n° 26 ; *R.*, 399 ; *D.* 2000, 862, note S. DENOIX DE SAINT MARC ; *D.* 2000, SC, 465, obs. P. JOURDAIN ; *JCP G* 2000, II, 10316, note J. MOULY ; *JCP G* 2000, I, 241, n° 15, obs. G. VINEY ; *Defrénois* 2000, 724, obs. D. MAZEAUD ; *RCA* 2000, comm. 110, note H. GROUTEL ; J.-B. LAYDU, *Un essai transformé : la responsabilité du fait d'autrui fondée sur l'article 1384 alinéa 1 du Code civil dans le domaine sportif*, *RRJ* 2000, pp. 1803-1813.

[104] Civ. 2e, 12 décembre 2002, *Bull. civ.* II, n° 289 ; *JCP G* 2003, I, 154, n° 49, obs. G. VINEY ; *D.* 2003, SC, 2541, obs. F. LAGARDE ; *Dr. et Pat.* mai 2003, 107, obs. F. CHABAS ; H. GROUTEL, *Responsabilité du fait d'autrui : l'inexorable progression*, *RCA* 2003, chr. 4 ; F. BUY, *Responsabilité générale du fait d'autrui : après les sportifs, les majorettes !*, *LPA*, 7 avril 2003, pp. 11-14 ; J.-B. LAYDU, *Du rugby...aux majorettes ; l'application de l'article 1384, alinéa 1 dans le domaine sportif, suite...* , *LPA*, 30 septembre 2003, pp. 9-14.

[105] M. JOSSELIN-GALL, *La responsabilité du fait d'autrui sur le fondement de l'article 1384, alinéa 1er. Une théorie générale est-elle possible ?*, *JCP G* 2000, I, 268 ; M. MARTEAU-PETIT, *La dualité des critères de mise en œuvre du principe de responsabilité du fait d'autrui (La distinction entre le contrôle du mode de vie de personnes et le contrôle exercé sur une activité)*, *RRJ* 2002, pp. 255-270 et p. 817 ; J.-P. GRIDEL, *Glose d'un article imaginaire inséré dans le Code civil en suite de l'arrêt Blieck « Chacun répond, de plein droit, du dommage causé par celui dont il avait mission de régler le mode de vie ou contrôler l'activité », in Le juge entre deux millénaires, Mélanges offerts à P. DRAI*, Dalloz, 2000, pp. 609-613.

[106] M. JOSSELIN-GALL, *La responsabilité du fait d'autrui sur le fondement de l'article 1384, alinéa 1er. Une théorie générale est-elle possible ?*, *art. précit.*, *spéc.* note 19 : « *La maîtrise d'une chose ne comprend certainement pas les mêmes attributs que celle d'une personne, la relation matérielle comme juridique entre une personne et une chose différant essentiellement de celles entre deux personnes. La symétrie entre la garde des choses et la garde de la personne ne repose donc sur aucun fondement logique. Leur coexistence au sein du même texte d'annonce - l'article 1384, alinéa 1er - produit l'illusion rassurante que la responsabilité générale du fait d'autrui a un fondement légal. L'artifice rhétorique ne doit cependant pas conduire à l'erreur consistant à juxtaposer leur régime. Pourrait-on ainsi s'interroger sur la garde de la structure et la garde du comportement du mineur ?* »

[107] G. VINEY et P. JOURDAIN, *Les conditions de la responsabilité*, *in Traité de droit civil* sous la direction de J. GHESTIN, LGDJ, 3e éd., 2006, n° 789-1, pp. 926-929 ; M. BEHAR-TOUCHAIS, *Nouvelles orientations en matière de responsabilité du fait d'autrui, À propos de l'arrêt de l'Assemblée plénière du 29 mars 1991*, *art. précit.*, n° 10, p. 489.

explicite du terme « *garde* » dans certains arrêts de la Cour de cassation[108], ce courant doctrinal a estimé que tous les nouveaux cas de responsabilité du fait d'autrui, ou la majeure partie d'entre eux, sont fondés sur la garde d'autrui.

Ainsi, certains auteurs n'effectuent aucune distinction. En dépit de la diversité des responsabilités du fait d'autrui dégagées à partir de la relecture de l'article 1384, alinéa 1er du Code civil, ils estiment que la garde d'autrui pourrait être le fondement de tous les nouveaux cas et, par conséquent, que cette notion devrait indifféremment s'appliquer aux mineurs, aux handicapés mentaux et aux membres d'associations sportives ou de loisirs[109]. Dans cette lignée, on a même admis que la garde d'autrui serait le fondement des responsabilités de plein droit du fait d'autrui des alinéas 1er, 4 et 5 du Code civil[110]. Selon cette perception de la garde d'autrui, il faudrait admettre que les commettants sont les gardiens de leurs préposés, de même que les parents ont la garde de leurs enfants.

La majorité des auteurs se sont toutefois opposés à une telle analyse, notamment en faisant remarquer que « *la garde d'autrui perdrait nécessairement une partie de sa spécificité en s'identifiant, d'une manière très large, à la charge d'organiser, de contrôler ou de diriger le mode de vie d'une personne ou une activité de celle-ci* »[111]. Dans cette optique, ils ont convenu que seules les nouvelles responsabilités du fait des handicapés mentaux et des mineurs sont fondées sur la garde d'autrui. La responsabilité des associations sportives pourrait pour sa part être rapprochée de la responsabilité des commettants[112].

Toutes ces analyses sur la relation existant entre la garde d'autrui et le droit de la responsabilité du fait d'autrui sont néanmoins contestables, puisqu'elles vont au-delà de ce qui est affirmé par la Cour de cassation.

**21. Analyse étroite de la jurisprudence : l'identification de quatre fondements utilisés par la Cour de cassation.** Si l'on se fonde sur les seuls propos de la Cour de cassation, nous devons admettre non pas une dualité, mais une pluralité de fondements. L'analyse rigoureuse des solutions de la Cour de cassation révèle l'existence de quatre fondements différents pour la responsabilité du fait d'autrui de l'article 1384, alinéa 1er du Code civil. Il est possible de les distinguer en fonction de la qualité de l'auteur du dommage.

---

108 Crim., 10 octobre 1996, *Bull. crim.*, n° 357, *précit.* ; Crim., 26 mars 1997, (3 arrêts), *Bull. crim.*, n° 124, *précit.* ; Civ. 2e, 9 décembre 1999, *Bull. civ.* II, n° 189 ; Civ. 2e, 20 janvier 2000, *Bull. civ.* II, n° 15, *précit.*

109 M.-P. BLIN-FRANCHOMME, *Le critère de « garde » des personnes au regard du principe général de responsabilité civile du fait d'autrui, art. précit., spéc.* p. 9 : « *Serait en conséquence susceptible d'être responsable toute personne physique ou morale, professionnelle ou non, disposant, même à titre temporaire de la garde d'une autre personne, garde définie comme le pouvoir d'organiser, de diriger et de contrôler soit le mode de vie, soit l'activité de l'auteur du dommage* » ; PH. LE TOURNEAU, *Droit de la responsabilité et des contrats*, 6e éd., Dalloz, 2006, nos 7359-7366, pp. 1325-1331.

110 R. ROLLAND, *La double nature de la responsabilité délictuelle du fait d'autrui : garde ou surveillance d'autrui ?, art. précit.*

111 V. LASSERRE-KIESOW, *La garde et la responsabilité du fait d'autrui sur le fondement de l'article 1384, alinéa 1 ou 4 du Code civil, art. précit.*

112 G. VINEY et P. JOURDAIN, *Les conditions de la responsabilité*, *op. cit.*, nos 789-15 à 789-27, pp. 948-966 ; PH. BRUN, *Responsabilité civile extracontractuelle*, 2e éd. Litec, 2009, nos 474-476, pp. 306-309 ; F. TERRÉ, PH. SIMLER et Y. LEQUETTE, *Droit civil, Les obligations*, *op. cit.*, nos 851-853, pp. 853-857 ; J. FLOUR, J.-L. AUBERT et E. SAVAUX, *Droit civil, Les obligations*, t. 2, *Le fait juridique*, 13e éd. par E. SAVAUX, Armand Colin, 2009, nos 224-227, pp. 277-287 ; PH. MALAURIE, L. AYNÈS et PH. STOFFEL-MUNCK, *Les obligations*, 4e éd., Defrénois, 2009, n° 149, pp. 69-72 ; C. COULON, *L'obligation de surveillance*, préf. CH. JAMIN, Economica, collection Recherches juridiques, n°5, 2003, *spéc.* nos 27-104, pp. 26-85 ; E. BERRY, *Le fait d'autrui*, thèse Poitiers, 2003, nos 59-74, pp. 43-56. *Cf.* également : P. JOURDAIN, *La responsabilité du fait d'autrui à la recherche de ses fondements*, in *Études à la mémoire de CH. LAPOYADE-DESCHAMPS*, Presses universitaires de Bordeaux, 2003, pp. 67-81 ; F. ALT-MAES, *La garde, fondement de la responsabilité du fait des mineurs, art. précit.*

Tout d'abord, lorsque l'auteur du dommage est un handicapé mental majeur, la Cour de cassation considère que la personne morale qui a « *accepté la charge d'organiser et de contrôler, à titre permanent* [son] *mode de vie* » ou assure « *la surveillance et l'organisation* [de ses] *conditions de vie* » peut être tenue pour responsable sur le fondement de l'article 1384, alinéa 1er du Code civil. On peut remarquer que ces deux premiers fondements ne sont absolument pas rattachés à la notion de garde par la Cour de cassation et qu'ils ont été utilisés à propos de placements de nature contractuelle.

Ensuite, lorsque l'auteur du dommage est un mineur, la Cour de cassation admet que la victime peut rechercher, sur le fondement de l'article 1384, alinéa 1er du Code civil, la responsabilité de la personne physique ou morale, chargée « *d'organiser, de diriger et de contrôler* [son] *mode de vie* ». Cette mission résulte soit d'une décision judiciaire d'assistance éducative ou de placement d'un mineur délinquant, soit de l'exercice des pouvoirs de la tutelle. Par ailleurs, si à une époque, la Cour de cassation a retenu l'existence d'une responsabilité du fait des mineurs fondée sur « *la surveillance et l'organisation de* [ses] *conditions de vie* » transmises par contrat, cette jurisprudence a été abandonnée. Dans cette hypothèse, d'un dommage causé par un mineur, la Cour de cassation accepte d'utiliser la notion de garde d'autrui pour fonder la responsabilité du tiers. Toutefois, elle réserve l'emploi de cette notion aux placements judiciaires des mineurs en danger ou délinquants et l'écarte pour les placements contractuels. Cette constatation est importante. En effet, jusqu'à la loi du 4 mars 2002 relative à l'autorité parentale, la responsabilité parentale de l'article 1384, alinéa 4 du Code civil était expressément fondée sur l'exercice du droit de garde. L'emploi de la notion de garde pour fonder la responsabilité du fait des mineurs de l'article 1384, alinéa 1er pouvait dès lors suggérer l'existence d'une articulation entre les responsabilités des alinéas 1er et 4 de l'article 1384[113].

Enfin, lorsque le dommage a été causé par un membre d'une association sportive ou de loisirs, la responsabilité de cette dernière peut être recherchée si elle assurait l'organisation, la direction et le contrôle de ses activités au moment du fait délictueux. Il est manifeste que ce fondement n'est en aucun cas rattaché à la garde d'autrui.

**22. Prudence jurisprudentielle dans l'utilisation de la qualification de garde d'autrui**. Il ressort donc de la jurisprudence de la Cour de cassation que cette dernière a fait preuve d'une grande prudence dans l'utilisation de la qualification de garde d'autrui. Elle ne l'attribue qu'aux personnes disposant d'un pouvoir de direction, d'organisation et de contrôle du mode de vie d'un mineur sur le fondement d'une décision judiciaire. En revanche, elle n'en a jamais fait usage pour les mineurs ou les majeurs handicapés mentaux placés par contrat et encore moins pour les membres d'associations sportives ou de loisirs. Les arrêts les plus récents semblent néanmoins consacrer un abandon de la qualification de garde d'autrui. Dorénavant, la Cour préfère viser directement l'organisation, la direction et le contrôle du mode de vie du mineur[114]. L'abandon de la condition de l'exercice du droit de garde au profit de celle de l'exercice de l'autorité parentale dans la responsabilité parentale et, plus généralement, la disparition des références à la garde d'autrui en droit de la famille justifient, peut-être, ce désintérêt. Autrement dit, il est possible que les interrogations sur sa définition et son existence en droit des personnes aient rejailli sur son emploi en droit de la responsabilité. Cet abandon n'est toutefois pas absolu. En effet, dans son arrêt *GIE Axa Courtage* du 11 février 2005, le Conseil d'État a transposé en droit administratif la responsabilité de plein droit du fait des mineurs fondée sur le contrôle, l'organisation et la direction de son mode de

---

[113] F. ALT-MAES, *La garde, fondement de la responsabilité du fait du mineur, art. précit.*

[114] Crim., 15 juin 2000, *Bull. crim.*, n° 233, *précit* ; Civ. 2e, 6 juin 2002 (3 arrêts), *Bull. civ.* II, n° 120, *précit.* ; Civ. 2e, 22 mai 2003, *Bull. civ.* II, n° 157, *précit.* ; Civ. 2e, 7 mai 2003, *Bull. civ.* II, n° 129, *précit.* ; Civ. 2e, 7 octobre 2004, *Bull. civ.* II, n° 453, *précit.*

vie[115]. Confirmée depuis par un arrêt du 1er février 2006, cette responsabilité s'applique, en l'état actuel de la jurisprudence, aux dommages causés par un mineur confié à une personne publique sur le fondement d'une décision judiciaire d'assistance éducative[116] ou de sanction de la délinquance[117]. Or, dans ces deux décisions, le Conseil d'État a expressément rattaché l'organisation, la direction et le contrôle du mode de vie du mineur à la notion de garde.

**23. Identification de la définition jurisprudentielle de la garde d'autrui.** Ainsi, il ressort de la jurisprudence de la Cour de cassation et du Conseil d'État que la notion de garde d'autrui pourrait être le fondement d'une responsabilité de plein droit du fait des mineurs. Dans cette optique, la garde du mineur serait caractérisée par l'attribution judiciaire d'un pouvoir d'organisation, de direction et de contrôle de son mode de vie. De prime abord, on pourrait estimer que cette définition est suffisamment précise pour attribuer, sans la moindre hésitation, la qualité de gardien du mineur et, par conséquent, pour anticiper son attribution et celle de la responsabilité de plein droit qui lui est attachée. Cette idée est néanmoins très contestable. Cette conception de la garde du mineur ne semble pas suffisante.

**24. Imprécisions de la définition jurisprudentielle de la garde d'autrui : exemples de droit positif.** En effet, il est notable que la Cour de cassation ne définit pas ces notions d'organisation, de direction et de contrôle du mode de vie du mineur. Or, la nécessité de préciser le contenu de ce triptyque se fait particulièrement ressentir lorsque plusieurs personnes disposent de prérogatives juridiques sur la personne d'un mineur par la volonté du juge. L'absence de définition risque d'entraîner une certaine incertitude, voire une instabilité, dans l'attribution de la qualité de gardien du mineur. Deux exemples jurisprudentiels confortent cette idée.

Dans un arrêt du 28 mars 2000[118], la Chambre criminelle de la Cour de cassation a admis que le tuteur d'un mineur a la direction, l'organisation et le contrôle du mode de vie de son pupille. Or, on ne peut ignorer que le conseil de famille dispose également de prérogatives sur la personne du mineur. Ne sont-elles pas de nature à contredire l'attribution du pouvoir de garde au tuteur ?

La question de la répartition des pouvoirs sur la personne du mineur peut également se poser lorsque le juge des enfants confie, sur le fondement de l'article 375 du Code civil, un mineur en danger à l'Aide sociale à l'enfance avec le souhait de son placement dans un foyer géré par une association. Dans un arrêt du 15 juin 2000[119], la Chambre criminelle de la Cour de cassation a retenu que l'association, gérant le foyer, avait l'organisation, la direction et le contrôle du mode de vie du mineur et devait par conséquent être responsable de son fait délictueux sur le fondement de l'article 1384, alinéa 1er du Code civil. Or, on ne peut ignorer les prérogatives de l'Aide sociale à l'enfance sur la personne du mineur. Il est pleinement concevable qu'elles réduisent ce pouvoir de garde de l'association, voire contredisent ce choix jurisprudentiel. La lecture d'un arrêt rendu par la deuxième Chambre civile de la Cour

---

115 CE, 11 février 2005, *GIE Axa Courtage*, *Lebon*, p. 45 ; *RFDA* 2005, 595, concl. CH. DEVYS, note P. BON ; *JCP A* 2005, 1132, note J. MOREAU ; *JCP G* 2005, II, 10070, concl. CH. DEVYS, note M.-C. ROUAULT ; *D.* 2005, 1762, note F. LEMAIRE ; *AJDA* 2005, 663, chr. CL. LANDAIS et F. LENICA ; *RDSS* 2005, 466, note D. CRISTOL ; *RLDC*, juin 2005, 17, note CL. DEMUNCK ; *RDP* 2006, 523, note CH. GUETTIER ; *JCP G* 2005, I, 149, n° 4, obs. G. VINEY ; *Dr. fam.* 2005, comm. 173, note X. DUPRÉ DE BOULOIS.

116 CE, 11 février 2005, *GIE Axa Courtage*, *Lebon*, p. 45 ; *précit.*

117 CE, 1er février 2006, *Garde des Sceaux, ministre de la Justice c/ Mutuelle assurance des instituteurs de France (MAIF)*, *Lebon* p. 42 ; *RFDA* 2006, 602, concl. M. GUYOMAR, note P. BON ; *AJDA* 2006, 586, chr. CL. LANDAIS et F. LENICA ; *RCA* 2006, comm. 142, note CH. GUETTIER ; *RDSS* 2006, 316, note D. CRISTOL ; *D.* 2006, 2301, note F.-X. FORT ; *RDP* 2007, 632, note CH. GUETTIER.

118 Crim., 28 mars 2000, *Bull. crim.*, n° 140 ; *précit.*

119 Crim., 15 juin 2000, *Bull. crim.*, n° 233, *précit.*

de cassation le 7 octobre 2004[120] renforce la pertinence de cette interrogation. En l'espèce, un département avait reçu la tutelle d'un mineur. La Cour de cassation a considéré que le département avait reçu la charge d'organiser, de diriger et de contrôler le mode de vie du mineur et que l'attribution de ces prérogatives n'était pas remise en cause par la remise de l'enfant par le département à un foyer géré par une association privée. Il est possible de s'interroger sur la cohérence des solutions du 15 juin 2000 et du 7 octobre 2004. De surcroît, on se doit de souligner que le Conseil d'État a affirmé, dans une arrêt du 13 février 2009[121], que la décision judiciaire, confiant un mineur en danger à l'Aide sociale à l'enfance avec le souhait de son placement dans un foyer privé déterminé, attribue le pouvoir d'organiser, de diriger et de contrôler le mode de vie du mineur à l'Aide sociale à l'enfance et non au foyer privé. En définitive, ces quelques exemples laissent penser que la Cour de cassation n'a pas une conception claire de la garde d'autrui et du contrôle du mode de vie du mineur.

**25. Imprécisions de la définition jurisprudentielle de la garde d'autrui : exemple de droit prospectif.** On peut, par ailleurs, estimer que l'imprécision de la notion de garde des mineurs et des termes de direction, d'organisation et de contrôle du mode de vie du mineur risque de susciter d'autres problèmes d'application, qui n'ont apparemment pas encore été soulevés devant la Cour de cassation. Ainsi, si un mineur peut être confié à un tiers sur le fondement d'une mesure d'assistance éducative, c'est-à-dire de l'article 375 du Code civil, ou sur le fondement de l'ordonnance du 2 février 1945, il également possible qu'il soit remis à un tiers sur le fondement de l'article 373-3 du Code civil. Cette disposition permet notamment de confier l'enfant à un tiers après le divorce de ses parents. Devra-t-on admettre que le tiers organise, dirige et contrôle le mode de vie du mineur au risque de nier le maintien des prérogatives des parents instamment prévu par l'article 373-4 du Code civil ? Cette situation est-elle absolument identique au placement d'un mineur chez un tiers en exécution d'une mesure d'assistance éducative ?

**26. Incertitudes quant à l'attribution de la qualité de gardien d'autrui.** Dès lors, on comprend que ce simple rattachement de la garde des mineurs aux pouvoirs d'organisation, de direction et de contrôle du mode de vie du mineur est en lui-même insuffisant pour identifier avec précision le gardien du mineur. Le risque est d'avoir une définition trop malléable, permettant une attribution quelque peu aléatoire de cette qualité de gardien d'autrui et de la responsabilité de plein droit qui y est attachée. La conception jurisprudentielle de la garde des mineurs de l'article 1384, alinéa 1er du Code civil risque donc de présenter les mêmes qualités de flexibilité et d'incertitude que celle de la garde des choses de la responsabilité du fait des choses.

**27. Incertitudes quant à l'étendue de la nouvelle responsabilité du fait d'autrui de l'article 1384, alinéa 1er du Code civil.** Par ailleurs, cette incertitude sur la définition de la garde des mineurs s'accompagne d'une autre interrogation sur l'étendue de la nouvelle responsabilité du fait d'autrui de l'article 1384, alinéa 1er du Code civil.

En effet, selon la Cour de cassation et le Conseil d'État, la garde des mineurs caractérisée par l'attribution judiciaire d'un pouvoir d'organisation, de direction et de contrôle du mode de vie, peut servir de fondement à une responsabilité du fait des mineurs. De l'exigence d'une décision judiciaire, on peut déduire qu'une personne peut être contrainte de se retrouver sous la garde d'autrui. Il ne s'agit pas d'une situation fondée sur la volonté de plusieurs personnes,

---

[120] Civ. 2e, 7 octobre 2004, *Bull. civ.* II, n° 453, *précit.*

[121] CE, 13 février 2009, *Département de la Meurthe et Moselle*, *AJDA* 2009, 286, obs. J.-M. Pastor ; *JCP G* 2009, II, 10059, note P. Tifine ; *JCP A* 2009, n° 21, 18 mai 2009, 28, note F.-X. Fort ; *RDSS* 2009, 377, note D. Cristol ; *RTD civ.* 2009, 314, note J. Hauser. *Cf.* dans la même affaire : CAA Nancy, 10 avril 2006, *AJDA* 2006, 916, chr. J.-M. Adrien.

mais d'une situation fondée sur une décision obligatoire. Dès lors, il devrait être possible d'étendre cette responsabilité de plein droit à toutes les personnes qui exercent un pouvoir contraignant sur autrui. Autrement dit, il serait logique d'en déduire que les situations dans lesquelles une personne exerce un pouvoir d'organisation, de direction et de contrôle du mode de vie d'un mineur ou d'un majeur, en exécution d'une décision judiciaire, ou administrative dès lors qu'elle s'avère aussi contraignante, pourraient justifier l'existence d'une responsabilité de plein droit du fait d'autrui. Une telle transposition devrait notamment permettre d'affirmer l'existence d'une responsabilité de plein droit du fait des prisonniers ou des handicapés mentaux hospitalisés sous contrainte.

Cette garde d'autrui, définie comme résultant d'une décision judiciaire ou administrative, risque néanmoins de ne pas être le seul fondement de la nouvelle responsabilité du fait d'autrui de l'article 1384, alinéa 1er du Code civil. En effet, il ressort de l'arrêt *Blieck* du 29 mars 1991[122] que l'établissement, qui reçoit un handicapé mental orienté par la Commission technique d'orientation et de reclassement professionnel (COTOREP), a pour mission d'organiser, de diriger et de contrôler son mode de vie et doit de ce fait répondre de plein droit de son fait dommageable. Par ailleurs, l'arrêt de la deuxième Chambre civile de la Cour de cassation du 25 février 1998[123] a jugé qu'un institut médico-pédagogique est responsable de plein droit d'un handicapé mental majeur dès lors qu'il a « *la surveillance et l'organisation de* [ses] *conditions de vie* ». Dans ces deux hypothèses, le placement du handicapé mental ne repose pas sur une décision judiciaire ou administrative contraignante, mais sur un contrat entre la personne atteinte de troubles mentaux, ou son représentant légal, et l'établissement médico-social. Pourtant, la Cour de cassation n'hésite pas à retenir la responsabilité de plein droit de ces établissements accueillant des handicapés mentaux. Cette solution peut surprendre puisqu'en parallèle, après avoir admis que le placement d'un mineur par contrat dans un institut médico-pédagogique pouvait justifier l'existence d'une responsabilité de plein droit du fait d'autrui, la Cour de cassation refuse maintenant cette idée. En particulier, elle a affirmé que le placement d'un mineur dans un institut médico-pédagogique à la suite d'une décision d'une Commission départementale d'éducation spéciale (CDES) ne transfère par à cet établissement la mission d'organiser, diriger et contrôler son mode de vie[124]. La COTOREP étant l'équivalent de la CDES à destination des majeurs, il est possible de s'interroger sur la cohérence des solutions de la Cour de cassation. En effet, il en résulte qu'un institut médico-pédagogique accueillant des mineurs et des majeurs devrait être responsable de plein droit des faits dommageables causés par les seconds et responsable sur le fondement de la faute prouvée des faits dommageables causés par les premiers.

**28. Incertitudes quant à l'articulation des responsabilités du fait d'autrui des alinéas 1er et 4 de l'article 1384 du Code civil.** L'émergence d'une responsabilité du fait des mineurs fondée sur la notion de garde à partir d'une relecture de l'article 1384, alinéa 1er du Code civil incite également à s'interroger sur son articulation avec la responsabilité parentale de l'article 1384, alinéa 4 du Code civil. Jusqu'à la loi du 4 mars 2002 relative à l'autorité parentale, la responsabilité parentale était fondée sur l'exercice du droit de garde et la cohabitation avec le mineur. Depuis, elle repose sur l'exercice de l'autorité parentale et la cohabitation. Cette modification législative risque d'introduire une certaine incohérence dans la responsabilité parentale. Ainsi, lorsqu'un mineur fait l'objet d'une mesure d'assistance éducative avec placement, le Code civil dispose, dans son article 375-7, alinéa 1er, que ses parents « *conservent sur lui leur autorité parentale et en exercent les attributs qui ne sont pas inconciliables avec l'application de la mesure* ». Ils exercent donc une autorité

[122] A.P., 29 mars 1991, *Blieck*, *Bull. A.P.* n° 1, *précit.*
[123] Civ. 2e, 25 février 1998, *Bull. civ.* II, n° 62, *précit.*
[124] Civ. 2e, 7 octobre 2004, *Bull. civ.* II, n° 453, *précit.* ; Civ. 2e, 24 mai 2006, *Bull. civ.* II, n° 136, *précit.*

parentale restreinte. Il est dès lors possible de se demander si cet exercice restreint de l'autorité parentale peut fonder la responsabilité des parents au même titre que le plein exercice des prérogatives de l'autorité parentale, alors même qu'un tiers est responsable du fait du mineur sur le fondement de la garde. La rédaction de l'article 1384, alinéa 4 du Code civil ne semble pas s'y opposer. De nouveau, la cohérence de la responsabilité semble en jeu.

**29. Rejet nécessaire de ces incertitudes.** À la lumière de ces premières observations, il apparaît qu'un certain nombre d'incertitudes entourent cette notion de garde d'autrui issue de la jurisprudence de la Cour de cassation relative à la responsabilité du fait d'autrui. Certaines d'entre elles concernent sa définition et son rattachement au pouvoir d'organiser, de diriger et de contrôler le mode de vie d'autrui, d'autres ont trait à son rôle au sein même de la responsabilité du fait d'autrui.

Or, l'incertitude ne peut être associée à un système de responsabilité. Au contraire, les règles du droit de la responsabilité se doivent de présenter certaines garanties de précision tant à l'égard de la victime que des personnes potentiellement responsables. En ce sens, si l'on attache une responsabilité de plein droit à la qualité de gardien d'autrui, il est important que cette qualité soit clairement définie et attribuée. Une définition incertaine et excessivement malléable, à l'instar de ce qui semble être fait pour la garde des choses, témoigne d'un droit de la responsabilité principalement préoccupé par l'indemnisation des victimes. Si cette considération est naturellement un des objectifs du droit de la responsabilité, elle n'en est pas le seul. Traditionnellement, on admet que la responsabilité a une triple mission de réparation, de sanction et de prévention[125]. Ces trois éléments permettent de la distinguer des mécanismes de pure indemnisation, comme l'assurance ou les fonds de garantie. La pleine efficacité de la fonction normative appelle une prévisibilité dans l'attribution de la responsabilité. Quel serait l'effet préventif d'une responsabilité attribuée plus ou moins aléatoirement ? Par ailleurs, l'identification rigoureuse des personnes potentiellement responsables est particulièrement importante dans un système de responsabilité de plein droit. L'impossibilité de s'exonérer de cette responsabilité autrement que par la force majeure peut encourager la souscription d'une assurance de responsabilité. Il est dès lors essentiel de respecter une certaine prévisibilité dans l'attribution de la responsabilité.

Ainsi, il est permis de penser que, pour être pleinement efficace et accepté, un système de responsabilité se doit d'être cohérent et équilibré. La cohérence suppose le respect d'une certaine logique et le rejet d'éventuelles antinomies entre les différentes hypothèses de responsabilité susceptibles de se présenter[126]. L'équilibre requiert une prise en compte des intérêts distincts de la victime et du responsable. Tandis que l'intérêt de la victime est principalement caractérisé par l'obtention d'une indemnisation, celui de la personne responsable l'est par la prévisibilité de l'attribution de la responsabilité et une juste

---

[125] A. TUNC, *La responsabilité civile*, Economica, 2e éd., 1990, nos 160-184, pp. 133-155 ; G. VINEY, *Le déclin de la responsabilité individuelle*, préf. A. TUNC, LGDJ, Bibl. dr. pr., t. 53, 1965, nos 216-223, pp. 188-193 ; S. CARVAL, *La responsabilité civile dans sa fonction de peine privée*, préf. G. VINEY, LGDJ, Bibl. dr. pr., t. 250, 1995 ; CL. GRARE, *Recherches sur la cohérence de la responsabilité délictuelle, L'influence des fondements de la responsabilité sur la réparation*, préf. Y. LEQUETTE, Dalloz, Nouvelle bibliothèque de thèses, vol. 45, 2005 ; G. RIPERT, *La règle morale dans les obligations civiles*, *op. cit.*, n° 112, pp. 198-200 ; L. CADIET, *Sur les faits et méfaits de l'idéologie de la réparation*, *in Le juge entre deux millénaires, Mélanges offerts à P. DRAI*, Dalloz, 2000, pp. 495-510, spéc. p. 507. Pour une analyse de ces fonctions dans le droit de la responsabilité administrative, *cf.* CH. GUETTIER, *Faute civile et faute administrative*, *in La responsabilité pour faute*, Actes du colloque organisé par le Centre de droit de la responsabilité de l'Université du Maine et le Centre de recherches en droit privé de Tours le 17 janvier 2003, *RCA*, juin 2003, pp. 66-74, spéc. nos 41-58, pp. 71-74.

[126] *Cf.* CH. ATIAS, *Épistémologie juridique*, Dalloz, 2002, nos 330-349, pp. 195-205 ; PH. MALAURIE, *Les antinomies des règles et de leurs fondements*, *in Le droit français à la fin du XXe siècle, Études offertes à Pierre Catala*, Litec, 2001, pp. 25-31.

corrélation entre l'attribution de la responsabilité et sa situation vis-à-vis de l'auteur du dommage.

**30. Recherche d'un système cohérent et équilibré de responsabilité du fait d'autrui.** Le développement d'une conception claire et précise de la garde d'autrui pourrait être de nature à favoriser l'émergence d'un système de responsabilité du fait d'autrui cohérent et équilibré. Pour cela, il est nécessaire non seulement de cerner les contours de cette notion, mais aussi de s'interroger sur la notion même de responsabilité du fait d'autrui.

**31. Première étape : recherche d'une définition de la garde d'autrui en droit des personnes.** L'affirmation d'une définition de la garde d'autrui ne peut être réalisée à l'aide d'un raisonnement exclusivement fondé sur les solutions rendues par la Cour de cassation en matière de responsabilité du fait d'autrui. En effet, leur limitation aux faits de l'espèce et la souplesse de la notion dégagée ne permettent pas de développer une conception générale de la garde d'autrui. Le rattachement de la notion de garde aux pouvoirs d'organiser, de diriger et de contrôler le mode de vie d'un mineur, en exécution d'une décision judiciaire d'assistance éducative ou de sanction de la délinquance, permet uniquement d'affirmer que la Cour de cassation semble associer la notion de garde au pouvoir de retenir une autre personne et de contrôler son mode de vie. Cette perception de la garde d'autrui, élaborée dans l'enceinte du droit de la responsabilité, se révèle donc insuffisante.

Or, la garde d'autrui constitue indubitablement un droit sur la personne d'autrui. Il serait dès lors logique de dégager les contours de cette notion à partir d'un raisonnement fondé sur une analyse de droit des personnes. Dans cette optique, on peut estimer opportun de rechercher si le droit des personnes n'a pas développé une conception précise de la garde d'autrui, afin de confirmer ou d'infirmer le rattachement, avancé par la Cour de cassation et le Conseil d'État, de la garde aux pouvoirs de retenir et de contrôler le mode de vie d'autrui. Cette recherche risque néanmoins d'être rapidement vouée à l'échec, puisque la garde d'autrui fait également l'objet de nombreuses interrogations dans cette branche du droit au point, parfois, de justifier son bannissement.

En réalité, l'absence d'une conception précise de la garde d'autrui apparaît aussi bien en droit des personnes qu'en droit de la responsabilité. Loin d'être un obstacle, un tel constat autorise l'émergence d'une conception unitaire de la garde d'autrui. Une fois élaborée dans son domaine d'origine, le droit des personnes, cette conception unitaire de la garde d'autrui pourrait être transposée en droit de la responsabilité.

Dans cette optique, la volonté jurisprudentielle d'associer la garde au pouvoir de retenir autrui pourrait être un élément déterminant. On peut toutefois craindre qu'il ne soit pas suffisant. Néanmoins, de cette association, on entraperçoit une articulation de la garde d'autrui avec la liberté individuelle, qui devrait permettre de la distinguer d'autres notions voisines et de dégager une conception globale de la garde applicable aux mineurs et aux majeurs. Constituant une atteinte à la liberté individuelle, ce pouvoir sur autrui ne devrait pouvoir être caractérisé, tant dans son étendue que dans son domaine, qu'à l'aide d'un raisonnement fondé sur les dispositions internes et internationales assurant la protection des droits de l'homme. Ainsi, à partir d'une analyse de droit des personnes, il devrait être possible de dégager la définition, le domaine et l'organisation de la garde d'autrui.

**32. Seconde étape : la transposition de la définition de la garde d'autrui en droit de la responsabilité.** La conception globale et unitaire de la garde d'autrui en droit des personnes pourrait dès lors être transposée en droit de la responsabilité et avoir des conséquences tant sur la responsabilité du fait d'autrui que sur la responsabilité du fait personnel.

La transposition de la notion de garde d'autrui dans le droit de la responsabilité du fait d'autrui appelle tout d'abord une importante précision. Il semble en effet possible de regrouper les différentes hypothèses de responsabilité du fait d'autrui en deux catégories distinctes. Tandis que la première s'intéresserait à la responsabilité du fait non professionnel d'autrui, c'est-à-dire aux situations dans lesquelles le fait d'une personne commis en dehors de toute activité professionnelle entraîne la responsabilité d'un tiers, la seconde se focaliserait sur la responsabilité du fait professionnel d'autrui, c'est-à-dire sur les situations dans lesquelles le fait d'une personne commis dans le cadre de son activité professionnelle entraîne la responsabilité d'un tiers. Tandis que la première semble fondée sur l'existence d'un lien d'autorité, la seconde semble justifiée par l'association à une activité et la théorie du risque-profit[127]. Indéniablement, ces deux branches du droit de la responsabilité du fait d'autrui soulèvent de nombreuses questions. Toutefois, dans cette étude sur la garde d'autrui, nous n'envisagerons pas la responsabilité du fait d'autrui en général, mais l'influence de la garde d'autrui sur cette responsabilité. Aussi, notre étude portera à titre principal sur la responsabilité du fait non professionnel d'autrui et à titre subsidiaire sur la responsabilité du fait professionnel d'autrui. En effet, la garde d'autrui a surtout un rôle dans la responsabilité du fait non professionnel d'autrui. Certes, la responsabilité du fait professionnel d'autrui pourrait très certainement faire l'objet d'une refonte. De nombreuses questions se sont développées sur le fondement, le domaine et l'étendue de la responsabilité du fait d'autrui en matière économique. Néanmoins, ces questions doivent être présentement écartées.

Concrètement, la transposition de la notion de garde d'autrui dans le droit de la responsabilité du fait d'autrui invite à s'interroger sur une conception unitaire de la responsabilité du fait non professionnel d'autrui. Très souvent, les auteurs n'ont envisagé qu'un aspect de la responsabilité du fait d'autrui, en s'interrogeant, par exemple, sur la responsabilité du fait des mineurs[128], sur la responsabilité du fait de handicapés mentaux[129], sur la responsabilité du fait des délinquants[130], ou encore sur la responsabilité administrative du fait des personnes surveillées[131]. Or, il est possible qu'en droit des personnes, ces situations présentent des similitudes. La notion de garde d'autrui peut être à même de le révéler. Si tel est le cas, la transposition de cette notion dans le droit de la responsabilité civile et administrative du fait d'autrui invite à s'interroger sur l'opportunité de leur apporter des traitements identiques, lorsqu'elles soulèvent un problème de responsabilité.

Par ailleurs, la transposition de la notion de garde d'autrui dans le droit de la responsabilité invite à s'interroger sur la notion même de responsabilité du fait non professionnel d'autrui. Si on a pu affirmer que la responsabilité du fait d'autrui est, d'une façon générale, justifiée par l'existence d'une autorité sur la personne d'autrui[132] ou la volonté

---

[127] G. VINEY et P. JOURDAIN, *Les conditions de la responsabilité*, *op. cit.*, n° 790, pp. 973-974 ; CH. RADÉ, *L'impossible divorce de la faute et de la responsabilité civile*, *D.* 1998, pp. 301-305

[128] M.-CH. LEBRETON, *L'enfant et la responsabilité civile*, préf. d'Y. FLOUR, Publications des Universités de Rouen et du Havre, 1999 ; A.-M. GALLIOU-SCANVION, *L'enfant dans le droit de la responsabilité délictuelle*, Presses universitaires du Septentrion, 2001 ; K. BUHLER, *La responsabilité civile du fait des mineurs*, thèse, Caen, 1999.

[129] J. LAFON, *La responsabilité civile du fait des malades mentaux*, LGDJ, 1958 ; PH. UZEL, *La responsabilité des hôpitaux psychiatriques et leur assurance*, *RHF*, 1983, n° 358, pp. 101-158 et n° 359, pp. 206-253.

[130] E. PÉCHILLON, *Sécurité et droit du service public pénitentiaire*, préf. F. CHAUVIN, LGDJ, Bibl. dr. pub., t. 204, 1998.

[131] D. HOLLET, *La responsabilité de l'administration du fait des personnes physiques placées sous sa surveillance*, thèse, Toulon, 1996.

[132] J.-B. DONNIER, *L'autorité en droit privé*, thèse, Aix-Marseille, 1992. L'auteur retient ainsi que la responsabilité issue de l'arrêt *Blieck* a pour « *raison d'être la réparation du dommage causé par une personne sous l'autorité et le contrôle d'une autre* » (n° 358, p. 323). Il en déduit logiquement que cette responsabilité pourrait s'appliquer dans de très nombreuses hypothèses. Ainsi, par exemple, il explique : « *Il arrive que des malades incurables sortent de l'hôpital où ils étaient soignés tant que leur état leur permettait, tout en restant sous contrôle médical ou en recevant des soins à domicile. Certaines associations se chargent ainsi du logement en milieu non hospitalier de malades atteints du sida. Ne pourraient-elles pas être déclarées responsables sur le fondement de l'article 1384, alinéa 1, en cas*

du civilement responsable d'exercer une autorité effective sur l'auteur du dommage[133], ces explications risquent d'être insuffisantes pour fonder un système cohérent et équilibré de responsabilité du fait d'autrui. Il nous semble en effet nécessaire de caractériser ce lien d'autorité, c'est-à-dire de déterminer le pouvoir susceptible de justifier l'existence d'une responsabilité du fait d'autrui. Or, une telle détermination ne peut s'effectuer qu'en s'interrogeant sur la raison d'être de la responsabilité du fait d'autrui. Une telle question devrait notamment susciter une réflexion sur l'association de la responsabilité à la liberté individuelle. Il serait dès lors possible que la conception globale et unitaire de la garde d'autrui, fondée sur une analyse de la liberté individuelle, soit associée à une responsabilité de plein droit du fait d'autrui également fondée sur une analyse de la liberté individuelle.

Dans cette optique, cette recherche du rôle éventuel de la garde d'autrui dans la responsabilité du fait d'autrui devra se nourrir des enseignements du droit comparé et ne pourra ignorer les projets de réformes internationaux et nationaux. La responsabilité du fait d'autrui se trouve en effet au cœur des préoccupations législatives et doctrinales. Plusieurs droits étrangers ont connu de profondes évolutions ou font l'objet d'intenses discussions. De même, le *European Group on Tort Law*[134], ou groupe de Tilburg, et le *European Civil Code Group*[135], ou groupe d'Osnabrück, ont élaboré un certain nombre de propositions relatives au droit de la responsabilité. Certaines d'entre elles abordent naturellement la responsabilité du fait d'autrui et nous délivrent une conception de cette responsabilité. Enfin, en France, l'avant-projet de réforme du droit des obligations et de la prescription présenté le 22 septembre 2005 par la commission présidée par Monsieur Pierre Catala[136] suggère de remanier plusieurs dispositions du Code civil, dont celles relatives à la responsabilité du fait d'autrui. Ces différentes réflexions sur la responsabilité du fait d'autrui pourront être analysées afin d'apprécier le rôle éventuel de la conception unitaire de la garde d'autrui dans le droit de la responsabilité du fait d'autrui.

Par ailleurs, la transposition de la notion de garde d'autrui dans le droit de la responsabilité incite à s'interroger sur la responsabilité personnelle du gardien, du gardé et des tiers. Dans cette hypothèse, la transposition des idées de garde et de liberté peut suggérer certains aménagements de la responsabilité civile et pénale.

**33.** Par conséquent, l'affirmation d'une conception globale et unitaire de la garde d'autrui en droit des personnes **(Partie I)** pourrait être utilement transposée en droit de la responsabilité afin de dégager un système cohérent et équilibré de responsabilité du fait d'autrui et de responsabilité du fait personnel **(Partie II)**.

---

*de transmission du virus par le malade dont elles s'occupent ? Les conditions posées par l'arrêt Blieck pourraient être réunies lorsque le malade, tout en jouissant de la liberté que lui laisse son état, voit son mode de vie contrôlé médicalement et organisé, au moins par la fourniture d'un logement, souvent d'une aide psychologique. Certes la personne physique ou morale qui accepte une telle charge n'entend pas influer nécessairement sur la vie du malade, le persuader de se comporter de telle ou telle manière, comme c'était le cas dans l'affaire Blieck. La mission d'organisation acceptée par l'association peut se limiter à la fourniture de moyens.* » (n° 360, p. 325). *Cf.* également : J. LASSERRE-CAPDEVILLE, *L'appréciation du rapport d'autorité en matière de responsabilité du fait d'autrui*, *RRJ* 2005, pp. 685-705.

[133] J. JULIEN, *La responsabilité civile du fait d'autrui ruptures et continuités*, préf. PH. LE TOURNEAU, PUAM, 2001.

[134] *Cf.* http://www.egtl.org/Principles/index.htm ; J. SPIER (dir.), *Unification of tort law : Liability for damage caused by others, Principles of European Tort Law*, vol. 7, Kluwer Law International, 2003.

[135] *Cf.* http://www.sgecc.net/media/dowloads/text_of_articles_final.doc.

[136] P. CATALA, *Avant-projet de réforme du droit des obligations et de la prescription*, La Documentation française, 2006.

# Première partie

# LA NÉCESSAIRE AFFIRMATION D'UNE CONCEPTION UNITAIRE DE LA GARDE D'AUTRUI EN DROIT DES PERSONNES

**34.** Il ressort de certaines décisions récentes de la Cour de cassation et du Conseil d'État une volonté d'associer la notion de garde d'autrui au pouvoir d'organiser, de diriger et de contrôler le mode de vie d'autrui. La restriction de l'emploi de cette qualification aux placements ordonnés par l'autorité judiciaire permet de penser que cette garde d'autrui revêt une dimension contraignante et est associée au pouvoir de retenir la personne d'autrui. Ces quelques indications, révélées par cette jurisprudence relative à la responsabilité du fait d'autrui, ne permettent toutefois pas d'identifier avec certitude les situations de garde d'autrui. De surcroît, elles risquent de ne donner qu'une image de la garde d'autrui déformée par la satisfaction de certaines finalités du droit de la responsabilité. Aussi convient-il d'envisager une autre approche de la notion de garde d'autrui. Étant avant tout un pouvoir sur autrui, il semble naturel de s'intéresser à cette notion de garde d'autrui dans une perspective de droit des personnes.

**35.** Dans cette optique, il est logique de rechercher, dans un premier temps, les différentes manifestations de la notion de garde d'autrui, afin de savoir s'il existe une conception précise de cette notion. Cette étude peut aboutir soit au constat de l'existence d'une conception rigoureuse de la garde d'autrui, soit au constat d'un éclatement de cette notion.

En effet, il est possible que le droit des personnes ait développé une conception rigoureuse de la notion de garde d'autrui. Dans cette hypothèse, cette conception pourrait confirmer ou infirmer le rattachement avancé par la Cour de cassation et le Conseil d'État, en matière de responsabilité du fait d'autrui, de la garde d'autrui aux pouvoirs de retenir la personne d'autrui et de contrôler son mode de vie.

Toutefois, il est également possible que le droit des personnes n'ait pas développé une conception précise de la notion de garde d'autrui, mais qu'il ait employé cette notion dans des sens variés et contradictoires, perturbant ainsi sa compréhension. Un tel constat révélerait une perception éclatée et incomplète de la garde d'autrui. Dans cette hypothèse, le rattachement, avancé par la Cour de cassation et le Conseil d'état, de la garde d'autrui aux pouvoirs de retenir la personne d'autrui et de contrôler son mode de vie ne pourrait être ni pleinement consacré, ni expressément rejeté. Cette perception de la garde d'autrui, développée dans le droit de la responsabilité du fait d'autrui, serait alors une conception, parmi d'autres, de cette notion.

**36.** Si cette dernière hypothèse se confirme, il serait judicieux, dans un second temps, de mettre fin à ces imprécisions en élaborant une conception rigoureuse de la garde d'autrui. À cet effet, le rattachement, avancé par la Cour de cassation et le Conseil d'État, de la garde au pouvoir de retenir autrui pourrait être un élément déterminant. Il devrait dès lors être possible de dégager une définition précise de la garde en l'opposant à des notions voisines et de déterminer son domaine d'application. Une telle approche permettrait d'avoir une conception unitaire de la garde d'autrui. Néanmoins, l'affirmation d'une conception unitaire de la garde d'autrui ne peut se limiter à une détermination théorique de sa définition et de son domaine d'application, elle appelle également une étude de l'organisation pratique de ces situations, afin de déterminer, dans chacune de ses applications, ses conditions d'existence et d'exercice. Aussi la détermination théorique des situations de garde d'autrui (**Titre 1**) doit-elle être suivie d'une étude de l'organisation pratique de ces situations (**Titre 2**). Ces deux approches permettront ainsi de dégager une conception unitaire de la garde d'autrui en droit des personnes.

## Titre I

# LA DISTINCTION RIGOUREUSE DES SITUATIONS DE GARDE, DE DÉTENTION ET DE DIRECTION D'AUTRUI

**37.** Afin de confirmer ou d'infirmer le rattachement, avancé par la Cour de cassation et le Conseil d'état à propos de la responsabilité du fait d'autrui, de la garde d'autrui aux pouvoirs de retenir autrui et de contrôler son mode de vie, il convient de rechercher sa perception traditionnelle en étudiant ses emplois législatifs, jurisprudentiels et doctrinaux. Très rapidement, il apparaît que le législateur n'a pas expressément défini cette notion de garde d'autrui. Une telle conclusion n'est en rien surprenante. Il n'est pas rare que le législateur refuse de définir une notion. L'avertissement du Digeste, « *Omnis definitio in jure civili periculosa est* »[1], ainsi que des considérations théoriques et pratiques peuvent justifier ce refus législatif. Le législateur peut en effet estimer que les définitions relèvent davantage de la jurisprudence que de la loi et souhaiter introduire une certaine souplesse dans l'application et l'interprétation des textes. Toutefois, si cette absence de définition confère un très large pouvoir aux tribunaux, elle introduit corrélativement de grandes incertitudes et imprécisions dans l'application des règles de droit[2].

---

[1] Digeste : *De diversis regulis*, L, XVII, 202 : Javolenus. La maxime complète est : « *Omnis definitio in jure civili periculosa est : parum est enim, ut non subverti posset* ». La seconde partie nous donne des indications sur le danger des définitions, mais il existe une incertitude sur sa formulation exacte. En effet, tandis que l'Aloandrine utilise le terme « *rarum* », la Florentine emploie le mot « *parum* ». Cependant une édition de Lyon, issue de la Florentine, reprend le terme « *rarum* ». Le sens de la maxime latine s'en trouve profondément varié. En effet, la première version stigmatise la trop grande malléabilité des définitions et la seconde leur trop grande rigidité. *Cf.* F. STELLA MARANCA, *Les « regulae iuris » et la « definitio in iure civili »*, traduit par F. PISSARD et P. QUADEN, *in Recueil d'études sur les sources du droit en l'honneur de F. GÉNY*, Librairie du Recueil Sirey, 1934, t. 2, *Les sources générales des systèmes juridiques actuels*, pp. 91-111.

[2] L'importance de ces inconvénients pourrait justifier que le législateur français, à l'instar du législateur européen, définisse rigoureusement les notions qu'il crée. Certains rédacteurs du Code civil semblaient d'ailleurs prôner une définition rigoureuse des termes législatifs. Ainsi, Bigot de Préameneu affirma : « *les définitions sont de véritables dispositions, et même les dispositions fondamentales de la loi ; car elles fixent les incertitudes qui peuvent naître de la diversité des autres dispositions* » (P. A. FENET, *Recueil complet des travaux préparatoires du Code civil*, 1827, t. 12, p. 263). Tronchet, prolongeant sa pensée, précisa : « *le Code civil n'est pas rédigé pour les juges seuls et pour les jurisconsultes, mais pour éclairer tous les citoyens* » (P. A. FENET, *ibid.*). Les définitions deviennent alors nécessaires pour faciliter la compréhension des textes législatifs. Enfin, distinguant le domaine de la science et celui de la loi, Portalis affirma : « *tout ce qui est définition, enseignement, doctrine est du*

**38.** L'absence de définition explicite ne doit pas pour autant interdire toute recherche du sens de la notion de garde d'autrui. Il est possible que l'analyse des textes permette de déterminer ses contours. Cet espoir disparaît toutefois rapidement. L'étude des manifestations traditionnelles de la notion de garde d'autrui nous conduit à un second constat préoccupant. Il apparaît que le législateur emploie l'expression « *garde d'autrui* » pour qualifier des réalités fondamentalement différentes. Il est alors impossible de confirmer pleinement le rattachement, avancé par la Cour de cassation et le Conseil d'état, aux pouvoirs de retenir et de contrôler le mode de vie d'autrui. Ce désordre dans la perception traditionnelle de la notion de garde d'autrui est d'autant plus manifeste qu'il ressort également de l'étude des emplois jurisprudentiels et doctrinaux de la garde d'autrui. En somme, l'absence de définition s'accompagne d'un problème de qualification législative[3] ou de « *nominalisme législatif* »[4]. Le législateur utilise la même expression pour qualifier des réalités, qui, en dépit de points communs, sont différentes et ne peuvent être regroupées sous une même appellation. On pourrait certes admettre que la notion de garde d'autrui constitue une notion à contenu variable[5], qui changerait en fonction du contexte, mais il n'est pas évident qu'une telle souplesse soit toujours souhaitable. Elle risque d'être une source de confusions. L'hétérogénéité pourrait surtout révéler une absence de conception globale de la garde d'autrui et une transposition non encadrée d'un terme du langage courant dans le langage juridique.

**39.** Si l'on souhaite aller au-delà de cette multiplicité et faire émerger une conception unitaire de la garde d'autrui, afin de pouvoir lui attacher des effets juridiques précis, il devient

---

*ressort de la science. Tout ce qui est commandement, disposition proprement dite est du ressort des lois. S'il est des définitions dont le législateur doive se rendre l'arbitre, ce sont celles qui appartiennent à cette partie muable et purement positive du droit, qui est toute entière sous la dépendance du législateur même ; mais il en est autrement des définitions qui tiennent à la morale, et à des choses qui ont une existence indépendantes des volontés arbitraires des hommes* » (P. A. FENET, *op. cit.*, t. 6, p. 43).

[3] La notion juridique de qualification est très loin d'être monolithique (*cf.* TH. JANVILLE, *La qualification juridique des faits*, préf. S. GUINCHARD, PUAM, 2004, n$^{os}$ 2-5, pp. 19-23). Trois acceptions peuvent être identifiées et regroupées en deux catégories : les « *qualifications-opérations* » et les « *qualifications-catégories* » (S. FROSSARD, *Les qualifications juridiques en droit du travail*, préf. J.-M. BÉRAUD, LGDJ, Bibl. dr. trav., t. 33, 2000, n° 4, p. 3). La « *qualification-opération* » correspond à la qualification juridique des faits par le juge ou par les parties. Elle s'analyse comme « *l'opération intellectuelle (…) consistant à prendre en considération l'élément qu'il s'agit de qualifier et à le faire entrer dans une catégorie juridique préexistante en reconnaissant en lui les caractéristiques essentielles de la catégorie de rattachement* » (G. CORNU (dir.), *Vocabulaire juridique de l'Association Henri Capitant*, PUF, Quadrige, 2001, p. 699). Cependant, une telle opération présuppose l'existence préalable de catégories juridiques (*cf.* H. MOTULSKY, *Principes d'une réalisation méthodique du droit privé, La théorie des éléments générateurs des droits subjectifs*, préf. P. ROUBIER, rééd. présentée par M.-A. FRISON-ROCHE, Dalloz, 2002, n° 22, p. 24). Ces dernières, issues de l'activité législatives, se caractérisent, idéalement, par l'existence d'une description ou d'une définition et peuvent se voir attribuer un nom. Cette attribution d'un nom à une catégorie juridique par le législateur constitue en elle-même une première opération de qualification. Il s'agit de la qualification législative. L'objectif est de qualifier une catégorie juridique déterminée. Ainsi, il faut bien distinguer la qualification effectuée par les parties ou par le juge, qui consiste à rapprocher les faits étudiés des règles de droit, de celle attachée au pouvoir législatif, qui a pour objet de nommer les catégories juridiques créées. Ainsi, en matière pénale, on distingue la qualification légale qui est « *l'acte par lequel le législateur définit les incriminations* » et la qualification judiciaire qui est « *l'acte pat lequel le juge vérifie la concordance des faits matériels commis au texte d'incrimination susceptible de s'appliquer* » (*cf.* S. GUINCHARD et G. MONTAGNIER (dir.), *Lexique des termes juridiques*, 14$^{e}$ éd., Dalloz, 2003, p. 471). La « *qualification-catégorie* » désigne une notion juridique. Ainsi parle-t-on de la qualification de meuble ou d'immeuble, mais, en réalité, on vise la notion de meuble ou d'immeuble.

[4] *Cf.* G. CORNU, *Linguistique juridique*, 3$^{e}$ éd., Montchrestien, 2005, n° 5 pp. 15-21.

[5] CH. PERELMAN et R. VANDER ELST (dir.), *Les Notions à contenu variable en droit*, Bruylant, 1984.

nécessaire d'écarter la diversité de ses emplois et de se libérer du désordre des qualifications législatives. Le langage juridique ne peut être une simple transposition du langage courant. Cette idée est d'ailleurs communément partagée par les auteurs qui se sont intéressés à la question du langage juridique. Il est vrai que l'on oppose traditionnellement en la matière « *le parti de l'ordre et le parti de la vie* »[6]. Tandis que le premier, notamment incarné par François Gény[7] et Joseph Becquart[8], considère que le langage juridique est nécessairement un langage technique, le second, auquel se rattachent Montesquieu[9] et Jeremy Bentham[10],

---

[6] G. CORNU, *L'apport des réformes récentes du Code civil à la théorie du droit civil*, Cours de droit civil, Les cours de droit, DES, 1970-1971, p. 36 ; *adde* G. CORNU, *Linguistique juridique*, *op. cit.*, n° 83, pp. 315-319.

[7] F. GÉNY, *Science et technique en droit privé positif, Nouvelle contribution à la critique de la méthode juridique*, Sirey, 1921, t. 3, 3e partie, *Élaboration technique du droit positif*, nos 255-260. Selon Gény, le langage est un « *instrument technique essentiel dans la mis en œuvre du droit positif* ». Perçu comme un moyen de communication, il permet de transmettre les préceptes de la règle juridique à ses destinataires. C'est pourquoi le langage est un élément fondamental de la technique juridique. C'est d'ailleurs un élément si fondamental que Gény n'hésite pas à affirmer que « *l'adaptation linguistique reste la partie capitale de la technique proprement législative* ». Si la source du vocabulaire juridique est le langage courant, ce dernier est transformé en langage technique pour les besoins du droit. Le droit doit utiliser « *une langue technique, s'appuyant à la langue commune, mais en précisant les termes ou les formes, parfois les dénaturant, au besoin même en changeant tout à fait l'application, de façon à obtenir un idiome spécialement adapté au but poursuivi, et qui finalement lui marque sa place distincte au milieu des confusions, des obscurités et des équivoques de la langue vulgaire* ». La technicité du langage juridique se justifie par les qualités qu'elle doit présenter : « *unité, ordre, précision, clarté* ». Même s'il faut les relativiser, en accordant une place à des notions souples (Gény renvoie ici à ce qu'on a pu appeler les « *paragraphes élastiques* » ou « *conceptions soupapes* ») et en reconnaissant l'impossible univocité de tous les termes juridiques, ces qualités imposent un détachement du langage juridique par rapport au langage usuel.

[8] J. BECQUART, *Les mots à sens multiples en droit civil français, Contribution au perfectionnement du vocabulaire juridique*, préf. R. CASSIN, PUF, 1928, *spéc.* pp. 156-158. Sa justification profonde réside dans les différences de nature et de finalités du langage juridique et du langage commun. Son argumentation est fortement développée : « *nous combattons au contraire pour la spécialité de la langue juridique. Parce que toute langue populaire est - par essence - variable et changeante ; tandis que la langue juridique, pour assurer la sécurité des intérêts protégés par la loi, doit présenter la plus grande stabilité. Parce que toute langue populaire sert avant tout les exigences de l'imagination et des sentiments ; tandis que la langue juridique, tant pour assurer le développement scientifique du droit que pour hausser celui-ci au-dessus des passions, doit relever de la seule raison. Parce que la langue populaire est au service de la vie, de la vie telle qu'elle est ; tandis que la langue juridique doit servir la justice, c'est-à-dire la vie telle qu'elle devrait être, gardant le droit - de par sa spécialité même - de l'intrusion des intérêts anarchiques, que celui-ci doit ordonner* ». L'auteur défend la dimension technique du langage juridique, parce qu'elle lui paraît seule à même d'assurer la précision et la prévisibilité des règles de droit. En effet, le langage commun risque de varier selon les époques et de désorganiser en conséquence les règles juridiques. Ayant besoin d'une langue stable et précise, le justiciable et le juriste ne pourraient trouver ces caractéristiques que dans une langue technique, ciselée pour les besoins de la matière. Critiquant l'utilisation croissante de mots à sens multiples en droit et allant, sur ce point, plus loin que Gény, l'auteur appelle de ses vœux l'élaboration d'un vocabulaire juridique nouveau écartant tous les mots polysémiques. En ce sens, si certains mots peuvent avoir plusieurs sens dans le langage courant, il ne serait pas souhaitable qu'une telle polysémie se retrouve dans le langage juridique. Cette seule constatation montre bien que ce serait une gageure de croire que l'utilisation du langage commun permettrait de rendre plus accessible le droit. Au contraire, on risquerait alors de ranger sous une même étiquette deux notions juridiques. Ce qui serait facile à lire ne serait pas pour autant clair. L'avertissement de Becquart ne laisse aucun doute sur ce point : « *gardons-nous d'apprécier la clarté d'une loi d'après la facilité de sa lecture* ».

[9] MONTESQUIEU, *De l'esprit des lois*, Livre XXIX, chapitre XVI : « *Le style des lois doit être simple... Les lois ne doivent pas être subtiles ; elles sont faites pour des gens de médiocre entendement ; elles ne sont point un art de la logique mais la raison simple d'un bon père de famille* », in MONTESQUIEU, *Œuvres complètes*, t. 2, Gallimard, Bibliothèque de la Pléiade, 1989, pp. 877-878.

rassemble les partisans de l'utilisation du langage commun. Néanmoins, l'opposition de ces deux courants n'est pas aussi marquée. Ils divergent surtout sur la détermination de la principale qualité du langage juridique. Alors que les partisans du langage technique défendent sa précision et sa prévisibilité, les défenseurs du langage commun s'attachent à son accessibilité. Cette opposition ne signifie pas qu'ils écartent les arguments du camp adverse. En effet, le langage technique n'est pas créé *ex nihilo*[11]. De même, le langage courant n'est pas transposé sans aucun traitement[12]. En réalité, ces deux doctrines s'accordent pour

---

[10] J. BENTHAM, *Traités de législation civile et pénale, Vue générale d'un corps complet de législation*, Bruxelles, 1829, Chapitre XXXIII : « *Du style des lois* », pp. 368-370. *Adde*, pour une étude de la pensée de Bentham sur l'accessibilité du droit, *cf.* J. VANDERLINDEN, *Code et codification dans la pensée de Jeremy Bentham, Tijdschrift voor Rechtgeschiedenis*, 1964, pp. 45-78. Pour Jeremy Bentham : « *il faut, autant qu'il est possible, ne mettre dans un corps de lois que des termes de droit familiers au peuple* ». Il place le langage au cœur du débat sur la simplification et l'accessibilité du droit, et met en avant la fonction de communication du langage juridique. Il est important que le citoyen comprenne la volonté du législateur. Pour atteindre cet objectif, la loi doit être claire et brève. Le sujet de droit doit pouvoir facilement l'appréhender. Un langage trop technique le mettrait dans l'incapacité de le comprendre (*Cf.* en ce sens J. VANDERLINDEN, *Langue et droit, in Langue et droit*, XV$^{e}$ congrès international de droit comparé, Bristol, 1998, collection des rapports par E. JAYME, Bruylant, 1999, pp. 65-121, *spéc.* p. 69). Seul le langage commun serait à même de pallier ce risque. Dès lors, selon Bentham, le droit sera accessible à tous, « *le père de famille, le texte des lois à la main, pourra sans interprète les enseigner lui-même à ses enfants, et donner aux préceptes de la morale particulière la force et la dignité de la morale publique* »

[11] Pour Gény, la séparation entre le langage courant et le langage juridique n'est pas absolue. Cet éloignement ne signifie pas que le langage technique est élaboré indépendamment de toute référence au langage commun. Gény ne nie pas que le langage commun puisse avoir un rôle dans le vocabulaire juridique. Au contraire, il affirme clairement que le langage juridique puise dans le langage courant. Il précise d'ailleurs qu'il est possible de distinguer, « *dans la contexture de la langue du droit, des expressions vulgaires, des expressions de l'ordre moral, économique ou politique, enfin des expressions strictement juridiques* ». Cette constatation lui permet d'affirmer que les termes techniques sont loin de pouvoir suffire aux besoins de la langue du droit. Le législateur est dès lors contraint d'employer des termes ayant un sens général dans le langage courant. Il doit par conséquent préciser leur sens dans le cadre de leur utilisation juridique. Ainsi, le langage technique de François Gény n'est qu'une transposition encadrée du langage courant. Le vocabulaire juridique n'est pas une langue abstraite et ésotérique. Par ailleurs, s'il se préoccupe principalement de sa précision et de sa fixité, il n'écarte pas toute idée d'accessibilité du droit. Au contraire, il insiste sur le fait que la langue est un instrument de communication. Ceci tend à montrer qu'il n'ignore pas que la règle de droit doit être comprise par son destinataire. Mais il est vrai que cette considération n'est pas mise en exergue.

De même, pour Becquart, l'objectif n'est pas de créer *ex nihilo* un nouveau langage, mais de reconstruire à partir des matériaux anciens. En ce sens, le langage juridique repose sur le langage commun, mais il le précise et l'encadre. La précision du langage juridique, perçu comme une émanation du langage commun, permettra de mieux comprendre les textes de droit.

[12] Les partisans du langage commun n'ont pas une position dogmatique. Ils sont bien conscients des limites du langage courant pour exprimer des notions juridiques. Deux idées semblent prédominer. D'une part, à l'instar d'autres sciences, le droit peut être contraint d'utiliser des termes techniques, c'est-à-dire des mots ou expressions exclusivement utilisées en droit. Le sens de ces mots ne peut être perçu que dans un contexte juridique. Dans un souci de clarté et d'accessibilité du droit, il est alors opportun que ces termes soient explicités par une définition. Bentham, lui-même, n'a pas écarté cette idée. Il nous précise bien qu'il faut « *autant qu'il est possible* » (J. BENTHAM, *Traités de législation civile et pénale, op. cit.*, p. 370) n'utiliser que des termes familiers au peuple. Il n'exclut donc pas l'emploi de termes techniques. Il sera simplement nécessaire « *de les définir dans le corps des lois mêmes* » à l'aide de « *mots connus et usités* » (J. BENTHAM, *ibid.*). D'autre part, certains termes issus du langage courant peuvent être polysémiques. Cette caractéristique n'est pas rare, tant le nombre de signifiés est supérieur au nombre de signifiants. Une telle polysémie n'est pas un gage de clarté et de simplification. Si une telle caractéristique est acceptable dans le langage courant, elle l'est peut être moins dans le langage juridique. Une erreur de compréhension peut avoir des conséquences importantes. Dès lors, leur réception dans le langage juridique devrait être encadrée. Il serait judicieux que ces termes soient définis et qu'ils perdent

reconnaître que le langage juridique provient du langage courant, mais que celui-ci est encadré pour les besoins du droit. Le langage commun est en effet trop versatile et comporte trop de termes polysémiques. Il convient d'éviter, dans la mesure du possible, l'emploi de mots à sens multiples dans le vocabulaire juridique. L'unanimité sur ce point est assez manifeste. Pour les tenants des deux théories, il paraît souhaitable que le législateur évite la polysémie du langage courant et prenne soin, dans la mesure du possible, de conférer un seul sens aux différents termes utilisés, afin que les objectifs de clarté, d'accessibilité, mais aussi de précision et de rigueur de la règle de droit soient satisfaits.

**40.** En reprenant ces idées, il est possible de défendre l'instauration d'une conception unitaire de la notion de garde d'autrui. À cet effet, le rattachement utilisé par la Cour de cassation et le Conseil d'État à propos de la responsabilité du fait d'autrui, de la notion de garde d'autrui aux pouvoirs de retenir et de contrôler le mode de vie d'autrui pourrait être utilisé. À partir de ces quelques éléments, nous pourrons déterminer la définition, le domaine et les caractéristiques de la notion de garde d'autrui. Opposée aux notions voisines de détention et de direction d'autrui, la notion de garde d'autrui sera suffisamment identifiée pour pouvoir lui attacher des effets de droit précis tant en droit des personnes qu'en droit de la responsabilité.

En somme, le constat d'une conception éclatée et incomplète de la garde d'autrui **(Chapitre 1)** peut justifier la proposition d'une conception unitaire de cette notion clairement distinguée des notions voisines **(Chapitre 2)**.

---

leur caractère polysémique. Cette idée se retrouve chez Montesquieu (*cf.* MONTESQUIEU, *De l'Esprit des lois*, Livre XXIX, chapitre XVI : « *il est essentiel que les paroles des lois réveillent chez tous les hommes les mêmes idées* », *in* MONTESQUIEU, *Œuvres complètes*, t. 2, *op. cit.*, p. 877), serait ainsi respecté : « *mêmes idées, mêmes paroles : ne vous servez jamais que d'un seul et même mot pour exprimer une seule et même idée* » (J. BENTHAM, *ibid.*). Le législateur ne peut oublier que « *les paroles de la loi doivent se peser comme des diamants* » (J. BENTHAM, *ibid.*).

## Chapitre 1

# LE CONSTAT D'UNE PERCEPTION ÉCLATÉE ET INCOMPLÈTE DE LA NOTION DE GARDE D'AUTRUI

**41.** Dans une première approche de la notion de garde d'autrui, nous allons tenter de mettre en lumière ses caractéristiques à partir de sa perception législative, jurisprudentielle et doctrinale. De prime abord, il apparaît que la notion de garde d'autrui est habituellement employée pour trois catégories de personnes : les mineurs, les handicapés mentaux et les délinquants. Dans ces trois hypothèses, la garde est bien la contrepartie d'une absence d'autonomie. Tandis que, dans les deux premiers cas, l'absence d'autonomie de la personne gardée est simplement constatée, puisqu'elle se fonde sur l'immaturité ou les déficiences intellectuelles de la personne, dans la dernière hypothèse, l'autonomie est retirée à titre de mesure préventive, dans le cadre d'une enquête pénale, ou à titre de sanction, dans le cadre d'une condamnation pénale. Il s'agit par conséquent d'examiner ces trois illustrations de la notion de garde d'autrui. Néanmoins, très rapidement, nous nous apercevrons que cette approche, s'inscrivant dans une étude de droit des personnes, ne permet pas de révéler les caractéristiques de la notion de garde d'autrui. Au contraire, elle témoigne du profond éclatement de la notion garde d'autrui. Elle ne semble pas avoir fait l'objet d'une perception globale. Ceci est particulièrement vrai pour le législateur qui n'a pas hésité à attribuer la qualification de garde d'autrui à des situations fondamentalement distinctes, entretenant ainsi une certaine confusion autour de cette notion. Une telle conclusion peut également être faite pour la jurisprudence et la doctrine. Certes, cette dernière a parfois essayé de remettre de l'ordre dans cette notion, mais elle a toujours développé un raisonnement incomplet, ne s'intéressant qu'à un emploi précis de l'expression « *garde d'autrui* ». Aussi cette première étude de la garde d'autrui ne permet-elle pas de dégager une conception unitaire de cette notion. Au contraire, le constat d'une perception éclatée et incomplète de la garde d'autrui s'impose de l'étude de la garde des mineurs (**Section 1**) et des gardes des handicapés mentaux et des délinquants (**Section 2**). Il est dès lors impossible d'admette l'existence d'une définition légale rigoureuse de la garde d'autrui.

## SECTION 1
## UNE PERCEPTION ÉCLATÉE ET INCOMPLÈTE DE LA GARDE DES MINEURS

**42.** Un premier constat rapide révèle que la notion de garde d'autrui est usuellement utilisée pour qualifier la situation des enfants mineurs. Très souvent, le législateur, la jurisprudence ou la doctrine parlent de la garde des mineurs. Toutefois, lorsqu'on envisage le contenu et les caractéristiques de cette notion de garde des mineurs, nous ne pouvons qu'être frappés par l'extrême diversité de ses conceptions. Tantôt, elle est étroitement attachée au droit de retenir l'enfant dans un endroit déterminé, tantôt elle paraît détachée d'un tel droit et davantage correspondre à un simple pouvoir de surveillance ou de direction. Par ailleurs, si l'expression « *garde des mineurs* » est fréquemment utilisée par la doctrine et les tribunaux, elle ne l'est pas toujours par le législateur. Au contraire, il n'a pas toujours employé cette expression pour qualifier la condition des mineurs et ne l'a utilisée, de façon notable, que tardivement. Dès lors, l'étude de la perception traditionnelle de la garde des mineurs par le législateur, la jurisprudence et la doctrine doit nous conduire à envisager la condition des mineurs au cours des siècles, afin de déterminer si ces différentes autorités ont admis l'existence de cette notion et, dans l'affirmative, de cerner ses caractéristiques. Dans cette optique, nous allons envisager le droit antérieur à 1804 (**§ 1**), puis postérieur à la rédaction du Code civil (**§ 2**).

## § 1. LA NOTION DE GARDE DES MINEURS AVANT 1804

**43.** Avant 1804, la notion de garde des mineurs n'a pas toujours été expressément utilisée. Néanmoins, l'analyse de la condition des enfants en droit romain et dans l'Ancien droit français permet d'opposer la situation des enfants en garde à celle des enfants en puissance. Une telle distinction permet de constater que la notion de garde est étroitement associée à l'idée de protection de la personne de l'enfant n'ayant pas encore acquis sa pleine autonomie naturelle. Cette recherche des origines de la garde des mineurs en droit romain **(A)** et dans l'Ancien droit **(B)** permet ainsi de mettre en évidence une première conception de cette notion liée, semble-t-il, à l'exercice d'un pouvoir de rétention sur autrui.

### A. L'ABSENCE APPARENTE DE LA GARDE EN DROIT ROMAIN

**44.** Le droit romain ne contient aucune référence apparente à la garde des enfants et encore moins à la garde des mineurs. Toutefois, s'il n'a pas expressément utilisé ce terme de garde, le droit romain n'ignorait pas l'existence d'un rapport d'autorité sur la personne des enfants. L'étude de la condition des enfants permet d'ailleurs de mettre en avant deux situations distinctes, reposant sur les diverses catégories de personnes. L'organisation de la société romaine reposait, en effet, sur une très forte hiérarchisation[1]. La principale division distinguait les hommes libres, les affranchis et les esclaves[2]. Elle était complétée par une seconde division qui opposait ceux qui sont leurs maîtres et ceux qui sont sous la puissance d'autrui[3]. Reprenant la célèbre formule de Gaius, « *quaedam personae sui juris sunt, quaedam alieno juris subjectae sunt* »[4], on qualifiait les premières de personnes *sui juris* et les secondes de personnes *alieni juris*. Par ailleurs, le droit romain n'ignorait pas les notions d'impuberté, de puberté, de minorité et de majorité. Néanmoins, il ne faisait pas nécessairement de correspondances entre toutes ces catégories. Ainsi, le clivage entre les personnes *sui juris* et *alieni juris* n'était pas dirigé par l'état physique et intellectuel de ces dernières et n'était en aucun cas influencé par les notions de puberté ou de majorité. Un enfant demeurait *alieni juris* tant qu'il se trouvait sous l'autorité du *pater familias*. Il devenait *sui juris* lorsqu'elle disparaissait, même s'il était encore impubère. Toutefois, le droit romain pouvait également faire preuve de réalisme, puisqu'un enfant impubère *sui juris*

---

[1] *cf.* F. C. VON SAVIGNY, *Traité de droit romain*, traduit de l'allemand par CH. GUENOUX, Firmin Didot, 1855, t. 2.

[2] *Digestorum seu pandectarum*, I, V, *De statu hominum*.

[3] *Digestorum seu pandectarum*, I, VI, *De his qui sui, vel alieni juris sunt*.

[4] *Digestorum seu pandectarum*, I, VI, *De his qui sui, vel alieni juris sunt*, I.

pouvait être placé en tutelle et, par conséquent, se retrouver sous l'autorité d'autrui. En somme, en droit romain, la condition des enfants est dirigée par la qualité de personne *alieni juris* ou *sui juris*. Tandis que dans la première hypothèse, ils sont nécessairement soumis à la *patria potestas* **(1)**, ils peuvent, dans la seconde, éventuellement faire l'objet de la protection spécifique et limitée de la tutelle **(2)**.

### *1. La patria potestas : un pouvoir de puissance indépendant de l'autonomie naturelle de l'enfant*

**45. Premier constat : de l'absolutisme à l'encadrement de la *patria potestas*.** À Rome, dans la famille légitime, un seul individu, le *pater familias*, était autonome ou *sui juris*. Les autres membres de la famille, c'est-à-dire ici de la *domus*[5], étaient soumis à son autorité ou *alieni juris*. Ils vivaient, en quelque sorte, sous le droit d'un autre et étaient regroupés en quatre catégories. Ainsi, les enfants étaient *in patria potestate*, les esclaves *in dominica potestate*, les personnes en puissance, faisant l'objet d'une mancipation, *in mancipio* et les femmes *in manu*[6]. La *patria potestas*[7] était exercée par le père de famille sur ses enfants nés en juste mariage, légitimés, ou adoptifs. À l'origine, elle constituait un pouvoir absolu et n'était guère différente de la *dominica potestas* exercée sur les esclaves[8]. Cependant, on ne saurait affirmer que la condition des enfants était équivalente à celle des esclaves. Tandis que ces derniers étaient assimilés à des choses, le fils de famille était bien, aux yeux du droit, une personne[9]. Il n'en demeure pas moins que les droits du *pater familias* sur ses enfants étaient extrêmement forts. Cet absolutisme était initialement justifié par la nécessité pour le père d'organiser la défense de sa famille[10]. Il devait pouvoir exiger une obéissance absolue, il était avant tout un chef. Par la suite, la force de la *patria potestas* fut très certainement confortée par la religion du foyer et des ancêtres[11]. Ainsi, en vertu du *jus exponendi*, le *pater familias* était en droit de rejeter un nouveau-né. Par ailleurs, quel que fût l'âge de l'enfant, il pouvait le châtier, le condamner à mort ou à la prison, ou encore le bannir. De même, il pouvait le louer,

---

[5] La famille romaine peut être perçue de façon plus ou moins étendue. Dans une acception très large, elle correspond à la *gens*. Elle regroupe alors un très grand nombre de personnes qui prétendent descendre d'un ancêtre commun. Dans un sens restreint, la *domus* ou *familia* au sens étroit est formée par tous ceux qui sont groupés sous une même puissance paternelle. Elle vise alors l'ensemble de tous les être animés et de tous les objets inanimés sur lesquels règne le *pater familias* : femme, enfants et brus, enfants et brus des fils, esclaves, bétail et animaux domestiques et tous les autres biens immeubles ou meubles. À la mort du *pater*, de nouvelles *domus* vont se créer sous la puissance de chacun des fils. Toutes ces *domus*, issu du *pater familias* disparu, vont se regrouper autour de lui dans le souvenir de sa puissance et dans la pensée de ce qu'elle eût été s'il avait vécu indéfiniment. Cette idée correspond à l'idée de *familia* au sens large et à la notion juridique d'*agnatio*. À force de s'étendre au fil des générations l'*agnatio* devient imperceptible, elle laisse la place à la *gens*. Elle se compose de personnes, les *gentiles*, qui se croient descendantes d'un même ancêtre et portent le même *nomen gentilicium*. *cf.* R. VILLERS, *Rome et le droit privé*, Albin Michel, L'évolution de l'humanité, 1977, pp. 35-37 ; J.-PH. LÉVY et A. CASTALDO, *Histoire du droit civil*, 1re éd., Dalloz, 2002, nos 59-61, pp. 48-50.

[6] Sur ces différentes catégories se reporter à P. F. GIRARD, *Manuel élémentaire de droit romain*, rééd. présentée par J.-PH. LÉVY, Dalloz, 2003, pp. 101-259 ; CH. MAYNZ, *Cours de droit romain*, 3e éd., Librairie Polytechnique d'A. Decs et Librairie de A. Durand et Pedone, 1870, t. 1, n° 98, pp. 290-296.

[7] E. BERLET, *De la puissance du chef de famille en droit romain*, thèse Strasbourg, 1866 ; A. RIVIER, *Précis de droit de famille romain*, Librairie nouvelle de droit et de jurisprudence Arthur Rousseau, 1891, nos 14-34, pp. 49-107 ; H. LÉVY-BRUHL, *Cours de droit*, Licence 1re année, 1952-1953, Les cours de droit, pp. 308-352 ; R. VILLERS, *op. cit.*, pp. 35-47 et pp. 208-250 ; R. MONNIER, *Manuel élémentaire de droit romain*, 6e éd. revue et complétée, Domat Montchrestien, 1947, t. 1, pp. 247-274 ; P. F. GIRARD, *op. cit.*, pp. 149-208 ; J.-PH. LÉVY et A. CASTALDO, *op. cit.*, nos 150-153, pp. 171-177.

[8] R. VILLERS, *op. cit.*, p. 45.

[9] H. LÉVY-BRUHL, *op. cit.*, p. 312.

[10] P. COMTE, *Du droit de garde dans la puissance paternelle*, thèse Paris, 1898, p. 13.

[11] N.-D. FUSTEL DE COULANGES, *La Cité antique*, Champs-Flammarion, 1983, p. 40.

le mettre en gage, le donner ou le vendre[12]. Par conséquent, l'enfant n'était peut-être pas une chose, mais il pouvait être traité comme une chose. Il semblerait d'ailleurs que le *pater familias* pouvait réclamer les enfants en puissance par l'action en revendication, qui est, en principe, la sanction du droit de propriété[13].

Cette puissance paternelle a fait l'objet d'évolutions et son absolutisme a été atténué sous l'influence du développement du christianisme et des transformations économiques[14]. Une idée nouvelle, la *pietas*, est apparue[15]. Réciproque, elle s'entendait aussi bien de la piété filiale que les enfants doivent à leurs parents, que de la piété que les parents doivent à leurs enfants[16]. Cette idée est venue limiter les droits du *pater familias*. Ainsi, l'exposition fut interdite et le droit de vente des enfants très limité. De même, le droit de punir du *pater familias* fut fortement restreint. L'antique *vitae necisque potestas* a fait place à un simple droit de correction, sous l'influence de Constantin qui assimila le meurtre du fils par son père au parricide. Ainsi, le père, meurtrier de son fils, devint passible de poursuites criminelles, même lorsqu'il avait des délits graves à lui reprocher. Une telle évolution est assez symptomatique du changement de mentalités. La justice d'État se substitue à la justice domestique dans la répression des délits commis par un membre du groupe familial. L'État ne peut ignorer ce qui se passe dans la *domus*. Ceci est d'autant plus vrai que les empereurs chrétiens ont créé, sous le nom d'indignité, une véritable déchéance de la *patria potestas*. Le père, qui livrait sa fille à la prostitution ou exposait son enfant, était déchu de sa puissance paternelle. En somme, l'idée de protection de la personne en puissance commençait à apparaître[17].

**46. Second constat : le caractère viager de la *patria potestas*.** En droit romain, l'existence des prérogatives du *pater familias* sur ses enfants n'est pas associée à l'autonomie de l'enfant. En ce sens, la *patria potestas* ne constitue pas une réponse à une absence d'autonomie. Bien au contraire, son existence dépend du *pater familias*. Par principe, le père de famille l'exerce jusqu'à sa mort. En conséquence, elle s'impose à tous les enfants quels que soient leur âge et leur condition sociale. Ils restent soumis à cette *patria potestas* en dépit de toutes les modifications qu'ils ont pu subir ou des fonctions qu'ils occupent. Le droit romain ignore ainsi le régime adopté par un grand nombre de sociétés, anciennes ou modernes, qui limitent les droits des pères de famille à l'arrivée de leurs enfants au plein développement corporel et intellectuel. L'extinction des prérogatives de la *patria potestas* n'est pas liée à la maturité de l'enfant, mais, en général, au décès du *pater familias*. Cependant, dans certaines circonstances exceptionnelles[18], ce dernier peut volontairement mettre fin à un tel pouvoir, notamment en excluant de sa *domus* un enfant qui, selon lui, a cessé de mériter sa protection. C'est l'émancipation[19]. Initialement, selon la Loi des XII Tables, il fallait que l'enfant ait été vendu trois fois par son père[20]. Progressivement, les pontifes ont admis une triple mancipation fictive. Puis en 502, Anastase permit de les remplacer, pour l'émancipation des absents, par un rescrit de l'empereur. Les trois

---

[12] A. RIVIER, *op. cit.*, pp. 77-78.

[13] Les auteurs ne sont pas unanimes sur ce point. Certains nient l'application de l'action en revendication aux enfants. *Cf.* en ce sens H. LÉVY-BRUHL, *op. cit.*, p. 351.

[14] A. RIVIER, *op. cit.*, pp. 79-80 ; H. LÉVY-BRUHL, *op. cit.*, pp. 313-315 ; R. VILLERS, *op. cit.*, pp. 234-237 ; R. MONNIER, *op. cit.* ; n^os^ 188-195, pp. 251-261.

[15] J.-PH. LÉVY et A. CASTALDO, *op. cit.*, n° 153, p. 175.

[16] Marcien justifie ainsi la condamnation à la déportation d'un père ayant tué son fils : « *nam patria potestas in pietate debet, non atrocite consistere* », *cf. Digestorum seu pandectarum*, L. XLVIII, T. IX, *De lege Pompeia de parricidiis*, V.

[17] *Cf.* H. FALCONETTI, *Quelques observations sur la notion de garde en droit romain*, mémoire DES, 1955.

[18] H. LÉVY-BRUHL, *op. cit.*, pp. 342-350.

[19] H. LÉVY-BRUHL, *op. cit.*, pp. 344-350 ; P. F. GIRARD, *op. cit.*, pp. 204-208.

[20] Loi des XII Tables, Table IV, 2 : « *Si pater filium ter venum duit, filius a patre liber esto* ».

émancipations furent ensuite abolies, même pour les enfants présents, par Justinien. Une simple déclaration en justice devint suffisante. Cette *emancipatio Justinianea* vint ainsi consacrer les attentes de la société. Par conséquent, si à l'origine le droit romain n'offrait pas au *pater familias* de procédé direct pour exclure un enfant de sa puissance, à la différence du droit grec qui reconnaissait celui de l'abdication directe de la puissance paternelle[21], il a évolué sous l'impulsion de la pratique. Il devint dès lors possible pour le *pater familias* de mettre fin à son pouvoir sur autrui.

**47. Caractérisation de ce pouvoir sur les enfants *alieni juris* : un pouvoir de puissance.** Il ressort de toutes ces observations qu'en droit romain, la notion de garde des enfants n'était pas explicitement utilisée afin de caractériser une ou plusieurs composantes de la *patria potestas*. Dès lors, il semble permis d'affirmer que ces enfants, *alieni juris*, étaient soumis à un pouvoir de puissance, mais non à un pouvoir de garde. Cette expression devrait sans doute être réservée à d'autres situations. Indéniablement, ce pouvoir de puissance du *pater familias* était un pouvoir extrêmement fort, qui lui permettait de les retenir auprès de lui et de contrôler leur mode de vie. Ce pouvoir, initialement institué dans son intérêt et celui de la cité, a progressivement pris en compte la personne placée dans cette situation de dépendance. L'idée de protection de la personne placée sous l'autorité d'autrui est apparue, laissant penser que le pouvoir sur autrui devait également être exercé dans son intérêt. Toutefois, la seconde grande caractéristique de la *patria potestas* relativise fortement cette dernière considération. En effet, en raison de son caractère viager, le pouvoir du *pater familias* n'était pas réellement une réponse au défaut d'autonomie de ses enfants. Il pouvait subsister malgré la pleine capacité intellectuelle et physique de l'*alieni juris*. De même, l'émancipation n'était pas liée à l'état de l'enfant, mais résultait de la seule volonté du *pater familias*. Son pouvoir pouvait disparaître malgré la persistance du besoin de protection de l'enfant. La *patria potestas* était ainsi indépendante de l'état de minorité et n'avait pas pour fonction première de conférer une éducation à l'enfant. L'absence de lien avec l'état de minorité, ou l'obtention d'une certaine autonomie naturelle, est d'autant plus frappante que le droit romain n'ignorait pas les notions de puberté, d'impuberté, de majorité et de minorité. Mais, elles n'étaient utilisées que dans le cadre de la tutelle et la curatelle de l'enfant *sui juris*, pour limiter les pouvoirs d'une personne sur un enfant. Il y avait alors une correspondance entre l'existence du pouvoir sur l'enfant et son autonomie.

### *2. La tutelle : un pouvoir de garde lié à l'autonomie naturelle de l'enfant*

**48. Étude des pouvoirs du tuteur**. Lors du décès du *pater familias*, ses enfants devenaient *sui juris*. Cependant, il pouvait arriver que ces derniers soient encore impubères. Dans le principe, la puberté dépend du développement physique de chaque individu. Cette mesure étant imprécise et trop individuelle, elle fut fixée par Justinien à quatorze ans pour les garçons et à douze ans pour les filles[22]. Non autonome, l'enfant était alors confié à un tuteur, qui exerçait une mission de protection de la personne et du patrimoine de l'enfant[23]. Ultérieurement, les missions du tuteur furent distinguées. La tutelle fut restreinte aux biens et la personne de l'impubère fut confiée par le magistrat à un parent, c'est-à-dire fréquemment à la mère[24]. À la différence de la *patria potestas*, la tutelle s'arrêtait avec l'arrivée de l'enfant à l'âge de la puberté, c'est-à-dire à l'âge auquel on considérait qu'il devait être autonome. La notion de majorité, qui joue un rôle fondamental dans nos législations modernes, n'était pas ignorée du droit romain, mais ce dernier estimait que le pouvoir du tuteur devait s'arrêter dès la puberté de l'enfant et ne devait pas se maintenir jusqu'à sa majorité. Il préférait accorder à

[21] P. F. GIRARD, *op. cit.*, p. 205.
[22] CH. MAYNZ, *op. cit.*, § 99, pp. 296-299.
[23] *Cf. Digestorum seu pandectarum*, XXVI, I, *De tutelis*.
[24] P. F. GIRARD, *op. cit.*, pp. 226-227.

la majorité une toute autre fonction. En effet, consciente de la nécessité d'aider certains pubères dans la gestion de leur patrimoine, la loi *Laetoria*[25] créa les notions de minorité et de majorité. Elle permit ainsi aux mineurs de vingt-cinq ans de se faire assister par un curateur[26]. Mais ce dernier n'avait pour seule mission que de veiller au patrimoine du pubère mineur. Par ailleurs, la tutelle des impubères s'appliquait également aux enfants naturels[27]. N'ayant pas de père, ils n'étaient pas soumis à la puissance paternelle et naissaient toujours *sui juris*. Mais, ces enfants, nécessitant une protection, étaient placés sous tutelle jusqu'à la puberté.

**49. Caractérisation de ce pouvoir sur les enfants *sui juris*.** La tutelle du droit romain semble bien être l'origine de la garde des enfants. En effet, en latin, le mot *tutela* vient du verbe *tueri* qui signifie classiquement « *protéger* » ou « *garder* ». Ainsi pourrait-on discerner les contours de la notion de garde des enfants en droit romain. À l'instar de la *patria potestas*, la tutelle conférait un pouvoir de rétention et de contrôle du mode de vie des enfants à celui qui l'exerçait. Cependant à la différence des pouvoirs du *pater familias*, les pouvoirs de la tutelle étaient pleinement justifiés par l'absence ou l'insuffisance d'autonomie naturelle de la personne soumise à ce pouvoir. En recourant à la notion de puberté, par préférence à celle de majorité, le droit romain a expressément subordonné l'existence de la tutelle à l'insuffisance d'autonomie de l'enfant. L'autorité du tuteur était justifiée par la nécessité d'éduquer l'enfant et de l'accompagner jusqu'à son autonomie naturelle. L'autorité du tuteur se présentait donc clairement comme un pouvoir de protection. Il reste cependant que les pouvoirs du tuteur ne semblent pas avoir fait l'objet d'un encadrement suffisant pour s'assurer de la bonne exécution de sa mission.

Par conséquent, si on admet l'association de la *tutela* à la garde, nous pouvons admettre que le droit romain considérait que seuls les enfants *sui juris* impubères étaient en garde. Dans cette hypothèse, la garde vise l'ensemble des prérogatives de la tutelle. Elle permettait de retenir et de contrôler le mode de vie d'un impubère et constituait ainsi une réponse à une absence d'autonomie naturelle. La garde est alors étroitement associée à l'idée de protection. Cette idée n'est pas aussi manifeste dans la *patria potestas*. Afin de marquer cette distinction, on pourrait opposer la condition des enfants placés sous l'autorité d'un tuteur et celle des enfants placés sous l'autorité du *pater familias*, en les qualifiant respectivement d'enfants en garde et d'enfants en puissance. Cette opposition se retrouve dans l'Ancien droit français.

### B. LA GARDE DES MINEURS DANS L'ANCIEN DROIT FRANÇAIS

**50.** La grande variété des coutumes et la diversité, voire la confusion, des noms rendent difficile une analyse exacte des différentes institutions régissant les rapports d'autorité entre les parents, ou leurs substituts, et les enfants. Néanmoins, nous pouvons d'ores et déjà remarquer que la notion de garde des enfants apparaît dans les textes de l'Ancien droit. Toutefois, son utilisation demeure assez restreinte. Elle ne s'applique qu'aux enfants orphelins de père ou de mère. De nouveau, il semble possible d'opposer la condition des enfants en garde à celle des enfants en puissance. Néanmoins, la condition des enfants en puissance s'est progressivement rapprochée de celle des enfants en garde notamment sous l'influence des idées germaniques. Aussi pouvons-nous toujours opposer la condition des

---

[25] Cette loi est parfois appelée *Plaetoria*, *cf.* sur ce point de J.-PH. LÉVY et A. CASTALDO, *op. cit.*, note 1 p. 215. La date de la loi *Laetoria* doit se placer peu après l'an 200 avant J.-C. puisque Plaute y fait allusion dans certaines de ses pièces et la présente comme récente.

[26] *Digestorum seu pandectarum*, IV, VI, *De minoribus vigintiquinque annis*.

[27] P. BAYLAC, *Condition de l'enfant naturel*, thèse Toulouse, 1895 ; H. FONTAINE, *De la condition civile de l'enfant naturel à Rome et en France*, thèse Paris, 1881 ; D. G. IONNESCU, *De la condition de l'enfant naturel en droit romain*, thèse Paris, 1881 ; G. PASCAL, *De la condition de l'enfant naturel en droit romain*, thèse Aix-en-Provence, 1889.

mineurs en garde (**1**), orphelins de père ou de mère, à celle des mineurs en puissance (**2**), tout en constatant leur rapprochement.

***1. La condition des mineurs orphelins de père ou de mère : des mineurs en garde***

**51. La garde-noble. Diversité des acceptions.** De prime abord, deux institutions de l'Ancien droit semblent utiliser la notion de garde d'autrui : la garde-noble et la garde-bourgeoise[28]. Selon Pothier, on peut définir le droit de garde-noble comme étant « *le droit que la loi municipale accorde au survivant de deux conjoints nobles, de percevoir à son profit le revenu des biens que ses enfants mineurs ont eu de la succession du prédécédé, jusqu'à ce qu'il ait atteint un certain âge, sous certaines charges qu'elle lui impose, et en récompense de l'éducation desdits enfants qu'elle lui confie* »[29]. L'origine de la garde-noble se trouve dans le droit des fiefs. Lorsqu'un mineur succédait à un fief, le seigneur ne l'en investissait pas. Au contraire, il en prenait possession et percevait les fruits en se chargeant d'assurer l'éducation du mineur. Progressivement, les seigneurs se déchargèrent de cette mission et confièrent la garde de l'enfant et de ses biens au parent le plus proche du mineur. Si le fief provenait de son père, le bailliste devait être en ligne paternelle ; si le fief venait du côté maternel, le bail ne pouvait être confié qu'à un parent en ligne maternelle. La garde-noble présentait un grand nombre de variétés[30]. Ainsi, dans certaines coutumes, dont celle d'Orléans[31], on admettait que le gardien de l'enfant noble avait le gouvernement de la personne du mineur et l'administration de ses biens[32]. Dans cette hypothèse, la garde portait à la fois sur la personne et les biens du mineur. Néanmoins, certaines coutumes, dont celle de Paris[33], considéraient que la garde-noble ne contenait pas la tutelle du mineur. La garde ne portait alors que sur les biens du mineur[34].

**52. La garde-bourgeoise ou garde des roturiers. Diversité des acceptions.** Peu à peu, ce droit de garde-noble, parfois appelé bail dans certaines coutumes, a été transposé aux roturiers et a pris le nom de garde ou de garde-bourgeoise[35]. Là encore, les conceptions de cette garde varient selon les coutumes, mais, il faut admettre qu'elle confère, le plus souvent, à son titulaire le gouvernement de la personne de l'enfant mineur, orphelin de père ou de mère, et celui de ses biens. Fréquemment, elle se confondait avec la tutelle, mais une telle association n'était pas systématique. Ainsi, par exemple, la coutume d'Orléans affirmait : « *la garde est le droit que la coutume donne au survivant des deux conjoints par mariage, ou, à*

---

[28] J.-PH. LÉVY et A. CASTALDO, *op. cit.*, n$^{os}$ 183-190, pp. 218-226 ; R. J. POTHIER, *Traité de la garde-noble et bourgeoise, in Œuvres de Pothier* publiées par M. SIFFREIN, 1822, t. 12 ; PH. DE RENUSSON, *Traitez du droit de garde-noble et bourgeoise qu'on appelle bail en plusieurs coustumes*, 1724 ; MERVEILLEUX, *Traité du droit de garde noble et bourgeoise*, 1763 ; D. DIDEROT et J. LE ROND D'ALEMBERT, *Encyclopédie ou dictionnaire raisonné des sciences, des arts et des métiers par une société de gens de lettres*, t. 7, 1757, pp. 407-411, nouvelle impression en fac-similé de la première édition de 1751-1780, Fr. Frommann-Verlag, 1995 ; PH. DE BEAUMANOIR, *Les coutumes du Beauvoisis*, nouvelle édition par le comte BEUGNOT, J. Renouard, 1842, t. 1, pp. 244-263.

[29] R. J. POTHIER, *Traité de la garde-noble et bourgeoise*, *op. cit.*, p. 64.

[30] M. MERLIN, *Répertoire universel et raisonné de jurisprudence*, 5$^{e}$ éd., t. 13, H. Tarlier, 1826, p. 71.

[31] R. J. POTHIER, *Traité de la garde-noble et bourgeoise*, *op. cit.*, p. 83.

[32] PH. DE RENUSSON, *Traitez du droit de garde-noble et bourgeoise*, *op. cit.*, p. 3.

[33] R. J. POTHIER, *Traité de la garde-noble et bourgeoise*, *op. cit.*, p. 83 ; J. D'ABLEIGES, *Le grand coutumier de France*, nouvelle édition par R. DARESTE et E. LABOULAY, A. Durand, 1866, pp. 373-377.

[34] On peut d'ailleurs noter qu'un auteur du dix-huitième siècle estime que la garde ne confère en aucun cas le pouvoir de gouverner la personne des enfants mineurs. Ainsi, si certaines coutumes confondent la garde et la tutelle, c'est uniquement parce que cette dernière existait avant que le droit de garde ne fût connu. Par conséquent, dans sa conception la plus pure, le droit de garde ne devrait porter que sur les biens du mineur. *Cf.* MERVEILLEUX, *Traité du droit de garde noble et bourgeoise*, *op. cit.*, pp. 1-2.

[35] R. J. POTHIER, *Traité de la garde-noble et bourgeoise*, *op. cit.*, p. 66.

*son défaut ou refus, aux autres ascendants de gouverner avec autorité les personnes des enfants mineurs dudit mariage, et les biens qui sont avenus auxdits mineurs de la succession du prédécédé, et qui pourroient leur avenir d'ailleurs* »[36]. À l'inverse, la coutume de Paris distinguait la garde-bourgeoise et la tutelle[37]. En somme, à l'instar de la garde-noble, la garde bourgeoise pouvait avoir une dimension soit patrimoniale, soit patrimoniale et personnelle.

**53. La tutelle.** Aux côtés de la garde-noble et de la garde-bourgeoise, l'Ancien droit accordait une place à une autre institution qu'il appelait « *tutelle* ». Néanmoins, la terminologie de cette institution est assez variable. Ainsi, Beaumanoir parle tantôt de garde, tantôt de tutelle[38]. Une certaine synonymie doit être reconnue entre ces deux termes. Cette institution présentait de nombreuses spécificités selon les coutumes. Certaines coutumes ne la donnaient qu'au conjoint survivant, d'autres aux ascendants. De même, comme nous l'avons vu, elle pouvait être comprise dans la garde-noble ou la garde-bourgeoise[39]. Mais une telle association n'était pas systématique. La tutelle était parfois reconnue comme une institution à part entière. Selon Pothier, la tutelle était « *le droit attribué à quelqu'un par une autorité publique pour gouverner la personne et les biens d'un mineur* »[40]. Envisageant de façon plus précise, les pouvoirs du tuteur, Pothier constate qu'ils sont identiques à ceux de la puissance paternelle. Il détient le pouvoir de gouverner la personne du mineur et peut par conséquent le retenir, déterminer son lieu de vie et lui infliger une correction modérée[41].

**54. Une perception extrêmement large de la garde des mineurs**. L'étude de l'Ancien droit français permet d'affirmer que lorsqu'un mineur était orphelin de père ou de mère, la puissance paternelle cédait la place soit à une garde-noble, soit à une garde-bourgeoise ou roturière, soit à une tutelle parfois qualifiée de garde. Cette garde des mineurs semble toutefois revêtir une acception très large. Elle englobait l'ensemble des prérogatives exercées sur la personne de l'enfant mineur et ne servait pas à qualifier un pouvoir particulier. On la présentait, d'ailleurs, comme le prolongement de la puissance paternelle après le décès d'un des deux parents. La garde noble ou la garde bourgeoise étaient ainsi perçues comme des substituts de la puissance paternelle. Une telle conception de la garde paraît dès lors très générale, mais elle constituait bien la réponse à une absence d'autonomie de l'enfant puisqu'elle avait vocation à perdurer jusqu'à la majorité du mineur. De nouveau, nous retrouvons cette association de la garde et de la protection des mineurs.

***2. La condition des mineurs dans la puissance paternelle : des mineurs en puissance***

**55. Le rapprochement de la condition des enfants en puissance de celle des enfants en garde dans les pays de droit coutumier.** Dans le droit romain, la condition des enfants soumis à la *patria potestas* est diamétralement opposée à celle des enfants en tutelle. Tandis que les premiers sont *alieni juris* et de ce fait sous la puissance du *pater familias* tant que ce dernier est en vie, les seconds sont *sui juris* et sous la garde du tuteur jusqu'à ce qu'ils soient pubères. Dans l'Ancien droit français, l'opposition entre enfants en puissance et enfants en garde n'est pas aussi prononcée. Il est vrai que le terme de garde est réservé aux orphelins de père ou de mère. Toutefois, les caractéristiques de la garde-noble ou de la garde-

---

[36] R. J. POTHIER, *Coutumes d'Orléans*, publiée par M. SIFFREIN, 1821, p. 380.

[37] R. J. POTHIER, *Traité de la garde-noble et bourgeoise*, *op. cit.*, p. 83 ; J. D'ABLEIGES, *op. cit.*, pp. 373-377.

[38] Ainsi Beaumanoir explique qu'à défaut de parent acceptant le bail ou la garde, le seigneur « *doit bailler une maniere de garde c'on apele tuteur* », *cf.* PH. DE BEAUMANOIR, *op. cit.*, t. 1, p. 274.

[39] *Cf. supra* n^os^ 51-52.

[40] R. J. POTHIER, *Traité des personnes et des choses, in Œuvres de Pothier* publiées par M. SIFFREIN, 1823, t. 13, p. 434.

[41] R. J. POTHIER, *Traité des personnes et des choses*, *op. cit.*, p. 442.

bourgeoise ne sont pas toujours fondamentalement différentes de celles de la puissance paternelle. Ce rapprochement est particulièrement manifeste dans les pays de droit coutumier. En effet, inspirées par la tradition germanique, les coutumes du nord de la France admettent que la puissance paternelle n'existe que pendant la minorité de l'enfant et a pour finalité l'intérêt de ce dernier. La puissance paternelle se démarque alors de la *patria potestas*. Cette idée est parfaitement résumée par la règle tirée de la coutume de Senlis et reprise par Loysel : « *droit de puissance paternelle n'a lieu* »[42]. Dans son *Traité des personnes et des choses*, Pothier donne une définition relativement précise de la puissance paternelle. Elle contiendrait, selon lui, deux éléments : « *le droit de gouverner avec autorité la personne et les biens de leurs enfants, jusqu'à ce qu'ils soient en âge de se gouverner eux-mêmes et leurs biens* »[43] et le droit « *d'exiger de leurs enfants certains devoirs de respect et de reconnaissance* »[44]. Il énonce ensuite les prérogatives des parents qui leur permettent de gouverner leurs enfants : « *le droit de* [les] *retenir auprès d'eux, ou de les envoyer dans tel collège ou autre endroit où ils jugent à propos des les envoyer pour leur éducation* »[45] et « *le droit d'une correction modérée* »[46]. Cette analyse, qui prend soin de préciser les prérogatives de la puissance paternelle et sa finalité, ne reconnaît pas expressément l'existence d'un pouvoir de garde sur les enfants mineurs. Elle perçoit toutefois que le pouvoir de déterminer le lieu de vie de l'enfant constitue la prérogative centrale de la puissance paternelle. On comprend aisément à la lecture de Pothier que ce pouvoir permet de déterminer le mode de vie d'un enfant et qu'il est justifié par l'incapacité de l'enfant à se gouverner lui-même. Pothier est ainsi le premier à avoir analysé le contenu de la puissance paternelle. Comme nous le verrons, une telle étude a sans doute inspiré les rédacteurs du Code civil et a mis implicitement en avant une certaine conception de la garde des mineurs. En tout état de cause, nous pouvons constater que la puissance paternelle dans les pays de droit coutumier présente de grandes similitudes avec les garde-noble et bourgeoise, lorsque ces dernières portent sur la situation personnelle et patrimoniale du mineur, ou encore la tutelle[47]. La condition des enfants en garde et celle des enfants en puissance sont dès lors très proches. La seule différence réside dans le fait que l'enfant en garde est orphelin de père ou de mère.

**56. Le maintien de l'opposition de la condition des enfants en puissance à celle des enfants en garde dans les pays de droit écrit**. Dans les pays de droit écrit, la puissance paternelle reste très proche de la *patria potestas*, puisqu'elle continue à se maintenir indéfiniment. Même si cette rigueur est nuancée par la multiplication des émancipations taisibles, notamment par mariage, l'esprit de l'institution de la *patria potestas* demeure. La puissance paternelle reste une sorte de pouvoir domestique établi plutôt dans l'intérêt du père que celui de l'enfant. Le rapprochement entre la condition des enfants en garde et celle des enfants en puissance ne peut dès lors être établi[48]. L'opposition entre les deux institutions demeure.

**57. Synthèse**. Avant 1804, la notion de garde des mineurs n'est pas totalement inexistante, mais sa signification et son domaine sont assez limités. En droit romain et dans l'Ancien droit français, elle servait à qualifier la situation des enfants non soumis à la puissance paternelle. Elle qualifiait ainsi la globalité des prérogatives juridiques sur la

---

[42] A. LOYSEL, *Institutes coutumières*, Slatkine reprints, 1971, réimp. de l'édition de 1846, t. 1, n° 55, pp. 82-83.
[43] R. J. POTHIER, *Traité des personnes et des choses, op. cit.*, p. 429.
[44] R. J. POTHIER, *ibid.*
[45] R. J. POTHIER, *Traité des personnes et des choses, op. cit.*, p. 430.
[46] R. J. POTHIER, *ibid.*
[47] J.-PH. LÉVY et A. CASTALDO, *op. cit.* n° 190, p. 226.
[48] J.-PH. LÉVY et A. CASTALDO, *ibid.*

personne d'un mineur et non une ou plusieurs d'entre elles. La garde avait pour objectif d'assurer la protection de l'enfant tant qu'il n'était pas autonome intellectuellement. Elle était ainsi nettement conférée dans l'intérêt de l'enfant. Sur ce point, la condition des mineurs en garde s'opposait à celle des mineurs en puissance. En droit romain et dans les pays de droit écrit, l'enfant demeurait sous l'autorité de la puissance paternelle tant que son titulaire était en vie. L'intérêt de l'enfant en puissance n'est pas la première préoccupation. La garde s'oppose ainsi clairement à la puissance paternelle. Cette opposition s'est néanmoins affaiblie en droit coutumier sous l'influence de la tradition germanique. La puissance paternelle est devenue une réponse à l'absence ou à l'insuffisance d'autonomie intellectuelle de l'enfant. Autrement dit, la garde et la puissance paternelle ont perdu de leurs spécificités. Une nouvelle conception de la garde des mineurs a dès lors pu se développer.

## § 2. La notion de garde des mineurs depuis 1804

**58.** Dans l'Ancien droit français, la garde qualifiait la situation des mineurs orphelins de père ou de mère, nécessitant de ce fait une protection particulière. Balayant les institutions féodales, la Révolution abolit la garde-noble et la garde-bourgeoise. La disparition de ces emplois explicites du terme de « *garde* » permit l'émergence de nouvelles conceptions de la garde des mineurs. Ce phénomène est très loin d'être anecdotique. On assista progressivement à une multiplication désordonnée des utilisations de l'expression « *garde des mineurs* » dans les textes et dans la jurisprudence. En effet, le législateur et les tribunaux, relayés par la doctrine, ne retinrent pas une conception de la garde des mineurs, mais, au contraire, multiplièrent leur nombre et donnèrent des sens très divers à la notion de garde des personnes. Présent en droit français, ce phénomène est accentué par le développement de la notion de garde d'autrui en droit européen et en droit international. Par ailleurs, une étude de quelques droits étrangers ne peut nous aider dans la recherche d'une conception de la garde des mineurs, puisque ces droits ont le plus souvent connu les mêmes dérives que le droit français. En définitive, la multiplication des utilisations de l'expression de garde des enfants devra nous amener à conclure à l'impossibilité de discerner une conception unitaire de la garde des mineurs. Ainsi, depuis 1804, la notion de garde ne semble pas avoir fait l'objet d'une conception ordonnée tant dans le droit interne **(A)** que dans les conventions internationales et à l'étranger **(B)**.

### A. L'éclatement la notion de garde des mineurs en droit français

**59.** Après 1804, la notion de garde des mineurs est apparue tardivement en législation. En effet, si l'expression « *garde d'une personne* » est assez largement utilisée dans le langage courant, le législateur a, semble-t-il, toujours fait preuve d'un certain embarras à l'égard de cette notion et a hésité à lui donner une existence juridique explicite. La notion de garde des mineurs n'est apparue dans les textes qu'à la fin du XIX^e siècle avec la loi du 25 juillet 1889 sur la protection des enfants maltraités ou moralement abandonnés[49]. On la retrouve ensuite dans la loi du 19 avril 1898 sur la répression des violences, voies de fait, actes de cruauté et attentats commis envers les enfants[50], puis dans la loi du 27 juin 1904 sur le service des

---

[49] Loi du 24 juillet 1889 sur la protection des enfants maltraités ou moralement abandonnés, *D.* 1890, 4, pp. 15-20 ; J.-B. Duvergier, *Collection complète des lois, décrets, ordonnances, règlements et avis du Conseil d'État*, année 1889, t. 89, Ch. Noblet, 1889, pp. 428-434.

[50] Loi du 19 avril 1898 sur la répression des violences, voies de fait, actes de cruauté et attentats commis envers les enfants, J.-B. Duvergier, *Collection complète des lois, décrets, ordonnances, règlements et avis du Conseil d'État*, année 1898, t. 98, Librairie de la société du recueil général des lois et des arrêts, 1898, pp. 257-261.

enfants assistés[51]. Ces premières utilisations ont immédiatement témoigné de l'absence de conception législative de la garde des mineurs. L'approche législative de la garde des mineurs est en effet très loin d'être cohérente. L'éclatement de cette notion est manifeste. Tantôt la notion de garde est associée au droit de garde de l'autorité parentale **(1)**, tantôt elle en est dissociée **(2)**.

### *1. La garde associée à l'exercice d'un droit de garde*

**60.** La première perception de la notion de garde du mineur par le droit interne affirme que le gardien du mineur est celui qui exerce le droit de garde de l'autorité parentale[52]. La garde est ainsi associée à l'exercice du droit de garde. Il convient dès lors de s'intéresser à ce droit de garde. Or, en l'absence de définition légale, celui-ci ne se laisse pas facilement appréhender. Le silence du législateur a eu pour conséquence une multiplication des conceptions doctrinales et jurisprudentielles obscurcissant chaque fois un peu plus les contours de cette notion. Il convient dès lors de cerner les contours de ce droit en examinant sa perception législative **(a)**, puis son analyse doctrinale et jurisprudentielle **(b)**.

a. La perception législative du « *droit de garde* »

**61. Reconnaissance législative implicite ou explicite du pouvoir de garde**. Avant la loi n° 70-459 du 4 juin 1970[53], aucun texte ne définissait de manière précise le contenu de la puissance paternelle. Toutefois, en 1804, l'article 374 du Code civil prévoyait déjà que « *l'enfant ne peut quitter la maison paternelle sans l'accord de son père* ». Se fondant sur cet article, la grande majorité de la doctrine[54] considéra que cette disposition caractérisait l'existence d'un droit de garde dans la puissance paternelle. Pour la doctrine, le droit de garde était indéniablement un des attributs de la puissance paternelle. Dès lors pressentant l'importance de ce droit[55], elle entreprit d'en préciser les contours. Dans cette démarche, elle ne fut aidée ni par les travaux préparatoires du Code civil ni par le Code civil. En effet,

---

[51] Loi du 27 juin 1904 sur le service des enfants assistés, *S.*, *Lois annotées*, 1901-1905, pp. 833-849 ; J.-B. DUVERGIER, *Collection complète des lois, décrets, ordonnances, règlements et avis du Conseil d'État*, année 1904, t. 104, réimp. Schmidt Periodicals GmbH, 1995, pp. 176-192.

[52] R. DEMAN, *Droit de garde et gardiens de fait*, *JCP G* 1964, I, 1830.

[53] Sur la loi n° 70-459 du 4 juin 1970 relative à l'autorité parentale, *cf.* : R. LEGEAIS, *L'autorité parentale, Étude de la loi n° 70-459 du 4 janvier 1970 et des textes qui l'ont complétée*, Répertoire du notariat Defrénois, 1973 ; Cl. COLOMBET, *Commentaire de la loi du 4 juin 1970 sur l'autorité parentale*, *D.* 1971, chr. I, pp. 1-32 ; J. VIATTE, *L'autorité parentale, commentaire de la loi n°70-459 du 4 juin 1970, Journal des notaires et des avocats et journal du notariat*, 1970, art. 49641, pp. 777-800 ; M. BRAZIER, *L'autorité parentale (commentaire de la loi n° 70-459 du 4 juin 1970)*, *JCP G* 1970, I, 2362 ; J. LOUVET, *La nouvelle loi relative à l'autorité parentale*, *Gaz. Pal.*, 1970, II, doc., pp. 42-46 ; G. DESMOTTES, *La loi sur l'autorité parentale*, *RTDSS* 1970, pp. 229-250 ; M. GOBERT, *L'enfant et les adultes, À propos de la loi du 4 juin 1970*, *JCP G* 1971, I, 2421 ; F. TERRÉ, *À propos de l'autorité parentale*, *in Réformes du droit de la famille*, *APD*, t. 20, Sirey, 1975, pp. 44-55 ; J. CARBONNIER, *Essais sur les lois*, 2e éd., Répertoire du notariat Defrénois, 1995, pp. 79-91.

[54] *Cf.* not. : P. COMTE, *thèse précit.* ; M. ANIZON, *Le droit de garde et de correction dans la législation française contemporaine*, thèse Paris, 1904, p. 15 ; G. MAZOHIÉ, *Le droit de garde*, thèse Paris, 1904, p. 1 ; A. BORN, *Du droit de garde en matière de divorce et de séparation de corps*, thèse Paris, 1904, p. 10 ; P. TANON, *Du droit de garde confié par les tribunaux à des particuliers, à des associations ou à l'assistance publique sur les enfants victimes ou coupables de délits (articles 4 et 4 de la loi du 19 avril 1898)*, thèse Paris 1905, p. 2 ; H. TAUDIÈRE, *Traité de la puissance paternelle*, A. Pédone, 1898, p. 82.

[55] Maurice Anizon affirme ainsi dans sa thèse : « *On ne soupçonnerait point, à voir le terre à terre et le laconisme avec lequel le Code civil traite des droits de parents sur la personne de leurs enfants mineurs (droits de garde et de correction), qu'il s'agit là d'un des problèmes moraux, sociaux et juridiques les plus délicats qui aient jamais sollicité l'attention des législateurs* ». *Cf.* M. ANIZON, *thèse précit.*, p. 1.

malgré les demandes pressantes du premier consul, les rédacteurs considérèrent que cette disposition constituait un détail et qu'il était préférable de s'en tenir aux grandes lignes[56]. Malheureusement, ce point ne fut jamais approfondi. En matière de droit de garde, le laconisme semble être de rigueur…[57]

Face à cette relative imprécision entourant les prérogatives de la puissance paternelle, le législateur de 1970 a inséré dans le Code civil un article 371-2, afin de déterminer la fonction et les prérogatives principales de la nouvelle autorité parentale : « *l'autorité appartient au père et à la mère pour protéger l'enfant dans sa sécurité, sa santé et sa moralité. Ils ont à son égard droit et devoir de garde, de surveillance et d'éducation* ». Pour autant, cet article ne résolvait pas le problème de l'imprécision des prérogatives de l'autorité des parents. Il n'avait qu'une vertu énonciative et ne définissait pas les droits et devoirs de garde, de surveillance et d'éducation. Bien au contraire, l'introduction du terme « *surveillance* » a pu soulever des interrogations. Dans quelle mesure pouvait-on distinguer le droit de surveillance du droit de garde ? De nouveau, la doctrine essaya de rechercher des définitions[58]. En somme, la mention expresse de l'existence d'un droit de garde dans l'autorité parentale apparût surtout comme une source de confusions.

Par ailleurs, le législateur de 1970 avait prévu qu'en cas de divorce, l'attribution de l'exercice du droit de garde à un des parents devait entraîner celui de l'exercice de l'autorité parentale. Confronté à l'iniquité d'une telle disposition, le gouvernement déposa un projet de loi en 1987 afin de développer l'exercice commun de l'autorité parentale après divorce. À cet effet, la nouvelle rédaction de l'article 287 du Code civil devait être la suivante : « *selon l'intérêt des enfants mineurs, leur garde est confiée à l'un des deux parents ou aux deux conjointement. Dans ce dernier cas, le juge indique chez quel parent les enfants ont leur résidence habituelle* ». La réception de la théorie jurisprudentielle de la garde conjointe[59] par le législateur présentait l'intérêt de montrer que la garde d'autrui n'exige pas la présence permanente de la personne gardée auprès du gardien. En effet, tout en étant séparés, on reconnaissait que les parents continuaient à exercer conjointement le droit de garde. La garde se trouvait ainsi détachée de sa dimension physique. Néanmoins, le législateur estima que ce détour par l'exercice conjoint du droit de garde était inutile. De même, il est indéniable que le rôle fondamental du droit de garde dans la loi de 1970 a attiré sur lui l'attention et les rancœurs des parents privés de l'exercice de l'autorité parentale[60]. Aussi, perçue comme une notion « *inutile* »[61] et « *désuète* »[62], la garde fut méthodiquement supprimée du Code civil par

---

[56] P.A. FENET, *Recueil complet des travaux préparatoires du Code civil*, *op. cit*, t. 10 : *De la puissance paternelle*, p. 485 : « *Le Premier Consul dit que le fils ne peut, sans le consentement de son père, quitter la maison paternelle, ni voyager : s'il se le permet, le père a le droit de le faire ramener : la loi doit donc s'en expliquer. Si un père donne une mauvaise éducation à son fils, l'aïeul sera-t-il autorisé à lui en donner une meilleure ? M. Tronchet pense qu'on ne doit pas s'occuper d'abord des détails ni des questions isolées : il serait préférable d'arrêter un plan général fondé sur des bases convenues, sous lequel ces diverses questions se trouveraient ensuite classées* ».

[57] Certains auteurs ont vigoureusement dénoncé cet état en mettant en avant les incertitudes qui en résultent. *Cf.* par exemple, G. MAZOHIÉ, *thèse précit.*, p. 147 : « *Ce qu'il faut avant tout déplorer dans le Code civil au sujet du droit de garde c'est l'insuffisance des textes. Le législateur s'est borné à poser le principe sans songer à résoudre les questions si délicates que soulève son application. Il en résulte un flottement général tant dans la doctrine qui est partagée, que dans la jurisprudence qui est hésitante, qui rend cette partie du droit aussi incertaine que controversée. Il eût été bon que les rédacteurs du Code aient été moins concis : rien n'est plus regrettable que cette incertitude et cette imprécision* ».

[58] *Cf. infra* n[os] 66-69.

[59] *Cf. infra* n° 298.

[60] L. LEVENEUR, *Le choix des mots en droit des personnes et de la famille*, *in* N. MOLFESSIS (dir.), *Les mots de la loi*, Études Juridiques n° 5, Economica, 1999, pp. 11- 29, spéc. p. 26.

[61] P. MAZEAUD, *Rapport fait au nom de la commission des lois constitutionnelles, de la législation et de l'administration générale de la République sur le projet de loi (n° 617) sur l'exercice de l'autorité parentale*, Rapport n° 693, Ass. Nat., 5 mai 1987, p. 14.

la loi n° 87-570 du 22 juillet 1987, dite loi Malhuret. On préféra lui substituer des expressions comme « *confié à* » ou « *résidence habituelle* ». Toutefois, l'œuvre législative resta incomplète, puisque la loi de 1987 omit de supprimer la référence à la garde dans les articles 371-2, 380 et 1384 alinéa 4 du Code civil. La loi du 4 mars 2002[63] a corrigé les articles 371-2 et 1384 alinéa 4. Mais, de nouveau, le législateur a oublié l'article 380, qui vise toujours « *le retrait total ou partiel de l'autorité parentale ou du droit de garde* ». Par conséquent, l'exclusion des références explicites à la garde dans les textes relatifs à l'autorité parentale n'est toujours pas une réalité : simple oubli ou acte manqué ? Nous n'osons répondre à cette question tant la volonté législative est obscure en ce domaine.

Il n'en demeure pas moins que la nouvelle rédaction de l'article 371-1 du Code civil, relatif à la définition de l'autorité parentale, est très lacunaire : « *l'autorité parentale est un ensemble de droits et de devoirs ayant pour finalité l'intérêt de l'enfant* ». Avec cette formule succincte, on revient à la situation antérieure à la loi de 1970. Il existe des droits et des devoirs, mais la loi ne les mentionne pas expressément. Elle préfère substituer une définition fonctionnelle de l'autorité parentale à une énumération des prérogatives[64]. La Commission des lois de l'Assemblée Nationale de 2002 justifie cette suppression non seulement en invoquant, comme en 1987, le caractère « *désuet* » des droits de garde et de surveillance, mais aussi en relevant qu'ils « *sont implicitement compris dans les notions de sécurité, de santé ou de moralité ou sont déclinés dans divers articles du Code civil (droit d'entretenir des relations avec les grands-parents notamment)* »[65]. Certains parlementaires, conscients de l'importance du droit de garde dans l'autorité parentale, ont bien tenté de le faire réapparaître en soumettant un amendement dans ce sens, mais il fut rejeté. De nouveau on avança que la référence au droit de garde serait source de confusions pour le justiciable[66]. En définitive, l'histoire du droit de garde au sein du Code civil est assez chaotique. Son existence n'est pas remise en cause, seule sa reconnaissance explicite semble gêner. Réduit au rang d'« *attribut innommé* »[67] de l'autorité parentale, il existe, le législateur l'affirme lui-même. Aussi est-il permis de penser que certains auteurs ont, peut-être un peu trop rapidement, salué « *l'abandon de la notion de garde* »[68]. Le pouvoir de garde demeure une prérogative de l'autorité

---

[62] P. MAZEAUD, *ibid.*

[63] Sur la loi n° 2002-305 du 4 mars 2002 relative à l'autorité parentale, *cf.* : H. FULCHIRON, *L'autorité parentale rénovée (Commentaire de la loi du 4 mars 2002 relative à l'autorité parentale, Defrénois.* 2002, art. 37580, pp. 959-997 ; S. THOURET, *La loi n° 2002-305 du 4 mars 2002 relative à l'autorité parentale ou la recherche d'une véritable coparentalité, Procédures*, 2002, chr. 7, pp. 8-14 ; J. ROCHFELD, *Droits fonctions versus droits subjectifs : quels modèle pour la famille ?, RTD civ.* 2002, pp. 377-384 ; Dossier : *La loi du 4 mars 2002 relative à l'autorité parentale, AJ Famille* 2002, pp. 125-139 ; A. GOUTTENOIRE-CORNU, *La consécration de la coparentalité par la loi du 4 mars 2002, Dr. famille*, 2002, chr. n° 24 ; F. BOULANGER, *Modernisation ou utopie ? : la réforme de l'autorité parentale par la loi du 4 mars 2002, D.* 2002, pp. 1571-1577 ; E. MULON-MONTÉRAN, *La nouvelle autorité parentale, RJPF*, avril 2002, pp .6-9 ; C. BRIÈRE, *La coparentalité : mythe ou réalité ?, RDSS* 2002, pp. 567-580 ; F. VAUVILLÉ, *Du principe de coparentalité, LPA*, 18 octobre 2002, pp. 4-11 ; O. LAOUENAN, *Les conventions sur l'autorité parentale depuis la loi du 4 mars 2002, JCP G* 2003, I, 149.

[64] F. TERRÉ et D. FENOUILLET, *Droit civil, Les personnes, La famille, Les incapacités*, Dalloz, 7e éd., 2005, nos 1009-1013, pp. 971-975.

[65] M. DOLEZ, *Rapport fait au nom de la commission des lois constitutionnelles, de la législation et de l'administration générale de la République sur la proposition de loi (n° 3074) de M. J.-M. Ayrault et les membres du groupe socialiste et apparentés, relative à l'autorité parentale*, Rapport n° 3117, Ass. Nat., 13 juin 2001, p. 23.

[66] Débats parlementaires, Ass. Nat., Journal officiel, 15 juin 2001, p. 4264 et 12 décembre 2001, p. 9246.

[67] G. CORNU, *Droit civil, La famille*, Montchrestien, Domat droit privé, 8e éd., 2003, n° 77, p. 162.

[68] P. COURBE, *Droit de la famille*, 4e éd., Armand Colin, 2005, no 1049, p. 458.

parentale, mais il ne peut être cité comme tel. La position du législateur est bien « *la garde sans le nom* »[69].

**62. La question de la connotation négative du mot « *garde* ».** À l'origine de l'ostracisme dont souffre la notion de « *garde* » dans le droit de l'autorité parentale se trouve notamment sa prétendue connotation négative et son caractère désuet. De telles questions renvoient de nouveau à celle de la qualification législative. En effet, le nominalisme législatif peut parfois conduire à des qualifications en apparence inopportunes. Ainsi, conscient qu'« *il est des mots qui font mal* »[70], le législateur peut préférer s'abstenir de les utiliser et les bannir de son vocabulaire[71]. On peut cependant s'interroger sur la pertinence de tels refus de qualification. Est-il encore légitime de refuser de nommer une notion pour la simple raison que le nom, qui semble naturellement s'imposer, est porteur d'une valeur symbolique que l'on souhaite absolument écarter ? Autrement dit, peut-on encore bannir du langage juridique des mots en raison des idées prétendument négatives qui peuvent leur être associées ? Si le refus de qualification permet d'écarter un mot ou une expression que l'on ne souhaite pas utiliser, il n'en demeure pas moins qu'une telle décision peut surprendre. De même que les mots sont très souvent polysémiques, ils peuvent être teintés de connotations différentes. Ce qui serait rejeté par certains pourrait très bien être admis par d'autres. Il est dès lors surprenant que le législateur chasse certains mots de son vocabulaire, alors qu'ils sont régulièrement utilisés dans le langage courant. Le langage juridique ne se montre-t-il pas un peu trop précautionneux ? Est-il heureux de remplacer l'expression « *enfant incestueux* » par celle d'enfant naturel entre le père et la mère duquel « *il existe un des empêchements à mariage prévus par les articles 161 et 162 ci-dessus pour cause de parenté* »[72] alors qu'elle continue à être utilisée dans le langage courant ? Par ailleurs, en ce qui concerne les enfants adultérins, le problème ne portait-il pas davantage sur le régime successoral discriminatoire que sur l'emploi de cette expression ?[73] En réalité, il semblerait que de tels refus de qualification ne soient pas pertinents. Le « *nominalisme humanitaire* »[74] a ses limites. Il convient de ne pas abuser de ces « *médications verbales* »[75] ou « *euphémisme* »[76]. Les précautions linguistiques peuvent aboutir à une trop grande complexité du langage juridique, qui s'en trouve d'autant plus déconnecté de la réalité. Ceci ne signifie pas pour autant que le législateur ne doit faire preuve d'aucune mesure dans la rédaction des textes. Il faut en effet faire une distinction. Si le législateur ne peut trouver aucun terme ou expression susceptible de se substituer au mot jugé blessant, il faut admettre qu'il puisse l'utiliser dans un souci de simplification du droit. Une périphrase à la formulation lourde, et parfois incomplète, n'est pas souhaitable. En revanche, si le législateur peut utiliser un terme plus neutre, il doit bien évidemment le faire. L'emploi d'un mot blessant ne serait alors pas opportun. Ainsi, l'abandon des termes

---

[69] G. CORNU, *op. cit.*, n° 77, p. 162.

[70] J. CARBONNIER, *Essais sur les lois*, *op. cit.*, p. 284.

[71] Pour une étude sur les refus de qualification par le législateur en droit des personnes et de la famille, *cf.* L. LEVENEUR, *Le choix des mots en droit de la famille*, *art. précit.*, *spéc.* pp. 12-24.

[72] Ancien article 334-10 du Code civil.

[73] Ce problème a été traité par l'arrêt *Mazurek contre France* de la Cour européenne des droits de l'Homme du 1er février 2000. Il condamne la France en raison de l'existence de la discrimination fondée sur l'article 760 du Code civil entre un enfant légitime et un enfant adultérin. Cependant, il n'hésite pas à utiliser l'expression « *enfant adultérin* ». *Cf. JCP G* 2000, II, 10286, note A. GOUTTENOIRE-CORNUT. Cette condamnation a entraînée une modification des textes par la loi n°2001-1135 du 3 décembre 2001. Le régime discriminatoire a disparu et l'expression « *enfant adultérin* » ne figure plus dans le Code civil.

[74] G. CORNU, *L'apport des réformes récentes du Code civil à la théorie du droit civil*, *op. cit.*, p. 74.

[75] J. CARBONNIER, *Essais sur les lois*, *op. cit.*, p. 284.

[76] J.-L. SOURIOUX et P. LERAT, *L'euphémisme dans la législation récente*, *D.* 1983, chron. XXXIX, pp. 221-222.

« *d'imbécillité, de démence ou de fureur* »[77] au profit de l'expression « *altération des facultés personnelles* »[78] est pleinement justifié. Or le terme de garde ne véhicule pas que des idées négatives. La garde d'autrui ne peut être assimilée à la détention d'une personne. Elle renvoie, avant tout, à l'idée de protection de la personne. Aussi une suppression fondée sur la prétendue connotation négative du mot « *garde* » n'est pas convaincante.

**63. La question de l'utilité et de la définition de la garde.** Pour justifier la suppression des références à la garde dans le Code civil, le législateur a également invoqué son inutilité. En elle-même, une telle explication est peu convaincante. Bien au contraire, depuis plus de deux siècles, la doctrine ne cesse de s'interroger sur cette notion. De même, la jurisprudence semble vouloir lui attribuer un rôle fondamental au sein des règles du droit de la responsabilité. Aussi, affirmer que la garde est une notion inutile ne paraît pas non plus pertinent. En réalité, derrière cette idée d'inutilité de la garde des mineurs se cache le problème de son absence de définition, que le législateur ne semble pas disposé à résoudre. L'absence de définition risque en effet de masquer l'intérêt de cette notion. Or, il est manifeste que le législateur se contente simplement de donner des pistes, afin de déterminer les contours de la définition de la garde des mineurs. Le maintien de la règle de l'article 374, devenu l'article 371-3 du Code civil, pourrait être une première indication. Traditionnellement présentée comme le fondement du droit de garde de l'autorité parentale, elle n'a pas connu les vicissitudes de ce dernier. On pourrait dès lors affirmer que le droit de garde est le pouvoir de retenir le mineur. Mais, on peut également estimer que le silence du législateur sur ce point laisse entendre qu'une telle définition serait incomplète. Les parlementaires n'ont-ils pas dit que les droits de garde et de surveillance « *sont implicitement compris dans les notions de sécurité, de santé ou de moralité ou sont déclinés dans divers articles du Code civil* »[79], dont celui relatif au droit d'entretenir des relations avec les grands-parents ? Ils n'ont pas expressément renvoyé à l'article 371-3 du Code civil. En définitive, nous pouvons seulement retenir que, pour le législateur, le droit de garde, « *le plus important du faisceau des droits et devoirs formant l'autorité parentale* »[80], existe implicitement et qu'il ne peut être perçu comme le seul droit de retenir l'enfant mineur.

**64. Un pouvoir attribué dans l'intérêt de l'enfant.** Dès 1804, le législateur s'est interrogé sur la finalité de la puissance paternelle, puis de l'autorité parentale. Ainsi, lors de la rédaction du Code civil, l'opposition entre les idées du Midi et celles du Nord de la France réapparut. Tandis que Maleville voulait conserver le mot « *puissance* », Berlier préférait celui d'« *autorité* »[81]. Sous cette opposition des mots transparaît une divergence de vues quant aux finalités de l'autorité sur les enfants. Les tenants du mot « *puissance* » sont préoccupés par le souci de faire respecter l'ordre au sein de la société. Dans cette optique, la puissance paternelle est un véritable relais pour le gouvernement. Ainsi Maleville écrivit : « *la puissance paternelle est dans la famille, ce que le Gouvernement est dans la société ; l'une gouverne par les mœurs, et l'autre par les lois. Si le maintien de l'ordre social dépend de la force du Gouvernement, le maintien de l'ordre domestique tient à l'efficacité de la puissance paternelle ; et comme l'État n'est que la réunion des familles, il ne peut être heureux*

[77] L'ancien article 489 du Code civil disposait en effet que « *le majeur qui est dans un état habituel d'imbécillité, de démence ou de fureur, doit être interdit, même lorsque cet état présente des intervalles lucides* ».

[78] Cette expression figure dans l'article 488 alinéa 2 du Code civil modifié par la loi n°74-631 du 5 juillet 1974 : « *est néanmoins protégé par la loi, soit à l'occasion d'un acte particulier, soit d'une manière continue, le majeur qu'une altération de ses facultés personnelles met dans l'impossibilité de pourvoir seul à ses intérêts* ».

[79] M. DOLEZ, *rapp. précit.*, p. 23.

[80] TI Anthony, 1er avril 1971, *JCP G* 1972, II, 17061, note Y. BUFFELAN-LANORE.

[81] P.A. FENET, *Recueil complet des travaux préparatoires du Code civil*, *op. cit*, t. 10, pp. 486-487.

*qu'autant que les familles particulières le sont aussi* »[82]. Au contraire, dans la continuité des traditions coutumières et de la pensée de certains auteurs de l'École du droit naturel[83], les partisans du mot « *autorité* » défendirent la finalité protectrice de cette institution et mirent en exergue l'intérêt de l'enfant[84]. En définitive, cette seconde tendance l'emporta. En effet, si le titre IX du livre I$^{er}$ du Code civil est intitulé « *De la puissance paternelle* », l'article 372, qui en pose le principe, ne parle que d'autorité. D'autre part, si quelques auteurs ont pu regretter un affaiblissement de la puissance paternelle[85], l'évolution témoigne du rôle croissant de la notion d'intérêt de l'enfant. Irriguant progressivement tous les aspects de l'autorité parentale, elle en est devenue le pivot[86], accompagnant la progression constante de la promotion des droits de l'enfant[87]. Son développement a pu susciter quelques exaspérations. Certains auteurs ont ainsi soutenu que cet intérêt conduirait le plus souvent à « *réifier le mineur* »[88], puisqu'« *une authentique personne n'aurait pas besoin de faire vérifier ses intérêts en justice* »[89]. Une telle analyse semble contestable. Au contraire, la référence à l'intérêt de l'enfant invite à ne pas le percevoir comme une chose, mais bien comme une personne nécessitant une protection. Le développement de cette notion témoigne d'un nouveau regard sur le lien de subordination existant entre les parents et leurs enfants. En soulignant le besoin de protection de l'enfant en sa qualité de personne, il révèle que les droits des parents sur leurs enfants ne peuvent constituer des droits réels. L'affirmation de Roguin, selon laquelle « *les droits de puissance et de famille portent sur l'homme envisagé comme chose ; ils ne sont guère que des droits réels particularisés par le caractère humain de leur objet* »[90], ne peut

---

[82] J. DE MALEVILLE, *Analyse raisonnée de la discussion du Code civil au Conseil d'Etat*, 3$^{e}$ éd., t. 1, 1822, pp. 339-340.

[83] Ainsi Thomasius affirme, dans ses *Institutiones jurisprudentiae divinae*, que l'autorité parentale n'est que le moyen par lequel l'éduction peut être réalisée. De même Locke défend, dans son Second traité sur le gouvernement, qu'elle découle du devoir qui incombe aux parents de prendre soin de leurs enfants. *Cf.* pour une étude de la perception de l'autorité parentale en droit naturel : A. DUFOUR, *Autorité maritale et autorité paternelle dans l'École du droit naturel moderne*, *in Réformes du droit de la famille*, APD, t. 20, Sirey, 1975, pp. 89-125, *spéc.* pp. 115-117.

[84] P.A. FENET, *Recueil complet des travaux préparatoires du Code civil*, *op. cit.*, t. 10, p. 487.

[85] *Cf.* not. J.-P. CHRESTIEN DE POLY, *Essai sur la puissance paternelle*, A. Egron, 1820.

[86] Sur la notion d'intérêt de l'enfant *cf.* : CL. NEIRINCK, *La protection de la personne de l'enfant contre ses parents*, préf. B. TEYSSIÉ, LGDJ, Bibl. dr. pr., t. 182, 1984 ; Y. LEGUY, *L'intérêt personnel de l'enfant et les relations familiales*, thèse Rennes, 1973 ; R. LE GUIDEC, *La notion d'intérêt de l'enfant en droit civil français*, thèse Nantes, 1973 ; J.-P. SERVEL, *La notion d'intérêt de l'enfant. Essai sur les fondements de l'autorité et des décisions parentales*, thèse, Aix-Marseille III, 1978 ; C. SANDRAS, *L'intérêt de l'enfant dans le droit des personnes et de la famille*, thèse Paris II, 2000 ; M. GOBERT, *L'enfant et les adultes (à propos de la loi du 4 juin 1970)*, *JCP G* 1971, I, 2421 ; R. THÈRY, *L'intérêt de la famille*, *JCP G* 1972, I, 2485 ; J. RUBELLIN-DEVICHI, *Le principe de l'intérêt de l'enfant dans la loi et la jurisprudence française*, *JCP G* 1994, I, 3739 ; E. DU PONTAVICE, *Droit de la famille et droit au bonheur*, *in Mélanges offerts à Monsieur le Professeur P. VOIRIN*, LGDJ, 1967, pp. 678-709, *spéc.* n° 9, pp. 689-691.

[87] L. LEVENEUR, *Renforcer l'autorité parentale et promouvoir les droits de l'enfant ? in L'autorité parentale en question*, ouvrage issu des journées d'études des 13 et 14 décembre 2001 du Laboratoire d'Études et de Recherches Appliquées au Droit Privé (LERADP) de l'Université du Droit et de la Santé de Lille 2, Presses Universitaires du Septentrion, 2003, pp. 43-66.

[88] J. CARBONNIER, *Essais sur les lois*, *op. cit.*, p. 89.

[89] J. CARBONNIER, *ibid.*

[90] E. ROGUIN, *Étude de science juridique pure. La Règle de droit*, F. Rouge, 1889, n° 137, p. 259. *Adde* E. ROGUIN, *La science juridique pure*, t. 3, LGDJ, 1923, n$^{os}$ 1066-1081, pp. 811-827. Cette conception est loin d'être isolée. Elle se retrouve chez certains auteurs de l'École du droit naturel. *Cf.* A. DUFOUR, *Autorité maritale et autorité paternelle dans l'École du droit naturel moderne*, *art. précit.*, spéc. pp. 111-115. L'auteur cite notamment Pillichody, qui défendit l'idée selon laquelle l'autorité des parents est comparable au droit qu'un individu peut avoir sur le produit de son travail. De même, il

donc plus être défendue. Au contraire, le législateur ne cesse de préciser la finalité de l'autorité des parents et de contrôler ses prérogatives. L'autorité des parents est perçue comme une véritable fonction dans l'intérêt de l'enfant et de la société. Dans cette optique, la loi de 1970 a substitué l'expression « *autorité parentale* » à celle de « *puissance paternelle* » et a mis en exergue son objectif de protection et d'éducation du mineur. Il a fallu cependant attendre la loi du 4 mars 2002 pour que le législateur, influencé par la Convention des Nations Unies sur les droits de l'enfant du 20 novembre 1989[91], introduise la notion d'intérêt de l'enfant au cœur même de la définition de l'autorité parentale. Par ailleurs, afin d'accentuer cette finalité de l'autorité parentale, on a pu s'interroger sur l'opportunité de substituer l'expression « *responsabilité parentale* » à celle d'« *autorité parentale* ». Une telle proposition, influencée par les fréquentes utilisations de cette expression au niveau international[92], a finalement été écartée par la réforme du 4 mars 2002, rappelant ainsi que le rapport d'autorité ne saurait être éclipsé par sa finalité[93]. Par conséquent, le droit de garde, attribué aux parents dans l'intérêt de l'enfant et de la société, constitue davantage un pouvoir qu'un droit[94].

**65. Un pouvoir indisponible**. La loi du 4 juin 1970 a également affirmé le principe de l'indisponibilité des prérogatives de l'autorité parentale[95]. Il devint alors indéniable que cette dernière est une véritable fonction attribuée par la loi. Par principe, son titulaire ne peut y renoncer. Cette règle de l'indisponibilité des prérogatives parentales n'était toutefois pas totalement nouvelle. Avant la loi de 1970, la doctrine considérait, en effet, que la puissance paternelle s'intégrait dans l'état des personnes et proclamait son indisponibilité[96]. De même,

---

développe la pensée de Hobbes, selon laquelle l'autorité des parents serait fondée sur le modèle du mode d'acquisition des droits réels constitué par l'occupation de choses sans maître.

[91] La Convention des Nations Unies sur les droits de l'enfant du 20 novembre 1989 est entrée en vigueur en France le 6 septembre 1990. Son article 18 met en valeur l'intérêt supérieur de l'enfant : « *la responsabilité d'élever l'enfant et d'assurer son développement incombe au premier chef aux parents ou, le cas échéant, à ses représentant légaux* ».

[92] Elle est utilisée par le Conseil de l'Europe depuis la recommandation relative à une Charte européenne des droits de l'enfant datant de 1979. Plus récemment, elle a été utilisée dans la Convention du 7 août 2003 sur les « *relations personnelles concernant les enfants* ». Cette idée de responsabilité parentale se retrouve également dans la Convention des Nations Unies du 20 novembre 1989 « *relative aux droits de l'enfant* » et dans les conventions relatives à l'adoption internationale et à la protection des mineurs, adoptées dans le cadre de la Conférence de droit international privé de La Haye respectivement les 29 mai 1993 et 19 octobre 1996. Les autorités communautaires ont également adopté ce terme générique dans la Convention « Bruxelles II », du 28 mai 1998. La notion de responsabilité parentale a ensuite été logiquement reprise dans le règlement du 29 mai 2000 « *relatif à la compétence, la reconnaissance et l'exécution des décisions en matière matrimoniale et en matière de responsabilité parentale des enfants communs* », puis dans le règlement du 27 novembre 2003, dit « Bruxelles II bis », « *relatif à la compétence, la reconnaissance et l'exécution des décisions en matière matrimoniale et en matière de responsabilité parentale* ». La notion n'en reste pas moins ambiguë, puisqu'elle n'est pas nécessairement comprise de la même façon dans les différents ordres juridiques. Sur ce dernier point, *cf.* F. JAULT, *La notion de responsabilité parentale*, *Dr. et Pat.*, juin 2005, pp. 58-63.

[93] Ce point avait d'ailleurs été mis en avant par les rapports Théry et Dekeuwer-Défossez, qui avaient suggéré de conserver le terme d'autorité parentale afin de valoriser cette autorité. *Cf.* I. THÉRY, *Couple, filiation et parenté aujourd'hui. Le droit face aux mutations de la famille et de la vie privée*, Odile Jacob, La Documentation française, 1998, p. 190 ; F. DEKEUWER-DÉFOSSEZ, *Rénover le droit de la famille. Propositions pour un droit adapté aux réalités et aux aspirations de notre temps*. Rapport au garde des Sceaux, ministre de la Justice, La Documentation française, 1999, pp. 73-74.

[94] *Cf.* E. GAILLARD, *Le pouvoir en droit privé*, préf. G. CORNU, Economica, Droit civil, série études et recherche, 1985, et *infra* n° 189.

[95] Article 376 du Code civil.

[96] M. PLANIOL et G. RIPERT, *Traité pratique de droit civil français*, t. 1, *Les personnes, état et capacité*, avec le concours de R. SAVATIER, LGDJ, 1925, n° 308, p. 362.

les tribunaux avaient souvent fondé leurs solutions sur ce principe, affirmant tantôt l'incessibilité d'une prérogative particulière, tel le droit de garde[97], tantôt l'impossibilité de disposer de l'ensemble des droits de puissance paternelle[98]. La loi de 1970 a néanmoins pris soin d'affirmer expressément ce principe de l'indisponibilité des prérogatives de l'autorité parentale et lui apporté des tempéraments, en décidant qu'une décision judiciaire peut modifier les conditions de leur exercice. Le juge pourrait ainsi transférer à un tiers le pouvoir de garde des parents sur la personne du mineur. Mais, en contrepartie, les parents ne peuvent aliéner, de leur seule volonté, leurs prérogatives.

Ainsi, il ressort de cette étude de la législation sur l'autorité parentale que le droit de garde existe et qu'il doit être qualifié de pouvoir. En effet, il s'insère dans un ensemble plus vaste de prérogatives dont la finalité est l'intérêt de l'enfant ou plus exactement son éducation. Mais, elle ne nous donne guère plus d'éléments sur cette notion. Les tribunaux et la doctrine se sont alors intéressés à sa définition.

b. La perception doctrinale et jurisprudentielle du « *droit de garde* »

**66. La conception étroite**. En général, même en l'absence d'une reconnaissance législative expresse, la grande majorité de la doctrine reconnaît explicitement l'existence d'un « *droit de garde* » au sein de l'autorité parentale[99]. Toutefois, elle se divise sur sa définition. Trois conceptions principales apparaissent. La première défend une vision étroite du pouvoir de garde du mineur. Il est alors perçu comme le pouvoir de retenir l'enfant auprès de soi ou, plus exactement, de déterminer son lieu de vie et de le contraindre à y rester. Cette définition a été très vite adoptée par un grand nombre d'auteurs[100] et semble avoir les faveurs de la doctrine contemporaine[101]. Il est vrai qu'elle est très précise. Cependant, elle n'est pas très

---

[97] *Cf.* not. : Paris, 5 mai 1955, *D.* 1955, 638, note R. SAVATIER ; TGI Pontoise, 8 juin 1959, *JCP G* 1960, II, 11447, note R. SAVATIER.

[98] *Cf.* not. : Paris, 29 avril 1913, *S.*, 1914, II, 40 ; Req. 16 décembre 1930, *D.H.*, 1931, 34.

[99] Les auteurs, qui ne l'admettent pas explicitement, se contentent en général de viser le droit de retenir l'enfant, sans pour autant le qualifier de droit ou de pouvoir de garde. Avant la loi du 4 juin 1970 : CL.-E. DELVINCOURT, *Institutes de droit civil français*, 2e éd., P. Gueffier, 1809, n° 372, p 188 ; J. DE MALEVILLE, *Analyse raisonnée de la discussion du Code civil au Conseil d'Etat*, *op. cit.* ; A. DURANTON, *Cours de droit français suivant le Code civil*, 2e éd., Alex-Gobelet, 1828, t. 3, n° 352, pp. 342-343 ; C.-B.-M. TOULLIER, *Le droit civil français suivant l'ordre du Code*, 5e éd., J. Renouard et Cie, 1839, t. 2, nos 1046-1048, pp. 286-288 ; O.-J. CHARDON, *Traité des trois puissances, maritale, paternelle et tutélaire*, Cotillon, 1843, t. 3, n° 22, p. 27 ; J.-B.-V. PROUDHON, *Traité sur l'état des personnes et sur le titre préliminaire du Code civil*, 3e éd. considérablement augmentée par A. VALETTE, V. Lagier, 1843, t. 2, pp. 240-241 ; V. MARCADÉ, *Explication théorique et pratique du Code civil*, Delamotte et fils, 1873, t. 2, n° 374, pp. 146-147 ; H. TAUDIÈRE, *Traité de la puissance paternelle*, *op. cit.*, pp. 82-84. Après la loi du 4 mars 2002 : P. COURBE, *Droit de la famille*, *op. cit.*, n° 1049, p. 458.

[100] P. COMTE, *thèse précit.* ; H. TAUDIÈRE, *op. cit.*, p. 82 ; F. MOURLON, *Répétitions écrites sur le premier examen du code civil*, 7e éd., A. Marescq, 1866, t. 1, n° 1034, p. 521 ; G. BAUDRY-LACANTINERIE, *Traité théorique et pratique de droit civil*, 3e éd., L. Larose et L. Tenin, 1908, t. 5, n° 123 ; L. JOSSERAND, *Cours de droit civil positif français*, Librairie du recueil Sirey, 1930, t. 1, n° 1091, pp. 543-544 ; CH. BEUDANT, *Cours de droit civil français*, 2e éd., t. 3 bis, *L'état et la capacité des personnes*, avec la collaboration d'A. BRETON, Rousseau et Cie, 1936, n° 1416, p58 ; CH. DEMOLOMBE, *Cours de Code Napoléon*, t. 6, *Traité de l'adoption et de la tutelle officieuse, De la puissance paternelle*, 5e éd., Durand-Hachette, 1875, nos 303-308, pp. 232-235 ; F. LAURENT, *Principes de Droit civil français*, t. 4, Durand-Pédone, 1870, nos 271-274, pp. 367-371 ; CH. AUBRY et CH.-F. RAU, *Droit civil français*, 6e éd. par P. ESMEIN, t. 9, 1953, §. 550 bis, pp. 116-118.

[101] G. CORNU, *Droit civil, La famille*, *op. cit.*, n° 77, p. 162 ; A. BÉNABENT, *Droit civil, La famille*, 11e éd., Litec, 2003, n° 827, p. 521 ; H. & L. MAZEAUD, J. MAZEAUD, F. CHABAS, *Leçons de droit civil, La famille*, 7e éd. par L. LEVENEUR, Montchrestien, 1995, n°1145 ; J. CARBONNIER, *Droit civil*, t. 2, *La famille, l'enfant, le couple*, 21e éd. refondue, PUF, Thémis, droit privé, 2002, pp. 112-113 ; F. BOULANGER, *Les rapports juridiques entre parents et enfants, Perspectives comparatistes et internationales*, Economica, 1998, n° 118, pp. 125-126.

réaliste[102]. La mission du gardien de l'enfant peut-elle se réduire à la seule détermination de son lieu de vie ? Un tel pouvoir sur autrui ne s'accompagne-t-il pas d'autres prérogatives ? Ne faut-il pas élargir cette définition ? Cette voie a été suivie par certains auteurs.

**67. La conception large**. Par opposition, la seconde conception du pouvoir de garde le définit plus largement. Il aurait ainsi vocation à réunir les principaux attributs relatifs à la direction de la personne du mineur. Une telle analyse part du constat que le pouvoir de garde joue un rôle central au sein de l'autorité parentale. Il emporte, « *comme conséquence nécessaire, la direction de la personne de l'enfant, le droit de surveiller sa correspondance, ses relations, de lui interdire tous rapports que les parents jugeraient dangereux ou inopportuns, de veiller à son instruction, d'en déterminer le caractère et l'étendue, de choisir sa religion, de le placer dans un établissement de son choix, etc...* »[103] Dans cette conception, la garde est le principal pouvoir de l'autorité parentale. Il réunit à lui seul les différents aspects de la mission parentale. Une telle idée se retrouve dans les travaux de la Commission de réforme du Code civil de 1951-1952[104]. En effet, tandis qu'initialement, elle avait envisagé d'énoncer les différents droits et obligations de l'autorité des père et mère, elle a finalement considéré que la référence à la garde était suffisante. Elle retint en conséquence la proposition suivante : « *cette autorité comporte, notamment, les droits et obligations suivantes : 1° assurer la garde de l'enfant, spécialement, fixer la résidence, pourvoir à son instruction et à son éducation...* »[105] Une telle conception a, bien évidement, le mérite de simplifier la recherche d'une définition précise de la notion de garde et n'est pas réellement démentie par le législateur. En effet, si l'article 371-2 du Code civil, dans sa rédaction issue de la loi du 4 juin 1970, distinguait les droits et devoirs de garde, de surveillance et d'éducation, la doctrine avait bien le sentiment que ce découpage était en lui-même « *plus théorique que pratique* »[106], tant ces trois notions pouvaient paraître proches. De même, il est permis de penser que la suppression de cette énonciation par la loi du 4 mars 2002 tend à souligner cet aspect. Néanmoins, cette seconde définition présente l'inconvénient de regrouper tous les attributs de l'autorité parentale relatifs à la personne de l'enfant. À l'instar de la définition restrictive, elle risque de manquer de réalisme, notamment lorsque le pouvoir de garde n'est pas exercé par le titulaire de l'autorité parentale[107]. En définitive, la solution du mystère de la définition du pouvoir de garde du mineur pourrait se trouver dans une voie intermédiaire entre ces deux extrêmes.

---

[102] *Cf.* PH. SIMLER, *La notion de garde de l'enfant (sa signification et son rôle au regard de l'autorité parentale), RTD civ.* 1972, pp. 685-728, *spéc.* n° 3, pp. 689-690.

[103] A. COLIN et H. CAPITANT, *Cours élémentaire de droit civil français*, 10e éd. entièrement refondue et mise à jour par L. JULLIOT DE LA MORANDIÈRE, t. 1, Dalloz, 1942, n° 579, p. 464. Cette conception large de la garde se retrouve chez d'autres auteurs, *cf.* not. : CL. COLOMBET, *La famille*, 6e éd., PUF, 1999, n° 204. Par ailleurs, Planiol et Ripert admettent l'existence de deux conceptions de la garde de l'enfant, mais s'abstiennent de prendre position. *Cf.* M. PLANIOL, G. RIPERT, *Traité pratique de droit civil français*, t. 1, *Les personnes, état et capacité*, avec le concours de R. SAVATIER, *op. cit.*, nos 330-341, pp. 384-398.

[104] *Avant-projet de Code civil.* Travaux de la Commission de réforme du Code civil. Année 1951-1952, Librairie du recueil Sirey, pp. 160-162.

[105] *Avant-projet de Code civil.* Travaux de la Commission de réforme du Code civil. Année 1951-1952, *op. cit.*, p. 162.

[106] J. VIATTE, *L'autorité parentale, art. précit.*, n° 8, pp. 779-780. Dans le même sens : PH. SIMLER, *art. précit.*, n° 7, pp. 694-695.

[107] *Cf.* PH. SIMLER, *art. précit.*, n° 3, p. 689. Il en serait notamment ainsi lorsque le juge des enfants transfère le pouvoir de garde du mineur à un tiers dans le cadre d'une mesure d'assistance éducative. En effet, une telle mesure maintient l'exercice de l'autorité parentale aux parents. Dans cette hypothèse, il existe bien un partage des prérogatives entre les parents et le tiers.

**68. La recherche d'une conception intermédiaire. Le pouvoir de déterminer le lieu de vie et d'éduquer l'enfant.** Considérant que les deux conceptions classiques de la garde d'autrui ne sont guère convaincantes, Monsieur Philippe Simler[108] a cherché à redéfinir cette notion. Son étude l'a conduit à distinguer selon que le pouvoir de garde est détaché des autres attributs de l'autorité parentale ou ne l'est pas. Dans la seconde hypothèse, il reconnaît que l'autorité parentale constitue « *un conglomérat à la fois complexe et homogène de prérogatives et obligations* »[109] et qu'il est impossible de définir avec précision chacune d'entre elles. On pourrait, au mieux, retenir que la garde est « *la mise en œuvre quotidienne des orientations principales décidées en vertu de l'autorité que la loi confère aux parents* »[110]. En revanche, dans la première hypothèse, il affirme que la garde acquiert une véritable autonomie par rapport à l'autorité parentale. Sa définition est différente. La garde « *englobe alors le droit de fixer la résidence, mais aussi la plus grande partie de ce qui rel*[ève] *de l'éducation* »[111]. Demeurant sous le contrôle des titulaires ou du co-titulaire de l'autorité parentale, le gardien ne peut effectuer que les actes usuels relatifs à cette éducation. Face à cette dualité de définitions, Monsieur Philippe Simler opte pour une solution réaliste. Il préconise de ne définir la garde que dans la situation où elle joue un rôle fondamental, c'est-à-dire lorsque l'autorité parentale est démembrée. Il met ainsi en avant une conception intermédiaire du pouvoir de garde. Ce dernier serait constitué des pouvoirs de déterminer le lieu de vie du mineur et d'organiser son éducation. Par ailleurs, l'auteur précise que cette définition ne peut être transposée aux situations dans lesquelles l'autorité parentale n'est pas démembrée[112]. Une telle affirmation peut toutefois surprendre. En effet, il ne faut pas oublier que le pouvoir de garde attribué à un tiers, ou à un des deux parents, constitue une émanation de l'autorité parentale. Ce pouvoir existait antérieurement à son démembrement. Par conséquent, la garde devrait avoir une seule définition valable pour toutes les situations. Autrement dit, la définition de la garde des mineurs ne devrait pas varier en fonction de la situation des parents. Au contraire, la garde ne devrait avoir qu'une définition, indifférente aux variations du couple parental.

**69. La recherche d'une conception intermédiaire. Le pouvoir de contrôler le mode de vie du mineur.** Certains auteurs ont développé une autre conception intermédiaire du pouvoir de garde. Ils laissent ainsi entendre qu'il n'est pas la simple faculté de déterminer son lieu de vie et qu'il peut être défini indépendamment du devoir d'éduquer l'enfant. Ainsi, pour Monsieur François Terré et Madame Dominique Fenouillet, le pouvoir de garde permettrait aux parents de « *déterminer le mode de vie général du mineur* »[113]. De même, selon Monsieur Raymond Legeais, la garde serait « *le droit et le devoir d'organiser la vie de l'enfant et de veiller sur elle* »[114], ou, autrement dit, « *le droit d'imposer à l'enfant les modalités de sa vie* »[115]. Toutefois, une telle définition demeure très générale. Les auteurs ne la développent guère et ne précisent pas les moyens dont dispose le gardien pour choisir le mode de vie de l'enfant.

---

[108] PH. SIMLER, *art. précit.*

[109] PH. SIMLER, *art. précit.*, n° 8, p. 695.

[110] PH. SIMLER, *ibid.*

[111] PH. SIMLER, *art. précit.*, n° 41, pp. 727-728.

[112] L'auteur affirme ainsi : « *il s'avère tout aussi impossible de transposer une définition de la notion de garde élaborée en fonction de la situation normale au cas où la garde existe à l'état isolé que de vouloir, à l'inverse, localiser dans l'autorité parentale restée intacte le contenu de la notion de garde tel qu'il se présente lorsque la garde est détachée de cette autorité* ». *Cf.* PH. SIMLER, *ibid.*

[113] F. TERRÉ et D. FENOUILLET, *Droit civil, Les personnes, La famille, Les incapacités*, 6e éd., Dalloz, n° 1019, p. 865.

[114] R. LEGEAIS, *L'autorité parentale*, *op. cit.*, p. 59.

[115] R. LEGEAIS, *op. cit.*, p. 61.

Si la notion de droit ou pouvoir de garde reste encore incertaine dans l'esprit du législateur et de la doctrine, il est néanmoins indéniable que, dans toutes ces hypothèses, la qualité de gardien d'un mineur repose sur l'exercice d'un pouvoir de garde indisponible attribué par le législateur ou le juge. Il en va autrement pour d'autres emplois législatifs ou jurisprudentiels du mot « *garde* ». En effet, l'étude des textes, de la jurisprudence et de la doctrine nous révèle que la qualité de gardien d'autrui est parfois conférée à des personnes ne disposant pas d'un tel pouvoir en vertu de la loi ou d'une décision judiciaire. Dans cette seconde approche, la garde est dissociée de l'exercice du droit de garde et uniquement associée à la situation physique du mineur.

### *2. La garde associée à la situation physique du mineur*

**70.** Si l'expression « *droit de garde* » n'est plus couramment utilisée en législation, ni en jurisprudence, celle de « *garde des enfants* » l'est encore fréquemment. Néanmoins, en général, aucune précision n'est apportée quant à sa définition. L'étude de ces expressions fait apparaître la polysémie **(a)** et l'ambiguïté corrélative de cette expression de « *garde des enfants* » **(b)**.

#### a. Polysémie de l'expression « *garde des enfants* »

**71. Significations de l'expression « *garde des enfants* ».** Dans l'absolu, l'expression « *garde des enfants* » peut revêtir plusieurs significations. D'une part, la référence à la garde peut, comme dans la précédente hypothèse, désigner le pouvoir de garde. En ce sens, la personne qui a la garde de l'enfant est celle qui exerce le pouvoir de garde. D'autre part, l'expression « *garde des enfants* » caractérise parfois davantage une situation qu'une prérogative juridique. Le gardien est alors la personne qui contrôle matériellement l'enfant. Il n'exerce pas le pouvoir de garde. Il est possible que l'enfant lui ait été simplement remis par le titulaire du pouvoir de garde. Ce geste ne peut entraîner le transfert du pouvoir de garde, puisque ce pouvoir est indisponible. De même, le gardien peut être une personne qui a recueilli un enfant sans la moindre autorisation. La garde vise alors soit une situation juridique, soit une situation de fait.

**72. Quelques exemples législatifs.** Si le législateur n'utilise plus réellement l'expression « *droit de garde* », tout en reconnaissant son existence implicite, il emploie régulièrement celle de « *garde des enfants* ». Le destinataire de la norme est alors confronté au délicat problème de son interprétation. Seule l'analyse de la disposition permet d'en révéler la portée. Dans cette optique, nous pouvons constater que le législateur a tendance à utiliser des expressions très diverses.

En effet, dans certaines dispositions, le législateur attribue des droits, ou des devoirs, aux parents ou « *à la personne ayant la garde de l'enfant* ». Ainsi, l'article L. 4153-7 du Code du travail interdit « *aux père, mère, tuteurs ou patrons, et généralement à toute personne ayant autorité sur un enfant ou en ayant la garde, de le placer sous la conduite de vagabonds, de personnes sans moyens de subsistance ou se livrant à la mendicité* »[116]. Une telle formule se

[116] Cet article remplace l'ancien article L. 211-12 du Code du travail. Ce dernier disposait : « *les père, mère, tuteurs ou patrons, et généralement toute personne ayant autorité sur un enfant ou en ayant la garde, qui ont livré, soit gratuitement, soit à prix d'argent, leurs enfants, pupilles ou apprentis âgés de moins de seize ans aux personnes exerçant les professions ci-dessus spécifiées* [acrobate saltimbanque, montreur d'animaux, directeur de cirque ou d'attraction foraine] *ou qui les ont placés sous la conduite de vagabonds, de gens sans aveu ou faisant métier de la mendicité, sont punis de la peine prévue au titre VI* [cinq ans d'emprisonnement et 75 000 € d'amende] ». On peut observer que si le nouvel article L. 4153-7 n'a pas repris certaines expressions quelque peu désuètes de l'ancien article L. 211-12 (« *gens sans aveu* », par exemple), il n'a toutefois pas hésité à reprendre le terme de « *garde* », qui, pourtant, avait par le passé été fortement critiqué pour son caractère désuet.

retrouve également dans certaines dispositions du Code de l'éducation, dont l'article L. 131-5, qui dispose, à propos de l'obligation scolaire, que « *chaque enfant est inscrit soit dans la commune où ses parents ont une résidence, soit dans celle du domicile de la personne qui en a la garde* »[117]. Il est notable, que les rédactions de ces articles sont suffisamment larges pour viser, outre les personnes qui exercent un pouvoir de garde sur un enfant mineur, toutes les personnes auxquelles ces derniers ont confié leurs enfants, voire les personnes n'exerçant qu'un pouvoir de fait[118].

D'autres formules sont plus détaillées. Ainsi, le Code de l'action sociale et des familles place, au nombre des personnes pouvant adopter les pupilles de l'État, celles « *à qui le service de l'aide sociale à l'enfance les a confiés pour en assurer la garde* »[119]. À la différence de la première, cette formulation précise l'origine de la garde sur l'enfant. Elle est issue d'un accord avec l'Aide sociale à l'enfance, *a priori* titulaire du pouvoir de garde sur le mineur.

Parfois, l'étude du contexte ne laisse aucun doute sur le sens à donner au mot « *garde* ». Ainsi, il ressort de la lecture combinée des articles L. 7231-1 et L. 7232-1 du Code du travail, issus de la loi du 26 juillet 2005 relative aux développements des services à la personne[120], que les associations et les entreprises dont l'activité porte sur « *la garde d'enfants* » et « *les centres communaux et intercommunaux d'action sociale lorsqu'ils assurent une activité de garde d'enfants de moins de trois ans à domicile* » doivent être agréés par l'État. Dans l'absolu, cette disposition peut aussi bien viser les associations recevant la garde de mineurs en exécution d'une décision judiciaire d'assistance éducative, que celles détenant leur pouvoir du titulaire du pouvoir de garde. Néanmoins, dans ces deux hypothèses, les pouvoirs des tiers ne sont pas identiques. En effet, dans la première hypothèse, le pouvoir de garde repose sur une décision judiciaire, tandis que, dans la seconde, il est simplement fondé sur un contrat passé avec le titulaire de l'exercice du pouvoir de garde. Or, si une décision judiciaire peut transférer à un tiers l'exercice du pouvoir de garde, le titulaire de ce pouvoir ne dispose pas d'une telle faculté. Le principe de l'indisponibilité des prérogatives de l'autorité parentale l'en empêche. Cette importante distinction ne peut être oubliée. Toutefois, si l'article L. 7231-1 est ambigu, la lecture de l'article D. 7231-1 du Code du travail, ainsi que des travaux préparatoires de la loi du 26 juillet 2005, permet d'écarter les incertitudes entourant l'emploi du terme de garde dans cet article. La loi envisage uniquement les associations et entreprises qui consacrent leur activité à un service de « *garde d'enfant à domicile* » [121]. Elle ne s'intéresse qu'à la seconde catégorie d'associations et d'entreprises, c'est-à-dire à celles qui reçoivent par contrat la garde d'un enfant.

Par ailleurs, il arrive que le législateur retranscrive la distinction entre garde de droit et garde de fait. Il en est ainsi dans l'article L. 224-8 du Code de l'action sociale et des familles qui vise les personnes pouvant faire un recours contre la décision d'admission en qualité de pupille de l'État. Il mentionne en effet parmi ces personnes, celles ayant assuré « *sa garde de*

---

[117] On retrouve cette même idée dans certaines dispositions du Code de la santé publique, dont l'article R. 2132-1. À propos des examens médicaux obligatoires auxquels sont soumis les enfants au cours de leur première année, il précise, dans son alinéa 2, que « *les examens sont faits soit par un médecin d'une consultation de protection maternelle et infantile, soit par un médecin choisi par les parents de l'enfant ou par la personne ayant la garde de celui-ci* ».

[118] Ainsi à propos de l'ancien article L. 211-12 du Code du travail, un auteur a pu affirmer que sa rédaction visait les parents, les tuteurs, mais aussi tous les « *gardiens de droit ou de fait* » de l'enfant mineur. *Cf.* M. RICHEVAUX, *Jeunes*, *in J.-Cl. Travail Traité*, vol. 2, fasc. 9-15, 2002, n° 23, p. 6.

[119] Article L. 225-2 du Code de l'action sociale et des familles. Cette expression se retrouve par ailleurs à l'article L. 225-9 du même code qui dispose : « *le département accorde une aide financière sous condition de ressources aux personnes adoptant un enfant dont le service de l'aide sociale à l'enfance leur avait confié la garde* ».

[120] Loi n° 2005-841 du 26 juillet 2005 relative au développement des services à la personne et portant diverses mesures en faveur de la cohésion sociale.

[121] Article D. 7231-1 Code du travail.

*droit ou de fait* »[122]. Néanmoins, le législateur s'est abstenu de définir la notion de garde de fait, oubliant qu'elle est susceptible de recouvrir des réalités très distinctes. Pour certains auteurs[123], la garde de fait est la situation dans laquelle une personne élève en fait l'enfant, mais ne dispose pas du droit de garde, celui-ci restant l'attribut de l'autorité parentale. Mais, certaines « *garde de fait* » reposent sur un pouvoir juridique. L'instituteur assure la garde de l'enfant lorsqu'il est à l'école, parce que les parents le lui ont confié. Il n'en est pas de même lorsqu'une personne recueille un enfant abandonné. Personne ne lui a confié sa garde. Il s'agit bien d'une situation de fait.

Cette liste, non exhaustive, d'exemples témoigne de la polysémie de l'expression « *garde d'un enfant* » dans le langage législatif. Loin d'avoir une seule signification, elle peut caractériser des situations de droit ou de fait très différentes.

**73. Quelques exemples jurisprudentiels.** À l'instar du législateur, les tribunaux ont fréquemment attribué la qualité de gardien d'un enfant à des personnes non titulaires du pouvoir de garde de l'autorité parentale. Les exemples sont pléthoriques. Ainsi, dans un arrêt du 7 décembre 1961, la Cour de cassation a pu retenir qu'une nourrice avait la « *garde d'un jeune enfant* »[124]. De même, dans un arrêt du 13 juin 1963[125], elle utilise cette expression à propos de la tante d'un enfant, alors qu'elle n'était pas titulaire des prérogatives de l'autorité parentale. Par ailleurs, dans de nombreuses décisions, les tribunaux n'ont pas hésité à affirmer que les instituteurs avaient la garde de leurs élèves[126]. Parfois, la Cour de cassation se montre très explicite et distingue clairement la garde matérielle de la garde juridique. Avant la loi du 4 juin 1970, elle a admis qu'après le divorce des parents, la garde juridique soit confiée à l'un des parents et la garde matérielle à un tiers[127]. Dans ces arrêts, elle distingue clairement une situation de garde fondée sur le pouvoir de garde de la puissance paternelle et une situation de garde non fondée sur un tel pouvoir. Après la loi de 1970, elle a toutefois refusé une telle dissociation de la garde entre les parents[128]. Néanmoins, cette distinction a été utilisée pour caractériser la situation de l'enfant placé en nourrice. La Cour de cassation a pu affirmer que la nourrice n'avait pas « *la garde juridique de l'enfant* »[129]. Aussi, on ne peut que constater une prolifération forte et désordonnée des utilisations de l'expression « *garde d'un enfant* ».

b. L'ambiguïté des expressions « *garde des enfants* »

**74. L'ambiguïté du renvoi à une situation matérielle.** Ces quelques exemples montrent bien que le législateur et la jurisprudence envisagent la notion de garde en dehors du

---

[122] Article L. 224-8, alinéa 1er du Code de l'action sociale et des familles : « *l'admission en qualité de pupille de l'État peut faire l'objet d'un recours, formé dans le délai de trente jours suivant la date de l'arrêté du président du conseil général devant le tribunal de grande instance, par les parents, en l'absence d'une déclaration judiciaire d'abandon ou d'un retrait total de l'autorité parentale, par les alliés de l'enfant ou toute personne justifiant d'un lien avec lui, notamment pour avoir assuré sa garde, de droit ou de fait, et qui demandent à en assumer la charge* ».

[123] R. DEMAN, *Droit de garde et gardiens de fait*, *art. précit.*

[124] Civ. 2e, 7 décembre 1961, *Bull civ.* II, n° 847. De même *cf.* : Req. 22 juillet 1891, *D.* 1892, 1, 5, note M. PLANIOL ; Crim., 10 juillet 2002, *Bull. crim.*, n° 152 ; Civ.1re, 12 janvier 1994, *Bull. civ. I*, n° 17 ; Civ. 1re, 13 janvier 1982, *Bull. civ. I*, n° 24.

[125] Civ. 2e, 13 juin 1963, *Bull. civ.* II, n° 454, p. 337 ; *RTD civ.* 1964, 115, note A. TUNC ; *rapp.* Crim., 10 mai 2001, *Bull. crim.*, n° 116.

[126] Bordeaux, 29 juillet 1910, *D.* 1912, II, 385, note L. THOMAS.

[127] Civ. 2e, 31 mai 1965, *Bull. civ.* II, n° 465 ; Civ. 1re, 15 décembre 1965, *Bull. civ.* I, n° 714 ; *D.* 1966, SC, 37 ; Civ. 2e, 26 octobre 1966, *Bull. civ.* II, n° 869, p. 606 ; Civ. 2e, 25 février 1970, *D.* 1970, 429.

[128] Civ. 2e, 16 mai 1973, *Bull. civ.* II, n° 166 ; Civ. 2e, 12 février 1976, *Bull. civ.* II, n° 53 ; *D.* 1976, SC, 37.

[129] Civ. 1re, 30 mai 1978, *Bull. civ. I*, n° 206.

pouvoir de garde. L'expression « *garde des enfants* » ne renvoie alors qu'à une situation matérielle. Une personne assure la garde matérielle d'un enfant, elle l'a sous son contrôle direct, mais n'exerce pas pour autant le pouvoir de garde de l'autorité parentale. Ces quelques exemples montrent également que ces utilisations du mot « *garde* » peuvent être sources d'ambiguïtés. En premier lieu, l'emploi du terme « *garde* » peut tout aussi bien renvoyer à des situations fondées sur un pouvoir de garde qu'à des situations ne reposant pas sur un tel pouvoir. En second lieu, la distinction effectuée entre la « *garde matérielle* » et la « *garde juridique* » est peu convaincante. La « *garde matérielle* » est en réalité susceptible de recouvrir des réalités très différentes. Deux situations sont envisageables : soit la garde matérielle est assurée par une personne disposant d'un pouvoir de garde (les parents surveillant effectivement leurs enfants) ou une personne à laquelle le titulaire du pouvoir de garde a confié ses enfants (l'instituteur pendant les heures de cours), soit elle résulte d'une situation de pur fait (une personne ayant recueilli un mineur abandonné). Cette situation de pur fait ne se fonde ni sur l'autorisation du titulaire du pouvoir de garde, ni sur celle du juge. Elle est très différente des autres situations qualifiées de « *garde matérielle* ». Ses caractéristiques et ses effets juridiques risquent en conséquence de ne pas être identiques. L'utilisation systématique et indifférenciée des expressions « *garde matérielle* » peut alors être une nouvelle source d'incertitudes. Par ailleurs, la synonymie, parfois admise, entre les notions de « *garde matérielle* » et de « *garde de fait* »[130] est très certainement excessive. Toutes les situations de garde matérielle ne sont pas des situations de fait. Certaines d'entre elles reposent sur un pouvoir juridique attribué par la loi, le juge ou le titulaire du pouvoir de garde.

En somme, l'étude de la notion de garde des enfants en droit interne, envisagée dans une perspective de droit des personnes, témoigne d'un certain malaise. Employée implicitement ou explicitement dans de multiples textes, présente dans les décisions de justice, elle est susceptible de revêtir de multiples significations. De même, il est rare que le sens précis de chaque utilisation du mot « *garde* » soit clairement indiqué. De ce constat, il résulte de nombreuses incertitudes et plus fondamentalement l'absence de perception unitaire de la notion de garde des mineurs. Nous pouvons alors nous demander si ce malaise, face à la notion de « *garde des enfants* », se retrouve dans les textes internationaux et les droits étrangers.

### B. L'ÉCLATEMENT DE LA NOTION DE GARDE DES MINEURS DANS LES CONVENTIONS INTERNATIONALES ET LES DROITS ÉTRANGERS

**75.** L'étude de la perception de la notion de garde des mineurs en dehors du droit français peut être menée dans deux voies différentes. En premier lieu, elle peut être effectuée à travers l'étude de conventions internationales. Dans ce cas, sous réserve de leur application en droit interne, la conception internationale de la garde va s'intégrer dans le droit national. Or il ne semble pas qu'une conception rigoureuse de la garde des mineurs se soit développée dans ces conventions internationales. Au contraire, l'imprécision de la garde se retrouve dans les textes internationaux (**1**). En second lieu, il est possible de s'interroger sur l'existence et l'analyse de cette notion dans d'autres droits nationaux. En général, il apparaît que les droits étrangers ont rencontré les mêmes difficultés que le droit français dans la détermination des contours de la garde des mineurs (**2**).

---

[130] *Cf.* en ce sens : R. DEMAN, *Droit de garde et gardiens de fait, art. précit.*

### *1. La notion de garde des enfants dans les conventions internationales*

**76. Droit communautaire et européen**. Loin d'être une spécificité française, la notion de garde des enfants apparaît dans plusieurs conventions internationales ou européennes. Traditionnellement, le droit communautaire prend le soin de définir dans les textes les plus importants les termes qu'il utilise. Il semble dès lors possible de trouver une conception rigoureuse de la garde des mineurs. Néanmoins, nous devons reconnaître que le droit communautaire utilise rarement cette notion. Elle ne figure, à notre connaissance, que dans une recommandation du Conseil européen[131]. Cette dernière, concernant la garde des enfants, ne définit toutefois pas ce que cette notion recouvre. L'interprétation du texte permet seulement de comprendre qu'elle vise davantage la situation physique de l'enfant que l'exercice d'une prérogative de l'autorité parentale. En effet, cette recommandation a pour objectif d'inciter les États membres à concilier les obligations professionnelles et les responsabilités parentales en permettant une garde harmonieuse des enfants. De son côté, le Conseil de l'Europe envisage cette notion dans une convention du 20 mai 1980 sur la reconnaissance et l'exécution des décisions en matière de garde des enfants et le rétablissement de la garde des enfants. Dans cette convention, la garde des enfants renvoie en réalité au droit de garde. Mais ce texte ne définit pas ce droit. Par conséquent, nous retrouvons au niveau européen cette ambiguïté qui caractérise la notion de garde des enfants. Tantôt elle renvoie au droit de garde, c'est-à-dire à une prérogative juridique, tantôt elle caractérise une situation matérielle.

**77. Droit international**. En droit international, la notion de garde des enfants mineurs apparaît dans plusieurs conventions élaborées par la Conférence de La Haye. Ainsi est-elle envisagée par la Convention sur les aspects civils de l'enlèvement international d'enfants du 25 octobre 1980. Cette dernière a pour objet de résoudre le problème résultant de l'enlèvement de l'enfant par l'un des parents partant à l'étranger et privant, en conséquence, l'autre parent de l'exercice de son droit de garde ou de son droit de visite. La garde de l'enfant correspond ici à l'exercice du droit de garde. Ce dernier est expressément défini comme étant « *le droit portant sur les soins de la personne de l'enfant, et en particulier celui de décider de son lieu de résidence* »[132]. La perception de ce droit est assez générale. Il ne se limite pas au droit de déterminer le lieu de vie de l'enfant, il a pour objectif de prendre soin de la personne de l'enfant. Il s'agit donc bien d'un pouvoir, mais pour le reste, cette définition demeure assez sibylline. En effet, si on comprend bien que la Convention ne retient pas la conception étroite du droit de garde, elle ne donne aucune indication précise sur les différentes prérogatives qu'il contient. Une telle imprécision risque d'être une source d'insécurité. Il n'en demeure pas moins que la Conférence de La Haye semble vouloir s'en tenir à cette définition. Elle est effectivement reprise dans une autre Convention de La Haye conclue le 19 octobre 1996 concernant la compétence, la loi applicable, la reconnaissance, l'exécution et la coopération en matière de responsabilité parentale et de mesures de protection des enfants. L'étude de ces différentes conventions internationales aboutit donc toujours au même constat. La notion de garde des mineurs apparaît bien comme une notion fuyante aux contours incertains et difficilement déterminés. Il ne serait dès lors guère surprenant de retrouver de telles incertitudes dans les autres droits nationaux.

---

[131] Recommandation 94/241/CEE du Conseil du 31 mars 1992 concernant la garde des enfants, *JO* n° L. 123 du 8 mai 1992, pp. 16-18.

[132] Article 5 de la Convention de La Haye du 25 octobre 1980.

## *2. La notion de garde des mineurs dans d'autres droits nationaux*

**78. Droit anglais.** Pendant longtemps, la notion de garde des mineurs a joué un rôle spécifique en droit anglais[133]. Ainsi, jusqu'au *Children Act* de 1989, la loi anglaise utilisait cette notion pour encadrer les prérogatives parentales en cas de divorce. Elle distinguait la garde physique ou effective du mineur (*actual custody*) et la garde juridique (*legal custody*). On a expliqué ce clivage en affirmant que « *schématiquement, la personne qui a la garde juridique est celle qui prend les décisions importantes ; elle est investie essentiellement de pouvoirs, tandis que la personne qui a la garde effective doit remplir de nombreux devoirs sans grands pouvoirs. À elle de résoudre les problèmes quotidiens* »[134]. On retrouve ainsi la distinction du droit français. L'enfant pouvait être confié à un tiers, il n'avait alors que la garde physique de l'enfant et ne pouvait résoudre que les problèmes quotidiens. La garde juridique subsistait en la personne du titulaire originaire. Cette distinction a maintenant disparu, il n'est plus question d'attribuer à une personne la garde juridique et à une autre la garde physique. Chacun des parents reste titulaire de la responsabilité parentale (*parental responsability*) dans son ensemble. Le juge pourra néanmoins aménager l'exercice de certains aspects de la responsabilité parentale en prenant une ordonnance relative à la résidence de l'enfant (*residence order*), ou une ordonnance attribuant un droit à un contact avec l'enfant (*contact order*), ou une ordonnance relative à une question spécifique (*specific issue order*), ou encore une ordonnance de mesures interdites (*prohibited steps order*)[135]. Ainsi, après avoir été utilisée pour organiser les relations parentales après divorce, la notion de garde ne semble plus être très employée en droit anglais.

**79. Droit belge.** À l'instar du droit français, le droit belge semble avoir des difficultés à appréhender la notion de garde des mineurs. Traditionnellement perçue comme une notion complexe, certains auteurs reconnaissent que le droit de garde est une prérogative de l'autorité parentale[136], même si le Code civil belge ne l'utilise pas expressément lorsqu'il envisage ces prérogatives. Ainsi, on a pu suggérer que le droit de garde de l'autorité parentale comprendrait « *tous les pouvoirs sur la personne de l'enfant, tant physique que morale, à l'exception du droit de correction* »[137]. En ce sens, le droit de garde comprendrait le droit de garde au sens strict, c'est-à-dire le pouvoir sur la personne physique ou « *garde matérielle* »[138] et les pouvoirs sur « *la personne morale de l'enfant* »[139] ou « *garde juridique* »[140]. Cette distinction doctrinale est pleinement justifiée par la diversité des emplois du terme de « *garde* » à propos des mineurs. En effet, l'article 475 quater du Code civil belge affirme dans son deuxième alinéa que le tuteur officieux[141] « *exerce également le droit de garde sur le pupille pour autant que ce dernier ait sa résidence habituelle avec lui* ». Dans cette hypothèse, la loi désigne non seulement l'aspect matériel, mais aussi l'aspect intellectuel et moral de la garde[142]. En revanche, l'article 33, alinéa 2, 1°, de la loi du 8 avril 1965 dispose

---

[133] F. BOULANGER, *Droit civil de la famille*, t. 2, *Aspects comparatifs et internationaux*, Economica, 1994, n° 252, pp. 282-283.

[134] J. FLAUSS-DIEM, *L'introduction de la « responsabilité parentale » en droit anglais*, *LPA*, 7 août 1991, pp. 38-46, *spéc.* p. 39.

[135] J. FLAUSS-DIEM, *art. précit.*, spéc. p. 40.

[136] H. DE PAGE, *Traité élémentaire de droit civil belge*, t. 2, *Les personnes*, vol. 2, 4e éd. par J.-P. MASSON, Bruylant, 1990, nos 1032-1039, pp. 985-992.

[137] H. DE PAGE, *op. cit.*, n° 1032, p. 985.

[138] H. DE PAGE, *op. cit.*, n° 1032, p. 986.

[139] H. DE PAGE, *ibid.*

[140] H. DE PAGE, *ibid.*

[141] La tutelle officieuse a été initialement conçue comme une préparation de l'adoption. *Cf.* H. DE PAGE, *op. cit.*, nos 1182-1186, pp. 1092-1095.

[142] H. DE PAGE, *op. cit.*, n° 1033, p. 986.

que le parent déchu de l'autorité parentale est privé du « *droit de garde et d'éducation* ». Dans cette formule, la garde correspond à la garde matérielle puisque le législateur a ajouté « *et d'éducation* »[143].

**80. Droit suisse**. De même, le droit suisse cerne difficilement les contours de la notion de garde des mineurs. Figurant dans quelques dispositions du Code civil, mais n'étant pas clairement définie, cette notion a donné lieu à de multiples conceptions et définitions[144]. Ainsi, certains auteurs ont suggéré de distinguer le « *droit de garde* » de la « *garde de fait* », tout en reconnaissant que cette distinction ne ressort pas toujours des textes légaux et demeure encore largement ignorée de la doctrine et de la jurisprudence[145]. Le droit de garde se matérialiserait ainsi dans « *la compétence de déterminer le lieu de résidence et le mode de prise en charge de l'enfant* »[146]. Il n'est sujet ni à renonciation ni à aliénation et est par principe exercé par les titulaires de l'autorité parentale. Toutefois, l'autorité judiciaire peut ordonner son transfert à un tiers. Par opposition, au droit de garde, la garde de fait se concrétiserait par « *l'encadrement quotidien de l'enfant et par l'exercice des droits et des devoirs liés aux soins et à l'éducation courante* »[147]. Autrement dit, « *assumer la garde de fait revient à donner au mineur tout ce dont il a journellement besoin pour se développer harmonieusement sur le plan physique, intellectuel et spirituel* »[148]. La garde de fait peut être assumée par le titulaire du droit de garde lui-même. Elle peut également constituer une prestation gratuite ou rémunérée offerte par des particuliers ou une institution publique ou privée.

**81. Droit québécois**. En droit québécois, la notion de garde des enfants est apparue tardivement dans les textes[149]. En effet, ce n'est qu'en 1969 que cette expression est introduite dans le Code civil aux articles 200 et 212. La garde est envisagée comme l'un des attributs de l'autorité parentale et, si elle est intimement liée aux autres prérogatives de l'autorité parentale, elle peut s'en dissocier, comme le révèle la lecture de l'article 601 du Code civil du Québec. Cet article dispose en effet que « *le titulaire de l'autorité parentale peut déléguer la garde, la surveillance ou l'éducation de l'enfant* ». Par conséquent, une lecture rigoureuse doit faire admettre que le titulaire de l'autorité parentale peut confier la garde à une personne, la surveillance à une autre et l'éducation de l'enfant à une troisième personne. Certains auteurs en ont alors déduit que la garde serait seulement « *le droit et l'obligation qu'a une personne (ordinairement le père ou la mère) de loger et retenir un enfant auprès d'elle ou de fixer sa résidence ailleurs* »[150]. Comme nous pouvons le constater, cette définition correspond à la conception étroite du pouvoir de garde développée par la doctrine française[151]. Le rapprochement ne s'arrête pas à cette seule considération, puisqu'en droit québécois, la notion de garde a été, à l'instar du droit français, élargie, révélant ainsi qu'il est irréaliste de la réduire à la seule faculté de retenir ou de déterminer le lieu de vie du mineur. Cette conception élargie de la garde des mineurs est notamment apparue avec le développement jurisprudentiel de la notion de garde conjointe en cas de divorce des parents. La garde conjointe a pu être définie comme « *le droit et le devoir reconnus au père et à la*

---

[143] H. De Page, *ibid.*

[144] *Cf.* M. Stettler, *Traité de droit privé suisse*, vol. III, t. II, 1, *Le droit suisse de la filiation*, Éditions universitaires Fribourg, 1987, § 15, p. 247.

[145] *Cf.* not. M. Stettler, *op. cit.*, § 15, pp. 247-250.

[146] M. Stettler, *op. cit.*, § 15, p. 248.

[147] M. Stettler, *op. cit.*, § 15, p. 249.

[148] M. Stettler, *ibid.*

[149] A. Mayrand, *La garde conjointe (autorité parentale conjointe) envisagée dans le contexte social et juridique actuel, in Droit et enfant*, Les Éditions Yvon Blais, 1990, pp. 19-38.

[150] A. Mayrand, *art. précit.*, p. 23.

[151] *Cf. supra* n° 66.

*mère divorcés ou séparés de prendre ensemble les décisions importantes que le soin et l'éducation de leur enfant requièrent* »[152]. Le développement de la garde conjointe repose sur une conception élargie de la notion de garde, qui semble trouver son origine dans la loi de 1985 sur le divorce[153]. En effet, cette loi a défini la notion de garde dans son article 2. Néanmoins, la version française diverge de la version anglaise. Le texte français est ainsi rédigé : « *garde : sont assimilés à la garde, le soin, l'éducation et tout autre élément qui s'y rattache* ». La version anglaise ne reprend pas l'idée d'une assimilation des autres prérogatives à la garde, mais envisage celle d'une inclusion : « *custody includes care, upbringing and any other incident in custody* ». Une telle divergence manifeste une hésitation entre la conception étroite et la conception élargie de la notion de garde des mineurs : soit les autres attributs de l'autorité parentale sont associés au droit de garde, soit ils sont purement et simplement compris dans cette notion. Les tribunaux ont pu en déduire que l'attribution de la garde après divorce doit entraîner tous les attributs de l'autorité parentale, même si aucune disposition de la loi de 1985 sur le divorce ne précise que le parent non gardien perd les droits que lui confère l'autorité parentale. La notion de garde conjointe permit de rééquilibrer les pouvoirs des parents. Cette déformation apparente de la notion de garde des enfants présenta peut-être l'intérêt de s'interroger sur le contenu de cette notion et sur l'opportunité de la réduire à la seule faculté de retenir l'enfant ou de fixer son lieu de résidence.

**82. Synthèse**. Ainsi, la perception traditionnelle de la notion de garde des mineurs révèle un très grand embarras de la part du législateur, de la jurisprudence et de la doctrine. Le droit contemporain envisage la garde des enfants dans de multiples acceptions. Il fait référence au droit de garde, à la garde de l'enfant, à la garde de droit, à la garde de fait et, parfois, aux gardes juridique et matérielle. Derrière la profusion de ces qualifications se cache en réalité un clivage majeur. Tantôt « *la garde* » est exclusivement associée à l'exercice d'un pouvoir qui n'a pu être attribué que par le législateur ou le juge, tantôt « *la garde* » est associée à la situation physique de l'enfant mineur. Dans cette seconde hypothèse, la situation juridique importe peu, la qualification de garde n'est pas la conséquence d'une étude rigoureuse des prérogatives exercées sur le mineur. Cette opposition entre les deux grandes conceptions de la garde des mineurs risque d'autant plus d'être une source d'erreurs d'interprétation qu'en général les différentes expressions employant ce terme de « *garde* » ne sont pas définies et ne sont pas expressément rattachées à une réalité juridique. Au risque de se tromper, le destinataire de la norme doit se livrer à une délicate interprétation des textes, afin d'en déterminer les contours. Dès lors, si on adopte une vision globale de la notion de garde des mineurs en droit positif, nous sommes inéluctablement conduit à un constat de désordre et d'absence de tout raisonnement d'ensemble. Loin de constituer une notion clairement identifiée aux contours étroitement définis, la garde des mineurs paraît au contraire être reléguée au rang de notion plus ou moins floue, dont il serait vain de déterminer les caractéristiques, mais dont on ne saurait se passer. La notion de garde des mineurs pourrait finalement bien être « *une peau de chagrin, une notion-fantôme qui, dès qu'on l'approche et qu'on veut en saisir le contenu précis et concret, se résorbe pour disparaître* »[154]. La conception de la garde des mineurs n'est pas unitaire mais, au contraire, éclatée en une multitude de conceptions. Or si une telle diversité peut être normale en doctrine, elle ne peut être qu'une source de désordre et d'insécurité juridique en législation et en jurisprudence. Dès lors, le principal défaut de la notion de garde des mineurs est l'absence d'approche

---

[152] A. MAYRAND, *art. précit.*, p. 23.

[153] P.-A. COTE, *La loi de 1985 sur le divorce et le droit civil*, *LRDB* 1987, t. 47, n° 5, pp. 1181-1185 ; R. LESAGE, *Garde ou autorité parentale ; l'emprise de la sémantique*, *LRDN* 1988, vol. 91, n^os^ 1-2, pp. 46-59.

[154] PH. SIMLER, *La notion de garde de l'enfant (sa signification et son rôle au regard de l'autorité parentale)*, *art. précit.*, *spéc.* n° 3, p. 690.

globale cohérente fondée sur une étude des différentes prérogatives pouvant s'exercer sur la personne des mineurs. Aussi paraît-il essentiel de défendre une perception renouvelée de la garde des mineurs fondée sur une approche globale de la notion, reposant sur une analyse de sa justification, de son contenu et de son origine. Un tel constat et une telle conclusion ne peuvent toutefois être réservés à la notion de garde des mineurs. Au contraire, ils peuvent également être effectués à propos des handicapés mentaux et des délinquants.

# SECTION 2
# UNE PERCEPTION ÉCLATÉE ET INCOMPLÈTE DE LA GARDE DES HANDICAPÉS MENTAUX ET DES DÉLINQUANTS

**83.** L'approche historique de la notion de garde révèle que son emploi n'a pas été réservé aux mineurs. Cette notion a été également utilisée pour les délinquants et les handicapés mentaux. L'étude de ces deux domaines d'application révèle rapidement que la notion de garde n'a, le plus souvent, fait l'objet d'aucune précision législative et a soulevé des interrogations quant à sa définition. Il n'est dès lors guère surprenant de constater, de nouveau, une certaine diversité dans l'approche jurisprudentielle et doctrinale de la garde. Il est vrai cependant que cette imprécision est peut-être un atout. Certains auteurs en ont effectivement profité pour développer une nouvelle conception de la garde d'autrui qui refléterait davantage les préoccupations actuelles. Aussi l'imprécision du législateur à propos de la notion de garde des délinquants (**§ 1)** et des handicapés mentaux (**§ 2)** a-t-elle de nouveau pu mener à l'éclatement de cette notion.

## § 1. L'IMPRÉCISION DE LA NOTION DE GARDE D'AUTRUI EN MATIÈRE PÉNALE

**84.** La notion de garde a été régulièrement utilisée à propos des personnes détenues. Cependant, elle ne semble pas avoir fait l'objet d'une étude approfondie et encore moins d'une définition précise. On peut tout au plus constater qu'elle est, en général, étroitement associée à un pouvoir de rétention. La garde est alors la situation juridique qui résulte de l'exercice effectif de ce pouvoir. En somme, le gardien est la personne qui retient de force autrui dans un endroit déterminé. Cette conception statique de la garde s'est manifesté dès avant 1810, date d'adoption du Code d'instruction criminelle, **(A)** et a perduré au-delà **(B)**. Toutefois, la diversification des pouvoirs sur les personnes détenues et l'encadrement progressif de leur condition ont incité certains auteurs à suggérer une nouvelle conception de la garde en matière pénale.

### A. LA NOTION DE GARDE D'AUTRUI EN MATIÈRE PÉNALE AVANT 1810

**85. Une notion peu développée pour des applications limitées**. Avant 1810, la notion de garde d'autrui est traditionnellement associée à la prison, mais est très peu développée. Elle est présentée comme une mission des surveillants des prisons, mais n'est pas pour autant clairement définie. La garde revêt une dimension passive et peut, tout au plus, être associée à l'existence d'un droit de rétention sur autrui et à l'obligation de conserver en vie la personne détenue. Ces idées transparaissent bien dans l'ordonnance de 1670 qui a réglé, jusqu'à la fin de l'Ancien Régime, le déroulement de la procédure criminelle[155]. Ce faible développement de la notion en matière criminelle peut être doublement justifié par le peu d'intérêt pour la condition des détenus et par le fait que l'emprisonnement n'était pas considéré comme la peine la plus importante[156].

En effet, reprenant la conception romaine de la prison, l'Ancien droit ne lui accorde qu'une place très marginale[157]. La détention d'une personne n'est, le plus souvent, qu'une étape dans l'attente de l'exécution de la peine proprement dite. Ainsi, en 1769, Claude-Joseph de Ferrière, dans son *Dictionnaire de droit et de pratique*, définit la prison comme étant « *un lieu qui est destiné à garder les criminels et aussi quelquefois les débiteurs dans les cas où ils sont obligés par corps. Les prisons ne sont établies que pour garder les criminels et non pour les punir* »[158]. De même, Guy du Rousseaud de la Combe affirme, dans son *Traité des matières criminelles*, que la « *prison est le lieu public, destiné pour la garde et détention des accusés prévenus de crime ; on a étendu par la suite les prisons contre les débiteurs pour dettes et affaires civiles ; car originairement les prisons n'ont été faites que pour les malfaiteurs* »[159].

Il est vrai cependant que la peine privative de liberté n'était pas totalement ignorée. Elles ne s'effectuaient pas dans des prisons, qui se trouvaient enclavés dans l'enceinte des tribunaux, mais dans des forts ou châteaux[160]. Il n'en demeure pas moins que la peine devait essentiellement être physique[161] et faire souffrir dans sa chair le condamné[162]. Aussi préférait-on les peines atteignant directement le condamné dans son corps. Par ailleurs, la publicité du supplice avait pour objectif de « *reconstituer la souveraineté un instant blessée* »[163] et de susciter « *la conscience que la moindre infraction risquait fort d'être punie* »[164]. En revanche, la peine privative de liberté était privilégiée par le droit canonique. En effet, respectueux de la règle *Ecclesia abhorret a sanguine* et influencé par l'idée selon laquelle la solitude de la prison serait propice à la réflexion et au repentir, le droit canonique a très rapidement érigé la prison en peine principale[165]. De même, en marge de ses fonctions pénales, la prison est apparue comme un moyen idoine pour débarrasser la société des personnes qu'elle considérait comme indésirables, tels les vagabonds ou les aliénés.

---

[155] Titre XIII, Des prisons de l'ordonnance de 1670 et en particulier l'article IV faisant expressément référence à la mission de « *garde des prisonniers* ». *Cf.* F. SERPILLON, *Code criminel ou commentaire sur l'Ordonnance de 1670*, Lyon, Perisse, 1767, t. 2, pp. 601-647.

[156] N. CASTAN et A. ZYSBERG, *Histoire des galères, bagnes et prisons en France de l'Ancien Régime*, Privat, 2002, pp. 13-45 ; Y. BONGERT, *Quelques aspects de la prison au XVIIIème siècle, in Études dédiées à la mémoire de G. DEBOVE*, Travaux et recherches de l'Université de Droit et de la Santé de Lille, Série Mélanges n° 2, PUF 1983, pp. 69-99.

[157] P.-F. MUYART DE VOUGLANS, *Les loix criminelles de France dans leur ordre naturel*, Paris, Merigot, Crapart, B. Morin, 1780, pp. 73-74.

[158] CL.-J. DE FERRIÈRE, *Dictionnaire de droit et de pratique*, Toulouse, 1769, v° Prison.

[159] G. DU ROUSSEAUD DE LA COMBE, *Traité des matières criminelles, suivant l'ordonnance du mois d'août 1670, et les édits, déclarations du roi, arrêts et règlements intervenus jusqu'à présent*, 4e éd. revue et augmentée considérablement, sur les notes manuscrites de l'auteur, par Maître N. G. DU ROUSSEAUD DE LA COMBE, t. 1, Paris, Théodore Le Gras, 1761, p. 429.

[160] P.-F. MUYART DE VOUGLANS, *op. cit.*, p. 74.

[161] La description des peines pratiquées est suffisamment explicite sur ce point, *cf.* par exemple P.-F. MUYART DE VOUGLANS, *op. cit.*, pp. 39-88.

[162] M. FOUCAULT, *Surveiller et punir*, Gallimard, Tel, 2000, pp. 9-38.

[163] M. FOUCAULT, *op. cit.*, p. 59.

[164] M. FOUCAULT, *op. cit.*, p. 70.

[165] J.-M. CARBASSE, *Histoire du droit pénal et de la justice criminelle*, PUF, Droit fondamental, droit pénal, 2000, pp. 246-248.

Il a fallu attendre le XVIII$^e$ siècle pour que la prison commence à s'imposer en tant que peine principale en Europe[166]. Toutefois, en dépit de quelques expériences, la France n'organisa pas encore un véritable système pénitentiaire[167] et de nombreux auteurs constatèrent, ou défendirent, une utilisation limitée de la prison. En somme, sous l'Ancien régime, la prison pénale n'était pas la peine la plus fréquente. En revanche, à compter du XVII$^e$ siècle, on procéda très largement à l'enfermement des aliénés ou des vagabonds[168]. L'enfermement permettait ainsi de les marginaliser davantage en les sortant de la société. Que ce soit à titre de sanction pénale ou de marginalisation, la condition des personnes détenues importait peu, à partir du moment où on souhaitait avant tout les mettre à l'écart. Dans de telles hypothèses, la notion de garde, expressément utilisée, revêt une dimension surtout statique. Elle permet seulement de qualifier la situation d'une personne retenue sur le fondement d'une décision de l'autorité publique. On ne peut lui accorder un rôle plus dynamique. Elle ne constitue pas le fondement d'un ensemble de droits et de devoirs prenant à la fois en compte l'intérêt de la personne retenue et celui de la société.

**86. Une notion peu développée pour un nombre grandissant d'applications.** La peine privative de liberté n'apparaît réellement qu'après la Révolution Française sous l'influence de la philosophie des Lumières. Les philosophes du XVIII$^e$ siècle ont joué un rôle majeur en mettant en exergue la liberté d'action et la liberté d'aller et venir. La liberté est considérée comme le bien le plus précieux et affirmée comme étant un droit. À partir de là, l'efficacité de la peine privative est reconnue. La peine n'a plus pour objet principal la souffrance physique, comme cela était le cas avec le supplice, mais la suspension des droits[169]. La privation de liberté devient ainsi « *la pénalité par excellence* »[170]. Certains auteurs expliquent différemment le triomphe de la prison en avançant la découverte de la discipline de groupe au XVII$^e$ siècle[171]. La discipline serait devenue à cette époque un véritable instrument de domination économique et politique. Une société disciplinaire forgée par les militaires, fondée sur la coercition individuelle et collective des corps, se serait ouvertement affirmée, justifiant le développement de la peine privative de liberté.

Concrètement, la première grande réforme du Code pénal des 25 septembre et 6 octobre 1791 élabore un régime de peines influencé par ces diverses idées[172]. Les concepts de légalité et d'égalité des peines s'imposent. Pour la première fois, on fait référence à l'utilité sociale des prisons, il faut améliorer les condamnés. Cette première étape marque la naissance de la science pénitentiaire, c'est-à-dire de l'organisation d'un système carcéral efficace. Mais, l'objectif premier demeure la sécurité de la population, il faut mettre à l'écart les condamnés. De la même manière, on va interner les handicapés mentaux pouvant représenter un danger pour la société. En ce qui concerne la notion de garde, elle est toujours appliquée à la condition des détenus, comme l'atteste le Code pénal de 1791[173], mais elle n'est pas davantage développée. Elle demeure une notion assez passive et matérielle reflétant ainsi la condition des personnes emprisonnée.

---

[166] E. PÉCHILLON, *Sécurité et droit du service public pénitentiaire*, préf. F. CHAUVIN, LGDJ, Bibl. dr. pub., t. 204, 1998, n$^{os}$ 13-14, pp. 9-10.

[167] E. PÉCHILLON, *thèse précit.*, n$^{os}$ 15-16, pp. 10-11.

[168] N. CASTAN et A. ZYSBERG, *op. cit.*, pp. 47-87.

[169] M. FOUCAULT, *op. cit.*, p.18.

[170] J. PINATEL, *Philosophie carcérale, technologie politique et criminologie clinique, RSC* 1975 pp. 753-766, *spéc.* p. 757.

[171] M. FOUCAULT, *op. cit.*, pp.159 et s.

[172] J.-G. PETIT, CL. FAUGERON et M. PIERRE, *Histoire des prisons en France (1789-2000)*, Privat, 2002, pp. 31-34.

[173] Titre VII, article 1$^{er}$, VII du Code pénal issu de la loi du 6 octobre 1791.

**87. Synthèse : une perception statique de la notion de garde**. Ainsi, avant 1810, la notion de garde n'est pas inconnue du droit pénal. Sa perception présente certaines spécificités, puisqu'elle est essentiellement associée à la rétention d'une personne. Elle ne revêt pas une dimension particulièrement active. Le gardien des personnes poursuivies ou condamnées pénalement se doit de les maintenir en vie dans un endroit déterminé. La garde n'est pas associée à une mission spécifique dans l'intérêt de la personne gardée. Cette conception de la garde en matière pénale s'est maintenue après 1810, en dépit des modifications apportées progressivement à l'enfermement pénitentiaire.

## B. LA NOTION DE GARDE D'AUTRUI EN MATIÈRE PÉNALE APRÈS 1810

**88.** Après 1810, la notion de garde est toujours expressément utilisée en matière pénale, mais sa conception ne se démarque pas de celle qui a été développée dans l'Ancien droit. La garde est toujours rattachée à la rétention effective des personnes. Aussi le législateur fait-il preuve d'un classicisme remarquable en la matière **(1)**. Un tel choix est peut-être gênant. En effet, la condition des personnes détenues après la seconde guerre mondiale n'a rien de comparable avec celle des détenus de l'Ancien Régime. La reconnaissance de droits et surtout la mise en œuvre du traitement pénitentiaire ont profondément modifié leur condition. Dès lors, il n'est guère surprenant que certains auteurs aient proposé une nouvelle définition de la garde prenant davantage en considération cette évolution **(2)**.

### *1. Le classicisme de la perception législative : l'association de la garde à la situation physique de la personne*

**89. Une notion usuelle, peu définie, mais présentant une certaine unité**. Traditionnellement, la notion de garde est attachée aux prérogatives des personnes appelées à retenir une personne poursuivie pénalement ou ayant fait l'objet d'une condamnation à une peine privative de liberté. Ainsi, le Code d'instruction criminelle de 1810 les qualifie de gardiens[174]. Prenant la suite, le Code de procédure pénale ne réutilise pas cette qualification de gardiens, mais rappelle cette mission dans son article D. 188 : « *le service public pénitentiaire a pour fonction d'assurer la mise en exécution des décisions judiciaires prononçant une peine privative de liberté ou ordonnant une incarcération provisoire, et d'assurer la garde et l'entretien des personnes qui, dans les cas déterminés par la loi, doivent être placées ou maintenues en détention en vertu ou à la suite de décisions de justice* ». Par ailleurs, la notion de garde d'autrui est utilisée pour qualifier la situation des personnes retenues dans un commissariat dans le cadre d'une procédure pénale. On parle en effet dans cette hypothèse de « *garde à vue* ». Néanmoins, si cette notion de garde est utilisée en droit pénal, elle n'est pas expressément définie. Le législateur se contente d'une conception statique de la notion de garde. La garde d'autrui se confond avec les idées de rétention et de surveillance. L'objectif premier de la garde est de priver une personne de sa liberté d'aller et venir afin de sauvegarder la sécurité publique. Cette conception de la garde étant étroitement associée à la condition des personnes retenues dans le cadre d'une procédure ou d'une condamnation pénale au XIX^e^ siècle, on peut dès lors se demander si elle a été maintenue avec le développement du droit pénitentiaire.

**90. Le développement du droit pénitentiaire**. L'organisation des peines privatives de liberté évolua fortement avec l'émergence de la science, puis du droit pénitentiaire. Le XVIII^e^ siècle avait déjà affirmé que la privation de la liberté d'aller et venir devait être la peine par excellence et que les prisons avaient pour objectif d'améliorer les condamnés. Cette étape a marqué la naissance de la science pénitentiaire, c'est-à-dire de l'organisation d'un

---

[174] Articles 603 et s. du Code d'instruction criminelle.

système carcéral efficace. Il n'en demeure pas moins que cette affirmation est restée pendant très longtemps une simple pétition de principe non suivie d'effets dans la réalité. Au cours du XX^e^ siècle, le monde pénitentiaire connut une nouvelle évolution avec l'émergence du droit pénitentiaire, dont l'objectif est *« l'organisation de cadres d'exécution de la peine et d'autres mesures de protection sociale et de sauvegarde des droits d'une personne entrée en conflit avec la société»*[175]. Le droit pénitentiaire prit alors une importance grandissante. Constamment rappelé, il repose sur une volonté de reconnaître certains droits aux détenus tout en maintenant les objectifs pénaux de la peine de prison[176]. La peine doit ainsi s'attacher à la resocialisation et à la réinsertion du délinquant[177]. Cette conception de la peine a été développée par les partisans de l'École de la Défense sociale nouvelle[178]. Ébauchée au lendemain de la seconde guerre mondiale par Filippo Gramatica[179], elle a été reprise en France par Marc Ancel[180]. Le principe demeure la défense de la société contre la criminalité, toutefois cette protection doit être assurée par une réadaptation et une resocialisation du condamné afin d'éviter que celui-ci récidive, ou tout du moins qu'il ne retombe à la charge de la société. Pour cela, il faut agir sur la personnalité du condamné. En effet, les peines antérieures à la prison (anéantissement de la personne ou mutilation) avaient pour conséquence de rendre les délinquants inoffensifs. Cette idée n'est pas abandonnée avec le développement de la prison, elle doit simplement être adaptée. Celui qui se trouve dans un établissement pénitentiaire ressortira un jour, il faut donc le rendre également inoffensif en effectuant un travail sur sa personnalité. Le développement du droit pénitentiaire confère ainsi plusieurs tâches à l'administration : une mission matérielle de rétention physique du condamné et une mission intellectuelle d'organisation de son activité en vue de sa future réinsertion. On parle à ce propos de traitement pénitentiaire[181]. Cette conception du rôle de la prison devait nécessairement conduire à une évolution de l'organisation pratique de la prison. Comment pourrait-elle parvenir à la réinsertion sociale des détenus en les maintenant dans un état de désocialisation ?

**91. Les manifestations concrètes du traitement pénitentiaire.** Concrètement, le traitement pénitentiaire suppose une modernisation des prisons, la vie intérieure doit être moins désagréable. Le traitement en milieu fermé se traduit notamment par une classification des détenus[182]. Les jeunes détenus, les détenus anormaux, les alcooliques, les récidivistes font l'objet d'un traitement spécial. D'autre part, le traitement met en œuvre divers moyens : travail pénitentiaire, enseignement et éducation, psychothérapie, activités culturelles, religieuses ou morales, autogestion, contact avec le monde extérieur... Mais, la plus importante manifestation du développement du droit pénitentiaire reste le traitement en milieu

---

[175] S. PLAWSKI, *Droit pénitentiaire*, Publications de l'Université de Lille III, 1977, p. 11.

[176] O. DE SCHUTTER et D. KAMINSKY (dir.), *L'institution du droit pénitentiaire, Enjeux de la reconnaissance de droits aux détenus*, Bruylant-LGDJ, La pensée juridique, 2002.

[177] R. GASSIN, *Les fondements juridiques de la réinsertion des délinquants en droit positif français*, *RSC* 1986, pp. 155-182 et pp. 443-460.

[178] L'expression de « *défense sociale* » est issue de l'école positiviste, qui se fixait comme principal objectif la protection de la collectivité par la mise à l'écart et l'élimination de tous les risques liés à la criminalité. Deux types de mesures étaient alors défendus : la suppression des criminels (par la mort ou la ségrégation) et les mesures correctives. *Cf.* E. PÉCHILLON, *thèse précit.*, n° 82, p. 49. Sur l'École de la Défense sociale nouvelle *cf.* B. BOULOC, *Pénologie*, 3^e^ éd., Dalloz, 2005, n^os^ 34-35, pp. 21-22.

[179] F. GRAMATICA, *Principes de défense sociale*, Cujas, 1964.

[180] M. ANCEL, *La défense sociale nouvelle*, 3^e^ éd., 1981.

[181] Selon Stanislas Plawski, deux définitions peuvent en être données : soit on considère qu'il s'agit d'une activité dont le but est le redressement social de l'individu condamné, le traitement est alors effectué par le condamné lui-même ; soit on retient une définition plus large, le traitement criminologique serait alors entendu comme l'ensemble des moyens nécessaires à transformer la personnalité du délinquant dans le but de l'insérer dans la société des gens libres. *Cf.* S. PLAWSKI, *op. cit.*, pp.123-145.

[182] S. PLAWSKI, *op. cit.*, pp. 147-231.

libre ou ouvert[183]. En lui-même, il constitue une modalité d'exécution de la peine privative de liberté et se décline sous différentes formes[184] : la semi-liberté[185], le travail en milieu ouvert, la permission de sortir, ou encore le placement sous surveillance électronique.

**92. Absence d'influence du développement du droit pénitentiaire sur la perception de la garde**. Ces diverses mesures constituent de nouvelles modalités d'exécution de la peine privative de liberté. Dans ces différentes hypothèses, le condamné conserve son statut de détenu et demeure sous l'autorité juridique de l'administration pénitentiaire. Doit-on pour autant considérer qu'il demeure sous sa garde ? Une lecture rigoureuse des textes nous interdit de répondre affirmativement à cette question. En matière pénale, le législateur semble être particulièrement attaché à une conception matérielle ou physique de la garde d'autrui. En effet, comme nous l'avons vu, l'article D. 188 du Code de procédure pénale considère que la garde est une mission du service public pénitentiaire. S'il n'en donne aucune définition, les dispositions du Code pénal, relatives à l'évasion des détenus, peuvent nous donner quelques indications sur le sens à donner à ce mot. En effet, le délit d'évasion est constitué dans deux hypothèses. La première est visée par l'article 434-27 du Code pénal, qui dispose que l'évasion est le fait pour un détenu de « *se soustraire à la garde à laquelle il est soumis* ». Pour l'application de cette disposition, l'article suivant donne une liste des personnes détenues au sens de l'article 434-27 du Code pénal. Or cette liste ne vise que des personnes physiquement retenues par l'administration pénitentiaire ou la police judiciaire. En ce sens, nous retrouvons bien la conception classique de la garde en matière pénale fondée sur l'idée de rétention physique de la personne. Cette analyse est renforcée par l'étude du second cas d'évasion. Selon l'article 434-29 du Code pénal, « *constituent également une évasion* » le fait pour tout condamné « *de se soustraire au contrôle auquel il était soumis alors qu'il a fait l'objet d'une décision soit de placement à l'extérieur d'un établissement pénitentiaire, soit de placement sous surveillance électronique ou qu'il bénéficie soit du régime de la semi-liberté, soit d'une permission de sortir* ». Par comparaison avec la première hypothèse, il faut déduire de cette disposition que, pour le législateur, les personnes se trouvant dans les situations susvisées ne sont pas sous la garde de l'autorité publique. Elles sont uniquement sous son contrôle. Il faut donc admettre que, pour le législateur, la garde, en matière pénale, est la rétention d'une personne par une autorité étatique.

Ainsi, il ressort de cette étude historique, que la perception de la garde d'autrui en droit pénal demeure assez statique et physique. Elle est étroitement associée à l'existence d'un pouvoir de rétention et d'un contrôle direct sur autrui. En somme, cette notion semble secondaire. Néanmoins, certains auteurs ont suggéré une nouvelle conception de la garde en matière pénale mettant en avant la diversité de ses facettes.

### *2. L'évolution de la perception doctrinale : la garde dissociée de la situation physique de la personne*

**93. La thèse de Monsieur Éric Péchillon**. Si la très grande majorité de la doctrine pénaliste n'a vu dans la garde qu'une notion secondaire ne méritant pas une étude approfondie, il n'a pas échappé à certains auteurs que la notion de garde pourrait revêtir une toute autre dimension en matière pénitentiaire. Ainsi, Monsieur Éric Péchillon suggère, dans sa thèse intitulée *Sécurité et droit du service public pénitentiaire*[186], d'en faire un élément

---

[183] S. PLAWSKI, *op. cit.*, pp. 233-252.

[184] PH. CONTE et P. MAISTRE DU CHAMBON, *Droit pénal général*, 7e éd., Armand Colin, 2004, nos 603-618-1, pp. 345-354 ; G. STEFANI, G. LEVASSEUR et B. BOULOC, *Droit pénal général*, 19e éd., Dalloz, 2005, nos 775-777-6, pp. 607-612.

[185] S. PLAWSKI, *La semi-liberté*, *RSC* 1985, pp. 15-29.

[186] E. PÉCHILLON, *Sécurité et droit du service public pénitentiaire*, *thèse précit.*

fondamental du droit du service public pénitentiaire. Dans cette optique, il propose une conception renouvelée de la garde.

L'auteur part du constat que l'ensemble du droit pénitentiaire est innervé par la notion de sécurité. Certes, les missions du service public pénitentiaire se multiplient, mais la privation de liberté demeure un moyen d'assurer la sécurité publique avant d'être un mode de traitement des condamnés. Cet aspect est en outre renforcé par la complexité du statut du détenu, qui demeure essentiellement pénal et dicté par la recherche de la sécurité. Une telle idéologie conduit à l'ignorance des spécificités des détenus. En effet, l'article D. 50 du Code de procédure pénale se contente d'affirmer que les détenus sont les « *personnes faisant l'objet d'une mesure privative de liberté à l'intérieur d'un établissement pénitentiaire* ». Or, il faudrait admettre que la population pénale ne forme pas un tout homogène et que les différences de statut ne peuvent uniquement résulter de décisions judiciaires. En ce sens, le traitement et la prise en charge du détenu ne peuvent être entièrement prédéterminés par l'autorité judiciaire. Partant de ce constat, la jurisprudence a commencé à développer un statut administratif du détenu[187], fondé sur la reconnaissance de droits et obligations à l'administration pénitentiaire et aux détenus[188].

Toutefois, pour Monsieur Péchillon, il faudrait aller plus loin et reconnaître qu'« *après la mise en détention, l'individu change de statut juridique. Il perd la plus grande partie de la particularité de son statut pénal à l'origine de son entrée derrière "les murs"* »[189]. Dès lors, la personne détenue devrait avoir un statut administratif et être considérée comme un véritable usager du service public pénitentiaire. Pour l'auteur, la conception traditionnelle de l'usager d'un service public n'est pas un obstacle. En effet, on a pu admettre que « *pour qu'il y ait usager, il faut à la fois une activité de service public – l'attribution d'une prestation – et une démarche de l'administré – l'entrée au service public* »[190]. Néanmoins, la distinction entre l'usager volontaire et l'usager involontaire ne devrait plus être pertinente, « *l'important n'est pas de savoir comment l'individu est entré en relation avec le service public, mais quelle est la relation administration-usager* »[191]. Par ailleurs, il semble maintenant difficile d'admettre que le service public pénitentiaire n'est pas un fournisseur de prestations. Au contraire, « *l'administration est tenue de faire un certain nombre d'actes indispensables à la vie quotidienne du détenu, qui sont alors assimilables à des prestations* »[192]. Le détenu ne serait plus l'objet passif de l'administration, mais un usager d'un service public avec des droits et des obligations.

Actuellement, même si le développement du traitement pénitentiaire tend à faire évoluer la condition des détenus, une telle conception n'est guère possible en raison de l'importance de la mission de sécurité. C'est pourquoi, Monsieur Eric Péchillon se prononce pour un franc rééquilibrage des missions pénitentiaires, conciliant les impératifs de sécurité et de réinsertion, tout en reconnaissant que la sécurité demeure inévitablement la clef de voûte du système[193]. Pour l'auteur, l'évolution du droit pénitentiaire pourrait opportunément être incarnée par la notion de garde, qui connaît, selon lui, un fort renouveau jurisprudentiel. À l'appui de sa démonstration, il se fonde sur les décisions relatives à la responsabilité du fait d'autrui, rendues par la Cour de cassation sur le fondement de l'article 1384, alinéa 1er du Code civil[194]. Tout en reconnaissant qu'il existe encore des incertitudes sur le contenu exact du principe de la responsabilité du fait d'autrui en droit civil et sur la notion de garde, il met

---

187 E. PÉCHILLON, *thèse précit.*, nos 493-541, pp.259-286.

188 J.-CH. FROMENT, *Vers une « prison de droit » ?*, *RSC* 1997, pp. 537-560.

189 E. PÉCHILLON, *thèse précit*, n° 494, p. 260.

190 J. DU BOIS DE GAUDUSSON, *L'usager du service public administratif*, préf. J.-M. AUBY, LGDJ, Bibl. dr. pub., t. 115, 1974, p. 18.

191 E. PÉCHILLON, *thèse précit.*, n° 531, p. 280.

192 E. PÉCHILLON, *thèse précit.*, n° 532, p. 281.

193 E. PÉCHILLON, *thèse précit.*, nos 874-963, pp.477-527.

194 E. PÉCHILLON, *thèse précit.*, nos 893-898, pp.487-491.

en avant le rattachement effectué par la Cour de cassation entre cette notion et le « *pouvoir d'influencer directement le mode de vie d'autrui en contrôlant une partie de ses faits et gestes* »[195]. Se servant de cet embryon de définition, il considère que la notion de garde pourrait être transposée en droit administratif et plus particulièrement en droit pénitentiaire, afin de refléter la diversité des activités exercées à l'intérieur comme à l'extérieur des établissements pénitentiaires. Tandis que la surveillance ne fait référence qu'au caractère coercitif de l'emprisonnement et revêt une dimension passive, la garde reprend cette idée de surveillance, mais en fait une composante d'une mission plus large de contrôle du mode de vie d'autrui. L'auteur propose alors de poser comme principe que « *l'action de garde implique une attention permanente visant à surveiller et protéger les individus qui ont été confiés à l'institution* »[196]. Dès lors, la garde ne serait plus liée à la situation physique du détenu. Le détenu serait en permanence sous la garde du service public pénitentiaire, même s'il n'est plus sous son contrôle direct et immédiat. La réception de cette notion de garde, détachée de sa conception purement matérielle et passive, aurait pour conséquence de mettre en avant le rapport d'obligation existant entre la personne détenue et le service public pénitentiaire et ainsi la nécessité de déterminer ces obligations. Par ailleurs, le passage de la surveillance à la garde marquerait la transformation d'un service public pénitentiaire de répression vers un service de prestations[197]. La prison ne pourrait alors être perçue comme un lieu d'exception, dans lequel les règles juridiques peuvent être plus ou moins écartées sur la seule invocation de la sécurité publique.

**94. Une approche parcellaire de la garde d'autrui**. Cette conception de la garde développée par Monsieur Éric Péchillon présente l'inconvénient de se fonder sur une interprétation de la jurisprudence de la Cour de cassation développée sur le fondement de l'article 1384, alinéa 1er du Code civil. Or, comme il le souligne d'ailleurs, la Cour de cassation n'a pas donné de véritable définition et de nombreuses incertitudes subsistent[198]. En réalité, il se fonde davantage sur une idée, la garde serait liée au contrôle du mode de vie d'autrui, que sur une véritable définition de la notion de garde. Par conséquent, si cette démarche constitue, en elle-même, une approche plus dynamique des relations existant entre l'administration pénitentiaire et les détenus, elle n'en reste pas moins fragilisée par son fondement. L'absence de définition réelle de la notion de garde limite la portée de ce raisonnement. Par ailleurs, elle la restreint au droit pénitentiaire. Or, la notion de garde ne se cantonne pas à ce domaine juridique. Elle s'applique très certainement à d'autres personnes, telles les mineurs ou les handicapés mentaux. De plus, le droit pénal, lui-même, l'utilise à propos des personnes en garde à vue, c'est-à-dire à des personnes non retenues par le service public pénitentiaire. La prolifération des études sectorielles de la garde des personnes risque de favoriser une multiplication des approches et des définitions de la notion et de rendre toujours plus complexe son étude. Or, il peut arriver qu'il y ait des connexions entre ses différents domaines d'application. Il faudrait dès lors procéder à une analyse plus générale de la notion de garde en matière pénitentiaire et, pour cela, disposer d'une conception unitaire de la garde d'autrui.

**95. Synthèse sur la perception de la notion de garde en matière pénale**. L'étude de la perception de la notion de garde en matière pénale a révélé sa fréquente utilisation et une certaine unité dans son utilisation. La garde est en effet rattachée à la détention matérielle et réelle d'une personne. Elle revêt une dimension purement passive. Une proposition doctrinale s'est néanmoins démarquée de cette conception pour faire de la garde le fondement d'une

---

[195] E. PÉCHILLON, *thèse précit.*, n° 898, p. 491.
[196] E. PÉCHILLON, *thèse précit.*, n° 907, p. 496.
[197] E. PÉCHILLON, *thèse précit.*, n^os^ 914-963, pp. 501-527.
[198] *Cf. infra*, Partie 2, Titre 1, Chapitre 2, Section 1 : n^os^ 566-625.

nouvelle perception des rapports d'obligations entre le service public pénitentiaire et les personnes détenues. La garde, rattachée au contrôle du mode de vie d'autrui, caractériserait alors la situation des détenus et revêtirait une dimension plus dynamique et moins matérielle. De nouveau, nous pouvons mesurer à quel point cette notion de garde peut être malléable et perçue dans des conceptions très diverses. Un constat similaire peut être effectué à propos de l'utilisation de la notion de garde pour qualifier la situation des handicapés mentaux.

### § 2. L'IMPRÉCISION DE LA NOTION DE GARDE DES HANDICAPÉS MENTAUX

**96.** Traditionnellement, la notion de garde d'autrui est utilisée pour caractériser la situation des handicapés mentaux. Afin de discerner les contours donnés à cette notion, il convient d'envisager ses différentes applications. L'étude de la perception du pouvoir de garde des handicapés mentaux nous conduira, en réalité, à répondre à une série de questions. A-t-on expressément utilisé la notion de garde d'autrui pour caractériser les pouvoirs sur la personne des handicapés mentaux ? Si tel est le cas, quelle perception en a-t-on donné ? Sinon, comment ces pouvoirs ont-ils été analysés ? N'a-t-on pas, à l'instar de la garde des mineurs, implicitement utilisé la notion de garde d'autrui ? Les réponses qui ont pu être faites à ces questions par le législateur, la jurisprudence et la doctrine ont pu varier au cours des siècles. Aussi convient-il de distinguer, selon une démarche classique, la perception de la notion de garde des handicapés mentaux avant 1804 **(A)** et la conception de cette notion après 1804 **(B)**.

#### A. LA NOTION DE GARDE DES HANDICAPÉS MENTAUX AVANT 1804

**97.** Avant 1804, l'étude des pouvoirs sur la personne des handicapés mentaux révèle que la notion de garde a été expressément utilisée. Ainsi est-il possible de la rencontrer en droit romain **(1)**, mais également dans l'Ancien droit **(2)**. Cependant, elle ne fait en général l'objet d'aucune définition. Un tel constat tend à souligner un certain désintérêt pour la condition des malades mentaux.

##### *1. Le droit romain*

**98. Une première manifestation de la notion de garde des handicapés mentaux : la curatelle des fous.** Dans le très ancien droit romain, la Loi des XII Tables organise pour les fous furieux (*furiosi*)[199] qui n'ont pas de gardien (*custos*), c'est-à-dire qui sont *sui juris* et par conséquent non soumis à la *patria postestas*, une curatelle[200]. Ainsi, il revenait à ses

---

[199] Une ambiguïté demeure sur la différence entre les *furiosi* et les autres aliénés. Pour certaines auteurs, les *furiosi* sont les aliénés ayant des intervalles de lucidité, par opposition aux *mente capti* atteints d'une folie continue. Pour d'autres, cette qualification regrouperait les fous atteints de folie ordinaire, à l'exclusion seulement des individus atteints de monomanie. *Cf.* P.-F. GIRARD, *Manuel élémentaire de droit romain*, *op. cit.*, note 2, p. 242. De même certains auteurs considèrent que le *furiosus* est le cas le plus extrême de la folie, et que les *amentes*, *dementes* et *mente capti* correspondaient à ce qu'on appelle aujourd'hui des « faibles d'esprit », *cf.* J. PH. LÉVY et A. CASTALDO, *Histoire du droit civil*, *op. cit.*, n° 197, p. 236. D'autres enfin affirment que le *demens* était caractérisé par l'abolition complète de la raison, le *mente captu* était simplement faible d'esprit, la *fatuus* ou *stultus*, l'idiot et le *furiosus* le maniaque agité dangereux. *Cf.* J. PRÉVAULT, *L'internement administratif des aliénés*, préf. M. GARÇON, LGDJ, 1955, n° 10, p. 20.

[200] Loi des XII Tables, V, 7 a : « *Si furiosus escit, ast ei custos nes escit, agnatum gentiliumque in eo pecuniaque ejus potestas esto* ». *Cf.* J. PH. LÉVY et A. CASTALDO, *op. cit.*, n° 197, p. 236 ; R. VILLERS, *Rome et le droit privé*, *op. cit.*, p. 50. *Cf.* cependant : C. BRUSCHI, *L'altération des facultés mentales en droit romain*, *in La détérioration mentale, Droit, histoire, médecine et pharmacie*, Actes du colloque interdisciplinaire d'Aix-en-Provence (7-8 juin 2000), PUAM, 2002, pp. 51-65, spéc. pp. 53-55. Cet auteur

agnats[201] ou aux membres de sa *gens*[202] d'exercer un pouvoir protecteur sur lui et sur ses biens. Progressivement ce régime de protection se transforma. D'une part, il fut étendu à tous ceux qui souffraient de troubles d'esprit (*amentes*, *dementes* et *mente capti*) et, d'autre part, la curatelle dative prit le pas sur la curatelle légitime. Dans la curatelle, l'aliéné était assimilé à un *infans*, cependant il ne recevait pas un tuteur mais un curateur. Celui-ci avait pour fonction de prendre soin de sa personne et de ses biens. Remplaçant le gardien qui faisait défaut à l'aliéné, il occupait ainsi une véritable mission de garde comme le précise la Loi des XII Tables. Il semblerait néanmoins, que le curateur ait perdu par la suite ce pouvoir de garde[203]. La protection du curateur était factuelle. Dans les périodes de crise, le fou était tout à fait incapable et le curateur devait pleinement exercer son pouvoir. En revanche, dans ses intervalles de lucidité, l'aliéné redevenait pleinement capable et pouvait agir sans protection particulière. Une telle conception du pouvoir sur autrui suivait incontestablement une certaine logique, le pouvoir de protection de la personne et des biens d'autrui ne pouvait s'exercer que si cette personne en avait réellement besoin. Mais il faut bien reconnaître qu'elle entretenait une incertitude quant à l'exercice de ces pouvoirs sur autrui et pouvait être une source de litiges, notamment pour la validité des actes juridiques effectués par le malade mental. De même, il a été admis que la curatelle prenait fin de plein droit avec la guérison du malade mental. L'absence de toute décision officielle pouvait être une nouvelle source de procès.

### *2. L'Ancien droit français*

**99. La garde familiale des aliénés.** Dans l'Ancien droit français, le sort des aliénés était abandonné aux familles. Ils ne faisaient l'objet d'aucune protection particulière. Au contraire, le Moyen Âge portait un regard rempli de préjugés et de superstitions sur les malades mentaux[204]. Ainsi Esquirol écrivit en 1838 : « *On ne sait trop ce que devenaient autrefois les aliénés. Il est vraisemblable qu'il en périssait un très grand nombre. Les plus furieux étaient enfermés dans des cachots, les autres dans les couvents, dans les donjons, lorsqu'ils n'étaient point brûlés comme des sorciers ou comme possédés du démon ; les plus tranquilles erraient librement dans les villes, dans les hameaux, dans les campagnes, abandonnés comme ils le sont aujourd'hui, à la risée, aux injures ou à la vénération ridicule de leurs concitoyens* »[205]. En général, les différentes règles juridiques attribuaient un pouvoir de garde aux parents des malades mentaux. Néanmoins, son contenu était rarement développé. Il semblerait qu'il devait être assimilé à la puissance paternelle. Certaines coutumes reconnaissent expressément une obligation de garde des malades mentaux à la charge des parents. Ainsi, l'article 150 de la coutume de Normandie disposait : « *les parents doivent être soigneux de mettre en sûre garde ceux qui sont troublés d'entendement pour qu'ils ne fassent mal à d'autres, sinon ils seront tenus civilement des dommages-intérêts qui en pourront arriver* »[206]. Il précisait ensuite que « *s'il n'y a parents, les voisins seront tenus de les garder sous les mêmes peines* ». De même, Des Essarts écrivit dans son *Dictionnaire*

---

souligne ainsi qu'il ne s'agit pas réellement d'une tutelle ou d'une curatelle qui est dévolue aux agnats ou aux membres de la gens. Il s'agit simplement d'une puissance sans aucune précision.

[201] En droit romain, les agnats sont toutes les personnes qui ont été soumises à un même *pater*, ou l'auraient été si celui-ci avait survécu plus longtemps. *Cf.* J. PH. LÉVY et A. CASTALDO, *op. cit.*, n° 60, p. 49.

[202] *Cf.* J. PH. LÉVY et A. CASTALDO, *op. cit.*, n° 61, p. 49.

[203] P.-F. GIRARD, *op. cit.*, p. 243. Cette idée tend d'ailleurs à montrer que le droit romain était dans l'ensemble plus soucieux de la protection des biens que de celle des personnes. *Cf.* J. PRÉVAULT, *thèse précit.*, n° 10, p. 21.

[204] M. LAHARIE, *Le malade mental dans la société médiévale*, *in* J. POSTEL et CL. QUÉTEL (dir.) *Nouvelle histoire de la psychiatrie*, Dunod, Psycho sup, 2004, pp. 57-75.

[205] E. ESQUIROL, *Des maladies mentales*, t. 2, 1838, Privat, réimp. 1998, p. 153.

[206] FRIGOT, *Coutume de Normandie, avec l'extrait des différents commentateurs*, G. Joubert, Coutances, t. 1er, 1779, p. 175.

*universel de police* : « *ceux qui ont le malheur d'être attaqués de folie, démence ou fureur doivent être gardés par leurs parents ou à leurs frais de manière que la tranquillité publique ne soit pas troublée par ces infirmités* »[207]. Ainsi, de nouveau, on retrouve cette idée de garde familiale des aliénés. Non définie par les coutumes, cette garde semblait comporter un pouvoir de contrainte sur les enfants majeurs atteints de troubles mentaux. Ce pouvoir pouvait en quelque sorte être perçu comme une prolongation de la puissance paternelle.

**100. La garde publique des aliénés.** Sous l'Ancien régime, si les aliénés n'étaient pas gardés par leur famille, les plus dangereux étaient enfermés dans des prisons au même titre que les criminels[208]. La garde des aliénés s'assimile alors à la garde des délinquants. L'internement était ordinairement prononcé par une décision de justice, mais pouvait également emprunter la voie plus discrète des lettres de cachet. À l'époque moderne, quelques progrès apparurent puisque certaines villes, comme Paris, se dotèrent d'hospices spéciaux pour les handicapés mentaux. Mais, dans l'ensemble, les handicapés mentaux ne bénéficiaient pas d'un statut protecteur. Dès lors, l'utilisation de la notion de garde à propos des personnes atteintes de troubles mentaux reste encore très proche de celle de la garde des choses ou des animaux. La notion de garde, perçue comme élément fondamental d'un statut protecteur des personnes privées d'autonomie, était encore très loin d'être reconnue. L'affirmation philosophique et politique de l'individualisme lors de la Révolution pouvait néanmoins suggérer une évolution dans la perception des rapports d'autorité sur la personne des aliénés.

## B. LA NOTION DE GARDE DES HANDICAPÉS MENTAUX APRÈS 1804

**101.** Après 1804, il est manifeste que la notion de garde des handicapés mentaux n'apparaît plus dans les textes définissant et réglementant les pouvoirs sur ces personnes. Autant cette notion a pu être employée dans l'Ancien droit pour caractériser la situation des malades mentaux, autant, après 1804, l'utilisation du terme de garde est proscrite des textes définissant les pouvoirs sur les personnes atteintes de troubles mentaux. Cette situation est d'autant plus paradoxale que la notion de garde des handicapés mentaux a connu un fort développement jurisprudentiel et doctrinal en droit de la responsabilité tout au long des XIX$^{e}$ et XX$^{e}$ siècles. En somme, la garde était ignorée du droit des personnes, mais bien connue du droit de la responsabilité civile et pénale. Confronté à un tel paradoxe, il convient de reprendre l'étude du droit des personnes et de s'interroger sur la perception des rapports d'autorité sur les handicapés mentaux **(1)**, puis d'analyser la conception de la garde des handicapés mentaux développée dans le droit de la responsabilité **(2)**.

### *1. Une notion étrangère au droit des personnes*

**102.** Si le droit des personnes n'utilise pas expressément le terme de garde d'autrui, il ne méconnaît pas pour autant l'existence de rapports d'autorité sur la personne des malades mentaux. Il a simplement pris le parti de ne pas les caractériser en utilisant l'expression de garde d'autrui. Aussi pouvons-nous nous interroger sur la perception des rapports d'autorité sur la personne des handicapés mentaux. Cette recherche peut s'effectuer à travers l'étude des pouvoirs des établissements ou organismes **(a)** et des proches sur la personne des handicapés mentaux **(b)**.

---

[207] N.-T. LE MOYNE, dit DES ESSARTS, *Dictionnaire universel de police*, Moutard, Paris, 1787, t. 4, « *Folie, fureur, démence* », p. 97.

[208] J. PH. LÉVY et A. CASTALDO, *op. cit.*, n° 198, p. 237.

a. La prise en charge du handicapé mental par un établissement ou un organisme

**103.** Les établissements prenant en charge la personne d'un malade mental peuvent être de natures très différentes. Tandis que certains d'entre eux sont de véritables établissements hospitaliers (**α**), d'autres ne sont que des établissements sociaux (**β**). Cette différence est loin d'être négligeable ; elle fonde une première distinction dans la condition des handicapés mentaux.

*α. La prise en charge du handicapé mental par un établissement hospitalier*

**104. Les pouvoirs des établissements psychiatriques dans la loi du 30 juin 1838.** En lui-même, le Code civil de 1804 n'organisait aucune protection développée de la personne des malades mentaux. Il n'existait aucune législation d'ensemble relative aux aliénés. Il a fallu attendre la loi du 30 juin 1838 pour que le législateur intervienne et organise une telle protection[209]. Cette loi se présente comme une innovation en la matière. Pour la première fois, le législateur reconnaît que le malade mental doit faire l'objet d'une protection et de soins. Ainsi, Vivien déclare à la Chambre des députés : « *les établissements qui leur sont consacrés se présentent sous un nouvel aspect ; ce ne sont plus des prisons mais de véritables hôpitaux, les précautions d'une timidité cruelle ne sont plus l'objet direct et exclusif de l'admission du malade : le but, c'est la guérison et tout doit être mis en œuvre pour l'atteindre* »[210]. Mais, si la loi de 1838 est une loi d'assistance, elle est également une loi de police. A l'opposé de Vivien, Portalis déclare : « *Nous ne faisons pas une loi pour la guérison des personnes menacées ou atteintes d'aliénation mentale ; nous faisons une loi d'administration de police et de sûreté* »[211]. L'objectif de protection a ses limites. Néanmoins, cette loi doit être replacée dans son contexte médical. Au XIX$^{e}$ siècle, la psychiatrie est encore une science embryonnaire. Ainsi prédomine l'idée selon laquelle l'aliénation est évidente et n'est pas susceptible de degrés : « *on est aliéné ou on ne l'est pas* »[212]. Les thérapies proposées pour soigner les handicapés mentaux demeurent rudimentaires. L'isolement du malade constitue le seul remède[213]. Pour Esquirol : « *les murs même sont un remède contre la folie* »[214]. Il est vrai que les murs constituent en eux-mêmes une mesure d'assistance en offrant un abri[215], mais il ne faut pas oublier que ces murs peuvent devenir contraignants. Pour les psychanalystes du XIX$^{e}$ siècle, l'isolement participe d'un traitement moral[216] et conduit à l'instauration d'un

---

[209] M. GOUREVITCH, *La législation sur les aliénés en France de la Révolution à la Monarchie de Juillet*, *in* J. POSTEL et CL. QUÉTEL (dir.) *Nouvelle histoire de la psychiatrie*, *op. cit.*, pp. 172-179 ; CL. QUÉTEL, *Le vote de la loi de 1838*, *in* J. POSTEL et CL. QUÉTEL (dir.) *Nouvelle histoire de la psychiatrie*, *op. cit.*, pp. 180-186 ; J. PRÉVAULT, *thèse précit.* ; F. GUILBERT, *Liberté individuelle et hospitalisation des malades mentaux*, préf. F. TERRÉ, Librairies Techniques, 1974 ; J.-P. MACHELON, *La loi de 1838 sur les aliénés : la résistance au changement*, *RDP* 1984, pp. 1005-1024.

[210] Extrait du premier rapport VIVIEN, déposé le 18 mars 1937, *Législation sur les aliénés et les enfants assistés*, t. 2, *Aliénés : discussion de la loi sur les aliénés à la Chambre des députés et à la Chambre des Pairs (1837-1838)*, Berger-Levrault, 1881, p. 37.

[211] Déclaration de PORTALIS le 8 février 1838 à la Chambre des pairs, *Législation sur les aliénés et les enfants assistés*, t. 2, *op. cit.*, p. 507.

[212] Déclaration du Ministre de l'Intérieure à la Chambre des pairs, le 9 février 1838, *Législation sur les aliénés et les enfants assistés*, t. 2, *op. cit.*, p. 523.

[213] P. MOREL et CL. QUÉTEL, *Les thérapeutiques de l'aliénation mentale au XIX$^{e}$ siècle*, *in* J. POSTEL et CL. QUÉTEL (dir.) *Nouvelle histoire de la psychiatrie*, *op. cit.*, pp. 314-326.

[214] Cité par J. PRÉVAULT, *thèse précit.*, n° 16, p. 31.

[215] J.-P. MACHELON, *art. précit.*, p. 1009.

[216] Ainsi, Esquirol écrit en 1838 : « *L'isolement agit directement sur le cerveau et force cet organe au repos, en soustrayant l'aliéné aux impressions irritantes, en réprimant la vivacité et la mobilité des impressions, en modérant l'exaltation des idées et des affections* ». De même, Lagardelle affirme en 1870 : « *L'expérience démontre tous les jours que les malades très exaltés se calment souvent par le fait seul de leur entrée dans un asile. Ils cessent vite d'être arrogants et de commander en maîtres comme*

emploi du temps rigoureux destiné à combattre l'oisiveté et à occuper l'esprit et le corps de l'aliéné[217]. Pour les plus récalcitrants, des thérapies de chocs peuvent être utilisées[218]. Puis progressivement, des thérapeutiques dites psycho-dynamiques, fortement opposées au traitement moral furent mises en œuvre[219]. Concrètement, la loi du 30 juin 1838 organise deux procédures d'internement dans un établissement psychiatrique : le placement d'office par décision préfectorale, justifié par des troubles mentaux compromettant l'ordre public ou la sûreté des personnes, et le placement volontaire effectué à la demande d'un tiers, muni d'un certificat médical attestant de la nécessité de traiter le malade dans un établissement fermé, et placé sous le contrôle du préfet. Pour faire contrepoids à ces pouvoirs, des examens médicaux sont exigés en début de placement et l'autorité judiciaire intervient en ultime recours. À cet effet, si le procureur de la République est informé de toutes les décisions de placement et peut ordonner une enquête, le tribunal civil est compétent pour ordonner la sortie immédiate de l'aliéné à sa demande, celle de ses proches ou du procureur.

Ainsi, la loi du 30 juin 1838 accorde aux établissements psychiatriques un pouvoir extrêmement fort sur la personne des malades mentaux, mais ne le qualifie pas pour autant expressément de garde. Nous pouvons seulement affirmer que le pouvoir de ces établissements psychiatriques se caractérisait par l'existence d'un pouvoir de rétention sur les malades mentaux confiés par l'autorité administrative ou par un tiers. Ce pouvoir était attribué dans l'intérêt de la société et du malade, puisqu'il servait de support à une prestation médicale. Il devait être exercé positivement par les établissements psychiatriques et ne pouvait être transmis à un tiers. Ces établissements devaient par principe retenir les malades dans leurs murs et ne pouvaient les laisser sortir. Mais, de même que le terme de garde n'était pas utilisé en 1804 à propos des mineurs en dépit de l'attribution d'un pouvoir de rétention aux parents, il n'était pas employé à propos des handicapés mentaux hospitalisés sous contrainte.

**105. L'évolution des pouvoir des établissements psychiatriques**. Cette loi de 1838 ne fut pas exempte de critiques. Principalement, on lui reprocha de ne pas instaurer une procédure suffisamment rigoureuse pour contrôler efficacement les internements et d'établir un régime de traitement beaucoup trop strict[220]. Au fur et à mesure, l'enfermement fut perçu moins comme une thérapie que comme une technique « *incarcérative* »[221]. L'alternative entre la pleine liberté et l'internement strict parut trop catégorique. Certains médecins s'élevèrent d'ailleurs contre ce raisonnement dichotomique et recherchèrent d'autres solutions. L'enfermement n'est plus la panacée que croyait Esquirol. La psychiatrie moderne considère en effet que la maladie mentale affecte l'homme tout entier. Elle ne se limite pas à ses données psychologiques. Il ne faut donc plus couper le malade de son milieu social. L'internement doit devenir l'exception et les progrès des thérapeutiques biologiques permettent de laisser plus facilement le malade en liberté[222]. Les conséquences de cette nouvelle perception furent le développement des traitements des handicapés mentaux dans

---

*chez eux, où tout le monde se pliait à leur volonté, car ils sentent déjà l'influence d'une discipline et d'une autorité auxquelles ils devront se soumettre* ». Cités par P. MOREL et CL. QUÉTEL, *art. précit.*, p. 317.

[217] P. MOREL et CL. QUÉTEL, *art. précit.*, p. 217 ; *adde* CL. QUÉTEL, *La vie quotidienne dans un asile d'aliénés à la fin du XIX^e siècle, in Nouvelle histoire de la psychiatrie, op. cit.*, pp. 327-333.

[218] P. MOREL et CL. QUÉTEL, *art. précit.*, pp. 318-319.

[219] Il s'agit notamment du magnétisme, de l'hypnotisme, de la photothérapie… *Cf.* P. MOREL et CL. QUÉTEL, *art. précit.*, pp. 323-325.

[220] J. PRÉVAULT, *thèse précit.*, pp. 89-273.

[221] J. PRÉVAULT, *thèse précit.*, p. 183.

[222] P. PÉRON-MAGNAN, *L'ère moderne des thérapeutiques biologiques, in Nouvelle histoire de la psychiatrie, op. cit.*, pp. 406- 417.

des services libres ou ouverts, non soumis à la loi de 1838[223], et l'organisation de sorties d'essai dans les établissements fermés soumis à la loi de 1838.

Le traitement des handicapés mentaux dans des services libres ou ouverts a connu un formidable développement avec la réorganisation administrative des structures de soins en santé mentale. Initiée par la circulaire du 15 mars 1960[224], la sectorisation psychiatrique[225] a été légalisée par la loi n° 85-772 du 25 juillet 1985[226]. La sectorisation « *consiste essentiellement à diviser le département en un certain nombre de secteurs géographiques à l'intérieur de chacun desquels la même équipe médico-sociale devra assurer pour tous les malades, hommes et femmes, la continuité indispensable entre le dépistage, le traitement sans hospitalisation quand il est possible, les soins avec hospitalisation et, enfin la surveillance de postcure* »[227]. Elle manifeste ainsi une évolution des soins psychiatriques et des mentalités. L'hôpital psychiatrique fermé n'est plus le modèle absolu. La meilleure connaissance des troubles mentaux permet une adéquation des soins et une restriction des hospitalisations sous contraintes. La condition des malades en service libre est fondamentalement différente de celle des malades en milieu fermé. Non soumis à la loi de 1838, leur condition juridique est identique à celle des malades dans un hôpital ordinaire. Ils ne font donc l'objet d'aucun pouvoir de rétention et peuvent, tout au plus, être soumis à un pouvoir de direction.

La condition des malades hospitalisés sous contrainte dans un établissement fermé s'est également assouplie avec le développement des sorties d'essai. Initialement, ces dernières se sont développées sur le seul fondement des règlements modèles du 20 mars 1857 (article 170) et du 5 février 1938 (article 193). Elles furent ensuite encouragées par le directeur général de la santé dans une circulaire n° 476-7 du 4 juin 1957. En sortie d'essai, le malade est considéré comme étant toujours interné. Le Conseil d'État a d'ailleurs retenu dans une décision du 13 juillet 1967 que le malade mental, bénéficiant d'une sortie d'essai, conserve le statut de malade interné[228]. De même le tribunal civil de Saint-Nazaire a affirmé dans une décision du 6 mai 1957 que « *le malade doit toujours être considéré comme retenu à l'hôpital psychiatrique puisque le médecin traitant peut le faire réintégrer dans son service si bon lui semble et sans formalités administratives, en se fondant seulement sur des considérations médicales* »[229]. Il ressort de cette jurisprudence que les pouvoirs de l'établissement psychiatrique sont maintenus dans une telle hypothèse. Celui-ci conserve un pouvoir de rétention sur la personne des handicapés mentaux, mais ne l'exerce plus positivement. Par conséquent, ces malades conservent leur qualité de malades internés sur le fondement de la loi de 1838. Cette nouvelle forme d'exercice du pouvoir de rétention des malades mentaux renforce sa dimension protectrice. Il est davantage tourné vers l'intérêt de la personne, mais ne néglige pas pour autant celui de la société. En somme, cette évolution témoigne du souci croissant de ne plus considérer le malade mental uniquement comme un objet de droit, mais aussi un sujet de droit. Néanmoins, son statut demeurait encore fragile et appelait une réforme plus profonde.

---

[223] J. PRÉVAULT, *thèse précit*, n^os^ 267-268, pp. 327-330.

[224] Circulaire du 15 mars 1960 relative au programme d'organisation et d'équipement des départements en matière de lutte contre les maladies mentales, *cf.* TH. ALBERNHE et Y. TYRODE, *Législation en santé mentale*, t. 2, *Pratique médico-hospitalière*, Duphar Upjohn, 1993, pp. 307-312.

[225] TH. ALBERNHE et Y. TYRODE, *op. cit.*, t. 2, pp. 219-389 ; J.-S. CAYLA, *La sectorisation psychiatrique*, *RDSS* 1985, pp. 473-479.

[226] Ultérieurement, la sectorisation psychiatrique fit l'objet de nouvelles lois, dont notamment la loi n° 91-748 du 31 juillet 1991 portant réforme hospitalière. Pour un récapitulatif des principales étapes de la sectorisation psychiatrique, *cf.* TH. ALBERNHE et Y. TYRODE, *op. cit.*, t. 2, p. 225.

[227] Circulaire du 15 mars 1960, *préc.*

[228] CE, 13 juillet 1967, *Département de la Moselle*, *Lebon*, p. 341 ; *D.* 1967, 675, note F. MODERNE, *RDP* 1968, 391, note M. WALINE ; *AJDA* 1968, 419, concl. J. MOREAU ; *RDSS* 1968, 108, obs. J. IMBERT.

[229] Tribunal civil de Saint-Nazaire, 6 mai 1957, *D.* 1958, 33, note J. PRÉVAULT.

**106. Les pouvoirs des établissements psychiatriques dans la loi du 27 juin 1990.** L'admission des sorties d'essai constitua une étape dans la reconnaissance d'un véritable statut de malade aux handicapés mentaux. Toutefois, il fallait aller plus loin et réformer en profondeur la loi de 1838, qui faisait de plus en plus l'objet de critiques. Les quelques réformes[230] qui avaient pu lui être apportées parurent bien insuffisantes. De nombreux textes internationaux vinrent appuyer la démarche révisionniste si souvent entreprise et si souvent arrêtée[231]. Le 20 décembre 1971, l'Assemblée générale des Nations Unies adopta une Déclaration des Droits du déficient mental, visant à favoriser son intégration dans la société[232]. Ce texte fut réutilisé par la Commission des Droits de l'Homme de l'O.N.U. pour son projet de résolution relatif aux « *principes et garanties pour la protection des personnes détenues pour maladies mentales et souffrant de troubles mentaux* »[233]. De même, la Convention européenne de sauvegarde des droits de l'Homme et des libertés fondamentales vint rappeler, dans son article 5 § 1, que l'aliéné ne peut être privé de sa liberté que s'il est détenu régulièrement. Par ailleurs, une recommandation du Comité des ministres du Conseil de l'Europe sur la protection juridiques des personnes atteintes de troubles mentaux et placées comme patients involontaires du 22 février 1983 insista sur la nécessité de mettre en place des mécanismes de révision périodique de la durée des placements et de renforcer les contrôles *a posteriori*[234].

Face à ces évolutions, le législateur interne intervint et adopta une loi le 27 juin 1990[235]. Cette dernière a une double portée. D'une part, elle rénove la procédure de la « vieille loi » de

---

[230] Diverses lois furent ainsi adoptées. Parmi elles, figure la loi du 3 janvier 1968 qui avait mis fin aux dispositions qui permettaient d'assurer l'administration provisoire des biens des seuls aliénés internés. De même, la loi « Sécurité et liberté » du 2 février 1981 permit aux malades de s'adresser « *en la forme des référés* » au président du Tribunal de grande instance. *Cf.* J.-S. CAYLA, *Un aspect de la loi « Sécurité et liberté » : la protection de la liberté des malades hospitalisés pour troubles mentaux*, *RDSS* 1981, pp. 243-245.

[231] J. POUSSON-PETIT, *La protection personnelle des malades mentaux dans les principaux droits européens*, *REDP*, 1995, vol. 3, n° 3, pp. 383-425, spéc. pp. 386-387.

[232] O.N.U., *Déclaration des Droits du Déficient Mental*, Résolution 2856 (XXVI) du 20 décembre 1971.

[233] Commission des Droits de l'Homme. Sous-Commission de la lutte contre les mesures discriminatoires et de la protection des minorités. *Directives, principes et garanties pour la protection des personnes détenues pour maladies mentales ou souffrant de troubles mentaux*. Rapport de E.-I. DAES, E/CN, 4 Sub. 2/1983/add. 1, 7 juillet 1983.

[234] Recommandation N° R (83) 2 sur la protection juridique des personnes atteintes de troubles mentaux et placées comme patients involontaires adoptée par le Conseil des Ministres le 22 février 1983.

[235] C. LOISEAU, *L'hospitalisation psychiatrique, Loi du 27 juin 1990*, TSA éditions, Dominantes, 1991 ; F. CAROLI, *Hospitalisation psychiatrique, ancienne et nouvelle loi*, PUF, Nodules, 1991 ; TH. ALBERNHE et Y. TYRODE, *op. cit.*, t. 2, pp. 17-143 ; M. DEBENE, *La modernisation de la loi de 1838 sur les aliénés, Commentaire de la loi n° 90-527 du 27 juin 1990 relative aux droits et à la protection des personnes hospitalisées en raison des troubles mentaux et à leurs conditions d'hospitalisation*, *AJDA* 1990, pp. 871-883 ; J.-M. AUBY, *La loi n° 90-527 du 27 juin 1990 relative aux droits et à la protection des personnes hospitalisées en raison de troubles mentaux et à leurs conditions d'hospitalisation*, *JCP G* 1990, I, 3463 ; M.-P. CHAMPENOIS-MARMIER et J. SANSOT, *La loi n° 90-527 du 27 juin 1990 relative aux droits et à la protection des personnes hospitalisées en raison de troubles mentaux et à leurs conditions d'hospitalisation*, *ALD* 1991, pp. 123-134 ; G. NICOLAU, *L'héritière (Réflexions sur la loi n° 90-527 du 27 juin 1990 relative aux droits et à la protection des personnes hospitalisées en raison de troubles mentaux et à leurs conditions d'hospitalisation)*, *D.* 1991, chr., pp. 29-36 ; X. VANDENDRIESSCHE, *Le droit des hospitalisations psychiatriques : derniers développements*, *RDSS* 1992, pp. 1-24 ; A. COEURET, *Loi n° 90-527 du 27 juin 1990 relative aux droits et à la protection des personnes hospitalisées en raison de troubles mentaux et à leurs conditions d'hospitalisation*, *RTD civ.* 1990, pp. 704-707 ; L. DUBOUIS, *La loi du 27 juin 1990 assure-t-elle une protection des personnes hospitalisées en raison de troubles mentaux conforme au droit européen ?*, in *Études offertes à J.-M. AUBY*, Dalloz, 1992, pp. 727-738 ; PH. ROGER, *L'hospitalisation sous contrainte*, *RGDM* 2004, pp. 275-292. Pour une analyse

1838 et d'autre part met à jour tout le système de protection de la personne des malades mentaux. La loi de 1990 reconnaît ainsi le principe de l'hospitalisation libre, les malades disposent alors « *des mêmes droits liés à l'exercice des libertés individuelles que ceux qui sont reconnus aux malades hospitalisés pour une autre cause* »[236]. Ils ne peuvent par conséquent faire l'objet d'un pouvoir contraignant de la part du personnel de l'hôpital psychiatrique[237]. La loi de 1990 ne supprime pas pour autant les placements forcés. Néanmoins, elle encadre plus étroitement la condition des malades internés sans leur consentement. Auparavant, la loi se préoccupait peu de la situation des malades mentaux à l'intérieur de l'asile. Le législateur laissait une grande liberté aux autorités médicales et administratives pour les soigner. Dorénavant, l'article L. 3211-3 du Code de la santé publique rappelle que « *les restrictions à l'exercice des libertés individuelles doivent être limitées à celles nécessitées par son état de santé* » et qu'« *en toutes circonstances, la dignité de la personne hospitalisée doit être respectée et sa réinsertion recherchée* ». Ce même article précise ensuite les différents droits dont la personne hospitalisée sous contrainte dispose en tout état de cause[238]. Ainsi, en faisant notamment référence au principe de la dignité humaine, la loi de 1990 met l'accent sur la nature humaine du handicapé mental. *A priori*, ce rappel peut paraître superfétatoire. Cependant, il n'est pas inutile, puisque les malades mentaux, hospitalisés de force, se trouvent dans une situation physique et juridique d'infériorité fort propice à des abus. Il convient dès lors de rappeler leur qualité d'être humain, afin qu'ils ne soient plus traités comme des animaux ou des êtres inférieurs. En ce sens, il n'est pas superflu de rappeler que les malades mentaux ne sont pas uniquement l'objet d'un pouvoir de contrainte mais aussi sujets de droit. Cependant, il faut bien reconnaître que la mise en œuvre concrète de ces droits peut susciter quelques difficultés[239]. Dans la loi de 1990, la

---

de la loi du 27 juin 1990 par le corps médical : M. BÉNÉZECH, P. RAGER et J. TIGNOL, *Réflexions médico-légales théoriques et pratiques sur la loi du 27 juin 1990 relative à l'hospitalisation des malades mentaux, Annales médico-psychologiques,* vol. 149, n° 4, 1991, pp. 348-352 ; *adde* : M. BÉNÉZECH, P. RAGER et J. TIGNOL, *Loi du 27 juin 1990 : et pourquoi pas revenir au traitement moral et badigeonner les murs de l'asile à la peinture fluo ?, Annales médico-psychologiques,* vol. 149, n° 4, 1991, pp. 353-356 ; CH. PENY, *La genèse de la loi du 27 juin 1990 : évaluation de la réforme du statut des personnes atteintes de troubles mentaux, in La détérioration mentale, Droit, histoire, médecine et pharmacie*, Actes du colloque interdisciplinaire d'Aix-en-Provence, *op. cit.*, pp. 243-274.

[236] Article L. 3211-2 du Code de la santé publique.

[237] Cette idée est régulièrement rappelée par la jurisprudence. *Cf.* par ex. : CAA Nancy, 6 novembre 1990, req. n° 89NC01232 ; CAA Paris, 4 décembre 2001, req. n° 96PA00717 : « *l'hospitalisation en service libre dans un établissement public ou privé d'hospitalisation constitue une modalité de thérapeutique exclusive de toute contrainte destinée aux malades atteints de troubles psychiques qui ne présentent pas de réactions dangereuses pour leur entourage ;* (...) *ce type d'hospitalisation est nécessairement subordonné à une demande du malade ou au moins à son consentement ;* (...) *la personne ne saurait être admise et maintenue au sein de l'établissement d'hospitalisation contre son gré* ».

[238] Ces droits sont les suivants : le droit d'émettre ou de recevoir des courriers, le droit d'être informé dès l'admission et par la suite à sa demande de sa situation juridique et de ses droits, le droit de communiquer avec un certain nombre d'autorités mentionnées à l'article L. 3222-4 du Code de la santé publique, le droit de saisir la commission départementale des hospitalisations psychiatriques spécialement chargée de recevoir les réclamations des personnes hospitalisées, le droit de prendre conseil d'un médecin ou d'un avocat de son choix, le droit de consulter le règlement intérieur et de recevoir les explications qui s'y rapportent, le droit d'exercer le droit de vote dans les conditions prévues par le Code électoral et le droit de se livrer aux activités physiques et religieuses de son choix.

[239] X. VANDENDRIESSCHE, *art. précit.*, spéc. pp. 19-24. L'auteur fait notamment remarquer que la reconnaissance du droit de se livrer aux activités religieuses ou philosophiques de son choix peut paraître utopique. Quel sera la signification de la notion de « *pratiques philosophiques* » pour des malades mentaux ? S'agira-t-il d'une thérapeutique pour les aider à délirer ? Toutes les opinions seront-elles uniformément admises au risque même de porter atteinte à la santé mentale du malade ? L'auteur conclut en affirmant : « *Il s'agit en réalité d'une pétition de principe qui ne recevra aucune application dès lors*

priorité de l'hospitalisation sous contrainte est la guérison du malade, le pouvoir de contrainte sur le malade est justifié par cet objectif et ne peut être mis en œuvre qu'afin de le satisfaire. Ces idées se retrouvent dans la loi n° 2002-303 du 4 mars 2002 relative aux droits des malades et à la qualité du système de santé. Elle est venue renforcer certains droits reconnus aux malades mentaux hospitalisés sous contrainte[240] et a notamment affirmé que tout patient pris en charge par un professionnel ou un établissement participant aux soins a droit au respect de sa vie privée[241]. La reconnaissance expresse de ce droit est d'une réelle importance. Elle constitue une limite efficace au pouvoir de contrainte reconnu aux établissements psychiatriques. En ce sens, s'il est indéniable que leur pouvoir porte atteinte au principe du respect de la vie privée du malade, cette atteinte ne peut être justifiée que par la poursuite de la finalité de la mission justifiant ce pouvoir exorbitant sur autrui. Par ailleurs, la loi de 1990 précise que tout « *protocole thérapeutique pratiqué en psychiatrie ne peut être mis en œuvre que dans le strict respect des règles déontologiques et éthiques en vigueur* »[242]. Une telle disposition a pour objectif d'interdire les traitements inhumains ou dégradants et est d'autant plus importante que le malade, hospitalisé sous contrainte, ne peut refuser un traitement[243]. Enfin, cette même loi consacre la pratique des sorties d'essai[244]. Cette prise en charge des handicapés mentaux par des établissements psychiatriques doit être clairement distinguée de la prise en charge par un organisme extrahospitalier.

*β. La prise en charge du handicapé mental par un organisme ou un établissement extrahospitalier*

**107. La prise en charge des majeurs dans une structure réservée aux handicapés mentaux.** Sans être hospitalisés, les malades mentaux peuvent être pris en charge par un organisme ou un établissement s'occupant exclusivement d'eux. Le développement de ces structures trouve son origine dans la circulaire du 15 mars 1960 relative à la sectorisation[245]. En effet, bien que les circulaires soient des textes juridiques mineurs, celle du 15 mars 1960 a donné une impulsion majeure à l'évolution de la prise en charge des malades mentaux. Partant du constat que les progrès de la médecine psychiatriques ont permis de réduire la durée des hospitalisations et de transformer les établissements psychiatriques en véritables hôpitaux spécialisés, elle affirme que « *l'hospitalisation du malade mental ne constitue plus désormais qu'une étape du traitement, qui a commencé et devra être poursuivi dans les organismes de prévention et de postcure* ». Dès lors, elle organise une nouvelle politique fondée sur la sectorisation psychiatrique. Chaque département est divisé en un certain nombre de secteurs géographiques à l'intérieur desquels une équipe médico-sociale doit assurer la continuité entre le dépistage, le traitement sans hospitalisation, lorsqu'il est possible, les soins avec hospitalisation et enfin la surveillance de postcure. La circulaire de 1960 a donc organisé une véritable sectorisation du territoire national en matière de santé mentale et a développé la prise en charge des malades mentaux en dehors des établissements psychiatriques. Cette

---

*qu'elle oublie la dimension de souffrance du malade. En réalité, l'essentiel consiste à garantir le principe de neutralité du service public qui suppose notamment de respecter les confessions religieuses des malades, si tant est qu'ils soient en mesure de les exprimer* ».

[240] A. GRABOY-GROBESCO, *Les séjours psychiatriques sous contrainte et l'évolution des droits des malades*, *AJDA* 2004, pp. 65-72.

[241] Article L. 1110-4 du Code de la santé publique.

[242] Article L. 3211-4 du Code de la santé publique.

[243] M.-P. CHAMPENOIS-MARMIER et J. SANSOT, *art. précit.*, n° 43, p. 131.

[244] Article L. 3211-11 du Code de la santé publique.

[245] Circulaire du 15 mars 1960 relative au programme d'organisation et d'équipement des départements en matière de lutte contre les maladies mentales, reproduites *in* TH. ALBERNHE et Y. TYRODE, *op. cit.*, t. 2, pp. 307-312.

méthode d'organisation fut légalisée par les lois du 25 juillet et du 31 décembre 1985[246]. Concrètement, il résulte de cette sectorisation une multiplication des établissements extrahospitaliers amenés à prendre en charge un malade mental. Ils peuvent être regroupés en deux grandes familles[247].

Certains organismes n'offrent aucune possibilité d'hébergement. Ainsi les centres médico-psychologiques (CMP) organisent des actions de prévention, de diagnostic, de soins ambulatoires et d'intervention à domicile. De même, les centres d'accueil thérapeutique à temps partiel (CATTP) proposent des actions de soutien ou des thérapeutiques de groupe[248]. Ils se placent dans une situation intermédiaire entre les centres médico-psychologiques et l'hôpital de jour. Dans cette même catégorie d'organismes, n'offrant aucune possibilité d'hébergement, figurent également les ateliers thérapeutiques, visant à réentraîner à l'exercice d'une activité professionnelle ou sociale ; les centres d'accueil permanent (CAP), apportant des soins en cas d'urgence ; et les services d'hospitalisation à domicile.

D'autres structures comportent des possibilités d'hébergement. Il s'agit des appartements associatifs, destinés à héberger des patients stabilisés ; des services d'accueil familial thérapeutique, organisant le placement des malades mentaux dans des familles d'accueil lorsque leur maintien ou leur retour à domicile ou dans leur famille paraît difficile ; des appartements thérapeutiques, se distinguant des appartements associatifs par une présence importante de personnels soignants ; des centres de crise, aménagés dans des locaux administratifs ou des appartements thérapeutiques, afin de prendre en charge des situations d'urgence et de détresse aiguës ; et des centres de postcure, destinés à assurer la réadaptation du malade mental après une hospitalisation. Mais, les malades mentaux peuvent également être pris en charge par des organismes ou des établissements ayant vocation à s'occuper de tous les handicapés, mentaux ou physiques.

**108. La prise en charge dans une structure ouverte à tous les handicapés. Principes généraux.** La politique actuelle d'aide aux personnes handicapées se fonde, pour l'essentiel, sur les principes posés par la loi d'orientation n° 75-534 du 30 juin 1975 et la réforme opérée par la loi n° 2005-102 du 11 février 2005 pour « *l'égalité des droits et des chances, la participation et la citoyenneté des personnes handicapées* ». Il résulte de ces textes une volonté de respecter l'autonomie des personnes handicapées. Le libre choix de son mode de vie par la personne handicapée a d'ailleurs été présenté comme un des grands principes de la loi de 2005[249]. Afin de rationaliser l'aide aux personnes handicapées, la loi de 1975 avait prévu l'intervention de deux commissions dans chaque département. Il s'agissait de la Commission départementale d'éducation spéciale (CDES), compétente pour les personnes handicapées de moins de vingt ans et de la Commission technique d'orientation et de reclassement professionnel (COTOREP), compétente pour les personnes handicapées de plus de vingt ans. Ces commissions ont été remplacées par la loi du 11 février 2005, qui leur a substitué une seule et unique commission : la Commission des droits et de l'autonomie des personnes handicapées (CDAPH)[250]. Ses missions sont, pour l'essentiel, identiques à celles antérieurement dévolues à la CDES et à la COTOREP. Elle est chargée de mettre en œuvre et de coordonner l'ensemble des mesures en faveur des personnes handicapées mentales ou

---

[246] Loi n° 85-772 du 25 juillet 1985 et loi n° 85-1468 du 31 décembre 1985 relative à la sectorisation psychiatrique.

[247] P. JOLY, *Prévention et soins des maladies mentales, Bilan et perspectives*, rapport présenté au Conseil économique et social, 1997, pp. 92-94 ; TH. ALBERNHE et Y. TYRODE, *op. cit.*, t. 2, spéc. p. 257.

[248] M. GOUTAL, *Le centre d'accueil thérapeutique à temps partiel : une alternative à l'hôpital de jour ?*, *Inf. Psy.*, 1992, pp. 11-18.

[249] F. KESSLER, *L'autonomie des personnes handicapées dans la loi du 11 février 2005, Premières observations*, *RDSS* 2005, pp. 382-393.

[250] M. BORGETTO et R. LAFORE, *Droit de l'aide et de l'action sociale*, 7e éd., Montchrestien, Domat droit public, 2009, nos 421-422, pp. 435-438.

physiques. Dans cette optique, elle se prononce sur l'orientation scolaire, professionnelle et sociale de la personne handicapée. La commission des droits et de l'autonomie des personnes handicapées est saisie par le handicapé mental ou son représentant légal. Ses décisions ne s'imposent pas à la personne handicapée. Cette dernière reste libre de s'en prévaloir ou non. De même, elles ne s'imposent pas aux parents d'un mineur handicapé. Ces derniers conservent la plénitude des prérogatives de l'autorité parentale. Toutefois, en cas de refus, la personne handicapée ne peut plus prétendre au bénéfice de l'aide sociale[251]. Cette importante conséquence pratique ne doit pourtant pas occulter le pouvoir décisionnel du handicapé mental majeur ou des titulaires de l'exercice de l'autorité parentale sur un mineur. Ces établissements médico-sociaux ne peuvent retenir un handicapé majeur contre sa volonté ou un handicapé mental mineur contre la volonté du titulaire de l'exercice de l'autorité parentale. En revanche, selon l'article L. 241-6 du Code de l'action sociale et des familles, les décisions de la commission s'imposent à tout établissement ou service dans la limite de la spécialité au titre de laquelle il a été autorisé ou agréé.

**109. La prise en charge dans une structure ouverte à tous les handicapés mentaux. Les établissements**. Pour les enfants souffrant d'un handicap, la Commission des droits et de l'autonomie dispose de plusieurs voies. Elle peut opter pour une insertion en milieu ordinaire ou, au contraire, l'orienter vers une éducation en milieu protégé au sein notamment d'un institut médico-pédagogique (IMP), d'un institut médico-professionnel (IMPRO), ou encore d'un institut médico-éducatif (IME).

Pour les handicapés mentaux adultes, l'orientation décidée varie en fonction de l'aptitude au travail de la personne handicapée.

S'il est reconnu apte au travail, le handicapé peut être orienté vers une entreprise ordinaire ou une entreprise adaptée, anciennement qualifiée d'atelier protégé. Ces entreprises adaptées sont de véritables entreprises à vocation commerciale. Le handicapé est considéré comme un salarié pour l'application des dispositions du droit du travail. Il peut également être orienté vers les établissements et services d'aide par le travail (ESAT)[252], anciennement dénommés centre d'aide par le travail (CAT). Ces établissements et services d'aide par le travail, sont des institutions médico-sociales et non des entreprises. Le handicapé mental n'a pas le statut de salarié.

Si le handicapé mental est reconnu inapte au travail, ce qui est souvent le cas lorsqu'une déficience mentale est associée à des troubles moteurs et sensoriels, la commission des droits et de l'autonomie peut l'orienter vers un établissement médico-social, comme les maisons d'accueil spécialisées (MAS) ou les foyers d'accueil médicalisés (FAM) ; ou un établissement social, comme les foyers de vie ou « occupationnels » ou les foyers d'hébergement pour adultes handicapés[253]. Ces derniers accueillent en fin de journée et en fin de semaine les personnes travaillant soit en établissement de travail protégé, soit en milieu ordinaire ou encore en centre de rééducation professionnelle. Ils peuvent être annexés à un établissement d'aide par le travail ou être totalement autonomes.

**110. Statut des handicapés mentaux dans ces structures extrahospitalières**. Avant la loi n° 2002-2 du 2 janvier 2002 rénovant l'action sociale et médico-sociale, le statut des usagers des établissements médico-sociaux n'était pas expressément envisagé par la loi. Traditionnellement, on considérait que l'usager placé dans un établissement public n'était pas dans une situation contractuelle, mais réglementaire. De même, on admettait que la prise en

---

[251] Commission Centrale d'aide sociale, 29 octobre 1981, *RDSS* 1984, n° 10, p. 544, obs. E. ALFANDARI.

[252] M. BORGETTO et R. LAFORE, *op. cit.*, n° 457, pp. 471-474.

[253] M. BORGETTO et R. LAFORE, *op. cit.*, n^os^ 462-463, pp. 475-478.

charge par un établissement ou un service à gestion privée présentait, dans le silence de la loi, un caractère contractuel, même en cas d'orientation par la COTOREP ou la CDES[254].

La loi du 2 janvier 2002 a profondément modifié le statut des usagers des établissements et services sociaux et médico-sociaux[255]. Le législateur a souhaité protéger ces personnes fragiles qui, du fait de leur handicap, peuvent se trouver dans une situation de dépendance à l'égard de ces institutions qui les prennent en charge. Aussi l'article L. 311-3, alinéa 1^er^ du Code de l'action sociale et des familles rappelle-t-il que « *l'exercice des droits et libertés individuels est garanti à toute personne prise en charge par des établissements et services sociaux et médico-sociaux* ». Ce principe général est ensuite décliné en quatre garanties. Parmi ces dernières, figure le principe du libre choix entre les prestations qui sont offertes soit dans le cadre d'un service à domicile, soit au sein d'un établissement. En somme, ce principe rappelle que l'usager de l'action sociale demeure libre et autonome. « *Afin de garantir l'exercice effectif des droits mentionnés à l'article L. 311-3 et notamment de prévenir tout risque de maltraitance, lors de son accueil dans un établissement ou dans un service social ou médico-social* », l'article L. 311-4 du Code de l'action sociale et des familles prévoit la conclusion d'un contrat de séjour ou la remise d'un document individuel de prise en charge à l'usager. Le contrat de séjour a pour objectif de mettre l'usager en position égalitaire avec le service. À cet effet, il est élaboré avec la participation de l'intéressé ou de son représentant. Le contrat de séjour précise les objectifs et la nature de la prise en charge ou de l'accompagnement. Toutefois, selon le décret n° 2004-1274 du 26 novembre 2004, le contrat de séjour est prévu uniquement pour les séjours continus ou discontinus d'une durée prévisionnelle supérieure à deux mois. Par ailleurs, le contrat de séjour n'est pas obligatoire, l'usager peut refuser de signer ce contrat. En l'absence de contrat, il est procédé à l'établissement d'un document individuel de prise en charge.

Il résulte de ces dispositions de nombreuses interrogations sur le statut des usagers des établissements médico-sociaux. Pour les établissements publics, la signature d'un contrat de séjour constitue une évolution importante. L'usager n'est plus dans une situation de nature réglementaire, mais contractuelle. Cette évolution marque la transformation de la perception de l'aide sociale[256]. L'usager n'est plus uniquement sous l'autorité d'autrui, il devient véritablement le destinataire d'une prestation et bénéficie à ce titre de droits expressément reconnus. La nature juridique de ce contrat reste toutefois encore indéfinie[257]. En particulier, lorsque le contrat est conclu avec un établissement public, il est possible de s'interroger sur la qualification de contrat administratif, au point d'admettre que « *seul le juge est en mesure d'attribuer la qualité de contrat administratif à un contrat de séjour dont le caractère administratif se résume, semble-t-il, à être signé par un représentant relevant du service public* »[258]. Par ailleurs, en cas de refus exprès du contrat de séjour ou d'un séjour prévisible inférieur à deux mois, aucun contrat de séjour n'est signé. Seul un document individuel de prise en charge est établi. Pour les placements dans les établissements privés, une telle

---

[254] M. LEVY, *La loi du 2 janvier 2002 rénovant l'action sociale et médico-sociale : changement et/ou continuité*, *RDSS* 2002, pp. 423-464, *spéc.* pp. 440-441.

[255] J.-M. LHUILLIER, *Le droit des usagers dans les établissements et services sociaux et médico-sociaux*, 2^e^ éd., Éditions ENSP, 2005.

[256] M. BADEL, *Les relations entre la puissance publique, les associations prestataires de services et les usagers des services sociaux*, *RAJS*, juin 2004, pp. 24-35 ; P. VERDIER, *Le contrat de séjour est-il un vrai contrat ?*, *RAJS*, juin 2004, pp. 36-43.

[257] Seul un arrêt de la Cour de cassation précise un point par la négative (Civ. 3^e^, 1^er^ juillet 1998, *Bull. civ.* III, n° 145). Il indique, à propos de l'accueil dans une maison de retraite relevant d'une personne morale de droit privé, que ce type de contrat n'est pas soumis aux règles du Code civil relatives au louage de choses. La haute juridiction ne s'est toutefois pas prononcée sur sa qualification exacte. Il semble néanmoins possible de le rattacher au contrat de louage d'ouvrage de l'article 1710 du Code civil.

[258] J.-M. LHUILLIER, *op. cit.*, n° 64, pp. 96-97 ; *cf.* également : M. BORGETTO et R. LAFORE, *op. cit.*, n° 236, pp. 238-239.

solution constitue une évolution notable[259] qui risque d'avoir des conséquences sur le terrain de la responsabilité. L'absence de contrat de séjour entre l'usager et l'établissement semble signifier que l'usager se trouve dans une situation extracontractuelle.

Par ailleurs, il convient de préciser que pour adapter ce type d'instrument aux établissements et services d'aide par le travail, la loi du 11 février 2005 a prévu que le placement dans de tels établissements fait l'objet non d'un contrat de séjour, mais d'un contrat de soutien et d'aide par le travail.

Ainsi, à la différence de l'hospitalisation d'office ou à la demande d'un tiers, ces différentes mesures de placement n'ont pas vocation à porter atteinte à la liberté d'aller et venir ou aux prérogatives de l'autorité parentale. Le contraire serait d'autant plus incompréhensible que certains de ces établissements peuvent recevoir non seulement des handicapés mentaux, mais aussi des handicapés physiques. Comment pourrait-on justifier l'existence d'un pouvoir de rétention sur les handicapés physiques ? En somme, ces mesures de placement n'attribuent pas un pouvoir de retenir le malade dans un endroit déterminé contre sa volonté ou celle des personnes exerçant l'autorité parentale. Elles apportent simplement une assistance médicale ou sociale et requièrent pour cela le consentement de la personne soignée ou de ses représentants. Cependant, il est très certainement impossible de leur dénier tout pouvoir sur la personne des malades mentaux. L'organisation interne de ces établissements exige un certain encadrement, qui peut, notamment, passer par l'instauration d'un règlement intérieur. Ils peuvent donc être amenés à diriger les activités quotidiennes des handicapés mentaux qu'ils hébergent. Autrement dit, ces établissements ne disposent pas d'un pouvoir différent de celui des hôpitaux psychiatriques accueillant un malade mental en hospitalisation libre, lequel est similaire à celui des hôpitaux traditionnels. Par conséquent, le statut des malades mentaux dans des établissements médico-sociaux ou sociaux peut être rapproché de celui des malades mentaux en hospitalisation libre. Ces deux statuts peuvent alors être opposés à celui des handicapés mentaux hospitalisés sous contrainte.

**111. Synthèse : l'absence d'utilisation explicite de la notion de garde d'autrui.** En définitive, l'étude des différentes modalités de prise en charge des handicapés mentaux par un établissement hospitalier ou un organisme extra-hospitalier montre bien que la notion de garde n'est pas expressément utilisée pour caractériser les situations de dépendance qui en résultent. Or il est indéniable que la condition des handicapés mentaux varie selon les établissements. Tandis que certains handicapés sont privés de leur liberté d'aller et venir, au point que l'établissement hospitalier peut en toute légalité les retenir de force, d'autres demeurent pleinement libres. La première hypothèse correspond aux hospitalisations sous contrainte et la seconde aux hospitalisations en service libre ou à la condition des handicapés mentaux dans un établissement extra-hospitalier. Cette différence de statuts, pourtant fondamentale, n'apparaît pas clairement dans les textes ou n'est pas mise en avant. Ceci est particulièrement vrai lorsqu'on s'interroge sur la condition des malades mentaux dans des établissements extra-hospitaliers. Un tel silence est regrettable. Il pourrait susciter des erreurs dans l'hypothèse où on souhaiterait associer d'importantes conséquences juridiques à l'existence d'un pouvoir sur la personne du handicapé mental.

Une utilisation raisonnée de la notion de garde aurait pu souligner cette différence de statuts. Toutefois, en dépit de l'intérêt croissant pour la condition des handicapés mentaux, le législateur refuse toujours d'utiliser expressément la notion de garde d'autrui afin de caractériser certains rapports d'obligations. Si, en 1838, cette expression semblait réservée aux personnes retenues dans le cadre d'une enquête pénale ou condamnées pénalement, il n'en est plus de même en 1990 ou en 2002. Le législateur a en effet explicitement reconnu que la notion de garde s'appliquait également aux mineurs, c'est-à-dire à des personnes dont on estime que l'autonomie naturelle est insuffisante pour être pleinement autonomes

---

[259] M. LEVY, *art. précit.*, p. 441.

juridiquement. Certes, l'historique de la notion de garde des mineurs est assez chaotique et pourrait susciter quelques réticences dans la réception de la notion de garde dans la législation des handicapés mentaux. Néanmoins, il est indéniable que la notion de garde n'est pas réservée aux délinquants. Une réflexion plus générale sur la notion de garde d'autrui aurait très certainement pu être menée à l'occasion de l'adoption des lois de 1990 et de 2002. Elle pourrait d'ailleurs utilement marquer l'opposition entre les hospitalisations sous contrainte et les hospitalisations en service libre. De même, elle permettrait sans doute de mieux comprendre les interactions entre les différentes situations de garde envisageables.

Toutefois, l'ignorance de la notion de garde pour caractériser la condition des handicapés mentaux n'est peut-être pas absolue. En effet, le handicapé mental peut également être pris en charge par ses proches. Dès lors, nous pouvons nous demander si la notion de garde n'a pas été utilisée pour caractériser ces situations.

b. La prise en charge du handicapé mental par ses proches

**112. Le système de 1804 : la tutelle de l'interdit**. Outre la loi de 1838 qui encadrait la protection personnelle et patrimoniale des aliénés internés, le Code civil de 1804 organisait deux régimes de protection spécifiques aux majeurs : l'interdiction et le conseil judiciaire. Seul le premier instituait une protection personnelle. Le conseil judiciaire n'avait vocation à s'appliquer qu'aux prodigues et aux faibles d'esprit, et n'entraînait qu'une protection patrimoniale. En revanche, l'interdiction instaurait une protection patrimoniale et personnelle et s'appliquait à une plus grande catégorie de personnes. Ainsi, l'article 489 du Code civil prévoyait que le majeur qui se trouvait « *dans un état habituel d'imbécillité, de démence ou de fureur* », devait être interdit même lorsque cet état présentait des intervalles lucides. En dépit de sa précision, cet article ne visait pas quelques maladies mentales bien déterminées, mais au contraire, avait vocation à s'appliquer à tous les aliénés. L'interdiction pouvait être demandée par les parents, l'époux, ou à défaut, en cas de fureur, par le ministère public. Lorsque l'interdiction était prononcée par le tribunal, elle entraînait l'ouverture d'une tutelle dont les règles suivaient celles de la tutelle des mineurs selon les articles 505 et 509 du Code civil. Par conséquent, le tuteur était chargé de veiller sur la personne de l'interdit et de prendre les mesures qui pouvaient être nécessaires ou utiles. Le second alinéa de l'article 510 donnait d'importants pouvoirs au conseil de famille, puisqu'il permettait à ce dernier de décider si l'interdit devait être traité à domicile ou s'il devait être placé dans une maison de santé ou dans un hospice. Autrement dit, cet article conférait au conseil de famille le pouvoir de déterminer le lieu de vie du handicapé mental majeur. Pour certains auteurs, cette règle recevait une exception si l'interdit était marié. Ils affirmaient ainsi que lorsque la femme était interdite, le mari conservait les droits de la puissance maritale et pouvait déterminer le lieu de résidence de sa femme[260]. Cet avis était contesté par d'autres auteurs qui mettaient en avant les spécificités de la tutelle et la nécessité de reconnaître ce pouvoir au conseil de famille[261]. En revanche, si le mari était interdit et si sa femme était désignée comme tutrice par le conseil de famille, elle ne tenait son pouvoir que des règles de la tutelle, seul le conseil de famille pouvait déterminer le lieu de résidence de l'interdit. Par conséquent, les renvois à la tutelle des mineurs et à la puissance maritale permettent d'établir l'existence d'un pouvoir de retenir les interdits et de déterminer leur lieu de vie.

---

[260] G. BAUDRY-LACANTINERIE, *Traité théorique et pratique de droit civil*, *op. cit.*, t. 5, n° 882, p. 825 ; A. DURANTON, *Cours de droit français suivant le Code civil*, *op. cit.*, t. 3, n° 762, pp. 698-699 ; M. PLANIOL et G. RIPERT, *Traité pratique de droit civil français*, t. 1, *op. cit.*, n° 700, pp. 728-729 ; CH. DEMOLOMBE, *Cours de Code Napoléon*, t. 8, *Traité de la minorité, de la tutelle et de l'émancipation*, 5e éd., Durand-Hachette, 1874, nos 592-593, pp. 384-385.

[261] CH. AUBRY et CH.-F. RAU, *Droit civil français*, 7e éd. sous la direction de P. ESMEIN et A. PONSARD, t. 1, par A. PONSARD, Librairies Techniques, 1964, n° 516, p. 837, note 16 ; M. CHARDON, *Traité des trois puissances*, t. 3, 1843, n° 229, pp. 178-180.

**113. L'ambiguïté de la réforme de 1968.** Progressivement, les mesures de protection du Code civil de 1804 firent l'objet de plus en plus de critiques. L'interdiction fut de moins en moins appliquée tant elle était considérée comme humiliante[262] et finalement inadaptée en raison des progrès de la psychiatrie[263]. Une réforme d'ensemble devint nécessaire. Elle intervint avec la loi n° 68-5 du 3 janvier 1968[264]. Réformées par la loi n° 2007-308 du 5 mars 2007, les dispositions de la loi de 1968 sont restées en vigueur jusqu'au 1er janvier 2009. Aussi convient-il de les analyser afin notamment de mettre en avant les avancées de la loi de 2007.

Initialement, l'auteur du projet de loi, à l'origine de la réforme de 1968, avait pour ambition de réformer le statut des malades mentaux tant sur le plan patrimonial que personnel[265]. Néanmoins, faute de temps, le projet de réforme se limita à la protection patrimoniale des malades mentaux et établit une distinction fondamentale entre le traitement médical de la personne dont les facultés mentales ont été altérées et la protection de son patrimoine. Tandis que les dispositions relatives à la protection de sa personne sont insérées dans le Code de la santé publique, celles relatives à la protection de ses intérêts patrimoniaux sont regroupées dans le Code civil. Ces deux aspects sont alors expressément différenciés par l'article 490-1 du Code civil qui dispose dans ses deux premiers alinéas que : « *Les modalités du traitement médical, notamment quant au choix entre l'hospitalisation et les soins à domicile, sont indépendantes du régime de protection appliqué aux intérêts civils. Réciproquement, le régime applicable aux intérêts civils est indépendant du traitement médical* ». Par conséquent, à la lecture de ces dispositions, on pourrait penser que, dans ce système de 1968, les personnes, investies d'un pouvoir par application des dispositions du Code civil, n'ont qu'un pouvoir limité au patrimoine du majeur protégé et que seuls les établissements psychiatriques disposent d'un véritable pouvoir sur la personne de l'aliéné. Dès lors, il peut sembler inutile de rechercher une quelconque utilisation de la notion de garde dans ces régimes de protection du Code civil. Il paraît néanmoins judicieux de reprendre cette distinction afin de savoir si elle est aussi rigoureuse.

Le législateur de 1968 a distingué trois régimes de protection des incapables majeurs : la tutelle, la curatelle et la sauvegarde de justice. La sauvegarde de justice et la curatelle peuvent être rapidement écartées, puisqu'il s'agit de régimes d'assistance et non de protection. Ils ont pour vocation de répondre à une altération légère des facultés mentales. Ainsi, le curateur n'a pas de pouvoir sur la personne même de l'incapable[266], même si l'article 509-2 du Code civil peut en faire douter. En effet, cet article renvoyant aux charges tutélaires, peut être perçu comme la source d'un pouvoir sur la personne. Cependant, l'article 509-2 doit être interprété strictement. Il y est question de la charge du tuteur et du curateur et non des modes d'organisation et de fonctionnement de la curatelle. De même, la sauvegarde de justice n'attribue aucun pouvoir sur la personne. En vertu de l'article 491-2 du Code civil, « *le*

---

[262] R. SAVATIER, *Le risque, pour l'homme, de perdre l'esprit et ses conséquences en droit civil*, *D.* 1968, chr. XIX, pp. 109-116.

[263] Les trois états d'imbécillité, de démence et de fureur parurent insuffisants pour caractériser les différentes formes d'altération des facultés mentales. Ainsi Josserand affirma : « *Avec les progrès de la psychiatrie et de la neurologie, la division tripartite du Code de 1804 est singulièrement périmée dans sa simplicité populaire* », *cf.* L. JOSSERAND, *Cours de droit civil français*, *op. cit.*, t. 1, n° 520, pp. 277-278.

[264] J. MASSIP, *Les incapacités (Étude théorique et pratique)*, Répertoire du notariat Defrénois, 2002, pp. 311-657.

[265] F. TERRÉ et D. FENOUILLET, *Droit civil, Les personnes, La famille, Les incapacités*, Dalloz, 7e éd., 2005, n° 1212, p. 1218 ; J. CARBONNIER, *Essais sur les lois*, *op. cit.*, p. 68.

[266] Il faut néanmoins préciser que si, par principe, le curateur a un rôle d'assistance, il peut dans certains cas assumer un pouvoir de représentation. Il en sera notamment ainsi pour l'action en nullité contre les actes de l'incapable. De même, le curateur peut recevoir mission de percevoir les revenus de l'incapable.

*majeur placé sous la sauvegarde de justice conserve l'exercice de ses droits* », par conséquent, il n'est pas incapable, il est simplement protégé.

En revanche, la situation a pu paraître plus ambiguë pour les majeurs sous tutelle, même si une lecture rigoureuse permet de dissiper les doutes. La tutelle est ouverte lorsque les facultés mentales d'une personne sont altérées en raison d'une maladie, d'une infirmité ou d'un affaiblissement dû à l'âge, au point qu'elle a besoin d'être représentée d'une manière continue dans les actes de la vie civile[267]. Par conséquent, il est possible que cette incapacité requière également une protection de sa personne. Le législateur de 1968 n'a pas réellement pris position sur la question de la protection de la personne de l'incapable et n'a pas développé un ensemble de règles relatives au gouvernement de la personne, estimant sans doute qu'une révision des règles de protection de la personne aux facultés mentales altérées n'était pas mûre et risquait de le retarder dans son entreprise proprement civiliste[268]. Le Code civil est ainsi resté très ambigu sur l'existence d'un pouvoir sur la personne des majeurs sous tutelle. En effet, l'article 495 du Code civil opère un renvoi à la tutelle des mineurs. Plus exactement, il indiquait que les dispositions relatives à l'organisation, au fonctionnement, aux comptes et aux responsabilités de la tutelle des mineurs s'appliquaient à celle des majeurs, à l'exclusion de celles relatives à l'éducation de l'enfant. La généralité de ce renvoi législatif fut une véritable source de problèmes d'interprétation. *A priori*, le renvoi est une simple technique législative de répétition et de coordination des règles ne devant pas soulever de difficultés[269]. Cependant un renvoi peut être plus ou moins large, il peut porter sur un article précis, voire un alinéa, ou sur plusieurs articles. Sa portée peut ainsi varier en fonction de son importance. D'une certaine façon, plus le renvoi est large, plus il risque d'être évasif. Dans ce cas, il peut effectuer ses missions de répétition et de coordination des règles avec plus ou moins de rigueur. En l'occurrence, la tutelle des mineurs, visée par le renvoi, contient des dispositions spécifiques à la protection de la personne du mineur. Dès lors, en ce qui concerne la protection de la personne du majeur sous tutelle, deux lectures de ce renvoi sont possibles.

**114. Lecture rigoureuse du renvoi de l'article 495 du Code civil**. Selon une première lecture rigoureuse, toutes les dispositions relatives à la tutelle des mineurs expressément visées par le renvoi doivent s'appliquer. Dès lors, il faut admettre, d'une part, que le conseil de famille est compétent pour fixer les conditions générales de l'entretien du majeur incapable et la somme allouée au tuteur à cet effet, d'autre part, que par transposition de l'article 450 du Code civil, le tuteur du majeur doit « *prendre soin de la personne* » de l'incapable. En somme, selon cette lecture rigoureuse du renvoi, la tutelle des majeurs instaure un véritable gouvernement de la personne d'autrui et comporte un pouvoir de retenir la personne de l'incapable. Certes, on pourrait objecter que cette analyse se fonde sur un renvoi aux dispositions de la tutelle des mineurs qui sont elles-mêmes inspirées des règles de l'autorité parentale, et qu'en droit français, la tutelle des majeurs n'est absolument pas conçue comme le prolongement de l'autorité parentale[270]. Autrement dit, on ne pourrait raisonner par analogie avec un système fondé sur le fonctionnement de l'autorité parentale, puisque les finalités des institutions sont différentes. Si cette idée se manifeste par l'exclusion de la tutelle des majeurs des règles relatives à l'éducation de l'enfant, elle ne semble toutefois pas suffisante pour écarter l'existence d'un pouvoir de garde sur les majeurs sous tutelle dans le

---

[267] Article 492 du Code civil.

[268] J. CARBONNIER, *Essais sur les lois*, *op. cit.*, p. 68.

[269] N. MOLFESSIS, *Le renvoi d'un texte à un autre*, *in* N. MOLFESSIS (dir.), *Les mots de la loi*, *op. cit.*, pp. 55-72, spéc. pp. 59-64.

[270] TI Melun, 18 décembre 1979, *D.* 1980, 623, note J. HAUSER. Certains droits étrangers assimilent au contraire la tutelle à l'autorité parentale, *cf.* J. M. FERNANDEZ LOPEZ, *Le rôle du juge espagnol comme défenseur des droits fondamentaux des handicapés*, *in Santé mentale : réalités européennes*, Erès, 1993, p. 106-109.

système issu de la loi du 3 janvier 1968. En effet, les pouvoirs de garde de l'autorité parentale et de la tutelle des mineurs sont associés à l'éducation de l'enfant. À partir du moment où cette finalité est clairement écartée dans la tutelle des majeurs, rien n'interdit de penser que le pouvoir de garde puisse être associé à une autre finalité. Autrement dit, l'exclusion des règles relatives à l'éducation ne permet pas d'écarter ce pouvoir de garde. Elle précise seulement que la finalité de la tutelle des majeurs n'est pas l'éducation de celui-ci. Le législateur invitait ainsi « *l'interprète à une conception nouvelle de la protection* »[271] selon laquelle la tutelle des majeurs n'est pas le prolongement de l'autorité parentale. Ceci ne remet nullement en cause le pouvoir de garde[272].

**115. Lecture souple du renvoi de l'article 495 du Code civil.** En second lieu, le renvoi de l'article 495 du Code civil peut être interprété de façon beaucoup plus souple. En ce qui concerne la protection de la personne de l'incapable mental, il renverrait davantage à l'esprit du droit des tutelles des mineurs qu'à une disposition spécifique. En ce sens, la tutelle des majeurs aurait non seulement pour mission d'instaurer une protection du patrimoine de la personne mais aussi une protection de sa personne. Cette dernière serait une finalité que les organes de la tutelle devraient prendre en considération dans l'exercice de leur pouvoir de gestion du patrimoine du majeur. Il reste qu'une affirmation aussi souple ne donne aucun contenu réel à la protection de la personne. L'interprétation du renvoi de l'article 495 du Code civil est donc une source d'incertitudes. Il en était de même pour l'administration légale sous contrôle judiciaire, constituant une forme simplifiée de la tutelle, réservée aux membres de la famille proche. L'article 497 du Code civil ne renvoie aux règles de l'administration légale sous contrôle judiciaire qu'en ce qui concerne « *les biens du mineur* ». L'administration légale semble dès lors ne constituer qu'un régime de protection des biens du majeur protégé. En somme, dans le système issu de la loi du 3 janvier 1968, l'incertitude est grande sur le contenu des pouvoirs s'exerçant sur la personne des majeurs protégés[273]. Quoi qu'il en soit, la jurisprudence, à la suite de la majorité de la doctrine, privilégia cette seconde interprétation[274].

**116. Analyses doctrinales du renvoi de l'article 495 du Code civil.** Dans l'ensemble, la doctrine admit le principe d'une protection de la personne de l'incapable[275]. Ainsi on a pu faire valoir que « *la plus grande partie des incapables majeurs, internés ou pas, n'est pas plus à même de gouverner sa personne que de gérer son patrimoine* »[276] et souligner que « *l'incapable au quotidien est une personne qui, à tort ou à raison, exige (ou refuse) de changer d'habitat, prendre tel médicament ou suivre un traitement médico-chirurgical, sortir de chez elle, partir en vacances, conserver des allumettes, mettre à tue tête son poste de*

---

[271] CL. GEFFROY, *La protection tutélaire des majeurs en matière personnelle*, *JCP G* 1993, I, 3724, n° 14, p. 529.

[272] Pour un raisonnement similaire *cf.* J. MASSIP, note sous Civ. 2, 25 février 1998, *Defrénois* 1998, art. 36860, p. 1033. L'auteur explique que si l'article 495 du code civil exclut, par son renvoi, l'éducation du majeur, il n'écarte pas pour autant les obligations de garde et de surveillance.

[273] J.-L. RAYNAUD, *Les pouvoirs du tuteur sur la personne de l'incapable majeur*, *in Le notariat et les personnes protégées*, 80e congrès des notaires de France, *LPA*, numéro spécial, 21 mai 1984, pp. 23-25.

[274] A. DEBET, *L'influence de la Convention européenne des droits de l'Homme sur le droit civil*, préf. L. LEVENEUR, Nouvelle bibliothèque de thèses, vol. 15, Dalloz, 2002, nos 539-543, pp. 508-514.

[275] TH. FOSSIER, *Les libertés et le gouvernement de la personne incapable majeure*, *JCP G* 1985, I, 3195, n° 30 ; CL. GEFFROY, *La protection tutélaire des majeurs en matière personnelle*, *art. précit.* ; M.-E. OPPELT-REVENEAU, *La protection de la personne de l'incapable majeur*, *LPA*, 4 novembre 1999, pp. 4-10.

[276] TH. FOSSIER, *art. précit.*, n° 27.

*radio...* »[277]. Il serait par conséquent naturel qu'une personne prenne en charge la direction de l'aliéné s'il n'est pas interné. Toutefois, en dépit de ces observations, un principe fondamental semble unanimement retenu : le majeur doit, autant qu'il est possible, être considéré comme une personne autonome. La volonté du majeur doit être sauvegardée lorsqu'elle est discernable[278].

**117. Analyses jurisprudentielles du renvoi de l'article 495 du Code civil**. De son côté, jusqu'en 1989, la jurisprudence était assez incertaine. Ainsi, le tribunal de grande instance de Créteil a retenu, dans un jugement rendu le 6 février 1979, que : « *la mise en tutelle d'une personne majeure a pour but la protection de ses intérêts dans le domaine des actes juridiques, elle ne saurait aboutir à un contrôle de sa vie affective, à la surveillance et à l'organisation de ses relations avec un tiers comme lorsqu'il s'agit d'un mineur vis-à-vis duquel se trouve engagé un processus éducatif* » [279]. De même, le tribunal d'instance de Melun a écarté toute idée de protection de la personne dans un jugement du 18 décembre 1979 au motif que la tutelle des majeurs « *ne concerne, aux termes mêmes des articles 490 et suivants du code civil, que la protection des intérêts civils de personnes qui, majeures, ne sont plus soumises à une quelconque autorité parentale* » [280]. La première Chambre civile de la Cour de Cassation fixa la jurisprudence le 18 avril 1989 en affirmant que : « *les régimes civils d'incapacité ont pour objet d'une façon générale, de pourvoir à la protection de la personne et des biens de l'incapable* »[281]. Cette solution a pour intérêt de clore le débat sur l'existence d'une obligation de protéger la personne dans les régimes civils d'incapacité. Pour autant, elle ne donne pas de définition du devoir de protection de la personne. On peut néanmoins apporter quelques éléments de réponse à partir de cet arrêt. La Cour de Cassation a retenu l'expression de protection de la personne et non celle de tutelle à la personne, qui est plus autoritaire. D'autre part, la haute juridiction applique très largement cette idée de protection de la personne à tous les régimes d'incapacité. Or, certains régimes, dont la sauvegarde de justice, n'organisent qu'une protection limitée. Par conséquent, sauf à considérer que la cour a retenu la variabilité de la notion, la généralité des propos autorise une interprétation large. La protection de la personne serait un objectif à respecter, une mission générale sans être pour autant un véritable gouvernement de la personne. La Cour de cassation a, par la suite, confirmé cette lecture du renvoi de l'article 495 du Code civil en décidant que le tuteur ne peut intervenir que sous la direction du juge des tutelles, à qui reviennent les décisions importantes[282], et que ce dernier ne peut gouverner la vie personnelle d'un majeur protégé doté d'une volonté propre[283]. Cette solution est d'autant plus manifeste que la Cour aurait pu considérer que si l'article 495 du Code civil exclut, par son renvoi, l'éducation du majeur, il

---

[277] J.-P. GRIDEL, *L'acte éminemment personnel et la volonté propre du majeur en tutelle*, *in La protection de la personne*, Rapport de la Cour de Cassation 2000, La Documentation française, 2001, pp. 79-92.

[278] J. HAUSER, *Réflexions sur la protection de la personne de l'incapable*, *in Mélanges offerts à P. RAYNAUD*, Dalloz Sirey, 1985, pp. 227-236 ; J. HAUSER, *Incapacité juridique et emploi*, *Dr. social* 1991, pp. 553-562 ; J. HAUSER, note sous Civ. 1re, 11 juin 1996, *RTD civ.* 1996, pp. 877-879 ; M. HARICHAUX et TH. FOSSIER, *La tutelle à la personne des incapables majeurs : l'exemple du consentement à l'acte médical*, *RDSS* 1991, pp. 1-14, *spéc.* p. 4 : « *Il est permis de rapprocher la tutelle à la personne du système de la curatelle aux biens, bien plus que de celui de la tutelle : assistance et arbitrage, plutôt que représentation, dès lors du moins que le majeur n'est pas complètement coupé des réalités par sa pathologie* ».

[279] TGI Créteil, 6 février 1979, inédit, cité par J. HAUSER, *Réflexions sur la protection de la personne de l'incapable*, *art. précit.*, spéc. p. 234.

[280] TI Melun, 18 décembre 1979, *D.* 1980, 623, note J. HAUSER.

[281] Civ. 1re 18 avril 1989, *Bull. civ.* I, n° 156 ; *JCP G* 1990, II, 21467, note TH. FOSSIER ; *Defrénois* 1989, art. 34574, n° 90 p. 1007, note J. MASSIP.

[282] Civ. 1re, 25 mars 1997, *Bull. civ.* I, n° 107 ; *JCP G* 1997, II, 22882, note TH. FOSSIER.

[283] Civ. 1re, 25 mars 1997, *précit.*

n'exclut pas l'obligation de garde et de surveillance[284]. En somme, la jurisprudence a retenu l'analyse souple du renvoi de l'article 495 du Code civil.

**118. La confirmation de la loi du 5 mars 2007.** La loi du 5 mars 2007 réformant la protection juridique des majeurs, dont la majeure partie des dispositions est entrée en vigueur le 1er janvier 2009, a confirmé l'analyse de la Cour de cassation. Supprimant les dérangeants renvois du droit antérieur, le nouvel article 415, alinéa 1er du Code civil dispose expressément que « *les personnes majeurs reçoivent la protection de leur personne et de leurs biens que leur état ou leur situation rend nécessaire* ». La protection extrapatrimoniale est donc par principe étroitement associée à la protection patrimoniale[285]. Par exception, le nouvel article 425, alinéa 2 du Code civil prévoit toutefois que la protection peut être limitée à l'une de ces deux missions. Pour autant, si la protection extrapatrimoniale est expressément devenue une finalité des mesures de protection civile des majeurs, elle reste limitée. Elle n'a pas pour objectif de porter atteinte à l'autonomie de la personne. Bien au contraire, le nouvel article 415, alinéa 3 du Code civil dispose que la protection instituée « *a pour finalité l'intérêt de la personne protégée* » et qu'elle « *favorise, dans la mesure du possible, l'autonomie de celle-ci* ». On retrouve d'ailleurs cette idée aux articles 458 et 459 du Code civil consacrés aux effets de la curatelle et de la tutelle quant à la protection des personnes. Tandis que l'article 458 prévoit que « *l'accomplissement des actes dont la nature implique un consentement strictement personnel ne peut jamais donner lieu à assistance ou représentation de la personne protégée* », l'article 459 dispose que pour tous les autres actes « *la personne protégée prend seule les décisions relatives à sa personne dans la mesure où son état le permet* ». La loi de 2007 a donc bien confirmé l'analyse jurisprudentielle de l'ancien article 495 du Code civil. Le curateur et le tuteur ne disposent pas d'un pouvoir contraignant sur la personne protégée. La nouvelle loi a néanmoins réservé l'hypothèse dans laquelle l'état de la personne protégée ne lui permettrait pas de prendre seule une décision personnelle éclairée. Confrontée à une telle situation, la personne chargée de la protection du majeur peut en particulier prendre « *les mesures de protection nécessaires pour mettre fin au danger que, du fait de son comportement, l'intéréssé ferait courir à lui-même* »[286]. Mais, sauf urgence, elle ne saurait, sans l'autorisation du juge ou du conseil de famille, prendre une décision qui aurait pour conséquence « *de porter gravement atteinte à l'intégrité corporelle de la personne protégée ou à l'intimité de sa vie privée* »[287]. Le législateur n'a donc pas affirmé l'existence d'un pouvoir de garde sur les handicapés mentaux.

Ainsi, la doctrine, la jurisprudence et enfin, dans un dernier temps, le législateur sont unanimes pour écarter l'existence d'un pouvoir de garde dans la tutelle des majeurs, alors même qu'une lecture rigoureuse des textes issus de la réforme de 1968 ne l'interdisait pas. L'absence de reconnaissance d'un tel pouvoir en droit des personnes n'a toutefois pas empêché le développement de cette notion en droit de la responsabilité. Ce phénomène rejaillit alors sur la perception générale de la garde des handicapés mentaux.

### *2. Une notion familière du droit de la responsabilité*

**119.** L'utilisation de la notion de garde des handicapés mentaux dans le droit de la responsabilité postérieur à 1804 repose sur des fondements relativement incertains. En effet, cette notion n'apparaît que dans un seul texte de droit pénal (**a**). Néanmoins, la jurisprudence

---

[284] *Cf.* J. MASSIP, note sous Civ. 2, 25 février 1998, *Defrénois* 1998 art. 36860 p.1033.

[285] *Cf.* TH. FOSSIER, *La réforme de la protection des majeurs, Guide de lecture de la loi du 5 mars 2007*, *JCP G* 2007, I, 118 ; TH. FOSSIER, *La protection de la personne, un droit flexible*, *Dr. fam.* 2007, étude 17 ; M. REBOURG, *Les principes directeurs de la loi du 5 mars 2007 réformant la protection juridique des majeurs*, *Dr. fam.* 2007, étude 16.

[286] Article 459, alinéa 3 du Code civil.

[287] Article 459, alinéa 4 du Code civil.

et la doctrine ont fait preuve d'une activité intense pour la développer dans la responsabilité civile **(b)**. Il est ainsi apparu que les handicapés mentaux pouvaient être sous la garde d'autrui.

a. Une notion connue du droit de la responsabilité pénale

**120. La garde des fous et furieux dans l'article R. 30-7° de l'ancien Code pénal.** À notre connaissance, après 1804, le législateur n'a utilisé que dans un seul texte la notion de garde à propos de handicapés mentaux. Il s'agit, de surcroît, d'une disposition de droit pénal spécial. Ainsi, l'article R. 30-7° de l'ancien Code pénal (ancien article 475, 7°), punissait d'une amende « *ceux qui auraient laissé divaguer des fous ou des furieux étant sous leur garde, ou des animaux malfaisants ou féroces ; ceux qui auront excité ou n'auront pas retenu leurs chiens, lorsqu'ils attaquent ou poursuivent les passants, quand même il n'en serait résulté aucun mal ni dommage* ». Cette disposition, à la dimension ô combien archaïque, permet de comprendre que la notion de garde « *des fous ou furieux* » était purement et simplement assimilée à celle des « *animaux malfaisants ou féroces* », c'est-à-dire en définitive à la garde des choses. Ce texte est d'autant plus révélateur d'un certain état d'esprit que les rédacteurs du Code pénal n'étaient pas les premiers à effectuer un tel rapprochement. En effet, cette idée se retrouve dans l'article 3 du titre IX de la loi des 16-24 août 1790. Celui-ci confiait à l'autorité et à la vigilance des corps municipaux le soin « *d'obvier ou de remédier aux événements fâcheux qui pourraient être occasionnés par les insensés et les furieux laissés en liberté et par la divagation d'animaux malfaisants ou féroces* ». De même, l'article 15 du titre I de la loi sur la police municipale et correctionnelle des 19-22 juillet 1791 punissait de peines de police ceux qui laissaient divaguer les insensés ou les furieux, ou des animaux malfaisants ou féroces. Ces articles révèlent une certaine conception de la garde des aliénés mentaux. Bien loin de constituer le prolongement, sous une autre forme, de la garde des mineurs, elle est au contraire assimilée à celle des animaux et des choses. Dès lors, il faut bien admettre qu'une telle conception législative de la garde était loin de mettre en avant la personne du malade. En outre, si cette disposition du Code pénal permettait de comprendre la nature profonde de la garde des malades mentaux, elle restait très elliptique sur les autres conditions de cette garde. En elle-même, elle ne permettait pas de déterminer les gardiens du malade. Il est vrai que cette ambiguïté ne suscita guère de problèmes, puisque cette contravention ne semble pas avoir donné lieu à de nombreuses décisions. Au contraire, un auteur constata en 1958 « *qu'elle n'a presque jamais été appliquée en ce qui concerne les fous ou les furieux* »[288]. Dès lors, tombée en désuétude, elle ne fut pas reprise dans le nouveau Code pénal[289].

**121. Analyses doctrinales de la notion de garde de l'article 30-7° de l'ancien Code pénal.** En dépit de ses rares applications, la doctrine a développé une analyse assez nourrie de cet article et fut, par conséquent, amenée à s'intéresser à la notion de garde d'un aliéné.

Ainsi, Adolphe Chauveau et Faustin Hélie affirmèrent que : « *cette contravention se présente dans deux hypothèses. Il se peut en premier lieu que le gardien d'une maison de fous laisse sortir par négligence les personnes qu'il était chargé de garder : dans ce cas aucune difficulté ne se présente. Les fous et les furieux sont régulièrement détenus, leurs gardiens sont responsables. Mais si les aliénés ne sont ni frappés d'interdiction, ni dans un état régulier de détention, cette responsabilité doit-elle atteindre les personnes de leur famille ou de leur service qui leur donne les soins habituels ? Cette question est délicate car cette obligation n'a pas de cause légale ; cette surveillance n'est pas forcée ; et cependant la loi a*

---

[288] J. LAFON, *La responsabilité civile du fait des malades mentaux*, LGDJ, 1958, n° 63, p. 89.

[289] Le nouvel article R. 622-2 du Code pénal ne vise plus que la divagation d'animaux dangereux. *Cf.* R. LAUR, *Contraventions contre les personnes (Deuxième classe), Divagation d'animaux dangereux, J.-Cl. pénal*, art. R. 622-2.

*pu imposer à toutes les personnes qui se trouvent chargées, par une cause quelconque, de la garde d'un furieux, le soin d'empêcher la divagation de cet individu ; l'intérêt général peut exiger cette responsabilité qui se puise alors, non dans une cause légale, mais dans le fait de la surveillance qui pèse sur elle* »[290]. Cette analyse de la loi présente l'intérêt de s'interroger sur l'origine du pouvoir. Pour ces auteurs, il paraît légitime de distinguer selon que le pouvoir sur autrui résulte d'une mission légale (tutelle des interdits ou détention des aliénés dans un hôpital psychiatrique) ou non (proches du malade). Néanmoins, préférant ne pas développer la différence de pouvoirs, ils admettent que la loi, n'apportant aucune précision, n'a sans doute pas fait de distinction. Les parents sont donc gardiens du malade mental au même titre que les établissements psychiatriques ou les tuteurs des interdits. D'autres auteurs ont toutefois été beaucoup plus affirmatifs.

En ce sens, Émile Garçon proposa une liste de tous ceux « *qui ont la garde des aliénés, soit par l'effet de la loi, comme un devoir de leurs fonctions ou comme un devoir de famille, soit parce qu'en fait, moyennant salaire ou même gratuitement, elles se sont chargées de surveiller les aliénés* »[291]. Pouvaient être qualifiés de gardiens, les professionnels, le tuteur du mineur, l'époux ou l'épouse de l'aliéné marié et ceux qui, si l'aliéné était majeur et célibataire, avaient en fait sa garde et l'autorité nécessaire pour l'exercer ou qui s'en étaient chargés pour diverses raisons, y compris les serviteurs de l'aliéné lui-même.

En conséquence, nous pouvons constater que les auteurs ont développé, sur ce fondement de l'article R. 30-7° de l'ancien Code pénal, une certaine conception de la garde des aliénés mentaux, fondée sur une vague idée de surveillance. On le comprend bien, une conception aussi souple ne permettait pas de répondre à toutes les questions et notamment à celles de l'origine et du contenu du pouvoir de garde. En développant une idée très large de la garde, les auteurs permettaient très certainement une application aisée de la règle du Code pénal, mais n'apportaient pas de réels éclaircissements sur la notion de garde. Autrement dit, la finalité de la règle, c'est-à-dire la recherche d'un responsable, l'emportait sur une stricte étude des pouvoirs sur la personne du handicapé mental.

**122. Analyses jurisprudentielles de la notion de garde de l'article R. 30-7° de l'ancien Code pénal.** De leur côté, les rares décisions rendues sur le fondement de cet article n'ont pas apporté beaucoup de précisions. La Chambre criminelle de la Cour de cassation s'est notamment prononcée sur son application dans un arrêt du 28 juin 1913[292]. En l'espèce, un aliéné avait tué un de ses voisins d'un coup de fusil. Sa femme et ses quatre enfants furent condamnés par les juges du fond sur le fondement de l'article 475, 7° du Code pénal. Toutefois, la Cour de cassation développa une analyse un peu différente. En effet, elle affirma que cet article ne visait que « *les personnes qui sont légalement tenues ou qui ont accepté d'exercer une surveillance sur l'aliéné, les membres de la famille d'un aliéné même habitant avec lui ne sauraient être considérés comme ayant à raison de cette seule qualité et de ce seul fait cet aliéné sous leur garde* ». Dès lors, elle retint que la « *femme de l'aliéné* [pouvait], *en l'absence de toute personne ayant sur son mari une autorité légale, être considérée, à raison même des devoirs réciproques de secours et d'assistance dont les époux sont tenus aux termes de l'article 212 du Code civil, comme chargée d'exercer une surveillance sur son mari et l'ayant par suite sous sa garde au sens de l'article 475, 7° du Code pénal* », mais elle écarta la responsabilité pénale des enfants au motif que les juges n'avaient pas indiqué « *les raisons de fait ou de droit* » établissant à leur charge une obligation de garde. En réalité, la conception de la garde de l'aliéné, développée par la Cour de cassation, ne permet pas de véritablement

---

290 A. CHAUVEAU et F. HÉLIE, *Théorie du Code pénal*, LGDJ, 1888, 6e éd., t. 6, n° 2838, p. 443.

291 E. GARÇON, *Code pénal annoté*, éd. par M. ROUSSELET, M. PATIN et M. ANCEL, 1942, t. 3, fasc. 2, p. 148.

292 Crim., 28 juin 1913, *D.* 1915, I, 39.

saisir les contours de cette notion. Nous pouvons tout au plus en déduire que deux catégories de personnes sont susceptibles d'être gardiennes d'un aliéné.

D'une part, il s'agirait des personnes qui en sont « *légalement tenues* ». Or aucun texte, à l'exception de cet article du Code pénal, n'envisageait explicitement une telle obligation. Il faudrait en déduire que la garde des malades mentaux existait implicitement. Mais l'implicite n'est certainement pas un gage de clarté et de sécurité juridique. Sans doute faut-il comprendre que la Cour de cassation visait les personnes détentrices d'un pouvoir de rétention sur autrui. Il faudrait, en quelque sorte, suivre le raisonnement développé par la doctrine à propos du droit de garde des mineurs : ce dernier n'existait pas explicitement en 1804, mais tout le monde s'accordait pour en reconnaître l'existence.

D'autre part, la seconde catégorie de gardiens devrait regrouper toutes les personnes qui ont accepté la surveillance du malade mental. Cette acceptation pourrait être assez générale. La Cour de cassation admet dans sa décision de 1913, qu'elle peut être déduite du devoir de secours et d'assistance du mariage. On mesure bien que cette seconde catégorie de gardiens est différente de la première. Ces gardiens ne disposent pas des mêmes pouvoirs. En réalité, ils exercent un pouvoir de surveillance qui correspond davantage à l'exécution d'une obligation générale de comportement qu'à une mission légale. L'étude du contenu des pouvoirs des gardiens devrait nécessairement conduire à l'établissement d'une telle distinction. La garde des proches ne peut être assimilée à celle des personnes légalement tenues. Pourtant la doctrine et la Cour de cassation ne font pas de différence, au risque de brouiller la perception de cette notion. Cette confusion aurait pu avoir un effet limité si l'utilisation de la notion de garde avait été restreinte à cette disposition du Code pénal. Or, ce fut loin d'être le cas. En effet, la doctrine et la jurisprudence utilisèrent explicitement la notion de garde dans le droit de la responsabilité civile.

b. Une notion développée en droit de la responsabilité civile

**123.** En dépit de son inutilisation en droit des personnes, la notion de garde des handicapés mentaux connut un formidable développement jurisprudentiel et doctrinal dans le droit de la responsabilité civile, tout au long des XIX$^{e}$ et XX$^{e}$ siècles, jusqu'à la loi du 3 janvier 1968. En effet, la garde parut être le fondement idéal d'un système de responsabilité du fait d'autrui. Un tel décalage entre le droit des personnes et le droit de la responsabilité conduisit à un développement désordonné de la notion de garde des handicapés mentaux (**α**). Ce désordre fut sévèrement critiqué par Monsieur Jean Lafon, qui proposa une première conception unitaire de la notion de garde des handicapés mentaux dépassant le simple cadre de la responsabilité civile (**β**).

*α. Le développement désordonné de la garde des handicapés mentaux*

**124. L'admission générale d'une obligation de garde des handicapés mentaux.** Tout au long des XIX$^{e}$ et XX$^{e}$ siècles, de nombreux auteurs ont admis très largement qu'une obligation de garde pesait sur ceux qui s'étaient chargés, ou qui étaient chargés, de surveiller un aliéné en exécution soit d'un devoir de famille, soit d'un devoir personnel. L'objectif clairement affirmé était d'organiser un système de responsabilité civile fondée sur la garde de l'aliéné. Face à l'impossibilité de mettre en œuvre la responsabilité personnelle de l'aliéné en raison de la subjectivité de la faute, les auteurs ont recherché un responsable pour autrui. Ne pouvant étendre les différents cas de responsabilité de l'article 1384 du Code civil, ils ont cherché à élaborer un système de responsabilité fondé sur une faute dans l'exécution d'une obligation de garde. Les auteurs ont alors élaboré une notion de garde de l'aliéné suffisamment souple pour permettre de trouver assez facilement un responsable. Ce raisonnement présentait toutefois le risque d'écarter une étude approfondie de la notion de garde. En effet, poursuivant leur recherche d'un responsable, les auteurs n'ont pas toujours proposé un fondement à cette obligation[293]. S'ils en suggéraient un, ils précisaient rarement dans quelles conditions la garde naissait et de quelle manière elle devait être exercée.

**125. Conceptions doctrinales de la notion de garde des handicapés mentaux.** Pour fonder cette obligation, Auguste Sourdat a suggéré qu'elle naissait de « *la nature ou de la loi* »[294]. La garde serait donc une obligation naturelle ou légale. Or sur ce dernier point, nous ne pouvons que constater le silence du législateur. En effet, il paraissait difficile de fonder l'obligation de garde sur l'article R. 30-7° de l'ancien Code pénal, à partir du moment où ce texte ne donnait aucune précision sur l'existence même de cette notion. Dès lors, pour expliquer une telle affirmation, il faudrait rechercher une manifestation implicite de l'obligation de garde. Il s'agissait sans doute de la garde fondée sur un droit de rétention, à l'instar de ce qui pouvait être implicitement retenu pour la puissance paternelle. Une telle hypothèse visait donc les établissements psychiatriques retenant les malades mentaux. La référence à une obligation naturelle pouvait également soulever des interrogations. Cette notion paraissait suffisamment imprécise pour recouvrir un grand nombre d'hypothèses.

De son côté, René Demogue fonda la garde de l'aliéné sur sa théorie du « *poste social* »[295]. Selon cette théorie, la société chargerait telle ou telle personne de garder un aliéné. Par conséquent, elle ne commettrait pas d'actes illicites dans les atteintes qu'elle pourrait porter aux droits d'autrui. Cette conception de la garde de l'aliéné demeure encore imparfaite. L'auteur n'apporte pas plus de précisions sur l'origine de ce pouvoir et sur l'ampleur de l'atteinte qu'il peut porter aux droits d'autrui. De telles incertitudes permettent finalement d'appliquer la notion de garde à des situations pouvant en réalité être très différentes.

René Savatier proposa un autre fondement à cette obligation de garde de l'aliéné[296]. Après avoir affirmé qu'à la différence des animaux, « *il n'y a pas nécessairement de gardien à un aliéné majeur* »[297], l'auteur considère que la qualité de gardien de l'aliéné peut être reconnue à deux catégories de personnes. L'obligation de garde d'un aliéné majeur devrait ainsi appartenir aux parents en raison de leur obligation alimentaire et à toutes les personnes acceptant, même tacitement, de prendre en charge un malade mental[298]. De nouveau, une telle analyse ne donne pas une explication satisfaisante. D'une part, sa perception de l'obligation alimentaire paraît erronée. En effet, une telle obligation est avant tout une obligation à caractère patrimonial. Il paraît excessif de lui associer une obligation de surveillance ou de garde. L'existence d'une obligation alimentaire envers un enfant n'est pas nécessairement justifiée par une incapacité mentale. On ne peut dès lors lui associer automatiquement une obligation de garde ou de surveillance. D'autre part, la seconde partie de son raisonnement tend à élargir, sans véritablement la contrôler, la qualité de gardien d'un aliéné. À partir du moment où il retient qu'une simple prise en charge tacite est suffisante pour fonder une

---

[293] CH. AUBRY et CH.-F. RAU, *Droit civil français*, 7e éd. sous la direction de P. ESMEIN et A. PONSARD, t. 6 par A. PONSARD et N. DEJEAN DE LA BATIE, Librairies Techniques, 1975, n° 417, p. 649.

[294] A. SOURDAT, *Traité général de la responsabilité*, 6e éd., par L. SOURDAT, Marchal et Godde, 1911, t. 2, n° 828, pp. 67-68.

[295] R. DEMOGUE, *Traité des obligations en général*, t. 3, A. Rousseau, 1923, n° 313, pp. 510-512.

[296] R. SAVATIER, *Traité de la responsabilité civile en droit français civil, administratif, professionnel, procédural*, 2e éd., LGDJ, 1951, t. 1, n° 204, pp. 252-254.

[297] R. SAVATIER, *op. cit.*, n° 204, p. 252.

[298] René Savatier explique ainsi : « *Si l'on peut attacher à l'obligation alimentaire une obligation de surveillance à l'égard de l'aliéné dangereux, nous croyons encore plus certain que le simple fait d'une prise en charge, même tacite, oblige le gardien volontaire de l'aliéné, parent ou non, à le surveiller. Ce devoir s'impose à tous ceux qui, sauf le cas de passagère nécessité, reçoivent et conservent chez eux l'aliéné dangereux et, à plus forte raison, à la personne qui, pour le recevoir l'a fait sortir de l'asile. Prendre chez soi un fou susceptible de nuire, sans le garder efficacement, est une imprudence caractérisée* ».

obligation de garde d'un aliéné, il devrait être assez facile de reconnaître une telle obligation puisqu'elle pourra être déduite d'un simple comportement. En somme, les critères proposés sont suffisamment imprécis pour justifier l'existence de nombreuses situations de garde.

Une telle idée se retrouve chez Alexandre Neagu[299] et Jacques Limouzineau[300]. Partant du constat que l'obligation de garde « *ne résulte le plus souvent d'aucun texte de loi* »[301], ils en déduisent qu'« *elle est donc purement facultative et naît des faits* »[302]. Ils proposent alors deux critères nécessaires pour que naisse une telle obligation : la connaissance de l'état dangereux et la cohabitation[303]. Nous retrouvons chez ces deux auteurs l'idée selon laquelle la garde de l'aliéné pourrait être une situation légale ou une simple situation factuelle acceptée.

**126. Appréciation générale de ces conceptions de la garde d'un handicapé mental.** Toutes ces théories doctrinales, fondées en partie sur une analyse de la jurisprudence, mettent clairement en avant la notion de garde. Il n'y a aucune ambiguïté sur ce point. Cependant, ils utilisent cette notion pour les besoins de la responsabilité. En ce sens, la volonté de trouver un responsable aux dommages causés par l'aliéné les conduit à une analyse assez superficielle de la notion de garde. Dans leur recherche de la satisfaction du juste besoin d'indemnisation de la victime, ils oublient de développer une analyse rigoureuse des pouvoirs exercés sur l'auteur du dommage. Toutefois, une telle utilisation de la notion de garde perdit une partie de son intérêt et fut en conséquence moins exploitée après la loi du 3 janvier 1968 qui reconnut le principe de la responsabilité des personnes ayant agi « *sous l'empire d'un trouble mental* »[304]. Cette responsabilité personnelle limita les travaux doctrinaux sur l'élaboration d'un système de responsabilité fondé sur la garde. Il est vrai toutefois que la plupart des théories doctrinales, qui avaient été avancées afin d'élaborer un tel système, n'avaient pas permis d'aboutir à une détermination certaine de l'origine et du contenu du pouvoir de garde. Or il paraît difficile d'admettre que l'établissement psychiatrique, gardien légal d'un handicapé mental, dispose d'un pouvoir identique à celui du particulier hébergeant une personne en ayant simplement eu connaissance de l'altération de la santé mentale de cette dernière. Cette analyse de la notion de garde, à travers le prisme du droit de la responsabilité, semble donc faussée. Elle n'a mené qu'à un développement désordonné de la garde des handicapés mentaux et finalement à un éclatement de cette notion. Certains auteurs ont bien ressenti ce problème. Ils ont tenté de développer une analyse ordonnée de la notion de garde des handicapés mentaux en mettant de côté le prisme du droit de la responsabilité et marquèrent ainsi une première étape vers une perception renouvelée de la notion de garde des handicapés mentaux

*β. L'analyse ordonnée de la garde des handicapés mentaux de Monsieur Jean Lafon*

**127. L'analyse proposée par Monsieur Jean Lafon.** Face aux développements désordonnés et surtout imprécis de la majeure partie de la doctrine, Monsieur Jean Lafon proposa une analyse globale de l'obligation de garde avant d'envisager ses conséquences sur le terrain du droit de la responsabilité[305]. En effet, par opposition avec toutes les analyses qui avaient pu être proposées, il lui a paru absolument nécessaire de tenir compte de la qualité du

---

[299] A. GR. D. NEAGU, *Responsabilité civile extra-contractuelle de l'aliéné*, thèse Paris, 1927.

[300] J. LIMOUZINEAU, *Le problème de la responsabilité civile extra-contractuelle de l'aliéné en France*, thèse Dijon, 1932.

[301] J. LIMOUZINEAU, *thèse précit.*, p. 77.

[302] J. LIMOUZINEAU, *ibid.*.

[303] A. GR. D. NEAGU, *thèse précit.* pp. 146-156 ; J. LIMOUZINEAU, *thèse précit.*, pp. 78-88.

[304] Article 489-2 du Code civil, devenu en 2007 l'article 414-3 du Code civil.

[305] J. LAFON, *La responsabilité civile du fait des malades mentaux, thèse précit.*, n$^{os}$ 69-87, pp. 96-116. *Cf.* également J. PRADEL, *La condition civile du malade*, préf. G. CORNU, LGDJ, Bibl. dr. pr., t. 39, 1963, n° 115, pp. 139-143.

gardien et de la personnalité du gardé. En ce sens la reconnaissance d'une obligation de garde ne peut faire abstraction des deux parties liées par une telle obligation. Or toutes les théories, qui avaient été jusqu'alors développées, ne s'embarrassaient guère de telles considérations. Elles avaient en général envisagé cette notion de garde « *comme s'exerçant abstraitement à l'égard d'un individu également abstrait* »[306]. Monsieur Jean Lafon suggéra de reprendre tout le raisonnement et de rechercher « *qui doit être gardé, qui décide de cette garde, qui peut ou doit être gardien et enfin comment peut s'effectuer cette garde* »[307]. L'auteur montre ainsi que les différentes personnes, auxquelles la doctrine et la jurisprudence reconnaissent traditionnellement la qualité de gardien, ne disposent pas de pouvoirs identiques sur la personne du malade mental. Seules certaines d'entre elles peuvent exercer un véritable pouvoir de contrainte sur sa personne et éventuellement l'enfermer. Ainsi, pour Monsieur Jean Lafon, ce serait le cas des établissements publics ou privés spécialement destinés à recevoir les aliénés sur le fondement de la loi du 30 juin 1838, les parents des enfants mineurs et les tuteurs des interdits. En revanche, toutes les autres personnes, physiques ou morales, ne peuvent « *exercer légalement sur un aliéné une autorité suffisante pour qu'une véritable "obligation de garde" puisse être retenue à sa charge* »[308]. L'auteur va d'ailleurs plus loin puisqu'il affirme ensuite que « *le rapport qui les unit à celui-ci n'est pas un rapport de droit, que personne ne les a ni n'a pu les charger de le garder au sens strict du mot* »[309]. Une telle conception de la garde constitue en elle-même une approche renouvelée, ordonnée et unitaire, mais elle laisse encore planer des incertitudes.

**128. Observations.** L'analyse de la notion de garde développée par Monsieur Jean Lafon présente l'avantage de s'être dégagée du prisme du droit de la responsabilité. Elle repose sur une étude des rapports d'autorité pouvant exister entre une personne physique ou morale et un handicapé mental. Le résultat met à jour l'existence de rapports très différents et la nécessité d'attribuer la qualification de garde à l'un d'entre eux. L'analyse de cet auteur appelle néanmoins quelques remarques.

En premier lieu, s'il fait observer que la notion de garde a été utilisée abusivement pour qualifier des situations très différentes et que l'expression « *garde d'autrui* » devrait être réservée aux cas limitativement prévus par la loi dans lesquels un pouvoir de contrainte sur autrui est attribué, l'auteur n'en reste pas moins imprécis sur le contenu de ces différentes situations et sur leurs finalités. Il est indéniable qu'on ne peut plus se contenter d'affirmer que la garde est un pouvoir légal de contrainte sur autrui. La reconnaissance et l'exercice de ce pouvoir doivent être étroitement encadrés. Il est par conséquent absolument nécessaire de préciser ses modalités d'exercice et ses finalités.

En second lieu, son raisonnement met en exergue les situations de garde des malades mentaux et tend à exclure toutes les autres situations dans lesquelles un autre pouvoir pourrait s'exercer. En effet, il n'hésite pas à affirmer qu'aucun rapport de droit ne peut alors exister. Ceci semble inexact, la garde n'est certainement pas la seule forme de rapport d'autorité entre une personne et un malade mental. Il existe très certainement des interactions entre ces différentes formes d'autorité. Dans le même ordre d'idées, son analyse se restreint à la garde des handicapés mentaux. Or, très probablement, le domaine de la garde est beaucoup plus large. D'autres personnes peuvent être légalement retenues par autrui. Il en est ainsi des mineurs ou des délinquants. De nouveau, des interactions doivent exister entre ces différents domaines d'application de la garde d'autrui. Une véritable analyse de la notion de garde d'autrui ne peut faire abstraction des croisements pouvant exister entre ces situations. En somme, l'approche ordonnée de la notion de garde d'un malade mental développée par

---

306 J. LAFON, *thèse précit.*, n° 82, p. 108.
307 J. LAFON, *thèse précit.*, n° 69, p. 97.
308 J. LAFON, *thèse précit.*, n° 87, p. 115.
309 J. LAFON, *thèse précit.*, n° 87, pp. 115-116.

Monsieur Jean Lafon ne semble constituer qu'une étape dans l'identification rigoureuse de cette notion.

# CONCLUSION DU CHAPITRE 1

**129.** L'étude de la perception traditionnelle de la notion de garde d'autrui révèle de nombreux défauts dans l'analyse législative, jurisprudentielle ou doctrinale, qui font ressortir l'absence de raisonnement global et unitaire sur la notion de garde d'autrui. Parmi ces imperfections, quatre sont particulièrement symptomatiques de l'incomplétude de la perception traditionnelle de la garde d'autrui.

**130.** Tout d'abord, le profond éclatement de la notion de garde d'autrui est manifeste. En effet, il apparaît que la garde est principalement utilisée pour trois catégories de personnes : les mineurs, les handicapés mentaux et les délinquants. Or, loin de constituer trois illustrations d'une même notion, ces applications ont eu tendance à se développer indépendamment les unes des autres, créant ainsi plusieurs conceptions de la garde d'autrui. Par ailleurs, cet éclatement de la garde est accentué par l'absence de conception globale au sein même de ces différentes applications. Ainsi, la garde des mineurs ne reçoit pas une seule acception. Tantôt, elle est expressément rattachée à l'exercice d'un pouvoir de rétention sur la personne du mineur, tantôt elle est dissociée d'un tel pouvoir et renvoie davantage à la situation physique du mineur, tantôt elle reçoit une définition large et peut regrouper de nombreux pouvoirs sur autrui, tantôt elle est définie très étroitement… La diversité est extrême… La multiplication des conceptions de la garde d'autrui au sein de ses principales manifestations témoigne de l'absence de conception unitaire de la garde d'autrui. Le législateur, la jurisprudence et la doctrine n'ont pas hésité à qualifier de garde des situations qui sont fondamentalement différentes. Or, le titulaire d'un pouvoir de rétention sur autrui détient nécessairement un pouvoir plus large et plus important, que celui qui ne peut revendiquer qu'un simple pouvoir de direction et ne peut retenir physiquement autrui. Le constat de la multiplicité des conceptions de la garde d'autrui témoigne, d'une certaine façon, de sa profonde malléabilité. Il est possible de lui conférer des significations très différentes. Toutefois, si la polysémie est naturellement admissible dans le langage courant, elle est plus discutable dans le langage juridique. Elle risque d'être une source de confusions. Le législateur, la jurisprudence et la doctrine semblent avoir oublié cette considération pourtant importante. Autrement dit, la polysémie naturelle du terme « *garde* » n'a fait l'objet d'aucune étude de leur part afin d'opérer une transposition encadrée de ce mot du langage courant vers le langage juridique. Aussi est-il impossible de déterminer une définition globale et unitaire de la garde d'autrui à partir des textes législatifs, des solutions jurisprudentielles et des analyses doctrinales. Une telle conclusion dévoile en définitive l'absence d'une véritable réflexion sur cette notion de garde d'autrui.

**131.** Ensuite, il est apparu que le législateur a parfois étroitement associé les notions de garde des choses et de garde des personnes. Une telle association n'est pas toujours explicite, néanmoins, elle transparaît clairement au début du XIX^e^ siècle. À cette époque, le législateur réserve la notion de garde aux choses, aux animaux, aux aliénés et aux délinquants. Il n'hésite pas à inclure dans une même règle des dispositions relatives aux animaux et aux aliénés. Il refuse, en revanche, d'employer l'expression « *garde des mineurs* » ou d'utiliser le terme de « *garde* » dans la loi de 1838 sur les aliénés, qui se présente à la fois comme une loi de police et une loi de protection et n'envisage pas les malades mentaux exclusivement sous un angle négatif. Si la doctrine n'hésite pas à employer la notion de garde d'autrui, il faut attendre la fin du XXe siècle pour la voir apparaître dans les textes législatifs relatifs aux mineurs. Ainsi, la notion de garde semblait être réservée à certaines catégories de personnes, dont la condition juridique n'était pas le premier souci du législateur puisqu'il les assimilait à des choses. La garde d'autrui ne présentait aucune spécificité par rapport à la garde des choses. Elle était revêtue d'une connotation négative. Si une telle idée a pu être implicitement ou explicitement développée à une époque, elle n'est plus de mise aujourd'hui. L'existence et l'exercice d'un pouvoir sur autrui sont maintenant étroitement encadrés. Un tel pouvoir doit être compatible avec les droits et libertés fondamentaux de la personne. Leur affirmation par de nombreux textes de droit interne et de droit international a renforcé leur respect et, par conséquent, le contrôle des atteintes à ces droits et libertés fondamentaux. Dès lors, tout raisonnement sur la garde d'autrui ne peut faire l'impasse d'une réflexion fondée sur ces principes universels.

**132.** Par ailleurs, le législateur refuse parfois d'utiliser expressément l'expression « *garde d'autrui* », tout en reconnaissant, en parallèle, son existence implicite. Pour justifier une telle exclusion, il invoque notamment son caractère désuet ou sa connotation négative. De telles observations soulèvent de nouveau un problème de linguistique juridique. Or, s'il est vrai que le vocabulaire juridique devrait faire preuve de précautions linguistiques et éviter d'employer des termes blessants, il ne doit pas pour autant rejeter aveuglément des termes qui peuvent s'avérer utiles. En effet, le mot « *garde* » ne véhicule pas nécessairement des idées négatives. Bien au contraire, la garde peut renvoyer à la protection de la personne d'autrui. Le bannissement de la « *garde* » des personnes du Code civil ne paraît pas justifié.

**133.** Enfin, l'étude de la perception traditionnelle de la garde d'autrui a également mis en lumière les velléités jurisprudentielles et doctrinales de faire de cette notion le fondement de la responsabilité du fait des handicapés mentaux fondée sur la faute. De telles propositions n'en étaient pas moins problématiques. En effet, elles affirmaient que le gardien du handicapé mental devait être responsable en cas de dommages causés par ce dernier. Or le droit des personnes ignore totalement la garde des handicapés mentaux. Un tel décalage entre le droit de la responsabilité et le droit des personnes a entraîné la création d'une notion de garde uniquement pour les besoins du droit de la responsabilité. La qualité de gardien n'était pas attribuée sur le fondement d'une analyse des pouvoirs sur la personne du handicapé mental, mais en fonction de l'impératif d'indemnisation de la victime. Autrement dit, ce système ne rattachait pas réellement la responsabilité à l'exercice d'un pouvoir clairement identifié et caractérisé. La garde devenait ainsi une notion spécifique au droit de la responsabilité, alors que, par essence, elle constitue une notion du droit des personnes. Cette dernière observation témoigne de nouveau d'un profond manque d'analyse et de l'absence d'une perception unitaire de la notion de garde d'autrui.

## Chapitre 2

# LA PROPOSITION D'UNE PERCEPTION UNITAIRE ET GLOBALE DE LA GARDE D'AUTRUI

**134.** Jusqu'à présent, la notion de garde d'autrui n'a pas fait l'objet d'une étude globale mettant en avant une conception unitaire. Au contraire, le législateur, la jurisprudence et la doctrine se sont intéressés à cette notion en l'envisageant distinctement dans trois domaines d'application, sans se soucier d'éventuels recoupements. Par ailleurs, au sein même de ces catégories, aucune conception précise de la garde ne s'est réellement développée. Si la notion de garde a effectivement pu être rattachée à l'exercice d'un pouvoir de rétention sur autrui, aucune conception unitaire et globale de la garde d'autrui ne s'est dégagée. Par conséquent, l'étude de ses différentes applications législatives, doctrinales et jurisprudentielles, ne permet pas de dégager une conception unitaire et globale de la garde d'autrui. Seul un constat d'éclatement, de désordre et d'incomplétude peut être effectué.

**135.** L'origine de la multiplication des conceptions juridiques de la garde d'une personne réside très certainement dans l'absence de précaution linguistique du législateur et notamment dans une totale indifférenciation du langage juridique et du langage courant. Si ce dernier peut naturellement contenir des termes ou expressions polysémiques, une telle faculté est plus contestable dans le langage juridique. La polysémie risque alors d'être une source de confusions. L'exemple de la notion de garde d'autrui le manifeste. L'association de plusieurs définitions à ce terme ne facilite guère la compréhension des règles de droit s'y référant. Au contraire, les difficultés rencontrées dans l'identification du sens exact de ce mot ne peuvent qu'être la source de confusions, voire de manipulations afin de détourner la pensée du rédacteur du texte.

**136.** Afin d'éviter ces problèmes liés à la polysémie du langage juridique, il paraît préférable d'attribuer un seul sens juridique à un terme ou à une expression. Si l'on souhaite élaborer une conception unitaire de la notion de garde, il semble indispensable d'attribuer un seul sens à cette notion dans le vocabulaire juridique. Les risques de confusions seraient alors évités. S'il est vrai que, dans le langage courant, l'expression « *garde d'autrui* » est polysémique, cette polysémie peut être vaincue par la recherche de synonymes ou d'expressions proches. En effet, il est manifeste que, dans le langage courant, la garde renvoie à la fois aux idées de protection et de détention de la personne d'autrui. Aussi a-t-on tendance à employer ce terme pour qualifier des situations de protection, de détention, ou de protection et de détention. Il serait finalement opportun d'éviter ces emplois multiples. Dans cette optique, il serait possible d'utiliser les qualifications de détention et de direction d'autrui.

L'expression « *détention d'autrui* » suggère l'existence d'un pouvoir de rétention sur autrui, sans apporter la moindre précision sur la finalité de ce pouvoir. La détention pourrait dès lors correspondre aux situations dans lesquelles une personne exerce un pouvoir de retenir autrui, sans poursuivre une autre finalité que la rétention de cette personne.

L'expression « *direction d'autrui* » met l'accent sur l'existence d'un pouvoir d'organisation et de contrôle des activités d'autrui, sans pour autant faire expressément référence à un quelconque pouvoir de rétention sur autrui. Les finalités de ce pouvoir peuvent être très variées. La direction d'autrui pourrait par conséquent qualifier les situations dans lesquelles une personne exerce une autorité sur autrui, mais ne dispose pas d'un pouvoir de rétention.

Dès lors, on pourrait réserver le terme de « *garde* » aux situations juridiques où une personne exerce un pouvoir de rétention sur autrui dans l'intérêt de la société et de la personne soumise à ce pouvoir. Dans cette hypothèse, le pouvoir de garde ne s'arrête pas à la rétention de la personne. Il est associé à l'exécution d'une mission ou d'une prestation distincte dans l'intérêt de la société et de la personne gardée.

De telles différences permettraient de remettre de l'ordre dans la diversité des emplois législatifs, jurisprudentiels et doctrinaux de l'expression « *garde d'autrui* ». Cette dernière serait rattachée à l'une de ses nombreuses conceptions développées en droit des personnes et à la conception envisagée par la Cour de cassation et le Conseil d'État à propos de la responsabilité du fait d'autrui. Une conception unitaire de la garde d'autrui pourrait par conséquent être envisagée.

**137.** L'affirmation d'une conception unitaire de la garde d'autrui, née d'une distinction avec les notions voisines de détention et de direction d'autrui, permettra ainsi de comprendre que les situations de garde d'autrui, fondées sur un pouvoir de rétention, ne peuvent exister que dans des hypothèses rigoureusement prévues par les textes nationaux et internationaux relatifs à la protection des droits de l'homme et, en particulier, à la protection de la liberté d'aller et venir. La délimitation du domaine de la garde d'autrui à partir de ces textes généraux suscite dès lors une nouvelle réflexion sur l'opportunité de la reconnaissance législative de chacune de ces situations juridiques. Aussi une analyse globale de la notion de garde d'autrui ne peut-elle faire l'impasse d'une réflexion sur l'opportunité de l'existence de ces situations dans le *corpus* normatif. En somme, l'analyse unitaire et globale de la garde d'autrui repose, d'une part sur sa distinction des notions voisines de détention et de direction d'autrui **(Section 1)**, et d'autre part sur une étude du domaine de la garde d'autrui, appelant dès lors une réflexion sur l'opportunité de l'existence des différentes situations de garde possibles en droit interne **(Section 2)**.

## SECTION 1
## LA DISTINCTION DES SITUATIONS DE GARDE, DE DÉTENTION ET DE DIRECTION D'AUTRUI

**138.** Afin d'éviter l'éclatement actuel de la notion de garde d'autrui, il est fondamental d'éviter la polysémie de cette notion dans le langage juridique. Dès lors, il paraît nécessaire de maintenir la qualification de garde d'autrui dans certains cas et d'attribuer de nouvelles qualifications à certaines situations antérieurement qualifiées de garde. Dans cette optique, il convient d'opposer les situations de garde, de détention et de direction d'autrui. Tandis que les deux premières reposent sur l'existence d'un pouvoir de rétention sur autrui et ne se distinguent que par leurs finalités, la dernière se caractérise par l'absence de pouvoir de rétention sur la personne dirigée. De telles distinctions permettront ainsi de développer une conception unique de la garde d'autrui en évitant d'attribuer le même nom à des situations juridiques fondamentalement différentes. Par conséquent, il convient d'établir l'opposition entre, d'une part la garde et la détention d'autrui **(§ 1)**, et d'autre part la garde et la direction d'autrui **(§ 2)**.

## § 1. Garde et détention d'autrui

**139.** Afin de caractériser les situations de garde d'autrui et d'éviter les confusions avec des notions voisines, nous pouvons établir une première distinction entre la garde et la détention d'autrui. De prime abord, ces deux situations sont très proches, puisqu'elles reposent toutes les deux sur l'existence d'un pouvoir de retenir autrui (**A**). Néanmoins, l'étude des conditions d'exercice et des conséquences de ce pouvoir de retenir autrui permet de les distinguer. En effet, tandis que la finalité du pouvoir de garde est l'exécution d'une mission spécifique, principalement dans l'intérêt de la personne soumise à ce pouvoir, celle du pouvoir de détention s'épuise dans la seule rétention de la personne (**B**).

### A. UN FONDEMENT COMMUN : LE DROIT DE RETENIR AUTRUI

**140.** Il est possible d'admettre que la garde et la détention d'autrui sont fondées sur un droit de retenir une personne. Leur existence est, par conséquent, directement liée à celle de ce « *droit sur autrui* »[1]. Or, par définition, un tel droit porte une atteinte grave à la liberté et à l'autonomie d'une personne. Dès lors, sa reconnaissance va être étroitement associée au respect de certains droits de l'homme attachés à la promotion de la personne humaine : la liberté d'aller et venir et le droit à la sûreté. Ces deux droits sont ici complémentaires. *Prima facie*, l'existence d'un droit de retenir la personne d'autrui semble impossible, puisqu'il s'oppose à la liberté fondamentale d'aller et venir. Néanmoins, la liberté d'aller et venir n'étant pas absolument intangible, l'existence d'un droit de rétention sur autrui peut être admise (**1**). Pour autant, elle reste encadrée par des conditions rigoureuses (**2**).

#### *1. Le principe de l'articulation du droit de rétention et de la liberté d'aller et venir*

**141.** Par essence, le droit de retenir physiquement une personne s'oppose à la liberté d'aller et venir. Cet antagonisme conceptuel est d'autant plus marqué qu'il oppose un droit sur la personne d'autrui à une liberté fondamentale très largement reconnue et définie (**a**). Toutefois, le principe même d'une articulation entre ces deux droits antagonistes est possible puisque la liberté d'aller et venir n'est pas absolument intangible (**b**).

a. Un droit s'opposant à une liberté fondamentale très largement reconnue et définie

**142.** L'antagonisme existant entre le droit de retenir autrui et la liberté d'aller et venir est d'autant plus fort que cette dernière constitue une liberté fondamentale très largement reconnue (**α**) et définie (**β**).

*α. Une liberté fondamentale très largement reconnue*

**143.** **Diversité des fondements.** L'étude du fondement juridique de la liberté d'aller et venir révèle une certaine ambiguïté. En effet, si sa valeur fondamentale n'est pas discutée, il n'en demeure pas moins que les différentes juridictions françaises ne se sont pas fondées sur le même texte. Tandis que la Cour de cassation s'est fondée sur les normes internationales, le Tribunal des conflits et le Conseil d'État ont mis en avant les textes de droit interne.

**144.** **Normes internationales.** La liberté d'aller et venir a été consacrée dans plusieurs accords internationaux. Si l'article 5[2] de la Convention européenne de sauvegarde des droits

---

[1] Cette expression est ici utilisée dans une acception très large. Nous requalifierons ce droit de retenir autrui en pouvoir lorsque nous envisagerons son contenu, ses caractéristiques et ses conséquences. *Cf. infra* n[os] 189-193.

[2] Article 5 CEDH : « *1. Toute personne a droit à la liberté et à la sûreté...* », *cf.* J. VELU et R. ERGEC, *La Convention européenne des droits de l'Homme*, Bruylant, 1990, p. 238 et s. ; J. DE MEYER,

de l'Homme et des libertés fondamentales (CEDH)[3] vise de façon générale la liberté et la sûreté, et ne mentionne pas expressément la liberté d'aller et venir, l'article 2[4] du Protocole additionnel n° 4 du 16 septembre 1963 reconnaît la liberté de circulation et d'établissement. De même, la liberté d'aller et venir figure à l'article 12[5] du Pacte international de New York relatif aux droits civils et politiques (PIDCP)[6]. Par ailleurs, cette liberté apparaît dans l'article 13[7] de la Déclaration universelle des droits de l'Homme (DUDH)[8]. Cette dernière étant dénuée de toute valeur normative dans l'ordre interne[9], la Cour de cassation s'est appuyée sur les deus premiers textes pour affirmer que la liberté d'aller et venir est une liberté fondamentale[10].

**145. Normes internes.** Dans l'ordre interne, on constate tout d'abord que le texte même de la Constitution du 4 octobre 1958 ne mentionne pas expressément la liberté d'aller et venir et préfère se contenter de références assez générales à la liberté individuelle. La Constitution prohibe néanmoins les détentions arbitraires dans son article 66, ce qui revient à protéger l'un des aspects les plus sensibles de la liberté d'aller et venir[11]. Il en est de même pour la Déclaration des Droits de l'Homme et du Citoyen de 1789, qui fait maintenant partie du bloc de constitutionnalité[12]. Elle ne contient aucune référence explicite et générale à la liberté d'aller et venir. Certes, son article 2 comporte une référence à la liberté, mais il la vise dans son acception la plus large en affirmant qu'il s'agit d'un droit naturel et imprescriptible. Néanmoins, on peut faire la même réflexion que pour la Constitution de 1958. En effet, si la liberté d'aller et venir n'est pas expressément proclamée, l'article 7 dispose que « *nul homme ne peut être accusé, arrêté ni détenu que dans les cas déterminés par la loi, et selon les formes qu'elle a prescrite* ». Il consacre ainsi l'un des aspects essentiels de cette liberté. Par conséquent, elle se trouve bien inscrite en filigrane dans la Déclaration de 1789. Le Tribunal des conflits en 1986[13] et le Conseil d'État en 1987[14] se sont d'ailleurs

---

*Article 5 § 1* ; *in La Convention européenne des droits de l'Homme : Commentaire article par article* sous la direction de L.-E. PETTITI, E. DECAUX et P.-H. IMBERT, Economica, 2e éd., 1999, pp. 189-201 ; G. COHEN-JONATHAN, *La Convention européenne des droits de l'Homme*, Economica, PUAM, 1989, p. 314 et s.

[3] Convention européenne de sauvegarde des Droits de l'homme et des libertés fondamentales signée à Rome le 4 novembre 1950 et ratifiée par la France le 3 mai 1974.

[4] Article 2 du protocole additionnel n° 4 : « *1. Quiconque se trouve régulièrement sur le territoire d'un État a le droit d'y circuler librement et d'y choisir librement sa résidence ; 2. Toute personne est libre de quitter n'importe quel pays, y compris le sien.* »

[5] Article 12 PIDCP : « *1. Quiconque se trouve légalement sur le territoire d'un État a le droit d'y circuler librement et d'y choisir librement sa résidence ; 2. Toute personne est libre de quitter n'importe quel pays, y compris le sien...* »

[6] Pacte international de New York relatif aux droits civils et politiques adopté par l'Assemblée générale des Nations unies le 16 décembre 1966 (Résolution 2 200, XXI) et entré en vigueur à l'égard de la France le 4 février 1981 (Décret n° 81-76, 29 janvier 1981, *JO*, 1er février 1981).

[7] Article 13 DUDH : « *Toute personne a le droit de circuler librement et de choisir sa résidence à l'intérieur d'un État. Toute personne a le droit de quitter tout pays, y compris le sien et de revenir dans son pays.* »

[8] Déclaration universelle des droits de l'Homme adoptée et proclamée par l'Assemblée générale des Nations-Unies du 10 décembre 1948 (Résolution 217 A (III)).

[9] CE, 11 mai 1960, *Car*, *Lebon*, p. 319.

[10] Civ. 1re, 28 novembre 1984, *JCP G* 1986, II, 20600, note M. LOMBARD ; *RFDA* 1985, concl. M. SADON.

[11] F. LUCHAIRE et G. CONAC, *La Constitution de la République française, Analyses et commentaires*, 2e éd., 1987, pp. 1167-1176.

[12] CC, déc. 70-39 DC, 19 juin 1970, *Rec.*, p. 15.

[13] T. C., 9 juin 1986, *Bruno Eucat c. Trésorier payeur général du Bas-Rhin*, *D.* 1986, 493, note CH. GAVALADA ; *AJDA* 1986, n° 91, p. 456, Chr. M. AZIBERT et M. DE BOISEDEFFRE, p. 428 ; *RGDIP*,

fondés sur ce texte pour affirmer que la liberté d'aller et venir est une liberté fondamentale. De même, après avoir affirmé qu'il s'agissait d'un principe fondamental reconnu par les lois de la République[15], le Conseil constitutionnel l'a qualifiée de principe à valeur constitutionnelle dans une décision du 12 juillet 1979[16].

**146.** Ainsi, quel que soit le fondement de la liberté d'aller et venir, il est indéniable qu'elle constitue un principe supra-législatif. Cependant, nous avons constaté que les différentes normes internationales et internes ne consacrent pas toujours très explicitement cette liberté. Elles préfèrent souvent rester dans le général en renvoyant à la liberté individuelle et éventuellement mettre l'accent sur un aspect de la liberté d'aller et venir : l'impossibilité d'être arrêté et détenu arbitrairement. Dès lors, après avoir présenté le statut et la force juridique de cette liberté, il convient de s'attarder sur son contenu.

*β. Une liberté fondamentale très largement définie*

**147. Définition de la liberté d'aller et venir.** Si les différents textes de droit positif retiennent assez largement la liberté d'aller et venir, ils ne lui assignent pas toujours un contenu très précis. Or, en réalité, elle peut être conçue assez largement.

En premier lieu, cette liberté serait une liberté de déplacement. Initialement perçue comme la seule faculté de se déplacer librement sur le territoire national, on considère désormais qu'elle ne s'arrête plus aux frontières, puisque tout individu doit pouvoir quitter librement son pays. Ces principes résultent notamment de l'article 2-2° du Protocole additionnel à la Convention européenne de sauvegarde des droits de l'Homme et des libertés fondamentales[17] et de l'article 12-2° du Pacte international de New York relatif aux droits civils et politiques[18].

En second lieu, cette liberté ne peut être uniquement conçue comme une liberté de déplacement. Si la liberté d'aller et venir est une liberté de mouvement, ce dernier ne peut être perpétuel. La liberté de déplacement implique par conséquent la faculté de déterminer son domicile et plus généralement son lieu de résidence. Par conséquent, on mesure à quel point cette liberté est essentielle[19]. D'une certaine façon, elle est le substrat des autres libertés individuelles. Ainsi Boistel affirme-t-il qu'« *elle est la condition matérielle de l'exercice de toutes les libertés extérieures et de tous les droits, et même de l'exercice complet des libertés internes* »[20]. Dès lors, toute privation ou restriction de la liberté d'aller et venir se répercute sur les autres libertés individuelles. Ce point est extrêmement important, nous pouvons d'ores et déjà en déduire que la reconnaissance d'un pouvoir sur autrui n'a pas pour seule conséquence de restreindre la liberté d'aller et venir. En la restreignant, il permet d'atteindre d'autres libertés.

---

1988, 3, p. 739, obs. CH. ROUSSEAU ; *R. D. l.* 1987, p. 1073, note J. ROBERT et p. 1082, concl. M.-L. LATOURNERIE ; *JCP G* 1987, II, 20746, note B. PACTEAU.

[14] CE, 8 avril 1987, *Ministre de l'intérieur et de la décentralisation c. M. Peltier, Lebon*, p. 128, conclusions M. MASSOT ; *JCP G* 1987, II, 20905, obs. M. DEBÈNE ; *RFDA* juill.-août 1987, p. 608, note B. PACTEAU ; *Rev. adm.* mai-juin 1987, p. 237, note PH. TERNEYRE.

[15] CC, déc. 76-75 DC, 12 janvier 1977, *Rec.*, p. 33 ; *Grandes décis. Cons. Const.*, n° 30, p. 391, note J. RIVERO ; *AJDA* 1978, p. 215, note L. HAMON et J. LÉAUTÉ.

[16] CC, déc. 79-107 DC, 12 juillet 1979, *AJDA* 1979, p. 46, n° 63.

[17] Article 2-2° du protocole additionnel n° 4 : « *Toute personne est libre de quitter n'importe quel pays, y compris le sien.* »

[18] Article 12-2° PIDCP : « *Toute personne est libre de quitter n'importe quel pays, y compris le sien...* »

[19] Maurice Hauriou la considérait d'ailleurs comme la première des « *libertés civiles* » figurant parmi « *les vieilles libertés fondamentales de l'ordre individualiste* ». *Cf.* M. HAURIOU, *Précis de droit constitutionnel*, Librairie du recueil Sirey, 1929, p. 651.

[20] A. BOISTEL, *Cours de philosophie du droit*, 1899, I, n° 122, p. 225.

**148. Liberté d'aller et venir, droit à la sûreté et droit de retenir autrui.** Ainsi, en permettant de retenir une personne dans un endroit déterminé, il est manifeste que le droit de retenir autrui s'oppose à cette liberté d'aller et venir. Cependant, il faut noter que certains auteurs préfèrent analyser ce droit de retenir autrui par rapport au droit à la sûreté. Tandis que la liberté d'aller et venir serait la faculté de circuler librement, le droit à la sûreté serait le droit de ne pas être arrêté ou détenu arbitrairement[21]. En réalité, il semble difficile de distinguer ces deux idées[22]. La prohibition des détentions arbitraire est étroitement associée au souci de respecter la liberté de déplacement de chacun. Par ailleurs, la notion même de droit à la sûreté, non dénuée d'une certaine ambiguïté[23], semble beaucoup plus générale. Cette généralité est d'autant plus marquée que le droit à la sûreté pourrait intervenir dans le contrôle de la quasi-totalité des lois. Il serait finalement un véritable « *droit attrape-tout* »[24] présentant de multiples facettes[25]. Dans ce sens, Monsieur François Luchaire[26], s'étant interrogé sur la notion de sûreté, a constaté qu'elle a évolué suivant les époques. De ce fait, il propose de retenir deux conceptions : la sûreté serait à la fois une protection contre l'arbitraire et contre les risques de l'existence. La première proposition[27] est directement issue de la conception révolutionnaire de la sûreté[28] et prohibe toutes les atteintes irrégulières, d'origine individuelle ou étatique, aux droits de chacun. À ce titre, la sûreté, « *ce bien inestimable, indice distinctif de la civilisation* »[29], est présentée comme « *l'ouvrage des lois* »[30] et « *la protection accordée par la société à chaque citoyen pour la conservation de sa personne, de ses biens et de ses droits* »[31]. Comme le souligne Jeremy Bentham, la sûreté est alors fondée sur le souci de

---

[21] L. FAVOREU, P. GAÏA, R. GHEVONTIAN, F. MÉLIN-SOUCRAMANIEN, O. PFERSMANN, J. PINI, A. ROUX, G. SCOFFONI, J. TREMEAU, *Droits des libertés fondamentales*, 4e éd., Dalloz, 2007, n° 563, p. 444 ; G. LEBRETON, *Libertés publiques et droits de l'homme*, 7e éd., Armand Collin, 2005, pp. 369-392 ; D. THOMAS, *Le droit à la sûreté*, *in* R. CABRILLAC, M.-A. FRISON-ROCHE et T. REVET (dir.), *Libertés et droits fondamentaux*, 11e éd., Dalloz, 2005, pp. 325-350, *spéc.* n° 418, p. 325.

[22] J. ROBERT et J. DUFFAR, *Droits de l'homme et libertés fondamentales*, 7e éd., Montchrestien, Domat droit public, 1999, pp. 255-333.

[23] Il n'existe en effet aucune définition de la sûreté ni dans les textes de référence, ni dans la jurisprudence du Conseil constitutionnel. *Cf.* F. MODERNE, *Sûreté*, *in* O. DUHAMEL et Y. MÉNY (dir.), *Dictionnaire constitutionnel*, PUF, 1992, pp. 1006-1009 ; *adde* P. WACHSMANN, *La liberté individuelle dans la jurisprudence du Conseil constitutionnel*, *RSC* 1988, pp. 1-15, *spéc.* pp. 6-7.

[24] F. LUCHAIRE, *La lecture actualisée de la Déclaration de 1789*, *in La Déclaration des droits de l'homme et du citoyen et la jurisprudence*, Actes du colloque des 25 et 26 mai 1989 au Conseil constitutionnel, PUF, Recherches politiques, 1989, pp. 215-233, *spéc.* p. 221.

[25] Cet aspect a d'ailleurs permis à certains auteurs de défendre une refonte de la responsabilité civile autour du droit à la sûreté. Dans cette optique, le droit à la sûreté est perçu comme « *le droit pour chaque citoyen de vivre tranquillement, de ne pas voir quiconque pénétrer dans sa sphère d'intimité, porter atteinte à ses intérêts et menacer l'intégrité de son patrimoine* ». Le droit à la sûreté permettrait ainsi de fonder juridiquement l'action dirigée par la victime contre toute personne qui lui cause un dommage et d'apporter un souffle nouveau au droit de la responsabilité civile. *Cf.* CH. RADÉ, *Réflexions sur les fondements de la responsabilité civile, 1. L'impasse, 2. Les voies de la réforme : la promotion du droit à la sûreté*, *D.* 1999, pp. 313-319 et 323-327.

[26] F. LUCHAIRE, *La sûreté : droit de l'homme ou sabre de M. Prudhomme ?*, *RDP* 1989, pp. 609-634.

[27] F. LUCHAIRE, *art. précit.*, *spéc.* p. 617 et s.

[28] La Déclaration des droits de l'homme et du citoyen placée en tête de la Constitution montagnarde du 24 juin 1793 s'avère sur ce point la plus précise lorsqu'elle affirme : « *la sûreté consiste dans la protection accordée par la société à chacun de ses membres pour la conservation de sa personne, de ses droits et de ses propriétés* ». *Cf.* également la Déclaration des droits naturels, civils et politiques votée, sous l'égide des Girondins, le 26 février 1793.

[29] J. BENTHAM, *Traités de législation civile et pénale, Principes du Code civil*, Bruxelles, 1829, p. 63.

[30] J. BENTHAM, *ibid.*

[31] Article 10 de la Déclaration des droits naturels, civils et politiques votée par la Convention le 26 février 1793. Cette formule se retrouve dans l'article 8 de la Déclaration des Droits de l'homme et du Citoyen qui précède l'acte constitutionnel du 24 juin 1793 : « *la sûreté consiste dans la protection*

garantir la pérennité des droits dans le futur, c'est-à-dire des « *attentes* »[32] individuelles. La seconde[33], beaucoup plus novatrice et non reconnue par le Conseil constitutionnel, se fonde sur la reconnaissance des droits sociaux après la Libération effectuée dans le cadre du Préambule de la Constitution de 1946. Ceux-ci imposeraient à la puissance publique de fournir certaines prestations à l'individu pour assurer sa sûreté. Il s'agirait de reconnaître un droit de l'homme à plus de sûreté dans ses conditions matérielles d'existence. Une telle vision de la sûreté témoigne de sa malléabilité et de sa possible adaptation suivant les époques. Si elle peut éventuellement susciter des critiques ou des interrogations, elle présente l'intérêt de montrer que cette notion ne se réduit pas à la prohibition des arrestations et détentions arbitraires. La sûreté concerne avant tout la protection des droits. Elle est « *la garantie de la sécurité juridique de l'individu face au pouvoir* »[34]. Les arrestations et détentions arbitraires ne sont qu'une illustration du non respect de ce droit et témoigne d'une préoccupation légitime des rédacteurs des différentes déclarations face à ce trait caractéristique d'un trop grand arbitraire étatique. Dès lors, lorsque l'on envisage l'existence d'un droit de rétention sur autrui, il ne faut pas seulement envisager le droit à la sûreté mais aussi la liberté d'aller et venir[35]. Le droit à la sûreté ne serait en définitive qu'un droit encadrant l'atteinte à la liberté d'aller et venir et permettant l'articulation entre cette liberté et son antagonisme : le droit de retenir autrui.

**149.** La réception en droit de la liberté d'aller et venir semble relever d'une conception extrêmement individualiste, fondée sur l'idée que la liberté individuelle est une finalité devant toujours être recherchée. Une telle conception conduirait alors à refuser l'existence d'un droit de retenir autrui. Cependant, la reconnaissance des libertés de chacun dans une société démocratique implique une limitation des droits individuels. De ce fait, une telle perception doit être immédiatement relativisée, la liberté d'aller et venir est loin d'être absolument intangible.

b. Un droit s'opposant à une liberté fondamentale à l'intangibilité relative

**150.** La tendance actuelle est de diviser les libertés et droits fondamentaux en deux catégories[36]. Tandis que la première regroupe les droits absolument intangibles, auxquels on ne peut en aucun cas porter atteinte, la seconde rassemble les droits qui, contrairement aux premiers, peuvent faire l'objet de restrictions ou de limitations. Cependant, la répartition des

---

*accordée par la société à chacun des membres pour la conservation de sa personne, de ses droits et de ses propriétés* ». La formulation est cependant un peu moins précise dans la Constitution du 5 Fructidor de l'An III. Son article 4 dispose en effet que « *la sûreté résulte du concours de tous pour assurer les droits de chacun* ».

[32] J. BENTHAM, *op. cit.* p. 64. L'auteur définit l'attente comme la perception de l'avenir à partir de la situation présente, c'est « *une chaîne qui unit notre existence présente à notre existence future, et qui passe même au-delà de nous jusqu'à la génération qui nous suit* ». Un tel sentiment exige une protection des droits présents. Il regrette dès lors que les jurisconsultes n'aient pas davantage prêtés attention à ce « *sentiment fondamental dans la vie humaine* ». L'atteinte portée à un tel sentiment produit un mal spécial que l'auteur appelle « *peine d'attente trompée* ». L'auteur précise toutefois que certaines atteintes à la sûreté sont possibles afin de la garantir.

[33] F. LUCHAIRE, *art. précit.*, *spéc.* p. 620 et s.

[34] En ce sens : J. RIVERO et H. MOUTOUH, *Libertés publiques*, t. 2, 7e éd. mise à jour, PUF, Thémis droit public, 2003, n° 37, p. 45.

[35] Dans ce sens, la formulation de l'article 5 de la Convention européenne de sauvegarde des droits de l'homme et des libertés fondamentales serait la plus adéquate puisqu'elle regroupe la liberté et la sûreté. *Cf.* sur ce point, J. VELU et R. ERGEC, *op. cit.*, pp. 249-250.

[36] Sur l'origine de cette distinction, se reporter au rapport du rapporteur spécial de la Sous-Commission des droits de l'Homme des Nations-Unies, N. QUESTIAUX, *Rapport sur les conséquences pour les droits de l'homme des développements récents concernant les situations dites d'état de siège ou d'exception*, doc. E/CN.4/Sub.2/1982/15, p.15.

différentes libertés dans ces deux catégories est loin d'être égalitaire. L'intangibilité absolue d'un droit ou d'une liberté fondamentale n'est reconnue qu'avec parcimonie[37] et demeure l'exception. Ainsi, est-elle associée au droit au respect à la dignité[38] et à la reconnaissance de la personnalité juridique[39], mais aussi au droit d'avoir ou d'adopter une religion ou une conviction[40]. La liberté d'aller et venir ne rentre pas dans cette première catégorie, elle peut faire l'objet de restrictions. Les possibilités de la restreindre ou de la supprimer et d'affirmer l'existence d'un droit de rétention sur autrui sont étroitement encadrées, afin de respecter cette liberté individuelle. L'encadrement normatif peut résulter, selon les textes, soit d'une règle générale (**α**), soit d'une règle spéciale (**β**).

*α. Les atteintes à la liberté d'aller et venir légitimées par une règle générale*

**151. La Déclaration des droits de l'Homme et du citoyen de 1789.** La possibilité de porter atteinte à une liberté fondamentale semble, en réalité, être consubstantielle à la théorie des droits de l'homme[41]. Ainsi, tout en défendant les droits de l'homme et en souhaitant une politique inscrite « *dans la chair même de son véritable sujet : l'humain* »[42], les théoriciens des Lumières n'oublient pas qu'il est nécessaire de poser des limites aux libertés afin de les sauvegarder[43]. Les rédacteurs de la Déclaration de 1789 ont repris cette idée dans les articles 4 et 5, qui fixent, dans une règle générale, les célèbres « *bornes* »[44] des libertés. Ce sont « *celles qui assurent aux autre membres de la société la jouissance de ces mêmes droits* »[45] et qui « *ne peuvent être déterminées que par la loi* »[46]. Appliquant le principe selon lequel « *la liberté consiste à pouvoir faire tout ce qui ne nuit pas à autrui* »[47], ces limitations rappellent que les droits de l'homme doivent aussi s'analyser comme des devoirs ou des obligations[48]. Comme

---

[37] O. DE FROUVILLE, *L'intangibilité des droits de l'homme en droit international. Régime conventionnel des droits de l'homme et droit des traités*, A. Pédone, 2004, pp. 118-125.

[38] Au lendemain de la seconde guerre mondiale et en réaction aux atrocités des régimes totalitaires, la Déclaration universelle des droits de l'Homme a mis en exergue la dignité humaine en adoptant une perspective plus jusnaturaliste. La dignité est étroitement associée à la qualité d'être humain. Ainsi le premier alinéa de la Déclaration dispose-t-il : « *Considérant que la reconnaissance de la dignité inhérente à tous les membres de la famille humaine et de leurs droits égaux et inaliénables constitue le fondement de la liberté, de la justice et de la paix dans le monde* ».

[39] Ce principe est notamment affirmé par l'article 16 du Pacte international relatif aux droits civils et politiques « *Chacun a droit à la reconnaissance en tous lieux de sa personnalité juridique* ». L'article 4 du même pacte le place parmi les droits indérogeables.

[40] Dans ce sens, le Pacte international relatif aux droits civils et politiques distingue le droit d'avoir ou d'adopter une religion ou une conviction (article 18 § 1) de la liberté de manifester sa religion ou ses convictions (article 18 § 3). Tandis que la première, n'ayant qu'une dimension interne, ne peut faire l'objet d'une limitation, la seconde, revêtant une dimension externe, peut faire l'objet de restrictions.

[41] O. DE FROUVILLE, *thèse précit., passim.*

[42] G. MAIRET, *Le principe de souveraineté. Histoire et fondements du pouvoir moderne*, Gallimard, Folio/Essais, 1997, pp. 23-24.

[43] Cette idée apparaît notamment chez Locke, Rousseau et Kant. *Cf.* O. DE FROUVILLE, *thèse précit.*, pp. 66-67.

[44] Article 4 de la Déclaration des droits de l'homme et du citoyen du 26 août 1789.

[45] *Idem.*

[46] *Idem.*

[47] Article 4 de la Déclaration de 1789, première phrase. *Cf.* J. RIVERO, *La liberté consiste à faire tout ce qui ne nuit pas à autrui*, *REDP*, 1990, pp. 11-17.

[48] Sur le débat terminologique entre les mots « *devoirs* » et « *obligations* », *cf.* O. DE FROUVILLE, *thèse précit*, pp.78-80. La notion de devoir insisterait sur le statut moral des droits des individus. Ceux-ci doivent adopter l'attitude morale d'un citoyen responsable. En revanche, la notion d'obligation n'exigerait pas de l'individu qu'il adhère à la norme en son for intérieur. Sur l'articulation entre les droits et devoirs de l'homme, *cf.* F. OST, S. VAN DROOGHENBROECK, *La responsabilité, face cachée des droits de l'homme*, *in* E. BRIBOSIA et L. HENNEBEL *Classer les droits de l'homme*, Bruylant, 2004, pp. 87-133 ; Y. MADIOT, *Considérations sur les droits et devoirs de l'homme*, Bruylant, 1998 ; E. DECAUX, *Droits,*

l'écrit Kelsen : « *le droit de l'un n'existe que sous l'hypothèse de l'obligation de l'autre* »[49]. Autrement dit, les devoirs ou obligations sont la condition réflexe des droits proclamés. Plus généralement, la Déclaration de 1789 précise que la loi ne peut prohiber que « *les actions nuisibles à la société* »[50]. Dans cette optique, les limitations apportées aux libertés fondamentales sont justifiées à titre principal par la recherche de l'intérêt général. Il s'agit de sauvegarder les libertés de chacun et d'assurer le bon fonctionnement de la société.

**152. La Déclaration universelle des droits de l'Homme de 1948.** Au milieu du XXe siècle, les rédacteurs de la Déclaration universelle des droits de l'Homme ont repris ces idées et formulé une réglementation générale des limitations des droits fondamentaux[51]. Ainsi, l'article 29 § 2 dispose : « *dans l'exercice de ses droits et dans la jouissance de ses libertés, chacun n'est soumis qu'aux limitations établies par la loi exclusivement en vue d'assurer la reconnaissance et le respect des droits et libertés d'autrui et afin de satisfaire aux justes exigences de la morale, de l'ordre public et du bien-être général dans une société démocratique* ». Cet article témoigne d'une remarquable précision dans sa rédaction, puisqu'il est possible de déterminer les conditions nécessaires pour qu'une atteinte à un droit fondamental soit légitime. Il faudrait que cette limitation soit établie par la loi, réponde à un but légitime (« *le respect des droits et libertés d'autrui* », la satisfaction des « *exigences de la morale, de l'ordre public et du bien-être général* ») et soit nécessaire (les « *justes exigences* »). Par ailleurs, cet article donne une directive générale d'interprétation, il faut suivre et respecter l'esprit de la « *société démocratique* ».

**153.** La généralité de ces règles, contenues dans ces deux Déclarations, permet d'en déduire qu'elles ont vocation à s'appliquer à la liberté d'aller et venir, à partir du moment où on ne la considère pas comme une liberté absolument intangible. Cependant, la formulation la plus aboutie, celle de la Déclaration universelle des droits de l'Homme, n'a pas de force normative dans le droit positif français. Fort heureusement, on peut légitimer les atteintes et restrictions à la liberté d'aller et venir en se référant à d'autres textes protecteurs des droits de l'homme, dont l'interprétation a permis de retrouver la règle proposée par la Déclaration universelle de 1948.

*β. Les atteintes à la liberté d'aller et venir légitimées par une règle spéciale*

**154. Présentation générale.** D'une façon générale, la conventionnalisation des droits de l'homme a donné lieu à une multiplication un peu désordonnée des règles de limitation des libertés[52]. Tandis que certaines conventions[53] ont adjoint des clauses particulières à une clause générale du type de celle de l'article 29 § 2 de la Déclaration universelle des droits de l'Homme, d'autres, au contraire, ont préféré écarter toute utilisation d'une clause générale et multiplier les règles de limitation. Parmi ces dernières conventions, on trouve le Pacte international relatif aux droits civils et politiques et la Convention européenne des droits de

---

*devoirs et responsabilités dans la Déclaration*, *in* C.N.C.D.H., *La déclaration universelle des droits de l'Homme 1948-1998. Avenir d'un idéal commun*, Paris, La Documentation française, 1999, pp. 131-144.

[49] H. KELSEN, *Théorie pure du droit*, trad. de la 2e éd. par CH. EISENMANN, Paris, Dalloz, 1962, p. 176.

[50] Article 5 de la Déclaration de 1789.

[51] O. DE FROUVILLE, *thèse précit.*, pp. 76-88 ; pour une étude plus approfondie de l'origine et de l'interprétation de cette règle se reporter à : E.-I. A. DAES, *Liberté de l'individu en droit : étude des devoirs de l'individu envers la communauté et limitations des droits et des libertés de l'homme en vertu de l'article 29 de la Déclaration universelle des droits de l'Homme*, Nations Unies, 1990.

[52] O. DE FROUVILLE, *thèse précit.*, pp. 98-103.

[53] C'est le cas notamment pour le Pacte international relatif aux droits économiques, sociaux et culturels du 16 décembre 1966, la Charte africaine des droits de l'Homme et des peuples du 27 juin 1981, ou encore Convention interaméricaine des droits de l'Homme du 22 novembre 1969.

l'Homme[54]. Ces deux conventions nous intéressent tout particulièrement puisque, comme nous l'avons vu[55], elles servent de fondement à la liberté d'aller et venir en droit français.

**155. Le PIDCP**. L'article 12 § 3 du PICDP[56] admet expressément qu'un État puisse restreindre l'exercice des droits et libertés fondamentaux et reprend, sur ce point, la formulation de l'article 29 § 2 de la DUDH, en omettant toutefois de faire référence à la « *société démocratique* ». L'article 9 § 1 de ce même Pacte[57], plus spécifique à la liberté d'aller et venir, est à première vue plus évasif sur la possibilité de la restreindre. En effet, s'il dispose que la privation de la liberté d'aller et venir doit être prévue par la loi, il se contente de prohiber les arrestations et détentions arbitraires. Cet article a suscité des interrogations sur le sens à donner au mot « *arbitraire* »[58]. Tandis que pour certains, ce terme signifierait « *non conforme à la loi* », pour d'autres, il faudrait rapprocher l'arbitraire de l'injuste.

Le Comité des droits de l'Homme a précisé le sens de la notion d'arbitraire, utilisée dans l'article 9 § 1, par un recours aux travaux préparatoires : « *L'historique de la rédaction du paragraphe 1 de l'article 9 confirme qu'il ne faut pas donner au mot "arbitraire" le sens de "contraire à la loi", mais plutôt l'interpréter plus largement du point de vue de ce qui est inapproprié, injuste et non prévisible. Partant, le maintien en détention provisoire après une arrestation légale doit non seulement être légal mais aussi raisonnable à tous égards. La détention provisoire doit également être nécessaire à tous égards, par exemple pour éviter que l'intéressé prenne la fuite, mette des obstacles à l'établissement des preuves ou commette un nouveau crime* »[59]. Par conséquent, l'arbitraire ne saurait se réduire à l'illégal. Pour retenir ou écarter l'arbitraire, il faut se reporter au « *raisonnable* » et au « *nécessaire* », et par extension, contrôler la proportionnalité de la mesure au regard du but poursuivi. Dans cette recherche, le Pacte apporte une précision factuelle, puisqu'il précise, dans son article 11, que « *nul ne peut être emprisonné pour la seule raison qu'il n'est pas en mesure d'exécuter une obligation contractuelle* ».

Ainsi, l'interprétation, qui a été faite de l'article 9 § 1 du PIDCP, a permis de retrouver les critères de l'article 29 § 2 de la DUDH. Un tel raisonnement peut être transposé à la Convention européenne de sauvegarde des droits de l'Homme et des libertés fondamentales.

---

[54] L'insertion d'une clause générale encadrant les limitations des libertés garanties par la convention a néanmoins été envisagée lors des travaux préparatoires. Ainsi, l'article 6 de l'avant-projet de convention pour la sauvegarde et le développement des droits de l'homme et des libertés fondamentales du 15 février 1950 disposait : « *dans l'exercice des droits et dans la jouissance des libertés garantis par la Convention, chacun ne sera soumis qu'aux limitations établies par la loi exclusivement en vue d'assurer la reconnaissance et le respect des droits et libertés d'autrui et afin de satisfaire aux justes exigences de la morale, de l'ordre public, de la sécurité et de l'intégrité (et de la solidarité) nationale, ainsi que l'exercice de l'administration et de la justice dans une société démocratique* ». Comme nous pouvons le constater l'influence de l'article 29 § 2 de la DUDH est bien réelle.

[55] *Cf. supra* n° 144.

[56] Article 12 § 3 PIDCP : « *Les droits mentionnés ci-dessus ne peuvent être l'objet de restrictions que si celle-ci sont prévues par la loi, nécessaires pour protéger la sécurité nationale, l'ordre public, la santé ou la moralité publique, ou les droits et libertés d'autrui, et compatibles avec les autres droits reconnus par le présent Pacte* ».

[57] Article 9 § 1 PIDCP : « *Tout individu a droit à la liberté et à la sécurité de sa personne. Nul ne peut faire l'objet d'une arrestation ou d'une détention arbitraires. Nul ne peut être privé de sa liberté si ce n'est pour des motifs et conformément à la procédure prévus par la loi* ».

[58] O. DE FROUVILLE, *thèse précit.*, pp. 101-102 ; E.-I. A. DAES, *op. cit.*, p. 120 et s.

[59] Comm. n° 305/1988, *Hugo Van Halphen c/ Pays-Bas*, 23 juillet 1990, § 5.8, A/45/40 (1990), p. 131. Voir aussi comm. n° 458/1991, *Albert Womah Mukong c/ Cameroun*, 21 juillet 1994, § 9.8, A/49/40 (1994), vol. II, § 5.8 ; comm. n° 560/93, 3 avril 1997, *A c/ Australie*, A/52/40 (1997), vol. II, p. 139 et ss, p. 159, § 9.2.

**156. La CEDH**. L'article 5 § 1 de la CEDH présente une structure un peu particulière. Il énonce limitativement les hypothèses dans lesquelles il est possible de retenir une personne et par conséquent de limiter sa liberté d'aller et venir. Sa formulation originale a donné lieu à une interprétation de la Cour européenne des droits de l'Homme allant également dans le sens d'une redécouverte des critères de l'article 29 § 2 de la DUDH. Se livrant à une interprétation téléologique, la Cour européenne a très vite explicité cet article 5 § 1 dans son arrêt *Lawless*[60]. Le but de cette disposition est de « *protéger la liberté et la sûreté de la personne contre des arrestations et détentions arbitraires* » et, par conséquent, d'assurer que « *nul ne soit arbitrairement dépouillé de sa liberté* ». Ainsi, même si elle n'apparaît pas expressément dans l'article 5 § 1, la notion d'arbitraire sert de fil conducteur, comme pour le Pacte international relatif aux droits civils et politiques. Dès lors, la Cour européenne a continué son travail d'interprétation et mis en lumière des critères qui sont ceux de l'article 29 § 2 de la DUDH. En ce sens, elle estime que la condition de légalité découle à la fois des exigences de « *régularité* » et de l'expression « *selon les voies légales* »[61]. De même, elle considère que les alinéas a) à f) énoncent les buts légitimes qui peuvent justifier un tel droit de rétention sur autrui[62]. Une précision est apportée sur ce point par l'article 1er du Protocole n° 4 à la Convention. Il exclut des raisons autorisant la privation de liberté le fait qu'un individu ne soit pas en mesure d'exécuter une obligation contractuelle. Par ailleurs, dans l'application des différents cas de rétention, la Cour européenne applique clairement le principe de nécessité[63] et reprend la référence générale à la société démocratique[64].

**157.** Ainsi, nous pouvons constater que les atteintes à la liberté d'aller et venir sont étroitement encadrées par une règle qui présente une certaine immanence au sein des sociétés démocratiques. En effet, elle semble toujours utilisée même si elle n'est pas toujours explicitement affirmée. Il est, par conséquent, possible d'envisager l'existence d'un droit de retenir autrui à partir du moment où ce droit est prévu par une loi, qu'il est nécessaire et poursuit un but légitime dans le cadre d'une société démocratique. Il faut maintenant s'attarder sur la signification précise de ces critères afin de déterminer précisément les conditions d'existence du droit de retenir autrui.

### *2. Les conditions de l'articulation du droit de retenir autrui avec la liberté d'aller et venir*

**158.** Si la liberté d'aller et venir peut faire l'objet d'une très forte atteinte au point d'admettre l'existence d'un droit de rétention sur autrui, il n'en demeure pas moins que de telles hypothèses sont rigoureusement encadrées par le respect d'un certain nombre de conditions. Aussi convient-il de présenter ces conditions **(a)**, avant de s'intéresser aux situations de rétention d'autrui établies en violation de ces dernières **(b)**.

#### a. Présentation de ces conditions

**159.** L'application des trois critères précédemment mis en avant permet de déterminer les situations dans lesquelles il sera possible d'établir un droit de retenir autrui. Pour déterminer son domaine d'application, il est donc nécessaire de préciser le sens des critères de

---

[60] Cour EDH, 1er juillet 1961, *Lawless*, série A, n°3, p. 51, § 14.

[61] Cour EDH, 24 octobre 1979, *Winterwerp*, série A, n°33, § 37 ; *GACEDH*, n° 16, pp. 163-174 ; *AFDI* 1980, 324, obs. R. PELLOUX ; *JDI*, 1982, obs. P. ROLLAND ; Cour EDH, 25, juin 1996, *Amuur* § 50, Rec 1996-III, n° 11, p. 850.

[62] Cour EDH, 24 octobre 1979, *Winterwerp, précit.*

[63] Voir par exemple, pour la détention d'aliénés, l'arrêt *Winterwerp, précit.* L'aliénation doit être établie de manière probante, « *le trouble doit revêtir un caractère ou une ampleur légitimant l'internement* » et ce dernier ne peut « *se prolonger valablement sans la persistance de pareils troubles* ».

[64] Cour EDH, 24 octobre 1979, *Winterwerp, précit.*

légalité (α), de poursuite d'un but légitime dans une société démocratique (β) et de nécessité (γ).

*α. Le principe de légalité*

**160. Conception matérielle ou conception formelle de la loi.** Suivant ce premier critère, le droit de retenir autrui doit être autorisé selon les voies légales. Or, traditionnellement, on oppose les conceptions matérielle et formelle de la légalité. Dès lors, on peut s'interroger sur la conception retenue dans le cadre de l'article 5, § 1 de la Convention. Si la Déclaration des droits de l'Homme de 1789, reposant sur une vision sacralisée de la loi[65], utilise la seconde conception, il n'en est pas de même pour le PIDCP et la CEDH. En effet, les constituants révolutionnaires avaient une conception dogmatique de la loi. Suivant les idées de Rousseau, ils pensaient trouver dans la loi la suprême garantie des libertés des citoyens. Expression de la volonté générale qui ne pouvait être que la résultante des volontés individuelles, la loi ne pouvait être oppressive. Néanmoins, il était possible d'imaginer qu'une majorité parlementaire adopte une disposition contraire aux libertés de tous. La Cour européenne de Strasbourg, adoptant une vision beaucoup plus pragmatique, a retenu la conception matérielle de la loi. Le terme « *loi* » ne recouvre pas seulement les actes législatifs adoptés par le Parlement mais aussi les actes réglementaires. Il en est de même pour le Comité des droits de l'Homme. En réalité, sur ces questions de compétences, ces juridictions préfèrent adopter une conception large de la loi et renvoyer aux législations nationales. Or, sur ce point, l'article 34, alinéa 2 de la Constitution du 4 octobre 1958 prévoit que la loi fixe les règles concernant « *les garanties fondamentales accordées aux citoyens pour l'exercice des libertés publiques* ». Par conséquent, l'existence d'un droit de détention sur autrui dépend du pouvoir législatif.

**161. Qualités des voies légales nationales.** En réalité, ce qui importe c'est que les voies légales nationales soient respectées et qu'elles présentent certaines qualités. Ainsi, il faut s'assurer que la loi soit suffisamment accessible et précise pour permettre au citoyen de régler sa conduite en conséquence. Par ailleurs, on peut s'interroger sur la marge de manœuvre dont dispose le législateur interne pour déterminer la procédure d'établissement d'un droit de rétention sur autrui. Il est vrai que, pour l'essentiel, la Convention le laisse libre. Cependant, peut-il choisir n'importe quelle procédure ? Peut-il admettre qu'un tel droit soit reconnu sur le fondement d'un simple contrat ou au contraire faut-il nécessairement l'intervention d'un juge ? La Cour européenne des droits de l'Homme a explicité l'expression « *selon les voies légales* » dans son arrêt *Winterwerp*[66] : « *à la base du membre de phrase précité (selon les voies légales) se trouve la notion de procès équitable et adéquat, l'idée que toute mesure privative de liberté doit émaner d'une autorité et ne pas revêtir un caractère arbitraire* ». Par conséquent, seule une autorité respectant les règles procédurales peut porter atteinte à la liberté d'aller et venir. Le droit de retenir autrui ne devrait pas pouvoir être fondé sur un contrat. Un tel accord aboutirait à une renonciation personnelle à une liberté individuelle[67]. On pourrait dès lors douter de la conformité à la Convention européenne des droits de l'Homme d'une loi autorisant une telle renonciation par contrat. En effet, les juges de Strasbourg ont reconnu qu'il n'était pas possible de renoncer à la liberté et à la sûreté en raison de leur importance[68]. Dès lors, il faut admettre que le droit de retenir autrui est attribué

---

[65] Depuis, le concept de loi s'est altéré notamment avec la limitation du pouvoir législatif et les atteintes à la non-rétroactivité de la loi. Sur ces questions, *cf.* J. ROBERT et J. DUFFAR, *op. cit.*, p. 264 et s.

[66] Cour EDH, 24 octobre 1979, *Winterwerp, précit.*, § 45.

[67] *Cf. infra* n[os] 217-221.

[68] Cour EDH 18 juin 1971, *De Wilde, Ooms et Versyp*, série A n° 12 ; *GACEDH*, n° 18, pp. 184-191 ; V. BERGER, *Jurisprudence de la Cour européenne des droits de l'Homme*, 9e éd., Sirey, 2004, n°41, p. 125 et s. ; *JT*, 1971, p. 341, obs. J. VELU ; R. PELLOUX, *Les arrêts de la Cour européenne des droits de*

à certaines personnes en fonction de leurs qualités, soit directement par la loi, soit par l'intermédiaire d'une autorité.

*β. Les buts légitimes dans une société démocratique*

**162. Analyse générale.** Classiquement, dans la droite ligne de la pensée des philosophes du XVIIIe siècle, on retient que le but légitime d'une atteinte à une liberté fondamentale est la recherche de l'intérêt général[69], perçu comme l'intérêt de tous et de chacun. Cette notion est différemment analysée selon les traditions des États. Tandis que les pays de *common law* le perçoivent comme le « *bien-être de tous* »[70] (*general welfare*), c'est-à-dire la prospérité générale, la jouissance de la santé et des bienfaits habituels de la vie[71], les conceptions française et latine renvoient à l'ordre public[72] et ses aspects plus particuliers que sont la moralité[73], la tranquillité et la sécurité publiques. L'application de cette idée permet de déterminer positivement et négativement les buts légitimes du droit de retenir autrui.

**163. Détermination positive des buts légitimes du droit de rétention.** Positivement, le droit de rétention poursuit un but légitime s'il recherche l'intérêt de la société ou l'intérêt de la personne objet de ce droit. Ces deux finalités peuvent être alternatives, mais le plus souvent elles sont cumulatives. L'intérêt de la société peut, en lui-même, susciter des interrogations et être perçu différemment selon les époques et les pays. Néanmoins, conformément au critère général d'interprétation, il faut l'interpréter au regard des exigences d'une société démocratique, c'est-à-dire d'une société qui est en mesure de sauvegarder les droits de tous, sans pour autant sacrifier excessivement ceux de chacun. L'intérêt de la personne soumise à ce droit de rétention peut parfois justifier ce droit à titre principal. En effet, il est parfaitement concevable que ce droit ait été reconnu dans le souci de protéger

---

*l'Homme dans les affaires de vagabondage*, *AFDI*, 1972, p. 443 ; S. MARCUS-HELMONS et C. DAUBIE, *Observations relatives aux arrêts De Wilde, Ooms et Versyp des 18 juin 1971 et 10 mars 1972*, *RDIDC*, 1972, pp. 244-266 ; A. VANWELKENHUYZEN, *Le respect des droits de l'homme et la législation belge pour la répression du vagabondage et de la mendicité*, *RBDI*, 1973, pp. 338-372.

[69] O. DE FROUVILLE, *thèse précit.*, pp. 81-82.

[70] E.-I. A. DAES, *op. cit.*, p. 129 et s.

[71] Black's Law Dictionary, 5e éd., St. Paul, Minn., West Publishing Co., 1979, p. 1430.

[72] En droit privé français, l'ordre public constitue une notion à contenu variable au même titre que le bon père de famille, l'équité, l'urgence… Sur ce point, *cf.* J. GHESTIN, *L'ordre public, notion a contenu variable, en droit privé français*, *in* CH. PERELMAN et R. VANDER ELST (dir.), *Les Notions à contenu variable en droit*, Bruylant, 1984, p. 77 et s. Une telle variabilité se retrouve en droit comparé. Le terme français d'ordre public ne correspond pas exactement à l'expression anglaise de « *public order* ». Dans les pays de droit romain, la notion d'ordre public est invoquée pour annuler des accords privés ou en restreindre la portée, exercer des pouvoirs de police ou appliquer une législation étrangère. Cette notion correspondrait plus dans le *common law* à celle de « *public policy* » plutôt que de « *public order* ». Cette dernière sert généralement à désigner l'absence de désordre public. De ce fait, la notion d'ordre public a été précisée, elle est étroitement associée au souci de préserver la moralité, la tranquillité et la sécurité publiques. Sur ce point, *cf.* E.-I. A. DAES, *op. cit.*, p. 126 et s.

[73] Ce renvoi à la morale peut également susciter des interrogations, mais peut finalement apparaître comme logique dès lors qu'on l'envisage dans le cadre des droits fondamentaux de l'homme. Si classiquement, on a tendance à séparer la morale et le droit, on ne dénie pas pour autant une certaine influence de celle-ci sur le droit. *Cf.* sur ces questions : J. CARBONNIER, *Droit civil, Introduction*, 27e éd. refondue, PUF, 2002, nos 16 et 18 ; G. RIPERT, *La règle morale dans les obligations civiles*, 4e éd., LGDJ, 1949, réimp. 2000. Or, dans le cas présent, on se situerait à un point de pénétration de la morale dans le droit dès lors qu'il s'agit de limiter un droit fondamental de l'homme. La loi morale serait la loi de la conscience, l'ensemble des règles et principes éthiques qui prescrivent la bonne et la mauvaise conduite, les normes de comportement auxquels les hommes doivent se conformer dans leurs rapports réciproques. *Cf.* E.-I. A. DAES, *op. cit.*, p. 125.

une personne. L'intérêt de la société n'est pas nécessairement absent dans cette hypothèse, mais il peut n'être que subsidiaire.

**164. Détermination négative des buts légitimes du droit de rétention.** Négativement, le droit de rétention ne peut être justifié par l'intérêt égoïste de la personne titulaire de ce droit. Le contraire conduirait à reconnaître des situations assimilables à l'esclavage. Or, pour être légitime, le but du droit de rétention doit respecter certains droits absolument intangibles attachés à la nature humaine de l'homme. Il en est ainsi du droit à la dignité. Ceci est d'autant plus vrai que ce principe a fait l'objet d'une redéfinition par le droit à l'issue de la seconde guerre mondiale[74]. Auparavant, la dignité humaine, cantonnée à la philosophie et à la religion, donnait lieu à de multiples analyses[75]. Ainsi, pour Kant, et la philosophie libérale, le principe de la « *dignité de la nature humaine et de toute nature raisonnable* »[76] est fondé sur l'autonomie de la volonté. Le respect de la dignité d'une personne est par conséquent le respect de son autonomie. Cette autonomie nous impose de traiter les êtres raisonnables comme des fins en soi, « *autrement dit comme quelque chose qui ne peut pas être employé simplement comme moyen, quelque chose qui par suite limite d'autant toute faculté d'agir comme bon nous semble (et qui est objet de respect)* »[77]. Le droit au respect de la dignité est le droit de ne pas être traité comme une chose (un moyen), mais comme une personne (une fin en soi), un sujet de droit. Au lendemain du second conflit mondial, une telle perception a paru insuffisante[78]. De nouvelles interrogations surgirent. Que vaut l'autonomie de la personne en tant que fondement de la dignité dès lors qu'elle peut être aussi facilement écartée ? Faut-il nier toute dignité aux personnes ne disposant pas ou plus de leur autonomie ? Certes, si Kant lie étroitement la liberté, l'autonomie et la dignité, il ne va pas jusqu'à affirmer qu'une personne non autonome a perdu sa dignité. Néanmoins, son silence sur ce point constitue la faiblesse de cette théorie[79]. En réaction à ces systèmes de

---

[74] Sur la genèse de l'affirmation du principe de la dignité de la personne humaine, *cf.* M.-L. PAVIA, *La découverte de la dignité de la personne humaine*, *in La dignité de la personne humaine*, sous la direction de M.-L. PAVIA et TH. REVET, Economica, 1999, p. 3. *Cf.* également T. PUECH, *La dignité humaine, Du droit à l'éthique de la relation*, *in Le corps humain saisi par la justice*, Dalloz, Hors-série Justices, mai 2001, pp. 90-112.
ie Justices, mai 2001, pp. 90-112.

[75] Pour des développements théologiques et philosophiques du principe de la dignité humaine, *cf.* B. MAURER, *Le principe de respect de la dignité humaine et la Convention européenne des droits de l'Homme*, La Documentation française, 1999, p. 33 et s.

[76] E. KANT, *Fondement de la métaphysique des mœurs*, (trad. V. DELBOS, revue et modifiée par F. ALQUIE), *in* E. KANT, *Œuvres philosophiques*, t. 2, Gallimard, Bibliothèque de la Pléiade, p.303.

[77] E. KANT, *op. cit.*, p.294.

[78] Par opposition à cette réaction, certains auteurs, fortement marqués par les horreurs de la Seconde guerre mondiale, ont été amenés à nier l'existence d'une dignité de la personne. Ainsi, pour M. Claude Lévi-Strauss, la dignité est un « *mythe* », une « *illusion de la civilisation* », *cf.* CL. LÉVI-STRAUSS, *Anthropologie structurale*, II, Plon, Paris, 1973, p.53.

[79] Comme le souligne B. EDELMAN, *Le concept juridique d'humanité*, *in Le droit, la médecine et l'être humain, Propos hétérodoxes sur quelques enjeux vitaux du XXI$^{e}$ siècle*, PUAM, 1996, pp. 245-269, spéc. p. 247 : « *l'homme naissait libre, de sorte que la liberté le constituait comme homme. Toucher à l'une, c'était toucher à l'autre, et supprimer la liberté aboutissait à nier la qualité d'homme* ». Une telle conception liant la dignité à la liberté physique de la personne est encore invoquée pour trouver une réponse plus facile aux décisions de fin de vie notamment. On peut d'ailleurs souligner que ceci n'a pas échappé aux néo-thomistes. S'appuyant sur les travaux de Saint Thomas d'Aquin qui liait également étroitement l'autonomie, la liberté et la dignité, ils retiennent une analyse diamétralement opposée. Là où les premiers ne retenaient que l'autonomie matérielle ou pratique, qui peut être très réduite, les seconds n'envisagent que l'autonomie radicale de la personne. Pour ces derniers, Descartes, Hegel et Kant ont réduit l'être à la raison, et par là même, limité la dignité à la raison, alors que la raison ne manifeste qu'une dimension pratique de l'autonomie. *Cf.* Saint THOMAS D'AQUIN, *Somme théologique*, I-II, Les éditions du Cerf, t. 1, 1985, q. 1, art. 1, p. 154 et pour une étude de cette école *cf.* M.-D. PHILIPPE,

pensée, les différents textes internationaux ont alors adopté une conception beaucoup plus jusnaturaliste. La dignité n'est plus rattachée à l'autonomie de la personne mais directement à la qualité de personne humaine. Largement affirmée, tant sur le plan international que national[80], la dignité de la personne humaine vient ainsi encadrer les atteintes aux libertés fondamentales. Sous cet aspect, le droit au respect de la dignité est un « *droit à avoir des droits* »[81]. Par conséquent, le droit de retenir la personne d'autrui ne peut être justifié par l'intérêt égoïste du titulaire de ce droit. Dans le cas contraire, on violerait le principe de la dignité humaine et la personne soumise à ce droit serait traitée comme un objet.

**165. Détermination des buts légitimes à l'aide d'une liste. La CEDH.** La légitimité du droit de retenir autrui sera donc vérifiée, si celui-ci est justifié par l'intérêt de la société ou l'intérêt de la personne objet de ce droit. Il est donc possible de déterminer les cas dans lesquels un tel droit peut exister uniquement à partir de cette règle. Les juridictions internes et éventuellement internationales seront alors amenées à vérifier la conformité de ce droit aux exigences posées. Néanmoins, au niveau international, la question s'est posée de savoir s'il ne serait pas plus judicieux d'établir une liste des buts légitimes. En effet, l'énumération d'une liste présente l'avantage de déterminer de façon exhaustive les buts légitimes et de donner certaines garanties quant à la validité de l'atteinte établie par le législateur. Néanmoins, une telle énumération risque également d'être trop rigide et surtout de refléter les préoccupations et les conceptions politiques et sociales d'une époque[82]. La Convention européenne des droits de l'Homme a cependant adopté un tel système à propos du droit de retenir autrui. L'article 5 § 1 énumère six cas, ou catégories de cas, dans lesquels une personne peut être privée de sa

---

*Lettre à un ami, itinéraire philosophique*, Ed. Universitaires, 1990 ; M. SCHATTNER, *Souffrance et dignité humaine, pour une médecine de la personne*, Mame, 1995, p. 122 et s., et spécialement p. 131 : la dignité « *a sa source au fondement même de notre être et de notre vie, dans ce qui fait notre autonomie essentielle. Et cette dignité fondamentale demeure inaltérable la maladie ne pouvant en compromettre que les manifestations – notamment l'autonomie psychophysique – en empêchant l'exercice de certaines opérations de la vie humaine* » ; de même, S. PHILIPS-NOOTERS, *La bioéthique, une menace pour les droits de l'homme ? Du discours à la réalité in Dignité humaine et hiérarchie des valeurs : les limites irréductibles*, Actes du colloque organisé par le Centre des droits de l'homme de l'Université catholique de Louvain, Academia-Bruylant, 1999, pp. 33-56, *spéc.* pp. 52-55 ; et le n° 4 de la revue *Aletheia*, décembre 1993.

[80] *Cf.* not. J. FIERENS, *La dignité humaine comme concept juridique*, in *L'odyssée des droits de l'homme*, Actes du colloque international de Grenoble d'octobre 2001, t. 1 *Fondations et naissances des Droits de l'homme*, textes réunis et présentés par J. FERRAND et H. PETIT, L'Harmattan, La librairie des humanités, 2003, p. 171. Sur le plan interne, le Conseil constitutionnel a ainsi érigé, dans sa décision du 27 juillet 1994, « *la sauvegarde de la vie humaine* » en « *principe à valeur constitutionnelle* » en s'appuyant sur le Préambule de la Constitution de 1946, déc. n^os^ 94-343/344 DC du 27 juillet 1994, *Rec.*, p. 100.

[81] D. ROUSSEAU, *Rapport de synthèse*, *in* Commission européenne pour la démocratie par le droit, *Le principe du respect de la dignité de la personne humaine*, Actes du séminaire Unidem de Montpellier (1998), Éditions du Conseil de l'Europe, 1999, pp. 109-113, *spéc.* p. 112 : « *le droit a la dignité humaine est moins un droit fondamental qu'un droit ouvrant à la reconnaissance de droits fondamentaux* ».

[82] Les travaux préparatoires de la Convention européenne des droits de l'Homme comportent une intéressante illustration de ce phénomène. Ainsi que nous l'avons mentionné en note 511, les rédacteurs de cette convention avaient initialement envisagé l'introduction d'une clause générale régissant les limitations des droits et libertés garantis. Cette clause procédait à l'énonciation d'une liste de buts légitimes. Certains Etats ont demandé certains ajouts en fonction de leurs préoccupations. Ainsi, la Turquie, craignant de devoir se défendre contre des activités qui risqueraient de conduire à la désintégration territoriale ou morale de sa nation, a souhaité rajouter parmi ces buts légitimes « *la sécurité et l'intégrité nationale* ». De même, la Suède a demandé que l'on rajoute la référence à l'exercice de l'administration et de la justice, afin de pouvoir tenir compte du fait que les intérêts administratifs de l'État et les intérêts de la justice exigent parfois le secret en ce qui concerne certaines informations. *Cf.* pour plus de précisions, *Rec. des T.P. de la CEDH*, vol. III, Martinus Nijhoff, 1976, pp. 265-267.

liberté et faire l'objet d'un droit de détention[83]. Par principe, cette énumération est limitative et doit être interprétée strictement[84]. Ce principe n'est cependant pas absolu. Les États peuvent, sur le fondement de l'article 15 de la Convention européenne des droits de l'Homme, déroger à la règle de l'article 5 en cas de guerre ou d'autre danger public menaçant la vie de la nation.

L'article 5 § 1 admet ainsi les privations de liberté après condamnation pénale[85]. Ces dernières doivent être ordonnées par un tribunal, jouissant de l'indépendance inhérente à cette notion et offrant des « *garanties judiciaires adéquates* »[86], après avoir prononcé une « *déclaration de culpabilité* » consécutive à « *l'établissement légal d'une infraction* »[87]. De même, sont légitimes les privations de liberté sanctionnant l'exécution d'une ordonnance judiciaire ou d'une obligation légale[88] et les détentions provisoires ou préventives en rapport avec une infraction en vue de conduire la personne arrêtée devant l'autorité judiciaire compétente[89]. Plus précisément, de telles détentions sont autorisées dans trois hypothèses : l'existence de « *raisons plausibles de soupçonner qu'il a commis une infraction* » ou de « *motifs raisonnables de croire à la nécessité de l'empêcher de commettre une infraction* » ou encore de « *motifs raisonnables de croire à la nécessité de l'empêcher de s'enfuir après l'accomplissement de celle-ci* ». Il faut donc qu'au moins une des trois conditions soit remplie. Ainsi, n'est pas légitime la détention d'une personne afin de l'interroger sur l'activité de tiers[90]. Par ailleurs, la Cour européenne fait preuve d'une certaine sévérité dans l'application de cet alinéa. Dans son arrêt *Fox, Campbell et Hartley*[91] du 30 août 1990, la Cour retient que, pour que les soupçons soient « *plausibles* », il ne suffit pas qu'ils soient « *seulement authentiques et sincères* », au contraire « *l'existence de soupçons plausibles présuppose celle de faits ou de renseignements propres à persuader un observateur objectif que l'individu en cause peut avoir accompli l'infraction* ». La Cour précise néanmoins que « *ce qui peut passer pour plausible dépend (...) de l'ensemble des circonstances* »[92]. De même, une relative incertitude peut entourer la notion de « *motifs raisonnables* » visée

---

[83] Sur cette question, *cf.* G. COHEN-JONATHAN, *op. cit.*, 1989, p. 315 et s. ; J. DE MEYER, *Article 5 § 1, art. précit.* ; J.-L. MURDOCH, *L'article 5 de la Convention européenne des droits de l'Homme. La protection de la liberté et de la sûreté de la personne*. Dossiers sur les droits de l'homme n°12. Les éditions du Conseil de l'Europe, 1994.

[84] La Cour européenne des droits de l'Homme a rappelé ce principe à de nombreuses reprises. *Cf.* notamment les arrêts *Engel*, 8 juin 1976, série A n° 22, p. 24, § 57 ; *Irlande c. Royaume-Uni*, 18 janvier 1978, série A n° 25, p. 74, § 194 ; *Winterwerp*, 24 octobre 1979, *précit.*, p. 16, § 37 ; *Guzzardi*, série A n° 39, p. 35, § 96 ; *Bouamar*, 29 février 1988, série A n° 129, p. 19, § 43 et *Ciulla*, 22 février 1989, série A n° 148, p. 18, § 41.

[85] Article 5 § 1 alinéa a) : « *s'il est détenu régulièrement après condamnation par un tribunal compétent* ».

[86] Cour EDH, 8 juin 1976, *Engel, précit.* p.27, § 68. Dans cet arrêt, la Cour européenne, appliquant ce principe, a retenu que les arrêts infligés à un militaire par son supérieur ne « *relèvent manifestement pas* » de ce genre de détention, *cf.* §. 69.

[87] Cour EDH, 24 juin 1982, *Van Droogenbroeck*, série A n° 50, p. 19, § 35 ; Cour EDH, 6 novembre 1980, *Guzzardi, précit.* p. 37, § 100 ; Cour EDH, 5 novembre 1981, *X. c. Royaume-Uni*, série A n° 46, p. 17, § 39.

[88] Article 5 § 1 alinéa b) : « *s'il a fait l'objet d'une arrestation ou d'une détention régulières pour insoumission à une ordonnance rendue, conformément à la loi, par un tribunal ou en vue de garantir l'exécution d'une obligation prescrite par la loi* ».

[89] Article 5 § 1 alinéa c) : « *s'il a été arrêté et détenu en vue d'être conduit devant l'autorité judiciaire compétente, lorsqu'il y a des raisons plausibles de soupçonner qu'il a commis une infraction ou qu'il y a des motifs raisonnables de croire à la nécessité de l'empêcher de commettre une infraction ou de s'enfuir après l'accomplissement de celle-ci* ».

[90] Cour EDH 18 janvier 1978, *Irlande c. Royaume-Uni*, série A n° 25, p. 74, § 196.

[91] Cour EDH 30 août 1990, *Fox, Campbell et Hartley*, série A n° 182.

[92] Cour EDH 30 août 1990, *Fox, Campbell et Hartley, précit.*, p. 16, § 32.

dans les deux autres cas. Cependant, lorsqu'on se réfère au texte anglais, il semblerait qu'elle ait le même sens que celle des « *raisons plausibles* »[93].

Sont également légitimes au regard de l'article 5 § 1, les détentions de mineurs décidées pour leur éducation surveillée ou pour les traduire devant un tribunal[94]. Cette disposition tient compte des lois sur la protection de la jeunesse qui prévoient des modalités de placement auprès d'un organisme d'assistance sociale en vue de la protection ou de l'éducation du mineur. Par conséquent, elle vise à la fois les mineurs délinquants et les mineurs en danger. Par ailleurs, la Cour européenne a étendu cette disposition, en admettant qu'il était possible d'ordonner une détention provisoire d'un mineur « *qui serve de préliminaire à un régime d'éducation surveillée sans en revêtir elle-même le caractère* »[95].

L'article 5 § 1 s'intéresse ensuite à toute une série de personnes, en admettant les détentions de contagieux, d'aliénés, d'alcooliques, de toxicomanes ou de vagabonds[96]. L'interprétation de la Cour européenne s'est ici principalement focalisée sur la notion d'« *aliéné* » et, dans une moindre mesure, sur celle de « *vagabond* ». En ce qui concerne l'aliéné, outre le fait que cette expression n'est plus utilisée en psychiatrie, la relative indétermination de ce qualificatif pose problème[97]. Les juges européens ont bien perçu cet aspect lorsqu'ils ont affirmé que ce terme « *ne se prête pas à une interprétation définitive* » et que « *son sens ne cesse d'évoluer avec les progrès de la recherche psychiatrique, la souplesse croissante du traitement et les changements d'attitudes de la communauté envers les maladies mentales, notamment dans la mesure où se répand une plus grande compréhension des problèmes des patients* »[98]. La Cour prend d'ailleurs le soin de préciser que cette disposition ne saurait justifier la détention d'une personne « *du seul fait que ses idées ou son comportement s'écartent des normes prédominant dans une société donnée* »[99]. La définition du terme « *vagabond* » peut également susciter des interprétations divergentes. Elle n'existe ni dans la Convention, ni dans la jurisprudence. La Cour européenne renvoie sur ce point aux législations nationales. Ainsi, dans l'arrêt *De Wilde, Ooms et Versyp*[100], les juges ont retenu que la définition d'une loi nationale, selon laquelle « *les vagabonds sont ceux qui n'ont ni domicile certain, ni moyens de subsistance, et qui n'exercent habituellement ni métier ni profession* », correspondait à l'acception usuelle du terme. Enfin, à côté de ces différentes catégories de personnes, la Convention européenne admet les privations de liberté aux fins de refoulement, d'expulsion ou d'extradition[101].

**166. Interrogations sur le caractère exhaustif de cette liste des buts légitimes de la CEDH** Traditionnellement, la Cour européenne des droits de l'Homme affirme que la liste des buts légitimant la rétention d'une personne est exhaustive et doit être interprétée restrictivement[102]. Cette position de principe a néanmoins fait l'objet de discussions après

---

[93] Voir dans ce sens, le commentaire de l'article 5 § 1 par J. DE MEYER, *op. cit.*, p. 194.

[94] Article 5 § 1 alinéa d) : « *s'il s'agit de la détention régulière d'un mineur, décidée pour son éducation surveillée, ou de sa détention régulière, afin de le traduire devant l'autorité compétente* ».

[95] Cour EDH 28 février 1988, *Bouamar, précit.*, p. 21, § 50.

[96] Article 6 § 1 alinéa e) : « *s'il s'agit de la détention régulière d'une personne susceptible de propager une maladie contagieuse, d'un aliéné, d'un alcoolique, d'un toxicomane ou d'un vagabond* ».

[97] PH. BERNARDET, TH. DOURAKI et C. VAILLANT, *Psychiatrie, droits de l'homme et défense des usagers en europe*, érès, 2002, pp. 224-226.

[98] Cour EDH 24 octobre 1979, *Winterwerp, précit.*, p. 16, § 37.

[99] Cour EDH, 24 octobre 1979, *Winterwerp, précit.*, p. 16, § 37.

[100] Cour EDH, 18 juin 1971, *De Wilde, Ooms et Versyp, précit.*

[101] Article 5 § 1 alinéa f) : « *s'il s'agit de l'arrestation ou de la détention régulière d'une personne pour l'empêcher de pénétrer irrégulièrement dans le territoire, ou contre laquelle une procédure d'expulsion ou d'extradition est en cours* ».

[102] *Cf.* not. les arrêts *Engel*, 8 juin 1976, série A n° 22, p. 24, § 57 ; *Irlande c. Royaume-Uni*, 18 janvier 1978, série A n° 25, p. 74, § 194 ; *Winterwerp*, 24 octobre 1979, *précit.*, p. 16, § 37 ; *Guzzardi*, 6

l'arrêt *Witold Litwa* du 4 avril 2000[103]. En effet, dans cet arrêt, la Cour européenne a affirmé que l'intérêt d'une personne ivre à être conduite, pour sa santé et sa sécurité, dans un centre de dégrisement, justifie son assimilation à un alcoolique au sens de l'article 5, § 1 e) et son éventuelle privation de liberté. Celle-ci est donc valable, même en l'absence de diagnostic médical d'alcoolisme, si bien évidemment les autres critères sont respectés. La solution de cet arrêt témoigne d'une relative souplesse dans l'interprétation étroite de l'article 5 § 1. La Cour européenne, en dépit de sa position de principe, ne semble pas hostile à un raisonnement par assimilation, faisant primer la recherche des motifs de la privation de liberté. Ainsi, dès lors que l'intérêt de la personne justifie de la retenir dans un lieu, il serait possible de prendre une mesure privative de liberté[104]. Une telle lecture de cet arrêt devrait cependant être très limitée. En effet, dans cette espèce, la mesure privative de liberté se fonde sur une interprétation de l'un des cas de l'article 5 § 1 de la Convention européenne des droits de l'Homme, c'est-à-dire plus précisément sur la détention des alcooliques. Certes, la personne ne présentait pas nécessairement les symptômes d'une personne alcoolique, mais son état d'ivresse permettait un raisonnement par analogie. Aussi, le principe d'exhaustivité de la liste des cas dans lesquels la rétention est admise ne semble-t-il pas être véritablement remis en cause. Le législateur interne ne peut donc y déroger et envisager d'autres hypothèses que celles prévues par le texte européen.

**167. Incomplétude de cette liste. L'autorité parentale.** Les six hypothèses de l'article 5 § 1 de la Convention européenne de droits de l'homme conditionnent la validité de l'existence d'un droit de rétention sur autrui. Néanmoins, on peut d'autant plus s'interroger sur le caractère exhaustif de cette liste qu'elle ne fait aucune référence aux droits de l'autorité parentale attribués par la loi et, en particulier, au droit de retenir un mineur. Or, s'il est théoriquement indéniable que tout mineur dispose de cette liberté d'aller et venir, il n'en est pas nécessairement de même sur le plan pratique. En effet, l'article 5 § 1 de la CEDH précise bien que « *toute personne a droit à la liberté* ». L'impossibilité naturelle du mineur d'exercer une liberté fondamentale ne peut en soi la supprimer[105], mais elle peut justifier l'existence d'un droit de rétention sur sa personne[106]. La liberté d'aller et venir ne lui est pas accordée à sa majorité ou lors de son émancipation, elle est simplement, à ce moment là, libérée de l'atteinte que lui portaient les droits de l'autorité parentale. Par ailleurs, il est également indiscutable que l'existence d'un droit de rétention sur les mineurs poursuit un but légitime : la protection et l'épanouissement du mineur. Il semblerait, d'ailleurs, que ce droit ne soit pas totalement nié par les juges de la Cour européenne des droits de l'Homme. Ceux-ci ont

---

novembre 1980, série A n° 39, p. 35, § 96 ; *Bouamar*, 29 février 1988, série A n° 129, p. 19, § 43 et *Ciulla*, 22 février 1989, série A n° 148, p. 18, § 41.

[103] Cour.E.D.H., 4 avril 2000, *Witold Litwa*, *Rec. CEDH*, 2000, III.

[104] F. SUDRE, J.-P. MARGUÉNAUD, J. ANDRIANTSIMBAZOVINA, A. GOUTTENOIRE et M. LEVINET, *Les grands arrêts de la Cour européenne des droits de l'Homme*, 3e éd., PUF, Thémis droit privé, 2005, p. 167.

[105] *Cf.* J. CARBONNIER, *Droit civil*, t. 2, *La famille, l'enfant, le couple*, *op. cit.*, pp. 147-150 : « *À tout âge, le mineur est une personne, et à ce titre il jouit des libertés que la Constitution et même le Code civil (art. 9, 16) reconnaissent à toute personne. Il n'en jouit, néanmoins que sous les limites de l'autorité parentale, autre institution reconnue par le droit* ».

[106] En ce sens, il faut distinguer les limites juridiques des limites factuelles des droits fondamentaux. Les limites factuelles sont liées à des situations sociales ou économiques. Par exemple, la liberté d'expression ou le droit à la culture ont une portée limitée pour celui qui ne sait ni lire ni écrire. De même, le droit au travail ne peut être effectif en cas de chômage ou en l'absence d'emploi. Ces limites factuelles restreignent seulement l'efficacité des droits et libertés fondamentaux. Il est vrai cependant que si seulement une minorité peut exercer ces droits, la validité de ceux-ci risquerait d'être remise en cause. Sur ces questions, *cf.* G. PECES-BARBA MARTINEZ, *Théorie générale des droits fondamentaux*, LGDJ, 2004, p. 426.

retenu, dans une affaire *Nielsen*[107], que l'hospitalisation psychiatrique d'un garçon de douze ans, ordonnée par le titulaire de l'autorité parentale, ne rentrait pas dans le cadre de l'article 5 § 1. Ils ont invoqué deux justifications principales : d'une part, l'État n'était pas responsable de ce qui s'était produit et, d'autre part, il est indéniable que l'exercice de l'autorité parentale permet, dans la limite de l'abus de droit, de restreindre la liberté du mineur et d'éventuellement le maintenir contre son gré dans un endroit déterminé. Il faut donc comprendre que l'article 5 § 1 n'envisage que les cas qui viennent perturber les situations normales, à savoir l'autonomie du majeur et la dépendance du mineur par rapport à ses parents. La Convention européenne ne rejette en aucun cas l'existence du droit des parents de retenir leurs enfants. Au contraire, elle protège le droit au respect de la vie familiale dans son article 8[108]. Fondé sur une reconnaissance de la cellule familiale, ce droit crée une sphère d'intimité dans laquelle la puissance publique ne peut intervenir qu'à titre exceptionnel[109]. Le droit au respect de la vie familiale s'oppose aux ingérences étatiques et a pour conséquence de consacrer l'autonomie et l'autodétermination de la famille. Celles-ci, justifiant l'existence des prérogatives des parents sur leurs enfants, ne peuvent être limitées qu'à titre exceptionnel[110]. Par exemple, la détention du mineur, ordonnée par la puissance publique et restreignant cette autorité, ne peut être justifiée que pour son éducation surveillée ou pour le traduire devant un tribunal. Par conséquent, il est loisible de penser que le droit de retenir un mineur, en vertu de l'autorité parentale, est implicitement reconnu par l'article 8 de la CEDH. Il aurait néanmoins pu faire l'objet d'une mention expresse à partir du moment où il peut conduire à une restriction très forte de la liberté d'aller et venir. Ceci serait d'autant plus logique qu'un tel droit fait l'objet d'une reconnaissance législative de la part des États et que le droit à la liberté et à la sûreté est littéralement reconnu à « *toute personne* »[111]. Mais, il est vrai qu'une telle reconnaissance ne pouvait se faire dans le cadre de l'article 5, celui-ci ayant pour objet premier l'encadrement du processus global d'arrestation et de détention d'une personne.

*γ. Le principe de nécessité*

**168. Le complément indispensable de l'exigence d'un but légitime.** Le principe de nécessité part du constat que l'exigence d'un but légitime n'appelle qu'une analyse *in abstracto* de l'atteinte au droit fondamental en question. Or l'on ne peut justifier l'existence d'un droit de retenir autrui par la seule existence d'un but légitime. Le contrôle doit être plus étroit. Il faut procéder à une analyse *in concreto* de ce droit. Le principe de nécessité correspond à cette idée. Ce principe a été explicité par les différentes juridictions saisies. Conscientes du fait que, dans une société démocratique, les hommes ne peuvent aliéner qu'à

---

[107] Cour EDH, 28 novembre 1988, *Nielsen*, série A, n° 144.

[108] Article 8 § 1 : « *Toute personne a droit au respect de sa vie privée et familiale, de son domicile et de sa correspondance* ».

[109] Ce droit au respect de la vie familial a été interprété par la Cour européenne des droits de l'Homme comme donnant le droit de mener « *une vie familiale normale* », même si cette expression n'est pas toujours employée. Ce standard, repris par les juridictions internes, témoigne de l'appréhension de la famille en tant que concept juridique par le droit public et implique certaines obligations de la part de l'État. Sur cette question, *cf.* E. MILLARD, *Famille et droit public, Recherches sur la construction d'un objet juridique*, préf. J.-A. MAZÈRES, avant-propos de M.-A. COHENDET, LGDJ, Bibl. dr. pub., t. 182, 1995, *spéc.* p. 127 et s.

[110] *Cf.* sur la question des relations entre l'autonomie familiale et l'autorité parentale : M.-T. OPSAHL, *La convention et le droit au respect de la vie familiale en ce qui concerne l'unité de la famille et la protection des droits des parents et tuteurs familiaux dans l'éducation des enfants, in Vie privée et droits de l'homme*. Actes du troisième colloque sur la Convention européenne des droits de l'Homme (Bruxelles, 30 septembre – 3 octobre 1970), Bruylant, 1973, pp. 243-322., *spéc.* pp. 289-290.

[111] Article 5 § 1 : début.

titre exceptionnel leurs droits et libertés, elles en ont déduit que les restrictions aux droits de l'homme doivent s'appuyer sur un motif déterminant et être proportionnées[112].

**169. Nécessité et utilité : l'exigence d'un motif déterminant.** La liberté étant le principe dans les sociétés démocratiques, les atteintes doivent être justifiées par un motif déterminant. Cette idée a été développée par la Cour européenne des droits de l'Homme. Un « *besoin social impérieux* »[113] est requis, le fait que la mesure de restriction ne présente qu'un certain avantage pour la société n'est pas suffisant[114]. Les motifs, invoqués à l'appui de la mesure de restriction, doivent être à la fois pertinents et suffisants. D'un point de vue général, ce principe a connu de multiples applications, même s'il n'est pas toujours expressément formulé[115]. Du point de vue de l'article 5 § 1, le contentieux est tout aussi abondant.

De même, le Comité des droits de l'Homme exige que les États justifient les mesures restrictives par des motifs pertinents et suffisants. Ce fut notamment le cas dans l'affaire *Beatrix Weismann de Lanza*[116]. Le Comité des droits de l'Homme retient que l'arrestation et l'incarcération de deux personnes en raison de leurs activités politiques ne sont pas justifiées : « *l'information selon laquelle ils ont été accusés d'associations subversives ne constitue pas en elle-même un élément suffisant* ».

La recherche d'un motif déterminant met en avant le souci de justifier concrètement l'atteinte à une liberté par l'existence d'une utilité sociale majeure. Celle-ci réside soit dans l'intérêt de la société, soit dans l'intérêt de la personne soumise à cette atteinte. Par conséquent, il s'agit de procéder à une évaluation concrète du caractère déterminant du motif justifiant l'atteinte à une liberté. Cette balance des valeurs va conduire à opposer le but poursuivi au moyen mis en œuvre. L'atteinte à la liberté d'aller et venir va être confrontée à l'objectif poursuivi.

**170. Nécessité et proportionnalité : l'exigence d'une restriction proportionnée.** Selon la Cour européenne des droits de l'Homme, le rapprochement de la notion de nécessité et de société démocratique implique que, « *pour se révéler "nécessaire" dans une telle société, dont tolérance et esprit d'ouverture constituent les deux caractéristiques, une atteinte à un droit protégé par la Convention doit notamment être proportionnée au but légitime poursuivi* »[117]. La Cour a ultérieurement précisé que, dans cette recherche de proportionnalité, il convient de vérifier que la mesure permet de réaliser « *un juste équilibre entre les intérêts en présence* »[118]. Ce souci de la proportionnalité de la mesure apparaît bien comme un « *élément fondamental du contrôle* »[119]. Il permet de respecter les valeurs d'une société démocratique.

---

[112] *Cf.* M. MEKKI, *L'intérêt général et le contrat. Contribution à une étude de la hiérarchie des intérêts en droit privé*, LGDJ, Bibl. dr. pr., t. 411, préf. J. GHESTIN, 2004, n$^{os}$ 735 et s., pp. 438-441.

[113] *Cf.* par ex. : Cour EDH, 7 avril 1976, *Handyside*, série A, n° 24, § 48 ; Cour EDH, 26 avril 1979, *Sunday Times*, Série A, n° 30, § 63.

[114] Cour EDH, 13 août 1981, *Young, James et Webster*, série A, n° 44, § 63.

[115] *Cf.* V. COUSSIRAT-COUSTERE, *Article 8 § 2, in La Convention européenne des droits de l'Homme. Commentaire article par article*, sous la direction de L.-E. PETTITI, E. DECAUX et P.-H. IMBERT, *op. cit.*, pp. 323-351, spéc. pp. 337-339.

[116] CDH, 3 avril 1980, *Beatrix Weismann de Lanza et Alcides Lanza Perdomo c. Uruguay*, comm. n° R.2/8, A/35/40 (1980), p. 126.

[117] Cour EDH, 22 octobre 1981, *Dudgeon*, série A, n° 45, § 53. *Cf.* également Cour EDH, 7 avril 1976, *Handyside*, *précit.*, § 49 et Cour EDH, 13 août 1981, *Young, James et Webster*, *précit.*, § 63.

[118] Cour EDH, 13 août 1981, *Young, James et Webster*, *précit.*, § 65.

[119] G. COHEN-JONATHAN, *op. cit.*, p. 550. *Cf.* dans le même sens, J. VELU et R. ERGEC, *op. cit.*, pp. 150-151.

Poursuivant la même idée, le Comité des droits de l'Homme a également établi un lien entre la nécessité et la proportionnalité d'une atteinte à un droit fondamental. Il a ainsi affirmé que « *les restrictions ne doivent être appliquées qu'aux fins pour lesquelles elles ont été prescrites et doivent être en rapport direct avec l'objectif spécifique qui les inspire et proportionnelles à celui-ci* »[120].

Tout comme l'exigence d'un motif déterminant, celle d'une restriction proportionnée appelle une balance des valeurs. Mais dans le cas présent, il ne s'agit plus d'opposer le but poursuivi à l'atteinte en elle-même, mais de confronter le but poursuivi au résultat concret de l'atteinte à la liberté d'aller et venir. En ce sens, la mesure ne devrait pas être excessive dans ses conséquences par rapport à l'objectif poursuivi.

**171. La mise en œuvre d'un contrôle de proportionnalité.** L'explicitation du principe de nécessité à l'aide des critères de l'utilité et de la proportionnalité témoigne de la mise en œuvre d'un contrôle de proportionnalité par le juge[121]. Ce contrôle est plus large que le critère de la proportionnalité. Il prend en compte ce critère avec celui de l'utilité pour apprécier la régularité des actes en question. Le recours au contrôle de proportionnalité apparaît finalement comme « *le moyen idéal de concilier des droits et des libertés entre eux* »[122].

**172. Contrôle de proportionnalité et doctrine de la marge nationale d'appréciation.** Ceci est d'autant plus vrai que la Cour européenne des droits de l'Homme fait preuve de pragmatisme dans l'application de ce principe en développant ce qu'on a appelé la doctrine de la marge nationale d'appréciation[123]. Cette doctrine se fonde sur le caractère

---

[120] CDH, Observations générale n° 22, *Article 18* (1993), § 8, *in Récapitulation des Observations générales ou des recommandations générales adoptées par les organes créés en vertu d'instrument internationaux relatifs aux droits de l'homme*, HRI/GEN/1/Rev. 5 (2001), p. 150. Bien qu'une telle affirmation ait été faite à propos de l'article 18 du Pacte, la généralité de l'affirmation ne laisse aucun doute tant la règle paraît être énoncée de façon absolue.

[121] Pour une présentation générale du contrôle de proportionnalité, *cf.* M. MEKKI, *thèse précit.*, n[os] 708 et s., pp. 427-461. Cet auteur a notamment mis en avant le fait que ce contrôle de proportionnalité présente toujours le même contenu dans ces différentes manifestations (droit communautaire, droit constitutionnel, droit administratif, droit de la concurrence, droit européen des droits de l'homme...). Il regroupe les critères suivants : l'utilité, la nécessité et la proportionnalité au sens strict. De tels critères avaient déjà été mis en avant par la doctrine publiciste, *cf.* not. M. FROMONT, *Le principe de proportionnalité*, *AJDA*, 20 juin 1995, n° spécial, pp. 156-166, *spéc.* p. 161 : le principe de proportionnalité « *comporte bien en droit communautaire les trois sous-principes d'aptitude (ou d'adéquation), de nécessité et de proportionnalité stricto sensu. La Cour ne l'a jamais dit explicitement, mais les arrêts ont appliqué très clairement les trois éléments composant le principe* » ; *adde* J. ZILLER, *Le principe de proportionnalité*, *AJDA*, 20 juin 1996, n° spécial, pp. 185-188, *spéc.* p. 188. Pour une présentation de la notion de proportionnalité dans le droit de la Convention européenne des droits de l'Homme, *cf.* S. VAN DROOGHENBROECK, *La proportionnalité dans le droit de la Convention européenne des droits de l'Homme, prendre l'idée simple au sérieux*, Publications des Facultés universitaires de Saint-Louis, Bruylant, 2001 ; M.-A. EISSEN, *Le principe de proportionnalité dans la jurisprudence de la Cour européenne des droits de l'Homme*, *in La Convention européenne des droits de l'Homme : Commentaire article par article* sous la direction de L.-E. PETTITI, E. DECAUX et P.-H. IMBERT, *op. cit.*, pp. 65-81.

[122] M. MEKKI, *thèse précit.*, n° 712, p. 428. *Adde*, S. GUINCHARD et *alii*, *Droit processuel, Droit commun et droit comparé du procès*, 3e éd., Dalloz, 2005, n° 632, pp. 1100-1103.

[123] La doctrine de la marge d'appréciation (« *measure of discretion* » en anglais) a été introduite par la Commission européenne des droits de l'homme dans l'affaire *Grèce c. Royaume-Uni*, *cf.* Rapport du 26 septembre 1958, vol. I, p. 165, vol II, p. 382, *Ann. Conv.*, vol. II, p. 177. Mais, c'est uniquement dans les affaires *Linguistique belge* (23 juillet 1968, *précit.*) et *Handyside* (7 avril 1976, *précit.*) que la Cour européenne a consacré cette doctrine. Plus généralement, voir sur cette question : O DE FROUVILLE, *thèse*

international, et par conséquent nécessairement subsidiaire, du contrôle. Elle a pour objectif de prendre en compte les spécificités nationales. À cet effet, les juges européens, amenés à se prononcer après « *l'épuisement des voies de recours internes* »[124] vont tenir compte de l'appréciation portée par les juges internes. L'application de la doctrine de la marge nationale d'appréciation ne doit cependant pas porter atteinte à la nature des critères utilisés. Elle doit seulement autoriser une certaine marge de manœuvre dans leur application et concilier les traditions nationales avec l'exigence d'une conception commune des droits de l'homme. La conséquence immédiate de cette doctrine est de développer « *une organisation pluraliste de l'espace normatif* »[125] sans pour autant dévaluer l'importance du contrôle de la Cour[126].

**173. Illustration de ce contrôle de proportionnalité.** Les exemples de mise en œuvre de ce contrôle de proportionnalité à propos de la reconnaissance d'un droit de rétention sur autrui sont assez nombreux. Ainsi, dans l'affaire *Winterwerp*[127], le requérant avait été placé dans un hôpital psychiatrique d'abord sur l'ordre du maire de la commune, à titre de mesure d'urgence, puis sur demande de sa femme en vertu d'une autorisation de la justice de paix. Pour qu'un internement psychiatrique soit régulier, la Cour pose d'abord des conditions quant au trouble subi par le malade mental. Elle considère d'abord que l'aliénation de la personne doit être établie de manière probante et que « *le trouble doit revêtir un caractère ou une ampleur légitimant l'internement* »[128]. Puis, la Cour européenne affirme que l'internement « *ne peut se prolonger valablement sans la persistance d'un tel trouble* »[129]. En l'espèce, la nécessité de la mesure de privation de liberté était établie par la preuve médicale de réactions schizophrènes et paranoïaques et le fait que le requérant avait commis des actes graves sans en mesurer les conséquences. De plus, les différents essais tendant à sa réintégration dans la société s'étaient soldés par des échecs. Enfin, la Cour vérifie la durée de la mesure et constate qu'elle n'était pas excessive. Cet exemple montre bien les différents éléments du contrôle de proportionnalité. Les juges européens vérifient l'existence d'un besoin social impérieux matérialisé par des motifs suffisants et pertinents (rapports médicaux) et la proportionnalité au sens strict de l'atteinte (la durée de l'internement est proportionnée à la durée des troubles).

**174. Synthèse**. En définitive, il résulte de cette étude que l'existence d'un droit de retenir la personne d'autrui est étroitement corrélée au respect des trois critères envisagés. Tout d'abord, ce droit doit se fonder sur une loi au sens formel du terme. Ensuite, dans une analyse *in abstracto*, il doit poursuivre un des six buts légitimes dans le cadre d'une société démocratique reconnus par la Convention européenne des droits de l'Homme. Cette liste est par principe exhaustive, elle ne semble pas pouvoir faire l'objet d'extensions. De même, cette

---

*précit.*, pp. 152-158 ; M. DELMAS-MARTY, *Fécondité des logiques juridiques sous-jacentes, in Raisonner la raison d'Etat. Vers une Europe des droits de l'homme*. Les Voies du droit, PUF, 1989, pp. 465-494.

[124] Article 26 de la CEDH

[125] M. DELMAS-MARTY, *op. cit.*, *spéc.* p. 485.

[126] Une telle affirmation a pu être contredite par certains arrêts dans lesquels la référence à la marge nationale d'appréciation a pu conduire à une dilution du critère de nécessité. Ainsi, dans l'arrêt *De Wilde, Ooms et Versyp* (Cour EDH, 18 juin 1971, *précit.*), la Cour européenne a réduit son contrôle en se bornant à une simple évaluation de la plausibilité des raisons invoquées par l'État pour « *croire à la nécessité des restrictions* ». Dans d'autres décisions, la Cour a substitué au « *nécessaire* » un critère qu'elle reconnaît, elle-même, comme étant plus « *souple* » : le « *raisonnable* » (*cf* notamment : Cour EDH, *James et autres*, 21 février 1986, Série A, n° 98 ; *Mellacher et autres*, 19 décembre 1989, Série A, n° 169 ; Cour EDH, *Markt Intern Verlag GmbH et Klaus Beerman*, 20 novembre 1989, Série A, n° 165). Certes, le raisonnable renvoie également à un rapport de proportionnalité, mais le « *raisonnablement proportionnel* » ne semble pas conduire à un examen aussi rigoureux que le « *nécessaire* ». Il ne comprend pas un contrôle de l'existence de motifs « *pertinents et suffisants* ».

[127] Cour EDH, 24 octobre 1979, *Winterwerp*, *précit.*

[128] *Idem* §. 39.

[129] *Ibid.*

liste ne peut conduire à ignorer l'existence d'un tel droit dans le cadre de l'autorité parentale, au contraire celui-ci pourrait être compris dans le droit de mener une vie familiale. Enfin, dans une analyse *in concreto*, le droit de retenir autrui doit se révéler nécessaire. Dès lors, il doit être justifié d'une part, par des motifs pertinents et suffisants et d'autre part, par la recherche d'un juste équilibre entre les intérêts en présence. Il en ressort que les situations de garde d'autrui et de détention d'autrui, fondées sur l'exercice d'un droit de retenir autrui, ne peuvent exister que dans des hypothèses étroitement définies et déterminées. Il convient dès lors de s'interroger sur les conséquences de l'affirmation d'un pouvoir de rétention sur autrui en violation de ces conditions.

b. Violation de ces conditions

**175.** Par principe, lorsque les conditions de légalité, d'existence d'un but légitime dans une société démocratique et de nécessité ne sont pas respectées, il est impossible d'admettre la régularité d'un pouvoir de rétention sur autrui. Les situations de garde ou de détention qui en découlent sont donc irrégulières (**α**). Toutefois, l'existence de circonstances particulières peut à titre exceptionnel régulariser de telles situations (**β**).

*α. Le principe de l'irrégularité*

**176. L'effet absolu des droits de l'homme**. Lorsqu'un pouvoir de rétention est établi sur la personne d'autrui en violation des conditions d'existence, posées par les textes internes et internationaux, un tel pouvoir est par principe irrégulier et peut donner lieu à des sanctions pénales et civiles. La portée de ces conditions dégagées par les textes relatifs à la protection des droits de l'homme est absolue. Elles peuvent être aussi bien opposées à la puissance publique qu'aux particuliers. Aussi parle-t-on d'effets vertical et horizontal des droits de l'homme. Une telle idée a été particulièrement développée à propos de la Convention européenne des droits de l'Homme. À l'origine, conformément à la conception première des droits de l'homme, la Convention européenne des droits de l'Homme avait vocation à s'appliquer uniquement aux relations verticales et devait permettre de sanctionner un État l'ayant ratifiée et ne la respectant pas. Cependant, il est très rapidement apparu qu'il n'était pas possible de limiter le champ des relations inégalitaires aux seuls rapports entre un particulier et la puissance publique. En effet, il est nécessaire de s'intéresser à l'ensemble des relations inégalitaires dans la société, puisqu'elles constituent le substrat des atteintes à la liberté d'une personne[130]. Consciente de ce problème, la jurisprudence européenne a très vite évolué et a reconnu une application horizontale indirecte[131] puis directe de la Convention[132].

---

[130] Cette évolution semble avoir son origine dans la doctrine allemande de l'« *effet absolu des droits de l'homme* ». Sur ce problème, désigné par la doctrine allemande sous le nom de « *Drittwirkung der Grundrechts* », *cf.* F. SUDRE, *L'Europe des droits de l'homme*, *Droits*, 1991, n° 14, pp. 105-114 ; D. SPIELMANN, *L'effet potentiel de la Convention européenne des droits de l'Homme entre personnes privées*, Bruylant, 1995 ; J. RIVERO, *La protection des droits de l'homme dans les rapports entre personnes privées*, *in* RENÉ CASSIN, *Amicorumque disciplorumque liber*, t. 3, A. Pedone, 1971, pp. 311-322 ; A. DRZEMCZEWSKI, *La Convention européenne des droits de l'Homme et les rapports entre particuliers*, *CDE* 1980, p. 3 ; J. VELU et R. ERGEC, *op. cit.*, n$^{os}$ 89-96, pp. 74-79 ; H. PAULIAT, V. SAINT-JAMES, CL. DEFFIGIER et A. SAUVIAT, *L'effet horizontal de la CEDH*, *in CEDH et droit privé. L'influence de la jurisprudence de la Cour européenne des droits de l'Homme sur le droit privé français*, sous la direction de J.-P. MARGUÉNAUD, Mission de recherche « Droit et Justice », La Documentation française, 2001, pp. 75-100.

[131] Cette expression vise la « *théorie des obligations positives* ». Selon cette théorie, les Etats ne doivent pas se contenter de ne pas violer la Convention, ils doivent également garantir effectivement son application. Cette théorie a été consacrée par la jurisprudence. *Cf.* Cour EDH, 23 juillet 1968, *Affaire linguistique belge*, Série A, n° 6 ; Cour EDH, 13 juin 1979, *Marckx*, Série A, n° 31 ; Cour EDH, 9 octobre 1979, *Airey*, série A, n° 32 ; *GACEDH*, n° 2, pp. 18-28. Sur cette question, *cf.* F. SUDRE, *Les obligations positives dans la jurisprudence européenne des droits de l'homme*, *RTDH*, 1995, p. 363.

Par conséquent, la protection de la liberté d'aller et venir est devenue absolue. Un particulier pourrait invoquer cette convention en cas de non-respect des conditions de validité du pouvoir de rétention. En droit français, cette protection issue des droits de l'homme est renforcée par l'existence de sanctions pénales en cas de rétention irrégulière d'une personne.

**177. La protection du droit pénal**. Sur le plan du droit pénal, la privation de la liberté d'aller et venir, en dehors de toute autorisation légale, peut être qualifiée de détention ou de séquestration arbitraires sur le fondement de l'article 224-1 du Code pénal[133], lorsqu'elle est commise par une personne privée, et d'atteinte à la liberté individuelle sur le fondement des articles 432-4 à 432-6 du Code pénal[134], lorsqu'elle est commise par une personne exerçant une fonction publique et agissant dans le cadre de ses fonctions. Ces articles constituent le volet pénal de la protection de la liberté d'aller et venir, puisqu'ils fondent la responsabilité pénale de celui qui retiendrait illégalement autrui, c'est-à-dire « *sans ordre des autorités constituées et hors les cas prévus par la loi* »[135]. Le droit pénal vient par conséquent sanctionner le non respect des conditions de validité du pouvoir de rétention sur autrui et, par extension, des situations de garde ou de détention d'autrui. À titre d'exemple, sont sanctionnés pénalement les grévistes qui retiennent sur leur lieu de travail leur employeur ou leur supérieur hiérarchique[136]. Une telle situation de rétention de la personne d'autrui ne peut en aucun cas être régulière. De même, en dehors des hypothèses prévues par le Code de la santé publique, la rétention d'une personne dans un établissement hospitalier est bien constitutive d'une séquestration arbitraire[137]. Dès lors, par principe, toutes les situations de garde ou de détention d'autrui fondées sur un pouvoir de rétention irrégulier ne peuvent être valables. Toutefois, à titre exceptionnel, il peut arriver que leur régularité soit admise.

*β. L'exception de la régularité*

**178.** La violation des conditions d'existence d'un pouvoir de rétention sur autrui n'est pas toujours irrégulière. Deux théories sont susceptibles de remettre en cause cette irrégularité. D'une part, la théorie des circonstances exceptionnelles est de nature à justifier une législation d'exception qui ne respecterait pas les règles de protections des droits et libertés fondamentaux **(i)**. D'autre part, la théorie de l'état de nécessité peut justifier l'intervention d'une personne, en dehors de tout respect des conditions susvisées, afin d'éviter qu'autrui ne cause un dommage à un tiers ou à lui-même. L'apport de la théorie de l'état de nécessité à celle de la garde d'autrui serait ainsi loin d'être négligeable **(ii)**.

*i. L'application de la théorie des circonstances exceptionnelles*

**179. La dérogation aux conditions de validité d'un pouvoir de rétention sur autrui en présence de circonstances exceptionnelles**. En principe, une situation de garde ou de détention établie en violation des règles protectrices des droits de l'homme ne peut être

---

[132] Cour EDH, 9 décembre 1994, *Lopez Ostra*, série A, n° 303-C ; *GACEDH*, n° 3, pp. 29-37 ; *RTD civ.* 1996, p. 507, obs. J.-P. MARGUÉNAUD.

[133] *Cf.* M.-L. RASSAT, *Enlèvement, arrestation, détention et séquestration arbitraires, J-Cl. pénal*, Art. 224-1 à 224-5, fasc. 20, 2003 ; PH. CONTE, *Droit pénal spécial*, 2e éd., Litec, 2005, nos 214-226, pp. 119-125 ; M.-L. RASSAT, *Droit pénal spécial, infractions des et contre les particuliers*, 4e éd., Dalloz, 2003, nos 367-378, pp. 383-396 ; M. VÉRON, *Droit pénal spécial*, 10e éd., Armand Colin, 2004, nos 184-189-2, pp. 116-119.

[134] *Cf.* A. VITU, *Atteintes à la liberté individuelle par des personnes exerçant une fonction publique, J.-Cl. pénal*, Art. 432-4 à 432-6, fasc. 10, 2004 ; PH. CONTE, *op. cit.*, nos 214-226, pp. 125-132 ; M. VÉRON, *op. cit.*, nos 534-537, pp. 321-323.

[135] Article 224-1, alinéa 1er du Code pénal.

[136] Crim., 23 décembre 1986, *Bull. crim.*, n° 384, *RSC* 1987, p. 696, obs. G. LEVASSEUR ; Crim., 11 décembre 1991, *Dr. Pénal* 1992, comm. 148.

[137] Crim., 12 mars 1959, *Bull. crim.*, n° 175.

valable. Toutefois, certaines circonstances peuvent justifier que la puissance publique ne respecte pas les conditions énoncées par ces textes. Une telle hypothèse a été expressément prévue par l'article 15 de la Convention européenne des droits de l'Homme[138]. Cet article dispose, dans son premier paragraphe, qu'« *en cas de guerre ou en cas d'autre danger public menaçant la vie de la nation, toute Haute Partie Contractante peut prendre des mesures dérogeant aux obligations prévues par la présente Convention, dans la stricte mesure où la situation l'exige et à la condition que ces mesures ne soient pas en contradiction avec les autres obligations découlant du droit international* ». Une telle clause dérogatoire se retrouve dans d'autres textes internationaux, dont notamment le Pacte international relatif aux droits civils et politiques[139]. Elle se fonde sur l'idée que, dans certaines circonstances, le maintien du droit traditionnel rendrait impossible toute action efficace de la part des États pour faire face à un danger le menaçant. En ce sens, les États doivent notamment pouvoir, en présence de circonstances exceptionnelles, écarter les conditions posées par l'article 5 § 1 de la Convention européenne[140]. Selon l'article 15 de la Convention européenne des droits de l'Homme, une dérogation aux règles relatives à la protection des droits de l'homme n'est admise qu'en cas de guerre ou de danger public menaçant la vie de la nation. Les autres conditions mentionnées dans cet article introduisent assez classiquement un contrôle de proportionnalité de la mesure. Par conséquent, une telle clause dérogatoire peut justifier l'adoption d'une législation d'exception par le législateur interne.

*ii. L'application de la théorie de l'état de nécessité*

**180. Le recours à la théorie de l'état de nécessité.** Une situation de détention ou de garde, fondée sur un pouvoir de rétention irrégulier, est *a priori* illicite et doit à ce titre être sanctionnée. Néanmoins, il peut arriver qu'à titre exceptionnel le juge reconnaisse la licéité d'une telle situation et, par conséquent, ne la sanctionne pas. Une telle hypothèse se présente lorsque le juge estime que la personne exerçant un tel pouvoir se trouvait dans un état de nécessité[141]. Aux confins de la philosophie, de la morale, de la théologie et du droit, cette

---

[138] P. TAVERNIER, *Article 15, in La Convention européenne des droits de l'Homme. Commentaire article par article*, sous la direction de L.-E. PETTITI, E. DECAUX et P.-H. IMBERT, *op. cit.*, pp. 489-503.

[139] Article 4 du PIDCP. En revanche, elle ne se retrouve pas dans la Déclaration universelle des droits de l'Homme de 1948.

[140] Cour EDH, 1er juillet 1961, *Lawless*, série A, n° 3 ; Cour EDH, 18 janvier 1978, *Irlande c. Royaume-Uni*, série A, n° 25.

[141] Sur la notion d'état de nécessité en droit pénal, pour les ouvrages antérieurs à sa généralisation par le Code pénal de 1992, *cf.* : G. F. MARCHAND, *De l'état de nécessité en droit pénal*, thèse Paris, 1902 ; L. LUQUET, *Du droit nécessaire*, thèse Paris, 1902 ; J. FABISCH, *Essai sur l'état de nécessité*, thèse Grenoble, 1903 ; P. MORIAUD, *De la justification du délit par l'état de nécessité*, thèse Genève, 1889 ; P. FORIERS, *L'état de nécessité en droit pénal*, préf. M. PHILONENKO, Bruylant, Sirey, 1951 ; J.-M. AUSSEL, *La contrainte et la nécessité en droit pénal, in Quelques aspects de l'autonomie du droit pénal*, Dalloz, 1956, p. 253 ; J.-A. ROUX, *L'état de nécessité et le délit nécessaire, RPDP*, 1900, pp. 1411-1423 ; J.-Y. CHEVALLIER, *L'état de nécessité (Le rôle du Doyen P. Bouzat dans la reconnaissance de l'infraction nécessaire en droit positif), in Mélanges en l'honneur du Doyen P. BOUZAT*, A. Pedone, 1980, pp. 117-134 ; M.-E. CARTIER, *Contrainte et nécessité, in Les causes d'irresponsabilité pénale*, Annales de l'Université des Sciences sociales de Toulouse, t. 30, 1982, pp. 27-63 ; J. VERHAEGEN, *L'humainement acceptable en droit de la justification, in Licéité en droit positif et références légales aux valeurs, Contribution à l'étude du règlement juridique des conflits de valeurs en droit pénal, public et international*, Bibliothèque de la faculté de droit de l'université catholique de Louvain, XIV, Bruylant, 1982, pp. 137-157. Pour les ouvrages postérieurs à sa généralisation par le Code pénal de 1992, *cf.* : M. DANTI-JUAN, *État de nécessité, in Répertoire de droit pénal et de procédure pénale*, Dalloz, 1997 ; F. DESPORTES et F. LE GUNEHEC, *Droit pénal général*, 12e éd., Economica, 2005, nos 742-751, pp. 710-718 ; G. STEFANI, G. LEVASSEUR et B. BOULOC, *Droit pénal général, op. cit.*, nos 401-408, pp. 346-351 ; PH. CONTE et P. MAISTRE DU CHAMBON, *Droit pénal général, op. cit.*, nos 268-275, pp. 155-159 ; J. LEROY, *Droit pénal général*, LGDJ, 2003, nos 289-295 ; R. MERLE et A. VITU, *Traité de droit*

notion vient corriger « *les inflexibles prescriptions* »[142] des responsabilités pénale et civile, en appliquant l'adage « *nécessité n'a point de loi* »[143].

**181. Application en droit pénal.** En droit pénal, cette théorie permet de légitimer certaines situations de garde ou de détention fondées sur un pouvoir de rétention irrégulier. En effet, lorsqu'une personne retient autrui en dehors des cas prévus par la loi, elle est susceptible d'être pénalement sanctionnée sur le fondement de la détention ou de la séquestration arbitraires. Cependant, comme toute infraction pénale, l'élément légal peut être écarté par l'existence d'une cause objective de non-responsabilité. Classiquement, il en est ainsi pour l'ordre de la loi et le commandement de l'autorité légitime qui figurent dans les prévisions de l'article 224-1 du Code pénal. Mais, il faut également ajouter d'autres faits justificatifs non prévus par cet article, parmi lesquels figure l'état de nécessité. La reconnaissance jurisprudentielle, puis légale, de l'état de nécessité en tant que cause générale d'irresponsabilité, répond à la fois à des considérations d'équité et d'utilité sociale[144]. L'état de nécessité permet de corriger une trop grande rigidité de la loi pénale. En effet, si cette dernière a pour objectif de protéger un intérêt qu'elle estime supérieur, sa raison d'être est sérieusement remise en cause lorsque l'intérêt légal sacrifié est d'une valeur moindre que celle de l'intérêt sauvegardé par l'auteur de l'infraction. En écartant la loi pénale, l'état de nécessité permet de faire primer cet intérêt sur celui défendu par la loi. Dans l'absolu, il peut en être de même lorsque les intérêts en présence sont de même valeur[145]. La société ne peut dans ce cas préférer un intérêt par rapport à l'autre. Par ailleurs, ce fait justificatif peut être invoqué même si l'auteur de l'acte nécessaire n'est pas celui qui est menacé par un danger. Bien au contraire, rien ne semble « *plus naturel que l'intervention d'un non-intéressé*

---

*criminel*, t. 1, *Problèmes généraux de la science criminelle. Droit pénal général*, 7e éd., Cujas, 1997, nos 465-470, pp. 587-594 ; J. PRADEL, *Droit pénal général*, 15e éd., Cujas, 2004, nos 339-351, pp. 311-318 ; J.-H. ROBERT, *Droit pénal général*, 6e éd. refondue, PUF, 2005, pp. 270-276 ; Y. MAYAUD, *Droit pénal général*, PUF, Droit fondamental, 2004, nos 397-401, pp. 383-388. Sur la notion d'état de nécessité en droit civil, *cf.* J. H. ABOAF, *L'état de nécessité et la responsabilité délictuelle*, LGDJ, 1942 ; P. LALLEMENT, *L'état de nécessité en matière civile*, PUF, 1922 ; R. PALLARD, *L'exception de nécessité en droit civil*, préf. R. SAVATIER, LGDJ, 1949 ; R. SAVATIER, *L'état de nécessité et la responsabilité civile extra-contractuelle, in Études de droit civil à la mémoire de H. CAPITANT*, Topos Verlag AG, Librairie Duchemin, 1977, pp. 729-752.

142 T. corr. Château-Thierry, 4 mars 1998, *D.* 1899, II, 329, note L. JOSSERAND.

143 A. LOYSEL, *Institutes* coutumières, *op. cit.*, t. 2, n° 870, p. 230, *cf.* également n° 913 p. 252 : « *besoin ou nécessité* [et volonté de roi] *n'ont loi* ». Cet adage est en réalité une création du droit canonique. L'expression « *Necessitas non habet legem* » est attribuée au pape Félix IV et vise à l'origine le cas des messes célébrées en dehors des lieux consacrés. Il a ensuite été étendu au vol de nourriture ou de vêtements commis sous l'empire de la faim ou du froid. Il se fonde sur un texte des *Proverbes* (VI, 30 : « *On n'en veut pas à un voleur qui dérobe pour satisfaire sa faim quand il n'a rien à manger* » et sur un passage de l'évangile de Saint Matthieu (XII, 1-8) où le Christ excuse ses disciples qui ont arraché des épis dans un champ de blé un jour de sabbat, alors qu'ils avaient faim. *Cf.* pour un commentaire complet de cet adage : H. ROLAND, L. BOYER, *Adages du droit français*, 4e éd., Litec, 1999, n° 238, pp. 468-472.

144 L'état de nécessité apparaît ainsi comme une application du juste et de l'utile en droit. *Cf.* H. LALOU, *Du délit commis en état de nécessité, art. précit.*, pp. 21-22 : « *Il est juste, il est utile qu'entre deux maux l'on choisisse le moindre et que l'affamé lèse un droit de propriété pour sauver sa vie. Il serait injuste, il serait inutile qu'entre deux maux de même nature et de même valeur la société ait le droit d'indiquer ses préférences* ».

145 Cependant, certains auteurs considèrent que dans une telle hypothèse, l'acte accompli ne pourrait être justifié sur le fondement de l'état de nécessité, ils fondent alors l'impunité sur la théorie de la contrainte morale. Pour un tel constat *cf.* G. STEFANI, G. LEVASSEUR et B. BOULOC, *op. cit.*, n° 406, p. 350. Messieurs Merle et Vitu s'opposent à un telle théorie, car, dans cette situation, « *quelle que soit l'attitude adoptée par l'agent, le préjudice social est identique ; la répression se trouve donc désarmé* », *cf.* R. MERLE et A. VITU, *Traité de droit criminel*, t. 1, *op. cit.*, n° 470, p. 594.

*dans le conflit qu'amène la nécessité* »[146], une telle intervention peut constituer « *un acte de véritable dévouement* »[147]. Un tel dévouement n'est cependant pas totalement libre, l'abstention du tiers en mesure d'intervenir peut être pénalement sanctionnée sur le fondement de la non-assistance à personne en péril (art. 223-6, al. 2 C.Pén.) ou de l'homicide et des blessures par imprudence (art. 221-6 et 222-19 C.Pén.)[148]. Dans cette optique, l'état de nécessité serait à rattacher au devoir général de ne pas nuire à autrui et d'agir afin d'assister autrui lorsque cela est possible.

Ainsi, l'état de nécessité pourrait parfois justifier des faits d'arrestation et de détention. Il faudra pour cela que les deux principales conditions de ce fait justificatif soient réunies : d'une part, le danger susceptible de justifier la commission de l'infraction doit être actuel ou imminent et, d'autre part, l'acte effectué doit être proportionné et nécessaire à la sauvegarde de la personne ou du bien. L'énoncé de ces conditions est particulièrement intéressant. Il peut être rapproché des critères utilisés pour justifier une atteinte aux droits fondamentaux[149]. Le critère de la légalité, selon lequel l'intervention du législateur est nécessaire pour porter atteinte à la liberté d'aller et venir, est ici remplacé par l'intervention du juge. En revanche, les autres critères se retrouvent. Ils sont mis en œuvre par le juge. L'état de nécessité doit être justifié par un but légitime dans une société démocratique et ne peut être admis, comme son nom l'indique, que si l'atteinte à l'intérêt protégé par la loi était nécessaire. En définitive, la théorie de l'état de nécessité, justifiant la détention ou la séquestration, apporte un correctif nécessaire aux éventuels silences de la loi pour certaines situations temporaires. Dès lors, lorsque ces conditions sont réunies, il sera possible d'admettre l'existence d'une situation de garde ou de détention fondée sur un pouvoir de fait de rétention. Ce dernier repose sur la volonté d'une personne de protéger la personne détenue ou la société. Il est légitimé à ce titre par le contrôle *a posteriori* du juge.

**182. Application en droit civil.** En droit civil, il faut tout d'abord s'interroger sur les éventuelles conséquences civiles de la licéité pénale de ces situations de garde ou de détention d'autrui. De prime abord, l'acte ne constituant pas une faute pénale, il serait logique qu'il ne fasse pas l'objet d'une condamnation civile en vertu du principe de l'autorité de la chose jugée au pénal sur le civil. Ce principe, fortement critiqué[150], est sérieusement limité, depuis que la loi n° 2000-647 du 10 juillet 2000 a institué le principe de dualité des fautes civiles et pénales d'imprudence[151]. Néanmoins, continuant à s'appliquer pour les infractions intentionnelles, il devrait entraîner l'irresponsabilité civile de la personne détenant la personne d'autrui, dès lors qu'elle n'a pas été pénalement sanctionnée. Certains auteurs ont cependant souligné que l'absence d'indemnisation pouvait être problématique[152]. L'acte nécessaire peut se révéler dommageable pour la personne qui le subit[153]. Certains palliatifs ont alors été

---

[146] P. MORIAUD, *thèse précit.*, p. 22.

[147] P. MORIAUD, *ibid.*

[148] *Cf.* J. PRADEL et M. DANTI-JUAN, *Droit pénal spécial*, 3e éd., Cujas, 2004, n° 336.

[149] *Cf. supra* nos 157-173.

[150] PH. LE TOURNEAU et L. CADIET, *Droit de la responsabilité civile et des contrats*, Dalloz Action, 2000-2001, n° 688.

[151] *Cf.* PH. LE TOURNEAU, *Droit de la responsabilité et des contrats*, *op. cit.*, nos 696-718, pp. 691-724 ; F. DESPORTES et F. LE GUNEHEC, *op. cit.*, nos 498-5 - 498-7, pp. 479-483. *Cf.* également M. TAPIA, *Décadence et fin éventuelle du principe d'identité des fautes pénale et civile*, *Gaz. Pal.*, 2003, pp. 686-706.

[152] J. PRADEL, *Droit pénal général*, *op. cit.*, n° 351, p. 318.

[153] On peut d'ailleurs remarquer que ce problème a été envisagé par le juge Magnaud à l'origine du célèbre jugement de Château-Thierry du 4 mars 1898 (*S.* 1899, 2, I, note ROUX ; *D.* 1899, II, 329, note L. JOSSERAND). Ainsi affirme-t-il dans ce jugement « *qu'il est regrettable que, dans une société bien organisée, un membre de cette société, surtout une mère de famille, puisse manquer de pain autrement que par sa faute...* ». Reprenant, cette idée, le juge Magnaud a ensuite demandé, dans une pétition au

imaginés par la doctrine, comme le recours à l'enrichissement sans cause[154] ou à la gestion d'affaires, la reconnaissance d'un droit de nuire à autrui contre indemnité[155]... De telles propositions peuvent se comprendre lorsque l'auteur du dommage a directement bénéficié de l'acte dommageable. En revanche, elles paraissent injustifiées lorsque l'auteur du dommage a agi uniquement dans l'intérêt d'autrui ou de la société. En l'occurrence, le versement d'une indemnité ne devrait pas réellement se poser puisque la privation de liberté ne peut être légitimée que par un intérêt supérieur qui n'est pas celui de l'auteur de l'acte. Sa dimension éminemment altruiste doit écarter toute recherche d'indemnités civiles à son égard. Ce dernier, agissant à des fins désintéressées, ne devrait pas être civilement condamné. Dès lors, il est possible d'affirmer que certaines situations de garde ou de détention d'autrui, fondées sur un pouvoir de fait de retenir autrui, peuvent être perçues comme pleinement régulières par l'autorité judiciaire. Initialement illicites, elles deviennent rétroactivement licites.

**183. Apport de la théorie de l'état de nécessité à la théorie de la garde d'autrui.** La théorie de l'état de nécessité est d'une grande utilité dans l'élaboration d'une théorie générale de la garde d'autrui pour au moins deux raisons.

En premier lieu, nous avons constaté que, par principe, une personne ne peut exercer un pouvoir de garde ou de détention sur autrui que si le législateur, le juge ou une autorité administrative l'a expressément investie d'un tel pouvoir. En somme, l'exercice de ce pouvoir doit faire l'objet d'un contrôle *a priori*. Or, dans certaines situations d'urgence, il est impossible d'effectuer un tel contrôle judiciaire ou administratif. Cette hypothèse correspond, par exemple, à la situation d'une personne majeure présentant subitement des troubles mentaux et mettant en danger sa vie et celle des tiers. N'ayant fait l'objet d'aucune mesure de placement, elle ne peut *a priori* être retenue. Néanmoins, si une personne prend la décision de la retenir physiquement, afin d'éviter qu'elle ne cause un dommage à autrui, son action pourra être légitimée *a posteriori* par l'invocation de la théorie de l'état de nécessité. Cette théorie vient ainsi utilement compléter la théorie de la garde d'autrui.

En second lieu, l'existence de la théorie de l'état de nécessité peut indirectement restreindre le domaine de la garde ou de la détention d'autrui. En effet, selon les dispositions internes et internationales, l'établissement d'un pouvoir de rétention sur la personne d'autrui n'est admis qu'en présence d'un but légitime. Comme nous l'avons observé[156], la Convention européenne des droits de l'Homme a énoncé, dans son article 5 § 1, une liste de buts légitimes. Cette liste ne constitue néanmoins qu'un premier cadre, le législateur interne peut être plus restrictif et ne pas admettre l'existence d'un pouvoir de rétention sur autrui dans toutes les hypothèses énoncées par la Convention européenne. Une véritable réflexion sur l'opportunité de l'admission de ces différentes situations de garde ou de détention peut donc être menée en droit interne[157]. L'existence de la théorie de l'état de nécessité constitue très certainement un élément à prendre en considération dans une telle réflexion. À nouveau, nous pouvons reprendre l'exemple du handicapé mental majeur. En effet, dans l'absolu, le législateur national est confronté à une alternative : soit il décide d'organiser une procédure judiciaire permettant d'attribuer un pouvoir de garde aux proches du handicapé mental

---

Parlement, que la loi municipale du 5 avril 1884 soit modifiée et que dorénavant les communes prennent à leur charge « *les indemnités dues à des tiers pour réparation du préjudice résultant pour eux des actes accomplis par les indigents originaires de la commune* », en prévoyant néanmoins la possibilité d'un recours ultérieur contre eux. Pour des développements plus exhaustifs sur les réactions politiques à ce jugement et sur ses conséquences civiles, *cf.* J. FABISCH, *thèse précit.*, pp. 141-149.

[154] En ce sens, Crim., 27 décembre 1884, *D.* 1885, I, 219.

[155] R. SAVATIER, *L'état de nécessité et la responsabilité civile extra-contractuelle*, *art. précit.*, spéc. p. 752.

[156] *Cf. supra* n° 165.

[157] *Cf. infra* n^os^ 227-272.

majeur, soit il réserve un tel pouvoir aux établissements psychiatriques. Nous avons déjà précisé que s'il décide d'organiser une procédure de placement au bénéfice des proches, la théorie de l'état de nécessité peut être un complément nécessaire dans l'hypothèse où cette procédure n'aurait pas encore été déclenchée. L'existence de la théorie de l'état de nécessité présente un autre avantage. En effet, le législateur peut être partagé entre le souci de respecter au maximum la liberté individuelle du handicapé et celui d'assurer sa sécurité et celle des tiers. Selon qu'il privilégiera l'une ou l'autre idée, il admettra ou rejettera l'existence d'un pouvoir de garde au profit des proches du handicapé mental majeur. L'existence de la théorie de l'état de nécessité peut peser dans sa décision. En effet, conscient de son existence, le législateur peut décider de refuser l'attribution d'un pouvoir de garde aux proches. Dans l'hypothèse où le handicapé mental majeur serait pris d'une soudaine crise de démence et risquerait de causer un dommage aux tiers ou à lui-même, une personne pourrait le retenir temporairement. Son intervention ne devrait pas donner lieu à une sanction. Elle serait au contraire pleinement justifiée par la théorie de l'état de nécessité. Par conséquent, en raison de l'existence de cette théorie, le législateur est beaucoup plus libre de refuser l'existence légale d'un pouvoir de rétention sur autrui. Il convient néanmoins d'observer que le législateur ne doit prendre en compte cette théorie qu'avec beaucoup de précautions. En effet, elle repose sur une appréciation judiciaire, or il est parfois préférable qu'une personne connaisse exactement l'étendue de ses pouvoirs sur autrui. Seule une reconnaissance légale du pouvoir de rétention lui apporte cette assurance. Il n'en demeure pas moins que l'existence de la théorie de l'état de nécessité apparaît de nouveau comme un élément important de la théorie de la garde d'autrui. Son éventuelle utilisation est justifiée par la nécessaire existence d'un pouvoir de rétention sur autrui, fondement commun des situations de garde et de détention. Ces deux situations ne sont toutefois pas totalement identiques. Elles se distinguent lorsqu'on envisage l'exercice concret de ce pouvoir de retenir autrui et les finalités dont on peut l'assortir.

## B. DES FINALITÉS DISTINCTES

**184.** Fondement commun des situations de garde et de détention d'autrui, le pouvoir de retenir autrui présente de nombreuses spécificités dans ses modalités d'exercice. Une étude de ce pouvoir sur autrui permet de s'interroger sur son contenu, ses conséquences et ses caractéristiques. Il en ressort que ce pouvoir sur autrui est une prérogative majeure, qui doit être associée aux pouvoirs de contrôler les activités quotidiennes et le mode de vie d'une autre personne. Loin d'être un pouvoir anecdotique, il est donc susceptible de donner naissance à des situations de garde ou de détention aux profils variés. Les finalités de ces situations permettent de les distinguer. Tandis que dans les situations de détention, la rétention de la personne est une fin en soi ; dans les situations de garde, elle devient un moyen destiné à faciliter l'exécution d'une prestation ou d'une mission spécifique. Ainsi, l'étude du contenu, des conséquences et des caractéristiques du pouvoir de retenir autrui **(1)** permet de comprendre que ce pouvoir peut servir des finalités distinctes à l'origine de la distinction entre la garde et la détention d'autrui **(2)**.

### *1. Le contenu, les caractéristiques et les conséquences du pouvoir de retenir autrui*

**185.** Les situations de garde et de détention d'autrui ne pouvant exister qu'en présence d'un droit de retenir autrui, il convient d'analyser ce droit afin de discerner les contours de ces notions. L'étude du droit de retenir la personne d'autrui révèle assez rapidement que ce pouvoir sur autrui ne peut être dissocié d'autres prérogatives juridiques. Aussi peut-on envisager, dans un premier temps, les pouvoirs de retenir et de déterminer le lieu de vie d'autrui **(a)**, puis, dans un second temps, les conséquences induites sur le contrôle des activités d'autrui, c'est-à-dire sur les activités quotidiennes et le mode de vie d'autrui **(b)**.

a. Les pouvoirs de retenir et de déterminer le lieu de vie d'autrui

**186.** L'étude du pouvoir de retenir autrui témoigne de la profonde corrélation de ce pouvoir avec celui de déterminer le lieu de vie d'autrui. Plus qu'une simple association, ces deux pouvoirs sont en réalité complémentaires et permettent d'expliquer les différentes situations pouvant résulter de l'exercice d'un pouvoir de retenir autrui. Cette idée ressort de l'analyse de la définition du droit de retenir autrui (**α**), de la nécessité de requalifier ce droit en pouvoir (**β**) et de l'impossibilité d'admettre pleinement son indisponibilité (**γ**).

*α. Définition du droit de retenir autrui*

**187. Définition et modalités d'exercice de ce droit.** Dans une conception étroite, il apparaît que le droit de retenir autrui permet à son titulaire de maintenir physiquement une personne dans un endroit déterminé. Ce droit de rétention peut s'exercer positivement ou négativement. Lorsqu'il est exercé positivement, la personne, objet de ce droit, est physiquement retenue et enfermée dans un local ou un établissement. En revanche, lorsqu'il est exercé négativement, la personne soumise à ce droit retrouve une certaine liberté d'aller et venir. Autrement dit, le titulaire du pouvoir de rétention a délibérément choisi de ne pas exercer son droit et lui a redonné une certaine liberté. Certes, on pourrait estimer que, dans ces hypothèses, le titulaire du droit de retenir autrui ne l'exerce plus. Cependant, si, comme nous le verrons, ce droit peut être transmis à autrui[158], il ne semble pas possible d'y mettre fin sans que cela ait été prévu par le législateur ou autorisé par le juge. Ce pouvoir trouvant sa source dans une décision législative, judiciaire ou administrative, son anéantissement devrait suivre les mêmes voies au nom du parallélisme des formes. En réalité, le titulaire de ce droit de retenir autrui continue de l'exercer, mais sous une forme différente, c'est-à-dire sous une forme négative. Les décisions de redonner une certaine liberté et de maintenir ces situations ainsi créées, relèvent pleinement de l'exercice du droit de retenir autrui. Le titulaire de ce droit peut toujours changer d'avis et décider de reprendre la personne auprès de lui. Par conséquent, le pouvoir de rétention est susceptible d'être adapté aux besoins de la personne soumise à ce droit. Ainsi, les parents d'un enfant en bas âge peuvent le retenir dans un lieu déterminé. En revanche, les parents d'un grand adolescent pourront lui donner plus de liberté et ne pas exercer positivement leur droit de le retenir. Ils seront néanmoins responsables de leur choix.

**188. Articulations des deux modalités d'exercice du pouvoir de retenir autrui.** Le législateur, à l'origine de l'existence et de l'attribution du pouvoir de retenir autrui, peut en déterminer les modalités d'exercice et, de ce fait, préciser la mission qu'il entend attribuer au titulaire de ce pouvoir. De même, dans certains cas, le juge pourra être amené à intervenir dans l'attribution de ce pouvoir, si la mise en œuvre de la mesure exige sa participation et si le législateur lui a laissé une certaine marge d'appréciation.

En premier lieu, il est possible d'exiger que le pouvoir de retenir autrui ne soit exercé que positivement[159]. La présence physique de la personne retenue est dès lors obligatoire. Une telle hypothèse peut correspondre à la situation des condamnés à une peine de prison assortie d'une période de sûreté. Pendant tout le temps de cette période, le prisonnier ne pourra pas bénéficier d'une suspension de l'exercice positif du droit de rétention.

En second lieu, le législateur ou le juge peuvent introduire plus de souplesse dans l'exercice de ce pouvoir, en admettant un cumul des deux modalités d'exercice. Dans cette hypothèse, le pouvoir de retenir autrui pourra s'exercer positivement ou négativement. La présence physique de la personne retenue auprès de lui n'étant plus impérativement

---

[158] *Cf. infra* n° 201.

[159] En revanche, il semble difficile d'admettre que ce pouvoir ne puisse s'exercer que négativement. Une telle conception du droit de retenir autrui lui retirerait toute signification.

requise, le titulaire du pouvoir de retenir autrui dispose alors d'un certain pouvoir d'appréciation, sous réserve d'éventuelles dispositions légales ou judiciaires. Il pourra prendre l'initiative de redonner une certaine marge de liberté à la personne dont il a la charge. Une telle hypothèse correspond, par exemple, à la situation des handicapés mentaux hospitalisés sous contrainte. De telles formes d'hospitalisation confèrent un pouvoir de rétention à l'établissement psychiatrique. Le législateur a néanmoins prévu que les médecins pourront décider d'accorder au malade une certaine liberté, notamment en lui octroyant une sortie d'essai. Cette idée se retrouve également pour les condamnés à une peine privative de liberté non assortie d'une période de sûreté.

Ainsi, l'étude du droit de retenir autrui montre déjà que ce droit est susceptible de donner naissance à des situations juridiques aux contours variés. Une telle conclusion est renforcée par l'étude des caractéristiques de ce droit sur autrui.

*β. La requalification du droit de retenir autrui en pouvoir*

**189. L'opposition classique des droits subjectifs et des droits-fonctions.** Les nombreux auteurs qui se sont intéressés à la théorie des prérogatives juridiques sont unanimes pour admettre leur diversité et la nécessité de les catégoriser. Une distinction, se fondant sur une analyse téléologique des différents types de prérogatives, est rapidement apparue. On pourrait ainsi opposer les prérogatives juridiques poursuivant un intérêt personnel et celles cherchant à servir un intérêt collectif. La doctrine classique, appliquant cette distinction, oppose les droits subjectifs aux droits-fonctions. Néanmoins, il faut bien admettre que ce clivage a été plus ou moins bien perçu. Deux grandes tendances peuvent être isolées. Selon la première, une seule des deux catégories existe réellement. Ce courant doctrinal est notamment incarné par Josserand et Ripert qui, à l'occasion d'une controverse célèbre, ont développé des points de vue diamétralement opposés[160]. Tandis que Josserand considérait que tous les droits subjectifs ne constituaient que des fonctions sociales, Ripert défendait l'absolutisme des droits subjectifs, toutes les prérogatives juridiques étant des « *pouvoirs égoïstes* »[161]. Par opposition, le second courant doctrinal admet l'existence de deux catégories de droits : les droits subjectifs ou « *droits-pouvoirs* », attribués à leurs titulaires dans leur propre intérêt, et les « *droits-fonctions* », conférés dans l'intérêt d'autrui[162]. Néanmoins, il est rare que les auteurs reconnaissent un caractère absolu à cette distinction. Au contraire, ils auraient tendance à admettre sa relativité et à affirmer, en conséquence, l'existence de « *droits mixtes* », mi-droit subjectif, mi-droit-fonction, au risque d'obscurcir la

[160] On peut toutefois noter que ces deux auteurs n'ignorent pas totalement la distinction des droits subjectifs et des droits fonctions. Josserand oppose ainsi « *les droits à esprit égoïste* » et « *les droits à esprit altruiste* », *cf.* L. JOSSERAND, *De l'esprit des droits et de leur relativité. Théorie dite de l'Abus des Droits*, 2e éd., Dalloz, 1939. De même, Ripert se demande « *s'il n'y a pas une distinction à faire entre le droit et le pouvoir* », *cf.* G. RIPERT, *Abus ou relativité des droits. À propos de l'ouvrage de M. Josserand : de l'esprit des droits et de leur relativité*, *Rev. crit.*, 1929, note 4, p. 57. Néanmoins, aucun de ces deux auteurs ne retiendra ce clivage à titre principal.

[161] G. RIPERT, *Le régime démocratique et le droit civil moderne*, LGDJ, 1936, n° 122.

[162] R. DAVID, *La protection des minorités dans les sociétés par actions*, Sirey, 1929, n° 44 ; A. ROUAST, *Les droits discrétionnaires et les droits contrôlés*, *RTD civ.* 1944, pp. 1-19, *spéc.* nos 1 à 12, pp. 1-8 ; J. DABIN, *Le droit subjectif*, Dalloz, 1952, p. 237 et s. Cette distinction se retrouve également chez Roubier, même si celui-ci a tendance à multiplier les catégories. Il distingue ainsi plusieurs prérogatives juridiques : les droits subjectifs, les actions en justice indépendante d'un droit antérieure, l'effet réflexe du droit objectif, la liberté, la faculté, la fonction et le pouvoir. *Cf.* P. ROUBIER, *Les prérogatives juridiques*, *APD*, Nouvelle série n° 5, 1960, pp. 65-131 et du même auteur, *Droits subjectifs et situations juridiques*, Dalloz, 1963, p. 177 et s. Pour une étude critique de cette thèse, *cf.* J. DABIN, *Droit subjectif et prérogatives juridiques. Examen des thèses de M. Paul Roubier*, Académie Royale de Belgique. Classe des lettres et des sciences morales et politiques. Mémoires, t. 54, Fasc. 3, 1960.

distinction établie[163]. Ces droits mixtes auraient ainsi un caractère à la fois subjectif et fonctionnel.

**190. L'opposition moderne des droits subjectifs et des pouvoirs.** Revenant sur ces différentes positions doctrinales, Monsieur Emmanuel Gaillard[164] a proposé une nouvelle distinction opposant les droits subjectifs aux pouvoirs[165]. Les droits subjectifs seraient des droits « *abandonnés au libre arbitre de leur titulaire, le sujet de droit, sous la seule réserve du contrôle de l'intention de nuire et de ses équipollents* »[166]. En revanche, les pouvoirs seraient « *conférés à leur titulaire, l'agent juridique, dans un intérêt au moins partiellement distinct du sien, et susceptibles, à ce titre, d'un contrôle judiciaire du détournement de pouvoir* »[167]. La recherche de l'intérêt, déterminé par le législateur ou, à défaut, par le juge, va donc être essentielle pour déterminer la nature juridique de la prérogative en question et les conséquences qui y sont attachées. Par ailleurs, l'auteur admet que le pouvoir ne soit pas exclusivement exercé dans l'intérêt des tiers. Toutefois, ceci ne remet pas en cause la qualification de pouvoir. Il retient en effet que : « *dès lors qu'il ne poursuit plus son intérêt exclusif, mais qu'il doit composer avec l'intérêt d'autrui, le titulaire d'une prérogative juridique n'est plus libre d'en disposer à sa guise* »[168]. En définitive, il suffit que la prérogative juridique en question poursuive au moins partiellement la satisfaction d'un intérêt étranger à celui de son titulaire, pour qu'elle puisse être qualifiée de pouvoir. Fort de ces définitions et de ces constatations, l'auteur peut écarter l'existence de droits mixtes : « *un droit ne peut être à la fois libre et finalisé* »[169]. Ces qualifications, présentant l'avantage d'opposer deux catégories distinctes répondant chacune à un régime particulier, peuvent être présentement retenues.

**191. Le classement du droit de retenir autrui dans la catégorie des pouvoirs.** S'opposant à la liberté fondamentale d'aller et venir, l'existence du droit de retenir autrui est notamment corrélée à celle d'un but légitime. Ainsi, cette prérogative juridique sur autrui ne peut aller à l'encontre du principe du respect de la dignité humaine et servir l'intérêt exclusif de la personne titulaire de ce droit. Au contraire, il devra être justifié par l'intérêt de la société ou par celui de la personne soumise à ce droit[170]. Dès lors, il est possible de classer le droit de retenir autrui, ainsi que toutes les prérogatives juridiques qui pourraient lui être associées, dans la catégorie des pouvoirs. Il semblerait même que le pouvoir de retenir autrui occupe une place particulière au sein de cette catégorie. En effet, selon Monsieur Emmanuel Gaillard, un

---

[163] *Cf.* à l'origine de cette qualification : A. ROUAST, *art. précit.*, n° 11, pp. 7-8 ; et, plus généralement, pour une synthèse de la doctrine : E. GAILLARD, *Le pouvoir en droit privé*, préf. G. CORNU, Economica, Droit civil, série études et recherche, 1985, n^os^ 35-46, pp. 32-39.

[164] E. GAILLARD, *thèse précit.*

[165] Comme le souligne l'auteur, cette qualification n'est pas sans poser de problèmes. En effet, le terme de pouvoir était jusque là attaché à la définition du droit subjectif (*cf.* par exemple : G. RIPERT, *Le régime démocratique et le droit civil moderne*, *op. cit.*, n° 122 ; J. DABIN, *Le droit subjectif*, *op. cit.*, pp. 103-104). L'auteur préfère cependant remplacer l'opposition établie entre les droits subjectifs ou droits-pouvoirs et les droits-fonctions par celle des droits subjectifs et des pouvoirs. Il justifie ce choix par plusieurs arguments. Sur le terrain de la terminologie, il retient que les expressions « *droit-fonction* » et « *droit-pouvoir* » sont rarement explicitées. Par ailleurs, ceci conduit à appliquer le contrôle du détournement de pouvoir aux « *droits-fonctions* » et non aux « *droits-pouvoirs* ». Sur le terrain de l'intérêt théorique, l'auteur fait remarquer que le terme de pouvoir rappelle que les théories du détournement de pouvoir et de la représentation ont ici un point d'application commun. L'expression de « *droit-fonction* » tend au contraire à masquer ce rapprochement. *Cf.* E. GAILLARD, *thèse précit.*, n^os^ 60-62, pp. 46-47.

[166] E. GAILLARD, *thèse précit.*, proposition de thèse n° 1, p. 233.

[167] E. GAILLARD, *ibid.*

[168] E. GAILLARD, *thèse précit.*, n° 85, p. 60.

[169] E. GAILLARD, *thèse précit.*, n° 44, p. 38.

[170] *Cf. supra* n^os^ 162-167.

pouvoir est conféré à son titulaire dans un intérêt au moins partiellement distinct du sien[171]. Or, en l'occurrence, l'intérêt du titulaire du pouvoir de retenir autrui est parfois minime, voire inexistant. L'intérêt du titulaire peut n'être qu'un simple intérêt financier, philanthropique ou moral. Cependant, il est vrai que l'on peut toujours identifier un intérêt indirect, lorsque l'intérêt poursuivi est celui de la société. En effet, dans cette hypothèse, le titulaire bénéficie indirectement de l'exercice de ce pouvoir en sa qualité de membre de la société. Il n'en demeure pas moins que dans certaines situations, le pouvoir de retenir autrui constitue une prérogative juridique à la dimension altruiste particulièrement marquée.

**192. La conséquence de cette qualification : la mise en œuvre d'un contrôle spécifique du détournement de pouvoir.** Il s'agit ici de reprendre brièvement les règles du contrôle du détournement de pouvoir telle qu'elles ont pu être dégagées par Monsieur Emmanuel Gaillard[172]. Nous pouvons ainsi retenir que la qualification de pouvoir appelle un examen étroit de son exercice par l'intermédiaire d'un contrôle judiciaire du détournement de pouvoir. Dès lors, qualifiée de pouvoir, la prérogative juridique permettant de retenir la personne d'autrui va être étroitement contrôlée dans son exercice. Dans une conception assez générale, il apparaît que ce contrôle revêt une dimension subjective indéniable et présente deux aspects. D'une part, il s'agit d'un contrôle portant sur la conformité des mobiles dirigeant l'exercice du pouvoir par rapport au but déterminé par le législateur ou le juge. D'autre part, ce contrôle pourrait être utilement renforcé par un contrôle de l'opportunité de la décision prise fondé sur l'esprit du contrôle de l'erreur manifeste d'appréciation du droit administratif. La sanction du dépassement de pouvoir serait, à titre principal, la nullité de l'acte en question et, à titre subsidiaire, la mise en œuvre de la responsabilité civile du titulaire du pouvoir. Selon Monsieur Emmanuel Gaillard, en l'absence de régimes spéciaux, la nullité encourue étant une nullité de protection serait nécessairement relative[173]. Nous pouvons néanmoins émettre quelques réserves pour les cas où le pouvoir serait exercé dans l'intérêt de la société, une nullité absolue serait plus justifiée.

**193.** Requalifié en pouvoir, le droit de retenir une personne apparaît bien comme une prérogative juridique orientée vers la satisfaction de l'intérêt de la société ou d'un tiers. Le titulaire de ce pouvoir se retrouve investi d'une véritable fonction sociale déterminée par la loi. Nous pouvons dès lors nous interroger sur la disponibilité du pouvoir de retenir autrui. En effet, une telle qualité pourrait être à même de renforcer la qualification de fonction sociale.

*γ. La simple aliénabilité du pouvoir de retenir autrui*

**194. L'indisponibilité : une notion usuelle entourée d'incertitudes.** Les notions d'indisponibilité[174] et de disponibilité sont susceptibles d'applications nombreuses et variées.

---

[171] *Cf. supra* n° 190.

[172] E. GAILLARD, *thèse précit.*, n$^{os}$ 146-213, pp. 96-136.

[173] E. GAILLARD, *thèse précit.*, n$^{os}$ 182-183, pp. 114-115.

[174] *Cf.* R. BÉRAUD, *L'indisponibilité juridique*, *D.* 1952, Chr. XXXVIII, pp. 187-190 ; B. FAUVARQUE-COSSON, *Libre disponibilité des droits et conflits de lois*, préf. Y. LEQUETTE, LGDJ, Bibl. dr. pr., t. 272, 1996, n$^{os}$ 92-94, pp. 57-60 ; G. LOISEAU, *Le nom, objet d'un contrat*, préf. J. GHESTIN, LGDJ, Bibl. dr. pr., t. 274, 1997, n$^{os}$ 15-17, pp. 17-24 ; CHR. BOILLOT, *La transaction et le juge*, préf. P. LE CANNU, Presses Universitaires de la Faculté de Droit de Clermont-Ferrand, Université d'Auvergne, LGDJ, 2003, n$^{os}$ 399-407, pp. 221-226 et n$^{os}$ 1044-1067, pp. 534-544 ; C. PÉRÈS, *La règle supplétive*, préf. G. VINEY, LGDJ, Bibl. dr. pr., t. 421, 2004, n$^{os}$ 248-254, pp. 223-232 ; ASSOCIATION HENRI CAPITANT, *Les indisponibilités*, Journée de Québec, t. 12, Dalloz, 1961, pp. 213-349.

Ainsi, l'on parle de disponibilité ou d'indisponibilité d'un bien, d'un droit[175] ou d'une règle de droit[176]. Néanmoins, l'usage fréquent de ces notions ne permet pas de dissiper les interrogations sur leurs définitions. Au contraire, elles paraissent tellement imprécises, fuyantes et incertaines[177], qu'un certain embarras s'installe. L'incertitude des définitions rejaillit alors sur l'application de ces notions.

**195. Première imprécision : la confusion entre l'indisponibilité, l'incessibilité et l'inaliénabilité**. Une première imprécision résulte de la confusion fréquente entre indisponibilité, incessibilité et inaliénabilité. Une telle assimilation ne fait cependant pas l'unanimité de la doctrine. Tandis que certains auteurs considèrent que les notions d'indisponibilité, d'incessibilité et d'inaliénabilité constituent des synonymes[178], d'autres, au contraire, insistent sur l'existence de distinctions entre elles[179]. Cette dernière solution doit effectivement être retenue. En effet, si l'indisponibilité implique l'incessibilité et l'inaliénabilité, la réciproque ne peut être affirmée. Une chose peut être cessible à titre gratuit, mais incessible à titre onéreux[180] ; de même, certaines choses incessibles peuvent faire l'objet d'une renonciation[181]. L'incessibilité ou l'inaliénabilité n'entraînent donc pas nécessairement l'indisponibilité. Par conséquent, l'indisponibilité constitue une atteinte particulièrement forte à la liberté individuelle d'une personne et beaucoup plus large que l'inaliénabilité. En effet, l'inaliénabilité ou l'incessibilité d'un droit n'empêche que sa seule cession, elle n'interdit pas son abandon. En revanche, l'indisponibilité d'un droit empêche toutes formes de cessions, d'abandons ou de renonciations. L'exclusion de ces deux dernières formes d'expression de la liberté individuelle peut obliger, de façon plus ou moins contraignante, le propriétaire d'un bien ou le titulaire d'un droit à agir. Une inertie de sa part pourrait être fautive et sanctionnée, si elle est à l'origine d'un préjudice. L'indisponibilité présente ainsi cette particularité d'entraîner, dans certaines hypothèses, une obligation d'agir. Cependant, cette première précision ne permet pas de dissiper toutes les incertitudes entourant la notion d'indisponibilité.

---

[175] En effet, si l'article 537 du Code civil dispose que « *les particuliers ont la libre disposition des biens qui leur appartiennent, sous les modifications établies par les lois* », il ne faut pas limiter les actes de disposition au droit des biens. Ce principe de la libre disposition peut être étendu aux droits.

[176] Pour les règles de droit, il est plus fréquent de se référer aux notions de règles supplétives et de règles impératives. Il est d'ailleurs sans doute préférable de s'en tenir à ces qualifications, tant il est nécessaire de ne pas confondre la valeur supplétive de la règle de droit et la libre disponibilité du droit détaché de la règle objective, *cf.* sur ce point : C. PÉRÈS, *thèse précit.* n[os] 251-252, pp. 226-228. On constate cependant une tendance en jurisprudence et en législation à utiliser directement la notion de disponibilité. *Cf.* la jurisprudence sur la validité des conventions sur la preuve, par exemple : Civ. 1re, 8 novembre 1989, *S[té] Credicas*, *Bull. civ.*, I, n° 342 ; *D.* 1990, p. 369, note CHR. GAVALDA ; *D.* 1990, SC, 327, obs. A. HUET ; *D.* 1991, SC, 39, obs. M. VASSEUR ; *JCP G* 1990, II, 21576, note G. VIRASSAMY ; *RDB*, 1990, 43, obs. F. J. CRÉDOT et Y. GÉRARD ; *RTD civ.* 1990, 80, obs. J. MESTRE ; *RTD com.* 1990, 79, obs. M. CABRILLAC et B. TEYSSIÉ. Pour la législation, *cf.* par exemple le nouveau Code de procédure civile qui se réfère expressément à la notion de libre disposition des droits, notamment à l'article 12 alinéa 3 et aux articles 41, 408 et 556.

[177] *Cf.* en ce sens : B. FAUVARQUE-COSSON, *thèse précit.*, n° 92, p. 57 ; C. PÉRÈS, *thèse précit.*, n[os] 253-254, pp. 229-232.

[178] *Cf.* D. BERRA, *Le principe de libre disposition des biens en droit civil : contribution à la notion d'indisponibilité*, thèse Nancy, 1969, p. 776 ; S. GUINCHARD, *L'affectation des biens en droit privé français*, préf. R. NERSON, LGDJ, Bibl. dr. pr., t. 145, 1976, n° 246, p. 214.

[179] *Cf.* G. LOISEAU, *thèse précit.*, n° 15, pp. 17-18 ; I. MOINE, *Les choses hors commerce, une approche de la personne humaine juridique*, préf. E. LOQUIN, LGDJ, Bibl. dr. pr., t. 271, 1997, n[os] 133-147, pp. 96-102.

[180] C'est notamment le cas pour certains produits du corps humain comme le sang et les gamètes ; *cf.* I. MOINE, *thèse précit.*, n° 150, p. 103-104.

[181] Il est ainsi possible de renoncer à un agrément administratif conféré à titre personnel à son titulaire.

**196. Seconde imprécision : les conditions de l'indisponibilité d'un droit.** Une seconde imprécision entoure l'application de cette notion. Dans quels cas peut-on admettre l'indisponibilité d'un droit ? Pour répondre à cette question, la doctrine a tendance à recourir à des distinctions bien connues. Ainsi, il faudrait se demander si la règle a pour objectif de servir l'intérêt public ou un intérêt privé[182], si elle relève de l'ordre public de direction ou de l'ordre public de protection, ou encore si le droit en cause revêt une valeur patrimoniale ou extra-patrimoniale[183]. À partir de ces propositions, la doctrine retient généralement que sont indisponibles les droits tenant à l'état ou à la capacité des personnes[184] et les droits patrimoniaux visant à satisfaire l'intérêt général de la société. Cependant, ces solutions doctrinales ne peuvent pleinement expliquer le droit positif. En effet, d'une part, elles ont tendance à être contredites par l'affirmation progressive d'une plus grande liberté en matière extra-patrimoniale[185] et, d'autre part, il faut bien convenir que les notions d'intérêt général, d'intérêt privé et d'ordre public sont tout aussi difficiles à définir. La notion d'indisponibilité risque finalement d'être hostile à toute systématisation. Dès lors, il faudrait se résoudre à une démarche au cas par cas, « *consistant à rechercher, de manière pragmatique, à propos de chaque institution juridique, ce qui en forme l'élément intangible et fondamental* »[186]. Une telle démarche pragmatique a néanmoins besoin d'être guidée. Pour cela, il est possible de se référer à l'essence de cette notion juridique et de rechercher le rôle de l'indisponibilité d'un droit.

**197. Le rôle de l'indisponibilité d'un droit.** L'indisponibilité peut être appréhendée en étudiant ses fonctions et ses finalités.

En premier lieu, en ce qui concerne ses fonctions, il est indéniable que l'indisponibilité d'un droit entrave la liberté de son titulaire. Concrètement, ceci signifie qu'il ne peut

---

[182] B. FAUVARQUE-COSSON, *thèse précit.*, n^os 195-202, pp. 117-122 ; G. LOISEAU, *thèse précit.*, n° 82, p. 83.

[183] *Cf.* pour un récapitulatif des différents critères proposés par la doctrine : C. PÉRÈS, *thèse précit.*, n° 253, p. 229.

[184] Ces droits formeraient « *le bastion de l'indisponibilité* », *cf.* B. FAUVARQUE-COSSON, *thèse précit.*, n° 171, p. 104.

[185] Sur le mouvement de contractualisation du droit de la famille, *cf.* D. FENOUILLET et P. DE VAREILLES-SOMMIÈRES (dir.), *La contractualisation de la famille*, Economica, Études juridiques, t. 14, 2001 ; P. CATALA, *La métamorphose du droit de la famille, in 1804-2004, Le Code civil, un passé, un présent, un avenir*, Dalloz, 2004, pp. 341-358 ; O. LAOUENAN, *Les conventions sur l'autorité parentale depuis la loi du 4 mars 2002, JCP G* 2003, I, 149. Sur la question de la remise en cause de l'indisponibilité des droits extra-patrimoniaux, *cf.* par exemple : A.-M. LEROYER, *Autorité parentale et contrat, in La contractualisation de la famille, op. cit.*, pp. 153-171 ; M. GOBERT, *Réflexions sur les sources du droit et les « principes » de l'indisponibilité du corps humain et de l'état des personnes (À propos de la maternité de substitution), RTD civ.* 1992, pp. 489-528 ; A. LAPOYADE-DESCHAMPS, *Les renonciations en droit de la famille, D.* 1993, Chr. LXIX, pp. 259-264 ; D. HUET-WEILLER, *Réflexions sur l'indisponibilité des actions relatives à la filiation (À propos de quelques décisions récentes), D.* 1978, Chr. XLII, pp. 233-240 ; A. CHAPELLE, *Les pactes de famille en matière extra-patrimoniale, RTD civ.* 1984, pp. 411-437 ; P. MURAT, *Indisponibilité de la filiation et perspectives d'avenir (variations libres sur un thème controversé) in Droit des personnes et de la famille, Mélanges à la mémoire de D. HUET-WEILLER : liber amicorum*, Presses Universitaires de Strasbourg, LGDJ, Les Publications de la Maison des sciences de l'homme de Strasbourg, 1994, pp. 341-356 ; F. DREIFUSS-NETTER, *Les manifestations de volonté tendant à la création ou à l'extinction des liens familiaux, in Le rôle de la volonté dans les actes juridiques, Études à la mémoire du professeur A. RIEG*, Bruylant, 2000, pp. 263-288, C. BARLON, *De la volonté dans le droit extrapatrimonial de la famille*, thèse Reims, 2000 ; J.-L. RENCHON, *Indisponibilité, ordre public et autonomie de la volonté dans le droit des personnes et de la famille, in Le Code civil entre ius commune et droit privé européen*, Études réunies et présentées par A. WIJFFELS, Bruylant, 2005, pp. 269-332.

[186] C. PÉRÈS, *thèse précit.*, n° 253, p. 230 ; *cf.* également dans ce sens, CHR. BOILLOT, *thèse précit.*, n° 1065, p. 543.

librement s'en séparer par cession, renonciation ou abandon. L'indisponibilité assure ainsi une fonction de conservation du droit entre ses mains et aboutit à un certain immobilisme de la situation juridique. L'indisponibilité témoigne ainsi de la prise en considération des qualités de la personne dont la liberté est entravée.

En second lieu, il faut admettre qu'une telle paralysie des droits, demeurant exceptionnelle, doit être justifiée par la poursuite d'un intérêt déterminé. Afin d'écarter la liberté de disposition du titulaire du droit en question, il est nécessaire de recourir à une balance des intérêts en présence. L'intérêt de disposer du droit en question doit être inférieur à un autre intérêt. Cet intérêt supérieur peut être celui du titulaire lui-même[187], d'une personne tierce[188], ou de la société en général[189]. Par conséquent, l'indisponibilité d'un droit peut être justifiée par la nécessité de maintenir son affectation à une personne en vue de satisfaire un intérêt légitime supérieur[190]. Il convient maintenant d'appliquer cette proposition au pouvoir de retenir autrui, mais il faut tout d'abord constater que l'indisponibilité n'est pas inhérente à la notion de pouvoir.

**198. L'indisponibilité, une qualité indépendante de la qualification de pouvoir.** Selon Monsieur Emmanuel Gaillard, la qualification de pouvoir est attribuée lorsque la prérogative juridique en question ne poursuit pas la satisfaction de l'intérêt exclusif de son titulaire[191]. Elle a pour conséquence de justifier la mise en œuvre d'un contrôle de son exercice. Il s'agit même d'une « *nécessité rationnelle* »[192] à partir du moment où l'intérêt d'un ou plusieurs tiers est en jeu. Cette qualification peut s'appliquer à des prérogatives juridiques très variées. On parle ainsi des pouvoirs du mandant, des époux, des parents, du tuteur, des dirigeants d'entreprises, des pouvoirs de vote des actionnaires ou des copropriétaires d'un immeuble… L'unité de ces prérogatives se manifeste uniquement par leur visée, en partie altruiste, et par la mise en œuvre d'un contrôle du détournement de pouvoir. Elle ne va pas au-delà. Un pouvoir n'est pas nécessairement indisponible. Certes, Monsieur Emmanuel Gaillard oppose les droits libres aux pouvoirs finalisés. Toutefois, il faut bien comprendre que la liberté est ici attachée au but poursuivi. Tandis que le titulaire d'un droit subjectif est libre d'en disposer comme il le souhaite dans la limite de l'abus de droit, le titulaire d'un pouvoir doit poursuivre le but déterminé par le législateur ou le juge. On ne peut donc affirmer qu'un pouvoir est indisponible. En conséquence, cette doctrine se distingue de la doctrine classique qui oppose les droits subjectifs, toujours disponibles, aux droits-fonctions par nature indisponibles[193].

---

[187] Il en est ainsi pour la créance alimentaire. Son indisponibilité est justifiée par son affectation à la satisfaction des besoins du créancier. De même, l'indisponibilité du droit d'usage et d'habitation, énoncée à l'article 631 du Code civil, a pour objectif de garantir l'affectation de ce droit aux besoins personnels de son bénéficiaire.

[188] C'est le cas, par exemple, des prérogatives de l'autorité parentale. L'indisponibilité énoncée à l'article 376 du Code civil reste principalement justifiée par l'intérêt de l'enfant, même si l'intérêt général n'est pas indifférent à une telle indisponibilité.

[189] Il en est ainsi pour le titre d'officier ministériel. Ce titre, donné par investiture publique constitue, pour son titulaire, un droit affecté à sa personne. Celui-ci ne peut céder ses prérogatives à un tiers qui n'a pas fait l'objet d'une telle investiture. Il peut tout au plus monnayer le droit de présenter son successeur à l'agrément de la Chancellerie. *Cf.* B. STARCK, H. ROLAND et L. BOYER, *Droit civil, Les obligations*, t. 2, *Contrat*, 6e éd., Litec, 1998, n° 634, p. 230.

[190] *Cf.* dans le même sens : G. LOISEAU, *thèse précit.*, n° 17, pp. 20-24. De même pour l'indisponibilité des biens : S. GUINCHARD, *thèse précit.*, n° 246 et s., p. 214 et s.

[191] *Cf. supra* n° 190.

[192] E. GAILLARD, *thèse précit.*, n° 144, p. 95.

[193] Cette idée est bien évidemment très présente dans les thèses dites « volontaristes » qui conçoivent la volonté comme source du droit subjectif, mais elle se retrouve également chez d'autres auteurs aux conceptions pourtant différentes : *Cf.* par exemple : J. DABIN, *Le droit subjectif*, *op. cit.*, p. 56 et p. 59 et s. ; P. ROUBIER, *Droits subjectifs et situations juridiques*, *op. cit.*, pp. 69-73.

**199. Signification particulière de l'indisponibilité d'un pouvoir.** Nous avons précédemment constaté que la notion d'indisponibilité peut être perçue par l'intermédiaire de son rôle. En ce sens, l'indisponibilité d'un droit est justifiée par la nécessité de maintenir son affectation à une personne en vue de satisfaire un intérêt légitime supérieur[194]. Par ailleurs, nous avons reconnu que l'indisponibilité, empêchant tout abandon de ce droit, peut contraindre indirectement son titulaire à l'exercer[195]. Une telle constatation est particulièrement vraie lorsqu'il s'agit d'un pouvoir. Ce dernier étant attribué à une personne en vue de satisfaire un intérêt au moins partiellement distinct du sien, une abstention de sa part entraînera d'autant plus facilement un préjudice pour les tiers concernés. L'application de l'indisponibilité à un pouvoir accentue ainsi l'un de ses caractères. Mais, elle va également plus loin en témoignant de l'importance accordée aux qualités et compétences de la personne détentrice de ce pouvoir afin de remplir une fonction dans l'intérêt de la société ou d'un tiers. En effet, à partir du moment où un pouvoir a été attribué, par le législateur ou l'autorité judiciaire, à une personne en raison de ses qualités personnelles, il est certain que la libre disponibilité de ce pouvoir irait à l'encontre de ces considérations. Le titulaire de ce pouvoir ne peut librement y renoncer ou le transmettre à un tiers, puisque ce dernier ne présenterait pas nécessairement les mêmes qualités que le titulaire initial. La libre disposition du pouvoir risquerait d'aller à l'encontre ou de négliger la décision du législateur ou du juge. Ces deux constatations montrent bien que le titulaire d'un pouvoir indisponible occupe une fonction sociale particulière, puisque l'attribution et l'exercice du pouvoir en question sont étroitement encadrés. L'identification du rôle précis de l'indisponibilité, lorsqu'elle est appliquée à un pouvoir, va permettre de déterminer dans quels cas elle devra être reconnue.

**200. L'impossibilité d'admettre une indisponibilité absolue du pouvoir de retenir autrui**. De prime abord, le pouvoir de retenir autrui présente un certain nombre de caractéristiques qui soulignent son caractère unique et pourraient justifier son indisponibilité. En effet, ce pouvoir s'exerce, à titre exceptionnel, sur la personne d'autrui. Il constitue un pouvoir extrêmement fort, permettant de retenir une personne dans un endroit déterminé au risque de contrecarrer sa volonté. Il est attribué dans l'intérêt quasi-exclusif de la personne soumise à ce droit ou de la société. Ces différentes particularités soulignent à quel point la société, incarnée par la puissance étatique, est concernée non seulement par l'exercice de ce pouvoir, mais aussi par son attribution. Elle ne peut être indifférente à la qualité du titulaire de ce pouvoir sur autrui. Ceci est d'autant plus vrai que ce dernier ne peut se fonder que sur une loi et ne peut être attribué que par le législateur ou une autorité judiciaire ou administrative[196]. Présenté comme le pilier d'une véritable fonction sociale, le pouvoir de retenir autrui et les prérogatives liées devraient être indisponibles et en conséquence ne pas pouvoir faire l'objet d'une cession, d'une renonciation ou d'un abandon.

Néanmoins, il ne faut pas perdre de vue que la reconnaissance de cette qualité doit être dirigée par les finalités poursuivies. En l'occurrence, de tels pouvoirs ont pour objectifs de servir l'intérêt de la personne soumise à ce droit et celui de la société. Dans certaines hypothèses, les intérêts poursuivis peuvent exiger que la personne soumise à ce droit reçoive un enseignement spécifique, suive une formation particulière, soit soignée temporairement dans un établissement ou tout simplement soit confiée à un tiers. Sans aucun doute, il sera extrêmement rare que le titulaire du pouvoir de retenir autrui présente toutes les qualités requises pour remplir toutes ces missions, qui ne sont d'ailleurs pas nécessairement prévisibles. Le législateur ou le juge, à l'origine de l'attribution de ce pouvoir, ne peuvent évidemment pas prévoir toutes les activités qui devront être entreprises dans l'intérêt de la personne ou de la société. Dès lors, il paraît impossible de retenir une totale adéquation entre

---

[194] *Cf. supra* n° 197.
[195] *Cf. supra* n° 195.
[196] *Cf. supra* n° 161.

ces intérêts et les qualités du détenteur du pouvoir de retenir autrui. L'intervention d'un tiers présentant des qualités, que le titulaire du pouvoir de retenir autrui ne possède pas, peut être requise. Par conséquent, dans ces hypothèses où la mission attribuée peut se révéler extrêmement riche, il paraît nécessaire d'admettre une certaine disponibilité du pouvoir de retenir autrui afin de garantir la satisfaction des intérêts poursuivis. Le transfert de ce pouvoir est alors lié à l'existence d'un contrat de prestation de service[197] étroitement encadré. Ce contrat a pour objet la satisfaction de l'intérêt de la personne soumise au pouvoir transféré et de la société. Cependant, il ne paraît pas inconcevable que ce contrat soit conclu dans l'intérêt exclusif du cocontractant. Les pouvoirs de retenir autrui et de contrôler les activités quotidiennes pourraient alors être requalifiés en droit. Néanmoins, de telles hypothèses devraient rester marginales[198] et il serait bon que la personne soumise à ce droit l'accepte.

**201. La simple aliénabilité du pouvoir de retenir autrui**. La disponibilité du pouvoir de retenir autrui demeure néanmoins très limitée. En effet, s'il faut admettre la possibilité de le transférer, il ne faudrait pas en déduire qu'il est totalement disponible et que son titulaire pourrait y renoncer ou l'abandonner. Admettre une telle solution conduirait, au contraire, à vider de son sens l'attribution du pouvoir de retenir autrui à une personne précise. Par conséquent, il est préférable de retenir que ce pouvoir est, par principe, indisponible mais que, dans certains cas, le législateur ou le juge, à l'origine de son attribution, pourront admettre son aliénabilité. Cette dernière n'autorise que son transfert à titre temporaire. Une cession irrémédiable de ce pouvoir constituerait en réalité une renonciation, or la cessibilité du pouvoir de retenir autrui ne supprime en aucun cas l'interdiction générale d'y renoncer ou de l'abandonner. Cette cession du pouvoir de retenir autrui est ainsi décidée par le titulaire initial. Par principe, il choisit la personne à laquelle il va le remettre. Ayant été initialement désigné par la loi, le juge ou une autorité administrative, il demeure responsable de la transmission de ce pouvoir. Il doit pouvoir mettre fin à ce transfert et reprendre la personne auprès de lui. Par conséquent, par principe, le titulaire initial du pouvoir de rétention a également reçu le pouvoir de déterminer le lieu de vie d'autrui.

Ainsi, en vertu de la loi, les parents d'un enfant mineur exercent sur ce dernier un pouvoir de rétention. Afin de parfaire son éducation, ils peuvent décider de placer temporairement leur enfant dans un internat. Le pouvoir de retenir l'enfant est alors transmis à l'établissement scolaire. Cependant, il est indéniable que les parents doivent pouvoir reprendre leur enfant et le changer d'établissement. S'ils ont cédé leur pouvoir de retenir leur enfant, ils ont conservé la faculté de déterminer son lieu de vie et par extension de le reprendre auprès d'eux. Cette idée se retrouve dans les autres illustrations de la garde ou de la détention d'autrui. Ainsi, une personne condamnée à une peine privative de liberté peut faire l'objet d'un placement à l'extérieur. Cette mesure est néanmoins encadrée puisqu'elle doit être autorisée par le juge de l'application des peines. Le pouvoir de rétention est alors transmis à un tiers. Toutefois, pendant toute la durée du placement à l'extérieur, l'établissement pénitentiaire peut ordonner la réintégration du condamné en cas d'urgence. Certes, dans cette hypothèse, la cession du pouvoir de retenir le condamné et l'exercice de la faculté de déterminer le lieu de vie sont étroitement encadrés par le législateur. Il n'en demeure pas moins que la répartition des pouvoirs s'effectue selon le même schéma.

**202. Pouvoir de retenir autrui et pouvoir de déterminer le lieu de vie d'autrui**. En résumé, le pouvoir de retenir la personne d'autrui permet de maintenir une personne dans un endroit déterminé, dans son intérêt ou celui de la société. La satisfaction de ces intérêts

---

[197] Par ex. : contrat d'éducation, de soins, de nourrice…

[198] Ce serait le cas pour les activités bénévoles. Le titulaire du pouvoir de retenir autrui pourrait ainsi confier temporairement à un tiers la personne dont il a la charge afin qu'elle exécute une activité désintéressée et dans l'intention de rendre service.

justifie l'aliénabilité de ce pouvoir sur autrui. Néanmoins, ayant été désigné par le législateur, le juge ou une autorité administrative, le titulaire initial de ce pouvoir ne peut l'abandonner ou y renoncer. Par conséquent, il convient de retenir que, derrière l'attribution législative, judiciaire ou administrative d'un pouvoir de rétention, se cache un pouvoir de déterminer le lieu de vie d'une personne et par extension de la reprendre auprès de soi. S'il peut arriver que le pouvoir de retenir autrui soit cessible, le pouvoir de déterminer le lieu de vie d'autrui doit toujours être pleinement indisponible. Cette distinction revêt toute son importance lorsque l'on s'intéresse aux conséquences de l'existence d'un pouvoir de rétention sur les activités de la personne retenue.

b. Les pouvoirs de contrôle des activités quotidiennes et de contrôle du mode de vie d'autrui

**203. Les conséquences des pouvoirs de retenir une personne et de déterminer son lieu de vie.** Si on adopte une analyse élargie des pouvoirs de retenir une personne et de déterminer son lieu de vie, il paraît particulièrement réducteur de considérer qu'ils n'ont que des conséquences sur la situation physique d'autrui. Ces pouvoirs vont au-delà et confèrent un pouvoir sur l'activité d'autrui. En retenant la personne auprès de soi, en la plaçant chez un tiers, ou en lui redonnant une certaine liberté d'aller et venir, le titulaire du pouvoir de retenir et de déterminer le lieu de vie d'autrui influe sur l'activité de cette personne. Si le droit sur l'activité d'autrui peut être perçu comme un accessoire du droit de retenir autrui, il faut encore déterminer son contenu et son étendue.

**204. Le contenu du pouvoir sur l'activité d'autrui.** Le contenu de ce pouvoir sur les activités d'autrui peut être précisé en le décomposant en plusieurs éléments. Tout d'abord, il comporte un *pouvoir de décision* en vertu duquel une personne va décider de l'activité d'autrui. Ensuite, il entraîne un pouvoir sur le déroulement de l'activité décidée, il s'agit alors d'un *pouvoir d'organisation*. Enfin, ce pouvoir sur autrui attribue un droit de regard sur le bon déroulement des décisions prises, c'est un *pouvoir de contrôle* au sens classique du terme[199]. En résumé, un pouvoir sur l'activité d'autrui regroupe un pouvoir de décision, d'organisation et de contrôle. Dans l'absolu, il ne semble pas impossible d'envisager un fractionnement de ces différents éléments. Il n'est pas évident qu'une seule personne les détienne tous. Elle pourrait les partager avec la personne soumise à ce pouvoir ou avec d'autres personnes. En pratique, l'on peut douter de la réalité d'un tel découpage. Il est sans doute plus juste de penser que ces trois aspects ne sont jamais totalement séparés, mais qu'ils peuvent être exercés selon des intensités différentes. Dès lors, il convient d'admettre que celui qui exerce un pouvoir sur l'activité d'autrui dispose des pouvoirs variables de décision, d'organisation et de contrôle de cette activité. En définitive, en reprenant la conception moderne du terme « *contrôle* », correspondant à l'idée de « *maîtrise* », il est possible d'admettre que ces pouvoirs ne constituent que les différentes facettes d'un pouvoir de contrôle d'autrui[200].

**205. Dualité du pouvoir sur l'activité d'autrui.** L'étendue de ce pouvoir sur les activités d'autrui est variable.

En premier lieu, ce pouvoir de contrôle des activités d'autrui peut porter sur les *activités quotidiennes* de la personne retenue. L'exercice d'un tel pouvoir requiert la présence physique

---

[199] Il s'agit de l'acception classique du terme « *contrôle* » ayant pour synonyme le terme « *vérification* ». *Cf.* P. ROBERT, *Le grand Robert de la langue française, dictionnaire alphabétique et analogique de la langue française*, *op. cit.*, t. 2, p. 895, n° I, 3.

[200] Ce sens moderne du terme « *contrôle* » provient de l'anglais « *control* ». Elle s'est développée en France à partir du début du XX$^{e}$ siècle et correpond au fait de maîtriser, de dominer. *Cf.* P. ROBERT, *Le grand Robert de la langue française, dictionnaire alphabétique et analogique de la langue française*, *op. cit.*, t. 2, p. 895, n° II.

de la personne retenue. Le pouvoir de contrôler les activités quotidiennes d'autrui est donc étroitement associé à l'exercice positif du pouvoir de retenir autrui. Il revêt alors toutes les caractéristiques de ce dernier et, en particulier, est cessible.

En second lieu, ce pouvoir de contrôle des activités d'autrui peut revêtir une dimension plus large et porter globalement sur l'activité générale d'une personne, c'est-à-dire son *mode de vie*. Un tel pouvoir permet à son titulaire d'influer sur les choix de vie d'autrui. À la différence du pouvoir de contrôler les activités quotidiennes d'autrui, l'exercice du pouvoir de contrôle du mode de vie n'exige pas la présence physique de la personne, objet de ce pouvoir. Ce pouvoir de contrôle du mode de vie d'autrui requiert néanmoins l'existence d'un pouvoir contraignant sur autrui. De ce fait, il pourrait être associé au pouvoir de déterminer le lieu de vie d'autrui. En effet, en déterminant précisément le lieu de vie d'une personne et en la contraignant à y rester, le titulaire de ce pouvoir peut déterminer le mode de vie d'autrui. Il choisit la personne qui sera chargée de la retenir physiquement et par extension le mode de vie qui lui sera imposé. Associé au pouvoir de déterminer le lieu de vie d'une personne, le pouvoir de contrôle du mode de vie d'autrui doit présenter les mêmes qualités et être indisponible.

**206. Exemples**. En résumé, il est possible d'associer le pouvoir de retenir autrui à celui de contrôler les activités quotidiennes d'une personne et le pouvoir de déterminer le lieu de vie d'autrui à celui de contrôler le mode de vie d'une personne. Ainsi, lorsque les parents retiennent leur enfant mineur auprès d'eux, ils exercent les pouvoirs de rétention et de détermination du lieu de vie sur celui-ci. Ils contrôlent ses activités quotidiennes et son mode de vie. Toutefois, s'ils décident de placer leur enfant dans un internat, ils transmettent à un établissement scolaire le pouvoir de rétention et le pouvoir de contrôler ses activités quotidiennes. Les parents conservent alors le pouvoir de déterminer le lieu de vie du mineur. En vertu de cette prérogative, ils peuvent décider de le reprendre auprès d'eux ou de le confier à un tiers. Dès lors, il paraît évident qu'ils continuent d'exercer le pouvoir de contrôle du mode de vie. Ils sont en effet les seuls compétents pour décider de l'orientation générale de ses activités. Le même raisonnement peut être transposé aux handicapés mentaux hospitalisés sous contrainte. L'établissement psychiatrique reçoit dans cette hypothèse les pouvoirs de retenir et de déterminer le lieu de vie d'une personne. Il peut éventuellement accorder une permission de sortie à un de ses pensionnaires, afin par exemple qu'il se rende dans sa famille. Il transfère alors le pouvoir de rétention à un tiers, mais il conserve le pouvoir de déterminer le lieu de vie. Aussi peut-il reprendre le handicapé mental auprès de lui. Dès lors, si le pouvoir de contrôle des activités quotidiennes est temporairement transmis à un tiers, l'établissement psychiatrique conserve le contrôle du mode de vie du handicapé mental.

c. L'opposition des dimensions intellectuelle et matérielle de la garde et de la détention

**207. La garde et la détention**. Il résulte des précédentes constatations une assez grande diversité des prérogatives issues de la garde ou de la détention d'autrui. Il faut en effet comprendre que ces situations regroupent en réalité quatre prérogatives sur la personne d'autrui. Il s'agit des pouvoirs de rétention, de détermination du lieu de vie, de contrôle des activités quotidiennes et de contrôle du mode de vie d'autrui. En principe, ces différentes prérogatives sont attribuées, par la loi, le juge ou une autorité administrative, à une seule personne. Dans une telle hypothèse, cette personne a la garde ou la détention d'autrui. Autrement dit, elle exerce l'intégralité des pouvoirs de garde ou de détention d'autrui.

**208. Garde ou détention intellectuelle et garde ou détention matérielle**. Toutefois, si les pouvoirs de déterminer le lieu de vie et de contrôler le mode de vie d'une personne sont par nature indisponibles, cette caractéristique n'est pas toujours vérifiée pour les pouvoirs de retenir et de contrôler les activités quotidiennes d'autrui. Dans certaines hypothèses, ces pouvoirs peuvent être aliénables. Son titulaire peut alors en transmettre l'exercice à une personne tierce. Dans une telle hypothèse, deux personnes détiennent alors un pouvoir sur les activités de la personne gardée dans l'intérêt de cette personne ou de la société. Tandis que la première continue de contrôler son mode de vie, la seconde contrôle ses activités quotidiennes. Cette distinction peut être retranscrite sur le terrain de la garde ou de la détention. Il est en effet logique d'affirmer que la garde, ou la détention, est divisée en deux. Le titulaire initial du pouvoir de rétention a conservé des pouvoirs de nature intellectuelle. Les pouvoirs de déterminer le lieu de vie d'une personne, de la reprendre auprès de soi et de contrôler son mode de vie n'exigent pas la présence physique de la personne objet de ces pouvoirs, même s'ils vont indéniablement avoir des conséquences sur ce point. Par conséquent, il est possible d'affirmer que cette première personne a conservé *la garde* ou *la détention intellectuelles* de la personne. Elle peut toujours exercer le pouvoir de garde ou de détention intellectuelles. La seconde, disposant des pouvoirs de rétention et de contrôle des activités quotidiennes, peut exercer des pouvoirs indiscutablement liés à la présence physique de la personne. Ainsi, on pourrait admettre qu'elle a *la garde* ou *la détention matérielles* de la personne. Elle exerce le pouvoir de garde ou de détention intellectuelles.

La logique de cette distinction conduit à admettre l'existence d'une hiérarchie entre ces deux pouvoirs de garde ou de détention. Le *gardien intellectuel* contrôle le mode de vie d'autrui, il a la faculté de mettre fin au transfert temporaire des pouvoirs de rétention et de direction des activités d'autrui. Il peut, en principe, réunir entre ses mains les différents pouvoirs de la garde d'autrui. Par conséquent, le gardien intellectuel prime le gardien matériel. Ceci est d'autant plus justifié que ce gardien intellectuel a été expressément désigné par le législateur ou le juge pour remplir une mission de protection et de surveillance, dans l'intérêt de la personne ou de la société. Le *gardien matériel* n'est qu'un assistant ponctuel, que le gardien intellectuel s'adjoint pour une tâche particulière qu'il ne peut effectuer.

**209. Synthèse.** Il résulte de cette étude du contenu, des caractéristiques et des conséquences du pouvoir de retenir la personne d'autrui, que d'autres prérogatives peuvent lui être associées. Le pouvoir de rétention ne peut être perçu isolément. Bien au contraire, il constitue, pour le législateur et le juge, une prérogative essentielle dans le cadre d'une politique d'établissement d'un fort pouvoir sur autrui. En effet, la reconnaissance de ce pouvoir de retenir autrui entraîne l'existence des pouvoirs de déterminer le lieu de vie et de contrôler les activités quotidiennes et le mode de vie de cette personne. Les fondements de ces pouvoirs, l'intérêt de la personne prise en charge et celui de la société, justifient leur régime et, en particulier, l'existence d'un encadrement étroit de leur attribution et de leur exercice. De même, ils déterminent leur indisponibilité ou disponibilité. Si les pouvoirs de retenir une personne et de contrôler ses activités quotidiennes peuvent être, dans une certaine mesure, aliénables, une telle qualité ne peut être reconnue au pouvoir de déterminer le lieu de vie et de contrôler le mode de vie. L'articulation de ces différentes composantes permet ainsi de distinguer les situations de garde, de garde matérielle et de garde intellectuelle. Néanmoins, elle ne permet pas de discerner l'opposition entre la garde et la détention. Certes, ces deux notions semblent bien partager le même fondement et les mêmes caractéristiques. L'identité n'est toutefois pas absolue. L'étude des finalités du pouvoir de rétention permet de les distinguer.

### *2. Les finalités du pouvoir de retenir autrui*

**210.** La garde et la détention d'autrui semblent très proches. Il est néanmoins possible **(a)** et souhaitable **(b)** d'établir une distinction en se fondant sur une étude de leurs finalités.

#### a. L'origine de la distinction

**211. La diversité des situations de rétention d'autrui.** Jusqu'à présent, nous n'avons constaté aucune distinction entre les situations de garde et de détention d'autrui. Au contraire, elles se caractérisent toutes les deux par l'existence d'un pouvoir de rétention sur autrui qui confère, lorsqu'il est exercé positivement, la faculté de contrôler les activités quotidiennes de la personne soumise à ce pouvoir. Par ailleurs, nous avons admis que ce pouvoir sous-entend l'existence d'un pouvoir de déterminer le lieu de vie d'autrui et de contrôler son mode de vie. Cette règle est valable pour toutes les situations de garde ou de détention autorisées par la Convention européenne des droits de l'Homme. Pourtant, il est très certainement excessif de n'établir aucune distinction entre les différentes situations autorisées par ce texte. En effet, peut-on totalement assimiler la rétention des handicapés mentaux, à celle des personnes présumées innocentes mais impliquées dans une procédure pénale, ou encore à celle des personnes condamnées pénalement voire à celle des étrangers retenus dans des centres de rétention ? Si nous dépassons ce fondement commun, il est possible d'établir une distinction fondamentale, fondée sur une étude des finalités du pouvoir de rétention.

**212. La distinction de ces situations par l'étude de leurs finalités**. Le pouvoir de contrôle du mode de vie, induit de l'existence d'un pouvoir de rétention sur autrui, peut revêtir différentes formes selon l'importance accordée à l'intérêt de la personne retenue.

Dans certains cas, l'objectif de la situation de rétention peut être atteint par la seule exécution de ce pouvoir de retenir autrui. Dans cette hypothèse, le contrôle du mode de vie est relativement passif, il s'épuise en quelque sorte par la rétention de la personne. Autrement dit, la rétention est perçue comme une fin en soi. Une telle situation pourrait alors être qualifiée de *détention*. Sa caractéristique majeure est bien la détention ou la rétention d'une personne. Habituellement, en droit français, on a tendance à réserver le terme de détention à la matière pénale[201]. Néanmoins, cette idée ne se retrouve pas dans l'article 5 de la Convention européenne des droits de l'Homme. Cette disposition emploie ce terme aussi bien à propos des personnes condamnées pénalement que des personnes atteintes d'une maladie contagieuse, des handicapés mentaux, des alcooliques ou encore des toxicomanes. Il est dès lors possible d'utiliser ce terme de « *détention* » en dehors de la matière pénale proprement dite. Cette qualification peut donc s'appliquer à la situation des étrangers retenus sur le fondement d'une violation des règles de l'émigration ou à celle des personnes retenues dans le cadre d'une procédure pénale. Ainsi, pour ces dernières, il serait plus juste de parler de détention à vue au lieu de garde à vue. En revanche, la qualification de détention provisoire est pleinement justifiée.

Mais, il peut arriver que la finalité ou l'objectif de la situation de rétention appelle la mise en œuvre d'une prestation spécifique, ou d'une mission supplémentaire à destination de la personne retenue. Le contrôle du mode de vie devient alors immédiatement plus actif. Il ne s'épuise pas dans la seule exécution d'un pouvoir de rétention sur autrui, mais exige de son titulaire l'accomplissement d'une mission ou d'une prestation spécifique. L'intérêt de la personne retenue devient alors primordial. Dans cette hypothèse, la rétention d'autrui devient un moyen pour remplir une mission attribuée par le législateur, le juge ou une autorité administrative. De telles situations peuvent être qualifiées de *garde d'autrui*. Cette expression permet en effet de qualifier idéalement la rétention d'autrui à laquelle s'adjoint une mission spécifique dans son intérêt et dans celui de la société. Elle montre bien l'association de la mission de rétention et de protection de la personne. La garde est beaucoup plus large que la détention qui a tendance à se limiter à la simple rétention de la personne. Ainsi, le gardien d'un mineur a pour mission d'assurer son éducation, le gardien d'un handicapé mental doit lui délivrer un traitement psychiatrique et le gardien d'une personne condamnée à une peine privative de liberté doit mettre en œuvre un traitement pénitentiaire.

b. L'intérêt de la distinction

**213. Le rôle normatif de cette distinction**. La reconnaissance de la distinction entre garde et détention d'autrui met l'accent sur la diversité des finalités du pouvoir de retenir autrui. Elle montre ainsi qu'on ne peut réduire à une simple détention une situation qui

---

[201] *Cf.* G. CORNU (dir.), *Vocabulaire juridique de l'Association Henri Capitant*, *op. cit.*, p. 299.

fondamentalement constitue une situation de garde. Autrement dit, le titulaire d'un pouvoir de garde sur autrui doit prendre en considération la mission spécifique qui lui est attribuée. Cette affirmation présente un réel intérêt. Elle permet d'affirmer ou de confirmer certaines évolutions législatives. Ainsi, pendant très longtemps, la rétention des handicapés mentaux ne s'accompagnait pas de la délivrance d'une prestation spécifique, seul leur enfermement importait afin de protéger la société. Avec le développement de la psychiatrie et de l'importance accordée à la personne humaine, une telle politique ne pouvait être maintenue. Le handicapé mental hospitalisé d'office doit recevoir un traitement psychiatrique. Il implique que sa rétention dans un établissement psychiatrique soit accompagnée de soins. L'enfermement des handicapés mentaux ne relève plus d'une logique de détention mais bien d'une logique de garde. Une évolution similaire semble progressivement s'imposer pour les personnes condamnées à une peine privative de liberté. En effet, si l'on a pu considérer qu'une telle peine ne consistait qu'en la rétention d'une personne, cette solution n'est plus admise par le législateur. Même si de prime abord cela peut paraître paradoxal, le service public pénitentiaire a maintenant pour objectif d'assurer la resocialisation des délinquants. La situation du condamné n'est plus une situation de détention, mais une situation de garde. Dans ces deux hypothèses, nous mesurons bien le glissement effectué de la qualification de détention d'autrui vers celle de garde d'autrui. L'affirmation de cette dernière qualification permet finalement de mettre l'accent sur ces missions ou prestations spécifiques. L'organisation concrète des situations de garde d'autrui doit dès lors les prendre en considération. La réception des qualifications de garde et de détention aurait ainsi un rôle normatif. Aussi paraît-il judicieux d'affirmer l'existence de ces deux notions.

**214.** L'établissement d'une distinction entre la garde et la détention permet d'apporter un peu d'ordre dans les différentes qualifications retenues par le droit positif. Seules peuvent être qualifiées de garde d'autrui, les situations dans lesquelles une personne détient un pouvoir de contrôle du mode de vie d'autrui, en vertu de la loi, du juge ou d'une autorité administrative, afin de lui apporter une prestation spécifique distincte de la simple rétention. La garde se distingue sur ce point de la détention. De même, la distinction entre la composante intellectuelle et la dimension matérielle de la garde et de la détention permet d'apporter quelques précisions. Ainsi devra-t-on non seulement distinguer la garde et la détention, mais aussi la garde intellectuelle et la garde matérielle. La garde d'autrui repose donc sur l'existence des pouvoirs de rétention, de détermination du lieu de vie d'autrui, d'organisation des activités quotidiennes et de contrôle du mode de vie. De par ces caractérististiques, elle peut être différenciée de la direction d'autrui.

## § 2. GARDE ET DIRECTION D'AUTRUI

**215.** La garde et la détention sont des situations créées par le législateur, le juge ou une autorité administrative. Seules ces autorités peuvent, dans les limites susvisées de l'article 5, § 1 de la Convention européenne des droits de l'Homme, conférer un pouvoir de rétention sur autrui. Doit-on assimiler à ces hypothèses, les situations dans lesquelles une personne se place elle-même sous l'autorité d'autrui par contrat ? Comme nous avons pu l'observer, le législateur, la doctrine et la jurisprudence ne font pas toujours la distinction entre ces différentes situations. Au contraire, ils ont souvent tendance à les qualifier indifféremment de garde. Ainsi est parfois qualifiée de garde la situation du handicapé mental soigné dans un établissement psychiatrique en service libre, alors que, de toute évidence, il ne fait pas l'objet d'une hospitalisation forcée. De même, le terme « *garde* » est utilisé pour les personnes malades ou âgées sans qu'il existe un quelconque pouvoir de rétention. Il arrive également que les parents d'un handicapé mental majeur soient qualifiés de gardiens alors qu'*a priori*, leur enfant n'étant plus mineur, ils ne disposent d'aucun pouvoir de contrainte reconnu par la loi ou une autorité judiciaire ou administrative. Pour autant, peut-on réellement utiliser la même qualification pour des situations fondamentalement différentes ? Peut-on qualifier de garde la situation d'une personne placée sous l'autorité d'autrui par contrat ? L'absence de pouvoir de rétention sur autrui **(A)** et la seule existence d'un pouvoir limité de direction d'autrui **(B)** caractérisent ces situations et justifient l'adoption de la qualification de direction afin de marquer l'opposition existant entre, d'un côté, la garde et la détention et, de l'autre, la direction.

### A. L'ABSENCE DE POUVOIR DE RÉTENTION SUR AUTRUI

**216.** Un pouvoir de rétention sur autrui ne peut être admis que s'il poursuit un but légitime. Ainsi que nous l'avons observé, la Convention européenne des droits de l'Homme donne une liste dans son article 5 § 1, à laquelle il convient d'ajouter le pouvoir de rétention admis dans le cadre de l'autorité parentale. Cette liste est exhaustive et opposable au législateur interne. Ce dernier ne peut, en dehors des hypothèses et des conditions de l'article 5, § 1, admettre l'existence d'un pouvoir de rétention sur autrui. Il n'en demeure pas moins qu'on a pu se demander si un individu pouvait, par sa seule volonté, conférer à un tiers un pouvoir de rétention sur sa propre personne. Ainsi, un handicapé mental hospitalisé en service libre peut-il conférer un pouvoir de rétention à l'établissement psychiatrique qui l'héberge ? Un handicapé mental majeur habitant chez ses parents est-il sous leur garde ? Répondre affirmativement à ces questions entraînerait un élargissement incontrôlé du domaine du pouvoir de rétention et légitimerait l'existence d'un pouvoir de contrôle du mode de vie d'autrui. De telles questions soulèvent en réalité le problème de l'application de la théorie de la renonciation totale à la liberté d'aller et venir au point de conférer un pouvoir de rétention sur sa propre personne **(1)**. Attachée au respect de la liberté d'aller et venir, la Cour européenne des droits de l'Homme a écarté toute faculté de renonciation totale à la liberté d'aller et venir pour les particuliers, confortant de la sorte les solutions du droit interne **(2)**.

#### *1. La question de l'application de la théorie de la renonciation*

**217. Position du problème**. Dans de très nombreuses situations, une personne peut par un simple contrat se placer sous l'autorité d'autrui. Cette hypothèse simple est en soi assez fréquente. Elle correspond par exemple à la situation de l'employé placé sous l'autorité du chef d'entreprise, du malade hospitalisé sous l'autorité du service hospitalier, ou du toxicomane soigné volontairement dans un établissement spécialisé. Quelle portée doit-on accorder à ce contrat ? Peut-il conduire à la reconnaissance d'un pouvoir de rétention sur la personne de l'un des cocontractants ? Autrement dit, un individu peut-il totalement renoncer par contrat à sa liberté d'aller et venir au profit d'une autre personne ? Ces interrogations renvoient à la notion de renonciation[202]. Cette notion peut être développée à l'aide d'une étude portant aussi bien sur le fond que sur la forme[203].

---

[202] Sur la renonciation en général : S. LESSONA, *Essai d'une théorie générale de la renonciation en droit civil, RTD civ.* 1912, pp. 361-387 ; CH. DUCOIN, *Essai d'une théorie générale de la renonciation en droit civil français*, Lyon, 1913 ; N. SIBICIANO, *Théorie générale des renonciations en droit civil français*, Paris, 1932 ; A. BRETON, *Théorie générale de la renonciation aux droits réels. Le déguerpissement en droit civil français, RTD civ.* 1928, pp. 261-364 ; P. RAYNAUD, *La renonciation à un droit, sa nature et son domaine en droit civil, RTD civ.* 1936, pp. 763-809 ; TRAVAUX DE L'ASSOCIATION HENRI CAPITANT, *Les renonciations au bénéfice de la loi en droit privé*, t. 13, 1963 ; G. GRAMMATIKAS, *Théorie générale de la renonciation en droit civil (étude parallèle du droit français et du droit hellénique)*, préf. J. CARBONNIER, LGDJ, 1971 ; FR. DREYFFUSS-NETTER, *Les manifestations de volonté abdicatives*, préf. P. TERCIER, LGDJ, Bibl. dr. pr., t. 185, 1985. Sur un point plus particulier : A. LAPOYADE-DESCHAMPS, *Les renonciations en droit de la famille, D.* 1993, Chr. LXIX, pp. 259-264. Pour l'application de cette théorie aux droits de l'homme : PH. FRUMER, *La renonciation aux droits et libertés. La Convention européenne des droits de l'Homme à l'épreuve de la volonté individuelle* ; Bruylant, Éditions de l'Université de Bruxelles, 2001 ; S. BRACONNIER, *Jurisprudence de la Cour*

**218. Définition de la renonciation.** Sur le fond, la définition de la renonciation ne suscite pas de réelles interrogations. La renonciation peut se définir comme une manifestation expresse ou tacite de volonté marquée par les idées d'abandon, d'abdication, de dépouillement et portant sur une prérogative individuelle ou une règle de droit. Fondamentalement, la renonciation peut être perçue comme une manifestation de l'autonomie du sujet[204]. Cette dernière peut être motivée par des objectifs variés. Le renonçant peut souhaiter se débarrasser de garanties jugées trop pesantes ou, pour certains droits, mettre en avant la libre disposition de sa propre personne qui lui permettrait d'accomplir tous les actes qui ne nuiraient pas à autrui.

Sur la forme, tandis que la doctrine classique semblait confiner la renonciation aux actes unilatéraux[205], les auteurs ont maintenant tendance à écarter cette exigence. Il faudrait faire primer la volonté abdicative et ne pas tenir compte de la forme. La renonciation serait alors un procédé juridique traduisant la volonté expresse ou tacite d'un individu de se dépouiller d'une prérogative, de l'abandonner ou de l'abdiquer, alors qu'il pourrait encore la faire valoir[206]. En conséquence, on pourrait envisager une renonciation par contrat. Néanmoins, toutes les renonciations ne sont pas licites. Cette restriction connaît de nombreuses applications en ce qui concerne les droits et libertés fondamentaux.

***2. Le rejet de l'application de la théorie de la renonciation***

**219. Rejet de l'application de la théorie de la renonciation à la liberté d'aller et venir par le droit européen des droits de l'homme.** De prime abord, l'application de la théorie de la renonciation aux droits de l'homme peut surprendre. En effet, alors que des siècles ont été nécessaires pour les conquérir, pourquoi l'individu serait-il enclin à les abandonner et à renoncer à l'encadrement normatif de leurs limites ?[207] En ce sens, cette

---

*européenne des droits de l'Homme et droit administratif français*, préf. Y. MADIOT, Bruylant, 1997, pp. 265-269.

[203] On peut noter sur ce point l'étonnement du Doyen Carbonnier sur les difficultés rencontrées par le droit pour percevoir la renonciation. Il lui paraît surprenant que « *le droit mette tant d'embarras devant un acte aussi simple, car c'est le vouloir-avoir-droit qui devrait nécessiter du droit. La renonciation, qui est un vouloir-n'avoir-droit plonge au plus profond du non droit* ». *Cf.* préf. G. GRAMMATIKAS, *thèse précit.*, pp. X-XI ; *adde*, J. CARBONNIER, *Droit civil, Introduction*, *op. cit.*, n$^{os}$ 185-186, pp. 367-371.

[204] Jean Carbonnier fait d'ailleurs remarquer qu'au Moyen Âge, la renonciation apparaît comme une première manifestation de l'autonomie de la volonté. En permettant d'écarter l'application d'une loi, la renonciation constituait en effet « *une sorte d'autonomie de la volonté "au rabais"* ». De même, il constate que la renonciation, exaltant davantage la « *modestie du renoncement et du dépouillement que l'orgueil de la liberté créatrice* », était « *une petite porte par où la volonté* [pouvait] *s'introduire* » à une époque où « *l'on ignorait la liberté des conventions* ». La renonciation aux lois a ensuite décliné avec la montée de l'autonomie de la volonté dans les contrats et a laissé la place à la renonciation aux droits individuels. *Cf.* J. CARBONNIER, *Rapport général sur les renonciations au bénéfice de la loi en droit privé*, Travaux de l'Association Henri Capitant, t. 13, 1963, pp. 283-297, *spéc.* p. 284.

[205] P. RAYNAUD, *art. précit.*, *spéc.* n$^{os}$ 4-30, pp. 768-791 et en particulier n° 30, p. 791 : « *La renonciation nous apparaît donc comme un acte de volonté unilatérale, abdicatif d'un droit. Ainsi compris, il se distingue nettement des conventions, par sa forme, et des aliénations par ses effets.* » ; J. CARBONNIER, *rapp. précit.*, 1963, p. 282. On observera cependant que cet auteur distingue les renonciations aux prérogatives individuelles constituant des droits subjectifs des renonciations aux prérogatives individuelles ne constituant pas des droits subjectifs. Tandis que les premières ne pourraient se faire que dans le cadre d'un acte unilatéral, les secondes pourraient s'effectuer à l'occasion d'un contrat.

[206] FR. DREYFFUSS-NETTER, *thèse précit.*, § 25, p. 39 et § 34, p. 47 ; PH. FRUMER, *op. cit.*, n° 22, p. 13.

[207] On peut d'ailleurs observer le silence de bon nombre de manuels de libertés publiques sur ce point. *Cf.* pour un constat en ce sens : J.-F. FLAUSS, *Actualité de la Convention européenne des droits de l'Homme*, *AJDA* 1992, p. 421 ; S. BRACONNIER, *thèse précit.*, p. 265 ; PH. FRUMER, *op. cit.*, n° 896, p. 635. Néanmoins, certains auteurs s'interrogent sur cette question lorsqu'ils abordent le lien entre la

question est beaucoup plus délicate que celle relative aux dérogations à certains droits ou libertés effectuées par un État en raison de circonstances particulières. L'initiative de la renonciation provient d'un individu protégé par des dispositions internes ou internationales, au nombre desquelles figure la Convention européenne des droits de l'Homme. Cette hypothèse peut par conséquent être dangereuse, puisqu'un État peut fort bien inciter cet individu à renoncer à ses droits. Sur le plan international, la Cour européenne des droits de l'Homme a été amenée à se prononcer sur cette question.

D'une façon générale, les juges de Strasbourg ne sont pas opposés à la validité d'une renonciation à un droit ou une liberté garantis par la Convention, même si une telle position n'est pas évidente compte tenu de leur inaliénabilité proclamée. Cependant, des auteurs ont pu souligner l'existence d'un décalage manifeste entre « *les proclamations tous azimuts de l'inaliénabilité des droits de l'homme et les tentatives théoriques de cerner la notion* »[208]. Alors que les proclamations semblent attacher un caractère inaliénable à l'ensemble des droits et libertés, les analyses théoriques soulignent que l'inaliénabilité constitue davantage une métaphore traduisant l'importance unique des intérêts en cause. Aussi ce principe ne s'opposerait pas à l'admission de certaines renonciations. Par principe, la Cour européenne des droits de l'Homme laisse entendre que la validité de la renonciation à un droit ou à une liberté garantis par la Convention dépend de la nature du droit ou de la liberté en question[209]. Mais, elle ne donne pas pour autant d'indications précises. Monsieur Philippe Frumer s'est demandé s'il était possible de dégager un ou plusieurs critères pour justifier l'illicéité de certaines renonciations au regard de la Convention européenne des droits de l'Homme. Après une étude approfondie de différents fondements[210], il a conclu à l'impossibilité de dégager un « *critère pertinent pour justifier l'affirmation de la Cour européenne des droits de l'Homme* ».

En ce qui concerne plus particulièrement la liberté et la sûreté, les juges européens de Strasbourg se sont prononcés sur la faculté de renonciation[211] dans leur arrêt *De Wilde, Ooms et Versyp* du 18 juin 1971[212]. Dans cette affaire, trois vagabonds, s'étant spontanément présentés à la police, avaient été internés dans des maisons de refuge ou dans des dépôts de mendicité pour de longues périodes. Ils ont alors invoqué l'irrégularité de leur détention et, par conséquent, une violation de l'article 5 § 1 de la Convention. En réponse, le Gouvernement belge, se fondant sur leur consentement, argua de la régularité de leur détention. La Commission européenne des droits de l'homme a rejeté cet argument en qualifiant la liberté personnelle de « *droit inaliénable* ». La Cour européenne a adopté la même solution, mais sa motivation est quelque peu différente. Elle a ainsi affirmé que « *le droit à la liberté revêt une trop grande importance dans une "société démocratique", au sens de la Convention, pour qu'une personne perde le bénéfice de la protection de celle-ci du seul fait qu'elle se constitue prisonnière. Une détention pourrait enfreindre l'article 5 quand bien même l'individu dont il s'agit l'aurait acceptée* »[213].

---

relation contractuelle et la Convention européenne des droits de l'Homme, *cf.* P. AREND, *Convention européenne des droits de l'Homme et libertés contractuelles*, *BDH*, 1995, pp. 64-76 ; CL. LALAUT, *Le contrat et la Convention européenne des droits de l'Homme*, *Gaz. Pal.*, 1999, doc., pp. 554-564 ; J.-F. RENUCCI, *Droit européen des droits de l'homme*, LGDJ, 1999, n° 164, p. 247 : cet auteur relève ainsi que « *la liberté contractuelle n'est certes pas un droit garanti par la Convention* (...), *mais il s'agit d'une préoccupation importante, notamment lorsqu'il s'agit de réfléchir sur la portée des droits protégés, en particulier en ce qui concerne la renonciation aux droits reconnus par la Convention* ».

[208] PH. FRUMER, *op. cit.*, n° 662, p. 485.

[209] Cour EDH, 10 février 1983, *Albert et Le Compte*, série A, n° 58 ; *AFDI*, 1984, p. 447, obs. R. PELLOUX ; Cour EDH, 30 novembre 1987, *H. c. Belgique*, série A, n° 127-B.

[210] PH. FRUMER, *op. cit.*, pp. 423-545.

[211] PH. FRUMER, *op. cit.*, n[os] 448-458, pp. 332-338.

[212] CEDH, 18 juin 1971, *De Wilde, Ooms et Versyp*, *précit.*

[213] CEDH, 18 juin 1971, *De Wilde, Ooms et Versyp*, *précit.*, § 65.

L'emploi du conditionnel (« *une détention pourrait enfreindre l'article 5* ») a pu susciter des interrogations. Cela signifie-t-il qu'une personne pourrait valablement consentir à une privation totale de sa liberté, en particulier si elle est limitée dans le temps et prend en compte la situation physique et morale de l'intéressé ?[214] La lecture d'arrêts postérieurs, se référant à l'arrêt *De Wilde*, semble bien montrer que la Cour européenne s'oppose à toute renonciation globale à la liberté d'aller et venir en raison de la nature du droit en cause[215]. Cette position a, semble-t-il, été nuancée dans l'arrêt *H.M. c. Suisse* du 26 février 2002[216]. Dans cette affaire, opposant un particulier à la Confédération helvétique, une personne avait été placée par décision préfectorale dans un foyer médicalisé pour personnes âgées. Opposée à cette décision, elle invoqua devant la Cour européenne des droits de l'Homme la violation des dispositions de l'article 5 § 1 de la Convention. La Cour n'a pas fait droit à sa demande et a notamment constaté « *qu'une fois arrivée au foyer, la requérante a consenti à y rester* »[217]. Une telle solution rejoindrait l'analyse faite par Monsieur Philippe Frumer, selon laquelle, une personne pourrait être amenée, dans certaines situations bien précises[218], à consentir à une privation totale de sa liberté d'aller et venir, au point de conférer un pouvoir de rétention. Ce consentement aurait ainsi pour effet d'écarter toute idée de détention arbitraire. Il faudrait néanmoins que cette mesure « *soit acceptée en connaissance de cause et qu'elle cesse lorsqu'elle ne correspond plus à la volonté de l'intéressé* »[219]. Il s'agirait alors d'une sorte de renonciation conditionnelle, puisque le renonçant se réserverait la faculté de revenir dessus. Cette analyse peut paraître quelque peu excessive. Il n'est pas nécessaire de se référer au consentement de l'individu et, par conséquent, à la renonciation à la liberté d'aller et venir pour écarter l'application de l'article 5 § 1. En effet, lorsque l'individu consent à « *être retenu* » dans un endroit précis tout en conservant la faculté de le quitter, il apparaît bien que cette renonciation n'est en réalité que purement factice. Il semble plus simple de retenir qu'il n'y a pas de mesure privative de liberté et de pouvoir de rétention sur autrui. Dès lors, il est possible de considérer qu'au regard de la Convention européenne des droits de l'Homme, une personne ne peut totalement renoncer à sa liberté d'aller et venir au point de conférer à autrui un pouvoir de rétention sur sa propre personne. Une telle solution se retrouve lorsqu'on étudie certaines dispositions du droit interne.

**220. Rejet de l'application de la théorie de la renonciation à la liberté d'aller et venir par le droit interne.** Après avoir étudié la question de la renonciation à la liberté d'aller et venir au niveau européen, nous pouvons nous interroger sur sa perception par le droit interne. Sur le plan du droit pénal, la privation de la liberté d'aller et venir, en dehors de toute autorisation légale, peut être qualifiée de détention ou de séquestration arbitraires sur le fondement de l'article 224-1 du Code pénal[220], lorsqu'elle est commise par une personne

---

[214] *Cf.* en ce sens, A. VANWELKENHUYZEN, *Le respect des droits de l'homme et la législation belge pour la répression du vagabondage et de la mendicité, art. précit.* De même, dans son opinion dissidente sous le rapport de la Commission, M. Delahaye avait estimé que la liberté est sans conteste un droit sacré, mais qu'il serait excessif de la présenter comme un droit à ce point absolu qu'il ne saurait en aucun cas faire l'objet d'une renonciation, *cf.* Comm. E.D.H., rapport du 19 juillet 1969, série B, n° 10.

[215] Comme le souligne PH. FRUMER, *op. cit.*, n° 450 et note 1304, p. 332 : dans l'arrêt *Albert et Le Compte* du 10 février 1983 (*précit.*), la Cour européenne des droits de l'Homme se réfère au § 65 de l'arrêt *De Wilde* pour affirmer que « *sans doute la nature de certains droits garantis par la Convention exclut-elle un abandon de la faculté de les exercer* ».

[216] CEDH, 26 février 2002, *H.M. c. Suisse*, *Recueil des arrêts et décisions de la Cour européenne des droits de l'Homme*, 2002, II, pp. 27-51.

[217] CEDH, 26 février 2002, *H.M. c. Suisse*, *précit.*, § 47.

[218] Pour quelques exemples, *cf.* PH. FRUMER, *op. cit.*, n$^{os}$ 454-457, pp. 335-338.

[219] PH. FRUMER, *op. cit.*, n° 458, p. 338.

[220] *Cf.* M.-L. RASSAT, *Enlèvement, arrestation, détention et séquestration arbitraires*, *art. précit.* ; PH. CONTE, *Droit pénal spécial*, *op. cit.*, n$^{os}$ 214-226, pp. 125-132 ; M.-L. RASSAT, *Droit pénal spécial*,

privée, et d'atteinte à la liberté individuelle sur le fondement des articles 432-4 à 432-6 du Code pénal[221], lorsqu'elle est commise par une personne exerçant une fonction publique et agissant dans le cadre de ses fonctions. Ces articles constituent le volet pénal de la protection de la liberté d'aller et venir, puisqu'ils fondent la responsabilité pénale de celui qui retiendrait illégalement autrui, c'est-à-dire « *sans ordre des autorités constituées et hors les cas prévus par la loi* »[222]. S'agissant d'une infraction de violence, l'infraction ne se conçoit qu'avec une contrainte exercée sur une personne. Dès lors, le consentement de la victime sera de nature à exclure la qualification pénale de détention ou de séquestration arbitraires. Pour autant, la licéité de ces situations doit-elle nous conduire à considérer que ce consentement constitue une renonciation à la liberté d'aller et venir et justifie l'existence d'un droit de rétention ? Une telle solution ne peut être retenue. En effet, si le consentement de la personne détenue peut écarter cette infraction[223], il n'en sera plus de même si elle retire son agrément à la poursuite de la détention[224]. Par conséquent, il faut de nouveau considérer qu'elle n'a pas attribué un réel droit de rétention. Nous retrouvons ainsi logiquement le principe retenu par le Cour européenne des droits de l'Homme : il est impossible de renoncer par contrat à la liberté d'aller et venir, au point de conférer un véritable pouvoir de rétention sur autrui. Une telle convention serait contraire à l'ordre public et devrait par conséquent être nulle sur le fondement de l'article 6 du Code civil.

**221. Nullité absolue de la renonciation à la liberté d'aller et venir.** Contraires aux règles du droit européen des droits de l'homme et du droit pénal français, constituant des dispositions d'ordre public[225], les renonciations à la liberté d'aller et venir sont sanctionnées par une nullité absolue. Par ailleurs, il faut signaler que les dispositions de la Convention européenne des droits de l'Homme s'appliquent aussi bien dans le contexte d'une relation verticale, entre un particulier et un représentant de la puissance publique, que dans celui d'une relation horizontale entre particuliers. En effet, si à l'origine la Convention européenne des droits de l'Homme avait vocation à s'appliquer uniquement aux relations verticales et devait permettre de sanctionner un État l'ayant ratifiée et ne la respectant pas, la jurisprudence européenne a très rapidement évolué et reconnu une application horizontale indirecte[226] puis directe de la Convention[227]. Il faut ici souligner que l'on a pu se demander si la nature horizontale, ou interindividuelle, de la relation ne serait pas susceptible d'avoir des conséquences sur le traitement de la question de la renonciation. Certains auteurs ont ainsi soutenu que, lorsqu'une personne a consenti librement par contrat avec une autre personne privée à une diminution de ses droits fondamentaux, elle ne pourrait se plaindre ultérieurement d'une violation de ces droits, de la même manière qu'elle pourrait le faire dans

---

*infractions des et contre les particuliers*, *op. cit.*, n^os 367-378, pp. 383-396 ; M. VÉRON, *Droit pénal spécial*, *op. cit.*, n^os 184-189-2, pp. 116-119.

[221] *Cf.* A. VITU, *Atteintes à la liberté individuelle par des personnes exerçant une fonction publique*, *art. précit.* ; PH. CONTE, *op. cit.*, n^os 214-226, pp. 125-132 ; M. VÉRON, *op. cit.*, n^os 534-537, pp. 321-323.

[222] Article 224-1, alinéa 1^er du Code pénal.

[223] CA Paris, 23 mars 1832, *S.* 1832, II, 188 : en l'espèce, un individu, après avoir été interrogé sur un mandat d'amener, a consenti à rester provisoirement en prison jusqu'au lendemain pour éviter un dépôt.

[224] E. GARÇON, *Code pénal annoté*, éd. M. ROUSSELET, M. PATIN et M. ANCEL, t. 2, Sirey, 1956, art. 341 à 344, n° 46.

[225] Sur l'émergence d'un ordre public européen, *cf.* CL. LALAUT, *art. précit.*, *spéc.* p. 557 ; W. J. GANSHOF VAN DER MEERSCH, *La Convention européenne des droits de l'Homme a-t-elle dans le cadre du droit interne, une valeur d'ordre public ? in Les droits de l'homme en droit interne et en droit international*, Actes du 2^e colloque international sur la Convention européenne des droits de l'Homme (Vienne, 18-20 octobre 1965), Presses Universitaires de Bruxelles, 1968, pp. 155-251.

[226] Cour EDH, 23 juillet 1968, *Affaire linguistique belge*, Série A, n° 6 ; Cour EDH, 13 juin 1979, *Marckx*, Série A, n° 31 ; Cour EDH, 9 octobre 1979, *Airey*, série A, n° 32 ; *GACEDH*, n° 2, pp. 18-28.

[227] Cour EDH, 9 décembre 1994, *Lopez Ostra*, série A, n° 303-C ; *GACEDH*, n° 3, pp. 29-37 ; *RTD civ.* 1996, p. 507, obs. J.-P. MARGUÉNAUD.

le contexte d'une relation purement verticale[228]. Toutefois, il semble difficile de retenir des solutions différentes, la personne perdant dans les deux cas tant sa liberté d'aller et venir que son autonomie. D'ailleurs, la jurisprudence interne retient globalement que la liberté contractuelle est limitée par les principes de la Convention[229]. Par conséquent, les particuliers peuvent invoquer dans tous les cas, outre la violation des règles internes, celle des dispositions de la Convention, afin d'obtenir la nullité de la renonciation obtenue. Cette nullité, étant absolue, ne peut être couverte par les parties et est susceptible d'être soulevée d'office par le juge[230].

**222. L'absence de situation de garde d'autrui**. Par conséquent, une personne ne peut, par sa seule volonté, conférer à un tiers un pouvoir de rétention sur sa propre personne. Ainsi, à la différence des handicapés mentaux hospitalisés à la demande d'un tiers ou d'office, les handicapés mentaux hospitalisés en service libre ne peuvent être retenus de force par le personnel de l'hôpital psychiatrique. De même une personne âgée ou malade, assistée quotidiennement pour ses soins, ne peut être légalement retenue. Dès lors, il est illogique de qualifier ces situations de garde d'autrui. Elles se distinguent fondamentalement des véritables situations de garde ou de détention d'autrui par l'absence de pouvoir de rétention attribué par le législateur, le juge ou une autorité administrative. Toutefois, l'absence d'un pouvoir de rétention n'interdit pas de reconnaître l'existence d'un pouvoir de direction sur les activités d'autrui.

## B. L'EXISTENCE D'UN POUVOIR DE DIRECTION DES ACTIVITÉS D'AUTRUI

**223.** Si un individu ne peut attribuer à un tiers un pouvoir de rétention sur sa personne, il peut néanmoins lui reconnaître un pouvoir de direction sur ses activités. En définitive, seul ce pouvoir caractérise ces situations. Par exemple, si le handicapé mental en service libre ne confère aucun pouvoir de rétention à l'établissement hospitalier qui l'héberge à la différence du malade mental placé hospitalisé d'office ou à la demande d'un tiers, il est néanmoins indéniable qu'il se place sous son autorité et lui reconnaît un certain pouvoir de direction. Il faut maintenant caractériser ce pouvoir de direction. Sur ce point, nous pouvons constater que l'absence de pouvoir de rétention a des conséquences sur le contenu de ce pouvoir de direction d'autrui. En effet, l'absence d'un tel pouvoir contraignant a pour conséquence d'empêcher tout contrôle du mode de vie d'autrui **(1)** et, finalement, de restreindre le pouvoir de direction d'autrui à une ou plusieurs activités **(2)**.

### *1. L'absence de pouvoir de contrôle du mode de vie d'autrui*

**224. L'exclusion du pouvoir de contrôle du mode de vie d'autrui.** Si les particuliers ne peuvent étendre le domaine du pouvoir de rétention, il n'en demeure pas moins qu'ils peuvent attribuer à un tiers un pouvoir sur leurs activités. Dans l'absolu, ainsi que nous l'avons précédemment observé à propos des situations de garde ou de détention[231], ce pouvoir peut porter soit sur une ou plusieurs activités particulières, soit sur l'activité générale d'une

---

[228] G. PHILLIPSON, *The Human Rights Act, " Horizontal Effect " and the Common Law : a Bang or a Whimper?, The Modern Law Review*, 1999, pp. 824-849, *spéc.* p. 846 : « *The main rationale for* not *applying civil rights in the private sphere is the diminution in individual autonomy which it is feared would result. It is argued that, to protect such autonomy, citizens ought to be free to agree to have their rights restricted by other citizens while maintanining them in full against the coercive state* ».

[229] *Cf.* par exemple Civ. 3e, 6 mars 1996, *Mel Yedei* ; *JCP G* 1996, I, 3958, nos 1-3, obs. CH. JAMIN ; *JCP G* 1997, II, 22764, note NGUYEN VAN TUONG ; *RTD civ.* 1996, pp. 896-897, obs. J. MESTRE et pp. 1024-1025, obs. J.-P. MARGUÉNAUD.

[230] *Cf.* C. LALAUT, *art. précit.*, spéc. p. 557.

[231] *Cf. supra* n° 205.

personne, c'est-à-dire son mode de vie. En l'occurrence, la personne soumise à ce pouvoir de direction ne perd pas totalement sa liberté d'aller et venir. Elle peut se placer sous l'autorité d'autrui, mais cette décision ne peut en aucun cas la conduire à aliéner cette liberté fondamentale. Celle-ci constituant le pilier de l'autonomie de la personne[232], son maintien permet à son titulaire de conserver la maîtrise de son mode de vie en pouvant, théoriquement, changer volontairement de lieu. Il peut ainsi quitter la personne exerçant un pouvoir sur lui. On retrouve alors la corrélation entre la maîtrise du lieu de résidence et celle du mode de vie. Ne pouvant déterminer le lieu de vie d'une personne au point de la contraindre à y rester, la personne, disposant d'une autorité sur autrui en vertu d'un contrat conclu avec elle, ne peut pas réellement contrôler son mode de vie. Ainsi, lorsqu'un handicapé mental est hospitalisé dans un service libre, il peut toujours décider de quitter l'établissement psychiatrique. Ce dernier, ne disposant d'aucun pouvoir de rétention, ne peut le contraindre à y rester. Il est dès lors logique d'admettre que cet établissement ne peut contrôler le mode de vie du patient. Il peut tout au plus l'influencer par des conseils ou recommandations, mais il ne peut pas, à proprement parler, contrôler son mode de vie. Le handicapé mental conserve par principe la maîtrise de ses choix de vie et de son mode de vie. Il convient néanmoins d'admettre qu'il peut accorder par contrat un pouvoir de direction sur une ou plusieurs de ses activités.

***2. L'existence d'un pouvoir de direction d'une ou plusieurs activités d'autrui***

**225. La direction d'une ou plusieurs activités particulières**. Si par contrat, une personne ne peut conférer ni pouvoir de rétention, ni pouvoir de contrôle de son mode de vie, il est néanmoins possible qu'elle attribue à un tiers un pouvoir de direction d'une ou plusieurs de ses activités. Il en résulte que le contrat n'a pu attribuer qu'un droit ou pouvoir de direction sur une ou plusieurs activités particulières. Ce pouvoir peut s'exercer pour une durée plus ou moins longue, mais en aucun cas il ne peut conduire à une aliénation du contrôle de son mode de vie. Ainsi, le handicapé mental hospitalisé en service libre reconnaît un certain pouvoir de direction aux médecins et à l'établissement psychiatrique. Il accepte les ordres et le règlement de l'hôpital. De même, la personne handicapée mentale majeure habitant chez ses parents demeure sous leur autorité, elle leur reconnaît un certain pouvoir de direction, mais pour autant, elle ne peut totalement aliéner sa liberté d'aller et venir et leur conférer un véritable pouvoir de contrôle de son mode de vie. Dénuée des pouvoirs de rétention et de contrôle du mode de vie, la situation juridique d'une personne se plaçant par sa seule volonté sous l'autorité d'autrui est théoriquement beaucoup moins contraignante que celle des personnes placées sous l'autorité d'autrui en vertu d'une décision législative, judiciaire ou administrative, conférant un pouvoir de rétention. La direction s'oppose donc clairement à la garde et à la détention d'autrui.

**226. L'opposition entre la direction, la garde et la détention d'autrui : l'émergence d'une conception unitaire de la garde**. Par conséquent, tandis que jusqu'à présent le législateur, la jurisprudence et la doctrine ont eu tendance à utiliser l'expression « *garde d'autrui* » pour qualifier des situations juridiques fondamentalement différentes et à favoriser l'éclatement de cette notion au point d'encourager sa disparition, il est possible de revenir sur ce développement désordonné de la garde en refusant d'attribuer une même qualification à des situations juridiques distinctes. Dans cette optique, il est permis d'opposer la garde, la détention et la direction d'autrui.

La garde et la détention sont des notions très proches. Elles se différencient néanmoins par leurs finalités. En effet, la garde et la détention se caractérisent par l'existence de pouvoirs de rétention, de détermination du lieu de vie, de contrôle du mode de vie et de contrôle des activités quotidiennes d'autrui. Ces deux situations juridiques, comprenant une composante

---

[232] *Cf. supra* n° 147.

intellectuelle et une composante matérielle, reposent sur des prérogatives sur autrui extrêmement contraignantes portant une atteinte majeure à la liberté fondamentale d'aller et venir. À ce titre, elles doivent être étroitement encadrées tant dans leur existence que dans leur exercice. Les situations de garde et de détention d'autrui ne peuvent dès lors être admises qu'à titre exceptionnel. Elles constituent une réponse à une absence d'autonomie naturelle de la personne ou une volonté de priver une personne de son autonomie pour des motifs légitimes. La garde et la détention d'autrui se distinguent par leurs finalités. À la différence de la détention d'autrui, la finalité de la garde d'autrui ne s'épuise pas dans la rétention d'une personne. Le gardien d'autrui dispose de pouvoirs contraignants sur une personne afin de remplir une mission spécifique distincte de la seule rétention. Cette mission est en général identifiée avec précision. Par exemple, le gardien d'un enfant mineur a pour mission d'assurer son éducation, le gardien d'un handicapé mental celle de lui apporter des soins psychiatriques et le gardien d'une personne condamnée à une mesure privative de liberté celle de mettre en œuvre un traitement pénitentiaire.

La garde et la détention d'autrui se distinguent par ailleurs de la direction d'autrui. En effet, une telle qualification devrait être réservée aux situations dans lesquelles une personne détient une certaine autorité sur autrui sans pour autant disposer d'un pouvoir de rétention. Son pouvoir est dès lors beaucoup moins contraignant puisqu'il ne peut conduire à une privation totale de la liberté d'aller et venir au point de pouvoir retenir la personne d'autrui. Il se réduit à la faculté de diriger les activités d'autrui en vertu d'un contrat ou d'une loi.

L'affirmation de distinctions entre la garde, la détention et la direction d'autrui permet en conséquence de développer une conception unitaire et globale de la notion de garde d'autrui. Reposant sur l'existence d'un pouvoir de rétention sur autrui, le domaine de la garde d'autrui est étroitement encadré par les dispositions des textes nationaux et internationaux relatifs à la protection des droits de l'homme. Il n'en demeure pas moins que les autorisations de ces textes ne doivent pas nécessairement conduire à une admission systématique en droit interne. Aussi convient-il de s'interroger sur l'opportunité de l'existence de ces situations de garde d'autrui en droit interne.

## SECTION 2<br>L'OPPORTUNITÉ DE L'EXISTENCE DES SITUATIONS DE GARDE D'AUTRUI

**227.** L'approche unitaire de la garde d'autrui nous a conduit à affirmer qu'il s'agissait d'un pouvoir extrêmement fort sur la personne d'autrui permettant à la fois de la retenir dans un endroit déterminé, de choisir son lieu de vie et de contrôler son mode de vie et ses activités quotidiennes. Ces prérogatives exceptionnelles sur autrui sont justifiées par l'intérêt de la société et celui de la personne soumise à ce pouvoir. Par ailleurs, la garde se caractérise par l'existence d'une mission spécifique distincte de la simple rétention de la personne. La garde diverge sur ce point de la détention. Néanmoins, ces deux notions étant particulièrement proches, nous nous intéresserons à la fois à la garde et la détention d'autrui. Fondées sur l'existence d'un pouvoir de retenir autrui, la garde et la détention ne peuvent exister que dans des hypothèses déterminées. Il est ressorti de l'étude de leurs caractéristiques que les pouvoirs de garde ou de détention ne peuvent être admis que sur les mineurs, les personnes atteintes de troubles mentaux, les personnes poursuivies ou condamnées pénalement, les étrangers ayant violé les règles de l'immigration, les toxicomanes, les alcooliques, les vagabonds ou encore les personnes atteintes d'une maladie contagieuse. Une telle liste ne signifie pas pour autant que le législateur interne doit nécessairement admettre l'existence d'un pouvoir de garde ou de détention dans chacune de ces hypothèses. Au contraire, cette liste doit susciter une réflexion sur l'opportunité d'admettre l'existence d'un pouvoir de garde ou de détention dans chacune de ces situations. Ces différentes situations peuvent être regroupées en deux catégories. D'une part, la garde d'autrui peut être une situation de principe. En ce sens, le législateur affirme que, par principe, certaines personnes sont placées sous l'autorité d'autrui et qu'à titre exceptionnel, le juge peut mettre fin à cette prérogative juridique et accorder la pleine autonomie à la personne gardée. Cette première situation correspond en réalité à la garde des mineurs (**§ 1**). D'autre part, la garde d'autrui peut être une situation d'exception. Dans cette hypothèse, le législateur part du principe que la personne est pleinement autonome. Elle ne peut être placée sous la garde ou la détention d'autrui qu'à la suite d'une décision administrative ou judiciaire (**§ 2**).

## § 1. L'OPPORTUNITÉ DES SITUATIONS DE PRINCIPE DE GARDE D'AUTRUI : LA GARDE DES MINEURS

**228. Garde des enfants et défaut d'autonomie naturelle.** Comme de nombreuses situations de garde d'autrui, la garde des enfants a pour objectif la protection d'une personne et est justifiée par le manque d'autonomie de cette dernière. En l'occurrence, la garde est une réponse à une incapacité naturelle. Les enfants impubères n'étant pas pleinement autonomes, l'existence d'un pouvoir de garde ne suscite pas de réelles discussions. Il paraît en effet légitime d'assurer leur protection et de les élever afin de leur permettre d'acquérir cette autonomie qui leur fait défaut. En revanche, les interrogations sur l'opportunité de l'existence d'un tel pouvoir sur les enfants apparaissent lorsqu'on s'intéresse à sa durée d'exercice. En effet, constituant une réponse à un défaut d'autonomie naturelle, il serait logique que son existence soit corrélée à la maturité, ou l'immaturité, de l'enfant. À partir du moment où il devient pleinement capable d'assurer la gestion de sa personne, il ne devrait plus être soumis à un pouvoir de garde. Le problème consiste alors à déterminer cet âge.

**229. Analyse quantitative et analyse qualitative de l'âge de la pleine autonomie naturelle.** Deux méthodes sont envisageables. La première, l'analyse qualitative, propose de rechercher concrètement pour chaque enfant l'âge auquel il atteint la pleine capacité naturelle. Si on suit cette méthode, il faut admettre que cet âge varie selon les individus. Tandis que certains enfants seront pleinement capables à quinze ans, d'autres, au contraire, le seront à vingt ou vingt-cinq ans. Dès lors, si l'on applique cette méthode, l'existence du pouvoir de garde est étroitement corrélée à l'absence d'autonomie naturelle de l'enfant. La seconde, l'analyse quantitative, se contente de procéder à une étude statistique. Elle consiste à rechercher statistiquement à partir de quel âge la majeure partie des enfants sont capables. Cette seconde méthode a pour conséquence de détacher l'existence du pouvoir de garde de l'absence d'autonomie naturelle des enfants. En effet, l'utilisation d'une méthode statistique raisonne globalement et ignore les capacités et les spécificités de chaque enfant. Par conséquent, on peut hésiter entre ces deux méthodes pour déterminer l'âge auquel doit cesser d'exister le pouvoir de garde sur les enfants.

**230. Choix doctrinal et législatif de la méthode quantitative.** À la suite de Jhering[233], François Gény[234] préconise de préférer le quantitatif au qualitatif, afin, notamment, d'éviter les controverses et l'arbitraire du juge. En outre, il estime que l'utilisation des statistiques donnerait au système quantitatif le caractère le plus exact possible.

---

[233] R. von Jhering, *L'esprit du Droit romain*, traduction d'O. de Meulenaere, 3e éd. revue et corrigée, t. 1, A. Marescq, 1886, pp. 54-55.

[234] F. Gény, *Science et technique en droit privé positif, Nouvelle contribution à la critique de la méthode juridique*, Sirey, 1921, t. 3, 3e partie, *Élaboration technique du droit positif*, n° 197, pp. 59-69.

Historiquement, les deux systèmes ont été utilisés, mais le second a maintenant tendance à rassembler tous les suffrages. Si le droit romain considérait que la puberté, notion éminemment qualitative, était la condition requise pour l'extinction du pouvoir de tutelle existant sur l'enfant *sui juris*, il a progressivement adopté les notions quantitatives de minorité et de majorité afin de déterminer l'extinction de la curatelle sur les biens des enfants *sui juris*. Ces notions ont eu un essor particulièrement important, puisqu'on leur associe aujourd'hui la capacité et l'incapacité d'une personne. À partir du moment où une personne arrive à l'âge de la majorité, le législateur considère qu'elle est pleinement capable et peut agir seule tant dans ses actes personnels que patrimoniaux. Une fois la méthode quantitative retenue, il restait à fixer l'âge de cette majorité. Si l'on regarde les coutumes de l'Ancien droit, on ne peut que constater une extrême diversité[235]. Le législateur moderne, tenant compte des évolutions sociales et des impératifs économiques, a fixé à vingt et un ans, puis à dix-huit ans, l'âge de la majorité[236]. Cet âge marque la fin de l'autorité parentale et entraîne l'extinction du pouvoir de garde sur les enfants.

**231. Interrogations sur l'opportunité de la garde des mineurs**. Le choix de la méthode quantitative peut paraître extrêmement rigoureux et détaché de toutes considérations pratiques. En effet, il est possible que certains grands adolescents soient pleinement autonomes. La permanence du pouvoir de garde jusqu'à leur majorité peut alors paraître excessive. *A contrario*, il peut arriver que des jeunes adultes ne soient pas pleinement autonomes. Dans cette hypothèse, un maintien du pouvoir de garde pourrait être justifié. Le raisonnement très général de la méthode quantitative conduit à écarter ces questions, qui pourtant ne peuvent être ignorées. Par ailleurs, on ne peut oublier que le défaut d'autonomie des enfants ne présente pas la même intensité selon leur âge. S'il est vrai que l'enfant en bas-âge doit être protégé et fortement encadré, il n'en est pas de même pour les adolescents. Sans être pleinement autonomes, ces derniers peuvent présenter une certaine maturité, pouvant alors justifier un amoindrissement du pouvoir de garde. Ces deux observations peuvent dès lors nourrir les interrogations sur l'opportunité de l'existence d'un pouvoir de garde sur les enfants mineurs. Elles peuvent se résumer en quelques questions. Doit-on maintenir un pouvoir de garde sur des enfants mineurs pleinement autonomes ? Doit-on préférer une solution intermédiaire et moduler l'intensité du pouvoir de garde en fonction de l'autonomie croissante des mineurs ? Peut-on prolonger l'existence d'un pouvoir de garde sur des jeunes adultes ne disposant pas d'une pleine autonomie naturelle ? Ces questions se rapportent aux problèmes de l'autonomisation progressive de l'enfant mineur **(A)** et de son autonomisation anticipée ou retardée **(B)**.

## A. L'AUTONOMIE PROGRESSIVE

**232.** *A priori*, le pouvoir de garde sur les enfants existe jusqu'à leur majorité. Dès lors, il faut admettre que, quelle que soit la situation, les titulaires de ce pouvoir peuvent contrôler leur mode de vie et leurs activités quotidiennes en vue de les éduquer. Si l'on s'en tient à cette affirmation, nous devons en déduire que le titulaire de l'autorité parentale gouverne pleinement la personne de l'enfant de sa naissance à sa majorité. À l'arrivée de ce jour, il perdrait totalement l'exercice d'un tel pouvoir. Une telle analyse ne tient pas compte de l'évolution intellectuelle et physique de l'enfant. Elle montre ainsi ses limites. Il est en effet

---

[235] G. COQUILLE, *Institution au droict des françois*, A. L'Angelier, 1607, pp. 252-263.

[236] J. MASSIP, *L'abaissement de l'âge de la majorité et ses conséquences, Étude de la loi n° 74-631 du 5 juillet 1974 et des textes qui l'ont complétée, Répertoire du notariat Defrénois*, 1975 ; G. COUCHEZ, *La fixation à dix-huit ans de l'âge de la majorité, JCP G* 1975, I, 2684 ; E. POISSON, *L'abaissement de l'âge de la majorité, D.* 1976, Chr. VI, pp. 21-30 ; J. CARBONNIER, *Essais sur les lois, op. cit.*, pp. 121-130.

absurde d'affirmer que l'obtention de la capacité naturelle coïncide avec la date de la majorité de l'enfant. Par conséquent, il serait plus cohérent d'admettre que cette capacité s'acquiert progressivement et que la majorité ne symbolise que sa plénitude. On peut dès lors se demander si le législateur a pris en compte cette idée ou s'il ignore l'adolescence qui est pourtant une réalité psychologique et sociologique[237]. Cette question pourrait avoir des conséquences sur l'existence du pouvoir de garde sur les mineurs. En effet, la réception de l'autonomisation naturelle des mineurs pourrait se traduire par la restriction progressive du pouvoir de garde et, corrélativement, par la reconnaissance d'un certain pouvoir de décision aux mineurs. La multiplication des âges légaux pourrait concrétiser cette idée. Pourtant, cette idée ne se retrouve pas dans les textes. La reconnaissance d'un âge légal ne donne que très rarement un pouvoir autonome de décision au mineur en ce qui concerne l'orientation de son mode de vie **(1)**. Cet état du droit peut susciter des interrogations sur l'opportunité de limiter le pouvoir de garde sur les mineurs et de renforcer en contrepartie leurs sphères d'autonomie **(2)**.

### *1. De lege lata : l'autonomisation très relative des mineurs*

**233. Position du problème**. De prime abord, on pourrait penser que le développement croissant de la notion de l'intérêt de l'enfant mineur conduirait à une prise en compte progressive de sa volonté et à une reconnaissance croissante de son autonomie naturelle. Afin d'encadrer juridiquement cette autonomie, il serait possible de recourir une nouvelle fois à l'analyse quantitative et de procéder à une multiplication des âges légaux, marquant ainsi à chaque fois une étape dans la restriction de l'étendue du pouvoir de garde et dans l'acquisition de la pleine autonomie. Une telle idée semble bien avoir été suivie par le législateur. Néanmoins, l'étude de ces différents âges révèle que leur obtention n'entraîne pas nécessairement l'acquisition d'une parcelle d'autonomie et corrélativement une restriction du pouvoir de garde. Au contraire, la maturité progressive du mineur ne justifie en principe que son association à la prise des décisions. Elle ne se traduit qu'à titre très exceptionnel par l'obtention d'une certaine autonomie.

**234. Le principe : l'association progressive du mineur**. Par principe, les âges légaux semblent surtout constituer les étapes d'une association progressive du mineur aux décisions du gardien. Ainsi, traditionnellement, le Code civil reconnaissait que le pouvoir de garde de l'autorité parentale devait fléchir devant le souhait de l'enfant mineur de s'engager dans l'armée. Une telle disposition, fondée sur l'intérêt de la nation, accordait au mineur un véritable pouvoir sur le choix de son mode de vie. Une telle limite ne subsiste plus de nos jours. En effet, si la loi prévoit qu'il est possible d'être militaire à partir de dix-sept ans, elle précise immédiatement que le mineur non émancipé doit être pourvu du consentement de son représentant[238]. Le mineur n'est donc plus libre de s'engager. Par ailleurs, on pourrait estimer que les grands adolescents devraient être libres d'exercer une activité professionnelle. Même si, par réaction aux exploitations abusives des jeunes travailleurs au XIX$^{e}$ siècle, la législation du travail admet toujours avec réticence le travail des mineurs, le Code du travail accepte que les mineurs de quinze ou seize ans puissent, dans certaines conditions, conclure un contrat d'apprentissage[239] ou de travail[240]. Mais, là encore, l'accord du représentant légal est nécessaire[241].

---

[237] G. Raymond, *Droit de l'enfance et de l'adolescence*, Litec, Pratique professionnelle, 4$^{e}$ éd., 2003, n$^{os}$ 60-89, pp. 47-63.

[238] Article 20, 4° de la loi n° 2005-270 du 24 mars 2005 portant statut des militaires : « *Nul ne peut être militaire s'il n'est âgé de dix-sept ans au moins, ou de seize ans pour recevoir une formation générale et professionnelle en qualité de volontaire dans les armées ou en qualité d'engagé dans une école militaire. Le mineur non émancipé doit être pourvu du consentement de son représentant* ».

[239] Article L. 6222-1 du Code du travail.

En définitive, ces deux exemples montrent bien que le mineur acquiert avec l'âge certains droits, mais que leur exercice reste subordonné à l'autorisation du titulaire de l'exercice de l'autorité parentale[242]. Autrement dit, le mineur n'est pas pleinement autonome, il ne peut décider seul de l'orientation de son mode de vie. Le pouvoir de garde continue de s'exercer dans sa plénitude sur les mineurs. Ces derniers n'acquièrent pas une réelle autonomie, mais sont associés aux décisions de leur gardien. Cette idée se retrouve d'ailleurs à l'article 371-1, alinéa 3 du Code civil. En disposant que « *les parents associent l'enfant aux décisions qui le concernent, selon son âge et son degré de maturité* », cet article montre bien que l'enfant mineur demeure toujours sous l'autorité de ses parents. Son âge et l'accession à une certaine autonomie naturelle ne lui permettent que d'être associé aux décisions parentales ou plus généralement aux décisions des personnes exerçant le pouvoir de garde. L'autonomisation n'est alors qu'une association. Le pouvoir de garde n'est en aucun cas atteint.

**235. L'exception : l'autonomisation progressive du mineur**. À titre exceptionnel, le principe de l'association du mineur à la prise de décision par son gardien est écarté au profit d'une véritable autonomisation du mineur. Cette idée s'est particulièrement développée dans le domaine de la santé des mineurs[243]. Traditionnellement, on affirme qu'à la différence de certains droits étrangers[244], le droit français ne connaît pas de majorité médicale anticipée distincte de la majorité civile. Le consentement du titulaire du pouvoir de garde est nécessaire. Toutefois, l'essor conjoint des droits des mineurs et des malades a profondément modifié cet état du droit au point d'affranchir dans certains cas le mineur du consentement de ses parents.

La première étape de cette tendance est marquée par la loi n° 2001-588 du 4 juillet 2001 relative à l'interruption volontaire de grossesse et à la contraception. Elle permet aux mineurs d'obtenir des contraceptifs[245] et de procéder à une intervention volontaire de grossesse[246] sans l'autorisation de leurs représentants légaux. Dans ces différentes situations, le pouvoir de garde est donc limité par la reconnaissance d'une certaine autonomie aux mineurs.

La seconde manifestation de cette tendance est constituée par la loi n° 2002-303 du 4 mars 2002 relatives aux droits des malades et à la qualité du système de santé. L'enfant mineur devient un véritable acteur de sa santé[247]. En premier lieu, la loi affirme que le consentement du mineur doit être recherché dans la mesure où il est apte à exprimer sa

---

[240] Article L. 4153-1 du Code du travail.

[241] Pour le contrat d'apprentissage : article L. 6224-1 du Code du travail ; pour le contrat de travail, aucune disposition ne figure dans le Code du travail, il faut par conséquent en déduire que les dispositions de l'autorité parentale s'appliquent.

[242] Il en est de même pour l'obtention de certains permis de conduire : *cf.* not. l'article R. 221-5 du Code de la route.

[243] D. DUVAL-ARNOULD, *Le corps de l'enfant sous le regard du droit*, préf. G. CORNU, LGDJ, Bibl. dr. pr., t. 238, 1994.

[244] C'est notamment le cas pour le droit anglais et le droit américain, *cf.* F. BOULANGER, *Les rapports juridiques entre parents et enfants, Perspectives comparatistes et internationales*, *op. cit.*, n[os] 141-144 ; J. FLAUSS-DIEM, *Consentement médical et autonomie de l'adolescent en droit anglais*, *in Droit des personnes et de la famille : mélanges à la mémoire de D. HUET-WEILLER : liber amicorum*, *op. cit.*, p. 115.

[245] Article L. 5134-1 du Code de la santé publique.

[246] Article L. 2212-7 du Code de la santé publique. Sur cette disposition, *cf.* M. REDON, *L'interruption volontaire de la grossesse de la mineure ou l'exercice interposé du droit parental*, *D.* 2001, pp. 1194-1195.

[247] A. KIMMEL-ALCOVER, *L'autorité parentale à l'épreuve de la santé des mineurs : chronique d'un déclin annoncé*, *RDSS* 2005, pp. 265-277 ; G. FAURÉ, *Vers l'émergence d'une majorité sanitaire ?*, *in La loi du 4 mars 2002 : continuité ou nouveauté en droit médical ?*, sous la direction de G. FAURÉ, PUF, CEPRISA, 2003, pp. 101-110 ; F. DEKEUWER-DEFOSSEZ, *L'autorité parentale à l'épreuve de la loi Kouchner*, *RGDM*, 2004, pp. 99-104 ; CL. ESPER, *Mineurs hospitalisés et loi du 4 mars 2002*, *Actualités JuriSanté*, n° 42, juillet 2003, pp. 4-9.

volonté[248]. Le consentement ne saurait donc s'effacer devant l'incapacité au nom du droit à l'autonomie[249]. Dès lors que le consentement peut être recherché, il doit être pris en compte. Une telle exigence soulève alors la question de la portée d'un refus du mineur, en désaccord avec ses représentants légaux. La loi ne donne, en apparence, pas de réponse sur ce point. Certains auteurs considèrent que les dispositions imposant la recherche du consentement du mineur reconnaissent simplement un droit d'expression à l'enfant et ne lui confèrent pas la possibilité d'imposer sa décision[250]. D'autres, au contraire, estiment qu'il est impossible de passer outre le refus du mineur, sauf en saisissant le juge des enfants afin qu'il ordonne une mesure d'assistance éducative si la santé du mineur est en danger[251]. D'autres enfin affirment que, lorsque le refus risque d'entraîner des conséquences graves pour l'état de santé du mineur malade, le médecin pourrait intervenir ; en revanche, lorsque le refus du mineur n'a que peu de conséquences sur son état de santé, le praticien devrait respecter scrupuleusement la volonté du mineur[252]. En deuxième lieu, la loi de 2002 accorde au mineur le droit de ne pas révéler à ses parents, ou plus généralement à son gardien, certaines interventions concernant sa santé. L'article L. 1111-5 du Code de la santé publique encadre néanmoins l'exercice de ce droit. Tout d'abord, le médecin doit essayer de convaincre le mineur d'accepter la consultation de ses parents. Ensuite, le droit au secret est admis si le traitement ou l'intervention apparaît indispensable pour sauvegarder la santé du mineur. Il est conditionné par un « *intérêt curatif supérieur* »[253]. Enfin, le mineur doit toujours être accompagné d'une personne majeure de son choix. Dès lors, même si ce droit est encadré, il n'en demeure pas moins qu'il permet au mineur de garder le silence sur certains soins ou interventions le concernant. Le médecin est dans cette hypothèse dispensé de recueillir le consentement des représentants légaux du mineur. Cette disposition, non limitée par un âge minimum, a finalement pour conséquence de « *vider de sa substance le principe même de l'autorité parentale car l'autorisation n'est exigée que si la personne mineure y consent* »[254]. En troisième lieu, on peut constater que cette loi du 4 mars 2002 est allée beaucoup plus loin pour une certaine catégorie de mineurs. En effet, l'article L. 1111-5, alinéa 2, du Code de la santé publique accorde une véritable majorité médicale aux personnes mineures, dont les liens de famille sont rompus, bénéficiant à titre personnel du remboursement des prestations en nature de l'assurance maladie et maternité et de la couverture complémentaire mise en place par la loi n° 99-641 du 27 juillet 1999 portant création d'une couverture maladie universelle. Cette disposition confère donc une autonomie de décision en matière médicale à des adolescents âgés de plus de seize ans en rupture avec leur famille.

Cette loi du 4 mars 2002 consacre ainsi de véritables droits au profit des mineurs et leur permet même de s'affranchir dans certaines hypothèses du consentement de leurs représentants légaux. Plus généralement, elle atteste d'une « *tendance éliminatrice des parents* »[255] et d'une volonté de corréler l'autonomie croissante du mineur et l'intensité du pouvoir de garde sur sa personne. Doit-on modifier ce modèle législatif et pleinement traduire en droit l'indéniable autonomisation naturelle des mineurs ? Une telle question soulève celle

---

248 Article L. 1111-4, alinéa 5, du Code de la santé publique.

249 P. MISTRETTA, *La loi n° 2002-303 du 4 mars 2002 relative aux droits des malades et à la qualité du système de santé, Réflexions critiques sur un Droit en pleine mutation*, *JCP G* 2002, I, 141, n° 11.

250 M. DUPONT, CL. ESPER et CH. PAIRE, *Droit hospitalier*, 5e éd., Cours Dalloz, 2005, n° 668, pp. 618-619 ; *cf.* également D. et M. DUVAL-ARNOULD, *Droit et santé de l'enfant*, Masson, 2002, p. 28.

251 G. RAYMOND, *op. cit.*, n° 805, pp. 374-375 ; A. KIMMEL-ALCOVER, *art. précit.*, *spéc.* p. 270.

252 G. FAURÉ, *art. précit.*, *spéc.* pp. 104-105.

253 D. et M. DUVAL-ARNOULD, *op. cit.*, p.30.

254 B. MATHIEU, *Le droit des personnes malades*, *LPA*, (n° spécial), 19 juin 2002, pp. 10-18, spéc. p. 17.

255 J.-P. GRIDEL, *L'acte éminemment personnel du mineur*, *Gaz. Pal.* 2003, doc., pp. 765-771, *spéc.* p. 771.

de l'opportunité d'un encadrement plus marqué du pouvoir de garde en fonction de l'âge des enfants mineurs.

***2. De lege ferenda : l'opportunité de l'accroissement de l'autonomisation des mineurs***

**236. Une prémajorité toujours en formation.** Comme nous avons pu le constater, il est difficile d'affirmer que les grands adolescents acquièrent une certaine autonomie juridique dans l'organisation de leurs activités personnelles. Hormis quelques très rares exceptions, ils demeurent soumis au pouvoir de leur gardien. Ainsi, l'autonomisation naturelle du mineur se traduit juridiquement par une association progressive aux décisions de son gardien et, à titre très exceptionnel, par la reconnaissance d'un véritable pouvoir de décision autonome. En effet, en dépit de la multiplication des âges légaux, le législateur n'entend pas moduler l'intensité du pouvoir de garde en fonction de la maturité croissante des mineurs. Aussi peut-on toujours affirmer que cette « *sorte d'état intermédiaire entre la majorité et la minorité,* [cette] *sorte de stage qui préparerait le mineur au libre exercice de ses droits civils* »[256], que d'aucuns ont pu qualifier de « *prémajorité* »[257], demeure « *une institution en cours de formation* »[258]. Le mineur ne s'affranchit guère du pouvoir de garde du titulaire de l'autorité parentale puisque, le plus souvent, il doit obtenir au préalable son autorisation.

**237. La prise en compte par le gardien de l'autonomisation naturelle du mineur.** Au lieu de multiplier les sphères d'autonomie des mineurs, le législateur préfère finalement s'en remettre à la sagesse des personnes exerçant le pouvoir de garde. Dès lors qu'il leur confère une mission éducative, il paraît logique de leur accorder une part d'initiative. L'assouplissement de l'exercice du pouvoir de garde relève très certainement davantage de la pratique et de leur jugement[259] que d'une décision législative. L'instauration d'un régime de prémajorité, avec une véritable autonomisation juridique et non plus une simple association, risquerait d'enfermer dans un carcan législatif étroit des problèmes dont les caractéristiques varient selon les personnes.

Toutefois, si l'on souhaite faire preuve d'interventionnisme en la matière, afin d'encadrer juridiquement cette autonomisation progressive des grands adolescents, il serait envisageable de leur reconnaître un certain nombre de prérogatives tout en maintenant un pouvoir d'opposition aux titulaires de l'autorité parentale. Le juge des tutelles pourrait alors éventuellement lever une opposition injustifiée[260]. Ainsi, le droit prendrait davantage en

---

[256] G. CORNU, *L'âge civil, in Mélanges en l'honneur de P. ROUBIER, op. cit.*, t. 2, pp. 9-36, *spéc.* p. 18.

[257] F. GISSER, *Réflexions en vue d'une réforme de la capacité des incapables mineurs. Une institution en cours de formation : la prémajorité, JCP G* 1984, I, 3142 ; E. ALFANDARI, F. DEKEUWER-DEFOSSEZ, F. MONÉGER, P. VERDIER et P.-Y. VERKINDT, *Affirmer et promouvoir les droits de l'enfant après la Convention internationale des droits de l'enfant*, Rapport au secrétaire d'Etat à la Famille, aux Personnes âgées et aux Rapatriés, La Documentation française, Collection des rapports officiels, 1993, n$^{os}$ 47-90, pp. 45-73.

[258] F. GISSER, *op. cit.*

[259] Remarquons sur ce point qu'il y a cinquante ans, le sociologue américain E.-W. BURGESS exposa, dans son ouvrage « *The Family, from institution to companionship* », une théorie selon laquelle l'évolution de la famille à l'âge industriel se caractérise par la substitution croissante des relations d'association et de camaraderie aux relations d'autorité. Ce constat montrerait ainsi une évolution des mœurs associant davantage l'enfant et ne lui imposant plus une autorité absolue. Une telle évolution a pu cependant être relativisée par Jean Carbonnier, qui expliqua que loin d'être nouveau un tel comportement existait déjà par la passé, montrant ainsi une propension naturelle des parents à tenir compte de l'évolution de leur enfant. *Cf.* J. CARBONNIER, *V$^{is}$ Famille, Législation et quelques autres, in Flexible droit,* 10$^{e}$ éd., LGDJ, 2001, pp. 275-295, spéc. pp. 275-276.

[260] En ce sens, F. GISSER, *op. cit.*, n° 30 ; E. ALFANDARI, F. DEKEUWER-DEFOSSEZ, F. MONÉGER, P. VERDIER et P.-Y. VERKINDT, *op. cit.*, n° 47, p. 45 ; *cf.* également : J. HAUSER, *Droits de l'enfant, état des lieux, J.D.J.*, 2001, n° 208, pp. 13-19, spéc. p. 19.

compte le développement des mineurs tout en maintenant les prérogatives de l'autorité parentale. Une question surgit alors : faudrait-il retenir un « *seuil d'âge ou* [un] *seuil mou* »[261] ? Afin d'assurer une certaine effectivité à ces droits reconnus aux grands adolescents et d'éviter les causes d'intervention des tribunaux, il serait certainement opportun de fixer un âge légal. L'âge de seize ans a pu être proposé[262]. En somme, à partir de cet âge et jusqu'à la majorité, commencerait une période qui permettrait aux mineurs d'acquérir une certaine autonomie tout en étant surveillés[263]. L'existence du pouvoir de garde ne serait cependant pas réellement remise en cause. Son intensité serait la même, seules les conditions d'exercice seraient légèrement modifiées. L'autonomie ne serait pas pleine et entière, il s'agirait plutôt d'une autonomisation contrôlée des mineurs.

Si l'on suit cette idée, la trop grande rigueur de l'âge civil de la majorité serait tempérée par l'autonomisation contrôlée de l'enfant mineur. Néanmoins, il n'est pas certain que le droit doive intervenir dans de telles questions individuelles. Au contraire, il est permis de penser que les gardiens, investis par le législateur ou le juge d'une mission éducative, sont mieux placés pour juger de l'opportunité de conférer plus de liberté aux grands adolescents. Le contrôle de l'exercice du pouvoir de garde est en soi une intervention étatique suffisante pour s'assurer de la bonne exécution de cette mission. Par conséquent, l'autonomie progressive devrait davantage résulter de la pratique que de la loi. Le pouvoir de garde devrait dès lors être maintenu dans toute son étendue et dans toutes ses caractéristiques jusqu'à l'âge de la majorité. Parfois, le problème se pose différemment. Il ne s'agit plus de traduire juridiquement l'autonomisation naturelle progressive des mineurs, mais de retranscrire une pleine autonomie naturelle anticipée ou retardée.

### B. L'AUTONOMIE ANTICIPÉE OU RETARDÉE

**238.** Précédemment, nous avons affirmé que lorsque la garde d'autrui est la réponse à un défaut d'autonomie, il paraît logique d'ajuster son exercice en fonction de l'autonomisation progressive de l'enfant mineur. Cet ajustement peut résulter de la volonté du gardien ou du législateur et ne remet pas en cause l'existence même du pouvoir de garde. Cependant, ne doit-on pas aller plus loin et ne plus corréler la disparition du pouvoir de garde à l'obtention de la majorité ? Le pouvoir de garde serait alors davantage lié à un défaut de capacité naturelle. Ainsi, il faudrait envisager une disparition anticipée **(1)** ou retardée **(2)** du pouvoir de garde sur les enfants.

#### *1. L'autonomie anticipée : l'émancipation*

**239.** ***De lege lata.*** Le pouvoir de garde est lié à l'incapacité du mineur. Dès lors, si l'incapacité vient à disparaître avant l'arrivée de la majorité de l'enfant, il en sera de même pour le pouvoir de garde. C'est le principe de l'émancipation. Elle peut être soit tacite, soit résulter d'une autorisation expresse du titulaire de l'autorité parentale ou du conseil de famille. L'émancipation tacite intervient lorsque le mineur se marie. Le consentement au

---

[261] J. HAUSER, *art. précit.*, p. 17.

[262] E. ALFANDARI, F. DEKEUWER-DEFOSSEZ, F. MONÉGER, P. VERDIER et P.-Y. VERKINDT, *op. cit.*, n° 47, p. 45.

[263] On a ainsi pu proposer une nouvelle rédaction de l'article 371 du Code civil : « *L'enfant reste sous l'autorité des parents jusqu'à sa majorité ou son émancipation. Néanmoins, à partir de seize ans il est seul habilité à exercer ses droits patrimoniaux et extrapatrimoniaux sous réserve des lois dérogatoires, de l'article 389 alinéa 4 du Code civil et du droit d'opposition des parents. Si l'enfant n'est pas apte à exercer ses prérogatives le juge des tutelles peut maintenir le régime juridique de l'administration légale et de l'autorité parentale plénière. Il statue à la demande des parents, du Ministère Public ou de l'enfant lui-même* », *cf.* E. ALFANDARI, F. DEKEUWER-DEFOSSEZ, F. MONÉGER, P. VERDIER et P.-Y. VERKINDT, *op. cit.*, pp. 47-49.

mariage du mineur, donné par le titulaire de l'autorité parentale ou le conseil de famille, lui procure indirectement l'émancipation. L'émancipation expresse des mineurs de plus de seize ans ne peut résulter que d'une déclaration des parents ou du conseil de famille et doit être autorisée par le juge des tutelles[264]. Dans ces deux hypothèses, l'émancipation est justifiée par la reconnaissance de la pleine autonomie de l'enfant. Pouvant assurer seul le gouvernement de sa personne et de ses biens, il n'est plus nécessaire de le protéger. Dans le premier cas, le mariage présuppose une telle capacité, dans le second, le juge va vérifier, par un contrôle de proportionnalité, l'opportunité de mettre fin à l'exercice d'un pouvoir sur autrui. L'émancipation, dont l'origine remonte au droit romain[265], vient ainsi corriger la trop grande rigidité de l'analyse quantitative, même si elle est elle-même soumise à un âge minimal. Ce correctif n'est cependant pas parfait[266]. En effet, il ne peut aboutir qu'avec l'autorisation des parents du mineur (puisque ces derniers conservent cette prérogative même s'ils n'exercent plus l'autorité parentale, sauf en cas de retrait total) ou du conseil de famille. Dès lors, l'émancipation ne peut être demandée ni par un tiers qui aurait reçu l'exercice de l'autorité parentale, ni par le juge des tutelles ou le ministère public. De même, en dépit de la multiplication des textes qui reconnaissent à l'enfant le droit à la parole[267], celui-ci n'a pas la possibilité de requérir son émancipation. Il peut tout au plus, s'il est privé de père et mère, demander au juge des tutelles de convoquer le conseil de famille pour statuer sur ce sujet[268]. Par ailleurs, la décision d'émancipation relève de l'appréciation souveraine du juge des tutelles, qui la prononcera s'il existe des « *justes motifs* »[269]. Le flou de cette notion a permis des émancipations dans l'intérêt de parents souhaitant se soustraire à une responsabilité gênante, ou dans l'intérêt de tierces personnes (employeur, bailleur...)[270]. De plus, le mineur peut seulement être entendu par le juge sur le fondement de l'article 413-2 du Code civil, mais il ne peut s'opposer à une émancipation.

**240.** ***De lege ferenda.*** Pour certains auteurs, l'émancipation serait presque tombée en désuétude et mériterait d'être supprimée[271]. Une telle voie est peut être trop radicale. S'il est vrai qu'elle était davantage utilisée lorsque l'âge de la majorité était fixé à vingt et un ans, elle n'a pour autant peut-être pas perdu toute utilité. Loin d'être effacée par l'éventuelle émergence d'une prémajorité, elle peut au contraire constituer un complément idéal, voire une alternative à la reconnaissance législative de la prémajorité. La prémajorité ne supprime pas l'autorité parentale et l'existence d'un pouvoir de garde sur l'enfant mineur, elle se contente d'en modifier l'exercice. L'émancipation va plus loin, elle confère une véritable autonomie, le

---

[264] Articles 413-2 et 413-3 du Code civil.

[265] Initialement, l'émancipation n'avait pas le sens que nous lui connaissons maintenant. A Rome, elle mettait fin à la *patria potestas*, mais elle entraînait l'ouverture d'une tutelle lorsque l'enfant émancipé n'était pas encore parvenu à la puberté. L'émancipation s'appliquait donc à des enfants en puissance et n'avait pour effet que de les faire sortir de la famille et de rompre les liens civils qui les unissait à leur pater familias. Il est probable qu'au début l'émancipation avait un caractère pénal. L'enfant était à titre de peine exclu de la famille. Progressivement, le caractère de l'institution se transforma. Elle fut davantage envisagée comme un bienfait pour l'enfant qui en était l'objet. *Cf.* P. F. GIRARD, *Manuel élémentaire de droit romain*, *op. cit.*, pp. 205-208.

[266] *Cf.* J. BONNARD, *La garde du mineur et son sentiment personnel*, *RTD civ.* 1991, pp. 49-67, spéc. p. 53 ; I. CORPART, *Le déclin de l'émancipation des mineurs*, *JCP N* 2003, n° 1523, pp. 1399-1404.

[267] *Cf.* not. l'article 388-1 du Code civil introduit par la loi du 3 janvier 1993 et l'article 371-1, alinéa 3, du Code civil introduit par la loi du 4 mars 2002 relative à l'autorité parentale.

[268] Article 413-4 du Code civil.

[269] Article 413-2, alinéa 2, du Code civil.

[270] F. VAUVILLÉ, *La pratique de l'émancipation judiciaire ou l'ambivalence d'une institution marginale*, *D.* 1990, pp. 283-290 ; E. ALFANDARI, F. DEKEUWER-DEFOSSEZ, F. MONÉGER, P. VERDIER et P.-Y. VERKINDT, *op. cit.*, n° 14, pp. 24-25.

[271] I. CORPART, *op. cit.*

pouvoir de garde disparaît avec l'autorité parentale. Par conséquent, une telle institution devrait subsister. Cependant, elle pourrait être aménagée.

En premier lieu, il paraît logique d'accorder le droit de demander l'émancipation de l'enfant mineur à tous ceux qui exercent un pouvoir de garde ou de garde intellectuelle sur un enfant. En effet, si l'émancipation met fin au pouvoir de garde, il serait logique que les tiers qui l'exerceraient puissent formuler une telle demande, même si les parents conservent par ailleurs certaines prérogatives. De même, une telle faculté devrait être reconnue au juge des tutelles ou au ministère public et à l'enfant lui-même[272]. En second lieu, il faudrait revenir sur la condition des justes motifs. À une époque où la notion de l'intérêt de l'enfant connaît un formidable développement, l'on ne peut être qu'étonné face à une telle disposition. Il serait sans doute plus logique de préciser que l'émancipation doit se faire dans l'intérêt de l'enfant. Cette notion est d'ailleurs suffisamment large pour recouvrir de multiples hypothèses. Dans cette optique, il serait également logique d'exiger le consentement de l'enfant mineur[273]. Par ailleurs, la question de l'émancipation de plein droit des mineurs parents a pu être posée[274]. Dans cette situation, un enfant mineur se retrouve à la fois titulaire de l'autorité parentale sur son enfant et objet de l'autorité de ses propres parents. Faut-il remédier à cette situation et admettre une émancipation de plein droit ? Une telle question reste délicate. Cette hypothèse est différente de celle du mariage du mineur. Le mineur parent peut être à un âge où sa maturité d'esprit ne lui permet pas d'être totalement autonome. De même ses parents n'ont, *a priori*, pas donné leur consentement. Une émancipation de plein droit serait sans doute excessive. La possibilité d'obtenir une émancipation judiciaire semble une réponse suffisante au problème des parents mineurs. Ainsi, ces quelques propositions de réforme de l'émancipation devraient en faire un instrument utile lorsque l'autonomie naturelle de l'enfant est constatée et lorsque l'existence d'un pouvoir de garde n'est plus justifiée. *A contrario*, l'on pourrait se demander s'il ne serait pas souhaitable de prolonger un tel pouvoir lorsqu'un jeune majeur ne témoigne pas d'une réelle autonomie.

### *2. L'autonomie retardée : le statut des jeunes adultes*

**241.** ***De lege lata.*** L'âge de la majorité ne marque pas une rupture aussi complète avec le régime de protection de la minorité. Parmi les nombreuses mesures à destination des jeunes majeurs[275], le décret n° 75-96 du 18 février 1975 permet au juge des enfants de prolonger ou d'organiser, jusqu'à l'âge de vingt et un ans et à la demande de l'intéressé, une action de protection pour des personnes « *éprouvant de graves difficultés d'insertion sociale* »[276]. Le juge peut prendre sur ce fondement des mesures extrêmement variées d'observation ou d'éducation en milieu ouvert, ou prescrire l'admission dans un établissement spécialisé d'accueil, d'orientation, d'éducation ou de formation professionnelle. Si l'on a pu parler, à propos de ces mesures, de « *minorité prolongée* »[277], il est néanmoins difficile d'y voir la possibilité de redonner un pouvoir de garde sur ces jeunes majeurs. En effet, une telle mesure ne constitue pas à proprement parler une prolongation de la minorité[278]. Ne pouvant intervenir qu'à la demande de l'intéressé, cette protection judiciaire ne constitue qu'une mesure

---

[272] *Cf.* en ce sens : Rapport du Conseil d'Etat : *Statut et protection de l'enfant*, La Documentation française, Les études du Conseil d'Etat, 1991, 109 ; E. ALFANDARI, F. DEKEUWER-DEFOSSEZ, F. MONÉGER, P. VERDIER et P.-Y. VERKINDT, *op. cit.*, n° 13 ; I. CORPART, *op. cit.*, p. 1401.

[273] Sur ces points, *cf.* E. ALFANDARI, F. DEKEUWER-DEFOSSEZ, F. MONÉGER, P. VERDIER et P.-Y. VERKINDT, *op. cit.*, n$^{os}$ 14-15, pp. 24-25.

[274] E. ALFANDARI, F. DEKEUWER-DEFOSSEZ, F. MONÉGER, P. VERDIER et P.-Y. VERKINDT, *op. cit.*, n° 18, p. 26.

[275] G. RAYMOND, *op. cit.*, n° 86, p. 61.

[276] Article 69 du décret n° 75-96 du 18 février 1975.

[277] J. CARBONNIER, *Droit civil*, t. 2, *La famille, l'enfant, le couple*, *op. cit.*, pp. 80 et 186.

[278] G. GOUBEAUX, *Les personnes*, Traité de droit civil sous la direction de J. GHESTIN, LGDJ, 1989, n° 345, p. 324.

d'assistance et n'a pas vocation à établir un pouvoir de rétention sur la personne du jeune adulte. L'affirmation d'un tel pouvoir ne pourrait se concevoir que dans le cadre d'une mesure de protection des handicapés mentaux[279].

**242.** ***De lege ferenda.*** L'adoption du décret de 1975 témoigne en lui-même de la nécessité et du souci de protéger certaines personnes qui seraient légalement majeures, mais qui ne disposeraient pas d'une réelle autonomie naturelle. Elles seraient à la fois des « *jeunes majeurs et* [des] *vieux mineurs* »[280]. Faut-il aller plus loin dans cette protection ? La difficulté de cette question réside dans le fait qu'on se trouve à l'intersection de deux régimes de protection : celui des mineurs et celui des majeurs ne disposant pas de toutes leurs capacités. On pourrait effectivement se demander s'il ne serait pas opportun d'attribuer un pouvoir de garde aux parents de ces jeunes majeurs ou à une autre personne. Toutefois, il nous semble que la réponse à cette question ne peut se trouver que dans une étude des régimes de protection des personnes majeures. Elle incite ainsi à une réflexion plus générale sur la protection personnelle et patrimoniale des adultes ne disposant pas pleinement de leurs capacités intellectuelles. Dès lors, nous pouvons mesurer à quel point est nécessaire une réflexion d'ensemble sur la protection des personnes. Ainsi, comme l'a exprimé Monsieur Jean Hauser, il faudrait « *réfléchir globalement au statut des personnes protégées et à la notion moderne et internationale de capacité naturelle qui concerne tant les mineurs que les majeurs* »[281] et non envisager une réforme ponctuelle du droit des incapables majeurs. L'étude de la notion de garde d'autrui pourrait être la pierre angulaire de la reconstruction de cet édifice. Ainsi, sur ce point, la réflexion sur l'opportunité d'un pouvoir de garde sur les jeunes majeurs déplace sensiblement l'étude de l'opportunité des situations de garde de principe vers celle des situations d'exception.

## § 2. L'OPPORTUNITÉ DE L'EXISTENCE DES SITUATIONS D'EXCEPTION DE GARDE D'AUTRUI

**243.** Les situations exceptionnelles de garde ou de détention soulèvent d'avantage d'interrogations sur l'opportunité de leur reconnaissance en droit interne que les situations de principe de garde d'autrui. En effet, ces situations exceptionnelles ne peuvent être établies que par le juge ou une autorité administrative, afin de répondre à l'absence d'autonomie naturelle d'une personne fondée sur des troubles psychiques ou afin de priver d'autonomie une personne présentant un risque pour la société ou elle-même, ou n'ayant pas respecté la législation nationale. En reprenant cette distinction, nous pouvons nous interroger sur l'opportunité de la garde ou de la détention en tant que réponse à une absence d'autonomie **(A)** ou moyen de privation d'autonomie **(B)**.

### A. L'OPPORTUNITÉ DE LA GARDE, RÉPONSE À UNE ABSENCE D'AUTONOMIE

**244.** Les situations exceptionnelles de garde, répondant à une absence d'autonomie naturelle, correspondent à celle des personnes atteintes de troubles psychiques. La question de l'opportunité d'un tel pouvoir de garde sur les handicapés mentaux appelle une réflexion sur l'existence même de ce pouvoir sur les personnes atteintes de troubles mentaux **(1)** et sur la qualité des gardiens **(2)**. Sur ce point, il faudra déterminer s'il est opportun d'attribuer un pouvoir de garde à des établissements spécialisés et aux proches du malade.

---

[279] *Cf. infra* n[os] 364-389.

[280] J. HAUSER, *Jeunes majeurs et vieux mineurs, in Droit comparé des personnes et de la famille, Liber Amicorum M.-TH. MEULDERS-KLEIN*, Bruylant, 1998, pp. 315-334.

[281] J. HAUSER, *Droits de l'enfant, état des lieux, art. précit.*, p. 19.

***1. L'opportunité de l'existence du pouvoir de garde sur les personnes atteintes de troubles psychiques***

**245.** À la différence de la garde des mineurs, la garde des personnes atteintes de troubles psychiques est une situation exceptionnelle. Une telle prérogative est alors susceptible de porter une restriction injustifiée à la liberté personnelle. Aussi pourrait-on estimer qu'il serait préférable de prohiber les procédures conduisant à établir un pouvoir de garde sur ces personnes **(a)**. Une telle solution semble néanmoins excessive, tant il paraît difficile de limiter le traitement de ces personnes à une hospitalisation en service libre **(b)**.

a. Position du problème

**246. Subjectivisme et risque d'arbitraire de la décision d'hospitalisation**. Comme toute garde d'autrui, la garde des handicapés mentaux constitue une mesure de protection de la personne et de la société. Elle est justifiée par une absence partielle ou totale d'autonomie pouvant constituer un danger pour la société et le malade. Il est dès lors nécessaire de mettre en évidence un tel état, afin de légitimer l'existence de ce pouvoir de garde. À la différence de l'état de minorité, l'état de déficience mentale n'atteint qu'un nombre déterminé de personnes. Seule une analyse qualitative individuelle peut être utilisée. Or une telle analyse risque d'être arbitraire, puisqu'elle repose sur la notion très discutée de normalité. Autrement dit, l'établissement du pouvoir de garde sur les handicapés mentaux repose sur une analyse fortement teintée de subjectivisme. Cette idée n'a pas échappé à certains auteurs. Ainsi a-t-on expliqué que l'affirmation d'un état pathologique, reposant sur une interprétation éminemment subjective du psychiatre « *fondée, en grande partie, sur des* normes culturelles et sociales, *peut qualifier de symptôme de "maladie mentale dangereuse" un comportement, une attitude ou un style de vie, non conformes à l'image de la "normalité", embrassée par une société donnée, ou bien par une couche sociale déterminée* »[282]. Il en résulte un risque important d'internements abusifs[283].

**247. Remise en cause de l'hospitalisation sous contrainte des handicapés mentaux**. Inquiets de ce renvoi à la notion de normalité, ces auteurs ont été conduits à faire des propositions radicales remettant très fortement en cause le principe même de l'existence d'un pouvoir contraignant sur la personne des handicapés mentaux. Aussi ont-ils pu défendre le Mouvement de psychiatrie démocratique, initié en 1960 par Franco Age, qui avait pour objectif de renverser le principe de l'internement sous contrainte fondé sur la dangerosité du malade mental[284]. Ce mouvement a poussé l'Italie à une réforme libérale en 1978[285].

---

[282] TH. DOURAKI, *La protection internationale des malades mentaux contre les traitements abusifs, in Mélanges en hommage à L.-E. PETTITI*, Bruylant, 1998, pp. 309-322, *spéc.* p. 309.

[283] TH. DOURAKI, *art. précit., spéc.* pp. 309-310. On retrouve cette idée chez l'écrivain surréaliste André Breton lorsqu'il dénonce les conditions de l'internement dans *Nadja* : « *Il ne faut jamais avoir pénétré dans un asile pour ne pas savoir qu'on y fait les fous tout comme dans les maisons de correction on fait les bandits. Est-il rien de plus odieux que ces appareils dits de conservation sociale qui, pour une peccadille, un premier manquement extérieur à la bienséance ou au sens commun, précipite un sujet quelconque parmi d'autres sujets dont le côtoiement ne peut lui être néfaste et surtout le prive systématiquement des relations avec tous ceux dont le sens moral ou pratique est mieux assis que le sien ?* ». André Breton conclut ensuite : « *selon moi, tous les internements sont arbitraires* ». Cité par J.-M. DAUCHY, *Le contrôle par la Cour européenne des droits de l'Homme des décisions administratives d'internement psychiatrique, RDSS* 2001, pp. 474-490, spéc. p. 483.

[284] TH. DOURAKI, *La Convention européenne des droits de l'homme et le droit à la liberté de certains malades et marginaux*, avant-propos de P.-H. TEITGEN, préf. A.-CH. KISS, Bibl. dr. int., t. 97, LGDJ, 1986, p. 16 et p. 71.

[285] Loi 180 du 13 mai 1978 relative aux examens et traitements sanitaires volontaires et obligatoires. Sur cette loi, *cf.* : PH. BERNARDET, TH. DOURAKI et C. VAILLANT, *Psychiatrie, droits de l'homme et*

Dorénavant, en Italie, le malade mental est par principe un malade comme les autres. Toutefois, à titre exceptionnel, la loi a maintenu l'internement sous contrainte. Ce dernier peut intervenir si la nature du trouble mental en question nécessite des interventions thérapeutiques d'urgence et si le malade refuse de se soumettre aux soins, ou si les conditions et les circonstances ne permettent pas de prendre les mesures sanitaires extrahospitalières qui s'imposent. En réalité, la loi de 1978 a substitué l'urgence du soin au danger pour l'ordre public et à la sûreté de la personne[286]. L'approche est un peu différente mais elle ne remet pas fondamentalement en cause l'existence d'un pouvoir de contrainte sur autrui. Seul le critère change, et nul doute que l'appréciation de l'urgence thérapeutique peut soulever autant d'interrogations que celle du critère de la dangerosité. Ainsi, il paraît difficile de supprimer toute hospitalisation forcée des malades mentaux. Cette crainte de l'arbitraire ne peut toutefois être pleinement écartée dans une réflexion sur l'opportunité de l'existence législative de la garde des handicapés mentaux.

b. Solution

**248. L'impossibilité d'écarter les hospitalisations sous contrainte**. S'il est légitime de craindre l'arbitraire dans la décision de placement d'un handicapé mental, il est sans doute excessif de proposer une suppression pure et simple des hospitalisations sous contrainte des handicapés mentaux. Certes, il est indéniable qu'en supprimant de telles hospitalisations, on écarte les risques d'arbitraire. Néanmoins, ce genre de proposition ne permet pas de résoudre la situation des handicapés mentaux et des tiers. Au contraire, elle a tendance à écarter ces problèmes en se focalisant sur l'impératif du respect de la liberté individuelle. S'il est légitime de prendre en considération cette liberté, on ne peut oublier qu'il est parfois nécessaire d'y porter atteinte dans l'intérêt d'une personne ou de la société. La seule difficulté, consistant à déterminer avec précision l'existence de cette nécessité, ne devrait pas occulter toute réflexion sur l'intérêt du handicapé mental et celui de la société. En effet, un malade mental dépourvu de toute autonomie naturelle doit être pris en charge par un tiers. Ce dernier a alors pour mission d'organiser à sa place son mode de vie. Or, un tel pouvoir juridique de contrôle du mode de vie d'autrui ne peut exister qu'en présence d'un pouvoir de rétention sur autrui. Ce fort pouvoir contraignant permet en effet de contrarier la volonté plus ou moins désordonnée du handicapé mental. Aussi paraît-il impossible de refuser catégoriquement toute procédure d'hospitalisation sous contrainte des handicapés mentaux. L'exemple italien est d'ailleurs suffisamment explicite sur ce point. Alors que de nombreux praticiens souhaitaient un abandon des placements sous contrainte, le législateur l'a maintenu à titre très exceptionnel.

La reconnaissance de la nécessité d'admettre l'existence d'un pouvoir de rétention sur les personnes atteintes de troubles psychiques est une première étape dans l'étude de l'opportunité de l'existence du pouvoir de garde sur ces personnes. Elle n'est néanmoins pas suffisante. En effet, il faut maintenant se demander si le législateur interne doit attribuer très largement un tel pouvoir sur autrui ou, au contraire, le réserver à certains établissements spécialisés.

### *2. L'opportunité d'une attribution du pouvoir de garde aux seuls établissements spécialisés*

**249.** Si un pouvoir de garde ne peut être établi sur les personnes atteintes de troubles mentaux que lorsqu'un tel pouvoir trouve sa source dans une loi et se révèle nécessaire, ces critères laissent une certaine marge au législateur interne, puisqu'ils ne s'intéressent qu'à la personne objet de ce pouvoir. Dès lors, le législateur peut décider de réserver un tel pouvoir sur ces personnes à certains établissements spécialisés ou, au contraire, l'attribuer aussi bien à

---

*défense des usagers en europe*, *op. cit.*, pp. 53-62 ; L. DEL PISTOIA et G. BATTISTA-GIORDANO, *L'Italie*, *in* J. POSTEL et CL. QUÉTEL (dir.) *Nouvelle histoire de la psychiatrie*, *op. cit.*, pp. 554-561.

[286] PH. BERNARDET, TH. DOURAKI et C. VAILLANT, *op. cit.*, p. 62.

des personnes morales qu'à des personnes physiques (**a**). Par conséquent, cette alternative suscite une réflexion sur l'opportunité d'attribuer un pouvoir de garde aux proches des personnes atteintes de troubles psychiques (**b**).

a. Position du problème

**250. L'alternative offerte au législateur interne**. Selon les dispositions internes et internationales relatives à la protection de la liberté d'aller et venir, un pouvoir de rétention ne peut être établi sur une personne atteinte de troubles psychiques que si les critères de légalité et de proportionnalité sont respectés. Ces règles constituent en quelque sorte le premier encadrement normatif de l'existence d'un pouvoir de garde sur les handicapés mentaux. Néanmoins, à l'intérieur de ce cadre, le législateur national dispose d'une certaine marge de liberté. En effet, il peut adopter différentes attitudes. En premier lieu, il peut admettre assez largement l'établissement d'un pouvoir de garde sur les personnes atteinte de troubles mentaux. Ainsi, il pourra décider d'attribuer un tel pouvoir aux établissements psychiatriques mais aussi aux proches du malade. Un tel choix a pour conséquence de mettre en exergue le pouvoir de contrôle *a priori* de l'autorité publique compétente pour décider de la mise en œuvre d'un régime de garde d'autrui. En second lieu, le législateur interne peut, au contraire, être réticent face au pouvoir de garde d'autrui et décider de privilégier au maximum la liberté individuelle en attribuant parcimonieusement la qualité de gardien. Autrement dit, il va limiter le nombre de personnes pouvant exercer ce pouvoir sur autrui. Il pourra, par exemple, réserver ce pouvoir de garde aux établissements spécialisés. Un tel choix législatif ne peut alors ignorer que, corrélativement, les interventions de tiers non gardiens seront plus fréquentes, afin d'éviter que le malade subisse ou cause un dommage. Si le malade mental risque de se causer un dommage ou d'en causer un à autrui, la personne la plus apte à le retenir pourra le faire. Alors qu'une telle attitude serait, dans d'autres circonstances, constitutive de l'infraction pénale de détention ou de séquestration arbitraires, elle sera alors justifiée par l'état de nécessité, c'est-à-dire par l'état de santé de la personne retenue. Finalement, dans ce second raisonnement, le législateur préfère maintenir une personne en liberté et renvoyer à un contrôle judiciaire *a posteriori*.

b. Solution

**251.** Selon les dispositions internes et internationales relatives à la protection de la liberté d'aller et venir, l'établissement d'un pouvoir de garde sur autrui ne peut résulter que d'une disposition législative et ne peut être ordonné que par une autorité judiciaire ou administrative. Dès lors, seuls les établissements psychiatriques, auxquels sont confiées par une autorité publique des personnes atteintes d'un trouble mental, peuvent disposer d'un pouvoir de garde. Néanmoins, dans l'absolu, le législateur peut également admettre l'attribution d'un tel pouvoir de garde au profit d'une personne physique. Elle serait alors chargée de prendre en charge le contrôle de son mode de vie. L'analyse des pouvoirs sur la personne des malades mentaux a révélé, qu'en l'état actuel du droit, seuls les établissements psychiatriques se voient reconnaître un pouvoir de garde sur autrui[287]. Par conséquent, aucun pouvoir de garde n'est reconnu aux proches du malade mental. Il faut donc admettre qu'en l'absence d'hospitalisation, le majeur dispose d'une large capacité d'action quant au gouvernement de sa personne, sous réserve des éventuelles dispositions de la tutelle. Ainsi, aucune prise en charge de la personne du malade mental n'existe en dehors de l'hospitalisation psychiatrique. Or, les droits antérieurs ont eu tendance à donner un rôle primordial aux proches en leur confiant le gouvernement de la personne des malades mentaux. De même, certains droits étrangers permettent aux membres de la famille de prendre en charge la personne du malade mental. Le système juridique français doit-il continuer à

[287] *Cf. supra* n$^{os}$ 102-118.

refuser l'attribution d'un pouvoir de garde aux parents d'un malade mental ? Doit-il réserver un tel pouvoir aux établissements psychiatriques ? Autrement dit, est-il opportun d'élargir le champ des personnes pouvant disposer d'un pouvoir de garde sur les personnes atteintes d'un trouble mental ? S'il paraît opportun de refuser la reconnaissance d'un pouvoir général de garde automatiquement associé à la tutelle (**α**), l'intérêt du malade mental pourrait justifier l'attribution ponctuelle d'un pouvoir de garde à ses proches dans le cadre de soins à domicile (**β**).

*a. Le rejet d'un pouvoir général de garde associé à la tutelle*

**252. La tentation de la reconnaissance d'un pouvoir de garde dans la tutelle de majeurs**. De prime abord, on pourrait envisager l'existence d'un pouvoir de garde des proches dans le cadre du régime des tutelles. En effet, nous avons constaté que la lecture jurisprudentielle et doctrinale de la loi du 3 janvier 1968 et la loi du 5 mars 2007 attribuent au tuteur du majeur une mission générale de protection de la personne du majeur protégé. La protection tutélaire s'étend donc au patrimoine et à la personne du majeur. Or on pourrait penser que, dans le cadre de la tutelle, l'idée de protection de la personne est particulièrement forte. En effet, d'après l'article 492 du Code civil, issu de la loi du 3 janvier 1968, la tutelle est instaurée lorsque les facultés corporelles ou intellectuelles d'une personne sont altérées par une maladie, une infirmité ou un affaiblissement dû à l'âge, au point qu'elle « *a besoin d'être représentée d'une manière continue dans les actes de la vie civile* ». Cette idée se retrouve dans les nouveaux articles 425 et 440 issus de la loi du 5 mars 2007. La tutelle peut être ordonnée lorsqu'une personne est « *dans l'impossibilité de pourvoir seule à ses intérêts en raison d'une altération, médicalement constatée, soit de ses facultés mentales, soit des de ses facultés corporelles de nature à empêcher l'expression de sa volonté* » et si « *elle doit être représentée d'une manière continue dans les actes de la vie civile* ». L'ouverture d'une tutelle peut donc être justifiée par une grave altération des facultés mentales d'une personne. Elle est bien distincte de la curatelle, fondée sur le « *besoin d'être conseillé ou contrôlé dans les actes de la vie civile* »[288], ou d'une sauvegarde de justice, dont la justification est le « *besoin d'être protégé dans les actes de la vie civile* »[289]. En présence d'importants troubles mentaux, la tutelle d'un malade mental est une réponse à « *la disparition des possibilités volitives utiles de l'individu* »[290].

Une telle altération des facultés mentales de nature à justifier une protection patrimoniale élevée pourrait dès lors justifier une protection personnelle forte. Le majeur sous tutelle risque de ne pas être plus capable de gérer son patrimoine que de gouverner sa personne[291]. En somme, une tutelle à la personne pourrait s'adjoindre à la tutelle aux biens pour les malades mentaux. Le pouvoir de gouverner la personne du majeur protégé pourrait logiquement être un pouvoir de garde. En cas d'hospitalisation sous contrainte, il s'articulerait avec le pouvoir de garde des établissements psychiatriques et permettrait ainsi de créer un système global de protection patrimoniale et personnelle des personnes dont les facultés mentales sont gravement altérées. Cette solution pourrait être tentante si elle ne participait pas d'une conception trop stricte de la protection personnelle des malades mentaux.

---

[288] Article 508 du Code civil (Loi du 3 janvier 1968). Selon le nouvel article 440 du Code civil, issu de la loi du 5 mars 2007, la curatelle est limitée aux hypothèses dans lesquelles une personne a besoin « *d'être assistée ou contrôlée d'une manière continue dans les actes importants de la vie civile* ».

[289] Article 491 du Code civil (Loi du 3 janvier 1968). Selon le nouvel article 433 du Code civil, issu de la loi du 5 mars 2007, peut être placée sous sauvegarde de justice la personne qui « *a besoin d'une protection juridique temporaire ou d'être représenté pour l'accomplissement de certains actes déterminés* ».

[290] J.-P. GRIDEL, *L'acte éminemment personnel et la volonté propre du majeur en tutelle*, *art. précit.*, p. 80.

[291] TH. FOSSIER, *Les libertés et le gouvernement de la personne incapable majeure*, *art. précit.*, n° 27.

**253. Le rejet d'une conception trop stricte de la protection personnelle des malades mentaux.** Les hésitations législatives, jurisprudentielles et doctrinales autour de la détermination du contenu de la protection personnelle des majeurs sous tutelle révèlent à quel point la question est délicate. Elles sont en outre justifiées par de nombreux avertissements du corps médical, qui met fréquemment en garde les juristes contre l'assimilation de l'incapable majeur à un enfant. La sphère d'autonomie et les données psychiatriques et psychanalytiques diffèrent de l'un à l'autre[292]. L'absence d'autonomie n'a pas la même cause et n'a pas nécessairement la même intensité. En ce sens, la protection personnelle doit être dissociée de la protection patrimoniale. Le malade mental peut très bien avoir besoin d'une représentation permanente pour la gestion de son patrimoine, mais peut être suffisamment lucide pour décider de son mode de vie et de ses activités quotidiennes. Le pouvoir de garde d'autrui ne devrait donc pas être automatiquement attaché à la tutelle. Même si on admettait que le pouvoir de garde des organes de la tutelle pourrait être moins contraignant et exercé avec plus de souplesse, il n'en demeure pas moins que le malade mental serait toujours très encadré juridiquement. Or si l'état de santé n'exige plus de soins hospitaliers, il est permis de penser que le handicapé mental dispose de facultés suffisantes pour exprimer ses volontés. Il serait sans doute préférable d'en tenir compte[293].

**254. La reconnaissance d'une mission de protection de la personne d'un majeur sous tutelle**. En définitive, le rejet de la reconnaissance d'un pouvoir de direction ou de garde sur la personne du malade mental sous tutelle nous conduit à confirmer la lecture jurisprudentielle du renvoi de l'article 495 du Code civil et à approuver le choix du législateur de 2007. La tutelle des majeurs ne peut contenir un pouvoir de garde. Néanmoins, elle ne peut rester totalement étrangère à la protection de la personne de l'incapable. La protection patrimoniale ne peut ignorer la personne physique. En mettant fin à l'ambiguïté du renvoi de l'article 495 du Code civil, la loi du 5 mars 2007 a pleinement consacré cette idée. Le tuteur n'a pas la charge du gouvernement de la personne du majeur protégé. Il a simplement pour mission de veiller à ce que les besoins physiques et sociaux de la personne protégée soient assurés[294]. En ce sens, il veille à ce qu'elle reçoive des soins appropriés, qu'elle dispose d'un

---

[292] TH. FOSSIER, *art. précit.*, n° 21.

[293] J.-P. GRIDEL, *L'acte éminemment personnel et la volonté propre du majeur en tutelle, art. précit.* ; J. HAUSER, *Réflexions sur la protection de la personne de l'incapable*, *art. précit.* ; CL. GEFFROY, *La protection tutélaire des majeurs en matière personnelle*, *art. précit.*

[294] Cette réforme ne s'est toutefois pas accompagnée d'une refonte de l'organisation de la tutelle des majeurs à l'instar de ce que nous avons proposé pour la tutelle des mineurs. Il serait en effet opportun d'unifier les différents types de tutelles autour d'un modèle unique attribuant la majorité des pouvoirs au tuteur sous le contrôle du subrogé tuteur et du juge des tutelles. La suppression du conseil de famille répondrait ainsi à une pratique des juges des tutelles. En effet, en principe, le juge des tutelles doit choisir le régime de protection en fonction du besoin réel de protection de l'incapable. Or, bien souvent, le juge se détermine davantage en fonction du régime de protection (*cf.* F. TERRÉ et D. FENOUILLET, *Droit civil, Les personnes, La famille, Les incapacités*, *op. cit.*, n° 1225, p. 1238). La lourdeur de la tutelle ordinaire le conduit à préférer l'administration légale, la tutelle en gérance, voire la tutelle d'État. L'administration légale, organisée si un parent ou un allié est apte à gérer les biens du majeur protégé, présente l'avantage d'être calquée sur les règles de l'administration légale sous contrôle judiciaire des biens des mineurs et ne comporte ni subrogé tuteur, ni conseil de famille. De même, la tutelle en gérance, ouverte si les biens sont de faible consistance, attribue les pouvoirs au préposé de l'établissement de traitement du majeur ou à un administrateur spécial. Elle ne comporte ni subrogé tuteur ni conseil de famille. Enfin la tutelle d'État ne peut en principe être organisée qu'en cas de vacance de la tutelle. Sur ce point, la Cour de cassation rappelle régulièrement que la vacance suppose que nul n'est en mesure d'assumer la charge de la tutelle, mais les juges des tutelles ont tendance à ouvrir très facilement une tutelle d'État, en raison de l'absence de conseil de famille et de subrogé tuteur : Civ. 1re, 20 novembre 1985, *Bull. civ.* I, n° 316 ; *Defrénois* 1986, art. 33735, n° 47, pp. 730-731, note J. MASSIP ; Civ. 1re, 17 janvier 1990, *Bull. civ.* I, n° 17 ; *Defrénois* 1990, 664, note J. MASSIP ; Civ. 1re, 2 mai 1990, *Bull. civ.* I, n° 94 ; *D.* 1990, 493, note

logement adéquat, qu'elle suive une formation professionnelle correspondant à ses besoins[295]. En somme, le tuteur remplit une simple fonction d'assistance. Cette analyse précise ainsi l'étendue des pouvoirs sur la personne du malade mental sous tutelle, en refusant l'attribution d'un pouvoir permanent de garde aux organes de la tutelle. Elle se fonde en réalité sur le refus de tout automatisme. La protection patrimoniale n'exige pas nécessairement une protection personnelle aussi développée que la garde d'autrui. Pour autant, ce refus pourrait ouvrir la voie à l'admission d'un pouvoir temporaire de garde au profit des proches dans le cadre d'une procédure organisée de soins en milieu familial.

*β. Le rejet d'un pouvoir de garde ponctuel associé aux soins*

**255. La procédure de placement en milieu familial du droit belge**. En dépit de nombreuses propositions, le droit français a toujours refusé d'organiser une procédure de traitement à domicile des handicapés mentaux[296]. Certains droits étrangers n'ont pourtant pas hésité à adopter des règles spécifiques pour la prise en charge des malades mentaux à domicile par leur famille. Ainsi, le droit belge a développé une importante réflexion sur l'organisation des soins à domicile.

À côté de la procédure classique d'internement des malades mentaux dans un établissement spécialisé, la loi du 18 juin 1850 créa, afin de faciliter la tâche des familles à l'égard de leurs membres atteints de troubles mentaux, une forme spéciale d'internement : la séquestration à domicile[297]. Cette mesure sommaire avait pour effet de retirer l'aliéné de la circulation et de l'empêcher de prendre part au commerce juridique sans que sa famille soit obligée de recourir à une procédure d'interdiction. Elle était soumise à une procédure rigoureuse de manière à éviter les séquestrations arbitraires et était ordonnée par le juge de paix à la demande des parents. Ces derniers devaient fournir un certificat médical et le juge de paix devait, à son tour, désigner un médecin afin qu'il établisse un second certificat. Une fois admise, la séquestration à domicile restait soumise à la surveillance du juge de paix. Celui-ci devait visiter le séquestré une fois par an et se faire remettre un certificat médical constatant l'état du malade.

Une loi du 26 juin 1990 relative à la protection de la personne des malades mentaux substitua à la séquestration arbitraire une nouvelle procédure encadrant les soins en milieu familial des handicapés mentaux. Le droit belge admet toujours le placement d'un malade mental dans sa famille, mais dorénavant il l'assortit clairement d'une obligation de soins. Ce placement est étroitement encadré, mais la notion de famille est largement entendue. Elle vise « *tout milieu dans lequel le malade se sent comme dans sa famille (un foyer d'accueil, une communauté ou une maison de repos ou de retraite)* »[298]. Selon l'article 23 de la loi du 26 juin 1990, le placement en milieu familial est possible lorsqu'une personne nécessite des mesures de protection en raison de troubles mentaux, mais que son état et les circonstances permettent de le soigner à domicile. Tout intéressé peut alors présenter une requête au juge de paix. Si celui-ci fait droit à la demande, il « *donne mission à une personne déterminée de veiller sur le malade et à un médecin de le traiter* »[299] pour une durée

---

J. MASSIP ; *JCP G* 1991, II, 21669, note TH. FOSSIER et CL. GEFFROY. La tutelle d'État peut également être instaurée lorsque la réunion d'un conseil de famille est impossible : Civ. 1re, 30 mai 2000, *D.* 2001, SC, 1512, obs. PH. DELMAS SAINT-HILAIRE ; *JCP G* 2001, II, 10529, note TH. FOSSIER.

[295] CL. GEFFROY et P. VERDIER, note sous TI Brest, juge des tutelles, 1er juin 1976, *JCP G* 1977, II, 18568, *spéc.* II, C, 1.

[296] J. LAFON, *thèse précit.*, n° 86, p. 113.

[297] H. DE PAGE, *Traité élémentaire de droit civil belge*, t. 2, *Les personnes*, vol. 2, 4e éd. par J.-P. MASSON, Bruylant, 1990, nos 1632-1635, pp. 1458-1460.

[298] T. civ. Mons, 11 mai 1994, cité *in* J.-P. MASSON et N. MASSAGER, *Droit des personnes, Chronique de jurisprudence 1994-1998*, Les dossiers du Journal des tribunaux, n° 25, Larcier, 2000, n° 195, p. 218.

[299] Article 24 de la loi du 26 juin 1990.

de quarante jours. Quinze jours avant l'expiration de ce délai, le médecin qui a reçu mission de traiter le malade mental remet un rapport circonstancié au juge de paix, qui peut alors maintenir la décision de placement pour une durée de deux ans renouvelable. Cette procédure institue une véritable prise en charge de la personne atteinte de troubles mentaux en l'assortissant de soins. Le médecin traitant joue un rôle fondamental. Il doit recevoir ou visiter le malade régulièrement et lui dispenser, ainsi qu'à la personne désignée pour veiller sur lui, des conseils et instructions. Il doit par ailleurs remettre au moins une fois par an un rapport au juge de paix. Ce dernier rend visite également une fois par an au malade et peut éventuellement modifier la mesure de maintien à domicile ou ordonner une mise en observation dans un service psychiatrique. Cette procédure de placement en milieu familial permet ainsi d'attribuer un pouvoir de garde à une personne ou un établissement connu du malade mental afin qu'il prenne en charge le contrôle de son mode de vie, tout en lui permettant de suivre un traitement médical.

**256. L'inopportunité d'une transposition de ce modèle en droit français.** La procédure de placement familial devrait-elle être transposée en droit français ? Une telle question n'est certes pas nouvelle, mais elle retrouve un certain intérêt alors que le traitement des malades mentaux s'ouvre de plus en plus vers l'extérieur. Suivant cette logique, on pourrait admettre qu'un tel placement serait dans l'intérêt du malade mental. Plus spécifiquement, le placement en milieu familial pourrait constituer une réponse à la prise en charge des personnes âgées ne disposant plus de toutes leurs facultés mentales par leurs proches. En ce sens, les parents ou les proches, disposant d'un pouvoir de garde sur ces personnes, pourraient les retenir dans un endroit déterminé et leur redonner, s'ils le jugent opportun, une certaine liberté. Le contrôle du mode de vie et le traitement médical de la personne atteinte de troubles mentaux seraient ainsi assurés en dehors de toute hospitalisation.

Nous pouvons néanmoins être sceptique sur l'intérêt réel de ce placement familial. D'une part, il est permis de penser que les parents ou les proches du malade mental n'effectueront pas systématiquement la demande de placement en milieu familial. Ils peuvent en effet craindre l'instauration d'un régime leur imposant des obligations contraignantes. L'attribution officielle d'un pouvoir de garde pourrait ainsi avoir des effets pervers. Au lieu d'encourager les proches à prendre en charge chez eux une personne ne disposant plus de l'intégralité de ses facultés mentales, la procédure de placement familial encadrant leurs droits et devoirs pourrait fortement les décourager. Ce serait une singulière façon de récompenser cette solidarité familiale, dont l'importance n'a jamais été démentie par les pouvoirs publics[300]. D'autre part, une telle mesure ne devrait pas être autorisée pour les malades présentant de graves altérations des facultés mentales. En effet, dans de telles situations, il est sans doute préférable que le handicapé mental fasse l'objet d'une surveillance médicale permanente au sein d'un établissement disposant de l'équipement nécessaire et d'un personnel qualifié. Le placement familial, ne comportant qu'une assistance médicale, ne devrait pas être adapté. Par conséquent, il devrait être réservé aux malades ne nécessitant pas une surveillance médicale permanente. Dès lors, logiquement, il est fort probable que ces derniers n'aient, en réalité, pas besoin d'être soumis à un pouvoir de garde. L'attribution d'un tel pouvoir aux proches du malade pourrait alors être la source de détentions arbitraires.

---

[300] Ce point a été tout particulièrement souligné pour la prise en charge des personnes âgées, dépendantes physiquement et/ou intellectuellement, par leurs familles. *Cf.* TH. BRAUN et M. STOURM, *Les personnes âgées dépendantes*, Rapport au secrétaire d'Etat chargé de la sécurité sociale, La Documentation française, 1988 ; F. LESEMANN et CL. MARTIN (dir.), *Les personnes âgées, Dépendance, soins et solidarités familiales, Comparaisons internationales*, La Documentation française, 1993. Ces études n'ont d'ailleurs pas proposé l'instauration d'une procédure de placement familial pour les personnes âgées atteintes de troubles mentaux.

En définitive, il paraît peu opportun d'introduire une telle procédure en droit français. Il serait préférable que les proches de la personne atteinte de troubles mentaux aient une simple mission d'assistance, mais non une mission de garde. L'absence de pouvoir de garde explicite n'interdit d'ailleurs pas à un parent, ou à une autre personne, d'intervenir en cas de nécessité afin de protéger le malade mental ou les tiers. Un tiers pourrait ainsi retenir temporairement un malade mental dans un endroit déterminé. Son intervention pourrait être justifiée par l'état de nécessité et ne devrait pas constituer une détention ou une séquestration arbitraires[301]. En revanche, une inaction de sa part pourrait être constitutive soit de l'infraction pénale de refus d'empêcher un crime ou un délit contre l'intégrité corporelle d'autrui, soit de l'infraction pénale de refus de porter assistance à une personne en péril.

L'opportunité de l'existence d'un pouvoir de garde peut ainsi faire l'objet d'une discussion et de choix différents selon les pays. Cette discussion apparaît également lorsqu'on s'intéresse aux situations dans lesquelles l'établissement d'un pouvoir de garde est perçu comme le moyen de priver une personne de son autonomie.

### B. L'OPPORTUNITÉ DE LA GARDE, MOYEN DE PRIVATION D'AUTONOMIE

**257.** La garde ou la détention, perçues comme des situations exceptionnelles, peuvent également être utilisées par une autorité judiciaire ou administrative afin de priver une personne de son autonomie. Il s'agit alors d'une mesure pénale ou administrative. L'étude de l'opportunité de pouvoir placer une personne sous la garde ou la détention d'autrui afin de la priver d'autonomie peut être menée par l'intermédiaire de ce clivage. Aussi envisagerons-nous l'opportunité de l'existence d'un pouvoir de garde, ou de détention, dans le cadre d'une enquête ou d'une condamnation pénale **(1)**, puis en dehors de ces hypothèses **(2)**.

#### *1. L'opportunité de l'existence d'un pouvoir de garde dans le cadre d'une enquête ou d'une condamnation pénale*

**258.** L'admission par la Convention européenne des droits de l'Homme de l'établissement d'un pouvoir de rétention sur les personnes poursuivies dans le cadre d'une enquête pénale ou condamnées pénalement ne doit pas pour autant conduire à écarter toute réflexion sur l'opportunité de l'existence d'un tel pouvoir en droit interne. Aussi pouvons-nous reprendre cette distinction et nous interroger sur l'opportunité d'admettre l'existence, en droit français, d'un pouvoir de garde ou de détention avant **(a)** et après une condamnation pénale **(b)**.

##### a. L'opportunité de l'existence d'un pouvoir de détention dans le cadre d'une enquête pénale

**259. Une solution parmi d'autres**. Avant la condamnation, la personne poursuivie pénalement est par principe présumée innocente[302]. Si ce principe n'interdit pas tout établissement d'un pouvoir de rétention sur autrui, il souligne cependant qu'une telle décision doit être très encadrée et pleinement justifiée. Ainsi, la garde à vue, ou plus exactement la détention à vue, et la détention provisoire peuvent être justifiées par la volonté de sauvegarder l'ordre public, de faciliter l'instruction ou encore de protéger la personne en évitant qu'elle soit soumise à des pressions extérieures. L'opportunité de ces mesures semble dès lors indiscutable. Les nécessités de l'enquête pénale sont suffisamment fortes pour justifier le principe de l'établissement d'un pouvoir de rétention sur autrui. Cependant de telles mesures

---

[301] *Cf. supra* n° 183.

[302] Ce principe est régulièrement rappelé et présent à l'article 9 de la Déclaration des droits de l'homme et du citoyen de 1789 et à l'article 6 § 1 de la Convention européenne de sauvegarde des droits de l'homme et des libertés fondamentales. Le respect du principe de la présomption d'innocence a par ailleurs été renforcé par les lois n° 93-2 du 4 janvier 1993 et n° 2000-516 du 15 juin 2000. Sur l'ensemble de ces questions, *cf.* B. BOULOC, *Procédure pénale*, 20e éd., Dalloz, 2006, nos 122-124, pp. 100-104.

ne devraient être prises que si elles sont absolument nécessaires. Ceci est particulièrement vrai pour la détention provisoire. Cette idée a d'ailleurs bien été perçue par le législateur, puisqu'il a progressivement diversifié les moyens à la disposition du juge d'instruction dans le cadre de l'enquête pénale. La loi n° 70-643 du 17 juillet 1970 a ainsi introduit en droit français le contrôle judiciaire au stade de la procédure d'instruction et a renforcé le principe de la libération sous caution[303]. Dorénavant, le juge d'instruction dispose de moyens autres que l'emprisonnement et la remise en liberté pure et simple. Cependant, en pratique, il n'est pas certain que le contrôle judiciaire ait restreint le nombre de détentions provisoires, il semblerait plutôt qu'il ait contribué à limiter la liberté de ceux qu'on aurait auparavant laissés entièrement libres[304]. L'insuffisance des moyens alloués aux contrôles judiciaires en est peut-être la cause. Il est très certainement regrettable que la volonté législative, inspirée par le souci de respecter la liberté individuelle et la présomption d'innocence, n'ait pas été suivie de réels effets. Il n'en demeure pas moins que la détention provisoire n'est pas considérée comme la mesure à privilégier. Ceci tend à montrer que les situations de détention ne doivent pas être favorisées mais plutôt, dans la mesure du possible, céder la place à d'autres mesures moins attentatoires à la liberté individuelle. Autrement dit, puisque les situations de détention n'ont pas pour souci principal l'intérêt de la personne retenue, elles doivent, dans la mesure du possible, être évitées afin d'éviter toute atteinte excessive à la liberté d'aller et venir.

b. L'opportunité de l'existence d'un pouvoir de garde dans le cadre d'une condamnation pénale

**260. L'efficacité relative de la peine de prison dans ses fonctions d'intimidation et d'élimination**. Après la condamnation, la question de l'opportunité de l'établissement d'un pouvoir de garde renvoie à celle de l'utilité de la peine privative de liberté. Régulièrement, la peine d'emprisonnement est remise en cause[305]. Si au XIX^e^ siècle, Pellegrino Rossi a pu affirmer que la prison était « *la peine par excellence des sociétés civilisées* »[306], elle est maintenant sérieusement remise en cause. On avance en effet sa relative inefficacité dans ses différentes missions. Tout au long du XIX^e^ siècle et jusqu'en 1950, la politique pénale mettait en avant ses fonctions d'intimidation et d'élimination de la personne du condamné par l'isolement. Ces deux premières missions ont montré leurs limites. L'élimination du condamné par l'isolement n'est plus une réalité absolue. En effet, si le droit pénal français maintient toujours l'existence de la peine privative de liberté à perpétuité, concrètement, une telle peine ne dure pas jusqu'à la fin puisque la libération conditionnelle et la grâce peuvent la raccourcir. De même, la peine de prison ne remplit pas pleinement sa mission d'intimidation. En ce sens, elle devrait poursuivre un objectif de prévention générale et de prévention spéciale. La prévention générale se fonde sur l'idée que l'infraction pénale peut être combattue par des peines sévères, dont l'application paraît probable, de telle manière que l'inconvénient de la peine dépasse l'avantage tiré de l'infraction. La prévention générale se fonde ainsi sur la sévérité et la certitude de la peine[307]. Néanmoins, sur ce point, il est

---

[303] B. BOULOC, *op. cit.*, n^os^ 708-713, pp. 643-654.

[304] J. VÉRIN, *La prison : comment s'en débarrasser ?*, *RSC* 1974, pp. 906-917, *spéc.* p. 911.

[305] Sur l'évolution des idées en matière de peines privatives de liberté, *cf.* R. MERLE et A. VITU, *Traité de droit criminel*, t. 1, *op. cit.*, n^os^ 720-722, pp. 893-899.

[306] P. ROSSI, *Traité de droit pénal*, Librairie de Guillaumin, 4^e^ éd., 1872, t. 2, p. 306.

[307] La théorie de la prévention générale trouve son origine chez les philosophes grecs du V^e^ siècle avant J.-C. Protagoras semble l'avoir formulé en premier si l'on en croit les propos que Platon (*Protagoras* 324 a, b) lui prête dans le dialogue qu'il lui a consacré et au cours duquel il lui fait prononcer cette phrase devenue célèbre grâce à la traduction de Sénèque : « *Nemo prudens punit quia peccatum est, sed ne peccetur* » (*De ira*, I, 19,7). Ultérieurement, Aristote repris cette idée dans son *Art rhétorique et art poétique* (Livre I, chapitre XII, n^os^ 1 et 8-12) en postulant que l'on commet un crime surtout si l'on ne s'attend à aucune punition ou à une punition moindre que l'avantage tiré du crime. La théorie de la prévention générale devient célèbre vers la fin de l'Ancien Régime et au début du XIX^e^ siècle sous

indéniable que la simple crainte de la peine privative de liberté n'est pas un obstacle suffisamment fort pour prévenir la réalisation des infractions. L'effet préventif du droit pénal n'est certainement pas inexistant, mais il demeure insuffisant. De même, sous l'angle de la prévention spéciale, la peine privative de liberté ne remplit pas son objectif. Cette théorie vise toutes les interventions de nature à prévenir une récidive de la personne condamnée. La peine a alors pour fonction de lui rappeler les conséquences désagréables de sa manière d'agir, en espérant ainsi pouvoir modifier son calcul des coûts et bénéfices à l'avenir[308]. La prison semble également avoir échoué dans cette mission et n'empêche pas la récidive.

**261. L'efficacité relative de la peine de prison dans ses fonctions de rééducation et de resocialisation.** Après la seconde guerre mondiale, la politique pénale a essayé, notamment sous l'influence des partisans de la Défense sociale nouvelle[309], de redonner toute sa raison d'être à la prison en mettant l'accent sur l'objectif de rééducation et de resocialisation du condamné. S'inscrivant dans la lignée des théoriciens de la prévention spéciale, l'École de la Défense sociale nouvelle suggère de défendre la société en protégeant l'individu, c'est-à-dire en tentant de guérir les personnes à l'origine de ses dysfonctionnements. De nombreuses mesures, mettant l'accent sur le traitement individuel des condamnés, furent alors mises en œuvre. Ces expériences n'ont cependant pas donné les résultats escomptés et le traitement individuel fut fortement remis en cause[310]. Certes, on peut se rassurer en estimant que sans cette réforme les effectifs pénitentiaires auraient peut-être été encore plus élevés. Toutefois ce constat peut nourrir de nouveaux débats sur l'opportunité de maintenir une peine de prison qui, en dépit de ses modifications, semble toujours décevoir[311].

**262. Distinction entre les peines privatives de liberté de courtes et de longues durées.** Faut-il pour autant abandonner la peine privative de liberté et considérer, par conséquent, qu'il est inopportun d'admettre l'existence d'un pouvoir de détention ou de garde sur autrui à la seule fin de servir de fondement à une peine ? Une telle perspective semble devoir être écartée. La peine de prison constitue encore le fondement du système répressif français. Elle est bien ancrée comme telle dans l'opinion publique[312]. Il convient cependant de s'interroger sur les raisons des dysfonctionnements de la prison afin de réaménager ou de limiter son utilisation. Il apparaît ainsi que la réforme du traitement pénitentiaire n'a pas pu et ne peut pas toucher les personnes condamnées à des courtes peines en général inférieures à un

---

l'influence de Bentham, Beccaria, Pufendorf ou encore de Feuerbach. *Cf.* M. KILLIAS, *Précis de criminologie*, Ed. Staempfli & Cie SA Berne, 1991, pp. 433-435.

[308] L'origine de la théorie de la prévention spéciale se trouve également dans les écrits des philosophes grecs de l'Antiquité. Platon dans *Les lois* (11, 933-934b) et Aristote dans *Art rhétorique et art poétique* (chapitre XII) ont présenté cette théorie. *Cf.* M. KILLIAS, *op. cit.*, pp. 473-474.

[309] L'expression de « *défense sociale* » est issue de l'école positiviste, qui se fixait comme principal objectif la protection de la collectivité par la mise à l'écart et l'élimination de tous les risques liés à la criminalité. Deux types de mesures étaient alors défendues : la suppression des criminels (par la mort ou la ségrégation) et les mesures correctives. *Cf.* E. PÉCHILLON, *Sécurité et droit du service public pénitentiaire, thèse précit.*, n° 82, p. 49.

[310] R. MERLE et A. VITU, *Traité de droit criminel*, t. 1, *op. cit.*, n° 760, p. 932 ; J. VÉRIN, *La resocialisation sur la sellette*, *RSC* 1978, pp. 416-426 ; M. ANCEL, *Examen de conscience de la défense sociale : le problème du traitement des délinquants*, *RSC* 1978, pp. 945-955 ; R. SCHMELCK, *Evolution de la politique pénale et pénitentiaire*, *Gaz. Pal.* 1979, doc., pp. 573-578 ; P. P. LEJIN, *Criminogenèse*, *RSC* 1979, pp. 497-511 ; E. ROTMAN, *La politique du traitement à la lumière de la troisième édition de « La défense sociale »*, *RSC* 1984, pp. 573-577.

[311] J. VÉRIN, *L'avenir de la prison*, *RSC* 1973, pp. 734-740 ; J. VÉRIN, *La prison : comment s'en débarrasser ?*, *art. précit.* ; S. PLAWSKI, *Le problème de la peine privative de liberté dans la société moderne*, *RPDP*, 1983, pp. 221-227 ; G. PICCA, *Faut-il « démocratiser » les prisons*, *RSC* 1973, pp. 926-932.

[312] J. VÉRIN, *La prison : comment s'en débarrasser ?*, *art. précit.*, spéc. p. 906.

an. La faible durée d'enfermement du condamné ne permet pas la mise en œuvre d'un traitement pénitentiaire optimal[313]. Pour ces courtes peines, l'emprisonnement crée une situation de rétention, dont l'opportunité est discutable[314]. Dans cette hypothèse, la prison risque surtout d'avoir des effets néfastes en enfermant une personne dans un milieu de délinquants. Il serait sans doute préférable de privilégier, pour les courtes condamnations, des peines alternatives comme les travaux d'intérêt général ou le placement sous surveillance électronique. Une telle idée est d'ailleurs défendue par le législateur, mais elle ne semble pas être suivie dans les faits[315]. En effet, l'article 131-6 du Code pénal prévoit que lorsqu'un délit est puni d'une peine d'emprisonnement, la juridiction peut lui substituer une ou plusieurs des peines privatives ou restrictives de liberté figurant dans la liste donnée[316]. De même, l'article 132-26-1 du même code permet à la juridiction prononçant une peine égale ou inférieure à un an d'emprisonnement de décider qu'elle s'effectuera sous le régime du placement sous surveillance électronique. Par ailleurs, le sursis simple et le sursis avec mise à l'épreuve pourraient être utilement développés dans cette optique de réduction des peines privatives de liberté de courte durée. En revanche, les peines d'emprisonnement de moyenne ou longue durée, mettant en œuvre un traitement pénitentiaire plus approfondi, pourraient être maintenues tout en renforçant l'objectif de resocialisation et de rééducation des délinquants, afin d'éviter que la prison demeure un milieu criminogène.

***2. L'opportunité de l'existence d'un pouvoir de garde en dehors de toute enquête ou condamnation pénale***

**263.** À côté des personnes engagées dans une procédure pénale ou faisant l'objet d'une peine privative de liberté, la Convention européenne des droits de l'Homme admet également que les vagabonds, les alcooliques, les toxicomanes, les personnes atteintes d'une maladie contagieuse et les étrangers contrevenant à la législation de l'immigration, soient retenues dans un endroit déterminé afin de subir un traitement ou de bénéficier de mesures de réinsertion. Seules les trois premières catégories suscitent de réelles interrogations quant à l'opportunité de leur existence en droit français. En effet, la police des étrangers peut légitimement exiger que ces derniers soient retenus pour une durée limitée dans un centre de rétention en attendant qu'ils quittent le territoire. De même, les personnes atteintes d'une maladie grave et particulièrement contagieuses doivent en principe se faire soigner. Dans l'hypothèse, sans doute marginale, où elles refuseraient de le faire, elles feraient courir un risque au reste de la population. L'hospitalisation d'office est alors la seule solution possible. Si ces hypothèses ne suscitent pas de réelles difficultés, il n'en va pas de même pour les vagabonds **(a)**, les toxicomanes **(b)** et les alcooliques **(c)**. En effet, pour ces trois catégories de personnes, l'opportunité de l'existence d'un pouvoir de garde s'est posée avec une certaine acuité en droit français. En effet, après avoir établi des procédures conduisant à l'établissement d'un tel pouvoir sur ces catégories de personnes, le législateur français préfère maintenant écarter ces mesures de placement contraignantes au profit d'un système

---

313 E. PÉCHILLON, *thèse précit.*, n° 140, pp. 80-81 ; J. VÉRIN, *La prison : comment s'en débarrasser ?, art. précit.*, spéc. p. 907.

314 B. BOULOC, *Pénologie, op. cit.*, n° 236, pp. 171-172 ; J. PRADEL, *Quelques observations sur la courte peine d'emprisonnement en droit français, RPDP* 2007, pp. 291-300.

315 G. LORHO, *Chroniques du nouveau Code pénal : les peines de substitution ont-elles disparu ?, Dr. pén.* 1993, chr. 49 ; PH. LEMAIRE, *La sous-utilisation des alternatives à l'enfermement, RPDP,* 1995, n° 2, pp. 212-215.

316 Sur cette tendance *cf.* : J. PRADEL, *Le recul de la courte peine d'emprisonnement avec la loi n° 75-624 du 11 juillet 1975, D.* 1976, chr. XIII, pp. 63-72 ; M.-J. CAMBASSEDES, *Les sanctions de substitution dans la loi du 11 juillet 1975 et dans l'avant-projet de code pénal, JCP G* 1980, I, 2977 ; J. PRADEL, *Les nouvelles alternatives à l'emprisonnement créées par la loi n° 83-466 du 10 juin 1983, D.* 1984, chr. XIX, pp. 111-117.

d'assistance. Il convient de reprendre ces trois catégories, afin de mettre en exergue ces choix législatifs, parfois discrets, et nous interroger sur leur opportunité.

a. Les vagabonds

**264. Origines de l'enfermement des vagabonds.** Au siècle de la Renaissance, les sociétés européennes découvrirent l'ampleur du paupérisme, les risques et les méfaits du vagabondage[317]. Les vagabonds et les mendiants commencèrent à inquiéter. Le droit hésita alors entre deux réactions : l'assistance et l'enfermement. Si l'ordonnance de Moulins de 1566 réaffirma que les pauvres devaient être secourus et aidés par les communautés et les cités, l'assistance conduisit le plus souvent à une politique d'enfermement. Ainsi, apparurent des établissements pour les pauvres et les vagabonds. Progressivement, la législation ne cessa de se durcir. Les édits royaux se succédèrent devenant de plus en plus répressifs et généralisant l'enfermement des vagabonds[318].

**265. La détention pénale des vagabonds.** Au XIX$^{e}$ siècle, le sort des mendiants et vagabonds était étroitement encadré par les articles 269 à 282 du Code pénal[319]. Tandis que les premiers bénéficiaient d'une certaine mansuétude, les seconds étaient sévèrement perçus par la loi pénale. Ainsi, le mendiant invalide était hospitalisé. En revanche, s'il était valide, il était interné dans un dépôt de mendicité, pour une durée au moins égale à un an, afin d'y apprendre à gagner sa vie par le travail. Il pouvait cependant être remis en liberté si sa commune le réclamait ou si une personne honorable se portait garante pour lui. Par opposition, les vagabonds, personnes sans « *domicile certain, ni moyens de subsistance* »[320] et n'exerçant habituellement « *ni métier ni profession* »[321], étaient condamnés pénalement et envoyés dans une maison de détention, puis mis à la disposition du gouvernement. De telles dispositions étaient diversement appréciées. Le vagabondage n'était pas réprimé comme une véritable infraction portant atteinte à l'ordre social, mais davantage comme un état dangereux qui risquait de conduire à la perpétration d'infractions[322].

**266. Le déclin et la disparition de la détention pénale des vagabonds.** L'application de ces règles du Code pénal fut cependant limitée à partir de 1959 par l'adoption d'un décret[323] qui encouragea les mesures de reclassement. Si les vagabonds acceptaient l'offre de prise en charge présentée par le procureur de la République, les poursuites pour vagabondage n'étaient pas exercées. Une telle prise en charge n'attribuait pas pour autant un pouvoir de détention à l'établissement qui les recevait. Autrement dit, la détention des vagabonds existait uniquement en cas de détention pénale. L'objectif de cette législation pénale sur les vagabonds était le contrôle de populations pouvant présenter un danger pour la société[324].

---

[317] P. DEYON, *Le temps des prisons, Essai sur l'histoire de la délinquance et les origines du système pénitentiaire*, Université de Lille III, Editions universitaires, 1975, p. 36 ; N. CASTAN et A. ZYSBERG, *Histoire des galères, bagnes et prisons en France de l'Ancien Régime*, *op. cit.*, pp. 56-87.

[318] P. DEYON, *op. cit.*, pp. 39-45.

[319] J. BARDOUX, *Vagabonds et Mendiants devant la loi*, thèse Paris, A. Rousseau, 1906, pp. 60-78.

[320] Article 270 de l'Ancien Code pénal.

[321] *idem.*

[322] A. DECOCQ, *Droit pénal général*, Armand Colin, 1971, p. 285.

[323] Décret n° 59-143 du 7 janvier 1959 modifiant centaines dispositions des titres III et IV du Code de la famille et de l'aide sociale.

[324] J.-F. CHASSAING, *Vagabondage et histoire du droit pénal, synthèse sur le problème du vagabondage du Moyen Âge au XIX$^{e}$ siècle, in Des vagabonds aux S.D.F., Approches d'une marginalité*, actes du colloque d'histoire du droit de Saint-Étienne, 20 et 21 octobre 2000, organisé par le Centre d'études et de recherches sur l'administration publique de Saint-Étienne et le Centre d'études et de recherches d'histoire du droit de l'Université de Saint-Étienne, Publications de l'Université de Saint-Étienne, 2002, pp. 15-21.

Le déclin du délit de vagabondage s'amorça en 1915 avec l'apparition de l'infraction autonome de recel[325], tendant à devenir l'instrument de contrôle des populations marginales[326]. S'ajoutèrent ensuite les délits de détention d'armes et de détention de stupéfiants. L'infraction de vagabondage perdit de son intérêt. Sa suppression intervenue dans le nouveau Code pénal s'est dès lors imposée.

**267. L'opportunité du choix de l'assistance.** Alors que la Convention européenne des droits de l'Homme admet, par principe, l'existence d'un pouvoir de rétention sur les vagabonds, le droit français l'a finalement écarté. Doit-on revenir sur cette solution et emprunter la voie ouverte par le texte européen ? Rien ne semble moins sûr. D'aucuns pourront souligner le caractère archaïque de cette disposition de la Convention européenne, mettant ainsi l'accent sur l'opportunité d'adopter une solution moins contraignante et surtout moins attentatoire à la liberté individuelle. Par ailleurs, les justifications de l'enfermement des vagabonds ne sont pas convaincantes. D'une part, on affirme qu'il pourrait répondre à un impératif d'ordre public. Toutefois, la libre circulation des vagabonds n'est pas en elle-même un trouble à l'ordre public. Ils ne commettent en réalité aucune infraction. Leur enfermement ne serait finalement qu'une mesure préventive. Or, la prévention a très certainement ses limites. Il paraît excessif d'enfermer une personne ou de la soumettre à un pouvoir de rétention, pouvant être exercé positivement ou négativement, en présence seulement d'un risque de danger. Ceci est d'autant plus vrai que le risque n'est pas nécessairement plus important que pour d'autres catégories de personnes. D'autre part, l'enfermement pourrait avoir pour objectif de venir en aide à ces populations marginalisées. En somme, il serait ordonné dans leur intérêt. Comme nous l'avons vu, cette solution était admise pour les mendiants au XIX^e^ siècle. Elle relève néanmoins d'une certaine conception de l'assistance, privant une personne d'une liberté fondamentale, alors qu'elle est, par principe, pleinement autonome sur le plan intellectuel. En ce sens, son défaut d'autonomie est davantage financier qu'intellectuel. La réponse à cette carence devrait alors être une assistance matérielle avec notamment l'ouverture de foyers librement accessibles aux nécessiteux. Le placement d'office et, par conséquent, l'existence d'un pouvoir de détention ou d'un pouvoir de garde ne semblent pas requis[327].

b. Les alcooliques

**268. La détention des alcooliques dangereux dans la loi du 15 avril 1954.** Alors que la doctrine classique du XIX^e^ siècle assimilait l'alcoolique aux aliénés, la loi n° 54-439 du 15 avril 1954 a marqué un changement important en organisant un traitement différent de celui des malades mentaux et en permettant de les enfermer de force. Les dispositions de cette loi ont par la suite été codifiées aux articles L. 355-2 à L. 355-13 du Code de la santé publique. En dépit de l'évolution qu'elle marquait, la loi de 1954 restait « *un texte de droit pénal "élargi"* »[328], dont l'un des objectifs était d'organiser une procédure de placement des alcooliques dangereux pour les tiers. En ce sens, l'internement ne pouvait être ordonné que pour les alcooliques dangereux pour autrui et non pour eux-mêmes. Cette loi était d'autant plus remarquable qu'elle prévoyait que le placement des alcooliques pouvait être ordonné sans que l'infraction commise n'ait été sanctionnée pénalement ou même sans qu'une

---

[325] Auparavant, dans le Code de 1810, le recel était assimilé à un cas de complicité. On ne pouvait donc poursuivre celui qui détenait des objets manifestement volés si l'on ignorait les circonstances du vol.

[326] J.-F. CHASSAING, *Les trois codes français et l'évolution des principes fondateurs du droit pénal contemporain*, *RSC* 1993, pp. 445-453.

[327] Si le vagabond mettait en danger sa santé, la réponse devrait alors se trouver dans les règles du droit de la santé permettant d'intervenir dans de telles situations.

[328] F. CABALLERO et Y. BISIOU, *Droit de la drogue*, 2^e^ éd., Dalloz, 2000, n° 211, p. 264.

infraction n'ait été commise[329]. De ce fait, cette loi a créé un véritable système de prévention, ayant pour objectifs de soigner les personnes alcooliques présentant un risque pour la sécurité des tiers et d'éviter la réalisation d'éventuels dommages.

Selon la loi de 1954, les alcooliques dangereux pour les tiers pouvaient faire l'objet d'un placement sous contrainte dans des centres de rééducation spécialisés ou des sections spécialisées des hôpitaux généraux. Cependant, une telle mesure devait rester marginale et être prescrite uniquement lorsque le maintien en liberté paraissait impossible. Dans cette hypothèse, après avoir entendu l'intéressé, une commission médicale décidait, ou non, de proposer l'internement au procureur de la République. S'il était saisi, ce dernier devait à son tour statuer sur l'opportunité de citer l'alcoolique devant le tribunal de grande instance, seul compétent pour décider de l'internement pour une durée de six mois renouvelable. Une fois l'internement prononcé, l'alcoolique était pris en charge par un centre de rééducation spécialisé dans le traitement. Ces derniers avaient pour mission d'assurer, d'une part, la désintoxication et la rééducation des alcooliques et, d'autre part, l'isolement de ceux qui constituaient un danger pour autrui. L'alcoolique pouvait bénéficier de sorties d'essai, accordées par le médecin-chef du centre de rééducation. Il demeurait alors sous l'autorité du centre qui pouvait prendre les dispositions d'urgence pour le faire réintégrer. Par ailleurs, il pouvait demander à tout moment à la commission médicale de statuer sur son éventuelle libération. L'établissement de soins disposait ainsi d'un véritable pouvoir de garde sur les alcooliques dangereux.

**269. Le problème de la disparition des dispositions relatives à l'enfermement des alcooliques**. À l'occasion de la recodification effectuée par l'ordonnance n° 2000-548 du 15 juin 2000, les dispositions des articles L. 355-2 à L. 355-13 de l'ancien Code de santé publique ne furent pas reprises. Les circonstances de la disparition de ces dispositions peuvent susciter quelques interrogations.

De prime abord, une telle disparition ne semble pas résulter d'une abrogation régulière. En effet, si la codification à droit constant repose sur une abrogation des anciens textes, cette dernière est purement formelle. La Cour de cassation ne cesse de le rappeler : « *l'abrogation d'une loi à la suite de sa codification à droit constant ne modifie ni la teneur des dispositions transférées ni leur portée* »[330]. De plus, ce principe est expressément énoncé dans l'article 1er, alinéa 3, de la loi n° 99-1071 du 16 décembre 1999 habilitant le gouvernement à procéder, par ordonnance, à l'adoption de la partie législative de certains codes : « *les dispositions codifiées sont celles en vigueur au moment de la publication des ordonnances, sous la seule réserve des modifications qui seraient rendues nécessaires pour assurer le respect de la hiérarchie des normes et la cohérence rédactionnelle des textes ainsi rassemblés et harmoniser l'état du droit* ». Même si une telle rédaction paraît assez souple, elle ne confère pas la possibilité de supprimer un texte en dehors de toute préoccupation formelle. Par conséquent, la disparition de onze articles à l'occasion de cette recodification ne repose sur aucun fondement légal. Elle est dès lors « *le signe d'un dérèglement et la marque d'une codification illégale, puisque*

---

[329] R. MERLE et A. VITU, *Traité de droit criminel*, t. 1, *op. cit.*, nos 773-775, pp. 943-945 ; P. BOUZAT et J. PINATEL, *Traité de droit pénal et de criminologie*, t. 1, *Droit pénal général* par P. BOUZAT, 2e éd, Dalloz, 1970, nos 606-619, pp. 616-622 ; J. LARGUIER, *Alcoolisme et mesures de sûreté*, *JCP G* 1954, I, 181 ; A. LÉGAL, *La prévention des infractions contre la vie ou l'intégrité physique commises sous l'influence de l'alcool*, in *La prévention des infractions contre la vie humaine et l'intégrité de la personne*, publié sous la direction de A. BESSON et M. ANCEL, Cujas, 1956, t. 1, pp. 129-152 ; J. LEBRET, *Quelques problèmes juridiques posés par le traitement des alcooliques*, in *La prévention des infractions contre la vie humaine et l'intégrité de la personne*, *op. cit.*, t. 1, pp. 153-170 ; J. DUBLUNEAU, *La prévention sociale contre l'alcoolisme*, in *La prévention des infractions contre la vie humaine et l'intégrité de la personne*, *op. cit.*, t. 2, pp. 333-347.

[330] Civ. 1re, 27 février 2001, *Bull. civ.* I, n° 50 ; *D.* 2001, *A. J.*, pp. 1025-1026, obs. A. LIENHARD.

*dépassant la compétence de son auteur* »[331]. Ceci est d'autant plus préoccupant que la récente vague de codification à droit constant a malheureusement multiplié de tels phénomènes[332], au point qu'on n'hésite plus à parler d'« *abrogation*[s] *par mégarde* »[333] et de « *résurrection*[s] *fortuite*[s] »[334].

Une autre lecture de cette abrogation peut toutefois être proposée. Étant donnée l'importance du nombre d'articles disparus, il paraît difficile de parler d'« *abrogation par mégarde* ».[335] Elle semble bien être volontaire. Ceci est d'ailleurs confirmé par la lecture du rapport relatif à l'ordonnance du 15 juin 2000 précitée[336]. Ce rapport justifie la suppression des dispositions relatives à l'enfermement des alcooliques dangereux par l'existence d'une abrogation implicite liée à l'adoption de textes ultérieurs à la loi de 1954. Une telle affirmation semble néanmoins inexacte et cacher une acceptation de l'abrogation par désuétude. En effet, l'abrogation implicite ou tacite d'un texte résulte d'une incompatibilité entre une loi ancienne et une loi nouvelle. Par conséquent, « *leur application simultanée étant irréalisable, il faut choisir entre elles et c'est évidemment la loi exprimant la plus récente volonté du législateur qui doit l'emporter* »[337]. Ainsi, « *l'abrogation tacite n'opère* (…) *que dans la mesure où il y a contrariété entre deux textes* »[338]. En l'occurrence, le texte postérieur en cause est la loi du 29 juillet 1998[339] qui a donné une valeur légale aux centres de cure ambulatoire en alcoologie, antérieurement dénommés « *centres d'hygiène alimentaire et d'alcoologie* ». L'existence de ces centres ne reposait jusqu'alors que sur de simples circulaires. Ils ont mission d'assurer des « *soins ambulatoires et des actions d'accompagnement social et de réinsertion en faveur des personnes présentant une consommation d'alcool à risque ou atteintes de dépendance alcoolique ainsi qu'en faveur de leur famille* »[340]. Une telle disposition ne s'oppose pas à la loi de 1954, elle offre simplement un autre mode de traitement aux alcooliques. Il paraît dès lors difficile de parler d'abrogation tacite ou implicite.

En réalité, cette suppression des articles L. 355-2 à L. 355-13 de l'ancien Code de la santé publique semble davantage correspondre à l'admission de l'abrogation par désuétude, puisqu'on admettait généralement que ces dispositions n'étaient plus utilisées[341]. Dès lors, si on admet une telle abrogation, la disparition de ces textes à l'occasion de la recodification devient légitime. Une telle affirmation a alors une portée théorique importante. En effet, traditionnellement, les auteurs et la jurisprudence admettent que la désuétude n'entraîne pas l'abrogation d'un texte[342]. Toutefois, cette solution ne fait pas l'unanimité. Plusieurs auteurs

---

[331] N. MOLFESSIS, *Deux figures législatives en vogue : l'abrogation par mégarde et la résurrection fortuite*, *RTD civ.* 2000, pp. 688-695, *spéc.* p. 689.

[332] Sur les nombreux problèmes soulevés notamment par la recodification du Code de commerce, *cf.* : A. LIENHARD et C. RONDEY, *Incidences juridiques et pratiques des codifications à droit constant (à propos du nouveau Code de commerce)*, *D.* 2001, chr., pp. 521-526 ; C. ARRIGHI DE CASANOVA et O. DOUVRELEUR, *La codification par ordonnances, À propos du Code de commerce*, *JCP G* 2001, I, 285.

[333] N. MOLFESSIS, *art. précit.*

[334] N. MOLFESSIS, *art. précit.*

[335] N. MOLFESSIS, *art. précit.*

[336] Rapport au Président de la République relatif à l'ordonnance n° 2000-548 du 15 juin 2000 relative à la partie Législative du Code de la santé publique, JO n° 143 du 22 juin 2000, p. 9337.

[337] F. TERRÉ, *Introduction générale au droit*, 8e éd., Dalloz, 2009, n° 486, p. 414.

[338] F. TERRÉ, *ibid.*

[339] Loi du 29 juillet 1998 d'orientation relative à la lutte contre les exclusions.

[340] Article L. 3311-2 du Code de la santé publique.

[341] F. CABALLERO et Y. BISIOU, *op. cit.*, n° 215, p. 267.

[342] F. TERRÉ, *op. cit.*, n° 389, pp. 392-393. Néanmoins, on peut éventuellement réserver les hypothèses dans lesquelles une pratique contraire à la loi se manifeste dans la vie juridique. C'est notamment le cas de la pratique du don manuel alors que l'article 931 du Code civil impose, à peine de nullité, que les donations soient faites par actes notariés. *Cf.* J.-L. AUBERT, *Introduction au droit et thèmes fondamentaux du droit civil*, 10e éd., Armand Colin, 2004, n° 115, p. 112 et n° 121, pp. 117-118 ;

défendent le principe de l'abrogation par désuétude[343], marquant ainsi la supériorité de l'usage sur la loi. On peut néanmoins faire preuve de réserves face à une telle admission. Il semble en effet préférable que le législateur abroge expressément un texte lorsqu'il constate qu'il n'est plus appliqué et qu'il ne présente plus aucune utilité. Reconnaître le principe de l'abrogation par désuétude pourrait être périlleux. La pratique peut très bien varier et faire renaître une règle longtemps inusitée. Il n'en demeure pas moins que cette suppression législative de la procédure d'enfermement des alcooliques dangereux semble reposer sur une admission de l'abrogation par désuétude, en la dissimulant sous le masque d'une abrogation tacite purement factice[344].

**270. L'opportunité du choix de l'hospitalisation libre**. La situation des alcooliques peut être rapprochée de celle des vagabonds. En effet, si la Convention européenne des droits de l'Homme permet de les retenir de force, le droit français refuse maintenant une telle solution. Faut-il pour autant revenir sur cette abrogation intervenue illégalement ? Faut-il, à l'exception des cas d'ivresse sur la voie publique, refuser tout pouvoir de garde ou de détention ? La volonté d'apporter des soins à une personne dans un état d'alcoolémie et d'éviter qu'elle cause des dangers à autrui pourrait justifier de tels pouvoirs. L'enfermement procéderait alors d'une démarche à la fois curative pour la personne et préventive à l'égard des tiers. Il n'en demeure pas moins qu'une telle démarche porterait une grave atteinte à la liberté d'aller et venir, et à l'autonomie de la personne. Les facultés intellectuelles de l'alcoolique ne sont pas, en principe, atteintes en permanence. Il doit pouvoir conserver la maîtrise de son mode de vie. Dès lors, il serait sans doute préférable de maintenir un système social d'aide et d'écarter toute politique d'enfermement.

c. Les toxicomanes

**271. Le traitement des toxicomanes : le choix de l'injonction thérapeutique.** Le traitement de l'usager de stupéfiants comme un malade a été institué par la loi du 24 décembre 1953. Confirmée par la suite, cette orientation a été reprise dans le nouveau Code de la santé publique[345]. Plusieurs formes de traitements peuvent se présenter. Tout d'abord, l'usager peut se présenter spontanément dans un dispensaire ou dans un établissement de santé afin d'y être traité[346]. Il peut alors bénéficier d'un traitement anonyme et gratuit et être exonéré des poursuites pour usage illicite de stupéfiants. Ensuite, le traitement peut être accepté par l'usager[347]. Dans cette hypothèse, le toxicomane est connu des autorités sanitaires qui lui proposent une cure de désintoxication pour lui éviter des poursuites. Ce dispositif repose sur une injonction de la part de l'autorité sanitaire. Elle peut enjoindre au toxicomane de se placer sous surveillance médicale ou de se présenter dans un établissement agréé, afin d'y suivre une cure de désintoxication. Il bénéficiera alors de la gratuité des soins et de l'impunité. Cependant aucune sanction n'est prévue en cas de non respect de ces injonctions. La démarche reste encore persuasive et ne peut aboutir qu'avec le consentement de l'intéressé. Enfin, les toxicomanes peuvent faire l'objet d'un traitement

---

PH. MALINVAUD, *Introduction à l'étude du droit*, 10e éd., Litec, 2004, n° 125, pp. 82-83 et n° 198, pp. 133-134.

[343] G. TEBOUL, *Usages et coutume dans la jurisprudence administrative*, préf. R. CHAPUS, LGDJ, Bibl. dr. pub., t. 153, 1989, pp. 156-194; J. CARBONNIER, *Droit civil, Introduction*, *op. cit.*, n° 138, pp. 267-268 ; B. OPPETIT, *Sur la coutume en droit privé*, *Droits* 1986, n° 3, pp. 39-50, *spéc.* p. 43.

[344] Les dispositions des articles L. 355-1 à L. 355-13 de l'ancien Code de la santé publique ne sont pas toujours présentées par les auteurs. Néanmoins, certains d'entre eux continuent à l'étudier à coté des dispositions du nouveau code, tout en admettant qu'elles sont tombées en désuétude : *cf.* not. F. CABALLERO et Y. BISIOU, *op. cit.*, n° 211-215, pp. 264-267.

[345] F. CABALLERO et Y. BISIOU, *op. cit.*, nos 471-487, pp. 578-593.

[346] Article 3414-1 du Code de la santé publique.

[347] Articles 3412-1 et 3412-3 du Code de la santé publique.

obligatoire[348]. Fortement contestée dans son principe par certains praticiens[349], cette forme de traitement se fonde sur l'idée que les pouvoirs publics doivent intervenir lorsqu'une personne refuse ou néglige de se soigner au risque d'être dangereuse pour elle et pour la société. Elle se fonde sur le principe de l'injonction thérapeutique pouvant intervenir à tous les stades de la procédure, depuis la saisine du procureur jusqu'au jugement définitif. Ainsi, le procureur de la République peut enjoindre aux personnes, ayant fait un usage illicite de stupéfiants, de suivre une cure de désintoxication ou de se placer sous surveillance médicale. Par conséquent, cette mesure vise tous les usagers interpellés par la police et déférés au parquet. L'injonction du procureur n'est cependant pas susceptible d'exécution sous la contrainte physique. Le refus des mesures prescrites expose seulement l'intéressé au déclenchement des poursuites. Le traitement peut également être prescrit par le juge à tous les stades de la procédure. Le juge d'instruction peut ainsi astreindre une personne mise en examen à subir une cure de désintoxication. Mais, de nouveau, l'intéressé n'est pas contraint d'accepter. S'il ne se soumet pas à cette décision, il perd le bénéfice de l'abandon des poursuites. De même, la juridiction de jugement peut astreindre le toxicomane à suivre un traitement en complément, ou non, d'une peine d'amende ou de prison. En l'absence de condamnation à une peine d'emprisonnement, l'injonction thérapeutique ne confère néanmoins aucun pouvoir de détention. L'intéressé peut se soustraire à l'exécution de cette décision. Il encourt alors les peines prévues pour l'usage de stupéfiants[350]. En conséquence, le traitement des toxicomanes peut être volontaire, accepté ou obligatoire, mais il ne confère pas un réel pouvoir de détention sur leur personne. L'injonction thérapeutique se distingue ainsi du placement d'office dans un établissement sanitaire[351].

**272. L'opportunité du choix de l'injonction thérapeutique.** La question de l'internement des toxicomanes est relativement différente de celle des alcooliques et des toxicomanes. La situation des toxicomanes relève à la fois d'une démarche thérapeutique et pénale. À partir du moment où l'usage de stupéfiants est incriminé par le Code de la santé publique, il peut donner lieu à une peine d'emprisonnement[352]. L'emprisonnement est alors l'occasion d'ordonner le suivi de soins, si le toxicomane ne l'a pas accepté auparavant. Le système de l'injonction thérapeutique présente alors l'avantage de laisser le toxicomane en liberté, lequel doit simplement suivre volontairement une cure. Un refus de sa part peut conduire à une obligation de soins associée à une peine d'emprisonnement. Cette solution présente certainement l'avantage de favoriser une démarche positive du toxicomane. Une telle solution ne serait pas obtenue si on recourait à une hospitalisation d'office. Pour toutes ces raisons, elle est sans doute préférable.

---

[348] Articles 3413-1 à 3413-3 du Code de la santé publique.

[349] F. CABALLERO et Y. BISIOU, *op. cit.*, n[os] 479, pp. 583-584.

[350] Article L. 3424-3 du Code de la santé publique.

[351] On notera sur ce point qu'un avant-projet du Gouvernement de 1986 prévoyait de remplacer l'injonction thérapeutique par une procédure de placement d'office. L'article 355-22 du projet prévoyait ainsi qu'à « *la demande de son conjoint, de ses ascendants, de son tuteur ou du procureur de la République, tout majeur atteint, en raison de l'usage de stupéfiants, d'une altération de sa santé ou de son jugement faisant courir un danger grave pour lui-même ou pour autrui, peut, à des fins thérapeutiques et sous contrôle médical, être placé par décision du tribunal dans un établissement sanitaire agréé* ». *Cf.* F. CABALLERO et Y. BISIOU, *op. cit.*, note 3, p. 584.

[352] Article L. 3421-1 du Code de la santé publique : « *L'usage illicite de l'une des substances ou plantes classées comme stupéfiants est puni d'un an d'emprisonnement et de 3750 euros d'amende* ».

# CONCLUSION DU CHAPITRE 2

**273.** Face au développement désordonné de la notion de garde en législation, en jurisprudence et en doctrine, il est possible de redéfinir cette notion en faisant plus ou moins abstraction des conceptions retenues jusqu'à présent. Cette démarche de redéfinition repose sur la volonté de donner un seul sens à la notion de garde d'autrui. Autrement dit, si cette expression peut être polysémique dans le langage courant, une telle qualité doit, dans la mesure du possible, être écartée dans le langage juridique. Cette simple considération, participant d'une volonté d'éviter les confusions dans l'esprit des destinataires de la norme, a pourtant été oubliée par le législateur et n'a pas été réellement prise en compte par la jurisprudence et la doctrine. Dans cette optique, il paraît opportun de distinguer clairement les situations de garde, de détention et de direction d'autrui. La différenciation de ces notions, rigoureusement définies, permet de bien comprendre qu'il est impossible d'utiliser l'expression « *garde d'autrui* » pour qualifier ces trois situations. Ceci a pourtant été fait par le passé. Dès lors, en toute logique, des requalifications s'imposent.

**274.** Dans cette optique, l'on peut admettre que la garde d'autrui se caractérise par une composante intellectuelle et une composante matérielle. Tandis que la garde intellectuelle correspond aux pouvoirs de déterminer le lieu de vie et le mode de vie d'autrui, la garde matérielle comporte des prérogatives plus physiques, c'est-à-dire le pouvoir de retenir une personne et celui de contrôler ses activités quotidiennes.

Le rattachement de la garde au pouvoir de retenir autrui permet de délimiter son domaine et ses caractéristiques. En effet, l'existence d'un pouvoir de rétention sur autrui, portant une atteinte extrêmement importante à la liberté d'aller et venir, véritable socle de la liberté individuelle, est encadrée par les textes relatifs à la protection des droits de l'homme. Cet encadrement permet de déterminer le domaine d'application de la garde d'autrui. Concrètement, il s'agit du domaine déterminé par l'article 5, § 1 de la Convention européenne des droits de l'Homme, auquel il convient d'ajouter le pouvoir de rétention sur les mineurs dans le cadre des prérogatives parentales.

Cet encadrement détermine également les conditions d'existence et d'exercice de ce pouvoir sur autrui. Fondé sur une loi, il peut être attribué soit directement par le législateur, soit par le juge ou une autorité administrative. En conséquence, une certaine indisponibilité touche ce pouvoir de garde d'autrui. Toutefois, seul le pouvoir de garde intellectuelle est toujours pleinement indisponible. En effet, afin de satisfaire les besoins de la personne retenue, il peut s'avérer nécessaire de transmettre temporairement le pouvoir de garde matérielle à un tiers. Aussi est-il logique d'admettre l'aliénabilité temporaire de ce pouvoir. Une telle qualité ne signifie pas pour autant que le titulaire initial puisse renoncer à ce droit.

**275.** Cette définition ne suffit pas pour caractériser la notion de garde d'autrui. En effet, il convient de la distinguer de la détention. En effet, la garde et la détention d'autrui sont très proches. Elles comportent les mêmes prérogatives et partagent de nombreuses caractéristiques. Toutefois, elles se distinguent par leurs finalités. La détention est une situation juridique de rétention de la personne d'autrui, dont la finalité s'épuise dans la rétention physique de celle-ci. Autrement dit, la finalité du pouvoir est la rétention d'une personne. La garde d'autrui est un peu complexe. Elle correspond également à une situation de rétention d'une personne, mais sa finalité ne se limite pas à cette rétention. Autrement dit, ce pouvoir sur autrui est l'occasion de poursuivre une finalité distincte, de remplir une mission spécifique ou d'apporter une prestation à la personne retenue dans son intérêt et celui de la société. La garde revêt dès lors une dimension beaucoup plus dynamique que la détention. Elle est susceptible également de servir des finalités variées. Ainsi, le gardien d'un mineur a pour mission de l'éduquer, le gardien d'un handicapé mental de veiller sur lui et de lui apporter des soins et le gardien d'une personne condamnée pénalement de la retenir mais également de mettre en œuvre un traitement pénitentiaire, afin de préparer sa réinsertion.

**276.** Par ailleurs, la garde d'autrui ne peut en aucun cas être confondue avec la direction d'autrui. Une telle qualification doit être réservée aux situations dans lesquelles une personne exerce seulement un pouvoir de direction sur autrui et ne dispose pas d'un pouvoir de rétention. Cette qualification de direction d'autrui est particulièrement importante, lorsqu'on s'intéresse aux pouvoirs qu'une personne peut conférer par contrat. En effet, il s'avère qu'il est impossible de conférer un pouvoir de rétention sur sa propre personne par contrat. La solution inverse conduirait à admette la validité d'une renonciation totale à la liberté d'aller et venir. Or, si une limitation temporaire et relative peut être admise, il n'en est pas de même pour une renonciation totale. Dès lors, s'il est impossible de conférer à autrui un pouvoir de rétention sur sa propre personne, il est corrélativement impensable d'attribuer par contrat un pouvoir de contrôle de son mode de vie. La personne demeure libre par principe de se soumettre à l'autorité d'autrui et de s'en démettre. Aussi ne peut-elle reconnaître qu'un pouvoir de direction sur une ou plusieurs de ses activités clairement identifiées. Autrement dit, une personne ne peut se mettre par contrat sous la garde d'autrui. Elle peut tout au plus se placer sous la direction d'autrui.

**277.** La distinction entre la garde, la détention et la direction d'autrui permet de développer une conception unitaire de la garde d'autrui. Cette conclusion n'est cependant qu'une étape dans l'élaboration d'une théorie de la garde d'autrui. En effet, il est apparu que les situations de garde et de détention, dont la proximité impose de les étudier ensemble, ne peuvent exister que dans des hypothèses étroitement définies par les textes relatifs à la protection des droits de l'homme. Il résulte d'une analyse de la Convention européenne des droits de l'Homme qu'un pouvoir de rétention sur autrui peut être reconnu sur les personnes poursuivies et condamnées pénalement, les handicapés mentaux, les alcooliques, les toxicomanes, les vagabonds, les personnes atteintes d'une maladie contagieuse, les étrangers n'ayant pas respecté les règles de l'immigration, ou encore les mineurs dans le cadre des prérogatives de l'autorité parentale. Cette liste ne signifie pas pour autant que le législateur interne doit impérativement admettre un pouvoir de garde ou de détention dans toutes ces hypothèses. Elle ne fixe qu'un cadre très général et doit susciter une réflexion sur l'opportunité de leur existence en droit interne. Il en résulte qu'il paraît inopportun d'organiser une procédure visant à instaurer un pouvoir de garde sur les alcooliques, les toxicomanes ou les vagabonds. L'organisation d'une assistance semble en définitive préférable à l'instauration d'un pouvoir extrêmement contraignant. De même, cette réflexion sur l'opportunité de l'existence du pouvoir de garde d'autrui amène à écarter toute attribution d'un tel pouvoir aux proches d'un handicapé mental majeur. Seuls les établissements spécialisés devraient pouvoir exercer un tel pouvoir. Aussi mesure-t-on à quel point la garde d'autrui est un pouvoir étroitement défini et admis.

# CONCLUSION DU TITRE 1

**278.** La recherche la définition de la notion de garde d'autrui, à partir de ses emplois législatifs, jurisprudentiels et doctrinaux, doit très rapidement nous faire admettre l'impossibilité de dégager une seule conception de la garde d'autrui. En effet, le législateur a utilisé la qualification de garde tantôt à propos de situations fondées sur un pouvoir de rétention d'autrui, tantôt à propos de situations ne comportant pas un tel pouvoir. Ces emplois désordonnés de la qualification de garde d'autrui sont une source de confusions et d'incertitudes pour le destinataire de la norme. Cette seule constatation permet de comprendre que la notion de garde d'autrui n'a pas fait l'objet d'une analyse globale et unitaire. Au contraire, il semblerait que cette notion soit mal comprise par le législateur, mais également par la jurisprudence et la doctrine. Cela transparaît dans certaines hésitations législatives. Ainsi, il est arrivé que le législateur ne fasse pas de distinction entre la garde des choses et la garde des personnes. De même, il a parfois tendance à refuser d'utiliser explicitement l'expression « *garde d'autrui* », tout en admettant l'existence implicite de cette notion. Enfin, les velléités jurisprudentielles et doctrinales de créer, à une époque, un système de responsabilité du fait du handicapé mental fondé sur une faute dans la garde, ont accentué les confusions autour de la notion de garde d'autrui. En effet, la jurisprudence et la doctrine ont alors développé la notion de garde en raisonnant uniquement à partir des règles du droit de la responsabilité. L'important était de trouver un responsable et d'indemniser la victime. Ce raisonnement les a conduits à attribuer la qualité de gardien à des personnes exerçant des pouvoirs très différents sur un handicapé mental majeur. De nouveau, cette attitude met en exergue une totale méconnaissance de la notion de garde et une volonté de ne pas lui attribuer un sens précis. Par conséquent, l'analyse de la notion de garde d'autrui en droit des personnes ne permet pas de pleinement confirmer son récent rattachement, avancé par la Cour de cassation et le Conseil d'État à propos de la responsabilité du fait d'autrui, aux pouvoirs de retenir et de contrôler le mode de vie d'autrui. Pour autant, elle ne l'infirme pas non plus, puisque dans certaines hypothèses, la garde est effectivement rattachée au pouvoir de retenir autrui.

**279.** Il est dès lors permis de ne pas être satisfait par la pluralité des conceptions de la notion de garde d'autrui. En effet, on peut estimer qu'un seul sens devrait être attaché à cette notion et pleinement consacrer ce rattachement de la garde au pouvoir de retenir autrui. Si on développe une analyse refusant l'hétérogénéité de la garde d'autrui et résolument axée sur le droit des personnes, on peut retenir que la garde d'autrui devrait être clairement distinguée de la détention et de la direction d'autrui. Ainsi, les définitions suivantes peuvent être retenues :

- « **La garde d'autrui** est la situation dans laquelle une personne exerce sur autrui les pouvoirs de garde intellectuelle, comprenant les pouvoirs de contrôler son mode de vie et de déterminer son lieu de vie, et de garde matérielle, comportant les pouvoirs de contrôler ses activités quotidiennes et de le retenir physiquement. Ces pouvoirs, attribués par le législateur, le juge ou une autorité administrative, sont par principe indisponibles. Ils sont exercés dans l'intérêt de la personne et de la société. Ils ont pour finalité l'exécution d'une mission ou d'une prestation distincte de la simple rétention d'autrui. À cet effet, le pouvoir de garde matérielle peut être temporairement transmis à un tiers. »

- « **La détention d'autrui** est la situation dans laquelle une personne exerce sur autrui les pouvoirs de détention intellectuelle, comprenant les pouvoirs de contrôler son mode de vie et de déterminer son lieu de vie, et de détention matérielle, comportant les pouvoirs de contrôler ses activités quotidiennes et de le retenir physiquement. Ces pouvoirs, attribués par le législateur, le juge ou une autorité administrative, sont par principe indisponibles. Ils sont exercés dans l'intérêt de la personne et de la société. Ils ont pour finalité la simple rétention d'autrui. Le pouvoir de détention matérielle peut être temporairement transmis à un tiers. »

- « **La direction d'autrui** est la situation dans laquelle une personne exerce un pouvoir d'autorité sur autrui ne pouvant être qualifié de pouvoir de garde ou de détention. »

**280.** Subséquemment, la garde et la détention, constituant des prérogatives juridiques sur autrui très contraignantes, ne peuvent exister que dans un nombre réduit d'hypothèses. La détention peut ainsi s'appliquer aux personnes retenues dans le cadre d'une enquête pénale ou aux étrangers n'ayant pas respectés les règles de l'immigration. De même, la garde peut s'appliquer aux mineurs, aux handicapés mentaux, ou aux personnes condamnées pénalement. L'affirmation d'une définition précise de la notion de garde d'autrui, mettant en avant son unité, mais aussi une certaine complexité parfois déconcertante, permet de s'interroger dans un second temps sur l'organisation pratique des situations de garde d'autrui.

## Titre 2

# L'ORGANISATION STRUCTURÉE DES SITUATIONS DE GARDE ET DE DÉTENTION D'AUTRUI

**281.** L'élaboration d'une conception globale et unitaire de la garde d'autrui a permis de la définir en la distinguant clairement d'autres notions voisines et de s'interroger sur son domaine d'application. Il est ainsi apparu que le gardien d'autrui dispose de prérogatives exceptionnelles sur la personne d'autrui et que, par conséquent, ce pouvoir ne doit être admis qu'avec circonspection. De ces considérations théoriques, il résulte que les modalités d'existence et d'exercice du pouvoir de garde d'autrui doivent être rigoureusement encadrées. Aussi, après cette étude théorique du pouvoir de garde d'autrui, devons-nous envisager son organisation pratique.

**282.** L'étude de l'organisation pratique des situations de garde et de détention d'autrui suppose de répondre à un certain nombre de questions relatives à l'existence et l'exercice du pouvoir de garde ou de détention. Tout d'abord, il faut envisager l'organisation des procédures permettant de juger de l'opportunité de placer une personne sous la garde ou la détention d'autrui. Ensuite, il convient de s'interroger sur l'attribution de ce pouvoir sur autrui. Enfin, il faut s'arrêter sur ses modalités d'exercice, c'est-à-dire sur la façon dont ce pouvoir va être exercé pour satisfaire son objectif.

**283.** Les réponses à ces questions permettront ainsi de mesurer l'utilité pratique des distinctions théoriques faites entre la garde et la détention, mais aussi et surtout entre la composante intellectuelle et la composante matérielle de ces pouvoirs. En effet, l'extrême diversité des situations de garde d'autrui et les éventuels chevauchements entre ces différentes situations montrent la pertinence de ces notions. Leur utilisation permet de structurer cette multiplicité, de déterminer le rôle de chacun des intervenants et de suggérer d'éventuelles réformes.

**284.** Néanmoins, toutes les questions entrevues ne se posent pas avec la même intensité selon les situations de garde envisagées. En effet, les situations de garde des mineurs, fondées sur l'état de minorité, existent par principe. La question de leur existence ne se pose pas réellement. On admet que toutes les personnes de moins de dix-huit ans sont par principe placées sous la garde d'autrui. L'étude de l'organisation pratique des situations de garde des mineurs va dès lors être axée sur l'attribution de ce pouvoir et ses modalités d'exercice. En revanche, toutes les autres situations de garde ou de détention d'autrui ne se fondent pas sur une qualité aisément identifiable, comme l'âge, mais sur une qualité pouvant exiger une identification approfondie, comme le handicap mental ou la culpabilité pénale. Dès lors, ces situations de garde ou de détention n'existent pas par principe, elles demeurent exceptionnelles et leur existence reste soumise à la preuve de cette qualité. Pour ces situations de garde ou de détention, la question de leur existence se pose avec une acuité certaine. L'étude de leur organisation porte alors nécessairement sur leurs conditions d'existence, sur leur attribution et sur leurs modalités d'exercice.

**285.** Aussi, l'étude de l'organisation pratique des situations de garde et de détention d'autrui appelle, d'une part, une analyse de l'organisation de la garde des mineurs **(Chapitre 1)** et, d'autre part, un examen de l'organisation des situations exceptionnelles de garde ou de détention d'autrui **(Chapitre 2)**.

## Chapitre 1

# LA RÉORGANISATION DES SITUATIONS DE GARDE DES MINEURS

**286.** Par principe, toutes les personnes âgées de moins de dix-huit ans sont placées sous la garde d'autrui. Le pouvoir de garde des mineurs est alors une réponse à une absence ou une insuffisance d'autonomie et est attribué afin d'assurer une mission éducative. Il est justifié par la nécessité de protéger les mineurs et d'assurer leur éducation, mais aussi par celle de protéger la société de personnes ne disposant pas de leur pleine autonomie. Combattant les velléités de collectiviser l'éducation des enfants, le législateur réaffirme constamment depuis 1804 la primauté des parents et reste attaché à une conception naturelle de la famille[1]. Les parents ont une « *vocation naturelle* »[2] à éduquer leurs enfants et, comme ont pu l'affirmer certains auteurs, détiennent dans cette optique des droits « *antérieurs à ceux de la société* »[3]. Ces idées se retrouvent dans l'article 371-1, alinéa 2, du Code civil. Celui-ci dispose en effet que l'autorité parentale « *appartient aux père et mère* » et non qu'elle leur est octroyée[4]. Dès lors, perçu comme une prérogative de l'autorité parentale, le pouvoir de garde est par principe exercé par les parents. Toutefois, le refus de toute collectivisation de l'éducation des enfants ne signifie pas pour autant que les pouvoirs publics se désintéressent de l'exercice de ce pouvoir de garde. Bien au contraire, en cas de carence ou d'absence des parents, l'État se doit d'intervenir et peut être amené à confier à un tiers, devenant un substitut parental, tout ou partie de l'exercice de l'autorité parentale. Une telle intervention peut alors avoir des effets sur l'exercice du pouvoir de garde. En somme, par principe, le pouvoir de garde des mineurs est exercé par les parents **(Section 1)**, mais il arrive que, par exception, il soit exercé par un tiers **(Section 2)**.

---

[1] Cette idée très ancienne se retrouve notamment chez Aristote, *cf.* C. DESPOTOPOULOS, *Sur la famille d'après Aristote*, *in Réformes du droit de la famille*, *APD*, t. 20, 1975, pp. 71-87, *spéc.* n° 9, pp. 80-83

[2] A. GOUTTENOIRE et H. FULCHIRON, *Autorité parentale*, *in Répertoire de droit civil*, Dalloz, 2004, n° 20, p. 7.

[3] A. GOUTTENOIRE et H. FULCHIRON, *ibid.*

[4] J.-B. DONNIER, *L'autorité en droit privé*, thèse Aix-Marseille, 1992, note 1, p. 23.

# SECTION 1
# LE PRINCIPE : L'EXERCICE DU POUVOIR DE GARDE PAR LES PARENTS

**287.** Par principe, le pouvoir de garde des mineurs appartient aux père et mère. Lié à l'autorité parentale, le pouvoir de garde est la conséquence naturelle de l'établissement du lien de filiation (**§ 1**). La finalité de ce pouvoir reste cependant l'accomplissement d'une mission spécifique qui consiste à répondre à l'absence ou à l'insuffisance d'autonomie de l'enfant mineur en lui apportant une éducation. Or, les parents ne disposent pas nécessairement de toutes les capacités pour mener à bien cette mission éducative. Ils peuvent alors solliciter une aide dans l'exercice de leur pouvoir de garde, sans pour autant ne plus être responsables de la mission éducative (**§ 2**).

## § 1. L'ATTRIBUTION DU POUVOIR DE GARDE AUX PARENTS

**288.** L'attribution du pouvoir de garde est étroitement corrélée à celle de l'autorité parentale. Celui qui exerce l'autorité parentale doit par principe exercer le pouvoir de garde. Dès lors, l'attribution du pouvoir de garde suit les règles de l'exercice de l'autorité parentale. Ces dernières sont totalement innervées par le principe de coparentalité. Véritable pilier de la loi du 4 mars 2002 relative à l'autorité parentale, ce principe commande, avec celui du respect dû à la personne de l'enfant, tout l'exercice des prérogatives parentales[5]. Apparu pour la première fois dans le rapport Théry[6], il faut attendre le rapport du groupe de travail présidé par Madame Dekeuwer-Défossez pour qu'une proposition de définition soit faite. Ainsi, le principe de coparentalité « *est l'idée selon laquelle il est de l'intérêt de l'enfant d'être élevé par ses deux parents, dans la famille fondée sur le mariage comme dans la famille créée hors mariage, que le couple parental soit uni ou qu'il soit désuni* »[7]. Ce qui importe dans la coparentalité, ce n'est pas la nature du lien de filiation, mais son établissement. Dès qu'un enfant a juridiquement deux parents, l'exercice de l'autorité parentale doit par principe être conjoint. Néanmoins, cette logique ne peut être absolue. L'établissement de la filiation n'est ni un gage d'attachement à l'enfant, ni le signe d'une volonté d'assurer pleinement la fonction de parent[8]. Cette considération n'est pas écartée par le législateur. Si l'attribution initiale du

---

[5] F. VAUVILLÉ, *Du principe de coparentalité*, *LPA*, 18 octobre 2002, pp. 4-11 ; S. THOURET, *La loi du 4 mars 2002 relative à l'autorité parentale ou la recherche d'une véritable coparentalité*, *Procédures*, 2002, chr. 7, pp. 8-14 ; H. FULCHIRON, *L'autorité parentale rénovée*, *(Commentaire de la loi du 4 mars 2002 relative à l'autorité parentale*, *Defrénois*. 2002, art. 37580, pp. 959-997 ; F. BOULANGER, *Modernisation ou utopie ? : la réforme de l'autorité parentale par la loi du 4 mars 2002*, *D.* 2002, pp. 1571-1577 ; J. ROCHFELD, *Droits fonctions versus droits subjectifs : quels modèle pour la famille ?*, *RTD civ.* 2002, pp. 377-384 ; A. GOUTTENOIRE-CORNUT, *La consécration de la coparentalité par la loi du 4 mars 2002, Dr. famille*, 2002, *chr. n° 24 ;* C. BRIÈRE, *La coparentalité : mythe ou réalité ?*, *RDSS* 2002, pp. 567- 580.

[6] I. THÉRY, *Couple, filiation et parenté aujourd'hui. Le droit face aux mutations de la famille et de la vie privée*, *rapp. précit.*, pp. 194-196.

[7] F. DEKEUWER-DÉFOSSEZ, *rapp. précit.*, 1999, p. 71.

[8] F. DEKEUWER-DÉFOSSEZ, *rapp. précit.*, pp.79-80. La Commission avait envisagé de lier l'établissement de la filiation et l'exercice de l'autorité parentale. Elle a néanmoins écarté très rapidement cette solution en reconnaissant qu'un « *tel système aurait été lourd de dangers en cas d'établissement tardif de la filiation. En particulier, un exercice automatique de l'autorité parentale par un père qui aurait reconnu l'enfant plusieurs années après la naissance, parfois sans même que la mère soit avertie, aurait risqué de bouleverser l'équilibre familial, voire, a-t-on dit d'exposer l'enfant à des risques d'enlèvement* ».

pouvoir de garde suit celle de l'autorité parentale **(A)** et subit les mêmes évolutions qu'elle **(B)**, ces règles peuvent connaître des tempéraments afin de prendre en compte cette idée.

### A. L'ATTRIBUTION INITIALE DU POUVOIR DE GARDE AUX PARENTS

**289. L'exercice en commun de l'autorité parentale et du pouvoir de garde dans la famille par le sang**. Dans la famille légitime, l'autorité parentale étant indivisible, l'affirmation du principe de coparentalité ne fait que renforcer un état déjà existant. L'exercice de l'autorité parentale est par principe conjoint. Dans la famille naturelle, la situation est différente. Le législateur reste attaché à la coparentalité[9], mais il est bien conscient que l'établissement tardif de la filiation peut laisser supposer un désintérêt du père ou de la mère à l'égard de l'enfant ou traduire une situation familiale difficile. Partant de ce constat, le législateur a subordonné l'exercice conjoint de l'autorité parentale à certaines conditions. Selon la loi du 4 mars 2002, l'autorité parentale est exercée conjointement, si la filiation de l'enfant est établie à l'égard de ses père et mère dans l'année suivant sa naissance[10]. À défaut, le parent, à l'égard duquel le lien de filiation a été établi en premier, exerce seul les prérogatives parentales. L'article 372, alinéa 2, du Code civil maintient cependant la possibilité d'exercer en commun l'autorité parentale par déclaration conjointe devant le greffier en chef du tribunal de grande instance ou par décision du juge aux affaires familiales[11]. Par ailleurs, on notera que la rédaction de l'article 372 du Code civil mène à la conclusion que, si la filiation est établie à l'égard des deux parents plus d'un an après la naissance, l'exercice sera automatiquement conjoint[12].

**290. L'exercice en commun de l'autorité parentale et du pouvoir de garde dans la famille adoptive.** L'adoption d'un enfant entraîne automatiquement le plein exercice de l'autorité parentale. Ainsi, lorsqu'un enfant est adopté par deux époux, l'autorité parentale sera exercée conjointement. Cette règle s'applique également lorsque l'enfant fait l'objet

---

[9] Ce principe n'a été affirmé que tardivement par la loi du 8 janvier 1993 relative à l'état civil, à la famille et aux droits des enfants et instituant le juge aux affaires familiales. *Cf.* H. FULCHIRON, *Une nouvelle réforme de l'autorité parentale, Commentaire de la loi n° 93-22 du 8 janvier 1993 à la lumière de l'application de la loi « Malhuret », D.* 1993, chr., pp. 117-122 ; J. RUBELLIN-DEVICHI, *Une importante réforme en droit de la famille : la loi n° 93-22 du 8 janvier 1993, JCP G* 1993, I, 3659 ; F. MONÉGER, *La loi du 8 janvier 1993 et les droits de l'enfant, RDSS* 1993, pp. 223-236 ; J. MASSIP, *Les modifications apportées au droit de la famille par la loi du 8 janvier 1993, Defrénois* 1993, art. 35569, pp. 673-683 ; C. BOULLEZ, *Les relations parents-enfants dans la loi du 8 janvier 1993 : l'autorité parentale, Gaz. Pal.* 1993, doc., pp. 828-837 ; J. VASSAUX-VANOVERSCHELDE, *Le droit de l'enfant à sa famille dans la loi n° 93-22 du 8 janvier 1993, ALD* 1994, pp. 4-14 ; H. FULCHIRON et A. GOUTTENOIRE-CORNUT, *Réformes législatives et permanence des pratiques : à propos de la généralisation de l'exercice en commun de l'autorité parentale par la loi du 8 janvier 1993, D.* 1997, chr., pp. 363-369 ; F. BOULANGER, *Faut-il revoir les règles d'attribution de l'autorité parentale ? (examen critique de la loi n° 93-22 du 8 janvier 1993), D.* 1999, chr., pp. 233-236.

[10] La loi du 4 mars 2002 a sur ce point renforcé la coparentalité. En effet, la loi du 8 janvier 1993 exigeait une double reconnaissance avant le premier anniversaire de l'enfant et l'existence d'une communauté de vie des parents lors de la seconde reconnaissance. La condition de communauté de vie était généralement critiquée. Le législateur imposait aux parents d'en justifier, d'où la création d'un certificat de vie commune délivré par le juge aux affaires familiales. Les parents naturels avaient alors tendance à procéder à une déclaration conjointe afin d'exercer conjointement l'autorité parentale ou à faire une demande en ce sens au juge aux affaires familiales. *Cf.* F. DEKEUWER-DÉFOSSEZ *rapp. précit.*, pp. 78-79.

[11] Article 372, alinéa 3, du Code civil.

[12] F. VAUVILLÉ, *art. précit.*, spéc. p. 7.

d'une adoption pléinière de la part du conjoint du parent par le sang[13]. En revanche, une restriction demeure pour les enfants adoptés, selon la procédure de l'adoption simple, par le conjoint de leur parent biologique[14]. Dans cette hypothèse, l'adoptant devient titulaire de l'autorité parentale, mais son exercice est assuré par le parent par le sang. Avant la loi du 4 mars 2002, cette règle ne souffrait aucune exception. De ce fait, elle oubliait que l'adoption d'un enfant témoigne de la volonté d'en assumer la charge et n'apportait pas une véritable réponse aux demandes des beaux-parents. Reprenant les propositions du rapport Théry[15], le législateur a corrigé l'iniquité de cette règle. Il admet désormais le passage à un exercice commun de l'autorité parentale par une déclaration conjointe devant le greffier en chef du tribunal de grande instance.

**291.** Dans toutes ces hypothèses, le pouvoir de garde suit l'exercice de l'autorité parentale. Ne posant pas de réels problèmes, son existence n'est pas explicitement mise en avant. Une telle affirmation est beaucoup moins vraie lorsque le couple parental est affecté par certains événements.

## B. L'INFLUENCE DES ÉVÉNEMENTS AFFECTANT LE COUPLE PARENTAL

**292.** Étroitement associé à l'autorité parentale, le pouvoir de garde va suivre le sort de cette dernière en cas de décès ou d'empêchement d'un des parents **(1)**, ou en cas de séparation de droit **(2)**.

### *1. Le décès ou l'empêchement d'un des parents*

**293. Sort de l'exercice de l'autorité parentale.** En matière d'exercice de l'autorité parentale, l'article 373-1 du Code civil assimile le décès et l'empêchement d'un des parents. Par principe, lorsque l'autorité parentale était exercée par les deux parents, ou même lorsqu'elle n'était exercée que par l'un des parents, si l'un des deux vient à décéder ou se trouve privé de l'exercice de l'autorité parentale[16], son exercice est pleinement dévolu à l'autre. Par exception, selon l'article 373-3 du Code civil, le juge aux affaires familiales peut néanmoins décider de confier l'enfant à un tiers.

**294. Sort de l'exercice du pouvoir de garde.** Lorsque l'exercice de l'autorité parentale est dévolu pleinement et entièrement à l'autre parent, il ne fait aucun doute que le pouvoir de garde lui est attribué. Nous nous retrouvons dans la situation classique où l'exercice du pouvoir de garde suit celui de l'autorité parentale. En revanche, si l'exercice de l'autorité parentale est attribué à l'autre parent et l'enfant confié à un tiers, il faut bien constater que la dévolution de l'autorité parentale n'est pas pleine et entière. Elle est nécessairement limitée par la remise de l'enfant à un tiers. Avant la loi de 1987, le législateur n'hésitait pas à affirmer que le tiers avait la garde de l'enfant. Que doit-on en penser ? Selon l'article 373-4 du Code civil, « *lorsque l'enfant a été confié à un tiers, l'autorité parentale continue d'être exercée par les père et mère* », le tiers ne peut accomplir que « *les actes usuels relatifs à sa surveillance et son éducation* ». Une telle hypothèse constitue une illustration des situations d'assistance des parents, que nous envisagerons ultérieurement[17].

---

[13] P. SALVAGE-GEREST, *L'adoption pléinière de l'enfant du conjoint après la loi du 22 décembre 1976*, *JCP G* 1982, I, 3071.

[14] Article 365, alinéa 1er, du Code civil.

[15] I. THÉRY, *rapp. précit.*, pp. 213-214.

[16] Selon l'article 373 du Code civil, est privé de l'exercice de l'autorité parentale le père ou la mère qui est hors d'état de manifester sa volonté, en raison de son incapacité, de son absence ou de toute autre cause.

[17] *Cf. infra* nos 311-313.

### *2. La séparation des parents*

**295.** Les débats les plus importants sur l'exercice de l'autorité parentale ont très certainement eu lieu à propos du divorce des parents. La conséquence immédiate de l'éclatement du couple parental est l'attribution du droit de retenir l'enfant à l'un des deux parents. Une telle obligation impose au législateur de repenser l'exercice des prérogatives de l'autorité parentale. Sur ce point, l'évolution législative témoigne de son embarras. S'il affirme désormais le principe du maintien de l'exercice conjoint de l'autorité parentale (**a**) et ne retient qu'à titre d'exception l'exercice unilatéral (**b**), cette solution est le fruit d'une lente évolution dans laquelle une certaine conception de la garde du mineur a joué un rôle non négligeable.

#### a. Le principe du maintien de l'exercice conjoint de l'autorité parentale

**296. Une lente évolution législative.** Si le législateur de 2002 a affirmé le principe de la coparentalité et s'est soucié de mettre en place un droit commun de l'autorité parentale indépendant du statut des parents, cette solution est le fruit d'une lente évolution et de l'influence de dispositions internationales. En effet, l'affirmation de l'article 373-2 du Code civil, selon laquelle « *la séparation des parents est sans incidence sur les règles de dévolution de l'exercice de l'autorité parentale* », est loin d'avoir toujours prévalu. Au contraire, le législateur s'est fréquemment interrogé sur les conséquences du divorce envers les enfants. Par ailleurs, si, en toute logique, l'attribution de l'exercice de l'autorité parentale emporte celle de toutes ses prérogatives, dont le pouvoir de garde, le législateur a été perturbé par l'imprécision entourant cette notion et ses multiples conceptions doctrinales et jurisprudentielles. Secondé en ce sens par la jurisprudence, il s'est éloigné de cette logique et a été amené à inverser le raisonnement, en affirmant que l'attribution du pouvoir de garde devait entraîner celle de l'exercice de l'autorité parentale. Cet éloignement ne s'est néanmoins pas maintenu, puisque le législateur est finalement revenu sur ce choix. Afin de bien saisir la logique de l'attribution du pouvoir de garde comme conséquence de l'exercice de l'autorité parentale, et non l'inverse, il convient de revenir sur cette évolution législative et ses applications jurisprudentielles.

**297. Avant la loi du 4 juin 1970 : le temps des interrogations.** En 1804, l'article 372 du Code civil attribuait la puissance paternelle conjointement au père et à la mère, mais l'article 373 ajoutait que, durant le mariage, le père exerçait seul cette autorité en sa qualité de chef de famille. Autrement dit, ils étaient tous les deux titulaires de la puissance paternelle, mais le père l'exerçait seul. La mère n'avait, tout au plus, qu'un droit de contrôle et de faire appel à la justice en cas d'erreur ou de faute du mari. En cas de séparation, l'article 302 du Code civil disposait que les enfants devaient être confiés à l'époux qui avait obtenu le divorce, à moins que le tribunal ne décidât de les confier, pour leur « *plus grand avantage* », à l'autre époux ou à une tierce personne.

En dépit de l'absence de toute mention expresse à la notion de garde, les interprétations doctrinales et jurisprudentielles de cet article en ont déduit l'attribution de la garde de l'enfant. Il est en effet apparu que l'expression « *confié à* » devait renvoyer à la notion de garde d'autrui. De nombreuses théories se sont alors développées sur la nature juridique de cette garde, entourant cette dernière d'un halo si nébuleux qu'en 1948, Jean Carbonnier n'hésita pas à affirmer : « *rien n'est moins certain que la nature juridique de la garde après divorce* »[18]. Pour certains, la garde était un véritable droit de puissance emportant l'exercice de la majeure partie des prérogatives parentales[19]. Pour d'autres, il fallait déduire de cet article

---

[18] J. CARBONNIER, note sous T. civ. Briançon, 6 janvier 1948, *D*, 1948, p. 582.

[19] Pour Planiol et Ripert, l'attribution du droit de garde entraînait l'attribution des droits de correction et de diriger l'éducation de l'enfant. La puissance paternelle n'était cependant pas perdue, mais seulement

302 que la puissance paternelle disparaissait au profit d'une tutelle. Le gardien de l'enfant serait ainsi son tuteur[20]. Enfin, certains affirmaient qu'il ne s'agissait que d'une délégation de l'exercice d'un des attributs de la puissance paternelle[21], ou encore d'un dépôt de l'enfant[22], maintenant dans les mains du père l'ensemble des prérogatives parentales.

Au milieu de ces différentes théories, Robert Vouin proposa une lecture particulière de la garde fondée sur son caractère « *éminemment divisible* »[23]. Selon cet auteur, la garde pouvait « *s'analyser en deux notions distinctes : la garde matérielle ou contrôle de la personne physique, et la garde morale ou pouvoir de direction générale de la formation du mineur* ». Il précise néanmoins que « *ces deux notions sont si bien distinctes que les auteurs opposent à la garde proprement dite (garde matérielle), la direction, instruction ou éducation du mineur* ». Une telle proposition ne manque toutefois pas d'intérêt et repose bien sur une conception novatrice de la garde. Deux éléments peuvent être soulignés. D'une part, il reconnaît implicitement que, dans sa plénitude, la garde réunit un pouvoir de contrôle de la personne physique de l'enfant et un pouvoir de direction intellectuelle. Dès lors, dans son esprit, la garde est bien la prérogative majeure de la puissance paternelle. Existant à l'état latent lorsque les parents sont mariés, elle se manifeste au grand jour en cas de divorce. D'autre part, en reconnaissant sa divisibilité, il admet que le pouvoir de garde ne peut avoir qu'une dimension intellectuelle. Ainsi, un parent pouvait exercer le pouvoir de garde intellectuelle, ou « *morale* » pour reprendre son expression, tandis que l'autre avait un pouvoir de garde « *matérielle* » et partageait, sans doute, le pouvoir de garde morale. Une telle analyse n'a néanmoins pas été reprise et semble avoir sombré dans l'oubli. Il est vrai que dans l'esprit de la majorité des auteurs, la garde ne saurait être détachée de sa dimension matérielle. La seule suggestion d'une garde morale a pu paraître iconoclaste. Elle ne semblait néanmoins pas interdite par les textes. En ce sens, si on retenait une

---

amoindrie, l'autre parent conservait un droit de visite et de surveillance. *Cf.* M. PLANIOL, G. RIPERT, *Traité pratique de droit civil français*, t. 2, *Les personnes, état et capacité*, avec le concours de A. ROUAST, LGDJ, 1926, n$^{os}$ 652-654, pp. 548-551. De même, L. JOSSERAND, *Cours de droit civil positif français*, *op. cit.*, t. 1, n$^{os}$ 981-982, pp. 485-486 ; A. COLIN et H. CAPITANT, *Cours élémentaire de droit civil français*, *op. cit.*, t. 1$^{er}$, n° 602, pp. 478-481.

[20] Delvincourt considérait que « *l'article disant que les enfants seront confiés à, donne évidemment à la personne à laquelle ils seront confiés, l'administration de leur personne et par suite de leurs biens, s'ils en ont, ce qui est rare quand les père et mère existent. Or l'administration de la personne et des biens n'est rien autre chose que la tutelle. D'ailleurs, l'article 303 dit que les père et mère surveilleront, ce qui suppose qu'une autre personne sera chargée de l'administration, ou, ce qui est la même chose, de la tutelle* ». *Cf.* CL.-E. DELVINCOURT, *Institutes de droit civil français*, *op. cit.*, note 1, p. 168.

[21] S. RÉGLADE, *Les enfants des parents divorcés, étude juridique*, thèse Paris, 1939, p.55.

[22] Ainsi Proudhon expliquait : « *Supposons que ce soit la femme qui ait obtenu le divorce contre son mari, et que par suite les enfants lui aient été confiés ; aura-t-elle sur eux la puissance paternelle ? sera-t-elle au moins leur tutrice, et aura-t-elle le droit de les représenter dans les actes civils ? Nous estimons que la négative n'est pas douteuse, et que le jugement qui ordonne que les enfants mineurs seront confiés à l'un des époux plutôt qu'à l'autre, n'est que l'acte de dépôt qui doit être fait de leurs personnes, entre les mains les plus propres à surveiller leur éducation, comme lorsqu'on remet un enfant à un maître de pension pour le soigner et l'élever ? Le texte que nous venons de transcrire* [l'article 302 du Code civil] *porte que les père et mère conserveront respectivement le droit de surveiller l'entretien et l'éducation de leurs enfants ; il n'y a donc rien de changé dans leurs droits, puisqu'ils les conservent ; donc le père conserve de son côté la puissance paternelle et la tutelle, et que d'autre part, la mère conserve le droit de succéder au père dans l'exercice de cette magistrature domestique, en cas qu'elle lui survive durant la minorité de leurs enfants* ». *Cf.* J.-B.-V. PROUDHON, *Traité sur l'état des personnes et sur le titre préliminaire du Code civil*, *op. cit.*, t. 1, pp. 526-527. On retrouve cette idée de dépôt chez Toullier, *cf.* C.-B.-M. TOULLIER, *Le droit civil français suivant l'ordre du Code*, *op. cit.*, t. 2, n° 749, p. 81. De même Demolombe ne voit dans cet article 302 du Code civil qu'une « *question de résidence et de simple garde* », *cf.* CH. DEMOLOMBE, *Cours de Code Napoléon*, t. 6, *Traité de l'adoption et de la tutelle officieuse, De la puissance paternelle*, *op. cit.*, n° 512, pp. 584-585.

[23] R. VOUIN, note sous T. civ. Briançon, 6 janvier 1948, *JCP G* 1948, II, 4163.

définition assez large de la garde, le père exerçant toujours la puissance paternelle après le divorce, il était possible de penser qu'il exerçait toujours le pouvoir de garde. Ce dernier était néanmoins amputé et limité à sa dimension morale par le transfert judiciaire du pouvoir de garde matérielle. Cette lecture de la loi paraît, en de nombreux points, assez novatrice, elle part de l'idée que la garde est la prérogative centrale de l'autorité parentale. En même temps, il faut bien admettre qu'elle ne permettait pas de tout expliquer. Fallait-il reconnaître un pouvoir de garde intellectuelle, ou moral, au parent ayant la garde physique de l'enfant ?

Face à cette grande diversité des opinions doctrinales et en dépit des multiples solutions des juridictions du fond[24], la Cour de cassation a retenu que l'attribution du droit de garde n'entraînait pas celle de la puissance paternelle[25]. En outre, dans quelques arrêts, elle a accepté une dissociation entre la garde juridique et la garde matérielle[26]. En définitive, de telles imprécisions autour de la notion de garde du mineur ne pouvaient perdurer aux yeux du législateur et allaient entraîner les profonds changements de la loi du 4 juin 1970.

**298. La Loi du 4 juin 1970 : le temps de l'exercice unilatéral de l'autorité parentale**. Ayant constaté que, le plus souvent, les enfants étaient confiés à leur mère en cas de divorce et que son autorité risquait d'être paralysée par le maintien des prérogatives de puissance paternelle, le législateur a voulu remédier à ces situations en attribuant l'exercice de l'autorité parentale au parent recevant l'exercice du droit de garde des enfants. Dans cette nouvelle configuration, « *le droit de garde, qui au regard de l'article 371-2 du Code civil n'est qu'un des attributs de l'autorité parentale, devient après le divorce l'élément essentiel ; il absorbe le principal de la fonction parentale et investit son titulaire d'une réelle supériorité juridique aussi bien que de fait* »[27]. La loi accorde une dimension nécessairement physique au droit de garde. Il se confond avec la résidence habituelle de l'enfant. De son côté, le parent non gardien ne disposait plus que d'un droit de visite et de surveillance[28]. On a pu présenter ce droit comme une prérogative importante permettant non seulement de surveiller l'entretien et l'éducation de l'enfant, mais aussi de contrôler toutes les décisions prises par le gardien[29]. Néanmoins, le parent non gardien n'exerçait pas l'autorité parentale. Il pouvait seulement réagir aux décisions de son ancien conjoint[30]. Inévitablement, l'éviction du parent non gardien

---

[24] Ainsi, certaines juridictions ont admis que la puissance paternelle disparaissait pour faire place à la tutelle (*Cf.* par ex. : T. civ. Seine, 12 mai 1898, *Gaz. Pal.*, 1898, 2, 135), d'autres que la puissance paternelle devait être exercée par le gardien de l'enfant (*Cf.* par ex. : Montpellier, 8 août 1894, *S.*, 1894, 2, 209).

[25] Ceci a été affirmé dès 1857 à propos de la garde d'un enfant après le prononcé d'une séparation de corps : Req. 9 juin 1857, *D. P.*, 1857, 1, 101, et confirmé par la suite : Civ. 13 avril 1937, *D. H.*, 1937, 281 ; Paris, 6 avril 1967, *D.* 1967, 473 ; *RTD civ.* 1968, 140, obs. R. NERSON. *Cf.* également : P. NEPVEU, *De l'attribution des droits de garde et de visite dans les familles désunies (À l'occasion d'un arrêt de la Cour d'appel de Paris), JCP G* 1965, I, 1903.

[26] Civ. 2e, 31 mai 1965, *Bull. civ.* II, n° 465 ; Civ. 1re, 15 décembre 1965, *Bull. civ.* I, n° 714 ; *D.* 1966, SC, 37 ; Civ. 2e, 26 octobre 1966, *Bull. civ.* II, n° 869 ; Civ. 2e, 25 février 1970, *D.* 1970, 429.

[27] M.-F. NICOLAS-MAGUIN, *À propos de la garde conjoint des enfants de parents divorcés, D.* 1983, chr., pp. 111-118.

[28] Sur l'exercice de l'autorité parentale après divorce dans le cadre de la loi du 4 juin 1970, *cf.* en particulier : R. LEGEAIS, *L'autorité parentale, op. cit.*, nos 103-116, pp. 97-108 ; J. FOYER et C. LABRUSSE-RIOU (dir.), *L'autorité parentale à l'épreuve...*, Economica, Perspectives économiques et juridiques, 1983, spéc. Partie 1 : L'autorité parentale à l'épreuve de la désunion, pp. 3-37.

[29] CL. COLOMBET *in L'autorité parentale à l'épreuve..., op. cit.*, p. 6 ; *adde* CL. COLOMBET, *Commentaire de la loi du 4 juin 1970 sur l'autorité parentale, art. précit.*, n° 79 : l'auteur présente ce droit de surveillance comme « *un attribut fondamental* ».

[30] On peut noter que Gérard Cornu a parlé d'éclatement de l'autorité parentale en cas de divorce (*Cf.* G. CORNU, *L'apport des réformes récentes du Code civil à la théorie du droit civil, op. cit.*, p. 97). Si une telle formule ne signifie pas qu'il y a un partage égalitaire des pouvoirs entre les parents, elle n'en demeure pas moins ambiguë. L'éclatement est très relatif, le parent non gardien n'a pas de réel pouvoir d'action.

de l'exercice de l'autorité parentale a été de moins en moins acceptée. Un tel sentiment s'est accru après la réforme du divorce en 1975, qui a réintroduit en droit français le divorce par consentement mutuel. Dans ces divorces, les époux organisant eux-mêmes les conséquences de leur séparation, l'exclusion d'un des parents de l'exercice de l'autorité parentale a pu paraître frustrante et inutile[31]. On a, dès lors, recherché des palliatifs[32].

Ainsi, certains tribunaux ont envisagé de dissocier la « *garde juridique* » et la « *garde matérielle* », détachant de nouveau la notion de garde de sa dimension physique. Dans cette hypothèse, le titulaire de la garde ne l'exerçait pas, puisque l'enfant vivait chez l'autre parent n'exerçant qu'un droit de visite. Une telle solution avait finalement pour conséquence d'accorder une compensation juridique au titulaire du droit de garde. Cependant, la Cour de cassation s'est opposée à une telle violation des règles légales[33].

Cherchant une autre solution afin de mieux équilibrer les pouvoirs des parents après leur divorce, certaines juridictions ont accepté le système de la garde alternée[34], en vertu duquel le juge attribuait alternativement le droit de garde aux parents selon une cadence annuelle, mensuelle ou même hebdomadaire. Dans cette théorie, la notion de garde conservait une dimension physique en restant attachée à la situation physique de l'enfant. La garde alternée présentait dès lors l'avantage d'instaurer une stricte égalité entre les parents, qui exerçaient chacun à leur tour l'autorité parentale. De plus, un tel système semblait bien autorisé par la loi. L'article 287 du Code civil ne disposait-il pas que la garde était attribuée « *à l'un ou l'autre des parents* » ? La Cour de cassation n'admit toutefois pas une telle alternance[35]. De même qu'elle avait refusé un partage matériel de la garde, elle rejeta toute scission temporelle.

Une troisième voie fut alors empruntée et, cette fois-ci, acceptée par la Cour de cassation. Le raisonnement fut le suivant : puisque l'exercice de l'autorité parentale est la conséquence de l'attribution du pouvoir de garde, il suffit de l'attribuer conjointement aux deux parents pour maintenir l'exercice conjoint de l'autorité parentale. Certaines juridictions du fond ont tout d'abord refusé un tel système[36]. Elles se fondaient sur l'article 287 du Code civil, qui disposait que la garde des enfants devait être « *confiée à l'un ou l'autre des époux* », et estimaient que « *la conjonction "ou" exclu*[ait] *toute possibilité de garde associée ou conjointe* »[37]. Une telle solution ne faisait toutefois pas l'unanimité, puisque d'autres juridictions n'ont pas hésité à admettre la garde conjointe[38]. En définitive, la Cour de cassation donna raison à ce second courant jurisprudentiel[39]. Elle considéra que l'obstacle de

---

[31] M.-F. NICOLAS-MAGUIN, *art. précit.*, n° 1, p. 111.

[32] M.-F. NICOLAS-MAGUIN, *art. précit.*, n$^{os}$ 8-25, pp. 113-118.

[33] Civ. 2$^{e}$, 16 mai 1973, *Bull. civ.* II, n°166 ; Civ. 2$^{e}$, 12 février 1976, *Bull. civ.* II, n°53 ; *D.* 1976, SC, 37.

[34] *Cf.* not. Nîmes, 23 octobre 1980 et Montpellier, 22 avril 1980, *Gaz. Pal.*, 1981, 1, 95, note M. BRAZIER. Cependant, la garde alternée était loin de faire l'unanimité des juridictions du fond, *cf.* not. Grenoble, 8 mars 1982, *Gaz. Pal.*, 1983, I, somm., 29.

[35] Civ. 2$^{e}$, 2 mai 1984, *Bull. civ.* II, n° 78 ; *JCP G* 1985, II, 20412, note A. DEKEUWER ; *RTD civ.* 1984, p. 691, obs. R. NERSON et J. RUBELIN-DEVICHI ; *D.* 1985. IR, 171, note A. BÉNABENT ; Civ. 2$^{e}$, 20 novembre 1985, *Bull. civ.* II, n° 174.

[36] *Cf.* par ex. : Reims, 19 novembre 1981, *Def.*, 1982, art. 32930, n° 62, note J. MASSIP.

[37] Reims, 19 novembre 1981, *précit.*

[38] Montpellier, 22 avril 1980, *précit.*

[39] Civ. 2$^{e}$, 21 mars 1983, *Bull. civ.* II, n° 86 ; *Def.* 1983, art. 33174, n° 119, note J. MASSIP ; *JCP G* 1984. II, 20163, note A. DEKEUWER ; *D.* 1984. 53, note T. MOUSSA ; *RTD civ.* 1984, p. 91, obs. R. NERSON et J. RUBELIN-DEVICHI ; Civ. 2$^{e}$, 2 mai 1984, *précit.* ; Civ. 2$^{e}$, 20 novembre 1985, *précit.* ; Civ. 2$^{e}$, 4 mars 1987, *Bull. civ.* II, n° 61 ; *J.C.P.* 1987, IV, 161. *Cf.* également sur la notion de garde conjointe : M.-F. NICOLAS-MAGUIN, *art. précit.*, n$^{os}$ 11-25, pp. 113-118 ; M.-T. FEYDEAU, M.-L. ROBINEAU et P.-J. CLAUX, *Autorité parentale conjointe*, *Gaz. Pal.*, doc., pp. 363-364.

l'article 287 du Code civil n'était pas insurmontable[40], il suffisait de se fonder sur l'article 373-2 qui imposait au juge de tenir compte des accords passés entre les époux pour attribuer la garde. Cette solution jurisprudentielle est riche d'enseignements sur la notion de garde, surtout si on la compare à celles rendues à propos de la garde alternée et à propos de la dissociation entre la garde juridique et la garde matérielle. En effet, il est manifeste que, dans ces arrêts, la Cour de cassation s'oppose à un partage de la garde tant sur le plan matériel que temporel. Autrement dit, la garde ne peut être partagée, elle ne peut être que conjointe. La Cour de cassation admet ainsi que la garde n'est pas nécessairement attachée à la situation physique de l'enfant. Un tel choix a soulevé de nombreuses interrogations et critiques de la part de la doctrine. Pour de nombreux auteurs[41], la jurisprudence sur la garde conjointe présentait l'avantage de maintenir l'exercice conjoint de l'autorité parentale, mais elle conduisait à déformer la notion de garde. Cette dernière devrait nécessairement revêtir une dimension physique. Or, l'acceptation de la garde conjointe la priverait de cet aspect à l'égard d'un des parents. Mais est-ce réellement une déformation de la notion de garde du mineur ? Ne s'agirait-il pas plutôt d'une autre conception de la garde ? En réalité, cette jurisprudence ne peut se comprendre que si on adopte une définition claire de la notion de garde du mineur, distinguant le pouvoir de garde matérielle et le pouvoir de garde intellectuelle. Dans la garde conjointe, il faudrait admettre que les deux parents continuent d'exercer le pouvoir de garde intellectuelle, mais que seul l'un d'entre eux exerce le pouvoir de garde matérielle. En ce sens, il n'y a pas une dissociation absolue de la notion de garde, puisque les deux parents exercent le pouvoir de garde intellectuelle. De même, la garde n'est pas détachée de sa dimension physique ou matérielle. En définitive, la jurisprudence sur la garde conjointe a sans doute permis de révéler la vraie nature de la notion de garde du mineur. Cette vision allait d'ailleurs être, de façon assez paradoxale, confortée par la loi Malhuret du 22 juillet 1987.

**299. La loi Malhuret du 22 juillet 1987 et ses suites : le temps de l'affirmation de l'exercice conjoint de l'autorité parentale.** En 1987, le projet de loi sur l'exercice de l'autorité parentale, déposé par Monsieur Claude Malhuret, proposait d'introduire dans le Code civil la création jurisprudentielle de la garde conjointe. La nouvelle rédaction de l'article 287 du Code civil devait être la suivante : « *selon l'intérêt des enfants mineurs, leur garde est confiée à l'un des deux parents ou aux deux conjointement. Dans ce dernier cas, le juge indique chez quel parent les enfants ont leur résidence habituelle* ». Son admission pouvait dès lors mettre en avant la véritable nature de la garde des mineurs et la distinction entre la garde intellectuelle et la garde matérielle. Cependant, le législateur n'a pas souhaité maintenir

---

[40] Jean Carbonnier montra ainsi que l'article 287 du Code civil, envisagé isolément, ne s'opposait pas à la garde conjointe. Il expliqua ainsi : « *à littéralisme, littéralisme et demi : " à l'un ou l'autre ", ce n'est pas "à l'un ou* à *l'autre". "À ou l'autre", cela veut dire "à l'un* quelconque *des deux", indifféremment, et la formule est là, très précisément, pour abolir la règle antérieure (ancien article 302) qui, en principe, attribuait la garde à l'un des conjoints (le conjoint innocent) et non pas à l'autre* ». Dès lors, ce « *ou* » serait un « *ou* » inclusif englobant à la fois l'un, l'autre ou les deux, et non un « *ou* » exclusif. *Cf.* J. CARBONNIER, *Droit civil*, t. 2, *La famille, les incapacités*, 12e éd., PUF, Thémis droit privé, 1983, p. 238.

[41] M.-F. NICOLAS-MAGUIN, *art. précit.*, n° 10 : « *Contrairement aux autres tentatives, la garde conjointe ne se situe pas à l'intérieur du schéma légal, elle n'est pas et ne peut être une attribution à chacun de la garde.* » ; M.-T. FEYDEAU, M.-L. ROBINEAU et P.-J. CLAUX, *art. précit.*, p. 363 : « *L'enfant ne peut résider simultanément chez ses deux parents, les termes "garde conjointe" semblent donc impropres.* » ; R. NERSON et J. RUBELIN-DEVICHI, *RTD civ.* 1984, p. 91 : « *La garde, qui n'est que l'un des attributs de l'autorité parentale, traduit d'abord une situation concrète, la présence physique de l'enfant.* » ; M.-L. MORANÇAIS-DEMEESTER, *Vers l'égalité parentale, Loi n° 87-570 du 22 juillet 1987 sur l'exercice de l'autorité parentale*, *D.* 1988, chr., pp. 7-14, *spéc.* n° 7, p. 9 : « *La garde suppose en effet la présence physique de l'enfant au domicile de l'un de ses parents ; par définition, elle ne peut être conjointe si les parents ont un domicile distinct* ».

cette « *notion imprécise et floue* »[42] et finalement la loi du 22 juillet 1987 a directement affirmé que les parents divorcés peuvent exercer conjointement l'autorité parentale[43]. Dans ce cas, « *le juge indique le parent chez lequel les enfants ont leur résidence habituelle* »[44]. Les modifications législatives ultérieures ne revinrent pas sur cette idée. Elles se contentèrent de renforcer le principe de l'exercice conjoint de l'autorité parentale en cas de séparation des parents et de préciser ses modalités d'exercice. Ainsi, la loi du 8 janvier 1993 proclama clairement le principe de l'exercice en commun de l'autorité parentale, reléguant au rang d'exception les autres solutions[45], et la loi du 4 mars 2002 admit le système de la résidence alternée[46].

**300. Sort du pouvoir de garde en cas d'exercice conjoint de l'autorité parentale après divorce**. Dès lors que devient le pouvoir de garde ? En toute logique, il faut admettre que si les parents exercent conjointement l'autorité parentale, ils continuent par principe d'exercer conjointement le pouvoir de garde. Néanmoins, son exercice est aménagé par le juge. La détermination du lieu de résidence du mineur encadre l'exercice du pouvoir de garde matérielle. En conséquence, après divorce, les deux parents continuent d'exercer simultanément le pouvoir de garde intellectuelle. En revanche, ils exercent alternativement le pouvoir de garde matérielle. Les caractéristiques de cette alternance sont déterminées par les parents ou par le juge. Tandis que, dans le système de la résidence alternée, elle sera équilibrée, dans celui de la résidence habituelle, elle privilégiera un des deux parents.

Jusqu'en 20007, une telle lecture de la loi était confortée par le fait que le législateur n'avait jamais attribué un droit de visite et d'hébergement au parent, exerçant l'autorité

[42] P. MAZEAUD, *Rapport fait au nom de la commission des lois constitutionnelles, de la législation et de l'administration générale de la République sur le projet de loi (n°617) sur l'exercice de l'autorité parentale*, Rapport n° 693, Ass. Nat., 5 mai 1987, p. 14.

[43] Sur la loi du 22 juillet 1987 *cf.* : F. DEKEUWER-DÉFOSSEZ et F. VAUVILLÉ, *Droits de l'Homme et droits de l'Enfant (Commentaire de la loi "Malhuret" du 22 juillet 1987), D.* 1988, chr., pp. 137-148 ; M.-L. MORANÇAIS-DEMEESTER, *Vers l'égalité parentale, Loi n° 87-570 du 22 juillet 1987 sur l'exercice de l'autorité parentale, D.* 1988, chr., pp. 7-14 ; R. LEGEAIS, *Les ajustements égalitaires de l'autorité parentale*, *Defrénois*, 1988, art. 34243 ; E.S. DE LA MARNIERRE, *Exercice en commun de l'autorité parental sur les enfants dont les parents sont divorcés ou célibataires, Loi du 22 juillet 1987*, *Gaz. Pal.* 1987, doc., pp. 638-642 ; G. RAYMOND, *De la réalité de l'absence du couple conjugal à la fiction de l'unité du couple parental, commentaire de la loi n° 87-570 du 22 juillet 1987*, *J.C.P.* 1987, I, 3299 ; H. FULCHIRON, *L'effacement de la notion de garde*, Droit de l'enfance et de la famille, Entretiens juridiques de l'Université Jean Moulin, Centre Droit de la famille, 9 octobre 1987, n° 26, 1987-88, pp. 46-51. *Cf.* également les observations de J. RUBELIN-DEVICHI, *RTD civ.* 1987, pp. 730-739.

[44] Article 287 du Code civil dans sa rédaction issue de la loi du 22 juillet 1987.

[45] *Cf.* H. FULCHIRON, *Une nouvelle réforme de l'autorité parentale, Commentaire de la loi n° 93-22 du 8 janvier 1993 à la lumière de l'application de la loi « Malhuret »*, *art. précit.* ; J. RUBELLIN-DEVICHI, *Une importante réforme en droit de la famille : la loi n° 93-22 du 8 janvier 1993*, *art. précit.* ; F. MONÉGER, *La loi du 8 janvier 1993 et les droits de l'enfant*, *art. précit.* ; J. MASSIP, *Les modifications apportées au droit de la famille par la loi du 8 janvier 1993*, *art. précit.* ; C. BOULLEZ, *Les relations parents-enfants dans la loi du 8 janvier 1993 : l'autorité parentale*, *art. précit.* ; J. VASSAUX-VANOVERSCHELDE, *Le droit de l'enfant à sa famille dans la loi n° 93-22 du 8 janvier 1993*, *art. précit.* ; H. FULCHIRON et A. GOUTTENOIRE-CORNUT, *Réformes législatives et permanence des pratiques : à propos de la généralisation de l'exercice en commun de l'autorité parentale par la loi du 8 janvier 1993*, *art. précit.* ; F. BOULANGER, *Faut-il revoir les règles d'attribution de l'autorité parentale ? (examen critique de la loi n° 93-22 du 8 janvier 1993)*, *art. précit.*

[46] Article 373-2-9 du Code civil dans sa rédaction issue de la loi du 4 mars 2002. *Cf.* J.-PH. GUÉDON, *La résidence alternée de l'enfant après la séparation de ses parents*, *LPA*, 3 septembre 2004, pp. 3-12. ; J.-J. LEMOULAND, *La résidence alternée, dix-huit mois plus tard*, *RJPF*, septembre 2003, pp. 6-11 ; TH. FOSSIER, *L'exercice de l'autorité parentale par les parents séparés, Quarante mois d'application de la loi du 4 mars 2002*, *Dr. fam.* 2005, étude 15 ; Sur les réflexions antérieures à la loi de 2002, *cf.* not. : *La résidence alternée*, Dossier *A.J.F.*, novembre 2001, pp. 43-50.

parentale mais n'ayant qu'occasionnellement son enfant chez lui[47]. À tort, la doctrine et la jurisprudence avaient eu tendance à lui reconnaître un droit de visite. En effet, en 1987, le législateur avait réservé l'attribution d'un droit de visite au parent n'exerçant pas l'autorité parentale. Il avait ainsi sous-entendu qu'en cas d'exercice conjoint de l'autorité parentale, le parent n'hébergeant pas habituellement l'enfant disposait de pouvoirs suffisants et qu'il était dès lors superflu de lui attribuer un droit de visite. Cette solution législative paraissait, en définitive, logique. Disposant du pouvoir de garde intellectuelle, ce parent peut exiger d'héberger l'enfant mineur, c'est-à-dire d'avoir la garde matérielle de l'enfant. Il est donc inutile de lui reconnaître expressément un droit de visite et d'hébergement. Une telle analyse se retrouve partiellement dans le rapport Théry. Celui-ci a en effet proposé de « *préciser que l'exercice commun de l'autorité parentale implique non un droit de visite mais un devoir de garde de l'autre parent* »[48]. Afin de mieux retranscrire cette idée, il a suggéré de « *supprimer la notion de résidence habituelle et* [de] *la remplacer par celle d'"organisation de l'hébergement" de l'enfant* »[49].

Pourtant en 2007, le législateur a décidé de prendre une toute autre direction. Ainsi, depuis l'adoption de la loi du 5 mars 2007 réformant la protection de l'enfance, l'article 373-2-9, alinéa 3, du Code civil dispose que « *lorsque la résidence de l'enfant est fixé au domicile de l'un des parents, le juge aux affaires familiales statue sur les modalités du droit de visite de l'autre parent* ». Cette formule très générale peut donc s'appliquer à l'exercice conjoint de l'autorité parentale. Si elle répond aux analyses classiques de la doctrine, elle paraît quelque peu maladroite. Le parent, n'hébergeant pas habituellement l'enfant, a plus qu'un simple droit de visite. Il exerce toujours le pouvoir de garde. Il serait donc plus juste d'affirmer que le juge aux affaires familiales peut statuer, dans une telle hypothèse, sur les modalités d'exercice du pouvoir de garde matérielle du parent n'hébergeant pas habituellement l'enfant.

**301. Bilan sur l'exercice du pouvoir de garde en cas d'exercice conjoint de l'autorité parentale après divorce.** L'étude de l'évolution législative de la garde des enfants en cas de divorce révèle de nombreuses hésitations législatives et jurisprudentielles marquées par une forte interrogation sur la possibilité de dissocier le pouvoir de garde de la résidence habituelle de l'enfant. Si le droit antérieur à 1970 ne semblait pas opposé à une telle dissociation, la loi du 4 juin 1970 rejeta cette idée en attribuant le pouvoir de garde à un seul des parents. Il fallut attendre les décisions de la Cour de cassation sur la garde conjointe pour revenir sur cet état. Depuis, une lecture rigoureuse des textes nous permet de conclure que, par principe, en cas de divorce, l'exercice du pouvoir de garde intellectuelle est simultané, et celui du pouvoir de garde matérielle successif. Concrètement, les deux parents peuvent, en vertu du pouvoir de garde intellectuelle, déterminer le mode de vie de leurs enfants, notamment en prenant les grandes décisions concernant son éducation ou en choisissant de le placer dans un établissement… En ce sens, ils doivent décider conjointement de l'attribution du pouvoir de garde matérielle à un tiers. En revanche, l'exercice de leur pouvoir de garde matérielle est nécessairement successif et doit correspondre à ce qui a été arrêté, par eux ou

---

[47] En ce sens, on peut opposer la résidence habituelle à la résidence occasionnelle de l'enfant. *Cf.* J.-B. DONNIER, *thèse précit.*, 1992, note 2, pp. 24-26.

[48] I. THÉRY, *rapp. précit.*, p. 197. Elle explique ainsi sa proposition : « *Ce n'est que par abus de langage que l'on parle de "droit de visite et d'hébergement" en cas d'exercice commune de l'autorité parentale. Ces termes, qui ont disparu du Code civil aux articles correspondants devraient être bannis des jugements. L'exercice commun suppose, du fait du contenu même de l'autorité parentale, un "devoir de garde". Un parent ne peut s'y soustraire que pour des raisons exceptionnelles. Toute limitation indue de ce devoir par l'autre parent devrait être sanctionnée* ».

[49] I. THÉRY, *ibid.* Elle développe cette idée en affirmant que : « *D'ores et déjà, la fixation d'une résidence habituelle n'est pas obligatoire. Le devoir de garde de chacun des parents impliquerait de supprimer cette notion, qui préjuge une différence de droits entre les parents. A défaut d'accord, le juge indiquerait les modalités de l'hébergement de l'enfant* ».

par le juge, dans la décision de divorce. Ils ne peuvent retenir l'enfant auprès d'eux et organiser ses activités quotidiennes qu'alternativement. Ce mode d'exercice en commun des prérogatives parentales après divorce s'applique par principe. Par exception, le juge peut imposer un exercice unilatéral de l'autorité parentale.

b. L'exception de l'exercice unilatéral de l'autorité parentale

**302. L'hypothèse de l'exercice unilatéral de l'autorité parentale**. L'affirmation du principe de la coparentalité n'a pas eu pour conséquence de supprimer la possibilité offerte au juge d'attribuer l'exercice de l'autorité parentale à un seul des parents. Néanmoins, cette faculté ne doit être mise en œuvre qu'à titre exceptionnel. Dans cette hypothèse, l'autre parent demeure titulaire de l'autorité parentale et conserve le droit de surveiller l'entretien et l'éducation de l'enfant[50]. De même, il bénéficie d'un droit de visite et d'hébergement, qui ne peut être refusé que pour des motifs graves[51].

**303. Sort du pouvoir de garde**. De prime abord, si on considère que le pouvoir de garde est une prérogative de l'autorité parentale, nous devons en déduire que logiquement, il est exercé par le parent qui exerce seul cette autorité. Néanmoins, l'article 373-2-1 du Code civil prend le soin de préciser que l'autre parent « *conserve le droit et le devoir de surveiller l'entretien et l'éducation de l'enfant* ». L'emploi du verbe « *conserver* » montre bien qu'il exerce toujours certaines prérogatives de l'autorité parentale. Par ailleurs, le pouvoir de garde permet, dans sa dimension intellectuelle, de contrôler le mode de vie d'autrui et, dans sa dimension matérielle, de contrôler ses activités quotidiennes. Or, le contrôle du mode de vie d'un mineur vise en particulier toutes les grandes décisions qui ont trait à son éducation. Dès lors, le parent n'exerçant pas l'autorité parentale ne participerait-il pas à l'exercice du pouvoir de garde ? Une telle idée doit être rejetée. En effet, le Code civil ne lui reconnaît qu'un pouvoir de surveillance. De même, il précise bien qu'« *il doit être informé des choix importants relatifs à la vie de ce dernier* »[52]. Par conséquent, *stricto sensu*, il ne peut intervenir qu'en aval, un fois la décision prise, pour marquer son désaccord et éventuellement intenter une action devant le juge aux affaires familiales si l'intérêt de l'enfant le commande. Ce pouvoir de surveillance ne lui confère pas la faculté de prendre des décisions en rapport avec l'éducation et l'entretien de l'enfant. Il ne s'agit en aucun cas d'un exercice conjoint de l'autorité parentale. La différence doit être marquée. Il ne dispose que d'un pouvoir d'opposition. Par conséquent, il faut admettre que le pouvoir de garde est exercé uniquement par le parent exerçant l'autorité parentale. À la différence du parent ayant l'exercice conjoint de l'autorité parentale après divorce mais n'hébergeant qu'occasionnellement l'enfant, il est nécessaire d'attribuer un droit de visite et d'hébergement au parent n'ayant pas l'exercice de l'autorité parentale, afin qu'il puisse revendiquer la garde matérielle temporaire de l'enfant. En effet, n'exerçant pas l'autorité parentale, il n'exerce pas le pouvoir de garde intellectuelle et ne peut par conséquent s'appuyer sur ce pouvoir pour demander l'hébergement de l'enfant. Il devient impératif de lui accorder un droit de visite et d'hébergement si on souhaite qu'il puisse héberger temporairement l'enfant.

**304.** Ainsi, dans toutes ces hypothèses, le pouvoir de garde est pleinement exercé par les parents. Il apparaît comme la conséquence naturelle d'un lien de filiation. Cet aspect est d'autant plus important que le législateur fait tout pour le préserver en attribuant la plénitude de l'exercice du pouvoir de garde à l'un des parents en cas de décès, d'empêchement ou d'indignité de l'autre parent. La plénitude de l'exercice du pouvoir de garde par les parents

---

[50] Article 373-2-1, alinéa 4 du Code civil.
[51] Article 373-2-1, alinéa 2 du Code civil.
[52] Article 373-2-1, alinéa 4 du Code civil.

n'est néanmoins pas illimitée. En effet, l'accomplissement de leur mission justifiant un tel pouvoir peut exiger qu'ils se fassent assister.

## § 2. L'ASSISTANCE DES PARENTS DANS L'EXERCICE DU POUVOIR DE GARDE

**305.** Fondamentalement, le pouvoir de garde des mineurs est une réponse à un défaut ou une insuffisance d'autonomie et sert de fondement à l'exécution d'une mission éducative. Le gardien d'un mineur a pour objectif de le conduire vers l'âge de la majorité et de lui permettre d'accéder, dans la mesure du possible, à l'autonomie naturelle. Le gardien du mineur poursuit ainsi une mission très large. Il n'est pas évident qu'il présente toutes les qualités et dispose de tous les moyens requis pour la mener avec succès. Ceci ne doit pas pour autant conduire à un retrait de ce pouvoir. Bien au contraire, il paraît irréaliste qu'une personne puisse assumer seule la mission justifiant le pouvoir de garde. Les parents peuvent ainsi être assistés dans l'exercice de ce pouvoir de garde. Cette assistance se traduit par l'intervention d'un ou plusieurs tiers avec **(A)** ou sans **(B)** transfert de la garde matérielle du mineur.

### A. L'INTERVENTION D'UN TIERS AVEC TRANSFERT DE LA GARDE MATÉRIELLE DU MINEUR

**306.** L'intervention d'un tiers dans la mission parentale avec transfert de la garde matérielle du mineur peut avoir pour origine la seule volonté des parents exerçant l'autorité parentale **(1)** ou résulter de la volonté du juge **(2)**.

#### *1. Le transfert de la garde matérielle du mineur à un tiers par la volonté des parents exerçant l'autorité parentale*

**307. Identification générale des situations**. Le pouvoir des parents répond à l'impératif social d'éducation des enfants. Ils reçoivent cette mission du législateur et en sont les titulaires originaires. Néanmoins, les parents ne disposent pas nécessairement de toutes les capacités intellectuelles, matérielles, ou même physiques, pour mener à bien cette mission. Il est dès lors judicieux d'admettre qu'ils peuvent solliciter de l'aide afin d'y parvenir. En ce sens, ils doivent pouvoir confier l'enfant à un tiers afin de les assister dans cette mission. De même, ayant par principe la plénitude des pouvoirs de garde, ils doivent être les seuls juges de l'opportunité de recourir à une telle aide extérieure. Ils peuvent ainsi le confier temporairement à un membre de la famille, le placer sous l'autorité d'une baby-sitter, l'inscrire dans un camp de scoutisme pour les vacances, le placer dans un centre médico-pédagogique… Deux cas particuliers appellent des explications complémentaires.

**308. Première illustration : la scolarisation des enfants mineurs**. Le premier concerne la scolarité des enfants. Afin de donner toute sa force au droit des enfants à l'éducation[53], le législateur a posé le principe de l'obligation scolaire[54]. On pourrait dès lors estimer que les parents perdent dans une telle hypothèse leur pouvoir de décision. Cependant, cette obligation scolaire n'impose pas aux parents de l'inscrire dans un établissement d'enseignement, elle affirme simplement que l'instruction est obligatoire pour les enfants

---

[53] Article L. 111-1 du Code de l'éducation. J. GEORGEL, *Enseignement public*, *J.-Cl. Adm.*, fasc. 230, 2004, *spéc.* n$^{os}$ 15-35.

[54] J. GEORGEL, *art. précit.*, *spéc.* n$^{os}$ 36-47.

entre six et seize ans[55]. Les parents conservent donc leur pouvoir de décision. Ils peuvent décider d'inscrire leur enfant dans un établissement public ou privé ou de lui donner une instruction au sein même de sa famille[56].

**309. Seconde illustration : la protection administrative des enfants mineurs.** Le second cas relève de la protection sociale et plus précisément de la protection administrative des mineurs[57]. La notion de protection sociale des mineurs est apparue dans deux décrets du 7 janvier 1959[58]. Il s'agit « *d'exercer une action sociale préventive auprès des familles dont les conditions d'existence risquent de mettre en danger la santé, la sécurité, la moralité ou l'éducation de leurs enfants* »[59]. Cette formulation est très proche de celle qui fonde la protection judiciaire des mineurs énoncée à l'article 375 du Code civil : « *si la santé, la sécurité ou la moralité d'un mineur non émancipé sont en danger, ou si les conditions de son éducation ou de son développement physique, affectif, intellectuel et social sont gravement compromises, des mesures d'assistance éducative peuvent être ordonnées par justice* ». Cependant, si la protection judiciaire et la protection sociale ont le même objet, elles n'ont pas le même régime. Tout d'abord, la protection sociale a une finalité préventive, elle intervient en présence d'un risque de danger pour l'enfant, alors que la protection judiciaire intervient alors que ce risque s'est réalisé. Ensuite, la protection sociale concerne l'ensemble du groupe familial, tandis que la protection judiciaire ne s'intéresse qu'au sort de l'enfant. Enfin, et surtout, l'action sociale s'effectue « *auprès des familles* », par conséquent, elle requiert l'accord des familles. Par opposition, les mesures d'assistance éducatives de la protection judiciaire « *peuvent être ordonnées* ». La loi n° 86-17 du 6 janvier 1986 (dite « loi particulière ») a substitué aux textes antérieurs une nouvelle présentation de l'Aide sociale à l'enfance en procédant à une définition de ses missions et non plus à une énonciation des catégories juridiques d'enfants pris en charge. Toutefois, cette réforme, complétée par la loi n° 2007-293 du 5 mars 2007, n'a pas fondamentalement bouleversé les règles de la protection sociale des mineurs. L'article L. 221-1 du Code de l'action sociale et des familles confère ainsi plusieurs missions à caractère préventif à l'Aide sociale à l'enfance.

Parmi celles-ci figurent celle d'« *apporter un soutien matériel, éducatif et psychologique (...) aux mineurs et à leur famille ou à tout détenteur de l'autorité parentale, confrontés à des difficultés risquant de mettre en danger la santé, la sécurité, la moralité de ces mineurs ou de compromettre gravement leur éducation ou leur développement physique, affectif, intellectuel et social* »[60] et celle de mener des « *actions de prévention des situations de danger à l'égard des mineurs* »[61]. Afin de mener à bien ses missions de prévention, l'Aide sociale à l'enfance peut placer dans une institution d'accueil « *les mineurs qui ne peuvent demeurer provisoirement être dans leur milieu de vie habituel* »[62]. Mais il ne faut pas perdre de vue que, dans le cadre de la protection sociale, les prérogatives parentales ne sont pas atteintes. Les parents continuent d'exercer pleinement et entièrement l'autorité parentale. Seule une décision de justice pourrait y mettre fin. Par conséquent, la décision de placement ne peut

---

[55] Article L. 131-1 du Code de l'éducation.

[56] Article L. 131-2 du Code de l'éducation : « *L'instruction obligatoire peut être donnée soit dans les établissements ou écoles publics ou privées, soit dans les familles par les parents, ou l'un d'entre eux, ou toute personne de leur choix* ». Il faut néanmoins noter que lorsque l'instruction est donnée dans la famille, une déclaration annuelle au maire et à l'inspecteur d'académie est exigée.

[57] *Cf.* M. BORGETTO et R. LAFORE, *Droit de l'aide et de l'action sociale*, *op. cit.*, n^os^ 279-287, pp. 279-295.

[58] Décrets n^os^ 59-100 et 59-101 du 7 janvier 1959.

[59] Article 1^er^ du décret n° 59-100 du 7 janvier 1959.

[60] Article L. 221-1, 1° du Code de l'action sociale et des familles.

[61] Article L. 221-1, 5° du Code de l'action sociale et des familles.

[62] Article L. 222-5, 1° du Code de l'action sociale et des familles.

résulter que d'un accord entre les parents et l'Aide sociale à l'enfance[63]. Ils peuvent donc s'y opposer ou y mettre fin. Le Code de l'action sociale et des familles apporte néanmoins un tempérament et un assouplissement à cette règle de principe.

À titre de tempérament, il admet qu'en cas d'urgence ou lorsque les représentants légaux sont dans l'impossibilité de donner leur accord, le service de l'aide sociale peut provisoirement recueillir un enfant. Il doit cependant en avertir le procureur de la République et devra saisir l'autorité judiciaire si, à l'issue d'un délai de cinq jours, l'enfant n'a pas été remis à sa famille ou si le représentant légal n'a pas donné son accord à l'admission de l'enfant dans le service[64].

À titre d'assouplissement, pour tous les enfants déjà admis dans le service, il répute acquis l'accord des représentants légaux s'ils n'ont pas fait connaître leur opposition dans un délai de quatre semaines à compter de la notification de la demande du service ou de six semaines à compter de la date d'envoi s'il n'a pas accusé réception de la notification[65]. Il n'en demeure pas moins que par principe l'accord des parents est indispensable. De telles hypothèses illustrent la question de l'intervention d'un tiers dans l'exercice de la mission parentale. Une telle décision n'est pas sans effets sur l'exercice du pouvoir de garde.

**310. Influence sur l'exercice du pouvoir de garde**. Le Code civil n'envisage pas expressément la question de la répartition des pouvoirs entre les parents exerçant l'autorité parentale et les tiers désignés par eux. De même, le Code de l'action sociale et des familles n'envisage pas de façon très précise la répartition des pouvoirs sur l'enfant entre les représentants légaux et le service de l'aide sociale. Seul l'article L. 223-2, alinéa 7 du Code de l'action social et des familles donne quelques indications. Il dispose en effet que « *sous réserve des pouvoirs reconnus à l'autorité judiciaire, les mesures prises dans le cadre du présent chapitre ne peuvent en aucun cas porter atteinte à l'autorité parentale que détiennent le ou les représentants légaux de l'enfant, et notamment au droit de visite et d'hébergement* ». Toutefois, la portée de cet article est difficile à apprécier, puisqu'il ne prend pas en compte la diversité des statuts des enfants mineurs confiés à l'Aide sociale à l'enfance. Tandis que certains d'entre eux font l'objet d'une protection judiciaire, d'autres ne sont soumis qu'à une simple protection administrative. Tandis que la décision de justice peut affecter en profondeur le pouvoir de garde[66], la décision administrative n'a qu'un effet limité, puisqu'elle requiert le consentement des représentants légaux. Par conséquent, le problème de la répartition des pouvoirs entre les parents et les tiers ne peut être résolu à l'aide de cette disposition générale. Une analyse fondée sur les caractéristiques de la garde d'autrui s'impose. Ce problème peut être envisagé à l'aune du principe de l'indisponibilité des prérogatives de l'autorité parentale et plus particulièrement du pouvoir de garde. En effet, il résulte de l'étude de ce principe[67] que le pouvoir de garde intellectuelle doit être indisponible. En revanche, le pouvoir de garde matérielle peut être transmis à un tiers dans l'intérêt de la personne gardée. Ce tiers dispose ainsi d'un pouvoir de contrôle des activités quotidiennes d'autrui. Dès lors, si nous appliquons ce principe à la situation qui nous intéresse, nous pouvons en déduire que les parents exerçant l'autorité parentale doivent toujours exercer le pouvoir de garde intellectuelle. Ils continuent de contrôler le mode de vie de l'enfant, c'est-à-dire de prendre les grandes décisions relatives aux orientations de sa vie, et peuvent décider de reprendre l'enfant auprès d'eux ou de le

---

[63] Article L. 223-2, alinéa 1er du Code de l'action sociale et des familles : « *sauf si un enfant est confié au service par décision judiciaire ou s'il s'agit de prestation en espèce, aucune décision sur le principe ou les modalités de l'admission dans le service de l'aide sociale à l'enfance ne peut être prise sans l'accord écrit des représentants légaux ou du représentant légal du mineur ou du bénéficiaire lui-même s'il est mineur émancipé* ».

[64] Article L. 223-2, alinéas 3 et 4 du Code de l'action sociale et des familles.

[65] Article L. 223-2, alinéa 6 du Code de l'action sociale et des familles.

[66] *Cf. infra* nos 321-325.

[67] *Cf. supra* nos 200.

confier à une autre personne. Quant aux tiers, il convient d'affirmer qu'ils disposent d'un pouvoir temporaire de garde matérielle. Ils retiennent l'enfant auprès d'eux et peuvent contrôler ses activités quotidiennes. Ce pouvoir est néanmoins relatif puisqu'il reste subordonné à celui des parents gardiens intellectuels. Dans cette hypothèse, l'intervention du tiers résulte de la volonté des parents, il arrive également qu'elle ait pour origine la volonté du juge.

***2. Le transfert de la garde matérielle du mineur à un tiers par la volonté du juge***

**311. Limitation des hypothèses d'intervention d'un tiers avant la loi du 4 mars 2002.** Sous l'empire du droit antérieur à la loi de 2002, le juge aux affaires familiales pouvait confier l'enfant à un tiers dans des cas bien déterminés.

Tout d'abord, lors du prononcé du divorce, la résidence de l'enfant était par principe fixée chez l'un des parents, mais par exception, le juge pouvait décider de la fixer soit « *chez une autre personne choisie de préférence dans leur parenté, soit, si cela s'avérait impossible, dans un établissement d'éducation* »[68]. Une telle décision devait néanmoins demeurer exceptionnelle et être justifiée par l'intérêt de l'enfant. Cela était notamment le cas lorsque les parents prouvaient leur incapacité d'accueillir l'enfant dans de bonnes conditions.

Ensuite, l'enfant pouvait être confié à un tiers en cas de décès ou d'impossibilité d'exercer l'autorité parentale frappant l'un des parents après le prononcé du divorce. Par principe, dans de telles hypothèses, l'autre parent exerçait unilatéralement l'autorité parentale, même s'il était auparavant privé de son exercice. Néanmoins, la loi prévoyait que le juge pouvait toujours être saisi « *afin de confier l'enfant à un tiers* »[69]. Le Code civil accordait même au juge la faculté de décider, du vivant des parents, que le décès de celui exerçant l'autorité parentale ne conduirait pas à confier l'enfant au survivant.

Enfin, la loi prévoyait une troisième hypothèse de remise de l'enfant à un tiers. Elle concernait les enfants naturels. En cas d'exercice conjoint de l'autorité par des parents résidant séparément, si l'un des parents venait à décéder ou à se trouver hors d'état de manifester sa volonté, son autorité était en principe dévolue à l'autre. Toutefois, le juge pouvait décider de remettre l'enfant à un tiers.

Par conséquent, avant la loi du 4 mars 2002, l'enfant ne pouvait être confié à un tiers par le juge aux affaires familiales que dans des cas étroitement délimités. Cette volonté législative se conformait à l'idée selon laquelle les parents doivent, selon un principe relevant du droit naturel, exercer pleinement l'autorité parentale et avoir la possibilité d'avoir leur enfant auprès d'eux. Sans que cette idée soit remise en cause, la rédaction ambiguë de la loi du 4 mars 2002 peut laisser sous-entendre que la remise du mineur à un tiers n'est plus aussi étroitement délimitée.

**312. Interrogations sur la limitation des hypothèses d'intervention d'un tiers après la loi du 4 mars 2002**. La loi du 4 mars 2002 a inséré dans la section du Code civil relative à l'exercice de l'autorité parentale un nouveau paragraphe intitulé « *De l'intervention des tiers* »[70]. Pour autant, ce nouveau paragraphe n'introduit pas un statut général des tiers dans le Code civil[71]. En dépit de la proposition de la commission Dekeuwer-Défossez favorable à un tel statut[72], l'avant-projet de loi élaboré par le gouvernement et la proposition

---

[68] Ancien article 287-1 du Code civil.

[69] Ancien article 373-3, alinéa 2 du Code civil.

[70] Livre premier : Des personnes, Titre IX : De l'autorité parentale, Chapitre I : De l'autorité parentale relativement à la personne de l'enfant, Section I : De l'exercice de l'autorité parentale, § IV : De l'intervention des tiers.

[71] *Cf.* H. FULCHIRON, *L'autorité parentale rénovée*, *art. précit.*, pp. 978-980.

[72] F. DEKEUWER-DÉFOSSEZ *rapp. précit*, 1999, pp. 90-96 ; *contra* M.-L. DELFOSSE-CICILE, *Le lien parental*, préf. F. TERRÉ, Editions Panthéon-Assas, 2003, n$^{os}$ 349-378, pp. 224-237.

de loi déposée par l'Assemblée nationale ont rejeté cette idée. Le rapport de la commission des lois de l'Assemblée nationale invoqua les contraintes de calendrier et, plus fondamentalement, le paradoxe qu'il y aurait à « *consacrer ainsi la place du tiers, alors que l'un des objectifs principaux de la proposition de loi est de renforcer le principe de coparentalité* »[73]. Sur cette question, le législateur préféra limiter son intervention à une refonte de la délégation de l'exercice de l'autorité parentale[74] et effectuer un regroupement des dispositions préexistantes au sein de l'article 373-3 du Code civil. En apparence, l'intervention des tiers dans l'exercice de l'autorité parentale, et par conséquent du pouvoir de garde, est toujours limitée. En réalité, ainsi que l'ont montré certains auteurs[75], l'ambiguïté de la nouvelle réaction de cet article peut susciter quelques interrogations. Nous pouvons dès lors analyser cet article en comparant l'ancienne et la nouvelle rédaction.

Tout d'abord, on peut remarquer que le nouvel article ne prévoit pas que le juge aux affaires familiales puisse confier l'enfant à un tiers à l'occasion de l'organisation de la séparation des parents. Seul l'article 373-2-12 du Code civil y fait allusion, puisqu'il prévoit que le juge peut ordonner une enquête sociale avant toute décision « *confiant les enfants à un tiers* ». Dès lors, il semblerait que le législateur de 2002, attaché aux vertus de l'implicite, ait maintenu cette première hypothèse de remise de l'enfant à un tiers.

Ensuite, si on s'attarde sur le contenu même de l'article 373-3 du Code civil, on constate qu'il reprend, dans son premier alinéa, la règle selon laquelle la séparation des parents n'empêche pas, notamment en cas de décès ou de retrait d'autorité, la dévolution pleine et entière de l'autorité parentale à l'autre parent, même s'il a été privé par jugement de l'exercice de certains des attributs relatifs à cette autorité. Cette règle est très générale, elle s'applique à toutes les séparations parentales. Le deuxième alinéa de l'article 373-3 permet de confier l'enfant à un tiers « *à titre exceptionnel et si l'intérêt de l'enfant l'exige, notamment lorsqu'un des parents est privé de l'exercice de l'autorité parentale* ». Cette exception n'est pas enfermée dans une liste exhaustive. Par conséquent, le juge peut toujours confier l'enfant à un tiers lorsqu'un des parents ne peut plus exercer l'autorité parentale ou décède, mais également dans toutes les situations où l'intérêt de l'enfant l'exige. Saisi par un parent ou le ministère public[76], qui peut lui-même être saisi par un tiers, le juge dispose d'un large pouvoir d'appréciation[77]. On peut dès lors se demander si ce second alinéa doit nécessairement être lié au premier ou s'il pose une règle autonome. Autrement dit, l'application de la règle de l'article 373-3, alinéa 2, est-elle limitée aux hypothèses de séparations des parents ? En lui-même cet alinéa ne comporte aucune précision. Au contraire, il a été formellement dissocié du premier alinéa. En effet, l'ancien article 373-3 du Code civil commençait par l'adverbe

---

[73] M. DOLEZ, *Rapport fait au nom de la commission des lois constitutionnelles, de la législation et de l'administration générale de la République sur la proposition de loi (n° 3074) de M. J-M. Ayrault et les membres du groupe socialiste et apparentés, relative à l'autorité parentale*, Rapport n° 3117, Ass. Nat., 13 juin 2001, p. 9.

[74] *Cf. infra* n[os] 329-332.

[75] P. SALVAGE-GEREST, *Le juge des affaires familiales (De l'homme orchestre du divorce à l'homme orchestre de l'autorité parentale)*, *Dr. fam.* avril 2003, chr. 12, n[os] 36-38, p. 12 ; F. TERRÉ et D. FENOUILLET, *Droit civil, Les personnes, la famille, les incapacités*, *op. cit.*, n° 1060, pp. 1045-1048 ; L. GAREIL, *L'exercice de l'autorité parentale*, préf. L. LEVENEUR, LGDJ, Bibl. dr. pr., t. 413, 2004, n[os] 534-536, pp. 314-316.

[76] En revanche, il ne semble pas pouvoir se saisir d'office. L'article 373-3, alinéa 2 ne prévoit pas une telle faculté et précise expressément qu'il est saisi dans les conditions de l'article 373-2-8 du Code civil. Ce dernier ne vise que les parents et le ministère public. En ce sens, F. TERRÉ et D. FENOUILLET, *op. cit.*, note 1, p. 1047. *Contra* : A. GOUTTENOIRE-CORNUT et P. MURAT, *L'intervention d'un tiers dans la vie de l'enfant*, *Dr. fam.* 2003, chr. 1, *spéc.* p. 5 : ces auteurs considèrent que la nouvelle rédaction de l'article 373-3, alinéa 2 du Code civil, « *le juge peut (…) décider de confier l'enfant à un tiers* », offre au juge une telle faculté.

[77] Il se prononcera alors en prenant en considération les différents éléments énoncés à l'article 373-2-11 du Code civil.

« *néanmoins* », qui interdisait de l'appliquer dans un autre contexte que le divorce ou la séparation de corps des parents. Par conséquent, une réponse négative à notre question peut s'imposer. Le juge peut confier l'enfant à un tiers même si les parents ne sont pas séparés. Ainsi, en réunissant les différentes dispositions qui existaient antérieurement, le législateur semble avoir attribué au juge aux affaires familiales un pouvoir qu'il n'avait pas jusqu'à présent. Dorénavant, il pourrait retirer provisoirement un enfant de sa famille, dans son intérêt, en dehors de toute séparation des parents, sans pour autant agir dans le cadre d'une mesure d'assistance éducative.

Enfin, l'article 373-3, alinéa 3 maintient l'ancienne règle prévoyant que le juge a la faculté de décider, du vivant des parents, que le décès de celui qui exerce l'autorité parentale n'entraînera pas la remise de l'enfant au survivant.

En définitive, la réforme de 2002 a élargi les pouvoirs du juge. Ce dernier peut confier l'enfant mineur à un tiers, dès lors que cette décision est justifiée par son intérêt. Cette loi consacre ainsi « *une extension considérable du pouvoir d'intervention étatique au sein des familles et, parallèlement, un déclin des pouvoirs parentaux* »[78]. Cette procédure créée une nouvelle forme de placement temporaire de l'enfant. Elle se place entre la délégation de l'exercice de l'autorité parentale et l'organisation d'une mesure d'assistance éducative. Cette caractéristique apparaît clairement lorsqu'on s'intéresse à l'influence d'une telle mesure sur l'exercice du pouvoir de garde.

**313. Influence sur l'exercice du pouvoir de garde**. À la différence de l'hypothèse, précédemment étudiée, de l'intervention d'un tiers par la seule volonté des parents, le législateur n'est pas resté muet sur la question de la répartition des pouvoirs entre les parents et les tiers nommés par le juge sur le fondement de l'article 373-3 du Code civil. En effet, l'article 373-4 du Code civil dispose que « *lorsque l'enfant a été confié à un tiers, l'autorité parentale continue d'être exercée par les père et mère ; toutefois la personne à qui l'enfant a été confié accomplit tous les actes usuels relatifs à sa surveillance et à son éducation* ». Il précise ensuite que « *le juge aux affaires familiales, en confiant l'enfant à titre provisoire à un tiers, peut décider qu'il devra requérir l'ouverture d'une tutelle* ». Quelles sont les incidences de cet article sur l'exercice du pouvoir de garde ?

De prime abord, on peut observer que le statut du tiers est très différent de celui du parent n'exerçant pas l'autorité parentale après divorce. En effet, ce dernier ne dispose que d'un pouvoir de surveillance de l'éducation et de l'entretien de l'enfant. Comme nous l'avons observé, il peut simplement agir en aval, une fois la décision prise[79]. En l'occurrence, le pouvoir du tiers n'est pas un simple pouvoir de surveillance des parents dans l'exercice de l'autorité parentale. Le tiers dispose d'un pouvoir de surveillance et d'éducation sur l'enfant. Dès lors, il participe directement à la mission parentale et possède un véritable pouvoir de décision sur l'enfant. Il existe ainsi une répartition des pouvoirs sur l'enfant entre les parents et le tiers. Puisque l'enfant a été remis au tiers par le juge, nous pouvons admettre que le tiers dispose d'un pouvoir de rétention sur la personne du mineur. Par ailleurs, l'article 373-4 du Code civil dispose que le tiers peut effectuer « *tous les actes usuels relatifs à sa surveillance et à son éducation* ». Cette notion d'actes usuels a été explicitée par la jurisprudence à propos de l'application de l'article 372-2 du Code civil qui s'y réfère expressément[80]. Elle considère que les actes usuels correspondent aux actes de la vie quotidienne, qui intéressent l'enfant dans sa vie scolaire, sportive, sociale ou qui concernent sa santé[81]. Par conséquent, il est

---

[78] F. TERRÉ et D. FENOUILLET, *op. cit.*, n° 1060, p. 1048.

[79] *Cf. supra* n° 303.

[80] Article 372-2 du Code civil : « *À l'égard des tiers de bonne foi, chacun des parents est réputé agir avec l'accord de l'autre, quand il fait seul un acte usuel de l'autorité parentale relativement à la personne de l'enfant* ».

[81] P. COURBE, *Droit de la famille*, *op. cit.*, n° 1027, pp. 439-440.

possible d'admettre que le tiers exerce un véritable pouvoir de contrôle des activités quotidiennes de l'enfant. Néanmoins, ses prérogatives s'arrêtent là, le tiers ne contrôle pas le mode de vie de l'enfant. Ce pouvoir demeure dans les mains des parents qui continuent d'exercer l'autorité parentale. En définitive, ce partage des pouvoirs correspond au clivage existant entre la garde intellectuelle et la garde matérielle. Tandis que les parents conservent la garde intellectuelle du mineur, le tiers assure sa garde matérielle. Cependant, le pouvoir de garde intellectuelle est limité par la décision du juge attribuant la garde matérielle au tiers, puisque les parents ne peuvent la lui retirer.

Si l'assistance des parents dans l'exercice de leur mission de garde peut requérir l'intervention d'un tiers avec le transfert à son profit de la garde matérielle, un tel transfert n'est pas systématiquement nécessaire. Un tiers peut apporter une assistance aux parents tout en ne les privant pas du pouvoir de garde matérielle de l'enfant.

## B. L'INTERVENTION D'UN TIERS SANS TRANSFERT DE LA GARDE MATÉRIELLE DU MINEUR

**314. L'assistance des parents et la protection administrative des mineurs**. L'identification d'un risque pesant sur la santé, la sécurité, la moralité ou l'éducation d'un mineur n'exige pas nécessairement son retrait du milieu familial et son placement[82]. Parfois une simple aide à domicile est suffisante[83]. Celle-ci peut prendre deux formes[84]. En premier lieu, l'aide sociale peut être matérielle. Elle se traduit concrètement par l'intervention d'une conseillère en économie sociale et familiale. Elle apporte un soutien dans l'organisation de la vie quotidienne. En second lieu, l'aide sociale peut être éducative. Elle requiert alors l'intervention d'un service d'action éducative et constitue ce qu'on appelle une action éducative en milieu ouvert. Ces mesures d'assistance à domicile des parents dans l'exercice de leur mission parentale peuvent également être prises dans le cadre d'une mesure de protection judiciaire.

**315. L'assistance des parents et la protection judiciaire des mineurs**. Lorsque la situation familiale est dégradée, il arrive que l'atteinte à la santé, la sécurité, la moralité ou les conditions d'éducation du mineur ne soit plus un simple risque mais une réalité. Le recours au juge des enfants devient alors nécessaire, afin d'organiser une mesure d'assistance éducative. Il peut être saisi par les père et mère conjointement ou l'un d'eux, la personne ou le service à qui l'enfant a été confié, le tuteur, le mineur lui-même ou le ministère public. À titre exceptionnel, le juge des enfants peut se saisir d'office. Pour répondre au danger subi par le mineur, l'article 375-2 du Code civil dispose que l'enfant doit, dans la mesure du possible, être maintenu dans son milieu actuel. Selon ce même article, la protection judiciaire consiste en la désignation d'« *une personne qualifiée,* [ou d'] *un service d'observation, d'éducation ou de rééducation en milieu ouvert, en lui donnant mission d'apporter aide et conseil à la famille, afin de surmonter les difficultés matérielles et morales qu'elle rencontre* ». Il précise ensuite que « *cette personne ou ce service est chargé de suivre le développement de l'enfant et d'en faire rapport au juge périodiquement* ». Complétant cette disposition, la loi du 5 mars 2007

---

[82] Pour les hypothèses dans lesquelles le retrait de l'enfant de son milieu actuel et son placement sont nécessaires, *cf. infra* n[os] 320-324.

[83] Article L. 222-2 du Code de l'action sociale et des familles.

[84] Article L. 222-3 du Code de l'action sociale et des familles.

réformant la protection de l'enfance[85] a ajouté que le juge peut, dans cette hypothèse, autoriser le service désigné à « *assurer un hébergement exceptionnel ou périodique* » au mineur, à condition que ce service soit spécifiquement habilité à cet effet et qu'il en informe les représentants légaux. L'objectif d'une telle mesure est d'organiser l'éloignement du mineur de sa famille en période de crise, tout en maintenant le lien de l'enfant avec ses parents. Par ailleurs, le juge peut toujours subordonner le maintien du mineur dans son milieu actuel à l'exécution d'une obligation particulière, telles que celle de fréquenter régulièrement un établissement spécialisé ou d'exercer une activité professionnelle.

**316. Influence sur l'exercice du pouvoir de garde**. Dans ces différentes hypothèses, le mineur n'est, par principe, pas retiré de son milieu actuel. L'intervention du juge a pour finalité première d'apporter une aide aux enfants en danger en assistant les parents dans leur mission. En conséquence, ces mesures ne doivent avoir aucun effet sur l'exercice du pouvoir de garde des parents. L'article L. 223-2, alinéa 7 du Code de l'action sociale et des familles relatif aux prérogatives de l'Aide sociale à l'enfance s'applique. Par principe, il ne peut y avoir d'atteinte à l'autorité parentale. Par ailleurs, en ce qui concerne plus spécifiquement la protection judiciaire, l'article 375-7 alinéa 1er du Code civil dispose que « *les père et mère dont l'enfant a donné lieu à une mesure d'assistance éducative, conservent sur lui leur autorité parentale et en exercent tous les attributs qui ne sont pas inconciliables avec l'application de la mesure* ». Une restriction est néanmoins clairement énoncée, ils ne peuvent émanciper l'enfant, sans l'accord du juge des enfants, tant que la mesure d'assistance éducative n'est pas achevée. L'application de ces règles au pouvoir de garde ne suscite pas de réelles difficultés. Les prérogatives parentales sont maintenues. Les parents continuent d'exercer le pouvoir de garde, tant dans sa dimension intellectuelle que matérielle. Les parents reçoivent simplement une aide. L'objectif n'est pas de leur retirer leurs pouvoirs. De même, la décision du juge de subordonner le maintien du mineur dans son milieu actuel à l'obligation de « *fréquenter régulièrement un établissement* (...) *ou d'exercer une activité professionnelle* »[86], n'a pour effet que d'encadrer l'exercice du pouvoir de garde des parents. Leur capacité d'influer sur le mode de vie du mineur est atteinte, mais elle n'est pas totalement supprimée. Il s'agit d'une simple restriction à la liberté d'exercice du pouvoir de garde intellectuelle. La nouvelle faculté, offerte au juge par la loi du 5 mars 2007, d'autoriser le service, désigné pour assister les parents, à héberger exceptionnellement ou périodiquement le mineur faisant l'objet de la mesure d'assistance éducative suit une logique similaire. Le service reçoit un droit d'hébergement. L'attribution d'un tel droit montre bien que le juge ne lui a pas attribué la garde intellectuelle du mineur. Il ne peut décider de son lieu de vie. C'est donc l'attribution de ce droit d'hébergement qui lui permet de revendiquer la garde matérielle du mineur. Il peut alors exercer un contrôle sur les activités quotidiennes de l'enfant, mais ne contrôle pas son mode de vie. Le pouvoir de garde intellectuelle des titulaires de l'exercice de l'autorité parentale est donc simplement limité par la décision du juge qui attribue la possibilité de revendiquer la garde matérielle temporaire du mineur au service chargé à son égard d'une mission d'assistance éducative.

**317. Bilan sur le principe de l'exercice du pouvoir de garde par les parents**. Correspondant à une mission d'ordre naturel, liée à la filiation, l'autorité parentale est par principe exercée par les parents. Ces derniers exercent en conséquence le pouvoir de garde.

---

[85] Sur cette loi, *cf.* : A. GOUTTENOIRE, *La loi du 5 mars 2007 réformant la protection de l'enfance : à la recherche de nouveaux équilibres*, *D.* 2007, pp. 1090-1097 ; S. BERNIGAUD, *Les enjeux de la réforme de la protection de l'enfance*, *Dr. fam.* 2007, étude 23 ; F. EUDIER et P. CHAMBONCEL-SALIGUE, *Réforme de la protection de l'enfance : le défi de la coopération*, *RJPF*, 1re partie, novembre 2007, pp. 8-12, 2nde partie, décembre 2007, pp. 8-11.

[86] Article 375-2, alinéa 3 du Code civil.

Néanmoins, ce pouvoir ayant pour fondement l'absence ou l'insuffisance d'autonomie du mineur et pour finalité son éducation, il est parfois nécessaire que les parents fassent appel à une personne tierce pour les assister dans leur mission parentale. Que cette assistance soit le fruit de leur volonté ou de leur fait, elle n'entraîne en aucun cas le transfert du pouvoir de garde intellectuelle. Les parents conservent la maîtrise de l'organisation du mode de vie de leur enfant. En revanche, ils peuvent être amenés à transférer le pouvoir de garde matérielle à un tiers. Si ce transfert résulte de leur propre volonté, ils conservent le pouvoir de revendiquer la garde matérielle de l'enfant et peuvent revenir sur leur décision. Si ce transfert a été décidé par le juge, ce pouvoir est limité et organisé par la décision judiciaire. Ils ne peuvent revendiquer la garde matérielle de l'enfant que dans la limite de ce qui leur a été autorisé par le juge. Parfois, il est nécessaire d'aller au-delà d'une simple assistance des parents et de ne plus se contenter du seul transfert du pouvoir de garde matérielle. Il devient alors nécessaire de transférer la prérogative majeure de l'autorité parentale à laquelle est attachée une indisponibilité absolue : le pouvoir de garde intellectuelle.

## SECTION 2
## L'EXCEPTION : L'EXERCICE DU POUVOIR DE GARDE PAR DES TIERS

**318.** À titre exceptionnel, en l'absence de parents ou en présence d'une carence parentale forte, le pouvoir de garde peut être intégralement exercé par un tiers. Ce dernier se substitue pleinement aux parents. L'attribution du pouvoir de garde au tiers peut intervenir avec (**§ 1**) ou sans l'ouverture d'une tutelle (**§ 2**).

### § 1. L'ÉTABLISSEMENT D'UN POUVOIR DE GARDE SANS L'OUVERTURE D'UNE TUTELLE

**319.** L'autorité judiciaire peut transférer l'intégralité du pouvoir de garde à un tiers, sans pour autant ordonner l'ouverture d'une tutelle, dans deux hypothèses de défaillance des parents. En premier lieu, cette décision peut être prise en vertu d'une mesure d'assistance éducative ou d'un retrait partiel de l'autorité parentale. Il s'agit alors surtout d'une mesure de protection des enfants (**A**). En second lieu, le juge peut, à la demande des parents ou d'un tiers, ordonner la délégation partielle ou totale de l'autorité parentale et transférer le pouvoir de garde à un tiers (**B**). La mesure constitue alors avant tout un aménagement de l'exercice de l'autorité parentale.

#### A. LA PROTECTION DES MINEURS

**320.** Certaines carences parentales peuvent exiger la remise d'un mineur à un tiers et une forte restriction des prérogatives parentales, sans pour autant entraîner l'ouverture d'une tutelle. Cette hypothèse correspond à l'assistance éducative avec placement (**1**) et au retrait partiel de l'autorité parentale (**2**).

*1. L'assistance éducative avec placement*

**321. Conditions et organisation de l'assistance éducative avec placement**. Comme nous l'avons déjà vu[87], une mesure d'assistance éducative peut être ordonnée par le juge des enfants lorsque « *la santé, la sécurité ou la moralité d'un mineur non émancipé sont en danger, ou si les conditions de son éducation ou de son développement physique, affectif, intellectuel et social sont gravement compromises* »[88]. Si le maintien du mineur dans son milieu actuel doit être privilégié, dans les cas les plus graves, le juge peut néanmoins ordonner le retrait de l'enfant de son milieu actuel et organiser son placement auprès d'un tiers. Sur ce point, la loi du 5 mars 2007 relative à la protection de l'enfance a étendu le champ de ses possibilités. En effet, le juge peut toujours remettre l'enfant à titre permanent à l'autre parent, à un tiers digne de confiance[89], à un établissement sanitaire ou d'éducation privé ou public ou encore à un service départemental de l'Aide sociale à l'enfance[90] (ASE). Mais, dorénavant, il peut également confier le mineur en danger « *à un service ou à un établissement habilité pour l'accueil de mineurs à la journée ou suivant toute autre modalité de prise en charge* »[91]. En somme, le juge des enfants peut ordonner un placement à titre permanent, c'est-à-dire de jour et de nuit, ou un placement à titre temporaire, c'est-à-dire de jour. En outre, le juge fixe alors les modalités d'exécution du droit de visite des parents[92]. Ces règles constituent le socle de l'assistance éducative avec placement.

Selon l'article 375-4 du Code civil, le juge peut apporter des précisions sur son organisation concrète. D'une part, lorsque l'enfant n'est pas confié au service de l'aide sociale[93], il peut charger une personne, ou un service d'observation ou d'éducation en milieu ouvert, d'apporter aide et conseil au service ou à la personne à qui l'enfant a été confié. Une telle décision permet ainsi d'apporter une assistance à la personne ou au service qui prend en charge le mineur. D'autre part, le juge peut, dans tous les cas, assortir de mesures particulières la remise de l'enfant. Il peut notamment exiger la fréquentation régulière d'un établissement scolaire ou d'éducation surveillée, ou l'exercice d'une activité professionnelle, avec comptes rendus réguliers de la situation du mineur. Cette faculté offerte au juge peut être exercée dans tous les cas, même lorsque l'enfant mineur est confié au service de l'Aide sociale à l'enfance. Il peut donc exiger de ce service que l'enfant fréquente un établissement particulier[94] ou qu'il soit orienté vers une famille d'accueil[95], sans pour autant pouvoir imposer à l'Aide sociale à l'enfance l'accueil du mineur chez une assistante sociale du département nommément désignée dans le jugement[96]. Par conséquent, lorsque le juge confie un mineur sur le fondement d'une mesure d'assistance éducative au service de l'Aide sociale

---

[87] *Cf. supra* n° 315.

[88] Article 375 du Code civil.

[89] Sur ce point, la Cour de cassation a précisé que « *l'expression "un tiers digne de confiance", figurant au 2° de l'article 375-3 ne fait pas obstacle à ce que l'enfant soit confié à un ménage*, [et] *qu'il y a présomption que les personnes désignées par le juge sont considérées par celui-ci comme étant dignes de confiance* ». *Cf.* Civ. 1re, 16 janvier 1979, *Bull. civ.* I, n° 22.

[90] Il est à noter qu'en cas d'urgence, le juge peut pendant l'instance ordonner à titre provisoire la remise du mineur à un centre d'accueil ou d'hébergement.

[91] Article 375-3, 4° du Code civil.

[92] Article 375-7, alinéa 2 du Code civil.

[93] Civ. 1re, 29 juin 1994, *Bull. civ.* I, n° 229 ; *Defrénois* 1995, art. 36024, n° 7, pp. 321-322, obs. J. MASSIP ; Civ. 1re, 27 mai 2003, *Bull. civ.* I, n° 128 ; *JCP G* 2004, I, 109, n° 5, obs. TH. FOSSIER; *Defrénois* 2003, art. 37840, n° 116, pp. 1496-1498, obs. J. MASSIP ; *RDSS* 2003, 480, obs. F. MONÉGER.

[94] Civ. 1re, 15 mai 1990, *Bull. civ.* I, n° 105 ; *J.C.P.* 1991, II, 21666, note S. CURIEL ; Civ. 1re, 10 mars 1993, *Bull. civ.* I, n° 104 ; *JCP G* 1994, II, 22244, note M. ALLAIX ; Civ. 1re, 17 mai 1993, *Defrénois* 1993, art. 35663, n° 126, pp. 1371-1372, obs. J. MASSIP.

[95] Civ. 1re, 23 janvier 2001, *Bull. civ.* I, n° 10 ; *D.* 2001, 2151, note M. HUYETTE ; *RDSS* 2001, 360, obs. F. MONÉGER.

[96] Civ. 1re, 3 janvier 1980, *Bull. civ.* I, n° 1 ; Civ. 1re, 12 novembre 1985, *Bull. civ.* I, n° 293.

à l'enfance, il peut soit se contenter de mentionner l'ASE et lui laisser le choix du lieu d'accueil, soit mentionner un nom de foyer, soit préciser que le mineur sera orienté vers une famille d'accueil. La diversité des options ouvertes au juge des enfants risque de soulever de nombreuses interrogations sur l'attribution, la nature et l'étendue des prérogatives sur le mineur. Une telle question peut être abordée sous l'angle du pouvoir de garde.

**322. Répartition des pouvoirs dans l'assistance éducative avec placement.** L'assistance éducative n'a pas pour objectif de sanctionner les parents du mineur. Même si le retrait de l'enfant de son milieu actuel constitue une mesure forte, il n'aboutit pas à un retrait de l'exercice de l'autorité parentale. Selon l'article 375-7, alinéa 1^er^ du Code civil, les parents du mineur continuent d'exercer « *tous les attributs qui ne sont pas inconciliables avec l'application de la mesure* ». Cette idée est également exprimée par l'article L. 223-2 du Code de l'action sociale et des familles qui s'intéresse au sort des enfants confiés au service de l'Aide sociale à l'enfance. En effet, selon cet article, la remise d'un mineur à ce service départemental sur le fondement d'une mesure d'assistance éducative ne peut, « *sous réserve des pouvoirs reconnus à l'autorité judiciaire, (...) en aucun cas porter atteinte à l'autorité parentale que détiennent le ou les représentants légaux de l'enfant* ». Il n'en demeure pas moins que ces dispositions restent très générales et imprécises. Aussi, afin de préciser cet aménagement de l'exercice de l'autorité parentale, la loi du 5 mars 2007 a complété les dispositions de l'article 375-7 du Code civil en reprenant, plus ou moins adroitement, la distinction de l'article 373-4 du Code civil, qui oppose les actes usuels aux actes non usuels. Le nouvel alinéa 2 de l'article 375-7 dispose en effet que « *sans préjudice de l'article 373-4 et des dispositions particulières autorisant un tiers à accomplir un acte non usuel sans l'accord des détenteurs de l'autorité parentale, le juge des enfants peut exceptionnellement, dans tous les cas où l'intérêt de l'enfant le justifie, autoriser la personne, le service ou l'établissement à qui est confié l'enfant à exercer un acte relevant de l'autorité parentale en cas de refus abusif ou injustifié ou en cas de négligence des détenteurs de l'autorité parentale, à charge pour le demandeur de rapporter la preuve de la nécessité de cette mesure* ». Il en résulte donc que, par principe, le tiers à qui est confié le mineur peut effectuer tous les actes usuels de l'autorité parentale, mais ne peut accomplir un acte non usuel sans l'autorisation du juge. Selon les travaux préparatoires de la loi du 5 mars 2007[97], le législateur a souhaité donner un certain contenu à l'affirmation générale selon laquelle les parents du mineur, faisant l'objet d'une mesure d'assistance éducative, exercent tous les attributs de l'autorité parentale qui ne sont pas inconciliables avec la mesure, et ce tout spécialement lorsque le mineur a été confié à un tiers. En outre, l'article 375-7 du Code civil précise, dans son quatrième alinéa, qu'en cas de placement de l'enfant hors de chez ses parents « *ceux-ci conservent un droit de correspondance, ainsi qu'un droit de visite et d'hébergement* ». Avant la loi du 5 mars 2007, ce texte n'accordait aux parents qu'un droit de correspondance et de visite. Néanmoins, la Cour de cassation avait admis que le droit de visite comportait implicitement un droit d'hébergement[98]. En raison de l'importance de la question et afin de faire obstacle à l'arbitraire des tiers qui accueillent les mineurs[99], elle avait également précisé que le juge était seul compétent pour en fixer les modalités d'exercice. Par principe, il ne

---

[97] A. LARDEUX, *Rapport fait au nom de la commission des affaires sociales sur le projet de loi réformant la protection de l'enfance*, Rapport n° 393, Sénat, 14 juin 2006, p. 76 ; V. PÉCRESSE, *Rapport fait au nom de la commission des affaires culturelles, familiales et sociales sur le projet de loi réformant la protection de l'enfance*, Rapport n° 3256, Ass. Nat., 13 juillet 2006, pp. 107-108.

[98] Elle affirme ainsi que le droit d'hébergement, non mentionné dans le texte, n'est qu' « *une modalité du droit de visite* ». *cf.* Civ. 1^re^, 5 mai 1986, *D.* 1986, 496, note J. MASSIP ; Civ. 1^re^, 19 juillet 1989, *Bull. civ.* I, n° 299 ; *Defrénois* 1989, art. 34625, n° 110, pp. 1338-1339, obs. J. MASSIP.

[99] *Cf.* les développements de Jacques Massip sous Civ. 1^re^, 13 octobre 1998, *D.* 1998, 123.

pouvait déléguer cette mission au service recevant le mineur[100]. Toutefois, appliquant souplement cette règle, la Cour de cassation avait admis que la fixation judiciaire de la fréquence et du lieu de visite était suffisante[101] et n'était pas hostile à ce que le droit de visite fût organisé par le tiers chargé de l'accueil du mineur sous le contrôle du juge. Une telle solution paraît justifiée. Lorsque les parents, l'enfant et le tiers se mettent d'accord, l'arbitraire du tiers n'est plus à craindre. Il est dès lors logique de reconnaître la légalité de telles visites, sous réserve que le juge des enfants ait prévu dans son jugement que les modalités d'exercice du droit de visite seront négociées par les parents, l'enfant et le tiers. En cas de désaccord, le juge des enfants devra être immédiatement saisi. Avant 2007, la Cour de cassation semble avoir admis implicitement cette façon de procéder en ne censurant pas la formulation de rencontres organisées « *sous le contrôle* » du juge des enfants[102]. Cette solution jurisprudentielle a été expressément consacrée par le législateur en 2007. Le nouvel article 375-7, alinéa 2 du Code civil prévoit en effet que « *si la situation de l'enfant le permet, le juge fixe la nature et la fréquence des droits de visite et d'hébergement et peut décider que leurs conditions d'exercice sont déterminées conjointement entre les titulaires de l'autorité parentale et la personne, le service ou l'établissement à qui l'enfant est confié, dans un document qui lui est alors transmis. Il est saisi en cas de désaccord* ». En définitive, seules les rencontres, organisées par le juge ou avec son approbation de principe et sous son contrôle, sont légales. Dès lors, que doit-on déduire de ces dispositions sur l'exercice du pouvoir de garde ? Deux observations peuvent fournir des éléments de réponse.

**323. Première observation : l'ambiguïté du droit de visite et d'hébergement des parents.** En premier lieu, une lecture particulièrement rigoureuse de l'article 375-7 du Code civil peut nous conduire à faire preuve d'un certain scepticisme face à sa rédaction. En effet, il dispose qu'en cas de placement du mineur, les parents « *conservent un droit de correspondance ainsi qu'un droit de visite et d'hébergement* ». Très certainement, le choix du verbe « *conserver* » est maladroit. Il sous-entend que les parents disposaient déjà de ce droit. Or, si cela est concevable pour le droit de correspondance, il n'en est pas de même pour le droit de visite. Lorsque les parents exercent pleinement les prérogatives de l'autorité parentale, ils peuvent héberger leur enfant mineur sur le fondement du pouvoir de garde. En effet, ce pouvoir leur permet d'exiger qu'il habite chez eux. Dans cette hypothèse, il est inutile de parler de droit de visite et d'hébergement. Au contraire, un tel droit souligne l'absence de pouvoir de garde. Il doit donc être réservé aux personnes ne disposant pas d'un tel pouvoir.

S'il est vrai que depuis la réforme de 2007, l'article 373-2-9, alinéa 3, du Code civil permet au juge aux affaires familiales d'accorder un droit de visite au parent n'hébergeant pas habituellement l'enfant, et ce même en cas d'exercice conjoint de l'autorité parentale, il ne faut pas en déduire, ainsi que l'avons observé[103], qu'un droit de visite peut être reconnu à une personne disposant d'un pouvoir de garde. Ceci est d'autant plus vrai que, par ailleurs, le Code civil applique parfaitement l'idée selon laquelle un droit de visite ne peut être accordé

---

100 Civ. 1re, 13 octobre 1998, *Bull. civ.* I, n° 297 ; *D.* 1998, 123, M. HUYETTE ; *D.* 1999, SC, 201, obs. F. GRANET ; *Defrénois* 1999, art. 36947, n° 6, pp. 309-311, obs. J. MASSIP ; *RTD CIV.* 1999, 75, obs. J. HAUSER.

101 Civ. 1re, 11 mars 2003, *Bull. civ.* I, n° 69 ; *D.* 2003, IR, 862; *JCP G* 2004, I, 109, n° 5, obs. TH. FOSSIER; *Dr. fam.* 2003, comm. n° 59, note A. GOUTTENOIRE; *RTD civ.* 2003, 281, obs. J. HAUSER.

102 Crim., 3 juillet 1984, *Bull. crim,* n° 254 ; *RSC* 1985, 301, note G. LEVASSEUR ; Crim., 25 mars 1998, *Bull. crim.*, n° 114 ; *JCP G* 1998, II, 10162, note M. HUYETTE ; *JCP G* 1998, I, 187, nos 22-24, obs. G. VINEY ; *RTD civ.* 1998, 918, note P. JOURDAIN ; F. ALT-MAES, *L'hébergement chez ses parents du mineur placé : un conflit de responsabilités ?, art. précit.* ; O. GAN, *La responsabilité délictuelle du fait des agissements d'un mineur faisant l'objet d'une mesure de placement : évolution ou révolution ?, Gaz. Pal.* 1999, doc., pp. 101-104.

103 *Cf. supra* n° 300.

qu'à une personne ne disposant d'aucun pouvoir de garde. En effet, lorsque l'article 371-4 du Code civil permet au juge aux affaires familiales d'attribuer un droit de visite à un tiers, parent ou non, dans l'intérêt de l'enfant[104], il envisage les situations dans lesquelles ces personnes ne disposent d'aucun pouvoir suffisant pour exiger que l'enfant vienne habiter chez eux pendant une durée plus ou moins longue. Aussi la rédaction de l'article 375-7 paraît-elle particulièrement maladroite. Les parents ne « *conservent* » pas véritablement un droit de visite.

**324. Seconde observation : distinction des régimes issus des articles 373-4 et 375-7 du Code civil.** En second lieu, on peut être tenté de rapprocher cette situation de celle du mineur confié à un tiers par le juge aux affaires familiales sur le fondement de l'article 373-3 du Code civil[105]. En mentionnant l'article 373-4 dans l'article 375-7 et en reprenant l'opposition existant entre les actes usuels et les actes non usuels, le législateur de 2007 incite d'autant plus à un tel rapprochement.

Il est vrai qu'en général, les auteurs n'ont jamais réellement effectué une distinction entre les tiers accueillant un mineur à la suite d'une décision du juge aux affaire familiales fondée sur l'article 373-3 du Code civil et ceux recevant la charge d'un mineur à la suite d'une décision du juge des enfants fondée sur l'article 375-3 du même code[106]. En effet, ils considèrent que les dispositions de l'article 373-4 du Code civil posent le principe de la répartition des pouvoirs entre les parents et les tiers. Tandis que les premiers, conservant l'exercice de l'autorité parentale, peuvent prendre toutes les grandes décisions personnelles relatives à l'enfant, les seconds ne peuvent effectuer que les actes usuels concernant sa surveillance et son éducation[107]. Ainsi, Monsieur Raymond Legeais estime que lorsque « *l'enfant est confié à un tiers, ou à une institution,* (en exécution d'une mesure d'assistance éducative), *on ne peut plus admettre désormais que le droit de garde a été déplacé avec toutes les ramifications, toutes les prérogatives secondaires qu'il comporte. Le principe étant le maintien de l'autorité parentale aux père et mère, les limitations de cette autorité paraissent devoir être interprétées strictement, notamment dans le domaine de l'éducation* »[108].

Une telle assimilation est néanmoins contestable. La situation des enfants confiés à un tiers sur le fondement de l'article 373-3 du Code civil est différente de celle des enfants confiés à un tiers sur le fondement d'une mesure d'assistance éducative. L'article 373-3 du Code civil a seulement pour objectif d'aménager l'exercice de l'autorité parentale dans certaines circonstances exceptionnelles lorsque, par exemple, les parents sont séparés ou lorsque l'un d'entre eux est hors d'état de manifester sa volonté. Dans cette hypothèse, il est logique que l'atteinte aux prérogatives parentales soit strictement encadrée et *a minima*. À cet effet, l'article 373-4 du Code civil limite les pouvoirs du tiers. Il ne lui transfère que le minimum de pouvoirs. Ce dernier ne peut accomplir que les actes usuels relatifs à la surveillance et à l'éducation du mineur. En ce sens, ses pouvoirs sont bien restreints par le maintien des prérogatives parentales. Un tel raisonnement ne peut être transposé en matière d'assistance éducative. Le placement du mineur est alors clairement justifié par une

---

[104] Jusqu'à la loi du 4 mars 2002, l'article 375-4 du Code civil faisait expressément référence au droit de visité. La nouvelle rédaction ne l'envisage plus explicitement. Elle ne l'exclut pas pour autant, elle l'a englobé dans une formulation plus générale : « *Si tel est l'intérêt de l'enfant, le juge aux affaires familiales fixe les modalités des relations entre l'enfant et un tiers, parent ou non* ».

[105] *Cf. supra* n^os 311-313.

[106] M.-L. DELFOSSE-CICILE, *thèse précit.*, n^os 414-435, pp. 260-270 ; F. TERRÉ et D. FENOUILLET, *op. cit.*, n^os 1058-1067, pp. 1044-1054 ; A.-M. LEROYER, *L'enfant confié à un tiers : de l'autorité parentale à l'autorité familiale*, *RTD civ.* 1998, pp. 587-606, spéc. n^os 5-7, pp. 590-594.

[107] M.-L. DELFOSSE-CICILE, *thèse précit.*, n^os 418-421, pp. 262-264 ; F. TERRÉ et D. FENOUILLET, *op. cit.*, n^os 1065-1065, pp. 1050-1052 ; A.-M. LEROYER, *art. précit.*, spéc. n° 5, pp. 590-592.

[108] R. LEGEAIS, *L'autorité parentale*, *op. cit.*, n° 189, p. 161.

importante défaillance des parents dans leur mission éducative. Il se fonde sur l'idée que les parents ne peuvent remplir seuls leur fonction et qu'il est, de surcroît, nécessaire de retirer le mineur de son milieu actuel. C'est « *la protection du mineur* »[109], c'est-à-dire de sa santé, de sa sécurité, de sa moralité, des conditions de son développement physique, affectif, intellectuel et social, qui justifie le placement.

Cette opposition entre les placements des articles 373-3 et 375-7 du Code civil devrait dès lors avoir des répercussions sur les pouvoirs des tiers prenant en charge les mineurs. Avant la loi du 5 mars 2007 réformant la protection de l'enfance, le Code civil organisait une répartition des pouvoirs entre le tiers et les parents conforme à cette idée. En effet, l'article 375-7 précisait simplement que lorsqu'un mineur était confié à un tiers en exécution d'une mesure d'assistance éducative, les prérogatives parentales n'étaient maintenues que dans la limite de ce qui était conciliable avec la mesure d'assistance éducative. Sur ce point précis, la rédaction de cet article était donc bien différente de celle de l'article 373-3 du Code civil. Il ne restreignait pas les pouvoirs du tiers. Au contraire, il limitait les pouvoirs des parents par la mesure de placement décidée par le juge. Aussi, rien n'interdisait de penser que les pouvoirs du tiers n'étaient pas limités aux actes usuels. Cette analyse était d'ailleurs confortée par celle des prérogatives du service de l'Aide sociale à l'enfance accueillant un mineur en exécution d'une mesure d'assistance éducative. En effet, s'il est vrai que l'article L. 223-2, alinéa 4, du Code de l'action sociale et des familles dispose que le placement d'un mineur auprès de l'Aide sociale à l'enfance ne peut « *en aucun cas porter atteinte à l'autorité parentale que détiennent le ou les représentants légaux de l'enfant* », il n'en demeure pas moins que ce même article précise que cette règle doit être appliquée « *sous réserve des pouvoirs reconnus à l'autorité judiciaire* ». Cet article, contenant une disposition susceptible de réglementer le statut de tous les mineurs confiés à l'Aide sociale à l'enfance, prévoit ainsi que l'autorité judiciaire peut limiter les prérogatives des parents et renvoie ainsi implicitement à l'article 375-7 du Code civil[110]. Par conséquent, une véritable articulation existait entre les articles 373-3 et 375-3 du Code civil.

Depuis la réforme du 5 mars 2007, cette articulation a, en apparence, disparu. Estimant que la répartition des prérogatives de l'autorité parentale restait imprécise, le législateur a souhaité remédier à ce problème en alignant les règles de l'assistance éducative avec placement sur celles du placement chez un tiers fondé sur l'article 373-3 du Code civil. Il ne

---

[109] Article 375-3, alinéa 1er du Code civil.

[110] Les auteurs, qui ont analysé les pouvoirs du service de l'Aide sociale à l'enfance accueillant un mineur dans le cadre d'une mesure d'assistance éducative, ont généralement déduit que le service départemental dispose de la majeure partie des prérogatives de l'autorité parentale relatives au gouvernement de la personne du mineur. Ainsi, Elie Alfandari affirme que « *les enfants confiés au service d'aide sociale à l'enfance, à quelque titre que ce soit, sont sous la garde juridique de celui-ci.* (...) *Il détermine les orientations scolaires et professionnelles de l'enfant, organise ses loisirs et ses vacances, etc...* » L'auteur précise néanmoins que « *si l'enfant a maintenu ses liens avec la famille d'origine, il est bon qu'une concertation s'instaure avec celle-ci sur les modalités de l'éducation de l'enfant et sur ses orientations* ». *Cf.* E. ALFANDARI, *Action et aide sociales*, 4e éd., Dalloz, 1989, n° 380, pp. 564-565 et n° 382, p. 572. De même, Amédée Thévenet explique que lorsqu'un mineur est confié au service de l'Aide sociale à l'enfance : « *le service se voit conférer, par le juge des enfants : le droit de garde, de surveillance et de direction dans les mêmes conditions que pour les pupilles* (...). *Les parents conservent la majorité de leurs droits d'autorité parentale, soit en pratique : le droit de consentir au mariage, à l'adoption, à l'émancipation* (...) ». *Cf.* A. THÉVENET, *L'aide sociale aujourd'hui, Nouvelle étape pour la décentralisation*, 15e éd. actualisée, ESF éditeur, Actions Sociales/Référence, 2004, p. 162. Un autre auteur, Jean-Marc Lhuillier, adopte une position plus nuancée. Il considère en effet que le service de l'Aide sociale à l'enfance doit pouvoir effectuer les actes usuels relatifs à la surveillance et à l'éducation de l'enfant et lui reconnaît la possibilité d'effectuer des actes graves en l'absence d'intérêt des parents. Dans cette dernière hypothèse, ils pourront toujours agir devant le juge des enfants afin de confirmer ou d'infirmer la décision de l'Aide sociale à l'enfance. *Cf.* J.-M. LHUILLIER, *Aide sociale à l'enfance, Guide pratique*, 7e éd., Berger-Levrault, Les Indispensables, 2004, nos 164-166, pp. 143-145.

faudrait donc pas faire de distinctions entre ces deux situations. Pour autant, il est permis de ne pas être totalement convaincu par cette assimilation. Elle paraît à la fois irréaliste et dangeureuse.

Irréaliste, parce qu'il ressort des travaux préparatoires de la loi du 5 mars 2007 que, dans l'esprit du législateur, le tiers, à qui est confié l'enfant en exécution d'une mesure d'assistance éducative, exerce la plupart des prérogatives de l'autorité parentale. En effet, il apparaît que les actes non usuels, envisagés par le nouvel article 375-7 du Code civil sont des actes qui présentent une extrême importance. Il s'agit des opérations, des vaccinations ou des séjours à l'étranger[111]. Autrement dit, sont visés des actes qui portent atteinte à l'intégrité corporelle du mineur ou qui sont susceptibles de l'éloigner de la France. *A contrario*, on peut déduire que le législateur a une conception très large des acts usuels pouvant être effectués par le tiers. Dès lors, on peut se demander si les articles 373-4 et 375-7 du Code civil partagent la même conception de la notion d'actes usuels. Lorsque le mineur est confié à un tiers sur le fondement de l'article 373-4 du Code civil, le parent qui conserve l'exercice de l'autorité parentale n'est aucunement encadré par une mesure d'assistance éducative. Il conserve donc logiquement un fort pouvoir d'initiative. Le tiers ne peut effectuer que des actes usuels d'une importance très réduite. Tel n'est pas le cas du tiers qui reçoit un mineur sur le fondement d'une mesure d'assistance éducative. Ainsi, autant le service de l'Aide sociale à l'enfance peut décider du placement du mineur qui lui est confié sur le fondement de l'article 375-3 du Code civil dans un établissement scolaire ou autre, quitte à solliciter l'avis des titulaires de l'exercice de l'autorité parentale, autant le tiers qui prend en charge un mineur sur le fondement de l'article 373-3 doit suivre sur ce point la volonté des titulaires de l'exercice de l'autorité parentale. On le comprend bien la notion d'actes usuels ne peut être totalement la même dans les deux cas.

Dangeureuse, cette assimilation l'est certainement. En retenant une conception large des actes usuels pouvant être effectués par un tiers à qui est confié un mineur en exécution d'une mesure d'assistance éducativé, le législateur risque en réalité d'accroître les prérogatives des tiers prenant en charge un mineur sur le fondement de l'article 373-3 du Code civil. Tandis qu'avant la loi de 2007, on pouvait estimer que le titulaire de l'exercice de l'autorité parentale conservait la majeure partie des prérogatives parentales, une toute autre lecture fondée sur l'assimilation législative risque d'être dorénavant retenue. L'on risque en effet de soutenir que le titulaire de l'exercice de l'autorité parentale ne conserve plus que quelques prérogatives, certes importantes mais relativement exceptionnelles. Une telle évolution serait d'importance.

Dès lors, il paraît beaucoup plus opportun de maintenir une véritable articulation entre les articles 373-3 et 375-3 du Code civil. Celle-ci est fondée sur la différence de nature et d'intensité existant entre ces deux mesures de placement. Tandis que l'article 373-3 du Code civil permet au juge de retirer temporairement un mineur de son milieu actuel en cas de circonstances exceptionnelles sans pour autant restreindre fortement les prérogatives parentales, l'article 375-3 du Code civil lui permet de retirer un mineur en danger de son milieu actuel et de transférer les principales prérogatives de l'autorité parentale à un tiers. Une telle distinction, pleinement autorisée par les textes antérieurs à la loi du 5 mars 2007, établit un net clivage entre le placement en raison de circonstances exceptionnelles et le placement en application d'une mesure d'assistance éducative. Pour autant, il ne faudrait pas conclure de cette distinction que le placement effectué sur le fondement de l'article 375-3 du Code civil emporte les mêmes conséquences que le retrait total de l'autorité parentale. Le retrait total emporte la disparition de toutes les prérogatives de l'autorité parentale, ce n'est pas l'esprit de l'assistance éducative.

---

111 A. LARDEUX, *rapp. précit.*, p. 76. ; V. PÉCRESSE, *rapp. précit.*, p. 107.

**325. Conséquence : le transfert de la globalité du pouvoir de garde.** Dès lors, si on distingue clairement les situations des articles 373-3 et 375-3 du Code civil, il convient d'admettre que la mesure de placement, fondée sur l'article 375-3 du Code civil, confie à un tiers le contrôle du mode de vie et des activités quotidiennes du mineur. Le tiers acquiert un très fort pouvoir sur l'éducation du mineur[112]. La décision du juge transfère donc la garde matérielle et intellectuelle du mineur à un tiers. Toutefois, cette mesure n'a pas pour objectif de sanctionner les parents. Ils continuent d'exercer l'autorité parentale, mais cette dernière est particulièrement réduite[113]. Ainsi, on admet que les parents conservent le droit de choisir la philosophie ou la religion du mineur[114], le droit de décider d'une opération, d'une vaccination ou d'un séjour à l'étranger, le droit de consentir à son mariage ou à son adoption... Cette première analyse de la répartition des pouvoirs entre le tiers et les parents constitue le schéma de base. Bien souvent, la décision du juge est assortie de modalités qui peuvent avoir des conséquences sur l'exercice du pouvoir de garde.

Tout d'abord, le juge peut demander à un service ou à une personne d'assister le tiers qui accueille l'enfant. Sa décision n'affecte en rien le pouvoir de garde appartenant au tiers, il s'agit d'une simple mesure d'assistance apportée à celui-ci.

Ensuite, il peut exiger que le mineur fréquente régulièrement un établissement sanitaire ou d'éducation, ordinaire ou spécialisé, ou exerce une activité professionnelle. Dans les faits, une telle décision se traduit le plus souvent par le placement permanent du mineur dans l'établissement choisi par le juge. Néanmoins, juridiquement, il existe très certainement une différence entre un accueil permanent et une « *fréquentation régulière* ». Seule cette dernière idée est visée par l'article 375-2 du Code civil. Dès lors, il est loisible de penser que la décision du juge des enfants circonscrit l'exercice de la garde matérielle, mais n'entend pas pour autant priver de tout pouvoir d'initiative celui qu'elle désigne comme le substitut principal des parents. Cette idée peut être explicitée à travers l'exemple de la remise d'un mineur à l'Aide sociale à l'enfance. Ainsi, le juge des enfants peut confier le mineur à l'Aide sociale à l'enfance en la chargeant de le placer dans une famille d'accueil. Le service départemental conserve un fort pouvoir de décision. En effet, il reste libre du choix de la famille et peut très bien en changer. De même, le juge des enfants peut préférer remettre l'enfant à l'Aide sociale à l'enfance en précisant qu'il devra fréquenter régulièrement un établissement déterminé. Certes, dans les faits, l'enfant sera le plus souvent hébergé en permanence par cet établissement, toutefois, sur le terrain juridique, il serait inexact d'affirmer que l'Aide sociale à l'enfance est dénuée de tout pouvoir. En effet, le juge ne peut exiger qu'une fréquentation régulière. Le service départemental reste donc libre de limiter la fréquentation de cet établissement à partir du moment où elle reste régulière. En somme, si nous envisageons les conséquences de cette règle sur le terrain de la garde d'autrui, nous pouvons en déduire que l'exercice de la garde intellectuelle du mineur reste dans les mains du tiers à qui est confié l'enfant, mais que le juge peut décider que la garde matérielle sera

---

[112] P. RAYNAUD, *La puissance paternelle et l'assistance éducative, in Mélanges R. SAVATIER*, Dalloz, 1965, pp. 807-820, spéc. pp. 817-819.

[113] *Cf. contra* : M. HUYETTE, *L'autorité parentale face aux mesures d'assistance éducative, in L'autorité parentale en question, op. cit.*, pp. 165-175, *spéc.* p. 169. Cet auteur affirme ainsi : « *En résumé, la seule prérogative évidemment incompatible avec la mesure de garde est le droit pour les parents de choisir le lieu de vie de leur enfant puisque celui-ci est défini et imposé par le juge. Mais au-delà, ils conservent toutes les autres. Autrement dit, concrètement, même lorsque l'enfant est accueilli par un service éducatif, ce sont les parents qui doivent continuer à prendre les décisions essentielles concernant notamment sa scolarité ou sa santé* ». Il observe néanmoins qu'en pratique ce schéma est très loin d'être respecté.

[114] Le juge pourrait néanmoins, pour des raisons particulièrement graves, s'opposer à ces convictions. Ceci ressort clairement de l'article 4 du décret n° 70-1276 du 23 décembre 1970 qui dispose : « *Dans l'application de l'assistance éducative, il doit être tenu compte des convictions religieuses et philosophiques du mineur et de sa famille* ».

obligatoirement attribuée à une autre personne, désignée par sa seule qualité, ou à un établissement spécialisé pour une durée correspondant à une fréquentation régulière.

Enfin, le juge peut décider d'attribuer un droit de visite ou d'hébergement aux parents. L'exercice de ce droit, selon des modalités fixées ou contrôlées par le juge n'entraîne, en aucun cas, un nouveau transfert de la garde intellectuelle du mineur. Les parents, exerçant leur droit de visite et d'hébergement, ne peuvent revendiquer que la garde matérielle de leur enfant. Ils ne peuvent pas influer sur son mode de vie en un temps si réduit. En réalité, seule une décision judiciaire interrompant ou suspendant la mesure d'assistance éducative, pour une durée supérieure à celle de la simple exécution d'un droit de visite et d'hébergement, pourrait leur redonner la garde intellectuelle de leur enfant.

Ainsi, le placement d'un mineur sur le fondement d'une mesure d'assistance éducative permet de transférer à un tiers le pouvoir de garde sans pour autant qu'il soit associé à l'ouverture d'une tutelle. Cette idée ressort également de l'étude du retrait partiel de l'autorité parentale.

***2. Le retrait partiel de l'autorité parentale***

**326. Conditions du retrait de l'autorité parentale**. Parfois, le contrôle judiciaire de l'autorité parentale ne peut se limiter à l'assistance des parents. Quand ces derniers sont indignes d'exercer l'autorité parentale, elle doit leur être retirée. Cette forme de contrôle fut la première à être instaurée par le législateur en 1889[115]. Initialement qualifiée de « *déchéance de la puissance paternelle* », elle fut renommée « *retrait de l'autorité parentale* » par la loi du 5 juillet 1996 relative à l'adoption. L'objectif de cette requalification est de montrer que cette mesure a pour objectif la protection de l'enfant. Ce dernier ne doit pas « *porter la culpabilité incluse dans les termes d'une décision sanctionnant ses parents* »[116]. Néanmoins, le principe de la sanction des parents demeure. Le retrait peut être ordonné par le juge pénal lorsque les père et mère ont été condamnés, soit comme auteurs ou complices d'un crime ou d'un délit commis sur la personne de l'enfant, soit comme auteurs ou complices d'un crime ou d'un délit commis par leur enfant. Il peut également être ordonné par le juge civil lorsque les père et mère ont mis gravement en danger la sécurité, la santé ou la moralité de l'enfant par des mauvais traitements, une consommation habituelle et excessive de boissons alcooliques, un usage de stupéfiants, une inconduite notoire, des comportements délictueux, un défaut de soins ou encore un manque de direction. De même, sont susceptibles de se voir retirer l'autorité parentale, les père et mère dont l'enfant fait l'objet d'une mesure d'assistance éducative et qui, pendant plus de deux ans, se sont volontairement abstenus d'exercer les droits et de remplir les devoirs de l'autorité parentale que leur laissait l'application de la mesure d'assistance éducative.

**327. Étendue du retrait de l'autorité parentale.** En général, le retrait de l'autorité parentale est total, mais le jugement peut également prononcer un retrait partiel de l'autorité parentale. Lorsque le retrait est total, le mineur est confié à un tiers ou à l'aide sociale à l'enfance, si l'autre parent est décédé ou s'il a perdu l'exercice de l'autorité parentale. L'autorité judiciaire pourra prendre les mêmes mesures lorsque l'autorité parentale est dévolue à l'un des parents par l'effet du retrait total de l'autorité parentale prononcé contre l'autre. La remise de l'enfant à un tiers ou au service de l'aide sociale à l'enfance entraînera

---

[115] Loi du 24 juillet 1889 sur la protection des enfants maltraités et moralement abandonnés. *Cf.* P. GAUTRON, *Le contrôle des tribunaux sur l'exercice du droit de garde de la puissance paternelle durant le mariage*, thèse Rennes, 1931 ; L. DE NAUROIS, *Le contrôle judiciaire de la puissance paternelle sur la personne de l'enfant, Rev. crit.* 1936, pp. 460- 545 ; R. SAVATIER, *Le contrôle de la puissance paternelle, D.* 1947, chr., 21.

[116] Rapport de la commission spéciale de l'Assemblée nationale, Doc. Ass. Nat. 2449.

alors l'organisation d'une tutelle[117]. Lorsque le retrait de l'autorité parentale est partiel, le mineur peut également être confié à un tiers si la décision concerne les deux parents ou si l'autre parent est décédé ou a perdu l'exercice de l'autorité parentale.

Selon l'article 380 du Code civil, dès lors que le tribunal confie l'enfant à un tiers, ce dernier doit requérir l'organisation d'une tutelle, quelle que soit l'étendue du retrait de l'autorité parentale. Une telle solution peut parfaitement se comprendre lorsque le retrait de l'autorité parentale est total. Les parents n'exerçant plus aucune des prérogatives parentales en raison de leur comportement, il semble logique d'organiser un régime de protection du mineur en faisant abstraction des parents. La tutelle prend le relais de l'autorité parentale. Ainsi, le tiers devra requérir l'organisation de la tutelle et, lorsque l'enfant est confié au service départemental de l'aide sociale à l'enfance, celui-ci mettra en place la tutelle des pupilles de l'État[118].

La même solution est admise moins facilement en présence d'un retrait partiel de l'autorité parentale. En effet, si l'article 380 du Code civil ne fait pas de différence entre les enfants confiés à un tiers à la suite d'un retrait total ou d'un retrait partiel, une telle assimilation ne se retrouve pas pour les mineurs confiés au service de l'Aide sociale à l'enfance. L'article L. 224-4 du Code de l'action sociale et des familles précise que seuls les enfants dont les parents ont fait l'objet d'un retrait total de l'autorité parentale peuvent être admis en qualité de pupille de l'État. Par conséquent, lorsque l'autorité parentale a été partiellement retirée, l'Aide sociale à l'enfance doit respecter les droits conservés par les parents. La divergence de raisonnements du Code civil et du Code de l'action sociale et des familles est manifeste. Aussi peut-on, à la suite de certains auteurs[119], se demander si l'ouverture de la tutelle ne serait pas simplement facultative. L'ambiguïté des textes ne permet pas de donner de réponse précise[120]. Toutefois, si une telle éventualité doit être rejetée en cas de retrait total, puisque l'absence de tutelle aurait très certainement pour conséquence de laisser certaines prérogatives de l'autorité parentale sans titulaire, il n'en est pas de même en cas de retrait partiel de l'autorité parentale. En effet, dans une telle hypothèse, les parents conservent les prérogatives exceptionnelles de l'autorité parentale. L'organisation d'une tutelle générale n'est peut-être pas nécessaire.

**328. Sort du pouvoir de garde en cas de retrait partiel de l'autorité parentale sans tutelle**. Même si le retrait partiel de l'autorité parentale n'est pas obligatoirement accompagné de l'ouverture d'une tutelle, on admet généralement qu'il retire les attributs fondamentaux de l'autorité parentale[121]. Les parents ne conservent en général que des attributs exceptionnels de l'autorité parentale, tels le droit de demander l'émancipation ou de consentir au mariage ou à l'adoption de l'enfant et peuvent également bénéficier de l'administration légale[122]. Dans une telle hypothèse, le tiers, exerçant les principales prérogatives de l'autorité parentale, dispose du pouvoir de garde du mineur. Les parents ont perdu le contrôle du mode de vie et des

---

[117] *Cf. infra* n° 339.

[118] *Cf. infra* n^os^ 350-353.

[119] F. TERRÉ et D. FENOUILLET, *op. cit.*, n°1067, pp. 1053-1054.

[120] F. TERRÉ et D. FENOUILLET, *ibid.* Ces auteurs expliquent que l'article 380 du Code civil ne donne pas mission aux tiers d'ouvrir la tutelle, mais seulement de procéder à son organisation. Dès lors « *si l'on s'en tient au terme "organisation", cela signifie que la tutelle s'est déjà ouverte automatiquement, de plein droit, sans intervention d'une quelconque décision judiciaire. L'interprétation est hasardeuse : lorsque l'enfant est confié à un tiers sur le fondement de l'alinéa 2 de l'article 380, la tutelle a priori n'est pas ouverte (le retrait n'a atteint qu'un seul des parents ; et l'autre est, par hypothèse, en état d'exercer son autorité). De même, il est possible de se demander si la remise de l'enfant à un tiers par le tribunal de grande instance sur le fondement de l'article 374-1 va de pair avec une ouverture automatique de la tutelle.* »

[121] CL. NEIRINCK, *Autorité parentale, retrait, J.-Cl. civil*, art. 371 à 387, fasc. 40, 1998, n° 77, p. 15.

[122] CL. NEIRINCK, *art. précit.*, n° 79, p. 15.

activités quotidiennes. Ils conservent seulement des prérogatives exceptionnelles. Une telle hypothèse de transfert du pouvoir de garde à un tiers en l'absence d'organisation d'une tutelle se retrouve également en cas de délégation de l'autorité parentale.

### B. LA DÉLÉGATION DE L'AUTORITÉ PARENTALE

**329. Présentation générale de la délégation de l'autorité parentale.** Si l'article 376 du Code civil pose le principe de l'indisponibilité de l'autorité parentale, et plus précisément de l'impossibilité d'y renoncer, il prévoit immédiatement après qu'un jugement peut valider une telle renonciation. Cette dernière précision rend ainsi possible les délégations d'autorité parentale. Créée par la loi du 24 juillet 1889 et maintenue par celle du 4 juin 1970, la délégation judiciaire de l'autorité parentale a été profondément rénovée par la loi du 4 mars 2002[123]. L'esprit de la délégation a évolué. Auparavant, elle était exclusivement perçue comme une forme d'abandon ; depuis la réforme, elle permet de faire participer un tiers à l'exercice des prérogatives de l'autorité parentale. La procédure et les conditions ont été assouplies. Dorénavant, la délégation est admise quel que soit l'âge du mineur et n'est plus subordonnée à sa remise à un tiers. Elle peut être volontaire ou forcée.

**330. La délégation volontaire.** La délégation volontaire de l'autorité parentale est demandée par « *les père et mère, ensemble ou séparément, lorsque les circonstances l'exigent* »[124]. Ils saisissent le juge en vue de transférer tout ou partie de l'exercice de l'autorité parentale « *à un tiers, membre de la famille, proche digne de confiance, établissement agréé pour le recueil des enfants ou service départemental de l'aide sociale à l'enfance* »[125]. La loi du 4 mars 2002 a considérablement assoupli les règles de la délégation volontaire en supprimant les conditions relatives à l'âge du mineur et à sa remise préalable. L'objectif était de faciliter le transfert de l'exercice de l'autorité parentale dans certaines circonstances aux grands-parents ou aux beaux-parents[126]. En effet, on a souligné que l'enfant, dont un des parents est décédé et qui vit au sein d'une seconde famille, n'a pas été remis au beau-parent par le parent survivant. La condition de la remise de l'enfant faisait ainsi obstacle à une délégation de l'autorité parentale au beau-parent, pourtant bien utile dans certaines situations, notamment lorsque le parent survivant habite ou est en déplacement à l'étranger pour une longue durée. Le juge aux affaires familiales ne pouvait ordonner que la remise de l'enfant au beau-parent sur le fondement de l'article 373-3 du Code civil. Or, dans cette hypothèse, ce dernier n'exerce pas l'autorité parentale, il ne peut effectuer que les actes usuels relatifs à la surveillance et à l'éducation du mineur. Il convenait donc d'apporter une solution plus adaptée. La suppression de la condition de la remise de l'enfant facilite désormais la délégation de l'exercice de l'autorité parentale[127]. Elle demeure néanmoins soumise à un accord entre le délégant et le délégataire et ne peut être acceptée par le juge que si les « *circonstances l'exigent* ».

---

[123] A. GOUTTENOIRE-CORNUT et P. MURAT, *L'intervention d'un tiers dans la vie de l'enfant, art. précit., spéc.* pp. 5-7 ; H. FULCHIRON, *L'autorité parentale rénovée, art. précit.*, spéc. pp. 980-982.

[124] Article 377, alinéa 1er du Code civil.

[125] *Idem.*

[126] *Cf.* sur le statut des beaux-parents : M. REBOURG, *La prise en charge de l'enfant par son beau-parent*, préf. H. FULCHIRON, Defrénois, Doctorat et Notariat, 2003 ; H. FULCHIRON, *Autorité parentale et familles recomposées, in Droit des personnes et de la famille : mélanges à la mémoire de D. HUET-WEILLER : liber amicorum, op. cit.*, pp. 141-163 ; M.-CL. RIVIER, *L'introuvable statut du beau-parent, in L'autorité parentale en question, op. cit.*, pp. 177-185.

[127] Cette modification législative reprend les propositions des rapports Théry et Dekeuwer-Défossez. *Cf.* I. THÉRY, *rapp. précit.*, pp. 218-219 ; F. DEKEUWER-DÉFOSSEZ, *rapp. précit.*, p. 94.

**331. La délégation forcée**. Par opposition avec la délégation volontaire, la délégation forcée est demandée par le particulier, l'établissement ou le service de l'aide sociale à l'enfance qui a recueilli un enfant mineur, dès lors que le désintérêt des parents est manifeste ou qu'ils sont dans l'impossibilité effective d'exercer l'autorité parentale. Cette délégation forcée résulte d'une simplification effectuée par la loi du 4 mars 2002. Auparavant, on distinguait la délégation forcée, qui exigeait une remise volontaire de l'enfant et un désintérêt des parents d'au moins un an[128], et celle qui se contentait d'un recueil de l'enfant par un tiers sans intervention des parents, mais obligeait à une déclaration du tiers qui permettait aux parents de reprendre l'enfant[129]. Le nouvel article 377, alinéa 2 du Code civil n'évoque plus que le recueil du mineur. Par ailleurs, la réforme a pris en compte le fait que le comportement des parents n'est pas nécessairement fautif. Cet aspect souligne ainsi la distinction entre la délégation et le retrait de l'autorité parentale.

**332. Exercice du pouvoir de garde en cas de délégation de l'exercice de l'autorité parentale.** La loi du 4 mars 2002 a profondément remanié les effets de la délégation de l'exercice de l'autorité parentale[130]. Elle peut être totale ou partielle, mais également exclusive ou cumulative.

En premier lieu, la délégation peut porter sur la totalité ou une partie des prérogatives de l'autorité parentale. Que devient le pouvoir de garde dans de telles hypothèses ? La délégation, partielle ou totale, a pour objectif de conférer un pouvoir fort sur la personne du mineur. Initialement, elle a été conçue pour encadrer judiciairement les renonciations des parents. Il semble donc bien que, dans toutes ses manifestations, la délégation atteigne le pouvoir de garde dans sa globalité. En ce sens, la délégation de l'exercice de l'autorité parentale à un tiers lui confère un pouvoir de garde intellectuelle et matérielle. Un arrêt de la Cour de cassation a d'ailleurs admis que la décision du juge, délégant l'exercice de l'autorité parentale à un tiers et attribuant l'exercice d'un droit de visite et d'hébergement aux parents, devait être perçue comme une délégation partielle[131]. Comme nous l'avons déjà observé, le droit de visite et d'hébergement est, par principe, attribué soit à un tiers, soit à une personne exerçant auparavant un pouvoir de garde. Dans cette dernière hypothèse, il souligne la disparition de ce pouvoir. En l'occurrence, l'attribution du droit de visite et d'hébergement rentre dans cette seconde catégorie. Une telle solution montre bien que la délégation partielle de l'autorité parentale entraîne un transfert de l'intégralité du pouvoir de garde. En contrepartie, les parents peuvent recevoir un droit de visite et d'hébergement, leur conférant la possibilité de revendiquer la garde matérielle de l'enfant dans la limite des prescriptions judiciaires.

En second lieu, la délégation peut être exclusive ou cumulative. La délégation exclusive a pour conséquence de priver le délégant des pouvoirs transférés. Une fois délégués, le délégataire en a l'exercice exclusif. Cette règle était la seule admise avant la loi du 4 mars 2002. Elle avait pour conséquence de freiner le recours à cette institution du droit de la famille. Cette limite a été soulignée par le rapport Dekeuwer-Défossez. En effet, « *il est des cas où les parents en difficulté n'ont pas besoin d'être remplacés mais plutôt épaulés par un tiers, des grands-parents par exemple. Dans de telles circonstances, on pourrait imaginer que soit prévu non pas un "dépeçage" de l'autorité parentale, mais un exercice en commun de cette autorité par le ou les délégants et le ou les délégataires. Il appartiendrait bien sûr au juge d'apprécier l'opportunité d'une solution qui permettrait d'assurer la protection de l'enfant grâce à une coopération entre parents et tiers, dans le respect de l'intangibilité de la fonction*

---

[128] Ancien article 377, alinéa 3 du Code civil.

[129] Ancien article 377-1 du Code civil.

[130] A. GOUTTENOIRE-CORNUT et P. MURAT, *L'intervention d'un tiers dans la vie de l'enfant, art. précit.*, spéc. p. 7.

[131] Civ. 1re, 14 février 1989, *Bull. civ.* I, n° 77 ; *Gaz. Pal.* 1990, 1, 130, note J. MASSIP.

*parentale* »[132]. Cette proposition a été adoptée et retranscrite à l'article 377-1, alinéa 2 du Code civil. Dorénavant la délégation n'a pas nécessairement pour effet d'exclure le délégant de l'exercice des prérogatives transférées, elle peut conduire à l'adjonction d'une nouvelle personne pouvant exercer une ou plusieurs prérogatives déterminées. Elle instaure alors un exercice concurrent de l'autorité parentale entre le délégant et le délégataire. Une telle délégation doit néanmoins se fonder sur leurs accords et répondre aux « *besoins d'éducation de l'enfant* »[133]. Donnant plus de souplesse à la délégation de l'exercice de l'autorité parentale, cette nouvelle règle pourra être utilisée pour organiser, dans les familles recomposées, un partage des pouvoirs entre la famille d'origine de l'enfant et le beau-parent au foyer duquel il vivrait. De même, cette nouvelle forme de délégation pourra être utilisée pour organiser l'exercice de l'autorité parentale sur les enfants élevés par des grands-parents ou d'autres membres de la famille. En définitive, cette forme de délégation crée une nouvelle forme d'exercice conjoint de l'autorité parentale. En toute logique, l'article 377-1 opère un renvoi aux articles 372-2 et 373-2-11 qui envisagent respectivement la présomption d'entente des parents à l'égard des tiers et les règles de solution des conflits parentaux.

En ce qui concerne l'effet de la délégation sur l'exercice du pouvoir de garde, il est possible d'admettre que la délégation exclusive, éteignant les pouvoirs du délégant, opère le transfert exclusif du pouvoir de garde au délégataire. En revanche, la délégation cumulative, s'analysant comme une nouvelle forme d'exercice conjoint de l'autorité parentale, multiplie le nombre de titulaires de l'exercice du pouvoir de garde. Bien souvent, ils n'habiteront pas sous le même toit, il faut alors admettre qu'ils exercent conjointement le pouvoir de garde intellectuelle, mais que le pouvoir de garde matérielle n'est exercé que par la ou les personnes hébergeant le mineur. Cette dernière forme de la délégation montre bien qu'elle n'a pas pour objectif de mettre en exergue la faute des parents, à la différence du retrait de l'autorité parentale.

Ainsi, dans le cadre d'une délégation ou d'une mesure d'assistance éducative, le juge peut directement transférer l'exercice du pouvoir de garde du mineur à un tiers. Cependant, tandis que la mesure d'assistance éducative entraîne systématiquement l'extinction du pouvoir de garde des parents, la délégation de l'autorité parentale n'éteint pas systématiquement le pouvoir de garde intellectuelle des parents. Par ailleurs, dans certaines hypothèses, l'attribution d'un pouvoir de garde à un tiers s'accompagne de l'ouverture d'une tutelle.

## § 2. L'ÉTABLISSEMENT D'UN POUVOIR DE GARDE AVEC L'OUVERTURE D'UNE TUTELLE

**333.** Dans certaines situations, la reconnaissance d'un pouvoir de garde aux tiers s'accompagne de l'établissement d'une tutelle. La tutelle des mineurs peut se définir comme un régime de protection dont l'objectif est de se substituer ou, moins fréquemment, de se superposer au pouvoir des parents. Le droit français connaît plusieurs formes de tutelle. En effet, à la tutelle de droit commun ou tutelle familiale **(A)**, viennent s'ajouter plusieurs tutelles spéciales **(B)**.

### A. LA TUTELLE PRIVÉE OU DE DROIT COMMUN

**334.** La tutelle de droit commun des mineurs est organisée par le Code civil. Destinée à suppléer la protection parentale, la tutelle peut être ouverte dans de multiples hypothèses **(1)**,

---

[132] F. DEKEUWER-DÉFOSSEZ, *rapp. précit.*, p. 95.

[133] Article 377-1, alinéa 2 du Code civil.

mais est organisée selon un modèle unique faisant intervenir la famille du mineur et les autorités étatiques **(2)**.

***1. Les cas d'ouverture de la tutelle de droit commun***

**335.** En 1804, la tutelle avait un champ d'application beaucoup plus vaste que la tutelle contemporaine. Elle était systématiquement mise en place au décès de l'un des parents de l'enfant légitime et existait automatiquement pour les enfants naturels. Ces cas d'ouverture d'une tutelle permettaient de conférer un pouvoir important à la famille sur la personne d'un mineur. La loi du 14 décembre 1964[134] a profondément modifié le domaine de la tutelle des mineurs. Globalement, elle peut être organisée dans deux situations distinctes. Perçue comme un substitut parental, elle est soit la réponse à une absence de parents **(a)**, soit une réponse à une défaillance des parents **(b)**. Dans ces deux grandes hypothèses, un point doit d'ores et déjà être souligné. En effet, si la tutelle a vocation à exister en l'absence d'autorité parentale, il arrive néanmoins qu'elle coexiste avec celle-ci.

a. Une réponse à l'absence de parents

**336. Le décès des deux parents.** Selon l'article 390 du Code civil, la tutelle est automatiquement ouverte lorsque les père et mère légitimes, naturels ou adoptifs sont tous les deux décédés. Néanmoins, le décès d'un des parents peut également entraîner l'ouverture d'une tutelle, si le juge aux affaires familiales l'exige après avoir été saisi de la question. Ainsi, sur le fondement des articles 373-3, alinéas 2 et 3, et 373-4 du Code civil, le juge peut, après le décès d'un des parents, confier l'enfant à un tiers, « *à titre exceptionnel et si l'intérêt de l'enfant l'exige* », et décider de surcroît qu'il devra requérir l'ouverture d'une tutelle. Dans une telle hypothèse, la tutelle n'est pas obligatoire. Son ouverture dépend de la volonté du juge. Cette décision est alors motivée par le souci de renforcer la protection de l'enfant mineur en confortant le pouvoir des tiers au détriment du parent qui, par principe, a reçu automatiquement l'exercice de l'autorité parentale. Dès lors, il y a coexistence de l'autorité parentale et de la tutelle[135].

**337. L'enfant n'ayant ni père ni mère.** L'article 390, alinéa 2 du Code civil prévoit également que la tutelle est ouverte automatiquement lorsqu'un enfant n'a ni père ni mère, c'est-à-dire lorsqu'il n'a fait l'objet d'aucune reconnaissance volontaire de la part de ses parents. Pour autant, si sa filiation est établie judiciairement, il est permis de penser que les parents de l'enfant ne vont pas nécessairement faire preuve de diligence dans la gestion des biens du mineur et dans le gouvernement de sa personne. C'est pourquoi l'article 374-1 du

---

[134] P. BLONDY, G. et M. MORIN, *La réforme de l'administration légale, de la tutelle et de l'émancipation,* t. 1, *Étude de la loi n° 64-1230 du 14 décembre 1964*, 3e éd., Répertoire du Notariat Defrénois, 1972 ; A. ROUAST, *La nouvelle législation de la tutelle et de l'administration légale (loi du 14 décembre 1964), JCP G* 1965, I, 1917, spéc. nos 1-8 ; R. SAVATIER, *Le rajeunissement de la tutelle française des mineurs, D.* 1965, chr. VIII, pp. 51-62, spéc. n° 5 ; G. DURRY et M. GOBERT, *Réflexions sur la réforme de la tutelle et de l'administration légale, RTD civ.* 1966, pp. 5-36 ; E. DU PONTAVICE, *La réforme de la législation sur la tutelle et l'administration légale des mineurs après deux années d'application*, Annales de la Faculté de droit et des sciences économiques de Clermont, Librairie Dalloz, 1967, pp. 7-84.

[135] J. RUBELLIN-DEVICHI (dir.), *Droit de la famille*, Dalloz, 2001, n° 1968, p. 723 ; M.-L. DELFOSSE-CICILE, *thèse précit.*, nos 441-447, pp. 273-277. Certains auteurs sont plus ambigus. Tout en reconnaissant que le parent conserve certaines prérogatives, ils affirment que la tutelle « *se substitue au régime de l'autorité parentale qu'elle abroge ; il n'y a pas, dans ces hypothèses - contrairement à ce qui se passe dans le cas de l'article 391 -, coexistence de l'autorité parentale et de la tutelle* », *cf.* J. MASSIP, *Les incapacités (Étude théorique et pratique), op. cit.*, n° 137, p. 148. Une telle idée ne peut être retenue que si on adopte une conception restreinte de l'autorité parentale, écartant de son domaine les prérogatives exceptionnelles.

Code civil prévoit que le tribunal, qui est amené à statuer sur l'établissement d'une filiation, « *peut décider de confier provisoirement l'enfant à un tiers qui sera chargé de requérir l'ouverture de la tutelle* ». Il ne faut cependant pas se tromper sur la portée de cet article. Dans une telle situation, le juge peut décider de confier l'enfant à un tiers, mais la tutelle doit, en tout état de cause, être organisée. L'absence de reconnaissance volontaire de l'enfant entraîne automatiquement l'ouverture d'une tutelle.

b. Une réponse à la défaillance des parents

**338. L'impossibilité de manifester une volonté**. Si les deux parents du mineur sont hors d'état de manifester leur volonté en raison soit de leur incapacité mentale, soit de leur absence, on considère alors qu'ils sont hors d'état d'exercer l'autorité parentale. L'article 390 du Code civil prévoit que, dans ces situations, la tutelle est ouverte de plein droit. La tutelle a alors pour objectif de pallier la défaillance des parents. En revanche, si un seul des parents est hors d'état de manifester sa volonté, l'autorité parentale est en principe exercée par l'autre parent seul[136]. Néanmoins, « *à titre exceptionnel et si l'intérêt de l'enfant l'exige* », l'article 373-3 du Code civil permet au juge de le confier à un tiers. Il peut alors, sur le fondement de l'article 373-4, alinéa 2 du même code, lui confier la charge de requérir l'ouverture de la tutelle. Il ne s'agit alors que d'une simple faculté offerte au juge. Sa mise en œuvre a pour conséquence de faire coexister l'autorité parentale et la tutelle.

**339. Le retrait de l'autorité parentale**. En visant de façon très générale les situations dans lesquelles les parents « *sont privés de l'exercice de l'autorité parentale* », l'article 390 du Code civil envisage également le retrait de l'autorité parentale. Précédemment, nous avons observé que le retrait de l'autorité parentale entraîne la remise de l'enfant à un tiers ou au service de l'Aide sociale à l'enfance[137]. Selon les dispositions du Code civil et du Code de l'action sociale et des familles, il est apparu que seul le retrait partiel de l'autorité parentale, assorti de la remise de l'enfant au service de l'Aide sociale à l'enfance, n'emporte pas l'ouverture d'une tutelle. Dans toutes les autres hypothèses, le retrait de l'autorité parentale a pour conséquence l'instauration d'une tutelle. Il en est ainsi en cas de retrait total de l'autorité parentale et de remise de l'enfant à un tiers ou au service de l'aide sociale à l'enfance, mais également en cas de retrait partiel et de remise de l'enfant à un tiers autre que l'Aide sociale à l'enfance. Il semblerait toutefois qu'une lecture plus souple ne rende pas obligatoire l'ouverture d'une tutelle dans cette dernière hypothèse[138]. Mais lorsqu'une tutelle est ouverte, elle a vocation soit à se substituer à l'autorité parentale – c'est l'hypothèse du retrait total –, soit à coexister avec l'autorité parentale – c'est l'hypothèse du retrait partiel.

Par ailleurs, lorsque le retrait total de l'autorité parentale ne touche qu'un seul des parents, l'autre parent exerce cette autorité. Il peut toutefois être opportun de remettre l'enfant à un tiers. L'article 380, alinéa 2 du Code civil accorde ainsi au juge la faculté de confier l'enfant à l'Aide sociale à l'enfance ou à un tiers. Ce dernier devrait alors avoir pour mission de requérir l'ouverture d'une tutelle. De nouveau, nous retrouvons une situation de coexistence de l'autorité parentale et de la tutelle.

***2. L'organisation de la tutelle de droit commun***

**340.** L'étude de l'organisation des prérogatives relatives à la personne du mineur dans la tutelle de droit commun permet de mettre en évidence une répartition de la garde intellectuelle et de la garde matérielle entre le conseil de famille et le tuteur **(a)**. Ce partage de la garde peut faire l'objet d'une appréciation critique conduisant une réunification de la garde au profit du tuteur **(b)**.

---

[136] Article 373-1 du Code civil, *cf. supra* n° 292.
[137] *Cf. supra* n$^{os}$ 326-327.
[138] F. TERRÉ et D. FENOUILLET, *op. cit.*, n° 1067, pp. 1053-1054.

a. *De lege lata* : le partage de la garde entre le conseil de famille et le tuteur

**341. Organisation de la tutelle de droit commun.** La tutelle de droit commun a vocation à s'appliquer dans les différentes situations où une tutelle peut être ouverte. Elle partage l'autorité sur le mineur entre le tuteur, le subrogé tuteur et le conseil de famille. Dans le modèle de la loi du 14 décembre 1964, le tuteur est désigné soit par testament, soit par la loi, soit par le conseil de famille. Il est l'organe principal de la tutelle, à tel point que son mode de désignation qualifie la tutelle. On parle ainsi de tutelle testamentaire, légale ou dative. Ce modèle légal traditionnel a été corrigé par la loi du 5 mars 2007 relative à la protection des majeurs. À compter du 1er janvier 2009, date de son entrée en vigueur, la tutelle légale des ascendants est supprimée. Le tuteur est désigné par testament ou par le conseil de famille. En principe, le mineur n'a qu'un seul tuteur, mais il n'est pas interdit de nommer deux ou plusieurs tuteurs, sans division des fonctions ou avec division des fonctions. Tandis que dans le premier cas, ils exerceront en commun la totalité des prérogatives du tuteur, ils se partageront, dans le second cas, la tutelle à la personne ou « *tutelle honoraire* »[139] et la tutelle aux biens ou « *tutelle onéraire* »[140]. Le conseil de famille est l'organe collégial de la tutelle. Il est composé de quatre à six membres désignés par le juge des tutelles en fonction de l'intérêt qu'ils portent au mineur. La loi du 5 mars 2007 a modifié cette disposition. Le nombre de membres du conseil de famille passe de « *quatre à six* » à « *au moins quatre* ». Enfin, le subrogé tuteur est désigné par le conseil de famille.

**342. Exercice du pouvoir de garde dans la tutelle de droit commun.** Nous attachant à la recherche de l'exercice du pouvoir de garde dans la tutelle des mineurs, nous n'envisagerons dans notre étude que les pouvoirs relatifs à la personne du mineur. Sur ce point, le législateur a toujours fait preuve d'une certaine ambiguïté préférant sans doute privilégier la protection des intérêts patrimoniaux du mineur. Une telle conception de la tutelle paraît dépassée. Elle reflète un certain état d'esprit n'accordant qu'une place réduite à la protection des personnes dépourvues d'autonomie. Or, en la matière, le droit contemporain ne peut se satisfaire de simples pétitions de principe. Il exige une réglementation précise des mesures de protection de ces personnes. L'exemple le plus caractéristique est très certainement la réglementation de l'autorité parentale. Très peu contrôlée en 1804, elle est maintenant clairement encadrée et a pour directive l'intérêt de l'enfant. On peut regretter qu'à côté de cette autorité, le régime de la tutelle des mineurs soit encore imprécis sur certains points. L'ambiguïté des textes sur la répartition des pouvoirs sur la personne du mineur n'est en rien un gage de sécurité. Si la loi du 5 mars 2007 relative à protection des majeurs a apporté quelques précisions, certaines zones d'ombre demeurent.

En effet, s'il ne fait aucun doute que le subrogé tuteur n'exerce qu'une mission de surveillance de la gestion des intérêts patrimoniaux du mineur[141], devant être élargie selon la loi du 5 mars 2007 à la protection de la personne du mineur[142], la question de la répartition des pouvoirs, relatifs au gouvernement de la personne, entre le conseil de famille et le tuteur s'est régulièrement posée. Elle est d'autant plus vive que ces deux organes de la tutelle ont chacun un rôle majeur. Tandis que le conseil de famille a pu être qualifié de « *centre de*

---

[139] J. CARBONNIER, *Droit civil, les personnes*, 21e éd. refondue, PUF, Thémis droit privé, 2000, n° 129, p. 267.

[140] J. CARBONNIER, *ibid.*

[141] Article 420 du Code civil.

[142] Nouvel article 410 issu de la loi du 5 mars 2007, entrant en vigueur le 1er janvier 2009 : « *Le subrogé tuteur surveille l'exercice de la mission tutélaire* ». Cette formule générale recouvre à la fois la gestion des biens et la protection de la personne du mineur.

*gravité de la tutelle* »[143], les auteurs admettent également que le tuteur constitue bien « *le rouage essentiel de la tutelle* »[144].

Déjà, en 1804, le Code civil ne donnait pas de directives très marquées pour trancher ce problème de séparation des pouvoirs. Les auteurs ne manquèrent point de relever le laconisme du législateur[145] et s'opposèrent sur l'interprétation à donner aux articles du Code civil. Si le Code précisait que le tuteur devait prendre soin de la personne du mineur, il était beaucoup plus évasif sur les pouvoirs du conseil de famille. Certes, il était prévu que le conseil de famille devait fixer le montant annuel des dépenses du mineur, mais rien n'indiquait que ce conseil avait la haute main sur l'organisation générale de l'entretien et de l'éducation de l'enfant. Le Code civil se contentait d'affirmer que le conseil de famille ne devait intervenir que pour les actes graves, c'est-à-dire le mariage, l'adoption, la naturalisation ou l'émancipation. Le tuteur disposait donc d'un pouvoir exclusif sur l'organisation des activités du mineur. Néanmoins, une telle lecture écartait le caractère familial de la tutelle particulièrement présent dans la tradition juridique française[146]. Aussi, se fondant sur l'article 454 du Code civil, qui dispose que le conseil de famille fixe annuellement le montant disponible pour l'entretien et l'éducation du pupille, les auteurs en ont déduit que le conseil de famille pouvait donner des directives pour l'éducation de l'enfant mineur et, par conséquent, organiser son mode de vie[147].

Palliant l'imprécision du texte de 1804, le législateur de 1964 a complété les pouvoirs du conseil de famille relatifs à la personne du mineur[148]. Toutefois, il faut bien reconnaître que les règles des articles 449 et 450 du Code civil demeurent « *plus des directives d'ordre général que des règles techniques précises* »[149]. Ainsi, le Code civil affirme toujours que le conseil de famille est seul compétent pour consentir au mariage[150] ou à l'adoption[151], demander l'émancipation[152] ou encore décider des actions en justice relatives aux droits extrapatrimoniaux[153], mais l'article 449 du Code civil précise de surcroît que « *le conseil de famille règle les conditions générales de l'entretien et de l'éducation de l'enfant, en ayant égard à la volonté que les père et mère avaient pu exprimer à ce sujet* ». Logiquement, on a pu déduire de ces textes que le conseil de famille détermine « *par des directions générales*

---

[143] J. CARBONNIER, *Droit civil, les personnes, op. cit.*, n° 130, p. 268.

[144] J. MASSIP, *Les incapacités, (Étude théorique et pratique), op. cit.*, n° 169, p. 169.

[145] Ainsi Demolombe écrivit : « *L'éducation du mineur, son éducation physique et morale, est assurément l'un des objets les plus importants de la tutelle. Et pourtant le Code Napoléon est, sur ce sujet, bien laconique !* » *Cf.* CH. DEMOLOMBE, *Cours de Code Napoléon*, t. 7, *Traité de la minorité, de la tutelle et de l'émancipation*, 5e éd., Durand-Hachette, 1874, n° 531, pp. 314-315. De même Toullier affirma : l'administration de la personne du mineur « *est la partie principale de la charge du tuteur, et cependant le Code ne nous trace que peu de règles sur ce sujet important* ». *Cf.* C.-B.-M. TOULLIER, *Le droit civil français suivant l'ordre du Code, op. cit.*, n° 1182, pp. 357-358.

[146] A. LEFEBVRE-TEILLARD, *Introduction historique au droit des personnes et de la famille*, PUF, Droit fondamental, Droit civil, 1996, nos 344-345, pp. 427-429.

[147] G. BAUDRY-LACANTINERIE, *Traité théorique et pratique de droit civil, op. cit.*, t. 5, n° 455, p. 521 ; CH. DEMOLOMBE, *Cours de Code Napoléon*, t. 7, *op. cit.*, nos 533-540, pp. 316-321 ; C.-B.-M. TOULLIER, *op. cit.*, n° 1184, pp 359-360 ; M. PLANIOL et G. RIPERT, *Traité pratique de droit civil français*, t. 1, *op. cit.*, nos 524-527, pp. 565-567.

[148] P. BLONDY, G. et M. MORIN, *La réforme de l'administration légale, de la tutelle et de l'émancipation*, t. 1, *Étude de la loi n° 64-1230 du 14 décembre 1964*, *op. cit.*, n° 225, p. 123 et n° 311, p. 155.

[149] G. GOUBEAUX, *Les personnes*, *op. cit.*, n° 429, p. 384.

[150] Article 159 du Code civil.

[151] Article 348-2 du Code civil.

[152] Article 478 du Code civil.

[153] Article 464, alinéa 3 du Code civil.

(...) *quel sera le genre de vie de l'enfant, quelle sera son éducation* »[154]. De même, la Cour de cassation a considéré que « *l'article 449 du Code civil a pour objet le gouvernement de la personne du mineur* »[155] et que le conseil de famille doit dès lors avoir « *qualité pour déterminer le lieu où il sera élevé* »[156]. Sans remettre en cause le domicile légal du mineur chez son tuteur[157], il peut décider de son lieu de résidence. Par ailleurs, la jurisprudence admet que le conseil de famille puisse confier le mineur à une autre personne que le tuteur[158]. De telles solutions devraient demeurer avec l'entrée en vigueur de la loi du 5 mars 2007 relative à protection des majeurs, puisqu'elle n'a pas modifié les prérogatives du conseil de famille[159].

Par conséquent, si le tuteur a toujours pour mission de prendre « *soin de la personne du mineur* »[160], le conseil de famille a bien le pouvoir de contrôler le mode de vie du mineur et de déterminer son lieu de vie. Un tel pouvoir semble bien correspondre au pouvoir de garde intellectuelle. Face à de telles prérogatives, le tuteur ne semble avoir qu'un pouvoir d'exécution. Il doit se conformer aux décisions du conseil et les mettre en œuvre. Une telle perception de ses pouvoirs est néanmoins incomplète. Le tuteur, prenant soin de la personne du mineur, dispose également d'un pouvoir de décision. Si le conseil de famille a décidé de lui confier le mineur, il ne pourra plus lui retirer que par une véritable destitution[161]. Le tuteur assure la surveillance et l'éducation de l'enfant au quotidien[162]. Dans une telle hypothèse, la Cour de cassation lui a reconnu « *un droit de garde* »[163]. En définitive, lorsque le conseil de famille confie le mineur au tuteur, ce dernier dispose d'un pouvoir dont les caractéristiques correspondent à celles du pouvoir de garde matérielle. Dès lors, l'étude du droit positif révèle un partage du pouvoir de garde entre le conseil de famille et le tuteur. Tandis que le conseil de famille exerce le pouvoir de garde intellectuelle, le tuteur n'exerce que le pouvoir de garde matérielle sous réserve que le conseil de famille le lui maintienne.

---

[154] J. CARBONNIER, *Droit civil, Les personnes*, *op. cit.*, n° 134, p. 277 ; *cf.* dans le même sens : B. TEYSSIÉ, *Droit civil, Les personnes*, 11e éd., Litec, 2010, n° 459, p. 261 ; F. TERRÉ et D. FENOUILLET, *op. cit.*, n° 1172, pp. 1173-1174.

[155] Civ. 1re, 24 octobre 2000, *Bull. civ.* I, n° 264 ; *JCP G* 2001, II, 10548, note TH. FOSSIER ; *Defrénois* 2001, art. 37287, n° 5, pp. 97-99, obs. J. MASSIP ; *LPA*, 28 août 2001, n° 171, pp. 5-13, note M. BRUGGEMAN ; *RTD civ.* 2001, 109, obs. J. HAUSER.

[156] Civ. 1re, 5 mai 1986, *Bull. civ.* I, n° 118 ; *Gaz. Pal.* 1986, 2, 772, note J. MASSIP.

[157] Avant la loi n° 75-617 du 11 juillet 1975, le mineur était légalement domicilié chez son tuteur. Depuis le remaniement de l'article 108 du Code civil, cette règle n'apparaît plus dans le Code civil. La Cour de cassation l'a maintenue à partir d'une interprétation des articles 108-2 et 108-3 du Code civil relatifs au domicile des mineurs chez leurs parents et au domicile des majeurs sous tutelle. *Cf.* Civ. 1re, 20 juin 1995, *Bull. civ.* I, n° 272 ; *Defrénois*, 1996, art. 36272, n° 10, pp. 340342, obs. J. MASSIP ; *RTD civ.* 1995, 864, obs. J. HAUSER.

[158] Rouen, 4 janvier 1883, *D.* 1883, 2, 155 ; *S.* 1884, 2, 175 ; Paris, 15 avril 1904, *D.* 1906, 2, 323 ; Req. 14 mars 1917, *S.* 1922, 1, 169, note E. NAQUET ; Civ. 1re, 28 mars 1977, *Bull. civ.* I, n° 164 ; Civ. 1re, 28 avril 1982, *Bull. civ.* I, n° 150 ; Civ. 1re, 17 janvier 1995, *Bull. civ.* I, n° 37 ; *D.* 1995, 639, note J. MASSIP ; *D.* 1996, SC, 235, 1re espèce, obs. F. VAUVILLÉ ; *RTD civ.* 1995, 326, obs. J. HAUSER ; *Defrénois* 1995, art. 36145, n° 98, obs. J. MASSIP ; Civ. 1re, 24 octobre 1995, *Bull. civ.* I, n° 373 ; *D.* 95, SC, 235, obs. F. VAUVILLE ; *Defrénois* 1996, art. 36381, n° 93, pp. 999-1002, obs. J. MASSIP ; *RTD civ.* 1996, 131, obs. J. HAUSER.

[159] Le nouvel article 401 du Code civil issu de la loi du 5 mars 2007 reprend en effet le contenu de l'article 449 issu de la loi du 14 décembre 1964.

[160] Article 450, alinéa 1er du Code civil. Cette affirmation se retrouve au nouvel article 408, alinéa 1er du Code civil issu de la loi du 5 mars 2007.

[161] Paris, 15 avril 1904, *précit.*

[162] J. CARBONNIER, *Droit civil, Les personnes*, *op. cit.*, n° 134, p. 277 ; B. TEYSSIÉ, *Droit civil, Les personnes*, *op. cit.*, n° 478, p. 267.

[163] Civ. 1re, 2 février 1965, *Gaz. Pal.* 1965, 1, p. 428 ; *RTD civ.* 1965, 806, obs. R. NERSON.

**343. Naissance du pouvoir de garde issu de la tutelle.** Certaines situations risquent de poser un délicat problème d'articulation entre le pouvoir de garde issu de l'autorité parentale et celui provenant de la tutelle. En effet, les organes de la tutelle se trouvent investis de leurs pouvoirs de garde par la décision du juge des tutelles. Deux situations peuvent alors se présenter.

En premier lieu, il peut arriver que, pendant un laps de temps, aucun pouvoir de garde intellectuelle ne s'exerce sur le mineur. Une telle hypothèse peut se rencontrer lorsque les parents sont tous les deux décédés ou privés de l'exercice de l'autorité parentale. L'enfant se trouve alors sous la garde matérielle d'un tiers. L'origine de son pouvoir varie selon les situations. Tandis que le tiers est investi de cette mission par le juge en cas de retrait de l'autorité parentale, il est fort probable que son pouvoir ne résulte que d'une situation de fait lorsque les parents décèdent tous les deux.

En second lieu, il est possible que le mineur ait été confié à un tiers sur le fondement de l'article 373-3, alinéa 2 ou 380 du Code civil, afin que ce dernier requière l'ouverture d'une tutelle. L'enfant a encore un parent exerçant l'autorité parentale. Dès lors, si la tutelle porte à la fois sur la personne et sur les biens, il est nécessaire d'articuler les pouvoirs de l'autorité parentale avec ceux issus de la tutelle. Dans l'absolu, trois solutions sont envisageables[164]. Tout d'abord, on peut estimer que l'instauration d'une tutelle ne peut totalement anéantir les prérogatives parentales. Le parent exerçant l'autorité parentale conserverait le pouvoir de garde intellectuelle et le conseil de famille serait privé de tout pouvoir relatif à la personne de l'enfant. Cette première solution semble néanmoins peu logique, puisque, dans cette hypothèse, on pourrait s'interroger sur la nécessité d'ouvrir une tutelle. Ensuite, on peut estimer que les prérogatives du parent et du conseil de famille se superposent. Une telle solution risque toutefois d'être propice aux conflits. Le juge aux affaires familiales devrait donner la prééminence au parent. L'article 373-2-11 du Code civil lui impose en effet de se référer à la pratique antérieurement suivie par les parents en des occasions semblables. De plus, l'article 449 du Code civil impose au conseil de famille d'avoir égard à la volonté exprimée par les père et mère. Par conséquent, le cumul des prérogatives du parent et du conseil de famille rendrait peu opportun l'ouverture d'une tutelle. Enfin, on peut admettre que le parent n'exerce plus le pouvoir de garde intellectuelle. Ce dernier serait transmis au conseil de famille. En revanche, le parent conserverait les prérogatives exceptionnelles de l'autorité parentale, c'est-à-dire la faculté de consentir au mariage, à l'adoption ou à l'émancipation du mineur. Cette dernière lecture de la répartition des pouvoirs entre le conseil de famille et le parent exerçant l'autorité parentale est en définitive plus réaliste[165]. Par conséquent, il faut admettre que le pouvoir de garde intellectuelle du parent demeure jusqu'à la décision du juge prononçant l'ouverture de la tutelle. Jusqu'à cette décision, les pouvoirs du tiers sont encadrés par les règles de l'article 373-4 du Code civil. Il ne peut effectuer que les actes usuels sur le mineur. Autrement dit, le pouvoir de garde intellectuelle n'est pas transféré ; le tiers dispose seulement du pouvoir de garde matérielle, en vertu de la décision du juge ayant placé l'enfant auprès de lui. Seule la décision instaurant la tutelle peut transférer le pouvoir de garde. Le parent, disposant toujours de l'exercice de l'autorité parentale, n'exerce plus que les prérogatives exceptionnelles et ne dispose plus du pouvoir de garde.

b. *De lege ferenda* : l'attribution du pouvoir de garde au tuteur

**344. Remise en cause progressive du conseil de famille**. La scission du pouvoir de garde, entre le conseil de famille et le tuteur, peut soulever des interrogations. Doit-elle être maintenue ? Correspond-t-elle à la réalité ? Certains auteurs ont en effet pu souligner que ce partage était plus théorique que pratique. Le tuteur aurait tendance à absorber la totalité des pouvoirs au détriment du conseil de famille. Ce dernier, constituant « *la seule forme de*

---

[164] M.-L. DELFOSSE-CICILE, *thèse précit.*, n° 445, pp. 276-277.
[165] M.-L. DELFOSSE-CICILE, *ibid.*

*démocratie familiale que connaisse notre droit* »[166], aurait tendance à se transformer en « *chambre d'enregistrement* »[167]. Il est en effet indéniable que, si le conseil de famille constituait le cœur de la tutelle des mineurs en 1804, son rôle s'est maintenant réduit. En 1964, face au développement de la tutelle judiciaire en Allemagne ou en Suisse et à la substitution du modèle de la famille nucléaire à celui de la famille étendue, la question du maintien de la tutelle familiale s'est posée[168]. Cette question était d'autant plus sensible que le modèle allemand s'appliquait en Alsace-Moselle[169]. Le législateur a finalement opté pour un système mixte maintenant le pouvoir de décision à la famille et ne conférant qu'un pouvoir de surveillance au juge des tutelles. Cette loi a néanmoins amorcé le déclin du conseil de famille et est loin d'avoir fait cesser les réflexions sur le rôle du conseil de famille. La loi de 1964 a donc réduit le rôle et le caractère familial du conseil. Et cette tendance n'a nullement été remise en cause par la loi du 5 mars 2007. Dorénavant, le conseil de famille est moins fréquemment réuni. Le juge des tutelles peut en effet le consulter par correspondance, ce qui réduit l'impression d'être associé aux délibérations et supprime les discussions. Par ailleurs, le conseil de famille n'est plus toujours consulté pour certaines questions relevant de la gestion des biens du mineur[170]. Le déclin du caractère familial du conseil de famille se manifeste par la modification de la composition du conseil de famille. Depuis 1964, il est davantage composé en fonction du degré d'affection pour l'enfant que sur des intérêts successoraux. La proximité familiale avec le mineur n'est plus une condition absolument nécessaire. Le juge peut discrétionnairement nommer des amis, des voisins ou toutes personnes qui lui semblent pouvoir s'intéresser à l'enfant. Comme l'a écrit Jean Carbonnier, « *au lieu de cette famille étendue et fantomatique, c'est la famille étroite et concrètement vécue qui sera désormais le soubassement de la tutelle* »[171]. Cette nouvelle famille n'est plus fondée sur le lien du sang. De même, le nombre des membres du conseil de famille a été réduit. Dans le modèle de la loi du 14 décembre 1964, il ne peut comprendre que de quatre à six membres en comptant le subrogé tuteur, mais en excluant le tuteur et le juge des tutelles. Dans celui de la loi du 5 mars 2007, il peut comprendre au moins quatre membres, mais en comptant le tuteur et le subrogé tuteur. Donc, le juge peut désigner un conseil restreint ne comportant que le tuteur, le subrogé tuteur et seulement deux membres de la parentèle, alliés ou amis du mineur en tutelle. Dans le modèle de la loi de 1964, ses membres ne se réunissent que sur convocation du juge des tutelles[172], d'office ou sur réquisition. Pouvant se faire représenter[173], ils risquent d'être plus éloignés des préoccupations du mineur que le tuteur. Une telle situation est propice aux conflits entre le conseil de famille et le tuteur. Par ailleurs, l'absentéisme et l'abus des procurations de ses membres ont pu accentuer le sentiment d'une décadence de cet organe tutélaire[174]. La loi de 2007 ne s'est pas prononcée sur ces conditions de convocation du

---

166 PH. MALAURIE, *Les personnes, Les incapacités*, Defrénois, 2003, n° 637, p. 256.

167 B. TEYSSIÉ, *Droit civil, Les personnes*, *op. cit.*, n° 481, p. 268.

168 J. CARBONNIER, *Essais sur les lois*, *op. cit.*, pp. 28-35 ; A. ROUAST, *La nouvelle législation de la tutelle et de l'administration légale (loi du 14 décembre 1964)*, *art. précit.*, spéc. n$^{os}$ 1-8 ; R. SAVATIER, *Le rajeunissement de la tutelle française des mineurs*, *art. précit.*, spéc. n° 5 ; G. DURRY et M. GOBERT, *Réflexions sur la réforme de la tutelle et de l'administration légale*, *art. précit.*

169 *Cf.* J.-PH. LÉVY, A. CASTALDO, *Histoire du droit civil*, *op. cit.*, n° 192, pp. 227-228.

170 L'article 468 du Code civil prévoit ainsi que l'autorisation du conseil de famille peut être supplée par une décision du juge des tutelles si l'acte qu'il s'agit de passer porte sur des biens dont la valeur en capital n'excède pas 15 300 euros. Ce même article prévoit également que le juge des tutelles peut, à la requête du tuteur, autoriser une vente de valeur mobilière au lieu et place du conseil de famille, s'il lui apparaît qu'il y aurait péril en la demeure. La seule contrainte est de rendre compte au conseil de famille dans le plus bref délai afin qu'il décide du remploi.

171 J. CARBONNIER, *Essais sur les lois*, *op. cit.*, p. 25.

172 Article 410 du Code civil.

173 Article 412 du Code civil.

174 J. CARBONNIER, *V$^{is}$ Famille, Législation et quelques autres*, *art. précit.*, spéc. p. 137.

conseil de famille. Estimant qu'il s'agit de questions d'ordre procédural, elle a renvoyé leur traitement au pouvoir réglementaire.

**345. Suppression du conseil de famille et attribution de la garde du mineur au tuteur**. Face au déclin du conseil de famille, on a pu proposer une simplification du régime des tutelles des mineurs conduisant soit à une forte limitation de ses pouvoirs, soit à remettre en cause son existence en le rendant facultatif ou en le supprimant[175]. Cette dernière proposition n'est certainement pas injustifiée. En effet, si les parents désignent par testament une personne, afin qu'elle assure les fonctions de tuteur s'ils venaient à disparaître, il est permis de penser que leur décision est justifiée par la confiance qu'ils mettent dans cette personne pour exécuter cette fonction. Sa subordination à un conseil de famille peut paraître excessive, un contrôle judiciaire semble suffisant. Une telle solution pourrait également être retenue dans l'hypothèse d'une tutelle légale ou dative. Le juge des tutelles pourrait ainsi confier l'enfant à un tiers si son intérêt le commande ou même désigner une autre personne pour exercer la tutelle. En définitive, la concentration des pouvoirs dans les mains du tuteur soulignerait sa fonction de substitut des parents[176]. Il serait alors seulement sous le contrôle des autres membres de la famille ou d'un subrogé tuteur. Confrontés à une décision du tuteur non justifiée par l'intérêt de l'enfant, ces derniers pourraient saisir le juge des tutelles. Outre un allégement de la tutelle des mineurs, une telle réforme concentrerait les pouvoirs de garde intellectuelle et de garde matérielle entre les mains du tuteur. Ce modèle n'a toutefois pas été envisagé par la loi du 5 mars 2007. Si elle a élargi la surveillance du subrogé tuteur aux décisions du tuteur relatives à la protection du mineur, elle n'a pas supprimé le conseil de famille. Peut-ête ne s'agit-il que d'une étape ? Si elle intervient un jour, cette suppression du conseil de famille aurait pour conséquence de rapprocher la tutelle de droit commun de la tutelle d'État, une des trois tutelles publiques.

## B. LES TUTELLES PUBLIQUES OU TUTELLES SPÉCIALES

**346.** À côté de la tutelle familiale ou de droit commun, il existe des tutelles qui obéissent à des règles spéciales. Fondées sur la particularité de la situation de certains mineurs privés de famille, elles mettent en œuvre une protection spéciale accordant un rôle accru aux pouvoirs publics. Ces tutelles viennent ainsi compléter la tutelle de droit commun, mais parfois aussi la concurrencer. Il s'agit des tutelles d'État **(1)**, des pupilles de l'État **(2)** et des pupilles de la Nation **(3)**.

### *1. La tutelle d'État*

**347. Un complément de la tutelle de droit commun.** Depuis que la tutelle n'est plus obligatoire pour ceux qui ne sont ni parents ni alliés des père et mère du mineur, elle est susceptible d'être vacante. La notion de vacance de la tutelle est étroitement contrôlée par la Cour de cassation. Elle a plusieurs fois rappelé que la tutelle n'est vacante que « *si nul n'est en mesure d'en assurer la charge* »[177] rappelant ainsi la prééminence de la tutelle familiale.

---

[175] 91e congrès des notaires de France, Tours 21-24 mai 1995, *Compte rendu des travaux des commissions, Vœu n° 4 de deuxième commission*, pp. 97-103 ; 95e congrès des notaires de France, Marseille 9-12 mai 1999, *Compte rendu des travaux des commissions, troisième proposition de la première commission*, pp. 37-42.

[176] Une telle proposition ne vise que les prérogatives relatives au gouvernement de la personne du mineur, elle n'envisage pas le problème de la gestion du patrimoine du mineur. Sur ce point, le rôle du conseil de famille pourrait être transféré au juge des tutelles. Les actes les plus importants pourraient ainsi être soumis à l'autorisation du juge des tutelles.

[177] Civ. 1re, 20 novembre 1985, *Bull. civ.* I, n° 316 ; *Defrénois* 1986, art. 33735, n° 47, p. 730, obs. J. MASSIP.

Si la vacance est établie, la tutelle, improprement qualifiée de « *tutelle d'État* »[178], est alors déférée par le juge au service de l'Aide sociale à l'enfance, c'est-à-dire au département puisque ce service n'est qu'un service non personnalisé de cette collectivité territoriale.

**348. Organisation de la tutelle d'État**. Dans la tutelle d'État, le juge des tutelles est seul compétent pour désigner en fonction de l'intérêt de l'enfant celui ou ceux qui, au nom du département, auront en charge l'incapable[179]. Sa liberté de décision est assez grande. Il peut séparer la tutelle à la personne et la tutelle aux biens. Il est libre d'attribuer la tutelle au président du Conseil général qui la déléguera au directeur départemental de l'action sanitaire et sociale, ou au directeur de l'établissement public d'éducation ou de traitement dans lequel se trouve l'enfant, ou à un notaire ou encore à une personne morale ou physique qualifiée qui a accepté d'être déléguée à la tutelle d'État. Pour ces personnes déléguées, l'article 10 du décret n° 74-930 du 6 novembre 1974 prend soin de préciser qu'ils ont la qualité de mandataires du département. Une telle qualité peut en réalité être étendue à tous les autres tuteurs puisqu'ils agissent au nom du département[180].

**349. Exercice du pouvoir de garde dans la tutelle d'État.** À la différence de la tutelle de droit commun, le tuteur d'État n'est pas encadré par un conseil de famille et un subrogé tuteur. Il dispose des pouvoirs d'un administrateur légal sous contrôle judiciaire[181]. Cela signifie qu'en ce qui concerne le gouvernement de la personne du mineur, il dispose par principe de la plénitude des pouvoirs, pouvant à la fois contrôler son mode de vie et ses activités quotidiennes. Le tuteur d'État possède ainsi, au nom du département, le pouvoir de garde intellectuelle et le pouvoir de garde matérielle. À l'instar des parents, l'exercice de ces pouvoirs de garde est seulement soumis à un contrôle judiciaire. Il est vrai néanmoins qu'agissant pour le compte de l'Aide sociale à l'enfance, il demeure également sous son contrôle. Par ailleurs, la tutelle d'État ne doit pas être confondue avec la tutelle des pupilles de l'État qui peut parfois la concurrencer.

***2. La tutelle des pupilles de l'État***

**350. Un complément ou un concurrent de la tutelle de droit commun.** La qualité de pupille de l'État est susceptible d'être attribuée à des mineurs se trouvant dans des situations très diverses. Cette tutelle peut ainsi compléter les tutelles de droit commun et d'État ou, au contraire, les concurrencer. Ainsi, selon l'article L. 224-4 du Code de l'action sociale et des familles, peuvent être pupilles de l'État, les enfants, dont la filiation n'est pas établie ou inconnue, recueillis par le service de l'Aide sociale à l'enfance depuis plus de trois mois ; ceux dont la filiation est établie mais qui ont été remis depuis plus de deux mois à ce service en vue de leur admission comme pupilles de l'État par les personnes habilitées à consentir à son adoption ; ceux dont la filiation est établie mais qui ont été expressément remis à ce même service depuis plus de six mois par leur père ou mère en vue de leur admission comme pupilles de l'État et dont l'autre parent n'a pas fait connaître sont intention d'en assumer la charge ; les enfants orphelins de père et de mère qui ne bénéficient pas d'une tutelle familiale et qui ont été confiés au service de l'Aide sociale à l'enfance depuis plus de trois mois ; les enfants dont les parents ont été privés de l'autorité parentale et qui ont été confiés à ce service par décision du tribunal de grande instance ; les enfants déclarés abandonnés par ce tribunal et confiés au service de l'aide sociale à l'enfance. En résumé, peuvent être pupilles de l'État : les enfants qui n'ont pas ou n'ont plus de parents, les enfants dont les parents ont consenti à

---

[178] Décret n° 74-930 du 6 novembre 1974 portant organisation de la tutelle d'Etat et de la curatelle d'État.

[179] Civ. 1re, 9 octobre 1991, *Bull. civ.* I, n° 258.

[180] Article 2 du décret n° 74-930 du 6 novembre 1974.

[181] Article 4 du décret n° 74-930 du 6 novembre 1974.

l'adoption et les enfants qui ont fait l'objet d'un constat judiciaire de désintérêt de la part de leur famille. Dans toutes ces hypothèses, l'enfant mineur est remis au service de l'Aide sociale à l'enfance afin qu'il soit adopté.

**351. Organisation de la tutelle des pupilles de l'État.** La tutelle des pupilles de l'État est organisée selon une procédure de nature administrative. L'admission en qualité de pupille de l'État est décidée par arrêté du président du conseil général du département dont le service de l'Aide sociale a reçu l'enfant. La tutelle est exercée par le préfet qui délègue cette tâche au directeur départemental des affaires sanitaires et sociales. Ce dernier est accompagné d'un conseil de famille qui regroupe des représentants du conseil général, des membres d'associations à caractère familial et des personnalités qualifiées. Par ailleurs, l'article L. 224-1 du Code de l'action sociale et des familles précise que « *le tuteur et le conseil de famille des pupilles de l'État exercent les attributions conférées à cet organe selon le régime de droit commun* ». Néanmoins, ces organes ne sont pas encadrés par le juge des tutelles ni un subrogé tuteur.

**352. Exercice du pouvoir de garde dans la tutelle des pupilles de l'État.** Le Code de la santé publique et de l'action sociale renvoyant aux règles de la tutelle de droit commun pour la répartition des pouvoirs entre le tuteur et le conseil de famille, nous sommes amené à reprendre la conclusion qui a alors pu être retenue[182]. Ainsi, en droit positif, il faut admettre que le tuteur, c'est-à-dire ici le préfet par l'intermédiaire du directeur départemental des affaires sanitaires et sociales, reçoit l'exercice du pouvoir de garde matérielle qu'il peut éventuellement transmettre à un tiers. Mais, en tout état de cause, il demeure soumis aux décisions du conseil de famille des pupilles de l'État, qui dispose d'une prérogative fondamentale : le pouvoir de garde intellectuelle. Une telle répartition des pouvoirs de garde nous conduit à porter de nouveau une appréciation critique

**353. Appréciation critique de la répartition de l'exercice du pouvoir de garde dans la tutelle des pupilles de l'État.** La répartition des pouvoirs au sein de la tutelle des pupilles de l'État est en réalité un peu différente de celle de la tutelle de droit commun. En effet, l'absence d'intervention du juge des tutelles renforce les pouvoirs du préfet-tuteur. Alors que dans la tutelle de droit commun, le juge des tutelles nomme les membres du conseil de famille et est chargé de le convoquer, ces attributions sont exercées par le préfet-tuteur dans le cadre de la tutelle des pupilles de l'État. Les deux régimes ne sont donc pas absolument identiques. Dès lors, les organisations des différentes tutelles du droit positif présentent des similitudes tout en restant distinctes. Sur le plan fondamental, on peut s'interroger sur l'opportunité de distinguer plusieurs systèmes de tutelles. S'il est indéniable qu'il faille distinguer une tutelle publique et une tutelle privée tant les situations sont multiples, il est moins évident qu'il faille imposer deux organisations différentes. En effet, l'objet de la tutelle est le même dans les différentes hypothèses : il faut protéger le mineur. Dès lors, doit-on admettre des régimes de protection distincts ? Certains auteurs ont déjà souligné la nécessité d'une modification de l'organisation des tutelles et appelé à une unification ou à un rapprochement des tutelles publiques[183]. Une réforme plus ambitieuse pourrait toucher les tutelles de droit public et de droit privé. Ainsi que nous l'avons proposé

---

[182] *Cf. supra* n° 342.

[183] CL. GEFFROY, *La tutelle des pupilles de l'Etat, Propos critiques et propositions pour l'avenir*, *JCP G* 1999, I, 142 ; *adde Entre la tendresse et l'impuissance ou la modification de l'article 433 du Code civil par la loi n° 89-487 du 10 juillet 1989*, *in La terre, la famille, le juge, Études offertes à H.-D. COSNARD*, Economica, Travaux et Recherches, série Faculté de droit et science politique de Rennes, 1990, pp. 207-222.

précédemment[184], elle pourrait conduire à l'attribution de la totalité du pouvoir de garde au tuteur soumis au contrôle du subrogé tuteur et du juge des tutelles. Bien évidemment, une telle réforme devrait s'accompagner d'un renforcement des services du juge des tutelles.

***3. La tutelle des pupilles de la Nation***

**354. Un complément de la tutelle de droit commun.** Le Code des pensions militaires d'invalidité et des victimes de la guerre prévoit que certains mineurs ont vocation à obtenir la qualité de pupilles de la Nation[185]. Initialement, il s'agissait des enfants orphelins de guerre ou assimilés. Progressivement, cette qualité a été étendue aux enfants des personnes tuées ou blessées par des actes de terrorisme[186], puis aux enfants des victimes civiles assurant une mission de sécurité publique ou de répression des infractions[187] et enfin aux enfants des élus victimes d'agressions survenues dans le cadre de leurs fonctions[188]. Par conséquent cette qualité est le plus souvent reconnue à des orphelins, mais elle peut également être reconnue aux enfants de certaines victimes non décédées. Toutefois, la tutelle des pupilles de la Nation suppose la mort, la disparition ou l'incapacité du parent ou soutien.

**355. Organisation de la tutelle des pupilles de la Nation.** L'adoption par la Nation est demandée au tribunal de grande instance par le père, le représentant légal autorisé par le conseil de famille, ou le procureur de la République. La qualité de pupille de la Nation confère aux enfants un soutien matériel et moral de l'État pour leur éducation. Mais cette institution n'a de l'adoption que le nom. La tutelle ordinaire subsiste, mais l'Office départemental des anciens combattants et des victimes de guerre s'immisce dans son exercice. Ainsi, il a la faculté de provoquer l'ouverture de la tutelle de droit commun. De même, le juge des tutelles peut décider de compléter le conseil de famille par des membres de l'Office départemental dans les conditions de l'article L. 473 du Code des pensions militaires d'invalidité et des victimes de guerre. En outre, pendant l'exercice de la tutelle, il est chargé d'une mission de contrôle et de protection des pupilles de la nation. Par ailleurs, s'il n'existe ni ascendants ni tuteur testamentaire, ou si ceux-ci sont excusés de la tutelle ou en ont été exclus, le conseil de famille peut décider que la tutelle sera confiée à l'Office départemental qui la déléguera ensuite, sous son contrôle, à un de ses membres ou à toute autre personne agréée par lui. De même, les pupilles de la Nation peuvent faire l'objet d'un placement, sur demande du tuteur ou du tribunal, dans un établissement ou chez des particuliers. L'autorisation est alors donnée par l'Office national ou départemental selon les cas. Lorsque le pupille est placé chez un particulier, le service départemental conserve la faculté de reprendre immédiatement l'enfant.

**356. Exercice du pouvoir de garde dans la tutelle des pupilles de la Nation.** En ce qui concerne la tutelle des pupilles de la Nation, l'identification de l'attributaire du pouvoir de garde intellectuelle peut soulever quelques interrogations. En effet, s'il ne fait aucun doute que celui qui a la charge quotidienne de l'enfant assure la garde matérielle, nous sommes confronté à un mélange de droit commun de la tutelle et de règles spéciales, lorsqu'il s'agit de déterminer le gardien intellectuel de l'enfant. Si nous suivons les règles de la tutelle de droit

---

[184] *Cf. supra* n° 344.

[185] Y. FAVIER, *Pupilles de la Nation*, Répertoire de droit civil Dalloz, 2005 ; H. et L. MAZEAUD, J. MAZEAUD, F. CHABAS, *Leçons de droit civil*, t. 1, vol. 2, *Les personnes*, 8ᵉ éd. par F. LAROCHE-GISSEROT, Montchrestien, 1997, n° 688, p. 243.

[186] Article 26 de la loi n° 90-86 du 23 janvier 1990 portant diverses dispositions relatives à la sécurité sociale et à la santé.

[187] Loi n° 93-915 du 19 juillet 1993 portant extension du bénéfice de la qualité de pupille de la Nation et modifiant le code des pensions militaires d'invalidité et des victimes de la guerre.

[188] Article 70 de la loi n° 2004-1343 du 9 décembre 2004 de simplification du droit.

commun, nous devrions admettre que ce pouvoir est exercé, en l'état actuel du droit, par le conseil de famille. Or, en l'occurrence, une institution supplémentaire vient se greffer : l'Office départemental des anciens combattants et des victimes de guerre. Son intervention est-elle de nature à modifier les solutions admises pour la tutelle de droit commun ? En réalité, ce service départemental a surtout une mission de surveillance et de contrôle des organes de la tutelle. Il ne dispose pas d'un pouvoir autonome d'action en ce qui concerne le gouvernement de la personne du pupille. Par conséquent, il est logique d'arriver aux mêmes conclusions critiques que celles retenues à propos de la tutelle de droit commun.

**357. Appréciation critique de la répartition de l'exercice du pouvoir de garde dans la tutelle des pupilles de la Nation.** Il n'y a rien d'étonnant à ce que nous formulions la même critique à l'égard de la répartition des pouvoirs dans la tutelle des pupilles de la Nation que celle développée à propos de la tutelle de droit commun. L'intervention du conseil de famille peut paraître un peu surannée et témoigner d'une méfiance excessive à l'égard du tuteur. Dès lors, il ne serait pas choquant de la supprimer. Pour la tutelle des pupilles de la Nation, une telle suppression serait d'autant plus justifiée que l'action du tuteur est déjà surveillée et contrôlée par l'Office départemental des anciens combattants et des victimes de guerre. Par conséquent, à l'instar de ce que nous avons proposé pour la tutelle de droit commun, il serait certainement opportun de renforcer les pouvoirs du tuteur, afin de ne plus le soumettre à l'autorité plus ou moins réelle d'un conseil de famille, et de ne maintenir qu'un système de contrôle *a posteriori*.

# CONCLUSION DU CHAPITRE 1

**358.** De prime abord, il est indéniable que les relations d'autorité sur la personne des enfants mineurs présentent une très grande diversité. Si les parents, titulaires naturels de l'autorité parentale, exercent par principe une autorité sur leurs enfants mineurs, de nombreux protagonistes sont susceptibles d'intervenir dans l'éducation de l'enfant et, par conséquent, d'exercer un pouvoir de décision ou d'influence sur l'organisation de son mode de vie ou de ses activités quotidiennes. La multiplication et la diversité des situations d'autorité sur la personne des mineurs répondent à des préoccupations variées. Tantôt il s'agit simplement d'assister les parents de l'enfant dans l'accomplissement de leur mission éducative, tantôt il s'agit d'organiser un nouveau rapport d'autorité se substituant ou se superposant aux pouvoirs des parents. Le développement de la notion d'intérêt de l'enfant a d'ailleurs entraîné un accroissement du contrôle de l'exercice de l'autorité parentale et des possibilités d'intervention des autorités administratives et judiciaires. Ceci est particulièrement manifeste lorsqu'on envisage la protection administrative et la protection judiciaire de la jeunesse. Par ailleurs, l'évolution des modèles sociologiques de la famille a contribué au renouvellement de la perception des rapports d'autorité sur les mineurs et à l'élaboration de nouveaux instruments juridiques. Ainsi, l'affirmation de la notion de coparentalité répond à un désir d'égalité dans l'exercice de l'autorité parentale indépendamment de la situation du couple parental. De même, le développement des familles recomposées ou du rôle des grands-parents, prenant en charge un mineur pendant que ses parents sont, par exemple, à l'étranger, a justifié les modifications des règles de la délégation de l'autorité parentale. Par conséquent, on ne peut constater qu'une multiplication et une diversification des rapports d'autorité sur la personne des enfants mineurs.

**359.** Ce foisonnement des rapports d'autorité crée une certaine confusion lorsque plusieurs personnes interviennent simultanément. Ce sentiment de trouble est d'ailleurs accentué par l'existence d'imprécisions dans les textes législatifs. Il n'est pas rare que le législateur opte pour des formules trop souples ou ne distingue pas clairement des situations pourtant différentes. Il en est notamment ainsi de la situation du mineur confié à un tiers sur le fondement de l'article 373-3 du Code civil et de celle du mineur confié à un tiers sur le fondement de l'article 375-3 du même code. On ne peut que relever une certaine ambiguïté dans la formulation des textes relatifs aux prérogatives des tiers. En somme, le législateur a eu tendance à multiplier les rapports d'obligation sur la personne des enfants mineurs sans les caractériser rigoureusement. La diversification de ces rapports d'autorité répond très certainement à un objectif louable. Pour autant, elle devrait s'accompagner de la recherche d'une certaine cohérence ou tout du moins d'une vision globale prenant en compte les situations existantes et les situations créées.

**360.** Face à ce double constat, l'utilisation de la notion de garde d'autrui semble s'imposer. En effet, elle permet de structurer la multiplication des rapports d'autorité sur les mineurs et de maîtriser les risques de confusions et d'imprécisions. Sa possible scission en une garde intellectuelle et une garde matérielle explique et structure les différentes situations envisageables. L'attribution de la qualité de gardien intellectuel du mineur permet de déterminer la personne qui dispose du pouvoir décisionnel le plus important. Corrélativement, l'attribution de la qualité de gardien matériel du mineur permet de déterminer quelles sont les personnes qui contrôlent les activités quotidiennes de l'enfant et sont subordonnées aux décisions du gardien intellectuel. Cette organisation constitue le schéma de base, mais il peut être modifié par une décision judiciaire. Ainsi lorsque la garde est liée à l'état de minorité d'une personne, son utilisation permet d'organiser et de structurer les relations d'autorité pouvant exister. Une telle constatation peut également être effectuée pour les autres situations de garde d'autrui, qui se distinguent par le fait qu'elles sont liées à une qualité exceptionnelle.

Chapitre 2

# L'ORGANISATION DES SITUATIONS EXCEPTIONNELLES DE GARDE OU DE DÉTENTION D'AUTRUI

**361.** À la différence de la garde des mineurs, les situations exceptionnelles de garde ou de détention d'autrui n'existent pas par principe. Elles sont liées à l'existence d'une qualité particulière n'ayant pas la même généralité que l'état de minorité. Cette seconde catégorie vise principalement les handicapés mentaux, les prisonniers, les personnes atteintes d'une maladie contagieuse, mais aussi les personnes poursuivies pénalement et les étrangers en situation irrégulière. Dès lors, l'existence du pouvoir de garde ou de détention, reposant sur une qualité moins objective que l'âge d'une personne, doit faire l'objet d'un contrôle renforcé. Les situations exceptionnelles de garde ou de détention se distinguent clairement sur ce point des situations de garde des mineurs fondées sur l'état de minorité. Sur les autres points, les situations exceptionnelles de garde s'en rapprochent, puisque leurs modalités d'exercice sont susceptibles de faire intervenir de multiples personnes et sont étroitement encadrées afin de s'assurer que le gardien d'autrui effectue bien sa mission.

**362.** Par ailleurs, les situations exceptionnelles de garde ou de détention d'autrui étant liées à des qualités variées, il est fort possible qu'une seule et même personne présente plusieurs qualités pouvant chacune justifier l'établissement d'un pouvoir de garde ou de détention. De même, un mineur, par principe placé sous la garde d'autrui, peut présenter une qualité fondant une situation exceptionnelle de garde ou de détention d'autrui. De tels chevauchements sont alors susceptibles de créer des situations spécifiques appelant l'adoption de règles spéciales, afin de les structurer et de les insérer dans une théorie générale de la garde d'autrui. Aussi l'étude de l'organisation des situations exceptionnelles de garde d'autrui invite-t-elle à s'interroger sur leur fonctionnement **(Section 1)**, mais aussi sur les chevauchements des différentes situations de garde ou de détention d'autrui **(Section 2)**.

## SECTION 1
## LE FONCTIONNEMENT DES SITUATIONS EXCEPTIONNELLES DE GARDE OU DE DÉTENTION D'AUTRUI

**363.** Les situations exceptionnelles de garde ou de détention d'autrui se caractérisent par l'existence d'une qualité particulière justifiant l'existence d'un fort pouvoir sur la personne d'autrui. Tandis que la garde d'autrui peut être une réponse à une absence d'autonomie naturelle ou un moyen de priver une personne de sa liberté, la détention d'autrui n'est qu'un mode de privation de liberté. Aussi pouvons-nous envisager le fonctionnement des situations exceptionnelles de garde ou de détention d'autrui en suivant ce clivage. À l'étude du fonctionnement des situations de garde, réponses à une absence d'autonomie (**§ 1**), succèdera celle des situations de garde ou de détention, moyens de privation de l'autonomie d'autrui (**§ 2**).

## § 1. La garde, réponse à une absence d'autonomie

**364.** Depuis la loi du 27 juin 1990, l'hospitalisation en service libre des handicapés mentaux est devenue le principe. Dans cette hypothèse, le handicapé mental est assimilé à un malade ordinaire et ne peut faire l'objet d'aucune contrainte. Il consent à cette hospitalisation et peut décider d'y mettre fin. Pour autant, la loi de 1990 n'a pas supprimé les hospitalisations sous contrainte. Dans cette hypothèse, l'établissement psychiatrique détient un pouvoir de garde sur la personne des handicapés mentaux. Les hospitalisations sous contrainte sont d'ailleurs toujours utilisées puisqu'elles représentent encore entre 10% et 15% des hospitalisations psychiatriques[1]. Le taux d'hospitalisations sous contrainte semble même être en augmentation[2]. Ces hospitalisations s'effectuent dans des établissements de soins publics ou privés[3], habilités par le préfet à soigner les malades en hospitalisation forcée[4]. Pour les établissements privés, il faut préciser qu'ils ne participent pas nécessairement au service public[5]. Le placement forcé peut être directement établi ou prendre le relais d'une hospitalisation libre. Dans ce dernier cas, il limite la possibilité du patient de mettre fin à une hospitalisation en service libre. Le législateur a en effet prévu que lorsque le malade est hospitalisé en service libre et est atteint de troubles mentaux justifiant la mise en œuvre d'un

---

[1] M.-P. Champenois-Marmier et J. Sansot, *La loi n° 90-527 du 27 juin 1990 relative aux droits et à la protection des personnes hospitalisées en raison de troubles mentaux et à leurs conditions d'hospitalisation, art. précit.*, n° 12, p. 126 ; J.-M. Auby, *La loi n° 90-527 du 27 juin 1990 relative aux droits et à la protection des personnes hospitalisées en raison de troubles mentaux et à leurs conditions d'hospitalisation, art. précit.*, n° 15 ; A. Boumaza, *Hospitalisation psychiatrique et droits de l'homme*, vol. 1 : *Le régime médico-administratif de l'hospitalisation psychiatrique*, Ed. du CTNERHI, 2002, p. 90 ; A. Lopez, I. Yeni, M. Valdes-Boulouque et F. Castoldi, *Propositions de réforme de la loi du 27 juin 1990 relative aux droits et à la protection des personnes hospitalisées en raison de troubles mentaux et à leurs conditions d'hospitalisation*, rapport de l'Inspection générale des affaires sociales et de l'Inspection générale des services judiciaires, mai 2005, p. 17.

[2] Plusieurs explications ont pu être apportées à cette augmentation par le rapport de l'I.G.A.S./I.G.S.J. de 2005. Ainsi, on a pu avancer que la loi de 1990 aurait assuré une nouvelle publicité à ces mesures. La population et les acteurs institutionnels hésiteraient moins à les utiliser. Par ailleurs, une évolution de la morbidité, un meilleur dépistage, une plus grande acceptabilité de l'utilité des soins, une plus grande intolérance sociale à l'égard des problèmes de santé mentale, une augmentation de situations d'exclusion ont entraîné une demande globale de soins accrue. De même, le besoin général de sécurité, ajouté à une conception extensive du principe de précaution conduirait à recourir davantage aux mesures de contrainte pour traiter les malades mentaux refusant les soins. Le rapport met également en avant le fait que les durées de séjour à l'hôpital sont plus courtes. Or, l'état des patients peut nécessiter plusieurs hospitalisations dans la même année. Enfin, il explique que l'hospitalisation à la demande d'un tiers a été détournée de son objectif initial. Conçue pour obliger une personne malade à se soigner, la mesure serait en fait utilisée pour obliger l'hôpital à admettre un patient qu'il aurait sinon refusé du fait de sa sur-occupation. *Cf.* A. Lopez, I. Yeni, M. Valdes-Boulouque et F. Castoldi, *rapp. précit.*, pp. 19-20.

[3] Article L. 3221-1 du Code de la santé publique.

[4] Article L. 3222-2 du Code de la santé publique.

[5] Une telle décision a été prise parce qu'il existait, lors de l'adoption de la loi, cinq établissements en participant pas au service public et accueillant cependant des malades en placement volontaire ou d'office. Le législateur a estimé qu'il était impossible de mettre fin aux habilitations données antérieurement à ces établissements et de transférer les malades. *Cf.* J.-M. Auby, *art. précit.*, n° 8.

placement sous contrainte, le directeur de cet établissement doit prendre, dans les quarante-huit heures, toutes les mesures nécessaires à la mise en œuvre d'un placement forcé[6].

Si l'établissement d'un pouvoir de garde sur une personne handicapée mentale est justifié par la volonté d'apporter des soins au malade et de protéger la société, il n'en demeure pas moins qu'il porte atteinte à la liberté d'aller et venir et à celle de refuser un traitement. Cette double restriction appelle un contrôle étroit non seulement de l'établissement et de l'anéantissement du pouvoir de garde des établissements psychiatriques **(A)**, mais aussi de son exercice **(B)**.

## A. L'ÉTABLISSEMENT ET L'ANÉANTISSEMENT DU POUVOIR DE GARDE DES ÉTABLISSEMENTS PSYCHIATRIQUES

**365.** À la différence du pouvoir de garde sur les mineurs, le pouvoir de garde des hôpitaux psychiatriques résulte d'une appréciation de l'état de la personne gardée. Dès lors, l'établissement d'un pouvoir de garde doit susciter des interrogations sur l'état de santé mental de l'intéressé et sur l'opportunité de le placer dans un hôpital psychiatrique. Un contrôle de proportionnalité doit être effectué afin d'éviter, dans la mesure du possible, les placements arbitraires. De telles préoccupations sont à l'origine d'un étroit encadrement des procédures d'établissement et d'anéantissement du pouvoir de garde des établissements psychiatriques **(1)**, qui manifestent néanmoins certains dysfonctionnements **(2)**.

### *1. Les procédures d'établissement et d'anéantissement du pouvoir de garde des établissements psychiatriques*

**366.** La loi de 1990 a maintenu les deux formes de placements forcés qui existaient dans la loi de 1838. Elle a cependant apporté des modifications afin de diminuer les risques d'arbitraire dans ces procédures établissant un fort pouvoir de contrainte sur autrui. Elle a également modifié les noms. Dorénavant, on ne parle plus de « *placement* », mais d'« *hospitalisation* ». Ainsi, le placement volontaire a laissé la place à l'hospitalisation sur demande d'un tiers **(a)**, laquelle s'oppose à l'hospitalisation d'office **(b)**.

#### a. L'hospitalisation sur demande d'un tiers

**367. Les conditions.** À la différence de la législation antérieure, la loi de 1990 soumet la demande d'hospitalisation à la réunion de deux conditions. Ces conditions sont *a priori* cumulatives[7]. En premier lieu, le malade ne doit pas pouvoir exprimer son consentement en raison de ses troubles mentaux. Cette première condition peut éventuellement susciter des difficultés lorsque le malade a une vague conscience de son état. En réalité, il faudrait comprendre cette condition par rapport à l'exigence d'un consentement éclairé posée pour l'hospitalisation libre. Comme une vague conscience ne peut justifier un consentement éclairé du malade, il faut admettre que, dans cette hypothèse, un tiers peut demander son hospitalisation[8]. En second lieu, son état doit imposer des soins immédiats assortis d'une surveillance constante en milieu hospitalier. Une circulaire du 13 mai 1991 est venue préciser le sens de cette notion de surveillance[9]. Ce terme ne doit pas être entendu comme exigeant

---

[6] Article L. 3222-2 du Code de la santé publique.

[7] M.-P. CHAMPENOIS-MARMIER et J. SANSOT, *art. précit.*, n° 19, p. 127 ; J.-M. AUBY, *art. précit.*, n° 23. *Contra* G. NICOLAU, *L'héritière (Réflexions sur la loi n° 90-527 du 27 juin 1990 relative aux droits et à la protection des personnes hospitalisées en raison de troubles mentaux et à leurs conditions d'hospitalisation), art. précit.*, p. 32.

[8] J.-M. AUBY, *ibid.*

[9] Circulaire du 13 mai 1991 du ministère des Affaires sociales et de l'Intégration, DGS 3 C, fiches d'information relatives à l'application de la loi du 27 juin 1990, *cf.* TH. ALBERNHE et Y. TYRODE,

une surveillance du malade vingt-quatre heures sur vingt-quatre ou la présence permanente d'une équipe médicale à son chevet. Il signifie simplement qu'une équipe soignante engagée dans un projet thérapeutique est à tout moment susceptible d'intervenir en cas de besoin. Une telle précision n'est pas anecdotique. Elle correspond en définitive à la notion de garde qui n'exige pas que la personne gardée soit en permanence sous le contrôle physique du gardien.

**368. La demande**. La demande d'hospitalisation peut être faite par un membre de la famille du malade ou par une personne susceptible d'agir dans l'intérêt de celui-ci, à l'exclusion des personnels soignants dès lors qu'ils exercent dans l'établissement d'accueil. Si elle concerne un incapable majeur, la demande doit être formulée par le tuteur, très certainement après autorisation du conseil de famille, ou par le curateur. Dans un arrêt du 3 décembre 2003, le Conseil d'État a apporté quelques précisions sur la détermination des tiers susceptibles de demander une hospitalisation sous contrainte. Il a ainsi affirmé que la décision d'hospitalisation « *ne peut être prise sur demande d'un tiers que si celui-ci, à défaut de pouvoir faire état d'un lien de parenté avec le malade, est en mesure de justifier de l'existence de relations antérieures à la demande* »[10]. Une telle décision s'oppose à la pratique qui faisait que les demandes d'hospitalisation étaient de plus en plus souvent rédigées par des personnes présentes au moment où l'opportunité de l'hospitalisation sous contrainte se posait. Il s'agissait fréquemment de l'administrateur de garde de l'hôpital[11].

Cette demande d'hospitalisation doit obligatoirement être accompagnée de deux certificats médicaux circonstanciés datant de moins de quinze jours. Le droit antérieur n'exigeait qu'un seul certificat médical. Face à la pratique des certificats confus et imprécis, le législateur a renforcé cette condition afin de limiter les internements abusifs. Le directeur de l'établissement doit alors s'assurer que toutes les conditions sont réunies et vérifier l'identité de la personne dont l'hospitalisation est demandée ainsi que celle de l'auteur de la demande. Dans les situations d'urgence, la procédure instituée par l'article L. 3212-3 du Code de la santé publique s'applique. Ainsi, en cas de péril imminent pour la santé du malade constaté par un médecin, exerçant éventuellement dans l'établissement, le directeur peut, dès qu'une demande manuscrite est produite, hospitaliser au vu d'un seul certificat médical.

Dans toutes ces hypothèses, le pouvoir de garde de l'établissement psychiatrique repose sur une décision administrative confortée par un avis médical. Selon les prescriptions légales, l'établissement dispose d'un pouvoir de contrainte sur le malade mental dès la signature du bulletin d'admission. Il convient donc d'admettre que le pouvoir de garde naît au même moment.

**369. Les contrôles ultérieurs**. La loi de 1990 a renforcé les contrôles après l'hospitalisation. Elle a maintenu l'obligation d'établir un certificat médical dans les vingt-quatre heures suivant l'admission par le psychiatre de l'établissement. S'il ne confirme pas l'opinion de ses deux confrères, la mesure de placement sera immédiatement levée. Le directeur de l'établissement doit ensuite envoyer ce certificat, accompagné des copies des deux autres et du bulletin d'admission, au préfet et à la commission départementale des hospitalisations psychiatriques. Le préfet est alors chargé de notifier, dans les trois jours de l'hospitalisation, au procureur de la République du domicile du malade et à celui du lieu de l'établissement, les nom, prénom, profession et domicile de la personne hospitalisée et de l'auteur de la demande d'hospitalisation. Des dispositions particulières sont prévues pour les établissements privés, habilités par le préfet, n'assurant pas le service public hospitalier.

---

*Législation en santé mentale*, t. 2, *Pratique médico-hospitalière*, *op. cit.*, pp. 137-142, *spéc.* fiche 1, p. 137.

[10] CE, 3 décembre 2003, *Centre hospitalier spécialisé de Caen*, *Lebon*, p. 488.

[11] A. LOPEZ, I. YENI, M. VALDES-BOULOUQUE et F. CASTOLDI, *rapp. précit.*, p. 31.

Dans cette hypothèse, le préfet doit envoyer deux psychiatres afin qu'ils constatent l'état de la personne hospitalisée et qu'ils en fassent rapport. Le préfet peut même décider de leur adjoindre toute autre personne qu'il désignera.

La loi de 1990 a ensuite organisé tout un système de suivi médical. Le psychiatre de l'établissement doit examiner le malade dans les trois jours suivant l'expiration des quinze premiers jours de l'admission et établir un nouveau certificat médical qui sera communiqué au préfet, à la commission des hospitalisations, au procureur de la République du domicile du malade et à celui du lieu de l'établissement. Un tel encadrement procédural a pour objectif de prévenir les internements abusifs et d'éviter ainsi toute reconnaissance injustifiée d'un pouvoir de garde sur autrui.

**370. Mainlevée de l'hospitalisation**. La loi de 1990 a introduit une nouveauté importante afin de sanctionner l'éventuelle inertie médicale. Si le médecin s'abstient de produire le certificat médical attestant du contrôle régulier du malade, la levée de l'hospitalisation est immédiatement acquise. Une telle volonté de combattre l'inaction du corps médical peut se comprendre, mais il paraît néanmoins étrange qu'elle puisse conduire à la remise en liberté d'une personne, dont l'état mental peut encore requérir des soins. En effet, la logique voudrait que la fin de l'hospitalisation coïncide, sinon avec une guérison complète, du moins avec une amélioration suffisante de la santé mentale du patient pour le dispenser d'un traitement hospitalier. Heureusement, cette idée se trouve au cœur des autres causes de mainlevée de l'hospitalisation. Ainsi, la fin du placement à la demande d'un tiers peut intervenir soit sur constatation médicale, soit sur demande des proches, soit par décision du préfet ou décision judiciaire. L'article L. 3212-9 du Code de la santé publique donne la liste des personnes pouvant demander la levée de l'hospitalisation. À partir du moment où l'une d'entre elles la requiert, elle doit être immédiatement décidée. Néanmoins, elle n'est pas automatique. Si le médecin de l'établissement estime que « *l'état du malade nécessite des soins en raison de troubles mentaux qui compromettent la sûreté des personnes ou portent atteinte, de façon grave, à l'ordre public* »[12], il en est donné connaissance au préfet qui peut ordonner un sursis provisoire ou éventuellement une hospitalisation d'office. Le sursis provisoire cesse de plein droit à l'expiration de la quinzaine si le préfet n'a pas, dans ce délai, ordonné une hospitalisation d'office. De même, la fin de l'hospitalisation peut être ordonnée par le président du tribunal de grande instance saisi d'office ou par le juge de la liberté et de la détention à la demande d'une des personnes énumérées à l'article L. 3211-12 du Code de la santé publique. La fin de l'hospitalisation met ainsi fin à l'existence du pouvoir de garde de l'établissement psychiatrique sur le handicapé mental. Cette recherche de l'existence du pouvoir de garde des établissements de soins peut également être effectuée à propos de l'hospitalisation d'office.

b. L'hospitalisation d'office

**371. Les conditions**. Ce type de placement existait déjà dans la loi de 1838 et a été maintenu dans la loi de 1990. Dans ces deux lois, ce second cas d'hospitalisation sans consentement est avant tout justifié par des considérations de police. Les lois de 1838 et de 1990 prévoyaient en effet que le placement d'office constituait une réponse au problème posé par « *les personnes dont les troubles mentaux compromettent l'ordre public ou la sûreté des personnes* »[13]. La loi du 4 mars 2002 a modifié cette disposition en accordant la priorité au critère de la nécessité des soins. Dorénavant, l'article L. 3213-1, alinéa 1er du Code de la santé publique dispose que l'hospitalisation d'office ne peut être ordonnée que pour « *les personnes dont les troubles mentaux nécessitent des soins et compromettent la sûreté des personnes ou portent atteinte, de façon grave, à l'ordre public* ». Cette modification introduit plus de

---

[12] Article L. 3212-9, alinéa 10 du Code de la santé publique.

[13] Ancienne rédaction de l'article L. 3213-1, alinéa 1er du Code de la santé publique.

souplesse dans l'appréciation du critère justifiant l'hospitalisation d'office. Auparavant, elle renvoyait à une étude de la dangerosité du malade mental. Notion incertaine et complexe ! Dorénavant, l'intérêt thérapeutique doit primer. Fondamentalement, un tel changement n'a rien de surprenant dès lors que, depuis 1990, il est clairement affirmé que l'hospitalisation sous contrainte a pour finalité la délivrance de soins aux malades. L'objectif de l'hospitalisation d'office est bien la protection des handicapés mentaux et celle de la société.

**372. La décision**. La décision d'hospitaliser d'office une personne est de nature administrative. Elle relève de la compétence du préfet et, à Paris, du préfet de police. L'arrêté préfectoral est rendu au vu d'un certificat médical circonstancié, qui ne peut émaner d'un psychiatre exerçant dans l'établissement d'accueil du malade. Cette compétence est exclusive. Ainsi, si les autorités judiciaires estiment que l'état mental d'une personne qui a bénéficié d'un non-lieu, d'une décision de relaxe ou d'un acquittement, en application des dispositions de l'article 122-1 du Code pénal[14], répond aux conditions de l'hospitalisation d'office, elles doivent immédiatement en aviser la commission départementale des hospitalisations et le préfet qui seul pourra prendre une décision[15]. À cette fin, il doit désigner un psychiatre, extérieur à l'établissement d'accueil, chargé de rédiger un certificat médical sur l'état du malade. Au vu de ce certificat et de l'arrêté préfectoral, le délinquant, souffrant de troubles mentaux, sera transféré dans un établissement spécialisé après son jugement. Dans ces deux hypothèses, le pouvoir de garde de l'établissement psychiatrique est fondé sur une décision du préfet. L'arrêt préfectoral est l'acte de naissance de ce pouvoir.

Par ailleurs, en cas de danger imminent pour la sûreté des personnes[16], attesté par un avis médical ou à défaut par la notoriété publique, le maire et, à Paris, les commissaires de police, peuvent prendre toutes les mesures nécessaires et, par conséquent, hospitaliser un handicapé mental. On pourrait dès lors estimer que la décision de ces autorités est suffisante pour établir le pouvoir de garde de l'établissement psychiatrique. Il ne faut toutefois pas oublier que de telles mesures sont provisoires. Le préfet doit en être informé dans un délai de vingt-quatre heures et statuer dans un délai de quarante-huit heures sinon les mesures provisoires seront considérées comme caduques[17]. Dès lors, la décision établissant le pouvoir de garde sur le handicapé mental est bien celle du préfet. Elle vient conforter ou infirmer rétroactivement la décision prise par le maire ou les commissaires de police. Il faut donc en déduire que, de nouveau, seule la décision du préfet est de nature à justifier l'existence d'un pouvoir de garde sur une personne handicapée mentale.

Selon une jurisprudence constante[18], la décision préfectorale d'hospitalisation pourra donner lieu à un double contentieux. Tandis que la régularité formelle et procédurale de l'arrêté est contrôlée par le juge administratif saisi d'un recours pour excès de pouvoir, la vérification de la nécessité et du bien-fondé de l'internement relève de la compétence du juge civil en sa qualité de gardien naturel des libertés individuelles.

**373. Contrôles ultérieurs**. Comme pour l'hospitalisation à la demande d'un tiers, la malade mental hospitalisé d'office fait l'objet de contrôles réguliers. Ainsi, il doit être

---

[14] *Cf. infra* n[os] 439-440.

[15] Article L. 3213-7 du Code de la santé publique.

[16] La loi ne vise que les situations de danger imminent pour les personnes. Lorsque l'ordre public est en cause, seule une hospitalisation d'office de droit commun peut être ordonnée.

[17] Article L. 3213-2 du Code de la santé publique.

[18] Req., 8 février 1876, *D.P.* 1876, 1, 289, concl. R. BLANCHE ; CE, 21 juillet 1911, *Fervel*, *Lebon*, p. 844 ; *D.P.* 1913, 3, 131 ; T. confl., 6 avril 1946, *Machinot*, *Lebon*, p. 326 ; T. Confl. 16 novembre 1964, *JCP G* 1965, II, 14286, note E. LANGAVANT ; CE, 22 décembre 1982, *Bissery*, *Lebon*, p. 438 ; *D.* 1984, IR, 105, obs. F. MODERNE et P. BON ; CE, 10 février 1984, *Mme Dufour*, *Lebon*, p. 59 ; *AJDA* 1985, 403, note J. MOREAU ; *RDSS* 1984, 215, note F. MODERNE ; *Rev. adm.* 1984, 268, note B. PACTEAU ; T. confl., 27 novembre 1995, *Préfet de Paris c/ Melle Boucheras*, *Lebon*, p. 503 ; *D.* 1996, 285, note J.-S. CAYLA.

examiné dans les vingt-quatre heures de son hospitalisation par un psychiatre de l'établissement. Un certificat médical est alors envoyé au préfet et à la commission des hospitalisations psychiatriques. Par la suite, le contrôle médical se fait selon une périodicité légèrement différente que celle qui est prévue en cas d'hospitalisation à la demande d'un tiers : dans les quinze jours après l'admission, puis après un mois et ensuite au moins tous les mois. Chaque certificat est envoyé au préfet et à la commission des hospitalisations. Le maintien de l'hospitalisation d'office peut être prononcé dans les trois jours précédant l'expiration du premier mois d'hospitalisation pour une durée de trois mois puis, au-delà, pour des périodes de six mois renouvelables, par le préfet après avis motivé d'un psychiatre. L'absence de décision préfectorale entraîne la caducité de la mesure d'hospitalisation d'office.

**374. Mainlevée de l'hospitalisation.** De même que l'inertie médicale a pour conséquence la levée de l'hospitalisation sur demande d'un tiers, l'inertie administrative peut mettre fin à une mesure d'hospitalisation d'office. Depuis la loi de 1990, l'absence de décision préfectorale à l'issue de chacun des délais posés par la loi entraîne sa libération immédiate. L'administration devra alors reprendre toute la procédure si l'état de santé mentale du malade requiert toujours des soins. La sortie de l'hôpital peut également être ordonnée par le préfet à son initiative après un avis médical ou à celle d'un psychiatre. Enfin, la mainlevée de l'hospitalisation d'office peut résulter d'une décision du président du tribunal de grande instance saisi d'office ou par le juge de la liberté et de la détention saisi selon les règles de l'article L. 3211-12 du Code de la santé publique. De tels événements ou actes sont alors de nature à mettre fin au pouvoir de garde de l'établissement psychiatrique.

***2. Les dysfonctionnements des procédures d'établissement et d'anéantissement du pouvoir de garde des établissements psychiatriques***

**375.** La loi du 27 juin 1990 fait l'objet d'études constantes, tant de la doctrine[19] que des pouvoirs publics. Sur ce point, la loi de 1990 a expressément prévue son évaluation dans les cinq ans de sa promulgation, afin de mesurer son efficacité pour assurer la protection de la personne. Mise en place en 1995, cette évaluation aboutit à une synthèse des observations des différents intervenants et à une étude réalisée par un groupe de travail sur les propositions des Commissions départementales des hospitalisations psychiatriques[20]. En 2005, la loi de 1990 fit l'objet d'une nouvelle étude de l'Inspection générale des affaires sociales et de l'Inspection générale des services judiciaires, qui aboutit à la présentation de propositions de réforme de la loi[21]. Dans l'ensemble, cette évaluation et ce rapport montrent que les intervenants restent attachés au principe de l'hospitalisation sous contrainte en dépit de dysfonctionnements certains. Les propositions vont davantage dans le sens d'un réaménagement que dans celui d'une intervention croissante du juge judiciaire. L'identification de ces dysfonctionnements **(a)** peut dès lors être suivie d'une étude des solutions proposées et souhaitables **(b)**.

a. L'identification des dysfonctionnements

**376. Les dysfonctionnements de l'admission de l'hospitalisation sans consentement.** La loi de 1990 a souhaité encadrer plus étroitement les placements sous contrainte des malades mentaux. Néanmoins, comme le révèle la pratique, l'encadrement

---

[19] A. BOUMAZA, *thèse précit.*, vol. 1 ; J. COELHO, *Hospitalisations psychiatriques sous contrainte : plaidoyer pour une réforme*, *RDSS* 2006, pp. 249-262.

[20] J.-S. CAYLA, *Évaluation de la loi sur les droits et la protection des malades mentaux hospitalisés*, *RDSS* 1995, pp. 495-496 ; P. JOLY, *Prévention et soins des maladies mentales, Bilan et perspectives*, *rapp. préc.*, p. 146 ; M. CLEMENTE, *Évaluation de la loi du 27 juin 1990, les projets d'évolution*, *Gest. hosp.*, 1977, pp. 777-780.

[21] A. LOPEZ, I. YENI, M. VALDES-BOULOUQUE et F. CASTOLDI, *rapp. précit.*.

procédural n'est pas toujours une garantie efficace contre les risques d'arbitraire. Ceci apparaît dans l'admission des malades mentaux à la demande d'un tiers ou d'office.

Une des grandes nouveautés de la loi de 1990, en matière d'hospitalisation à la demande d'un tiers, fut l'exigence d'un second certificat médical, afin de limiter les internements arbitraires. Cette condition légale suscite toutefois des difficultés pratiques[22]. Le second praticien peut être tenté de simplement confirmer l'opinion de son confrère, ne serait-ce que pour éviter de se retrouver sous l'inculpation de non-assistance à personne en danger. Par ailleurs, le législateur a lui-même fait preuve de souplesse dans la définition de cette condition, puisqu'il a admis que le second certificateur puisse être un médecin de l'établissement d'accueil. Une telle idée va à l'encontre du principe de la stricte séparation des thérapeutes et des certificateurs, pourtant présenté comme une garantie contre l'arbitraire. De même, la loi n'impose pas de recourir à un psychiatre. Un médecin généraliste, ne disposant pas nécessairement de connaissances suffisantes en matière de psychiatrie, peut être amené à se prononcer sur une hospitalisation sans consentement, c'est-à-dire sur une mesure privative de liberté. Enfin, le délai de quinze jours entre la rédaction des deux certificats semble excessif. Face aux dysfonctionnements de la procédure classique d'hospitalisation à la demande d'un tiers, on a pu constater une inflation des hospitalisations d'urgence[23]. Fondée sur la notion imprécise de « *péril imminent* », cette procédure permet d'hospitaliser un malade à la demande d'un tiers sur le fondement d'un seul certificat pouvant, de surcroît, émaner d'un médecin de l'établissement d'accueil. Un tel détournement de la procédure d'hospitalisation d'urgence conduit à écarter les règles de la procédure classique. De nouveau, il n'est pas évident que les risques d'arbitraire soient efficacement combattus.

D'autre part, une autre caractéristique de l'hospitalisation à la demande d'un tiers peut surprendre. Il s'agit de l'absence d'obligation de motivation de la part du tiers demandeur. Cette solution, largement débattue, repose sur la volonté de ne pas alourdir la procédure, de ne pas attenter à l'intimité de la vie privée du malade et d'éviter des conflits en imposant de communiquer l'identité du tiers au malade. Or, cette solution s'oppose à l'article 5 § 2 de la Convention européenne des droits de l'Homme, qui reconnaît aux personnes retenues le droit d'être informé des motifs à l'origine de leur situation. Il serait peut être plus opportun, en raison de la gravité de la mesure, de prévoir une double motivation de la part du médecin et du tiers.

En ce qui concerne l'hospitalisation d'office, la loi de 1838 comportait une importante lacune, puisqu'elle n'exigeait pas la fourniture d'un certificat médical. La loi de 1990 est revenue sur ce point en exigeant que le préfet se fonde sur un certificat médical. Dans les faits, cette exigence est contournée par la tendance à se fonder sur le certificat de « *vingt-quatre heures* » émanant du médecin de l'établissement[24]. Un tel dysfonctionnement est rendu possible en raison du silence de la loi sur le moment de la rédaction du certificat. La conséquence immédiate de cette pratique est de déplacer le moment du contrôle médical. Alors qu'en principe, il doit intervenir avant l'hospitalisation, il a tendance, en pratique, à être effectué après. La question de la légitimité d'une telle pratique peut se poser eu égard à la volonté législative de proscrire l'arbitraire dans l'hospitalisation d'office.

**377. Les dysfonctionnements des contrôles périodiques**. La loi de 1990 a introduit un certain nombre de contrôles périodiques de l'état de santé du malade mental afin de justifier du bien fondé du maintien de la mesure privative de liberté. Mais, de nouveau, il faut constater que ces garanties ne constituent pas toujours un gage d'efficacité dans la lutte contre

---

[22] D. VANCOSTENOBLE, PH. VILLENEUVE et H. VILLENEUVE, *Bilan de la loi du 27 juin 1990 relative aux droits et à la protection des personnes hospitalisées en raison de troubles mentaux*, *Gest. hosp.*, 1996, pp. 277-281, *spéc.* pp. 279-280 ; A. BOUMAZA, *thèse précit.*, vol. 1, pp. 102-105.

[23] A. BOUMAZA, *thèse précit.*, vol. 1, pp. 105-107.

[24] A. BOUMAZA, *thèse précit.*, vol. 1, pp. 113-115.

l'enfermement arbitraire. Ainsi, le législateur a exigé la fourniture régulière de certificats médicaux. La pratique révèle que de nombreux certificats ont tendance à être trop superficiels et témoignent de l'absence d'examen personnel approfondi[25]. De même, la loi a prévu qu'un certain nombre d'autorités administratives ou judiciaires devaient régulièrement rendre visite aux malades hospitalisées[26], mais elle n'a prévue aucune sanction en cas de carence de ces autorités. La conséquence de ce régime est l'absence de visites.

**378. Les dysfonctionnements de la mainlevée de l'hospitalisation sans consentement.** Là encore, il faut reconnaître que les procédures établies par le législateur ne sont, en pratique, pas toujours satisfaisantes. La loi de 1990 a fait preuve d'un formalisme qui peut parfois paraître excessif. En effet, elle a prévu qu'en l'absence de fourniture des documents attestant de la nécessité du maintien de l'hospitalisation forcée, le malade devait être immédiatement libéré[27]. Une telle disposition peut être louable sur le principe, puisqu'elle cherche à responsabiliser les autorités chargées de ces contrôles périodiques. Néanmoins, elles peuvent également conduire à un formalisme exacerbé[28]. Dans l'hypothèse où l'un de ces documents ne serait pas produit, le formalisme légal doit l'emporter, alors que l'intérêt thérapeutique du malade peut exiger son maintien dans l'établissement de soins. Dans cette hypothèse, il faut reprendre toute la procédure. Une telle solution mériterait d'autant plus d'évoluer que, jusqu'à la loi n° 2002-303 du 4 mars 2002, il était prévu qu'un malade hospitalisé à la demande d'un tiers pouvait être libéré, si un tiers habilité en faisait la demande, sans que le médecin de l'établissement ne puisse s'y opposer en invoquant les dangers d'une libération anticipée pour le malade. Le médecin ne pouvait opposer que les risques pour l'ordre public. Cette disposition avait tendance à faire prévaloir le formalisme légal sur l'intérêt thérapeutique du patient. La loi de 2002 est revenue sur cette règle. Dorénavant, le médecin de l'établissement peut s'opposer à la sortie du malade si son « *état mental nécessite des soins en raison de troubles mentaux qui compromettent la sûreté des personnes ou portent atteinte, de façon grave, à l'ordre public* »[29]. La sûreté des personnes visant très certainement celle du malade, cette modification législative témoigne d'une avancée de l'intérêt thérapeutique sur le formalisme législatif.

**379. Les dysfonctionnements des garanties potentielles.** La loi de 1990 a introduit deux dispositifs afin d'assurer la protection de la personne hospitalisée en raison de troubles mentaux : le curateur à la personne et la commission départementale des hospitalisations psychiatriques. Ces deux organes ne semblent pas encore remplir pleinement leur fonction de protection contre l'arbitraire. Dans l'esprit du législateur, le curateur à la personne doit constituer l'organe de protection de la personne et des biens du malade hospitalisé sous contrainte, dès lors qu'aucune protection juridique n'a été organisée. En réalité, la nomination d'un curateur étant facultative, ce dispositif de protection contre l'arbitraire n'a guère été employé[30]. De même, on a pu attribuer un bilan mitigé à l'action des commissions départementales dans la protection des malades mentaux[31]. Mais, ceci ne constitue qu'un des

---

[25] A. BOUMAZA, *thèse précit.*, vol. 1, p. 116.

[26] Article L. 3222-4 du Code de la santé publique : les autorité concernées sont le représentant de l'Etat dans le département ou son représentant, le juge du tribunal d'instance, le président du tribunal de grande instance ou son délégué, le maire de la commune ou son représentant et le procureur de la République dans le ressort duquel est situé l'établissement.

[27] *Cf.* L'article L. 3212-7 du Code de la santé publique pour les hospitalisations à la demande d'un tiers et l'article L. 3213-4 du Code de la santé publique pour les hospitalisations d'office.

[28] A. BOUMAZA, *thèse précit.*, vol. 1, pp. 121-124 ; X. VANDENDRIESSCHE, *Le droit des hospitalisations psychiatriques : derniers développements*, *art. précit.*, pp. 18-19.

[29] Article 3212-9, alinéa 10 du Code de la santé publique.

[30] A. BOUMAZA, *thèse précit.*, vol. 1, pp. 154-155.

[31] A. BOUMAZA, *thèse précit.*, vol. 1, pp. 155-159.

nombreux dysfonctionnements du régime en place montrant bien que l'établissement ou l'anéantissement du pouvoir de garde des établissements psychiatriques risque de ne pas toujours être justifié par l'état de santé mentale de la personne. De tels dysfonctionnements soulignent l'imperfection des procédures actuelles et appellent une réforme.

b. Les solutions proposées et souhaitables

**380. Les solutions proposées par le Groupe national d'évaluation**. Le Groupe national d'évaluation proposa un simple réajustement du régime en vigueur et ne souhaita pas remettre en cause le dispositif médico-administratif. Ses conclusions l'amenèrent à préconiser l'établissement de trois régimes d'hospitalisation psychiatrique : l'hospitalisation libre fondée sur le consentement du patient, l'hospitalisation sans l'accord du malade et les soins ambulatoires obligatoires.

Le deuxième régime réaliserait l'unité de l'hospitalisation d'office et de l'hospitalisation à la demande d'un tiers. En ce sens, l'hospitalisation incomberait au préfet et la sortie serait de la compétence du directeur de l'établissement sur proposition du médecin hospitalier. Par ailleurs, le groupe de travail préconisa l'instauration d'une période d'observation de quarante-huit à soixante-douze heures avant toute hospitalisation sans l'accord du malade. L'initiative d'une telle mesure appartiendrait au directeur de l'établissement sur le fondement d'un certificat d'un médecin extérieur à l'établissement.

Le troisième régime proposé organiserait un système de soins ambulatoires obligatoires en milieu familial. Il se fonde sur l'idée que l'hospitalisation sous contrainte est une étape dans la réinsertion. Elle devrait donc être limitée aux situations de crise et trouverait un relais avec les soins ambulatoires. Le malade soigné en ambulatoire aurait le même statut que celui du malade hospitalisé sans accord et pourrait faire l'objet d'une réintégration en cas de non-respect de l'obligation de soins contenue dans le protocole. Dans ce troisième régime, il faudrait donc admettre que le malade mental se trouverait toujours placé sous la garde intellectuelle de l'établissement psychiatrique où il aurait été placé. En revanche, les proches, assurant son hébergement, recevraient seulement le pouvoir de garde matérielle. Par conséquent, cette proposition ne transpose pas réellement les procédures de placement en milieu familial des handicapés mentaux, admises dans certains droits étrangers[32].

**381. Les propositions du rapport de l'I.G.A.S. et de l'I.G.S.J**. D'autres propositions de réforme ont été avancées par le rapport de l'Inspection générales des affaires sociales et de l'Inspection générales des services judiciaires de mai 2005. Ce dernier ne remet pas en cause le système médico-administratif. Il estime qu'il n'est pas nécessaire de donner au juge la responsabilité de décider de l'hospitalisation sous contrainte d'un patient, afin notamment d'éviter de rallonger la procédure, et préconise le maintien de la dualité des procédures, afin de respecter la diversité des malades et de ne pas exclure les familles de la procédure[33]. En revanche, le rapport préconise de dissocier l'obligation de soins de la modalité du soin. En somme, l'hospitalisation ne devrait plus être la seule façon de contenir un malade pour l'obliger à des soins. Cette dissociation ne remettrait pas en cause la structure générale du dispositif de prise en charge des malades mentaux sans leur consentement. Elle se traduirait par la possibilité de contraindre un patient à se soigner sans pour autant exiger une hospitalisation à temps plein[34]. Le rapport suggère également d'apporter quelques modifications aux procédures existantes. Il préconise notamment de créer les conditions d'une prise en charge de courte durée de 72 heures au plus[35], de revoir la succession des certificats

---

[32] *Cf. supra* n° 255.
[33] A. LOPEZ, I. YENI, M. VALDES-BOULOUQUE et F. CASTOLDI, *rapport précit.*, pp. 45-46.
[34] A. LOPEZ, I. YENI, M. VALDES-BOULOUQUE et F. CASTOLDI, *rapport précit.*, pp. 47-51.
[35] A. LOPEZ, I. YENI, M. VALDES-BOULOUQUE et F. CASTOLDI, *rapport précit.*, pp. 51-52.

médicaux pour l'hospitalisation à la demande d'un tiers[36] ou encore de rendre plus effectif le contrôle du juge des libertés et de la détention[37]. Pour autant, ce dernier n'interviendrait pas en amont.

**382. L'intervention préalable du juge judiciaire**. La question de l'intervention préalable du juge judiciaire dans l'hospitalisation des handicapés mentaux est une très ancienne proposition[38]. Souvent invoquée et débattue[39], mais toujours rejetée par le législateur français[40], elle mérite quelques observations. Le législateur a dû choisir entre l'autorité judiciaire, gardienne de la liberté individuelle[41], et l'autorité administrative, gardienne de la sécurité publique. En définitive, il a pris le parti de la seconde et a maintenu sa position en dépit des recommandations européennes[42] et de l'adoption de la thèse judiciaire par la majorité des États européens. L'un des arguments avancés fut le maintien de l'équilibre instauré entre les autorités administratives, judiciaires et médicales[43]. Néanmoins, il existe une

---

[36] A. Lopez, I. Yeni, M. Valdes-Boulouque et F. Castoldi, *rapport précit.*, pp. 53-54.

[37] A. Lopez, I. Yeni, M. Valdes-Boulouque et F. Castoldi, *rapport précit.*, pp. 58-59.

[38] Déjà, lors des débats parlementaires de 1837, Isambert, s'opposant à Vivien, défendit la thèse de l'intervention judiciaire : « *La garantie de la liberté individuelle repose toute entière sur le principe qu'il n'appartient qu'au magistrat d'y toucher et que la police n'est chargée que de recueillir, de reporter les faits à la connaissance de ces magistrats et non se de mettre à leur place* », *cf. Législation sur les aliénés et les enfants assistés*, t. 2, *Aliénés : discussion de la loi sur les aliénés à la Chambre des députés et à la Chambre des Pairs (1837-1838)*, *op. cit.*, p. 82 ; F. Guilbert, *Liberté individuelle et hospitalisation des malades mentaux, thèse précit.*, n[os] 13-24, pp. 18-32.

[39] De nombreux auteurs ont défendu le principe de l'intervention préalable de l'autorité judiciaire, *cf.* not. : J. Prévault, *L'internement administratif des aliénés*, *thèse précit.* ; J. Coelho, *art. précit.*, spéc. pp. 259-260. Cette idée fut également défendue par plusieurs projets de modification de la loi de 1838, dont le projet Dubief de 1907, *cf.* J. Vallet, *Étude de droit comparé sur la protection légale de la santé de l'aliéné*, thèse Paris, 1910, spéc. pp. 84-90.

[40] Pour la loi du 27 juin 1990 : J.-M. Auby, *La loi n° 90-527 du 27 juin 1990 relative aux droits et à la protection des personnes hospitalisées en raison de troubles mentaux et à leurs conditions d'hospitalisation, art. précit.*, n[os] 16-20 ; M. Debene, *La modernisation de la loi de 1838 sur les aliénés, Commentaire de la loi n° 90-527 du 27 juin 1990 relative aux droits et à la protection des personnes hospitalisées en raison des troubles mentaux et à leurs conditions d'hospitalisation, art. précit., spéc.* pp. 876-878 ; G. Nicolau, *L'héritière (Réflexions sur la loi n° 90-527 du 27 juin 1990 relative aux droits et à la protection des personnes hospitalisées en raison de troubles mentaux et à leurs conditions d'hospitalisation), art. précit.*, pp. 34-35 ; M.-P. Champenois-Marmier et J. Sansot, *La loi n° 90-527 du 27 juin 1990 relative aux droits et à la protection des personnes hospitalisées en raison de troubles mentaux et à leurs conditions d'hospitalisation, art. précit.*, n° 3, p. 124.

[41] R. Chapus, *Droit administratif général*, 15e éd., Montchrestien, Domat droit public, 2001, t. 1, n[os] 1077-1079, pp. 852-856. Ce principe est affirmé à l'article 66, alinéa 2 de la Constitution du 4 octobre 1968.

[42] Article 7 (i) b de la Recommandation 1235 de l'Assemblée parlementaire du Conseil de l'Europe relative à la psychiatrie et aux droits de l'homme, adoptée le 12 avril 1994 : « *En cas de placement non volontaire, la décision de placement dans un établissement psychiatrique doit être prise par un juge et la durée du placement doit être précisée* ». L'article 20 de la Recommandation R 2004-2 du Comité des Ministres du Conseil de l'Europe relative à la protection des droits de l'homme et de la dignité des personnes atteintes de troubles mentaux, adoptée le 22 septembre 2004, est un peu moins catégorique. En effet, il dispose que « *La décision de soumettre une personne à un placement involontaire devrait être prise par un tribunal ou une autre instance compétente* ». Tandis que certains auteurs estiment que cette disposition confirme le principe de la judiciarisation de la procédure (J. Coelho, *art. précit.*, p. 258), d'autres, au contraire, estiment qu'il n'impose pas que la décision d'hospitalisation sous contrainte soit prononcée par une autorité judiciaire (A. Lopez, I. Yeni, M. Valdes-Boulouque et F. Castoldi, *rapport précit.*, p. 56). Cette seconde interprétation semble plus juste, sinon la distinction opérée entre le tribunal et l'instance compétente est difficilement compréhensible.

[43] Claude Evin affirma ainsi : « *il est essentiel de préserver l'équilibre des pouvoirs et des contre-pouvoirs entre les différents acteurs concernés par le placement, que ce soient le préfet, le magistrat, le*

véritable logique à la concentration des pouvoirs dans les mains du juge judiciaires. Actuellement, l'hospitalisation d'office est ordonnée par une autorité administrative, mais le contrôle de régularité de sa décision est effectué par le juge administratif, tandis que le contrôle du bien-fondé de la mesure revient au juge judiciaire. Une telle dualité peut être préjudiciable pour le malade. Le juge judiciaire ne pouvant apprécier la légalité de l'arrêté préfectoral se doit de surseoir à statuer. Un tel clivage des compétences risque de dissuader d'intenter une action judiciaire et d'entraîner une perte non négligeable de temps.

La concentration des pouvoirs dans les mains du juge judiciaire pourrait être une solution. Le Tribunal des conflits a déjà fait un premier pas dans cette direction en admettant, dans une décision du 17 février 1997, que « *l'autorité judiciaire est compétente pour statuer sur les conséquences dommageables de l'ensemble des irrégularités entachant la mesure de placement d'office* »[44]. S'inspirant des règles classiques en matière d'emprise irrégulière[45], le Tribunal des conflits attribue dorénavant le contentieux de la réparation des préjudices résultant des illégalités de fond et de forme au juge judiciaire. Cette solution a été saluée parce qu'elle est « *en harmonie avec le principe classique de l'autorité judiciaire gardienne de la liberté individuelle* »[46]. Cependant, même si ce principe ne réserve pas à l'autorité judiciaire le prononcé de l'ensemble des mesures privatives de liberté[47], ne devrait-on pas renforcer les pouvoirs du juge judiciaire en le faisant intervenir avant la décision de placement et non plus après ? En ce sens, l'intervention préalable du juge judiciaire répondrait à une réelle logique, tant théorique que pratique. Le juge judiciaire deviendrait alors « *la pierre angulaire de la procédure d'hospitalisation* »[48]. Elle aurait pour avantage d'apporter au malade toute une série de garanties : l'organisation d'un débat contradictoire, la connaissance des motifs de la décision, ou encore la possibilité de demander une nouvelle expertise psychiatrique. Néanmoins, en dépit de ces arguments, le législateur maintient un système médico-administratif.

Une telle position peut sous-entendre que la « *judiciarisation* » de la procédure d'hospitalisation présente également des inconvénients. Afin de les mettre à jour, nous pouvons notamment nous appuyer sur les travaux d'évaluation de la loi belge sur la protection de la personne du malade mental du 26 juin 1990[49]. En effet, cette loi a modifié le droit belge des handicapés mentaux, qui était jusqu'alors calqué sur le modèle de la loi française de 1838. Mais, au lieu de continuer à suivre le modèle français, la loi belge a adopté le principe de l'intervention préalable du juge judiciaire. Or, l'évaluation de cette loi a mis en évidence plusieurs dysfonctionnements. Tout d'abord, la pratique révèle que la procédure judiciaire n'est pas plus rapide que la procédure administrative, la multiplication des formalités a finalement conduit à son contournement par l'utilisation des procédures d'urgence[50]. Ensuite,

---

*médecin ou la famille. Les uns et les autres ont un rôle spécifique à jouer. Sachons le leur conserver, afin que notre société puisse assumer ce grave problème de la folie, qui est effectivement entaché d'une grande subjectivité.* », *cf. JO*, débat Sénat, séance du 18 avril 1990, p. 371.

[44] T. confl., 17 février 1997, *Préfet de l'Ile de France, Préfet de Paris*, *Dr. adm.* 1997, comm. n° 138, note M. PAILLET ; *J.C.P.* 1997, II, 22885, concl. J. SAINTE-ROSE. S. GUÉRARD, *L'article 136 du Code de procédure pénale : réflexions à partir de deux décisions récentes du Tribunal des conflits*, *RRJ* 1999, pp. 219-235.

[45] T. confl., 17 mars 1949, *Société Hôtel du vieux Beffroi*, *Lebon*, p. 592 ; S. 1950, 3, 1, concl. J. DELVOLVÉ, note A. MATHIOT ; T. confl., 4 juillet 1983, *François c/ Commune de Lusigny* ; *JCP G* 1985, II, 20331, concl. M. LABETOULLE.

[46] M. PAILLET, note sous T. confl., 17 février 1997, *Préfet de l'Ile de France, Préfet de Paris*, *précit.*

[47] R. CHAPUS, *Droit administratif général*, *op. cit.*, t. 1, n° 1077, p. 853.

[48] A. BOUMAZA, *thèse précit.*, vol. 1, p. 178.

[49] M. DE CLERCQ, *Le bilan de deux ans d'application de la loi*, *in* C. BENOIT, I. BRANDON et J. GILLARDIN (dir.) *Malades mentaux et incapables : émergence d'un nouveau statut civil*, Publications des Facultés universitaires de Saint-Louis, 1994, pp. 167-184.

[50] M. DE CLERCQ, *Le bilan de deux ans d'application de la loi*, *art. précit.*, pp. 168-172.

la procédure judiciaire présenterait l'inconvénient de porter atteinte au secret médical en révélant une pathologie. Enfin, le contrôle judiciaire n'est pas nécessairement plus pertinent que le contrôle administratif. Dans ces deux procédures, les autorités médicales occupent les fonctions les plus décisives. L'étude du système belge a d'ailleurs révélé que « *dans la majorité des cas, le juge de paix est pratiquement devenu une chambre d'entérinement de la décision du médecin chef de service de l'établissement psychiatrique où le malade a été mis en observation* »[51]. Plus généralement, la judiciarisation de la procédure d'hospitalisation a été critiquée en raison de son caractère « *sanctionnateur* »[52]. Le malade mental pourrait avoir le sentiment d'être sanctionné par le juge en raison de son état de santé. Mais, cet argument n'est guère convaincant puisque la décision d'hospitalisation est prise par le juge civil et non le juge pénal[53]. La seule intervention d'un juge ne constitue pas en elle-même une sanction.

**383. Propositions.** Dès lors, quel système faut-il préconiser ? Les modèles actuels souffrent chacun de dysfonctionnements. L'attribution du pouvoir de décider de l'hospitalisation d'un malade mental à l'autorité judiciaire semble néanmoins suivre une véritable logique. Au lieu de multiplier les recours *a posteriori* devant les tribunaux judiciaires pour juger du bien-fondé d'une hospitalisation, il serait sans doute préférable de leur conférer un pouvoir de contrôle *a priori*. L'amendement déposé par Monsieur Dreyfus Schmidt lors des débats parlementaires de 1990 allait dans ce sens[54]. Il proposa de conférer ce pouvoir de placement au juge des tutelles, saisi sur une simple requête accompagnée d'un certificat médical. Le juge des tutelles pourrait alors prendre l'ensemble des dispositions nécessaires à l'organisation de la protection civile et patrimoniale du malade en statuant en la forme des référés dans les dix jours du dépôt de la requête après un débat contradictoire. Une telle procédure n'étant pas nécessairement adaptée en cas d'urgence, Monsieur Dreyfus Schmidt proposa de permettre à un directeur d'établissement d'admettre une personne atteinte de troubles mentaux au vu d'un certificat médical établi par un psychiatre ou, à défaut, par un autre médecin n'appartenant pas à l'établissement. Ce certificat serait ensuite transmis dans les vingt-quatre heures au procureur de la République, afin qu'il saisisse le juge des tutelles. Une telle proposition semble opportune. Elle doit néanmoins être adaptée pour tenir compte de la création du juge des libertés et de la détention[55] par la loi n° 2000-516 du 15 juin 2000. Intervenant à chaque fois qu'une liberté individuelle est compromise, le juge de la détention et des libertés est compétent pour juger du maintien dans un établissement psychiatrique[56]. Véritable gardien de la liberté d'aller et venir, le juge de la détention et des libertés, saisi d'une demande motivée par un certificat médical, pourrait être seul compétent pour décider du placement dans un établissement psychiatrique. Cette procédure pourrait se substituer aux hospitalisations effectuées à la demande d'un tiers ou du représentant de l'État. Le contrôle

---

[51] I. BRANDON, *La mise en observation*, *in* C. BENOIT, I. BRANDON et J. GILLARDIN, *Malades mentaux et incapables : émergence d'un nouveau statut civil*, *op. cit.*, p. 79.

[52] C. DESCOURS, *JO* débat Sénat, séance du 18 avril 1990, p. 360. L'intervention préalable du juge, alors que le malade n'a commis aucune faute, pourrait être préjudiciable à l'intéressé dans la mesure où la seule présence d'un juge provoquerait un sentiment de culpabilité. Certains parlementaires sont même allés plus loin, puisqu'ils n'ont pas hésité à affirmer que l'intervention préalable du juge conduirait à une pénalisation du malade : M. BARZACH : « *La judiciarisation remplacerait l'asile par la prison* », *JO* débat Ass. Nat., séance du 15 mai 1990, p. 1306.

[53] F. GUILBERT, *thèse précit.*, n° 21, pp. 26-27.

[54] Amendements présentés par M. Dreyfus Schmidt, Séance du 18 avril 1990, *JO* Débat Sénat, p. 370. *Cf.* J.-M. AUBY, *La loi n° 90-527 du 27 juin 1990 relative aux droits et à la protection des personnes hospitalisées en raison de troubles mentaux et à leurs conditions d'hospitalisation*, *art. précit.*, n° 19, note 11.

[55] B. LAVIELLE et F. LEBUR, *Le juge des libertés et de la détention : béni-oui-oui ou terminator ?*, *Gaz. Pal.* 2001, doc., pp. 1168-1175.

[56] Article 3211-12 du Code de la santé publique.

judiciaire du bien-fondé de l'internement serait dès lors effectué avant toute décision de placement. Le contrôle n'interviendrait *a posteriori* que dans les situations d'urgence. Il conviendrait sur ce point de faire preuve de sévérité en cas d'usage abusif de cette procédure d'urgence.

Ainsi, l'établissement et le maintien d'un pouvoir de garde sur les handicapés mentaux révèlent de nombreuses réflexions sur l'encadrement de ce pouvoir exorbitant sur autrui. Il doit être clairement justifié par une recherche de la protection de la personne et de la société. Ces idées orientent également les modalités d'exercice du pouvoir de garde des établissements psychiatriques.

## B. L'EXERCICE DU POUVOIR DE GARDE DES ÉTABLISSEMENTS PSYCHIATRIQUES

**384.** En lui-même l'exercice du pouvoir de garde des établissements psychiatriques n'appelle guère d'observations lorsque le malade est retenu dans l'enceinte de l'établissement, si ce n'est qu'il doit être exercé dans l'intérêt de la personne et s'accompagner de la mise en place d'une thérapie. En revanche, les sorties d'essai **(1)** et les sorties accompagnées **(2)** nécessitent quelques précisions, puisque ces mesures sont susceptibles de modifier les conditions d'exercice du pouvoir de garde des établissements psychiatriques.

### *1. Les sorties d'essai*

**385. L'attribution des sorties d'essai.** Depuis la loi de 1990, le pouvoir des établissements psychiatriques sur la personne des handicapés mentaux leur est expressément attribué dans l'intérêt des malades. Ceux-ci ne sont pas seulement des objets de droit mais aussi des sujets de droit. L'exercice du pouvoir de garde doit être dirigé par la recherche de l'intérêt du malade. L'article L. 3211-11 du Code de la santé publique prévoit ainsi que les handicapés mentaux placés sous contrainte peuvent bénéficier de sorties d'essai « *afin de favoriser leur guérison, leur réadaptation ou leur réinsertion sociale* ». Selon ce même texte, les décisions relatives aux sorties d'essai sont prises soit par un psychiatre de l'établissement et le directeur de l'établissement si le malade a été hospitalisé à la demande d'un tiers, soit par le représentant de l'État sur proposition du psychiatre de l'établissement si le handicapé a fait l'objet d'une hospitalisation d'office. Cette différence de régime se justifie par la différence de fondement des deux modes d'hospitalisation sous contrainte. L'hospitalisation d'office étant fondée non seulement sur l'état de santé du malade mental, mais aussi sur le risque de troubles pour l'ordre public ou la sûreté des personnes, la décision d'attribuer une sortie d'essai au malade hospitalisé d'office intéresse en premier lieu les autorités gardiennes de la sécurité publique, c'est-à-dire, en l'occurrence le représentant de l'État. En revanche, l'hospitalisation à la demande d'un tiers étant principalement justifiée par l'état de santé du malade, la question de l'attribution d'une sortie d'essai doit logiquement relever des autorités médicales.

De cet état du droit, il faut déduire que le pouvoir de garde du directeur de l'établissement psychiatrique n'a pas la même intensité selon le statut du malade. Tandis qu'il peut décider de lui redonner une certaine liberté lorsqu'il est hospitalisé à la demande d'un tiers, il se voit contraint de solliciter le représentant de l'État lorsqu'il a été hospitalisé d'office. Ne pourrait-on pas alléger cette procédure en conférant au directeur de l'établissement psychiatrique la responsabilité de cette décision en accord avec le médecin de l'établissement ? Une telle modification pourrait être de nature à accélérer le processus décisionnel et attribuerait un pouvoir de garde plein et entier au directeur de l'établissement. Dès lors que le législateur met en avant la finalité thérapeutique de l'hospitalisation forcée, il semble légitime d'attribuer l'intégralité du pouvoir de décision, relatif au fonctionnement de cette hospitalisation, au directeur de l'établissement psychiatrique. Le juge devrait néanmoins conserver un pouvoir de contrôle et pourrait ainsi être amené à invalider la décision du directeur de l'établissement psychiatrique.

**386. Les conséquences sur l'exercice du pouvoir de garde**. Le malade mental en sortie d'essai, peut être confié, pour une durée de trois mois renouvelable, à des particuliers ou à un service ne comportant pas d'hospitalisation à temps complet. Cette dernière précision vise les hôpitaux de jour, les hôpitaux de nuit, les appartements thérapeutiques, les foyers de post-cure, les centres d'aide par le travail… Selon l'article L. 3211-11 du Code de la santé publique, « *la sortie d'essai comporte une surveillance médicale* ». Le malade conserve donc son statut de personne hospitalisée sous contrainte et peut être réintégré dans l'établissement. Par conséquent, lorsque le malade mental est en sortie d'essai, l'établissement psychiatrique exerce toujours le pouvoir de garde intellectuelle, puisqu'il continue de contrôler son mode de vie et peut le faire revenir de force. En revanche, il ne contrôle plus ses activités quotidiennes. Le pouvoir de garde matérielle est transmis à un tiers ou temporairement écarté. Une telle conclusion est spécifique aux sorties d'essai, elle ne peut être transposée aux sorties accompagnées.

***2. Les sorties accompagnées***

**387. L'attribution des sorties accompagnées.** Dans le souci de maintenir un lien social avec l'extérieur de l'établissement psychiatrique, la loi n° 2002-303 du 4 mars 2002 a légalisé la pratique des sorties de courte durée. Dorénavant, les personnes hospitalisées sous contrainte peuvent être autorisées à quitter l'établissement, accompagnées d'un ou plusieurs membres du personnel de l'établissement, pour une durée n'excédant pas douze heures. Ces sorties accompagnées ne peuvent être admises que « *pour motifs thérapeutiques ou si des démarches extérieures s'avèrent nécessaires* »[57]. L'autorisation de sortie est accordée par le directeur de l'établissement après avis du psychiatre responsable de la structure médicale concernée. Si le malade a fait l'objet d'une hospitalisation d'office, le représentant de l'État doit en être informé. Dès lors, il est manifeste que l'autorisation est donnée par l'établissement psychiatrique exerçant le pouvoir de garde sur le handicapé mental.

**388. Les conséquences sur l'exercice du pouvoir de garde**. Il découle de ce régime que le malade mental, bénéficiant d'une sortie de courte durée, demeure sous le contrôle direct du personnel de l'établissement psychiatrique. Ce dernier continue ainsi d'exercer le pouvoir de garde intellectuelle mais aussi le pouvoir de garde matérielle, puisque le handicapé mental est physiquement surveillé par le personnel de l'établissement.

**389.** Le fonctionnement des situations de garde d'autrui, envisagées comme une réponse à une absence ou une insuffisance d'autonomie naturelle, témoigne d'une forte volonté d'encadrer à la fois l'établissement et l'exercice de ce fort pouvoir de contrainte sur autrui. Toutefois, l'étude des règles révèle encore quelques dysfonctionnements appelant des réformes. Après l'analyse pratique de ces premières situations exceptionnelles de garde d'autrui, il convient de s'intéresser aux situations de garde ou de détention d'autrui, envisagées comme un moyen de priver une personne de son autonomie.

## § 2. LA GARDE OU LA DÉTENTION, MOYEN DE PRIVATION D'AUTONOMIE

**390.** L'établissement d'un pouvoir de garde ou de détention sur autrui peut également avoir pour objectif premier de priver une personne de son autonomie. Dans cette hypothèse, la garde ou la détention ne constituent pas une réponse à une absence ou à une insuffisance d'autonomie naturelle. Les objectifs de cette privation de liberté peuvent être divers. Le plus souvent, la garde ou la détention revêtent une dimension pénale. Il s'agit alors d'établir un

[57] Article L. 3211-11-1 du Code de la santé publique.

pouvoir de rétention sur autrui afin de faciliter le déroulement d'une enquête pénale ou de sanctionner le responsable d'une infraction. Toutefois, la rétention, envisagée comme un moyen de privation d'autonomie, peut également être admise dans d'autres hypothèses, dont celles des étrangers en situation irrégulière, des personnes présentant un risque sanitaire grave ou se trouvant en état d'ivresse sur la voie publique. Aussi peut-on distinguer l'organisation de la garde ou de la détention dans le cadre d'une enquête ou d'une condamnation pénale (**A**), de l'organisation de la garde ou de la détention en dehors de ces hypothèses (**B**).

## A. L'ORGANISATION DE LA GARDE OU DE LA DÉTENTION DANS LE CADRE D'UNE ENQUÊTE OU D'UNE CONDAMNATION PÉNALE

**391.** Les conditions des personnes retenues dans le cadre d'une enquête et d'une condamnation pénale ne sont pas identiques. Seule la condamnation à une peine privative de liberté est susceptible de créer une situation de garde d'autrui. Par opposition, les rétentions de personne avant une condamnation pénale ne peuvent être que des situations de détention d'autrui. En effet, la condamnation à une peine privative de liberté a pour finalité la protection de la société et la réinsertion du délinquant. La rétention de la personne est alors assortie d'une prestation spécifique : le traitement pénitentiaire. Un tel constat ne peut être fait à propos des personnes détenues avant une condamnation pénale. La rétention de la personne est alors la seule mission à la charge du service public pénitentiaire ou de la police. Ces situations de détention ne peuvent être ignorées lorsqu'on envisage l'organisation de la garde d'autrui. En effet, ces deux situations partagent un même fondement et peuvent de ce fait interagir. Aussi convient-il d'envisager les rétentions d'une personne avant (**1**) et après (**2**) une condamnation pénale.

### *1. Avant une condamnation pénale : des situations de détention d'autrui*

**392.** La procédure pénale peut commencer par l'arrestation d'une personne. Cette arrestation se caractèrise par l'affirmation d'un pouvoir de rétention sur autrui (**a**). Par ailleurs, pour les nécessités d'une enquête ou de l'instruction d'une affaire pénale, l'autorité publique peut ressentir le besoin de retenir une personne dans les locaux de la police ou dans un établissement pénitentiaire. On parle alors de garde à vue (**b**) et de détention provisoire (**c**). Mais il convient d'admettre que toutes ces situations constituent bien des hypothèses de détention d'autrui et non de garde d'autrui.

#### a. L'arrestation : une situation de détention

**393. Diversité des arrestations.** Par principe, seuls un mandat de recherche, un mandat d'amener ou un mandat d'arrêt permettent de procéder à l'arrestation d'une personne et justifient en conséquence l'existence d'un pouvoir de rétention sur autrui dans une telle hypothèse. Néanmoins, l'article 73 du Code de procédure pénale prévoit que « *dans les cas de crime flagrant ou de délit flagrant puni d'une peine d'emprisonnement, toute personne a qualité pour en appréhender l'auteur et le conduire devant l'officier de police judiciaire le plus proche* ». Ainsi, un officier de police judiciaire ou un simple particulier peuvent procéder à une arrestation en présence d'un crime ou d'un délit flagrant. Lorsqu'un particulier procède à une telle arrestation, il doit conduire l'individu arrêté devant l'officier de police judiciaire le plus proche. Une courte rétention peut alors être justifiée. Pour autant, pour être justifiée, elle ne doit avoir pour seul but que de la remettre le plus rapidement à l'autorité qualifiée[58].

**394. Scission de la détention intellectuelle et de la détention matérielle.** L'arrestation d'une personne confère un pouvoir de rétention sur autrui. Ce pouvoir est néanmoins limité.

---

[58] Crim., 16 février 1988, *Bull. crim.*, n° 74.

Il ne sert pas de support à une mission distincte de la seule rétention d'autrui. Sa finalité s'épuise dans la seule rétention de la personne. Autrement dit, l'arrestation d'autrui ne peut créer qu'une situation de détention d'autrui et non une situation de garde d'autrui. En outre, la personne à l'origine de l'arrestation agit en tout état de cause pour le compte de l'autorité publique. S'il s'agit d'une personne privée, elle doit remettre sans plus tarder la personne arrêtée à l'officier de police judiciaire le plus proche. Il est donc permis de penser que l'arrestation d'autrui confère immédiatement le pouvoir de détention intellectuelle d'autrui à l'autorité publique, puisque la personne arrêtée doit lui être remise. L'auteur de l'arrestation exerce quant à lui le pouvoir de détention matérielle.

b. La « *garde à vue* » : une situation de détention

**395. L'organisation de la garde à vue.** Pour les majeurs, la garde à vue est ordonnée par un officier de police judiciaire lorsqu'il existe une ou plusieurs raisons plausibles de soupçonner qu'il a commis ou tenté de commettre une infraction. Constituant une mesure privative de liberté, il doit en informer le procureur de la République et ne peut la maintenir au-delà d'une certaine durée. En principe, elle est limitée à vingt-quatre heures, toutefois, elle peut être prolongée pour une durée égale sur autorisation écrite du procureur de la République. À titre exceptionnel, en matière de terrorisme et de stupéfiants, une seconde prolongation de quarante-huit heures peut être décidée par le juge des libertés et de la détention, sur requête du procureur de la République, après présentation préalable de l'intéressé sauf en matière de stupéfiants. Il résulte de l'ensemble de ces constations qu'un tel pouvoir de rétention sur autrui ne peut être reconnu à l'autorité policière que pour une très courte durée.

**396. Une situation de détention**. L'étude du contenu des finalités de la garde à vue permet de la requalifier en détention à vue. En effet, les gardés à vue disposent d'un certain nombre de droits, mais il s'agit essentiellement de droits procéduraux. Ils n'ont pas pour objet d'investir la police judiciaire d'une mission spécifique à l'égard de la personne retenue. La police doit se contenter de retenir la personne dans ses locaux et de veiller au respect de ses droits. En somme, la garde à vue ne sert pas de support à l'attribution d'un ensemble de pouvoirs dans l'intérêt de la personne. Plus exactement, elle peut éventuellement servir ses intérêts en évitant qu'elle soit soumise à des pressions extérieures, mais la simple rétention de la personne permet de satisfaire cet intérêt.

c. La « *détention provisoire* » : une situation de détention

**397. L'organisation de la détention provisoire**. L'antagonisme existant entre l'enfermement d'une personne pour les besoins d'une enquête judiciaire et le principe de la présomption d'innocence justifient l'encadrement rigoureux de la détention provisoire. En principe, elle ne peut être ordonnée qu'en présence d'un crime ou d'un délit pour lequel la peine encourue est égale ou supérieure à trois ans d'emprisonnement[59]. De plus, elle doit être justifiée par une des trois considérations énoncées à l'article 144 du Code procédure pénale : la détention provisoire est le seul moyen de conserver les preuves ou les indices matériels, ou d'empêcher soit des pressions sur les témoins, soit une concertation frauduleuse entre les personnes mises en examen et leurs complices ; la détention provisoire est l'unique moyen de protéger la personne mise en examen, ou de garantir son maintien à la disposition de la justice, ou de mettre fin à l'infraction ou encore de prévenir son renouvellement ; la détention provisoire est l'unique moyen de mettre fin au trouble exceptionnel et persistant à l'ordre

---

[59] On notera cependant que dans le cadre de la comparution immédiate, les auteurs d'infractions flagrantes passibles d'un emprisonnement d'au moins six mois peuvent être incarcérés sur décision du juge des libertés et de la détention. *Cf.* articles 395 et 396 du Code de procédure pénale.

public provoqué par la gravité de l'infraction, les circonstances de sa commission ou l'importance du préjudice causé.

Lorsque ces conditions de fond sont réunies, la détention provisoire est prononcée par une ordonnance du juge des libertés et de la détention. Cette ordonnance peut faire l'objet d'un appel dans les dix jours devant la Chambre de l'instruction. Soucieuse de maintenir l'équilibre entre l'intérêt de la justice et le principe de la présomption d'innocence, la loi n° 93-1013 du 24 août 1993 a renforcé les voies de recours en instaurant un recours immédiat, dénommé « *référé-liberté* », devant le président de la Chambre d'instruction.

La durée de la détention est par ailleurs étroitement encadrée[60]. En matière correctionnelle, la durée normale est de quatre mois, mais elle peut être prolongée et atteindre un, voire deux ans. En matière criminelle, la personne ne peut en principe être maintenue en détention provisoire plus d'un an. Toutefois, ce délai peut être prolongé et atteindre deux ans. En outre, pour certaines infractions, le Code de procédure pénale admet que la détention dure quatre ans. Il arrive alors que la personne détenue fasse valoir que la durée de détention est excessive au regard des dispositions de la Convention européenne des droits de l'Homme et des libertés fondamentales. Cependant, la Cour de cassation a tendance à écarter cet argument, dès lors que la décision est spécialement motivée d'après les considérations de fait et de droit du dossier[61].

Le strict encadrement temporel de la détention provisoire se manifeste également par l'obligation de remettre en liberté la personne détenue même si elle ne le demande pas. Le juge d'instruction et la Chambre de l'instruction peuvent ordonner d'office la mise en liberté. Le juge d'instruction est même tenu d'y procéder, dès lors que la détention excéderait une durée raisonnable au regard de la gravité des faits et de la complexité des investigations. D'autre part, la mise en liberté peut intervenir automatiquement notamment lorsque aucune ordonnance de prolongation n'est intervenue dans les temps, ou parce que la loi a prévu une durée maximale insusceptible de prolongation. Néanmoins, si la détention provisoire doit, en principe, prendre fin avec la clôture de l'instruction, lorsque la personne mise en examen est renvoyée devant le tribunal correctionnel, le juge peut décider de maintenir le prévenu en détention ou sous contrôle judiciaire. Cette décision doit être justifiée par la nécessité d'empêcher une pression sur les témoins ou les victimes, ou de prévenir le renouvellement de l'infraction, ou encore de protéger le prévenu ou de garantir son maintien au service de la justice.

**398. Une situation de détention**. Il résulte de ces différentes règles que la durée de la détention provisoire est très variable. Elle peut être d'une durée relativement courte ou, au contraire, se prolonger pendant un temps assez long. Dans cette dernière hypothèse, la détention provisoire ressemble beaucoup à une condamnation à une peine privative de liberté. Elle n'en diffère pas moins. Ainsi, la personne détenue provisoirement est incarcérée dans la maison d'arrêt de la ville où siège la juridiction, devant laquelle il doit comparaître, et doit, en principe, être placée dans le quartier des prévenus. À la différence des personnes condamnées, les prérogatives reconnues au service public pénitentiaire ne servent pas de support à l'accomplissement d'une mission distincte de la simple rétention. Le service public pénitentiaire a uniquement pour mission de conserver une personne dans ses murs. Il peut retenir la personne et contrôler ses activités quotidiennes et son mode de vie, mais il ne doit pas lui délivrer une prestation spécifique. La rétention d'autrui est le fondement et la finalité

[60] PH. CONTE et P. MAISTRE DU CHAMBON, *Procédure pénale*, 4e éd., Armand Colin, 2002, nos 421-432, pp. 297-304.

[61] B. BOULOC, *Délais de garde à vue et de détention provisoire au regard des dispositions de la Convention européenne des droits de l'Homme et des libertés fondamentales, RSC* 1989, pp. 69-77 ; Crim., 20 octobre 1987, *Bull. crim.*, n° 357 ; Crim., 5 novembre 1987, *Bull. crim*, n° 391 ; Crim., 21 juin 1988, *Bull. crim.*, n° 282 ; Crim., 26 février 2003, *Bull. crim.*, n° 55.

de la détention provisoire. Cette dernière est bien une situation de détention. La détention provisoire et la détention à vue se distinguent ainsi nettement des peines privatives de liberté.

***2. Après une condamnation pénale : des situations de garde***

**399.** Après la condamnation pénale, les détenus sont confiés au service public pénitentiaire, qui exerce alors un pouvoir de garde, puisqu'il doit non seulement les retenir, mais aussi mettre en œuvre un traitement pénitentiaire. Nous pouvons dès lors nous intéresser à l'attribution (**a**), puis aux modalités d'exercice (**b**) de ce pouvoir de garde sur les personnes condamnées à une peine privative de liberté.

a. L'attribution d'un pouvoir de garde au service public pénitentiaire

**400. La remise des condamnés au service public pénitentiaire.** Le prononcé de la peine privative de liberté confère un pouvoir de garde au service public pénitentiaire. Il doit dès lors procéder à l'affectation des condamnés. Pour les courtes peines, inférieures ou égales à un an[62], la répartition des condamnés suit une procédure simplifiée. Le directeur régional des services pénitentiaires est compétent pour procéder à cette répartition entre les diverses maisons d'arrêt de la région, sans qu'il soit nécessaire de procéder à l'observation systématique du condamné. En revanche, les peines supérieures à un an, permettant la mise en œuvre d'un traitement pénitentiaire plus approfondi, font l'objet d'une organisation plus développée. Les condamnés sont répartis entre les divers établissements pénitentiaires en fonction de leur âge, de leurs antécédents, de leur catégorie pénale, de leur état de santé physique et mental, des possibilités de reclassement et plus généralement de leur personnalité. L'orientation des condamnés est effectuée sur le fondement d'un dossier d'orientation ou après une observation systématique au Centre national d'observation de l'administration pénitentiaire. Les condamnés à de longues peines sont alors placés dans des maisons centrales, des centres de détention[63], des centres de semi-liberté, des centres pour peines aménagées, ou encore des établissements spécialisés[64]. L'affectation du détenu est ainsi décidée par l'administration pénitentiaire et non par le juge de l'application des peines. De même, le service public pénitentiaire est compétent pour modifier l'affectation initiale du condamné en fonction de l'évolution de son comportement ou de sa perspective de réadaptation sociale. Par conséquent, lorsqu'une personne est condamnée à une peine d'emprisonnement, l'administration pénitentiaire peut, en fonction des particularités de chaque condamné, décider du lieu dans lequel le condamné devra exécuter sa peine d'emprisonnement et le retenir dans cet établissement. La condition du condamné ne s'arrête pas à une simple rétention, il doit également bénéficier d'un traitement pénitentiaire en vue d'assurer sa réinsertion.

b. Modalités d'exercice du pouvoir de garde du service public pénitentiaire

**401.** Titulaire d'un pouvoir de garde sur les condamnés, le service public pénitentiaire est susceptible de l'exercer pleinement ou de n'exercer que le pouvoir de garde intellectuelle. Aussi pouvons-nous distinguer l'exercice de la plénitude du pouvoir de garde par le service public pénitentiaire (**α**) et l'exercice du seul pouvoir de garde intellectuelle par ce même service (**β**).

---

[62] Article 717, alinéa 2 du Code de procédure pénale.

[63] Cette catégorie regroupe plusieurs types de centres dont les centres de détention fermés, les centres de détention ouverts dont le Centre agricole de Casabianda en Corse dépourvu de murs et de barreaux, ou encore les centres de détention pour jeunes condamnés.

[64] Pour plus de précisions sur les divers établissements pénitentiaires, *cf.* B. BOULOC, *Pénologie*, *op. cit.*, n[os] 194-198, pp. 143-146.

*α. L'exercice de la plénitude du pouvoir de garde par le service public pénitentiaire*

**402. L'exercice de la plénitude du pouvoir de garde par le service public pénitentiaire.** En matière pénitentiaire, la spécificité du pouvoir de garde est constituée par la recherche de la réinsertion du condamné. Cet objectif a des conséquences sur l'exercice de ce pouvoir selon qu'il exécute sa peine en milieu fermé ou en milieu ouvert ou semi-ouvert. Pour les condamnés en milieu fermé, cet objectif de réinsertion sociale est recherché notamment par le travail ou la rééducation. Cette dernière peut prendre la forme d'une formation scolaire ou professionnelle, ou encore d'une assistance sociale[65]. Dans cette première hypothèse, le pouvoir de garde est pleinement exercé par le service public pénitentiaire. Il peut retenir une personne dans l'établissement qu'il a choisi et contrôler son mode de vie et ses activités quotidiennes.

*β. L'exercice du seul pouvoir de garde intellectuelle par le service public pénitentiaire*

**403. Présentation générale.** Ainsi que nous l'avons constaté, le pouvoir de garde d'autrui comporte une double dimension intellectuelle et matérielle. Par nature, seul le pouvoir de garde intellectuelle est totalement indisponible. Si le législateur, ou le juge, ne s'y oppose pas, le pouvoir de garde matérielle peut être transmis à un tiers ou exercé négativement. Dans cette dernière hypothèse, la personne gardée retrouve une certaine liberté. De telles situations peuvent se rencontrer en matière pénale. En effet, lorsque la condamnation n'a pas été affectée d'une période de sûreté[66], le condamné peut bénéficier d'un traitement en milieu ouvert ou semi-ouvert, fondée sur la confiance et l'absence de précautions matérielles et physiques contre l'évasion. Dès lors, le service public pénitentiaire n'exerce plus le pouvoir de garde matérielle. La discipline n'est plus imposée, elle est simplement consentie. Un tel traitement est susceptible de revêtir des formes variées, mais résulte toujours d'une décision de la juridiction de jugement ou du juge de l'application des peines. La juridiction de jugement et le juge de l'application des peines peuvent ainsi décider d'un placement sous surveillance électronique, autoriser un placement à l'extérieur ou instaurer un régime de semi-liberté.

**404. Le placement sous surveillance électronique**. Le placement sous surveillance électronique a été récemment instauré. En effet, prenant exemple sur d'autres législations[67], le droit français a prévu, depuis la loi du 19 décembre 1997, que l'exécution des peines privatives de liberté d'une durée totale, ou restante, inférieure à un an peut s'effectuer sous le régime de la surveillance électronique[68]. La peine privative de liberté n'est plus systématiquement liée à la prison. Le placement sous surveillance électronique assigne le condamné à demeurer dans un lieu déterminé par le juge de l'application des peines. Il ne peut néanmoins être imposé. Il requiert toujours le consentement du condamné. Ce « *marquage spatial* »[69] est établi pour des périodes indiquées à l'avance en fonction de l'exercice de l'activité professionnelle, de l'enseignement, du stage, du traitement médical du

---

[65] B. BOULOC, *op. cit.*, n^os^ 283-317, pp. 212-242.

[66] Articles 720-2 à 720-5 du Code de procédure pénale.

[67] Notamment aux Etats-Unis d'Amérique, au Canada, en Angleterre, en Suède ou aux Pays-Bas.

[68] P. COUVRAT, *Une première approche de la loi du 19 décembre 1997 relative au placement sous surveillance électronique*, *RSC* 1998, pp. 374-378 ; A. KHUN et B. MADIGNIER, *Surveillance électronique : la France dans une perspective internationale*, *RSC* 1998, pp. 671-686 ; J.-CH. FROMENT, *L'assignation à domicile sous surveillance électronique, l'exécution de la peine et les libertés publiques*, *Rev. Pén.* 1996, pp. 121-131 ; M. HERZOG-EVANS, *Droit de l'application des peines*, Dalloz, 2005, n^os^ 133.00-133.191, pp. 448-466 ; A. PITOUN et CH.-S. ENDERLIN-MORIEULT, *Placement sous surveillance électronique*, Répertoire de droit pénal et de procédure pénale Dalloz, 2003.

[69] J.-CH. FROMENT, *L'assignation à domicile sous surveillance électronique, l'exécution de la peine et les libertés publiques*, *art. précit.*, p. 127.

détenu ou encore de sa participation à la vie de famille[70]. Le juge peut aussi soumettre la personne condamnée aux différentes mesures prévues par les articles 132-43 et 132-46 du Code pénal. Lorsqu'un condamné est placé sous surveillance électronique, les agents de l'administration ont pour seule mission de s'assurer du respect de l'assignation à résidence. En cas d'absence, ils en font rapport au juge. Ce dernier peut mettre fin à cette forme de placement. En outre, la soustraction au placement sous surveillance électronique est constitutive du délit d'évasion[71].

**405. La semi-liberté**. Les personnes gardées dans un établissement pénitentiaire fermé peuvent bénéficier du régime de la semi-liberté[72]. Cette dernière peut être accordée à deux catégories de personnes. La première[73] regroupe les condamnés à une ou plusieurs peines d'emprisonnement d'une durée maximale de deux ans et les personnes devant subir une telle détention mais n'ayant pas encore été incarcérées. La seconde[74] concerne les personnes détenues devant encore effectuer une ou plusieurs peines privatives de liberté n'excédant pas une durée supérieure à deux ans, ou admises au bénéfice de la libération conditionnelle sous condition d'avoir été soumises, à titre probatoire, à une semi-liberté[75]. Le condamné doit alors justifier soit de l'exercice d'une activité professionnelle, soit de son assiduité à un enseignement ou une formation professionnelle ou encore d'un stage ou d'un emploi temporaire en vue de son insertion sociale, soit de sa participation essentielle à la vie de sa famille, soit de la nécessité de subir un traitement médical[76]. Concrètement, le condamné doit s'engager à respecter les conditions de bonne tenue et d'assiduité au travail, la participation au travail et le suivi du traitement médical[77]. Lorsque son activité extérieure est interrompue, le condamné doit demeurer dans l'établissement pénitentiaire.

**406. Le placement à l'extérieur**. Le placement à l'extérieur permet à une personne gardée dans un établissement pénitentiaire fermé d'être employée à l'extérieur de la prison. Ce placement peut s'effectuer avec ou sans la surveillance du personnel pénitentiaire[78].

Le placement sous surveillance permet d'employer un détenu, en dehors de l'établissement, à des travaux organisés pour le compte de l'administration, d'une collectivité publique, voire d'une personne morale ou physique. Cette modalité d'exécution de la peine privative de liberté apporte une solution aux difficultés du travail en milieu pénitentiaire et constitue un moyen efficace en vue de la réinsertion des détenus. À l'instar de ce qui est prévu pour la semi-liberté, le placement judiciaire peut être accordé à deux catégories de personnes. La première[79] regroupe les personnes condamnées à une ou plusieurs peines d'emprisonnement d'une durée maximale de deux ans et les personnes devant subir une telle

---

[70] Articles 132-26-1 et 132-26-2 du Code pénal.

[71] Article 434-29, 2° du Code pénal.

[72] M. HERZOG-EVANS, *Droit de l'application des peines*, *op. cit.*, n^os^ 122.00-122.106 et 123.00-123.151, pp. 382-396.

[73] Article 723-15 du Code de procédure pénale.

[74] Article 723-1 du Code de procédure pénale.

[75] Cette dernière hypothèse se distingue de la précédente, puisque les conditions d'accès à la libération conditionnelle n'imposent pas que le condamné soit dans sa dernière année d'incarcération. Par ailleurs, la semi-liberté est parfois obligatoire pour certaines libérations conditionnelles. L'article 720-5 du Code de procédure pénale prévoit ainsi que, pour les condamnations assorties d'une période de sûreté supérieure à quinze ans, aucune libération conditionnelle ne peut être accordée sans semi-liberté préalable d'une durée d'un à trois ans.

[76] Article 132-25 du Code pénal.

[77] Article D. 137 du Code de procédure pénale.

[78] M. HERZOG-EVANS, *Droit de l'application des peines*, *op. cit.*, n^os^ 122.00-122-106 et 123.00-123.151, pp. 382-396.

[79] Article 723-15 du Code de procédure pénale.

détention mais n'ayant pas encore été incarcérées. La seconde concerne les personnes détenues, remplissant les conditions de délai requises pour l'obtention d'une libération conditionnelle ou d'une semi-liberté ou d'un placement à l'extérieur sans surveillance[80], ou devant encore effectuer une peine de cinq ans d'emprisonnement et n'ayant pas été antérieurement condamnées à une peine privative de liberté supérieure à six mois[81].

Le placement à l'extérieur sans surveillance du personnel pénitentiaire peut être accordé à certains détenus pour suivre un enseignement, une formation professionnelle ou un traitement médical[82]. Il s'agit des condamnés dont la peine restant à subir n'excède pas un an, de ceux admis au bénéfice de la libération conditionnelle sous condition d'avoir été préalablement soumis à un placement à l'extérieur probatoire et de ceux qui remplissent les conditions de délai pour être proposés au bénéfice d'une libération conditionnelle et dont la peine restant à subir n'excède pas trois ans[83].

**407. La permission de sortir**. Enfin, la permission de sortir[84] constitue un autre moyen de resocialisation des personnes gardées en leur permettant de maintenir des liens familiaux, de préparer leur réinsertion professionnelle ou d'exécuter une obligation exigeant leur présence[85]. Elle permet à un condamné de s'absenter d'un établissement pénitentiaire pendant une courte période qui s'impute sur la durée de la peine en cours d'exécution. Elle se distingue des autorisations de sorties sous escorte qui peuvent, à titre exceptionnel, être accordées à tout condamné[86]. Les permissions de sortie sont accordées par le juge d'application des peines sur proposition ou après avis du chef d'établissement. Seuls les détenus, condamnés à une peine privative de liberté inférieure ou égale à cinq ans ou à une peine supérieure à cette durée mais dont la moitié a été exécutée, peuvent prétendre obtenir une sortie n'excédant pas une journée afin de se présenter à un futur employeur, à un examen

---

[80] Article D. 128, 2°, 3° et 4° du Code de procédure pénale.

[81] Article D. 128, 1° du Code de procédure pénale.

[82] Dans le droit antérieur à la loi n° 2004-204 du 9 mars 2004, dite Loi Perben II, si l'article 723 du Code de procédure pénale se contentait d'affirmer que le condamné placé à l'extérieur était employé à des travaux contrôlés par l'administration, des dispositions réglementaires venaient élargir la nature des activités possibles. Pour le placement sous surveillance, l'article D. 126 du Code de procédure pénale reprenait les mêmes termes que l'article 723 du même code, mais pour le placement sans surveillance, l'article D. 136 permit aux condamnés de « *travailler à l'extérieur, (…) suivre un enseignement, un stage, un emploi temporaire en vue de leur insertion sociale, une formation professionnelle ou faire l'objet d'une prise en charge sanitaire, sans être soumis à la surveillance continue du personnel pénitentiaire* ». La loi du 9 mars 2004 a inséré à l'article 132-26 du Code pénal un nouvel alinéa 2 qui dispose que « *le condamné admis au bénéfice du placement à l'extérieur est employé en dehors d'un établissement pénitentiaire à des travaux contrôlés par l'administration* ». Cette formule est quasiment identique à celle de l'article 723 du Code de procédure pénale. On a dès lors pu s'interroger sur la portée de cette nouvelle disposition. Deux interprétations sont possibles. En premier lieu, on peut considérer que la loi a entendu confirmer, en connaissance de cause, le dispositif antérieur. Dès lors, la notion de travaux ne renvoie pas uniquement à une activité de travail, mais à toutes les tâches dirigées par l'administration. En second lieu, on peut estimer qu'au contraire, la loi a entendu réaffirmer le principe retenu par l'article 723 du Code de procédure pénale et ultérieurement violé par le règlement. La première solution semble devoir être retenue. En effet, l'article 132-25, alinéa 1er du Code pénal énonce que la semi-liberté est soumise à la preuve par le condamné de ce qu'il accomplit soit un travail, soit une autre activité, voire un traitement, paraît applicable aux placements à l'extérieur. En effet, l'alinéa 2 de l'article 132-25 du Code pénal précise que la juridiction peut aussi prononcer un placement à l'extérieur en tant que peine dans les cas prévus par l'alinéa 1er du même article. Sur cette question, *cf.* M. HERZOG-EVANS, *Droit de l'application des peines*, *op. cit.*, nos 122.12 et 122.13, pp. 382-383.

[83] Article D. 136 du Code de procédure pénale.

[84] M. HERZOG-EVANS, *Droit de l'application des peines*, *op. cit.*, nos 102.00-102.248, pp. 256-276.

[85] Article 723-3, alinéa 2 du Code de procédure pénale.

[86] Articles 712-5 et 723-6 du Code de procédure pénale. M. HERZOG-EVANS, *Droit de l'application des peines*, *op. cit.*, nos 103.00-103.171, pp. 277-284.

ou dans un centre de soins, d'accomplir des formalités requises par les autorités militaires, de pratiquer des activités culturelles ou sportives organisées, ou encore de comparaître devant une juridiction ou un organisme d'ordre administratif[87]. Ces mêmes condamnés peuvent obtenir une permission de sortie d'une durée maximale de trois jours à l'occasion de circonstances familiales graves[88]. Des permissions de sorties d'une durée de trois jours sont également ouvertes aux détenus qui ont exécuté la moitié de leur peine privative de liberté et qui n'ont plus qu'à subir qu'un temps de détention inférieur à trois ans afin de maintenir des liens familiaux ou de préparer leur réinsertion sociale[89]. Ces mêmes permissions peuvent être accordées sans condition de délai aux condamnés exécutant une ou plusieurs peines privatives de liberté d'une durée maximale d'un an[90]. Enfin, les condamnés incarcérés dans un centre pour peines aménagées peuvent bénéficier d'une permission de sortie de cinq jours[91] et les détenus incarcérés dans un centre de détention peuvent obtenir une permission de sortie de cinq jours et, une fois par an, de dix jours[92].

**408. Règles communes à la semi-liberté, au placement à l'extérieur et à la permission de sortir**. La semi-liberté, le placement à l'extérieur et la permission de sortir partagent certaines règles. Tout d'abord, elles ne peuvent être accordées tant que les détenus sont en cours d'exécution d'une période de sûreté[93]. Ensuite, l'octroi de ces trois mesures peut être subordonné au respect d'une ou plusieurs obligations ordinairement attachées au sursis avec mise à l'épreuve et énumérées aux articles 132-44 et 132-45 du Code pénal. Enfin, dans l'hypothèse où le détenu, bénéficiant d'une telle mesure, ne respecterait pas ses obligations, le juge de l'application des peines peut prononcer la suspension[94] ou la révocation[95] de cette mesure. S'il s'agit d'une permission de sortir, le juge prononcera seulement la réincarcération du détenu. En cas d'urgence, le chef d'établissement est en droit de faire procéder à la réintégration du détenu, à charge d'en rendre immédiatement compte au juge[96]. Si le détenu ne réintègre pas l'établissement pénitentiaire, son attitude est alors constitutive du délit d'évasion[97].

**409. Scission de la garde intellectuelle et de la garde matérielle**. Dans toutes ces hypothèses, l'administration conserve le pouvoir de garde intellectuelle du délinquant, puisqu'elle peut toujours mettre fin à la mesure libérale en cas d'urgence et contrôle de ce fait toujours le mode de vie de la personne condamnée pénalement. Il est toutefois limité puisque les décisions de l'aménagement de la peine privative de liberté et de leur suspension ou de leur révocation sont prises par le juge de l'exécution des peines. En revanche, elle ne contrôle plus ses activités quotidiennes lorsqu'il ne se trouve plus sous son contrôle direct. Le pouvoir de garde matérielle est alors exercé négativement ou transmis à un tiers. Ainsi, le pouvoir de garde matérielle est exercé négativement lorsque le condamné bénéficie d'un régime de semi-liberté ou d'une permission de sortie et il est transmis à un tiers lorsqu'il fait l'objet d'un placement à l'extérieur. Dans cette dernière hypothèse, le transfert de la garde matérielle à un

---

[87] Article D. 143 du Code de procédure pénale.
[88] Articles D. 144 et D. 425 du Code de procédure pénale.
[89] Article D. 145, alinéa 1er du Code de procédure pénale.
[90] Article D. 145, alinéa 2 du Code de procédure pénale.
[91] Article D. 146-1 du Code de procédure pénale.
[92] Article D. 146 du Code de procédure pénale.
[93] Article 132-23 du Code pénal.
[94] Articles 712-4 et 712-18 du Code de procédure pénale.
[95] Articles 712-4, 712-17 et 712-20 du Code de procédure pénale.
[96] Article D. 124, alinéa 2 du Code de procédure pénale.
[97] Article 434-29, 2°, 3° du Code pénal.

tiers peut cependant être limité par le maintien d'un pouvoir de surveillance à l'administration pénitentiaire[98].

## B. L'ORGANISATION DE LA GARDE OU DE LA DÉTENTION EN DEHORS D'UNE ENQUÊTE OU D'UNE CONDAMNATION PÉNALE

**410.** Au regard des dispositions de la Convention européenne des droits de l'Homme, il n'est pas toujours interdit de retenir une personne en dehors d'une procédure ou d'une condamnation pénale. Outre les aliénés, cette convention autorise la rétention des alcooliques, des vagabonds, des toxicomanes, des personnes atteintes d'une maladie contagieuse ou encore des étrangers en situation irrégulière. Pour autant, une réflexion, sur l'opportunité de l'admission d'un pouvoir de garde ou de détention dans ces différentes hypothèses, nous a conduit à écarter certaines d'entre elles. En effet, les personnes visées disposent, *a priori*, de leurs facultés intellectuelles et peuvent contrôler leur mode de vie et leurs activités. La reconnaissance d'un pouvoir de garde ou de détention peut paraître particulièrement contraignante et attentatoire à la liberté individuelle. Cependant, il peut s'avérer nécessaire de permettre l'existence d'un pouvoir de rétention sur autrui dans certaines circonstances. Aussi, nous avons estimé qu'il est opportun d'admettre l'existence d'un pouvoir de détention ou de garde pour les personnes atteintes d'une maladie contagieuse, les étrangers en situation irrégulière et les personnes en état d'ivresse. Par ailleurs, l'article 5, § 1 de la Convention européenne des droits de l'Homme pouvant faire l'objet de dérogations en présence de circonstances exceptionnelles, il conviendra également d'envisager la transposition de cette idée dans la législation nationale. Par conséquent, dès lors qu'il paraît opportun d'admettre l'existence d'un pouvoir de rétention sur autrui, il faut en déduire l'existence d'une situation de détention **(1)** ou de garde d'autrui **(2)**.

### *1. Les situations de détention d'autrui*

**411.** Sans pour autant faire l'objet d'une procédure pénale, il peut être nécessaire de retenir certaines personnes, afin de satisfaire des impératifs de police. Il en est ainsi pour les étrangers n'ayant pas respecté les règles de l'immigration **(a)**, les personnes trouvées en état d'ivresse sur la voie publique **(b)** et les personnes risquant de troubler l'ordre public **(c)**.

#### a. La détention des étrangers

**412. La rétention des étrangers**. Le droit moderne des étrangers est apparu au XIX^e^ siècle avec l'accroissement de l'immigration liée au développement des communications et de l'économie. Le législateur a déterminé le régime juridique des étrangers afin de s'assurer que leur présence sur le territoire ne trouble pas l'ordre public et qu'ils ne soient pas oisifs au point de constituer une charge pour la société[99]. De multiples lois, variant au gré des changements politiques, se sont alors succédées. Pendant longtemps, le texte de base en la matière fut l'ordonnance n° 45-2658 du 2 novembre 1945, relative aux conditions d'entrée et de séjour des étrangers en France et portant création de l'Office national d'immigration. Ce texte, souvent modifié, a été abrogé, dans sa quasi-totalité, par l'ordonnance n° 2004-1248 du 24 novembre 2004 qui a instauré un Code de l'entrée et du séjour des étrangers et du droit

---

[98] L'article D. 130 du Code de procédure pénale dispose en effet que dans cette hypothèse, « *Les détenus placés à l'extérieur demeurent soumis à la surveillance effective du personnel pénitentiaire. Celui-ci a la charge d'appliquer les prescriptions et règlements relatifs au régime disciplinaire, notamment en ce qui concerne les communications avec les tiers. L'employeur doit se conformer aux indications qui lui sont données à cet égard* ».

[99] F. JULIEN-LAFERRIÈRE, *Droit des étrangers*, PUF, Droit fondamental, Droit politique et théorique, 2000.

d'asile[100]. Ce texte comporte des dispositions prévoyant l'existence d'un droit de rétention sur certains étrangers. Deux situations sont visées.

**413. La rétention des étrangers en zone d'attente**. En premier lieu, ils peuvent être retenus dans un endroit déterminé dès leur arrivée en France. Ainsi, l'article L. 222-1 du Code de l'entrée et du séjour des étrangers et du droit d'asile dispose que « *l'étranger qui arrive en France par la voie ferroviaire, maritime ou aérienne et qui, soit n'est pas autorisé à entrer sur le territoire français, soit demande une admission au titre de l'asile, peut être maintenu dans une zone d'attente* ». Cette décision est prononcée, pour une durée maximale de quatre jours, par une décision écrite et motivée du chef du service de la police nationale ou des douanes, chargé du contrôle aux frontières, ou d'un fonctionnaire désigné par lui, titulaire au moins du grade de brigadier dans le premier cas et d'agent de constatation principal de deuxième classe dans le second. Elle est communiquée au procureur de la République. Au-delà de quatre jours, l'autorité judiciaire devient seule compétente. Le juge des libertés et de la détention peut prolonger cette rétention pour une durée supplémentaire pouvant atteindre seize jours[101]. Une prorogation d'office de six jours peut être obtenue en cas de dépôt d'une demande d'asile[102]. Sur le fondement de ces décisions, les étrangers sont retenus dans une zone d'attente située dans une gare ferroviaire ouverte au trafic international, dans un port, ou à proximité du lieu de débarquement ou dans un aéroport.

**414. La rétention des étrangers dans des centres spécialisés**. En second lieu, dans l'attente d'une sortie du territoire, ils peuvent être retenus dans des centres[103] ou des locaux[104] de rétention administrative. Ces centres ne relèvent pas de l'administration pénitentiaire, ils sont placés sous la responsabilité du préfet territorialement compétent, et à Paris, du préfet de police. L'article L. 551-1 du Code de l'entrée et du séjour des étrangers et du droit d'asile prévoit un tel placement, lorsqu'un étranger ne peut quitter immédiatement le territoire français et doit être remis aux autorités compétentes d'un État membre de l'Union européenne en application des articles L. 531-1 et L. 531-2, ou fait l'objet d'un arrêté d'expulsion, d'un arrêté de reconduction à la frontière de moins d'un an, d'un signalement ou d'une décision d'éloignement. De même, il pourra être placé en rétention administrative, s'il a déjà fait l'objet d'une décision de placement au titre de l'un des cas précédents et n'a pas déféré à la mesure d'éloignement dans un délai de sept jours suivant le terme du précédent placement ou, y a déféré, mais est revenu en France alors que cette mesure est toujours exécutoire. Le placement en rétention est initialement prononcé par l'autorité administrative pour une durée ne pouvant excéder quarante-huit heures. Au-delà, le juge des libertés et de la détention devient compétent et peut prolonger la mesure de placement pour une durée de quinze jours. À l'expiration de ce nouveau délai, en cas d'urgence absolue ou de menace d'une particulière gravité pour l'ordre public, ou lorsque l'impossibilité d'exécuter la mesure d'éloignement résulte de la perte ou de la destruction des documents de voyage de l'intéressé, de la dissimulation par celui-ci de son identité ou l'obstruction volontaire faite à son éloignement,

---

[100] *Code de l'entrée et du séjour des étrangers et du droit d'asile, Partie législative*, Les éditions des Journaux officiels, 2005. *Cf.* également le décret n° 2005-616 du 30 mai 2005 relatif à la Commission nationale de contrôle des centres et locaux de rétention administrative et des zones d'attente pris en application de l'article 35 *nonies* de l'ordonnance n° 45-2658 du 2 novembre modifiée, et le décret n° 2005-617 du 30 mai 2005 relatif à la rétention administrative et aux zones d'attente pris en application des articles L. 111-0, L. 551-2, L. 553-6 et L. 821-5 du Code de l'entrée et du séjour des étrangers et du droit d'asile.

[101] Articles L. 222-1 et L. 222-2 du Code de l'entrée et du séjour des étrangers et du droit d'asile.

[102] Article L. 222-2, alinéa 2 du Code de l'entrée et du séjour des étrangers et du droit d'asile.

[103] Article 1er du décret n° 2005-617 du 30 mai 2005.

[104] Articles 5 et 6 du décret n° 2005-617 du 30 mai 2005.

le juge pourra ordonner la prolongation de la détention pour une nouvelle période d'une durée maximale de quinze jours[105].

**415. Le contrôle de ces situations de rétention des étrangers**. Qu'il s'agisse du maintien dans une zone d'attente ou du placement en rétention, la privation de liberté est donc décidée par l'autorité administrative et prorogée par l'autorité judiciaire. La dualité de compétence montre bien que ce placement est à la fois une mesure de police ayant pour objectif la protection de l'ordre public et une décision portant atteinte à la liberté individuelle. Un tel partage de compétence se retrouve dans l'organisation des décisions de placement[106]. La compétence de l'autorité administrative entraîne celle du juge administratif[107] et la décision du juge des libertés et de la détention ne peut être contestée que devant la cour d'appel compétente. Par ailleurs, les conditions de rétention de ces deux formes de placement des étrangers font l'objet d'un contrôle de plus en plus étroit, mais aussi de précisions quant aux droits des étrangers et d'une amélioration des conditions matérielles. Il est vrai que, sur ce point, un rapport alarmant rendu en 2004 par l'Inspection générale de l'administration et de l'Inspection générale des affaires sociales[108], a pu susciter une prise de conscience. Les deux décrets du 30 mai 2005 constituent sur ce point une avancée importante. Le premier institue une Commission nationale de contrôle des centres et locaux de rétention administrative et des zones d'attente. Elle est chargée de veiller « *au respect des droits des étrangers maintenus dans ces lieux (...) et au respect des normes relatives à l'hygiène, la salubrité, la sécurité, l'équipement et l'aménagement de ces lieux* »[109]. Le second développe les droits des étrangers placés dans ces centres ou locaux de rétention administrative et rappelle ainsi le nécessaire respect du principe de la dignité humaine[110]. De même, il encadre l'aménagement pratique des centres de rétention et prévoit diverses mesures d'aides morales et matérielles en vue de leur départ. Cependant, l'avancée des droits des étrangers détenus dans un centre de rétention ou dans une zone d'attente n'est pas absolue. Certaines dispositions ont plutôt tendance à limiter leurs droits. Ainsi depuis une loi du 26 novembre 2003[111], la notification des droits ne doit plus intervenir immédiatement mais « *dans les meilleurs délais* ». De même, il est prévu que le juge des libertés et de la détention pourra statuer dans une salle spécialement aménagée

---

[105] Article L. 552-7 du Code de l'entrée et du séjour des étrangers et du droit d'asile.

[106] CH. BONNOTTE, *La contestation des décisions de maintien en rétention administrative et en zone d'attente devant le juge judiciaire et le juge administratif*, *AJDA* 2004, pp. 694-703 ; J. SAINTE-ROSE et P. MUCCHIELLI, *Le contrôle du juge judiciaire sur la rétention administrative*, *Gaz. Pal.* 1996, doc., pp. 989-994.

[107] Civ. 2e, 26 novembre 1990, *Bull. civ.* II, n° 246 ; Civ. 2e, 9 février 1994, *Bull. civ.* II, n° 53 ; Civ. 2e, 15 juin 2000, *Bull. civ.* II, n° 102, *R.C.D.I.P.* 2001, 653, obs. N. GUIMEZANES ; Civ. 2e, 7 juin 2001, *Bull. civ.* II, n° 113 ; CE, avis, 26 mai 1995, *Mme Yilmaz*, *Lebon*, p. 217 ; *D.* 1996, SC, 96, obs. F. JULIEN-LAFERRIÈRE.

[108] Inspection générale de l'administration et Inspection générale des affaires sociales, *Les conditions de rétention administrative : état des lieux et normes souhaitables*, 2004.

[109] Article 1er, alinéa 1 du décret n° 2005-616 du 30 mai 2005.

[110] Le décret n° 2005-617 du 30 mai 2005 prévoit ainsi qu'un règlement intérieur fixé par arrêté conjoint des ministres de l'intérieur et de la défense organise la vie quotidienne des détenus, dans des conditions conformes à la dignité et la sécurité de ses occupants. Par ailleurs, il est prévu que ce règlement intérieur soit affiché et rappelle les droits et devoirs des étrangers retenus, ainsi que les modalités pratiques de les exercer.

[111] Loi n° 2003-1119 du 26 novembre 2003 relative à la maîtrise de l'immigration. Pour un commentaire de cette loi, *cf.* : F. JULIEN-LAFERRIÈRE, *Une modification d'ampleur de l'ordonnance du 2 novembre 1945*, *AJDA* 2004, pp. 260-270 ; V. MOREL, *La réforme de la rétention administrative des étrangers*, *Procédures*, chr. n° 3, mars 2004, pp. 3-6 ; J. BOYER, *Le juge judiciaire et l'étranger en rétention administrative : la nouvelle donne constitutionnelle*, *Gaz. Pal.*, 1er mars 2005, pp. 2-9. *Cf.* également : M. TOULLIER, *Refoulement des étrangers à la frontière : quoi de neuf ? LPA*, 23 août 2005, pp. 3-14.

à proximité d'un centre de rétention. La publicité des débats risque d'être difficilement assurée.

**416. Qualification de ces situations de rétention des étrangers.** La reconnaissance d'un droit de rétention sur une personne peut entraîner soit une situation de détention, soit une situation de garde d'autrui. La garde et la détention d'autrui ne se différencient pas par leurs pouvoirs, mais par leurs finalités. Tandis que la détention d'une personne a pour seul objectif sa rétention dans un lieu déterminé, la garde d'autrui a pour finalité l'accomplissement d'une mission distincte de la simple rétention d'une personne. Autrement dit, le gardien d'autrui doit exécuter une prestation distincte de la simple rétention dans l'intérêt de la personne gardée et de la société. En l'occurrence, la rétention des étrangers en zone d'attente ou dans un centre de rétention est étroitement limitée dans le temps. Le placement en zone d'attente ne peut excéder au total vingt-six jours et l'enfermement dans un centre de rétention administrative trente deux jours. Ces durées restent courtes et ne s'accompagnent pas de prestations distinctes de celles qui peuvent être liées à la rétention de la personne. Par conséquent, ces situations ne peuvent être qualifiées que de détention. Une telle qualification ne signifie pas pour autant que la puissance publique doive nier la qualité humaine de la personne retenue. Les dispositions relatives aux droits des étrangers placés dans des zones d'attente ou des centres de rétention administratives rappellent que le principe de la dignité humaine doit toujours être respecté. La rétention des étrangers constitue ainsi un premier exemple de l'absence de pouvoir de garde en dehors de la matière pénale lorsqu'il s'agit de priver une personne de son autonomie. La détention pour ivresse sur la voie publique en est un autre.

b. La détention pour état d'ivresse sur la voie publique

**417. L'existence d'un pouvoir de rétention d'autrui pour ivresse publique.** Reprenant les dispositions du Code des débits de boissons, le Code de la santé publique prévoit, dans son article L. 3341-1, que par mesure de police, une personne trouvée en état d'ivresse dans les rues, chemins, places, cafés, cabarets ou autres lieux publics est conduite à ses frais au poste de police le plus proche ou dans une chambre de sûreté. Elle y sera retenue jusqu'à ce qu'elle ait recouvré la raison. Une telle disposition accorde ainsi un pouvoir de rétention sans davantage le caractériser. Il est justifié par l'état de la personne et constitue une mesure de protection de la personne et de l'ordre public. Elle n'en constitue pas moins une privation de la liberté d'aller et venir.

**418. Qualification de ces situations de rétention pour ivresse sur la voie publique.** De nouveau, nous sommes confrontés à la distinction entre détention et garde d'autrui. En l'occurrence, l'existence du droit de rétention s'exerce dans l'intérêt de la personne et celui des tiers pour une courte durée. Il ne doit pas perdurer au-delà de la durée nécessaire pour que la personne en état d'ivresse ait recouvré la raison. Sa finalité est bien la rétention de la personne. Il s'agit par conséquent d'un pouvoir de détention d'autrui. Cette qualification peut également être attribuée aux personnes retenues sur le seul fondement d'un risque de trouble à l'ordre public.

c. La détention pour risque de trouble à l'ordre public

**419. L'internement sur le fondement d'une disposition légale.** En présence de circonstances exceptionnelles, le système juridique français admet que les autorités publiques puissent, en vertu d'un texte législatif ou réglementaire, et sans intervention judiciaire, priver de liberté une personne pour une durée dont elles sont seules juges[112]. Il se fonde sur l'idée

---

[112] Sur la question, *cf.* L. PHILIP, *Les internements administratifs*, *D.* 1962, chr. XXII, pp.135-142.

que dans certaines circonstances, le maintien du droit traditionnel rendrait impossible toute action efficace de la part de l'État pour faire face à un danger le menaçant. Ces internements sont compatibles avec la Convention européenne des droits de l'Homme[113], puisque cette dernière reconnaît un droit de dérogation à certaines de ses dispositions « *en cas de guerre ou en cas d'autre danger public menaçant la vie de la Nation* »[114]. De telles décisions peuvent être prises sur le fondement d'une loi spéciale délégant au Gouvernement les pouvoirs du législateur en matière de liberté individuelle.

En revanche, ces détentions préventives ne peuvent, en théorie, se fonder sur les règles de l'état d'urgence ou de l'état de siège. En effet, les lois du 9 août 1849 et du 3 avril 1878 relatives à l'état de siège ne contiennent aucune disposition permettant une détention préventive en dehors de toute infraction. Néanmoins, ces dispositions législatives ont fait l'objet d'une extension jurisprudentielle par l'intermédiaire de la théorie des pouvoirs de guerre. Sur le fondement de cette théorie, le Conseil d'État a complété et étendu le régime législatif de l'état de siège en légitimant certaines mesures de police non prévues par les lois de 1848 et 1878[115]. De même, la loi du 3 avril 1955[116], relative à l'état d'urgence, n'autorise que l'assignation à résidence et prohibe formellement la création de camps de détention[117]. Il semblerait, cependant, que l'administration ait parfois violé ses engagements et créé de tels camps[118]. Il est vrai que, statuant sur l'application d'un décret, autorisant l'assignation à résidence de certaines personnes, le Conseil d'État a pu admettre la légalité de l'assignation à résidence dans des camps d'internement[119]. Une telle interprétation des textes ouvre alors la voie à des internements qui semblent en réalité davantage reposer sur la théorie jurisprudentielle des circonstances exceptionnelles que sur les dispositions législatives de l'état de siège ou de l'état d'urgence. Il serait sans doute préférable que les atteintes aux libertés individuelles soient clairement définies et encadrées et ne donnent pas lieu à des interprétations larges. Il est manifeste que de telles décisions attribuent un pouvoir de rétention sur autrui dans l'unique finalité de le maintenir dans un endroit déterminé pour une durée plus ou moins longue. Dès lors, un tel pouvoir ne peut constituer qu'un pouvoir de détention sur autrui et ne devrait être mises en œuvre qu'étroitement.

**420. L'internement en dehors de tout cadre légal**. L'autorité administrative a pu également ordonner l'arrestation et la détention de certaines personnes afin de maintenir l'ordre public, alors qu'elle ne dispose pas d'un tel pouvoir[120]. Il est ainsi arrivé à certaines époques, même récentes, que, pour étouffer préventivement des manifestations ou éviter des troubles prévisibles, le Gouvernement ait ordonné d'appréhender et de détenir, pendant quelques heures, dans les locaux de la police, les meneurs présumés, ou ait décidé l'éloignement temporaire et l'assignation à résidence pour quelques jours d'individus aux

---

[113] Cour EDH, 1er juillet 1961, *Lawless*, A. 63. 550 ; R. PELLOUX, *L'arrêt de la Cour européenne des droits de l'Homme dans l'affaire Lawless*, *AFDI* 1961, pp. 251-266.

[114] Article 15 de la CEDH

[115] CE, 6 août 1915, *Delmotte* et *Senmartin*, S. 1916, 3, 9, concl. CORNEILLE, note M. HAURIOU ; CE, 28 février 1919, *Dol et Laurent*, S. 1919, 3, 33, note M. HAURIOU.

[116] Loi n° 55-385 du 3 avril 1955, instituant un état d'urgence et en déclarant l'application en Algérie. Sur cette loi, *cf.* : R. DRAGO, *L'état d'urgence (Lois des 3 avril et 7 août 1955) et les libertés publiques*, *RDP* 1955, pp. 670-705 ; P. KOENIG, *La protection des libertés publiques dans le régime de l'état d'urgence (étude de l'application sur les plans administratif et judiciaire des lois des 3 avril et 7 août 1955)*, *Rev. admin.* 1958, pp. 19-29.

[117] Articles 5 et 6 de la loi du 3 avril 1955.

[118] R. DRAGO, *L'état d'urgence (Lois des 3 avril et 7 août 1955) et les libertés publiques*, *art. précit.*, p. 684.

[119] CE, 7 mars 1958, *Zaquin*, *Lebon*, p. 150.

[120] A. VITU, *Atteintes à la liberté individuelle par des personnes exerçant une fonction publique*, *J.-Cl. Pénal*, Art. 432-4 à 432-6, fasc. 10, n° 30.

activités douteuses. Étant étroitement limitées dans le temps et ne poursuivant que l'intérêt public, de telles mesures ne pourraient établir qu'un pouvoir de détention sur autrui. Cependant, ces décisions, ne se fondant sur aucun texte, sont *a priori* illégales. Elles devraient toutefois pouvoir être justifiées en invoquant la théorie jurisprudentielle des circonstances exceptionnelles[121]. Pour qu'elles puissent s'appliquer, il faut que les mesures répondent à une situation exceptionnelle, que l'administration ait été dans l'impossibilité d'agir conformément à la loi et que l'atteinte à la légalité soit justifiée par la poursuite de la satisfaction d'un intérêt supérieur. Si ces conditions sont réunies, il devrait être possible de reconnaître la validité des mesures prises, mais elles devraient rester de courte durée et ne pas perdurer au-delà des circonstances exceptionnelles. S'il s'avérait absolument nécessaire de maintenir plus longtemps, l'état de détention, il faudrait alors passer par l'intermédiaire d'une loi. À l'inverse, si elles ne sont pas remplies, de telles décisions demeureront illégales.

**421. Une réorganisation souhaitable du cadre juridique des internements administratifs pour risque de troubles à l'ordre public**. Actuellement, l'internement préventif de personnes susceptibles de troubler l'ordre public peut s'effectuer sur le fondement de règles juridiques variées. Il peut être ordonné sur le fondement d'une loi spéciale habilitant le Gouvernement, mais également sur le fondement de l'interprétation et de l'extension jurisprudentielle des dispositions relatives à l'état d'urgence ou à l'état de siège. De même, l'internement peut être demandé en l'absence de tout fondement légal, mais pourra être justifié en invoquant la théorie jurisprudentielle des circonstances exceptionnelles. En définitive, cet état du droit introduit de nombreuses incertitudes quant aux garanties devant être apportées à la liberté individuelle et à l'encadrement nécessaire à toute reconnaissance d'un pouvoir de rétention sur autrui. Un tel cadre juridique ne devrait pas perdurer.

Néanmoins, il n'est sans doute pas opportun d'exclure la possibilité de procéder à des internements administratifs préventifs en cas de risques majeurs pour l'ordre public. Il est incontestable que dans certaines situations, il convient d'attribuer des pouvoirs étendus à l'autorité administrative ou militaire, mais il serait préférable de les encadrer préalablement. En somme, au lieu de multiplier les lois spéciales et les extensions jurisprudentielles, il pourrait être opportun de réorganiser les dispositions relatives à l'état de siège et à l'état d'urgence. On pourrait ainsi prévoir que ces situations, dûment établies par le vote d'une loi, conféreraient à l'autorité administrative ou militaire la faculté de placer une personne sous sa détention. De même, l'établissement d'un corps de règles structurées permettrait d'organiser un contrôle judiciaire régulier du bien fondé de la mesure et de son maintien. Deux raisons peuvent justifier un encadrement renforcé. D'une part, ces décisions administratives peuvent instaurer un pouvoir sur autrui, fortement attentatoire à la liberté individuelle, pour une durée assez longue. D'autre part, elles peuvent revêtir un caractère préventif et être ordonnées en présence d'un simple risque de trouble à l'ordre public.

La réorganisation des règles de l'état de siège et de l'état d'urgence ne devrait cependant pas totalement écarter la théorie jurisprudentielle des circonstances exceptionnelles. En effet, l'exigence d'une loi pourrait entraver l'action de l'administration, alors que l'urgence de la situation requiert une action rapide. La théorie des circonstances exceptionnelles permettrait ainsi de justifier *a posteriori* la décision de l'administration. Cependant, afin d'éviter les risques d'abus d'une telle théorie, nous pourrions restreindre son efficacité aux situations de courte durée. Seule une autorisation législative devrait permettre de faire perdurer ces

---

[121] A. MATHIOT, *La théorie des circonstances exceptionnelles*, *in L'évolution du droit public, Études en l'honneur d'A. MESTRE*, Sirey, 1956, pp. 413-428 ; L. NIZARD, *Les circonstances exceptionnelles dans la jurisprudence administrative*, LGDJ, 1962 ; C. ROIG, *Les circonstances exceptionnelles dans la jurisprudence et la doctrine*, thèse Paris, 1958 ; Y. GAUDEMET, *Traité de droit administratif*, t. 1, *Droit administratif général*, 16e éd., LGDJ, 2001, nos 1249-1255, pp. 586-588 ; R. CHAPUS, *Droit administratif général*, *op. cit.*, nos 1274-1277, pp. 1086-1089.

situations de détention. On basculerait alors dans une hypothèse d'état d'urgence. La réorganisation du cadre juridique des internements administratifs pour risque de troubles à l'ordre public permettrait ainsi de maintenir au mieux un équilibre entre le respect des libertés individuelles et les impératifs de sécurité publique. À côté de ces situations de détention d'autrui, le législateur a également admis l'existence d'un pouvoir de garde sur autrui en dehors de la matière pénale et en l'absence de perte durable de l'autonomie intellectuelle.

***2. Les situations de garde d'autrui***

**422. La rétention d'autrui en présence d'une menace sanitaire grave**. De même que la détention de personnes, en présence de circonstances exceptionnelles, peut être ordonnée par l'administration pour maintenir l'ordre public, les autorités administratives peuvent ordonner des hospitalisations d'office dans l'hypothèse d'une menace sanitaire grave. Une telle solution ressort de l'article L. 3131-1 du Code de la santé publique qui prévoit qu'« *en cas de menace sanitaire grave appelant des mesures d'urgence, notamment en cas de menace d'épidémie, le ministre chargé de la santé peut, par arrêté motivé, prescrire dans l'intérêt de la santé publique toute mesure proportionnée aux risques courus et appropriée aux circonstances de temps et de lieu afin de prévenir et de limiter les conséquences des menaces possibles sur la santé de la population* ». Sur habilitation du ministre de la santé, le représentant de l'État peut alors prendre des mesures individuelles sous réserve d'en avertir le procureur de la République et de ne pas les maintenir au-delà de la durée nécessaire. Le représentant de l'État peut donc décider d'ordonner l'hospitalisation d'office d'une personne, si elle s'avère nécessaire, afin de garantir la santé publique. Une telle hypothèse correspondrait à la situation d'une personne atteinte d'une maladie particulièrement contagieuse et dangereuse pour le reste de la population. Établissant un pouvoir attentatoire à la liberté individuelle sur la personne malade, une telle décision ne devrait être prononcée qu'en cas d'absolue nécessité et être étroitement contrôlée. Sur ce point, le législateur a notamment prévu que le Haut Conseil de la santé publique est chargé d'examiner régulièrement le bien fondé des dispositions prises sur le fondement de l'article L. 3131-1 du Code de la santé publique[122]. Par ailleurs, selon la Convention européenne des droits de l'Homme, un pouvoir de rétention ne peut être admis qu'en présence d'une maladie contagieuse. Cette autorisation n'est admise que pour les maladies contagieuses et ne s'étend pas aux maladies simplement transmissibles[123].

**423. Une situation de garde d'autrui**. La rétention d'une personne en cas de menace sanitaire grave peut être qualifiée de garde d'autrui. En effet, cette mesure est prise dans l'intérêt de la personne malade et celui de la société. Elle permet de lui imposer des soins et de protéger la société d'un risque sanitaire grave. Aussi la rétention est-elle accompagnée d'une prestation spécifique à destination de la personne malade.

**424.** En résumé, il existe, à côté de la garde des mineurs, fondée sur une absence d'autonomie naturelle et admise par principe par le législateur, un certain nombre de situations de garde ou de détention, qui peuvent être qualifiées d'exceptionnelles, puisqu'elles

---

[122] Article L. 3131-2 du Code de la santé publique.

[123] J.-L. CHARRIER, *Code de la Convention européenne des droits de l'Homme*, Litec, 2005, n° 0177, p. 67. On notera que l'ancien Code de la santé publique contenait des dispositions permettant l'hospitalisation d'office des personnes atteintes de maladies vénériennes. Cette hypothèse ne fut pas reprise lors de la recodification de ce code. Le rapport relatif à cette ordonnance se fonde sur son abrogation implicite par l'intervention de textes ultérieurs. L'argument le plus probant semble bien être l'interdiction de la Convention européenne des droits de l'Homme. *Cf. Rapport au Président de la République relatif à l'ordonnance n° 2000-548 du 15 juin 2000 relative à la partie Législative du Code de la santé publique*, JO n° 143 du 22 juin 2000, p. 9337.

n'existent pas par principe, mais doivent être établies par une décision judiciaire ou administrative. En raison de leur caractère exceptionnel, l'établissement et l'exercice du pouvoir de garde ou de détention sont particulièrement encadrés. Dans cette première approche, nous avons envisagé ces différentes situations exceptionnelles de détention ou de garde d'autrui indépendamment les unes des autres. Or, l'étude de l'organisation de ces situations suggère une seconde approche envisageant d'éventuels croisements entre elles ou avec la garde des mineurs.

## SECTION 2
## LE CHEVAUCHEMENT DES DIFFÉRENTES SITUATIONS DE GARDE OU DE DÉTENTION D'AUTRUI

**425.** Jusqu'à présent, nous avons envisagé les situations de garde d'autrui indépendamment les unes des autres. Dans cette optique, nous nous sommes intéressés aux conditions d'existence, d'attribution et d'exercice du pouvoir de garde. Par ailleurs, compte tenu de la proximité des deux notions, nous avons étendu cette réflexion aux situations de détention d'autrui. Il convient maintenant de constater que ces différentes situations peuvent se croiser. La rencontre de deux ou plusieurs situations de garde ou de détention d'autrui risque d'exiger des règles spéciales. Ainsi, il peut arriver qu'un enfant, placé sous la garde d'autrui en raison de son état de minorité, doive faire l'objet d'une hospitalisation forcée dans un établissement psychiatrique. De même, une personne condamnée à une peine de prison peut nécessiter des soins psychiatriques appelant également une hospitalisation forcée. Dans ces différentes hypothèses, l'existence d'une première situation de garde d'autrui influence nécessairement l'établissement de la seconde. En somme, à côté des règles générales d'organisation des situations de garde et de détention d'autrui, il devrait exister un certain nombre de règles spéciales s'intéressant aux interactions de ces situations. Aussi pouvons-nous envisager, dans un premier temps, l'articulation de deux situations de garde d'autrui (**§ 1**) puis, dans un second temps, l'articulation d'une situation de garde d'autrui et d'une situation de détention d'autrui (**§ 2**).

### § 1. L'ARTICULATION DE DEUX SITUATIONS DE GARDE D'AUTRUI

**426.** Les principales situations de garde d'autrui sont justifiées soit par une absence ou insuffisance d'autonomie naturelle justifiée par l'âge ou la santé mentale d'une personne, soit par une volonté de priver une personne de son autonomie, afin de sanctionner un comportement pénalement répréhensible. Il s'agit de la garde des mineurs, de la garde des handicapés mentaux et de la garde des délinquants. Ces trois situations sont susceptibles de se rencontrer. Un mineur peut très bien être atteint de troubles mentaux ou commettre une infraction susceptible de l'envoyer en prison. Certaines hypothèses de croisement de situations de garde d'autrui ont été envisagées par le législateur, montrant ainsi la spécificité de ces situations. L'étude de cet encadrement législatif permettra d'écarter toute idée de cumul des situations de garde d'autrui au profit d'une véritable articulation. Ainsi, la garde des mineurs est susceptible de s'articuler avec une situation de garde exceptionnelle (**A**), mais deux situations de garde exceptionnelle peuvent également s'articuler entre elles (**B**).

## A. L'ARTICULATION D'UNE SITUATION DE GARDE DES MINEURS ET D'UNE SITUATION DE GARDE EXCEPTIONNELLE

**427.** Par principe, les mineurs sont placés sous la garde d'autrui en raison de leur absence ou de leur insuffisance d'autonomie liée à leur âge. Il arrive cependant qu'ils présentent une ou plusieurs autres qualités qui, lorsqu'elles sont envisagées isolément, peuvent justifier l'établissement d'une situation de garde d'autrui. Dans de telles hypothèses, plusieurs situations de garde d'autrui sont susceptibles de se croiser. L'étude des différents cas envisageables révèle que les pouvoirs de garde ne vont pas se cumuler, mais au contraire s'articuler. Il n'en demeure pas moins que si ces différentes situations s'articulent, elles ne s'ignorent pas pour autant. Ceci est particulièrement manifeste lorsqu'on envisage la garde des mineurs délinquants (**1**) ou celle des mineurs handicapés mentaux (**2**).

### *1. La garde des mineurs délinquants*

**428. L'ordonnance du 2 février 1945.** L'article 122-8 du Code pénal reconnaît que seuls les mineurs capables de discernement sont pénalement responsables[124]. L'ordonnance du 2 février 1945, souvent modifiée[125], a fixé les mesures éducatives et les peines applicables aux mineurs. Ce texte montre une très nette préférence pour les mesures d'assistance et de rééducation, fondées sur l'idée que les mineurs délinquants sont des inadaptés sociaux, présumés juridiquement irresponsables et plus facilement amendables et rééducables que les adultes. Ce principe a d'ailleurs été élevé au rang de principe fondamental reconnu par les lois de la République par le Conseil constitutionnel dans une décision du 29 août 2002[126]. Dans cette décision, le Conseil constitutionnel affirme que « *l'atténuation de la responsabilité pénale des mineurs en fonction de l'âge, comme la nécessité de rechercher le relèvement*

---

[124] PH. CONTE et P. MAISTRE DU CHAMBON, *Droit pénal général, op. cit.*, n$^{os}$ 358-361, pp. 204-207 ; F. DESPORTES et F. LE GUNEHEC, *Droit pénal général, op. cit.*, n$^{os}$ 651-660, pp. 631-641 ; R. MERLE et A. VITU, *Traité de droit criminel*, t. 1, *Problèmes généraux de la science criminelle, Droit pénal général, op. cit.*, n$^{os}$ 630-632, pp ; 795-799 ; G. STEFANI, G. LEVASSEUR et B. BOULOC, *Droit pénal général, op. cit.*, n$^{os}$ 447-459, pp. 379-393 ; B. BOULOC, *Pénologie, op. cit.*, n$^{os}$ 505-587, pp. 379-432.

[125] *Cf.* en particulier la loi n° 2002-1138 du 9 septembre 2002 d'orientation et programmation pour la justice, *D.* 2002, pp. 2584-2590. Sur les dispositions relatives aux mineurs de la loi de 2002 : F. LE GUNEHEC, *La loi d'orientation et de programmation pour la justice réformant la justice pénale des mineurs, Loi n° 2002-1138 du 9 septembre 2002, JCP G* 2002, Actualité, 450 ; J. CASTAIGNÈDE, *La loi n° 2002-1138 du 9 septembre 2002 : un nouveau regard porté sur le droit pénal des mineurs, D.* 2003, pp. 779-785 ; J. CASTAIGNÈDE, *La responsabilité pénale du mineur évolution ou révolution ?, RPDP*, 2004, pp. 273-284 ; L. CORINUS-LE PUIL, *L'enfant : un adulte en miniature ou un être en devenir ? Plaidoyer pour une approche globale du phénomène délinquantiel, RPDP*, 2004, pp. 285-312 ; C. CASTELLA et M. SANCHEZ, *La réforme de la justice pénale des mineurs par la loi du 9 septembre 2002, Dr. fam.* 2002, chr. 28 ; M. GIACOPELLI, *Les dispositions procédurales de la loi n° 2002-1138 du 9 septembre 2002 applicables aux mineurs et majeurs délinquants, Continuité ou rupture ?, JCP G* 2003, I, 139 ; L. COLLET-ASKRI, *Responsabiliser par la sanction (commentaire du titre III de la loi du 9 septembre 2002 portant réforme du droit pénal des mineurs), RDSS* 2003, pp. 140-157 ; J. ROBERT, *Le statut pénal de l'enfant mineur, étude de droit comparé, présentation du thème, RIDC*, 2004, pp. 155-158 ; J. PRADEL, *Quelques observations sur le statut pénal du mineur en France depuis la loi n° 2002-1138 du 9 septembre 2002, RIDC*, 2004, pp. 187-191 ; C. BRIÈRE, *Réflexions sur le droit pénal des mineurs : de l'éducatif au répressif, LPA*, 20 décembre 2002, pp. 4-10 ; CH. LAZERGUES, *Fallait-il modifier l'ordonnance n° 45-174 du 2 février 1945 ?, RSC* 2003, pp. 172-183. *Cf.* également la loi n° 2007-297 du 5 mars 2007 relative à la prévention de la délinquance. Sur les dispositions applicables aux mineurs : PH. BONFILS, *Les dispositions relatives au droit pénal des mineurs délinquants dans la loi de prévention de la délinquance, D.* 2007, pp. 1027-1034.

[126] CC, déc. n° 2002-461 DC, 29 août 2002, *Gaz. Pal.* 2002, 1306, note J.-É. SCHOETTL ; J. ROUX, *La reconnaissance par le Conseil constitutionnel du principe fondamental reconnu par les lois de la République relatif à la justice des mineurs (À propos de la décision n° 2002-461 DC du 29 août 2002), RDP* 2002, pp. 1731-1768.

*éducatif et moral des enfants délinquants par des mesures adaptées à leur âge et à leur personnalité, prononcées par une juridiction spécialisée ou selon des procédures appropriées, ont été constamment reconnues par les lois de la République depuis le début du vingtième siècle* ».

Pour les mineurs de moins de treize ans, la préférence pour les mesures d'assistance et de rééducation est absolue. Ils ne peuvent en aucun cas être condamnés à une peine. Seules des mesures éducatives peuvent être ordonnées et en cas de contravention, ils ne peuvent faire l'objet que d'une admonestation de la part du tribunal de police. Par ailleurs, la loi du 9 septembre 2002[127], modifiant l'ordonnance de 1945, a expressément affirmé que les mesures éducatives ne peuvent être ordonnées que si le mineur est capable de discernement.

Pour les mineurs de treize à dix-huit ans, la préférence éducative n'est pas absolue. Le tribunal pour enfants ou la Cour d'assises des mineurs peuvent prononcer à leur égard une condamnation pénale. Par ailleurs, en parallèle à ces décisions, les mineurs peuvent bénéficier du régime de la liberté surveillée.

**429. Les mesures éducatives**. En ce qui concerne les mesures éducatives[128], les mineurs délinquants peuvent être maintenus dans leur milieu actuel[129]. Une telle décision n'a alors aucune conséquence sur l'exercice du pouvoir de garde. Le mineur est remis à sa famille ou aux personnes qui assuraient son éducation. Le juge peut éventuellement ordonner une mesure d'assistance éducative en milieu ouvert, qui n'a pour seul effet que d'assister les gardiens de l'enfant mineur dans leur mission éducative.

Néanmoins, le tribunal peut également décider que la rééducation du mineur délinquant devra s'effectuer en internat ou en semi-liberté[130]. Il ordonne alors le placement soit dans une institution ou un établissement, public ou privé, d'éducation ou de formation professionnelle habilité, soit dans un établissement médical ou médico-pédagogique habilité. Depuis la loi du 5 mars 2007 relative à la prévention de la délinquance, il peut également ordonner une mesure éducative d'activité de jour[131]. S'il a moins de treize ans, la juridiction de jugement peut le confier à l'aide sociale à l'enfance ou à un internat approprié aux mineurs d'âge scolaire. S'il a plus de treize ans, elle peut le placer dans une institution d'éducation surveillée. Le placement des mineurs poursuit alors un objectif de rééducation, se manifestant par une formation à la fois morale, physique, scolaire et professionnelle. De telles mesures sont en réalité très proches de celles qui peuvent être ordonnées sur le fondement d'une mesure d'assistance éducative. Pour compléter ce panel de mesures, la loi du 9 septembre 2002 a créé des centres éducatifs fermés à destination des mineurs placés sous contrôle judiciaire ou bénéficiant d'un sursis avec mise à l'épreuve, d'une libération conditionnelle ou d'un placement à l'extérieur. Les mineurs y « *font l'objet de mesures de surveillance et de contrôle permettant d'assurer un suivi éducatif et pédagogique renforcé et adapté à leur*

---

[127] Loi n° 2002-1138 du 9 septembre 2002 d'orientation et programmation pour la justice, *D.* 2002, pp. 2584-2590.

[128] Pour une présentation générale des différentes mesures d'assistance éducative applicables aux mineurs délinquants, *cf.* B. BOULOC, *Pénologie*, *op. cit.*, n$^{os}$ 519-559, pp. 387-412 ; PH. BONFILS, *Le droit pénal substantiel des mineurs*, *AJ Pénal*, février 2005, pp. 45-48, spéc. pp. 47-48 ; PH. BONFILS, *Les dispositions relatives au droit pénal des mineurs délinquants dans la loi de prévention de la délinquance*, *art. précit.*, *spéc.* pp. 1029-1031.

[129] B. BOULOC, *op. cit.*, n$^{os}$ 535-538, pp. 396-398.

[130] B. BOULOC, *op. cit.*, n$^{os}$ 539-549, pp. 398-405.

[131] Selon l'article 16 *ter* nouveau de l'ordonnance de 1945, la mesure d'activité de jour « *consiste dans la participation du mineur à des activités d'insertion professionnelle ou scolaire soit auprès d'une personne morale de droit public, soit auprès d'une personne morale de droit privé exerçant une mission de service public ou d'une association habilitée à organiser de telles activités, soit au sein du service de la protection judiciaire de la jeunesse auquel il est confié* ».

*personnalité* »[132]. Ces centres ne sont toutefois pas fermés matériellement, mais juridiquement[133]. La fugue du mineur peut en effet aboutir à son incarcération.

Dans ces hypothèses, la décision judiciaire attribue un pouvoir de garde sur les mineurs délinquants à ces établissements ou à l'Aide sociale à l'enfance. Elle opère ainsi un transfert de l'intégralité du pouvoir de garde exercé sur le mineur vers ces établissements ou ce service. Toutefois, lorsque le mineur bénéficie d'une permission de sortie, d'un régime de semi-liberté ou d'un placement à l'extérieur, l'établissement ou le service de l'Aide sociale à l'enfance n'exerce plus que le pouvoir de garde intellectuelle. Le pouvoir de garde matérielle est soit exercé négativement, soit transmis aux parents ou à un tiers hébergeant le mineur.

**430. Les condamnations pénales**. En parallèle aux mesures éducatives, l'ordonnance du 2 février 1945 admet que le tribunal pour enfants et la Cour d'assises des mineurs puissent prononcer à l'égard du mineur âgé de plus de treize ans, une condamnation pénale « *lorsque les circonstances et la personnalité du délinquant l'exigent* »[134]. Les mineurs peuvent ainsi faire l'objet d'une condamnation à une peine d'emprisonnement ferme[135]. L'enfermement des mineurs répond à des règles précises tant en ce qui concerne le lieu que le régime d'exécution. En effet, ils ne peuvent être emprisonnés que dans un quartier spécial d'une maison d'arrêt ou dans un établissement pénitentiaire spécialisé. En principe, afin de les mettre à l'abri de la promiscuité des adultes, ils sont soumis, la nuit, à l'emprisonnement individuel. De même, ils bénéficient d'un régime particulier et individualisé, qui fait une large place à « *l'enseignement et à la formation* »[136]. Une telle condamnation à une peine d'emprisonnement a des conséquences sur le pouvoir de garde des titulaires de l'autorité parentale. Elle transfère l'exercice de ce pouvoir à l'administration pénitentiaire, jusqu'à ce que le mineur soit libéré.

**431. La liberté surveillée.** Qu'ils soient maintenus en liberté, placés dans un internat ou condamnés à une peine privative de liberté, les mineurs délinquants peuvent bénéficier du régime de la liberté surveillée[137]. La liberté surveillée est une mesure de protection qui consiste dans le placement d'un mineur délinquant sous la surveillance et le contrôle éducatif d'un délégué désigné par le juge des enfants ou le tribunal pour enfants. Elle constitue ainsi une véritable mesure de rééducation. Concrètement, dans le système de la liberté surveillée, le mineur est soumis à la surveillance et au contrôle d'un délégué placé sous l'autorité du juge des enfants et investi d'une mission particulière de rééducation. Ces délégués, bénévoles ou permanents, ont avant tout un pouvoir de contrôle et de surveillance. Dès lors, ils n'exercent pas un pouvoir de garde sur le mineur.

**432. Un cumul de qualités, un non-cumul de gardes.** Ainsi, le cumul de la qualité de mineur et de délinquant n'entraîne pas un cumul de pouvoirs de garde, mais peut justifier un transfert de ce pouvoir à la suite du prononcé d'une mesure d'assistance éducative ou d'une condamnation pénale. On estime alors que le nouveau titulaire de l'exercice du pouvoir de garde est plus apte à contrôler le mode de vie du mineur en vue d'assurer son éducation. Des conclusions similaires se dégagent de l'étude de la garde des mineurs handicapés mentaux.

---

[132] Article 33 de l'ordonnance du 2 février 1945 dans sa rédaction issue de la loi du 9 septembre 2002.

[133] J.-É. SCHOETTL, note sous CC, déc. 2002-461 DC, 29 août 2002, *Gaz. Pal.* 2002, p. 1323 ; L. CORINUS-LE PUIL, *L'enfant : un adulte en miniature ou un être en devenir ? Plaidoyer pour une approche globale du phénomène délinquantiel, art. précit., spéc.* pp. 288-291 ; CH. LAZERGUES, *Fallait-il modifier l'ordonnance n° 45-174 du 2 février 1945 ?, art. précit.*, spéc. pp. 178-179.

[134] Article 2, alinéa 2 de l'ordonnance du 2 février 1945.

[135] B. BOULOC, *op. cit.*, n<sup>os</sup> 560-587, pp. 412-429.

[136] Articles D. 516 et D. 517 du Code de procédure pénale.

[137] B. BOULOC, *op. cit.*, n<sup>os</sup> 550-558, pp. 405-411.

### 2. La garde des mineurs handicapés mentaux

**433.** Les qualités de mineur et de handicapé mental peuvent chacune justifier l'établissement d'un pouvoir de garde. La rencontre de ces deux qualités est donc susceptible de soulever des interrogations quant aux conditions d'exercice du pouvoir de garde. L'hypothèse d'un cumul des pouvoirs de garde doit de nouveau être écartée. Une seule personne contrôle le mode de vie du mineur. Deux situations sont dès lors envisageables. Tandis que dans la première, le titulaire de l'exercice de l'autorité parentale conserve le pouvoir de garde intellectuelle et ne transfère que le pouvoir de garde matérielle à un établissement psychiatrique (**a**), dans la seconde, une décision administrative remet l'intégralité du pouvoir de garde du titulaire de l'exercice de l'autorité parentale à un tel établissement (**b**).

#### a. L'hospitalisation sans transfert du pouvoir de garde intellectuelle : l'hospitalisation libre

**434. Une décision du gardien intellectuelle**. Selon l'article L. 3211-10 du Code de la santé publique, « *l'hospitalisation ou la sortie d'un mineur sont demandées, selon les situations, par les personnes titulaires de l'exercice de l'autorité parentale, par le conseil de famille ou, en l'absence du conseil de famille par le tuteur avec l'autorisation du juge des tutelles qui se prononce sans délai* ». Il précise en outre qu'« *en cas de désaccord entre les titulaires de l'exercice de l'autorité parentale, le juge aux affaires familiales statue* ». S'agissant d'une décision de placement d'un mineur dans un lieu déterminé, on peut estimer que la décision d'hospitaliser l'enfant mineur appartient aux personnes exerçant le pouvoir de garde intellectuelle. Cependant, en visant les titulaires de l'exercice de l'autorité parentale, le législateur laisse planer un doute sur cette affirmation lorsque le pouvoir de garde intellectuelle est dissocié de l'exercice de l'autorité parentale. Une telle hypothèse se présente notamment lorsque le mineur fait l'objet d'une mesure d'assistance éducative avec placement. Le pouvoir de garde intellectuelle est alors transféré à un tiers mais les parents continuent d'exercer l'autorité parentale, même si cette dernière est considérablement réduite[138]. Si une hospitalisation psychiatrique est nécessaire, il semble logique d'attribuer le pouvoir de décider de l'hospitalisation au détenteur du pouvoir de garde intellectuelle, à partir du moment où sa mission est justifiée par une carence des parents dans leur mission éducative. Ayant pris en charge le contrôle du mode de vie du mineur, le gardien intellectuel est sans doute mieux placé pour juger de l'opportunité d'une hospitalisation. En somme, la décision d'hospitalisation psychiatrique devrait bien appartenir au titulaire de l'exercice du pouvoir de garde intellectuelle. Par ailleurs, nous pouvons constater que l'article L. 3211-10 du Code de la santé publique attribue ce pouvoir au conseil de famille. Cette disposition conforte l'idée selon laquelle ce conseil exerce le pouvoir de garde intellectuelle. Dans l'hypothèse d'une suppression du conseil de famille au profit d'un accroissement des pouvoirs du tuteur sous contrôle judiciaire, il conviendrait d'admettre que ce pouvoir appartienne au tuteur.

**435. Transfert du seul pouvoir de garde matérielle.** S'agissant d'une hospitalisation libre, le placement et la sortie sont décidés par le gardien intellectuel du mineur. L'hospitalisation n'opère aucun transfert du pouvoir de garde intellectuelle, elle attribue uniquement un pouvoir de garde matérielle à l'établissement psychiatrique. Celui-ci peut retenir le mineur et contrôler ses activités quotidiennes. Cette conclusion peut également être transposée au placement des enfants mineurs dans des établissements non hospitaliers. En effet, nous avons observé que les pouvoirs de ces établissements sur la personne des handicapés mentaux sont identiques à ceux des hôpitaux accueillant des malades en service libre[139]. Le placement dans un établissement assurant l'hébergement du mineur exige le

---

[138] *Cf. supra* n° 325.
[139] *Cf. supra* n° 110.

consentement du titulaire de l'exercice du pouvoir de garde intellectuelle. Ce dernier ne transfère que son pouvoir de garde matérielle. Cette constatation ne se retrouve pas lorsque le mineur fait l'objet d'une hospitalisation d'office.

b. L'hospitalisation avec transfert de l'intégralité du pouvoir de garde : l'hospitalisation d'office

**436. L'hospitalisation d'office, seule forme d'hospitalisation forcée des mineurs selon le Code de la santé publique**. L'hospitalisation d'office est la seule forme d'hospitalisation forcée pour les mineurs, puisque la procédure d'hospitalisation à la demande d'un tiers n'est pas prévue pour eux. L'article L. 3211-10 du Code de la santé publique dispose en effet que l'hospitalisation des mineurs est demandée par le titulaire de l'exercice de l'autorité parentale, « *hormis les cas prévus au chapitre III du présent titre* ». Or, ce chapitre porte uniquement sur l'hospitalisation d'office. L'hospitalisation à la demande d'un tiers est donc exclue pour les mineurs. Leur protection incombant aux personnes exerçant sur eux l'autorité parentale, il appartient à ces dernières de décider de l'hospitalisation. Ce point a été confirmé par une circulaire du 13 mai 1991[140]. Cependant, si le Code de la santé publique ne retient que la procédure d'hospitalisation d'office, le juge des enfants pourra ordonner une hospitalisation au titre de l'assistance éducative, en cas de carence ou de refus injustifié d'une hospitalisation par les personnes exerçant l'autorité parentale.

**437. Le transfert de l'intégralité du pouvoir de garde**. Si le Code de la santé publique admet le principe de l'hospitalisation d'office des mineurs, il n'en demeure pas moins qu'une telle mesure ne doit être prise qu'à titre exceptionnel[141]. Dans une telle hypothèse, la décision administrative s'impose aux personnes exerçant le pouvoir de garde intellectuelle. Le placement ne peut prendre fin que selon les formes prévues pour les hospitalisations d'office. Il convient dès lors d'admettre que la décision préfectorale transfère le pouvoir de garde dans sa globalité à l'établissement psychiatrique. Ce dernier peut ainsi prendre en charge le contrôle du mode de vie du mineur afin de lui délivrer un traitement psychiatrique, mais aussi de poursuivre une mission éducative.

Ainsi, la superposition de la qualité de mineur avec celle de délinquant ou de handicapé mental est susceptible d'avoir des répercussions sur le pouvoir de garde des mineurs, puisque ces deux dernières qualités justifient en elles-mêmes l'établissement d'un pouvoir de garde poursuivant une finalité légèrement différente. Il arrive également que deux qualités justifiant des situations de garde exceptionnelle se rencontrent.

B. L'ARTICULATION DE DEUX SITUATIONS DE GARDE EXCEPTIONNELLE

**438.** Il est tout à fait envisageable qu'une personne majeure présente plusieurs qualités susceptibles de justifier l'établissement d'un pouvoir de garde. L'hypothèse la plus fréquente est constituée par la rencontre de la qualité de délinquant et de celle de handicapé mental. Deux grands types de situations peuvent se présenter. D'une part, un handicapé mental peut commettre une infraction pénale. Il faut dès lors déterminer dans quelle mesure il devra être confié au service public pénitentiaire ou à un établissement psychiatrique. Cette question

---

[140] Circulaire du 13 mai 1991 du ministère des Affaires sociales et de l'Intégration, DGS 3 C, fiches d'information relatives à l'application de la loi du 27 juin 1990, *cf.* TH. ALBERNHE et Y. TYRODE, *op. cit.*, t. 2, pp. 137-142, *spéc.* fiche 1, p. 138 : « *S'agissant du mineur, la procédure d'hospitalisation sur demande d'un tiers ne se justifie pas. Il appartient à la personne titulaire de l'autorité parentale ou susceptible de la remplacer, aux termes de la loi, d'hospitaliser le mineur en cas de nécessité* ».

[141] Circulaire du 13 mai 1991 du ministère des Affaires sociales et de l'Intégration, DGS 3 C, fiches d'information relatives à l'application de la loi du 27 juin 1990, *cf.* TH. ALBERNHE et Y. TYRODE, *op. cit.*, t. 2, pp. 137-142, *spéc.* fiche 1, p. 138.

renvoie à celle de sa responsabilité ou de son irresponsabilité pénale. D'autre part, une personne effectuant une peine privative de liberté peut présenter des troubles mentaux. La question de son traitement et de ses répercussions sur le pouvoir de garde du service public pénitentiaire doit alors se poser. Aussi devons-nous distinguer la garde des handicapés mentaux auteurs d'une infraction pénale **(1)** et la garde des prisonniers atteints de troubles mentaux **(2)**.

### *1. La garde des handicapés mentaux auteurs d'une infraction pénale*

**439. Irresponsabilité pénale et abolition du discernement**. Il peut arriver qu'une personne handicapée mentale, placée ou non sous la garde d'un établissement psychiatrique, commette une infraction pénale. Cette hypothèse soulève la question de la responsabilité pénale des personnes atteintes de troubles mentaux[142]. Sur ce point, on peut remarquer que la loi n° 90-527 du 27 juin 1990 favorise théoriquement la reconnaissance de leur responsabilité. En effet, conscient que la peine ne remplit pas pleinement sa fonction d'intimidation pour les personnes atteintes de troubles mentaux, l'ancien article 64 du Code pénal écartait la responsabilité pénale du prévenu « *en état de démence au moment de l'action* ». La loi de 1990 a modifié ce texte, devenu en 1994 l'article 122-1 du Code pénal, en distinguant deux situations. Dorénavant, la personne ne peut être déclarée irresponsable que si elle « *était atteinte au moment des faits d'un trouble psychique ou neuro-psychique ayant aboli son discernement ou le contrôle de ses actes* ». En revanche, elle demeure responsable si elle était atteinte d'un trouble psychique « *ayant altéré son discernement* ». La responsabilité pénale des malades mentaux est donc dictée par cette distinction entre l'abolition et l'altération du discernement.

**440. Les conséquences de l'irresponsabilité pénale**. Lorsque le délinquant est reconnu irresponsable en raison d'un trouble mental, il sort de la sphère du droit pénal, puisqu'il va faire l'objet d'un non-lieu, d'une relaxe ou d'un acquittement. Sa condition relève pleinement des règles générales de l'hospitalisation psychiatrique. Ainsi, s'il fait déjà l'objet d'un placement sous contrainte dans un établissement psychiatrique, il restera sous sa garde. De même, s'il n'était pas encore soigné dans un hôpital psychiatrique, il pourra être hospitalisé d'office puisque son état mental paraît bien compromettre l'ordre public ou la sûreté des personnes. En revanche s'il est reconnu pénalement responsable, son statut sera celui des prisonniers atteints de troubles mentaux.

### *2. La garde des prisonniers atteints de troubles mentaux*

**441. Hypothèses**. En théorie, trois cas de figure peuvent se présenter. Tout d'abord, un handicapé mental a pu être reconnu pénalement responsable, alors qu'il faisait l'objet d'une hospitalisation sous contrainte. Cette hypothèse est toutefois très théorique. En effet, le placement sous contrainte est justifié par d'importants troubles mentaux. Aussi si ces troubles peuvent justifier une telle hospitalisation, il serait logique qu'ils justifient également une irresponsabilité pénale. Ensuite, il peut arriver qu'une personne atteinte de troubles mentaux, n'ayant pas fait l'objet d'un placement sous contrainte, ait été reconnue pénalement responsable. Il sera alors nécessaire de prendre en compte ses troubles mentaux dans l'organisation de la peine privative de liberté. Enfin, une personne, *a priori* saine d'esprit, peut être condamnée à une peine privative de liberté et présenter par la suite des symptômes

---

[142] PH. CONTE et P. MAISTRE DU CHAMBON, *Droit pénal général*, *op. cit.*, n° 355, p. 203 ; F. DESPORTES et F. LE GUNEHEC, *Droit pénal général*, *op. cit.*, n$^{os}$ 631-650, pp. 615-631 ; R. MERLE et A. VITU, *Traité de droit criminel*, t. 1, *Problèmes généraux de la science criminelle, Droit pénal général*, *op. cit.*, n$^{os}$ 625-629, pp. 788-794 ; G. CASILE-HUGUES, *Le droit pénal et la criminologie face à l'altération des facultés mentales*, in *La détérioration mentale, Droit, histoire, médecine et pharmacie*, Actes du colloque interdisciplinaire d'Aix-en-provence (7-8 juin 2000), *op. cit.*, pp. 171-181.

de déficience mentale. Ces trois hypothèses soulèvent la question de la condition des prisonniers atteints de troubles mentaux. Dans quelle mesure, l'existence ou la survenance de tels troubles modifient-elles l'attribution ou l'exercice du pouvoir de garde du service public pénitentiaire qu'il détient en vertu de la condamnation pénale ?

**442. Avant la loi du 9 septembre 2002.** Avant la loi du 9 septembre 2002 d'orientation et de programmation pour la justice, l'organisation des soins psychiatriques aux détenus était déficiente. Le service public hospitalier apportait des soins ambulatoires en psychiatrie et il existait des services de psychiatrie au sein des vingt-six services médico-psychologiques régionaux (SMPR)[143]. Ces derniers étaient majoritairement implantés dans les maisons d'arrêt, mais leur implantation géographique ne correspondait pas nécessairement aux besoins et leur localisation dans les établissements pénitentiaires limitait leur efficacité. En outre, le transfert d'un détenu dans un service médico-psychologique régional ne pouvait se faire qu'avec son consentement.

L'hospitalisation d'office des détenus était possible mais elle ne pouvait être effectuée qu'au sein d'un établissement psychiatrique habilité et ne reposait que sur un texte réglementaire. Cette dernière caractéristique marquait la différence de statut des détenus et des handicapés mentaux non délinquants. Les seconds, disposant par principe de la plénitude de la liberté individuelle, ne pouvaient en être privés qu'en suivant une procédure établie par la loi. En revanche, la liberté individuelle des détenus ayant déjà été limitée par une décision reposant sur une loi, un simple texte réglementaire pouvait suffire pour fonder ce qui pouvait être considéré comme un simple aménagement de la privation de liberté. Par ailleurs, l'article D. 638 du Code de procédure pénale n'envisageait l'hospitalisation des détenus que si ces derniers compromettaient l'ordre public ou la sûreté des personnes. Même si la notion de sûreté des personnes pouvait, dans une acception large, englober la propre personne des détenus, une certaine ambiguïté demeurait.

**443. Le rapport de 2001 de l'I.G.S.J. et de l'I.G.A.S.** En 2001, un rapport de l'Inspection générale des services judiciaires et de l'Inspection générale des affaires sociales établit un constat préoccupant sur les soins apportés aux détenus souffrant de troubles mentaux[144]. Il constate en effet une augmentation de la demande des soins psychiatriques au sein de la population carcérale et une inadaptation du dispositif en place.

L'augmentation est relativement importante puisqu'il affirme qu'environ un quart des détenus souffrent de troubles mentaux. Plusieurs causes peuvent justifier ce phénomène[145]. Tout d'abord la sectorisation psychiatrique, orientant le dispositif des soins vers l'extérieur, a pu exclure des soins certaines personnes sans domicile fixe ou souffrant d'exclusion, qui finissent alors par commettre une infraction pénale. Ensuite, les modifications apportées par la loi n° 90-527 du 27 juin 1990 à l'irresponsabilité pénale des malades mentaux ont pu favoriser la reconnaissance de leur responsabilité. En effet, l'ancien article 64 du Code pénal écartait la responsabilité pénale du prévenu « *en état de démence au moment de l'action* ». Depuis la loi de 1990, la personne ne peut être déclarée irresponsable que si elle « *était atteinte au moment des faits d'un trouble psychique ou neuro-psychique ayant aboli son discernement ou le contrôle de ses actes* ». En revanche, elle demeure responsable si elle était atteinte d'un trouble psychique « *ayant altéré son discernement* ». La responsabilité pénale des malades mentaux repose donc sur cette distinction entre l'abolition et l'altération du

---

[143] Ces services médico-psychologiques régionaux furent organisés par le décret n° 86-602 du 14 mars 1986 relatif à la lutte contre les maladies mentales et à l'organisation de la sectorisation psychiatrique.

[144] I.G.S.J. et I.G.A.S., *L'organisation des soins aux détenus, Rapport d'évaluation*, Juin 2001, pp. 79-98.

[145] I.G.S.J. et I.G.A.S., *rapp. précit.*, pp. 83-86.

discernement. Cette plus grande souplesse dans l'admission de la responsabilité pénale, conséquence certaine d'une plus grande compassion quant à la souffrance des victimes, a pu entraîner une augmentation de la population carcérale souffrant de troubles mentaux. Cet accroissement est accentué par la tendance des psychiatres à invoquer une simple altération du discernement, estimant que « *la responsabilisation du malade passe par une pénalisation de ses actes et par une confrontation à la loi* »[146]. Enfin, le rapport justifie l'augmentation du nombre de détenus atteints de troubles mentaux par le caractère pathogène de la prison et l'idée selon laquelle les actes les plus terrifiants ne peuvent avoir été effectués que par des malades.

Cet accroissement était d'autant plus problématique que l'organisation de la politique de santé mentale présentait de nombreuses déficiences. L'organisation des services médico-psychologiques régionaux au sein même des établissements psychiatriques ne permettait pas de développer des soins adaptés, notamment en raison de l'absence d'équipement hospitalier ou de personnel soignant la nuit. L'hospitalisation d'office était le seul mode d'hospitalisation réellement accessible aux détenus. Cependant, ses conditions d'admission trop étroites et son organisation donnait lieu à de fréquentes évasions. Il n'y avait pas d'hospitalisation sur demande d'un tiers, prévue pour les non détenus, ni de véritable équivalent de l'hospitalisation librement consentie[147]. Face à un tel constat, une réforme s'imposait.

**444. La réforme de la loi du 9 septembre 2002**. La réforme de l'organisation des soins psychiatriques aux personnes condamnées à une peine privative de liberté intervint avec la loi du 9 septembre 2002[148]. S'inscrivant dans un processus de reconnaissance et de normalisation des droits des détenus, elle a inséré dans le Code de la santé publique les nouvelles dispositions relatives à l'hospitalisation des détenus atteints de troubles mentaux. Dorénavant toutes les hospitalisations psychiatriques à temps complet doivent s'effectuer dans un établissement spécialisé[149]. Les prisonniers les plus dangereux peuvent toujours être internés dans les unités pour malades difficiles. Le nouvel article L. 3214-2 du Code de la santé publique précise que les prisonniers disposent des mêmes droits que les autres malades mentaux hospitalisés, tout en réservant d'éventuelles restrictions dues à leur qualité. Ainsi, ils ne peuvent pas bénéficier des sorties d'essais ou accompagnées.

L'hospitalisation d'office d'un prisonnier peut être ordonnée si ses troubles mentaux exigent des soins immédiates assortis d'une surveillance constante en milieu hospitalier, rendent impossible son consentement et constituent un danger pour lui-même ou pour autrui. Sur ce point, la loi est beaucoup plus explicite que l'ancien article D. 398 du Code de procédure pénale. Excepté ces trois conditions, les procédures d'internement et de mainlevée de l'hospitalisation sont identiques à celles de l'hospitalisation d'office. Ces décisions ne relèvent pas de l'administration pénitentiaire, elle ne peut qu'accepter les décisions prises par les autorités compétentes. Dès lors, il faut admettre, que l'internement sans le consentement du détenu transfère l'intégralité du pouvoir de garde à l'établissement psychiatrique qui le reçoit.

En revanche, si le détenu est hospitalisé avec son consentement, il faut admettre qu'il s'agit d'une simple hospitalisation, qui ne transfère que le pouvoir de garde matérielle à l'établissement hospitalier. Le détenu pourrait ainsi mettre fin à cette hospitalisation et

146 I.G.S.J. et I.G.A.S., *rapp. précit.*, p. 85.

147 I.G.S.J. et I.G.A.S., *rapp. précit.*, p. 91.

148 J.-P. CÉRÉ, *La loi n° 2002-1138 du 9 septembre 2002 et l'amélioration du fonctionnement et de la sécurité des établissements pénitentiaires*, *D.* 2002, pp. 3224-3228.

149 À titre transitoire, dans l'attente de la prise en charge par les unités hospitalières spécialement aménagées, la loi de 2002 prévoit que les détenus atteints de troubles mentaux peuvent toujours être affectés dans un service médico-psychologique régional ou dans un établissement de santé habilité.

demander se réinsertion dans l'établissement pénitentiaire. Il semblerait donc que cet établissement conserve le pouvoir de garde intellectuelle.

En définitive, la rencontre de deux qualités, fondant chacune l'existence d'une situation de garde exceptionnelle, justifie l'existence d'une situation de garde spécifique. L'articulation de deux situations de garde d'autrui n'est pas toutefois pas la seule combinaison possible. Nous pouvons également envisager l'articulation d'une situation de garde d'autrui avec une situation de détention d'autrui.

## § 2. L'ARTICULATION D'UNE SITUATION DE GARDE ET D'UNE SITUATION DE DÉTENTION D'AUTRUI

**445.** La rencontre de deux situations de garde d'autrui entraîne un transfert de l'intégralité du pouvoir de garde. Lorsqu'une situation de garde d'autrui et une situation de détention d'autrui s'articulent, une autre conclusion semble s'imposer. Fondées sur les mêmes prérogatives, la garde et la détention n'en diffèrent pas moins par leurs finalités. Aussi conviendra-t-il de retenir que l'admission d'un pouvoir de détention sur une personne gardée suspend temporairement le pouvoir de garde et attribue en parallèle un pouvoir de détention sur autrui. Ceci se vérifie lorsqu'on envisage l'articulation d'une situation de garde des mineurs avec une situation de détention **(A)**, mais aussi lorsqu'on s'intéresse à l'articulation d'une situation de garde exceptionnelle avec une situation de détention **(B)**.

### A. L'ARTICULATION D'UNE SITUATION DE GARDE DES MINEURS ET D'UNE SITUATION DE DÉTENTION

**446.** L'exercice de la garde des mineurs est susceptible d'être influencée par l'affirmation d'un pouvoir de détention, né d'une détention à vue ou d'une détention provisoire. Aussi convient-il d'envisager les conditions de la détention à vue et de la détention provisoire des mineurs **(1)**, avant de s'interroger sur les conséquences de l'établissement d'un pouvoir de détention sur le pouvoir de garde des mineurs **(2)**.

#### *1. Détention à vue et détention provisoire des mineurs*

**447. La détention à vue des mineurs**. L'ordonnance n° 45-174 du 2 février 1945 instaure quelques règles spécifiques pour la détention à vue des mineurs. Elle affirme que, par principe, le mineur de treize ans ne peut pas être placé en « *garde à vue* ». À titre exceptionnel, elle reconnaît que le mineur de dix à treize ans, contre lequel « *il existe des indices graves ou concordants laissant présumer qu'il a commis ou tenté de commettre un crime ou un délit puni d'au moins cinq ans d'emprisonnement* »[150], peut être retenu pour une durée maximale de douze heures sur autorisation d'un magistrat du ministère public ou d'un juge d'instruction spécialisés dans la protection de l'enfance ou d'un juge des enfants. Dans cette hypothèse, le magistrat peut éventuellement prolonger pour une même durée cette mesure de rétention du mineur. Pour les mineurs de treize à seize ans, l'ordonnance de 1945 déclare que la « *garde à vue* » ne peut être prolongée en cas de délit puni d'une peine inférieure à cinq ans d'emprisonnement.

**448. La détention provisoire des mineurs**. Poursuivant la même logique, l'ordonnance de 1945 n'interdit pas totalement la détention préventive des mineurs mais la limite. Ainsi, en matière correctionnelle, les mineurs d'au moins seize ans peuvent être

---

[150] Article 4, I de l'ordonnance du 2 février 1945.

détenus pendant une durée d'un mois renouvelable une fois, si la peine encourue n'est pas supérieure à sept ans d'emprisonnement. Dans les autres cas, toujours en matière correctionnelle, la durée ne peut excéder un an. En matière criminelle, la détention ne peut excéder six mois pour un mineur de treize à seize ans, renouvelable une fois pour la même durée. Pour les mineurs de plus de seize ans, elle ne peut atteindre plus de deux ans. De telles règles sont dès lors susceptibles d'avoir des conséquences sur l'exercice du pouvoir de garde des mineurs.

*2. Conséquences sur l'exercice du pouvoir de garde des mineurs*

**449. La suspension du pouvoir de garde des mineurs**. Les pouvoirs de garde et de détention d'autrui présentent les mêmes caractéristiques, mais se distinguent par leurs finalités. On peut dès lors s'interroger sur l'influence d'une décision de placement en détention à vue sur le pouvoir de garde sur les mineurs. Doit-on envisager un cumul ou un transfert de pouvoirs ? En toute logique, il est impossible d'envisager un transfert complet de l'exercice du pouvoir de garde, puisque les natures des deux pouvoirs sont différentes. De même, il est impossible d'admettre que les pouvoirs de garde et de détention se superposent pleinement, puisqu'ils entreraient en conflit. Seule une articulation de ces deux pouvoirs est envisageable. Il est indéniable que la détention et la garde reposent sur le même fondement : la possibilité de retenir physiquement la personne d'autrui. En ce sens, la détention à vue permet bien de retenir la personne dans les locaux de la police judiciaire. De même, le pouvoir de garde sur autrui permet de déterminer le lieu de vie d'une personne et de la retenir. Si ce pouvoir de rétention peut éventuellement être transféré à un tiers ou exercé négativement, la personne exerçant le pouvoir de garde peut en principe reprendre la personne auprès d'elle quand elle le souhaite. Dans la présente hypothèse, le gardien d'autrui ne peut pas reprendre le gardé auprès de lui, puisque le pouvoir de la police judiciaire s'y oppose. Par conséquent, il convient d'admettre que la décision de placement en détention à vue ou en détention provisoire suspend temporairement l'exercice du pouvoir de garde sur le mineur. Une telle conclusion peut également être faite lorsqu'une personne présente une qualité susceptible de justifier à la fois l'existence d'une situation de garde exceptionnelle et une situation de détention.

## B. L'ARTICULATION D'UNE SITUATION DE GARDE EXCEPTIONNELLE ET D'UNE SITUATION DE DÉTENTION

**450. La personne en détention à vue ou en détention provisoire atteinte de troubles mentaux**. Une des hypothèses les plus fréquentes, dans laquelle une personne peut présenter des qualités susceptibles de justifier l'établissement d'un pouvoir de garde et d'un pouvoir de détention, est très certainement celle du délinquant présentant des troubles mentaux après la commission d'une infraction et pendant le déroulement de la procédure. Dans cette hypothèse, le délinquant peut faire l'objet d'une détention à vue ou d'une détention provisoire. L'existence de ces troubles mentaux a pour conséquence immédiate de suspendre l'action publique[151]. Une hospitalisation d'office est dès lors possible.

**451. Le handicapé mental en détention à vue ou en détention provisoire**. Une autre hypothèse peut se présenter. Un handicapé mental, faisant l'objet d'un placement sous contrainte dans un établissement psychiatrique, peut commettre une infraction est être de ce fait placé en détention à vue et, peut-être plus rarement, en détention provisoire. Cette décision présente les mêmes conséquences que pour les mineurs. Elle entraîne une

---

[151] PH. CONTE et P. MAISTRE DU CHAMBON, *Droit pénal général*, *op. cit.*, n° 355, p. 203 ; F. DESPORTES et F. LE GUNEHEC, *Droit pénal général*, *op. cit.*, n° 637, p. 619.

suspension du pouvoir de garde de l'établissement psychiatrique. En somme, le cumul de qualités justifiant l'existence d'un pouvoir de garde et de détention d'autrui n'entraîne pas un cumul de pouvoirs, mais au contraire une suspension de l'un au profit de l'autre.

# CONCLUSION DU CHAPITRE 2

**452.** Les pouvoirs de garde et de détention d'autrui ont pu être présentés comme des prérogatives sur autrui particulièrement fortes permettant de retenir physiquement une personne et de contrôler son mode de vie et ses activités quotidiennes. À la différence de la garde des mineurs, les situations exceptionnelles de garde ou de détention d'autrui n'existent pas par principe et doivent non seulement être prévues et organisées par le législateur, mais également être établies par une décision judiciaire ou administrative. En conséquence, les situations exceptionnelles de garde et de détention d'autrui font l'objet de multiples contrôles portant sur leur existence, mais également sur l'attribution et l'exercice du pouvoir sur autrui. L'utilisation expresse des notions de garde et de détention permet de mettre l'accent sur cet encadrement normatif. Par ailleurs, lorsque plusieurs personnes sont amenées à exercer un pouvoir sur la personne gardée ou détenue, la distinction entre la composante matérielle et la composante intellectuelle de la garde ou de la détention permet d'identifier avec précision les rôles respectifs des différents intervenants. Le détenteur du pouvoir de garde ou de détention intellectuelle exerce par principe un pouvoir supérieur. Les notions de garde et de détention permettent ainsi de structurer la condition d'un certain nombre de personnes.

**453.** L'étude de l'organisation des situations exceptionnelles de garde ou de détention d'autrui a également permis de soulever le problème de leur articulation entre elles et de leur articulation avec les situations de garde des mineurs. En définitive, trois conclusions se dégagent. Tout d'abord, un mineur peut présenter une qualité spécifique justifiant une situation de garde exceptionnelle. Il s'agit par exemple du mineur délinquant ou du mineur handicapé mental. Dans cette hypothèse, le pouvoir de garde des parents est transmis à un tiers par une décision judiciaire ou administrative. Ensuite, un majeur peut présenter des qualités justifiant l'établissement de plusieurs situations exceptionnelles de garde. C'est le cas par exemple du prisonnier handicapé mental ou de l'handicapé mental délinquant. Dans cette seconde hypothèse, la rencontre de ces qualités va entraîner l'établissement d'une situation originale de garde, prenant en compte ces diverses qualités. Enfin, il est possible qu'un mineur ou un majeur placé sous la garde d'autrui soit temporairement placé sous la détention d'une autre personne. Il s'agit par exemple du mineur retenu en détention provisoire. Dans cette troisième hypothèse, il ne s'effectue pas réellement un transfert de pouvoir, mais plutôt une suspension du pouvoir de garde et l'établissement d'un pouvoir de détention sur autrui.

# CONCLUSION DU TITRE 2

**454.** L'étude de l'organisation des situations de garde et de détention d'autrui met ainsi en évidence un très fort encadrement législatif des pouvoirs de garde et de détention. La nature de ce contrôle diffère cependant selon qu'il s'agit d'une situation de garde des mineurs ou d'une situation exceptionnelle de garde ou de détention d'autrui.

En effet, pour les mineurs, on admet par principe l'existence d'un pouvoir de garde. Son existence, affirmée par le législateur, est attachée à l'attribution de l'autorité parentale, elle-même attachée par principe à l'établissement d'un lien de filiation. En général, l'existence du pouvoir de garde est un effet de la filiation et ne fait pas l'objet d'une décision judiciaire ou administrative. L'existence du pouvoir de garde des mineurs ne suscite pas de réelles interrogations. En revanche, les modalités d'exercice de ce pouvoir sont encadrées. En effet, si les parents peuvent être assistés dans leur mission éducative, il peut arriver que cette assistance ait des effets sur le pouvoir de garde parental, en exigeant soit le transfert de la garde matérielle de l'enfant, soit la remise de la totalité du pouvoir de garde à un tiers.

Pour les situations de garde exceptionnelle, l'encadrement est quelque peu différent. En effet, ces situations n'existent pas par principe. Elles sont attachées à l'existence d'une qualité déterminée. Leur existence est liée à celle de cette qualité. Il est dès lors nécessaire de l'établir avec certitude. Aussi de telles situations appellent-elles un contrôle étroit portant sur leur existence. Elles se différencient sur ce point des situations de garde des mineurs. En revanche, elles s'en rapprochent en ce qui concerne leurs modalités d'exercice. Constituant un fort pouvoir sur autrui, les pouvoirs de garde et de détention sont par principe étroitement contrôlés dans leur exercice.

**455.** Par ailleurs, l'étude de l'organisation pratique des situations de garde et de détention d'autrui révèle qu'il arrive fréquemment que plusieurs personnes exercent simultanément un pouvoir sur la personne gardée ou détenue. Plusieurs questions peuvent dès lors se poser. Ces différentes personnes exercent-elles le même pouvoir ? L'une d'entre elles exerce-t-elle un pouvoir prédominant ? L'utilisation de la notion de garde d'autrui permet de répondre à cette question en invitant à une recherche du titulaire du pouvoir de contrôle du mode de vie d'autrui. Cette recherche permet de révéler l'existence d'incertitudes dans certains textes et l'importance de les résoudre. La dichotomie de la garde d'autrui s'avère en définitive un bon remède pour structurer et expliquer l'organisation de certaines relations d'autorité sur autrui.

# CONCLUSION DU TITRE

# CONCLUSION DE LA PREMIÈRE PARTIE

**456.** Il ressort de la jurisprudence récente de la Cour de cassation et du Conseil d'État, relative à la responsabilité du fait d'autrui, que la garde d'autrui pourrait être rattachée au pouvoir de retenir une personne et aux pouvoirs de diriger, organiser et contrôler le mode de vie d'autrui. Cette conception de la garde d'autrui, fondement d'une responsabilité de plein droit du fait d'autrui, invite à s'interroger sur cette notion. La détermination et la caractérisation de la garde d'autrui paraissent en effet essentielles pour déterminer le domaine et l'attribution de cette responsabilité. Dans cette optique, il est apparu qu'une étude de droit des personnes était requise, afin de confirmer ou d'infirmer ce rattachement avancé par les hautes juridictions judiciaire et administrative.

**457.** L'étude des applications de la notion de garde d'autrui en droit des personnes révèle que la notion de garde d'autrui est traditionnellement perçue comme une notion fuyante, mal définie, inutile et désuète. La recherche d'une approche globale de la garde d'autrui ne s'en trouve guère facilitée. De prime abord, la notion de garde d'autrui a trois grands domaines d'application : les mineurs, les handicapés mentaux et les délinquants. Cependant, la moindre tentative d'analyse, partant de l'une de ces trois grandes applications, se heurte inéluctablement à une ou plusieurs difficultés, rendant impossible tout effort de compréhension de la notion.

Tout d'abord, il apparaît que si cette notion est utilisée dans le langage commun, elle ne l'est pas nécessairement dans le langage juridique. Ce constat s'impose notamment pour le droit des handicapés mentaux. Actuellement, aucune de ses règles ne contient expressément la notion de garde d'autrui. Ensuite, il est possible que la notion de garde existe explicitement dans les textes, mais qu'elle ne constitue pas une notion fortement élaborée, clairement définie et de première importance. Cette conclusion apparaît notamment lorsqu'on étudie la notion de garde d'autrui en droit pénitentiaire. Enfin, l'analyse de la notion de garde d'autrui, dans ses différentes manifestations passées et présentes, se heurte souvent à une troisième difficulté liée à la définition même de la notion. En effet, la notion de garde d'autrui reçoit fréquemment, dans un même domaine, des acceptions très variées et souvent opposées. Tantôt elle est adossée à un pouvoir de rétention, tantôt elle est envisagée indépendamment de l'existence d'un tel pouvoir. De même, lorsqu'elle est associée au pouvoir de retenir autrui, il n'est pas exclu qu'elle puisse recouvrir des réalités différentes. Cet aspect constitue la caractéristique majeure et, sans aucun doute, la principale difficulté de la notion de garde des personnes. Ceci est particulièrement vrai pour la garde des mineurs, mais se vérifie également pour la garde des personnes retenues à l'occasion d'une enquête ou d'une condamnation pénale. Face à ce constat de désordre, nous pouvons comprendre que le législateur choisisse très souvent de la bannir des textes juridiques.

En conséquence, si on considère que la notion de garde ne doit pas être bannie du vocabulaire juridique et si on souhaite dégager une conception globale de cette notion, on doit rapidement constater que l'étude du droit antérieur et du droit positif ne permet pas de dégager une conception générale et unitaire de la garde d'autrui. Confronté à des conceptions opposées, comment pourrait-on déterminer les contours de la notion de garde d'autrui ?

Subséquemment, le rattachement, avancé par la Cour de cassation et le Conseil d'État, de la notion de garde d'autrui aux pouvoirs de retenir autrui et aux pouvoirs de diriger, d'organiser et de contrôler le mode de vie d'autrui ne peut être ni confirmé ni infirmé. Dès lors, si on s'accorde pour maintenir ce rattachement entre la garde d'autrui et le pouvoir de retenir autrui, il devient nécessaire de procéder à des requalifications et de préciser les contours de cette notion. Dans cette optique, il convient de se démarquer des conceptions législatives, jurisprudentielles et doctrinales de la garde d'autrui, afin d'élaborer une conception générale, unitaire et cohérente de cette notion.

**458.** Aussi suggérons-nous de distinguer les situations contenant un pouvoir de rétention sur autrui de celles n'en comportant pas et de réserver les qualifications de garde ou de détention aux premières.

Comportant un pouvoir de retenir autrui, la garde et la détention portent une atteinte importante à la liberté d'aller et venir, fondement même de l'autonomie de la personne. Elles font dès lors l'objet d'un important encadrement normatif. Tout d'abord, ces situations sont strictement limitées à certaines hypothèses déterminées par des dispositions internes et internationales, dont la Convention européenne des droits de l'Homme. Ensuite, ces pouvoirs sur autrui doivent nécessairement être attribués par le législateur ou une autorité judiciaire ou administrative. Une personne ne saurait renoncer à sa liberté d'aller et venir. La volonté personnelle ne peut à elle seule entraîner l'existence d'une situation de garde ou de détention d'autrui. Enfin, la personne exerçant un pouvoir de garde ou de détention ne peut en disposer librement. Sa transmission globale à un tiers ne peut résulter que d'une décision judiciaire ou éventuellement administrative.

La garde et la détention d'autrui comportent les mêmes prérogatives sur autrui. Elles se caractérisent par l'existence d'un pouvoir de déterminer le lieu de vie d'une personne et de la retenir dans un endroit précis et, par extension, par la possibilité de choisir son mode de vie et de contrôler ses activités quotidiennes. Seule l'existence des pouvoirs contraignants de détermination du lieu de vie et de rétention physique d'autrui permet celle d'un pouvoir de contrôle du mode de vie d'autrui. En leur absence, il est impossible d'admettre l'existence d'un pouvoir de contrôle du mode de vie.

Une fois cette première analyse effectuée, il est possible de réunir ces différentes prérogatives sur la personne d'autrui et de distinguer les composantes intellectuelle et matérielle de la garde et de la détention d'autrui. La composante intellectuelle regroupe les pouvoirs de déterminer le lieu de vie et de choisir le mode de vie d'autrui. Elle est indisponible et ne peut être transférée à un tiers sans une décision judiciaire ou administrative. La composante matérielle rassemble les pouvoirs de retenir autrui et de contrôler ses activités quotidiennes. Elle n'est pas pleinement indisponible et doit pouvoir être transmise à un tiers, afin de servir l'intérêt de la personne gardée ou détenue ou celui de la société. Cette faculté de scinder la garde et la détention en une composante matérielle et une composante intellectuelle constitue un instrument pour le juge et le législateur, afin de faire face aux besoins spécifiques des situations concrètes.

Si elles se caractérisent par les mêmes prérogatives sur autrui, la garde et la détention n'en diffèrent pas moins par leurs finalités. La reconnaissance d'un pouvoir de garde devrait s'inscrire dans une démarche volontariste du législateur. La garde n'est pas seulement un pouvoir de contrôle du mode de vie d'autrui, elle est avant tout un moyen à la disposition d'une personne en vue de satisfaire un objectif déterminé distinct de la simple rétention d'autrui. Autrement dit, la garde est le support d'une mission ou d'une prestation spécifique à destination de la personne gardée. Par comparaison, la détention d'autrui est beaucoup moins élaborée. Le pouvoir de détention ne sert pas de support à une prestation spécifique indépendante de la détention elle-même. Le pouvoir de détention a pour objectif la simple rétention de la personne d'autrui. Cette distinction, en apparence anecdotique, entre la garde et la détention d'autrui revêt une certaine importance lorsqu'on envisage le rôle normatif de la loi. Ainsi, la transformation législative d'une situation de détention en situation de garde d'autrui devrait témoigner de la volonté de conférer une mission particulière à celui qui exerce un fort pouvoir contraignant sur autrui et de ne plus le cantonner dans un rôle de rétention d'autrui.

Par opposition à la garde et à la détention, toutes les deux fondées sur un pouvoir de rétention d'autrui, les situations de direction d'autrui ne sont pas fondées sur un tel pouvoir. Dans cette hypothèse, une personne se trouve, volontairement ou non, sous l'autorité d'une autre, mais elle ne peut être maintenue de force dans un endroit déterminé. Elle reste libre de partir.

**459.** L'affirmation de la distinction entre la garde, la détention et la direction d'autrui permet de défendre une conception unitaire de la garde d'autrui et d'éviter les confusions passées. Une conception unitaire peut être substituée à la conception éclatée de la garde d'autrui. Son rattachement au pouvoir de retenir autrui permet également de circonscrire son domaine d'application à l'aide des textes nationaux et internationaux relatifs à la protection de la liberté d'aller et venir.

*In abstracto*, une situation de garde ou de détention d'autrui ne peut exister que si elle poursuit un des six buts légitimes dans une société démocratique reconnus par l'article 5 § 1 de la Convention européenne des droits de l'Homme. Cette liste est, par principe, exhaustive. Néanmoins, elle ne doit pas aboutir à ignorer l'existence d'un pouvoir de garde dans l'autorité parentale. *In concreto*, une situation de garde ou de détention doit se révéler nécessaire. Elle doit être justifiée d'une part, par des motifs pertinents et suffisants et, d'autre part, par la recherche d'un juste équilibre entre les intérêts en présence.

Cette première délimitation des situations de garde et de détention d'autrui reste très générale. Elle doit être complétée d'une étude de leur opportunité. En effet, si ces différentes situations de garde ou de détention peuvent être admises en droit interne, il n'est guère évident que leur admission soit opportune. L'analyse de chacune de ces hypothèses de garde ou de détention d'autrui a conduit à en écarter certaines en raison de leur inopportunité. Ainsi, peuvent être placés sous la garde d'autrui les mineurs, les prisonniers, les handicapés mentaux et les personnes atteintes d'une maladie contagieuse. De même, peuvent être placés sous la détention d'autrui les personnes poursuivies pénalement, les étrangers en situation irrégulières, les personnes en état d'ivresse sur la voie publique et certaines personnes risquant de troubler l'ordre public en présence de circonstances exceptionnelles.

Une distinction fondamentale doit dès lors être relevée. Tandis que des personnes privées et des personnes publiques peuvent exercer un pouvoir de garde d'autrui, seules des personnes publiques peuvent exercer un pouvoir de détention d'autrui.

**460.** L'utilisation explicites des notions de garde et de détention d'autrui, et de leurs composantes matérielle et intellectuelle, a dès lors permis de structurer l'organisation pratique de chacune de ces hypothèses, en invitant à s'interroger sur la nature et l'étendue des prérogatives des différentes personnes amenées à exercer un pouvoir sur une personne gardée ou détenue. De même, l'utilisation des notions de garde et de détention a appelé une étude sur les interactions possibles entre les différentes hypothèses de garde ou de détention d'autrui, permettant de nouveau de clairement distinguer les rôles de chacun. En somme, la distinction entre la composante intellectuelle et la composante matérielle de la garde et de la détention d'autrui s'avère être un moyen pertinent pour révéler le fonctionnement de ces différentes situations de garde ou de détention d'autrui. Elle permet de clarifier l'organisation de ces relations d'autorité sur autrui.

**461.** En définitive, seule une conception unitaire de la garde d'autrui permet de remettre de l'ordre dans les qualifications législatives, jurisprudentielles et doctrinales, de déterminer les différentes hypothèses de garde d'autrui, de structurer et de comprendre la répartition des pouvoirs dans chacune de ces illustrations. Une fois cet effort de clarification effectué, il est possible de transposer la conception unitaire de la garde d'autrui en droit de la responsabilité.

# Seconde partie

# L'OPPORTUNE TRANSPOSITION DE LA CONCEPTION UNITAIRE DE LA GARDE D'AUTRUI EN DROIT DE LA RESPONSABILITÉ

**462.** L'élaboration d'une conception unitaire de la garde d'autrui en droit des personnes permet de mieux comprendre les différents rapports d'autorité qui peuvent s'exercer sur la personne d'autrui. La garde d'autrui peut être distinguée de la détention ou encore de la direction d'autrui. Par ailleurs, la scission de la garde et de la détention en deux composantes intellectuelle et matérielle permet de d'organiser les relations d'autorité sur les personnes gardées et détenues. Ainsi, l'autorité sur autrui peut correspondre à une situation de garde, de garde intellectuelle, de garde matérielle, de détention, de détention intellectuelle, de détention matérielle ou encore de direction d'autrui.

**463.** Dans l'absolu, l'exercice d'un pouvoir sur autrui peut s'accompagner de tout un système de responsabilité. Tout d'abord, lorsque le mauvais exercice d'un pouvoir sur autrui cause un dommage à la personne soumise à ce pouvoir, il est logique que cette dernière recherche la responsabilité du titulaire de l'exercice de ce pouvoir. Ensuite, le non respect de l'exercice d'un pouvoir sur autrui par une personne peut justifier la recherche de la responsabilité de cette personne. Enfin, il arrive que l'exercice d'un pouvoir sur autrui serve de fondement à une responsabilité du fait d'autrui. En effet, qu'elle soit fondée sur une faute prouvée ou présumée, ou sur un régime de responsabilité de plein droit, on n'a cessé d'affirmer que la responsabilité du fait d'autrui repose sur l'autorité du responsable sur l'auteur du dommage[1].

**464.** Dès lors, la transposition de la conception globale et unitaire de la garde d'autrui en droit de la responsabilité nous invite à examiner, en premier lieu, son influence sur la responsabilité du fait d'autrui, puis en second lieu, son influence sur la responsabilité du fait personnel.

[1] J.-B. DONNIER, *L'autorité en droit privé*, *thèse précit.* Toutefois, si, en 1804, cette idée régissait toutes les responsabilités du fait d'autrui de l'article 1384 du Code civil (*cf.* TARRIBLE, *Discours devant le corps législatif*, *in* P.A. FENET, *Recueil complet des travaux préparatoires du Code civil*, *op. cit*, t. 13, pp. 488-489), actuellement, elle peut surtout s'appliquer à la responsabilité des père et mère. La responsabilité des commettants serait plutôt fondée sur le profit tiré de l'activité du préposé : *Cf.* G. VINEY et P. JOURDAIN, *Les conditions de la responsabilité*, *op. cit.*, n[os] 788-10 à 788-11, pp. 919-923.

L'analyse de son influence sur le droit de la responsabilité du fait d'autrui devra nous permettre de répondre à toute une série de questions. La garde d'autrui peut-elle réellement servir de fondement à une responsabilité du fait d'autrui ? Si tel est le cas, faut-il fonder cette responsabilité sur la garde, la garde intellectuelle ou la garde matérielle ? De même, peut-on admettre d'autres fondements que la garde d'autrui ?

L'analyse de son influence sur le droit de la responsabilité du fait personnel suggère également toute une série d'interrogations. Si on admet l'existence d'une responsabilité du fait des personnes gardées, ne devrait-on pas accorder corrélativement une immunité à la personne gardée ? Sinon, la protection accordée à une personne gardée en raison de son état d'inconscience ne devrait-elle pas se traduire par son irresponsabilité ? Par ailleurs, quelles sont la nature et les spécificités de la responsabilité du gardien à l'égard du gardé ? Le droit pénal sanctionne-t-il certains comportements en rapport avec la garde d'autrui ?

Les réponses à ces questions montrent que la transposition de la conception globale et unitaire de la garde d'autrui en droit de la responsabilité peut être un facteur de réorganisation de la responsabilité du fait d'autrui **(Titre 1)** et de renouvellement de la responsabilité du fait personnel **(Titre 2)**.

## Titre 1

# UN FACTEUR DE RÉORGANISATION DE LA RESPONSABILITÉ DU FAIT D'AUTRUI

**465.** Les situations de garde d'autrui se caractérisent par l'existence d'un rapport d'autorité particulièrement contraignant sur la personne d'autrui. Un tel lien d'obligation peut laisser pressentir l'existence d'une responsabilité du fait d'autrui. Cette idée peut être développée, afin d'être confortée ou rectifiée. Dans cette optique, nous nous proposons d'étudier l'influence de la notion de garde d'autrui sur le droit de la responsabilité du fait d'autrui, c'est-à-dire le rôle passé, présent et futur de cette notion dans cette branche du droit de la responsabilité. Cet objectif appelle quelques observations liminaires sur la notion et le domaine de la responsabilité du fait d'autrui envisagée.

En premier lieu, il convient de remarquer que la notion de responsabilité du fait d'autrui peut être perçue plus ou moins largement[1]. Tandis que la majorité des auteurs estime que la responsabilité du fait d'autrui correspond aux hypothèses dans lesquelles une personne est responsable du fait dommageable imputable à un tiers sur le fondement d'une faute présumée ou d'une responsabilité de plein droit[2], d'autres estiment que les responsabilités du fait d'autrui fondées sur une faute prouvée ou présumée sont de fausses responsabilités du fait d'autrui[3]. Pour ces derniers, la responsabilité du fait d'autrui se limite aux hypothèses dans lesquelles une personne est responsable du dommage causé par un tiers sur le fondement d'une responsabilité de plein droit. Dans cette étude, nous retiendrons une conception large de la responsabilité du fait d'autrui, correspondant aux hypothèses dans lesquelles « *le civilement responsable est étranger à l'acte dommageable dont il doit répondre* »[4]. Dans cette conception, la responsabilité du fait d'autrui peut aussi bien être une responsabilité pour faute prouvée ou présumée qu'une responsabilité de plein droit.

En second lieu, il convient de préciser le domaine de la responsabilité du fait d'autrui que nous allons étudier. Schématiquement, il est possible d'admettre que la responsabilité du fait d'autrui se scinde en deux branches principales. La première regroupe les différentes hypothèses de responsabilités du fait non professionnel d'autrui. Elle vise alors les cas dans lesquelles une personne est tenue de réparer le dommage causé par une autre personne agissant en dehors d'une activité professionnelle. La responsabilité des père et mère du fait de leurs enfants mineurs rentre, par exemple, dans cette catégorie. La seconde regroupe les

---

[1] G. VINEY et P. JOURDAIN, *op. cit.*, n^os^ 788-6 à 788-8, pp. 816-820.

[2] G. VINEY et P. JOURDAIN, *op. cit.*, n° 788-8, p. 818.

[3] J. BORÉ, *La responsabilité des parents pour le fait des choses ou des animaux dont leur enfant mineur à la garde*, *JCP G* 1968, I, 2180, n° 30.

[4] H. et L. MAZEAUD, A. TUNC, *Traité théorique et pratique de la responsabilité civile délictuelle et contractuelle*, *op. cit.*, t. 1, n° 708, p. 826.

différentes hypothèses de responsabilités du fait professionnel d'autrui. Cette catégorie vise les cas dans lesquelles une personne est tenue de réparer le dommage causé par une autre personne agissant dans le cadre d'une activité professionnel. Il s'agit, par exemple, de la responsabilité des commettants du fait de leurs préposés. En somme, la distinction repose sur l'activité de l'auteur du dommage. Si l'auteur du dommage a agi dans le cadre d'une activité professionnelle, l'éventuelle responsabilité du fait d'autrui que son dommage pourrait déclencher sera une responsabilité du fait professionnel d'autrui. En revanche, si l'auteur du dommage a agi en dehors de son activité professionnelle, l'éventuelle responsabilité du fait d'autrui déclenchée par son dommage rentre dans la catégorie des responsabilités du fait non professionnel d'autrui. Le pouvoir de garde, permettant de contrôler le mode de vie et les activités quotidiennes d'une personne dépourvue totalement ou partiellement de son autonomie naturelle ou d'une personne simplement privée de sa liberté par une décision administrative ou judiciaire, devrait surtout avoir une influence sur la responsabilité du fait non professionnel d'autrui.

**466.** Par principe, tout système de responsabilité devrait être cohérent et équilibré. Cette idée revêt une importance toute particulière pour la responsabilité du fait d'autrui, puisqu'il s'agit d'attribuer la charge de la réparation d'un dommage à une personne qui ne l'a pas directement causé. La cohérence se manifeste par l'adoption de solutions identiques pour des situations similaires. L'équilibre se caractérise par une prise en compte des intérêts des différents protagonistes, c'est-à-dire de la victime et du responsable.

L'intérêt de la victime est constitué par la recherche d'une indemnisation. Dans cette optique, son intérêt est de bénéficier d'une responsabilité qui lui permette d'obtenir plus facilement une indemnisation, c'est-à-dire d'une responsabilité pour faute présumée ou d'une responsabilité de plein droit.

L'intérêt du responsable se manifeste, d'une part, par une certaine prévisibilité dans l'attribution de la responsabilité et, d'autre part, par une juste corrélation entre l'attribution de la responsabilité et sa situation vis-à-vis de l'auteur du dommage. En somme, le responsable ne doit pas être déterminé plus ou moins aléatoirement par le juge. Sa responsabilité ne doit pas être dirigée pas des considérations purement opportunistes.

**467.** En raison de ses caractéristiques, la notion de garde d'autrui pourrait servir de fondement à une responsabilité cohérente et équilibrée du fait non professionnel d'autrui. Dans cette optique, le clivage entre la garde matérielle et la garde intellectuelle pourrait être déterminant. La responsabilité du fait d'autrui s'en trouverait donc changée. Jusqu'à présent, ce souci d'établir un système cohérent et équilibré de responsabilité du fait non professionnel d'autrui fondé sur la garde d'autrui ne s'est toujours pas imposé au législateur et à la jurisprudence.

En effet, la conception traditionnelle de la responsabilité du fait des personnes gardées, qui a prévalu, en droit civil, jusqu'à la relecture de l'article 1384, alinéa 1er du Code civil par l'arrêt *Blieck* et la généralisation de la responsabilité de plein droit et, en droit administratif, jusqu'à l'apparition d'une responsabilité de plein droit fondée sur le contrôle du mode de vie d'autrui, se caractérise par son profond éclatement. Aucune conception générale de la responsabilité du fait des personnes gardées n'apparaît. Dans cette première perception de la responsabilité du fait des personnes gardées, la garde d'autrui n'avait qu'un rôle restreint. En dépit de propositions doctrinales, la Cour de cassation et le législateur n'ont jamais pleinement associé la garde d'autrui à une responsabilité déterminée, faisant ainsi échec à l'élaboration d'une responsabilité cohérente et équilibrée du fait des personnes gardées.

Depuis la réinterprétation des alinéas 1er et 4 de l'article 1384 du Code civil et la généralisation de la responsabilité de plein droit, la Cour de cassation semble favorable à l'émergence d'un système de responsabilité du fait non professionnel d'autrui fondé sur la garde. Toutefois, cette idée, reprise par le Conseil d'État, n'est pas pleinement affirmée. Une analyse de la responsabilité du fait non professionnel d'autrui nous permettra néanmoins de prôner une confirmation de cette tendance et une correction de certaines solutions jurisprudentielles. Ainsi, à une conception éclatée de la responsabilité du fait des personnes gardées **(Chapitre 1)** devrait succéder une conception unitaire et spécifique **(Chapitre 2)**. Dès lors, l'influence de la garde d'autrui sur la responsabilité du fait d'autrui serait indéniable. La garde et la détention intellectuelles devraient être les seuls fondements de la responsabilité de plein droit du fait non professionnel d'autrui.

## Chapitre 1

# L'ÉCLATEMENT TRADITIONNEL DE LA RESPONSABILITÉ DU FAIT DES PERSONNES GARDÉES OU DÉTENUES

**468.** La conception traditionnelle de la responsabilité civile du fait des personnes dont on a la garde est marquée par la place importante accordée à la faute et le caractère limitatif des dispositions de l'article 1384 du Code civil. Sous l'influence du triomphe de l'individualisme, les rédacteurs du Code civil ont étroitement limité le domaine de la responsabilité pour autrui, fondée sur la faute présumée, au sein de l'article 1384 du Code civil. Seules certaines personnes assurant la garde d'un mineur pouvaient être présumées fautives. Par ailleurs, l'attachement des rédacteurs du Code civil au rôle de la faute dans la responsabilité civile aboutit à lier implicitement ces responsabilités du fait des personnes gardées à la garde matérielle d'autrui. Dès lors, de nombreuses situations dans lesquelles une personne exerce un pouvoir de garde matérielle sur un mineur n'étaient pas envisagées par l'article 1384 du Code civil. De même, cet article ne s'intéressait pas au problème de la réparation des dommages causés par un handicapé mental majeur hospitalisé sous contrainte et, par conséquent, placé sous la garde d'un établissement psychiatrique. En l'absence de textes spécifiques, l'article 1382 du Code civil a dès lors été utilisé pour engager la responsabilité des personnes ne figurant pas dans l'article 1384.

**469.** En parallèle, le 8 février 1873, le Tribunal des conflits posa, dans son arrêt *Blanco*[1], le principe de l'autonomie, de la spécificité et de la limitation de la responsabilité administrative. Détachée des règles du Code civil, la responsabilité administrative s'est développée sur des fondements distincts. Ainsi, la conception traditionnelle de la responsabilité administrative du fait des personnes gardées est fortement marquée par un attachement à la responsabilité pour faute, mais également par une ouverture à la responsabilité sans faute fondée sur la théorie du risque créé.

**470.** Dès lors, l'addition des conceptions traditionnelles des responsabilités administrative et civile du fait des personnes gardées révèle une grande diversité des fondements. Dans l'absolu, il est envisageable que cette diversité ait été pleinement justifiée. Toutefois, il est également possible qu'elle ne reflétât qu'un profond éclatement et une absence de conception globale de la responsabilité du fait des personnes gardées. Dans cette hypothèse, il faudrait certainement conclure à une absence d'équilibre et de cohérence de la conception traditionnelle de la responsabilité du fait des personnes gardées. Sur ce point, on peut d'ores et déjà constater que, régulièrement, la doctrine et la jurisprudence envisagèrent

---

[1] T.confl., 8 février 1873, *Blanco*, *Lebon*, 1er suppl. 61, concl. DAVID ; *GAJA*, n° 1, pp. 1-7 ; *S.* 1873, 2, 153, concl. DAVID ; *D.* 1873, 3, 17, concl. DAVID.

des modifications de cette responsabilité. Toutefois, il faut bien reconnaître que ces prises de conscience ne se sont faites qu'épisodiquement et, en général, pour une catégorie déterminée de personnes gardées. En somme, ces prises de conscience jurisprudentielles ou doctrinales sont très relatives. Toutefois, elles ne sont pas inintéressantes. Elles expliquent que certaines conceptions de la garde d'autrui ne peuvent être retenues pour fonder un système cohérent et équilibré de responsabilité du fait des personnes dont on a la garde. Autrement dit, les errements du passé peuvent servir de leçons pour élaborer un système de responsabilité plus cohérent dans l'avenir. Les disparités entre la responsabilité privée (**Section 1**) et la responsabilité publique du fait des personnes gardées (**Section 2**), renforcées par leurs oppositions et contradictions internes pourraient ainsi conforter l'instauration d'un nouveau système de responsabilité.

## SECTION 1
## L'ABSENCE DE CONCEPTION GÉNÉRALE DE LA RESPONSABILITÉ CIVILE DU FAIT DES PERSONNES GARDÉES

**471.** Traditionnellement, la responsabilité civile du fait des personnes gardées reposait sur les articles 1382 et 1384 du Code civil. Avant que l'arrêt *Blieck* du 29 mars 1991 n'effectue une relecture du premier alinéa de l'article 1384 du Code civil et avant que l'arrêt *Bertrand* du 19 février 1997 n'ouvre la voie à une généralisation de la responsabilité de plein droit au sein de ce même article, la responsabilité civile du fait des personnes gardées ne pouvait être qu'une responsabilité pour faute présumée ou pour faute prouvée. Dans l'absolu, un tel clivage entre responsabilité pour faute prouvée et responsabilité pour faute présumée peut être justifié et trouver sa place dans un système cohérent et équilibré de responsabilité du fait des personnes gardées. Néanmoins, il paraît difficile de lui reconnaître de telles qualités dans la conception traditionnelle de la responsabilité civile du fait des personnes gardées. La raison première réside très certainement dans le caractère limitatif des cas de responsabilité pour faute présumée de l'article 1384 du Code civil. Empêchant toute extension du domaine d'application de ces responsabilités, ce caractère, traditionnellement défendu par la Cour de cassation, a corrélativement conforté l'importance de la responsabilité pour faute prouvée de l'article 1382 du Code civil. Aussi, deux personnes, exerçant des pouvoirs identiques sur autrui dans des conditions similaires, n'étaient pas nécessairement responsables sur le même fondement. Dans cette logique, le sort des victimes dépendait de critères variables. En somme, aucune conception générale de la responsabilité du fait des personnes gardées ne se dégageait. Il était impossible d'associer une responsabilité à l'exercice d'un pouvoir déterminé. Ce phénomène se manifeste par l'absence d'organisation de la responsabilité du fait des mineurs (**§ 1**) et des handicapés mentaux (**§ 2**) autour de la notion de garde.

### § 1. L'ABSENCE DE CONCEPTION GÉNÉRALE DE LA RESPONSABILITÉ DU FAIT DES MINEURS FONDÉE SUR LA NOTION DE GARDE

**472.** En 1804, les rédacteurs du Code civil ont énoncé au sein de l'article 1384 une liste, perçue comme limitative, des personnes pouvant être responsables du fait d'un mineur sur le fondement d'une faute présumée. L'article 1384 du Code civil disposait : « *On est responsable non seulement du dommage que l'on cause par son propre fait, mais encore de celui qui est causé par le fait de personnes dont on doit répondre ou des choses que l'on a sous sa garde. Le père, et la mère après le décès du mari, sont responsables du dommage causé par leurs enfants mineurs habitant avec eux ; les maîtres et les commettants, du* *dommage causé par leurs domestiques et préposés dans les fonctions auxquelles ils les ont employés ; les instituteurs et les artisans, du dommage causé par leurs élèves et apprentis pendant le temps qu'ils sont sous leur surveillance. La responsabilité ci-dessus a lieu, à moins que les père et mère, instituteurs et artisans ne prouvent qu'ils n'ont pu empêcher le fait qui donne lieu à cette responsabilité* ». Ces présomptions de faute pouvaient ou non supporter la preuve contraire. Tandis que les parents, les instituteurs et les artisans étaient simplement présumés fautifs du fait du mineur, les maîtres et commettants l'étaient irréfragablement. Mais, en tout état de cause, seules ces personnes pouvaient être présumées fautives. Toutes les autres personnes, dont la responsabilité pouvait être recherchée à la suite d'un dommage causé par un mineur, ne pouvaient être responsables que sur le fondement des articles 1382 ou 1383 du Code civil, c'est-à-dire sur le fondement d'une faute prouvée. Très vite, il est apparu que la liste des personnes présumées fautives était insuffisante pour faciliter l'indemnisation des victimes. En raison de circonstances de fait, certaines d'entre elles ne pouvaient invoquer une responsabilité pour faute présumée. Par exemple, la victime d'un mineur confié à ses grands-parents, ou placé dans un centre de rééducation, ne pouvait bénéficier de la responsabilité de l'article 1384, alinéa 4 du Code civil. Elle était contrainte de fonder son action sur la responsabilité pour faute prouvée de l'article 1382. Cette différence de traitements entre les victimes n'était pas satisfaisante. La doctrine et la jurisprudence ont alors tenté de remédier à cet éclatement du droit de la responsabilité en proposant des systèmes globaux de responsabilité du fait des mineurs reposant à chaque fois sur une certaine conception de la garde d'autrui. Dans chacune de ces hypothèses, l'objectif était d'instaurer une certaine cohérence et un certain équilibre entre les intérêts des victimes et ceux des responsables. Il fallait trouver un système permettant de systématiquement mettre en œuvre une responsabilité pour faute présumée, tout en prenant en considération la personne du responsable pour autrui. Dans cette optique, on a proposé de se démarquer de la rigueur de l'article 1384 du Code civil et de lier la responsabilité pour faute présumée à l'exercice du pouvoir de garde matérielle **(A)** ou à l'exercice de l'intégralité du pouvoir de garde **(B)**. Ces deux propositions se sont finalement avérées inefficaces pour obtenir un système global cohérent et équilibré de responsabilité du fait des mineurs. Néanmoins, elles nous délivrent de précieux enseignements pour élaborer un système global de responsabilité du fait des personnes dont on a la garde.

## A. PREMIÈRE PROPOSITION : L'ASSOCIATION DE LA PRÉSOMPTION DE FAUTE À L'EXERCICE DU POUVOIR DE GARDE MATÉRIELLE

**473.** Partant des responsabilités pour faute présumée du fait des mineurs énoncées dans l'article 1384 du Code civil, les tribunaux entreprirent, tout au long du XIXe siècle et au début du XXe siècle, d'organiser un système équilibré et cohérent de responsabilité du fait des mineurs pour faute présumée autour de la notion de garde matérielle. Toutefois, les tribunaux ont dû progressivement admettre qu'il était inopportun d'appliquer une telle responsabilité à tous les gardiens physiques des mineurs. Aussi, cette tentative d'élaboration d'un système de responsabilité pour faute présumée du fait des mineurs dont on a la garde matérielle s'avéra un échec **(1)**. Elle fut définitivement anéantie par l'adoption de la loi du 5 avril 1937, montrant ainsi qu'il n'est sans doute guère judicieux d'utiliser la notion de garde matérielle pour élaborer un système général de responsabilité du fait des personnes dont on la garde **(2)**.

### *1. Manifestations de ce système de responsabilité pour faute présumée du fait du mineur fondé sur la garde matérielle*

**474.** Les manifestations de ce système de responsabilité pour faute présumée du fait des mineurs fondé sur la garde matérielle sont avant tout jurisprudentielles, puisque de nombreuses décisions ont souhaité associer la responsabilité pour faute présumée à la garde matérielle des mineurs **(a)**. Elles sont également doctrinales. En effet, cette tendance jurisprudentielle a été confortée par le développement d'un courant doctrinal favorable à une association systématique de la responsabilité pour faute présumée à la garde matérielle d'autrui par l'intermédiaire d'une relecture de l'alinéa 1er de l'article 1384 du Code civil (**b**).

a. Les tentatives jurisprudentielles d'élaboration d'un système de responsabilité associant une présomption de faute à la garde matérielle du mineur

**475.** L'étude de la jurisprudence du XIXe et du début du XXe siècles révèle que les tribunaux ont progressivement tenté d'instaurer un système général de responsabilité pour faute présumée du fait des mineurs en se fondant sur les différents alinéas de l'article 1384 du Code civil et en utilisant plus ou moins explicitement la notion de garde matérielle (**α**). Toutefois, plusieurs limites sont rapidement apparues (**β**), témoignant ainsi de l'impossibilité pour la jurisprudence de créer un principe général de responsabilité du fait des mineurs fondé sur la garde matérielle (**γ**).

*α. Les solutions favorables à une association systématique d'une présomption de faute ou d'une responsabilité de plein droit à la garde matérielle du mineur*

**476. Les responsabilités du fait du mineur pour faute présumée dans le Code civil de 1804 : des règles fondées sur la garde matérielle**. En 1804, la notion de garde n'apparaissait pas explicitement dans les textes relatifs à la responsabilité du fait d'autrui. Toutefois, la jurisprudence et la doctrine ont très rapidement utilisé cette notion pour expliquer les dispositions du Code civil[2]. Pour être exact, la notion en cause n'était pas la garde, mais une de ses subdivisions : la garde matérielle. En effet, en posant le principe de la responsabilité pour faute présumée des parents, des instituteurs et des artisans en raison des dommages causés par un mineur sous leur surveillance, les rédacteurs du Code civil ont fait peser cette responsabilité sur des personnes assurant la garde matérielle de l'enfant. Par principe, la responsabilité du fait d'un mineur pour faute présumée pèse sur les parents, mais lorsque la garde matérielle de l'enfant est transmise à un instituteur ou à un artisan, ces derniers, en leur qualité de remplaçants des parents[3], doivent supporter la responsabilité du fait des actes dommageables causés par l'enfant. Comme il s'agissait de présumer une faute de surveillance, les tribunaux retenaient logiquement le caractère alternatif de ces responsabilités[4]. Dans cette optique, la responsabilité pour faute présumée devait bien suivre la garde matérielle de l'enfant.

Néanmoins, ce système de responsabilité ne permettait pas de trouver systématiquement un gardien présumé fautif. Aussi est-il manifeste que les rédacteurs du Code civil n'ont pas souhaité créer un système global de responsabilité pour faute présumée du fait des mineurs dont on a la garde matérielle. Dans le cas contraire, ils auraient très certainement énoncé une règle générale. En effet, ils ne pouvaient ignorer que de nombreux mineurs pouvaient être confiés à une personne ne figurant pas dans la liste de l'article 1384 du Code civil. Tel était notamment le cas des mineurs placés en province chez une nourrice et séparés de leurs

---

[2] P. COMTE, *Du droit de garde dans la puissance paternelle, thèse précit.*, pp. 181-187.

[3] Rapport de BERTRAND DE GREUILLE fait au Tribunat dans la séance du 16 pluviôse an XII (6 février 1803), *in* P.A. FENET, *Recueil complet des travaux préparatoires du Code civil, op. cit*, t. 13, pp. 475-476 : « *La même garantie est prononcée par l'article 15 du projet contre les instituteurs et les artisans, pour les dommages causés par leurs élèves ou apprentis pendant le temps qu'ils sont sous leur surveillance. En voici la raison : c'est que les instituteurs ou artisans remplacent alors les parents ; c'est que la loi leur délègue une portion d'autorité suffisante pour retenir les enfants et ouvriers qui sont sous leur direction, dans les bornes de la circonspection et du devoir ; c'est qu'ils doivent à ces enfants et ouvriers de bonnes instructions et de bons exemples ; c'est qu'il faut qu'ils se garantissent de toute faiblesse envers eux ; et c'est qu'enfin ils ont la faculté de renvoyer ceux d'entre ces enfants ou ouvriers qui leur paraissent pervers et incorrigibles* ».

[4] Alger, 1er décembre 1902, *S.* 1904, 2, 12 ; T. civ. de Montpellier, 31 octobre 1908, *S.* 1908, 2, 296 ; T. civ. d'Argentan, 24 décembre 1924, *Gaz. Pal.*, 29 janvier 1925 ; T. civ. de la Seine, 15 mars 1930, *D.H.* 1930, 324 ; Civ. 19 février 1935, *Gaz. Pal.* 1935, 1, 630 ; *D.H.* 1935, 251.

parents résidant à Paris[5]. Pour les tribunaux, les dispositions de l'article 1384 du Code civil se sont vite révélées insuffisantes pour couvrir les différentes situations de garde matérielle des mineurs[6] et permettre d'engager une responsabilité pour faute présumée. Dans le même temps, le recours à l'article 1382 du Code civil pour pallier les lacunes de l'article 1384 ne sembla plus approprié aux attentes des victimes. Le système de responsabilité du fait du mineur pour faute présumée, organisé par le Code civil, parut trop étroit. Son extension fut amorcée et chercha à associer à la garde matérielle du mineur une responsabilité pour faute présumée.

**477. Extension de la responsabilité des instituteurs.** Dans cette optique, la jurisprudence a progressivement étendu le domaine de la responsabilité pour faute présumée des instituteurs en procédant à une interprétation large de la notion d'instituteur. Sa mission ne fut plus restreinte à l'enseignement, mais élargie à l'éducation. Ainsi, dans un arrêt du 20 décembre 1901[7], la cour d'appel de Grenoble attribue la qualité d'instituteur aux « *personne*[s] *chargée*[s] *de l'éducation ou de l'instruction d'enfants ou de jeunes gens, en même temps que de leur surveillance* ». Elle considère en effet que le législateur a *« visé l'éducateur de la jeunesse plus encore que l'instructeur* ». D'autres décisions allèrent plus loin dans l'interprétation de la notion d'instituteur en la dissociant de toute finalité éducative. Dans un arrêt du 5 novembre 1924[8], la cour d'appel de Rouen retient qu'un instituteur est une « *personne chargée, à quelque titre que ce soit, de l'éducation ou de la surveillance des enfants ou des jeunes gens* ». En somme, elle fait de la surveillance un élément suffisant pour attribuer la qualité d'instituteur. Il n'est pas nécessaire que le gardien matériel de l'enfant délivre une quelconque éducation pour être qualifié d'instituteur.

Les applications concrètes de cette responsabilité élargie du fait des instituteurs furent nombreuses. Elles permirent de trouver un responsable présumé fautif à de nombreux dommages causés par des mineurs ne se trouvant pas sous la garde matérielle de leurs parents. Ainsi, la responsabilité de l'instituteur fut appliquée au directeur d'un établissement recevant des enfants ayant donné pour des raisons diverses des sujets de mécontentement à leurs familles et placés là sans aucune formalité judiciaire, des « *sujets arriérés ou incomplets* », de « *jeunes vagabonds vicieux et insubordonnés* », et des « *enfants moralement abandonnés* » envoyés par l'Assistance publique, par des administrations d'hospices ou par des municipalités[9]. De même, elle fut appliquée au directeur d'une maison de correction ne s'occupant que de la surveillance de mineurs délinquants[10], au directeur d'un patronage[11], à

---

[5] Sur ce phénomène, *cf.* : F. FAŸ-SALLOIS, *Les nourrices à Paris au XIX*[e] *siècle*, Histoire Payot, 1996.

[6] R. SAVATIER, *La responsabilité générale du fait des choses que l'on a sous sa garde a-t-elle pour pendant une responsabilité générale du fait des personnes dont on doit répondre ?*, *D.H.* 1933, pp. 81-84 ; J. BICHOT, *L'autonomie de la responsabilité du fait des choses et du fait d'autrui devant la jurisprudence contemporaine*, thèse Dijon, 1933, pp. 116-147.

[7] Grenoble, 20 décembre 2001, *D.P.* 1902, 2, 147, arrêt confirmé par Crim, 27 juin 1902, *D.P.* 1908, 1, 540.

[8] Rouen, 5 novembre 1924, *D.* 1927, 2, 123, note R.D., *cf.* dans le même sens Caen, 28 janvier 1926, *D.* 1927, 2, 123, note R.D.

[9] Grenoble, 20 décembre 1901, *précit.* et Crim, 27 juin 1902, *précit.*

[10] Paris, 15 juin 1904, *D.P.* 1905, 5, 2 ; S. 1907, 2, 4. Le jugement du tribunal de police correctionnelle, ayant statué en première instance, fonde expressément la responsabilité du directeur de l'établissement pénitentiaire sur la garde et la surveillance du mineur, exercée en lieu et place du père. Tribunal de police correctionnelle de Bar-sur-Aube, 21 mai 1904, *S.* 1907, 2, 4 : « *attendu que l'acte d'autorité qui a eu pour effet d'enlever au père de famille la garde et la surveillance de son fils, lui a substitué en même temps une autre personne entre les mains de laquelle cette garde et cette surveillance est passée, que B.* (le directeur de la maison de correction) *se trouve donc, de ce fait, investi de cette garde et de cette surveillance dont l'existence entre ses mains suffit pour fonder à son égard le principe de la responsabilité civile du fait d'autrui* ». Une telle solution sera reprise ultérieurement, mais elle n'aura pas les mêmes conséquences compte tenu des modifications apportées par la loi du 5 avril 1937 au

un particulier hébergeant un enfant afin qu'il apprenne une langue étrangère[12], ou encore à une nourrice[13]. Cette extension de la responsabilité des instituteurs a divisé la doctrine. Tandis que certains auteurs étaient favorables à une interprétation restrictive de la responsabilité des instituteurs[14], d'autres, au contraire, défendaient une interprétation large[15].

**478. Extension de la responsabilité des artisans du fait de leurs apprentis.** En parallèle à cette extension de la responsabilité de l'instituteur, la jurisprudence a procédé à un élargissement des autres cas de responsabilité du fait d'autrui de l'article 1384 du Code civil. Cette tendance jurisprudentielle a notamment concerné la responsabilité des artisans du fait des dommages causés par leurs apprentis. En principe, cette responsabilité s'applique uniquement aux dommages survenus lors de l'apprentissage proprement dit. Or, dans une décision du 9 décembre 1932[16], le tribunal civil de Fontainebleau a étendu la responsabilité d'un artisan au dommage causé par son apprenti mineur en dehors des fonctions pour lesquelles il l'employait. Le tribunal fonde sa solution sur le fait que le mineur habitait avec lui. Il faut dans ce cas considérer qu'il y a une « *délégation du droit de garde mettant l'artisan dans l'obligation d'exercer une surveillance constante et que sa responsabilité, substituée à celle des parents, ne peut dès lors être limitée au temps de l'exercice de la fonction* ». Cette formule ne doit pas tromper. Elle adopte une conception du droit de garde qui correspond en réalité au pouvoir de garde matérielle du mineur.

**479. Extension de la responsabilité des maîtres du fait de leurs domestiques.** Appliquant un raisonnement similaire, certains tribunaux n'ont pas hésité à étendre la responsabilité des maîtres du fait de leurs domestiques mineurs. À la garde matérielle du mineur est alors rattachée une présomption irréfragable de faute. Ainsi, dans un arrêt du 6 avril 1870[17], la cour d'appel de Dijon a retenu la responsabilité du patron d'un domestique

---

régime de la responsabilité de l'instituteur : Crim., 20 février 1964, *JCP G* 1965, II, 14330, note R. COMBALDIEU Cette jurisprudence sera en définitive condamnée par une décision du Tribunal des conflits du 25 mars 1968, *Consorts Aurenge*, *Lebon* 793 ; *D.* 1968, 534, concl. A. DUTHEILLET DE LAMOTHE ; *RTDSS* 1968, 398, note F. MODERNE ; *JCP G* 1969, II, 15819, note PH. ROBERT ; *RTDSS* 1969, 193, note J. IMBERT.

[11] Rouen, 5 novembre 1924, Caen, 28 janvier 1926, *D.* 1927, 2 123, note R. D. ; Paris, 30 juillet 1930, *Gaz. Pal.* 1930, 2, 651

[12] Colmar, 14 juin 1830, *D.* 1830, 2, 192.

[13] Req. 22 juillet 1891, *D.* 1892, 1, 5, note M. PLANIOL.

[14] A. SOURDAT, *Traité général de la responsabilité*, 6e éd., par L. SOURDAT, t. 2, Marchal et Godde, 1911, n° 875, pp. 96-97 ; M. PLANIOL et G. RIPERT, *Traité pratique de droit civil français*, t. 6, *Obligations*, avec le concours de P. ESMEIN, LGDJ, 1930, n° 634, p. 861.

[15] C. DEMOLOMBE, *Cours de Code Napoléon*, t. 31, *Traité des engagements qui se forment sans convention*, 5e éd., A. Lahure, 1882, n° 582, p. 506 : le terme instituteur regroupe : « *tous ceux, qui, à un titre quelconque, sont chargés de l'éducation et de l'instruction de l'enfance et de la jeunesse, et qui sont, en même temps, par cela même, chargés de la garde et de la surveillance des enfants et des jeunes gens, qui leur sont confiés* ». L. JOSSERAND, *Cours de droit civil positif français*, *op. cit.*, t. 2, , n° 500, pp. 243-244 : Josserand défend une application large de la responsabilité des instituteurs aux œuvres de bienfaisance en avançant quatre arguments : « *Nous croyons cependant que l'article 1384 est applicable indistinctement : 1. parce qu'il ne distingue pas entre différentes catégories d'instituteurs ; 2. parce que l'idée de direction et de contrôle qui est à la base de la responsabilité civile du fait d'autrui conserve toute sa valeur pour les directeurs d'œuvres charitables ; 3. parce que le législateur a voulu, avant tout, assurer un recours à la victime : il importe peu au tiers, lésé par le faut d'un enfant, que la surveillance de cet enfant soit confiée à une entreprise salariée ou bien à une institution charitable ; 4. enfin il faut observer que le directeur d'une œuvre de bienfaisance peut parfaitement être rétribué et qu'il l'est même presque toujours. Ces raisons nous déterminent à approuver les décisions qui sont intervenues dans le sens d'une application rigoureuse et indistincte de l'article 1384* ».

[16] T. civ. Fontainebleau 9 décembre 1932, *Gaz. Pal.* 1933, 1, 370.

[17] Dijon, 6 avril 1870, *D.P.* 1872, 2, 103.

mineur demeurant avec lui, sur le fondement de l'article 1384, alors que le dommage avait été causé en dehors des heures de travail. Une lecture rigoureuse des règles de l'article 1384 aurait dû conduire à écarter son application. Par principe, le maître n'est responsable que des dommages causés par son domestique dans le cadre de ses fonctions. La Cour a néanmoins considéré que la responsabilité de l'article 1384 du Code civil s'appliquait puisque le mineur lui avait été confié par ses parents par « *une sorte de délégation qui plaçait sa conduite sous sa surveillance* ». Cette idée se retrouve dans un arrêt de la cour d'appel de Toulouse du 4 juin 1903[18]. Elle retient, de la même façon, la responsabilité du maître d'un domestique mineur au motif qu'il « *se trouvait investi de la puissance paternelle en vertu d'une délégation tacite* ». De nouveau, ces différentes solutions jurisprudentielles témoignent d'une volonté de compléter les dispositions de l'article 1384 du Code civil en associant à la garde matérielle du mineur une des responsabilités pour faute présumée de cet article.

**480. Extension du domaine de la responsabilité du fait d'autrui pour faute présumée par référence à l'esprit de l'article 1384 du Code civil.** Au-delà du mouvement d'expansion des catégories de l'article 1384, nous pouvons nous demander si certains tribunaux n'ont pas souhaité aller plus loin et se démarquer de ces différents cas de responsabilité du fait d'autrui, pour se référer à l'esprit de cet article. En effet, dans certaines décisions, les tribunaux se contentent de viser très largement l'article 1384 et ne font aucune référence précise à une des différentes hypothèses envisagées par cet article. À titre d'exemple, nous pouvons mentionner l'arrêt de la cour d'appel d'Agen du 16 mars 1872[19], rendu à propos de la responsabilité du directeur d'un établissement psychiatrique du fait d'un aliéné mineur hébergé dans son établissement. La rédaction très générale de l'arrêt et la référence expresse à l'esprit de l'article 1384 peuvent témoigner d'une volonté de s'affranchir de l'énonciation de cet article, classiquement présentée comme étant limitative[20]. En effet, l'arrêt affirme que « *cette responsabilité rentre dans les termes de l'article 1384 du Code civil, elle résulte également de l'esprit de cette même disposition appliquée sans contestation au tuteur, parce qu'il a légalement commis au directeur d'une maison d'aliénés la garde et la surveillance exclusive de la personne qui lui est confiée et dont il doit répondre* ». De même, les arrêts[21], fondant la responsabilité de l'instituteur sur la seule constatation de l'existence d'une obligation de surveillance, semblent relever de la même idée. L'instruction et l'éducation sont en définitive secondaires, l'élément principal est l'état de subordination ou de dépendance[22]. La qualification d'instituteur est dans de telles hypothèses purement factice. Planiol le fait d'ailleurs remarquer : « *une nourrice ou toute autre campagnarde, qui se charge d'un enfant, pour lui procurer un air plus pur que celui des villes ne mérite pas le nom d'instituteur ; que les motifs de la loi soient identiques, cela est l'évidence, mais l'identité des*

---

[18] Toulouse, 4 juin 1903, *D.P.* 1909, 2, 164.

[19] Agen, 16 mars 1872, *D.* 1872, II, 153 ; *S.* 1873, 2, 113. On notera par ailleurs la justification d'une telle extension qui témoigne de préoccupations identiques à celles qui fonderont plus tard la jurisprudence *Blieck* : « *Cette responsabilité rentre dans les termes de l'article 1384 du Code civil, elle résulte également de l'esprit de cette même disposition appliquée sans contestation au tuteur, parce qu'il a légalement commis au directeur d'une maison d'aliénés la garde et la surveillance exclusive de la personne qui lui est confiée et dont il doit répondre. On doit se montrer d'autant plus sévère dans l'application de ces principes, que le régime nouvellement adopté pour les aliénés tend à leur accorder chaque jour une plus grande liberté, et à diminuer, par conséquent, la surveillance dont ils sont l'objet, il y aurait lieu d'augmenter la responsabilité du directeur en proportion du danger qui peut menacer la société, plutôt que de puiser dans ces considérations des motifs d'indulgence* ». La portée de cette affirmation était néanmoins limitée par le maintien de la responsabilité pour faute présumée.

[20] *Cf.* par ex. : Crim., 24 mai 1855, *D.* 1855, 1, 426.

[21] Rouen, 5 novembre 1924, Caen, 28 janvier 1926, *D.* 1927, 2, 123, note R.D.

[22] *Cf.* dans ce sens L. THOMAS, note sous Tribunal de paix de Bordeaux, 23 novembre 1909 et Bordeaux, 29 juillet 1910, *D.* 1912, 2, 385.

*motifs n'est pas une raison pour étendre une présomption légale hors de son texte* »[23]. Cette tendance jurisprudentielle témoigne finalement de la volonté jurisprudentielle de créer un système général de responsabilité du fait des mineurs associant à leur garde matérielle une présomption simple ou irréfragable de faute[24]. Certaines décisions mettent néanmoins en exergue les limites d'un tel système de responsabilité du fait d'autrui.

*β. Les solutions défavorables à l'association systématique d'une présomption de faute ou d'une responsabilité de plein droit à la garde matérielle du mineur*

**481. Les limites de l'extension de la responsabilité des instituteurs**. Si de nombreuses décisions n'ont pas hésité à étendre la responsabilité des instituteurs en dehors de son domaine classique, au point de l'appliquer à des personnes qui n'ont pas cette qualité, il faut immédiatement préciser que cette tendance jurisprudentielle n'est pas générale. Au contraire, certains tribunaux ont refusé d'attribuer la qualité d'instituteur au directeur d'un patronage[25], d'une colonie de vacances[26] ou d'une société sportive[27], en raison du caractère bénévole ou très peu rémunérateur de ces activités. Leur responsabilité ne pouvait donc être recherchée sur le fondement de l'article 1384 du Code civil. Ces décisions, conformes à l'indulgence du Code civil pour les personnes qui rendent des services gratuits à autrui[28], révèlent une certaine résistance face à l'affirmation d'un système général de responsabilité du fait des mineurs pour faute présumée fondé sur la garde matérielle. Respectueuses d'une conception stricte de la notion d'instituteur, ses décisions peuvent également se justifier par la recherche d'un certain équilibre entre l'indemnisation de la victime et la responsabilité de la personne assurant la garde matérielle de l'auteur du dommage. Alors que les tribunaux n'hésitaient pas à élargir le champ d'application des responsabilités pour faute présumée, il est manifeste qu'ils ont parfois refusé d'étendre une responsabilité pour faute présumée à des personnes poursuivant une activité altruiste et désintéressée. L'affirmation d'une responsabilité trop contraignante pourrait freiner des activités bénévoles dont l'intérêt pour les mineurs, mais aussi pour les parents, ne saurait être démenti.

**482. Le refus de l'extension de la responsabilité parentale aux proches du mineur ou au tuteur**. L'extension de la responsabilité des instituteurs ne constitue pas un phénomène isolé. Elle a rejailli sur la responsabilité parentale.

On s'est en effet demandé si elle pouvait être étendue à d'autres proches de l'enfant. La jurisprudence a été assez ferme sur cette question. Elle a refusé d'étendre la responsabilité

---

[23] M. PLANIOL, note sous Req. 22 juillet 1891, *D.* 1892, 1, 5.

[24] *Cf.* R. SAVATIER, *La responsabilité générale du fait des choses que l'on a sous sa garde a-t-elle pour pendant une responsabilité générale du fait des personnes dont on doit répondre ?, art. précit.*

[25] T. civ. de la Seine, 3 novembre 1905, *Gaz. Trib.* 1906, 1, 2, 144 ; T. civ. Le Havre, 5 avril 1924, *Gaz. Pal.* 1924, 2, 138 (solution infirmée en appel Rouen, 5 novembre 1924, *précit.*) ; Besançon, 17 mai 1927 ; *Gaz. Pal.* 1927, 2, 370 ; Douai, 26 juillet 1930, *Gaz. Pal.* 1930, 2, 651.

[26] T. civ. Lyon, 10 octobre 1923, *Gaz. Pal.* 1923, 2, 689. Douai, 26 juillet 1930, *Gaz. Pal.* 1930, 2, 651

[27] Trib. de paix de Bordeaux, 23 novembre 1909, Bordeaux, 29 juillet 1910, *D.* 1912, 2, 385, note L. THOMAS : « *s'il est vrai que, dans son paragraphe 4, l'article 1384 permet de poursuivre la responsabilité de ceux qui ont à répondre de leurs élèves pendant le temps qu'ils sont sous leur garde, ses dispositions, si largement qu'elles soient interprétées, ne peuvent s'appliquer à un président de société sportive* » (1re espèce). Nancy, 18 février 1925, *Gaz. Pal.* 1925, 2, 8 : « *aux termes d'une jurisprudence constante, les sociétés sportives ne répondent que des fautes établies à leur encontre ; l'article 1384 doit en effet recevoir une interprétation restrictive, créant une présomption à la charge d'une catégorie de personnes, les œuvres de cette nature poursuivent un but d'hygiène et d'assistance sociale et non d'enseignement, loin de rechercher des bénéfices, elles font des sacrifices souvent considérables, enfin les familles en attendent des avantages, et ceux-ci doivent correspondre à certains risques* ».

[28] Par ex. : le mandat (art. 1992, alinéa 2 du Code civil) ou le dépôt gratuit (art. 1927 et art. 1928 du Code civil).

des père et mère aux oncles, tantes et autres parents recevant un mineur pour les vacances[29]. De nouveau, nous devons constater que la construction jurisprudentielle d'un système de responsabilité pour faute présumée du fait d'un mineur fondé sur la garde matérielle n'était pas absolue. On ne pouvait systématiquement associer à la garde matérielle d'un mineur une responsabilité pour faute présumée.

Dans cette même recherche de l'extension de la responsabilité parentale, on s'est demandé si la responsabilité parentale pouvait être transposée au tuteur. De nombreux arguments pouvaient justifier une réponse positive. D'une part, la responsabilité des parents étant, d'après le Code civil, fondée sur la garde matérielle des enfants, il paraissait logique que le tuteur, ayant la garde matérielle de l'enfant et se substituant aux parents, soit tenu pour responsable. De même, si la garde matérielle de l'enfant n'était pas confiée au tuteur mais à un tiers, certains auteurs estimaient que cette tierce personne, qui s'était chargée de l'enfant devait être responsable[30]. D'autre part, les auteurs invoquèrent fréquemment l'assimilation prônée par Pothier du tuteur au père[31] et les dispositions des codes rural et forestier rendant les tuteurs responsables des délits commis par leurs pupilles en matière de chasse[32], de pêche fluviale[33] et en matière forestière[34]. Aussi, de nombreux auteurs défendirent l'extension de la responsabilité parentale aux tuteurs en se fondant sur un raisonnement par analogie[35]. Cependant, dès la fin du XIX^e^ siècle, une étude de Laurent a engagé la doctrine sur une nouvelle voie. Laurent explique qu'il ne peut y avoir de présomption légale sans texte et que cette extension de la présomption de faute ne serait guère souhaitable : « *c'est déjà une lourde charge que la tutelle ; ne l'aggravons pas en imposant au tuteur une responsabilité que la loi ne lui impose point* »[36]. Cette conception du problème eut beaucoup d'influence et conduisit de nombreux auteurs à refuser l'assimilation des tuteurs aux pères[37]. La jurisprudence de son côté refusa l'assimilation de la responsabilité du tuteur et du père de famille[38].

En somme, dans ce système de responsabilité, les grands-parents, oncles, tantes ou tuteurs d'un mineur pouvaient seulement être tenus pour responsables sur le fondement d'une faute prouvée de leur part. Derrière ce respect apparent de la loi par la doctrine et par la

---

[29] Crim., 24 mai 1855, *D.* 1855, 1, 426 ; Crim., 15 juin 1934, *Gaz. Pal.* 1934, 2, 477 ; Nîmes, 3 janvier 1911, *RTD civ.* 1911, 443, obs. R. DEMOGUE.

[30] V. MARCADÉ, *Explication théorique et pratique du Code civil*, Delamotte fils et C^ie^, 8^e^ éd., 1889, t. 5, p. 302.

[31] R. J. POTHIER, *Traité des obligations, in Œuvres de Pothier*, publiées par M. SIFFREIN, t. 1, 1821, n° 121, pp. 159-160 : « *Non seulement la personne qui a commis le délit ou le quasi-délit, est obligée à la réparation du tort qu'elle a causé, celles qui ont sous leur puissance cette personne, telles que sont les pères, mères, tuteurs et précepteurs sont tenus de cette obligation, lorsque le délit ou quasi-délit a été commis en leur présence, et généralement lorsque pouvant l'empêcher, elles ne l'ont pas fait : mais si elles n'ont pu l'empêcher, elles n'en sont point tenues* ».

[32] Article 391 de l'ancien Code rural.

[33] Article 491 de l'ancien Code rural.

[34] Article 195 de l'ancien Code forestier.

[35] A. DURANTON, *Cours de droit français suivant le Code civil*, t. 13, 2^e^ éd., Alex-Gobelet, 1831, n° 719, pp. 736-737 ; CH. AUBRY et CH.-F. RAU, *Droit civil français*, 7^e^ éd. sous la direction de P. ESMEIN et A. PONSARD, t. 6, par A. PONSARD et N. DEJEAN DE LA BÂTIE, Librairies Techniques, 1975, n° 429, pp. 667-668 ; L. LAROMBIÈRE, *Théorie et pratique des obligations*, t. 7, Durand et Pédone-Lauriel, 1885, p. 599 ; A. SOURDAT, *op. cit.*, t. 2, n° 843, pp. 77-79 ; V. MARCADÉ, *op. cit.*, t. 5, p. 302.

[36] F. LAURENT, *Principes de Droit civil français*, t. 20, Durand-Pédone, 1876, n° 555, pp. 593-594.

[37] C. DEMOLOMBE, *op. cit.*, n^os^ 587-588, pp. 511-515 ; A.-M. DEMANTE et E. COLMET DE SANTERRE, *Cours analytique du Code civil*, t. 5, 2^e^ éd., E. Plon, 1883, n° 365 bis IV, p. 662 ; G. BAUDRY-LACANTINERIE, *Traité théorique et pratique de droit civil*, 3^e^ éd., L. Larose et L. Tenin, 1908, t. 15, n° 2938, p. 650-653 ; M. PLANIOL et G. RIPERT, *op. cit.*, t. 6, n° 626, p. 854 ; R. DEMOGUE, *Traité des obligations en général*, A. Rousseau, 1925, t. 5, n° 836, pp. 27-28 ; R. PIRSON et A DE VILLÉ, *Traité de la responsabilité civile extra-contractuelle*, t. 1, Bruylant-LGDJ, 1935, n° 76, pp. 181-182 ; H. et L. MAZEAUD et A. TUNC, *op. cit.*, t. 1, n° 746, p. 853.

[38] Civ. 22 juillet 1891, *D.* 1892, 1, 5, note M. PLANIOL.

jurisprudence, nous percevons de nouveau une volonté de créer un système équilibré de responsabilité. La responsabilité pour faute présumée ne doit pas peser sur des personnes dont l'activité ou l'intervention dans la garde du mineur est purement bénévole.

**483. L'extension de la responsabilité parentale par l'utilisation de la garde intellectuelle**. Si la jurisprudence a refusé d'étendre la responsabilité pour faute présumée des père et mère aux proches du mineur, elle a parfois accepté d'étendre cette responsabilité en assouplissant ses conditions, montrant ainsi que la responsabilité parentale ne devait pas toujours être associée à la garde matérielle du mineur. Suivant ce raisonnement, certaines juridictions n'ont pas hésité à retenir la responsabilité du père d'un enfant qui se trouvait, au moment des faits dommageables, en vacances chez une tierce personne. Ainsi la cour d'appel de Dijon a-t-elle affirmée dans un arrêt du 19 février 1875[39] que « *le père chargé de garder et d'instruire un mineur, ne peut s'exonérer momentanément de sa mission et de la responsabilité qui en découle qu'en la transmettant à l'une des personnes indiquées en l'article 1384, instituteur, patron ou maître ; qu'en confiant son enfant à tout autre individu, il demeure responsable du gardien qu'il s'est substitué sans nécessité, et des accidents occasionnés par le défaut de surveillance de celui-ci* ». Ce même arrêt précise ensuite que « *la force des choses conduit à interpréter dans un sens large les termes " habitant avec eux ", employés par le législateur dans l'article 1384, et à les appliquer au mineur que le père " élève chez lui " et qu'il aurait placé momentanément, pour le distraire, chez un parent ou un ami* ». Une telle solution admet par conséquent que le père n'est plus présumé fautif, s'il transfère la garde matérielle du mineur à l'une des personnes mentionnées à l'article 1384 du Code civil. La responsabilité pour faute présumée suit dans ces hypothèses la garde matérielle. En revanche, il est toujours présumé fautif, s'il transfère la garde matérielle du mineur à une personne ne rentrant pas dans une des catégories de cet article. La responsabilité pour faute présumée n'est dès lors plus attachée à la garde matérielle, mais à une prérogative plus générale telle la garde intellectuelle ou même la puissance paternelle.

Certaines décisions sont allées plus loin en retenant la responsabilité parentale, alors que le mineur était placé comme domestique et n'habitait plus avec ses parents, aux motifs qu'il n'était pas éloigné de la maison paternelle et restait « *au point de vue de son éducation et de sa surveillance, sous la garde de ses parents* »[40]. En apparence, ces solutions semblent fonder la présomption de faute sur la garde matérielle du mineur. Toutefois, on mesure aisément à quel point une telle affirmation est artificielle. Il est plus logique d'affirmer que ces solutions fondent la responsabilité parentale sur la garde intellectuelle du mineur.

En conséquence, nous devons admettre que la jurisprudence s'est rapidement rendue compte de l'impossibilité de créer un système global de responsabilité pour faute présumée du fait des mineurs fondé sur la garde matérielle. Certes, on pourra affirmer que la Cour de cassation n'a pas cautionné la solution de la cour d'appel de Dijon. Au contraire, dans un arrêt du 7 novembre 1921, la chambre civile de la Cour de cassation a expressément rappelé que la responsabilité légale des parents « *cesse avec la cohabitation, sans qu'il soit nécessaire que l'enfant soit passé sous la surveillance et la direction de la personne qui en a la garde* »[41]. Cependant, la lecture d'autres solutions de la Cour de cassation introduit un doute quant à la force de cette affirmation. Ainsi, le 31 août 1921, la chambre des requêtes de la Cour de cassation retint la responsabilité d'un père en affirmant que son absence, même légitime, ne suffisait pas à l'exonérer de sa responsabilité légale du fait mineur[42]. On a pu déduire de cet

---

[39] Dijon, 19 février 1875, *D.P.* 1876, 2, 70 ; *S.* 1875, 2, 81.

[40] T. civ. Grenoble, 4 mars 1912, *D.* 1914, 5, 16. *Cf.* également Besançon, 5 décembre 1913, *Gaz. Pal.* 1914, 1, 526, cet arrêt retient la responsabilité du père d'un mineur en affirmant que sa responsabilité est « *fondée sur un devoir de surveillance qu'il doit exercer même à distance* ».

[41] Civ. 7 novembre 1921, *D.P.* 1922, 1, 12, 2e espèce.

[42] Req. 31 août 1921, *D.P.* 1922, 1, 12, 1re espèce.

arrêt que le père restait responsable faute d'avoir assuré au mineur une autre garde[43]. Aussi pouvons-nous penser que la garde intellectuelle pouvait parfois l'emporter sur la garde matérielle pour servir de fondement à la responsabilité pour faute présumée des parents. Il résulte alors de cette étude que la jurisprudence a tenté de développer au maximum un système de responsabilité fondé sur la garde matérielle des mineurs, mais qu'elle s'est rendue compte qu'un tel système ne pouvait prétendre à la généralité.

*γ. Le constat de la jurisprudence : l'impossibilité d'élaborer un système équilibré et cohérent de responsabilité autour de la garde matérielle du mineur*

**484. L'impossibilité d'élaborer un système équilibré de responsabilité.** Malgré leurs efforts pour fonder un système de responsabilité pour faute présumée du fait des mineurs sur la notion de garde matérielle, les tribunaux ont dû reconnaître l'impossibilité de généraliser cette idée. En effet, il est apparu que l'association d'une responsabilité pour faute présumée à la garde matérielle du mineur pouvait être inopportune pour les gardiens matériels prenant bénévolement en charge un mineur. Seule la responsabilité pour faute semblait acceptable. Il ressort de ces solutions un déséquilibre à l'égard des victimes des mineurs. Tandis que certaines d'entre elles pouvaient rechercher la responsabilité du gardien matériel du mineur sur le fondement d'une faute présumée, d'autres devaient établir la faute du gardien matériel du mineur. Dans cette optique, la responsabilité du fait des mineurs n'étaient pas pleinement dirigée par la recherche de la protection de la victime, mais par une analyse de la situation du gardien matériel du mineur. Certes, cette dernière considération est très certainement légitime et témoigne du souci de ne pas faire peser une responsabilité trop lourde sur des bénévoles, mais elle introduit une différence contestable entre les victimes. Cette idée transparaît d'ailleurs dans les décisions ayant admis une extension de la responsabilité parentale en ne la fondant plus sur la garde matérielle, mais sur la garde intellectuelle.

**485. La recherche d'un nouvel équilibre : l'introduction d'une certaine incohérence.** La recherche d'un meilleur équilibre, prenant davantage en compte les attentes de la victime, a alors conduit à l'admission de la responsabilité de parents n'ayant plus que la garde intellectuelle de leur enfant. Il parut en effet possible de les tenir responsables en invoquant une faute d'éducation. Cette solution, pas toujours admise, témoignait de la recherche d'un nouvel équilibre entre l'intérêt de la personne responsable et celui de la victime. Néanmoins, si l'équilibre semblait meilleur, il conduisait à une distorsion des fondements de la responsabilité du fait d'autrui. La cohérence des règles de la responsabilité civile en souffrait. Tantôt elle était fondée sur la garde matérielle, tantôt elle reposait sur la garde intellectuelle. En définitive, il eut été plus cohérent de choisir clairement l'un ou l'autre fondement, afin de renforcer la prévisibilité de la responsabilité parentale. Il semble en effet légitime que les parents puissent savoir clairement dans quelle mesure ils peuvent être responsables du fait dommageable de leur enfant mineur. En somme, les tentatives jurisprudentielles de création d'un système de responsabilité du fait des mineurs pour faute présumée sur la notion de garde matérielle sont un échec. Ces tentatives n'ont pas laissé indifférente la doctrine puisque certains auteurs ont fait des propositions, visant à élaborer un système de responsabilité associant une présomption de faute à la garde matérielle du mineur.

---

[43] *Cf.* en ce sens, R. SAVATIER, *La responsabilité du fait des choses que l'on a sous sa garde a-t-elle pour pendant une responsabilité du fait des personnes dont on doit répondre ?, art. précit.*, p. 83.

b. Les propositions doctrinales d'élaboration d'un système de responsabilité associant une présomption de faute à la garde matérielle du mineur

**486. La relecture de l'article 1384, alinéa 1er du Code civil.** En dépit des tentatives jurisprudentielles, aucun système général de responsabilité du fait des mineurs fondé sur la garde matérielle n'existait. L'un des obstacles à l'élaboration d'un tel système était le morcellement des cas de responsabilité du fait d'autrui dans l'article 1384 du Code civil. Nous pouvons dès lors mieux comprendre le vœu de Paul Matter, de René Demogue, de René Savatier ou encore de Jacques Bichot, de voir émerger un principe général de responsabilité du fait des personnes dont on a la garde sur le fondement du premier alinéa de l'article 1384 du Code civil[44]. Seule une disposition générale permettrait de trouver systématiquement un gardien encourant la responsabilité du fait des dommages causés par un mineur. Dans cette optique, en dépit d'une jurisprudence contraire[45], on a pu expliquer que l'énumération des responsables pour autrui dans l'article 1384 du Code civil était simplement énonciative et non limitative. En somme, cette liste viendrait seulement illustrer le principe général contenu dans le premier alinéa de cet article[46].

**487. L'association systématique de la présomption de faute à la garde matérielle du mineur**. Les auteurs, qui se sont interrogés sur les conditions de ce principe général de responsabilité du fait d'autrui, ont dans l'ensemble développé des raisonnements concordants.

En premier lieu, ils s'accordent pour limiter le domaine de ce principe général. Toutes les personnes ne peuvent avoir un répondant. Seuls les dommages causés par un préposé et une personne devant être surveillée ou gardée peuvent justifier la recherche d'une responsabilité pour autrui. Les auteurs donnent alors des indications sur ces personnes devant être surveillées ou gardées. René Demogue, rattachant cette responsabilité à sa théorie du poste social, explique qu'elle devrait peser sur « *quiconque assume le poste social de garder celui qui ne peut se garder* »[47], c'est-à-dire sur « *celui qui soigne un fou* [ou] *qui élève un enfant* »[48]. De même, pour René Savatier, il est indéniable que le champ d'application de cette responsabilité doit nécessairement être moins large que celui de la responsabilité du fait des choses, « *car toute chose a un gardien, mais non toute personne* »[49]. Il détermine alors le domaine de la garde à partir du « *principe de la liberté de la personne humaine* »[50] et affirme que « *la garde responsable des personnes ne se conçoit que pour celles qui manquent de*

---

[44] P. MATTER, concl. sous Ch. réunies, 13 février 1930, *Jand'heur*, *D.P.* 1930, 1, 57 ; R. DEMOGUE, *op. cit.*, t. 5, 1925, nos 819 et 819 bis, pp. 1-3 ; R. SAVATIER, *La responsabilité générale du fait des choses que l'on a sous sa garde a-t-elle pour pendant une responsabilité générale du fait des personnes dont on doit répondre ?*, *art. précit.* ; J. BICHOT, *thèse précit.*, p. 143-147.

[45] *Cf.* spéc. Dijon, 18 novembre 1932, *D.H.* 1933, 28 ; P. LOUIS-LUCAS, *Un arrêt récent sur la responsabilité civile du fait d'autrui*, *JCP G* 1933, pp. 105-109. La Cour d'appel de Dijon explique que « *si contrairement à l'intention certaine des rédacteurs du code, il a été définitivement reconnu par la Cour suprême mue par des raisons de nécessité pratique, que l'article 1384 dans son principium avait non pas une valeur énonciative, mais une portée propre pour les choses que l'on a sous sa garde, on ne peut cependant, malgré la logique interpréter de même cet article lorsqu'il dispose qu'on est responsable du dommage " causé par le fait des personnes dont on doit répondre " ; que le juge se trouve en effet, par suite d'une rédaction un peu différente, dans l'impossibilité de pouvoir déterminer les personnes visées autrement que par l'énonciation limitative, qui en est donnée ensuite, obligeant à déclarer l'absence de portée générale de l'article 1384 sur ce point* ».

[46] P. MATTER, concl. sous Ch. réunies, 13 février 1930, *Jand'heur*, *précit.*

[47] R. DEMOGUE, *op. cit.*, t. 5, n° 819 bis, p. 3.

[48] R. DEMOGUE, *ibid.*

[49] R. SAVATIER, *La responsabilité générale du fait des choses que l'on a sous sa garde a-t-elle pour pendant une responsabilité générale du fait des personnes dont on doit répondre ?*, *art. précit.*, p. 84.

[50] R. SAVATIER, *ibid.*

*liberté* »[51], c'est-à-dire les mineurs et les aliénés. Cette idée se retrouve également dans la thèse de Jacques Bichot. S'interrogeant sur les faits d'autrui susceptibles d'engager la responsabilité d'un tiers, il affirme qu'il serait possible de les limiter aux faits des personnes dangereuses. Selon cet auteur, cette catégorie de personnes viserait les mineurs et les aliénés[52].

En second lieu, ces différents auteurs sont également unanimes pour faire peser la responsabilité pour autrui sur la personne qui exerce un contrôle direct sur la personne gardée. En somme, ils associent la présomption de faute à la garde matérielle d'autrui. Ainsi, pour René Demogue, est responsable celui qui « *a envers la société accepté de surveiller* »[53] autrui. De même, pour Jacques Bichot, est responsable « *toute personne qui aurait en fait une certaine obligation de surveillance à l'égard d'une autre* »[54]. Par comparaison, l'analyse de René Savatier paraît un peu moins rigoureuse. Il affirme, en effet, que le gardien d'un mineur « *se déterminera par un procédé analogue à celui qu'on emploie pour connaître le gardien d'une chose* »[55]. De prime abord, une telle formule peut sembler doublement maladroite. En effet, le rapprochement entre la garde des mineurs et la garde des choses peut surprendre. Toutefois, il faut se garder d'y voir une assimilation pure et simple des enfants aux choses. L'auteur ne suggère qu'un raisonnement par analogie. Néanmoins, un tel raisonnement ne résolvait pas tous les problèmes. Lorsque René Savatier a rédigé son article, la notion de garde des choses n'était pas clairement définie, la doctrine se partageait entre les partisans de la garde juridique[56] et les tenants de la garde matérielle[57]. L'arrêt *Franck* de la Cour de cassation n'interviendra que quelques années plus tard pour mettre fin à ce débat[58]. La position de René Savatier dans ce débat permet néanmoins de préciser sa pensée sur la conception de la garde d'autrui. De même qu'il a pu estimer que le gardien de la chose doit être la personne qui exerce un pouvoir direct sur cette chose et veille dessus[59], le gardien de l'enfant doit être la personne qui exerce un contrôle direct sur le mineur. En somme, pour ces différents auteurs, la présomption de faute doit être associée à la garde matérielle du mineur. Ainsi, peuvent être qualifiés de gardiens : les instituteurs, les maîtres d'apprentissage, les patrons et plus généralement toutes les personnes amenées à héberger un mineur.

**488. La limite de l'association systématique de la présomption de faute à la garde matérielle posée par Savatier**. Si les défenseurs d'un principe général de responsabilité du fait d'autrui fondé sur l'article 1384 alinéa 1er du Code civil sont unanimes sur la détermination des responsables, René Savatier est le seul à présenter une exception importante. L'éminent auteur précise, en effet, que les parents ne peuvent « *cesser d'être gardiens responsables que dans la mesure où ils assurent au mineur une autre garde*

---

51 R. SAVATIER, *ibid.*

52 J. BICHOT, *thèse précit.*, p. 146.

53 R. DEMOGUE, *op. cit.*, t. 5, n° 819 bis, p. 3.

54 J. BICHOT, *thèse précit.*, p. 146.

55 R. SAVATIER, *La responsabilité générale du fait des choses que l'on a sous sa garde a-t-elle pour pendant une responsabilité générale du fait des personnes dont on doit répondre ?, art. précit.*, p. 84.

56 H. MAZEAUD, *La faute dans la garde*, *RTD civ.* 1925, p. 793-855 ; L. JOSSERAND, *Le gardien de l'automobile, le voleur et la victime d'un accident*, *D.H.*, 1936, chr., pp. 37-40 ; H. MAZEAUD, *En attendant l'arrêt des Chambres réunies : garde matérielle et garde juridique*, *D.H.* 1937, chr. XII, pp. 45-52.

57 H. CAPITANT, note sous l'arrêt Civ. 3 Mars 1936 (1er arrêt *Franck*), *D.P.*, 1936, 1, 81.

58 Ch. réunies, 2 décembre 1941, *Franck*, *GAJC*, n° 194, pp. 261-266 ; *D. crit.* 1942, 25, note G. RIPERT ; *S.* 1941, 1, 217, note H. MAZEAUD ; *JCP G* 1942, II, 1766, note J. MILHURA ; *RGAT* 1942, 89, note M.P. ; P. ROUBIER, *L'arrêt des chambres réunies du 2 décembre 1941 et la théorie générale de la responsabilité civile*, *JCP G* 1942, 1, 257 ; P. ESMEIN, *La responsabilité du dommage causé par une chose volée*, *Gaz. Pal.* 1942, doc., pp. 5-7.

59 R. SAVATIER, note sous Civ. 16 novembre 1920, *D.P.* 1920, 1, 169.

*également responsable* »[60]. Par conséquent, si le mineur n'est plus sous la garde matérielle de ses parents et s'il n'a pas été confié à un tiers, ses parents demeurent responsables. Dans cette hypothèse, il est manifeste que la responsabilité parentale n'est plus fondée sur la garde matérielle, mais bien sur la garde intellectuelle du mineur. Il découle de cette observation que René Savatier avait finalement conscience de l'impossibilité d'établir un principe général de responsabilité du fait des mineurs uniquement fondé sur la garde matérielle. Ses raisons sont néanmoins distinctes de celles de la jurisprudence. En effet, il ne semble pas opposé à l'idée de faire peser cette responsabilité sur des personnes assurant bénévolement la garde matérielle d'un mineur. Sa principale inquiétude, à l'égard d'un système de responsabilité exclusivement fondé sur la garde matérielle du mineur, a pour fondement l'existence de lacunes : il peut arriver qu'un mineur ne soit pas sous la garde matérielle d'autrui. Or, à partir du moment où il accepte de fonder la responsabilité parentale sur la garde intellectuelle du mineur, René Savatier aurait pu utiliser cette notion pour alléger la responsabilité de personnes assurant bénévolement la garde matérielle d'un mineur. La solution eût été préférable.

En définitive, nous pouvons de nouveau retenir que la garde matérielle ne semble pas être le fondement le plus adéquat pour établir un système cohérent et équilibré de responsabilité. Ces tentatives jurisprudentielles et ces propositions doctrinales, ayant pour objectif l'émergence d'un système général de responsabilité du fait des mineurs fondé sur la garde matérielle, furent d'ailleurs profondément remises en cause par la loi du 5 avril 1937 à l'origine d'importantes modifications de la responsabilité des instituteurs.

### *2. L'anéantissement législatif de la tentative de création d'un système de responsabilité pour faute présumée du fait des mineurs fondé sur la garde matérielle*

**489.** Les tentatives jurisprudentielles de construction d'un système de responsabilité du fait d'un mineur pour faute présumée fondé sur la garde matérielle présentaient de nombreuses faiblesses, puisqu'elles ne permettaient pas de proposer des solutions cohérentes et équilibrées. Les propositions doctrinales, suggérant une relecture de l'article 1384, alinéa 1$^{er}$ du Code civil afin de permettre l'émergence d'un principe général de responsabilité du fait d'autrui fondé sur la garde, n'étaient guère plus satisfaisantes puisqu'elles ne permettaient pas de trouver systématiquement un responsable pour autrui. Finalement, l'adoption de la loi du 5 avril 1937, réformant en profondeur la responsabilité des instituteurs, mit indirectement fin à ces essais jurisprudentiels et ces propositions doctrinales **(a)** et invita, d'une certaine façon, à élaborer un autre système de responsabilité du fait d'autrui **(b)**.

#### a. Les conséquences immédiates de la loi du 5 avril 1937

**490. La responsabilité pour faute prouvée des instituteurs**. Face aux craintes des instituteurs confrontés à la responsabilité pour faute présumée de l'article 1384, alinéa 6 du Code civil, le législateur est intervenu à diverses reprises et a finalement mis fin à cette présomption de faute par la loi du 5 avril 1937[61]. Depuis cette loi, la responsabilité des instituteurs, pour les dommages causés ou subis par leurs élèves, ne peut être engagée que sur le fondement d'une faute prouvée. Le maintien de cette responsabilité dans l'article 1384 est dès lors purement factice, puisqu'elle ne constitue en réalité qu'une application de l'article

---

[60] R. Savatier, *La responsabilité générale du fait des choses que l'on a sous sa garde a-t-elle pour pendant une responsabilité générale du fait des personnes dont on doit répondre ?*, *art. précit.*, p. 84.

[61] H. Desbois, *Le nouveau régime de la responsabilité des instituteurs d'après la loi du 5 avril 1937*, *D.H.* 1937, pp. 53-56 ; E.-H. Perreau, *La loi du 5 avril 1937 et la responsabilité civile des membres de l'enseignement public*, *RTD civ.* 1938, pp. 1-22 ; R. Savatier, *Commentaire de la loi du 5 avril 1937 sur la responsabilité civile des instituteurs et de l'Etat*, *Les lois nouvelles*, 1937, pp. 242-255 ; M. Waline, *Loi du 5 avril 1937*, *D.P.* 1938, 4, pp. 41-43.

1382 du Code civil. Par ailleurs, les membres de l'enseignement public bénéficient de la substitution de la responsabilité de l'État.

**491. La condamnation législative des tentatives jurisprudentielles.** La conséquence immédiate de cette loi fut de mettre fin à toutes recherches d'un système global de responsabilité pour faute présumée fondé sur la garde matérielle du mineur[62]. Nous avons déjà pu observer que les tribunaux refusaient, dans certaines hypothèses, d'étendre par analogie les responsabilités pour faute présumée de l'article 1384 à d'autres gardiens matériels de l'enfant. L'adoption de la loi de 1937 conforte de telles décisions et « *rompt la continuité de la responsabilité du fait du mineur* »[63]. Très souvent, il peut arriver que personne ne soit responsable, sur le fondement d'une faute présumée, des dommages causés par un mineur à un tiers[64]. Il est dès lors indéniable que les tiers sont les victimes de la réforme. On notera d'ailleurs que le projet initial ne supprimait pas la responsabilité pour faute présumée. Il se contentait de modifier les règles de la substitution de la responsabilité de l'État à celle des membres de l'enseignement public. La suppression de la présomption de faute intervint au cours d'une seconde délibération motivée par le dépôt d'un contre-projet. L'explication de l'élargissement du projet primitif a été présentée par Edmond Leblanc dans son rapport supplémentaire au Sénat[65]. Il s'agissait d'établir une harmonie entre deux hypothèses qui, dans l'ancienne version de l'article 1384, recevaient un traitement différent. En effet, antérieurement, la présomption de faute s'appliquait en cas de dommage causé par un élève, mais n'intervenait pas en cas de préjudice subi par un élève du fait d'un tiers autre que l'un de ses condisciples. Afin d'unifier les deux régimes de responsabilité, on choisit le droit commun des articles 1382 et 1383 du Code civil. Si tel est bien le fond de la pensée du législateur, il faut convenir que les intérêts des tiers, dignes de protection, ont été sacrifiés au profit de considérations d'esthétique juridique[66]. Certes, on peut expliquer que la suppression de la présomption de faute profitait aux membres de l'enseignement libre, qui ne bénéficiaient pas de la substitution de l'État, mais il n'en demeure pas moins qu'elle n'apportait rien aux membres de l'enseignement public. Ce choix législatif défavorable aux victimes devait alors avoir d'autres conséquences moins immédiates.

b. Les conséquences médiates de la loi du 5 avril 1937

**492. La question de l'assouplissement des conditions de la responsabilité parentale.** Si la loi du 5 avril 1937 a eu pour conséquence immédiate de mettre fin aux tentatives jurisprudentielles d'élaboration d'un système global de responsabilité du fait des mineurs fondé sur la garde matérielle, elle a contribué à renouveler le débat sur la création d'un système cohérent et équilibré de responsabilité n'écartant pas les intérêts des victimes.

---

[62] *Cf.* R. SAVATIER, *Commentaire de la loi du 5 avril 1937 sur la responsabilité civile des instituteurs et de l'Etat, art. précit.*, n° 8, pp. 247-248 ; R. JEANPIERRE, *La responsabilité civile des instituteurs*, thèse Nancy, 1938, spéc. p. 72 ; A. COURTEAUD, *La responsabilité civile des instituteurs avant et après la loi du 5 avril 1937*, thèse Grenoble, 1938, p. 85 ; M. PIRON, *La responsabilité civile des membres de l'enseignement, loi du 5 avril 1937*, thèse Dijon, 1939, p. 166 ; A. GROSMAITRE, *La responsabilité des maîtres dans l'enseignement public et dans l'enseignement privé*, préf. A. RIVET, LGDJ, 1939, n° 265, pp. 239-240 ; J. ALBERTI, *La responsabilité civile des instituteurs*, thèse Aix-Marseille, 1942, p. 91 ; G. DRACY, *La responsabilité de l'Etat du fait des accidents scolaires, (Eléments pour une réforme de la loi du 5 avril 1937)*, thèse Paris II, 1976.

[63] R. SAVATIER, *Commentaire de la loi du 5 avril 1937 sur la responsabilité civile des instituteurs et de l'Etat, art. précit.*, n° 8, p. 248.

[64] R. JEANPIERRE, *thèse précit.*, p. 72.

[65] E. LEBLANC, *Rapport supplémentaire au nom de la commission des lois*, *JO* Doc. parl., Sénat, 1932, annexe n° 850, pp. 1220-1221.

[66] H. DESBOIS, *Le nouveau régime de la responsabilité des instituteurs d'après la loi du 5 avril 1937*, *art. précit.*, pp. 55-56.

Il parut, en effet, difficile de distinguer le sort des victimes d'un mineur selon que ce dernier était sous la surveillance directe de ses parents, d'un instituteur ou d'une autre personne. Ainsi, on a pu s'interroger sur les répercussions de la loi de 1937 sur les règles de la responsabilité parentale et plus précisément sur un éventuel transfert de la responsabilité de l'instituteur vers les parents[67]. Avant cette loi, la jurisprudence avait déjà eu tendance à interpréter avec une relative souplesse la condition de cohabitation de la responsabilité parentale, lorsque le mineur était confié à un tiers ne figurant pas dans la liste des présumés fautifs de l'article 1384 du Code civil. La restriction de cette liste pouvait dès lors avoir pour conséquence l'accélération de la lecture déformante des conditions de la responsabilité des parents. Certains tribunaux sont allés dans ce sens et ont admis que la cohabitation ne cesse pas lorsque l'enfant réside chez d'autres membres de la famille géographiquement proches[68]. Dans ces décisions, la responsabilité n'est plus associée à la garde matérielle du mineur, elle est en réalité rattachée à la puissance paternelle, voire à la garde intellectuelle. Néanmoins, la Cour de cassation rappela dans le même temps que la responsabilité parentale pour faute présumée cesse avec la cohabitation[69]. Lorsque l'enfant n'était pas sous la surveillance directe de ses parents, la seule solution consistait alors à prouver la faute éducative des parents, afin d'engager leur responsabilité[70]. Une telle faute pouvait, en réalité, être rattachée à la garde intellectuelle du mineur. En somme, après l'adoption de la loi de 1937, le renouveau de la responsabilité du fait des mineurs semblait bien passer par la garde intellectuelle.

**493. La question d'une relecture de l'article 1384, alinéa 1er du Code civil.** Plus fondamentalement, il est possible que la loi du 5 avril 1937 ait eu des conséquences sur la relecture de l'article 1384, alinéa 1er du Code civil. Certes, à la suite de la réforme de 1937, René Savatier, ardent défenseur de la reconnaissance d'un principe général de responsabilité du fait d'autrui sur le fondement de cet alinéa 1er, revint sur sa position et considéra que cette loi condamnait un tel principe[71]. Cependant, il ne faut pas oublier que le législateur de 1937 ne s'est pas directement intéressé au problème de l'interprétation de l'article 1384, alinéa 1er du Code civil. Par conséquent, on ne saurait voir dans la loi de 1937 la manifestation de la volonté expresse du législateur de renoncer à un principe général de responsabilité du fait des

---

[67] R. SAVATIER, *Commentaire de la loi du 5 avril 1937 sur la responsabilité civile des instituteurs et de l'État, art. précit.*, n° 6, p. 245-246 ; *adde* R. SAVATIER, *Traité de la responsabilité civile en droit français civil, administratif, professionnel, procédural*, t. 1, *Les sources de la responsabilité civile*, 2e éd., LGDJ, 1951, n° 255, pp. 325-326.

[68] T. corr. de la Seine, 6 décembre 1951, *Gaz. Pal.* 1952, 1, 97 ; *RTD civ.* 1952, p. 370, obs. H. et L. MAZEAUD ; E. BLANC, *La condition de cohabitation et la responsabilité des parents*, *Gaz. Pal.* 1952, 1, pp. 27-29. Cette décision retient également la responsabilité du père d'un mineur demeurant chez sa grand-mère. Elle explique ainsi : « *qu'un père qui, pour des raisons de convenance ou de commodité, confie en fait la garde de son enfant à ses propres parents (grands-parents de l'enfant) conserve la charge de la direction, de l'éducation de l'enfant et de sa surveillance ; qu'il en reste, par suite, responsable comme s'il continuait à habiter avec lui, alors surtout que les grands-parents demeurant, comme dans l'espèce, dans la même agglomération urbaine où les communications permettent de au père de fréquentes visites à ses parents et une surveillance permanente sur son enfant* ». *Cf.* dans le même sens : Grenoble, 10 février 1953, *Gaz. Pal.* 1953, p. 66. Pour une vision générale de l'assouplissement de la condition de cohabitation après la loi du 5 avril 1937, *cf.* : P.-D. OLLIER, *La responsabilité civile des père et mère, Étude critique de son régime légal (article 1384, alinéas 4 et 7 du Code civil)*, préf. J. CARBONNIER, LGDJ, Bibl. dr. pr., t. 24, 1961, nos 32-59, pp. 41-65.

[69] Civ. 9 décembre 1954, *Gaz. Pal.* 1955, 1, 87. *Cf.* également : Lyon, 24 décembre 1946, *JCP G* 1947, II, 3641, note A. SUR.

[70] T. civ. de la Seine, 15 mars 1930, *D.H.* 1930, 324 ; Civ. 19 février 1935, *Gaz. Pal.* 1935, 1, 681 ; T. civ. de Corbeil, 12 février 1958, *Gaz. Pal.* 1958, 1, 318.

[71] R. SAVATIER, *Commentaire de la loi du 5 avril 1937 sur la responsabilité civile des instituteurs et de l'Etat, art. précit.*, n° 8, p. 248.

mineurs[72]. Il est ainsi permis de penser que loin de disqualifier la relecture de cette disposition, la loi de 1937 a pu indirectement lui redonner un certain intérêt. En effet, jusqu'à la loi de 1937, lorsque les tribunaux étaient confrontés au problème de la réparation d'un dommage causé par un mineur placé sous la surveillance d'une personne non mentionnée à l'article 1384, ils avaient tendance à élargir le domaine d'application des différents cas de cet article. À ce propos, nous avons remarqué que la responsabilité des instituteurs était particulièrement visée, puisque les tribunaux allaient même jusqu'à affirmer qu'une simple mission d'éducation ou de surveillance était suffisante pour retenir la qualification d'instituteur[73]. Aussi, l'atteinte législative portée à cette responsabilité a favorisé la recherche d'un autre fondement pour élaborer un système de responsabilité pour faute présumée du fait d'autrui. L'article 1384, alinéa 1er du Code civil était alors tout désigné pour remplir cette fonction laissée vacante par la responsabilité des instituteurs. En effet, sa généralité était propice à la construction d'un nouveau système de responsabilité éventuellement dégagé de la faute. Il n'est dès lors guère étonnant que, nonobstant le refus constant de la Cour de cassation[74], certaines juridictions du fond aient retenu, sur ce fondement, la responsabilité pour faute présumée ou même pour risque créé de personnes assurant la garde d'un mineur. Plusieurs tribunaux pour enfants considérèrent ainsi que les établissements de rééducation pouvaient être présumés responsables des dommages causés par les mineurs dont ils avaient reçu la garde par décision judiciaire[75]. Dans cette optique, ils affirmèrent expressément que la présomption de responsabilité devait être fondée sur l'article 1384, alinéa 1er du Code civil[76] et sur la « *garde* »[77]. En réalité, ces décisions visaient la garde intellectuelle du mineur, puisque celui-ci n'était pas sous le contrôle direct du foyer au moment du délit. De telles

---

[72] M. PUECH, *L'illicéité dans la responsabilité civile extracontractuelle*, préf. A. RIEG, LGDJ, Bibl. dr. pr., t. 129, 1973, n° 126, p. 122.

[73] *Cf. supra* n° 477.

[74] Civ. 2e, 15 février 1956, *D.* 1956, 410, note E. BLANC ; *JCP G* 1956, II, 9564, note R. RODIÈRE ; Civ. 2e, 24 novembre 1976, *D.* 1977, p. 595, note CH. LARROUMET.

[75] T. enf. Dijon, 27 février 1965, *D.* 1965, 439 ; *Gaz. Pal.* 1965, 1, 297 ; *RTD civ.* 1965, p. 651, obs. R. RODIÈRE ; *RTDSS* 1965, p. 175, note P. RAYNAUD ; R. LEGEAIS, *Un article à surprises ou le nouvel essai de généraliser la responsabilité civile du fait d'autrui*, *D.* 1965, chr. XXXI, pp. 131-134 ; T. enf. Poitiers, 22 mars 1966, *RTDSS* 1966, pp. 262-269, note E. ALFANDARI ; T. enf. Chambéry, 1er juin 1977, *Gaz. Pal.* 1977, 2, somm., 340. Pour une étude générale de la responsabilité des établissements de rééducation, *cf* P. MARTAGUET et PH. ROBERT, *La responsabilité des établissements de rééducation en cas de fugue des mineurs*, *RSC* 1962, pp. 723-741 ; P. MARTAGUET et PH. ROBERT, *Responsabilité des établissements de rééducation par le fait des mineurs, Aperçus complémentaires à propos de décisions récentes*, *RSC* 1964, pp. 325-339 ; J. VINCENT et J. PRÉVAULT, *La responsabilité civile du fait des mineurs inadaptés*, *D.* 1965, chr. XXXIII, pp. 201-206 ; P. MARTAGUET et PH. ROBERT, *La responsabilité des établissements de rééducation (solution ou évolution ?)*, *D.* 1966, chr. V., pp. 17-22.

[76] Le jugement du Tribunal pour enfants de Poitiers explique ainsi, dans une formulation assez proche de celle du jugement du Tribunal pour enfants de Dijon, qu'il y a lieu « *de considérer que l'article 1384, alinéa premier, énonce un principe général de responsabilité du fait des personnes dont on doit répondre ; qu'il résulte des dispositions particulières des alinéas 3, 4 et 5 dudit article que cette responsabilité substituée du fait d'autrui se déduit du principe d'autorité et apparaît dès lors qu'existe un droit et, corrélativement, un devoir de direction, de surveillance et de contrôle* ».

[77] Le jugement du Tribunal pour enfants de Dijon précise en effet que la responsabilité du fait d'autrui fondée sur l'article 1384, alinéa 1er du Code civil découle de l'exercice d'une autorité légitime sur autrui et prend soin de caractériser l'autorité en question : « *attendu que les établissements de rééducation, internats et foyers de semi-liberté, se voient déléguer la garde des mineurs qu'ils ont en charge ; que c'est de cette fraction des droits de puissance paternelle dont ils sont investis que découle l'autorité légitime qu'ils exercent sur les mineurs qui leur sont confiés* ». Ce fondement se retrouve dans le jugement du Tribunal pour enfants de Poitiers du 22 mars 1966. Rendu à propos de mineurs placés en vertu d'une mesure d'assistance éducative, il précise bien que « *les établissements de rééducation qui se voient déléguer la garde des mineurs qui leur sont confiés exercent bien sur ceux-ci une autorité légitime* ». Ils sont de ce fait responsables de plein droit pour le risque créé.

solutions défendaient ainsi une nouvelle conception de la responsabilité du fait des mineurs, en mettant plus ou moins explicitement en exergue la notion de garde intellectuelle.

**494. Synthèse des conséquences de la loi du 5 avril 1937**. L'adoption de la loi du 5 avril 1937 a anéanti toutes les tentatives jurisprudentielles et doctrinales de construction d'un système de responsabilité pour faute présumée du fait des mineurs sur le fondement de la garde matérielle. Une telle conséquence a pu être mal ressentie par certains auteurs, puisqu'elle empêchait de trouver un responsable présumé fautif[78]. Cependant, sur le long terme, les conséquences de cette loi ne furent peut-être pas aussi négatives. En effet, l'utilisation de la garde matérielle comme fondement d'un système général de responsabilité du fait des mineurs avait montré ses limites. Souvent, la jurisprudence refusait d'étendre la responsabilité des instituteurs à des membres de la famille autres que les parents du mineur, ou à des bénévoles contribuant à l'éducation du mineur. En somme, le système jurisprudentiel était loin d'être parfait, puisque certains gardiens matériels du mineur ne pouvaient encourir une responsabilité fondée sur l'article 1384 du Code civil. Autrement dit, il ne permettait pas de trouver systématiquement un responsable pour faute présumée au dommage causé par le mineur. Aussi, les tribunaux avaient déjà commencé à assouplir les conditions de la responsabilité parentale en écartant plus ou moins la condition de cohabitation. Les parents étaient responsables en leur qualité de titulaires de l'exercice de la puissance paternelle ou, peut-être, de la garde intellectuelle. La cohérence de la responsabilité parentale n'était donc que pure apparence. Par conséquent, en mettant fin à la construction d'un système de responsabilité pour faute présumée fondé sur la garde matérielle, la loi du 5 avril 1937 a, indirectement et involontairement, invité la doctrine et la jurisprudence à élaborer un nouveau système de responsabilité du fait du mineur. Au même moment, le développement des activités des mineurs en dehors de leur famille et des nouvelles formes de protection ou de rééducation des mineurs en danger ou délinquants fit ressentir le besoin de développer une nouvelle conception de la responsabilité du fait des mineurs. Les premières solutions jurisprudentielles accordèrent alors un rôle prépondérant à la garde intellectuelle, renouvelant ainsi le débat sur l'association de la garde et de la responsabilité du fait des mineurs. Ce débat ressurgit après l'adoption de la loi du 4 juin 1970 sur l'autorité parentale, puisque certains auteurs estimèrent qu'une certaine lecture du nouvel article 1384, alinéa 4 du Code civil pouvait suggérer une association systématique de la présomption de faute à l'exercice du pouvoir de garde matérielle attribué légalement ou judiciairement.

### B. SECONDE PROPOSITION : L'ASSOCIATION DE LA PRÉSOMPTION DE FAUTE À L'EXERCICE DU POUVOIR DE GARDE MATÉRIELLE ATTRIBUÉ LÉGALEMENT OU JUDICIAIREMENT

**495.** Jusqu'à la loi du 4 juin 1970, l'article 1384, aliéna 4 du Code civil disposait que « *le père et la mère après le décès du mari, sont responsables du dommage causé par leurs enfants mineurs habitant avec eux* ». L'application de ce texte a révélé que la responsabilité paternelle était implicitement fondée sur l'exercice du pouvoir de garde matérielle dans la famille unie. Ce texte n'était toutefois pas à l'abri des critiques. Il ne permettait pas de résoudre efficacement le problème de la responsabilité parentale en cas de divorce. La priorité accordée au mari devait-elle conduire à retenir sa responsabilité, alors que la mère pouvait avoir la garde matérielle du mineur ? Par ailleurs, l'emploi du terme « *mari* » semblait réserver l'application de cette responsabilité du fait d'autrui aux familles légitimes. Aussi, la loi du 4 juin 1970 modifia en profondeur la rédaction de cet article et adopta la formulation

[78] R. LEGEAIS, *La responsabilité civile introuvable ou les problèmes de la réparation des dommages causés par les mineurs*, in *Mélanges dédiés à G. MARTY*, Université des sciences sociales de Toulouse, 1978, pp. 775-798.

suivante : « *le père et la mère en tant qu'ils exercent le droit de garde, sont solidairement responsables du dommage causé par leurs enfants mineurs habitant avec eux* ». La liaison entre la responsabilité et l'exercice du pouvoir de garde est bien nette[79]. Dès lors, l'exigence de l'exercice du pouvoir de garde et de la cohabitation avec le mineur permettait, dans une lecture rigoureuse de l'article 1384, alinéa 4, de rattacher la responsabilité parentale à l'exercice de l'intégralité du pouvoir de garde (**1**). Cette référence expresse à l'exercice du droit de garde dans la responsabilité parentale a néanmoins pu susciter des interrogations et une lecture plus souple, conduisant à suggérer l'existence d'une responsabilité du fait des mineurs fondée sur l'exercice du pouvoir de garde matérielle attribué judiciairement ou légalement (**2**).

***1. La lecture stricte de l'article 1384, alinéa 4 du Code civil***

**496.** Une lecture rigoureuse de l'article 1384, alinéa 4 du Code civil, dans sa rédaction issue de la loi du 4 juin 1970, doit nous faire admettre que le législateur a expressément fondé la responsabilité parentale sur l'exercice de l'intégralité du pouvoir de garde. En somme, pour être responsables, les parents devaient exercer simultanément les pouvoirs de garde intellectuelle et de garde matérielle (**a**). L'opportunité d'une telle solution paraissait néanmoins discutable. En effet, en dépit de ce choix législatif, les tribunaux ont de nouveau fait preuve d'un certain scepticisme quant à l'efficacité de cette option et ont parfois rendu des solutions semblant plutôt être fondées sur l'exercice du pouvoir de garde intellectuelle que sur celui de l'intégralité du pouvoir de garde (**b**).

a. Le principe législatif : la liaison de la responsabilité parentale à l'exercice de l'intégralité du pouvoir de garde du mineur

**497.** À partir de 1970, le législateur a témoigné d'un certain attachement à l'utilisation de la notion de garde dans la responsabilité parentale du fait des mineurs. Si une telle attitude pouvait se comprendre dans la loi du 4 juin 1970 (**α**), elle devint plus surprenante après la loi du 22 juillet 1987, puisque cette dernière a procédé à une suppression quasi-totale des références à la garde dans le droit de la famille (**β**).

*α. Le système de la loi du 4 juin 1970*

**498. L'exercice du droit de garde et la cohabitation**. En 1970, le législateur a exigé la réunion de deux conditions afin de fonder la responsabilité des parents d'un enfant mineur : l'exercice du droit de garde et la cohabitation.

La première condition est justifiée par le rôle majeur reconnu à l'exercice du pouvoir de garde dans la loi du 4 juin 1970. Dans cette loi, le législateur a entendu lier l'exercice de l'autorité parentale à l'exercice du droit de garde. En cas de séparation juridique des parents, celui qui reçoit l'exercice du droit de garde, acquiert corrélativement l'exercice de l'autorité parentale. Le droit de garde détermine ainsi l'attribution de l'exercice de l'autorité parentale en cas de divorce ou de séparation de corps des parents. En toute logique, le législateur a transposé ce raisonnement à la responsabilité parentale[80]. De même que l'exercice de l'autorité parentale est associé à l'exercice du droit de garde, la responsabilité parentale est liée à l'exercice du droit de garde.

La seconde condition permet d'apporter des précisions sur la nature de ce pouvoir de garde susceptible d'engager la responsabilité des parents. En effet, tandis que le pouvoir de garde peut être perçu comme une prérogative juridique comportant une composante intellectuelle et une dimension matérielle, la cohabitation est une notion juridique à la

---

[79] Cl. COLOMBET, *Commentaire de la loi du 4 juin 1970 sur l'autorité parentale*, *art. précit.*, n° 32, p. 7.

[80] R. LEGEAIS, *L'autorité parentale, Étude de la loi n° 70-459 du 4 juin 1970 et des textes qui l'ont complétée*, *op. cit.*, n° 247, p. 204.

dimension éminemment matérielle ou physique. Dès lors, la réunion de ces deux conditions révèle que la responsabilité parentale, issue de la loi du 4 juin 1970, est en réalité fondée sur l'exercice de l'intégralité du pouvoir de garde. En conséquence, si les parents n'exercent plus que le pouvoir de garde intellectuelle et ont transmis le pouvoir de garde matérielle à un tiers, ils ne peuvent théoriquement plus être responsables du fait de leur enfant mineur sur le fondement de l'article 1384, alinéa 4 du Code civil. Ce système est en définitive assez clair. Toutefois, l'utilisation de la condition de l'exercice du droit de garde a fait l'objet de nombreuses interrogations tant elle a pu paraître inutile ou inadéquate.

**499. Les interrogations sur la condition de l'exercice du droit de garde**. Certains auteurs se sont interrogés sur la pertinence de l'introduction de la condition de l'exercice du droit de garde par la loi de 1970[81]. Ils estimèrent en effet que la responsabilité parentale était en réalité fondée sur l'exercice de l'autorité parentale et la cohabitation. Plusieurs arguments ont été avancés.

Tout d'abord, dans la famille légitime unie, le législateur de 1970 affirme que l'autorité parentale est exercée conjointement par les parents. Par conséquent, pour ces auteurs, la référence au droit de garde n'apportait, dans cette hypothèse, aucune précision utile pour mettre en œuvre la responsabilité parentale[82]. Ensuite, dans la famille légitime désunie à la suite d'un divorce ou d'une séparation de corps, la référence à l'exercice du droit de garde n'était guère plus pertinente. En effet, dans la loi de 1970, l'autorité parentale est exercée par le parent qui reçoit l'exercice du droit de garde. Par conséquent, le législateur aurait pu directement viser l'exercice de l'autorité parentale, sans pour autant modifier l'attribution de la responsabilité du fait du mineur. Enfin, dans la famille naturelle, la condition de l'exercice du droit de garde était également inutile. En effet, le législateur de 1970 attribue l'exercice de l'autorité parentale à la mère seule. Aussi exerce-t-elle seule le droit de garde et l'autorité parentale.

En définitive, ces auteurs ont estimé que le législateur aurait très bien pu fonder la responsabilité parentale sur l'exercice de l'autorité parentale et la cohabitation avec l'enfant. Selon eux, le résultat eût été le même. Toutefois, une telle analyse ne peut être retenue. Une responsabilité fondée sur l'exercice du droit de garde et la cohabitation n'est pas une responsabilité fondée sur l'exercice de l'autorité parentale et la cohabitation. En effet, dans la loi de 1970, l'exercice de l'autorité parentale n'est pas toujours associé à l'exercice du droit de garde. Cette hypothèse correspond, par exemple, à l'assistance éducative avec placement. Une telle mesure transfère le droit de garde aux tiers, mais maintient l'exercice de l'autorité parentale aux parents. Si le mineur cause un dommage alors qu'il est en visite chez ses parents, la responsabilité parentale ne pourra pas être recherchée si on retient qu'elle est fondée sur le droit de garde, en revanche, elle pourra l'être si on retient qu'elle est fondée sur l'exercice de l'autorité parentale.

*β. Le maintien de ce système par la loi du 22 juillet 1987*

**500. L'absence de modifications de l'article 1384, alinéa 4 du Code civil**. La loi Malhuret du 22 juillet 1987 a profondément modifié le rôle de la notion de garde d'autrui, en détachant l'attribution de l'exercice de l'autorité parentale après le divorce ou la séparation des parents de l'exercice du droit de garde, et a supprimé de très nombreuses références au droit de garde. Toutefois, à l'issue de cette loi, le droit de garde demeure une prérogative de l'autorité parentale et, à la surprise et au regret de nombreux auteurs[83], est maintenu en tant

[81] R. LEGEAIS, *op. cit.*, n$^{os}$ 244-258, pp. 203-211 ; M.-CH. LEBRETON, *L'enfant et la responsabilité civile*, préf. Y. FLOUR, Publications des Universités de Rouen et du Havre, 1999, n$^{os}$ 50-63, pp. 72-82.

[82] M.-CH. LEBRETON, *thèse précit.*, n° 57, p. 75.

[83] G. VINEY et P. JOURDAIN, *op. cit.*, n° 875, pp. 986-988 ; J.-B. DONNIER, *thèse précit.*, n° 48, p. 45 ; A.-M. GALLIOU-SCANVION, *L'enfant dans le droit de la responsabilité délictuelle*, Presses universitaires

que condition de la responsabilité parentale. Aussi devons-nous considérer que le système de responsabilité mis en place par la loi du 4 juin 1970 n'a pas été modifié en 1987. La responsabilité parentale était toujours rattachée à l'exercice du pouvoir de garde dans son intégralité, c'est-à-dire à l'exercice simultané du pouvoir de garde intellectuelle et du pouvoir de garde matérielle. Autrement dit, après la loi du 22 juillet 1987, il n'était toujours pas permis d'affirmer que la responsabilité parentale était fondée sur l'autorité parentale et la garde matérielle du mineur.

b. Les exceptions jurisprudentielles : la liaison de la responsabilité parentale à l'exercice du pouvoir de garde intellectuelle du mineur

**501. Les avancées jurisprudentielles : les séparations temporaires.** Après l'adoption de la loi de 1970, la Cour de cassation a continué à affirmer qu'une séparation de courte durée de l'enfant et de ses parents ne faisait pas cesser la cohabitation[84]. Une telle jurisprudence ne peut toutefois tromper. L'affirmation de la Cour de cassation n'est qu'un artifice juridique. Si la cohabitation n'a pas cessé en droit, elle est bel et bien interrompue en fait. En conséquence, lorsque la cohabitation est une réalité factuelle, la responsabilité parentale est fondée sur l'exercice de l'intégralité du pouvoir de garde, mais lorsque la cohabitation est une fiction juridique, cette responsabilité ne peut être fondée que sur la garde intellectuelle, puisque la garde matérielle est écartée. Ces solutions jurisprudentielles présentent un intérêt indéniable. En effet, elles montrent que la condition de cohabitation, c'est-à-dire la garde matérielle, constituait un obstacle majeur dans la recherche d'une solution satisfaisante sur le terrain de la responsabilité.

**502. Les limites des avancées jurisprudentielles : les séparations de longue durée.** Tant que la responsabilité parentale était fondée sur une faute présumée, la Cour de cassation n'est pas allée jusqu'à dénier tout rôle à la notion de cohabitation. Dès lors, elle retenait toujours que la séparation de longue durée avait pour effet de faire cesser la cohabitation. Ainsi, lorsque l'enfant se trouvait chez ses grands-parents[85] ou était pensionnaire dans un établissement scolaire[86], la Cour de cassation refusait de retenir la responsabilité des parents. En outre, elle rejetait, en parallèle, toute extension du domaine d'application de l'article 1384 du Code civil. En dehors des prévisions de cet article, la victime ne pouvait invoquer que la responsabilité de l'article 1382 du Code civil. De même, si l'un des parents exerçait unilatéralement l'autorité parentale après divorce ou séparation de corps, il ne pouvait être tenu pour responsable des dommages causés par l'enfant mineur habitant provisoirement chez l'autre parent[87]. En somme, dans une telle hypothèse, la responsabilité de l'article 1384, alinéa 4, du Code civil ne pouvait être invoquée. En effet, pour le parent n'exerçant pas l'autorité parentale, cette responsabilité devait par principe être écartée, et pour l'autre parent, exerçant l'autorité parentale, s'il était indéniable qu'il avait toujours la garde intellectuelle, il n'avait plus la garde matérielle du mineur et ne pouvait être responsable. On comprend dès

---

du Septentrion, 2001, n° 188, pp. 175-176 ; S. ZEIDENBERG, *À la recherche de la source de la responsabilité parentale*, *RRJ* 2001, pp. 1351-1368, spéc. n° 7, p. 1355.

[84] *Cf.* par ex. : Crim., 11 octobre 1972, *Bull. crim.*, n° 283 ; *D.* 1973, 75, note J. L. Cet arrêt précise ainsi que « *la responsabilité que l'article 1384, alinéa 4, du Code civil met solidairement à la charge du père et de la mère ne saurait disparaître du fait de l'absence temporaire de ceux-ci ; que le fait de confier provisoirement l'enfant à un tiers n'enlève pas aux parents la garde du mineur* ». Une telle formule, maintenant la garde du mineur aux parents, rappelle ainsi que les parents continuent d'exercer certaines prérogatives du droit de garde malgré l'absence de l'enfant.

[85] Civ. 2e, 24 avril 1989, *Bull. civ.* II, n° 99 ; *D.* 1990, 519, note Y. DAGORNE-LABBÉ ; H. GROUTEL, *La cohabitation, condition de la responsabilité des parents du fait de leurs enfants mineurs*, *RCA* 1989, chr. 17.

[86] Civ. 1re, 2 juillet 1991, *Bull. civ.* I, n° 224 ; *RTD civ.* 1990, 759, note P. JOURDAIN.

[87] Crim., 13 décembre 1982, *Bull. crim.*, n° 282 ; *RTD civ.* 1983, 539, note G. DURRY.

lors que le système de la responsabilité parentale fondé sur l'exercice de l'intégralité du pouvoir de garde n'était guère satisfaisant. Une lecture plus large de l'article 1384, alinéa 4, du Code civil, fondée sur une explication plus osée du recours à la notion de droit de garde, a pu être défendue pour trouver une solution plus soucieuse de la protection des victimes. Néanmoins, même si elle apporte quelques judicieux compléments à la responsabilité parentale, il n'est pas certain qu'elle puisse nous convaincre de l'opportunité de l'élaboration d'un système de responsabilité du fait des mineurs fondé sur l'exercice d'un pouvoir de garde comportant nécessairement une dimension matérielle.

***2. La lecture souple de l'article 1384, alinéa 4 du Code civil***

**503.** De prime abord, l'article 1384, alinéa 4 du Code civil, dans sa rédaction issue de la loi du 4 juin 1970, ne peut être appliqué qu'aux père et mère du mineur. Une lecture plus souple de cet article a pu être proposée en se fondant sur la référence explicite au droit de garde. Elle suggère de transposer la présomption de faute aux personnes autres que les parents amenées à exercer le droit de garde. Monsieur Raymond Legeais a explicité cette idée en proposant de lier systématiquement la présomption de faute à la garde matérielle du mineur attribuée légalement ou judiciairement (**a**). Cette proposition n'était pas dictée par la rédaction de l'article 1384, alinéa 4 du Code civil. Aussi peut-on faire preuve d'un certain scepticisme face à cette suggestion et constater qu'elle témoigne surtout de l'insuffisance des règles de la responsabilité et de la volonté d'ériger un système plus global (**b**).

a. L'affirmation de la liaison systématique de la présomption de faute à l'exercice du pouvoir de garde matérielle du mineur attribué légalement ou judiciairement

**504. La liaison systématique de la présomption de faute à la garde de l'enfant**. En se fondant sur la référence explicite à l'exercice du droit de garde, Monsieur Raymond Legeais a développé une lecture particulièrement novatrice de l'article 1384, alinéa 4 du Code civil[88]. Cet auteur se demande si cet article ne permettrait pas de retenir la responsabilité civile de personnes autres que les parents, à partir du moment où elles exerceraient l'intégralité du pouvoir de garde en lieu et place de ceux-ci. Pour répondre à cette question, Monsieur Legeais rappelle que, dès 1804, de nombreux auteurs ont estimé que le tuteur devrait être responsable du fait de son pupille sur le fondement de l'article 1384, alinéa 4 du Code civil, puisqu'il a vocation à se substituer aux parents[89]. Il explique ensuite que le refus traditionnel de la Cour de cassation d'étendre le domaine de cet article était fondé « *sur l'idée que la loi rattachait la présomption de l'article 1384, alinéa 4, à la puissance paternelle comme telle, impliquant une autorité absolue sur la personne de l'enfant, de sorte que l'on ne pouvait engager de la même manière que les père et mère ceux qui, tels le tuteur ou d'autres proches, ne venaient à exercer que certaines prérogatives du père* »[90]. Or, en affirmant que la responsabilité des parents est fondée sur l'exercice du droit de garde, la loi de 1970 a détaché la responsabilité des père et mère de l'autorité parentale. Cette responsabilité est simplement fondée sur une des prérogatives de l'autorité parentale : le droit de garde. Ce pouvoir sur le mineur peut être intégralement ou partiellement transféré à un tiers. Dès lors, ne devait-on pas admettre que le tiers exerçant l'intégralité du pouvoir de garde devait être tenu pour responsable sur le fondement de l'article 1384, alinéa 4 du Code civil ? À l'appui de son

---

[88] R. LEGEAIS, *L'autorité parentale, Étude de la loi n° 70-459 du 4 juin 1970 et des textes qui l'ont complétée*, *op. cit.*, n^os 254-258, pp. 208-211 ; *adde* R. LEGEAIS, *La responsabilité civile introuvable ou les problèmes de la réparation des dommages causés par les mineurs*, *art. précit.*, spéc. n° 9, pp. 780-781 ; *Contra* : Cl. COLOMBET, *Commentaire de la loi du 4 juin 1970 sur l'autorité parentale*, *art. précit.*, n° 33, p. 8.

[89] *Cf. supra* n° 482.

[90] R. LEGEAIS, *L'autorité parentale, Étude de la loi n° 70-459 du 4 juin 1970 et des textes qui l'ont complétée*, *op. cit.*, n° 255, p. 209. *Cf.* également P.-D. OLLIER, *thèse précit.*, n° 20, pp. 30-31.

raisonnement, Monsieur Legeais explique que cette idée a été clairement énoncée par Léon Jozeau-Marigné, rapporteur de la Commission des lois au Sénat. En effet, après avoir expliqué que le texte de l'article 1384, alinéa 4 du Code civil appelait plusieurs précisions, celui-ci affirma : « *la première est que les père et mère ne sont tenus qu'en tant qu'ils ont la garde de l'enfant ; si c'est une tierce-personne qui a la garde, c'est cette personne qui pourra être tenue en qualité de gardien* »[91]. Aussi devrait-on lier systématiquement la garde et la présomption de faute en cas de dommage causé par l'enfant. Il restait alors à déterminer la nature de cette garde.

**505. La liaison systématique de la présomption de faute à la garde matérielle du mineur reçue légalement ou judiciairement**. Après avoir dégagé ce principe de liaison systématique de la présomption de faute à la garde du mineur, Monsieur Legeais a déterminé une liste des personnes pouvant être potentiellement responsables sur le fondement de l'article 1384, alinéa 4 du Code civil. En définitive, il réserve l'application de la présomption de faute aux personnes ayant légalement ou judiciairement reçu un pouvoir de garde matérielle[92]. Cette vaste catégorie se subdivise en deux sous-catégories distinctes. Tandis que la première regroupe les personnes ayant reçu l'intégralité du pouvoir de garde sur le fondement d'une décision d'assistance éducative, d'une délégation de l'autorité parentale, d'un retrait total ou partiel de l'autorité parentale, la seconde rassemble les personnes n'ayant judiciairement reçu qu'un pouvoir de garde matérielle. Rentrent dans cette seconde sous-catégorie les parents ou les grands-parents qui exercent un droit de visite attribué par le juge. Corrélativement, l'auteur refuse d'appliquer la présomption de faute aux personnes « *qui n'exerceraient qu'un pouvoir de fait avec ou sans l'autorisation du gardien juridique de l'enfant (ainsi pour les parents ou voisins chez qui l'enfant fait un séjour ou sous la surveillance de qui il se trouve momentanément)* »[93]. Une telle lecture des pouvoirs sur l'enfant peut toutefois étonner. En effet, les tiers hébergeant le mineur avec l'autorisation des parents ne disposent pas uniquement d'un pouvoir de fait. Peut-on affirmer que l'internat n'exerce qu'un pouvoir de fait sur les mineurs qui lui sont confiés ? Une réponse affirmative doit être écartée. Le pouvoir de garde matérielle a bel et bien été transmis. Néanmoins, ce transfert ne résulte pas d'une décision juridique mais d'un contrat conclu avec les titulaires du pouvoir de garde.

b. L'appréciation de la liaison systématique de la présomption de faute à l'exercice du pouvoir de garde matérielle du mineur attribuée légalement ou judiciairement

**506. Une solution détachée de la rédaction de l'article 1384, alinéa 4 du Code civil**. Il faut en fait comprendre que Monsieur Legeais réserve la présomption de faute aux personnes détenant le pouvoir de garde matérielle, en vertu de la loi ou d'une décision de justice. Cette solution semble un peu arbitraire. En effet, elle n'est en aucun cas imposée par la rédaction de l'article 1384, alinéa 4 du Code civil. Si on admet l'application de la présomption de responsabilité exposée par cet alinéa à d'autres personnes que les parents, il est impossible de modifier arbitrairement les conditions qu'il énonce. Selon cet article, il est indéniable que le responsable exerce nécessairement le pouvoir de garde dans son intégralité. La référence à l'exercice du pouvoir de garde et à la cohabitation souligne bien qu'il doit exercer concomitamment le pouvoir de garde intellectuelle et le pouvoir de garde matérielle. Par conséquent, si on admet une généralisation de l'article 1384, alinéa 4 du Code civil, au motif qu'il ne se fonde pas sur l'exercice de l'autorité parentale mais sur celui du droit de garde, il faut en déduire que ce principe général de responsabilité pour faute présumée du fait

---

[91] L. JOZEAU-MARIGNÉ, *Rapport au Sénat au nom de la Commission des lois*, *JO* Doc. Parl., Sénat, 1970, n° 197, p. 93.

[92] R. LEGEAIS, *L'autorité parentale, Étude de la loi n° 70-459 du 4 juin 1970 et des textes qui l'ont complétée*, *op. cit.*, n° 258, p. 211.

[93] R. LEGEAIS, *ibid.*

des mineurs repose sur l'exercice de l'intégralité du pouvoir de garde. En revanche, il semble impossible de déduire de cet article l'existence d'un principe général de responsabilité du fait des mineurs fondé sur l'exercice d'un pouvoir de garde matérielle attribué légalement ou judiciairement.

**507. Les insuffisances d'un système de responsabilité du fait des mineurs fondé sur la garde matérielle attribuée judiciaire ou légalement**. Comment expliquer la solution retenue par Monsieur Raymond Legeais ? Pour répondre à cette question, il est permis de penser qu'il n'a pas été convaincu par la pertinence d'un système de responsabilité du fait des mineurs fondé sur une généralisation pure et simple de l'article 1384, alinéa 4 du Code civil et reposant, par conséquent, sur l'exercice de l'intégralité du pouvoir de garde. Il est vrai qu'une responsabilité fondée sur l'exercice de l'intégralité du pouvoir de garde présente l'avantage de ne pas étendre la présomption de faute à des personnes assurant bénévolement la garde matérielle d'un mineur et ne disposant pas de la garde intellectuelle. Dans cette logique, le parent n'exerçant qu'un droit de visite ne peut être présumé fautif. Mais, corrélativement, cette solution n'est pas dénuée d'inconvénients. En effet, lorsque la garde matérielle est dissociée de la garde intellectuelle ou lorsqu'aucun pouvoir de garde matérielle n'est exercé sur un mineur, il devient impossible d'invoquer une présomption de faute, à moins de tomber dans le domaine d'application d'un autre cas de responsabilité du fait d'autrui. La victime du mineur ne peut alors bénéficier d'une présomption de faute.

Dès lors, on peut comprendre la solution préconisée par Monsieur Legeais. Elle recherche un certain équilibre dans l'attribution de la présomption de faute. Cet équilibre n'en est pas moins surprenant pour au moins deux raisons. En premier lieu, il résulte de la proposition de Monsieur Legeais que les personnes exerçant la garde matérielle, sur le fondement d'un contrat conclu avec le gardien de l'enfant, ne peuvent être présumées responsables. Par conséquent, lorsque l'enfant est confié par contrat à un tiers, aucune personne ne peut être présumée fautive. Or une telle hypothèse regroupe des situations très variées. En effet, si le tiers, disposant de ce pouvoir de garde matérielle, peut l'exercer à titre bénévole pendant une courte durée, il peut également l'exercer pendant une longue durée dans le cadre d'une activité rémunérée. La première hypothèse correspond, par exemple, à la situation du voisin hébergeant le mineur pour rendre service à ses parents et la seconde à celle des internats ou des centres médico-pédagogiques. Autant l'absence de présomption de faute paraît justifiée dans le premier cas, autant elle peut être contestée dans le second. Cette distinction pourrait justifier une différence de régime et restreindre les hypothèses dans lesquelles aucune présomption de faute ne peut être invoquée. En second lieu, il est notable que Monsieur Legeais n'hésite pas à appliquer la présomption de faute aux personnes exerçant un droit de visite au motif qu'ils exercent un pouvoir de garde matérielle attribué par le juge. Cette solution peut surprendre. En effet, les grands-parents recevant leurs petits-enfants en exécution d'un droit de visite seront présumés fautifs, alors qu'ils ne le seront pas s'ils leur sont remis par leurs parents en dehors de toute exécution d'un droit de visite. En définitive, le système proposé semble beaucoup trop arbitraire et ne permet pas d'établir un équilibre pertinent dans l'attribution de cette présomption de faute. Monsieur Raymond Legeais semble d'ailleurs en être conscient, puisqu'il repousse finalement ce système de responsabilité du fait des mineurs « *en considérant comme trop lourde la charge que ferait peser l'article 1384, alinéa 4, sur les gardiens de l'enfant autres que les père et mère* »[94].

**508. L'apport de cette étude à l'élaboration d'un système cohérent et équilibré de responsabilité du fait des personnes dont on a la garde**. Cette proposition de liaison systématique de la présomption de faute à la garde matérielle de l'enfant attribuée légalement

---

[94] R. LEGEAIS, *L'autorité parentale, Étude de la loi n° 70-459 du 4 juin 1970 et des textes qui l'ont complétée*, *op. cit.*, n° 257, p. 210.

ou judiciairement n'est pas dénuée d'intérêt. Elle souligne l'insuffisance des règles de l'article 1384 du Code civil dans l'indemnisation des victimes du fait d'une personne placée sous l'autorité d'autrui. Par ailleurs, elle montre bien qu'il est impossible de dégager un système cohérent et équilibré de responsabilité du fait des mineurs, et par extension du fait d'autrui, fondé sur une conception matérielle de la garde d'autrui. En effet, un système de responsabilité du fait d'autrui, fondé sur l'intégralité du pouvoir de garde ou sur la seule garde matérielle, reste attaché à la conception matérielle de la garde d'autrui et, en définitive, ne permet pas de trouver un système cohérent et équilibré de responsabilité. De nouveau, nous percevons qu'une autre voie doit être suivie. Ce sentiment d'incohérence face à la conception traditionnelle de la responsabilité du fait des mineurs est renforcé par l'étude du droit de la responsabilité du fait des handicapés mentaux. Alors qu'ils peuvent également être placés sous la garde d'autrui, leurs faits dommageables ne pouvaient traditionnellement pas engager la responsabilité d'un tiers sur le fondement d'une faute présumée.

## § 2. L'ABSENCE DE CONCEPTION GÉNÉRALE DE LA RESPONSABILITÉ DU FAIT DES HANDICAPÉS MENTAUX FONDÉE SUR LA NOTION DE GARDE

**509.** Tout au long du XIX^e^ siècle et jusqu'à la relecture jurisprudentielle de l'alinéa 1^er^ de l'article 1384 du Code civil, les tribunaux ont fondé la responsabilité des personnes ayant la charge d'un handicapé mental sur l'article 1382 du Code civil et ont exigé, à ce titre, la preuve d'une faute. Très souvent, confortés par l'analyse doctrinale, ils n'hésitaient pas à affirmer expressément que cette responsabilité était fondée sur la garde du handicapé mental. En réalité, l'utilisation de cette qualification ne témoigne que d'une absence de maîtrise de la notion de garde des malades mentaux[95], puisqu'elle ne distinguait pas la condition des malades placés sous contrainte de celle des malades restés dans leur famille ou hospitalisés en régime libre. Il est vrai cependant que cette différence de statut n'emportait aucune conséquence sur le terrain de la responsabilité, puisque seule la responsabilité pour faute de l'article 1382 du Code civil pouvait être retenue **(A)**. Certaines décisions ont néanmoins pu surprendre. Sous couvert d'une responsabilité pour faute, elles semblent instituer une véritable responsabilité pour faute présumée, voire une responsabilité de plein droit **(B)**.

### A. L'ATTACHEMENT À LA RESPONSABILITÉ POUR FAUTE

**510. La généralité de la responsabilité pour faute.** En 1804, les rédacteurs du Code civil n'ont prévu aucune disposition spécifique pour la responsabilité du fait des malades mentaux. Labbé explique l'absence de responsabilité des parents d'un aliéné par la crainte du législateur que l'admission d'une telle responsabilité « *ne déterminât des mesures de rigueurs contre l'aliéné. La séquestration serait employée non plus seulement comme un moyen curatif et bienfaisant pour l'insensé, mais comme un moyen pour les parents de se prémunir contre les chances de la responsabilité. Cette séquestration aurait lieu non pas toujours dans des établissements dirigés par un médecin, mais aussi dans l'intérieur d'une maison privée, dans les conditions les plus tristes, les moins favorables au soulagement du malade* »[96]. Se conformant aux souhaits des rédacteurs du Code civil, la jurisprudence a refusé d'appliquer les responsabilités de l'article 1384 aux dommages causés par les handicapés mentaux majeurs à des tiers. Ainsi, elle refusait d'étendre aux parents d'un handicapé mental majeur la responsabilité pour faute présumée de l'article 1384, alinéa 4 du Code civil et

---

[95] *Cf. supra* n^os^ 123-128.

[96] J. E. LABBÉ, *De la démence au point de vue de la responsabilité et de l'imputabilité en matière civile*, *Rev. crit.* 1870, p. 128.

retenait leur responsabilité uniquement sur le fondement de l'article 1382 ou 1383 du même Code[97]. La faute, supposant rapportée la preuve de la violation d'une obligation, les tribunaux ont alors affirmé que les parents sont tenus d'une obligation de « *garde* » ou de surveillance à l'égard de leurs enfants aliénés majeurs[98]. Le père était par conséquent responsable en raison d'un manquement à une obligation de surveillance ou de « *garde* ». Afin de limiter la reconnaissance de telles obligations, la jurisprudence avait tendance à écarter l'existence d'une situation de garde, lorsque les parents n'avaient pas pu avoir connaissance de la maladie mentale de leur enfant majeur. Mais, dans toutes ces hypothèses, le pouvoir des parents sur la personne des malades mentaux ne peut être qualifié de « *garde* », il s'agit en réalité d'une violation d'un pouvoir de direction pouvant éventuellement trouver son origine dans l'exécution d'une obligation naturelle. Un tel raisonnement sur la faute fut également utilisé pour les dommages causés par un malade mental hospitalisé dans un service libre ou sous contrainte[99].

**511. Le refus d'une extension de l'article 1384, alinéa 1^er^ du Code civil**. De prime abord, le refus jurisprudentiel d'étendre la responsabilité pour faute présumée de l'article 1384, alinéa 4 du Code civil pouvait parfaitement se comprendre à partir du moment où le malade mental était devenu majeur. Néanmoins, un tel refus n'interdisait pas la recherche d'autres solutions. Très tôt, on suggéra une relecture de l'article 1384, alinéa 1^er^ du Code civil, afin de trouver une réponse au problème des dommages causés par les handicapés mentaux majeurs. En effet, pour les mineurs confiés à un tiers, il était toujours possible d'étendre les différents cas prévus par l'article 1384 du Code civil. La responsabilité des instituteurs a joué sur ce point un rôle de premier plan. Une telle solution ne pouvait être reproduite pour les handicapés mentaux majeurs[100]. Or, il est indéniable que leur situation présente des similitudes avec celle des mineurs. Sous l'empire de la faute subjective, leur responsabilité ne pouvait être recherchée sur le fondement de l'article 1382 du Code civil, si l'absence de discernement, lors de la réalisation du dommage, était avérée. Les victimes n'avaient d'autre solution que de rechercher la responsabilité d'un tiers.

La mise en œuvre d'un régime de responsabilité pour faute présumée eût été pleinement justifiée. Le recours au premier alinéa de l'article 1384 du Code civil, classiquement présenté comme un texte introductif, pouvait être une solution. Certes, une telle lecture ne respectait pas en apparence la volonté des rédacteurs du Code civil. Mais Portalis lui-même, dans son *Discours préliminaire du premier projet de Code civil*, affirme que le législateur ne peut tout envisager et qu'un code ne doit pas être un monument inamovible ne s'adaptant pas aux besoins nouveaux[101]. Certes, le besoin d'indemniser les victimes des handicapés mentaux

---

[97] Caen, 2 décembre 1853, *S.* 1854, 2, 385, *D.P.* 1855, 2, 117 ; Req. 14 mai 1866, *S.* 1866, 1, 237 , *cf.* également l'arrêt rendu en appel par la Cour d'appel d'Agen le 9 novembre 1964, *S.* 1865, 2, 230 : les deux cours écartent la responsabilité du père d'un enfant majeur de 49 ans reconnu comme étant atteint d'aliénation mentale au motif principal que le père ignorait la maladie mentale de son fils ; Chambéry, 6 février 1874, *S.* 1875, 2, 178 ; Chambéry, 29 octobre 1889, *S.* 1891, 2, 10 ; *D.P.* 1890, 2, 302 ; Req. 30 juillet 1906, *S.* 1910, 1, 20 ; *D.* 1907, 1, 315, note M.P.

[98] Pour plus d'éléments sur les différentes responsabilités des personnes non professionnelles assumant la direction de la personne d'un handicapé mental, *cf.* J. LAFON, *La responsabilité civile du fait des malades mentaux, thèse précit.*, n^os^ 88-119, pp. 116-145.

[99] J. LAFON, *thèse précit.*, n^os^ 120-137, pp. 145-164..

[100] À moins d'admettre que la responsabilité des instituteurs puisse s'appliquer aux majeurs recevant une éducation ou suivant un enseignement. *Cf.* en ce sens R. SAVATIER, *Traité de la responsabilité civile en droit français civil, administratif, professionnel, procédural, op. cit.*, t. 1, n° 221, p. 281 *contra* A. SOURDAT, *op. cit.*, t. 2, n° 877, pp. 99-100. Certaines décisions semblent avoir admis une extension de la responsabilité des instituteurs aux majeurs : Paris, 29 octobre 1926, *D.H.* 1927, 41 ; T. civ. d'Abbeville, 5 juin 1934, *Gaz. Pal.* 1934, 2, 319.

[101] J.-E.-M. PORTALIS, *Discours préliminaire du premier projet de Code civil*, Editions confluences, Voix de la cité, 1999, pp. 17-24.

n'est pas nouveau, mais le développement de la psychiatrie et de la condition des malades a pu le rendre plus pressant.

Aussi ne faut-il pas s'étonner que, dès le XIX$^{e}$ siècle, bien avant les écrits du Procureur général Matter, de Demogue ou de Savatier, on ait déjà clairement invoqué ce premier alinéa à propos des handicapés mentaux. Il ne s'agissait pas de se référer vaguement à l'esprit de l'article 1384, comme pour les mineurs[102], mais de viser expressément cet alinéa. Ainsi, l'étude d'un arrêt de la chambre des requêtes de la Cour de cassation du 14 mai 1866 révèle que le pourvoi formé contre l'arrêt de la cour d'appel d'Agen du 9 novembre 1864, qui avait écarté la responsabilité du père d'un handicapé mental majeur, se fondait sur les articles 1383 et 1384, alinéa 1$^{er}$ du Code civil[103]. Derrière ce double visa, il ne fait aucun doute que le pourvoi défendait une lecture élargie de l'article 1384. En effet, il arguait que « *les termes de la loi sont énonciatifs et non limitatifs, et que le père est responsable du dommage commis par son enfant, habitant avec lui, toutes les fois qu'à raison de l'état de l'intelligence de son l'enfant il y a pour le père obligation de surveiller de ses actes* ». De même, le demandeur au pourvoi considérait qu'il s'agissait d'une « *responsabilité de plein droit* ». La Cour de cassation a néanmoins rejeté ce pourvoi en restant fidèle à sa solution fondée sur l'article 1382 du Code civil. Effectivement, il n'est pas certain qu'il fût opportun de retenir la responsabilité du père, mais il est notable que la Cour de cassation ne s'est pas prononcée sur le sens à donner au premier alinéa de l'article 1384 du Code civil. La responsabilité pour faute de l'article 1382 du Code civil peut être perçue comme une solution rigoureuse pour les victimes d'un handicapé mental majeur. Toutefois, cet attachement n'a pas interdit un certain assouplissement de la responsabilité pour faute.

### B. L'ASSOUPLISSEMENT DE LA RESPONSABILITÉ POUR FAUTE

**512. L'apparence de la faute**. Si la responsabilité du fait des handicapés mentaux ne pouvait être qu'une responsabilité pour faute, une telle exigence n'a pour autant pas interdit un assouplissement jurisprudentiel. Sur ce point, certains arrêts témoignent d'une souplesse dans l'appréciation de cette faute. Ainsi, un arrêt de la Chambre des requêtes de la Cour de cassation du 30 juillet 1906[104] a retenu la responsabilité pour faute du père d'un handicapé mental, alors que l'existence d'une faute paraissait des plus douteuses. Dans cet arrêt, un handicapé mental avait été interné dans un établissement privé. Après sa sortie demandée par son père, le handicapé a poursuivi, sans succès, les médecins de cet établissement pour séquestration arbitraire et d'autres griefs. Lassés de ces procédures, ces derniers ont alors poursuivi le malade mental et son père pour abus de procédure. La Cour de cassation retint la responsabilité du père au motif qu'il avait repris l'aliéné auprès de lui et ne pouvait se prétendre dispensé de toute surveillance. Or, le manque de surveillance reproché par la Cour est très contestable. Le père aurait dû empêcher son fils de sortir et de communiquer avec l'extérieur, afin d'éviter qu'il ne plaide. Cela serait revenu à admettre l'existence d'un pouvoir de garde contraignant sur le handicapé mental. En définitive, cette décision ne semble pas réellement caractériser la faute du père, elle fonde la responsabilité du père « *sur une présomption de faute analogue à celle de l'article 1384, avec cette différence néanmoins qu'on ne paraît même pas l'autoriser à faire la preuve de l'absence de faute* »[105]. En somme, un tel exemple montre bien que la grande souplesse des tribunaux dans l'appréciation de la faute pouvait conduire à une véritable responsabilité sans faute.

---

102 *Cf. supra* n° 480.
103 Req. 14 mai 1866, *S.* 1866, 1, 237.
104 Req. 30 juillet 1906, *précit.*
105 J. LAFON, *thèse précit.*, n° 100, p. 128.

**513. Le développement d'une casuistique jurisprudentielle indifférente à la qualité du fautif.** La jurisprudence retint donc la responsabilité d'une personne en considérant qu'elle avait commis une faute dans la garde du handicapé mental. L'emploi de cette qualification est néanmoins trompeur. En effet, les tribunaux ont eu tendance à attribuer très largement la qualité de « *gardien* » d'un handicapé mental. Le membre de la famille, ayant simplement eu connaissance de l'état de santé mentale de l'auteur du dommage et ne disposant d'aucun pouvoir de rétention, est qualifié de « *gardien* », au même titre que l'établissement psychiatrique ayant reçu la charge du malade mental à la suite d'une décision de placement sous contrainte. Ainsi, les tribunaux ont indifféremment retenu la responsabilité pour faute de personnes exerçant soit un simple pouvoir de direction, soit un réel pouvoir de garde sur le handicapé mental. Par conséquent, ils n'avaient pas réellement construit un système de responsabilité du fait des handicapés mentaux fondé sur la garde d'autrui. La qualité du fautif n'était qu'accessoire, ce qui importait, c'était la faute[106]. Dans l'absolu, ces solutions jurisprudentielles sont justifiables. Toute personne peut être tenue pour responsable à partir du moment où elle est fautive. Cependant, ces solutions sont plus gênantes lorsque la faute retenue se réduit à une simple apparence de faute. Dans une telle hypothèse, la responsabilité envisagée devient quasiment une responsabilité sans faute. Il serait dès lors logique d'introduire une certaine prévisibilité dans la responsabilité. En effet, si chacun doit savoir qu'il est responsable des conséquences de son comportement fautif, une telle affirmation ne peut être transposée lorsque la responsabilité en cause est une responsabilité de plein droit. Dans de telles hypothèses, la prévisibilité de la responsabilité devrait être introduite en l'associant à une qualité déterminée. Or, la jurisprudence témoigne d'une indifférence des tribunaux pour la personne des responsables. Seules comptaient les victimes.

**514. Conclusion de la section.** Quels enseignements peut-on retenir de la conception traditionnelle de la responsabilité civile du fait des personnes gardées ?

L'étude des dispositions législatives révèle tout d'abord de profondes divergences dans le régime des responsabilités du fait des personnes gardées. En effet, le gardien d'autrui est responsable tantôt sur le fondement de la faute prouvée de l'article 1382 du Code civil, tantôt sur le fondement de la faute présumée de l'article 1384 du même code. Le constat est sans appel : le législateur n'a développé aucune analyse globale, cohérente et équilibrée de la responsabilité du fait des personnes gardées. Ceci n'est en somme guère surprenant à partir du moment où il n'avait pas une vision globale du pouvoir de garde d'autrui. Tandis que la responsabilité des parents d'un mineur pouvait être engagée sur le fondement d'une faute présumée, la responsabilité d'un foyer privé, hébergeant un mineur en exécution d'une mesure d'assistance éducative, ne pouvait être engagée que sur le fondement d'une faute prouvée. De même, un établissement psychiatrique, recevant des handicapés mentaux placés sous contrainte, ne pouvait être responsable du dommage causé par un de ses pensionnaires que sur le fondement d'une faute prouvée. De telles solutions ne semblent pas cohérentes. En dépit du fait que ces diverses personnes exercent un pouvoir de garde attribué légalement, judiciairement ou administrativement, elles ne sont pas responsables sur le même fondement. Ces solutions ne traitaient pas de la même façon les victimes. L'équilibre entre l'indemnisation des victimes et l'attribution de la responsabilité ne semblait pas parfait. La diversité des responsabilités des gardiens d'autrui ne semblait pas réellement justifiée.

Ces incohérences et déséquilibres n'ont pas échappé aux tribunaux et à la doctrine. Ces autorités ont essayé, à partir des dispositions du Code civil, de dégager un système plus cohérent et équilibré de responsabilité du fait des personnes gardées. Les réflexions ont néanmoins été limitées. Elles se sont principalement portées sur la responsabilité du fait des mineurs. Plusieurs voies ont été explorées. Dans un premier temps, on a envisagé

---

[106] J. LAFON, *thèse précit.*, *not.* n° 119, pp. 144-145.

l'élaboration d'un système de responsabilité pour faute présumée fondé sur la garde matérielle. Une telle solution s'avéra néanmoins un échec et fut abandonné après la loi du 5 avril 1937. En effet, il est apparu que dans cette hypothèse la présomption de faute pouvait toucher des personnes assurant bénévolement la garde matérielle d'un mineur. Cette solution sembla dès lors excessive. Si l'association systématique d'une présomption de faute à la garde matérielle eût permis d'établir un système cohérent de responsabilité, elle n'aurait pas pour autant réalisé un équilibre idéal entre les intérêts de la victime et ceux des personnes responsables. La volonté de faciliter la recherche d'une indemnité se heurtait à celle de ne pas rendre responsable, sur le fondement d'une responsabilité pour faute présumée, des personnes assurant à titre gratuit la garde matérielle d'un mineur. Dans un second temps, la nouvelle rédaction de l'article 1384 alinéa 4 du Code civil, issue de la loi du 4 juin 1970, a suggéré à certains auteurs l'élaboration d'un système de responsabilité du fait des mineurs fondé sur la garde matérielle attribuée législativement ou judiciairement. Par ailleurs, une autre lecture, plus conforme à la lettre de cet article, eût permis de dégager un autre système de responsabilité fondé sur l'exercice de l'intégralité du pouvoir de garde. Il est de nouveau apparu que ces deux interprétations larges de l'article 1384, alinéa 4 du Code civil auraient certes pu fonder un système de responsabilité cohérent, mais en aucun cas elles n'auraient permis l'établissement d'un système équilibré de responsabilité. L'attribution de la présomption de faute eût été un peu trop arbitraire et n'aurait pas toujours tenu compte de la situation des personnes responsables.

En définitive, ces solutions législatives, jurisprudentielles et doctrinales sont particulièrement intéressantes. Elles donnent des éléments dans la recherche de la conception la plus appropriée de la garde d'autrui pour fonder un système général de responsabilité du fait des personnes gardées. L'attachement à la dimension matérielle de la garde paraît bien être un obstacle. On pourrait dès lors penser que cet attachement est justifié par le régime de la responsabilité pour faute présumée. En effet, la référence à la garde matérielle permet de caractériser aisément la faute présumée. Néanmoins, une telle affirmation est bien relative. Elle n'exclut pas une réflexion différente fondée sur la seule garde intellectuelle. Il n'est pas impossible d'identifier une faute dans la garde intellectuelle. La faute du responsable serait simplement plus lointaine, il s'agirait d'une faute en rapport avec le contrôle du mode de vie, d'une faute éducative. Quelques décisions ont accepté de suivre un tel raisonnement en procédant à une abstraction de la condition de cohabitation de la responsabilité parentale. L'utilisation de la garde intellectuelle serait peut-être la solution. Cette option a sans doute été sous-estimée dans le cadre de la responsabilité civile pour faute du fait des personnes gardées. Ainsi, l'étude de la conception traditionnelle de la responsabilité du fait des personnes gardées nous délivre des informations quant à la conception de la garde la plus pertinente pour élaborer un système équilibré et cohérent de responsabilité du fait d'autrui. Un autre regard sur le rôle traditionnel de la garde doit dès lors être envisagé par l'intermédiaire d'une étude de la conception traditionnelle de la responsabilité administrative du fait des personnes gardées.

## SECTION 2
## L'ÉCLATEMENT DE LA RESPONSABILITÉ ADMINISTRATIVE DU FAIT DES PERSONNES GARDÉES

**515.** Si le principe de la responsabilité de la puissance publique constitue aujourd'hui « *une des normes fondamentales du droit public français* »[107], cette affirmation résulte d'une évolution constante[108], marquée par l'affirmation de plus en plus grande du droit d'obtenir réparation des préjudices causés par le fonctionnement de la puissance publique[109]. Au début du XIXe siècle, le droit de la responsabilité administrative est dominé par le principe de l'irresponsabilité de l'État. Il s'explique par des considérations héritées de l'Ancien régime : « *le propre de la souveraineté est de s'imposer à tous, sans qu'on puisse réclamer d'elle aucune compensation* »[110]. Il a fallu attendre l'arrêt *Blanco*[111], rendu par le Tribunal des conflits le 8 février 1873, pour assister au véritable développement de la responsabilité administrative. Cet arrêt, perçu « *comme l'arrêt de principe, la "pierre angulaire" du droit administratif tout entier* »[112], a posé les principes de l'autonomie, de la spécificité et du caractère limité de la responsabilité administrative. Cette responsabilité « *n'est ni générale, ni absolue...elle a ses règles spéciales qui varient suivant les besoins du service et la nécessité de concilier les droits de l'État avec les droits privés* ». Ces principes ont naturellement régi le développement de la responsabilité de l'administration du fait des personnes dont elle a la garde, au risque de le freiner et d'aboutir à des solutions insatisfaisantes.

**516.** Ces premières observations sur le principe même de l'existence d'une responsabilité administrative doivent s'accompagner de quelques remarques sur la notion de responsabilité du fait d'autrui en droit administratif. Cette notion suscite, en effet, des positions doctrinales très variées[113]. Deux grandes tendances peuvent être dégagées.

La première considère que l'utilisation de l'expression « *responsabilité du fait d'autrui* » en droit administratif a pour objectif d'expliquer les mécanismes de la responsabilité administrative à l'aide de la notion civiliste de responsabilité du fait d'autrui développée à l'article 1384 du Code civil. Cette analyse remet en cause l'autonomie du droit administratif

---

[107] P. DUEZ, *Le développement jurisprudentiel de la responsabilité de la puissance publique, Rev. crit.*, 1925, p. 588.

[108] *Cf.* G. SOULIER, *Réflexions sur l'évolution et l'avenir du droit de la responsabilité de la puissance publique*, *RDP* 1969, pp. 1039-1103 ; R. CHAPUS, *Droit administratif général*, *op. cit.*, t. 1, nos 1399 et s.

[109] M. SOUSSE, *La notion de réparation de dommages en droit administratif français*, préf. J.-M. PONTIER, LGDJ, Bibl. dr. pub., t. 174, 1994.

[110] E. LAFERRIÈRE, *Traité de la Juridiction administrative et des recours contentieux*, LGDJ 1989, réimp. de l'édition de 1888, t. 2, p. 12.

[111] T. confl. 8 février 1873, *Blanco*, *Lebon*, 1er suppl. 61, concl. DAVID ; *GAJA*, n° 1, pp. 1-7 ; *S.* 1873, 2, 153, concl. DAVID ; *D.* 1873, 3, 17, concl. DAVID. J. LUCHET, *L'arrêt Blanco, La thèse de la compétence administrative en matière de responsabilité civile de l'Etat*, Librairie du Recueil Sirey, 1935.

[112] *GAJA*, obs. sous T.C., 8 février 1873, *Blanco*, n° 1, p. 1.

[113] Sur l'ensemble de la question *cf.* : M. DEGUERGUE, *Jurisprudence et doctrine dans l'élaboration du droit de la responsabilité administrative*, préf. J. MORAND-DEVILLER, LGDJ, Bibl. dr. pub., t. 171, 1994, pp. 651-656 ; B. PLESSIX, *L'utilisation du droit civil dans l'élaboration du droit administratif*, préf. J.-J. BIENVENU, Éditions Panthéon-Assas, Droit public, 2003, nos 780-795, pp. 693-702 ; P. DELVOLVÉ, *La responsabilité du fait d'autrui en droit administratif, in Mélanges dédiés à G. MARTY*, *op. cit.*, pp. 407-447 ; CH. GUETTIER, *Existe-t-il une responsabilité administrative du fait d'autrui ?*, *in La responsabilité du fait d'autrui, Actualité et évolutions*, Colloque organisé par le Centre de Droit de la responsabilité de l'Université du Maine le 2 juin 2000, *RCA* 2000, n° hors série, pp. 41-51 ; CH. GUETTIER, *La responsabilité en droit administratif*, *in* PH. LE TOURNEAU, *Droit de la responsabilité et des contrats*, *op. cit.*, nos 153-159, pp. 60-66.

et provoque de fortes réactions de la part des fervents partisans de son autonomie[114]. Néanmoins, l'étude de la responsabilité administrative à l'aide des règles de la responsabilité civile a été envisagée par plusieurs auteurs. Reprenant les idées de Léon Duguit[115], Charles Eisenmann a expliqué que l'État, étant une pure abstraction, ne peut commettre de faute. Par conséquent, une collectivité publique n'est jamais responsable de son fait personnel. Elle se contente de répondre du fait de ses agents, c'est-à-dire du fait d'autrui[116]. Une telle position a également été défendue par Marcel Waline[117], puis par Gérard Cornu[118] et Monsieur René Chapus[119].

La seconde attitude à l'égard de la notion de responsabilité administrative du fait d'autrui considère, au contraire, qu'il est impossible d'expliquer la responsabilité administrative à l'aide des mécanismes de la responsabilité civile[120]. Les partisans de cette analyse rejettent par principe la notion de responsabilité administrative du fait d'autrui et admettent, au mieux, que *« la responsabilité du fait d'autrui ne constitue en droit administratif, qu'une rubrique »*[121] *« doctrinale à vocation pédagogique »*[122]. Nous retiendrons cette dernière analyse. L'objectif n'est pas d'expliquer la responsabilité fondée sur la faute ou la théorie du risque créé à l'aide des règles du droit civil, mais de présenter les différentes solutions retenues par le juge administratif, lorsqu'il est confronté à la question de la réparation du dommage causé par une personne gardée à une autre personne gardée ou à un tiers.

Si ce dernier point semble logique, il présente néanmoins une certaine spécificité. En effet, les auteurs ont traditionnellement tendance à distinguer la responsabilité encourue par l'administration du fait d'un dommage causé aux tiers par un usager d'un service public et celle résultant d'un dommage subi par ces usagers[123]. Cette présentation présente l'inconvénient de nier la diversité des situations et notamment le fait que le dommage subi par un usager peut résulter d'une agression par un autre usager, d'un accident, d'une faute d'un agent administratif ou d'un acte commis par l'usager lui-même (suicide, automutilation). Or, dans le cas où l'usager est victime d'un de ses congénères, l'administration est bien responsable du fait d'une personne gardée.

**517.** Si le droit privé n'a traditionnellement pas développé une conception unitaire de la responsabilité du fait des personnes gardées, nous pouvons immédiatement remarquer que

---

[114] La lecture de certains auteurs est très explicite sur ce point, *cf.* par exemple B. PLESSIX, *thèse précit.*, n° 779, p. 693 : « *En utilisant de simples expressions issues du vocabulaire du droit civil, alors que ni la raison ni la jurisprudence administrative ne cautionnent une telle attitude doctrinale, certains auteurs cherchent bien à faire croire que l'ensemble des fondements de la responsabilité de la puissance publique peut être ramené aux prestigieuses et supérieures catégories du droit civil. Dépourvu de toute utilité technique, l'emprunt n'a d'autres fonctions que de desservir l'autonomie du droit administratif* ».

[115] L. DUGUIT, *Les transformations du droit public*, Armand Colin, 3e éd., 1925, p. 232 ; L. DUGUIT, *Traité de droit constitutionnel*, 3e éd., E. de Boccard, 1930, t. 3, pp. 291-294 et 494.

[116] CH. EISENMANN, *Sur le degré d'originalité du régime de la responsabilité extra-contractuelle des personnes (collectivités) publiques*, *JCP G* 1949, I, 742 et 751.

[117] M. WALINE, *Précis de droit administratif*, Montchrestien, 1969, t. 1, n° 993, pp. 519-520.

[118] G. CORNU, *Étude comparée de la responsabilité délictuelle en droit privé et en droit public*, préf. d'A. AMIAUD, Éditions Matot-Braine, 1951, pp. 35-65.

[119] R. CHAPUS, *Responsabilité publique et responsabilité privée, Les influences réciproques des jurisprudences administrative et judiciaire*, LGDJ, 1953, nos 169-210, pp. 202-227.

[120] M. DEGUERGUE, *thèse précit.*, pp. 651-656 ; B. PLESSIX, *thèse précit.*, nos 789-795, pp. 697-702 ; P. DELVOLVÉ, *La responsabilité du fait d'autrui en droit administratif, art. précit.* ; CH. GUETTIER, *Existe-t-il une responsabilité administrative du fait d'autrui ?, art. précit.*

[121] P. DELVOLVÉ, *La responsabilité du fait d'autrui en droit administratif, art. précit.*, n° 49, p. 446.

[122] B. PLESSIX, *thèse précit.*,n° 789, p. 697.

[123] F.-P. BENOIT, *Le régime et le fondement de la responsabilité de la puissance publique*, *JCP G* 1954, I, 1178 ; J. MOREAU, *L'influence de la situation et du comportement de la victime sur la responsabilité administrative*, préf. F.-P. BENOIT, LGDJ, Bibl. dr. pub., t. 7, 1957.

son attitude n'était pas isolée. En dépit de l'origine jurisprudentielle de la responsabilité administrative du fait des personnes gardées et de la grande liberté qui lui est corrélativement attachée, le droit administratif n'a pas retenu un seul régime de responsabilité. De même, à l'instar du droit privé, la divergence des fondements n'est en rien justifiée par la volonté d'élaborer un ensemble cohérent et équilibré de responsabilité. Au contraire, en ce qui concerne la responsabilité du fait des personnes gardées, le droit administratif a développé une importante casuistique constituée d'avancées novatrices mais aussi de retenues hésitantes, au point d'aboutir à un ensemble peu cohérent et déséquilibré. Ainsi, dans sa conception traditionnelle, avant que l'arrêt *GIE Axa courtage* du 11 février 2005[124] n'introduise un nouveau fondement dans le droit de la responsabilité administrative, la responsabilité administrative du fait des personnes gardées était fondée tantôt sur la faute (**§ 1**), tantôt sur le risque spécial créé par l'utilisation de méthodes dangereuses (**§ 2**).

## § 1. LA RESPONSABILITÉ ADMINISTRATIVE DU FAIT DES PERSONNES GARDÉES FONDÉE SUR LA FAUTE

**518.** La conception traditionnelle de la responsabilité administrative reste la responsabilité pour faute[125]. Si le développement de la responsabilité sans faute est indéniable, il ne remet pas en cause le rôle primordial de la faute[126]. La responsabilité pour faute reste le droit commun. Il n'en demeure pas moins qu'elle a connu de profondes transformations, afin de mieux prendre en compte le besoin d'indemnisation des victimes. L'évolution du droit de la responsabilité pour faute se caractérise par deux grandes tendances[127]. En premier lieu, elle est marquée par un abandon progressif de la faute qualifiée. Traditionnellement, le droit de la responsabilité administrative témoigne d'une certaine sensibilité à la gradation de la faute. Un tel phénomène souligne la spécificité du droit de la responsabilité de la puissance publique prônée par l'arrêt *Blanco*[128]. À la différence du droit privé, où toute faute même légère suffit à engager la responsabilité du fait personnel, le droit administratif exige parfois la preuve d'une faute qualifiée pour engager la responsabilité de l'administration. Or, cette spécificité de la responsabilité administrative a tendance à s'amoindrir avec le développement croissant de la

---

[124] CE, 11 février 2005, *GIE Axa Courtage*, *Lebon*, p. 45 ; *cf. infra* n$^{os}$ 606-611.

[125] Ainsi, si Paul Duez écrit en 1938 : « *la théorie de la faute du service public…constitue le droit commun de la matière de la responsabilité de la puissance publique* » (P. DUEZ, *La responsabilité de la puissance publique (en dehors du contrat)*, Dalloz, 1938, p. 26), Monsieur René Chapus confirme la validité de cette analyse plus de soixante années après : « *En principe, la responsabilité de la puissance publique est une responsabilité pour faute* » (R. CHAPUS, *Droit administratif général*, *op. cit.*, t. 1, n° 1450, p. 1293)

[126] *Cf.* par ex. : F. LLORENS-FRAYSSE, *Le poids de la faute dans la responsabilité administrative*, *Droits*, n° 5, *Fin de la faute*, PUF, 1987, pp. 65-76 ; D. LOCHAK, *Réflexions sur les fonctions sociales de la responsabilité administrative à la lumière des récents développements de la jurisprudence et de la législation*, *in* CURAPP, *Le droit administratif en mutation*, PUF, 1993, pp. 275-316 ; Rapport public du Conseil d'Etat 2005, Considérations générale, *Responsabilité et socialisation du risque*, La Documentation française, Études et documents n° 56, 2005, spéc. pp. 232-235 ; M. PAILLET, *Existe-t-il une responsabilité de droit commun*, *in Vers de nouvelles normes en droit de la responsabilité publique ?*, Actes du colloque organisé par l'Université Paris XIII le 11 et 12 mai 2001, Les colloques du Sénat, pp. 89-103 ; CH. GUETTIER, *Faute civile et faute administrative*, *in La responsabilité pour faute*, Actes du colloque organisé par le Centre de droit de la responsabilité de l'Université du Maine et le Centre de recherches en droit privé de Tours le 17 janvier 2003, *RCA*, juin 2003, pp. 66-74.

[127] CH. DEBOUY, *Le droit français de la responsabilité administrative : métamorphose ou permanence ? in Les métamorphoses de la responsabilité*, Sixièmes Journées René Savatier, Poitiers, 15 et 16 mai 1997, Publications de la Faculté de droit et des sciences sociales de Poitiers, t. 32, PUF, pp. 243-295, spéc. pp. 248-258.

[128] T. confl., 8 février 1873, *Blanco*, *précit.*

faute simple. De plus en plus, le Conseil d'État exige une simple faute pour engager la responsabilité de l'administration. En second lieu, la responsabilité pour faute est marquée par une multiplication des présomptions de faute. Afin de favoriser l'indemnisation des victimes, le Conseil d'État a tendance à déplacer le fardeau de la preuve en utilisant davantage les présomptions de faute.

Ces deux transformations du droit de la responsabilité pour faute se rencontrent dans l'évolution de la responsabilité administrative du fait des personnes gardées. La faute qualifiée a été abondamment utilisée pour la responsabilité administrative du fait des personnes gardées. Aussi n'est-il guère surprenant d'y rencontrer de nombreuses illustrations du déclin de la faute lourde **(A)**. De même, il n'est pas rare que certaines responsabilités civiles du fait des personnes gardées trouvent leur pendant dans la responsabilité administrative. L'importante utilisation des présomptions de faute en droit civil justifie dès lors leur développement dans la responsabilité administrative du fait des personnes gardées **(B)**.

### A. LE DÉCLIN DE LA FAUTE QUALIFIÉE DANS LA RESPONSABILITÉ ADMINISTRATIVE DU FAIT DES PERSONNES GARDÉES

**519.** Au XIX^e^ siècle, la fin du principe de l'irresponsabilité de l'État ne s'est pas traduite par une large reconnaissance de sa responsabilité. Au contraire, les tribunaux la limitèrent à l'aide de la faute qualifiée. Initialement, la faute présentait quatre degrés : la faute simple, la faute lourde, la faute manifeste et d'une particulière gravité et la faute assimilable au dol[129]. Actuellement, on ne distingue plus que la faute simple et la faute lourde[130], et il est notable que cette dernière a tendance à disparaître[131]. Certains auteurs n'ont d'ailleurs pas hésité à parler de « *déclin irrémédiable de la faute lourde* »[132]. La lecture des conclusions de certains commissaires du gouvernement conforte cette idée. Certaines formules catégoriques ont pu être relevées : « *à bien des égards, nous percevons le régime de la faute lourde comme un héritage édulcoré d'un ancien principe d'irresponsabilité de la puissance publique* »[133], ou encore « *la notion de faute lourde est d'une certaine manière une curiosité historique* »[134]. Un tel déclin se justifie principalement par deux considérations.

En premier lieu, l'absence de définition de la faute lourde la rend difficilement appréhendable et peut justifier son abandon progressif. Dans l'ensemble, les auteurs soulignent l'absence de définition de la faute lourde, voire son caractère indéfinissable[135].

---

[129] J.-F. COUZINET, *La notion de faute lourde administrative*, *RDP* 1977, pp. 283-334, spéc. p 291. L'auteur reprend l'analyse faite par J. LEMASURIER dans sa note sous CE, 21 décembre 1962, *Husson-Ciffre*, *D.* 1963, 588. Il souligne cependant que d'autres auteurs relèvent seulement l'existence de trois catégories de fautes. Il s'agirait des fautes simples, des fautes lourdes et des fautes manifestes et d'une particulière gravité. La notion de faute assimilable au dol ne se trouve que dans des arrêts anciens.

[130] J.-F. COUZINET, *La notion de faute lourde administrative*, *art. précit.*, p.291 ; R. CHAPUS, *Droit administratif général*, *op. cit.*, t. 1, n^os^ 1450-1483, pp. 1293-1334 ; M. PAILLET, *La faute du service public en droit administratif français*, préf. J.-M. AUBY, LGDJ, Bibl. dr. pub., t. 136, 1980, n^os^ 390-430, pp. 345-377.

[131] J. WALINE, *L'évolution de la responsabilité extra-contractuelle des personnes publiques*, in Rapport public du Conseil d'Etat de 1994, Études et Documents, n° 46, La Documentation française, pp. 459-477., spéc. pp. 460-469 ; Ch. DEBOUY, *Le droit français de la responsabilité administrative : métamorphose ou permanence ?*, *art. précit.*, spéc. pp. 248-252 ; D. LOCHAK, *Réflexion sur les fonctions sociales de la responsabilité administrative*, *art. précit.*, spéc. pp. 290-294.

[132] F. RAYNAUD, P. FONDEUR, *AJDA* 1998, chr. 418.

[133] J.-H. STAHL, concl. sous CE, 20 juin 1997, *Theux* ; *Lebon*, p. 253 ; *RFDA* 1998, 82.

[134] H. LEGAL, concl. sous CE, 10 avril 1992, *Epoux V.*, *Lebon*, p.171.

[135] Sur les vains efforts de la doctrine pour définir la notion de faute lourde, *cf.* M. DEGUERGUE, *thèse précit.*, pp. 637-640.

Ainsi, Monsieur René Chapus, affirme que « *rien n'est plus fluide que la définition de la faute lourde* »[136] et en conclut que « *la faute lourde est une faute qui est plus grave que la faute simple* »[137].

En second lieu, les raisons de l'utilisation de la faute lourde ont évolué. Certaines d'entre elles ne sont plus aussi pertinentes. Plusieurs arguments ont traditionnellement été invoqués pour défendre l'utilisation de la faute lourde par les juridictions administratives. Leur pertinence s'avère aujourd'hui de plus en plus discutable. Tout d'abord, la faute lourde était présentée comme un moyen de limiter l'irresponsabilité de l'État. Sur ce point, la perception de la faute lourde a changé. Actuellement, face au développement du droit des victimes, la faute lourde apparaît surtout comme une source de limitation de la responsabilité de l'administration[138]. Ensuite, on justifiait fréquemment l'utilisation de la faute lourde par les difficultés particulières de l'activité administrative[139]. Or, l'évolution des conditions de fonctionnement des services conduit à remettre en cause cette justification. Le déclin de la faute lourde permet de rapprocher le droit de la responsabilité administrative du droit de la responsabilité civile dans des hypothèses où des disparités de traitement étaient difficilement justifiables et pouvaient paraître choquantes[140]. Enfin, on défendait la faute lourde en expliquant que la seule crainte de voir la responsabilité du service engagée sur le fondement d'une faute simple pourrait être de nature à paralyser l'action des agents du service. Cette idée apparaît dans une formule célèbre du Commissaire du gouvernement Rivet : « *pour s'acquitter de la lourde tâche de maintenir l'ordre dans la rue, les forces de police ne doivent pas voir leur action énervée par des menaces permanentes de complications contentieuses* »[141]. Il s'agit alors de préserver la nature de l'activité. Cet argument reste sans doute le plus pertinent aujourd'hui[142]. En effet, si cette considération ne légitime pas systématiquement le recours à la faute lourde, elle se trouve pleinement vérifiée lorsque les agents administratifs doivent contrôler le comportement de personnes dangereuses comme des délinquants. Il convient dès lors de déterminer dans quelle mesure le droit de la responsabilité administrative du fait des personnes gardées a pris en compte cette évolution générale. Sur ce point, il apparaît que la faute qualifiée a été abandonnée dans la responsabilité du fait des handicapés mentaux **(1)** et qu'en dépit de récentes évolutions jurisprudentielles, elle semble perdurer dans la responsabilité du fait des délinquants retenus par l'administration pénitentiaire **(2)**.

### *1. L'abandon de la faute qualifiée dans la responsabilité du fait des handicapés mentaux*

**520. L'abandon de la faute qualifiée pour les dommages causés par un handicapé mental hospitalisé à un condisciple ou à un tiers en cas d'évasion.** L'expansion de la faute simple au détriment de la faute lourde est particulièrement frappante en ce qui concerne la responsabilité du fait des handicapés mentaux gardés dans un établissement psychiatrique public.

Ce développement de la faute simple se manifeste notamment lorsque la victime est un autre usager du service psychiatrique. Ainsi, lorsqu'un malade mental hospitalisé dans un service psychiatrique cause un dommage à un autre usager de ce service, le Conseil d'État a

---

[136] R. CHAPUS, *Droit administratif général*, *op. cit.*, t. 1, n° 1463, p. 1303.

[137] R. CHAPUS, *ibid.*

[138] L. RICHER, *La faute du service public dans la jurisprudence du Conseil d'Etat*, Economica, 1978. L'auteur met bien en avant l'idée que ces deux aspects peuvent coexister. Suivant les domaines, la faute lourde est un instrument de limitation de la responsabilité ou de l'irresponsabilité de l'Etat.

[139] J.-F. COUZINET, *La notion de faute lourde administrative*, *art. précit.*, p.296.

[140] D. LOCHAK, *Réflexions sur les fonctions sociales de la responsabilité administrative à la lumière des récents développements de la jurisprudence et de la législation*, *art. précit.*, spéc. pp. 290-294.

[141] Conclusions sous CE, 13 mars 1925, *Clef*, *RDP* 1925, 274.

[142] G. CHAVRIER, *Essai de justification et de conceptualisation de la faute lourde*, *AJDA* 2003, pp. 1026-1031.

tout d'abord exigé la preuve d'une faute lourde[143]. Il ne distinguait pas les actes médicaux, des actes de soins ou des faits de surveillance. Par la suite, suivant l'évolution amorcée par l'arrêt *Hawezack*[144] rendu à propos du suicide d'un malade mental, la haute juridiction administrative s'est ralliée à la faute simple dans son arrêt *Chauvet* du 10 avril 1970[145]. Cette évolution est d'autant plus marquée que les circonstances du dommage constituaient une faute lourde[146]. En l'écartant délibérément, le Conseil d'État a renforcé cet abandon de la faute lourde.

De même, la jurisprudence administrative a connu une évolution similaire pour les dommages causés par un malade mental à un tiers à la suite d'une évasion. En effet, après avoir exigé une faute manifeste et d'une particulière gravité[147], le Conseil d'État s'est contenté d'une faute lourde[148], pour enfin n'exiger qu'une faute simple[149].

**521. Justification de cette évolution : la recherche d'un nouvel équilibre.** Cet abandon de la faute lourde au profit de la faute simple témoigne d'une volonté d'instaurer un nouvel équilibre entre les victimes et les responsables. Auparavant, le recours à la faute lourde permettait de restreindre la mise en œuvre de la responsabilité de la puissance publique. Cette jurisprudence tenait compte des difficultés inhérentes aux services psychiatriques, mais elle ne permettait pas d'indemniser toutes les victimes d'une personne gardée par l'administration. Or, les progrès des modes de traitement et la découverte de nouveaux médicaments ont diminué les difficultés de ces services[150]. Dès lors, à partir du moment où les conditions d'hospitalisation des aliénés se sont rapprochées de celles des autres malades, la justification principale de la faute lourde disparaissait[151]. Par ailleurs, la

---

[143] CE, 17 octobre 1962, *Estève*, *RDP* 1963, p.113

[144] CE, 5 janvier 1966, *Hawezack*, *Lebon*, p. 6 ; *RDP* 1966, 1017 ; *D.* 1966, 317, note F. MODERNE.

[145] CE, 10 avril 1970, *Sieur Chauvet*, *Lebon*, p. 238 ; F. MODERNE, *Mise en jeu de la responsabilité administrative en raison des dommages subis par un malade mental à l'intérieur d'un établissement psychiatrique*, *RTDSS* 1970, pp. 405-412. Cet arrêt a été confirmé très rapidement par CE, 4 novembre 1970, *Administration de l'assistance publique à Marseille c/ Sieur Recchi*, *Lebon*, p. 648 ; et CE, 18 décembre 1970, *Département des Vosges c/ Sieur Pagnon*, *Lebon*, p. 1212. Ce dernier arrêt se distingue néanmoins des précédents puisqu'il n'a pas retenu la faute du service psychiatrique, aux motifs que les troubles, dont était atteint l'auteur du dommage, n'exigeaient pas que soit exercé sur lui une surveillance particulière et que le geste par lequel il a frappé la victime était imprévisible.

[146] En l'occurrence, un handicapé mental a été agressé par un de ses condisciples alors qu'ils se trouvaient, avec plus de 130 autres malades, dans une cour de dimensions insuffisantes, sous la surveillance de seulement deux infirmiers.

[147] CE, 24 juin 1921, *Lupiac*, *Lebon*, p.632.

[148] CE, 27 janvier 1933, *de Bony*, *Lebon*, p.135, *D.H.* 1933, 242 ; *S.* 1933, 3, 95 ; CH. WEENS, *Questions de responsabilité soulevées à propos d'un incendie de forêt causé par un aliéné*, *Rev. crit.* 1935 pp. 87-116 ; CE, 19 janvier 1946, *D.* 1946, 39 concl. LEFAS ; CE, 3 février 1956, *Département de la Somme*, *Lebon* p. 50 ; *RPDA* 1956, n° 80, p. 53 ; *AJDA* 1956, II, n° 78 p.96, observations F. COULET ; *AJDA* 1956, II, n° 73 chr. F. GAZIER ; *JCP G* 1956, II, 9608, note D. LÉVY : cette décision est d'autant plus importante qu'elle a été rendue le même jour que l'arrêt *Thouzellier* qui reconnaît la responsabilité de plein droit, fondée sur le risque, d'une institution publique d'éducation surveillée utilisant des méthodes libérales suite au dommage causé par l'un de ses pensionnaires en état d'évasion. Ce parallèle fait apparaître la volonté du Conseil d'Etat de limiter le champ d'application de la théorie du risque. Le recours à la faute simple fut ensuite réaffirmé par CE, 25 juin 1965, *Département de la Mayenne*, *RDP* 1965, 1224.

[149] CE, 27 novembre 1968, *Compagnie d'assurances Le Nord*, *JCP G* 1969, II, 15765, note O. AOUDIA ; F. MODERNE, *Responsabilité des établissements psychiatriques du secteur public à l'égard des tiers*, *RDSS* 1970, pp. 200-207.

[150] F. MODERNE, *Responsabilité des établissements psychiatriques du secteur public à l'égard des tiers*, *art. précit.*, spéc. p. 203 ; V. BRU, *Les problèmes juridiques relatifs aux nouvelles méthodes de traitement des maladies mentales*, *RDSS* 1981, pp. 167-210, spéc. p 174.

[151] *Cf.* J.-F. COUZINET, *La notion de faute lourde administrative*, *art. précit.*, spéc. p. 301.

condition des personnes gardées est de plus en plus encadrée. Les contrôles se sont progressivement multipliés au point d'encadrer rigoureusement l'établissement et l'exercice des pouvoirs de garde sur autrui. L'utilisation de la faute simple participe du renforcement des contrôles du gardien d'autrui, puisque le juge peut plus facilement condamner une administration fautive[152]. L'admission de la faute simple permit ainsi d'adopter un équilibre plus satisfaisant entre l'indemnisation des victimes et la défense de l'action administrative. Cette volonté est d'autant plus manifeste que dans le domaine de la responsabilité du fait des handicapés mentaux, le juge administratif a eu recours aux présomptions déplaçant l'objet de la preuve, afin de faciliter la preuve de cette faute[153]. L'abandon de la faute lourde s'est effectué avec une certaine facilité, il n'en est pas de même en matière pénitentiaire.

***2. L'abandon progressif de la faute qualifiée en matière pénitentiaire***

**522.** L'abandon de la faute lourde semble bien être une tendance de fond du droit de la responsabilité administrative. Alors que le Conseil d'État exigeait traditionnellement la preuve d'une faute lourde pour engager la responsabilité du service public pénitentiaire à raison des dommages causés par un usager à un autre usager ou à un tiers **(a)**, plusieurs solutions récentes ne se réfèrent plus expressément à la faute lourde, nourrissant ainsi le débat sur le maintien de la faute lourde pour la réparation des dommages causés par une personne gardée par le service public pénitentiaire **(b)**.

a. L'exigence traditionnelle d'une faute lourde en matière pénitentiaire

**523. L'exigence traditionnelle de la faute lourde pour les dommages causés par un prisonnier à un codétenu ou à un tiers en cas d'évasion**. Traditionnellement, le Conseil d'État exigeait la preuve d'une faute lourde pour engager la responsabilité du service pénitentiaire du fait des personnes dont il a la garde ou la détention[154]. Cette jurisprudence se justifiait principalement par la volonté de prendre en compte les difficultés de l'activité du service public pénitentiaire et d'accorder une certaine marge d'erreur aux services, qui assurent les missions de garde et de détention de personnes dont le comportement est parfois imprévisible. En somme, le juge administratif accordait une place primordiale à la mission de sécurité et plaçait la victime dans une situation plus difficile. Le juge administratif avait un « *véritable réflexe sécuritaire* »[155].

En présence d'un dommage causé par un prisonnier à un autre prisonnier, le Conseil d'État n'exigeait plus la preuve d'une faute manifeste et d'une particulière gravité[156], mais il conditionnait toujours la responsabilité de la puissance publique à la preuve d'une faute lourde[157]. Il pouvait d'ailleurs se montrer sévère dans l'admission d'une telle faute.

---

[152] Cette idée transparaît d'ailleurs dans certaines décisions du Conseil d'Etat. Ainsi, dans l'arrêt *Compagnie d'assurances Le Nord* (CE, 27 novembre 1968, *précit.*), la haute juridiction administrative n'a pas hésité à affirmer que « *dans les circonstances de l'espèce, l'Hôpital psychiatrique d'A... doit être regardé comme n'ayant pas mis en œuvre, à l'égard des intéressés, compte tenu des nécessités du traitement, une surveillance suffisante* ».

[153] *Cf. infra* n° 534.

[154] F. MODERNE, *La responsabilité des services pénitentiaires à raison des dommages subis par les détenus*, *RPDP* 1979, pp. 575-582 ; P. PONCELA, *La responsabilité du service public pénitentiaire à l'égard de ses usagers détenus*, *RSC* 2000, pp. 232-238.

[155] E. PÉCHILLON, *Sécurité et droit du service public pénitentiaire*, *thèse précit.*, n$^{os}$ 726-774, pp. 391-416.

[156] CE, 4 janvier 1918, *Mineurs Zulémaro*, *Lebon*, p. 9, *D.P.* 1920, 3, 1, note J. APPLETON ; CE, 30 janvier 1948, *Dame veuve Bernard*, *Lebon*, p. 47 ; *JCP G* 1948, II, 4133, concl. CELIER ; CE, 9 avril 1948, *Dame veuve Ciais*, *Lebon*, p. 156 ; CE, 10 novembre 1950, *Dame veuve Desjardins*, *Lebon*, p. 549.

[157] CE, 18 février 1949, *Sieur Pagliano*, *Lebon* p. 87 ; CE, 24 mars 1950, *Sieur Bizière*, *Lebon*, p. 191 ; *S.* 1950, 3, 115 ; CE, 26 juin 1953, *Sieur Fournier*, *Lebon*, p. 328 ; CE, 5 février 1971, *Garde des Sceaux c/ Dame veuve Picard* ; *Lebon*, p.102 ; *D.* 1971, 503, note F. MODERNE ; *JCP G* 1973, II, 17517,

Ne constituait pas une faute lourde le fait de soumettre un détenu, qui avait été placé à plusieurs reprises en hôpital psychiatrique, à un régime d'isolement la nuit et non le jour, ce qui lui avait permis d'assassiner un autre détenu[158].

De même, en présence d'un dommage causé à un tiers par un détenu évadé, la jurisprudence exigea la preuve d'une faute manifeste et d'une particulière gravité[159], puis se contenta d'une faute lourde à partir du moment où le dommage était en relation de causalité directe avec le mauvais fonctionnement du service pénitentiaire[160].

**524. Une jurisprudence déséquilibrée pour les victimes.** L'exigence traditionnelle d'une faute lourde du service public pénitentiaire témoignait d'une certaine réticence à engager la responsabilité de l'administration en raison des difficultés de sa mission et d'un certain déséquilibre entre les intérêts des victimes et ceux de l'administration. Une telle jurisprudence favorisait indéniablement les intérêts du service public pénitentiaire. Ce point s'en trouve d'autant plus renforcé que le juge administratif n'a guère eu recours aux présomptions déplaçant l'objet de la preuve pour les victimes d'un détenu[161]. Il est ainsi manifeste qu'il n'entendait pas favoriser l'indemnisation des victimes. L'attitude du Conseil d'État a néanmoins évolué, puisqu'il ne manifeste plus expressément son attachement à la faute lourde.

b. Vers un abandon de la faute lourde en matière pénitentiaire

**525.** L'abandon de la faute lourde dans le droit de la responsabilité gagne progressivement les différentes branches de l'activité administrative. Le déséquilibre instauré par la faute lourde entre les intérêts des victimes et ceux de l'administration est de plus en plus remis en cause avec le développement croissant des droits des victimes. La faute lourde ne paraît plus satisfaisante pour garantir l'indemnisation des victimes. Aussi, le Conseil d'État s'est progressivement rallié à l'idée d'un abandon de la faute lourde. Cette attitude est d'ailleurs d'autant plus justifiée que la notion de faute lourde paraît réellement indéfinissable[162]. La jurisprudence du Conseil d'État doit néanmoins encore être précisée. Si certaines décisions témoignent d'un abandon progressif de la faute lourde pour la réparation des dommages causés par un détenu à un codétenu (**α**), il n'en demeure pas moins que la preuve d'une faute lourde de l'administration pénitentiaire est encore exigée pour la réparation des dommages causés par un détenu évadé à un tiers (**β**).

*α. L'abandon de la faute lourde pour la réparation des dommages causés par un détenu à un codétenu*

**526. Les interrogations entourant l'arrêt *Wachter*.** L'attachement du Conseil d'État pour la faute lourde en cas de dommage causé à un codétenu a pu paraître excessif. Aussi, la moindre évolution de la part de la haute juridiction administrative a pu être interprétée comme étant le signe d'un prochain revirement. Dans cette logique, l'arrêt *Wachter*, rendu par le

---

note J.-J. FRANSÈS-MAGRE ; *AJDA* 1971, 160 et 147, chr. LABETOULLE et CABANES ; CE, 26 mars 1978, *Remery, Lebon*, p. 222, *D.S.* 1979, IR, 113, obs. F. MODERNE ; CAA Bordeaux, 29 mai 1995, *D.* 1996, 39, note F. MALLOL ; TA Rouen, 3 février 1999, *A., Lebon*, p. 549 ; *LPA*, 18 février 2000, 16, note C. MARLIAC-NÉGRIER.

[158] CE, 5 février 1971, *Garde des Sceaux c/ Dame veuve Picard, précit.*

[159] CE, 4 janvier 1918, *mineurs Zulémaro*, et CE, 4 janvier 1918, *Duchesne, Lebon*, p. 9 et p. 10 ; *D.P.* 1920, 3, 1, note J. APPLETON.

[160] CE, 11 mars 1953, *Oumar Samba Niang Harane, Lebon*, p. 218 ; CE, 3 octobre 1958, *Rakotoarivony, Lebon*, p. 470, *JCP G* 1958, II, 10845, note Ch. BLAEVOET ; CE, 10 mai 1985, *Ramade, Lebon*, p. 148, *AJDA* 1985, 568, obs. L.R. ; *JCP G* 1986, II, 20603, note J.-L. CROZAFON.

[161] *Cf. infra* n° 535.

[162] M. DEGUERGUE, *thèse précit.*, pp. 637-640.

Conseil d'État le 26 mai 1978[163], est apparu comme un premier signe annonciateur. Dans cet arrêt, le juge administratif a retenu la responsabilité de l'administration pour faute lourde, en raison du décès d'un détenu survenu à la suite d'un incendie déclenché par un autre détenu signalé comme étant un individu particulièrement dangereux. Cette solution reste en apparence très classique. Toutefois, le Conseil d'État a pris le soin de préciser que l'administration pénitentiaire est « *responsable de la sécurité des prisonniers* ». L'annotateur de cet arrêt, Monsieur Jean Duffar, souligne que « *grâce à cette formule la victime apparaît discrètement dans l'arrêt* »[164]. Le juge administratif ne pouvait ignorer que le détenu était exposé à un danger que l'administration connaissait et que la victime ne pouvait s'y soustraire en raison du pouvoir exercé par l'administration. Plus fondamentalement, l'utilisation de cette expression a pu surprendre et permettre un parallèle avec l'obligation de sécurité du droit civil. En effet, le Conseil d'État évoque l'existence du rapport d'obligation entre l'administration et le détenu. Or, un tel raisonnement est beaucoup plus fréquent en droit privé, qu'il ne l'est en droit administratif. Aussi, on pourrait déduire de cette formule que l'administration pénitentiaire, ayant pris à sa charge la personne du détenu, devait la « *rendre (…) physiquement intacte à l'expiration de la détention* »[165]. Monsieur Jean Duffar considère, pour sa part, que ce rapprochement avec le droit privé conduirait à mettre à la charge de l'administration une obligation de résultat avec les règles de preuve qui en découleraient, et envisage par conséquent l'application d'une responsabilité sans faute.

**527. La remise en cause indirecte de la faute lourde par l'arrêt *Époux V*.** L'arrêt *Époux V.* du 10 avril 1992[166], rendu en matière de responsabilité médicale, a pu être analysé comme un second signe annonciateur de l'abandon de la faute lourde en matière pénitentiaire. Dans cet arrêt, le Conseil d'État abandonne l'exigence de la faute lourde pour l'admission de la responsabilité du fait des actes médicaux ne pouvant être accomplis que par un médecin ou un chirurgien ou sous leur responsabilité ou surveillance. Cette solution, conforme aux conclusions du commissaire du gouvernement, témoigne non seulement de la volonté du Conseil d'État de simplifier la responsabilité médicale, mais aussi de l'évolution de la responsabilité administrative, partie d'une irresponsabilité de principe vers l'exigence d'une faute simple. Comme le précise le commissaire du gouvernement Legal, « *la tendance de fond, législative et jurisprudentielle, est d'aller de l'irresponsabilité de principe de la puissance publique vers une responsabilité soumise à des règles d'effet aussi contraignant ou plus contraignant que celles du droit commun exprimées dans le Code civil tout en étant distinctes* »[167]. Pour certains auteurs, l'arrêt *Époux V.* constitue une étape importante dans cette évolution, puisqu'il marque l'abandon de la faute lourde dans « *le secteur où l'activité de l'Administration s'exerce probablement dans les conditions les plus délicates* »[168]. C'est pourquoi il justifierait, au nom de la cohérence de l'ensemble de la jurisprudence, un abandon définitif de la faute lourde dans les secteurs où les justifications ne sont pas aussi

---

[163] CE, 26 mai 1978, *Wachter*, *Lebon*, p. 222 ; *D.* 1978. 711, note J. DUFFAR ; *D.* 1979, IR, 113, obs. F. MODERNE ; F. MODERNE, *La responsabilité des services pénitentiaires à raison des dommages subis par les détenus, art. précit.*

[164] J. DUFFAR, note sous CE, 26 mai 1978, *Wachter*, *D.* 1978, 711.

[165] *Cf.* J. DUFFAR, *note précit.*

[166] CE, Ass., 10 avril 1992, *Epoux V.*, *Lebon*, p. 171 ; *GAJA*, n° 116 ; *JCP G* 1992, II, 21881, note J. MOREAU; *RFDA* 1992, 571, concl. H. LEGAL ; *LPA*, 3 juillet 1992, pp. 23-29, note V. HAÏM.

[167] Concl. H. LEGAL, CE, Ass., 10 avril 1992, *Epoux V.*, *précit.*, p. 178.

[168] J. WALINE, *L'évolution de la responsabilité extra-contractuelle des personnes publiques*, *art. précit*, p. 469. Certains auteurs soulignent néanmoins que le passage à la faute simple pour les actes médicaux n'aurait eu que des incidences modestes, *cf.* A. TOUBLANC, *De la prétendue disparition de la faute lourde en matière de responsabilité médicale*, *AJDA* 2004, pp. 1173-1178.

sérieuses[169]. Cependant, il faut bien reconnaître que ce raisonnement peut sembler excessif. Le commissaire du gouvernement s'est d'ailleurs gardé d'une quelconque volonté de généralisation de la faute simple, la solution de l'arrêt ne devrait pas aboutir « *à une évolution à l'identique dans d'autres secteurs* »[170]. La faute lourde se justifie par des motifs de trois ordres qui sont plus ou moins importants selon les cas : la difficulté technique de l'activité, la nature régalienne du service et le souci moral d'effacer les effets d'un comportement jugé scandaleux. Or, il est bien évident que l'administration pénitentiaire est confrontée à des difficultés inhérentes et spécifiques à son activité, qui ne peuvent être comparées à celles rencontrées par le corps médical. De même, les situations dommageables susceptibles de se présenter ne sont pas identiques. Tandis que le délinquant peut blesser un autre détenu à l'intérieur même d'un établissement surpeuplé ou un tiers à la suite d'une évasion, le patient est victime d'erreurs ou de faute au cours d'un traitement fondé sur ce « *colloque singulier* » qui donne toute sa spécificité à cette relation. C'est pourquoi, nous pouvons penser que ce serait une conclusion un peu trop rapide de déduire de l'arrêt *Époux V.* un abandon généralisé de la faute lourde[171].

**528. Les interrogations entourant l'arrêt *Mme Chabba*.** Le 23 mai 2003, le Conseil d'État a retenu, dans son arrêt *Mme Chabba*[172], la responsabilité du service public pénitentiaire dans le suicide d'un détenu en raison de l'existence d'une « *succession de fautes imputables* » à ce service. Le silence remarquable de cet arrêt sur la gravité de la faute laisse penser que le Conseil d'État a purement et simplement renoncé à la faute lourde. Une succession de fautes simples, constituant la cause directe du dommage, est dorénavant suffisante pour engager la responsabilité du service pénitentiaire en cas de suicide d'un détenu. Cet arrêt soulève néanmoins quelques interrogations.

En premier lieu, doit-on limiter cette solution aux suicides des détenus ou doit-on l'étendre à tous les dommages subis par les détenus et notamment aux dommages causés par un codétenu ? Une application restrictive de cette solution ne semble pouvoir être admise. Certes, une application large de cette solution aurait pour conséquence un contrôle accru du juge administratif sur l'activité de l'administration pénitentiaire, néanmoins, l'émergence d'un contrôle plus poussé ne semblerait pas choquante. En effet, la restriction croissante du domaine des mesures d'ordre intérieur insusceptibles de contrôle judiciaire témoigne d'ores et déjà d'un renforcement progressif du contrôle de l'activité de l'administration pénitentiaire[173].

---

[169] J. WALINE, *L'évolution de la responsabilité extra-contractuelle des personnes publiques, art. précit.*, p. 469 : « *Le problème posé est désormais celui de la cohérence de l'ensemble de la jurisprudence : serait-il acceptable d'avoir abandonné le système de la faute lourde en matière hospitalière et de la maintenir, ne serait-ce que nominalement, dans les autres secteurs où ce qui justifiait le recours à la faute lourde était également les conditions délicates présidant à l'activité de l'Administration ? Nous ne voyons pas comment une telle distorsion pourrait se justifier, sauf à se lancer dans d'admirables subtilités ! L'arrêt Epoux V. postule l'abandon de la faute lourde tant en ce qui concerne la police administrative, que le service pénitentiaire et le service de lutte contre l'incendie. (...) L'arrêt Epoux V. devrait être l'occasion d'une réflexion de principe conduisant à "officialiser" l'abandon de la faute lourde dans notre système de responsabilité publique. Ce faisant on resterait dans le droit fil de ce qui caractérise l'évolution du droit de la responsabilité publique depuis des décennies : le souci d'améliorer le sort des victimes* ».

[170] Concl. H. LEGAL, CE, Ass., 10 avril 1992, *Epoux V.*, *précit.*, p. 179.

[171] Rapport public du Conseil d'Etat 2005, *op. cit.*, spéc. pp. 234.

[172] CE, 23 mai 2003, *Mme Chabba* ; *Lebon*, p. 240 ; *AJDA* 2004, 157, note N. ALBERT ; *JCP A* 2003, 1751, note J. MOREAU ; S. DELIANCOURT, *La responsabilité pour faute de l'Etat du fait des suicides en milieu carcéral*, *JCP A* 2005, 1124 ; H. ARBOUSSET, *La responsabilité de l'État dans le domaine pénitentiaire, en débat : comment interpréter l'arrêt Chabba à la lumière des jurisprudences postérieures ?*, *RPDP* 2007, pp. 563-582.

[173] CE, Ass. 17 février 1995, *Hardouin et Marie* ; *Lebon*, p. 82 et p. 83, conl. P. FRYDMAN ; *AJDA* 1995, 379, chr. L. TOUVET et J.-H. STAHL ; *D.* 1995, 381, note N. BELLOUHET-FRIER ; *JCP G* 1995, II,

Dès lors, l'accroissement du contrôle judiciaire par un abandon de la faute lourde s'inscrirait pleinement dans cette tendance jurisprudentielle et renforcerait la protection des usagers du service public pénitentiaire[174]. Cette voie a été suivie par certains tribunaux administratifs et certaines cours administratives d'appel qui ont appliqué la solution du Conseil d'État aux suicides des détenus[175], mais également aux dommages causés par un codétenu[176]. Ainsi, il serait possible d'affirmer que le service public pénitentiaire est responsable sur le fondement de l'existence d'une succession de fautes, imputables au service pénitentiaire, des dommages causés à un détenu par un autre détenu.

En second lieu, dans quelle mesure peut-on admettre que cet arrêt consacre l'abandon de la faute lourde ? Sur ce point, il est manifeste que la disparition de la faute lourde en présence d'un dommage causé par un détenu ne paraît pas totalement acquise. En effet, après cet arrêt *Mme Chabba*, plusieurs cours administratives d'appel ont continué à exiger la preuve d'une faute lourde, afin d'engager la responsabilité du service public pénitentiaire à la suite du suicide d'un détenu[177] ou d'un dommage causé par un codétenu[178]. De prime abord, ces solutions s'opposent à la décision du Conseil d'État. Mais, au-delà de cette simple opposition, elles soulignent d'une certaine façon l'ambiguïté de la solution de l'arrêt *Mme Chabba*. En effet, cet arrêt a substitué au régime de la faute lourde, non pas celui de la faute simple, mais la nécessité d'établir « *une succession de fautes imputables au service pénitentiaire* ». L'évolution jurisprudentielle semble, en définitive, très relative. Le Conseil d'État n'a pas véritablement consacré la faute simple. Au contraire, il est permis de penser qu'une accumulation de fautes simples correspondrait en réalité à une faute lourde[179]. Cette idée est d'autant plus défendable que plusieurs décisions, rendues à propos du service public de la justice judiciaire, ont décidé que des fautes, qui prises isolément ne peuvent être regardées comme une faute lourde, constituent une telle faute lorsqu'elles sont cumulées[180]. Par ailleurs, même si on ne retient pas cette lecture, il est manifeste que l'exigence de plusieurs fautes restreint la responsabilité de l'État et constitue une solution intermédiaire entre la faute lourde et la faute simple. En somme, avec l'arrêt *Chabba*, le Conseil d'État admet plus facilement la responsabilité du service public pénitentiaire, mais montre encore une certaine réticence à la subordonner à une seule faute simple.

**529. L'arrêt *Delorme* du 9 juillet 2007 : une première réponse.** Or, le 9 juillet 2007, le Conseil d'État a rendu un arrêt qui est venu apporter quelques précisions. Même si cet arrêt est simplement « *mentionné aux tables du Recueil Lebon* » – et n'est donc pas « *publié au*

---

22426, note M. LASCOMBE et F. BERNARD ; *LPA*, 28 avril 1995, p.11, note G. VLACHOS ; *RDP* 1995, 1338, note O. GOHIN ; *RFDA* 1995, 353 ; CE, 30 juillet 2003, *Garde des Sceaux, ministre de la Justice c/ Remli*, *Lebon*, p. 366 ; *AJDA* 2003, 2090, note D. COSTA ; *Dr. pénal*, mars 2004, 21, note A. MARON.

[174] N. ALBERT, *L'abandon de l'exigence d'une faute lourde pour engager la responsabilité de l'administration pénitentiaire*, note sous CE, 23 mai 2003, *Mme Chabba*, *AJDA* 2004, 157, spéc. p. 159.

[175] CAA Nancy, 17 mars 2005, *Sidhoum*, req. n° 00NC00415 ; CAA Marseille, 15 novembre 2004, *Garde des Sceaux, ministre de la Justice c/ Dage* ; *JCP A* 2005, 1092, note F. LEMAIRE ; TA Rouen, 17 septembre 2004, *Mme Denise L.* ; *AJDA* 2005, 737, note H. ARBOUSSET.

[176] TA Versailles, 18 mai 2004, *M. et Mme Salah Z.* ; *AJDA* 2004, 2172, note H. ARBOUSSET ; TA Rouen, 26 mai 2005, *M. Jean-François P.* ; *AJDA* 2005, 2247, note H. ARBOUSSET.

[177] CAA Paris, 29 septembre 2003, *Mahdjoub*, req. n° 00PA02317 ; CAA Marseilles, 1er mars 2004, *Bensola-Nouri*, req. n° 00MA02328.

[178] CAA Bordeaux, 30 décembre 2003, req. n° 00BX00264 ; CAA Marseille, 29 mars 2004, req. n° 01MA02289.

[179] F. LEMAIRE, *Abandon confirmé ou survivance de la faute lourde pour l'administration pénitentiaire ?*, note sous CAA Marseille, 15 novembre 2004, *Garde des Sceaux, ministre de la Justice c/ Dage*, *JCP A* 2005, 1092.

[180] CA Paris, 25 octobre 2000 ; *D.* 2001, 580, note C. LIENHARD ; A.P., 23 février 2001 ; *JCP G* 2001, II, 10583, note J.-J. MENURET ; *AJDA* 2001, note S. PETIT ; *D.* 2001, 1752, note C. DEBBASCH ; *Gaz. Pal.* 2001, 2, 1119, concl. R. DE GOUTTES et note E. COLLOMP.

*Recueil Lebon* », il n'en demeure pas moins qu'il apporte une importante précision sur le régime de la responsabilité de l'État du fait des services pénitentiaires[181]. En effet, rendu à propos du suicide d'un prisonnier, cet arrêt retient la responsabilité de l'État sur le fondement d'une simple faute de vigilance. Autrement dit, il ne reprend pas la formule de l'arrêt *Chabba*, n'exige pas une succession de fautes simples et se contente d'une seule faute simple pour engager la responsabilité de l'État. L'évolution est donc importante. Les hésitations de l'arrêt *Chabba* quant à la nature de la faute requise ne sont plus permises. Pour autant, le champ d'application de cette solution reste incertain. Doit-on étendre cette solution à tous les dommages subis par les détenus et notamment aux dommages causés par un codétenu ? Rien n'est moins sûr. Cette solution du 9 juillet 2007, nimbée d'incertitudes, devait donc être précisée.

**530. L'arrêt *Zaouiya* du 17 décembre 2008 : une réponse claire.** Une réponse aux interrogations posées par les arrêts *Mme Chabba* et *Delorme* a été apportée par un arrêt rendu par le Conseil d'État le 17 décembre 2008[182]. Dorénavant, lorsqu'un détenu est victime d'un codétenu, la responsabilité de l'État peut être engagée sur le fondement d'une faute simple. En l'espèce, un détenu, craignant d'être contaminé par une affection cutanée dont était atteint l'occupant d'une cellule voisine, avait exigé d'être déplacé et avait proféré des menaces d'incendie volontaire. Ces menaces furent mises à exécution par la mise à feu de matelas ainsi que de divers objets inflammables présents dans la cellule. Ce geste ne fut pas sans conséquences : deux des codétenus de l'incendiaire périrent des suites de l'inhalation des fumées toxiques dégagées par la combustion des matelas en mousse. La cour administrative d'appel de Versailles retint alors la responsabilité de l'État en relevant plusieurs fautes à la charge de l'administration pénitentiaire. Le Conseil d'État confirma cette solution en précisant « *qu'en estimant que cet ensemble de circonstances présentait un caractère fautif, la cour n'a pas commis d'erreur dans la qualification juridique des faits ; qu'alors même qu'aucune de ces circonstances ne revêt le caratère d'une faute lourde dans l'organisation ou le fonctionnement du service de surveillance des détenus, la cour a pu, sans entacher son arrêt d'une erreur de droit, juger que la responsabilité de l'État était susceptible d'être engagée à raison du décès* » du détenu. Il en ressort donc qu'une faute simple est dorénavant suffisante pour engager la responsabilité de l'État lorsqu'un détenu est victime d'un codétenu. Cette nouvelle avancée de la faute simple est significative. L'insuffisance des mesures de prévention est à l'origine de la responsabilité de l'État. Elle devrait, en outre, avoir des conséquences sur le maintien de la faute lourde pour la réparation des dommages causés aux tiers par un détenu évadé.

*β. Les conséquences de cette jurisprudence sur la réparation des dommages causés aux tiers par un détenu évadé*

**531. Les critiques du recours à la faute lourde pour les dommages causés à un tiers en cas d'évasion.** Inévitablement, l'infléchissement de la jurisprudence sur la faute lourde pour les dommages causés à un détenu devrait avoir des conséquences sur le maintien de la faute lourde pour les dommages causés à un tiers par un détenu évadé. Il serait en effet incompréhensible que les tiers soient moins bien traités que les usagers. Un abandon de la faute lourde, dans cette dernière hypothèse, serait d'autant plus justifié que cette jurisprudence est actuellement fortement critiquée. D'une part, elle semble difficilement compatible avec les

---

[181] CE, 9 juillet 2007, *Delorme*, LPA, 9 octobre 2007, pp. 14-21, concl. M. Guyomar ; AJDA 2007, 2094, note H. ARBOUSSET.

[182] CE, 17 décembre 2008, *Zaouiya*, AJDA 2009, p. 432, concl. I. DE SILVA ; I. DE SILVA, *La rénovation du régime de responsabilité de l'État du fait des services pénitentiaires*, *AJDA* 2009, p. 416 ; L. DE GRAËVE, *Le droit à la vie et l'administration pénitentiaire, Soumission du monde carcéral aux exigences de prévention*, *RFDA* 2009, p. 947.

arrêts qui se contentent d'une faute simple pour un dommage causé par un malade évadé d'un hôpital psychiatrique[183]. D'autre part, elle s'oppose au développement de la responsabilité fondée sur le risque pour les dommages causés par des détenus lors d'une libération conditionnelle, d'une permission de sortie ou en état de semi-liberté[184]. Cette contradiction est d'autant plus manifeste que dans les deux dernières hypothèses, le détenu est considéré comme étant en état d'évasion, s'il n'a pas regagné son lieu de détention le jour fixé[185]. Dès lors, si l'abandon de la faute lourde est clairement affirmé par le Conseil d'État pour les dommages causés aux détenus, il devrait se répercuter aux dommages causés aux tiers en cas d'évasion d'un détenu.

**532.** Ainsi, traditionnellement, la responsabilité du fait des personnes gardées par l'administration est fondée sur la faute. À la différence du droit privé, le droit administratif a abondamment développé toute une casuistique autour de la gravité de la faute, afin de déterminer un équilibre entre les intérêts des victimes et ceux des services administratifs responsables. Toutefois, il est notable que cet équilibre paraît de moins en moins pertinent aux yeux de la haute juridiction administrative. La protection des droits des victimes devient un objectif majeur de la politique jurisprudentielle. Elle se concrétise par une volonté de mettre les justiciables à l'abri d'une « *appréciation casuistique de la gravité de la faute* »[186]. Aussi n'est-il guère surprenant que le Conseil d'État abandonne progressivement le recours aux fautes qualifiées au profit de la faute simple, lorsqu'il envisage la responsabilité du fait des personnes gardées. Il n'en demeure pas moins que cet abandon reste, dans certaines hypothèses, encore incertain dans son étendue et devrait être précisé, ou conforté, afin de clarifier la jurisprudence. Le déclin de la faute qualifiée témoigne ainsi d'une volonté d'adapter la responsabilité pour faute aux besoins des victimes. Une telle volonté se manifeste également par le développement des présomptions de faute.

### B. LE DÉVELOPPEMENT DES PRÉSOMPTIONS DANS LA RESPONSABILITÉ ADMINISTRATIVE POUR FAUTE DU FAIT DES PERSONNES GARDÉES

**533.** Afin de faciliter l'action des victimes, le Conseil d'État ne s'est pas contenté de restreindre le domaine de la faute qualifiée, il a également multiplié les recours aux présomptions[187]. Dans l'absolu, le terme de présomption sert à désigner deux mécanismes bien distincts[188]. En premier lieu, la présomption peut affecter l'objet de la preuve, soit par déplacement de cet objet, soit par exclusion de la preuve. En second lieu, la présomption peut concerner la charge de la preuve. Dans cette hypothèse, sans affecter l'objet de la preuve, elle modifie les règles habituelles de détermination de la personne sur laquelle pèse l'obligation de prouver. L'étude de la jurisprudence révèle que le juge administratif a tendance à utiliser ces deux mécanismes à propos de la responsabilité du fait des personnes gardées. Les présomptions déplaçant l'objet de la preuve **(1)** et les présomptions renversant la charge de la preuve **(2)** permettent ainsi d'assouplir les règles de la responsabilité pour faute.

---

[183] CE, 27 novembre 1968, *Compagnie d'assurances Le Nord*, *précit.*

[184] *Cf. infra* n° 548.

[185] Article D. 125 du Code de procédure pénale.

[186] M. DEGUERGUE, *Le contentieux de la responsabilité : politique jurisprudentielle et jurisprudence politique*, *in Des principes fondateurs à l'effectivité de la règle : bilan et perspectives d'un droit en mutation*, *AJDA* 1995, n° spécial, pp. 211-226, spéc. p. 219.

[187] Sur cette question, *cf.* F. LLORENS-FRAYSSE, *La présomption de faute dans le contentieux administratif de la responsabilité*, préf. J.-A. MAZÈRES, LGDJ, Bibl. dr. pub., t. 149, 1985.

[188] F. TERRÉ, *Introduction générale au droit*, Dalloz, 8e éd., 2009, n° 575, p. 491.

### *1. Les présomptions déplaçant l'objet de la preuve*

**534. Utilisation des présomptions déplaçant l'objet de la preuve pour les dommages causés par des handicapés mentaux**. Les principes fondamentaux du droit de la preuve conduisent à mettre le fardeau de la preuve de la faute de l'administration sur la victime. Cependant, dans certains domaines de l'action administrative, le Conseil d'État a fait un effort pour faciliter la preuve de cette faute en déplaçant son objet[189]. Ce système de présomption aboutit à un déplacement de l'objet de la preuve et ne renverse en rien la charge de celle-ci. Il correspond au mécanisme expressément visé et décrit par l'article 1349 du Code civil. Dans cette hypothèse, la présomption constitue bien « *un raisonnement probatoire, par l'établissement d'un lien logique entre le fait inaccessible à la preuve (objet initial de preuve, "inconnu") et le fait accessible (objet déplacé de preuve, "connu")* »[190]. Ceci est particulièrement vrai pour la responsabilité pour faute du fait des handicapés mentaux. Le juge administratif a tendance à favoriser la victime d'un malade mental évadé. Très souvent, cette dernière dispose de fort peu d'éléments. Elle peut tout au plus invoquer le fait matériel de l'évasion et parfois la constatation des négligences commises par l'administration. Aussi, le juge administratif a pu considérer que l'évasion atteste à elle seule le défaut de surveillance. Il faut pour cela que trois conditions soient réunies : l'interné doit être connu pour ses antécédents judiciaires, son évasion a dû se dérouler sans difficulté véritable et l'administration devait disposer des moyens suffisants pour prévenir cette évasion[191]. Si ces conditions sont vérifiées, le juge n'exigera pas la preuve d'un défaut de surveillance. De tels raisonnements apparaissent dans des arrêts qui retiennent que les circonstances de l'évasion « *révèlent* » ou « *attestent* » un défaut de surveillance[192]. Toutefois, certains auteurs relativisent la portée de telles expressions[193], en expliquant que l'utilisation des présomptions n'est pas systématique et que le terme « *révéler* » a pu être utilisé alors même que la faute était clairement caractérisée[194].

**535. Utilisation limitée des présomptions déplaçant l'objet de la preuve pour les dommages causés par des délinquants**. Le Conseil d'État n'entend pas faire un usage absolu des présomptions déplaçant l'objet de la preuve. Il n'utilise guère ce mécanisme juridique

---

[189] P. DUEZ, *Le développement jurisprudentiel de la responsabilité de la puissance publique, art. précit.*, spéc. p. 603.

[190] F. TERRÉ, *Introduction générale au droit, op. cit.*, n° 576, p. 491.

[191] F. LLORENS-FRAYSSE, *thèse précit.*, n° 402, pp. 242-244.

[192] *Cf.* par ex. : CE, 7 octobre 1955, *Département du Rhône c. dame Veuve Rosati*, *Lebon* p. 470 : « *considérant que les circonstances dans lesquelles le sieur Rosati a pu s'enfuir...alors que sa mise en observation avait été décidée à la suite de deux tentatives de suicide révèlent, en l'espèce, un défaut de surveillance* » ; CE, 3 février 1956, *Département de la Somme, précit.* : « *considérant que les conditions dans lesquelles s'est évadé le sieur Noyon, titulaire de nombreuses condamnations pour vols et évadé à plusieurs reprises de divers établissements psychiatriques attestent l'insuffisance de la surveillance dont il était l'objet.* » ; CE, 27 novembre 1968, *Compagnie d'assurances Le Nord, précit.* : « *considérant que les auteurs du dommage ont pu s'enfuir de l'hôpital psychiatrique en compagnie d'un autre malade en passant par la fenêtre du premier étage du pavillon où ils étaient soignés, et que, selon le rapport des services de police chargés d'enquêter sur les faits précités, le sieur C...avait déjà commis d'autres exactions, antérieurement à la fugue dont il s'agit ; que, dans les circonstances de l'espèce, l'Hôpital psychiatrique d'A... doit être regardé comme n'ayant pas mis en œuvre, à l'égard des intéressés, compte tenu même des nécessités du traitement, une surveillance suffisante* ». On retrouve de telles formules dans d'autres arrêts : CE, 3 juillet 1974, *Centre hospitalier de Lagny*, *Lebon*, p. 1153 ; CE, 4 juin 1976, *Hôpital de Maubeuge*, *Lebon*, p. 1147 ; CE, 12 décembre 1979, *Centre hospitalier de Sevrey*, *Lebon*, p. 464, *RDP* 1980, 875 ; CE, 23 décembre 1981, *Centre hospitalier de Bayonne*, *RDP* 1982, 1432.

[193] P. BON, *La responsabilité du fait des personnes dont on a la garde : sur un rapprochement des jurisprudences administrative judiciaire*, *RFDA* 1991, pp. 991-1002, spéc. p. 998.

[194] *Cf.* par ex. : CE, 23 juin 1986, *Centre hospitalier spécialisé de Maison-Blanche c/ Consorts Gil-Garcia* ; *Lebon*, p. 706 ; *D.* 1987, SC, 112, obs. F. MODERNE et P. BON.

pour les victimes d'un prisonnier[195]. Cette réticence peut se justifier par le souhait du juge de ne pas favoriser l'action de la victime dans un domaine où l'action de l'administration reste encore difficile. Cette idée peut d'ailleurs être confortée par la réticence du juge administratif à abandonner totalement la faute lourde dans ce domaine[196]. Ainsi, il demeure encore quelques domaines de l'action administrative dans lesquels le juge administratif se montre réticent au développement du droit des victimes. Toutefois, il est indéniable que l'idéologie de la protection des victimes n'est pas ignorée par le juge administratif. Le développement des présomptions renversant la charge de la preuve dans le droit de la responsabilité du fait des personnes gardées en est une nouvelle preuve.

### *2. Les présomptions renversant la charge de la preuve*

**536. Les pupilles de l'État**. Toujours dans l'optique de favoriser les victimes, le Conseil d'État a eu recours aux présomptions renversant la charge de la preuve. Toutefois, leur utilisation demeure encore restreinte. Dans le domaine de la responsabilité administrative du fait des personnes gardées, la première utilisation des présomptions renversant la charge de la preuve résulte de l'arrêt *Ingremeau*, rendu par le Conseil d'État le 19 octobre 1990[197]. Nonobstant les conclusions du commissaire du gouvernement défavorables à l'établissement d'une présomption de faute[198], la haute juridiction administrative a admis que la responsabilité d'un département du fait d'un pupille, placé dans une famille d'accueil, peut être engagée sur le fondement d'une responsabilité pour faute présumée. En somme, le juge administratif présume que les parents nourriciers ont commis une faute dans la garde matérielle du mineur de nature à engager la responsabilité du département, gardien

---

[195] E. PÉCHILLON, *thèse précit.*, n[os] 722-725, pp. 388-391. *Cf.* excluant la présomption : CE, 5 février 1971, *Picard, précit.* : « *la circonstance qu'un détenu ait réussi à se procurer, puis à dissimuler une lame façonnée, dont il s'est servi pour tuer un de ses codétenus ne suffit pas à révéler un défaut de surveillance* ».

[196] F. LLORENS-FRAYSSE, *thèse précit.*, n° 407, p. 246-247.

[197] CE, 19 octobre 1990, *Ingremeau*, *Lebon*, p. 284 ; *AJDA* 1990, 869, note E. HONORAT et R. SCHWARTZ ; *D.* 1991, SC, 289, obs. P. BON et PH. TERNEYRE ; *RDP* 1990, concl. CH. DE LA VERPILLIÈRE ; P. BON, *La responsabilité du fait des personnes dont on a la garde : sur un rapprochement des jurisprudences administrative judiciaire*, *RFDA* 1991, pp. 991-1002 ; F. MONÉGER, *Le rapprochement de la jurisprudence du Conseil d'Etat et de la Cour de cassation en matière de « responsabilité du fait des personnes soumises à la surveillance d'autrui » (à propos des arrêts Ingremeau, Conseil d'Etat, 19 octobre 1990 et Blieck, Assemblée plénière, 29 mars 1991)*, *RDSS* 1991, pp. 401-408.

[198] CH. DE LA VERPILLIÈRE, concl. sous CE, 19 octobre 1990, *Ingremeau*, *RDP* 1990, pp. 1866-1874. Le commissaire du gouvernement justifie ainsi le refus d'une présomption de faute en invoquant deux raisons. La première a trait au risque d'introduire de nouveaux déséquilibres jurisprudentiels : « *inspiré par le désir de combler le fossé qui sépare la responsabilité pour faute du régime institué par les alinéas 4 et 7 de l'article 1384, elle en ouvrirait tout aussitôt une autre : en effet, nous avons vu que les juridictions judiciaires appliquent un régime de responsabilité pour faute dans toutes les situations n'entrant pas dans le champ des alinéas 4 et 7 de l'article 1384, notamment lorsqu'elles ont à connaître d'actions en responsabilité dirigées contre le service de l'aide sociale à l'enfance à raison d'accidents causés par des pupilles de l'Etat. Il faut donc prendre garde à ne pas créer une divergence de jurisprudence là où il n'en existe pas* ». La seconde consiste en la défense d'un simple infléchissement dans l'admission de la faute dans certaines hypothèses : « *l'amélioration souhaitable des conditions d'indemnisation des victimes nous paraît relever non d'une innovation jurisprudentielle, mais d'un simple infléchissement. Il nous semble en particulier que la faute du service ou des parents nourriciers devrait être plus libéralement admise lorsqu'il résulter de l'instruction que l'auteur du dommage était atteint de débilité mentale, même légère, et lorsqu'il a trouvé au domicile de ses parents nourriciers l'objet dangereux (carabine, arc, etc…) dont il s'est servi pour blesser un tiers. Mais pour l'essentiel, nous vous suggérons de maintenir la jurisprudence actuelle* ».

intellectuel du mineur. Une telle solution, reprise par la suite[199], constituait en 1990 une avancée remarquable de la responsabilité administrative du fait des mineurs. Elle rompt avec l'exigence de la preuve de la faute[200], aligne la responsabilité administrative sur la responsabilité civile des parents, alors fondée sur une présomption de faute, et favorise les victimes.

**537. Les mineurs confiés à un département sur le fondement d'une mesure d'assistance éducative.** Constituant une avancée jurisprudentielle favorable aux victimes, l'utilisation des présomptions renversant la charge de la preuve a été étendue par certaines juridictions aux dommages causés par des mineurs confiés à un département en exécution d'une mesure d'assistance éducative. Tandis que, dans cette hypothèse, le Conseil d'État retenait traditionnellement que la responsabilité d'un département ne pouvait être engagée que sur le fondement d'une faute prouvée[201], la cour administrative de Bordeaux, rapidement suivie par d'autres juridictions[202], a admis, dans un arrêt du 2 février 1998[203], que cette responsabilité pouvait être une responsabilité pour faute présumée.

**538.** En résumé, il apparaît que, traditionnellement, la responsabilité administrative du fait des personnes gardées est fondée sur la faute. Sous l'influence du développement des droits des victimes, cette responsabilité a connu de profondes mutations avec un recul de la faute qualifiée et une multiplication des présomptions déplaçant l'objet de la preuve ou renversant la charge de la preuve. Le Conseil d'État a néanmoins pris conscience que la responsabilité pour faute ne peut être invoquée dans certaines situations de garde d'autrui. L'utilisation de la responsabilité pour faute a ainsi montré ses limites avec le développement de méthodes plus libérales de garde pour les handicapés mentaux, les délinquants et les mineurs. Très souvent, la victime ne peut établir une faute de l'administration. Aussi le Conseil d'État a-t-il admis l'existence d'une responsabilité sans faute du fait des personnes gardées fondée sur la théorie du risque.

## § 2. LA RESPONSABILITÉ ADMINISTRATIVE DU FAIT DES PERSONNES GARDÉES FONDÉE SUR LA THÉORIE DU RISQUE

**539.** Le développement des méthodes plus libérales de garde des mineurs, des handicapés mentaux ou des délinquants a confronté le juge administratif à de nouveaux problèmes. En relâchant la surveillance des personnes gardées, l'adoption de ces méthodes a corrélativement augmenté le risque de dommages aux tiers et anéanti les possibilités de

---

[199] *Cf.* par ex. : TA Rennes, 2 juillet 1997, *RDSS* 1998, 368, note J.-M. LHUILLIER et dans la même affaire : CAA Nantes, 25 avril 2002, *AJDA* 2002, 1077, note M. GHEBALI-BAILLY.

[200] CE, 30 novembre 1956, *Département de la Marne c. Faron*, *Lebon*, p. 452 ; CE, 3 novembre 1976, *Ministre de la justice c/. Société d'assurances modernes des agriculteurs et Nemoz*, *Lebon*, p. 471 ; *RTDSS* 1977, 437, concl. D. LABETOULLE ; CE, 30 juin 1986, *Dame Lallée*, *Lebon*, p 707 ; *D.* 1987, SC, 117, obs. F. MODERNE et P. BON.

[201] T. confl., 20 janvier 1945, *Du Verne c/ Département de la Nièvre*, *Lebon*, p. 274 ; *JCP G* 1945, II, 2868, note J. M. ; CE, 11 avril 1973, *Département de la Marne*, *Lebon*, p. 1101.

[202] CAA Nantes, 18 novembre 1999, *M. et Mme Thomas*, req. n° 96NT00505 ; TA Lyon 8 janvier 2002, *Electricité de France* ; *RCA* 2003, comm. 17, note CH. GUETTIER ; *LPA*, 19 septembre 2002, p. 10, concl. J.-P. MARTIN. *Cf.* également : CH. GUETTIER, *Quel régime de responsabilité administrative en cas de dommages causés aux tiers par un mineur placé au titre de l'assistance éducative ?*, *AJDA* 2002, pp. 1378-1386.

[203] CAA Bordeaux, 2 février 1998, *Consorts Fraticola c. Département de l'Aude*, *JCP G* 1998, II, 10041, note D. PEANO ; *AJDA* 1998, 232 et 285, note G. VIVENS ; *RDP* 1998, p. 579, concl. D. PEANO ; *LPA*, 12 août 1998, 30, concl. D. PEANO.

caractériser une faute de surveillance. Dans de telles hypothèses, la victime devait rechercher une faute en amont, c'est-à-dire une faute dans l'organisation du mode de vie de la personne gardée. Prenant conscience de ces difficultés, le Conseil d'État a souhaité protéger les victimes en adoptant une responsabilité sans faute du fait des personnes gardées faisant l'objet de méthodes plus libérales de traitement ou d'éducation. Dans cette optique, la haute juridiction administrative a choisi de fonder cette responsabilité sans faute sur la théorie du risque créé **(A)** et a expressément rejeté tout développement d'une responsabilité sans faute directement fondée sur la notion de garde d'autrui **(B)**.

### A. LE DÉVELOPPEMENT DE LA RESPONSABILITÉ SANS FAUTE DU FAIT DES PERSONNES GARDÉES SUR LE FONDEMENT DE LA THÉORIE DU RISQUE

**540.** Nous avons constaté que, traditionnellement, les responsabilités publiques, susceptibles d'être engagées du fait d'un dommage causé par un mineur, un délinquant ou un handicapé mental interné, reposent sur une faute de l'administration. Or, du fait de l'évolution des méthodes de garde, la recherche d'une telle faute est devenue de plus en plus difficile, voire impossible. En réponse, les juridictions administratives ont eu recours à la responsabilité sans faute fondée sur la théorie du risque créé. Néanmoins, le recours à ce fondement limite le domaine d'application de la responsabilité sans faute. Ceci est manifeste pour la responsabilité du fait des personnes gardées par l'administration. Aussi, l'étude de l'émergence et du développement de la responsabilité sans faute fondée sur la théorie du risque **(1)** peut être complétée par une analyse des applications concrètes de cette responsabilité dans la responsabilité du fait des personnes gardées **(2)**.

#### *1. L'émergence et le développement de responsabilités sans faute fondées sur le risque*

**541. L'essor de la responsabilité sans faute fondée sur la théorie du risque.** En droit administratif, la responsabilité sans faute s'est développée à une époque où cette notion était encore totalement inconnue en droit civil. Ce phénomène s'explique par le principe de l'autonomie du droit de la responsabilité de la puissance publique posé par l'arrêt *Blanco*[204]. Cet arrêt a énoncé ce principe afin d'éviter que cette responsabilité ne soit « *générale et absolue* », ce à quoi aurait inévitablement conduit l'application des règles du Code civil. Cette répudiation des règles civilistes a en définitive permis au Conseil d'État d'aller beaucoup plus loin dans la recherche de l'engagement de la responsabilité et d'admettre assez largement la responsabilité sans faute fondée sur la théorie du risque. La consécration jurisprudentielle implicite[205] de la théorie du risque en droit administratif intervint avec l'arrêt *Cames* du 21 juin 1895[206], qui admit la responsabilité sans faute de la puissance publique à l'égard d'un ouvrier de l'État victime d'un accident de travail. Cette décision, précédant la loi du 9 avril 1898 sur les accidents de travail, consacre la théorie du risque professionnel et plus généralement la responsabilité pour risque. Dès lors, l'essor de la responsabilité sans faute n'a cessé de grandir[207], au point que certains auteurs se sont

---

[204] T. confl., 8 février 1873, *Blanco, précit.*

[205] M. DEGUERGUE, *thèse précit.*, pp. 121-125.

[206] CE, 21 juin 1895, *Cames*, *Lebon*, p. 509, concl. J. ROMIEU ; *GAJA*, n° 6, pp. 39-44 ; *S.* 1897, 3, 33, concl. J. ROMIEU, note M. HAURIOU ; *D.* 1896, 3, 65, concl. J. ROMIEU.

[207] R. CHAPUS, *Droit administratif général*, *op. cit.*, t. 1, n^os 1484-1520, pp. 1335-1382 ; P. AMSELEK, *La responsabilité sans faute des personnes publiques d'après la jurisprudence administrative*, *in Recueil d'études en hommage à* CH. EISENMANN, Éditions Cujas, 1977, pp. 233-262 ; Rapport public du Conseil d'État 2005, Considérations générales, *Responsabilité et socialisation du risque*, *op. cit.*, pp. 205-338.

interrogés sur l'avenir de la faute en droit administratif[208]. Face au développement de ce type de responsabilité, la faute, limitant la responsabilité de la puissance publique, n'aurait plus qu'un rôle résiduel et ne serait *« guère plus qu'une espèce de bornage* [que le Conseil d'État] *déplace ou même écarte délibérément lorsque la nécessité s'en fait sentir »*[209]. Cette idée n'est toutefois pas partagée par tous les auteurs. Certains estiment, au contraire, que la responsabilité pour faute est le principe et la responsabilité sans faute l'exception[210]. Cette seconde solution semble plus correcte. En dépit de la multiplication de ses emplois, l'utilisation de la théorie du risque n'a pas accru démesurément le domaine de la responsabilité sans faute. Le recours à la théorie du risque reste réservé aux victimes prouvant que leur dommage s'est produit à l'occasion d'une situation administrative présentant un risque spécial. En ce sens, elle constitue « *un instrument destinée à sélectionner les victimes particulièrement dignes d'intérêt* »[211]. La théorie du risque permet ainsi de contenir tout emballement de la responsabilité sans faute.

**542. Les justifications de l'essor de la théorie du risque**. Parmi les responsabilités sans faute, les auteurs[212] distinguent, en général, les responsabilités pour risque et les responsabilités pour rupture d'égalité devant les charges publiques. La responsabilité pour risque s'est tout particulièrement développée dans les situations où un particulier est exposé à un danger résultant de l'activité administrative. Un tel danger peut résulter de l'utilisation de choses dangereuses ou de nouvelles méthodes de garde, diminuant l'intensité du pouvoir exercé par une personne publique sur la personne gardée. Les justifications du recours à la théorie du risque dans cette situation sont multiples. Tout d'abord, il est certain que l'auteur du dommage ne se trouvant plus sous la surveillance directe et permanente du responsable, il est beaucoup plus difficile, voire impossible, d'établir l'existence d'une faute, à moins de considérer comme fautif un comportement administratif qui ne l'était pas[213]. Certes, ce mode de raisonnement des juges administratifs est assez classique. La « *plasticité et l'élasticité de la faute* »[214], associées à la grande liberté du Conseil d'État, lui permettent d'adopter une jurisprudence très favorable aux victimes, mais nettement plus discutable sur le terrain de la théorie. Toutefois, avec de telles solutions, le Conseil d'État a tendance à vider de tout contenu la notion de faute. De même, il est extrêmement difficile de considérer que la

---

[208] F. LLORENS-FRAYSSE, *Le poids de la faute dans la responsabilité administrative*, *art. précit.* ; G. SOULIER, *Réflexions sur l'évolution et l'avenir du droit de la responsabilité de la puissance publique*, *art. précit.*, spéc. pp. 1090-1093.

[209] G. SOULIER, *art. précit.*, p. 1091.

[210] F. LLORENS-FRAYSSE, *art. précit.*

[211] CH. GUETTIER, *Du droit de la responsabilité administrative dans ses rapports avec la notion de risque*, *AJDA* 2005, pp. 1499-1505, spéc. p. 1502.

[212] R. CHAPUS, *Droit administratif général*, *op. cit.*, t. 1, n[os] 1484-1520 , pp. 1335-1382 ; P. DELVOLVÉ, *Le principe d'égalité devant les charges publiques*, préf. G. VEDEL, LGDJ, Bibl. dr. pub., t. 88, 1969, n[os] 354-505, pp. 237-321 ; CH. DEBOUY, *Le droit français de la responsabilité administrative : métamorphose ou permanence ?*, *art. précit.*, spéc. p.266. D'autres auteurs considèrent au contraire que la rupture d'égalité devant les charges publiques serait l'unique explication de tous les cas de responsabilité sans faute : G. SOULIER, *art. précit.*, p. 1054 ; J. WALINE, *L'évolution de la responsabilité extra-contractuelle des personnes publiques*, *art. précit.*, spéc. p. 470 ; D. PHILIPP, *De la responsabilité à la solidarité des personnes publiques*, *RDP* 1999, pp. 593-631 ; CH. GUETTIER, *Du droit de la responsabilité administrative dans ses rapports avec la notion de risque*, *art. précit.*, spéc. p. 1500.

[213] Le Conseil d'Etat fit un tel raisonnement avec l'arrêt *de Bony* (CE, 27 janvier 1933, *Lebon*, p. 135, *précit.*). Un incendie avait été involontairement allumé par deux pensionnaires d'un asile qui se promenaient dans le parc de l'établissement. Or, il ne semble pas que le seul fait d'autoriser les malades à se promener dans l'enceinte même d'un établissement psychiatrique constitue une faute lourde de surveillance, alors que de telles promenades étaient prévues par le règlement intérieur et réservées aux malades tranquilles.

[214] G. SOULIER, *art. précit.*, spéc. p. 1075.

décision de soumettre un délinquant ou un malade mental à un régime plus libéral d'internement ou de traitement puisse révéler une faute. En effet, il faudrait pour cela discuter le bien fondé de la décision prise. Ceci paraît malaisé et pourrait soit interdire toute réparation publique, soit condamner, à terme, ces nouvelles méthodes d'internement. Ensuite, le risque créé par l'utilisation de telles méthodes est réel, du fait de la plus grande liberté accordée à des personnes qui, en l'absence de ces méthodes, seraient internées. Enfin, la théorie de la responsabilité pour risque, tout comme celle de la faute lourde, présente l'avantage d'éviter au juge tout jugement sur l'activité de l'administration, tout en accordant une réparation à la victime. Il n'est dès lors guère surprenant que la théorie du risque ait prospéré pour les dommages résultant de la mise en œuvre de méthodes de garde plus libérales.

***2. Les responsabilités pour risque lié à l'utilisation de méthodes de garde plus libérales***

**543.** S'il faut traditionnellement une faute pour engager la responsabilité de la personne publique assurant la garde d'une personne, le Conseil d'État a établi tout un système de responsabilité fondé sur la théorie du risque. Cette théorie permet d'engager la responsabilité de l'État en raison du risque spécial causé par l'emploi de méthodes libérales de rééducation, ou de traitement pénitentiaire ou psychiatrique imposé par le législateur. Si cette responsabilité sans faute ne s'applique que pour certains dommages causés par des personnes gardées, elle n'est pas pour autant une conséquence de l'exercice d'un pouvoir de garde. La responsabilité recherchée est celle de la personne publique à l'origine de la création du risque et non celle de la personne assurant la garde de l'auteur du dommage. En somme, le développement de la responsabilité fondée sur le risque a contribué à l'éclatement de la responsabilité de la puissance publique en raison des dommages causés par une personne gardée. La responsabilité pour faute de la personne gardienne et la responsabilité sans faute de la personne à l'origine de la création du risque coexistent. Attachée à l'établissement d'un risque spécial causé par l'emploi de méthodes plus libérales de garde, cette responsabilité de plein droit a un domaine d'application nécessairement réduit. Elle s'applique lorsque le dommage est survenu alors qu'un prisonnier **(a)** ou un handicapé mental **(b)** faisait l'objet d'une méthode libérale de garde.

a. Le recours à la responsabilité pour risque justifié par l'utilisation de nouvelles méthodes de garde des délinquants

**544.** Les conditions de garde des délinquants ont progressivement évolué vers une plus grande prise en considération de leur situation juridique. L'enfermement pénitentiaire n'est plus seulement regardé comme le moyen de protéger la société de personnes dangereuses. Il devient, dans certains cas, l'instrument d'une politique de réinsertion qui se concrétise par des aménagements dans les modalités de l'exécution de la peine. Ces considérations s'appliquent aussi bien aux délinquants mineurs **(α)** qu'aux prisonniers majeurs **(β)**.

*α. Les responsabilités de plein droit du fait des délinquants mineurs fondés sur la théorie du risque*

**545. La responsabilité de l'État du fait des mineurs délinquants placés dans une institution publique d'éducation surveillée**. Pour les délinquants mineurs, le recours à la théorie du risque a débuté avec l'arrêt *Thouzellier*, rendu par le Conseil d'État le 3 février 1956[215] à propos d'un dommage causé par un mineur placé dans une institution publique

[215] CE, 3 février 1956, *Thouzellier*, *Lebon*, p. 49 ; *D.* 1956, 596, note J.-M. AUBY ; *RPDA* 1956, n° 78, p. 51, note F.-P. BENOIT ; *AJDA* 1956, II, n° 78, p. 96, note GAZIER ; *RDP* 1956, 854, note M. WALINE ; *S.* 1956, 153 ; *Gaz. Pal.* 1956, 1, 296 ; *JCP G* 1956, II, 9608, note D. LÉVY ; *Sauvegarde* 1956, 526, note P. RAYNAUD ; P. MARTAGUET et PH. ROBERT, *La responsabilité des établissements de rééducation en cas de fugue des mineurs*, *RSC* 1962, pp. 723-741. *Cf.* également : P. MARTAGUET et PH. ROBERT, *Responsabilité des établissements de rééducation par le fait des mineurs, Aperçus*

d'éducation surveillée et soumis à un régime plus libéral d'internat en exécution des prescriptions de l'ordonnance du 2 février 1945 relative à l'enfance délinquante. De prime abord, on pourrait estimer que le Conseil d'État a institué une responsabilité sans faute du fait des personnes dangereuses[216]. En effet, l'arrêt précise qu'il s'agissait de « *pensionnaires appartenant à la catégorie de ceux envoyés à Aniane* ». Cette institution ne recevant que les mineurs ayant commis les infractions les plus graves, cette simple précision suffit pour montrer le caractère dangereux des auteurs du dommage. Une telle interprétation agrandirait considérablement le domaine d'application de cette solution. Elle serait dès lors susceptible de s'appliquer à tous les dommages causés par des délinquants gardés par le service public pénitentiaire. Néanmoins, le Conseil d'État précise immédiatement que cette responsabilité n'est pas liée aux pensionnaires pris individuellement, mais à l'utilisation de méthodes plus libérales. L'application de la théorie du risque est ainsi clairement justifiée par la mise en œuvre de méthodes de garde plus libérales.

Par ailleurs, le Conseil d'État a limité le domaine d'application de cette nouvelle jurisprudence aux dommages subis par « *les tiers résidant dans le voisinage* » de l'établissement. En pratique, le terme de voisinage correspond à une distance assez restreinte : vingt à trente kilomètres[217]. Au-delà, une indemnisation ne peut être obtenue que sur le fondement d'une faute. Cette condition du voisinage a été fortement critiquée[218]. Elle instaurait en effet une discrimination difficilement justifiable entre les victimes en fonction de leur lieu de résidence. Cette condition, implicitement écartée en 1965 dans les arrêts *Caisse primaire de la sécurité sociale de la Région parisienne* et *Compagnie d'assurance La Zurich*[219], a été explicitement supprimée par l'arrêt *Trouillet* du 9 mars 1966[220].

En dépit de ces avancées jurisprudentielles, cette responsabilité sans faute de l'État reste limitée. Elle s'applique uniquement aux mineurs faisant l'objet d'une mesure libérale de rééducation. En l'absence de mesures plus libérales de rééducation, cette jurisprudence, fondée sur le risque créé, ne peut s'appliquer. Seule la responsabilité pour faute de la personne publique, assurant la garde de l'auteur du dommage, peut être recherchée. Ce système jurisprudentiel est surprenant, puisqu'il établit une différence de traitement difficilement justifiable entre les victimes. Le régime de la responsabilité du fait des mineurs délinquants varie en fonction de circonstances de fait. La victime recherche tantôt la responsabilité sans faute de l'État, tantôt la responsabilité pour faute de la personne publique gardienne de l'auteur du dommage.

En effet, il est manifeste que la responsabilité pour risque n'est pas fondée sur la notion de garde. S'il est vrai qu'elle s'applique aux dommages causés par une personne gardée, elle n'est pas pour autant une conséquence de l'exercice du pouvoir de garde. Cette responsabilité pèse sur l'État, à l'origine de nouvelles méthodes de rééducation des mineurs délinquants, et

---

*complémentaires à propos de décisions récentes*, *RSC* 1964, pp. 325-339 ; J. VINCENT et J. PRÉVAULT, *La responsabilité civile du fait des mineurs inadaptés*, *D.* 1965, chr. XXXIII, pp. 201-206.

[216] J.-M. AUBY, note sous CE, 3 février 1956, *Thouzellier*, *précit.*

[217] J. VINCENT et J. PRÉVAULT, *La responsabilité civile du fait des mineurs inadaptés*, *art. précit.*, spéc. pp. 203-204.

[218] P. MARTAGUET et PH. ROBERT, *La responsabilité des établissements de rééducation en cas de fugue des mineurs*, *art. précit.*, spéc. pp. 733-734. *Cf.* également les critiques développées par le commissaire du gouvernement BRAIBANT dans ses conclusions sous CE, 9 mars 1966, *Trouillet*, *JCP G* 1966, II, 14811.

[219] CE, 24 février 1965, *Caisse primaire de la sécurité sociale de la Région parisienne* et 26 mars 1965, *Compagnie d'assurance La Zurich*, *Lebon*, p. 127 et p. 1052 ; *AJDA* 1965, 339, chr. M. PUYBASSET et J.-S. PUISSOCHET ; *D.* 1966, 322, note J. VINCENT et J. PRÉVAULT. Ces arrêts ont néanmoins écarté la responsabilité de l'Etat au motif qu'il ne résultait pas des circonstances l'existence d'un lien direct de cause à effet entre le fonctionnement de l'institution publique d'éducation surveillée et le dommage subi.

[220] CE, 9 mars 1966, *Ministre de la justice c. sieur Trouillet*, *Lebon*, p. 201 ; *AJDA* 1966, 520, note A. DE LAUBADERE. ; *JCP G* 1966, II, 14811, concl. G. BRAIBANT, note F. MODERNE.

non sur le gardien d'autrui. L'État est responsable parce que les institutions sont tenues d'appliquer les méthodes de traitement définies par le législateur et axées sur la pédagogie éducative, la formation du caractère, l'instruction générale ou professionnelle, en dehors de toute idée d'incarcération[221]. Ainsi, la garde et la responsabilité sans faute ne sont pas liées. Dès lors, il n'est pas surprenant que cette responsabilité de l'État, fondée sur le risque, ait été étendue aux dommages causés par des mineurs délinquants placés dans des institutions privées de rééducation.

**546. La responsabilité de l'État du fait des mineurs délinquants placés dans une institution privée d'éducation surveillée.** Le développement de la responsabilité de plein droit du fait des mineurs délinquants, placés dans une institution publique d'éducation surveillée, a posé la question du sort des victimes de mineurs placées dans une institution privée d'éducation surveillée et suivant les mêmes méthodes de traitement. Devant le juge judiciaire, la victime pouvait uniquement invoquer la responsabilité pour faute de l'article 1382 du Code civil. En somme, le sort des victimes variait en fonction de la nature de l'établissement de rééducation. Une évolution devenait nécessaire.

Plusieurs auteurs défendirent une unification du contentieux de la responsabilité du fait du mineur en rééducation[222]. Dans cette optique, on pouvait envisager soit l'émergence d'un bloc de compétence au profit du juge administratif ou judiciaire, soit admettre des solutions identiques devant ces deux juges. Tout d'abord, on a pu défendre la compétence exclusive du juge judiciaire en invoquant l'application de la responsabilité des instituteurs. Néanmoins, si cette option permettait de créer un bloc de compétence, elle ne favorisait pas la victime puisque, depuis la loi du 5 avril 1937, la responsabilité des instituteurs est une responsabilité pour faute prouvée. Aussi, si la Cour de cassation a pu attribuer la qualité d'instituteur à une institution privée d'éducation surveillée[223], le Tribunal des conflits a expressément écarté cette solution dans une décision du 25 mars 1968[224]. La loi du 5 avril 1937 ne s'applique qu'aux membres de l'enseignement public. Or, si les agents du service de l'éducation surveillée du ministère de la Justice exécutent des tâches d'enseignement, ces dernières ne constituent qu'« *un des moyens mis en œuvre en vue de leur mission essentielle de rééducation des mineurs qui leur sont confiés* »[225]. Il s'ensuit que ces agents n'ont pas la qualité de membres de l'enseignement public et que la loi du 5 avril 1937 n'est pas

---

[221] Cette solution pourrait laisser penser que la responsabilité de l'Etat serait une responsabilité du fait de la loi. Toutefois, cette idée doit être écartée. En effet, la responsabilité de l'Etat législateur suppose la réunion de conditions très strictes : d'une part, la loi ne doit pas avoir exclu tout droit à réparation et d'autre part, le préjudice causé par une loi doit être d'une gravité suffisante et présenter un caractère spécial. La spécialité du préjudice se manifeste en ce qu'il atteint un nombre restreint d'individus (*Cf.* R. CHAPUS, *Droit administratif général*, *op. cit.*, t. 1, n$^{os}$ 1516-1520, pp. 1374-1382). Or, en l'occurrence, la catégorie des tiers victimes est susceptible d'englober un nombre indéterminé de victimes. Par ailleurs, comme le souligne le Commissaire du gouvernement GRÉVISSE, dans ses conclusions rendues à propos de l'arrêt *Établissements Delannoy*, (*RDP* 1970, pp. 787-805, spéc. pp. 796-797), la loi n'a causé par elle-même aucun préjudice, elle a seulement fait naître pour les tiers une chance nouvelle de dommage. Aussi ne peut-on parler de responsabilité du fait de la loi.

[222] P. MARTAGUET et PH. ROBERT, *La responsabilité des établissements de rééducation en cas de fugue des mineurs, art. précit.*; P. MARTAGUET et PH. ROBERT, *Responsabilité des établissements de rééducation par le fait des mineurs, Aperçus complémentaires à propos de décisions récentes, art. précit.* ; P. MARTAGUET et PH. ROBERT, *La responsabilité des établissements de rééducation (Solution ou évolution ?)*, *D.* 1966, chr. V, pp. 17-22 ; J. VINCENT et J. PRÉVAULT, *La responsabilité civile du fait des mineurs inadaptés, art. précit.*

[223] Crim., 20 février 1964, *JCP G* 1965, II, 14330, note R. COMBALDIEU.

[224] T. confl., 25 mars 1968, *Consorts Aurenge*, *Lebon* 793 ; *D.* 1968, 534, concl. A. DUTHEILLET DE LAMOTHE ; *RTDSS* 1968, 398, note F. MODERNE ; *JCP G* 1969, II, 15819, note PH. ROBERT ; *RTDSS* 1969, 193, note J. IMBERT.

[225] T. confl., 25 mars 1968, *Consorts Aurenge*, *précit.*

applicable. Ensuite, certains tribunaux judiciaires[226] ont envisagé de recourir à la théorie du service public[227], mais l'ont écartée immédiatement. Bien que l'établissement privé de rééducation prête son concours bénévole à l'État en vue d'un service public, on ne peut déduire la responsabilité de l'État de la seule participation d'une personne privée à un service public. Enfin, c'est également à cette époque que certains juges du fond ont de nouveau envisagé une relecture ambitieuse de la fin de l'alinéa 1er de l'article 1384 du Code civil et reconnu l'existence d'un principe général de responsabilité du fait d'autrui. Ainsi, le 27 février 1965, le tribunal pour enfants de Dijon[228] retint la responsabilité d'un établissement de rééducation en se fondant sur cet article. Cependant, une telle analyse était en contradiction avec la jurisprudence et la doctrine dominantes.

En somme, à moins d'une modification profonde de la jurisprudence de la Cour de cassation sur l'interprétation de l'article 1384, alinéa 1er du Code civil, aucune solution satisfaisante ne pouvait être trouvée sur le terrain du droit civil. Seule la responsabilité civile pour faute de l'institution privée pouvait être recherchée[229]. Aussi n'est-il guère surprenant qu'en 1970, le Conseil d'État ait retenu la responsabilité sans faute de l'État pour risque créé à la suite d'un dommage causé à un tiers par un mineur placé dans une institution privée d'éducation surveillée, alors qu'il faisait l'objet de méthodes plus libérales de garde[230]. Il est dès lors manifeste que la responsabilité de l'État du fait des mineurs placés dans un établissement sur le fondement de l'ordonnance du 2 février 1945 n'est absolument pas fondée sur la garde. La puissance publique n'est pas gardienne des mineurs placés dans un établissement privé. Au contraire, la garde est assurée par cet établissement privé. Le fondement de cette responsabilité est bien le risque créé par l'adoption de méthode plus libérale de rééducation. « *L'audace du Conseil d'État* »[231], pleinement justifiée par les insuffisances de la jurisprudence judiciaire fondée sur la faute, témoigne ainsi d'une volonté d'unification des solutions entre les secteurs privés et publics, afin de mieux protéger les victimes de mineurs délinquants. Toutefois, l'unification a ses limites, puisqu'elle n'interdit

---

[226] CA Riom, 18 octobre 1961, inédit, cité par P. MARTAGUET et PH. ROBERT, *La responsabilité des établissements de rééducation en cas de fugue des mineurs, art. précit.*, p. 727.

[227] P. MARTAGUET et PH. ROBERT, *La responsabilité des établissements de rééducation en cas de fugue des mineurs, art. précit.*, spéc. pp. 726-728.

[228] T. enf. Dijon, 27 février 1965, *D.* 1965, 439 ; *Gaz. Pal.* 1965. I. 297 ; *RTD civ.* 1965, 651, n° 6, note R. RODIÈRE ; *RTDSS* 1965, 175, note P. RAYNAUD ; R. LEGEAIS, *Un article à surprise ou le nouvel essai de généraliser la responsabilité civil du fait d'autrui. D.* 1965. chr. XXXI, pp. 131-134.

[229] Crim., 11 juin 1970, *Gaz. Pal.* 1970, 2, 146, note J.-P. D.

[230] CE, 19 décembre 1969, *Etablissements Delannoy, Lebon*, p. 595 ; *D.* 1970, 268, note J.-M. GARRIGOU-LAGRANGE ; *RTDSS* 1970, 178, note F. MODERNE ; *AJDA* 1970, I, 99, chr. R. DENOIX DE SAINT-MARC et D. LABETOULLE. ; *RDP* 1970, 787, concl. S. GRÉVISSE et 1220, notre M. WALINE ; *J.C.P.* 1971, II, 16668 ; CE, 20 mars 1970, *Ministre de la Justice c. Compagnie Winterthur, JCP G* 1971, II, 16668. Sur ces deux arrêts, *cf.* : PH. ROBERT, *La responsabilité de l'Etat du fait des mineurs en rééducation, JCP G* 1971, I, 2389. Cette solution a été reprise par la suite : CE, 14 juin 1978, *Garde des Sceaux, ministre de la Justice c/ Mutuelle générale française accident et garage Caron et Dodon, Lebon*, p. 258 ; CE, 14 juin 1978, *Garde des Sceaux, ministre de la Justice et ministre de la Santé c/ S.O.C.O.F.A., Lebon*, p. 259. Sur ces deux arrêts, *cf.* : *AJDA* 1978, 556, note O. DUTHEILLET DE LAMOTHE et Y. ROBIENAU ; *RDSS* 1978, 562, concl. D. LABETOULLE ; *D.* 1978, 686, note F. MODERNE ; *JCP G* 1980, II, 19319, note Y. BRARD. CE, 5 octobre 1979, *Ministre de la Justice c/ Treich, Lebon*, p. 876 ; *RDP* 1980, 877. Ultérieurement, le Conseil d'État a appliqué cette solution au mineur, simplement poursuivi, confié sur le fondement de l'ordonnance de 1945 à une association privée : CE, 5 décembre 1997, *Garde des Sceaux, Ministre de la Justice c/ M. Pelle, Lebon* p. 481 ; *RFDA* 1998, 569, concl. J.-CL. BONICHOT, obs. F. DIETSCH, note CH. GUETTIER ; *RDSS* 1998, 364, note E. ALFANDARI ; *D.* 1999, SC, obs. P. BON et D. DE BÉCHILLON.

[231] F. MODERNE, *Responsabilité de la puissance publique à raison des dommages causés par les mineurs placés dans des institutions privées, RTDSS* 1970, pp. 178-196, spéc. p. 178.

pas pour autant les poursuites devant le juge judiciaire sur le fondement de la responsabilité pour faute.

**547. L'exclusion de l'application de la théorie du risque pour les mineurs non délinquants**. L'extension de la responsabilité pour risque de l'État n'en est pas moins limitée. Comme l'a souligné le commissaire du gouvernement Grévisse, « *la brèche ouverte par la jurisprudence Thouzellier demeure étroite* »[232]. En effet, le Conseil d'État l'a strictement limitée aux dommages causés par des mineurs délinquants placés dans une institution publique ou privée de rééducation. En particulier, il a refusé de l'étendre aux mineurs placés dans un établissement sur le fondement d'une mesure d'assistance de l'ordonnance du 23 décembre 1958. Pour expliquer cette solution, on a pu avancer deux arguments[233]. En premier lieu, on a expliqué qu'il serait artificiel, ou abusif, d'affirmer « *que l'on créé un risque en appliquant des "méthodes libérales" à quelqu'un qui, à la différence du délinquant (ou de l'aliéné) n'est pas privé de la liberté* »[234]. Cet argument ne semble pas pleinement convaincant. En effet, les mineurs ne sont pas totalement libres, puisqu'ils sont soumis en toute hypothèse à un pouvoir de garde exercé par leurs parents ou par un tiers. Ce pouvoir de garde peut très bien être exercé de façon plus ou moins libérale. En second lieu, on a souligné que l'assistance éducative recouvre un très grand nombre d'hypothèses, dont certaines sont très proches de la délinquance et d'autres beaucoup plus éloignées. Il serait dès lors excessif d'assimiler tous les mineurs placés au titre de l'assistance éducative aux mineurs délinquants[235]. Là encore, ce point de vue peut être nuancé. La distinction entre les mineurs délinquants et les mineurs faisant l'objet d'une mesure assistance éducative peut sembler artificielle. Les mineurs délinquants sont souvent avant tout des mineurs en danger. Quoi qu'il en soit, la haute juridiction administrative a expressément affirmé dans un arrêt du 11 avril 1973, *Département de la Marne*, que les mineurs relevant de l'ordonnance de 1958 « *n'appartiennent pas à la même catégorie que les mineurs placés au titre de l'ordonnance du 2 février 1945, dans des établissements d'éducation surveillée et, à la différence de ces derniers, ne créent pas pour les tiers un danger de nature à justifier, éventuellement, la mise en jeu de la responsabilité de la puissance publique en l'absence de faute* »[236]. Aussi, la jurisprudence *Thouzellier* ne peut s'appliquer aux mineurs faisant l'objet d'une mesure d'assistance éducative[237], aux pupilles de l'État[238] ou encore aux élèves de l'enseignement public[239]. Le régime de responsabilité applicable n'est pas dirigé par la nature de l'établissement dans lequel sont placés les mineurs, mais par la qualité du mineur à l'origine du dommage. Si le dommage a pour auteur un mineur délinquant, l'État est responsable sur le fondement de la théorie du risque. En revanche, si le dommage n'a pas pour auteur un mineur

---

[232] S. GRÉVISSE, conclusions sous CE, *Ministère de la Justice c/ Schmitt*, *RTDSS* 1976, 713.

[233] *Cf.* D. LABETOULLE, conclusions sous CE, 14 juin 1978, (2 arrêts), *Garde des Sceaux, ministre de la Justice c/ Mutuelle générale française accident et garage Caron et Dodon* et *Garde des Sceaux, ministre de la Justice et ministre de la Santé c/ S.O.C.O.F.A.*, *RDSS* 1978, pp. 562-568, spéc. pp. 565-566.

[234] D. LABETOULLE, conclusions sous CE, 14 juin 1978, *précit.*, p. 565.

[235] D. LABETOULLE, *ibid.*

[236] CE, 11 avril 1973, *Département de la Marne*, *Lebon*, p. 1101.

[237] CE, 11 avril 1973, *Département de la Marne*, *précit.* ; CE, 3 novembre 1976, *Ministre de la justice c/ Sociétés d'assurances modernes des agriculteurs et Nemoz*, *Lebon*, p. 471 ; *RTDSS* 1977, 437, concl. D. LABETOULLE.

[238] CE, 3 novembre 1976, *Ministre de la justice c/ Sociétés d'assurances modernes des agriculteurs et Nemoz*, *précit.* ; CE, 30 juin 1986, *Dame Lallée*, *Lebon*, p 707 ; *D.* 1987, SC, 117, obs. F. MODERNE et P. BON ; CE, 18 novembre 1988, *Melle Coirier*, *Lebon*, p. 1001 ; *AJDA* 1989, 141 ; *D.* 1989, SC, 344, obs. F. MODERNE et P. BON.

[239] CE, 25 mars 1983, *Héritiers Bacou*, *Lebon*, p. 751 ; *D.* 1984, IR, 336, obs. F. MODERNE et P. BON ; *J.C.P. G* 1984, II, 20287, note E. MIRIEU DE LABARRE.

délinquant, la responsabilité pour faute est la seule invocable. Cette distinction, fondée sur la qualité du mineur, peut soulever quelques difficultés lorsque des mineurs, placés sur le fondement de l'ordonnance de 1945, et d'autres mineurs, non placés sur le fondement de ce texte, causent un dommage à un tiers. Dans une telle hypothèse, le Conseil d'État a admis que le juge doit statuer sur le terrain de la responsabilité pour risque[240]. Cette solution montre bien que la distinction entre mineurs délinquants et mineurs non délinquants n'est pas toujours pertinente. L'association de la responsabilité sans faute à la théorie du risque fondée sur la dangerosité de l'auteur du dommage et la mise en œuvre de méthodes plus libérales de rééducation trouve indéniablement ses limites. Il n'en demeure pas moins que la théorie du risque continua à prospérer puisqu'elle fut également invoquée pour les dommages causés par des délinquants majeurs bénéficiant de mesures plus libérales de garde.

*β. Les responsabilités sans faute du fait des délinquants majeurs gardés fondés sur la théorie du risque*

**548. Application de la théorie du risque aux délinquants en permission de sortie, en semi-liberté ou en libération conditionnelle**. En parallèle, la responsabilité de plein droit de l'État fondée sur la théorie du risque a été progressivement étendue aux dommages commis par des détenus majeurs en permission de sortie[241], en semi-liberté[242] ou encore en libération conditionnelle[243]. Dans cette dernière hypothèse, le Conseil d'État assimile par la même occasion la liberté conditionnelle à une simple modalité d'exécution de la peine, alors qu'elle est envisagée dans un titre distinct du Code de procédure pénale et que le bénéficiaire d'une libération conditionnelle n'est plus sous la garde de l'administration pénitentiaire. La qualification de modalité d'exécution de la peine privative de liberté peut dès lors paraître excessive. Elle s'explique surtout par le fait que l'ancien gardé reste soumis à certaines obligations envers l'administration pénitentiaire. De telles obligations ne peuvent toutefois justifier l'existence d'un pouvoir de garde. Quoi qu'il en soit, dans ces trois hypothèses, le recours à la théorie du risque est justifié par l'utilisation de méthodes nouvelles qui créent « *un risque spécial pour les tiers qui ne bénéficient plus des garanties qui résultaient pour eux de l'application plus rigoureuse des peines privatives de liberté* »[244]. Le recours à la théorie du risque permet d'indemniser les victimes de l'adoption de méthodes plus libérales de garde.

**549. Exclusion de la théorie du risque pour les délinquants évadés ou incarcérés**. L'application de la théorie du risque est limitée aux victimes de délinquants faisant l'objet de méthodes plus libérales de garde. Cette restriction établit de fortes distinctions dans l'indemnisation des victimes des personnes gardées par l'administration pénitentiaire. En effet, tandis que les victimes d'un prisonnier évadé ne pourront obtenir qu'une indemnisation en prouvant une faute lourde, ou une faute simple si on leur applique la

---

[240] CE, 14 juin 1978, *Garde des Sceaux, ministre de la Justice et ministre de la Santé c/ S.O.C.O.F.A., précit.* ; CE, 5 octobre 1979, *Ministre de la Justice c/ Treich, précit.*

[241] TA Grenoble, 15 mars 1978, *Masson*, *Gaz. Pal.* 1979, I, 102, note F. MODERNE ; *D.* 1979, IR, 52, obs. F. MODERNE ; *AJDA* 1978, 511, note J.-Y. PLOUVIN ; TA Dijon, 2 juin 1981, *Nicolet*, *Gaz. Pal.* 1981, Pan. II. 321 ; CE, 2 décembre 1981, *Theys*, *Lebon*, p. 456 ; *JCP G*1982, II, 19905, note B. PACTEAU ; *D.* 1982, 550, note P. TEDESCHI ; *D.* 1982, IR, 447, obs. F. MODERNE et P. BON ; CE, 27 mars 1985, *Mme Henry*, *Lebon*, p. 92 ; *JCP G* 1986, II, 20550, note J.-L. CROZAFON ; *Rev. adm.* 1985, 259, note B. PACTEAU ; *RFDA* 1985, 575, concl. A. CAZIN D'HONINCTHUN ; CE, 29 avril 1987, *Banque populaire de la région économique de Strasbourg*, *Lebon*, p. 158 ; *JCP G* 1988, II, 20920, note B. PACTEAU, *RFDA* 1987, 831, concl. CH. VIGOUROUX ; *AJDA* 1987, 454, chr. M. AZIBERT et M. DE BOISDEFFRE ; *D.* 1988, SC, 60, obs. F. MODERNE et P. BON.

[242] CE, 29 avril 1987 *Banque populaire de la région économique de Strasbourg, précit.*

[243] CE, 29 avril 1987 *Banque populaire de la région économique de Strasbourg, précit.*

[244] CE, 2 décembre 1981, *Theys, précit.*

solution de l'arrêt *Zaouiya* du 17 décembre 2008[245], celles d'un prisonnier, bénéficiant de modalités plus libérales de garde, pourront invoquer la théorie du risque. Par ailleurs, les détenus victimes d'un codétenu doivent invoquer une succession de fautes simples. Ainsi, dans un arrêt du 2 février 2006, la cour administrative de Versailles a expressément écarté l'application de la théorie du risque aux dommages causés aux personnes incarcérées par un autre prisonnier[246]. Indiscutablement, la jurisprudence relative aux dommages causés par une personne gardée par le service public pénitentiaire est profondément éclatée. Il n'est pas évident que cette différence de traitements soit pleinement justifiable.

**550. Exclusion de la théorie du risque pour les délinquants graciés, bénéficiant d'une remise de peine**. Dans cette même logique d'exclusion de la responsabilité sans faute fondée sur la théorie du risque en l'absence de méthodes d'aménagement de la peine, le Conseil d'État refuse de retenir la responsabilité sans faute de l'État pour les dommages causés par d'anciens prisonniers graciés ou bénéficiant d'une remise de peine. La grâce et la remise de peine ne constituant par une modalité d'aménagement de la peine, la responsabilité sans faute ne peut être invoquée. Cette solution a été rappelée par une décision du Conseil d'État du 15 février 2006, qui a exclu l'application de la théorie du risque aux dommages causés par un gracié ou une personne bénéficiant d'une réduction de peine[247]. L'application de la théorie du risque est bien rattachée à la mise en œuvre de méthodes plus libérales de garde. En toute logique, son utilisation a également prospéré dans le domaine de la responsabilité des handicapés mentaux bénéficiant de méthodes libérales de traitement.

b. Le recours à la responsabilité pour risque justifié par l'utilisation de nouvelles méthodes de traitement psychiatrique

**551. Application de la théorie du risque aux dommages causés par des handicapés mentaux placés sous contrainte bénéficiant de méthodes libérales de traitement**. Les méthodes de traitement des handicapés mentaux internés sous contrainte ont connu une évolution similaire à celles des délinquants retenus par le service public pénitentiaire. À l'instar du traitement pénitentiaire, le traitement psychiatrique peut avoir pour conséquence d'accorder plus de liberté aux malades mentaux hospitalisés sous contrainte. Corrélativement, la mise en œuvre de méthodes plus libérales de garde accroît le risque de causer un dommage aux tiers. Conscient de ce phénomène, le juge administratif n'a pas souhaité pénaliser les victimes et a eu recours à la théorie du risque[248]. Cette théorie a été appliquée aux victimes d'un handicapé mental en sortie d'essai. La première décision dans ce sens a été rendue par le tribunal administratif de Pau le 18 mars 1964[249]. Puis, la solution a été consacrée par le Conseil d'État dans son arrêt *Département de la Moselle* du 13 juillet 1967[250]. Cet arrêt repose sur deux constatations principales : d'une part, le dommage résulte de la mise en

---

245 *Cf. supra* n[os] 530-531.

246 CAA Versailles, 2 février 2006, *Garde des Sceaux, ministre de la Justice c/ M. et Mme. Salah Z.*, *AJDA* 2006, 1118, concl. G. PELLISSIER ; *JCP A* 2006, 1165, n° 11, note S. MULARD. Cet arrêt censure sur ce point le jugement du tribunal administratif : TA Versailles, *AJDA* 2004, 2172, note H. ARBOUSSET.

247 CE, 15 février 2006, *Garde des Sceaux, ministre de la Justice contre Consorts A., à paraître au Lebon* ; *RFDA* 2006, 615, concl. M. GUYOMAR, note F. LEMAIRE.

248 PH. UZEL, *La responsabilité des hôpitaux psychiatriques et leur assurance*, *RHF*, 1983, n° 358, pp. 101-158 et n° 359, pp. 206-253, spéc. n[os] 136-194, pp. 137-151 ; V. BRU, *Les problèmes juridiques relatifs aux nouvelles méthodes de traitement des maladies mentales*, *art. précit.*, spéc. pp. 173-182 ; C. JONAS, *La réparation des dommages causés aux tiers par les malades mentaux : évolution et perspectives*, *RDSS* 1990, pp. 1-20.

249 TA Pau, 18 mars 1964, *Sempé*, *D.* 1965. 342, note F. MODERNE.

250 CE, 13 juillet 1967, *Département de la Moselle*, *Lebon*, p. 341 ; *D.* 1967, 675, note F. MODERNE ; *RTDSS* 1968, 108, note J. IMBERT ; *AJDA* 1968, 419, note J. MOREAU ; *RDP* 1968, 391, note M. WALINE.

œuvre de méthodes thérapeutiques nouvelles qui « *créent un risque spécial pour les tiers, lesquels ne bénéficient plus des garanties de sécurité inhérentes aux méthodes habituelles d'internement* »[251] et, d'autre part, l'auteur du dommage « *conservait juridiquement la qualité de malade interné dans cet établissement* »[252]. Cette jurisprudence a été étendue aux malades mentaux faisant l'objet d'un placement familial surveillé par l'arrêt *Mme Piollet* rendu par le Conseil d'État le 13 mai 1987[253]. La motivation de cet arrêt est similaire à celle de l'arrêt *Département de la Moselle*. Le Conseil d'État retient la responsabilité sans faute parce que, dans le cadre du placement familial surveillé, le malade mental reste « *sous la responsabilité de l'hôpital* »[254] et parce que « *cette méthode crée un risque spécial pour les tiers qui ne bénéficient plus des garanties inhérentes aux habituelles méthodes d'internement* »[255]. Ces solutions laissent dès lors présumer une application générale de la responsabilité sans faute fondée sur la théorie du risque à tous les dommages causés par un handicapé mental placé sous contrainte et bénéficiant d'une méthode nouvelle de soins.

**552. La question de la détermination du responsable pour risque créé**. Comme toutes les responsabilités fondées sur la théorie du risque, la responsabilité administrative, liée à la mise en œuvre de méthodes plus libérales de traitement psychiatrique, pèse sur la personne publique à l'origine de la création du risque. Dès lors, une distinction doit en principe être effectuée lorsque le handicapé mental est en sortie d'essai[256]. En effet, s'il a été hospitalisé à la demande d'un tiers, la sortie est décidée par le médecin-chef de l'établissement psychiatrique. En revanche, s'il a été hospitalisé d'office, la sortie d'essai ne peut être accordée que par le représentant de l'État sur proposition du médecin-chef de l'établissement. Par conséquent, tandis que dans la première hypothèse, le responsable sera l'établissement ou la collectivité publique dont il dépend, dans la seconde hypothèse, la responsabilité pour risque doit peser sur l'État.

Toutefois, certains auteurs ont fait remarquer qu'il serait préférable que la responsabilité de l'établissement, ou de la collectivité publique dont il dépend, soit toujours recherchée[257]. En effet, la décision du représentant de l'État d'autoriser la sortie d'essai des handicapés mentaux placés d'office est dirigée par la proposition du médecin de l'établissement, seul véritable juge de la valeur thérapeutique d'une telle mesure. Cette solution serait confortée par le fait que tous les malades en sortie d'essai demeurent sous l'autorité d'un établissement psychiatrique. Cet aspect est d'ailleurs souligné par les différents arrêts[258]. Une telle solution tendrait néanmoins à rattacher la responsabilité sans faute à un rapport d'obligation, alors qu'elle est fondée sur le risque créé.

**553. Exclusion de la théorie du risque pour les dommages causés par des handicapés mentaux en service libre**. Dans la seconde moitié du XXe siècle, les soins psychiatriques connurent de profondes modifications avec le développement des soins en service libre. À la différence des handicapés mentaux hospitalisés d'office ou à la demande d'un tiers, les personnes atteintes de troubles mentaux hospitalisées en service libre conservent leur liberté et ne sont soumises à aucun pouvoir de garde. Peut-on dès lors retenir

---

[251] CE, 13 juillet 1967, *Département de la Moselle, précit.*

[252] CE, 13 juillet 1967, *Département de la Moselle, précit.*

[253] CE, 13 mai 1987, *Mme Piollet et M. Anson, Lebon*, p. 172 ; *AJDA* 1987, 454, chr. M. AZIBERT et M. DE BOISDEFFRE ; *LPA*, 19 octobre 1987, pp. 4-6, note F. MODERNE ; *D.* 1988, SC, 163, obs. F. MODERNE et P. BON.

[254] CE, 13 mai 1987, *Mme Piollet et M. Anson, précit.*

[255] CE, 13 mai 1987, *Mme Piollet et M. Anson, précit.*

[256] *Cf. supra* n° 385.

[257] F. MODERNE, note sous TA Pau, 18 mars 1964, *Sempé, D.* 1965, pp. 312-320, spéc. p. 319.

[258] CE, 13 juillet 1967, *Département de la Moselle, précit. Cf.* également : CE, 13 mai 1987, *Mme Piollet et M. Anson, précit.*

la responsabilité sans faute de l'hôpital psychiatrique si ce handicapé mental cause un dommage à un tiers ?[259]

De prime abord, on pourrait estimer que l'acceptation et le maintien en service libre d'une personne atteinte de troubles mentaux font courir un risque aux tiers. Cette idée ne semble pas totalement écartée par certains tribunaux. Confronté à un dommage causé à un tiers par deux malades en placement libre dans un hôpital psychiatrique, le tribunal administratif de Rennes a pu affirmer, dans une décision du 7 décembre 1977, que « *les méthodes adoptées par les Hôpitaux psychiatriques à la fois dans un but thérapeutique et dans un souci humanitaire font courir aux tiers un risque dont l'Administration encourt la responsabilité* [et] *que, par suite, l'établissement doit supporter les conséquences dommageables pour les tiers de la liberté laissée aux malades mentaux* »[260]. *A priori*, le tribunal était enclin à admettre l'application de la théorie du risque, mais il l'écarte finalement en invoquant les circonstances de l'accident. Celui-ci « *a été causé, non par le comportement anormal de malades mentaux, mais par un état d'ivresse ne comportant pas un caractère spécifique* »[261]. En définitive, cette solution semble surtout trahir un certain malaise avec la question de l'éventuelle application de la théorie du risque. Il est indéniable que la reconnaissance de son application eût conduit à admettre que ces malades en service libre auraient dû faire l'objet d'un placement contraignant et que, par conséquent, le choix du placement libre créait un risque pour les tiers.

Le Conseil d'État n'a pas suivi ce raisonnement. Au contraire, il a fermement affirmé, dans un arrêt *Dame Clotault* du 30 juin 1978, que « *l'hospitalisation en service libre* (...) *ne constitue pas une méthode thérapeutique créant un risque spécial pour les tiers et susceptible d'engager sans faute la responsabilité de l'administration* »[262]. Le raisonnement du Conseil d'État peut s'expliquer de la manière suivante. Par principe, le recours à la théorie du risque est justifié par l'utilisation de méthodes thérapeutiques libérales. Or, l'hospitalisation en service libre n'est pas un succédané de l'internement ou une parenthèse dans l'internement. Le malade en service libre n'a pas besoin d'être hospitalisé sous contrainte. Il est assimilé à un malade soigné dans un hôpital ordinaire et se différencie des handicapés mentaux atteints de troubles psychiques de nature à créer un danger pour lui ou la société. Par conséquent, l'hospitalisation en service libre ne crée aucun risque spécial pour les tiers.

Ainsi, les responsabilités administratives sans faute du fait des personnes gardées sont admises avec beaucoup de parcimonie. Elles se fondent sur l'existence d'un risque spécial et pèsent sur la personne publique à l'origine de ce risque. La responsabilité administrative sans faute du fait des personnes gardées ne se fondent pas sur le lien d'obligation existant entre le gardien et le gardé. Il est vrai qu'une telle idée semblait constituer une incongruité dans la conception traditionnelle du droit de la responsabilité publique, puisque le Conseil d'État a traditionnellement refusé d'admettre l'existence d'une responsabilité sans faute fondée sur la garde d'autrui.

### B. LE REFUS D'UNE RESPONSABILITÉ SANS FAUTE DU FAIT DES PERSONNES GARDÉES FONDÉES SUR LA NOTION DE GARDE D'AUTRUI

**554.** Dans ses conclusions sous l'arrêt *Caisse primaire d'assurances maladies des Ardennes et autre* du 27 mai 1983, le Commissaire du gouvernement Genevois a mis en

---

[259] V. Bru, *Les problèmes juridiques relatifs aux nouvelles méthodes de traitement des maladies mentales*, *art. précit.*, spéc. pp 182-193.

[260] TA Rennes, 7 décembre 1977, *RHF*, 1978, n° 313, 1339.

[261] TA Rennes, 7 décembre 1977, *précit.*

[262] CE, 30 juin 1978, *Dame Clotault*, *Lebon*, p. 289 ; *AJDA* 1978, 556, chr. O. Dutheillet de Lamothe et Y. Robineau ; *RTDSS* 1978, 503 conclusions M. Morisot ; *RTDSS* 1979, 378, note F. Moderne ; CE, 21 février 1990, *Centre Guy Chalard*, *DA* 1990, n° 254.

lumière l'étroitesse du fondement retenu par le Conseil d'État pour engager la responsabilité sans faute d'une personne publique. Il lui est apparu que, dans certaines hypothèses, la théorie du risque ne peut être appliquée, alors qu'une responsabilité sans faute du fait d'autrui serait opportune. Aussi a-t-il envisagé la reconnaissance d'une responsabilité sans faute fondée sur le lien d'obligation existant entre l'auteur du dommage et une personne publique. Le Conseil d'État a toutefois rejeté ces propositions novatrices du Commissaire du gouvernement Genevois. L'arrêt *Caisse primaire d'assurances maladies des Ardennes et autre* du 27 mai 1983[263] **(1)** témoigne ainsi des réticences traditionnelles du Conseil d'État à admettre l'existence d'un système de responsabilité de plein droit fondée sur une notion dont les contours n'étaient pas clairement définis **(2)**.

***1. L'arrêt Caisse primaire d'assurance maladie des Ardennes et autre***

**555. Présentation des faits**. Dans cette affaire, cinq élèves avaient été autorisés à travailler en autodiscipline dans le foyer de leur collège. L'absence de surveillance favorisa le recours à des occupations peu studieuses comme l'envoi de boulettes de papier. Mais ce jeu, en apparence anodin, devint grave par ses conséquences, puisqu'un des élèves reçut l'une de ces boulettes dans l'œil gauche et perdit la vision de cet œil. Le tuteur de la victime et la Caisse primaire d'assurance maladie des Ardennes, qui avait versé des prestations à la victime, demandèrent réparation à l'État[264]. Ils invoquèrent pour cela l'absence de surveillance et le risque créé par le recours aux méthodes d'autodiscipline. Le 20 mai 1980, le tribunal administratif de Châlons-sur-Marne rejeta cette action en relevant que la mise en œuvre par l'État de nouvelles pédagogies, reposant sur l'autodiscipline, n'avait pas un caractère fautif. Les requérants firent appel devant le Conseil d'État.

**556. Les conclusions du Commissaire du gouvernement Genevois**. Le Commissaire du gouvernement Genevois a entrepris de rechercher le fondement le plus adéquat à une éventuelle responsabilité de l'État[265]. À cet effet, il envisagea tout d'abord la responsabilité de l'État en raison du dysfonctionnement du service public de l'enseignement. Traditionnellement fondée sur la faute, liée le plus souvent à un défaut de surveillance, cette hypothèse devait être écartée. En effet, avec le développement des nouvelles méthodes éducatives, la notion de défaut de surveillance devient de plus en plus abstraite. En l'espèce pouvait-on réellement reprocher un défaut de surveillance alors que la liberté des élèves était voulue, préparée et organisée ? En réalité, seule une faute dans l'organisation du service pouvait être recherchée. Or, une telle faute était difficilement identifiable, puisque la part du service dans l'organisation de la vie des élèves était réduite. La responsabilité pour faute ne semblait pas adaptée. La victime risquait de ne recevoir aucune indemnisation.

Le Commissaire du gouvernement Genevois envisagea alors d'orienter la responsabilité de l'État vers un régime de responsabilité sans faute. Le recours à la théorie du risque créé par

---

[263] CE, 27 mai 1983, *Caisse primaire d'assurance maladie des Ardennes et autre*, *Lebon*, p. 221 ; *AJDA* 1983, 408, chr. B. LASSERRE et J.-M. DELARUE ; *D.* 1994, IR, 337, obs. F. MODERNE et P. BON ; P. BON, *La responsabilité des services publics d'activités sanitaires et sociales utilisant des méthodes libérales*, *RDSS* 1984, pp. 440-454.

[264] Sur le terrain de la compétence de la juridiction administrative, on rappellera que si le juge judiciaire est compétent pour connaître des actions mettant en jeu la responsabilité de l'Etat en raison des dommages causés aux élèves ou par les élèves des écoles publiques à la suite d'une faute de l'instituteur, le juge administratif demeure compétent dans le cas où le préjudice est indépendant du fait de l'instituteur, soit qu'il ait son origine dans un dommage afférent à un travail public, soit qu'il trouve sa cause dans un défaut d'organisation du service de l'enseignement. En l'espèce, aucun enseignant pris en tant que tel n'était à l'origine de l'accident survenu. Aussi la responsabilité du service était-elle recherchée devant la juridiction administrative.

[265] B. GENEVOIS, concl. sous CE, 27 mai 1983, *Caisse primaire d'assurance maladie des Ardennes et autre, inédites*.

l'utilisation de méthodes nouvelles de traitement s'imposa naturellement à l'esprit. De prime abord, Monsieur Bruno Genevois s'avoua séduit par cette solution. La théorie du risque présente en effet l'intérêt de retenir la responsabilité de l'État sans pour autant porter un jugement sur les nouvelles méthodes éducatives. Cependant, deux objections à l'application de la théorie du risque sont immédiatement survenues. D'une part, cette théorie est traditionnellement utilisée pour les mineurs délinquants ou les malades mentaux et exclue pour les mineurs faisant l'objet d'une mesure d'assistance éducative. L'élève qui accomplit sa scolarité semble finalement plus proche des seconds que des premiers. D'autre part, le Conseil d'État a eu tendance à réserver l'application du régime de responsabilité sans faute aux dommages causés aux tiers. Or, en l'espèce, la victime était un autre usager du service public de l'enseignement. Par conséquent, la théorie du risque semblait devoir être écartée.

Le Commissaire du gouvernement Genevois proposa alors d'utiliser la notion de garde et d'affirmer que le service public de l'enseignement doit répondre, même en l'absence de faute de sa part, des dommages anormaux causés aux enfants qui lui sont confiés. De prime abord, cette proposition semblait se limiter à la réparation des dommages causés aux enfants. Son auteur ne raisonnait pas en termes de responsabilité du fait d'autrui et n'envisageait pas la question de la responsabilité du fait d'un dommage causé aux tiers. Néanmoins, cette proposition conduisait à reconnaître implicitement une responsabilité sans faute du fait des personnes gardées, lorsque celle-ci est victime d'un de ses semblables. Il est vrai qu'il serait peut-être possible d'utiliser, dans le cas d'un dommage causé aux tiers, la théorie du risque du fait de l'utilisation de méthodes plus libérales d'éducation, mais la jurisprudence semble la réserver à des personnes dangereuses : délinquants ou handicapés mentaux. Or, à partir du moment où le juge administratif se serait fondé sur le rapport d'obligation existant entre le gardien et la gardé, rien ne se serait opposé à la reconnaissance d'une responsabilité de plein droit du fait des dommages causés par le gardé aux tiers[266]. En somme, l'introduction de la notion de garde dans l'analyse de la responsabilité du fait des dommages causés à un usager du service public de l'enseignement eût entraîné une remise en cause des fondements classiques de la responsabilité à l'égard des tiers et ouvert la voie à la reconnaissance d'un principe général de responsabilité sans faute du fait des personnes gardées fondées sur la seule notion de garde d'autrui.

Ayant à peine entrouvert la boîte de Pandore, le Commissaire du gouvernement prit conscience qu'une telle évolution était peut-être « *prématurée* » et suggéra de faire appel, à titre subsidiaire, à la notion de présomption de faute. En effet, si un dommage survient à l'occasion de la mise en œuvre d'une méthode éducative nouvelle, il faudrait admettre qu'il y a, en l'absence d'une faute individualisée d'un enseignant, un défaut dans l'organisation du service qui est de nature à engager la responsabilité de la puissance publique : « *si le service peut ne plus exercer une surveillance de type traditionnel, il doit continuer de veiller sur les enfants qui lui sont confiés* »[267].

**557. La solution du Conseil d'État**. En dépit des efforts du Commissaire du gouvernement Genevois, le Conseil d'État n'a pas cru bon de faire évoluer sa jurisprudence et

---

[266] *Cf.* en ce sens P. BON, *art. précit.* Une telle idée avait été ébauchée par J. VINCENT et J. PRÉVAULT dans leur commentaire de CE, 24 février 1965, *Caisse primaire de la sécurité sociale de la Région parisienne* et 26 mars 1965, *Compagnie d'assurance La Zurich* (*D.* 1966, 322). Face à l'exclusion de la théorie du risque justifiée par une analyse rigoureuse du lien de causalité, ils ont suggéré la création d'une responsabilité sans faute fondée sur la garde d'autrui : « *Ne serait-il pas juridiquement préférable de considérer que le mineur placé par décision de justice dans un établissement public de rééducation est toujours sous la garde de l'Etat (sauf délégation de garde, par exemple pour la durée d'une permission) et que l'Etat est responsable des actes commis par ce mineur, quels que soient les lieu et date de leur commission, tant qu'une décision judiciaire nouvelle n'aura pas prononcé sa mise en liberté ? Il n'existe malheureusement pas de texte en ce sens* ».

[267] B. GENEVOIS, concl. sous CE, 27 mai 1983, *précit.*

n'a retenu aucune des propositions. Il a simplement rejeté la demande de la Caisse primaire d'assurance maladie des Ardennes et de la victime, en rappelant que la responsabilité de l'État ne pouvait être engagée que sur le terrain de la faute, en raison d'une mauvaise organisation ou d'un fonctionnement défectueux du service public. Or le fait qu'un surveillant n'ait pas été présent dans le local scolaire au moment du dommage ne pouvait, dans les circonstances de l'espèce, être regardé comme constitutif d'une mauvaise organisation du service à moins de condamner le recours aux techniques d'autodiscipline.

Incontestablement, la faute prouvée réduit la possibilité d'obtenir une réparation de la part de l'administration. Cet arrêt du 27 mai 1983 semble bien constituer une occasion manquée et revêt une portée particulièrement intéressante, lorsqu'on s'intéresse à la responsabilité administrative du fait des personnes gardées.

### *2. Appréciation du rejet d'un principe de responsabilité de plein droit fondé sur la garde d'autrui*

**558. Une remise en cause en profondeur des règles du droit de la responsabilité**. Indéniablement, en 1983, l'adoption d'une responsabilité de plein droit fondée sur la garde d'autrui eût été « *une modification considérable des règles classiques du droit administratif* »[268], une « *novation, voire même une révolution* »[269] de l'ensemble du droit de la responsabilité administrative. À cette époque, en droit administratif, « *une responsabilité sans faute fondée sur l'idée de garde trouv*[ait] *davantage à s'appliquer en ce qui concerne les choses que les personnes* »[270]. Le Conseil d'État a certes développé des cas de responsabilité sans faute en raison des dommages causés par une personne gardée, mais ces hypothèses sont fondées sur la théorie du risque et non sur la notion de garde. Les solutions fondées sur la théorie du risque ne peuvent s'expliquer par la garde d'autrui. L'affirmation contraire ne permettrait pas d'expliquer la limitation du domaine de la responsabilité sans faute aux personnes dangereuses. De même, le Conseil d'État a rendu plusieurs décisions qui sont totalement incompatibles avec l'idée selon laquelle la garde pourrait servir de fondement à une responsabilité de plein droit du fait d'autrui, puisque l'auteur du dommage n'est pas sous la garde de la puissance publique. Rappelons-le, dans l'arrêt *Établissements Delannoy* du 19 décembre 1969[271], la haute juridiction administrative a retenu la responsabilité pour risque de l'État du fait d'un dommage causé par un mineur délinquant qui « *avait été confié à la garde* » d'une institution privée d'éducation surveillée. La garde n'a donc jamais servi de fondement à la responsabilité de l'Administration en matière de risque spécial pour les tiers[272]. Par ailleurs, le juge administratif n'a admis que très rarement une responsabilité sans faute pour les dommages causés par les choses dont l'administration a la garde[273]. Il a préféré

---

[268] P. BON, *art. précit.*, spéc. p. 448.

[269] F. MODERNE et P. BON, obs. sous CE, 27 mai 1983, *Caisse primaire d'assurance maladie des Ardennes et autre*, *D.* 1984, IR, 337.

[270] B. GENEVOIS, concl. sous CE, 27 mai 1983, *précit.*

[271] CE, 19 décembre 1970, *Etablissements Delannoy*, *Lebon*, p. 595, *précit.*

[272] CH. GUETTIER, note sous CE, 5 décembre 1997, *Garde des Sceaux, Ministre de la Justice c. M. Pelle*, *RFDA* 1998, p. 575.

[273] Voir les arrêts cités par le commissaire du gouvernement GENEVOIS : CE, 18 avril 1980, *Société nationale industrielle aérospatiale*, *Lebon*, p. 190 ; *AJDA* 1980, 552 ; *Rev. franç. dr. aérien* 1980, 292, concl. B. GENEVOIS ; *D.* 1980, IR, 506, obs. F. MODERNE et P. BON. Cette décision concernait un accident survenu à un prototype de la S.N.I.A.S. et qui avait été confié à un centre d'essai en vol afin que ce dernier l'expérimente en vue de la délivrance du certificat de navigabilité. Le Conseil d'Etat retient que « *dans les conditions où ce service prend en charge les avions qui lui sont confiés par les constructeurs et procède de sa propre initiative aux vérifications qu'il juge nécessaire à la délivrance des certificats de navigabilité, l'Etat doit assumer en principe la responsabilité des accidents survenus au cours de ces opérations* ». Il semble bien qu'il y ait admission d'une hypothèse de responsabilité sans faute pour dommages survenus aux choses dont l'administration a la garde. Certes, l'arrêt mentionne le principe de

développer tout un système de responsabilité sans faute du fait des choses dangereuses fondé sur la théorie du risque[274]. Par conséquent, l'admission d'une responsabilité sans faute fondée sur la seule notion de garde aurait marqué une évolution considérable dans le raisonnement du juge administratif. Le juge administratif fonde davantage son raisonnement sur l'activité et le fonctionnement de l'administration, que sur le rapport d'obligation existant entre l'administration et une chose ou une personne.

**559. L'émergence d'un principe général de responsabilité du fait d'autrui fondée sur la garde d'autrui.** Par ailleurs, la reconnaissante d'une responsabilité de plein droit fondée sur la garde aurait pu être étendue à d'autres domaines. On pouvait d'ailleurs craindre une extension incontrôlée de la responsabilité sans faute, puisque la proposition du Commissaire du gouvernement Genevois présentait l'inconvénient de ne pas donner de définition de la notion de garde d'autrui. Toutefois, il résulte des faits de l'arrêt du 27 mai 1983 que le mineur à l'origine du dommage avait été placé dans le collège par ses tuteurs. Par conséquent, l'établissement scolaire n'avait que la garde matérielle du mineur. Il faudrait sans doute en déduire que la responsabilité de plein droit eût été fondée sur la garde matérielle d'autrui. Il ne faut dès lors pas s'étonner que certains auteurs aient envisagé une application large de cette responsabilité de plein droit envisagée par le commissaire du gouvernement[275]. Ainsi, on a pu affirmer qu'elle serait susceptible de s'appliquer aux « *services publics à politique libérale pour lesquels le juge se refuse à faire jouer la théorie du risque (services libres dans les hôpitaux psychiatriques ou régime de l'hôpital de nuit)* »[276] ou encore à « *des services publics fonctionnant selon des modalités traditionnelles (services fermés des hôpitaux psychiatriques en dehors du cas de sorties d'essai, établissements pénitentiaires en dehors de l'hypothèse des permissions de sortit, hôpitaux non psychiatriques, colonies de vacances...)* »[277]. Subséquemment, on comprend que l'absence de définition rigoureuse de la garde d'autrui risquait d'entraîner une extension incontrôlée de la responsabilité de plein droit du fait d'autrui. Seule une définition précise peut éviter un tel risque tout en assurant une protection aux victimes et en sauvegardant les intérêts de l'administration. Il ne s'agirait ni de fixer arbitrairement l'état du droit, ni de le figer, mais d'instaurer une certaine sécurité et prévisibilité juridiques. En effet, il est primordial de déterminer le pouvoir sur autrui afin de déterminer le régime de la responsabilité pour autrui. Aucun système cohérent et ordonné de

---

la responsabilité sans faute affirmé par l'article 14-1°, alinéa 2 de l'arrêté du 6 septembre 1967 relatif aux conditions de navigabilité des aéronefs civils mais la référence à ce texte paraît inutile tel que l'arrêt est rédigé : le texte se borne à rappeler le principe de la responsabilité sans faute, il ne le fonde pas. D'ailleurs, le commissaire du gouvernement avait précisé que le Conseil d'Etat n'était pas lié par cet arrêté et proposait d'envisager la responsabilité de l'administration sur le terrain de la faute. CE, 5 mars 1982, *Guetre et autres*, *Lebon*, p. 100 ; *Gaz. Pal.* 1982, 2, 651, concl. B. GENEVOIS ; *D.* 1983, IR, 135, obs. F. MODERNE et P. BON. Dans cet arrêt, il s'agissait d'un dommage survenu à un monument historique n'appartenant pas à l'Etat alors que ce dernier faisait exécuter par les soins de son administration et à ses frais des travaux de réparation et d'entretien. Dans ses conclusions M. Genevois proposa de fonder la responsabilité sans faute de la puissance publique sur l'article 9 de la loi de 1913 relative aux monuments historiques. Or, il n'est pas évident que le Conseil d'Etat se soit véritablement fondé sur cette loi puisqu'il se contente d'affirmer que « *lorsque l'administration s'est chargée, en vertu de cet article, de la réparation ou de l'entretien d'un immeuble classé, l'Etat répond des dommages causés au propriétaire, sauf faute de celui-ci ou force majeure, par l'exécution des travaux ou à l'occasion de ces travaux* ». Il y aurait peut-être l'affirmation d'une responsabilité sans faute plus fondée sur la garde que sur les termes même de la loi de 1913.

[274] R. CHAPUS, *Droit administratif général*, t. 1, *op. cit.*, n$^{os}$ 1489-1490, pp. 1337-1341.

[275] P. BON, *art. précit.* ; B. LASSERRE et J.-M. DELARUE, note sous CE, 27 mai 1983, *Caisse primaire d'assurance maladie des Ardennes et autre*, *AJDA* 1983, 408.

[276] P. BON, *art. précit.*, spéc. p. 449-450.

[277] P. BON, *ibid.*

responsabilité ne peut se développer sur une notion imprécise et malléable en fonction des intérêts recherchés.

# CONCLUSION DU CHAPITRE 1

**560.** L'étude de la conception traditionnelle de la responsabilité du fait des personnes gardées aboutit au constat d'un profond éclatement. Aucune conception globale de la responsabilité du fait des personnes gardées n'a été développée. En dépit de l'identité des conditions juridiques des personnes à l'origine d'un dommage, les responsabilités pour autrui, susceptibles d'être recherchées, obéissent à des régimes juridiques très diversifiés. Un tel constat résulte de l'analyse de la responsabilité civile et de la responsabilité administrative du fait des personnes gardées.

**561.** En premier lieu, l'éclatement de la responsabilité du fait des personnes gardées est manifeste dans la conception traditionnelle de la responsabilité civile du fait d'autrui. Cette dernière perdura jusqu'aux arrêts *Blieck* du 29 mars 1991, qui effectua une relecture de l'article 1384, alinéa 1er du Code civil, et *Bertrand* du 19 février 1997, qui généralisa la présomption de responsabilité au sein de l'article 1384 du Code civil. Quelles sont les principales caractéristiques de cette conception traditionnelle de la responsabilité civile du fait d'autrui ?

D'une part, il est manifeste que la responsabilité civile du fait des mineurs ne présentait aucune cohérence d'ensemble. Rattachée à la garde matérielle, la responsabilité du fait du mineur est tantôt une responsabilité pour faute présumée, tantôt une responsabilité pour faute prouvée. Si le gardien du mineur appartient à la catégorie des personnes visées à l'article 1384 du Code civil, la responsabilité du gardien matériel du mineur peut être recherchée sur le fondement de la faute présumée, sinon sa responsabilité ne peut être engagée que sur le fondement de la faute prouvée de l'article 1382 du Code civil. Ainsi, les victimes d'un mineur gardé matériellement par ses parents bénéficient d'une présomption de faute, tandis que les victimes d'un mineur gardé matériellement par un foyer spécialisé doivent apporter la preuve d'une faute. La doctrine et les tribunaux ont en général pris conscience du caractère inique cette divergence. Constamment, la doctrine et les tribunaux ont cherché à y remédier. Plusieurs solutions furent envisagées. Tout d'abord, la jurisprudence envisagea d'interpréter largement les catégories de l'article 1384 du Code civil, afin d'étendre le domaine d'application de la présomption de faute attachée à la garde matérielle du mineur. Toutefois, elle dut très vite se rendre compte des limites d'une telle extension. Si elle attribuait une situation plus confortable à la victime, cela pouvait avoir pour conséquence de rendre responsables, sur le fondement d'une présomption de faute, des personnes assumant bénévolement la garde matérielle du mineur. Ce mouvement d'interprétation large des catégories de l'article 1384 du Code civil fut finalement anéanti par l'adoption de la loi du 5 avril 1937. Ensuite, la modification de la rédaction de l'article 1384, alinéa 4 du Code civil par la loi du 4 juin 1970 suggéra à certains auteurs un raisonnement par analogie. Partant de l'idée que la responsabilité parentale, fondée sur l'exercice du droit de garde et la cohabitation, se trouvait détachée de l'exercice de l'autorité parentale, ils en déduisirent qu'une personne se trouvant investie des mêmes prérogatives juridiques, légalement ou judiciairement, pouvait être responsable sur le fondement d'une présomption de faute. Une telle proposition, aux conséquences parfois surprenantes, ne fut toutefois pas reçue en jurisprudence. Enfin, d'autres voies furent explorées par la doctrine et les tribunaux. Certaines décisions dégagèrent la responsabilité parentale de la garde matérielle en la faisant reposer sur la garde intellectuelle du mineur, afin de l'appliquer lorsque la garde matérielle est transmise pour une courte durée à un tiers. De même, certains auteurs et juges du fond envisagèrent de développer un principe général de responsabilité du fait d'autrui sur le fondement de l'article 1384, alinéa 1^er^ du Code civil, afin de pallier l'étroitesse des alinéas de ce même article. En résumé, il est patent que l'éclatement de la responsabilité du fait des mineurs n'a pas échappé à la doctrine et aux tribunaux, toutefois aucune solution ne parvint à y remédier. Il ne fait néanmoins aucun doute que les propositions envisagées constituent de précieux enseignements dans l'optique d'une unification de la responsabilité du fait des mineurs.

D'autre part, la responsabilité civile du fait des handicapés mentaux majeurs ne présente guère plus de cohérence. Il est manifeste qu'elle est totalement ignorée par le législateur. Aucune disposition spécifique n'organise la responsabilité des personnes les prenant en charge. Par conséquent, la responsabilité des gardiens d'un handicapé mental ne peut être recherchée que sur le fondement de l'article 1382 du Code civil. Il en résulte qu'aucune différence n'est établie sur le terrain de la responsabilité entre la personne disposant d'un réel pouvoir de garde sur le handicapé mental et celle n'exerçant qu'un pouvoir de direction ou de surveillance. De prime abord, cette indifférence de traitement peut parfaitement se comprendre, puisqu'il s'agit d'appliquer la règle générale de l'article 1382 du Code civil. Il n'en demeure pas moins qu'elle devient problématique lorsque le juge, de son propre fait, présume une faute du gardien ou du surveillant. Un régime de responsabilité plus lourd risque alors de peser sur une personne n'assumant qu'un pouvoir relativement succinct sur un handicapé mental. De nouveau, nous ne pouvons que constater une absence totale de perception d'ensemble du problème de la responsabilité du fait des handicapés mentaux. La différence de pouvoirs des répondants pour autrui pourrait suggérer une différenciation sur le terrain de la responsabilité.

**562.** En second lieu, l'éclatement de la responsabilité du fait des personnes gardées transparaît également dans la conception traditionnelle de la responsabilité administrative du fait d'autrui. Cette dernière perdura jusqu'à l'arrêt *GIE Axa Courtage* du 11 février 2005, qui a profondément modifié les fondements de la responsabilité du fait d'autrui en associant, pour la première fois, une responsabilité sans faute à la garde d'autrui. Tandis qu'auparavant, la responsabilité administrative du fait d'autrui était fondée soit sur une faute prouvée ou présumée, soit sur l'existence d'un risque créé, l'arrêt du 11 février 2005 introduisit un nouveau fondement. Quelles sont les principales caractéristiques de la conception traditionnelle de la responsabilité administrative du fait d'autrui ?

Tout d'abord, nous retrouvons un profond éclatement dans la responsabilité administrative du fait des mineurs. Seule la victime d'un mineur délinquant, faisant l'objet d'un régime libéral de rééducation, bénéficie d'une responsabilité sans faute fondée sur la création d'un risque spécial. La victime d'un pupille de l'État ne peut invoquer qu'une présomption de faute et celle d'un mineur, confié en exécution d'une décision judiciaire d'assistance éducative à une personne publique, doit nécessairement prouver une faute du gardien du mineur. L'utilisation de la théorie du risque renforce d'autant plus l'éclatement du contentieux que la victime de mineurs en danger et de mineurs délinquants peut en tout état de cause invoquer cette théorie, même si *a priori* aucun risque ne peut être rattaché aux mineurs en danger. De surcroît, la théorie du risque est susceptible de multiplier les recours contentieux, puisque la victime d'un mineur délinquant, placé dans un établissement privé, peut agir contre cet établissement sur le terrain du droit privé et contre l'État sur le terrain du droit administratif.

Ensuite, la responsabilité administrative du fait des majeurs délinquants ne se distingue pas non plus par sa grande cohérence. Tandis que l'usager du service public pénitentiaire victime d'un autre usager et le tiers victime d'un prisonnier évadé doivent apporter la preuve soit d'une faute simple, soit d'une succession de fautes simples, voire d'une faute lourde, afin d'engager la responsabilité de l'État, la victime d'un prisonnier faisant l'objet de mesures libérales de resocialisation peut engager la responsabilité sans faute de l'État sur le fondement de la théorie du risque créé. On pourrait éventuellement admettre l'existence d'une différence de traitements selon que la victime est un tiers ou un autre usager du service public pénitentiaire. Cependant, il est plus difficile de justifier la différence établie entre le tiers victime d'un prisonnier suivant un traitement libéral et le tiers victime d'un prisonnier évadé.

Enfin, la responsabilité administrative du fait des handicapés mentaux majeurs est également très éclatée. L'usager d'un établissement psychiatrique fermé, victime d'un autre usager, et le tiers, victime d'un handicapé mental évadé, doivent apporter la preuve d'une faute simple de l'administration hospitalière afin d'obtenir réparation de leur préjudice. En revanche, le tiers, victime d'un handicapé mental placé sous contrainte dans un établissement psychiatrique mais bénéficiant de mesures libérales de traitement, bénéficie d'une responsabilité sans faute fondée sur la théorie du risque créé. De nouveau, il est difficile de justifier ces différences entre les tiers victimes d'un handicapé mental.

**563.** En somme, nous ne pouvons que constater un profond éclatement de la responsabilité du fait des personnes gardées dans la conception traditionnelle de la responsabilité civile et de la responsabilité administrative. La perception globale des responsabilités du fait des personnes gardées laisse davantage l'impression d'une mosaïque de solutions peu coordonnées que celle d'un ensemble cohérent et équilibré. En ce sens, ces solutions n'établissaient pas un équilibre idéal entre l'intérêt de la victime de bénéficier d'une responsabilité qui lui permette d'obtenir plus facilement une indemnisation et l'intérêt du responsable qui se manifeste par la prévisibilité de sa responsabilité et une juste corrélation entre l'attribution de la responsabilité et sa situation vis-à-vis de l'auteur du dommage. Une telle disparité nécessite une prise de conscience et la mise en œuvre d'une réorganisation générale des différentes responsabilités, afin de servir au mieux ces finalités de cohérence et d'équilibre. Les développements issus, d'une part des arrêts *Blieck* et *Bertrand* de la Cour de cassation et d'autre part de l'arrêt *GIE Axa Courtage* du Conseil d'État ont entamé cette réorganisation, en mettant en exergue la notion de garde intellectuelle. Cependant, il n'est pas évident que l'œuvre de réorganisation de la responsabilité du fait des personnes gardées soit achevée. Au contraire, il peut être nécessaire d'aller plus loin dans l'unification de la responsabilité du fait des personnes gardées.

Chapitre 2

# L'UNITÉ ET LA SPÉCIFICITÉ DE LA RESPONSABILITÉ DU FAIT DES PERSONNES GARDÉES OU DÉTENUES

**564.** Dans la conception traditionnelle de la responsabilité du fait des personnes gardées, l'objectif de protection des victimes, que l'on peut attacher au droit de la responsabilité, était loin d'être satisfait. La victime d'un mineur sous la surveillance de ses parents pouvait bénéficier de la présomption de faute de l'article 1384, alinéa 4 du Code civil, tandis que celle d'un mineur placé dans un foyer en exécution d'une mesure d'assistance éducative devait se contenter de la responsabilité pour faute de l'article 1382 du Code civil. De même, la victime d'un mineur délinquant pouvait invoquer la responsabilité pour risque de l'État, tandis que celle d'un mineur placé dans un établissement public en exécution d'une mesure d'assistance éducative devait nécessairement apporter la preuve d'une faute. Indéniablement, la situation des victimes des personnes gardées était insuffisamment prise en compte.

**565.** La Cour de cassation et le Conseil d'État ont progressivement pris conscience de l'iniquité des solutions retenues. La relecture de l'article 1384, alinéa 1er du Code civil par l'arrêt *Blieck*, rendu par l'Assemblée plénière de la Cour de cassation le 29 mars 1991, a permis de découvrir de nouveaux cas de responsabilité du fait d'autrui. Cette solution, associée à la généralisation du régime de la responsabilité de plein droit à toutes les responsabilités pour autrui de l'article 1384 du Code civil, ouvre de nouvelles perspectives à la responsabilité du fait des personnes gardées. En parallèle, l'affirmation par l'arrêt *GIE Axa Courtage*, rendu par le Conseil d'État le 11 février 2005, de l'existence d'une responsabilité sans faute du fait des personnes dont l'administration dirige, organise et contrôle la vie donne une impulsion fondamentale à l'évolution de la responsabilité administrative du fait des personnes gardées. Ces solutions jurisprudentielles sont fondamentales. L'analyse de la jurisprudence administrative et judiciaire révèle que la garde intellectuelle pourrait servir de fondement à la responsabilité de plein droit du fait des personnes gardées. Néanmoins, la limitation des décisions à l'objet du litige ne leur permet pas de dégager, avec certitude et rapidité, un principe clair et précis de responsabilité. Aussi, ces solutions ne peuvent constituer que les prémices de l'unité de la responsabilité du fait des personnes gardées **(Section 1)**. Cette tendance jurisprudentielle doit être confirmée ou infirmée. Immédiatement, une autre question apparaît. En effet, l'unité de la responsabilité du fait des personnes gardées est un point important, mais elle ne résout pas tous les problèmes de la responsabilité du fait non professionnel d'autrui. Doit-on admettre que la garde intellectuelle d'autrui est le seul fondement possible pour cette responsabilité pour autrui, ou doit-on accepter sa coexistence avec d'autres fondements ? On comprend dès lors qu'il est opportun de s'interroger sur l'unité et la spécificité de la responsabilité du fait des personnes gardées fondée sur la garde intellectuelle d'autrui. Une étude des systèmes de droit étrangers et des propositions nationales et internationales de réforme de la responsabilité du fait d'autrui ne permet pas de trouver de réponses absolues à ces questions. Au contraire, elle révèle une assez grande diversité dans les solutions admises. Toutefois, une analyse fondée sur les objectifs et les spécificités de la responsabilité du fait non professionnel d'autrui peut, selon nous, justifier l'affirmation de l'unité et de la spécificité de la responsabilité du fait des personnes gardées fondées sur la garde intellectuelle d'autrui **(Section 2)**.

## SECTION 1 LES PRÉMICES DE L'UNITÉ DE LA RESPONSABILITÉ DU FAIT DES PERSONNES GARDÉES OU DÉTENUES

**566.** Depuis le début des années 1990, le droit de la responsabilité du fait d'autrui connaît de profonds changements. De nouveaux fondements et de nouveaux régimes sont apparus. Cette tendance se caractérise par sa généralité. Elle concerne aussi bien la responsabilité civile que la responsabilité administrative du fait d'autrui. De ces évolutions, il ressort que la garde intellectuelle d'autrui pourrait servir de fondement à la responsabilité du fait d'autrui. Toutefois, cette idée n'est pas pleinement affirmée. Si certaines solutions de la Cour de cassation et du Conseil d'État y sont favorables, d'autres s'y opposent. Il convient de reprendre ces différents points en examinant, dans un premier temps, la réorganisation de la responsabilité civile du fait des personnes gardées **(§ 1)**, puis, dans un second temps, la réorganisation de la responsabilité administrative du fait des personnes gardées **(§ 2)**.

### § 1. VERS UNE RÉORGANISATION DE LA RESPONSABILITÉ CIVILE DU FAIT DES PERSONNES GARDÉES AUTOUR DE LA GARDE INTELLECTUELLE

**567.** Le renouveau de la responsabilité civile du fait d'autrui est intervenu à la fin du XX^e^ siècle sous l'impulsion de deux facteurs déterminants : la relecture de l'article 1384, alinéa 1^er^ du Code civil et la généralisation de la responsabilité de plein droit au sein de l'article 1384 du Code civil.

Si en 1804 on retenait que l'alinéa 1^er^ de l'article 1384 du Code civil avait pour seule fonction d'introduire les différents cas de responsabilité du fait des choses et du fait d'autrui énoncés limitativement par le Code civil, il n'en est plus de même à la fin du XX^e^ siècle. Dès la fin du XIX^e^ siècle, une première relecture jurisprudentielle a permis de mettre à jour un principe général de responsabilité du fait des choses fondé sur la garde[1]. Cependant, en raison de la nature jurisprudentielle de ce principe, de nombreuses années furent nécessaires pour que ses conditions et son régime soient dégagés. Il ne fait d'ailleurs aucun doute qu'ils feront encore l'objet d'évolutions plus ou moins chaotiques[2]. La seconde relecture est intervenue

---

[1] Civ., 16 juin 1896, *Teffaine*, *D.P.* 1897, I, 433, note R. SALEILLES ; *S.* 1897, 1, 17, note A. ESMEIN ; Ch. réunies, 13 février 1930, *Jand'heur*, *GAJC*, n° 193 ; *D.P.* 1093, 1, 57, note G. RIPERT ; *S.* 1930, 1, 169, note P. ESMEIN.

[2] Les récents développements jurisprudentiels sur le rôle actif de la chose inerte en sont un exemple particulièrement frappant. Traditionnellement, la jurisprudence considérait que la seule intervention de la chose dans la réalisation du dommage était insuffisante. La victime devait de surcroît apporter la preuve de sa position anormale (Civ. 2^e^, 8 juillet 1992, *Bull. civ.* II, n° 201), de son mauvais état (Civ. 2^e^, 8 juin 1994, *Bull. civ.* II, n° 152) ou de son signalement insuffisant (Civ. 2^e^, 28 mai 1986, *Bull. civ.* II, n° 85) pour démontrer son rôle actif dans la survenance du dommage. Une série de décisions remit en cause cette jurisprudence en se contentant de la preuve de l'intervention de la chose dans la réalisation du dommage pour conclure qu'elle en a été l'instrument (Civ. 2^e^, 25 octobre 2001, *Bull. civ.* II, n° 162, *JCP G* 2002, I,

beaucoup plus tardivement et concerne la responsabilité du fait d'autrui. Alors que la Cour de cassation s'attachait traditionnellement au caractère limitatif des responsabilités du fait d'autrui[3], son Assemblée plénière est brusquement revenue sur cette position dans son arrêt *Blieck* du 29 mars 1991[4]. Pour autant, elle n'a pas véritablement dégagé de l'article 1384, alinéa 1er du Code civil, de « *cette humble phrase* »[5], de cette « *phrase très simple, dont ses auteurs avaient pensé qu'elle respectait les règles du discours français (...) conseillant d'annoncer les développements du sujet par une exorde* »[6], un principe général de responsabilité du fait d'autrui. Elle a surtout ouvert la porte à l'émergence de nouveaux cas de responsabilité du fait d'autrui sur le fondement de l'article 1384, alinéa 1er du Code civil. Il est vrai que « *ce petit morceau d'article 1384, alinéa 1er ne dit rien* »[7], que « *ce n'est pas un texte, c'est un prétexte* »[8] et qu'il laisse, de ce fait, de nombreuses questions sans réponses. Nul ne douta alors qu'une longue période de tâtonnements et d'hésitations commençait. Sur ce point, il est manifeste qu'une certaine imprécision entoure les critères permettant de déterminer les hypothèses de responsabilité et la personne responsable pour autrui. Certes, les développements jurisprudentiels suivant l'arrêt *Blieck* apportent quelques indications, mais leur analyse rigoureuse ne permet pas de dégager avec certitude un critère déterminant.

---

122, n° 9, obs. G. VINEY ; *RTD civ.* 2002, 108, note P. JOURDAIN ; Civ. 2e, 18 septembre 2003, *Bull. civ.* II, n° 287 ; *JCP G* 2004, II, 10013, note C. LE TERTRE ; *JCP G* 2004, I, 101, n° 18, obs. G. VINEY ; *D.* 2004, 25, note N. DAMAS ; *RTD civ.* 2004, 108, note P. JOURDAIN ; *RCA* 2003, comm. 286, obs. H. GROUTEL). Le dernier état de la jurisprudence témoigne néanmoins d'un retour à l'orthodoxie. La Cour de cassation exige de nouveau l'anormalité du fait de la chose inerte (Civ. 2e, 24 février 2005, (2 arrêts), *Bull. civ.* II, nos 51 et 52 ; *D.* 2005, 1395, note N. DAMAS ; *RTD civ.* 2005, 407, note P. JOURDAIN ; *RCA* 2005, comm. 121, note H. GROUTEL).

[3] Crim., 15 juin 1934, *Gaz. Pal.* 1934, 2, 477 ; Civ. 2e, 15 février 1956, *D.* 1956, 410, note E. BLANC ; *JCP G* 1956, II, 9564, note R. RODIÈRE ; Civ. 2e, 24 novembre 1976, *D.* 1977, 595, note CH. LARROUMET.

[4] A.P., 29 mars 1991, *Blieck, Bull. A.P.* n° 1 ; *R.*, 351 ; *GAJC*, t. 2, nos 218-219, pp. 343-354 ; G. VINEY, *Vers un élargissement de la catégorie des « personnes dont on doit répondre » : la porte entrouverte sur une nouvelle interprétation de l'article 1384, alinéa 1er, du Code civil*, *D.* 1991. chr. 32, pp. 157-161 ; *RTD civ.* 1990, 541, obs. P. JOURDAIN ; *RTD civ.* 1991, 312, obs. J. HAUSER ; *JCP G* 1991, II, 21673, concl. D.H. DONTENWILLE et note J. GHESTIN ; *Defrénois.* 1991, art. 35062, note J.-L. AUBERT ; *Gaz. Pal.* 1992, 2, 513, note F. CHABAS ; *D.* 1991, 324, note CH. LARROUMET ; H. GROUTEL, *La responsabilité du fait d'autrui : un arrêt à moitié historique*, *RCA* 1991, chr. 9 ; M. BEHAR-TOUCHAIS, *Nouvelles orientations en matière de responsabilité du fait d'autrui, À propos de l'arrêt de l'Assemblée plénière du 29 mars 1991*, *RJDA* 1991, pp. 487-493 ; A. TRIDI, *Une relecture de l'article 1384 du Code civil : dans la mouvance objectiviste*, *LPA*, 13 mars 1992, pp. 4-10 ; R. LEGEAIS, *La responsabilité civile du fait d'autrui : un aspect du nouveau dynamisme du droit français de la responsabilité civile, in Évolutions récentes du droit en France et en Allemagne*, Colloque franco-allemand Marburg-Poitiers, Marburg : Institut für Rechtsvergleichung, Philipps-Universität, 1993, pp. 33-45 ; F. CHABAS, *L'interprétation de l'article 1384, alinéa 1er du Code civil en droit français, in Les obligations en droit français et en droit belge, convergences et divergences*, Bruylant, Dalloz, 1994, pp. 271-279. Cet arrêt a également suscité de nombreux commentaires de la part de la doctrine belge : I. MOREAU-MARGÈVE, *Une règle générale de responsabilité délictuelle du fait d'autrui en droit belge ?, in Responsabilités et assurances, Mélanges R.O. DALCQ*, Larcier, 1994, pp. 439-465 ; TH. DEMESSE, *Article 1384, alinéa 1er du Code civil : rien de nouveau ?... (Le principe général de responsabilité aquilienne du fait d'autrui)*, *RGAR*, 1991, 11854 ; J. HIRSCH, *Est-il juste d'étendre la responsabilité du fait des personnes dont on doit répondre ?*, *RGAR*, 1996, 12554 ; J.-L. FAGNART, *L'interprétation de l'article 1384, alinea 1er du Code civil en droit belge, in Les obligations en droit français et en droit belge, convergences et divergences*, Bruylant, Dalloz, 1994, pp. 281-296.

[5] G. RIPERT, *La règle morale dans les obligations civiles*, *op. cit.*, n° 113, p. 202.

[6] R. SAVATIER, *Du droit civil au droit public à travers les personnes, les biens et la responsabilité civile*, *op. cit.*, p. 145.

[7] F. CHABAS, note sous Crim., 10 octobre 1996, *JCP G* 1997, II, 22833.

[8] F. CHABAS, *ibid.*

En parallèle, la Cour de cassation a généralisé la responsabilité de plein droit au sein de l'article 1384 du Code civil. Ainsi, la deuxième chambre civile de la Cour de cassation admit, dans son arrêt *Bertrand* du 19 février 1997[9], que la responsabilité parentale de l'article 1384, alinéa 4 du Code civil n'était plus une responsabilité pour faute présumée, mais bien une responsabilité de plein droit. Poursuivant cette évolution, la chambre criminelle de la Cour de cassation affirma clairement dans trois arrêts du 26 mars 1997 que l'article 1384, alinéa 1er sert de support à une responsabilité de plein droit[10]. Par conséquent, après 1997, toutes les hypothèses de responsabilités du fait d'autrui de l'article 1384, à l'exception de la responsabilité des instituteurs, sont des responsabilités de plein droit.

**568.** Il résulte de ces deux évolutions majeures plusieurs conséquences pour la responsabilité du fait des personnes gardées.

En premier lieu, en ce qui concerne l'article 1384, alinéa 1er du Code civil, nous pouvons d'ores et déjà observer que la jurisprudence a tendance à suivre deux grandes directions. La première nous intéresse tout particulièrement, puisqu'elle développe précisément de nouveaux cas de responsabilité du fait des personnes gardées. En effet, pour fonder certains des nouveaux cas de responsabilité du fait d'autrui, la Cour de cassation a mis en avant les pouvoirs de diriger, de contrôler et d'organiser le mode de vie d'autrui et a parfois rattaché ces pouvoirs à la notion de garde d'autrui. Dans notre première partie, nous avons confirmé et explicité ce rattachement. Il est apparu que le pouvoir de diriger, de contrôler et d'organiser le mode de vie d'autrui peut être rattaché à la notion de garde intellectuelle. Néanmoins, la Cour de cassation n'a pas toujours correctement attribué ce pouvoir sur autrui. Parfois, elle admet l'existence d'un pouvoir de contrôle du mode de vie d'autrui, alors que la personne soi-disant soumise à un tel pouvoir conserve *de jure* le contrôle de son mode de vie. Parfois, lorsque plusieurs personnes exercent un pouvoir sur la personne d'autrui, elle se trompe dans l'attribution du pouvoir de contrôle du mode de vie. Par ailleurs, la Cour de cassation a envisagé, dans certaines décisions, d'associer la responsabilité de plein droit de l'article 1384, alinéa 1er du Code civil à l'exercice d'un pouvoir de surveillance et d'organisation des conditions de vie d'autrui. De prime abord, un tel pouvoir pourrait correspondre à un pouvoir de garde matérielle, mais la généralité de la formulation permet également de l'assimiler à un simple pouvoir de direction. La seconde grande orientation suivie par la jurisprudence concerne les associations sportives ou plus généralement les associations de loisirs. Elle affirme en effet que ces associations sont responsables du fait de leurs membres dont elles organisent, dirigent, et contrôlent les activités lors des compétitions sportives ou de manifestations organisées par l'association. En apparence, cette responsabilité est assez bien

---

[9] Civ. 2e, 19 février 1997, *Bull. civ.* II, n° 56 ; *R.*, 277 ; *GAJC*, t. 2, nos 208-209 (II) ; *D.* 1997, 265, note P. JOURDAIN ; *D.* 1997, SC, 290, obs. D. MAZEAUD ; *JCP G* 1997, II, 22848, concl. R. KESSOUS, note G. VINEY ; *RTD civ.* 1997, 648, note J. HAUSER ; *RDSS* 1997, 660, note A. DORSNER-DOLIVET ; *Gaz. Pal.*, 1997, 2, 572, note F. CHABAS ; *Gaz. Pal.* 1998, 1, 171, note B. PUILL ; *Dr. fam.* 1997, comm. 83, note P. MURAT ; CH. RADÉ, *Le renouveau de la responsabilité du fait d'autrui (apologie de l'arrêt Bertrand, deuxième chambre civile, 19 février 1997), D.* 1997, chr., pp. 279-285 ; F. LEDUC, *La responsabilité des père et mère : changement de nature, RCA* 1997, chr. 9 ; M.-CH. LEBRETON, *La responsabilité parentale à la croisée des chemins, LPA*, 15 septembre 1997, pp. 12-16 ; *REDP*, 1999, vol. 7, n° 4, 481, notes A.C. PAPACHRISTOS, F. WERRO, P. DE TAVERNIER, U. HÜBNER et J.-M. GARDETTE.

[10] Crim, 26 mars 1997 (3 arrêts), *Bull. crim.*, n° 124 ; *GAJC*, t. 2, nos 218-219, pp. 343-354 ; *JCP G* 1997, II, 22868, rapport F. DESPORTES ; *JCP G* 1997, I, 4070, nos 19-23, obs. G. VINEY ; *J.C.P. G* 1998, II, 10015, note M. HUYETTE ; *D.* 1997, 496, note P. JOURDAIN ; *D.* 1998, SC, 201, obs. D. MAZEAUD ; *Dr. et Pat.*, septembre 1997, p. 86, note F. CHABAS ; *RCA* 1997, comm. 292, note H. GROUTEL ; *Dr. fam.* 1997, comm. 98, note P. MURAT ; F. ALT-MAES, *L'hébergement chez ses parents du mineur placé : un conflit de responsabilités ?, LPA*, 5 octobre 1999, pp. 14-21.

encadrée par la jurisprudence. Il n'en demeure pas moins qu'elle est susceptible de s'appliquer aux personnes gardées et risque ainsi de poser des problèmes de cohérence.

En second lieu, dans la logique du développement de la responsabilité de plein droit, la Cour de cassation a transformé la responsabilité parentale de l'article 1384, alinéa 4 du Code civil en ne la rattachant plus à la notion de garde matérielle, mais en cherchant à la fonder sur celle de garde intellectuelle. Dans cette optique, elle a procédé à une interprétation particulière des conditions de la responsabilité parentale.

**569.** En somme, avec ces évolutions, la Cour de cassation s'est donnée les moyens nécessaires pour procéder à une réorganisation de la responsabilité du fait d'autrui. Toutefois, il n'est pas certain que les multiples développements jurisprudentiels autour de l'article 1384, alinéa 1er relèvent d'une conception pleinement cohérente et équilibrée de la responsabilité. Si on transpose cette idée au problème spécifique de la responsabilité du fait des personnes gardées, nous pouvons constater, d'une part, l'existence d'une volonté jurisprudentielle d'élaborer un système de responsabilité de plein droit du fait des mineurs autour de la garde intellectuelle **(A)** et, d'autre part, l'absence d'organisation de la responsabilité de plein droit du fait des handicapés mentaux autour d'un fondement unique **(B)**. Par ailleurs, on ne peut nier le développement d'autres cas de responsabilité du fait d'autrui totalement détachés de la notion de garde d'autrui. Ces hypothèses de responsabilité, souvent contestables, risquent de perturber l'édification d'un régime cohérent de responsabilité du fait d'autrui et rendent d'autant plus nécessaire une réorganisation des règles de la responsabilité du fait d'autrui fondée sur une analyse de cette notion **(C)**.

## A. L'EFFORT D'ORGANISATION D'UNE RESPONSABILITÉ DE PLEIN DROIT DU FAIT DES MINEURS AUTOUR DE LA GARDE INTELLECTUELLE

**570.** La relecture du premier alinéa de l'article 1384 du Code civil et la généralisation de la responsabilité de plein droit au sein de ce même article ont ouvert de nouveaux horizons à la responsabilité du fait d'autrui et, en particulier, à la responsabilité du fait des mineurs. L'émergence de nouveaux cas de responsabilité du fait d'autrui permet enfin à de nombreuses victimes de mineurs d'obtenir réparation de leurs dommages. Subitement, la responsabilité civile n'est plus « *introuvable* »[11]. Poursuivant son œuvre créatrice, la Cour de cassation a progressivement dégagé, à partir des alinéas 1er et 4 de l'article 1384 du Code civil, un principe de responsabilité du fait des mineurs qui semble fondé sur la notion de garde intellectuelle **(1)**. L'affirmation de ce principe n'en reste pas moins relative puisque certaines solutions se fondent, implicitement ou explicitement, sur la notion de garde matérielle **(2)**.

### *1. L'affirmation progressive d'un système de responsabilité du fait des mineurs fondé sur la garde intellectuelle*

**571.** L'étude de la jurisprudence révèle que la Cour de cassation souhaite élaborer un système de responsabilité du fait des mineurs fondé sur la notion de garde intellectuelle. Cette volonté ressort de l'analyse des solutions rendues sur le fondement de l'alinéa 1er **(a)** et de l'alinéa 4 de l'article 1384 du Code civil **(b)**.

---

[11] R. LEGEAIS, *La responsabilité civile introuvable ou les problèmes de la réparation des dommages causés par les mineurs, art. précit.*, pp. 775-798.

a. La volonté jurisprudentielle de fonder la responsabilité du fait des mineurs de l'article 1384, alinéa 1$^{er}$ sur la garde intellectuelle

**572.** Le développement de la responsabilité du fait des mineurs fondée sur l'article 1384, alinéa 1$^{er}$ du Code civil s'est accompagné d'une prise de position de la Cour de cassation en faveur de la notion de garde intellectuelle. Par principe, le responsable du mineur est celui qui a reçu l'exercice des pouvoirs d'organisation, de direction et de contrôle du mode de vie du mineur d'une autorité judiciaire (**α**). Corrélativement, les personnes exerçant un pouvoir de garde matérielle, transmis par le titulaire de l'exercice du pouvoir de garde intellectuelle, ne peuvent être responsables de plein droit du fait du mineur sur le fondement de l'article 1384, alinéa 1$^{er}$ du Code civil (**β**). De même, à plus fortes raisons, les personnes n'exerçant ni un pouvoir de garde intellectuelle, ni un pouvoir de garde matérielle ne peuvent encourir une telle responsabilité de plein droit (**γ**).

*α. L'affirmation de la responsabilité du gardien intellectuel du mineur*

**573. Les mineurs en danger placés sur le fondement d'une mesure d'assistance éducative.** La première application aux mineurs de la relecture de l'article 1384, alinéa 1$^{er}$ du Code civil concerna les mineurs placés auprès d'un tiers en exécution d'une mesure d'assistance éducative[12]. Dans une telle hypothèse, nous avons constaté que l'intégralité du pouvoir de garde est transmise à un tiers et qu'il est possible que le tiers n'exerce pas à titre permanent le pouvoir de garde matérielle[13]. La jurisprudence a pris en compte cet aspect, puisqu'elle a lié la responsabilité du fait du mineur au pouvoir de direction, de contrôle et d'organisation du mode de vie attribué par le juge, c'est-à-dire au pouvoir de garde intellectuelle. Tant que son pouvoir n'a pas été suspendu ou interrompu par une nouvelle décision judiciaire, le tiers demeure responsable. Cette responsabilité est exclusivement fondée sur la garde intellectuelle du mineur. La garde matérielle n'a aucune influence sur la détermination du responsable. Ainsi, le gardien intellectuel, désigné par le juge, demeure

---

[12] Rouen, 25 septembre 1991, *D.* 1993, 5, note C. PIGACHE ; Crim., 10 octobre 1996, *Bull. crim.*, n° 357 ; *D.* 1997, 309, note M. HUYETTE ; *JCP G* 1997, II, 22833, note F. CHABAS ; *Dr. fam.* 1997, comm. 83, note P. MURAT ; Crim, 26 mars 1997 (3 arrêts), *Bull. crim.*, n° 124 ; *GAJC*, t. 2, n$^{os}$ 218-219, pp. 343-354 ; *JCP G* 1997, II, 22868, rapport F. DESPORTES ; *JCP G* 1997, I, 4070, n$^{os}$ 19-23, obs. G. VINEY ; *J.C.P. G* 1998, II, 10015, note M. HUYETTE ; *D.* 1997, 496, note P. JOURDAIN ; *D.* 1998, SC, 201, obs. D. MAZEAUD ; *Dr. et Pat.*, septembre 1997, p. 86, note F. CHABAS ; *RCA* 1997, comm. 292, note H. GROUTEL ; *Dr. fam.* 1997, comm. 98, note P. MURAT ; F. ALT-MAES, *L'hébergement chez ses parents du mineur placé : un conflit de responsabilités ?*, *LPA*, 5 octobre 1999, pp. 14-21 ; Crim., 25 mars 1998, *Bull. crim.*, n° 114 ; *J.C.P. G* 1998, II, 10162, note M. HUYETTE ; *JCP G* 1998, I, 187, n$^{os}$ 22-24, obs. G. VINEY ; *RTD civ.* 1998, 918, note P. JOURDAIN ; F. ALT-MAES, *L'hébergement chez ses parents du mineur placé : un conflit de responsabilités ?, art. précit.* ; O. GAN, *La responsabilité délictuelle du fait des agissements d'un mineur faisant l'objet d'une mesure de placement : évolution ou révolution ?*, *Gaz. Pal.* 1999, doc., pp. 101-104 ; Pau, 2 décembre 1999, *JCP G* 2000, IV, 2571 ; Civ. 2$^{e}$, 20 janvier 2000, *Bull. civ.* II, n° 15 ; *R.*, 398 ; *JCP G* 2000, I, 241, n° 14, obs. G. VINEY ; *D.* 2000, 571, note M. HUYETTE ; *RTD civ.* 2000, 588, note P. JOURDAIN ; *RCA* 2000, comm. 111, note P. VAILLIER ; *RDSS* 2000, 420, note E. ALFANDARI ; *RDSS* 2000, 431, note J.-M. LHUILLIER ; Crim., 15 juin 2000, *Bull. crim.*, n° 233 ; *D.* 2001, 653, note M. HUYETTE ; Civ. 2$^{e}$, 6 juin 2002 (3 arrêts), *Bull. civ.* II, n° 120 ; *R.*, 476 ; *JCP G* 2003, II, 10068, note A. GOUTTENOIRE et N. ROGET ; *JCP G* 2003, I, 154, n$^{os}$ 37-45, obs. G. VINEY ; *JCP G* 2003, I, 101, n° 5, obs. TH. FOSSIER ; *D.* 2002, 2750, note M. HUYETTE ; *RTD civ.* 2002, 825, note P. JOURDAIN ; *RJPF*, novembre 2002, 20, note F. CHABAS ; N. REXAND-POURIAS, *Le renforcement de l'objectivation de la responsabilité du fait d'autrui*, *LPA*, 9 juillet 2003, pp. 21-27 ; J.-B. LAYDU, *Quelques précisions sur la responsabilité des associations d'assistance éducative fondée sur l'article 1384, alinéa 1$^{er}$ du Code civil*, *LPA*, 16 janvier 2003, pp. 16-22 ; Civ. 2$^{e}$, 22 mai 2003, *Bull. civ.* II, n° 157 ; *D.* 2004, SC, 1342, obs. P. JOURDAIN ; *Dr. fam.* 2003, comm. 155, note J. JULIEN ; Civ. 2$^{e}$, 15 décembre 2005, *JurisData* n° 2005-031351 ; Crim., 8 janvier 2008, *Bull. crim.*, n° 3 ; *RCA* 2008, comm. 88, note H. GROUTEL ; *LPA*, 22 septembre 2008, obs. A. VIGNON-BARRAULT.

[13] *Cf. supra* n$^{os}$ 321-325.

responsable du fait du mineur s'il l'a confié à un tiers pour effectuer un stage[14]. Il en est de même lorsque le mineur est rentré chez ses parents à l'occasion d'une fugue[15] ou pour un séjour organisé[16]. Dans cette dernière hypothèse, l'origine de ce séjour est indifférente. Il peut résulter de la volonté unilatérale du gardien intellectuel, d'un accord passé avec les parents[17] ou encore de l'exécution d'un droit de visite et d'hébergement[18]. Un tel droit permet seulement d'obtenir le transfert de la garde matérielle et n'a aucun effet sur le pouvoir de garde intellectuelle[19].

**574. Les mineurs délinquants placés sur le fondement de l'ordonnance du 2 février 1945.** Le transfert de l'intégralité du pouvoir de garde d'un mineur peut également être ordonné par le juge sur le fondement de l'ordonnance du 2 février 1945. Cette mesure est dirigée par la volonté de procéder à la rééducation d'un mineur délinquant. Cette rééducation, pouvant s'effectuer selon le régime de la liberté surveillée, ne s'accompagne pas nécessairement d'une surveillance constante du mineur par son gardien. Autrement dit, si le gardien du mineur exerce en permanence le pouvoir de garde intellectuelle, il n'en est pas de même pour le pouvoir de garde matérielle. De nouveau, cet élément a été pris en compte par la Cour de cassation. À l'instar de ce qu'elle a pu retenir pour les mineurs placés en exécution d'une mesure d'assistance éducative, elle a affirmé que le tiers recevant la garde d'un mineur délinquant est responsable des dommages qu'il peut causer, dès lors qu'il organise, dirige et contrôle le mode de vie du mineur tant qu'aucune décision judiciaire n'a suspendu ou interrompu sa mission éducative[20]. Cette responsabilité est bien fondée sur la garde intellectuelle du mineur. La décision judiciaire attribue la garde intellectuelle du mineur délinquant à une personne déterminée[21]. Le transfert de la garde matérielle à une famille d'accueil[22] ou le non-exercice de ce pouvoir en raison d'une certaine liberté accordée au délinquant ne peuvent mettre fin à ce pouvoir et interférer dans la détermination du responsable. Seul le gardien intellectuel désigné par le juge peut être responsable du dommage causé par un mineur délinquant placé sur le fondement de l'ordonnance du 2 février 1945.

---

[14] Civ. 2e, 22 mai 2003, *Bull. civ.* II, n° 157, *précit.*

[15] Pau, 2 décembre 1999, *précit.*

[16] Civ. 2e, 6 juin 2002, *Bull. civ.* II, n° 120, (arrêts nos 1 et 2), *précit.*

[17] *Cf.* Crim., 26 mars 1997, *Bull. crim.*, n° 124, (arrêt n° 1). Dans cette affaire, la Cour d'appel de Rouen a maintenu la responsabilité d'un foyer du fait d'un mineur, alors qu'il se trouvait chez sa mère au moment des faits. La Cour d'appel a justifié sa solution en expliquant que le retour du mineur résultait de la volonté unilatérale du foyer et non d'« *une décision judiciaire* » ou d'un « *accord passé entre l'établissement gardien et la mère de l'enfant* ». La Cour de cassation a confirmé la solution de la Cour d'appel, mais a réalisé une substitution de motifs en affirmant « *qu'aucune décision judiciaire n'avait suspendu ou interrompu cette mission* ». Ainsi, pour la Cour de cassation, un retour, résultant d'un accord entre l'établissement gardien et les parents de l'enfant, ne peut suspendre ou interrompre la mission du gardien. Sa responsabilité est maintenue.

[18] Civ. 2e, 6 juin 2002, *Bull. civ.* II, n° 120, (arrêt n° 1), *précit.* ; Crim., 8 janvier 2008, *précit.*

[19] *Cf. supra* n° 323.

[20] Civ. 2e, 9 décembre 1999, *Bull. civ.* II, n° 189 ; *D.* 2000, 713, note A.-M. GALLIOU-SCANVION ; *RTD civ.* 2000, 338, note P. JOURDAIN ; *JCP G* 2000, I, 241, nos 12-13, obs. G. VINEY ; *RDSS* 2000, 424, note E. ALFANDARI ; *RJPF*, février 2000, 20, note F. CHABAS ; M.-CH. MEYZEAUD-GARAUD, *Application de la responsabilité du fait d'autrui aux associations accueillant des mineurs sous un régime de liberté surveillée*, *LPA*, 23 mars 2000, pp. 20-23 ; J.-B. LAYDU, *Entre cohérence et incertitudes (Réflexions autour d'un arrêt de la deuxième Chambre civile de la Cour de cassation du 9 décembre 1999)*, *RRJ* 2000, n° 3, pp. 1265-1274 ; Civ. 2e, 7 mai 2003, *Bull. civ.* II, n° 129 ; *JCP G* 2004, I, 101, nos 19-20, obs. G. VINEY ; *D.* 2003, 2256, note M. HUYETTE ; *RJPF*, septembre 2003, 35, note F. CHABAS.

[21] *Cf. supra* nos 428-432.

[22] Civ. 2e, 9 décembre 1999, *Bull. civ.* II, n° 189, *précit.*

**575. Les mineurs sous tutelle d'État.** Dans un arrêt du 7 octobre 2004, la deuxième chambre civile de la Cour de cassation a déterminé les personnes responsables du fait d'un mineur sous tutelle d'État placé provisoirement dans un foyer d'accueil[23]. Tandis que la Cour d'appel avait retenu que l'association gérant le foyer devait être responsable, sur le fondement de l'article 1384, alinéa 1er du Code civil, au motif qu'elle avait la garde du mineur et était par conséquent chargée d'organiser, de diriger et de contrôler à titre permanent son mode de vie, la Cour de cassation a, au contraire, affirmé que la responsabilité devait peser sur le département, seul chargé par le juge d'organiser, de diriger et de contrôler le mode de vie du mineur, aucune décision judiciaire n'ayant suspendu ou interrompu sa mission éducative. Cette solution est en parfaite harmonie avec la volonté de la Cour de cassation de fonder la responsabilité du fait des mineurs de l'article 1384, alinéa 1er du Code civil sur la notion de garde intellectuelle. En effet, à la différence de la tutelle de droit commun, la tutelle d'État ne comporte pas de conseil de famille[24]. Le tuteur est le seul organe de la tutelle d'État. Il reçoit ainsi l'exercice du pouvoir de garde intellectuelle[25] et peut contractuellement placer l'enfant chez un tiers. Ce dernier ne dispose alors que de la garde matérielle du mineur et n'acquiert pas sa garde intellectuelle. Seule une décision judiciaire pourrait modifier son attribution.

Ainsi, à travers ces solutions, la Cour de cassation manifeste sa volonté de rattacher la responsabilité du fait des mineurs de l'article 1384, alinéa 1er du Code civil à la notion de garde intellectuelle. Corrélativement, sa prise de position la conduit à rejeter la responsabilité du gardien matériel du mineur.

*β. Le rejet de la responsabilité du gardien matériel du mineur*

**576. Les mineurs confiés par leurs gardiens intellectuels à un autre parent.** Inévitablement, la nouvelle responsabilité du fait des mineurs devait être invoquée à l'encontre de certaines personnes n'exerçant qu'un pouvoir de garde matérielle sur la personne du mineur. De nombreux plaideurs envisagèrent son application aux grands-parents, oncles ou tantes d'un mineur, afin d'obtenir réparation du dommage causé par l'enfant mineur en séjour chez eux. La Cour de cassation s'y est toujours opposée en considérant systématiquement que les conditions de l'article 1384, alinéa 1er du Code civil n'étaient pas réunies[26]. Ces dernières ne résultant pas du Code civil, mais de sa relecture par la Cour de cassation, elle aurait très bien pu retenir une solution inverse. Sa prise de position témoigne d'une certaine cohérence : la haute juridiction ne souhaite pas faire peser cette responsabilité de plein droit sur des personnes ne disposant pas d'un pouvoir d'origine légale ou judiciaire sur la personne du mineur. En effet, dans ces hypothèses, le pouvoir des grands-parents, oncles ou tantes, sur la personne des mineurs trouve son origine dans un contrat passé avec les titulaires de l'exercice de l'autorité parentale, c'est-à-dire, le plus souvent, les parents de l'enfant. Ils ne détiennent de ce fait qu'un pouvoir de garde matérielle et restent subordonnés à la volonté du gardien intellectuel du mineur. Dès lors, la durée du séjour est indifférente.

---

[23] Civ. 2e, 7 octobre 2004, *Bull. civ.* II, n° 453 ; *D.* 2005, 819, note M. HUYETTE ; *JCP G* 2005, I, 132, n° 6, obs. G. VINEY ; *RTD civ.* 2005, 100, note J. HAUSER ; *RJPF,* janvier 2005, 34, note F. CHABAS ; E. LEVERBE, *Le civilement responsable du fait du mineur, RCA*, février 2005, pp. 15-18.

[24] *Cf. supra* n° 348.

[25] *Cf. supra* n° 349.

[26] Civ. 2e, 18 septembre 1996, *Bull. civ.* II, n° 217 ; *D.* 1998, 118, note M. REBOURG ; *RTD civ.* 1997, 436, note P. JOURDAIN ; *Dr. et Pat.* janvier 1997, 77, obs. F. CHABAS ; *Dr. fam.* 1997, comm. 83, note P. MURAT ; G. BLANC, *À propos de la responsabilité des grands-parents… (Brève contribution à la réflexion sur la responsabilité du fait d'autrui), D.* 1997, pp. 327-329 ; M.-CH. LEBRETON, *Vers une interprétation restrictive de la jurisprudence Blieck, LPA*, 24 février 1997, pp. 6-9 ; Civ. 2e, 5 février 2004, *Bull. civ.* II, n° 50 ; *RJPF,* septembre 2004, 39, note F. CHABAS ; D. BERTOL, *L'articulation entre la responsabilité parentale et la responsabilité des tiers, gardiens temporaires des mineurs, LPA*, 24 juin 2005, pp. 14-20 ; Crim., 8 février 2005, *Bull. crim*, n° 44 ; *JCP G* 2005, II, 10049, note M.-F. STEINLÉ-FEUERBACH ; *RCA* 2005, comm. 118, note H. GROUTEL.

Le mineur peut séjourner occasionnellement ou en permanence chez ses grands-parents, leur responsabilité ne peut être recherchée sur le fondement de l'article 1384, alinéa 1er du Code civil. Ainsi, le fait que le mineur réside chez ses grands-parents depuis son plus jeune âge, en vertu d'un accord conclu avec ses parents, ne peut justifier la responsabilité de ses grands-parents sur le fondement de l'article 1384, alinéa 1er[27]. En l'absence d'une décision judiciaire, ils ne disposent que de la garde matérielle du mineur. Le rejet de leur responsabilité renvoie ainsi vers la responsabilité du gardien intellectuel.

**577. Les mineurs confiés par leurs gardiens intellectuels à un établissement spécialisé ou à un internat.** Le rejet de l'application de la responsabilité de l'article 1384, alinéa 1er du Code civil aux grands-parents, oncles et tantes d'un mineur est non seulement justifié par l'absence de pouvoir de garde intellectuelle, mais également opportun, puisqu'il évite d'appliquer une responsabilité très lourde à des personnes intervenant bénévolement dans l'éducation d'un mineur. Or, tous les tiers recevant la seule garde matérielle du mineur n'agissent pas à titre bénévole. Certains d'entre eux peuvent prendre en charge des mineurs dans le cadre de leur activité professionnelle. Ces interventions à titre onéreux, fondées sur un simple contrat entre le gardien du mineur et le tiers, peuvent-elles justifier l'application de la responsabilité de plein droit de l'article 1384, alinéa 1er du Code civil ? Sur ce point, la Cour de cassation a fait preuve d'une certaine hésitation.

Ainsi, dans un premier temps, la chambre criminelle a admis, par un arrêt du 15 juin 2000, qu'un institut médico-pédagogique pouvait être responsable sur ce fondement dès lors qu'il avait la « *surveillance et l'organisation des conditions de vie de l'enfant* »[28]. En somme, cette décision pouvait fonder de nouveaux cas de responsabilité du fait du mineur reposant sur la surveillance et l'organisation des conditions de vie du mineur, c'est-à-dire, selon notre conception de la garde d'autrui, sur la garde matérielle. Par conséquent, si on articulait cette solution avec les décisions rendues à propos des grands-parents ou proches d'un mineur, on pouvait en déduire que la responsabilité des proches du mineur, assurant sa garde matérielle, ne pouvait être recherchée sur le fondement de l'article 1384, alinéa 1er du Code civil, tandis que celle des établissements, assurant la garde matérielle d'un mineur à titre professionnel, pouvait l'être. Avec une telle décision, la garde matérielle du mineur était érigée, dans certaines hypothèses, au rang de fondement de la responsabilité de l'article 1384, alinéa 1er du Code civil. Cette solution ne fut toutefois pas maintenue.

En effet, dans un second temps, la chambre criminelle de la Cour de cassation refusa, dans un arrêt du 29 octobre 2002, de retenir la responsabilité d'un centre de vacances géré par une association sur le fondement de l'article 1384, alinéa 1er et préféra rechercher la responsabilité parentale[29]. De même, dans deux arrêts du 7 janvier et du 18 mai 2004, la chambre criminelle refusa d'appliquer cette responsabilité de plein droit à des associations gérant des établissements spécialisés pour mineurs[30]. L'arrêt du 7 janvier 2004 présente une particularité intéressante. Il s'agissait d'un mineur handicapé orienté vers un institut médico-pédagogique à la suite de la décision d'une Commission départementale de l'éducation spéciale (CDES). En rejetant la responsabilité de l'association gérant l'institut médico-pédagogique, la Cour de

---

[27] Crim., 8 février 2005, *précit.*

[28] Crim., 15 juin 2000, *Bull. crim*, n° 232 ; *JCP G* 2000, I, 280, nos 15-16, obs. G. VINEY ; Y. DAGORNE-LABBÉ, *L'évolution de la notion de cohabitation de l'enfant mineur avec ses parents*, *LPA*, 9 novembre 2000, pp. 16-19.

[29] Crim., 29 octobre 2002, *Bull. crim.*, n° 197 ; *D.* 2003, 2113, note L. MAUGER-VIELPEAU ; *JCP G* 2003, I, 154, nos 37-45, obs. G. VINEY ; *RTD civ.* 2003, 101, note P. JOURDAIN ; *RJPF*, février 2003, 21, obs. F. CHABAS.

[30] Crim., 7 janvier 2004, *Juris-Data* n° 2004-024116 ; J.-B. LAYDU, *Cohabitation parents-enfants : démantèlement confirmé*, *LPA*, 3 novembre 2004, pp. 7-9 ; Crim., 18 mai 2004, *Bull. crim.*, n° 123 ; *R.*, 384 ; *RTD civ.* 2005, 140, note P. JOURDAIN ; *Dr. et Pat.*, avril 2005, 102, obs. F. CHABAS ; E. LEVERBE, *Le civilement responsable du fait du mineur, art. précit.*

cassation rappelle implicitement que la décision d'une Commission départementale de l'éducation spécialisée ne peut en aucun cas opérer un transfert de la garde intellectuelle du mineur. Si les décisions d'une Commission départementale de l'éducation spéciale s'imposent aux établissements et organismes de prise en charge, leur application requiert le consentement du gardien intellectuel[31]. Par conséquent, dans cette hypothèse, seule la garde matérielle du mineur est transmise. La responsabilité de l'institut médico-pédagogique ne pouvait dès lors être recherchée sur le fondement de l'article 1384, alinéa 1er du Code civil. Cette solution a été confirmée par un arrêt du 24 mai 2006[32]. De même, dans un arrêt du 7 octobre 2004, la deuxième chambre civile refusa de retenir la responsabilité d'une association gérant un foyer d'accueil du fait d'un mineur qui lui avait été confié par un département exerçant sur ce mineur une tutelle d'État[33]. Cette association ne disposant que de la garde matérielle du mineur ne pouvait être responsable sur le fondement de l'article 1384, alinéa 1er du Code civil.

*γ. Le rejet de la responsabilité du tiers ni gardien intellectuel, ni gardien matériel du mineur*

**578. Les mineurs faisant l'objet d'une mesure d'assistance éducative en milieu ouvert.** Dans les hypothèses précédentes, le rejet de la responsabilité de l'article 1384, alinéa 1er du Code civil était justifié par l'absence de pouvoir de garde intellectuelle. La seule garde matérielle du mineur ne peut fonder une responsabilité de plein droit. Or, il peut également arriver qu'un tiers intervienne dans l'éducation d'un mineur, sans qu'il y ait transfert ni de la garde intellectuelle, ni de la garde intellectuelle. Il s'agit notamment de l'assistance éducative en milieu ouvert. Quelles sont les conséquences d'une telle mesure sur la responsabilité du fait des mineurs ? Poursuivant son œuvre créatrice, la Cour de cassation a été amenée à se prononcer sur cette question dans un arrêt du 19 juin 2008[34].

En l'espèce, un juge des enfants avait confié à une association, pour une durée d'un an, une mesure d'assistance éducative en milieu ouvert à l'égard d'un enfant mineur, puis avait remis cet enfant à une famille d'accueil pendant trois semaines. Lors de ce séjour, le mineur a provoqué un incendie et endommagé l'immeuble occupé par sa famille d'accueil. Après indemnisation, l'assureur a recherché la responsabilité, non pas des parents, mais de l'association sur le fondement de l'article 1384, alinéa 1er du Code civil. Néanmoins, reprenant l'arrêt de la Cour d'appel qui avait retenu que l'association « *ne s'était vu confier qu'une mesure d'action éducative en milieu ouvert, dont l'objet est d'apporter aide et conseil à la famille et de suivre le développement de l'enfant* » et « *qu'une telle mesure n'est pas de nature à transférer à l'association tout ou partie de l'autorité parentale* », la Cour de cassation a affirmé que la Cour d'appel avait exactement déduit que l'association, non « *investie de la charge d'organiser, de diriger et de contrôler à titre permanent le mode de vie de ce mineur, ne pouvait être déclarée responsable des dommages causés pas celui-ci* » sur le fondement de l'article 1384, alinéa 1er du Code civil. Dans cet arrêt, la Cour de cassation a donc écarté la responsabilité d'une association simplement investie d'une mesure d'assistance éducative en milieu ouvert. Dans une telle hypothèse, une décision judiciaire est bien à l'origine de la mesure de protection du mineur. Toutefois, cette décision ne transfère aucun pouvoir de garde au tiers désigné par le juge. Il peut, tout au plus, assurer

---

[31] *Cf. supra* n° 108.

[32] Civ. 2e, 24 mai 2006, *Bull. civ.* II, n° 136 ; *RCA* 2006, comm. 218 ; *RTD civ.* 2006, 779, note P. JOURDAIN ; *RDC* 2007, 286, note J.-S. BORGHETTI ; A. VIGNON-BARRAULT, *Le placement judiciaire du mineur : un nouveau critère d'application de l'article 1384, alinéa 1er*, *RLDC*, novembre 2006, pp. 14-21 ; A. PAULIN, *Placer n'est pas...(forcément) exonérer !*, *LPA*, 9 février 2007, pp. 6-14 ;

[33] Civ. 2e, 7 octobre 2004, *Bull. civ.* II, n° 453 ; *précit. Cf. supra* n° 575.

[34] Civ. 2e, 19 juin 2008, *Bull. civ.* II, n° 144 ; *D.* 2008, 2205, note M. HUYETTE ; *JCP G* 2008, II, 10203, note F. BOULANGER ; *RTD civ.* 2008, 667, note J. HAUSER ; *RTD civ.* 2008, 682, note P. JOURDAIN ; *RDSS* 2008, note D. CRISTOL.

temporairement la garde matérielle du mineur[35]. Il ne suffit donc pas qu'une mesure de protection judiciaire, confiant une certaine autorité sur un mineur à un tiers, ait été ordonnée pour que la responsabilité de l'article 1384, alinéa 1er s'applique. Toutes les décisions judiciaires de protection d'un mineur ne transfèrent pas un pouvoir de garde.

Ces différentes solutions témoignent finalement de la volonté de la Cour de cassation de faire de la garde intellectuelle le seul et unique fondement de la responsabilité du fait des mineurs de l'article 1384, alinéa 1er du Code civil. Cette volonté est d'autant plus forte qu'elle régit également l'analyse jurisprudentielle de la responsabilité du fait des mineurs de l'article 1384, alinéa 4, du Code civil.

b. La volonté jurisprudentielle de fonder la responsabilité du fait des mineurs de l'article 1384, alinéa 4 sur la garde intellectuelle

**579.** L'émergence de nouveaux cas de responsabilité du fait des mineurs à partir d'une relecture de l'article 1384, alinéa 1er du Code civil s'est accompagnée d'un profond remaniement de la responsabilité parentale de l'article 1384, alinéa 4 du Code civil. Sa transformation d'une responsabilité pour faute présumée en responsabilité de plein droit, effectuée par l'arrêt *Bertrand* du 19 février 1997[36], a justifié de profonds changements dans l'analyse jurisprudentielle et la perception doctrinale de ses fondements. La jurisprudence s'est ainsi focalisée sur la notion de cohabitation et nous pouvons admettre que son interprétation tend à fonder la responsabilité parentale sur la notion de garde intellectuelle (**α**). Indéniablement, cette évolution jurisprudentielle témoigne de la volonté d'articuler les différentes responsabilités du fait des mineurs des alinéas 1 et 4 de l'article 1384 du Code civil. Ces deux responsabilités ne sont pas cumulatives mais alternatives. Cet effort jurisprudentiel n'a malheureusement pas été suivi par le législateur. S'épargnant toute réflexion générale, le législateur de 2002 a en effet préféré supprimer la référence au droit de garde dans l'article 1384, alinéa 4 du Code civil et maintenir la condition de cohabitation (**β**). S'il n'était pas manifeste que le législateur est intervenu de façon purement opportuniste, nous devrions déduire de son action une volonté de sanctionner le raisonnement jurisprudentiel. En réalité, il n'en est rien. Cette modification souligne surtout la méconnaissance législative des problèmes actuels de la responsabilité du fait des mineurs.

*α. La relecture jurisprudentielle des conditions de la responsabilité parentale*

**580. Objectivation du régime et des conditions de la responsabilité parentale**. S'il est vrai que l'arrêt *Bertrand* du 19 février 1997 n'a pas modifié les conditions de la responsabilité des père et mère, mais simplement les conditions de leur exonération, il est indéniable que cette solution jurisprudentielle devait entraîner de profondes transformations dans la perception des conditions de cette responsabilité. En effet, ne pouvant plus s'exonérer par la preuve de l'absence de faute, les parents des mineurs à l'origine d'un dommage ont eu tendance à déplacer le débat en amont vers les conditions d'application de la présomption de

---

[35] *Cf. supra* nos 315-316.

[36] Civ. 2e, 19 février 1997, *Bull. civ.* II, n° 56 ; *R.*, 277 ; *GAJC*, t. 2, nos 208-209 (II) ; *D.* 1997, 265, note P. JOURDAIN ; *D.* 1997, SC, 290, obs. D. MAZEAUD ; *JCP G* 1997, II, 22848, concl. R. KESSOUS, note G. VINEY ; *RTD civ.* 1997, 648, note J. HAUSER ; *RDSS* 1997, 660, note A. DORSNER-DOLIVET ; *Gaz. Pal.* 1997, 2, 572, note F. CHABAS ; *Gaz. Pal.* 1998, 1, 171, note B. PUILL ; *Dr. fam.* 1997, comm. 83, note P. MURAT; CH. RADÉ, *Le renouveau de la responsabilité du fait d'autrui (apologie de l'arrêt Bertrand, deuxième chambre civile, 19 février 1997)*, *D.* 1997, chr., pp. 279-285 ; F. LEDUC, *La responsabilité des père et mère : changement de nature*, *RCA* 1997, chr. 9 ; M.-CH. LEBRETON, *La responsabilité parentale à la croisée des chemins*, *LPA*, 15 septembre 1997, pp. 12-16 ; *REDP*, 1999, vol. 7, n° 4, 481, notes A.C. PAPACHRISTOS, F. WERRO, P. DE TAVERNIER, U. HÜBNER et J.-M. GARDETTE.

responsabilité[37], à partir du moment où l'existence du lien de filiation est avérée[38]. Or, dès lors que la responsabilité n'a plus pour préoccupation première le souci de sanctionner une faute de surveillance ou d'éducation, mais de donner à la victime du mineur une garantie d'indemnisation, il ne paraît plus cohérent de maintenir des conditions ayant pour seule fin de rendre vraisemblable l'existence d'une faute[39]. En somme, l'objectivation du régime de la responsabilité parentale devait nécessairement se compléter par une objectivation de ses conditions et en particulier de la condition de cohabitation[40]. La Cour de cassation prit immédiatement conscience de cette question puisque, par son arrêt *Samda*, rendu le même jour que l'arrêt *Bertrand*, sa deuxième chambre civile a affirmé que « *l'exercice d'un droit de visite et d'hébergement ne fait pas cesser la cohabitation du mineur avec celui des parents qui exerce sur lui le droit de garde* »[41]. En assimilant la cohabitation à la résidence habituelle

---

[37] CH. RADÉ, *Le renouveau de la responsabilité du fait d'autrui (apologie de l'arrêt Bertrand, deuxième chambre civile, 19 février 1997), art. précit.*, n° 5, p. 280.

[38] Dans un arrêt du 8 décembre 2004, la Chambre criminelle de la Cour de cassation a rappelé que l'annulation de la reconnaissance d'un enfant a un effet rétroactif sur l'existence du lien de filiation et, par voie de conséquence, sur la responsabilité civile des parents du fait de leurs enfants (Crim., 8 décembre 2004, *Bull. crim.*, n° 315 ; *LPA*, 18 juillet 2005, pp. 17-20, note I. CORPART-OULERICH ; *Dr. fam.* 2005, comm. 50, note P. MURAT). La Cour d'appel avait retenu la responsabilité de l'auteur de la reconnaissance annulée, en affirmant, d'une part, que « *la reconnaissance volontaire d'un enfant traduit un engagement et une volonté délibérée de la part de son auteur de contracter, à l'égard de celui-ci, une obligation naturelle d'éducation* » et, d'autre part, que « *la disparition rétroactive des conséquences attachées à la filiation ne saurait s'appliquer à des obligations pesant sur le responsable de l'enfant et relatives à l'entretien de ce dernier* ». Ce faisant, les juges de la Cour d'appel ont appliqué le raisonnement appliqué traditionnellement pour allouer à l'enfant des dommages et intérêts en raison de l'inexécution d'un engagement de l'auteur de la reconnaissance mensongère de se comporter comme un père. (Civ. 1re, 21 juillet 1987, *Bull. civ.* I, n° 246, *D.* 1988, 225, note J. MASSIP ; Civ. 1re, 6 décembre 1988, *Bull. civ.* I, n° 348 ; *D.* 1989, 317, note J. MASSIP. Ces arrêts marquent une évolution. Dorénavant, la responsabilité de l'auteur de la reconnaissance mensongère n'est plus engagée sur le fondement d'une faute délictuelle, mais de l'inexécution d'une obligation contractuelle. *Cf.* F. TERRÉ et D. FENOUILLET, *Droit civil, Les personnes, La famille, Les incapacités, op. cit.*, n° 834, pp. 777-779 ; A. BÉNABENT, *Droit civil, la famille, op. cit.*, n° 685, pp. 438-439 ; P. COURBE, *Droit de la famille, op. cit.*, n° 809, p. 343 ; CL. MOULOUNGUI, *L'issue financière de la paternité probable et de la paternité simulée, LPA*, 17 février 1997, pp. 4-6). La censure de la Cour de cassation rappelle ainsi que la question des effets de la rétroactivité de la reconnaissance sur l'entretien de l'enfant est sans rapport avec le mécanisme de la responsabilité du fait d'autrui. L'article 1384, alinéa 4 du Code civil fait peser cette responsabilité sur les père et mère. L'annulation de la reconnaissance ayant rétroactivement détruit la filiation, l'auteur de la reconnaissance ne peut plus être poursuivi sur ce fondement. On notera par ailleurs que cet arrêt du 8 décembre 2004 vise l'article 1384, alinéa 1er, mais n'y fait aucune allusion par la suite. Toutefois, en dépit de ce silence, on peut penser qu'il serait vain de rechercher la responsabilité de l'auteur de la reconnaissance annulée sur ce fondement. En effet, la jurisprudence semble exiger l'existence d'un pouvoir de garde intellectuelle. Or, en l'espèce, en l'absence d'un transfert judiciaire du pouvoir de garde intellectuelle, l'auteur de la reconnaissance annulée devait tout au plus exercer un pouvoir de garde matérielle.

[39] G. VINEY, note sous Civ. 2e, 19 février 1997, *JCP G* 1997, II, 22848 ; P. JOURDAIN, note sous Civ. 2e, 19 février 1997, *D.* 1997, SC, 265 ; P. MURAT, note sous Civ. 2e, 19 février 1997, *Dr. fam.* 1997, comm. 83.

[40] Sur l'évolution de la notion de cohabitation après l'arrêt Bertrand du 19 février 1997, *cf.* : A. PONSEILLE, *Le sort de la condition de cohabitation dans la responsabilité civile des père et mère du fait dommageable de leur enfant mineur, RTD civ.* 2003, pp. 645-666 ; G. PROUTIÈRE-MAULION, *La notion de cohabitation dans la responsabilité des père et mère, LPA*, 26 septembre 2002, pp. 6-14.

[41] Civ. 2e, 19 février 1997, *Bull. civ.* II, n° 55 ; *RTD civ.* 1997, 648, note J. HAUSER ; *RTD civ.* 1997, 670, note P. JOURDAIN ; *Gaz. Pal.* 1997, 1, 575, note F. CHABAS ; *Dr. fam.* 1997, comm. 97, note P. MURAT ; Y. DAGORNE-LABBÉ, *La condition de cohabitation du mineur est-elle compatible avec la responsabilité de plein doit de ses parents ?, LPA*, 29 décembre 1997, pp. 12-14 ; A.-M. GALLIOU-SCANVION, *Une responsabilité enfin trouvable ou les voies de l'indemnisation de victimes d'enfants de parents divorcés, Gaz. Pal.* 1997, 1, doc., pp. 658-661 ; F. DUMONT, *La responsabilité de l'article 1384*

du mineur, la Cour de cassation a, d'une part, résolu le problème de l'indemnisation des victimes d'enfants de parents divorcés et, d'autre part, énoncé la nouvelle définition de la cohabitation. Dorénavant, la responsabilité de plein droit pèse sur le parent hébergeant habituellement l'enfant et la notion de cohabitation, rattachée à la résidence habituelle du mineur, revêt une dimension abstraite et purement juridique. Cette nouvelle conception de la cohabitation a modifié le domaine d'application de la responsabilité parentale.

**581. Le maintien de la cohabitation.** Consciente que la notion de cohabitation n'avait plus sa place dans la nouvelle responsabilité parentale, la jurisprudence l'a progressivement transformée au point de lui conférer un nouveau rôle. Initialement, lorsque la responsabilité parentale était une responsabilité pour faute présumée, la cohabitation permettait de rendre vraisemblable l'existence d'une faute. Depuis que la responsabilité parentale est devenue une responsabilité de plein droit, il apparaît que l'utilisation jurisprudentielle de la condition de la cohabitation permet de fonder cette responsabilité sur la garde intellectuelle du mineur. Tenue par la rédaction de l'article 1384 du Code civil, la Cour de cassation n'a pas hésité à transformer en profondeur le sens premier de la notion de cohabitation afin d'articuler, autour d'une notion commune, les alinéas 1er et 4 de cet article. Avant l'arrêt *Bertrand*, la Cour de cassation avait admis, dans certaines solutions, qu'une séparation de courte durée d'un mineur et de ses parents ne faisait pas cesser la cohabitation entre eux[42]. De telles décisions constituaient une première objectivation de la notion de cohabitation et fondaient en définitive la responsabilité parentale sur la garde intellectuelle du mineur. Toutefois, ce phénomène n'était pas absolu, puisque la Cour de cassation admettait toujours qu'une séparation de longue durée avait pour conséquence d'interrompre la cohabitation[43]. La transformation jurisprudentielle de la responsabilité parentale en responsabilité de plein droit a redonné toute sa vigueur à ce courant d'objectivation de la condition de cohabitation.

En premier lieu, la Cour de cassation a confirmé qu'une séparation de courte durée ne peut entraîner la cessation de la cohabitation. La responsabilité des parents, exerçant l'autorité parentale, peut toujours être recherchée lorsqu'ils ont confié, pour un court séjour, leur enfant à ses grands-parents[44], à son oncle ou à sa tante[45], à un institut médico-pédagogique[46], ou encore à un centre de vacances[47]. En second lieu, la Cour de cassation s'est détachée du critère temporel et a affirmé qu'une séparation de longue durée ne fait pas nécessairement cesser la cohabitation. Le placement d'un mineur, décidé par ses parents, dans un internat[48],

---

*alinéa 4 du Code civil à l'épreuve de la séparation des parents*, *LPA*, 14 janvier 1998, pp. 27-33 ; A. BATTEUR, *La responsabilité parentale en cas de séparation du couple*, *in Demain La famille* : 95e congrès des notaires, *LPA*, 28 avril 1999, pp. 69-76.

[42] *Cf. supra* n° 501.

[43] *Cf. supra* n° 502.

[44] Civ. 2e, 20 janvier 2000, *Bull. civ.* II, n° 14 ; *JCP G* 2000, II, 10374, note A. GOUTENOIRE-CORNUT ; *JCP G* 2000, I, 241, n° 20, obs. G. VINEY ; *D.* 2000, SC, 469, obs. D. MAZEAUD ; *RTD civ.* 2000, 340, note P. JOURDAIN ; *RCA* 2000, comm. 146, obs. H. GROUTEL ; *Dr. et Pat.*, avril 2000, 107, obs. F. CHABAS ; Y. DAGORNE-LABBÉ, *L'évolution de la notion de cohabitation de l'enfant mineur avec ses parents*, LPA, 9 novembre 2000, pp. 16-19 ; Civ. 2e, 5 février 2004, *Bull. civ.* II, n° 50 ; *RJPF*, septembre 2004, 39, note F. CHABAS ; D. BERTOL, *L'articulation entre la responsabilité parentale et la responsabilité des tiers, gardiens temporaires des mineurs*, *LPA*, 24 juin 2005, pp. 14-20.

[45] Civ. 2e, 15 mars 2001, *RCA* 2001, comm. 177, obs. H. GROUTEL.

[46] Civ. 2e, 9 mars 2000, *Bull. civ.* II, n° 44 ; *R.*, 397 ; *JCP G* 2000, II, 10374, note A. GOUTENOIRE-CORNUT ; *RCA* 2000, comm. 179, obs. H. GROUTEL ; *RJPF*, avril 2000, 38, note F. CHABAS.

[47] Crim., 29 octobre 2002, *Bull. crim.*, n° 197 ; *D.* 2003, 2113, note L. MAUGER-VIELPEAU ; *JCP G* 2003, I, 154, nos 37-45, obs. G. VINEY ; *RTD civ.* 2003, 101, note P. JOURDAIN ; *RJPF*, février 2003, 21, obs. F. CHABAS.

[48] Civ. 2e, 16 novembre 2000, *RCA* 2001, comm. 37 ; *JCP G* 2001, I, 340, n° 18, obs. G. VINEY ; *RTD civ.* 2001, 603, note P. JOURDAIN; *D.* 2002, SC, 1309, obs. P. JOURDAIN ; Civ. 2e, 29 mars 2001, *Bull. civ*, II, n° 69, *JCP G* 2002, II, 10071, note S. PRIGENT ; *RCA* 2001, comm. 177, obs. H. GROUTEL ;

dans un établissement spécialisé[49] ou chez ses grands-parents[50], n'a pas pour conséquence de supprimer la cohabitation de l'enfant avec ses parents. La responsabilité des parents peut toujours être recherchée.

**582. La cessation de la cohabitation.** Doit-on déduire que cette objectivation jurisprudentielle de la cohabitation a purement et simplement anéanti cette notion au point de lui retirer tout rôle dans la responsabilité parentale ? Une réponse affirmative serait très excessive. Traditionnellement, la Cour de cassation a toujours affirmé que l'interruption de la cohabitation avec le mineur est effective lorsqu'elle se fonde sur une cause légitime[51]. Cette jurisprudence ne semble pas remise en cause par l'arrêt *Bertrand* et l'objectivation de la notion de cohabitation. Toutefois, cette notion de cause légitime a été objectivée. Une conception purement juridique et abstraite s'est substituée à sa conception matérielle et concrète.

Il résulte de la jurisprudence que la décision du juge de confier un mineur à un tiers sur le fondement d'une mesure d'assistance éducative peut faire cesser la cohabitation des parents avec le mineur. Cette solution apparaît dans un arrêt de la Cour de cassation du 6 juin 2002[52]. Dans cette affaire, un mineur avait été confié à une association sur le fondement d'une mesure d'assistance éducative. Face à l'échec des diverses mesures de placement, le mineur avait été remis à sa mère, mais l'association conservait l'intégralité de ses prérogatives et pouvait éventuellement le reprendre auprès d'elle. Alors qu'il se trouvait depuis plusieurs mois chez sa mère, le mineur mit le feu à la porte d'entrée du bar d'une patinoire, afin d'y commettre un vol, et provoqua l'embrasement total du bâtiment. Tandis que la cour d'appel de Grenoble retint la responsabilité exclusive de la mère[53], la Cour de cassation a expressément écarté la responsabilité de la mère et a retenu la responsabilité de l'association sur le fondement de l'article 1384, alinéa 1er du Code civil, aux motifs qu'elle avait reçu la mission d'organiser et contrôler le mode de vie du mineur et que cette mission éducative n'était ni suspendue, ni interrompue. Or, dans l'absolu, rien n'interdisait de retenir la responsabilité de la mère du mineur. En effet, l'article 375-7 du Code civil dispose que « *les père et mère dont l'enfant a donné lieu à une mesure d'assistance éducative, conservent sur lui leur autorité parentale et en exercent tous les attributs qui ne sont pas inconciliables avec l'application de la mesure* ». Par conséquent, la condition de l'exercice de l'autorité parentale, exigée par l'article 1384, alinéa 4 du Code civil pour engager la responsabilité des parents, étaient remplie. Dès lors, la mise à l'écart de la responsabilité parentale ne peut être justifiée que par la notion de cohabitation. En l'occurrence, le mineur habitait chez sa mère, mais avait été confié à un tiers

---

*RTD civ.* 2001, 603, note P. JOURDAIN ; *D.* 2002, SC, 1309, obs. P. JOURDAIN ; *RJPF*, juin 2001, 37, obs. F. CHABAS ; J.-B. LAYDU, *Totale abstraction (Réflexions autour d'un arrêt de la deuxième chambre civile de la Cour de cassation du 29 mars 2001)*, *LPA*, 8 novembre 2001, pp. 12-17 ; Crim., 25 septembre 2002, *Gaz. Pal.* 2003, 996, note F. CHABAS.

[49] Crim., 7 janvier 2004, *Juris-Data* n° 2004-024116 ; J.-B. LAYDU, *Cohabitation parents-enfants : démantèlement confirmé*, *LPA*, 3 novembre 2004, pp. 7-9 ; Crim., 18 mai 2004, *Bull. crim.*, n° 123 ; *R.*, 384 ; *RTD civ.* 2005, 140, note P. JOURDAIN ; E. LEVERBE, *Le civilement responsable du fait du mineur*, *art. précit.*

[50] Crim., 8 février 2005, *Bull. crim*, n° 44 ; *JCP G* 2005, II, 10049, note M.-F. STEINLÉ-FEUERBACH ; *RCA* 2005, comm. 118, note H. GROUTEL.

[51] *Cf.* par exemple : Crim., 11 janvier 1996, *Bull. crim.*, n° 20.

[52] Civ. 2e, 6 juin 2002, *Bull. civ.* II, n° 120 (arrêt n° 3), *précit.*

[53] Grenoble, 9 mai 2000, *Juris-Data* n° 2000-121649. Cette cour d'appel retint ainsi la responsabilité de la mère du mineur au motif qu'elle « *avait retrouvé droit et devoir de garde quotidien, de surveillance et d'éducation et recevait aide et conseil de l'association* ». En revanche, elle écarta la responsabilité de l'association en expliquant que : « l'*association qui avait vu confier la garde du mineur à son service de placement familial n'avait plus du fait de la nature même de la mesure prise l'autorité lui donnant pouvoir d'organiser à titre permanent le mode de vie du mineur, de le contrôler et de le diriger* ». L'article 1384, alinéa 1er ne lui était donc pas applicable.

sur le fondement d'une mesure d'assistance éducative. Par conséquent, une décision judiciaire peut constituer une cause légitime de cessation de la cohabitation.

Une telle interprétation est d'ailleurs dorénavant retenue par la chambre criminelle de la Cour de cassation. En effet, si cette dernière avait retenu, dans un arrêt du 25 mars 1998[54], la responsabilité de plein droit d'une mère du fait des dommages causés par son fils se trouvant chez elle au moment des faits, alors qu'il avait été confié, en exécution d'une mesure judiciaire d'assistance éducative avec placement, à un centre socio-éducatif, cette solution est aujourd'hui abandonnée. Déjà, dans un arrêt du 29 octobre 2002, rendu à propos du dommage causé par un mineur placé par sa mère dans un centre de vacances[55], la Cour avait écarté la responsabilité du centre de vacances, mais retenu celle de la mère du mineur au motif que « *la cohabitation de l'enfant avec ses parents, résultant de sa résidence habituelle à leur domicile ou au domicile de l'un d'eux, ne cesse pas lorsque le mineur est confié par contrat à un organisme de vacances, qui n'est pas chargé d'organiser et de contrôler à titre permanent le mode de vie de l'enfant* ». Or, étant donné que lorsqu'un mineur est confié par une décision judiciaire à un tiers, ce dernier est chargé d'organiser et de contrôler à titre permanent le mode de vie du mineur, il fallait déduire, dans une telle hypothèse, l'absence de responsabilité des parents sur le fondement de l'article 1384, alinéa 4 du Code civil, et ce même si leur enfant se trouvait chez eux au moment des faits. Cette solution a depuis été expressément confirmée par un arrêt de la chambre criminelle du 8 janvier 2008[56], aux termes duquel « *une association, chargée par décision du juge des enfants d'organiser et de contrôler à titre permanent le mode de vie d'un mineur, demeure, en application de l'article 1384, alinéa 1er du Code civil, responsable de plein droit du fait dommageable commis par ce mineur, même lorsque celui-ci est hébergé par ses parents, dès lors qu'aucune décision judiciaire n'a suspendu ou interrompu cette mission éducative* ». Il convient donc d'admettre que, pour la Cour de cassation, seule une décision judiciaire met fin à la cohabitation du mineur avec ses parents.

**583. Cohabitation et garde intellectuelle du mineur**. Ces diverses solutions de la Cour de cassation peuvent s'analyser sous l'angle de la garde d'autrui. Une tendance jurisprudentielle, associant la garde intellectuelle et la cohabitation, semble alors s'imposer. Il apparaît en effet que le seul transfert de la garde matérielle du mineur est insuffisant pour mettre fin à sa cohabitation avec ses parents. Ainsi, la remise d'un mineur, pour une courte ou longue durée, à ses grands-parents, à un oncle ou à une tante, à un internat, à un établissement spécialisé, ou à tout autre tiers par la seule volonté de ses parents, ne transférant que sa garde matérielle, ne peut à elle seule empêcher l'application de la responsabilité de l'article 1384, alinéa 4 du Code civil. En revanche, la remise judiciaire d'un mineur à un tiers sur le fondement d'une mesure d'assistance éducative, transférant sa garde intellectuelle, est susceptible d'écarter la mise en œuvre de la responsabilité parentale. Même si ces développements jurisprudentiels sont encore incomplets, puisque certaines hypothèses n'ont pas encore été analysées par les tribunaux, et même si certaines décisions s'opposent à cette liaison de la cohabitation et de la garde intellectuelle[57], il n'en demeure pas moins qu'un très fort courant jurisprudentiel fonde implicitement la responsabilité du fait des mineurs de

---

[54] Crim., 25 mars 1998, *Bull. crim.*, n° 114 ; *JCP G* 1998, II, 10162, note M. HUYETTE ; *JCP G* 1998, I, 187, nos 22-24, obs. G. VINEY ; *RTD civ.* 1998, 918, note P. JOURDAIN ; F. ALT-MAES, *L'hébergement chez ses parents du mineur placé : un conflit de responsabilités ?, art. précit.* ; O. GAN, *La responsabilité délictuelle du fait des agissements d'un mineur faisant l'objet d'une mesure de placement : évolution ou révolution ?, Gaz. Pal.* 1999, doc., pp. 101-104

[55] Crim., 29 octobre 2002, *Bull. crim.*, n° 197 ; *D.* 2003, 2113, note L. MAUGER-VIELPEAU ; *JCP G* 2003, I, 154, nos 37-45, obs. G. VINEY ; *RTD civ.* 2003, 101, note P. JOURDAIN ; *RJPF*, février 2003, 21, obs. F. CHABAS.

[56] Crim., 8 janvier 2008, *Bull. crim.*, n° 3 ; *RCA* 2008, comm. 88, note H. GROUTEL ; *LPA*, 22 septembre 2008, obs. A. VIGNON-BARRAULT.

[57] *Cf. infra* nos 595-596.

l'article 1384, alinéa 4 sur la notion de garde intellectuelle telle que nous l'avons définie. Cette tendance jurisprudentielle, marquée par une volonté d'articuler les responsabilités des alinéas 1er et 4 du Code civil, n'a toutefois pas été confortée par la relecture législative des conditions de la responsabilité parentale.

*β. La relecture législative des conditions de la responsabilité parentale*

**584. La substitution de l'exercice de l'autorité parentale à l'exercice du droit de garde.** En réponse aux interrogations entourant la référence au droit de garde à l'alinéa 4 de l'article 1384 du Code civil et afin de parachever la suppression de cette notion en droit de la famille, la loi 2002-395 du 4 mars 2002 a modifié les conditions de la responsabilité parentale. La responsabilité de l'article 1384, alinéa 4 n'est plus fondée sur l'exercice du droit de garde, mais sur celui de l'autorité parentale. Dorénavant, cet article dispose que « *le père et la mère, en tant qu'ils exercent l'autorité parentale sont solidairement responsables du dommage causé par leurs enfants mineurs habitant avec eux* ». Le législateur n'a pas été plus loin dans la réforme des conditions de la responsabilité parentale, puisqu'il n'a pas supprimé la condition de cohabitation. En réalité, cette suppression de la référence au droit de garde relève davantage d'une volonté d'éradiquer une notion aux contours indéfinis, que d'une véritable politique d'organisation et d'encadrement de la responsabilité parentale. L'étude des travaux parlementaires relatifs à la loi du 4 mars 2002 est, sur ce point, particulièrement instructive. Aucune justification n'est apportée à cette modification. Aucune interrogation n'a été soulevée sur son opportunité. Cette attitude du législateur est décevante et dangereuse.

**585. Une intervention législative décevante.** En premier lieu, elle est décevante parce qu'elle témoigne d'une profonde méconnaissance des évolutions jurisprudentielles. En effet, autant cette modification pouvait être admise en 1987, autant elle était discutable en 2002. Deux arguments militaient pour une étude approfondie de la modification de la rédaction de l'article 1384, alinéa 4 du Code civil. D'une part, s'il est manifeste qu'en 1987, la responsabilité parentale était la seule responsabilité du fait des mineurs qui ne soit pas fondée sur la preuve d'une faute, il est également patent qu'en 2002, elle n'était plus la seule. La relecture jurisprudentielle de l'alinéa 1er de l'article 1384 du Code civil a développé de nombreux cas de responsabilité du fait des mineurs. Toute modification des conditions de la responsabilité parentale devait susciter un minimum de réflexion quant à son articulation avec les nouvelles responsabilités du fait des mineurs. Le législateur ne pouvait oublier que ces dernières ont avant tout été développées afin de pallier les insuffisances de la responsabilité des père et mère. D'autre part, en 2002, la responsabilité parentale n'est plus, comme en 1987, une responsabilité pour faute présumée, mais une responsabilité de plein droit. La jurisprudence a progressivement objectivé la condition de la cohabitation, afin de donner toute sa substance à cette affirmation et de renforcer le rattachement de la responsabilité parentale à l'exercice d'un pouvoir sur autrui. Il eût été logique que la modification de la nature de ce pouvoir fasse l'objet d'un minimum de réflexion. En somme, l'absence de telles analyses témoigne d'une méconnaissance des évolutions jurisprudentielles des alinéas 1er et 4 de l'article 1384 du Code civil.

**586. Une intervention législative dangereuse.** En second lieu, cette intervention législative est dangereuse, parce que la disparition de la référence au droit de garde et le maintien de la condition de la cohabitation laissent planer un doute quant au sens à donner à cette dernière condition. Faut-il admettre que le silence du législateur conforte la conception abstraite et purement juridique de la cohabitation ? Faut-il, au contraire, admettre que le maintien de la condition de cohabitation s'oppose à sa disparition jurisprudentielle et prône un retour à sa conception matérielle, c'est-à-dire à la seule conception lui conférant une véritable substance. De telles interrogations sont susceptibles d'entraîner de nombreux débats jurisprudentiels[58]. Tandis que certains plaideurs se réclameront de l'interprétation de la Cour de cassation, d'autres pourront invoquer l'attitude ambiguë du législateur. Prenons l'exemple du dommage causé par un mineur, confié à un tiers sur le fondement d'une mesure d'assistance éducative, alors qu'il se trouvait temporairement chez ses parents. Selon la Cour de cassation, le tiers, ayant la mission d'organiser, de diriger et de contrôler le mode de vie du mineur, est le seul responsable[59]. Une autre solution, fondée sur l'attachement du législateur à la notion de cohabitation et la substitution de la condition de l'exercice de l'autorité parentale à celle de l'exercice du droit de garde, pourrait être développée. On sait en effet que les parents « *dont l'enfant a donné lieu à une mesure d'assistance éducative, conservent sur lui leur autorité parentale et en exercent tous les attributs qui ne sont pas inconciliables avec l'application de la mesure* »[60]. Dès lors que la responsabilité parentale est fondée sur l'exercice de l'autorité parentale et sur la cohabitation, il est possible d'affirmer que les parents, hébergeant temporairement leur enfant mineur, sont responsables des dommages qu'il pourrait causer à cette occasion. Une telle affirmation est parfaitement conforme à la volonté apparente du législateur, mais s'oppose à l'analyse développée par la Cour de cassation. Auparavant, lorsque la responsabilité parentale était fondée sur l'exercice du droit de garde, même si on s'attachait à une conception matérielle de la cohabitation, on pouvait affirmer que la décision judiciaire de confier l'enfant à un tiers transférait le droit de garde et que, par conséquent, les parents ne pouvaient plus être responsables sur le fondement de l'article 1384, alinéa 4 du Code civil. Une telle lecture n'est plus permise aujourd'hui. Pour écarter la responsabilité parentale dans une telle hypothèse, il faut impérativement conserver la conception objective de la cohabitation. La Cour de cassation maintient pour l'instant sa jurisprudence, mais il n'existe aucune certitude pour l'avenir. En somme, l'intervention législative de 2002 apparaît comme une occasion manquée. Le législateur aurait pu remettre de l'ordre dans les différentes responsabilités du fait des mineurs et procéder à ce toilettage de l'article 1384 du Code civil expressément demandé par certains auteurs[61].

**587.** En définitive, l'intervention du législateur n'a pas donné de directives majeures dans l'organisation des responsabilités du fait des mineurs. Au contraire, le législateur se défausse et laisse le champ libre à l'œuvre créatrice de la Cour de cassation. Or, les solutions jurisprudentielles, rendues sur le fondement de l'alinéa 1er ou de l'alinéa 4 de l'article 1384 du Code civil, ne peuvent prétendre révéler avec certitude l'existence d'un système de responsabilité du fait des mineurs fondé sur la garde intellectuelle. En effet, l'intervention des tribunaux reste limitée aux espèces qui leur sont soumises. De ce simple fait, ils ne peuvent envisager toutes les situations possibles et peuvent parfois adopter des solutions en contradiction avec leur jurisprudence traditionnelle. Aussi n'est-il guère surprenant que l'affirmation jurisprudentielle d'un système de responsabilité du fait des mineurs fondé sur la garde intellectuelle reste relative.

---

[58] La doctrine considère en général que le législateur a entendu reconduire l'évolution jurisprudentielle de la notion de cohabitation. *Cf.* F. TERRÉ et D. FENOUILLET, *Droit civil, Les personnes, La famille, Les incapacités, op. cit.*, n° 1021, pp. 986-989. Une telle position n'est toutefois pas explicitement affirmée dans les travaux préparatoires de la loi du 4 mars 2002.

[59] Civ. 2e, 6 juin 2002, *Bull. civ.* II, n° 120, *précit.*

[60] Article 375-7, alinéa 1er du Code civil.

[61] *Cf.* par ex. A.-M. GALLIOU-SCANVION, *Une responsabilité enfin trouvable ou les voies de l'indemnisation de victimes d'enfants de parents divorcés, art. précit.*, n° 18, p. 660 : « *Toiletter un article affichant près de deux cent ans d'âge, tel est l'objectif que doit se fixer le législateur* ».

### *2. L'affirmation relative d'un système de responsabilité du fait des mineurs fondé sur la garde intellectuelle*

**588.** L'étude des différentes solutions actuellement retenues par la Cour de cassation ne permet pas d'être pleinement convaincu de sa volonté d'établir un système de responsabilité du fait des mineurs fondé sur la garde intellectuelle. En effet, en dépit de ses constantes prises de positions en faveur de la garde intellectuelle, la Cour de cassation confère encore un certain rôle à la garde matérielle du mineur, aussi bien dans la nouvelle responsabilité de l'article 1384, alinéa 1er du Code civil (**a**), que dans celle de l'article 1384, alinéa 4 du même code (**b**).

#### a. L'utilisation relative de la garde intellectuelle dans la responsabilité du fait des mineurs de l'article 1384, alinéa 1er du Code civil

**589.** Il serait inexact d'affirmer que les responsabilités du fait des mineurs fondées sur l'alinéa 1er de l'article 1384 du Code civil reposent toujours sur la garde intellectuelle du mineur. Au contraire, la méconnaissance du contenu des pouvoirs de direction, d'organisation et de contrôle du mode de vie d'autrui par la Cour de cassation aboutit parfois à de fausses attributions de ce pouvoir. La responsabilité de plein droit est alors faussement fondée sur la garde intellectuelle du mineur (**α**). En parallèle, certaines solutions se détachent de la garde intellectuelle et fondent expressément la responsabilité du fait des mineurs sur la notion de garde matérielle (**β**).

##### *α. Les responsabilités de l'article 1384, alinéa 1er du Code civil faussement fondées sur la garde intellectuelle du mineur*

**590. Le mineur sous tutelle.** La référence aux pouvoirs d'organisation, de contrôle et de direction du mode de vie d'un mineur peut, par principe, être rattachée à la garde intellectuelle du mineur. Il n'en demeure pas moins que certaines décisions de la Cour de cassation attribuent ces pouvoirs à des personnes n'exerçant en réalité qu'un pouvoir de garde matérielle sur le mineur. Ainsi, dans un arrêt du 28 mars 2000, la chambre criminelle de la Cour de cassation a retenu la responsabilité du tuteur d'un mineur au motif « *qu'il avait accepté, en qualité de tuteur, la garde du mineur et la charge d'organiser et de contrôler à titre permanent son mode de vie* »[62]. Dans l'ensemble, la doctrine fut surprise par cette solution. Deux points furent particulièrement développés. D'une part, on souligna que cette décision appliquait pour la première fois la responsabilité de l'article 1384, alinéa 1er à une personne physique et à un membre de la famille. D'autre part, la doctrine chercha à expliquer la divergence de solutions entre le tuteur du mineur et le tuteur du majeur. Néanmoins, très peu d'auteurs se sont interrogés sur le fondement de la responsabilité du tuteur du mineur. L'affirmation de la Cour de cassation, selon laquelle le tuteur organise et contrôle à titre permanent le mode de vie du mineur, est-elle exacte ? La remise en cause de ce postulat jurisprudentiel constitue très certainement un argument beaucoup plus important que l'invocation du caractère bénévole de l'activité du tuteur. Cette idée n'a pas échappé à certains auteurs[63]. Pour autant, l'étude des prérogatives du tuteur du mineur ne les conduit pas toujours à rejeter la responsabilité de plein droit du tuteur. Ces auteurs soulignent ainsi le partage des pouvoirs, dans la tutelle de droit commun, entre le conseil de famille et le tuteur.

---

[62] Crim., 28 mars 2000, *Bull. crim.*, n° 140 ; *D.* 2000, SC, 466, obs. D. MAZEAUD ; *JCP G* 2000, I, 241, n[os] 10-11, obs. G. VINEY ; *JCP G* 2001, II, 10456, note C. ROBACZEWSKI ; *RTD civ.* 2000, 545, note J. HAUSER ; *RTD civ.* 2000, 586, note P. JOURDAIN ; *RJPF,* juillet-août 2000, 19, note F. CHABAS ; A.-M. GALLIOU-SCANVION, *La chambre criminelle et la responsabilité du fait d'autrui : le tuteur emporté dans le tourbillon de l'article 1384, alinéa 1er*, *LPA*, 16 juin 2000, pp. 17-20.

[63] A.-M. GALLIOU-SCANVION, *art. précit.*, spéc. n° 7, p. 19 ; E. LEVERBE, *Le civilement responsable du fait du mineur, art. précit.*, spéc. n° 14, p. 17.

L'autorité sur le mineur est divisée entre ces deux organes de la tutelle. Selon ces mêmes auteurs, il ressort de ce partage que le conseil de famille règle le mode de vie du mineur et que le tuteur organise les activités quotidiennes du mineur. En somme, il leur est bien apparu que le conseil de famille exerce le pouvoir de garde intellectuelle et le tuteur le pouvoir de garde matérielle. Cette analyse nous semble exacte et correspond à la distinction que nous avons précédemment dégagée[64]. Par conséquent, l'affirmation de la Cour de cassation, selon laquelle le tuteur organise et contrôle le mode de vie du mineur, est erronée. L'analyse rigoureuse des pouvoirs du tuteur nous empêche d'affirmer qu'il dirige, organise et contrôle le mode de vie du mineur. La responsabilité du tuteur ne peut être fondée sur la garde intellectuelle. Une alternative se présente alors : soit on retient la responsabilité du tuteur sur le fondement de l'article 1384, alinéa 1er en invoquant son pouvoir de garde matérielle[65], soit on écarte sa responsabilité en estimant que la responsabilité du fait du mineur est toujours fondée sur l'exercice du pouvoir de garde intellectuelle[66]. Cette dernière solution devrait, en l'état du droit positif, nous conduire à faire peser cette responsabilité sur le conseil de famille[67].

**591. Le mineur judiciairement confié à l'Aide sociale à l'enfance et hébergé par un service éducatif privé.** D'autres décisions ont attribué la garde intellectuelle du mineur à des personnes n'exerçant en réalité qu'un pouvoir de garde matérielle et ont faussement fondé la responsabilité de l'article 1384, alinéa 1er du Code civil sur la direction, l'organisation et le contrôle du mode de vie du mineur. Cette hypothèse apparaît dans un arrêt de la chambre criminelle du 15 juin 2000[68], relatif à la réparation d'un dommage causé par un mineur judiciairement confié à l'Aide sociale à l'enfance, en exécution d'une mesure d'assistance éducative, et hébergé par un établissement d'éducation privé. Dans cet arrêt, la Cour de cassation a retenu la responsabilité de l'association gérant l'établissement éducatif au motif que « *la charge d'organiser, de diriger et de contrôler le mode de vie du mineur a été transférée, en exécution des décisions du juge des enfants* » à cet établissement. De même que la solution du 28 mars 2000, relative à la responsabilité du tuteur du mineur, ignorait l'existence des pouvoirs du Conseil de famille, cette décision du 15 juin 2000 paraît bien oublier l'existence des prérogatives juridiques de l'Aide sociale à l'enfance. En effet, lorsque nous avons envisagé la question de la garde du mineur faisant l'objet d'une mesure d'assistance éducative avec placement, nous avons constaté que le juge des enfants peut directement remettre le mineur à un établissement d'éducation privée ou le confier à l'Aide sociale à l'enfance et éventuellement exiger que le mineur fréquente régulièrement un établissement déterminé[69]. Il en est ressorti que si le pouvoir de garde est intégralement attribué à l'établissement privé dans la première hypothèse, l'Aide sociale à l'enfance dispose du pouvoir de garde intellectuelle dans la seconde[70]. L'exigence que le mineur fréquente régulièrement un établissement déterminé n'a pas pour effet de priver l'Aide sociale à l'enfance de son pouvoir de garde intellectuelle. Juridiquement, il ne s'agit que d'une

[64] *Cf. supra* n° 342.

[65] A.-M. GALLIOU-SCANVION, *art. précit.*, spéc. n° 7, p. 19.

[66] E. LEVERBE, *art. précit.*, spéc. n° 14, p. 17.

[67] *Cf.* J.-P. GRIDEL, *Glose d'un article imaginaire inséré dans le Code civil en suite de l'arrêt Blieck « Chacun répond, de plein droit, du dommage causé par celui dont il avait mission de régler le mode de vie ou contrôler l'activité », in Le juge entre deux millénaires, Mélanges offerts à P. DRAI*, Dalloz, 2000, pp. 609-613, spéc. p. 613 : l'auteur écarte expressément le tuteur de la liste des personnes ayant pour mission de régler le mode de vie du mineur puisqu'il est soumis aux décisions du conseil de famille. Cette proposition doit néanmoins être prise avec précaution puisque la définition du mode de vie retenue par l'auteur reste encore trop générale.

[68] Crim., 15 juin 2000, *Bull. crim.*, n° 233 ; *D.* 2001, 653, note M. HUYETTE.

[69] *Cf. supra* n° 321.

[70] *Cf. supra* n° 325.

fréquentation régulière ; l'Aide sociale à l'enfance conserve son pouvoir d'initiative et d'orientation du mode de vie du mineur. Elle pourrait ainsi décider de le placer chez une personne, physique ou morale, de son choix à condition de respecter une fréquentation régulière de l'établissement déterminé par le juge des enfants. En somme, si on applique ces règles à l'affaire qui a donné lieu à l'arrêt du 15 juin 2000, il faut reconnaître que l'Aide sociale à l'enfance disposait seule du pouvoir de garde intellectuelle. L'établissement éducatif n'avait que la garde matérielle du mineur. L'affirmation de la Cour de cassation selon laquelle l'association gérant l'établissement éducatif avait la charge d'organiser, de diriger et de contrôler le mode de vie du mineur est donc erronée[71]. La responsabilité de cette association est en apparence fondée sur la garde intellectuelle du mineur, mais en réalité, elle ne peut reposer que sur sa garde matérielle. Par conséquent, soit on maintient la solution de l'arrêt du 15 juin 2000 et on affirme que la responsabilité de l'association est fondée sur la garde matérielle, soit on affirme que la garde intellectuelle du mineur doit être le fondement de la responsabilité de l'article 1384, alinéa 1er du Code civil et on écarte impérativement la responsabilité de l'association. La réponse à cette question pourrait finalement provenir de l'émergence d'une responsabilité administrative sans faute fondée sur la garde intellectuelle du mineur[72].

**592. La faiblesse de ces solutions : un raisonnement déconnecté des règles du droit des personnes.** L'analyse des décisions du 28 mars et du 15 juin 2000 de la chambre criminelle de la Cour de cassation révèle que la Cour de cassation n'a pas pleinement fondé la nouvelle responsabilité de l'article 1384, alinéa 1er du Code civil sur la garde intellectuelle. En apparence, ces arrêts se fondent sur la notion de garde intellectuelle, puisqu'ils associent la responsabilité à la charge d'organiser, de diriger et de contrôler le mode de vie du mineur ; néanmoins, il apparaît que ces prérogatives sont attribuées à des personnes qui n'exercent en réalité qu'un pouvoir de garde matérielle. Ces erreurs jurisprudentielles soulignent la nécessité de déterminer rigoureusement la nature des pouvoirs sur la personne d'autrui et l'acuité de cette question lorsque plusieurs personnes exercent un pouvoir sur autrui. Dès lors que la Cour de cassation a choisi d'élaborer de nouveaux cas de responsabilité du fait d'autrui à partir de l'exercice d'un pouvoir sur autrui, il est impossible d'écarter une réflexion générale partant du droit des personnes. Autrement dit, une fois que le pouvoir à l'origine de la responsabilité a été choisi, il est nécessaire de revenir à une étude du droit des personnes pour en déduire les conséquences sur le terrain de la responsabilité. Ce raisonnement, en apparence logique, n'a pas toujours été respecté par la Cour de cassation. Ces deux solutions de 2002 en attestent. Le droit de la responsabilité a ignoré la réalité des pouvoirs sur les mineurs et a faussement attribué des prérogatives à une personne. Le résultat est particulièrement surprenant. Il doit nous faire admettre que deux lectures des pouvoirs sur autrui sont possibles : tandis que la première relève du droit des personnes, la seconde relève du droit de la responsabilité. Au vu de ces solutions, il faudrait admettre que le droit de la responsabilité peut avoir une lecture déformante des règles du droit des personnes… Comme on a pu le souligner à propos de l'arrêt du 28 mars 2000, « *l'analyse, en termes de responsabilité, des articles 449 et 450 du Code civil aboutit à une inversion pratique des rôles respectivement attribués par ces textes au conseil de famille et au tuteur* »[73]. Or, est-il légitime d'admettre qu'on puisse analyser différemment les pouvoirs d'une personne sur autrui en droit des personnes et en droit de la responsabilité ? Le droit de la responsabilité peut-il réellement ignorer les règles du droit des personnes ? La logique de l'indemnisation doit-elle mener à l'élaboration d'un droit autonome, distinct des autres branches du droit ? Toutes ces questions ne peuvent être écartées et devront être résolues afin de permettre l'élaboration d'un ensemble

---

[71] *Cf.* dans le même sens : M. HUYETTE, note sous Crim., 15 juin 2000, *D.* 2001, 653.
[72] *Cf. infra* nos 615-618.
[73] E. LEVERBE, *Le civilement responsable du fait du mineur, art. précit.*, spéc. n° 14, p. 17.

cohérent et équilibré de responsabilités du fait d'autrui et plus particulièrement de responsabilités du fait des personnes dont on a la garde. Auparavant, nous devons constater que la volonté de la Cour de cassation de fonder la responsabilité du fait des mineurs de l'article 1384, alinéa 1er du Code civil sur la garde intellectuelle est également amoindrie par l'adoption de décisions expressément fondées sur d'autres notions que l'organisation, la direction et le contrôle du mode de vie d'autrui.

*β. Les responsabilités de l'article 1384, alinéa 1er du Code civil expressément fondées sur la garde matérielle du mineur*

**593. Présentation générale de ces hypothèses.** Si la jurisprudence a parfois faussement attribué les pouvoirs d'organisation, de direction et de contrôle du mode de vie et a ainsi fait peser la responsabilité du fait des mineurs de l'article 1384, alinéa 1er du Code civil sur des personnes n'exerçant en réalité qu'un pouvoir de garde matérielle, certaines solutions se sont dégagées de ce triptyque et ont fondé cette même responsabilité du fait des mineurs sur d'autres notions, pouvant être rattachées à la garde matérielle du mineur. Cette attitude apparaît notamment dans deux décisions. La première est une illustration spécifique de la responsabilité des associations sportives ou de loisirs du fait de leurs membres[74]. Nous l'envisagerons ultérieurement au sein de l'étude générale de la responsabilité des associations sportives et de loisirs[75]. La seconde envisage la responsabilité du parent divorcé n'exerçant pas l'autorité parentale.

**594. L'arrêt de la cour d'appel de Limoges du 5 août 2003.** Selon l'article 1384, alinéa 4 du Code civil, la responsabilité parentale est fondée sur l'exercice de l'autorité parentale. Par conséquent, après divorce, le parent exerçant l'autorité parentale est le seul responsable du fait du mineur sur le fondement de l'article 1384, alinéa 4 du Code civil. La responsabilité du parent, ne disposant pas de l'exercice de l'autorité parentale, ne peut être recherchée que sur le fondement de l'article 1382 du Code civil. Certains tribunaux ont néanmoins estimé que la relecture de l'article 1384, alinéa 1er du Code civil a offert un nouveau moyen pour engager la responsabilité du parent n'exerçant pas l'autorité parentale.

Ainsi, la cour d'appel de Limoges a estimé, dans un arrêt du 5 août 2003[76], que la responsabilité de plein droit du fait d'autrui de l'article 1384, alinéa 1er du Code civil peut s'appliquer au père n'exerçant pas l'autorité parentale, mais un simple droit de visite et d'hébergement au moment des faits. La motivation de la décision de la Cour d'appel de Limoges n'est guère développée[77]. Il est simplement manifeste qu'elle ne fonde pas la responsabilité de l'article 1384, alinéa 1er sur l'exercice d'un pouvoir de direction, d'organisation et de contrôle du mode de vie du mineur. Une telle justification serait d'ailleurs impossible : le père, n'exerçant pas l'autorité parentale, ne peut ni diriger, ni organiser, ni contrôler le mode de vie du mineur. L'attribution d'un droit de visite et d'hébergement ne lui permet que d'obtenir pour des périodes déterminées la garde matérielle du mineur. En conséquence, dans cet arrêt, la responsabilité du fait des mineurs est, de nouveau, appliquée à une personne n'exerçant qu'un pouvoir de garde matérielle.

On mesure ainsi que la volonté jurisprudentielle de fonder la nouvelle responsabilité du fait des mineurs de l'article 1384, alinéa 1er du Code civil sur la notion de garde intellectuelle

---

[74] Paris, 9 juin 2000, RCA 2001, comm. 74, note L. GRYNBAUM ; *JCP G* 2001, I, 340, n° 17, obs. G. VINEY.

[75] *Cf. infra* nos 607-609.

[76] Limoges, 5 août 2003, *RCA* 2004, comm. 59, note CH. RADÉ.

[77] Les termes exacts de la Cour d'appel de Limoges sont les suivants : « *il pèse une seconde présomption de responsabilité sur Monsieur X. en vertu des dispositions de l'article 1384 alinéa 1er disposant qu'on est responsable du dommage causé par le fait des personnes dont on doit répondre, Monsieur X., ce n'est pas contesté exerçant au moment des faits un droit de visite ou d'hébergement* ».

reste relative. Certaines décisions n'hésitent pas à utiliser ou à ouvrir la voie à une utilisation de la garde matérielle. La multiplication des fondements risque en définitive de créer un sentiment d'incompréhension pour le justiciable et une imprévisibilité dans l'application de cette responsabilité de plein droit. Une intervention législative paraît de plus en plus souhaitable. Cette idée est renforcée par la constatation que la volonté implicite de fonder la responsabilité du fait des mineurs de l'article 1384, alinéa 4 du Code civil sur la notion de garde intellectuelle reste également toute relative.

b. L'utilisation relative de la garde intellectuelle dans la responsabilité du fait des mineurs de l'article 1384, alinéa 4 du Code civil

**595. Responsabilité et exercice unilatéral de l'autorité parentale après séparation légale.** L'étude des applications jurisprudentielles de la responsabilité de l'article 1384, alinéa 4 du Code civil a permis d'établir un lien entre la responsabilité parentale et la garde intellectuelle du mineur[78]. Cette corrélation n'est toutefois pas absolue. En effet, la garde intellectuelle paraît bien étrangère aux solutions relatives à la responsabilité des parents divorcés. Depuis l'arrêt *Samda* du 19 février 1997[79], la notion de cohabitation est assimilée à la résidence habituelle du mineur. Il s'en déduit que la responsabilité parentale ne pèse que sur le parent qui héberge habituellement le mineur. Cette définition aboutit à des solutions particulières lorsque les parents sont divorcés. Si l'autorité parentale est exercée unilatéralement, la résidence habituelle de l'enfant est par principe celle du parent qui exerce cette autorité. Dès lors, nous retrouvons l'association classique de la responsabilité parentale à la garde intellectuelle du mineur. Il n'en est pas de même lorsque l'autorité parentale est exercée conjointement par les deux parents.

**596. Responsabilité et exercice conjoint de l'autorité parentale après séparation légale.** Lorsque l'exercice de l'autorité parentale est exercé conjointement par les deux parents après leur séparation légale, l'enfant mineur peut soit résider habituellement chez l'un d'eux, soit résider alternativement chez l'un et chez l'autre.

En premier lieu, le juge peut décider que le mineur habitera chez l'un de ses parents. Sa résidence habituelle est fixée chez l'un et sa résidence occasionnelle chez l'autre. Sur le terrain de la responsabilité, conformément à l'analyse jurisprudentielle de la notion de cohabitation, la responsabilité parentale de l'article 1384, alinéa 4 du Code civil doit logiquement peser sur le parent hébergeant habituellement l'enfant. L'autre parent ne peut être responsable sur ce fondement, même s'il héberge temporairement l'enfant au moment des faits délictueux. Sa responsabilité peut uniquement être recherchée sur le fondement de l'article 1382 du Code civil. Il est manifeste que dans cette hypothèse, la responsabilité parentale de l'article 1384 n'est pas associée à la garde intellectuelle du mineur. Les parents, exerçant conjointement l'autorité parentale, ont tous les deux la garde intellectuelle du mineur et exercent alternativement le pouvoir de garde matérielle[80]. La responsabilité parentale de l'article 1384 ne repose donc ni sur la garde intellectuelle, ni sur la garde matérielle, mais sur la notion de résidence habituelle qui revêt, dans cette hypothèse, une signification distincte de la garde intellectuelle. Une telle solution a pu être critiquée, car elle a pour conséquence de favoriser le parent n'hébergeant pas le mineur, alors qu'il a pourtant un rôle dans l'éducation de l'enfant[81]. Il n'est dès lors guère surprenant que certaines décisions aient contourné cette embarrassante condition de la cohabitation ou emprunté de nouvelles voies pour établir une responsabilité solidaire des parents divorcés exerçant conjointement l'autorité parentale.

---

[78] *Cf. supra* n$^{os}$ 580-583.

[79] Civ. 2$^{e}$, 19 février 1997, *Bull. civ.* II, n° 55 ; *cf.* note n° 41.

[80] *Cf. supra* n° 300.

[81] G. Viney, P. Jourdain, *Les conditions de la responsabilité, in Traité de droit civil* sous la direction de J. Ghestin, LGDJ, 2$^{e}$ éd., 1998, n° 875, pp. 986-988.

Ainsi, dans une décision du 11 février 1998, la cour d'appel de Besançon a retenu une solution originale[82]. En l'espèce, les parents divorcés exerçaient conjointement l'autorité parentale sur leurs enfants qui résidaient habituellement chez leur mère. Hébergeant temporairement ses enfants à l'occasion des vacances, le père les confia à sa propre mère. Se retrouvant ainsi chez leur grand-mère paternelle, les mineurs jouèrent avec des allumettes et déclenchèrent un incendie. La Cour d'appel retint la responsabilité solidaire des parents des jeunes incendiaires aux motifs qu'ils exerçaient conjointement l'autorité parentale et que la distance entre la résidence des enfants et celle de leurs parents n'avait pas fait cesser la cohabitation des uns avec les autres[83]. La cohabitation devient dans cette hypothèse de plus en plus abstraite. Non seulement la séparation temporaire ne met pas fin à la cohabitation avec la mère, mais de surcroît la séparation légale des parents ne supprime pas la cohabitation avec le parent n'hébergeant pas habituellement les enfants. En réalité, dans cet arrêt, la notion de cohabitation est totalement effacée. La responsabilité parentale est rattachée à la garde conjointe des mineurs[84], c'est-à-dire à la garde intellectuelle. En somme, cette solution, dont l'opportunité n'est guère contestable, souligne une fois de plus l'obsolescence de la notion de cohabitation dans la responsabilité parentale de l'article 1384 du Code civil. Son abstraction est portée au plus haut point, puisqu'en dépit de la séparation légale des parents, la Cour d'appel considère que les enfants cohabitent toujours avec leurs deux parents. Une telle solution milite en définitive pour la suppression de la notion de cohabitation, afin d'éviter de la vider de toute substance.

En second lieu, depuis la loi du 4 mars 2002, le juge peut opter pour le système de la résidence alternée. Une telle option, qui n'exige pas un partage strictement égalitaire du temps de présence de l'enfant auprès de chacun de ses parents[85], soulève des difficultés sur le terrain de la responsabilité parentale, qui n'ont, à notre connaissance, pas encore été tranchées par les tribunaux. On peut en effet s'interroger sur l'interprétation du critère de cohabitation. Deux solutions sont possibles[86]. D'une part, on peut estimer que la résidence alternée devra entraîner une responsabilité alternée. Le parent responsable sera alors celui qui hébergeait le

---

[82] Besançon, 11 février 1998, *JCP G* 1998, II, 10150, note C. PHILIPPE. *Cf.* également : Nîmes, 25 mars 2003, *Juris-Data* n° 2003-209579. On retrouve implicitement la même solution : la responsabilité du père n'a pas été retenue parce que les faits dommageables ne s'étaient pas produits à l'occasion de l'exercice de son droit de visite. Seule la responsabilité de la mère a été retenue. A contrario, si le dommage s'était réalisé alors que le père hébergeait temporairement son enfant mineur, il aurait pu être solidairement responsable avec la mère du mineur.

[83] La Cour d'appel de Besançon affirme ainsi : « *en ce qui concerne les parents des enfants X. confiés selon la grand-mère par leur père à celle-ci, donc en hébergement chez leur père d'accord entre parents, l'exercice du droit d'hébergement n'a pas fait cesser la cohabitation avec la mère qui a la garde conjointement avec le père pour avoir l'autorité parentale de même que la distance entre la résidence pour quelques jours des enfants et la résidence des parents X. n'a pas fait cesser la cohabitation des uns avec les autres* ». Cet arrêt a fait l'objet d'un pourvoi en cassation de la part de la mère des enfants. Le père ne semble pas avoir formé de pourvoi. *Cf.* Civ. 2e, 20 janvier 2000, *Bull. civ.* II, n° 14 ; *JCP G* 2000, II, 10374, note A. GOUTENOIRE-CORNUT ; *JCP G* 2000, I, 241, n° 20, obs. G. VINEY ; *D.* 2000, SC, 469, obs. D. MAZEAUD ; *RTD civ.* 2000, 340, note P. JOURDAIN ; *RCA* 2000, comm. 146, obs. H. GROUTEL ; *Dr. et Pat.*, avril 2000, 107, obs. F. CHABAS ; Y. DAGORNE-LABBÉ, *L'évolution de la notion de cohabitation de l'enfant mineur avec ses parents, art. précit.*

[84] En effet, quoique le divorce ait été prononcé après l'entrée en vigueur de la loi Malhuret du 22 juillet 1987, l'arrêt de la cour d'appel prend en effet le soin de préciser que les parents avaient la garde conjointe de leurs enfants.

[85] Civ. 1re, 25 avril 2007, *Dr. fam.*, juillet-août 2007, comm. 143, note P. MURAT.

[86] A. PONSEILLE, *Le sort de la condition de cohabitation dans la responsabilité civile des père et mère du fait dommageable de leur enfant mineur, art. précit.*, spéc. pp. 665-666 ; P. REYNAUD, *Responsabilité des père et mère et résidence alternée*, *AJ Famille*, avril 2002, pp. 133-135 ; A. GOUTTENOIRE-CORNUT, *La consécration de la coparentalité par la loi du 4 mars 2002*, *Dr. fam.*, novembre 2002, chr. 24, pp. 4-6.

mineur au moment des faits. Dans cette hypothèse, la responsabilité parentale ne peut être rattachée ni à la garde intellectuelle, ni à la garde matérielle, mais à l'exercice de l'autorité parentale et à la résidence du mineur au moment des faits. D'autre part, on peut défendre, au nom de la poursuite de la coparentalité après la séparation des parents, une cohabitation continue du mineur avec ses deux parents, même si ces derniers ont des domiciles distincts. Cette dernière solution se rapprocherait sensiblement de la décision de la cour d'appel de Besançon du 11 février 1998 et soulignerait de nouveau l'obsolescence de la condition de cohabitation. Dans cette hypothèse, la responsabilité parentale pourrait être clairement rattachée à la garde intellectuelle du mineur.

En définitive, si les récents développements de la responsabilité du fait des mineurs mettent en avant la notion de garde intellectuelle, ils n'oublient pas pour autant la notion de garde matérielle. Cette diversité jurisprudentielle soulève ainsi plusieurs problèmes de cohérence et interrogations, rendant urgente une réorganisation de ces solutions. Une telle conclusion semble également ressortir de l'analyse des nouveaux cas de responsabilité du fait des handicapés mentaux.

## B. L'ABSENCE D'ORGANISATION DE LA RESPONSABILITÉ DE PLEIN DROIT DU FAIT DES HANDICAPÉS MENTAUX AUTOUR D'UN FONDEMENT UNIQUE

**597.** Le renouveau de la responsabilité du fait des personnes gardées, déclenché par la relecture de l'alinéa 1<sup>er</sup> de l'article 1384 du Code civil et la généralisation de la responsabilité de plein droit au sein de cet article, n'a pas uniquement touché la responsabilité du fait des mineurs. Bien au contraire, l'arrêt fondateur de l'Assemblée plénière de la Cour de cassation du 29 mars 1991 a été rendu à propos d'un dommage causé par un handicapé mental majeur. Ainsi, en parallèle à la responsabilité du fait des mineurs s'est développée toute une jurisprudence sur la responsabilité du fait des handicapés mentaux, majeurs ou mineurs. Cette responsabilité n'est toutefois pas fondée sur la notion de garde d'autrui, puisque tous les handicapés mentaux ne sont pas placés sous la garde d'autrui. De plus, son développement paraît assez désordonné. En effet, s'il est possible d'affirmer que la responsabilité du fait des mineurs essaye d'instaurer un équilibre entre la recherche de l'indemnisation et la recherche de la personne responsable en témoignant d'une certaine volonté d'articuler cette responsabilité autour de la notion de garde intellectuelle, une telle constatation ne peut être transposée à la responsabilité du fait des handicapés mentaux. Un certain désordre semble y régner. La recherche de l'indemnisation semble bien être le fil directeur de la jurisprudence. Les tribunaux ne prennent que très rarement en compte la nature des pouvoirs du responsable pour autrui. Aussi, suivant une logique de pure indemnisation, la jurisprudence applique très largement la nouvelle responsabilité du fait d'autrui lorsqu'il s'agit de handicapés mentaux majeurs **(1)**, mais se montre beaucoup plus prudente lorsqu'il s'agit de handicapés mentaux mineurs au risque d'instaurer une certaine incohérence dans la responsabilité du fait d'autrui **(2)**.

### *1. La large application de la responsabilité du fait d'autrui de l'article 1384, alinéa 1<sup>er</sup> du Code civil aux dommages causés par des handicapés mentaux majeurs*

**598.** À la différence des mineurs, tous les handicapés mentaux ne sont pas placés sous la garde d'autrui. Lorsqu'ils sont majeurs, les handicapés mentaux ne peuvent être soumis à un pouvoir de garde, en raison de leur handicap, que s'ils sont hospitalisés sous contrainte. Dans toutes les autres hypothèses, les handicapés mentaux majeurs demeurent pleinement libres et ne peuvent être placés dans un établissement qu'avec leur consentement[87].

---

[87] *Cf. supra* n° 364.

Cettedistinction de droit des personnes n'a pas été transposée par la Cour de cassation dans le droit de la responsabilité du fait d'autrui. La nouvelle responsabilité de plein droit du fait des handicapés mentaux n'est pas réservée aux gardiens d'autrui. Au contraire, la jurisprudence l'a appliquée à des personnes n'exerçant qu'un pouvoir de direction sur des handicapés mentaux **(a)**, ce qui nous permet d'en déduire sa probable application aux personnes exerçant un véritable pouvoir de garde sur les handicapés mentaux majeurs **(b)**.

a. Les solutions jurisprudentielles : l'application de la responsabilité du fait d'autrui de l'article 1384, alinéa 1^er^ du Code civil aux personnes exerçant un pouvoir de direction sur des handicapés mentaux majeurs

**599. Le handicapé mental majeur pris en charge à titre permanent par un établissement.** Si l'arrêt *Blieck* du 29 mars 1991[88] a permis de développer de nouveaux cas de responsabilité du fait d'autrui sur le fondement de l'article 1384, aliéna 1^er^ du Code civil, il constitue également la première application de la réinterprétation de cet article. En général, les annotateurs de cet arrêt se sont intéressés aux applications potentielles de cette décision à partir des critères utilisés et ont eu tendance à oublier les faits de l'espèce. Ces éléments nous paraissent néanmoins incontournables pour bien comprendre l'évolution de la jurisprudence de la Cour de cassation et les différences entre les multiples solutions retenues sur le fondement de l'article 1384, alinéa 1^er^ du Code civil.

Il convient de remarquer qu'en l'espèce, il s'agissait d'un handicapé mental majeur placé dans un centre d'aide par le travail, géré par une association privée. Le placement ne résultait pas d'une décision judiciaire, mais d'une décision de la COTOREP acceptée par le handicapé mental. Cette décision et son acceptation n'ont pas conféré un pouvoir de rétention sur la personne du malade mental. Admettre une solution inverse constituerait une atteinte injustifiable à la liberté individuelle. Ainsi que nous l'avons observé[89], le placement dans un centre d'aide par le travail ne peut attribuer un pouvoir de garde sur la personne handicapée. Par conséquent, un centre d'aide par le travail ne peut organiser, diriger et contrôler le mode de vie d'autrui. La Cour de cassation n'a pas pleinement pris en compte cette idée. Si elle n'a pas affirmé que le centre d'aide par le travail avait la garde du handicapé, elle a néanmoins déclaré que l'association gérant le centre avait « *accepté la charge d'organiser et de contrôler, à titre permanent, le mode de vie de ce handicapé* »[90]. Cette formulation est en réalité trompeuse. En l'absence de pouvoir de détermination du lieu de vie et de rétention d'autrui, le centre ne pouvait disposer d'un réel pouvoir de contrôle du mode de vie. Ce point a d'ailleurs été souligné, très peu de temps après l'arrêt *Blieck*, par l'Union nationale des associations de parents et amis de personnes handicapées mentales (UNAPEI) dans une lettre adressée au journal Le Monde. L'UNAPEI relève ainsi que l'arrêt *Blieck* se contente de rappeler que la personne handicapée mentale, auteur du sinistre, « *était soumise à un régime comportant une totale liberté de circulation dans la journée* »[91]. L'UNAPEI explique alors que « *les termes de la Cour sont encore trop ambigus* »[92] et que « *notre Société doit prendre conscience qu'une personne handicapée mentale est un citoyen à part entière ayant le droit de jouir des libertés fondamentales reconnues à chacun* »[93]. On pourrait effectivement déduire des termes de la Cour de cassation que, la nuit, les handicapés mentaux sont enfermés de force dans les centres d'aide par le travail et que le placement dans un centre d'aide par le travail peut être assimilé à un placement sous contrainte. En somme, ce soi-disant « *pouvoir*

---

[88] A.P., 29 mars 1991, *Blieck*, *Bull. A.P.* n° 1, *précit.*
[89] *Cf. supra* n^os^ 107-110.
[90] A.P., 29 mars 1991, *Blieck*, *précit.*
[91] A.P., 29 mars 1991, *Blieck*, *précit.*
[92] UNAPEI, Lettre du 14 mai 1991 au journal Le Monde, *Tutelle infos*, n° 70, Juin-Juillet-Août 1991, p. 25.
[93] UNAPEI, Lettre du 14 mai 1991 au journal Le Monde, *précit.*

*d'organisation et de contrôle du mode de vie* » ne peut être assimilé au véritable pouvoir de direction, d'organisation et de contrôle du mode de vie, expressément reconnu par ailleurs par la Cour de cassation au foyer recevant la charge d'un mineur sur le fondement d'une décision judiciaire d'assistance éducative[94] ou d'éducation surveillée[95].

La confusion, opérée par la Cour de cassation, entre ces deux situations juridiques a très certainement pour origine le fait que, dans ces deux hypothèses, une personne est hébergée à titre permanent. L'erreur est de considérer que cet hébergement confère un pouvoir de contrôle du mode de vie. Ceci est juridiquement inexact. Tandis que le centre d'aide par le travail ne dispose d'aucun pouvoir absolu de détermination du lieu de vie du handicapé mental majeur, un centre de rééducation pour mineurs dispose d'un tel pouvoir par la volonté du juge. Tandis que le centre d'aide par le travail exerce un pouvoir subordonné au consentement du handicapé mental majeur, seul organisateur de son mode de vie, le centre de rééducation exerce un pouvoir indifférent au consentement du mineur ou de ses représentants légaux et peut dès lors organiser son mode de vie.

En définitive, il faut admettre que la formulation de l'arrêt *Blieck* est trompeuse. La responsabilité du centre d'aide par le travail n'est pas fondée sur un réel pouvoir d'organisation et de contrôle du mode de vie d'autrui, mais sur un pouvoir de direction des activités d'autrui à titre permanent. Subséquemment, il résulte de l'arrêt *Blieck* que tout établissement, exerçant un pouvoir de direction sur la personne d'un handicapé mental majeur, peut être responsable du fait de ce dernier sur le fondement de l'article 1384, alinéa 1^er^ du Code civil[96]. Ce même raisonnement trompeur fut retenu par la Cour d'appel d'Orléans, dans une décision du 25 juin 1996, pour retenir la responsabilité d'une clinique psychiatrique du fait d'un de ses pensionnaires, au motif qu'elle « *avait accepté de prendre en charge, d'organiser et de contrôler, de façon permanente depuis plus d'un an,* [son] *mode de vie* »[97]. Or, il semble bien qu'en l'espèce, le handicapé mental était hospitalisé en service libre. N'étant pas hospitalisé sous contrainte, le handicapé mental n'était pas placé sous la garde d'autrui. L'établissement psychiatrique ne disposait d'aucun pouvoir de garde sur sa personne. On peut tout au plus lui reconnaître un pouvoir de direction sur la personne du malade mental. Par ailleurs, l'application de la responsabilité de plein droit du fait des handicapés mentaux majeurs n'a pas été limitée aux personnes morales exerçant un tel pouvoir à titre permanent. Elle a effectivement été étendue aux personnes morales exerçant à titre provisoire un pouvoir de direction.

---

[94] Crim., 10 octobre 1996, *Bull. crim*, n° 357 ; Crim, 26 mars 1997, *Bull. crim*, n° 124, *précit.* ; Civ. 2^e^, 20 janvier 2000, *Bull. civ.* II, n° 15, *précit.* ; Civ. 2^e^, 6 juin 2002, *Bull. civ.* II, n° 120 ; Civ. 2^e^, 22 mai 2003, *Bull. civ.* II, n° 157.

[95] Civ. 2^e^, 9 décembre 1999, *Bull. civ.* II, n° 189, *précit.* ; Civ. 2^e^, 7 mai 2003, *Bull. civ.* II, n° 129, *précit.*

[96] La formulation et la solution de la Cour de cassation ont été reprises depuis par les juridictions du fond. Ainsi, dans un arrêt du 7 janvier 1993, la Cour d'appel de Rouen a retenu la responsabilité de plein droit d'une association chargé de recevoir des handicapés mentaux dans un milieu protégé, *cf.* Rouen, 7 janvier 1993, *Juris-Data*, n° 1993-041056. De même, dans un jugement du 7 décembre 1993, le Tribunal de grande instance de Saintes a envisagé l'application de la responsabilité du fait d'autrui de l'article 1384, alinéa 1^er^ du Code civil pour un dommage causé par un majeur handicapé mental placé dans un centre d'aide par le travail et confié par ce dernier à une famille d'accueil. Le tribunal a néanmoins écarté la responsabilité du centre d'aide par le travail puisqu'au moment des faits délictueux, il avait transféré sa mission d'organisation et de contrôle du mode de vie du handicapé mental. *Cf.* TGI Saintes, *Juris-Data* n° 1993-049628.

[97] Orléans, 25 juin 1996, *Juris-Data* n° 1996-044670 ; *JCP G* 1997, I, 4070, n° 24, obs. G. VINEY.

**600. Le handicapé mental majeur pris en charge à titre provisoire par un établissement.** Assurément la rédaction « *très factuelle* »[98] de l'arrêt *Blieck* limitait l'analyse de sa portée. En effet, « *la Cour de cassation n'a aucunement pris parti sur les hypothèses dont elle n'avait pas à connaître dans l'affaire qui lui a été soumise* »[99]. Au lendemain de l'arrêt *Blieck*, il était finalement impossible d'écarter la prise en considération d'autres critères et la question de l'application de la nouvelle responsabilité du fait d'autrui demeurait pleinement ouverte pour de nombreuses personnes[100]. Nous avons déjà constaté que cette analyse s'est vérifiée, puisque la responsabilité du fait d'autrui de l'article 1384, alinéa 1er a très vite été appliquée à certaines personnes morales ou physiques chargées de la garde intellectuelle[101], ou parfois simplement matérielle[102], d'un mineur. L'extension de la nouvelle responsabilité issue de l'arrêt *Blieck* n'a toutefois pas été limitée aux enfants mineurs. La Cour de cassation étendit en effet son application aux faits délictueux commis par un majeur handicapé mental. Cette extension intervint avec un arrêt de la deuxième chambre civile de la Cour de cassation du 25 février 1998[103]. En l'espèce, un majeur handicapé mental, placé sous la l'administration légale de son père et demi-pensionnaire dans un institut médico-pédagogique géré par une association privée, avait allumé un incendie en rentrant à son domicile. La Cour de cassation a refusé d'appliquer à l'administrateur légal du majeur et à l'association la responsabilité du fait d'autrui de l'article 1384, alinéa 1er du Code civil. Cet arrêt apporte deux éléments importants.

D'une part, il nous apprend que le tuteur ou l'administrateur légal d'un majeur incapable ne peut être responsable des agissements de la personne protégée sur le fondement de l'article 1384, alinéa 1er du Code civil. La Cour de cassation fonde sa solution sur une analyse des pouvoirs du tuteur du majeur. Si le tuteur d'un majeur doit assurer la gestion des biens et la protection de la personne de l'incapable, il ne dispose pas pour autant d'un pouvoir susceptible de le rendre responsable de plein droit des faits délictueux du majeur protégé[104]. Cette solution est pleinement justifiée, si on souhaite attacher la responsabilité de plein droit du fait d'autrui à la garde intellectuelle. Comme nous l'avons observé, le tuteur d'un majeur a simplement une mission générale de protection de la personne de l'incapable et ne dispose pas pour autant d'un pouvoir de garde[105]. On notera par ailleurs qu'on a pu s'interroger sur le maintien de cette solution à la suite de l'arrêt de la chambre criminelle de la Cour de cassation du 28 mars 2000[106], qui a retenu la responsabilité du tuteur d'un mineur du fait de son pupille sur le fondement de l'article 1384, alinéa 1er du Code civil[107]. Naturellement, ayant été rendue

---

[98] P. BONNET et P. MUCCHIELLI, *Responsabilité délictuelle et quasi délictuelle, Aspects de la jurisprudence récente de la Cour de cassation, in Rapport de la Cour de cassation 1997*, La Documentation française, 1998, pp. 55-65, spéc., p. 57.

[99] G. VINEY, *Vers un élargissement de la catégorie des « personnes dont on doit répondre » : la porte entrouverte sur une nouvelle interprétation de l'article 1384, alinéa 1er, du Code civil, art. précit.*, p. 161.

[100] G. VINEY, *ibid.*

[101] *Cf. supra* n° 573-577.

[102] *Cf. supra* n° 590-594.

[103] Civ. 2e, 25 février 1998, *Bull. civ.* II, n° 62 ; *R.*, 268 ; *D.* 1998, 315, concl. R. KESSOUS ; *JCP G* 1998, II, 10149 et 10162 bis, note G. VINEY ; *RTD civ.* 1998, 388, note P. JOURDAIN ; *RTD civ.* 1998, 345, note J. HAUSER ; *Defrénois*, 1998, 1029, note J. MASSIP ; *Dr. et Pat.*, juillet-août 1998, 66, obs. F. CHABAS ; *Gaz. Pal.* 1998, 2, 725, note J. BONNEAU ; A.-M. GALLIOU-SCANVION, *L'article 1384, alinéa 1er, et la responsabilité du fait d'autrui : un fardeau non transférable sur les épaules du tuteur, D.* 1998, pp. 240-242 ; M. JOSSELIN-GALL, *Un pas en arrière sur le chemin de la reconnaissance d'un principe général de responsabilité du fait d'autrui, JCP N* 1998, pp. 1217-1221.

[104] R. KESSOUS, concl. sous Civ. 2e, 25 février 1998, *D.* 1998, 315

[105] *Cf. supra* nos 113-118, 253-254.

[106] Crim., 28 mars 2000, *Bull. crim.*, n° 140, *précit.*

[107] *Cf.* not. J. HAUSER, note sous Crim., 28 mars 2000, *RTD civ.* 2000, 545 ; G. VINEY, obs. sous Crim., 28 mars 2000, *JCP G* 2000, I, 241, nos 10-11.

par une autre chambre de la Cour de cassation sur une question différente, cette décision ne peut constituer un revirement de jurisprudence. Il ne s'agit pas non plus d'un infléchissement jurisprudentiel. Les pouvoirs du tuteur d'un mineur et de celui d'un majeur ne sont absolument pas identiques. Tandis que le premier dispose éventuellement d'un pouvoir de garde matérielle, le second n'exerce que des prérogatives de nature patrimoniale, tout en assurant une mission très générale de protection de la personne de l'incapable. Les deux situations étant bien distinctes, l'opposition des solutions sur le terrain de la responsabilité du fait d'autrui n'est pas surprenante. La solution de 2000 ne remet pas en cause celle de 1998.

D'autre part, l'arrêt nous enseigne que la responsabilité d'une association gérant un institut-médico pédagogique doit être écartée, lorsqu'elle n'a plus la surveillance et l'organisation des conditions de vie de ses membres majeurs. *A contrario*, nous devons en déduire que l'association, gérant un institut médico-pédagogique, est pleinement responsable des faits délictueux d'un majeur handicapé mental, lorsque ce dernier se trouve sous son « *autorité* », c'est-à-dire lorsqu'elle assure « *la surveillance et l'organisation des conditions de vie de l'handicapé* ». La solution est identique à celle de l'arrêt *Blieck*. La responsabilité de plein droit est associée à la prise en charge juridique de la personne du handicapé mental. Tandis que, dans l'arrêt du 29 mars 1991, le centre d'aide par le travail prenait en charge à titre permanent le handicapé mental, dans l'arrêt du 25 février 1998, l'institut médico-pédagogique le prenait en charge uniquement pendant la journée. De nouveau, nous pouvons constater que la Cour de cassation n'utilise par le terme de garde d'autrui. Elle affirme simplement que l'association, gérant l'institut médico-pédagogique, exerce une « *autorité* » sur le handicapé mental majeur. Cette observation n'est pas anecdotique. Les mêmes observations que celles effectuées à propos de l'arrêt *Blieck*[108] peuvent être faites. La situation du handicapé mental majeur dans un institut médico-pédagogique est différente de celle d'un mineur, placé par décision judiciaire dans un centre sur le fondement d'une mesure d'assistance éducative ou d'éducation surveillée, pour laquelle le juge utilise expressément la notion de garde. Tandis que le placement dans un institut médico-pédagogique se fonde sur un contrat et ne peut porter atteinte à la liberté de la personne, le placement en exécution d'une mesure d'assistance éducative ou d'éducation surveillée repose sur une décision judiciaire et confère un pouvoir de rétention sur autrui. Autrement dit, tandis qu'un institut médico-pédagogique ne peut disposer que d'un pouvoir de direction sur un majeur, un centre de rééducation ou un foyer d'assistance éducative dispose d'un véritable pouvoir de garde par décision judiciaire. En dépit des rédactions distinctes des arrêts du 29 mars 1991 et du 25 février 1998, les responsabilités d'un centre d'aide par le travail et d'un institut médico-pédagogique, du fait de leurs pensionnaires ou demi-pensionnaires handicapés mentaux majeurs, reposent sur le même fondement : l'existence d'un pouvoir contractuel de direction des activités d'autrui. Il s'agit bien de situations de direction d'autrui et non de garde ou de détention. Dès lors, si les établissements disposant d'un simple pouvoir de direction sur la personne des handicapés mentaux majeurs peuvent être responsables sur le fondement de l'article 1384, alinéa 1er du Code civil, nous pouvons en déduire que les établissements disposant d'un réel pouvoir de garde devraient également pouvoir être responsables du fait de leurs pensionnaires.

*b. Les solutions déduites : l'application de la responsabilité du fait d'autrui de l'article 1384, alinéa 1er du Code civil aux personnes exerçant un pouvoir de garde sur des handicapés mentaux majeurs*

**601. Le handicapé mental placé sous contrainte.** Jusqu'à présent, la nouvelle responsabilité du fait d'autrui de l'article 1384, alinéa 1er ne semble pas avoir été invoquée à propos de handicapés mentaux majeurs placés sous contrainte dans un établissement

[108] *Cf. supra* n° 599.

psychiatrique. En effet, si les tribunaux ont été amenés à se prononcer sur son application aux majeurs handicapés mentaux pris en charge par un centre d'aide par le travail[109] ou soignés en service libre dans une clinique psychiatrique[110], ils ne semblent pas avoir été confrontés à la question de son application aux majeurs handicapés mentaux hospitalisés sous contrainte. Cette question pourrait néanmoins se poser puisque certains établissements privés sont susceptibles de recevoir des handicapés mentaux faisant l'objet d'un placement sous contrainte[111]. Il semblerait logique que, dans de telles hypothèses, la Cour de cassation applique la nouvelle responsabilité du fait d'autrui de l'article 1384, alinéa 1er du Code civil. En effet, si un simple pouvoir de direction sur la personne d'un majeur handicapé mental est suffisant pour engager la responsabilité d'un établissement spécialisé, il paraît logique que la haute juridiction admette la responsabilité d'établissements disposant d'un pouvoir de garde sur de telles personnes. Cette conclusion montre ainsi que la responsabilité du fait d'autrui de l'article 1384, alinéa 1er du Code civil peut être très souvent invoquée à l'occasion d'un dommage causé par un handicapé mental majeur. Il suffit que ce dernier ait été pris en charge par une personne morale et qu'il se trouve juridiquement sous son autorité au moment des faits délictueux. L'origine de cette autorité importe peu. Elle peut résulter d'un contrat ou d'une décision administrative. Par opposition, une telle conclusion ne peut être retenue à propos des handicapés mentaux mineurs.

***2. L'étroite application de la responsabilité du fait d'autrui de l'article 1384, alinéa 1er du Code civil aux dommages causés par des handicapés mentaux mineurs***

**602.** Le développement de la responsabilité du fait des handicapés mentaux mineurs sur le fondement de l'article 1384, alinéa 1er ne soulève pas exactement les mêmes problèmes juridiques que celui de la responsabilité du fait des handicapés mentaux majeurs. En effet, les mineurs handicapés mentaux réunissent deux qualités pouvant chacune fonder une responsabilité du fait d'autrui. D'une part, la qualité de mineur peut justifier la mise en œuvre de la responsabilité parentale de l'article 1384, alinéa 4 du Code civil et celle de la nouvelle responsabilité du fait d'autrui de l'article 1384, alinéa 1er du même Code. D'autre part, la qualité de handicapé mental peut également justifier la recherche d'un responsable sur le fondement de l'article 1384, alinéa 1er du Code civil. Autrement dit, pour les handicapés mentaux mineurs, la Cour de cassation a été confrontée au problème d'un éventuel cumul de responsabilités pour autrui, inexistant pour les handicapés mentaux majeurs. Les solutions retenues mettent en avant cette distinction, au risque d'établir une certaine incohérence dans le droit de la responsabilité du fait d'autrui. L'étude de la jurisprudence nous apprend que la Cour de cassation refuse, en principe, d'appliquer la responsabilité du fait d'autrui de l'article 1384, alinéa 1er du Code civil aux personnes exerçant un pouvoir de garde matérielle sur des handicapés mentaux mineurs **(a)**. La Cour préfère, en effet, s'en tenir à son principe de la responsabilité du gardien intellectuel du mineur. En conséquence, la nouvelle responsabilité du fait d'autrui de l'article 1384, alinéa 1er du Code civil devrait pouvoir s'appliquer aux établissements assurant la garde intellectuelle de mineurs handicapés mentaux **(b)**.

a. Les solutions jurisprudentielles : la non-application de la responsabilité du fait d'autrui de l'article 1384, alinéa 1er du Code civil aux gardiens matériels des mineurs handicapés mentaux

**603. Première étape : la responsabilité du gardien matériel du mineur handicapé sur le fondement de l'article 1384, alinéa 1er du Code civil.** Dans un premier temps, la Cour de cassation n'a pas exclu l'application de la nouvelle responsabilité du fait d'autrui aux personnes prenant en charge, sur le fondement d'un simple contrat, des handicapés mentaux

---

109 A.P., 29 mars 1991, *Blieck, Bull. A.P.*, n° 1, *précit.*
110 Orléans, 25 juin 1996, *Juris-Data* n° 1996-044670, *précit.*
111 *Cf. supra*, n° 364.

mineurs. Cette idée, qui transparaît dans une décision de la deuxième chambre civile du 24 janvier 1996[112], a été expressément affirmée par un arrêt de la chambre criminelle de la Cour de cassation du 15 juin 2000[113]. Il ressort de cet arrêt qu'un institut médico-pédagogique peut être responsable de plein droit du fait d'un mineur, dès lors qu'il a « *la surveillance et l'organisation des conditions de vie de l'enfant* ». Cette décision reprend la terminologie de l'arrêt de la deuxième chambre civile du 25 février 1998[114], relatif à la responsabilité d'un institut médico-pédagogique du fait d'un handicapé mental majeur[115], et introduit une certaine cohérence dans la responsabilité des instituts médico-pédagogiques du fait de leurs pensionnaires. L'âge de l'handicapé n'est pas une condition de la responsabilité d'un institut médico-pédagogique. Il suffit, pour engager la responsabilité de plein droit d'un tel établissement, qu'il exerce un pouvoir de surveillance et d'organisation des conditions de vie du handicapé. Il est vrai cependant qu'un institut médico-pédagogique dispose d'un pouvoir supplémentaire sur la personne d'un handicapé mental mineur. En raison de sa minorité, ce dernier est, par principe, placé sous la garde de ses parents. Le contrat conclu par ces derniers avec un institut médico-pédagogique a pour conséquence de lui transférer un pouvoir de garde matérielle, c'est-à-dire le pouvoir d'organiser ses activités quotidiennes et de le retenir dans un endroit déterminé. Cette cohérence de la responsabilité des instituts médico-pédagogique n'a toutefois pas perduré.

**604. Seconde étape : le rejet de la responsabilité du gardien matériel du mineur handicapé sur le fondement de l'article 1384, alinéa 1^er^ du Code civil.** La volonté de la Cour de cassation d'établir un régime cohérent de responsabilités du fait des mineurs autour de la notion de garde intellectuelle l'a conduite à ne pas maintenir sa solution du 15 juin 2000. La remise par contrat d'un enfant mineur à un établissement pédagogique n'a pas pour conséquence de lui transférer le pouvoir de garde intellectuelle. L'établissement pédagogique ne reçoit qu'un pouvoir de garde matérielle. Or, pour la Cour de cassation, un tel pouvoir est par principe insuffisant pour fonder la responsabilité du fait des mineurs de l'article 1384, alinéa 1^er^. Cette solution ressort notamment des arrêts de la chambre criminelle de la Cour de cassation du 7 janvier[116] et du 18 mai 2004[117] et d'un arrêt rendu le 24 mai 2006 par la deuxième chambre civile[118].

Par conséquent, il faut admettre qu'au nom de la cohérence de la responsabilité du fait des mineurs, la Cour de cassation a établi une incohérence dans la responsabilité du fait des handicapés mentaux. En effet, dans les arrêts du 7 janvier 2004 et du 24 mai 2006, le dommage avait été causé par un mineur placé dans un institut médico-pédagogique par décision d'une Commission départementale de l'éducation spéciale. Une telle décision de nature administrative a pour caractéristique de ne pas s'imposer aux parents d'un mineur. Le consentement des parents, exerçant l'autorité parentale, est nécessaire pour procéder au placement du mineur. La Cour de cassation a traduit cette idée sur le terrain de la responsabilité en considérant que l'institut médico-pédagogique ne pouvait être responsable de plein droit du fait du mineur placé sous sa garde matérielle[119]. En revanche, elle a considéré que la responsabilité parentale de l'article 1384, alinéa 4 du Code civil pouvait être

---

[112] Civ. 2^e^, 24 janvier 1996, *Bull. civ.* II, n° 16 ; A. BATTEUR, *L'incidence des rapports sexuels entre handicapés mentaux*, *LPA*, 14 juin 1996, pp. 28-33.

[113] Crim., 15 juin 2000, *Bull. crim*, n° 232, *précit.*

[114] Civ. 2^e^, 25 février 1998, *Bull. civ.* II, n° 62, *précit.*

[115] *Cf. supra* n° 600.

[116] Crim., 7 janvier 2004, *Juris-Data* n° 2004-024116, *précit.*

[117] Crim., 18 mai 2004, *Bull. crim.*, n° 123, *précit.*

[118] Civ. 2^e^, 24 mai 2006, *Bull. civ.* II, n° 136, *précit.*

[119] Crim., 7 janvier 2004, *Juris-Data* n° 2004-024116, *précit.* ; Civ. 2^e^, 24 mai 2006, *Bull. civ.* II, n° 136, *précit.*

recherchée[120]. De même, lorsque la victime est un autre pensionnaire, la Cour de cassation a logiquement retenu que l'association gérant l'institut médico-pédagogique pouvait être responsable sur le fondement contractuel[121]. De telles solutions sont diamétralement opposées à celles retenues pour les handicapés mentaux majeurs. Pour ces derniers, la jurisprudence admet que le pouvoir conféré par la COTOREP[122] à un centre d'aide par le travail[123] ou résultant du placement dans un institut médico-pédagogique[124] ou d'une hospitalisation en service libre dans un établissement psychiatrique[125] permet de rechercher la responsabilité de ces établissements sur le fondement de l'article 1384, alinéa 1<sup>er</sup> du Code civil. En conséquence, il faut admettre qu'un institut médico-pédagogique, hébergeant des handicapés mentaux majeurs et mineurs, est responsable à l'égard des tiers extérieurs à l'établissement sur le fondement de la responsabilité de plein droit de l'article 1384, alinéa 1er du Code civil, lorsque le dommage a été causé par un de ses pensionnaires majeurs, et sur le fondement de l'article 1382 du Code civil, lorsque le dommage a été causé par un de ses pensionnaires mineurs.

Cette divergence de solutions montre bien les limites actuelles du raisonnement de la Cour de cassation. Il reste encore pleinement marqué par la recherche de l'indemnisation de la victime et ne prend en compte la nature des pouvoirs exercés sur l'auteur du dommage que dans la mesure où cette considération ne remet pas en cause sa logique d'indemnisation. La cohérence de la responsabilité du fait des handicapés mentaux risque de pâtir d'un tel raisonnement. Toutefois, si la jurisprudence établit une distinction entre la responsabilité du fait des handicapés mentaux mineurs confiés par leurs parents à un établissement spécialisé et la responsabilité du fait des handicapés mentaux majeurs placés avec leur consentement dans un établissement, elle ne devrait pas distinguer la responsabilité du fait des mineurs handicapés mentaux hospitalisés sous contrainte et la responsabilité du fait des majeurs handicapés mentaux faisant l'objet d'une mesure de placement sous contrainte.

b. Les solutions induites : l'application de la responsabilité du fait d'autrui de l'article 1384, alinéa 1er du Code civil aux gardiens intellectuels des mineurs handicapés mentaux

**605. La responsabilité de l'établissement psychiatrique, gardien intellectuel du mineur.** Si le mineur handicapé mental ne peut faire l'objet d'une hospitalisation psychiatrique à la demande d'un tiers, son hospitalisation d'office peut être ordonnée[126]. Cette décision transfère l'intégralité du pouvoir de garde à l'établissement psychiatrique[127]. À notre connaissance, la jurisprudence ne s'est pas encore prononcée sur la question de l'attribution de la responsabilité du fait d'autrui dans une telle hypothèse. Il est toutefois probable qu'elle suive sa ligne directrice consistant à faire peser, par principe, la responsabilité de plein droit du fait des mineurs sur le gardien intellectuel. Il faudrait en déduire que les parents d'un mineur hospitalisé sous contrainte ne devraient plus être responsables du fait de leur enfant et que l'établissement psychiatrique devrait être responsable de plein droit sur le fondement de l'article 1384, alinéa 1er du Code civil. Une telle solution serait, par ailleurs, pleinement cohérente avec celle retenue pour les handicapés mentaux majeurs hospitalisés sous

---

120 Crim., 7 janvier 2004, *Juris-Data* n° 2004-024116, *précit.*

121 Civ. 2e, 24 mai 2006, *Bull. civ.* II, n° 136, *précit.* ; Civ. 2e, 13 juillet 2006, *JCP G* 2006, II, 10169, note M. BRUSORIO ; *JCP G* 2007, I, 115, n° 11, obs. PH. STOFFEL-MUNCK ; *LPA*, 8 octobre 2007, note A. VIGNON-BARRAULT.

122 L'équivalent pour les majeurs de la Commission départementale de l'éducation spéciale. *Cf. supra* n° 108.

123 A.P., 29 mars 1991, *Blieck*, *Bull. civ.*, n° 1, *précit.*

124 Civ. 2e, 25 février 1998, *Bull. civ.* II, n° 62, *précit.*

125 Orléans, 25 juin 1996, *Juris-Data* n° 1996-044670, *précit.*

126 *Cf. supra* n° 436.

127 *Cf. supra* n° 437.

contrainte[128]. Le système jurisprudentiel issu de la relecture de l'article 1384, alinéa 1er n'est donc pas pleinement cohérent. Ce constat est renforcé par le développement d'autres cas de responsabilité de plein droit du fait d'autrui applicables aux majeurs et aux mineurs.

## C. LE DÉVELOPPEMENT D'AUTRES CAS DE RESPONSABILITÉ DE PLEIN DROIT DU FAIT D'AUTRUI APPLICABLES AUX MAJEURS ET AUX MINEURS

**606.** La jurisprudence n'a pas limité le domaine de la nouvelle responsabilité de plein droit du fait d'autrui de l'article 1384, alinéa 1er du Code civil aux dommages causés par des mineurs ou des handicapés mentaux. Au contraire, profitant de l'ambiguïté de la formule « *on est responsable* (...) *du dommage* (...) *causé par le fait des personnes dont on doit répondre* », les tribunaux ont développé, sur le fondement de l'article 1384, alinéa 1er du Code civil, une responsabilité de plein droit des associations sportives et de loisirs du fait de leurs membres. L'émergence de telles responsabilités est problématique. Pouvant s'appliquer indifféremment à des majeurs ou à des mineurs, elles risquent de remettre en cause les efforts déployés pour élaborer un système de responsabilité de plein droit du fait des mineurs autour de la garde intellectuelle d'autrui **(1)**. La multiplication des responsabilités de plein droit du fait d'autrui risque de perturber l'édification d'un système cohérent et équilibré. Ceci est d'autant plus vrai qu'il est permis de redouter l'apparition de nouveaux cas de responsabilité de plein droit du fait d'autrui, dont la seule justification serait la possibilité de les rattacher à la formule « *on est responsable* (...) *des personnes dont on doit répondre* ». La décision de la Cour de cassation ayant admis la responsabilité de plein droit d'une commune du fait de marginaux, sur le fondement de l'article 1384, alinéa 2 du Code civil, constitue une illustration patente de ce risque **(2)**.

### *1. La responsabilité des associations sportives et de loisirs du fait de leurs membres*

**607. La responsabilité des associations sportives ou de loisirs sur le fondement de l'article 1384, alinéa 1er du Code civil : un « *pragmatisme utilitaire* »[129].** La Cour de cassation n'a pas limité le domaine de la nouvelle responsabilité de l'article 1384, alinéa 1er du Code civil aux détenteurs d'un pouvoir d'organisation, de direction et de contrôle du mode de vie d'un mineur ou d'un handicapé mental. Elle a également estimé que les associations sportives peuvent être responsables, sur ce fondement, du fait de leurs joueurs, dès lors qu'elles ont pour « *mission d'organiser, de diriger et de contrôler l'activité de leurs membres au cours des compétitions sportives* »[130]. Puis élargissant cette solution, l'Assemblée plénière

---

[128] *Cf. supra* n° 601.

[129] J. MOULY, note sous Civ. 2e, 3 février 2000, *JCP G* 2000, II, 10316, n° 8.

[130] Civ. 2e, 22 mai 1995, *Bull. civ.* II, n° 155 (2 arrêts) ; *R.*, 319 ; *RJDA* 1995, 853, rapport P. BONNET ; *JCP G* 1995, II, 22550, note J. MOULY ; *JCP G* 1995, I, 3893, nos 5-10, obs. G. VINEY ; *Defrénois* 1996, 357, obs. D. MAZEAUD ; *Gaz. Pal.* 1996, 1, 16, note F. CHABAS ; *RTD civ.* 1995, 899, note P. JOURDAIN ; *D.* 1996, SC, 29, obs. F. ALAPHILIPPE ; H. GROUTEL, *Joueurs ou voyous ? (À propos de deux arrêts sur la responsabilité civile des associations sportives) RCA.* 1995, chr. 36 ; S. HOCQUET-BERG, *La responsabilité civile des associations sportives fondée sur l'article 1384 alinéa 1er du Code civil, LPA*, 2 février 1996, pp. 16-22 ; Civ. 2e, 3 février 2000, *Bull. civ.* II, n° 26 ; *R.*, 399 ; *D.* 2000, 862, note S. DENOIX DE SAINT MARC ; *D.* 2000, SC, 465, obs. P. JOURDAIN ; *JCP G* 2000, II, 10316, note J. MOULY ; *JCP G* 2000, I, 241, n° 15, obs. G. VINEY ; *Defrénois* 2000, 724, obs. D. MAZEAUD ; *RCA* 2000, comm. 110, note H. GROUTEL ; J.-B. LAYDU, *Un essai transformé : la responsabilité du fait d'autrui fondée sur l'article 1384 alinéa 1 du Code civil dans le domaine sportif, RRJ* 2000, pp. 1803-1813. On notera cependant que l'arrêt du 3 février 2000 ne reprend pas exactement la formulation des arrêts du 22 mai 1995. Il indique simplement que les associations sportives ont pour objet, et non plus pour mission, d'encadrer les sportifs qui prennent part aux compétitions. Il n'est donc plus nécessaire de rechercher la nature exacte des missions d'une association pour retenir sa responsabilité. Toute

de la Cour de cassation a affirmé, dans un arrêt du 29 juin 2007, que « *les associations sportives ayant pour mission d'organiser, de diriger et de contrôler l'activité de leurs membres, sont responsables des dommages qu'ils causent à cette occasion, dès lors qu'une faute caractérisée par une violation des règles du jeu est imputable à un ou plusieurs de leurs membres, même non identifiés* »[131]. Il n'est donc plus nécessaire que l'auteur du dommage soit identifié et que le dommage soit intervenu à l'occasion d'une compétition sportive. Le domaine de cette responsabilité s'en trouve de ce fait sensiblement élargi.

L'émergence de la responsabilité des associations sportives, fondée sur l'article 1384, alinéa 1er du Code civil, relève d'un certain pragmatisme justifié par la volonté de rechercher la garantie d'un club soit parce que l'auteur du dommage n'est pas identifié, soit parce que la victime redoute l'insolvabilité du fautif. En effet, si l'assurance de responsabilité du joueur est normalement couverte par la police d'assurance du club, souscrite en application de l'article 37 de la loi du 16 juillet 1984, le montant de cette garantie peut-être conventionnellement limité depuis la réforme opérée par la loi du 13 juillet 1992. Par ailleurs, en cas de faute intentionnelle, la responsabilité du joueur ne peut être légalement prise en charge par une assurance[132]. L'action contre le club sportif révèle alors tout son intérêt[133].

On pouvait dès lors envisager de fonder cette action sur la responsabilité des commettants de l'article 1384, alinéa 5 du Code civil. Traditionnellement, la Cour de cassation refuse un tel fondement au motif qu'il n'existe aucun lien de subordination entre une association sportive et ses membres[134]. Cette solution a néanmoins été régulièrement remise en cause par des juridictions du fond[135]. On peut d'ailleurs remarquer que les cours d'appel, statuant dans les affaires qui ont donné lieu aux solutions de 1995, avaient retenu la responsabilité des associations sportives en cause sur le fondement de la responsabilité des commettants[136]. Opérant une substitution de motifs, la Cour de cassation a écarté la responsabilité de l'article 1384, alinéa 5, pour lui préférer une nouvelle responsabilité fondée sur l'article 1384, alinéa

---

association sportive, en raison même de son activité, se trouve soumise au nouveau cas de responsabilité du fait d'autrui.

[131] A.P., 29 juin 2007, *R.*, p. 438 ; *Bull. civ.*, n° 7 ; *D.* 2007, 2408, note J. FRANÇOIS ; *D.* 2007, 2903, obs. PH. BRUN ; *RTD civ.* 2007, 742, note P. JOURDAIN ; *JCP G* 2007, II, 10150, note J.-M. MARMAYOU ; *JCP E* 2007, 2198, note CH. RADÉ ; *Gaz. Pal.*, 7-8 novembre 2007, note P. POLÈRE ; J. FRANÇOIS, *Fait générateur de la responsabilité du fait d'autrui : confirmation ou évolution ?*, *D.* 2007, pp. 2408-2414 ; M. MEKKI, *La responsabilité délictuelle des clubs sportifs du fait de leurs adhérents : les jeux sont faits... rien ne va plus !*, *RLDC*, octobre 2007, pp. 17-23 ; J. MOULY, *La responsabilité civile des associations sportives du fait de leurs membres : l'exigence confirmée de la faute de l'auteur du dommage*, *LPA*, 24 septembre 2007, pp. 3-12 ; S. HOCQUET-BERG, *Essai transformé pour la responsabilité indirecte pour faute d'autrui*, *RCA* 2007, étude 17 ; M. BRUSORIO-AILLAUD, *Responsabilité des associations sportives du fait de leurs membres : l'assemblée plénière aussi exige une faute caractérisée*, *LPA*, 13 septembre 2007, pp. 9-13 ; F. BRELUQUE, *Quand le rugby marque des points...*, *LPA*, 25 octobre 2007, pp. 14-21 ; *LPA*, 7 janvier 2008, p. 16, note A. VIGNON-BARRAULT.

[132] Article L. 113-1, alinéa 2 du Code des assurances.

[133] H. GROUTEL, *Les dispositions sur l'assurance : un ensemble peu rassurant*, *in* E. BOURNAZEL (dir.), *Droit du sport, La loi n° 92-652 du 13 juillet 1992*, Dalloz, 1994, pp. 77-89.

[134] Crim., 30 octobre 1947, *JCP G* 1947, II, 3628, note R. C. La Cour de cassation affirme ainsi que « *si le joueur, membre d'une association sportive, accepte de se soumettre aux règles du jeu et à la discipline d'équipe, il n'en conserve pas moins, au cours de l'action (...) la liberté et la spontanéité inhérentes à la nature du jeu* ». Par ailleurs « *sa participation à un but commun n'en fait pas, pour autant, l'agent ou le préposé de la personne morale de l'association, on ne peut, en effet, considérer ce joueur, du seul fait de son affiliation, comme représentant l'association ou substitué à elle dans l'activité qu'il déploie dans le jeu pour son propre divertissement ou sa satisfaction personnelle* ».

[135] *Cf.* par ex. : TGI Marseille, 6 octobre 1983, *D.* 1985, IR, 143, obs. J.-P. KARAQUILLO.

[136] Limoges, 17 septembre 1992, *Juris-Data* n° 1992-049382 ; *D.* 1993, SC, 333, obs. J. MOULY ; Aix-en-Provence, 22 octobre 1992, *inédit*.

1^er^ du Code civil. Le refus traditionnel[137] de fonder la responsabilité des associations sportives sur l'article 1384, alinéa 5 du Code civil ne constituait pas en soi un obstacle insurmontable. En effet, la conception moderne du lien de préposition ne devrait pas s'opposer à l'admission de l'existence d'un lien de préposition entre un joueur professionnel ou non professionnel et une association sportive. Si les associations sportives ne peuvent nier la liberté inhérente aux joueurs, elles exercent néanmoins un certain pouvoir de direction et de contrôle des sportifs en leur assurant une préparation et une formation, en leur donnant des consignes de jeu et en choisissant une stratégie d'équipe[138]. De même, la liberté d'action du joueur, inhérente au jeu, n'interdit pas de reconnaître la qualité de préposé. L'utilisation de la responsabilité des commettants semblait possible[139]. Toutefois, la Cour de cassation n'a pas souhaité étendre, dans cette hypothèse, la perception du lien de préposition. Elle a bien compris que l'application de la responsabilité des commettants aux clubs amateurs paraîtrait artificielle[140].

**608. Les suites jurisprudentielles : le développement d'une responsabilité fondée sur la direction de l'activité d'autrui.** La recherche de la responsabilité des clubs sportifs et l'artifice que serait la responsabilité des commettants dans certaines hypothèses ont encouragé le développement d'un nouveau cas de responsabilité du fait d'autrui. En effet, la généralité de la formule retenue a ouvert de nouvelles perspectives à la responsabilité du fait d'autrui. Un simple pouvoir de direction, d'organisation et de contrôle des activités d'autrui pouvant justifier une telle responsabilité, le domaine de la responsabilité pour autrui risque de devenir incontrôlable[141]. De nouvelles perspectives se sont ouvertes à la responsabilité du fait d'autrui, quitte à ce que soit oubliée la primauté en droit français de la responsabilité personnelle. Ainsi, cette responsabilité pour autrui a pu être appliquée à une association sportive pour la réparation des dommages causés par un de ses membres lors d'une compétition[142], à une association de majorettes pour la réparation des dommages causés par ces dernières au cours d'un défilé[143], à une association de supporters de football pour la réparation des dégradations causés par ses membres à l'occasion d'un transport qu'elle avait

---

[137] Crim., 30 octobre 1947, *précit.* Certaines juridictions ont néanmoins accepté de fonder la responsabilité des associations sportives sur l'article 1384, alinéa 5 du Code civil, *cf.* par exemple : TGI Marseille, 6 octobre 1983, *D.* 1984, IR, 143, obs. J.-P. KARAQUILLO.

[138] *Rapport de la Cour de cassation 1995*, La Documentation française, 1996, 139.

[139] P. JOURDAIN, note sous Civ. 2, 22 mai 1995, *RTD civ.* 1995, 899.

[140] J. MOULY, note sous Civ. 2^e^, 3 février 2000, *JCP G* 2000, II, 10316, n° 5. Cette idée a d'ailleurs été clairement exprimée par le conseiller Bonnet dans son rapport rendu à propos des arrêts du 22 mai 1995. Il explique, en effet, que les solutions des cours d'appel ont fait « *d'un sportif amateur un préposé ce qui peut paraître bien loin des intentions de la majorité des associations sportives et de leurs adhérents et ne paraît compatible qu'avec la situation de celles dont les équipes évoluent au plus haut niveau avec des joueurs ayant un statut semi-professionnel* ». Il fait ensuite remarquer : « *Pourra-t-on sans sourire parler de préposés à propos de jeunes enfants ?* » *Cf.* P. BONNET, rapport sous Civ. 2^e^, 22 mai 1995, *RJDA* 1995, pp. 853-855.

[141] De nombreux auteurs ont ainsi souligné, immédiatement après les arrêts de 1995, le potentiel considérable de cette nouvelle responsabilité du fait d'autrui : G. VINEY, *JCP G* 1995, 3893, n° 10 ; D. MAZEAUD, *Defrénois*, 1996, p. 359 ; S. HOCQUET-BERG, *La responsabilité civile des associations sportives fondée sur l'article 1384 alinéa 1^er^ du Code civil*, *art. précit.*, n° 13, p. 19. *Cf.* également S. DENOIX DE SAINT MARC, note sous Civ. 2^e^, 3 février 2000, *D.* 2000, 862.

[142] Civ. 2^e^, 22 mai 1995, *précit.* ; Civ. 2^e^, 3 février 2000, *précit.*

[143] Civ. 2^e^, 12 décembre 2002, *Bull. civ.* II, n° 289 ; *JCP G* 2003, I, 154, n° 49, obs. G. VINEY ; *D.* 2003, SC, 2541, obs. F. LAGARDE ; *Dr. et Pat.* mai 2003, 107, obs. F. CHABAS ; H. GROUTEL, *Responsabilité du fait d'autrui : l'inexorable progression*, *RCA* 2003, chr. 4 ; F. BUY, *Responsabilité générale du fait d'autrui : après les sportifs, les majorettes !*, *LPA*, 7 avril 2003, pp. 11-14 ; J.-B. LAYDU, *Du rugby...aux majorettes ; l'application de l'article 1384, alinéa 1 dans le domaine sportif, suite...*, *LPA*, 30 septembre 2003, pp. 9-14.

organisé[144], à une association de chiens d'aveugle pour les dommages causés à des tiers du fait de l'activité de ses bénévoles[145] ou encore au président d'une société de chasse pour la réparation des dommages subis par un chasseur à l'occasion d'une battue organisée par cette société[146].

En refusant, en 1995, l'application de la responsabilité des commettants aux clubs sportifs, la Cour de cassation a ouvert la voie à multiples cas de responsabilité du fait d'autrui. Sans doute inspirés par le « *pragmatisme utilitaire* »[147] des solutions de 1995, les tribunaux n'ont pas hésité à aller très loin dans l'application de cette responsabilité, puisqu'ils l'ont appliquée à des associations qui ne semblent pas réellement disposer d'un pouvoir d'organisation, de direction et de contrôle des activités d'autrui. Peut-on sérieusement admettre qu'une association de supporters, ou une association de chasse, dispose d'un pouvoir de direction, d'organisation et de contrôle sur leurs membres ? Si l'on raisonne sur les associations communales de chasse agréée (ACCA)[148], on peut constater que l'article L. 222-2 du Code rural ne leur confie pas une telle mission[149]. Certes, on pourra invoquer la malléabilité des notions d'organisation, de direction et de contrôle des activités d'autrui. Toutefois, invoquer une telle caractéristique peut être dangereux lorsqu'il s'agit d'envisager l'application d'une responsabilité de plein droit. Si l'assurance du responsable pour autrui peut amoindrir les effets pécuniaires de la condamnation civile, cette dernière n'en demeure pas moins un poids non négligeable. En somme, il n'est pas certain que ces diverses solutions constituent une extension pertinente du domaine de l'article 1384, alinéa 1er du Code civil. Il serait sans doute plus opportun d'utiliser le potentiel de cet article pour répondre aux souhaits d'une doctrine favorable à un renforcement du droit de la responsabilité dans les rapports de dépendance économique[150].

Ce n'est donc pas sans raisons si les arrêts les plus récents de la Cour de cassation manifestent un reflux de cette responsabilité du fait d'autrui fondée sur l'article 1384, alinéa 1er du Code civil. Ainsi, dans un arrêt du 26 octobre 2006, la deuxième chambre civile a

---

144 Aix-en-Provence, 9 octobre 2003, *RCA* 2004, comm. 89, note CH. RADÉ. Dans cette affaire, l'association de supporters a été tenue pour responsable des dégradations causées par ses membres à deux autocars mis à leur disposition. Comme le souligne l'annotateur de cet arrêt, l'action aurait pu être engagée sur le fondement du contrat de location passée entre l'association de supporters et la société de transport. Elle aurait eu des chances d'aboutir puisque le locataire est tenu de garantir l'usage de la chose en bon père de famille. Il est d'ailleurs surprenant que les juridictions n'aient pas envisagé le principe du non-cumul des responsabilités contractuelles et délictuelles.

145 Aix-en-Provence, 20 septembre 2005, *Juris-Data* n° 287996.

146 TGI Cusset, 29 février 1996, *JCP G* 1997, II, 22849, note J. MOULY ; Dijon, 5 septembre 2002, *Juris-Data* n° 2002-192423 ; *JCP G* 2003, IV, 1413. Saisie de la question de l'application de l'article 1384, alinéa 1er du Code civil à une association communale de chasse agréée, la Cour de cassation a préféré éluder le problème en admettant l'existence d'une faute de cette association : Civ. 2e, 5 mars 1997, *Bull. civ.* II, n° 67 ; I. PASCUAL, *Vers une extension, aux associations de chasse, de la responsabilité du fait d'autrui, issue de l'article 1384, alinéa 1er, du Code civil ? (À propos de l'arrêt rendu par la deuxième Chambre civile de la Cour de cassation, le 5 mars 1997)*, *RRJ* 1999, pp. 151-165.

147 J. MOULY, note sous Civ. 2e, 3 février 2000, *JCP G* 2000, II, 10316, n° 8.

148 Les ACCA sont des associations de chasse agréées par l'Administration. Il en existe une seule par commune. En parallèle, il existe d'autres associations ou sociétés de chasse constituées dans le cadre de la loi du 1er juillet 1901 sur les associations. *Cf.* P. VEAUX-FOURNERIE et D. VEAUX, *Chasse, pêche et autres loisirs sans fondement contractuel*, *J.-Cl. civil*, Art. 1382 à 1386, fasc. 451-1, 1994, n° 58, p. 18 ; J. GUILBAUD, *La chasse et le droit*, 15e éd. par F. COLAS-BELCOUR, Litec, 1999, nos 108-304, pp. 91-185.

149 Article L. 222-2 du Code rural : « *Les associations communales et intercommunales de chasse agréées ont pour but de favoriser sur leur territoire le développement du gibier et la destruction des animaux nuisibles, la répression du braconnage, l'éducation cynégétique de leurs membres dans le respect des propriétés et des récoltes, et en, général d'assurer une meilleure organisation technique de la chasse pour permettre aux chasseurs un meilleur exercice de ce sport* ».

150 *Cf.* not. C. DEL CONT, *Propriété économique, dépendance et responsabilité*, préf. F. COLLART DUTILLEUL et G. J. MARTIN, L'Harmattan, Logiques juridiques, 1997, *spéc.* p. 355.

estimé qu'un syndicat n'avait pas pour mission d'organiser, de diriger et de contrôler l'activité de ses adhérents au cours de mouvements ou manifestations auxquels ces derniers participaient et qu'en conséquence, les fautes commises personnellement par ces derniers n'engageaient pas la responsabilité de plein droit du syndicat auquel ils appartenaient sur le fondement de l'article 1384, alinéa 1er du Code civil[151]. De même, dans un arrêt du 27 février 2007, la première chambre civile a affirmé qu'un aéroclub ne dirigeait pas les activités de ses membres et ne pouvait donc être déclaré responsable de leurs faits dommageables sur le fondement de la responsabilité du fait d'autrui de l'article 1384, alinéa 1er du Code civil[152]. Dans ces deux affaires, alors même qu'une application du nouveau cas de responsabilité du fait d'autrui fondé sur la direction des activités d'autrui était envisageable[153], la Cour de cassation a préféré l'écarter. Même si des considérations extra-juridiques ont pu exercer une influence, il ressort de ces deux arrêts une volonté de restreindre le domaine d'application de cette nouvelle responsabilité du fait d'autrui. N'importe quel lien d'autorité ne peut justifier l'existence d'une responsabilité du fait d'autrui. Il faudrait, sans doute, l'existence d'un pouvoir d'organisation, de direction et de contrôle des activités d'autrui d'une certaine intensité.

Un arrêt ultérieur du 11 septembre 2008, relatif à la responsabilité des associations communales de chasse, confirme et précise cette idée[154]. En refusant d'appliquer la responsabilité du fait d'autrui de l'article 1384, alinéa 1er du Code civil à des associations communales de chasse, la Cour de cassation a adopté un raisonnement diamétralement opposé à celui retenu par le tribunal de grande instance de Cusset, dans son jugement du 29 février 1996[155]. En affirmant simplement, pour rejeter cette responsabilité, que « *les associations communales de chasse n'ont pas pour mission d'organiser, de diriger et de contrôler l'acitvité de leurs membres* », la Cour de cassation montre bien qu'elle entend retenir une analyse *in abstracto*, purement juridique, des prérogatives exercées par une personne sur autrui. Il importait peu que la battue à l'origine de l'accident ait été organisée par l'association. Il ne faut pas procéder à une analyse *in concreto*, matérielle, des prérogatives exercées par une personne sur autrui.

Partant, la Cour de cassation semble bien avoir conscience qu'une analyse *in concreto* des pouvoirs d'une personne sur autrui est extrêmement délicate. En effet, il est difficile de déterminer à partir de quel seuil une personne détient un véritable pouvoir de direction sur l'activité d'autrui, susceptible de fonder une responsabilité de plein droit du fait d'autrui. C'est pourquoi l'analyse *in abstracto*, ou juridique, semble préférable. Elle permet de contourner cette difficulté. En outre, ces récentes décisions peuvent être perçues comme une

---

[151] Civ. 2e, 26 octobre 2006, *Bull. civ.* II, n° 299 ; *RCA*, 2006, comm. 365, note CH. RADÉ ; *JCP S* 2006, 1990, note O. LIPÉRINI ; *JCP G* 2007, II, n° 10004, note J. MOULY ; *JCP G* 2007, I, 115, n° 5, obs. PH. STOFFEL-MUNCK ; *D.* 2007, 2004, note J.-B. LAYDU ; M. BRUSORIO, *Non-extension du principe general de responsabilité du fait d'autrui aux syndicats*, *LPA*, 3 janvier 2007, pp. 15-20.

[152] Civ. 1re, 27 février 2007, *RDT* 2007, comm. 89, note PH. DELEBECQUE ; A. VIGNON-BARRAULT, *Promenades aériennes et vols d'agrément : attention danger ! (À propos d'un arrêt de la première chambre civile du 27 février 2007)*, *RCA* 2007, étude 16.

[153] Pour les syndicats, s'il est vrai que l'article L. 2131-1 du Code du travail dispose que « *les syndicats professionnels ont exclusivement pour objet l'étude et la défense des droits ainsi que des intérêts matériels et moraux, tant collectifs qu'individuels, des personnes mentionnées dans leurs statuts* », l'on aurait pu admettre l'existence d'une telle responsabilité de plein droit du fait d'autrui en se fondant sur l'existence d'une autorité effective au moment des faits. Tel serait notamment le cas lorsque les actions litigieuses s'insèrent dans une stratégie définie à l'échelon national. *Cf.* en ce sens : CH. RADÉ, note sous Civ. 2e, 26 octobre 2006, RCA, comm. 365.

[154] Civ. 2e, 11 septembre 2008, *Bull. civ.* II, n° 192 ; *JCP G* 2008, II, 10184, note J. MOULY ; *JCP G* 2009, I, 123, n° 8, obs. PH. STOFFEL-MUNCK ; *RLDC* 2009/58, n° 3328, note A. PAULIN ; *LPA*, 14 novembre 2008, note J.-B. LAYDU.

[155] TGI Cusset, 29 février 1996, *précit.*

invitation à ne pas solliciter exagérément cette responsabilité de plein droit du fait d'autrui et à ne pas oublier la responsabilité personnelle attachée à tout individu.

**609. L'application de ces responsabilités aux mineurs : des responsabilités fondées sur la garde matérielle du mineur.** Si ces responsabilités fondées sur l'existence d'un pouvoir d'organisation, de direction et de contrôle sont surprenantes, elles peuvent devenir extrêmement préoccupantes lorsqu'on envisage leur application aux mineurs. La Cour de cassation n'a pas seulement ouvert la voie à l'émergence de nombreux cas de responsabilité pour autrui, elle a également ouvert la boîte de Pandore, répandant de nombreux maux sur la responsabilité du fait des mineurs. En effet, de nombreuses personnes sont susceptibles d'organiser, de diriger et de contrôler l'activité d'un mineur. La généralité des solutions retenues par la Cour de cassation n'interdit en aucun cas de les appliquer aux dommages causés par un mineur membre d'une association sportive ou d'une association de loisirs. De plus, les critères très imprécis, posés par la Cour de cassation dans ses arrêts du 22 mai 1995, confèrent à l'article 1384, alinéa 1er « *un très vaste potentiel d'application* »[156]. La lecture de ces arrêts peut laisser penser que toutes les personnes investies, même sur le fondement d'un simple contrat, d'un pouvoir d'organisation, de direction et de contrôle des activités d'un mineur peuvent tomber sous l'emprise de la responsabilité de plein droit de l'article 1384, alinéa 1er du Code civil. Cette responsabilité pourrait donc s'appliquer aux gardiens matériels d'un mineur qui exercent un pouvoir de direction sur une ou plusieurs de ses activités. Certains auteurs n'ont d'ailleurs pas hésité à affirmer que « *les centres de loisirs, les centres aérés, les colonies de vacances, les crèches, les garderies d'enfants, les nourrices (...), la traditionnelle baby-sitter, le tuteur, le grand parent à qui l'enfant a été confié pour la journée ou pour les vacances, l'oncle, la tante, voire le grand frère ou la grande sœur* »[157] pourraient avoir la qualité de répondant s'ils exercent la mission définie par la Cour de cassation. Par conséquent, la formule des arrêts de 1995 pourrait être de nature à perturber la construction d'un système de responsabilité du fait des mineurs fondé sur la garde intellectuelle. Il est vrai que l'arrêt de la chambre criminelle du 15 juin 2000[158], retenant la responsabilité d'un institut médico-pédagogique sur le fondement de l'existence d'un pouvoir de surveillance et d'organisation des conditions de vie d'un mineur, n'est pas étranger à cette idée d'une responsabilité du fait du mineur fondée sur la garde matérielle. Toutefois, la Cour de cassation n'a pas souhaité persévérer dans cette direction. Comme nous l'avons observé, il ressort de sa jurisprudence que, par principe, le gardien matériel du mineur ne peut être responsable sur le fondement de l'article 1384, alinéa 1er du Code civil[159]. S'il est vrai que quelques décisions ont retenu la responsabilité de gardiens matériels, elles semblent surtout justifiées par une méconnaissance de la nature du rapport d'obligation existant entre le responsable et l'auteur du dommage[160].

Doit-on pour autant admettre que cette responsabilité, fondée sur un pouvoir d'organisation, de direction et de contrôle des activités d'autrui, ne peut jamais être appliquée lorsqu'il s'agit d'un mineur puisqu'elle pèserait alors sur un gardien matériel ? La réponse à cette question est délicate. En limitant la responsabilité fondée sur un pouvoir d'organisation, de direction et de contrôle des activités d'autrui aux hypothèses qui ont donné lieu à cette jurisprudence, on pourrait admettre que seules les associations sportives ou de loisirs pourraient être responsables sur le fondement de la garde matérielle du mineur. La cour d'appel de Paris a ainsi retenu la responsabilité d'une association scoute sur le fondement de

---

[156] D. MAZEAUD, note sous Civ. 2e, 22 mai 1995, *précit.*

[157] S. HOCQUET-BERG, *La responsabilité civile des associations sportives fondée sur l'article 1384 alinéa 1er du Code civil, art. précit.*, n° 13, p. 19.

[158] Crim, 15 juin 2000, *Bull. crim.*, n° 232, *précit.*

[159] *Cf. supra* n° 572-577.

[160] *Cf. supra* n° 590-592.

l'article 1384, alinéa 1er du Code civil pour les dommages causés par un de ses membres à un autre de ses membres lors d'un camp de vacances, au motif qu'elle avait pour « *mission durant ce camp de vacances d'organiser, de diriger et de contrôler l'activité de ses membres et notamment les activités sportives* »[161]. L'extension d'une telle jurisprudence aux dommages causés par un mineur risque néanmoins de rentrer en profond désaccord avec la volonté de la Cour de cassation de fonder la responsabilité des mineurs de l'article 1384, alinéa 1er sur la garde intellectuelle. N'a-t-elle pas écarté la responsabilité d'un centre de vacances, auquel avait été confié un mineur, au motif que les parents étaient toujours chargés d'organiser et de contrôler à titre permanent le mode de vie de l'enfant et devaient à ce titre être responsables ?[162]

Toutefois, l'exclusion systématique de la responsabilité de plein droit des associations sportives du fait de leurs membres mineurs peut soulever d'importants problèmes de cohérence juridique. On risquerait alors d'affirmer qu'une association sportive peut être responsable de plein droit du fait de ses membres majeurs, mais ne peut l'être pour les dommages causés par ses membres mineurs. Assurément, la cohérence du droit de la responsabilité en pâtirait. Le « *pragmatisme utilitaire* »[163] de cette jurisprudence paraît bien entraîner de graves problèmes théoriques. Il devient dès lors urgent que la Cour de cassation précise les conditions de la responsabilité des associations sportives et de loisirs ou qu'elle revienne purement et simplement sur ces solutions. Cette dernière option permettrait de conforter l'affirmation progressive de la garde intellectuelle dans son rôle de fondement de la responsabilité du fait des mineurs. En attendant, la Cour de cassation reste indécise sur le sens à donner à la formule « *on est responsable* (...) *des personnes dont on doit répondre* ». La lecture d'une de ses décisions admettant la responsabilité d'une commune du fait des marginaux conforte cette idée.

### *2. La responsabilité des communes du fait des marginaux*

**610. L'arrêt *Commune de Le Blanc*.** L'arrêt *Commune de Le Blanc*, rendu par la deuxième Chambre civile de la Cour de cassation le 22 mai 1995[164], a indirectement jeté un trouble sur le domaine de la responsabilité du fait d'autrui. Il est soudainement apparu que l'extension de cette responsabilité, inaugurée par l'arrêt *Blieck* de 1991, risquait d'être importante. Rétrospectivement, une telle crainte peut sembler excessive, voire infondée. Toutefois, cet arrêt illustre la grande souplesse de l'expression « *personnes dont on doit répondre* ». Très certainement, cet arrêt constitue un nouvel appel en faveur d'une réorganisation profonde de la responsabilité du fait d'autrui et une réflexion sur sa raison d'être.

En l'espèce, un incendie s'était déclaré dans un immeuble appartenant à la commune du Blanc, dans lequel elle avait autorisé des marginaux à séjourner. L'incendie s'étant propagé à l'immeuble voisin, son propriétaire demanda réparation de son préjudice à la commune. La Cour de cassation confirma l'arrêt de la Cour d'appel qui avait retenu la responsabilité de la commune sur le fondement de l'article 1384, alinéa 2 du Code civil. Cet article dispose que « *celui qui détient, à un titre quelconque, tout ou partie de l'immeuble ou des biens immobiliers dans lesquels un incendie a pris naissance ne sera responsable, vis-à-vis des tiers, des dommages causés par cet incendie que s'il est prouvé qu'il doit être attribué à sa*

---

[161] Paris, 9 juin 2000, *RCA* 2001, comm. 74, note L. GRYNBAUM.

[162] Crim., 29 octobre 2002, *Bull. crim.*, n° 197 ; *D.* 2003, 2113, note L. MAUGER-VIELPEAU ; *JCP G* 2003, I, 154, nos 37-45, obs. G. VINEY ; *RTD civ.* 2003, 101, note P. JOURDAIN ; *RJPF*, février 2003, 21, obs. F. CHABAS.

[163] D. MAZEAUD, note sous Civ. 2e, 22 mai 1995, *précit.*

[164] Civ. 2e, 22 mai 1995, *Bull. civ.* II, n° 149; *JCP G* 1995, I, 3893, nos 5-7, obs. G. VINEY ; *RTD civ.* 1995, 902, note P. JOURDAIN ; *Defrénois* 1995, 1057, note PH. DELEBECQUE ; *D.* 1996, 453, note TH. LE BARS et K. BUHLER.

*faute ou à la faute des personnes dont il est responsable* ». Cette dernière condition nous intéresse tout particulièrement. En effet, la Cour de cassation a retenu que la commune était responsable des incendiaires, connus comme étant des personnes « *asociales et à risques* ». En somme, la Cour de cassation nous donne dans cet arrêt une interprétation de la notion de personnes dont on est responsable. Avant l'arrêt *Blieck*, cette catégorie se retreignait aux personnes visées aux alinéas 4 et suivants de l'article 1384 du Code civil. Depuis l'arrêt *Blieck*, cette liste n'est plus exhaustive. La Cour de cassation entend bien le rappeler dans cet arrêt du 22 mai 1995.

**611. Interrogations sur la portée de cet arrêt.** De prime abord, on peut estimer que cet arrêt constitue un arrêt d'espèce répondant à des considérations liées à l'équité. La condamnation de la commune serait justifiée par la volonté de sanctionner son attitude passive face aux graves troubles à l'ordre public créés par ces marginaux particulièrement violents et agressifs. Toutefois, à la lecture de cet arrêt, on peut également considérer que la Cour de cassation ne serait pas hostile à une large extension de la responsabilité du fait d'autrui reposant sur l'existence d'un devoir de surveillance ou de contrôle justifié par l'état de la personne et les risques qu'elle présente pour autrui. Certains auteurs ont fait remarquer qu'on pourrait déduire de cet arrêt que « *la responsabilité pour autrui, dans le cadre de l'article 1384, alinéa 1^er^ du Code civil, ne reposerait plus que sur deux critères : d'une part, le caractère dangereux de l'individu ou de son activité ; et, d'autre part, la possibilité de le faire partir de l'endroit où il se trouve* »[165]. Fondamentalement, cet arrêt souligne l'ambiguïté de l'expression « *personnes dont on doit répondre* » et le risque d'un élargissement incontrôlé de la responsabilité de plein droit du fait d'autrui. En somme, il invite à une réorganisation de la responsabilité du fait d'autrui et à une interrogation sur cette notion.

**612.** La relecture de l'alinéa premier de l'article 1384 du Code civil et la généralisation de la responsabilité de plein droit au sein de ce même article ont ouvert de nouveaux horizons à la responsabilité civile du fait d'autrui et pourraient susciter une profonde réorganisation de la responsabilité du fait des personnes gardées. Ces transformations jurisprudentielles ont notamment eu pour conséquence de mettre en exergue la notion de garde intellectuelle d'autrui, jusqu'alors timidement utilisée, sans pour autant la consacrer comme fondement exclusif de la responsabilité du fait non professionnel d'autrui. Néanmoins, l'émergence de la garde d'autrui, et plus spécialement de la garde intellectuelle d'autrui, comme fondement de la responsabilité du fait d'autrui est indéniable. Cette reconnaissance de la garde intellectuelle est d'autant plus retentissante qu'elle a abouti à un profond bouleversement des règles de la responsabilité administrative.

## § 2. VERS UNE RÉORGANISATION DE LA RESPONSABILITÉ ADMINISTRATIVE DU FAIT DES PERSONNES GARDÉES AUTOUR DE LA GARDE INTELLECTUELLE

**613.** L'étude de la conception traditionnelle de la responsabilité administrative du fait des personnes gardées a révélé son profond éclatement entre, d'une part, un régime de responsabilité pour faute prouvée ou présumée et, d'autre part, un régime de responsabilité sans faute fondée sur l'existence d'un risque créé[166]. Il en ressort une profonde disparité dans le régime de réparation des dommages causés par une personne placée sous la garde d'une personne publique. Jusqu'en 2005, le Conseil d'État s'est enfermé dans ces fondements et a refusé de développer une responsabilité sans faute du fait des personnes gardées directement

---

[165] TH. LE BARS et K. BUHLER, note sous Civ. 2^e^, 22 mai 1995, *D.* 1996, p. 456.

[166] *Cf. supra* n^os^ 515-559.

fondée sur le rapport d'obligation existant entre le gardien et la personne gardée. La haute juridiction administrative n'est toutefois pas restée indifférente aux récents développements de la responsabilité civile du fait d'autrui et a finalement modifié sa jurisprudence classique en fondant pour la première fois, dans un arrêt du 11 février 2005[167], la responsabilité sans faute d'une personne publique gardienne d'un mineur sur son pouvoir de direction, d'organisation et de contrôle du mode de vie, c'est-à-dire sur la notion de garde intellectuelle **(A)**. Si une telle évolution est le signe de la grande flexibilité des règles jurisprudentielles de la responsabilité administrative, elle peut soulever des interrogations quant à sa portée. Cette solution du Conseil d'État peut en effet soit accentuer l'éclatement de la responsabilité administrative du fait des personnes gardées, soit au contraire accélérer sa mutation et susciter une profonde réorganisation de ses règles **(B)**.

## A. L'ÉMERGENCE D'UNE RESPONSABILITÉ ADMINISTRATIVE SANS FAUTE FONDÉE SUR LA GARDE INTELLECTUELLE

**614.** L'arrêt *GIE Axa Courtage* du 11 février 2005 marque une importante transformation dans la jurisprudence du Conseil d'État. Dorénavant, la responsabilité sans faute du fait d'une personne gardée n'est plus nécessairement associée à la création d'un risque pour les tiers, elle peut être directement liée à l'exercice d'un pouvoir sur l'auteur du dommage. Dans cet arrêt, le Conseil d'État a retenu la responsabilité sans faute d'une personne publique ayant reçu la garde d'un mineur sur le fondement d'une décision judiciaire d'assistance éducative. Si l'adoption d'une responsabilité sans faute pour les dommages causés par des mineurs en danger placés auprès d'une personne publique était attendue et n'a pas été critiquée **(1)**, le fondement de cette responsabilité sur ce qui se révèle être la garde intellectuelle du mineur a suscité plus de contestations **(2)**.

### *1. L'adoption attendue d'une responsabilité sans faute pour les dommages causés par un mineur en danger*

**615. Une prise de conscience des disparités jurisprudentielles.** Fondamentalement, la solution du 11 février 2005 résulte d'une prise de conscience de la très grande disparité des solutions retenues, tant par les juridictions administratives que judiciaires, à propos des dommages causés par un mineur. Dans ses conclusions[168], le Commissaire du gouvernement Devys rappelle que, selon la jurisprudence du Conseil d'État, le dommage causé par un mineur confié à une personne publique est susceptible d'entraîner une responsabilité pour risque, s'il s'agit d'un délinquant[169], une responsabilité pour faute présumée, s'il s'agit d'un pupille de l'État[170], ou une responsabilité pour faute prouvée, s'il s'agit d'un mineur placé en vertu d'une mesure d'assistance éducative[171]. En outre, il fait remarquer qu'en parallèle le

---

[167] CE, 11 février 2005, *GIE Axa Courtage*, *Lebon*, p. 45 ; *RFDA* 2005, 595, concl. CH. DEVYS, note P. BON ; *JCP A* 2005, 1132, note J. MOREAU ; *JCP G* 2005, II, 10070, concl. CH. DEVYS, note M.-CH. ROUAULT ; *D.* 2005, 1762, note F. LEMAIRE ; *AJDA* 2005, 663, chr. CL. LANDAIS et F. LENICA ; *RLDC*, juin 2005, 17, note CL. DEMUNCK ; *RDP* 2006, 523, note CH. GUETTIER ; *JCP G* 2005, I, 149, n° 4, obs. G. VINEY ; *Dr. fam.* 2005, comm. 173, note X. DUPRÉ DE BOULOIS ; D. CRISTOL, *La garde d'autrui, un fondement inédit au cœur d'un nouveau régime de responsabilité administrative sans faute*, *RDSS* 2005, pp. 466-476. *Cf.* également : D. MEILLON, *Un nouveau fondement pour la responsabilité sans faute des personnes publiques : la garde d'autrui*, *RDP* 2006, pp. 1221-1246 ; J.-CH. BARBATO, *Le renouveau de la garde des personnes en droit administratif*, *RFDA* 2007, pp. 780-788 ; G. LEBRETON, *Mise en garde contre l'irruption de la garde dans le droit de la responsabilité administrative*, *D.* 2007, pp. 2817-2821.

[168] CH. DEVYS, concl. sous CE, 11 février 2005, *GIE Axa Courtage*, *RFDA* 2005, 595.

[169] *Cf. supra* n° 545.

[170] *Cf. supra* n° 536.

[171] *Cf. supra* n° 537.

juge judiciaire n'a pas hésité à remanier en profondeur la responsabilité civile du fait des mineurs, au point d'admettre que les parents exerçant l'autorité parentale[172], les établissements privés de rééducation hébergeant des mineurs délinquants sur le fondement de l'ordonnance du 2 février 1945[173], et les établissements privés hébergeant des mineurs en danger sur le fondement d'une mesure d'assistance éducative[174] sont pleinement responsables des dommages causés par les mineurs. Pour la première fois, un commissaire du gouvernement prend conscience de la grande diversité des solutions admises dans le cadre de la responsabilité du fait des mineurs et, par conséquent, de l'inégalité de traitement des victimes d'un mineur. Un tel constat justifie la mise en œuvre d'une responsabilité sans faute des personnes publiques hébergeant un mineur en exécution d'une mesure d'assistance éducative.

**616. Une évolution attendue et annoncée.** Intervenue en 2005, cette prise de conscience du Conseil d'État de la nécessité de remédier à la grande disparité des solutions jurisprudentielles n'était pas imprévisible. Au contraire, elle était attendue par de nombreux auteurs et annoncée par certaines décisions.

En effet, l'extension de la responsabilité de plein droit dans la responsabilité civile du fait des mineurs a suscité de nombreuses réactions et propositions doctrinales visant à mettre fin à la diversité des solutions retenues par le Conseil d'État. L'arrêt *GIE Axa Courtage* apparaît comme une réponse aux auteurs, qui ont appelé de leurs vœux l'adoption d'un régime de responsabilité sans faute pour les dommages causés par des mineurs en danger et des mineurs délinquants placés sous l'autorité d'une personne publique[175]. Cette harmonisation des responsabilités administrative et judiciaire devenait d'ailleurs de plus en plus pressante depuis l'adoption de la loi n° 2004-809 du 13 août 2004 relative aux libertés et aux responsabilités locales[176]. Son article 59 prévoit en effet, à titre expérimental, pour une durée de cinq ans et seulement pour les départements retenus pour l'expérience, de confier aux seuls services départementaux la mise en œuvre des mesures d'assistance éducative[177]. Si l'expérience est concluante, elle sera alors généralisée. Dans cette hypothèse, le juge des enfants perd son pouvoir d'orientation du mineur en danger, il doit nécessairement le confier au service départemental de l'Aide sociale à l'enfance, qui décide alors de son orientation. En conséquence, le pouvoir de garde intellectuelle est systématiquement transmis à l'Aide sociale à l'enfance. Certes, la chambre criminelle de la Cour de cassation a accepté, dans un arrêt du 15 juin 2000[178], de retenir, dans un tel cas de figure, la responsabilité de plein droit d'un établissement éducatif privé. Néanmoins, cette solution est contestable[179], puisqu'elle

---

[172] *Cf. supra* n° 580.

[173] *Cf. supra* n° 574.

[174] *Cf. supra* n° 573.

[175] G. VINEY et P. JOURDAIN, *Les conditions de la responsabilité*, *in Traité de droit civil* sous la direction de J. GHESTIN, LGDJ, 2e éd., 1998, n° 935, p. 1055 ; CH. GUETTIER, *Quel régime de responsabilité administrative en cas de dommage causés aux tiers par un mineur placé au titre de l'assistance éducative ?*, *art. précit.* ; D. ARTUS, *Le mineur placé en application des articles 375 et suivants du Code civil et le contentieux de la responsabilité devant le juge administratif*, *D.* 2001, pp. 18-20 ; G. CHAVRIER, *Les responsabilités du département du fait des dommages résultant de l'organisation et de l'exécution du service public de placement des mineurs en danger*, *J.C.P.* A 2004, 1064 ; CH. HUGON, *La responsabilité civile délictuelle des services chargés d'une mesure d'assistance éducative*, *Dr. fam.* 2004, étude 25, spéc. nos 21-24, pp. 22-23.

[176] Loi n° 2004-809 du 13 août 2004 relative aux libertés et responsabilités locales, *JO* 17 août 2004 ; *JCP A* 2005, dossier spécial, nos 1001-1020, *JCP G* 2005, I, 116, obs. TH. FOSSIER.

[177] Cette disposition témoigne de la volonté législative de placer le département au cœur de l'action sociale. Sur ce point, *cf.* M. CORMIER, *La décentralisation en matière sanitaire, sociale et médico-sociale : une étape transitoire ?*, *JCP A* 2005, 1008.

[178] Crim., 15 juin 2000, *Bull. crim.*, n° 233, *D.* 2001, 653, note M. HUYETTE.

[179] *Cf. supra* n° 591.

s'oppose au courant jurisprudentiel dominant selon lequel seul le gardien intellectuel du mineur peut être responsable de plein droit sur le fondement de l'article 1384 du Code civil. Il est d'ailleurs permis de penser qu'en 2000, cette solution a été retenue en raison des limites posées par les tribunaux administratifs. La responsabilité administrative du fait d'un mineur en danger étant fondée sur la preuve d'une faute, la Cour de cassation a pu juger opportun de déroger quelque peu à sa règle de l'association de la responsabilité de plein droit à la garde intellectuelle, afin de favoriser les victimes. La solution de l'arrêt *GIE Axa Courtage* devrait permettre à la Cour de cassation de revenir sur sa solution du 15 juin 2000 et renforcer ainsi la cohérence de la responsabilité civile du fait des mineurs.

Par ailleurs, il est manifeste que certaines juridictions du fond avaient déjà mis fin à cette divergence de jurisprudence[180]. Ainsi, l'arrêt *GIE Axa Courtage* apparaît comme la confirmation de la décision de la cour administrative d'appel de Douai du 8 juillet 2003[181], qui a reconnu la responsabilité sans faute d'un département du fait d'un mineur placé, en exécution d'une mesure d'assistance éducative, auprès des services de l'Aide sociale à l'enfance. De même, il est permis de penser que l'arrêt *Calon*, rendu par le Conseil d'État le 23 juillet 2003[182], appelait, d'une certaine façon, une évolution rapide sur la question de la responsabilité administrative du fait des mineurs en danger. En effet, dans cet arrêt, la haute juridiction administrative a retenu la responsabilité sans faute d'un département pour les dommages causés par un mineur à sa famille d'accueil sur le fondement de l'article L. 123-2 du Code de la famille et de l'aide sociale, repris à l'article L. 421-9 du Code de l'action sociale et des familles. Cet article faisant peser la charge de la police d'assurance des assistantes maternelles sur le département, le Conseil d'État en a déduit le souhait du législateur de décharger les assistantes maternelles de tous les frais liés aux dommages que les enfants mineurs pourraient causer et, par extension, la responsabilité de plein droit du département à l'égard des familles d'accueil. Indéniablement, une telle solution indiquait une première évolution du Conseil d'État et en appelait une seconde pour les dommages causés à des tiers par un mineur confié à l'Aide sociale à l'enfance. Il n'est dès lors guère surprenant que le Conseil d'État ait, en 2005, affirmé que la personne publique chargée d'un mineur en danger est responsable, même en l'absence de faute, des dommages qu'il pourrait causer. Néanmoins, si cette responsabilité ne suscite pas d'interrogations, il n'en est pas de même pour son fondement.

### *2. L'adoption contestée d'une responsabilité sans faute fondée sur la garde intellectuelle d'autrui*

**617. Une responsabilité fondée sur la notion de garde intellectuelle du mineur.** Si l'adoption, par le Conseil d'État, d'un régime de responsabilité de plein droit pour les dommages causés par un mineur, placé auprès d'une personne publique en exécution d'une décision judiciaire d'assistance éducative, n'a pas suscité d'intenses débats doctrinaux, le fondement de cette responsabilité a soulevé quelques interrogations. Sur ce point, les auteurs, qui appelaient de leurs vœux une réorganisation de la responsabilité administrative du fait des mineurs, se partageaient en deux groupes. Tandis que certains prétendaient la fonder

---

[180] F. LEMAIRE, *La responsabilité des services départementaux d'aide sociale à l'enfance : entre évolution et confirmation*, *RDSS* 2004, pp. 441-450.

[181] CAA Douai, 8 juillet 2003, *Département de la Seine-Maritime*, *Lebon*, p. 559 ; *AJDA* 2003, 1880, concl. J. MICHEL ; *RCA* 2004, comm. 232, note CH. GUETTIER ; *RFDA* 2004, 164, note N. ALBERT ; *JCP A* 2004, 1074, note CH. CORMIER ; *RDSS* 2003, 655, note J.-M. LHUILLIER. Avant cette décision, la Cour administrative d'appel de Bordeaux avait déjà franchi une étape en admettant le principe d'une responsabilité pour faute présumée : CAA Bordeaux, *Consorts Fraticola*, *JCP G* 1998, II, 10041, note D. PEANO ; *AJDA* 1998, 232, chr. G. VIVENS.

[182] CE, 23 juillet 2003, *Calon*, *Lebon*, p. 340 ; *AJDA* 2003, 2329, concl. I. DE SILVA ; *JCP A* 2003, 1952, note G. CHAVRIER.

directement sur la notion de garde d'autrui[183], d'autres au contraire défendaient un élargissement de la théorie du risque[184]. Le Conseil d'État a finalement tranché en faveur des premiers, témoignant ainsi de la « *civilisation croissante de la responsabilité administrative* »[185]. En effet, si, dans le plus grand respect de l'arrêt *Blanco* et en dépit des rapprochements possibles avec le droit de la responsabilité civile, le Conseil d'État n'a fondé la solution de l'arrêt *GIE Axa Courtage* ni sur l'article 1384, alinéa 1er du Code civil, ni même sur les principes dont il s'inspire[186], il est manifeste qu'il a suivi l'analyse développée par la Cour de cassation pour la responsabilité du fait des mineurs en danger et a repris le raisonnement de la cour administrative d'appel de Douai expressément fondé sur les « *principes dont s'inspire l'article 1384, alinéa 1er du Code civil* ». La similitude des raisonnements des hautes juridictions civile et administrative est indiscutable. Le Conseil d'État affirme en effet que « *la décision par laquelle le juge des enfants confie la garde d'un mineur, dans le cadre d'une mesure d'assistance éducative prise en vertu des articles 375 et suivants du Code civil, à l'une des personnes mentionnées à l'article 375-3 du même code, transfère à la personne qui en est chargée la responsabilité d'organiser, diriger et contrôler la vie du mineur* ». Il en déduit qu'« *en raison des pouvoirs dont l'État se trouve investi*

---

183 CH. GUETTIER, *Quel régime de responsabilité administrative en cas de dommage causés aux tiers par un mineur placé au titre de l'assistance éducative ?*, *art. précit.*, spéc. pp. 1382-1386 ; D. ARTUS, *Le mineur placé en application des articles 375 et suivants du Code civil et le contentieux de la responsabilité devant le juge administratif*, *art. précit.*, spéc. n° 4, p. 20 ; CH. HUGON, *La responsabilité civile délictuelle des services chargés d'une mesure d'assistance éducative*, *art. précit.*, spéc. nos 25-29, p. 23.

184 G. VINEY et P. JOURDAIN, *Les conditions de la responsabilité*, *in Traité de droit civil* sous la direction de J. GHESTIN, LGDJ, 2e éd., 1998, n° 935, p. 1055 ; G. CHAVRIER, *Les responsabilités du département du fait des dommages résultant de l'organisation et de l'exécution du service public de placement des mineurs en danger*, *art. précit.*, spéc. pp. 142-143.

185 D. DE BÉCHILLON, *Le Conseil d'Etat, le Code civil et le droit de la responsabilité*, *in Journées d'étude à l'occasion du bicentenaire du Code civil*, vol. 2, *Le Conseil d'Etat et le Code civil*, journée du 26 novembre 2004, Les éditions des journaux officiels, 2005, pp. 280-289, spéc. p. 282.

186 Cette solution a été retenue par l'arrêt de la Cour administrative de Douai du 8 juillet 2003 (*précit.*). Celui-ci a en effet affirmé qu'« *à raison des pouvoirs dont le département est investi en tant que gardien du mineur placé, la responsabilité du département est engagée, en application des principes dont s'inspire l'article 1384, alinéa 1er du Code civil, même sans faute, pour les dommages causés aux tiers par ledit mineur* ». Cette méthode est assez fréquemment utilisée par le juge administratif. Elle consiste « *à utiliser un texte écrit pour en dégager un principe dont il affirme - paradoxalement - qu'il "inspire" les dispositions dudit texte* » (N. ALBERT, *La responsabilité du service d'aide sociale à l'enfance : nouveaux développements*, note sous CAA Douai, 8 juillet 2003, *RFDA* 2004, pp. 164-171, spéc. p. 167). Le Conseil d'Etat a ainsi déduit l'existence d'un principe général interdisant le licenciement d'une femme enceinte d'une disposition du Code du travail, afin de l'appliquer aux agents publics (CE, 23 avril 1973, *Dame Peynet*, *Lebon*, p. 406 ; *AJDA* 1973, chr. FRANC et BOYON, p. 587). De même, le juge administratif n'a pas hésité à fonder la responsabilité de plein droit encourue par les constructeurs au titre de la garantie décennale sur les principes dont s'inspirent les articles 1792 et 2270 du Code civil (CE, 2 février 1973, *Trannoy*, *Lebon*, p. 95). De telles références participent de l'idée selon laquelle le principe préexiste dans une sorte de fonds commun du droit et qu'il n'a été que reçu par le Code civil sans en être l'apanage. Par conséquent, dès lors que le droit civil ne fait que s'en inspirer, le juge administratif peut y faire référence sans heurter l'autonomie du droit administratif, quitte à l'assortir, parfois, d'une interprétation et de conséquences identiques. *Cf.* B. PLESSIX, *thèse précit*, n° 947, pp. 808-809, l'auteur adopte sur ce point une position très critique : « *Par cette formule, le Conseil d'Etat a l'impression de ne pas être lié par le Code civil ; mais en matière d'emprunts, il ne l'est jamais ! Il a aussi le sentiment de s'appuyer malgré tout sur le droit civil ; mais est-ce là un comportement très honnête ? Tant qu'à faire preuve d'autonomie, autant en faire preuve entièrement. Si le visa direct du Code civil est une solution de simplicité*, la formule du " principe dont le Code civil s'inspire " est une coquetterie autonomiste ». *Cf.* également, M. DEGUERGUE, *thèse précit.*, pp. 399-400 ; B. STIRN, *Du Code civil écarté au Code civil appliqué*, *in Journées d'étude à l'occasion du bicentenaire du Code civil*, vol. 2, *Le Conseil d'Etat et le Code civil*, journée du 26 novembre 2004, *op. cit.*, pp. 260-266.

*lorsque le mineur a été confié à un service ou à un établissement qui relève de son autorité, sa responsabilité est engagée, même sans faute, pour les dommages causés aux tiers par ce mineur* ». Par conséquent, le Conseil d'État rattache bien la responsabilité sans faute de l'État du fait des dommages causés par un mineur en danger au pouvoir de garde intellectuelle qu'il exerce sur lui. On pourra toutefois remarquer qu'il associe la garde à « *la responsabilité d'organiser, de diriger, de contrôler la vie du mineur* », alors que la Cour de cassation préfère la rattacher à « *la mission d'organiser, de diriger et de contrôler le mode de vie du mineur* ». La légère discordance linguistique ne doit pas tromper, il s'agit bien, dans les deux hypothèses, d'une responsabilité fondée sur l'exercice d'un pouvoir de contrôle du mode de vie du mineur, c'est-à-dire sur l'exercice d'un pouvoir de garde intellectuelle. Cette démarche est en définitive très novatrice. Le Conseil d'État n'hésite plus à utiliser expressément la notion d'obligation pour fonder une responsabilité sans faute[187].

Cette solution a, depuis, été reprise par les juges du fond[188] et progressivement affinée par le Conseil d'État[189]. Il ressort des récentes décisions que la responsabilité sans faute est bien fondée sur la garde intellectuelle du mineur et que la garde matérielle du mineur ne saurait remettre en cause cette responsabilité. Ainsi, dans un arrêt du 17 décembre 2008[190], le Conseil d'État a affirmé que la responsabilité sans faute, fondée sur la garde, devait s'appliquer « *sans qu'y fasse obstacle la circonstance que le mineur ne se trouvait pas, au moment des faits, sous la surveillance effective du service ou de l'établissement qui en a la garde* ». Cette solution, écartant toute incidence de la garde matérielle du mineur, a été prolongée par un arrêt du 3 juin 2009[191], aux termes duquel la responsabilité sans faute fondée sur la garde du mineur est engagée « *pour les dommages causés aux tiers par ce mineur, y compris lorsque celui-ci est hébergé par ses parents, dès lors qu'aucune décision judiciaire n'a suspendu ou interrompu cette mission éducative* ». L'accord avec les juridictions judiciaires est donc, sur ce point, parfait. La responsabilité sans faute fondée sur la garde du mineur perdure tant qu'aucune décision judiciaire n'a suspendu ou interrompu la mission éducative[192]. Poursuivant cette logique, consistant à faire peser la responsabilité sans faute sur le gardien intellectuel du mineur faisant l'objet d'une mesure d'assistance éducative, le Conseil d'État a précisé dans un arrêt du 13 février 2009[193] que « *la circonstance que le juge des enfants assortisse sa décision de confier un mineur à la garde du service départemental d'aide à l'enfance du "souhait" que ce mineur soit placé au sein d'un organisme privé qu'il désigne est sans incidence sur le transfert au département de la responsabilité d'organiser, diriger et*

---

[187] Sur la notion d'obligation en droit public, *cf.* R. DRAGO, *La notion d'obligation : droit public et droit privé*, *APD*, t. 44, *L'obligation*, Dalloz, 2000, pp. 43-49. L'auteur explique ainsi qu'en droit public, la place de la jurisprudence est trop importante pour que la notion civiliste d'obligation puisse s'imposer. Elle l'emporte néanmoins parce que la nature des choses est plus forte en matière contractuelle ou quasi contractuelle. Mais, selon lui, les principes du droit public en empêchent pratiquement l'usage dans d'autres domaines, même celui de la responsabilité. *Cf.* également : J. CHEVALIER, *L'obligation en droit public*, *APD*, t. 44, *L'obligation*, *op. cit.*, pp. 179-194.

[188] CAA Lyon, 29 décembre 2005, *Chevalier* ; *Juris-Data* n° 2005-293553 ; *JCP A* 2006, 1123, chr. D. CHABANOL et J.-F. SESTIER, n° 15, obs. S. CONTI ; CAA Nancy, 10 avril 2006, *AJDA* 2006, 916, chr. J.-M. ADRIEN.

[189] E. MATUTANO, *Fondements de la responsabilité sans faute de l'Adminsitration consécutive aux méthodes libérales de rééducation des mineurs*, *D.* 2009, pp. 2698-2700.

[190] CE, 17 décembre 2008, *Ministre de la Justice c/ Lauze*, *AJDA* 2009, 661, concl. I. DE SILVA ; *RDSS* 2009, 374, note D. CRISTOL ;

[191] CE, 3 juin 2009, *Ministre de la Justice c/ GAN Assurances*, *AJDA*, 2009, 1133, obs. S. BLONDEL ; *RDSS* 2009, 768, note D. CRISTOL.

[192] *Cf. supra* n° 582.

[193] CE, 13 février 2009, *Département de la Meurthe et Moselle*, *AJDA* 2009, 286, obs. J.-M. PASTOR ; *JCP G* 2009, II, 10059, note P. TIFINE ; *JCP A* 2009, n° 21, 18 mai 2009, 28, note F.-X. FORT ; *RDSS* 2009, 377, note D. CRISTOL ; *RTD civ.* 2009, 314, note J. HAUSER. *Cf.* dans la même affaire : CAA Nancy, 10 avril 2006, *précit.*

*contrôler la vie du mineur* ». Si une telle décision s'oppose à la solution retenue par la Chambre criminelle de la Cour de cassation dans sa décision du 15 juin 2000[194], elle correspond à la répartition des pouvoirs entre le service départemental de l'Aide sociale à l'enfance et le foyer privé. En effet, le service départemental est le seul à exercer un pouvoir de garde intellectuelle sur la personne du mineur. Le souhait du juge des enfants ne lui interdit pas de retirer l'enfant du foyer afin de le placer dans un autre établissement. Par conséquent, le foyer assurant l'hébergement de l'enfant mineur avait uniquement sa garde matérielle. La nouvelle responsabilité sans faute fondée sur l'exercice d'un pouvoir de garde intellectuelle a ainsi été correctement appliquée.

**618. Une responsabilité expliquée par l'existence d'un risque assumé.** Si certains auteurs ont admis sans difficultés que cette nouvelle responsabilité de plein droit était fondée sur la notion de garde d'autrui[195], d'autres auteurs se sont montrés plus sceptiques et ont cherché à rattacher cette nouvelle responsabilité sans faute à une des catégories connues du droit administratif. Néanmoins, l'entreprise ne fut pas aisée. En effet, il est difficile de classer cette nouvelle responsabilité sans faute dans la catégorie des responsabilités fondées sur une rupture du principe d'égalité devant les charges publiques, puisque le préjudice subi par la victime n'est pas constitutif d'une charge publique[196]. De même, cette nouvelle responsabilité ne peut être associée aux responsabilités fondées sur la création d'un risque spécial de dommage. Les mineurs placés sous assistance éducative ne font pas *a priori* courir un risque spécial aux tiers. Invoquant les conclusions du Commissaire du gouvernement Devys[197], certains auteurs ont alors estimé que cette nouvelle hypothèse de responsabilité du fait d'autrui était en réalité fondée sur l'existence d'un risque assumé ou accepté : « *à partir du moment où l'administration a le pouvoir d'organiser, de diriger ou de contrôler la vie d'une personne, elle assume les risques que cette dernière peut faire courir aux tiers* »[198]. Par ailleurs, ces auteurs confortent leur analyse en expliquant que cette idée n'est pas méconnue par le juge judiciaire, puisque l'Avocat général Dontenwille a expressément invoqué la théorie du risque pour défendre la solution qui allait devenir celle de l'arrêt *Blieck*[199]. De tels raisonnements permettent ainsi à de nombreux auteurs d'affirmer que cette nouvelle responsabilité sans faute n'est qu'une nouvelle illustration de la responsabilité pour risque, quitte à admettre qu'il s'agit en définitive « *d'un simple habillage publiciste de la notion*

---

[194] Crim., 15 juin 2000, *Bull. crim.*, n° 233 ; *D.* 2001, 653, note M. HUYETTE. *Cf. supra* n° 591.

[195] D. CRISTOL, *La garde d'autrui, un fondement inédit au cœur d'un nouveau régime de responsabilité administrative sans faute, art. précit.*, spéc. p. 474 : « *La garde d'autrui, dont les contours sont relativement balisés, n'avait jamais servi de fondement à la responsabilité administrative. C'est désormais chose faite* ».

[196] M.-CH. ROUAULT, note sous CE, 11 février 2005, *JCP G* 2005, II, 10070 ; J. MOREAU, note sous CE, 11 février 2005, *JCP A* 2005, 1132. *Contra* : D. MEILLON, *Un nouveau fondement pour la responsabilité sans faute des personnes publiques : la garde d'autrui, art. précit., spéc.* p. 1243.

[197] CH. DEVYS, concl. sous CE, 11 février 2005, *GIE Axa Courtage*, *RFDA* 2005, pp. 595-601, spéc. p. 600 : « *Il n'y a plus là de risque créé, mais simplement un risque assumé, inhérent à la mission de garde dont a été chargée l'administration* ».

[198] P. BON, note sous CE, 11 février 2005, *GIE Axa Courtage*, *RFDA* 2005, pp. 602-607, spéc. n° 7, p. 606. *Cf.* également, CL. LANDAIS et F. LENICA, note sous CE, 11 février 2005, *GIE Axa Courtage*, *AJDA* 2005, chr., 663 ; F. LEMAIRE, *Rupture ou continuité dans la responsabilité des organismes publics envers les tiers victimes d'un mineur placé ?*, note sous CE, 11 février 2005, *GIE Axa Courtage*, *D.* 2005, pp. 1762-1765, spéc. p. 1765 : « *Au final, on peut penser que si cet arrêt est important, ce n'est pas parce qu'il instaure un régime de responsabilité sans faute, mais parce qu'il en précise le fondement. Sur ce point, on se satisfera du fait que le Conseil d'Etat n'ait pas cédé aux sirènes du droit privé pour rester sur le terrain du droit administratif, même si le choix plus explicite du risque aurait été préférable* ».

[199] D. H. DONTENWILLE, concl. sous A.P., 29 mars 1991, *Blieck*, *JCP G* 1991, II, 21673.

*civiliste de garde* »[200]. Il est néanmoins permis de ne pas être totalement convaincu par cette idée. Autant il est vrai que la responsabilité fondée sur la garde intellectuelle d'autrui est justifiée par l'existence d'un risque assumé lié à l'exercice d'un pouvoir déterminé sur autrui, autant il est impossible d'affirmer que la responsabilité fondée sur un risque assumé ou accepté est toujours justifiée par l'exercice d'un pouvoir de garde intellectuelle. Dans cette seconde hypothèse, la responsabilité peut être rattachée à n'importe quel pouvoir sur la personne d'autrui. En somme, il est plus logique d'affirmer que ce nouveau cas de responsabilité du fait d'autrui est fondé sur la notion de garde intellectuelle et justifié par l'assomption d'un risque. Dès lors, inévitablement, l'introduction de la notion de garde intellectuelle d'autrui en tant que fondement d'une responsabilité sans faute en droit administratif invite à repenser l'ensemble de la responsabilité administrative du fait des personnes gardées.

### B. LES CONSÉQUENCES DE L'ÉMERGENCE D'UNE RESPONSABILITÉ ADMINISTRATIVE SANS FAUTE FONDÉE SUR LA GARDE INTELLECTUELLE

**619.** La solution de l'arrêt *GIE Axa Courtage* du 11 février 2005 témoigne d'une profonde évolution dans le raisonnement du Conseil d'État. Tandis qu'auparavant il fondait la responsabilité administrative sans faute du fait des personnes gardées sur l'existence d'un risque créé, il admet dorénavant que cette responsabilité sans faute peut être fondée sur le lien d'obligation existant entre le gardien et le gardé. De cette évolution, nous pouvons augurer une profonde réorganisation de la responsabilité administrative du fait des personnes gardées mineures (1) ou majeures (2).

#### *1. Les conséquences sur la responsabilité administrative du fait des mineurs*

**620. Les conséquences sur la responsabilité du fait des mineurs délinquants.** Dans ses conclusions sous l'arrêt du 11 février 2005, le Commissaire du gouvernement Devys a expressément affirmé que l'introduction d'une responsabilité sans faute fondée sur la notion de garde intellectuelle en droit administratif pourrait être utilisée pour tous « *les dommages causés par des mineurs placés* »[201]. Indéniablement, cette affirmation visait les mineurs délinquants gardés par une personne publique[202]. On pouvait dès lors pressentir qu'une telle application pourrait mettre fin aux solutions affirmant la responsabilité sans faute de l'État sur le fondement d'un risque créé. Concrètement, si la substitution d'une responsabilité fondée sur la garde d'autrui, justifiée par l'assomption d'un risque, à une responsabilité fondée sur le risque créé n'aurait aucune conséquence pour la victime, puisqu'elle bénéficierait en toute hypothèse d'une responsabilité sans faute, elle aurait des conséquences importantes sur le terrain de l'imputabilité de la responsabilité. L'État ne devrait plus assumer les conséquences de sa politique sur le fondement du risque, la responsabilité devrait inévitablement peser sur la personne morale, de droit public ou de droit privé, assurant la garde intellectuelle du mineur délinquant. Traditionnellement, la victime d'un mineur délinquant, confié à une institution privée, peut rechercher la responsabilité sans faute de l'État sur le fondement de la théorie du risque créé[203]. Cette faculté ne devrait plus être possible avec l'admission d'une responsabilité sans faute fondée sur la garde intellectuelle du mineur. La victime ne devrait

---

[200] P. BON, note sous CE, 11 février 2005, *GIE Axa Courtage*, *RFDA* 2005, pp. 602-607, spéc. n° 7, p. 606.

[201] CH. DEVYS, concl. sous CE, 11 février 2005, *GIE Axa Courtage*, *précit.*, p. 600.

[202] P. BON, note sous CE, 11 février 2005, *GIE Axa Courtage*, *RFDA* 2005, pp. 602-607, spéc. n° 8, p. 606 ; D. CRISTOL, *La garde d'autrui, un fondement inédit au cœur d'un nouveau régime de responsabilité administrative sans faute*, *art. précit.*, spéc. p. 476.

[203] CE, 19 décembre 1969, *Établissements Delannoy*, *Lebon*, p. 595, *préc.*

pouvoir rechercher que la responsabilité de plein droit de l'établissement privé sur le fondement de l'article 1384, alinéa 1er du Code civil. Une telle évolution jurisprudentielle serait d'autant plus justifiée que l'extension de la responsabilité de l'État aux dommages causés par des mineurs, confiés à des personnes morales de droit privé, pouvait se justifier par l'impossibilité de rechercher la responsabilité de plein droit de ces établissements sur le terrain du droit civil. La relecture de l'article 1384, alinéa 1er du Code civil offrant maintenant un fondement pour rechercher la responsabilité sans faute des institutions privées[204], l'extension de la responsabilité de l'État n'est plus une nécessité absolue pour favoriser l'indemnisation des victimes. Par conséquent, les évolutions récentes des responsabilités administrative et civile du fait d'autrui pourraient justifier un abandon de la responsabilité de l'État du fait des mineurs délinquants fondée sur la théorie du risque créé.

Cette analyse n'a pas été consacrée par le Conseil d'État. En effet, dans un arrêt du 1er février 2006[205], la haute juridiction administrative a affirmé, dans la droite ligne de sa décision du 11 février 2005, que la victime d'un dommage causé par un mineur délinquant peut rechercher la responsabilité sans faute de la personne publique gardienne de ce mineur, mais elle a également affirmé que les victimes conservent la possibilité de rechercher la responsabilité sans faute de l'État en invoquant le risque spécial créé par les méthodes libérales de traitement pénal réservées aux mineurs délinquants par l'ordonnance du 2 février 1945. Autrement dit, le Conseil d'État applique la nouvelle responsabilité sans faute fondée sur la garde intellectuelle et maintient la responsabilité sans faute de l'État fondée sur la création d'un risque. Cette responsabilité de l'État est d'ailleurs perçue comme une garantie, puisque le gardien du mineur délinquant peut effectuer une action récursoire portant sur la totalité de l'indemnité versée à la victime. On notera cependant que cette solution n'était pas préconisée par le commissaire du gouvernement. Ce dernier a judicieusement fait remarquer qu'en procédant à un tel cumul de responsabilités, l'État est en réalité amené à payer deux fois. Il paye une première fois en incluant, dans le prix de journée, par lequel il finance les établissements accueillant des mineurs, les primes d'assurance versées par ces établissements pour se couvrir contre les risques de mise en cause en cas de dommages causés par ces mineurs. Il paye une seconde fois lorsqu'il est condamné, soit directement à la demande de la victime, soit sur action subrogatoire de l'assureur de l'établissement gardien, à prendre en charge le montant du préjudice causé par le mineur délinquant. En définitive, cette solution est particulièrement favorable aux assureurs. Certains auteurs n'ont d'ailleurs pas hésité à dénoncer un « *"enrichissement sans cause" des assureurs, particulièrement choquant* »[206].

Il n'en demeure pas moins que le Conseil d'état ne semble pas vouloir revenir sur cette solution. En effet, dans un arrêt du 26 juillet 2007[207], la haute juridiction administrative a confirmé le cumul des responsabilités sans faute du gardien intellectuel d'un mineur et de l'État, responsable sur le fondement de la théorie du risque. En l'espèce, il s'agissait d'un mineur poursuivi pénalement qui avait été confié à l'issue d'une période de détention provisoire à ses grands-parents par une ordonnance du juge des enfants. Ce mineur ayant alors commis un vol, le Conseil d'État a estimé que la responsabilité sans faute des grands-parents pouvaient être recherchée, puisqu'ils se trouvaient investis des pouvoirs de direction, d'organisation et de contrôle du mode de vie du mineur. Mais, il a également affirmé que la

---

[204] *Cf. supra* n° 574.

[205] CE, 1er février 2006, *Garde des Sceaux, ministre de la Justice c/ Mutuelle assurance des instituteurs de France (MAIF), Lebon* p. 42 ; *RFDA* 2006, 602, concl. M. GUYOMAR, note P. BON ; *AJDA* 2006, 586, chr. CL. LANDAIS et F. LENICA ; *RCA* 2006, comm. 142, note CH. GUETTIER ; *RDSS* 2006, 316, note D. CRISTOL ; *D.* 2006, 2301, note F.-X. FORT ; *RDP* 2007, 632, note CH. GUETTIER.

[206] CL. LANDAIS et F. LENICA, note sous CE, 1er février 2006, *Garde des Sceaux, ministre de la Justice c/ Mutuelle assurance des instituteurs de France (MAIF), AJDA* 2006, 586.

[207] CE, 26 juillet 2007, *Garde des Sceaux, ministre la justice c/ M. et Mme Jaffuer, AJDA* 2008, note D. CHALUS ; *RLDC*, octobre 2007, p. 23, obs. CL. KLEITZ-BACHELET ; D. CRISTOL, *Ancrage et extension de la responsabilité pour risque de l'état du fait des mineurs délinquants, RDSS* 2008, pp. 360-367.

responsabilité de l'État pouvait être recherchée sur le fondement de la théorie du risque créé, étant donné que ce placement, prévu par l'ordonnance du 2 février 1945, avait pour objectif de se substituer à une mesure plus contraignante.

Depuis, cette solution a encore été confirmée par un arrêt du 16 juin 2008[208]. En l'espèce, un mineur avait été placé auprès d'une association privée sur le fondement d'une mesure judiciaire d'assistance éducative. Auteur d'un premier incendie volontaire, ce mineur avait par la suite fait l'objet d'une mesure de liberté surveillée prise à titre préjudiciel sur le fondement de l'article 8 de l'ordonnance du 2 février 1945. À la suite d'un second incendie provoqué par ce mineur, la victime et son assureur ont recherché la responsabilité de l'association devant le juge judiciaire. L'association fut reconnue responsable des faits du mineurs sur le fondement de l'article 1384, alinéa 1er du Code civil[209]. L'association et son assureur se sont alors retournés contre l'État, afin d'obtenir le remboursement du montant des dommages et intérêts versés à la victime. Confirmant la vigueur de la responsabilité fondée sur le risque spécial et étendant son application aux mineurs prévenus, le Conseil d'État accueillit cette demande. Dans cet arrêt, la haute juridiction administrative précise en effet que « *la responsabilité de l'État peut être engagée, même sans faute, à raison du risque spécial créé pour les tiers du fait de la mise en œuvre d'une des mesures de liberté surveillée prévues par l'ordonnance du 2 février 1945 ; que cette responsabilité peu notamment être engagée lorsque, au cours de la phase d'instruction d'une infraction mettant en cause un mineur, le juge d'instruction ou des enfants décide de le placer pendant une période d'épreuve sous le régime de la liberté surveillée* ». La responsabilité fondée sur la théorie du risque spécial peut donc se cumuler avec la responsabilité fondée sur la garde d'autrui.

**621. Les conséquences sur la responsabilité du fait des pupilles de l'État.** Il ressort des conclusions des commissaires du gouvernement, rendues à propos des arrêts du 11 février 2005 et du 1er février 2006, que cette nouvelle responsabilité fondée sur la garde intellectuelle devrait s'appliquer aux pupilles de l'État[210]. Une telle évolution semble en effet logique. En 1990, avec l'arrêt *Ingremeau*, le Conseil d'État a souhaité aligner la responsabilité de l'administration du fait des pupilles de l'État sur le régime de la présomption de faute de la responsabilité parentale[211]. Depuis l'arrêt *Bertrand* de 1997[212], la responsabilité parentale est devenue une responsabilité de plein droit et paraît bien fondée sur la garde intellectuelle du mineur[213]. Or, le juge administratif ne peut raisonnablement fonder la responsabilité de l'administration du fait des pupilles de l'État sur la théorie du risque créé. Un pupille ne peut être perçu comme un danger. Il ne serait dès lors guère surprenant que le Conseil d'État transpose la solution de l'arrêt du 11 février 2005 aux dommages causés par des pupilles de l'État et retienne la responsabilité sans faute du département en sa qualité de gardien intellectuel. La haute juridiction administrative ne semble d'ailleurs pas hostile à une telle évolution. En effet, dans un arrêt du 5 juillet 2006[214], le Conseil d'État a, semble-t-il, validé le raisonnement de la Cour administrative de Douai qui avait retenu la responsabilité sans faute d'un département, « *en application des principes dont s'inspire l'article 1384, alinéa 1er du*

---

[208] CE, 16 juin 2008, *Association Montjoie et MAIF*, *LPA*, 20 mars 2009, p. 9, note F. LOPES ; D. CRISTOL, *Nouveaux éclairages jurisprudentiels relatifs aux protections sociale et judiciaire de l'enfance en danger de l'enfance délinquante*, *RDSS*, 2008, p. 926.

[209] Civ. 2e, 9 décembre 1999, *Bull. civ.* II, n° 189, *précit.*

[210] CH. DEVYS, concl. sous CE, 11 février 2005, *GIE Axa Courtage*, *précit.*, pp. 595-601, *spéc.* p. 600 ; M. GUYOMAR, concl. sous CE, 1er février 2006 *Garde des Sceaux, ministre de la Justice c/ Mutuelle assurance des instituteurs de France (MAIF)*, *RFDA* 2006, pp. 602-613, spéc. p. 613.

[211] CE, 19 octobre 1990, *Ingremeau*, *Lebon*, p. 284, *précit.*

[212] Civ. 2e, 19 février 1997, *Bull. civ.* II, n° 56, *précit.*

[213] *Cf. supra* n° 579-587.

[214] CE, 5 juillet 2006, *Caisse régionale des assurances mutuelles de la Somme*, *JCP A* 2006, 1225, note CH. PAILLARD.

*Code civil* », pour les dommages causés à un tiers par un mineur, pupille de l'État placé dans une famille d'accueil. Si la rédaction de l'arrêt incite à une certaine prudence, dans la mesure où le Conseil d'État n'a pas expressément indiqué que la Cour administrative d'appel n'avait pas commis d'erreur de droit en étendant la responsabilité sans faute fondée sur la garde d'autrui aux dommages causés par un pupille de l'État, il est permis de penser que la haute juridiction administrative a implicitement décidé de mettre fin au système de la présomption de faute de l'arrêt *Ingremeau*[215].

**622. Les conséquences sur la responsabilité du fait des mineurs gardés matériellement.** La nouvelle responsabilité sans faute de l'arrêt du 11 février 2005 ne vise que les personnes publiques assurant la garde intellectuelle d'un mineur. Il est donc logique d'admettre que le régime de la responsabilité d'une personne publique, n'assurant que la garde matérielle d'un mineur, demeure inchangé. Leur responsabilité ne peut être recherchée que sur le fondement d'une faute prouvée[216].

L'arrêt du 11 février 2005 peut néanmoins susciter quelques interrogations sur la pérennité de cette affirmation et sur l'éventuelle adoption d'une responsabilité sans faute. En effet, si la Cour de cassation considère que le gardien intellectuel d'un mineur doit être responsable de plein droit des dommages qu'il pourrait causer sur le fondement de l'article 1384, alinéa 1er du Code civil, elle affirme également, sur ce même fondement, qu'une association sportive, ou plus généralement une association de loisirs, est pleinement responsable des dommages causés par ses membres lorsqu'elle organise, dirige et contrôle leurs activités. Nous avons observé qu'une telle jurisprudence peut dans l'absolu être transposée aux mineurs[217]. La cour d'appel de Paris a d'ailleurs retenu la responsabilité d'un camp scout sur ce fondement[218]. En somme, certaines personnes morales, assumant la garde matérielle de mineurs, pourraient être pleinement responsables des dommages que ces mineurs pourraient causer à des tiers. Or, on peut craindre que le Conseil d'État suive cette jurisprudence de la Cour de cassation. En effet, même s'il ne l'affirme pas ouvertement, l'arrêt du 11 février 2005 transpose une des règles énoncées à partir de la relecture de l'article 1384, alinéa 1er du Code civil. On peut dès lors envisager que la haute juridiction administrative continue cette œuvre de transposition et adopte un régime de responsabilité sans faute pour des personnes morales assurant la garde matérielle d'un mineur, c'est-à-dire, par exemple pour des centres aérés ou des colonies de vacances organisés par des personnes publiques[219]. On comprend aisément qu'en l'absence d'un encadrement normatif rigoureux, cette nouvelle responsabilité sans faute pourrait entraîner de profonds bouleversements et hésitations dans le droit de la responsabilité administrative du fait des mineurs.

---

[215] CH. PAILLARD, *Vers une admission de la responsabilité de plein droit du département du fait des dommages causés par les pupilles de l'État ?*, *JCP A* 2006, 1225.

[216] CE, 27 mai 1983, *Caisse primaire d'assurance maladie des Ardennes et autre*, *Lebon*, p. 221, *précit.* ; CE, 9 novembre 1973, *Ville de Marseille c/ Chergani*, *Lebon*, p. 632.

[217] *Cf. supra* n° 609.

[218] Paris, 9 juin 2000, *RCA* 2001, comm. 74, note L. GRYNBAUM ; *JCP G* 2001, I, 340, n° 17, obs. G. VINEY.

[219] P. BON, note sous CE, 11 février 2005, *GIE Axa Courtage*, *RFDA* 2005, pp. 602-607, spéc. n° 8, p. 607 ; D. CRISTOL, *La garde d'autrui, un fondement inédit au cœur d'un nouveau régime de responsabilité administrative sans faute*, *art. précit.*, spéc. p. 476 ; F. LEMAIRE, *Rupture ou continuité dans la responsabilité des organismes publics envers les tiers victimes d'un mineur placé ?*, note sous CE, 11 février 2005, *GIE Axa Courtage*, *D.* 2005, pp. 1762-1765, spéc. p. 1764 ; D. MEILLON, *Un nouveau fondement pour la responsabilité sans faute des personnes publiques : la garde d'autrui*, *art. précit.*, *spéc.* pp. 1234-1235.

Un arrêt du Conseil d'État du 26 mai 2008[220], confirmant un arrêt de la cour administrative d'appel de Nantes du 14 octobre 2005[221], en est une parfaite illustration. En effet, ces décisions ont retenu la responsabilité sans faute d'un département du fait d'un mineur, pris en charge sur le fondement d'une mesure de protection administrative. Or, la protection administrative des mineurs n'est pas ordonnée par le juge, elle résulte d'une décision administrative requérant le consentement des parents[222]. Cette décision n'a donc aucun effet sur le pouvoir de garde intellectuelle des parents. Le consentement des parents assure seulement le transfert de la garde matérielle du mineur au service départemental de l'Aide sociale à l'enfance. Ce dernier peut contrôler les activités quotidiennes du mineur, non son mode de vie. Affirmer le contraire reviendrait à nier les prérogatives parentales et la distinction fondamentale entre la protection judiciaire et la protection administrative des mineurs. Ceci a pourtant été expressément fait par la cour administrative d'appel de Nantes et par le Conseil d'État. En effet, la Cour administrative d'appel a retenu que « *lorsqu'une personne publique, même en l'absence d'une décision du juge des enfants lui confiant la garde d'un mineur en danger, accepte, à la suite de la carence des membres de la famille du mineur ou à la demande de ceux-ci, d'assumer la charge d'organiser, de diriger et de contrôler la vie de l'intéressé, sa responsabilité, qui découle des conditions même dans lesquelles fonctionne le service, est engagée même sans faute, pour les dommages causés aux tiers par ce mineur* ». Cette solution a été pleinement confirmée par le Conseil d'État. Estimant que la Cour administrative d'appel n'avait pas commis d'erreur, celui-ci a affirmé que « *la décision par laquelle le président du conseil général admet la prise en charge d'un mineur par le service de l'aide sociale à l'enfance du département a pour effet de transférer à ce dernier la responsabilité d'organiser, diriger et contrôler la vie du mineur pendant la durée de sa prise en charge ; qu'en raison des pouvoirs dont le département se trouve alors investi lorsque le mineur est placé dans un service ou un établissement qui relève de son autorité, sa responsabilité est engagée, même sans faute, pour les dommages causés aux tiers par ce mineur* ». Cette analyse paraît toutefois erronée et laisse sous-entendre que les juges ne donnent pas un véritable contenu au triptyque fondant la responsabilité sans faute. En l'occurrence, soit on retient que la responsabilité sans faute est fondée sur la garde intellectuelle du mineur et on la fait peser sur les titulaires de l'exercice de l'autorité parentale, soit on considère que le service départemental de l'aide sociale à l'enfance est responsable et on fonde la responsabilité sur la garde matérielle du mineur. L'adoption d'un fondement incertain n'est en aucun cas souhaitable. Elle ne peut que renforcer une regrettable impression d'imprévisibilité et d'opportunisme dans l'attribution de la responsabilité sans faute.

Par ailleurs, étant donné que certaines personnes majeures peuvent être gardées, on peut envisager l'application de la solution de l'arrêt du 11 février 2005 aux dommages causés par les majeurs gardés par une personne publique.

### *2. Les conséquences sur la responsabilité administrative du fait des majeurs*

**623. Simplification de la responsabilité du fait des majeurs gardés.** Dès lors que le Conseil d'État accepte de fonder une responsabilité sans faute sur l'exercice d'un pouvoir de garde d'autrui, il serait possible d'admettre que cette nouvelle responsabilité s'applique aux dommages causés par des majeurs gardés par une personne publique. Ainsi pourrait-on admettre le principe de la responsabilité sans faute des personnes publiques assumant la garde

---

220 CE, 26 mai 2008, *Département des Côtes-d'Armor*, *AJDA* 2008, 2081, note F.-X. FORT ; D. CRISTOL, *Nouveaux éclairages jurisprudentiels relatifs aux protections sociale et judiciaire de l'enfance en danger de l'enfance délinquante*, *RDSS*, 2008, p. 926.

221 CAA Nantes, 14 octobre 2005, n° 04NT00949 ; *JCP A* 2006, 1101, n° 13, chr. R. VANDERMEEREN.

222 *Cf. supra* nos 309-310.

de délinquants ou de handicapés mentaux pour les dommages qu'ils pourraient causer aux tiers ou aux autres usagers du même service public. Une telle solution serait particulièrement novatrice. En effet, jusqu'à présent le Conseil d'État limite le domaine de la responsabilité sans faute du fait des délinquants ou des handicapés mentaux aux dommages causés lors de la mise en œuvre de méthodes libérales de traitement ou de rééducation. La haute juridiction administrative justifie sa solution en la fondant sur la théorie du risque créé[223]. En revanche, dans toutes les autres hypothèses, le Conseil d'État maintient une responsabilité fondée sur la faute, au risque de créer des divergences de traitements peu justifiables entre les victimes. Tandis que la victime d'un handicapé mental ou d'un prisonnier évadé de son établissement ne peut invoquer qu'une responsabilité pour faute, la victime d'un handicapé mental ou d'un délinquant, faisant l'objet de méthodes libérales de traitement, peut se fonder sur la théorie du risque. L'adoption d'une responsabilité sans faute fondée sur la garde d'autrui aurait pour conséquence de mettre fin à cette diversité de solutions jurisprudentielles.

**624. Hésitations doctrinales.** Si certains auteurs ont préconisé une application générale de la nouvelle responsabilité sans faute et une disparition corrélative de la théorie du risque créé dans toutes les hypothèses où une personne est gardée[224], d'autres sont plus hésitants et ont admis que son application aux détenus ou aux handicapés mentaux pourrait être audacieuse[225]. Ces derniers n'ont d'ailleurs pas manqué de souligner que le Commissaire du gouvernement Devys a expliqué aux conseillers d'État, que l'adoption d'une responsabilité sans faute fondée sur la garde pour les dommages causés par des mineurs en danger ne les « *conduit en rien à une application des principes dégagés par l'article 1384 aux majeurs dont l'administration a la garde* »[226]. Cette attitude de réserve se retrouve dans les conclusions du Commissaire du gouvernement Guyomar. Ce dernier laisse clairement sous-entendre que le domaine de la responsabilité sans faute fondée sur la garde devrait être limité aux dommages causés par un mineur. Tandis qu'il préconise l'abandon de la responsabilité fondée sur le risque au profit d'une responsabilité sans faute fondée sur la garde pour les dommages causés par un mineur, il défend la jurisprudence fondée sur le risque pour les dommages causés par des majeurs. De même, il affirme : « *sans qu'il soit possible d'en cantonner "a priori" le champ, nous sentons, presque intuitivement, que cette notion trouve particulièrement à s'appliquer lorsque sont en cause des mineurs* »[227]. Si de telles affirmations reflètent bien la très grande liberté dont disposent les juges administratifs, elles risquent néanmoins de soulever quelques interrogations quant à la cohérence de la responsabilité administrative.

---

[223] *Cf. supra* n[os] 548-551.

[224] F. LEMAIRE, *Rupture ou continuité dans la responsabilité des organismes publics envers les tiers victimes d'un mineur placé ?*, note sous CE, 11 février 2005, *GIE Axa Courtage*, *D.* 2005, pp. 1762-1765. Cette analyse est déjà partiellement démentie, puisque le Conseil d'Etat a choisi de cumuler pour les mineurs délinquants la responsabilité sans faute fondée sur le risque créé et la responsabilité sans faute fondée sur la garde d'autrui : CE, 1er février 2006, *Garde des Sceaux, ministre de la Justice c/ Mutuelle assurance des instituteurs de France (MAIF)*, *précit. Cf.* également D. MEILLON, *Un nouveau fondement pour la responsabilité sans faute des personnes publiques : la garde d'autrui*, *art. précit.*, *spéc.* p. 1238, mais l'auteur est plus incertain quant à une éventuelle application de cette responsabilité fondée sur la garde d'autrui pour les dommages causés par des majeurs emprisonnés.

[225] CL. LANDAIS et F. LENICA, note sous CE, 11 février 2005, *GIE Axa Courtage*, *AJDA* 2005, chr., 663 ; P. BON, note sous CE, 11 février 2005, *GIE Axa Courtage*, *RFDA* 2005, pp. 602-607, spéc. n° 8, p. 607. *Cf.* également : H. ARBOUSSET, *La responsabilité de l'État dans le domaine pénitentiaire, en débat : comment interpréter l'arrêt Chabba à la lumière des jurisprudences postérieures ?*, *RPDP* 2007, pp. 563-582, spéc. pp. 565-567.

[226] CH. DEVYS, concl. sous CE, 11 février 2005, *GIE Axa Courtage*, *RFDA* 2005, pp. 595-601, spéc. p. 601.

[227] M. GUYOMAR, concl. sous CE, 1er février 2006, *Garde des Sceaux, ministre de la Justice c/ Mutuelle assurance des instituteurs de France (MAIF)*, *RFDA* 2006, pp. 602-613, *spéc.* p. 613.

**625. Conclusion de la section.** Les récents développements jurisprudentiels, intervenus dans la responsabilité civile et la responsabilité administrative du fait d'autrui, amorcent une réorganisation de la responsabilité du fait des personnes gardées en attachant systématiquement une responsabilité de plein droit, ou sans faute, à la garde intellectuelle d'autrui. Cette notion, si souvent pressentie comme pouvant jouer un rôle majeur dans la responsabilité du fait des personnes gardées, est implicitement consacrée par la jurisprudence. Toutefois, l'analyse révèle que cette évolution ne constitue qu'une première étape, puisque de nombreuses questions restent posées.

Dans le droit de la responsabilité civile, si les tribunaux ont tendance à mettre en avant la garde intellectuelle d'autrui comme seul fondement de la responsabilité du fait des personnes gardées, cette affirmation reste encore relative. D'une part, en ce qui concerne la responsabilité du fait des mineurs, il n'est pas rare que la Cour de cassation attribue la qualité de gardien intellectuel à une personne n'exerçant qu'un pouvoir de garde matérielle. De même, elle n'écarte pas entièrement l'idée d'une responsabilité du fait des mineurs fondée sur des prérogatives correspondant à celles de la garde matérielle. Rien n'indique, dans la jurisprudence de la Cour de cassation, que la responsabilité des associations sportives du fait de leurs membres ne puisse être transposée aux mineurs. Par ailleurs, de nombreuses questions entourent encore la responsabilité parentale. La modification législative de l'article 1384, alinéa 4 en 2002 va, d'une certaine façon, à l'encontre de la jurisprudence, obligée de développer une interprétation osée des conditions de la responsabilité parentale, c'est-à-dire de l'exercice de l'autorité parentale et de la cohabitation, afin d'établir une certaine logique dans la responsabilité du fait des mineurs. En parallèle, la responsabilité des parents divorcés n'est pas résolue de façon satisfaisante. D'autre part, en ce qui concerne la responsabilité du fait des handicapés mentaux, on ne peut qu'observer une maîtrise relative des problèmes par la Cour de cassation. La responsabilité du fait des handicapés mentaux majeurs est conçue largement. Les personnes exerçant un pouvoir de garde intellectuelle ou un pouvoir de direction sont ainsi responsables de plein droit. En revanche, la responsabilité du fait des mineurs handicapés mentaux est conçue restrictivement. Seuls les gardiens intellectuels d'un mineur sont responsables de plein droit. Si cette divergence peut s'expliquer par le fait, qu'à la différence des majeurs handicapés mentaux, un mineur est toujours sous la garde intellectuelle d'autrui, elle n'en suscite pas moins quelques interrogations sur le fondement de la responsabilité de plein droit. En somme, faut-il limiter la responsabilité de plein droit aux personnes gardées ? Faut-il fonder la responsabilité de plein droit exclusivement sur la notion de garde d'autrui ? Peut-on admettre une responsabilité de plein droit fondée sur la direction d'autrui ?

Dans le droit de la responsabilité administrative, la récente adoption d'une responsabilité sans faute fondée sur la garde intellectuelle d'un mineur pourrait amorcer une réorganisation profonde de la responsabilité du fait des personnes gardées. Pour autant, de nouveau, plusieurs questions se posent. Doit-on généraliser ce fondement à toutes les hypothèses de responsabilités du fait des mineurs ? Faut-il abandonner corrélativement la responsabilité sans faute fondée sur la théorie du risque créé ? De même, la question de l'extension de ce fondement en dehors de la responsabilité du fait des mineurs se pose inévitablement. Doit-on étendre cette responsabilité sans faute aux autres personnes gardées par l'administration ? Aux prisonniers ? Aux handicapés mentaux ? La responsabilité fondée sur la garde intellectuelle d'autrui va-t-elle supplanter dans toutes ces hypothèses la responsabilité fondée sur la théorie du risque créé ?

Ainsi, l'amorce d'une réorganisation d'une partie de la responsabilité du fait d'autrui autour de la notion de garde intellectuelle soulève de nombreuses questions, qu'il est important de résoudre, afin d'écarter l'incertitude préjudiciable aux justiciables. Dans cette optique, nous proposons d'affirmer la réorganisation de la responsabilité du fait des personnes gardées en consacrant explicitement un système de responsabilité du fait d'autrui fondé sur la notion de garde intellectuelle.

# SECTION 2
# L'AFFIRMATION DE L'UNITÉ ET DE LA SPÉCIFICITÉ DE LA RESPONSABILITÉ DU FAIT DES PERSONNES GARDÉES OU DÉTENUES

**626.** D'ores et déjà, l'étude des évolutions jurisprudentielles et législatives de la responsabilité du fait non professionnel d'autrui a permis d'esquisser une tendance pour l'avenir. En parallèle à la responsabilité du fait professionnel d'autrui, il serait possible d'admettre l'existence d'une responsabilité de plein droit du fait non professionnel d'autrui fondée sur la notion de garde intellectuelle d'autrui. Pour autant, cette constatation ne reste qu'une tendance du droit de la responsabilité. À ce titre, elle demande à être confirmée ou infirmée.

En effet, il est manifeste qu'il ne s'agit que d'une tendance. Plusieurs décisions témoignent d'un attachement à la garde matérielle et fondent une responsabilité de plein droit du fait d'autrui sur cette notion. De même, certaines décisions n'hésitent pas à fonder la responsabilité du fait d'un handicapé mental majeur sur l'exercice d'un pouvoir de direction. Indéniablement, la garde intellectuelle n'est pas le seul fondement de la responsabilité du fait non professionnel d'autrui. Par ailleurs, l'absence de modification des alinéas 1<sup>er</sup>, 4 et 7 de l'article 1384 du Code civil maintient cette responsabilité du fait d'autrui dans un état d'incertitude. Légalement, rien n'interdit de redonner un véritable sens à la notion de cohabitation ou de déclarer que la responsabilité parentale est une responsabilité pour faute présumée. De même, la rédaction très souple de l'alinéa 1<sup>er</sup> autorise toutes les interprétations. La Cour de cassation pourrait très bien décider de développer sur ce fondement de nouvelles responsabilités du fait d'autrui.

Dès lors, l'évolution jurisprudentielle de la responsabilité du fait d'autrui doit être confirmée ou infirmée. À cet effet, on ne peut oublier qu'un système juridique ne doit pas être totalement abstrait. Au contraire, il devrait refléter une certaine conception de la société et des rapports humains. Le droit de la responsabilité n'est certainement pas insensible à cette idée. Toutefois, ces considérations politiques ne peuvent écarter la recherche d'une certaine logique juridique[228]. Aussi, la voie empruntée par la jurisprudence doit, selon nous, être confirmée parce qu'elle permet non seulement d'introduire une certaine cohérence dans le droit de la responsabilité du fait non professionnel d'autrui en mettant fin à la diversité des solutions jurisprudentielles, mais également de réintroduire un certain équilibre entre la victime et le responsable pour autrui, notamment en confortant l'idée selon laquelle la responsabilité de plein droit du fait d'autrui n'est pas uniquement un moyen d'indemnisation. Néanmoins, avant de consacrer et de généraliser un système de responsabilité de plein droit du fait non professionnel d'autrui fondé sur la garde ou la détention intellectuelle (**§ 2**), il convient d'observer qu'il ne peut en aucun cas constituer un modèle absolu de responsabilité. Au contraire, l'étude des solutions adoptées, parfois très récemment, dans les droits étrangers et l'étude des propositions élaborées au niveau international ou national témoignent de la multiplicité des systèmes envisageables (**§ 1**).

---

[228] A. TUNC, *Logique et politique dans l'élaboration du droit spécialement en matière de responsabilité civile*, in *Mélanges en l'honneur de J. DABIN*, Bruylant-Sirey, 1963, t. 1, pp. 317-339.

## § 1. MULTIPLICITÉ DES SYSTÈMES ENVISAGEABLES DE RESPONSABILITÉ DU FAIT NON PROFESSIONNEL D'AUTRUI

**627.** De prime abord, il n'est pas évident que l'association systématique de la responsabilité de plein droit et de la garde intellectuelle d'autrui constitue le modèle idéal de la responsabilité du fait non professionnel d'autrui. On est d'autant plus enclin à admettre la relativité d'un tel modèle qu'on peut constater une très forte disparité des systèmes nationaux de responsabilité du fait non professionnel, rappelant ainsi que le droit de la responsabilité se trouve très souvent à la croisée des conceptions idéologiques et éthiques[229]. Si ces différences entre les systèmes juridiques peuvent être justifiées par leurs configurations, leurs philosophies et leurs traditions propres, ils peuvent néanmoins être comparés, afin de mettre en exergue la diversité des solutions envisageables **(A)**. De même, des projets nationaux ou internationaux ont proposé des systèmes de responsabilité ne reposant pas exclusivement sur la notion de garde intellectuelle d'autrui **(B)**. En somme, cette diversité de solutions et de propositions peut entourer d'un certain relativisme toute nouvelle proposition d'organisation de la responsabilité du fait non professionnel d'autrui. Corrélativement, elle peut la conforter en mettant en avant les inconvénients ou les insuffisances des autres systèmes ou propositions.

### A. DIVERSITÉ DES SYSTÈMES ADOPTÉS DANS LES DROITS ÉTRANGERS

**628.** L'étude de différents systèmes de responsabilité du fait non professionnel d'autrui révèle immédiatement une spécificité du droit français. Tandis que ce dernier admet, en la matière, le principe d'une responsabilité de plein droit, la plupart des autres pays retiennent celui d'une responsabilité pour faute présumée ou prouvée[230]. Cette étude de droit comparé se révèle d'autant plus intéressante que certains systèmes nationaux résultent d'évolutions législatives récentes, qui n'ont pas ignoré les réflexions des autres droits nationaux. Très rapidement, nous pouvons percevoir à quel point les conceptions actuelles de la responsabilité du fait non professionnel d'autrui sont différentes. Qu'il s'agisse de la responsabilité du fait non professionnel des mineurs **(1)** ou de celle des majeurs **(2)**, aucune conception unitaire n'apparaît.

---

[229] *Cf.* P.-M. DUPUY, *Responsabilité*, *in* D. ALLAND et S. RIALS (dir.), *Dictionnaire de la culture juridique*, Lamy-PUF, 2003, pp. 1341-1347, spéc. p. 1341 : « *La fréquentation assidue de la littérature juridique permet au demeurant de constater combien chacun demeure marqué, dans sa façon d'aborder tout problème juridique de responsabilité, par ses propres conceptions éthiques sinon toujours par son idéologie politique. (…) La responsabilité se situe toujours à un carrefour ; au point de rencontre ou de collision entre deux logiques ou deux aspirations. Citons dans un ordre (ou un désordre) faussement chronologique : à la rencontre entre la justice divine et l'inconstance humaine ; entre la liberté de la personne et l'indifférenciation de la collectivité ; entre la morale individuelle et l'éthique sociale ; entre l'assurance et le châtiment ; entre le dommage, la faute et le risque ; entre la logique de la causalité et celle de l'imputabilité ; entre les obligations du responsable et les droits des victimes, entre la punition assurée par la collectivité et la justice privée. Il faut, dès lors, en avoir conscience non tant pour en triompher que pour éclairer les options et les choix qui déterminent, dans tout système juridique, à la fois la théorie du droit de la responsabilité et son aménagement technique* ».

[230] Ce point a notamment été souligné dans les travaux du Centre européen de droit des assurances et de la responsabilité (*European Centre of Tort and Insurance Law*). La comparaison des droits autrichien, belge, tchèque, anglais, français, allemand, grec, israélien, italien, hollandais, polonais, portugais, sud-africain, espagnol, suisse et américain a ainsi révélé que seul le droit français fondait la responsabilité des parents du fait de leurs enfants et la responsabilité du fait des handicapés mentaux majeurs sur un régime de responsabilité de plein droit. *Cf.* J. SPIER (dir.), *Unification of tort law : Liability for damage caused by others, Principles of European Tort Law*, vol. 7, Kluwer Law International, 2003, spéc. n° 23, p. 296 et n° 35, p. 299.

### *1. L'appréhension de la responsabilité du fait non professionnel des mineurs dans les droits étrangers*

**629.** La question de la responsabilité du fait des mineurs est appréhendée de diverses manières par les droits étrangers. Le plus souvent, les droits nationaux ont encadré cette responsabilité en la soumettant au régime spécial de la faute présumée **(a)**, toutefois, certains systèmes juridiques refusent de la soumettre à un tel régime et préfèrent appliquer le droit commun de la responsabilité pour faute **(b)**.

a. Les droits comportant un régime spécial de responsabilité du fait des mineurs

**630.** L'adoption de règles spéciales pour la responsabilité du fait des mineurs a généralement eu pour objectif l'instauration d'un régime de responsabilité pour faute présumée. Cependant, si certains droits n'ont pas hésité à appliquer cette présomption de faute à de nombreuses personnes pouvant être amenées à exercer une autorité sur un mineur **(α)**, d'autres ont préféré limiter plus restrictivement son domaine d'application **(β)**.

*α. Les droits appliquant largement une responsabilité pour faute présumée*

**631. Le droit québécois.** Entré en vigueur en 1994, le Code civil du Québec s'est substitué au Code civil du Bas-Canada et a procédé à une refonte de la responsabilité du fait des mineurs. Dorénavant, le droit québécois distingue clairement la responsabilité des titulaires de l'autorité parentale et celle des éducateurs, gardiens et surveillants des mineurs[231].

L'article 1459 du Code civil québécois[232] prévoit ainsi que les titulaires de l'autorité parentale sont responsables des fautes ou des faits dommageables commis par les mineurs sur lesquels ils exercent, ou ont exercé, l'autorité parentale. Cette responsabilité repose sur une présomption de faute dans « *la garde, la surveillance ou l'éducation* » pour le préjudice causé par un mineur doué de raison ou pour l'acte du mineur non doué de raison, dans la mesure où cet acte constituerait une faute pour une personne douée de raison[233]. Contrairement au droit français, cette responsabilité n'exige pas la cohabitation du mineur avec le titulaire de l'exercice de l'autorité parentale. Par conséquent, elle est fondée tantôt sur une présomption de faute dans la garde matérielle du mineur, tantôt sur une présomption de faute dans sa garde intellectuelle. Cette solution permet de trouver une solution appréciable en cas de divorce des parents. Tandis que la présomption de faute fondée sur la garde matérielle ne peut être invoquée qu'à l'encontre du parent hébergeant le mineur, la présomption de faute fondée sur la garde intellectuelle peut l'être à l'encontre des deux parents. De même, si l'enfant est confié à un tiers, la responsabilité des parents pourra être recherchée, puisqu'il est envisageable de présumer une faute d'éducation de leur part.

---

[231] J.-L. BAUDOUIN et P. DESLAURIERS, *La responsabilité civile*, 5e éd., Les Éditions Yvon Blais, 1998, nos 575-637, pp. 383-411 ; V. KARIM, *Les obligations*, vol. 1, 2e éd., Wilson et Lafleur, 2002, pp. 570-581 ; CL. MASSE, *La responsabilité civile, in La réforme du Code civil*, t. 2, *Obligations, contrats nommés*, Les Presses de l'Université de Laval, 1993, pp. 235-357, spéc. nos 59-60, pp. 283-284.

[232] Article 1459 du Code civil du Québec : « *Le titulaire de l'autorité parentale est tenu de réparer le préjudice causé à autrui par le fait ou la faute du mineur à l'égard de qui il exerce cette autorité, à moins de prouver qu'il n'a lui-même commis aucune faute dans la garde, la surveillance ou l'éducation du mineur. Celui qui a été déchu de l'autorité parentale est tenu de la même façon, si le fait ou la faute du mineur est lié à l'éducation qu'il lui a donnée* ».

[233] Cette règle ressort de l'addition des articles 1459 et 1462 du Code civil québécois. L'article 1462 dispose en effet que : « *On ne peut être responsable du préjudice causé à autrui par le fait d'une personne non douée de raison que dans le cas où le comportement de celle-ci aurait été autrement considéré comme fautif* ».

Par ailleurs, le Code civil québécois ne limite pas le domaine de la présomption de faute aux titulaires de l'autorité parentale. L'article 1460 du Code civil québécois[234] applique cette présomption aux personnes, non titulaires de l'exercice de l'autorité parentale, qui se voient « *confier, par délégation ou autrement la garde, la surveillance ou l'éducation* » d'un mineur. Cette responsabilité repose donc sur une présomption de faute dans la garde intellectuelle ou seulement matérielle du mineur. Elle peut être invoquée à l'encontre d'un professeur, d'un instituteur, d'un moniteur sportif, d'un surveillant de récréation, d'une colonie de vacances, du gardien d'un parc, d'un centre d'accueil, mais aussi d'une institution ayant reçu les attributs de l'autorité parentale[235]. À titre d'exception, le second alinéa de l'article 1460 écarte cette présomption de faute lorsque le gardien, le surveillant ou l'éducateur a « *agi gratuitement ou moyennant une récompense* ». Cette innovation du Code civil québécois permet de ne pas décourager les personnes, qui acceptent de surveiller un mineur bénévolement ou moyennant une somme peu élevée, distincte d'un véritable salaire.

**632. Le droit allemand.** En droit allemand, selon le §. 832 du BGB, la responsabilité du fait des mineurs repose sur une présomption de faute dans la surveillance du mineur[236]. Elle s'applique aux personnes qui, sur le fondement d'une loi ou d'un contrat, sont tenues d'une obligation de surveillance envers un mineur.

Ainsi, les titulaires de l'exercice de l'autorité parentale sont tenus par la loi d'une obligation de surveillance et peuvent être présumés responsables. Toutefois, la présomption de faute ne vise pas exclusivement la faute de surveillance des parents, elle peut aussi reposer sur une faute d'éducation. En conséquence, la présomption de faute des titulaires de l'exercice de l'autorité parentale est rattachée tantôt à la garde intellectuelle du mineur, tantôt à sa garde matérielle. En ce qui concerne les enseignants des écoles, leur responsabilité est soumise à des dispositions spécifiques. Les fonctionnaires sont responsables sur le fondement d'une faute de service, mais l'action en responsabilité doit être intentée contre l'État qui, en cas de faute intentionnelle ou de grave négligence, aura une action récursoire contre le fonctionnaire.

De même, sont tenus par contrat d'une obligation de surveillance d'un mineur les éducateurs, le personnel des crèches, jardins d'enfants, pensionnats, camps de vacances… En revanche, la simple prise en charge d'un mineur par un voisin, afin d'aider temporairement les parents, ne peut suffire pour justifier l'application de la présomption de faute[237]. Dans ces hypothèses, lorsqu'elle s'applique, la présomption de faute est liée à la garde matérielle du mineur.

**633. Le droit russe.** Le Code civil de la Fédération de Russie[238], rédigé pendant les années 1990[239], témoigne, comme le Code civil du Québec, d'une expérience récente de

---

[234] Article 1460 du Code civil du Québec : « *La personne qui, sans être titulaire de l'autorité parentale, se voit confier, par délégation ou autrement, la garde, la surveillance ou l'éducation d'un mineur est tenue, de la même manière que le titulaire de l'autorité parentale, de réparer le préjudice causé par le fait ou la faute du mineur. Toutefois, elle n'y est pas tenue, lorsqu'elle agit gratuitement ou moyennant une récompense, que s'il est prouvé qu'elle a commis une faute* ».

[235] V. KARIM, *Les obligations*, vol. 1, *op. cit.*, p. 579.

[236] F. FERRAND, *Droit privé allemand*, Dalloz, 1997, n^os^ 392-395, pp. 400-402 ; J. FEDTKE et U. MAGNUS, *Liability for damage caused by others under German Law*, *in* J. SPIER (dir.), *Unification of tort law : Liability for damage caused by others, Principles of European Tort Law*, vol. 7, *op. cit.*, pp. 105-131, spéc. n^os^ 11-12, pp. 114-116.

[237] J. FEDTKE et U. MAGNUS, *art. précit.*, n° 12, p. 115.

[238] Une édition française du Code de la Fédération de Russie est parue en France en 2005, nous nous référons à cette édition : *Code civil de la Fédération de Russie*, 2005, Juriscope.

[239] Le Code civil de la Fédération de Russie a été élaboré en tenant compte des modèles des droits étrangers. Ce point est souligné par Monsieur Sergeï Alexeev dans sa préf. de l'édition française : « *Il a été préparé en tenant compte des meilleurs modèles de codification de la législation civile précédente*

recodification de la responsabilité du fait des mineurs. L'observateur est immédiatement frappé par le grand souci de précision des codificateurs russes. Ils ont minutieusement encadré la responsabilité du fait des mineurs en établissant une distinction fondamentale entre les mineurs de moins de quatorze ans et les mineurs de quatorze à dix-huit ans.

L'article 1073 du Code civil de la Fédération de Russie régit les responsabilités pour les dommages causés par les mineurs de moins de quatorze ans. Il prévoit que les parents, les tuteurs et les institutions exerçant la tutelle sont tenus de réparer le dommage causé par l'enfant, s'ils n'apportent pas la preuve que le dommage s'est produit sans leur faute. Leur responsabilité peut être engagée aussi bien sur le fondement d'une faute de surveillance, que sur le fondement d'une faute d'éducation. En conséquence, la responsabilité pour faute présumée repose tantôt sur la garde intellectuelle du mineur, tantôt sur sa garde matérielle. Ce même article 1073 affirme également que les institutions assurant la surveillance d'un mineur (*e.g.* les institutions de formation, d'éducation ou de soins) et les personnes assurant la surveillance d'un mineur en vertu d'un contrat sont responsables des dommages qu'il pourrait causer sur le fondement d'une présomption de faute dans l'exécution de leur obligation de surveillance. Une telle obligation pouvant être rattachée à la garde matérielle, cette présomption de faute repose sur cette notion.

L'article 1074 du Code civil de la fédération de Russie s'intéresse, pour sa part, à la réparation des dommages causés par les mineurs de quatorze à dix-huit ans. Il affirme tout d'abord que le mineur est responsable à titre personnel des dommages qu'il a causés. Néanmoins, conscient que ces mineurs ne sont pas nécessairement solvables, le Code civil de la Fédération de Russie prévoit que les parents, le curateur et les institutions ayant la qualité de curateur du mineur sont responsables des dommages causés, sauf s'ils apportent la preuve que ces dommages se sont produits sans leur faute. Cette présomption de faute vise soit une faute d'éducation, soit une faute de surveillance. Par conséquent, elle repose tantôt sur la garde intellectuelle, tantôt sur la garde matérielle du mineur. Deux observations peuvent être faites à propos de cet article 1074. D'une part, à la différence de l'article 1073, il n'envisage aucunement la responsabilité des personnes assurant une simple mission de surveillance des mineurs de quatorze à dix-huit ans. Leur responsabilité ne peut être engagée que sur le fondement d'une faute. D'autre part, cet article met en exergue la responsabilité individuelle du mineur, elle présente la responsabilité des parents ou du curateur comme une garantie de solvabilité.

Par conséquent, autant la responsabilité du fait des mineurs de moins de quatorze ans apparaît comme une responsabilité principale pesant sur les parents, le tuteur et les surveillants, autant la responsabilité du fait des mineurs de quatorze à dix-huit ans apparaît comme une responsabilité subsidiaire pesant uniquement sur les parents ou le curateur. Ce clivage révèle un certain réalisme dans l'appréhension de la question de la responsabilité du fait des mineurs. En multipliant les responsables pour autrui et en présentant les responsabilités du fait du mineur comme des responsabilités principales, l'article 1073 met en avant la soumission des mineurs à l'autorité et à la surveillance d'autrui ; en revanche, en limitant les responsables pour autrui et en présentant les responsabilités du fait du mineur comme des responsabilités subsidiaires, l'article 1074 met en lumière l'autonomie grandissante des mineurs de quatorze à dix-huit ans[240].

---

*(France, Allemagne, Suisse), des acquisitions contemporaines en matière de droit civil exprimées, notamment, dans les documents internationaux correspondants, dans les législations codifiées d'avant-garde (Les codes des Pays-bas, de la province canadienne du Québec, etc...), de la pratique dans l'application de la législation civile en Allemagne, en Italie, aux Etats-Unis, et dans les autres pays ».* *Cf.* S. ALEXEEV, préf. du Code civil de la Fédération de Russie, 2005, Juriscope, pp. 9-10.

240 Cette autonomie grandissante des mineurs de quatorze à dix-huit ans est d'ailleurs explicitement reconnue à l'article 26 du Code de la Fédération de Russie. Celui-ci prévoit par exemple qu'ils peuvent conclure certaines conventions avec l'accord de leurs représentants légaux. Ils peuvent également sans l'accord de ces derniers disposer de leurs salaires, bourses et autres revenus ; utiliser les droits d'auteurs

**634. Observations.** Ces quelques exemples, dont deux sont issus de législations récentes, montrent bien que certains droits nationaux n'ont pas hésité à développer un important système de responsabilité du fait des mineurs fondé sur une présomption de faute. En général, ils mettent en exergue la responsabilité du titulaire de l'exercice de l'autorité parentale. Indépendante de toute idée de cohabitation avec le mineur, cette responsabilité peut reposer sur une présomption de faute dans la garde intellectuelle ou la garde matérielle du mineur. De même, les tiers, prenant contractuellement en charge un mineur, peuvent être responsables sur le fondement d'une présomption de faute dans la garde matérielle du mineur. Parfois, les droits étrangers font preuve de compréhension en n'appliquant pas cette présomption de faute aux personnes assurant bénévolement, ou moyennant une simple récompense, la garde matérielle d'un mineur.

Par leurs caractéristiques, ces systèmes juridiques peuvent être rapprochés de la tentative, effectuée par les tribunaux français jusqu'en 1937, d'élaborer un système de responsabilité du fait des mineurs autour de la garde matérielle du mineur. Ces systèmes se distinguent néanmoins par une responsabilité élargie des titulaires de l'exercice de l'autorité parentale. Non limitée par la condition de cohabitation, cette responsabilité parentale repose sur la garde intellectuelle ou la garde matérielle du mineur. La responsabilité du titulaire de l'exercice de l'autorité parentale peut être très souvent recherchée et éventuellement s'ajouter à la responsabilité de la personne n'exerçant qu'un pouvoir de garde matérielle sur le mineur. Dans cette hypothèse, la responsabilité du titulaire de l'exercice de l'autorité parentale sera fondée sur une faute d'éducation, c'est-à-dire sur la garde intellectuelle du mineur, tandis que la responsabilité de la personne surveillant le mineur sera fondée sur une faute de surveillance, c'est-à-dire sur la garde matérielle. Par opposition à ces systèmes juridiques conférant un large domaine d'application à la présomption de faute, d'autres droits ont limité plus étroitement son champ d'application.

*β. Les droits appliquant restrictivement une responsabilité pour faute présumée*

**635. Le droit belge - Les cas de responsabilité du fait des mineurs.** Le droit belge de la responsabilité du fait des mineurs est empreint de pragmatisme et de prudence. Il prévoit des dispositions spécifiques uniquement pour les parents, les instituteurs et les artisans, et refuse d'admettre l'existence d'un principe général de responsabilité du fait des mineurs au nom d'une certaine prudence.

À l'instar du droit français, l'article 1384 du Code civil belge comporte plusieurs dispositions relatives à la responsabilité du fait des mineurs[241]. Le deuxième alinéa dispose que « *le père et la mère sont responsables du dommage causé par leurs enfants mineurs* ». Indéniablement, cette formule est un modèle de concision. Sa rédaction résulte des modifications apportées par une loi du 6 juillet 1977. Avant cette loi, la rédaction de l'article 1384, alinéa 2 du Code civil belge était identique à celle de l'article 1384, alinéa 4 du Code civil français dans sa version antérieure à la loi du 4 juin 1970. La responsabilité pesait par principe sur le père et requérait la cohabitation du mineur avec ses parents[242]. Actuellement, la

---

provenant d'une découverte scientifique, d'œuvres littéraires ou artistiques, d'une invention ou d'un autre résultat de l'activité intellectuelle protégée par la loi ; faire des dépôts dans les établissements financiers et en disposer…

[241] H. COUSY et D. DROSHOUT, *Liability for damage caused by others under belgian law*, *in* J. SPIER (dir.), *Unification of tort law : Liability for damage caused by others, Principles of European Tort Law*, vol. 7, *op. cit.*, pp. 37-54, spéc. n$^{os}$ 7-10, pp. 43-46; L. CORNELIS, *Principes du droit belge de la responsabilité extra-contractuelle*, vol. 1, *L'acte illicite*, Bruylant, Maklu, Ced.samson, 1991, n$^{os}$ 175-212, pp. 321-371 ; B. DUBUISSON, *Les responsabilités du fait d'autrui (articles 1355 à 1362) : point de vue d'un juriste belge, in L'avant-projet de réforme du droit de la responsabilité (Actes du colloque organisé par l'Université Panthéon-Sorbonne (Paris I) le 12 mai 2006), RDC* 2007, pp. 125-137.

[242] Article 1384, alinéa 2 du Code civil belge avant la loi du 6 juillet 1977 : « *Le père, et la mère après le décès du mari, sont responsables du dommage causé par leurs enfants mineurs habitant avec*

rédaction de l'article 1384, alinéa 2 du Code civil belge laisse penser que la responsabilité parentale n'est pas rattachée à l'autorité parentale ou à son exercice mais uniquement à la qualité de parent légalement constatée. Le cinquième alinéa de cet article permet toutefois de préciser le fondement de la responsabilité parentale. En affirmant que les parents peuvent s'exonérer de leur responsabilité en prouvant qu'ils n'ont pu empêcher le fait dommageable, il permet de comprendre que la responsabilité parentale repose sur une faute de surveillance ou d'éducation. Ces deux obligations se retrouvent d'ailleurs dans la jurisprudence, puisque les tribunaux exigent que les parents démontrent l'absence de faute dans la surveillance et l'éducation de leur enfant mineur pour pouvoir échapper à la responsabilité de l'article 1384, alinéa 2[243]. Dès lors, la responsabilité parentale a bien pour objectif de sanctionner l'exercice d'un pouvoir sur la personne du mineur. Plus exactement, elle est fondée sur la garde intellectuelle, lorsqu'une faute d'éducation est présumée, et repose sur la garde matérielle, lorsqu'une faute de surveillance est présumée. L'adoption d'un régime de responsabilité de plein droit en droit français pourrait toutefois avoir des conséquences en droit belge et modifier le fondement de la responsabilité parentale. Après avoir témoigné d'une certaine réticence, certains auteurs ne s'opposent plus à la reconnaissance d'un tel régime dans le droit belge de la responsabilité parentale[244].

Le quatrième alinéa de l'article 1384 du Code civil belge vient compléter la responsabilité parentale en affirmant que « *les instituteurs et les artisans* [sont responsables] *du dommage causé par leurs élèves et apprentis pendant le temps qu'ils sont sous leur surveillance* ». Il résulte du dernier alinéa de cet article qu'il s'agit également de responsabilités fondées sur une présomption de faute. À l'instar de la jurisprudence française antérieure à la loi du 5 avril 1937, la jurisprudence belge a donné une définition large de la notion d'instituteur. Ainsi, l'application de l'article 1384, alinéa 4 du Code civil belge suppose que la personne concernée soit chargée d'une mission d'enseignement. Toutefois, la notion d'enseignement ne peut se réduire à la seule transmission, sous forme de leçons, de connaissances techniques ou intellectuelles. Elle englobe également toute autre communication d'une instruction, qu'elle soit scientifique, artistique, professionnelle, morale ou même sociale[245]. Concrètement, la qualité d'instituteur peut être reconnue à des éducateurs, à des moniteurs sportifs, à des professeurs de gymnastique, à des maîtres de stage ou encore aux personnes qui donnent des leçons de conduites automobiles. En revanche, la responsabilité des instituteurs ne peut être invoquée contre de simples titulaires d'une obligation de surveillance ne dispensant aucun enseignement précis. Si les responsabilités des instituteurs et des artisans sont bien fondées sur la garde matérielle d'un mineur, le juge ne peut pour autant oublier la qualité du responsable pour autrui.

Il ressort du cumul des responsabilités des parents, des instituteurs et des artisans que certaines personnes, assurant la garde matérielle ou même la garde intellectuelle d'un mineur, ne peuvent être responsables sur le fondement d'une faute présumée du dommage qu'il pourrait causer. Ainsi, les grands-parents, frères, sœurs, oncles, tantes, tuteurs ou institutions chargées par une décision judiciaire de la surveillance d'un mineur délinquant ne peuvent être

---

*eux* ». Pour une étude de la responsabilité parentale en droit belge avant la loi du 6 juillet 1977, *cf.* H. DE PAGE, *Traité élémentaire de droit civil belge*, t. 2, *Les incapables, Les obligations (Première partie)*, 3e éd., Bruylant, 1964, nos 972-977bis, pp. 989-1003 ; R.O. DALCQ, *Les Novelles, Droit civil*, t. 5, *Traité de la responsabilité civile*, vol. 1, *Les causes de la responsabilité*, 2e éd., Maison Ferdinand Larcier, 1967, nos 1569-1665ter, pp. 517-543.

[243] L. CORNELIS, *op. cit.*, n° 184, p. 332.

[244] Ainsi tandis qu'en 1998, Monsieur Roger O. Dalcq s'est déclaré « *très hésitant* » sur la question de l'adoption d'un régime de responsabilité de plein droit (*cf.* R.O. DALCQ, note sous Cass. belge, 19 juin 1997, *RCJB* 1998, 587, spéc. p. 600). Il admet cette idée en 2002 sous réserve d'une abrogation législative du dernier alinéa de l'article 1384 (*Cf.* R.O. DALCQ, *Les responsabilités du fait d'autrui - une évolution s'impose-t-elle ?, in Mélanges PH. GÉRARD*, Bruylant, 2002, pp 3-14, spéc. n° 5, pp 9-10).

[245] L. CORNELIS, *op. cit.*, n° 202, p. 357.

responsables que sur le fondement d'une faute. On peut dès lors comprendre le souhait de certaines juridictions et de certains auteurs de suivre la voie ouverte par l'arrêt *Blieck* de la Cour de cassation française.

**636. Le droit belge - Le refus d'une relecture de l'article 1384, alinéa 1er.** L'arrêt *Blieck* de la Cour de cassation française a immédiatement suscité des réflexions doctrinales sur l'opportunité de transposer cette solution en droit belge[246]. Cette question rejaillit avec l'adoption de la jurisprudence *Blieck* par la cour d'appel de Mons le 27 décembre 1995[247], puis avec la réaffirmation du caractère limitatif des cas de responsabilités du fait d'autrui de l'article 1384 du Code civil belge par la Cour de cassation le 19 juin 1997[248]. Il convient d'expliquer le raisonnement de la Cour de cassation belge dans cet arrêt et d'examiner les suggestions de la doctrine belge.

En l'espèce, un dommage a été causé par un mineur délinquant confié par le juge de la jeunesse à un centre d'observation médico-psychologique. S'inspirant de la jurisprudence française, la cour d'appel de Mons a retenu la responsabilité pour faute présumée de l'association gérant le centre sur le fondement de l'article 1384, alinéa 1er du Code civil. Cette décision a été censurée par la Cour de cassation. La formulation est lapidaire : « *l'article 1384 du Code civil n'établit pas, en son alinéa 1er, un principe général de responsabilité du fait d'autrui ; cette responsabilité n'existe que dans les limites des régimes particuliers, différents les uns des autres, qu'il instaure de manière exhaustive dans les alinéas suivants* ». Perçue de France, une telle solution peut sembler rétrograde. Nul ne doute que la rédaction de l'article 1384 du Code civil est insuffisante pour couvrir les besoins actuels du droit de la responsabilité pour autrui. Néanmoins, la Cour de cassation belge n'ignore pas ces préoccupations. Elle a simplement opté pour la prudence, préférant sans doute une intervention législative. La lecture des conclusions de l'Avocat général Piret permet de mieux comprendre les motivations de la Cour de cassation belge. Tout d'abord, il s'intéresse à l'argument tiré des nécessités sociales et constate qu'en l'espèce la victime du mineur délinquant était assurée, tandis que l'association gérant le centre médico-psychologique ne l'était pas. Cette considération semble importante. Autant l'assurance de l'association gérant le centre d'aide par le travail a pu inciter les juges français à opérer un revirement de jurisprudence dans l'affaire *Blieck*, autant l'absence d'assurance de l'association sans but lucratif d'aide aux enfants défavorisés a pu freiner les juges belges dans la reconnaissance de nouveaux cas de responsabilités du fait d'autrui. En l'occurrence, une telle solution eût abouti au remboursement d'un assureur par une association philanthropique non assurée. Toutefois, l'existence d'une assurance n'aurait pas nécessairement entraîné une solution différente. En effet, l'avocat général souligne que la reconnaissance d'un principe général de responsabilité du fait d'autrui se heurterait à la difficulté de cerner ses conditions

---

[246] I. MOREAU-MARGRÈVE, *Une règle générale de responsabilité délictuelle du fait d'autrui en droit belge ?, in Responsabilités et assurances, Mélanges R.O. DALCQ*, Larcier, 1994, pp. 439-465 ; TH. DEMESSE, *Article 1384, alinéa 1er du Code civil : rien de nouveau ?... (Le principe général de responsabilité aquilienne du fait d'autrui), RGAR* 1991, 11854.

[247] Mons, 27 décembre 1995, *RGAR* 1996, 12578, note TH. DEMESSE ; J. HIRSCH, *Est-il justifié d'étendre la responsabilité du fait des personnes dont on doit répondre ?, RGAR*, 1996, 12554.

[248] Cass. belge, 19 juin 1997, *RGAR* 1997, 12852, concl. PIRET ; *RCJB* 1998, 587, note R.O. DALCQ ; *JLMB* 1997, 1122, note TH. PAPART ; J.-F. ROMAIN, *Existe-t-il un principe général de responsabilité présumée pour autrui, en matière extra-contractuelle (article 1384, alinéa 1er, du Code civil) ?, RGAR*, 1997, 12851 ; I. MOREAU-MARGRÈVE, *Prudente sagesse..., JT* 1997, pp. 705-706 ; J.J. SCHMIDT, *Extension de la responsabilité du fait d'autrui ?, Nil novi sub cassatio, RGDC* 1997, 478 ; B. DUBUISSON, *Autonomie et irresponsabilité du mineur, in* P. JADOUL, J. AMBON et B. VAN KEIRSBLICK (dir.), *L'autonomie du mineur*, Publications des Facultés universitaires Saint Louis, Bruxelles, Travaux et Recherches n° 37, 1998, pp. 79-159, *spéc.* nos 55-61, pp. 145-153 ; R.O. DALCQ, *Les responsabilités du fait d'autrui - une évolutions s'impose-t-elle ?, in Mélanges PH. GÉRARD*, Bruylant, 2002, pp 3-14.

d'application. Sur ce point, il s'appuie sur la diversité des solutions de la Cour de cassation française qui, après avoir énoncé des conditions dans l'arrêt *Blieck*, s'en écarte pour aller jusqu'à retenir la responsabilité d'associations sportives. Loin d'être un modèle, la jurisprudence française apparaît comme un sérieux avertissement des dangers guettant le justiciable belge en cas d'adoption d'un principe général de responsabilité du fait d'autrui. Autrement dit, « *les avatars de la jurisprudence française qui a suivi l'arrêt Blieck ont persuadé la Cour de cassation belge de ne pas imiter la Cour de cassation française* »[249]. L'avocat général en déduit que la reconnaissance d'un principe général de responsabilité du fait d'autrui, non délimité par la loi, risquerait d'engendrer plus d'inconvénients que d'avantages en établissant une certaine insécurité juridique. En somme, la jurisprudence pouvant être fluctuante, il serait préférable que le législateur intervienne, afin d'éviter l'insécurité juridique liée aux incertitudes entourant les conditions des nouveaux cas de responsabilité du fait d'autrui[250]. Reprenant la distinction élaborée par Demogue[251], un auteur a ainsi expliqué que : « *cette décision de la Cour de cassation belge est le résultat d'un choix de politique juridique et exprime une certaine conception du système de responsabilité, allant dans un sens protecteur de la liberté individuelle et de la sécurité juridique, plus précisément de la sécurité statique, en tant qu'elle protège les individus et est privilégiée par rapport à la sécurité dynamique, qui protège les tiers* ».[252]

Dans son ensemble, la doctrine belge est consciente de la nécessité de faire évoluer le droit de la responsabilité du fait des mineurs[253], même si, parfois, elle s'interroge sur les conséquences d'une généralisation de la responsabilité pour faute présumée sur la volonté des personnes de prendre en charge bénévolement un mineur[254]. Néanmoins, en général, elle prône l'adoption législative d'un régime de responsabilité pour faute présumée fondée sur l'exercice d'une obligation légale ou contractuelle de surveillance. Ainsi, Monsieur Roger O. Dalcq suggère de soumettre au Parlement un texte qui pourrait constituer un article 1384 bis, ou être inséré dans l'article 1384 entre les alinéas 2 et 3 ou après celui-ci, et qui serait rédigé comme suit : « *La même responsabilité que celle qui pèse sur les parents en vertu de l'article 1384, alinéas 2 et 5 s'applique à tous ceux auxquels un enfant mineur est confié et*

---

249 I. MOREAU-MARGRÈVE, *Prudente sagesse...*, *art. précit.*, p. 706. *Cf.* également J.-F. ROMAIN, *art. précit.*, spéc. n° 23 : « *La haute juridiction belge a opté pour la prudence et une forme de sagesse, sans doute parce qu'elle a été impressionnée négativement par les potentialités d'application considérables que recèle le régime prétorien élaboré en France* » ; B. DUBUISSON, *Les responsabilités du fait d'autrui (articles 1355 à 1362) : point de vue d'un juriste belge, art. précit., spéc.* p. 129 : « *Pour éclairer sa décision, la Cour de cassation belge pouvait en outre s'appuyer sur les six années de jurisprudence de la Cour de cassation française qui ont suivi l'arrêt Blieck. Cette jurisprudence n'a probablement pas convaincu* ».

250 L'avocat général Piret affirme ainsi : « *On voit combien il est difficile de cerner les conditions d'application d'un principe général de responsabilité d'autrui non délimité par la loi elle-même et, dès lors, à quelle insécurité juridique s'exposeraient les personnes assumant la charge d'autrui, sans que la moindre faute puisse leur être reprochée* ». Aussi, pense-t-il que l'adaptation de la responsabilité du fait d'autrui aux évolutions de la société devrait « *résulter d'efforts parallèles du législateur et du juge, sans qu'il soit besoin de recourir à un principe général qui engendrerait sans doute plus d'inconvénients que d'avantages et qui, en tout cas, ne trouve guère de support dans le Code civil* ». *Cf.* concl. sous Cass. belge, 19 juin 1997, *RGAR* 1997, 12852.

251 Sur la distinction entre sécurité statique et sécurité dynamique : R. DEMOGUE, *Les notions fondamentales du droit privé, Essai critique pour servir d'introduction à l'étude des obligations*, Éditions La Mémoire du Droit, 2001, p. 72.

252 J.-F. ROMAIN, *art. précit.*, n° 23

253 Pour une présentation synthétique des propositions de la doctrine belge, *cf.* : R.O. DALCQ, note sous Cass. belge, 19 juin 1997, *RCJB*, 1998, n^os^ 17-21, pp. 602-605.

254 I. MOREAU-MARGRÈVE, *Une règle générale de responsabilité délictuelle du fait d'autrui en droit belge ?, art. précit.*, n° 25, p. 459 ; *adde*, *Prudente sagesse...*, *art. précit.*, p. 706.

*qui ont à son égard un devoir de surveillance* »[255]. Autrement dit, il propose l'adoption d'une règle similaire à celle retenue par le droit allemand au §. 832 du BGB[256].

**637. Observations.** L'étude du droit belge de la responsabilité du fait des mineurs témoigne d'une approche différente de celle du droit français. Elle est empreinte de pragmatisme et de prudence.

Le pragmatisme du droit belge se manifeste notamment sur le terrain de la responsabilité des parents. Le législateur belge a su la faire évoluer dès 1977 en instaurant une égalité entre les parents, mais également en supprimant la condition de cohabitation. Cette évolution attribue un rôle central à la responsabilité parentale en matière de responsabilité du fait des mineurs. Elle est fondée tantôt sur une faute dans la garde intellectuelle, tantôt sur une faute dans la garde matérielle. Elle met en exergue l'idée selon laquelle les parents, en leur qualité de titulaire de l'exercice de l'autorité parentale, doivent tenir un rôle majeur dans la responsabilité du fait des mineurs.

La prudence apparaît dans l'attitude de la Cour de cassation belge face à la question de l'élargissement des cas de responsabilité du fait du mineur pour faute présumée. Traditionnellement, si le juge n'a pas été opposé à un élargissement de la notion d'instituteur, il a toujours rattaché cette qualité à la délivrance d'un enseignement. De même, la Cour de cassation belge a fait preuve d'une grande prudence face à la question de la relecture de l'article 1384, alinéa 1er du Code civil. Sur ce point, elle s'oppose totalement au juge français. Son refus de procéder à une relecture de l'alinéa 1er de l'article 1384 du Code civil est principalement marqué par la crainte de l'instauration d'un principe général de responsabilité du fait d'autrui instable, dont les conditions et les caractéristiques varieraient au gré des décisions de justice. S'il paraît opportun d'élargir le domaine de la responsabilité du fait d'autrui pour faute présumée, les juges et la doctrine belge préfèrent la voie de la modification législative à celle de l'évolution jurisprudentielle. D'une certaine façon, cette conception est conforme au principe selon lequel le législateur créé le droit et le juge l'applique et l'interprète. Il reste que, pour l'instant, ce message n'a pas été entendu par le Parlement belge… S'il l'était, le droit belge se rapprocherait, sans doute, des droits appliquant largement la présomption de faute à la responsabilité du fait des mineurs et se distinguerait d'autant plus des droits ne comportant aucune règle spéciale de responsabilité du fait des mineurs.

b. Les droits ne comportant aucun régime spécial de responsabilité du fait des mineurs

**638. Le *Common law* : les droits anglais et américain.** Le droit anglais, ou plus généralement le *Common law*, organise un régime spécifique de responsabilité du fait d'autrui uniquement pour les dommages causés par un employé à un tiers[257]. Dans toutes les autres hypothèses, une personne ne peut être tenue pour responsable des dommages causés par un tiers que sur le fondement de la preuve d'une faute. Par conséquent, la responsabilité des parents, ou d'autres personnes exerçant une autorité sur un mineur, ne peut être recherchée que sur le fondement d'une faute prouvée. On peut néanmoins observer que certains États des

---

[255] R.O. DALCQ, note sous Cass. belge, 19 juin 1997, *RCJB* 1998, n° 24, pp. 606-607.

[256] Ce texte est d'ailleurs expressément cité comme modèle par certains partisans d'une intervention législative. *Cf.* J.-F. ROMAIN, *art. précit.*, n° 33.

[257] W.V.H. ROGERS, *Liability for damage caused by others under english law*, *in* J. SPIER (dir.), *Unification of tort law : Liability for damage caused by others, Principles of European Tort Law*, vol. 7, *op. cit.*, pp. 63-84 ; G.T. SCHWARTZ, *Liability for damage caused by others under U.S. law*, *in* J. SPIER (dir.), *Unification of tort law : Liability for damage caused by others, Principles of European Tort Law*, vol. 7, *op. cit.*, pp. 279-287. Pour une approche comparée de la responsabilité civile des commettants en droit anglais et en droit français, *cf.* J. FLAUSS-DIEM, *La responsabilité civile du commettant en droit anglais vue par un juriste français*, *in Le droit social - Le droit comparé, Études dédiées à la mémoire de P. ORTSCHEIDT*, Annales de la Faculté de droit de Strasbourg, n° 6, Presses Universitaires de Strasbourg, 2003, pp. 117-135.

États-Unis d'Amérique ont adopté des dispositions spécifiques organisant une véritable responsabilité des parents du fait de leurs enfants mineurs pour certains dommages[258].

**639. Autre exemple : le droit autrichien.** Les pays de *common law* ne sont pas les seuls à ne comporter aucune règle de responsabilité pour faute présumée du fait des mineurs. Ainsi, le Code civil autrichien subordonne la mise en œuvre la responsabilité parentale à la preuve d'une faute des parents[259]. Dès lors, elle ne se distingue pas des responsabilités des autres personnes pouvant exercer un pouvoir sur un mineur.

**640. Observations.** L'étude des droits étrangers révèle que certains systèmes juridiques n'ont pas jugé nécessaire d'élaborer un régime de responsabilité du fait des mineurs fondé sur une présomption de faute. Ils refusent de sortir cette question du droit commun de la responsabilité pour faute prouvée. Cette constatation ne peut que souligner l'inexistence d'un modèle de responsabilité du fait des mineurs. L'appréhension de cette question varie en fonction des pays. Néanmoins, cette diversité dans la perception de la responsabilité du fait d'autrui est encore plus grande en ce qui concerne la responsabilité du fait non professionnel des majeurs.

***2. L'appréhension de la responsabilité du fait non professionnel des majeurs dans les droits étrangers***

**641.** À l'instar de la responsabilité du fait des mineurs, la responsabilité du fait non professionnel des majeurs a été diversement appréhendée par les droits nationaux. Tandis que certains systèmes juridiques ont adopté un régime spécial de responsabilité instaurant un régime plus protecteur de la victime ou de la personne exerçant un pouvoir sur le majeur **(a)**, d'autres appliquent le régime commun de la responsabilité pour faute **(b)**.

a. Les droits comportant un régime spécial de responsabilité du fait non professionnel des majeurs

**642.** L'édiction d'un régime spécial de responsabilité du fait non professionnel des majeurs ne signifie pas nécessairement que le législateur a souhaité favoriser la victime. En effet, s'il lui arrive d'adopter le principe d'une responsabilité fondée sur une présomption de faute **(α)**, il préfère parfois favoriser les personnes qui prennent en charge une personne majeure et soumet la responsabilité à la preuve d'une faute qualifiée **(β)**.

*α. La reconnaissance d'une responsabilité fondée sur une présomption de faute*

**643. Le droit allemand.** Prolongeant le raisonnement développé à propos des mineurs, le §. 832 du BGB prévoit que les personnes tenues légalement ou contractuellement d'une obligation de surveillance envers un individu, qui a besoin d'être surveillé en raison de son état physique ou mental, sont présumées fautives des dommages qu'il pourrait causer. Cette présomption peut concerner aussi bien des dommages causés par un handicapé mental, que ceux commis par une personne épileptique, aveugle ou sourde-muette, dès lors qu'elle est légalement ou contractuellement placée sous la surveillance d'autrui[260]. Selon cette règle, peuvent être présumés fautifs les proches d'un handicapé mental ou physique disposant d'un pouvoir de surveillance judiciairement reconnu. De même la présomption de faute peut s'appliquer aux directeur et médecins d'un établissement de soins, à une infirmière chargée

---

[258] G.T. SCHWARTZ, *art. précit.*, n° 6, p. 280.

[259] H. KOZIOL et K. VOGEL, *Liability for damage caused by others under austrian law, in* J. SPIER (dir.), *Unification of tort law : Liability for damage caused by others, Principles of European Tort Law*, vol. 7, *op. cit.*, pp. 11-35, spéc. n$^{os}$ 12-14.

[260] J. FEDTKE et U. MAGNUS, *art. précit.*, n° 18, p. 117.

d'un malade… En conséquence, la présomption de faute repose indifféremment sur un pouvoir de garde ou un simple pouvoir de direction sur la personne du majeur handicapé.

**644. Le droit russe.** Dans son article 1076, le Code civil de la Fédération de Russie envisage uniquement la responsabilité du fait des incapables[261]. Il retient que les dommages causés par un incapable doivent être réparés par son tuteur ou par l'organisation qui a l'obligation de le surveiller. Cette condition réduit le domaine d'application de cette responsabilité pour faute présumée. En effet, selon l'article 29 du Code civil de la Fédération de Russie, la déclaration d'incapacité d'une personne est subordonnée à l'existence d'un trouble psychologique l'empêchant de comprendre la signification de ses actes ou de les contrôler. Par conséquent, la responsabilité est rattachée à une décision judiciaire reconnaissant un état d'incapacité. Elle semble reposer sur une faute de direction ou de surveillance de la personne.

**645. Observations.** Le rappel des solutions données par ces deux droits est en lui-même suffisant pour montrer la diversité d'appréhension de la responsabilité du fait des handicapés mentaux et les questions qui peuvent se poser aux législateurs nationaux. Le droit allemand confère un domaine assez large à la responsabilité pour faute présumée. Elle peut être invoquée à l'occasion d'un dommage causé par un handicapé mental ou un handicapé physique. De même, un placement sous protection judiciaire n'est pas nécessaire. Une simple obligation contractuelle de surveillance est requise. À l'opposé, le droit russe requiert une déclaration d'incapacité liée à l'état mental du majeur et fait peser la responsabilité sur son tuteur. En dépit de leurs différences, ces deux régimes ont pris le parti de protéger les victimes des handicapés mentaux majeurs en leur offrant la possibilité de se retourner contre un tiers en bénéficiant d'une présomption de faute, quitte à adopter un régime de responsabilité rigoureux pour des personnes bénévoles. D'autres systèmes juridiques ont préféré accorder un régime de faveur aux personnes qui ont accepté de prendre en charge une personne majeure.

*β. La reconnaissance d'une responsabilité fondée sur la preuve d'une faute qualifiée*

**646. Le droit québécois.** Le Code civil du Québec a profondément remanié la responsabilité du fait des majeurs privés de raison[262]. Tandis que le Code civil du Bas-Canada fondait cette responsabilité tantôt sur une présomption de faute dans « *la garde* »[263], tantôt sur la preuve d'une faute intentionnelle ou lourde dans l'exercice de « *la garde* »[264], l'article 1461 du Code civil du Québec dispose qu'une personne n'est responsable du préjudice causé par le

---

[261] À côté du régime de l'incapacité, le droit russe organise un régime de limitation de la capacité d'une personne. Prévue à l'article 30 du Code de la Fédération de Russie, la limitation de capacité vise les personnes qui, à la suite de l'utilisation nocive de boissons alcoolisées ou de substances narcotiques, mettent leur famille dans une situation matérielle précaire. Ces personnes peuvent être placées sous curatelle. Un tel placement n'entraîne aucun régime spécifique de responsabilité du fait d'autrui. Au contraire, l'article 1077 précise que le dommage causé par une personne qui a vu sa capacité limitée doit être réparée par l'auteur du dommage lui-même.

[262] J.-L. BAUDOUIN et P. DESLAURIERS, *op. cit.*, n$^{os}$ 638-645, pp. 413-415 ; V. KARIM, *op. cit.*, vol. 1, pp. 582-584 ; CL. MASSE, *art. précit.*, n° 61, pp. 285.

[263] Article 1054, alinéas 4 et 6 du Code civil du Bas-Canada : « *Les personnes chargées de garder un majeur non doué de discernement sont également responsables pour le dommage causé par ce majeur* », « *La responsabilité ci-dessus a lieu seulement lorsque la personne qui y est assujettie ne peut prouver qu'elle n'a pu empêcher le fait qui a causé le dommage* ».

[264] Article 1054.1 du Code civil du Bas-Canada : « *Malgré l'article 1054, les tuteurs et les curateurs à un majeur, les personnes exerçant la garde d'un majeur dont le curateur public est tuteur ou curateur, de même que les mandataires exécutant un mandat donné par un majeur dans l'éventualité de son inaptitude, ne sont pas responsables du dommage causé à autrui par ce majeur, à moins qu'ils n'aient eux-mêmes commis une faute intentionnelle ou lourde dans l'exercice de la garde* ».

fait d'un majeur dénué de raison que si elle commet une faute intentionnelle ou lourde dans l'exercice de « *la garde* »[265]. Selon l'article 1474 du Code civil du Québec, la faute lourde dénote chez son auteur une insouciance, une imprudence ou une négligence grossière. Avec une telle règle, le législateur veut encourager ceux qui, parfois bénévolement, prennent en charge la personne d'un handicapé mental. Elle n'est pas exempte de critiques. Certains auteurs ont en effet estimé qu'elle instaurait un régime particulièrement sévère pour les victimes en soumettant à un même régime de responsabilité les établissements psychiatriques et les particuliers, et qu'il serait préférable d'adopter un régime de responsabilité similaire à celui retenu pour les dommages causés par des mineurs[266].

**647. Observations.** Cette évolution récente du droit québécois, marquée par l'abandon de la dualité du régime de la responsabilité du fait des handicapés mentaux et par son opposition aux systèmes juridiques favorables à l'instauration d'un régime de présomption de faute, souligne d'une certaine façon la difficulté d'établir un régime de responsabilité suffisamment protecteur des victimes de personnes dénuées de raison, mais également soucieux de ne pas alourdir la situation juridique des personnes qui prennent en charge, parfois bénévolement, un handicapé mental. Confronté à cette difficulté, certains droits étrangers n'ont pas opté pour un régime spécial de responsabilité.

b. Les droits ne comportant aucun régime spécial de responsabilité du fait non professionnel des majeurs

**648. Le droit belge.** Le droit belge n'a adopté aucun régime spécial pour la responsabilité du fait des handicapés mentaux majeurs[267]. Le refus de la Cour de cassation belge de reconnaître l'existence de nouveaux cas de responsabilité du fait d'autrui sur le fondement de l'article 1384, alinéa 1er du Code civil[268] est venu rappeler que, lorsqu'un dommage a été causé par un handicapé mental majeur, la responsabilité d'un tiers ne peut être recherchée que sur le fondement d'une faute prouvée. La doctrine belge n'est toutefois pas opposée à l'émergence d'une responsabilité du fait des handicapés mentaux majeurs fondée sur une présomption de faute[269]. Une intervention législative semble maintenant de plus en plus souhaitable et souhaitée.

**649. Le *Common Law* : les droits anglais et américain.** N'adoptant aucun régime spécifique de responsabilité du fait des mineurs, il est logique que les droits anglais et américain fassent de même pour la responsabilité du fait des handicapés mentaux majeurs. Seule la responsabilité pour faute peut être recherchée[270].

**650. Le droit autrichien.** De même que la responsabilité du fait des mineurs est une responsabilité pour faute prouvée, le droit autrichien retient que la responsabilité en raison d'un dommage causé par un majeur handicapé mental ne peut être engagée que sur le fondement d'une faute prouvée[271].

---

[265] Article 1461 du Code civil du Québec : « *La personne qui, agissant comme tuteur, curateur ou autrement, assume la garde d'un majeur non doué de raison n'est pas tenue de réparer le préjudice causé par le fait de ce majeur, à moins qu'elle n'ait elle-même commis une faute intentionnelle ou lourde dans l'exercice de la garde* ».

[266] V. KARIM, *op. cit.*, vol. 1, p. 584.

[267] H. COUSY et D. DROSHOUT, *art. précit.*, spéc. n° 11, p. 46.

[268] Cass. belge, 19 juin 1997, *cf. supra* n° 629.

[269] R.O. DALCQ, note sous Cass. belge, 19 juin 1997, *RCJB* 1998, n^os^ 17-21, pp. 602-605.

[270] W.V.H. ROGERS, *art. précit.*, spéc. n° 13, p. 67 ; G.T. SCHWARTZ, *art. précit.*, spéc. n° 9, p. 281.

[271] H. KOZIOL et K. VOGEL, *art. précit.*, spéc. n° 15, p. 15.

**651.** En définitive, l'étude de l'appréhension de la responsabilité du fait des mineurs et des handicapés mentaux dans les droits étrangers ne permet pas de dégager un modèle de responsabilité et souligne, au contraire, la multiplicité des conceptions envisageables. Cette idée se dégage également de l'étude des propositions de réforme de la responsabilité du fait d'autrui.

## B. DIVERSITÉ DES PROPOSITIONS DE RÉFORME DE LA RESPONSABILITÉ DU FAIT D'AUTRUI

**652.** Les réflexions autour d'une réforme du droit de la responsabilité sont constantes et proviennent d'horizons variés. Tandis que certaines propositions suggèrent une harmonisation des droits de la responsabilité civile en Europe et l'élaboration d'un Code civil européen **(1)**, d'autres propositions envisagent une réforme du Code civil **(2)**.

### *1. Les propositions européennes d'harmonisation du droit de la responsabilité*

**653. Diversité des propositions.** Parmi les différentes tentatives d'harmonisation du droit européen de la responsabilité[272], deux groupes de travail se distinguent. Il s'agit, d'une part, du *European Group on Tort Law*, créé à Tilburg par Monsieur Jaap Spier en 1993 et maintenant fixé à Vienne sous la direction de Monsieur Helmut Koziol, et, d'autre part, du *European Civil Code Group*, créé par Monsieur Christian von Bar en 1998. Ce groupe se réunit périodiquement à Osnabrück.

**654. Les propositions du *European Group on Tort Law*.** Suivant le modèle de la Commission Lando à l'origine de l'élaboration des Principes de droit européen des contrats, le *European Group on Tort Law*, également appelé Groupe de Tilburg, s'est proposé d'élaborer des principes européens de droit de la responsabilité, afin de permettre une harmonisation des différents droits[273] et de créer, à terme, un Code civil européen. Se fondant sur une étude comparative des différentes solutions nationales, le Groupe de Tilburg a suggéré des principes généraux de responsabilité. Pour la responsabilité du fait d'autrui[274], il distingue classiquement la responsabilité du fait des mineurs et des handicapés mentaux, et la responsabilité du fait des préposés. Pour notre étude de l'appréhension de la responsabilité du fait non professionnel d'autrui, seule la première catégorie nous intéresse. L'article 6 : 101 des Principes européens de droit de la responsabilité dispose dans sa version française : « *Toute personne en charge d'un mineur ou d'un handicapé mental est responsable des dommages causés par ce dernier, à moins qu'elle ne démontre qu'elle s'est conformé au standard de conduite requis dans sa supervision* »[275]. La formulation reste très générale. Aucune précision n'est apportée à la notion de « *prise en charge* » d'un mineur ou d'un handicapé mental. Cette disposition aboutit à faire peser une présomption de faute sur toutes les personnes physiques ou morales assurant la surveillance d'un mineur ou d'un handicapé mental.

---

[272] G. VINEY, *L'harmonisation des droits de la responsabilité civile en Europe*, in *Droit et économie de l'assurance et de la santé, Mélanges en l'honneur de Y. Lambert-Faivre et D.-Cl. Lambert*, Dalloz, 2002, pp. 417-430.

[273] Pour plus d'informations, se reporter au site internet du Groupe européen de droit de la responsabilité et en particulier à la page suivante : http://www.egtl.org/Principles/index.htm

[274] J. SPIER (dir.), *Unification of tort law : Liability for damage caused by others, Principles of European Tort Law*, vol. 7, *précit.*

[275] La version anglaise est la suivante : « *A person in charge of another who is a minor or subject to mental disability is liable for damage caused by the other unless the person in charge shows that he has conformed to the requird standard of conduct in supervision* ».

Aussi faudrait-il comprendre que la responsabilité du fait des mineurs est fondée sur sa garde matérielle. Par conséquent, si un mineur est confié pour la journée à un voisin, ces derniers devraient être les seuls responsables sur le fondement d'une présomption de faute. Les parents exerçant l'autorité parentale ne pourraient être responsables que sur le fondement d'une faute prouvée. Si cette solution est bien fondée sur une volonté d'associer la présomption de faute à un pouvoir déterminé, elle s'avère rigoureuse pour des personnes assurant bénévolement la garde matérielle d'un mineur.

De même, on peut déduire de cette disposition que la responsabilité du fait des handicapés mentaux est fondée tantôt sur un pouvoir de garde matérielle, lorsque le handicapé mental fait l'objet d'un placement sous contrainte, tantôt sur un pouvoir de direction, lorsque la personne atteinte de troubles mentaux conserve juridiquement la maîtrise de son mode de vie. Par conséquent, si un handicapé mental hospitalisé sous contrainte commet un dommage à l'occasion d'une permission de sortie, l'établissement hospitalier ne sera pas présumé fautif. En revanche, la présomption pourra être invoquée à l'encontre de la personne exerçant un pouvoir de surveillance au moment où le dommage est causé.

**655. Les propositions du *European Civil Code Group*.** Le groupe d'Osnabrück a publié à la fin de l'année 2005 un certain nombre de propositions relatives au droit de la responsabilité[276]. Parmi les différents articles proposés, l'article 3 : 104 s'intéresse à la responsabilité du fait des mineurs et des personnes placées sous la surveillance d'autrui[277]. Cet article propose un système de responsabilité très proche de celui du *European Group on Tort Law*. En effet, ce texte prévoit que les parents et les personnes qui les remplacent sont responsables, sur le fondement d'une présomption de faute, des dommages causés par leurs enfants de moins de quatorze ans. De même, il institue une présomption de faute pour les personnes physiques et morales chargées de la surveillance d'autrui.

Ces dispositions attribuent un large domaine à la responsabilité du fait d'autrui. Pour les mineurs, peuvent être responsables toutes les personnes qui exercent un pouvoir de surveillance. La présomption de faute semble liée à la garde matérielle du mineur. Pour les majeurs, le domaine de la responsabilité n'est pas clairement déterminé. Il vise toutes les personnes chargées de la surveillance d'autrui. Aussi peut-on admettre que la responsabilité est associée à l'exercice d'un pouvoir de garde matérielle ou de direction sur autrui. En somme, ces propositions sont très proches de celles du *European Group on Tort Law*. Les mêmes observations peuvent donc s'appliquer.

---

[276] Le texte des propositions relatives au droit de la responsabilité est disponible sur internet, *cf.* http://www.sgecc.net/media/dowloads/text_of_articles_final.doc.

[277] Article 3:104 : *Accountability for Damage Caused by Children or Supervised Persons*

*(1) Parents or other persons obliged by law to provide parental care for a person under fourteen years of age are accountable for the causation of legally relevant damage where that person under age caused the damage by conduct that would constitute negligence if it were the conduct of an adult.*

*(2) An institution or other body obliged to supervise a person is accountable for the causation of legally relevant damage suffered by a third party when:*

*(a) the damage is personal injury, loss within Article 2:202 or damage to property;*

*(b) the person whom the institution or other body is obliged to supervise caused that damage intentionally or negligently or, in the case of a person under eighteen, by conduct that would constitute intention or negligence if it were the conduct of an adult; and*

*(c) the person whom they are obliged to supervise is a person likely to cause damage of that type.*

*(3) However, a person is not accountable under this Article for the causation of damage if that person shows that there was no defective supervision of the person causing the damage.*

**656. Observations.** Si ces propositions étaient appliquées en droit français, il n'est pas certain qu'elles permettraient d'établir un système cohérent et équilibré de responsabilité du fait d'autrui. Une même responsabilité fondée sur une faute du responsable peut être invoquée à l'encontre de personnes exerçant des prérogatives fondamentalement différentes sur l'auteur du dommage. Tandis qu'un établissement hospitalier recevant des malades hospitalisés sous contrainte peut les retenir de force, les proches d'un malade mental ne disposent pas par principe d'un tel pouvoir. De même, la responsabilité pour faute présumée pourrait être invoquée à l'encontre de personnes bénévoles ayant temporairement la garde matérielle d'un mineur et, dans le même temps, ne pas l'être à l'encontre des parents exerçant en permanence le pouvoir de garde intellectuelle et considérés à ce titre comme contrôlant le mode de vie de leur enfant mineur. En définitive, il n'est pas évident que la transposition de telles dispositions en droit français soit opportune. Elles paraissent d'ailleurs assez éloignées des règles et des propositions françaises actuelles, comme en témoigne l'avant-projet de réforme du droit des obligations et de la prescription présenté en septembre 2005.

### *2. L'avant-projet de réforme du droit des obligations et de la prescription*

**657.** L'avant-projet de réforme du droit des obligations et du droit de la prescription, présenté le 22 septembre 2005 par la commission présidée par Monsieur Pierre Catala, a pour objectif de remanier les dispositions correspondantes du Code civil[278]. Plus spécifiquement, le groupe de travail consacré aux dispositions relatives à la responsabilité civile a entrepris non seulement de consacrer les solutions apportées par la jurisprudence aux dispositions elliptiques du Code civil, mais aussi de prendre parti sur certaines questions et d'écarter des dispositions inopportunes ou dépassées[279]. Ayant connu de profondes évolutions jurisprudentielles, le droit de la responsabilité du fait d'autrui fait naturellement l'objet de multiples propositions. Dans cette optique, l'avant-projet conforte la suprématie de la responsabilité de plein droit et réaffirme le principe selon lequel la responsabilité du fait d'autrui « *suppose la preuve d'un fait de nature à engager la responsabilité de l'auteur direct du dommage* »[280]. Poursuivant l'analyse jurisprudentielle, l'avant-projet distingue la responsabilité fondée sur le contrôle du mode de vie d'autrui et celle fondée sur l'organisation, l'encadrement ou le contrôle de l'activité d'autrui. Cette distinction fondamentale est expressément rappelée dans un article[281] présenté comme un texte

---

[278] P. CATALA (dir.), *Avant-projet de réforme du droit des obligations et de la prescription*, La Documentation française, 2006.

[279] G. VINEY, *Exposé des motifs*, Sous-titre III, De la responsabilité civile (articles 1340 à 1386), *in* P. CATALA (dir.), *Avant-projet de réforme du droit des obligations et de la prescription*, *op. cit.*, pp. 161-170. *Adde* : G. VINEY, *Projet de réforme du droit des obligations : les éléments clés en matière de droit de la responsabilité*, *RLDC*, décembre 2005, pp. 13-17 ; G. VINEY, *Le droit de la responsabilité dans l'avant-projet Catala, in La création du droit jurisprudentiel, Mélanges en l'honneur de Jacques BORÉ*, Dalloz, 2007, pp. 473-497. *Cf.* également : P. MAISTRE DU CHAMBON, *Brèves observations sur quelques aspects de l'avant-projet de recodification du droit de la responsabilité civile, in Responsabilité civile et assurances, Études offertes à H. GROUTEL*, LexisNexis Litec, 2006, pp. 263-277 ; *L'avant-projet de réforme du droit de la responsabilité (Actes du colloque organisé par l'Université Panthéon-Sorbonne (Paris I) le 12 mai 2006), RDC* 2007 ; PH. LE TOURNEAU et J. JULIEN, *La responsabilité extra-contractuelle du fait d'autrui dans l'avant-projet de réforme du Code civil, in Études offertes à Geneviève VINEY*, LGDJ, 2008, pp. 579-593.

[280] Article 1355, alinéa 2, de l'avant-projet de réforme du droit des obligations et de la prescription.

[281] Article 1355 de l'avant-projet de réforme du droit des obligations et de la prescription : « *On est responsable de plein droit des dommages causés par ceux dont on règle le mode de vie ou dont on organise, encadre ou contrôle l'activité dans son propre intérêt. Cette responsabilité a lieu dans les cas et aux conditions prévues aux articles 1356 à 1360. Elle suppose la preuve d'un fait de nature à engager la responsabilité de l'auteur direct du dommage* ».

d'annonce[282]. Ainsi, de prime abord, nous devons admettre que l'avant-projet souhaite réorganiser une partie du droit de la responsabilité du fait d'autrui autour de la notion de contrôle du mode de vie d'autrui. Autrement dit, nous pourrions percevoir dans ces propositions une consécration du système jurisprudentiel de responsabilité de plein droit du fait non professionnel d'autrui fondé sur la garde intellectuelle d'autrui, puisque, selon nous, cette notion peut être rattachée au contrôle du mode de vie d'autrui.

Or, l'attachement à cette formule dégagée par la jurisprudence n'est pas sans danger. En effet, nous avons pu constater qu'un certain nombre d'incohérences jurisprudentielles trouvent leur origine dans l'absence de définition de la notion d'organisation, de direction et de contrôle du mode de vie d'autrui. Rappelons-nous simplement l'exemple du mineur en danger confié par le juge des enfants au service départemental de l'aide sociale à l'enfance avec souhait de son orientation vers un foyer déterminé. Tandis que la Cour de cassation estime que le foyer dirige, organise et contrôle le mode de vie du mineur[283], le Conseil d'État reconnaît un tel pouvoir au service de l'aide sociale à l'enfance[284]. De même, souvenons-nous qu'une Cour d'appel a considéré qu'une grand-mère hébergeant son petit-fils depuis douze ans organisait, dirigeait et contrôlait son mode de vie et que la Cour de cassation a censuré cette décision au motif que ses parents avaient encore la plénitude de l'exercice de l'autorité parentale. Pareillement, si la Cour de cassation[285] et le Conseil d'État[286] affirment conjointement que la décision judiciaire confiant un mineur en danger à un tiers a pour conséquence de transférer le pouvoir de direction, d'organisation et de contrôle de son mode de vie au détriment des parents, le Conseil d'État n'a toutefois pas hésité à retenir, au mépris des règles de droit des personnes, que la décision administrative confiant un mineur à une personne publique avec le consentement des parents transférait également le pouvoir de direction, d'organisation et de contrôle du mode de vie du mineur[287]. Indéniablement de telles divergences entre les juges a pour origine l'imprécision de la notion de contrôle du mode de vie d'autrui. Or, si on estime qu'une responsabilité de plein droit doit être rattachée à l'exercice d'un pouvoir sur autrui, il paraît essentiel que ce pouvoir soit clairement défini, afin de satisfaire un impératif de justice et de prévisibilité. Aussi pouvons-nous craindre que l'attachement à la notion de contrôle du mode de vie d'autrui et son absence de définition n'obscurcissent la compréhension des règles de la responsabilité du fait d'autrui. À la lecture des différentes dispositions de l'avant-projet, ces craintes sont confortées tant pour la responsabilité du fait des mineurs **(a)**, que pour la responsabilité du fait des majeurs **(b)**.

a. La responsabilité du fait des mineurs

**658.** Selon l'avant-projet de réforme du droit des obligations, l'article 1355 du Code civil poserait, à titre d'introduction, le principe de l'existence d'une responsabilité de plein

---

[282] Cet article n'est toutefois pas totalement dénué de toute portée normative. En effet, il précise que ces responsabilités pour autrui sont des responsabilités de plein droit et qu'elles supposent la preuve d'un fait de nature à engager la responsabilité de l'auteur direct du dommage.

[283] Crim., 15 juin 2000, *Bull. crim.*, n° 233 ; *D.* 2001, 653, note M. HUYETTE.

[284] CE, 13 février 2009, *Département de la Meurthe et Moselle*, *AJDA* 2009, 286, obs. J.-M. PASTOR ; *JCP G* 2009, II, 10059, note P. TIFINE ; *JCP A* 2009, n° 21, 18 mai 2009, 28, note F.-X. FORT ; *RDSS* 2009, 377, note D. CRISTOL ; *RTD civ.* 2009, 314, note J. HAUSER.

[285] Crim., 10 octobre 1996, *Bull. crim.*, n° 357 ; Crim, 26 mars 1997 (3 arrêts), *Bull. crim.*, n° 124 ; GAJC, t. 2, n^os 218-219, pp. 343-354 ; Crim., 25 mars 1998, *Bull. crim.*, n° 114 ; Civ. 2^e, 20 janvier 2000, *Bull. civ.* II, n° 15 ; Crim., 15 juin 2000, *Bull. crim.*, n° 233 ; Civ. 2^e, 6 juin 2002 (3 arrêts), *Bull. civ.* II, n° 120 ; Civ. 2^e, 22 mai 2003, *Bull. civ.* II, n° 157 ; Crim., 8 janvier 2008, *Bull. crim.*, n° 3. *Cf. supra* n° 568.

[286] CE, 11 février 2005, *GIE Axa Courtage*, *Lebon*, p. 45. *Cf. supra* n^os 615-618.

[287] CE, 26 mai 2008, *Département des Côtes-d'Armor*, *AJDA* 2008, 2081, note F.-X. FORT ; D. CRISTOL, *Nouveaux éclairages jurisprudentiels relatifs aux protections sociale et judiciaire de l'enfance en danger de l'enfance délinquante*, *RDSS*, 2008, p. 926. *Cf. supra* n° 622.

droit du fait des personnes dont on règle ou contrôle le mode de vie d'autrui[288] et l'article 1356 du Code civil comporterait la première application de cette idée en s'intéressant à la responsabilité du fait des mineurs. Sa rédaction serait la suivante : « *Sont responsables des dommages causés par un enfant mineur : ses père et mère en tant qu'ils exercent l'autorité parentale ; le tuteur en cas de décès de ceux-ci ; la personne physique ou morale chargée par décision judiciaire ou administrative ou par convention, de régler le mode de vie du mineur. Cette responsabilité peut se cumuler avec celle des parents ou du tuteur* ». En parallèle, l'avant-projet de réforme a affirmé l'existence d'une responsabilité pour faute présumée du fait des mineurs. Cette règle serait ainsi formulée à l'article 1358 : « *Les autres personnes qui assument, à titre professionnel, une mission de surveillance d'autrui, répondent du fait de l'auteur direct du dommage, à moins qu'elles ne démontrent qu'elles n'ont pas commis de faute* ». Par conséquent, l'article 1356 envisage d'abord la responsabilité de plein droit des père, mère et tuteur (**α**), puis celle des personnes physiques ou morales chargées par décision judiciaire ou administrative ou par convention de régler le mode de vie du mineur (**β**). En parallèle, l'article 1358 aborde la responsabilité pour faute présumée des personnes, assurant à titre professionnel, la surveillance des mineurs (**γ**). L'étude de ces différentes règles de responsabilité devrait nous permettre de mettre en évidence le système de responsabilité retenu (**δ**).

*α. La responsabilité des père, mère et tuteur*

**659. La responsabilité des père et mère.** Selon l'avant-projet, la nouvelle responsabilité des père et mère serait uniquement rattachée à leur condition de parent et à l'exercice de l'autorité parentale. La condition de la cohabitation disparaîtrait enfin. Certes, on peut se réjouir de l'abandon d'une notion qui avait perdu sa véritable signification avec le développement de la responsabilité de plein droit. Néanmoins, on doit également constater le rejet de la jurisprudence qui tentait, à partir de cette notion de cohabitation, de fonder la responsabilité parentale sur la garde intellectuelle du mineur, afin de l'articuler avec les nouveaux cas de responsabilité du fait d'autrui issus de l'alinéa 1er de l'article 1384 du Code civil. Loin d'être totalement abstruse, la solution jurisprudentielle a l'avantage de montrer que l'autorité parentale peut être exercée selon des intensités différentes. Tandis que certains parents exercent la plénitude des prérogatives de l'autorité parentale, d'autres n'exercent qu'une autorité restreinte, amputée de sa principale composante : la garde intellectuelle du mineur. Cette dernière hypothèse correspond notamment à la situation des parents dont l'enfant a fait l'objet d'une décision judicaire de placement sur le fondement d'une mesure d'assistance éducative ou de rééducation. Dans de telles situations, les parents exercent toujours l'autorité parentale, mais ils ont perdu la garde intellectuelle et ne peuvent régler le mode de vie de leurs enfants. En somme, tandis que certains parents exercent l'autorité parentale et contrôlent le mode de vie de leurs enfants, d'autres exercent toujours l'autorité parentale mais ne contrôlent plus le mode de vie de leurs enfants[289]. La rédaction très générale de l'article 1356, suggérée par l'avant-projet, ne permet pas de tenir compte de cette différence de pouvoirs pour en tirer des conséquences sur le terrain de la responsabilité. Ceci est d'autant plus surprenant que son article 1355 met en exergue la notion de contrôle du mode de vie d'autrui comme fondement de certains cas de responsabilité du fait d'autrui.

**660. La responsabilité du tuteur.** À la suite de la responsabilité des père et mère, l'avant-projet affirme clairement le principe de la responsabilité du tuteur en cas de décès des

---

[288] On observera que si le texte de l'avant-projet utilise l'expression « *régler le mode de vie d'autrui* », elle ne semble pas la distinguer de l'expression « *contrôler le mode de vie d'autrui* ». Cette dernière formulation est d'ailleurs expressément utilisée dans les observations qui accompagnent le paragraphe relatif au fait d'autrui.

[289] *Cf. supra* nos 321-325.

parents. Sur ce point, la lecture de l'exposé des motifs nous apprend que « *cette désignation, de préférence au conseil de famille, s'inspire de considérations pratiques. Le tuteur est facilement identifiable par la victime et il peut prendre l'assurance destinée à garantir ce risque* »[290]. Indéniablement, de telles considérations pratiques ne peuvent être négligées. Toutefois, elles ne font finalement que souligner le déclin du conseil de famille, organe de la tutelle plus difficilement identifiable, ne devant pas être responsable de plein droit du fait du mineur. La solution serait peut-être sa suppression pure et simple[291]. Quoi qu'il en soit, sur le plan théorique, il est difficile d'affirmer qu'en l'état actuel du droit, le tuteur contrôle le mode de vie du mineur. Le faire reviendrait à nier les pouvoirs du conseil de famille. En effet, il est apparu que ce dernier disposait de prérogatives essentielles, lui conférant en réalité la garde intellectuelle du mineur, c'est-à-dire le contrôle de son mode de vie. En revanche le tuteur peut exercer le pouvoir de garde matérielle[292]. Par conséquent, en dépit de l'affirmation de l'avant-projet, nous devons de nouveau admettre que cette hypothèse de responsabilité du fait des mineurs n'est pas fondée sur le contrôle de son mode de vie.

En somme, ni la responsabilité des père et mère, ni la responsabilité des tuteurs ne sont véritablement fondées sur le contrôle du mode de vie du mineur. Dès lors, une alternative se présente. Si on souhaite maintenir les responsabilités des parents et du tuteur sous cette forme, il serait sans doute opportun de supprimer ou de modifier la rédaction de l'article 1355, qui n'annonce pas réellement l'ensemble des hypothèses de responsabilité du fait d'autrui. En revanche, si on souhaite maintenir l'idée générale énoncée à l'article 1355, selon laquelle la responsabilité du fait des mineurs est fondée sur le contrôle de leur mode de vie, il serait judicieux de modifier les responsabilités des parents et du tuteur en la rattachant expressément à cette idée, c'est-à-dire en la fondant sur la garde intellectuelle du mineur. Ces difficultés rencontrées pour les responsabilités des parents et des tuteurs ne devraient *a priori* pas se rencontrer pour les autres cas de responsabilité du fait des mineurs, puisqu'ils se fondent expressément sur le contrôle du mode de vie de l'enfant.

*β. La responsabilité des personnes physiques ou morales chargées par décision judiciaire ou administrative ou par convention, de régler le mode de vie du mineur*

**661. Des responsabilités fondées en apparence sur le contrôle du mode de vie.** En apparence, le dernier cas de responsabilité du fait des mineurs est en parfaite harmonie avec la directive posée par l'annonce de l'article 1355. L'article 1356 rend en effet responsable de plein droit du dommage causé par un mineur « *la personne physique ou morale chargée par décision judiciaire ou administrative ou par convention de régler le mode de vie du mineur* ». Expressément fondé sur la notion de contrôle du mode de vie, il se présente comme une parfaite illustration du texte introductif. Néanmoins, il nous semble que l'absence de définition de la notion de contrôle du mode de vie a conduit les rédacteurs à attribuer un même pouvoir de contrôle du mode de vie d'un mineur à des personnes exerçant en réalité des pouvoirs distincts. L'obscurité entourant la notion de contrôle du mode de vie permettrait de cacher la disparité des pouvoirs des personnes potentiellement responsables de plein droit du fait d'un mineur. Ainsi, selon l'article 1356, trois catégories de personnes physiques ou morales réglant le mode de vie d'un mineur pourraient être responsables de plein droit du fait d'un mineur.

**662. La responsabilité des personnes chargées par une décision judiciaire de régler le mode de vie d'un mineur.** Tout d'abord, il s'agirait des personnes chargées par décision judiciaire de régler le mode de vie d'un mineur. *A priori*, il est exact qu'une décision

---

290 G. VINEY, *Exposé des motifs*, Sous-titre III, De la responsabilité civile (articles 1340 à 1386), *in* P. CATALA (dir.), *Avant-projet de réforme du droit des obligations et de la prescription*, *op. cit.*, p. 166.

291 *Cf. supra* n[os] 344-345.

292 *Cf. supra* n° 342.

de justice peut attribuer un pouvoir de contrôle du mode de vie d'un mineur. Tel est le cas pour la prise en charge d'un mineur en danger ou d'un mineur délinquant par une personne en vertu d'une décision du juge des enfants ou d'un tribunal pour enfants. Néanmoins, l'absence de définition de la notion de contrôle du mode de vie du mineur risque de susciter quelques hésitations.

Ainsi, l'indétermination de la notion de contrôle du mode de vie ne permet pas de distinguer ouvertement l'assistance éducative avec placement et l'assistance éducative sans placement. On peut en effet craindre qu'en l'absence d'une définition précise de la notion de contrôle du mode de vie, les tribunaux n'appliquent largement cette responsabilité du fait d'autrui et n'établissent aucune distinction entre les deux situations juridiques. Elles sont pourtant bien distinctes. Tandis que la mesure d'assistance éducative avec placement transfère la garde intellectuelle et physique du mineur et attribue, par conséquent, le contrôle du mode de vie du mineur[293], la mesure d'assistance éducative sans placement ne confère qu'un pouvoir d'assistance aux tiers leur permettant d'aider les parents dans leur mission parentale[294].

De même, l'absence de définition de la notion de contrôle du mode de vie d'autrui ne permet pas de différencier la décision de placement ordonnée par le juge sur le fondement d'une mesure d'assistance éducative, de la décision de placement ordonnée par le juge sur le fondement de l'article 373-3 du Code civil[295]. Or, ces situations doivent, selon nous, être distinguées. Tandis que dans la première hypothèse, le tiers dispose de l'intégralité du pouvoir de garde sur le mineur et peut, par conséquent, réellement contrôler son mode de vie ; dans la seconde hypothèse, le tiers ne reçoit que la garde matérielle du mineur et ne contrôle pas réellement son mode de vie, puisque les parents conservent la garde intellectuelle de leur enfant.

**663. La responsabilité des personnes chargées par une décision administrative de régler le mode de vie d'un mineur.** Ensuite, l'article 1356 prévoit que la responsabilité de plein droit pourrait peser sur les personnes chargées par une décision administrative de régler le mode de vie du mineur. La généralité de cette formule et l'imprécision de la notion de contrôle du mode de vie permettent d'envisager de nombreuses hypothèses, qui sont pourtant fondamentalement différentes. En effet, si la décision d'hospitalisation d'office du préfet, ou à Paris du préfet de police, a pour conséquence de transférer la garde intellectuelle et physique d'un mineur et, partant, de conférer un pouvoir de contrôle de son mode de vie, il n'en est pas de même pour toutes les décisions administratives concernant la prise en charge d'un mineur. Ainsi, la décision administrative de protection d'un mineur peut avoir pour conséquence de confier un enfant mineur à un tiers avec le consentement de ses parents[296]. Dans cette hypothèse, si le tiers a bien la garde matérielle du mineur, il ne contrôle pas pour autant son mode de vie[297]. Admettre une solution différente reviendrait à nier le maintien des prérogatives parentales et à assimiler la protection administrative à la protection judiciaire. On peut néanmoins craindre que l'absence de définition de la notion de contrôle du mode de vie du mineur ne conduise à une assimilation de ces situations. Par ailleurs, une décision de protection administrative peut avoir pour seule conséquence d'entraîner l'intervention des services de l'aide sociale à l'enfance afin d'assister les parents dans leur mission parentale[298]. L'absence de définition de la notion de contrôle du mode de vie du mineur pourrait très bien aux yeux de certains juges englober cette situation.

---

[293] *Cf. supra* n^os 321-325.
[294] *Cf. supra* n^os 315-316.
[295] *Cf. supra* n^os 311-313.
[296] *Cf. supra* n° 309.
[297] *Cf. supra* n° 310.
[298] *Cf. supra* n° 314.

**664. La responsabilité des personnes chargées par convention de régler le mode de vie d'un mineur.** Enfin, en dépit d'une tendance jurisprudentielle contraire, l'avant-projet retient que les personnes chargées par convention de régler le mode de vie du mineur sont pleinement responsables des dommages qu'il pourrait causer. Selon l'exposé des motifs du groupe de travail, cette disposition désigne les instituts médico-pédagogiques et les établissements scolaires auxquels les parents ont confié l'enfant en pension par contrat. Cette règle révèle de nouveau l'indétermination de la notion de contrôle du mode de vie et le refus d'admettre l'existence de différences fondamentales entres les différentes situations de placement d'un mineur. En effet, il résulte de l'article 1356 qu'une personne, chargée par le juge de prendre en charge un mineur en exécution d'une mesure d'assistance éducative, et un institut médico-pédagogique, chargé par des parents de prendre en charge un mineur, règlent le mode de vie de leurs pensionnaires. Une telle affirmation nous semble beaucoup trop générale. S'il est vrai qu'un institut médico-pédagogique, chargé par des parents de prendre en charge un mineur, a sa garde matérielle, il n'a pas pour autant sa garde intellectuelle et ne contrôle pas son mode de vie. De même, doit-on exiger dans ces différentes hypothèses un hébergement du mineur ou peut-on l'appliquer à un institut médico-pédagogique prenant en charge un mineur en qualité de demi-pensionnaire ? Par ailleurs, cette disposition pourrait être invoquée dans de nombreuses situations et ne devrait pas être limitée aux instituts médico-pédagogiques et aux internats. Ainsi devrait-elle s'appliquer aux grands-parents hébergeant à titre permanent leurs petits-enfants avec l'accord de leurs parents. L'action bénévole des grands-parents, en dehors de toute délégation officielle de l'autorité parentale, pourrait avoir de lourdes conséquences. L'adoption d'une telle disposition devrait nécessairement s'accompagner d'une campagne d'information et de sensibilisation à l'assurance, voire d'une obligation de s'assurer.

**665. Le cumul de ces responsabilités avec la responsabilité des parents ou du tuteur.** En dépit de l'opposition de la Cour de cassation et de certains membres du groupe de travail, la faculté de cumuler la responsabilité d'une personne chargée par une décision judiciaire, administrative ou par convention de régler le mode de vie d'un mineur avec la responsabilité des parents ou du tuteur est admise par l'avant-projet. Cette faculté montre en fait que les différents cas de responsabilité du fait du mineur ne sont pas réellement fondés sur le contrôle du mode de vie du mineur. En effet, si un mineur a été confié à un foyer en exécution d'une décision judiciaire d'assistance éducative, le foyer et les parents peuvent être responsables. Selon l'affirmation générale de l'article 1355, ces responsabilités du fait d'autrui sont fondées sur le contrôle du mode de vie du mineur. Il faudrait donc en déduire que les parents et le foyer exercent simultanément un tel pouvoir, ce qui est impossible. De même, si un mineur a été placé en pension dans un établissement scolaire, il faut admettre que les parents et l'établissement scolaire contrôlent le mode de vie du mineur. Si de telles analyses des pouvoirs sur autrui peuvent servir la logique d'indemnisation de la responsabilité civile, elles n'en sont pas moins problématiques sous l'angle du droit des personnes et finalement ne tiennent pas compte de la différence des pouvoirs existant entre les personnes responsables. L'analyse de ces pouvoirs au travers du prisme de la garde intellectuelle et de la garde matérielle permet de mieux comprendre la répartition et les différences des pouvoirs sur la personne d'un mineur.

*γ. La responsabilité des personnes qui assument à titre professionnel une mission de surveillance des mineurs*

**666. Une responsabilité fondée sur la surveillance et non sur le contrôle du mode de vie.** En marge des responsabilités de plein droit du fait des mineurs, l'article 1358 suggéré par l'avant-projet fait peser une responsabilité pour faute présumée sur les « *personnes qui assument, à titre professionnel, une mission de surveillance* » d'un mineur. Dans l'avant-projet, cette responsabilité se distingue clairement des responsabilités du fait d'autrui fondées sur le contrôle du mode de vie. Il n'y a ici aucune assimilation. Selon l'article 1355, le contrôle du mode de vie justifie l'existence d'une responsabilité de plein droit. Dans l'article 1358, il s'agit d'une responsabilité pour faute présumée. Elle est donc bien fondée sur une mission de surveillance et non sur le contrôle du mode de vie d'autrui. D'après la note accompagnant ce texte, cette disposition vise notamment l'assistance maternelle, le centre de loisirs ou l'école à laquelle l'enfant a été confiée temporairement. En somme, cette responsabilité pour faute présumée vise des personnes qui, temporairement et à titre professionnel, ont la garde matérielle d'un mineur. Sont ainsi écartés les membres de la famille, proches, voisins qui, à titre bénévole, surveilleraient un enfant mineur.

**667. Un domaine difficile à déterminer.** L'application de cette responsabilité fondée sur la surveillance d'autrui risque de présenter certaines difficultés, lorsqu'il s'agira de l'articuler avec la responsabilité de plein droit des personnes chargées par convention de régler le mode de vie du mineur. L'absence d'encadrement précis des notions de surveillance et de contrôle du mode de vie d'autrui risque de soulever quelques problèmes pratiques dans l'application de cette articulation. Ainsi, un institut médico-pédagogique prenant en charge un mineur en qualité de demi-pensionnaire sera-t-il considéré comme réglant son mode de vie ou assurant sa surveillance ?

*δ. Mise en évidence du système de responsabilité adopté*

**668. Réinterprétation des responsabilités du fait des mineurs.** Il ressort de l'étude des dispositions de l'avant-projet Catala que, contrairement à ce qui est exposé dans l'article 1355, la responsabilité du fait des mineurs ne repose pas sur le contrôle du mode de vie du mineur. L'affirmation contraire a pour conséquence de nier la diversité des situations d'autorité sur la personne du mineur. Ainsi, les responsabilités de plein droit des parents et du tuteur se présentent comme des responsabilités très générales pouvant être invoquée tant qu'ils exercent l'autorité parentale. Elles constituent le socle de la responsabilité du fait du mineur. Que le mineur habite chez ses parents ou l'un d'entre eux, ou qu'il soit hébergé par un tiers à titre permanent ou non, sur le fondement d'une décision judiciaire, administrative ou d'une convention, les parents demeurent responsables tant qu'ils exercent l'autorité parentale. Dans cette optique on ne tient pas compte d'une éventuelle restriction judiciaire des prérogatives de l'autorité parentale.

Sur ce socle viennent se superposer diverses responsabilités de plein droit. Il s'agit des personnes qui prennent en charge un mineur sur le fondement d'une décision judiciaire, administrative ou par convention. Dans cette dernière hypothèse, l'avant-projet semble exiger une prise en charge relativement longue. La garde intellectuelle du mineur, c'est-à-dire le contrôle de son mode de vie, n'est pas l'élément fédérateur de ces différents cas de responsabilité du fait des mineurs. Tandis que certaines personnes exercent un véritable pouvoir de garde intellectuelle sur le mineur, et peuvent à ce titre choisir son mode de vie, d'autres n'exercent que le pouvoir de garde matérielle du mineur et restent sous l'autorité des titulaires de l'exercice de l'autorité parentale, seuls véritables maîtres du mode de vie de l'enfant. Le seul lien entre ces différentes hypothèses de responsabilité du fait du mineur semble bien être l'exercice d'un pouvoir de garde matérielle - c'est-à-dire la faculté de contrôler ses activités quotidiennes - à titre permanent.

Sur le socle de la responsabilité des parents et des tuteurs vient également se superposer une responsabilité pour faute présumée du fait des mineurs. En réalité, cette disposition vise uniquement les personnes qui exercent à titre professionnel un pouvoir de garde matérielle sur la personne d'un mineur.

**669. Reformulation des responsabilités du fait des mineurs.** Dès lors, à l'aune des notions de garde intellectuelle et de garde matérielle, il est possible de mettre en lumière le système de responsabilité du fait des mineurs adopté par l'avant-projet Catala en reformulant les articles proposés.

Tout d'abord, il convient de supprimer la disposition générale de l'article 1355, alinéa 1er, qui ne correspond pas à toutes les hypothèses de responsabilité de plein droit du fait du mineur.

Ensuite, si on utilise les notions de gardes intellectuelle et matérielle, la rédaction de l'article 1356 serait la suivante : « *Sont responsables des dommages causés par un enfant mineur : ses père et mère en tant qu'ils exercent l'autorité parentale ; le tuteur en cas de décès de ceux-ci ; la personne physique ou morale chargé, à titre permanent, par décision judiciaire ou administrative ou par convention, de la garde intellectuelle ou matérielle du mineur. Cette responsabilité peut se cumuler avec celle du parent ou du tuteur* ».

Enfin, en ce qui concerne la responsabilité pour faute présumée du fait du mineur, l'article 1358 devrait être ainsi rédigé : « *Les autres personnes qui assument, à titre professionnel et temporaire, la garde matérielle d'un mineur, répondent de son fait, à moins qu'elles ne démontrent qu'elles n'ont pas commis de faute* ».

Ces rédactions, utilisant les notions de gardes intellectuelle et matérielle que nous avons dégagées, refléteraient davantage la réalité des pouvoirs exercés sur la personne des mineurs et semblent correspondre aux souhaits du groupe de travail quant à la détermination des personnes responsables. En revanche, si on souhaite adopter un système de responsabilité du fait des mineurs fondé sur le contrôle de son mode de vie, il conviendrait de remanier en profondeur la rédaction actuellement proposée[299]. En somme, l'analyse de ces dispositions relatives à la responsabilité du fait d'autrui peut nous conforter dans l'idée que l'utilisation de la notion de contrôle du mode de vie, sans lui rattacher une véritable définition, risque de ne pas être conforme à l'idée selon laquelle la responsabilité de plein droit du fait d'autrui est associée à un pouvoir déterminé. La même constatation peut être faite à propos de la responsabilité du fait des majeurs.

b. La responsabilité du fait des majeurs

**670. Présentation**. L'article 1357, suggéré par l'avant-projet de réforme, adopte une conception large de la responsabilité du fait des majeurs. Ainsi, il dispose : « *Est responsable des dommages causés par un majeur dont l'état ou la situation nécessite une surveillance particulière la personne physique ou morale chargée, par décision judiciaire ou administrative ou par convention, de régler son mode de vie* ». Par conséquent, il distingue la responsabilité du fait des majeurs dont l'état nécessite une surveillance particulière et la responsabilité du fait des majeurs dont la situation nécessite une surveillance particulière.

**671. La responsabilité du fait des majeurs dont l'état nécessite une surveillance particulière.** La responsabilité du fait des majeurs dont l'état nécessite une surveillance particulière a été très largement conçue, tant en ce qui concerne la détermination de l'auteur du dommage, que celle des responsables pour autrui.

Cette responsabilité peut être invoquée pour les dommages causés par les personnes présentant un trouble physique ou mental nécessitant une surveillance particulière. Par conséquent, elle vise aussi bien les handicapés mentaux que les handicapés physiques ou les malades, dès lors qu'ils requièrent une surveillance.

De même, cette responsabilité peut être invoquée à l'encontre des personnes physiques ou morales chargées par une décision judiciaire ou administrative ou par une convention, de régler le mode de vie de l'auteur du dommage. De nouveau, la généralité de cette formulation paraît excessive. Elle réunit sous une même étiquette des personnes exerçant des pouvoirs distincts. En effet, selon nous, seule une décision judiciaire ou administrative peut, dans certaines hypothèses déterminées, attribuer un pouvoir de contrôle du mode de vie sur un majeur. Admettre plus largement l'existence d'un tel pouvoir sur autrui aurait pour

---

[299] *Cf. infra* nos 675-705.

conséquence, soit de nier la diversité des pouvoirs sur autrui, soit de porter atteinte à la liberté individuelle. Seuls les handicapés mentaux majeurs hospitalisés sous contrainte perdent le contrôle de leur mode de vie. Dans toutes les autres hypothèses, il convient d'admettre qu'au nom de la liberté individuelle les majeurs conservent toujours la maîtrise de leur mode de vie. Celui-ci peut éventuellement faire l'objet de restrictions, mais son contrôle ne peut, en aucun cas, être conféré à un tiers. Une simple convention est insuffisante. Elle constituerait une renonciation à la liberté individuelle[300]. La notion de contrôle du mode de vie semble avoir été utilisée de façon particulièrement large. Dans l'avant-projet, elle regroupe à la fois de véritables situations de garde d'autrui, comportant un pouvoir de contrôle du mode de vie d'autrui, et de simples situations de direction d'autrui, comportant uniquement un pouvoir de surveillance et de direction d'autrui. L'absence de définition de la notion de contrôle du mode de vie autorise une large perception de la catégorie des personnes responsables. L'exposé des motifs de l'avant-projet nous apprend d'ailleurs que cette responsabilité pourrait être invoquée à l'occasion d'un dommage causé par un majeur en tutelle, ou d'un handicapé mental hospitalisé selon les modalités prévues par le titre 1er du Livre II de la 3e partie du Code de la santé publique (articles L. 3211-1 et suivants). En conséquence pourraient être responsables de plein droit : les tuteurs, les hôpitaux psychiatriques recevant des malades sous contrainte ou en service libre, mais aussi tous les autres hôpitaux soignant des malades, les maisons de retraite…

**672. La responsabilité du fait des majeurs dont la situation nécessite une surveillance particulière.** L'avant-projet de réforme n'a pas souhaité limiter la responsabilité du fait des majeurs aux personnes dont l'état justifie une surveillance particulière, il l'a au contraire étendue aux majeurs dont la situation nécessite une surveillance spéciale. Selon la note explicative attachée à l'article 1357, cette disposition vise notamment « *le cas de l'incarcération ou du contrôle exercé par une autorité judiciaire ou une personne déléguée par celle-ci* ». Le contentieux de la réparation des dommages causés par une personne incarcérée confiée au service public pénitentiaire relevant des juridictions administratives, cette responsabilité ne peut s'intéresser qu'aux dommages causés par des prisonniers placés auprès d'une personne privée. Une telle hypothèse vise certainement le placement à l'extérieur des condamnés avec ou sans surveillance. Tandis que la garde intellectuelle du prisonnier est maintenue à l'administration pénitentiaire, sa garde matérielle peut être transférée à une personne privée[301]. Cette dernière n'exerce alors aucun pouvoir sur le mode de vie de la personne condamnée. Elle peut simplement contrôler ses activités quotidiennes.

**673. Réinterprétation et reformulation de la responsabilité du fait des majeurs.** En somme, ces différentes responsabilités du fait des majeurs ne sont pas réellement fondées sur le contrôle du mode de vie. Ce fondement général masque la diversité des conditions des personnes placées sous l'autorité d'autrui et ignore parfois l'existence d'une pluralité de personnes exerçant un pouvoir sur autrui. Il semble plus exact d'affirmer que la responsabilité est fondée tantôt sur la garde, tantôt sur la direction d'autrui. Ainsi, l'action en responsabilité du fait des personnes dont la situation nécessite une surveillance particulière est fondée sur la garde, lorsqu'elle est intentée à l'encontre d'un établissement psychiatrique recevant des malades sous contrainte, mais elle est fondée sur l'existence d'un pouvoir de direction dans toutes les autres situations. De même, la responsabilité du fait des majeurs dont la situation nécessite une surveillance particulière semble se réduire aux hypothèses de prise en charge d'un détenu dans le cadre d'un placement à l'extérieur. Cette responsabilité est alors fondée sur la garde matérielle du condamné.

---

[300] *Cf. supra* nos 219-221.
[301] *Cf. supra* nos 406-408.

Afin de retranscrire cette diversité et cette pluralité, nous pouvons, en utilisant les notions de garde et de direction d'autrui précédemment dégagées, reformuler l'article 1357 de l'avant-projet de la façon suivante : « *Est responsable des dommages causés par un majeur dont l'état ou la situation nécessite une surveillance particulière la personne physique ou morale chargée, par décision judiciaire ou administrative ou par convention, de sa garde intellectuelle ou matérielle ou de sa direction* ».

**674.** En définitive, tandis que l'annonce de l'article 1355 de l'avant-projet affirme que les responsabilités du fait des mineurs et des majeurs, dont l'état ou la situation nécessite une surveillance particulière, sont fondées sur le contrôle du mode de vie, l'analyse des différentes responsabilités, énoncées dans les articles suivants, ne conforte pas cette affirmation. Dans l'avant-projet, l'expression « *contrôle du mode de vie* » d'autrui recouvre, sous une même étiquette, des situations d'autorité sur autrui fondamentalement différentes et conduit inévitablement à des contradictions. Aussi convient-il de retenir que ces différentes responsabilités reposent tantôt sur l'exercice d'un pouvoir spécifique - l'autorité parentale -, tantôt sur l'exercice d'un pouvoir plus général - la garde intellectuelle, la garde matérielle ou la direction d'autrui. Ce système se rapproche de ceux retenus dans plusieurs droits étrangers. Toutefois, le droit français de la responsabilité du fait d'autrui se distingue fortement par son régime, puisqu'il retient le principe de la responsabilité de plein droit. Prolongeant sa spécificité, le droit français de la responsabilité du fait d'autrui pourrait également faire preuve d'audace dans le choix du fondement de la responsabilité du fait des mineurs ou des majeurs nécessitant une surveillance. L'association de la garde intellectuelle d'autrui à un régime de responsabilité de plein droit pourrait être une solution optimale, afin d'obtenir un système cohérent et équilibré de responsabilité du fait d'autrui, prenant à la fois en compte les intérêts des victimes et la qualité des responsables.

## § 2. CONSÉCRATION D'UN SYSTÈME DE RESPONSABILITÉ DU FAIT D'AUTRUI FONDÉ SUR LA GARDE INTELLECTUELLE

**675.** En 1804, les rédacteurs du Code civil ont organisé, au sein de l'article 1384 du Code civil, des régimes spéciaux de responsabilité du fait d'autrui dans deux hypothèses distinctes. Tandis que la première s'intéresse aux dommages causés par un mineur, la seconde affirme l'existence d'une responsabilité du fait d'autrui dans certaines relations économiques. Il s'agit des responsabilités des commettants, des maîtres et des artisans. En somme, les règles de l'article 1384 du Code civil peuvent être invoquées à l'occasion d'un fait dommageable causé dans le cadre d'une activité professionnelle, ou économique, ou d'une activité non professionnelle. Cette division de la responsabilité du fait d'autrui en deux domaines a été renforcée par une différenciation progressive des fondements. Alors que la responsabilité des parents ou des instituteurs est fondée sur l'existence d'un rapport d'autorité, il apparaît que la responsabilité des commettants est davantage justifiée par l'existence d'un intérêt économique que par celle d'un rapport d'autorité. Une distinction fondamentale s'est donc développée au sein de la responsabilité du fait d'autrui, opposant une responsabilité du fait non professionnel d'autrui, fondée sur un rapport d'autorité, à une responsabilité du fait professionnel d'autrui, fondée sur un intérêt économique[302]. Ce clivage devrait, selon nous, être retenu dans l'optique

---

[302] Un tel clivage soulève indéniablement la question classique de l'autonomie du droit professionnel et de l'existence d'une responsabilité professionnelle. Sur ces questions, *cf.* : G. RIPERT, *Ébauche d'un droit civil professionnel, in Études de droit civil à la mémoire de H. CAPITANT*, Dalloz, 1939, pp. 677-693 ; P. SERLOOTEN, *Vers une responsabilité professionnelle ?, in Mélanges offerts à P. HÉBRAUD*, Université des Sciences sociales de Toulouse, 1981, pp. 805-821 ; PH. LE TOURNEAU, *Les obligations professionnelles, in Mélanges dédiés à L. BOYER*, Université des Sciences sociales de Toulouse, 1996,

d'une réorganisation globale de la responsabilité du fait d'autrui. Présentement, nous n'envisagerons qu'une réorganisation de la responsabilité du fait non professionnel d'autrui, c'est-à-dire du fait dommageable causé en dehors de toute activité économique. À cet effet, il nous semble que la garde intellectuelle d'autrui devrait être le seul fondement de cette responsabilité du fait non professionnel d'autrui **(A)**, dont le régime appelle quelques observations **(B)**. Ainsi, l'unité et la spécificité de la responsabilité du fait des personnes gardées pourraient être consacrées.

### A. L'AFFIRMATION DE LA GARDE INTELLECTUELLE EN TANT QUE FONDEMENT DE LA RESPONSABILITÉ DU FAIT NON PROFESSIONNEL D'AUTRUI

**676.** La réorganisation de la responsabilité du fait non professionnel d'autrui ne peut aujourd'hui se limiter à la responsabilité civile. Fréquemment des personnes présentant des qualités similaires peuvent être placées sous l'autorité d'une personne publique ou privée. La similitude des conditions peut appeler de ce fait une identité des régimes de responsabilité du fait d'autrui. Précédemment, nous avons observé que la jurisprudence de la Cour de cassation semble affirmer que le contrôle du mode de vie, c'est-à-dire, selon nous, la garde intellectuelle d'autrui, pourrait servir de fondement à la responsabilité du fait non professionnel d'autrui. Il est également apparu que cette reconnaissance est encore fragile. En effet, la Cour de cassation attribue parfois le contrôle du mode de vie à des personnes n'exerçant qu'un pouvoir de garde matérielle. De même, elle fonde, en parallèle, certaines responsabilités du fait non professionnel d'autrui sur la notion de direction d'autrui. De son côté, si le Conseil d'État admet dorénavant que la garde intellectuelle d'autrui puisse fonder une responsabilité du fait d'autrui, il ne rejette pas pour autant l'application de la théorie du risque. Ces deux fondements sont en concurrence pour justifier la mise en œuvre d'une responsabilité sans faute à la suite d'un dommage causé par une personne placée sous l'autorité d'autrui en dehors de toute relation professionnelle. Par ailleurs, si l'avant-projet Catala prône l'adoption d'un régime de responsabilité du fait d'autrui fondé sur le contrôle du mode de vie, l'absence de conception précise de cette notion le conduit à adopter une conception très large de la responsabilité du fait d'autrui qui n'est pas, selon nous, réellement fondée sur le contrôle du mode de vie et par conséquent sur la garde intellectuelle d'autrui. En somme, la jurisprudence et la doctrine laisseraient entendre que la garde intellectuelle ne peut être le fondement unique de la responsabilité du fait non professionnel d'autrui. Toutefois, en dépit de ces avertissements, il ne nous semble pas impossible que la garde et la détention intellectuelles d'autrui soient les seuls fondements de cette responsabilité du fait d'autrui. L'importance de ce fondement serait d'autant plus considérable que sa suprématie devrait être reconnue à la fois dans la responsabilité civile **(1)** et la responsabilité administrative du fait d'autrui **(2)**.

#### *1. L'affirmation de la garde intellectuelle dans la responsabilité civile du fait non professionnel d'autrui*

**677.** En droit civil, la responsabilité du fait non professionnel d'autrui devrait être fondée sur la garde intellectuelle. Ce fondement permet d'établir une responsabilité cohérente et équilibrée prenant à la fois en compte la situation de la victime et celle du responsable pour autrui. Cette solution résulte d'un raisonnement en trois étapes. Tout d'abord, si on souhaite maintenir la responsabilité du fait non professionnel d'autrui dans l'orbite des mécanismes de droit de la responsabilité et ne pas la transformer en pur mécanisme de réparation d'un

---

pp. 365-404 ; N. MOLFESSIS, *Vie professionnelle, vie personnelle et responsabilité des commettants du fait de leurs préposés*, *Dr. social*, 2004, pp. 31-39.

dommage, il paraît opportun de la fonder sur l'exercice d'un pouvoir réel sur l'action d'autrui (**a**). Ensuite, si on souhaite que la responsabilité du fait non professionnel d'autrui n'empiète pas excessivement sur la responsabilité du fait personnel de l'auteur du dommage, il serait judicieux de restreindre ce pouvoir réel sur l'action d'autrui, justifiant une responsabilité, au pouvoir de garde (**b**). Enfin, l'association d'une responsabilité de plein droit à un pouvoir de garde d'autrui témoignant notamment de la volonté d'admettre l'existence d'un garant du fait dommageable d'une personne ne contrôlant pas son mode de vie, il semble logique d'admettre que cette responsabilité ne pèse que sur le gardien intellectuel. En somme, la responsabilité du fait non professionnel d'autrui ne pourrait être admise que pour les personnes ne contrôlant pas leur mode de vie et devrait peser sur la personne chargée juridiquement du contrôle de ce mode de vie. Cette responsabilité de plein droit du fait d'autrui serait dès lors pleinement associée à la garde intellectuelle d'autrui (**c**).

a. Première étape : le fondement de la responsabilité du fait non professionnel d'autrui sur un réel pouvoir sur l'action d'autrui

**678. Le déclin des fonctions traditionnelles de la responsabilité.** Traditionnellement, on admet que la responsabilité civile a non seulement une fonction réparatrice, mais aussi une fonction normative consistant à la fois en la prévention des dommages et en la sanction d'un comportement fautif. Cette perception de la responsabilité civile, très largement reconnue, repose sur l'existence d'un lien étroit entre la responsabilité et la faute[303]. Dans cette optique, la responsabilité civile se distingue clairement d'autres mécanismes, qui ont pour seule fonction d'assurer le versement d'une indemnisation à la victime d'un dommage par l'intermédiaire d'une socialisation des risques. Il s'agit notamment des assurances dommages ou des fonds de garantie. Néanmoins, le développement des mécanismes de socialisation des risques n'a pas été sans conséquences sur le droit de la responsabilité civile[304]. Le développement de l'assurance de responsabilité a bouleversé la responsabilité civile en accentuant son objectivation et, corrélativement, le déclin de la faute[305]. Il est maintenant courant d'affirmer que la responsabilité est devenue un simple support de l'assurance. Sa fonction consisterait à canaliser les actions et les charges de réparation vers celui qui, avant le dommage, était le mieux placé pour l'assurer[306]. De cette évolution, il résulte que le droit de la responsabilité a tendance à devenir uniquement un droit de la réparation[307] et finalement

---

[303] A. TUNC, *La responsabilité civile*, Economica, 2e éd., 1990, nos 160-184, pp. 133-155 ; G. VINEY, *Le déclin de la responsabilité individuelle*, préf. A. TUNC, LGDJ, Bibl. dr. pr., t. 53, 1965, nos 216-223, pp. 188-193 ; S. CARVAL, *La responsabilité civile dans sa fonction de peine privée*, préf. G. VINEY, LGDJ, Bibl. dr. pr., t. 250, 1995 ; CL. GRARE, *Recherches sur la cohérence de la responsabilité délictuelle, L'influence des fondements de la responsabilité sur la réparation*, préf. Y. LEQUETTE, Dalloz, Nouvelle bibliothèque de thèses, vol. 45, 2005 ; G. RIPERT, *La règle morale dans les obligations civiles, op. cit.*, n° 112, pp. 198-202 ; L. CADIET, *Sur les faits et méfaits de l'idéologie de la réparation, in Le juge entre deux millénaires, Mélanges offerts à P. DRAI*, Dalloz, 2000, pp. 495-510, spéc. p. 507. Pour une analyse de ces fonctions dans le droit de la responsabilité administrative, *cf.* CH. GUETTIER, *Faute civile et faute administrative, in La responsabilité pour faute*, Actes du colloque organisé par le Centre de droit de la responsabilité de l'Université du Maine et le Centre de recherches en droit privé de Tours le 17 janvier 2003, *RCA*, juin 2003, pp. 66-74, spéc. nos 41-58, pp. 71-74.

[304] G. VINEY, *thèse précit* ; G. VINEY, *De la responsabilité personnelle à la réparation des risques*, *APD*, n° 22, *La responsabilité*, Sirey, 1977, pp. 5-22 ; B.S. MARKESINIS, *La perversion des notions de responsabilité civile délictuelle par la pratique de l'assurance*, *RIDC*, 1983, pp. 301-317.

[305] Y. FLOUR, *Faute et responsabilité civile : déclin ou résistance ?*, *Droits*, n° 5, *Fin de la faute ?*, 1987, pp. 29-43 ; D. SALAS, *Du déclin de la faute à la tentation du bouc émissaire*, *Dr. et Cult.*, n° 31, *Métamorphoses de la responsabilité*, 1996, pp. 7-18.

[306] G. VINEY, *Introduction à la responsabilité*, *in Traité de droit civil* sous la direction de J. GHESTIN, 3e éd., LGDJ, 2008, n° 25, pp. 40-42.

[307] Cette évolution est régulièrement dénoncée, *cf. not.* : G. RIPERT, *La règle morale dans les obligations civiles*, *op. cit.*, nos 112- 132, pp. 198-244 ; G. RIPERT, *Le régime démocratique et le droit*

à ne plus se distinguer des mécanismes assurant le versement d'une indemnisation à la victime. Si certains auteurs n'hésitent pas à dénoncer un droit de la responsabilité en crise et à fustiger les dérives d'un système d'indemnisation trop largement « *focalisé sur les victimes* »[308], il est au contraire permis de penser, à la suite d'autres auteurs[309], que cette transformation jurisprudentielle de la responsabilité civile participe de l'idée selon laquelle « *le droit apparaît comme un immense syndicat de lutte contre les souffrances* »[310] et constitue, au même titre que l'affirmation des droits de la personnalité ou de la défense des mineurs et des personnes handicapées, une illustration du souci croissant de protection de la personne humaine[311]. Néanmoins, si la finalité de cette évolution du droit de la responsabilité est pleinement compréhensible et louable, il n'est pas évident que la fin justifie présentement les moyens.

**679. Les réactions face au déclin des fonctions traditionnelles de la responsabilité.** De nombreux auteurs ont critiqué cette perte d'identité de la notion de responsabilité. Plusieurs solutions ont été proposées pour redonner au droit de la responsabilité toutes ses fonctions traditionnelles. Dans cette optique, il faudrait séparer l'indemnisation de la responsabilité civile. Ainsi, on a suggéré un renversement de tendance en favorisant le développement de mécanismes de mutualisation des risques comme l'assurance directe ou les fonds de garantis[312]. À cet effet, André Tunc a proposé de distinguer « *deux constructions, qui ne sont pas sans communication, mais qui sont bien distinctes et qui reposent sur des fondements différents : le droit de la responsabilité et le droit ou les droits des accidents* »[313]. Tandis que les dommages résultant de comportements délibérés constitueraient une faute et seraient sanctionnés par le droit de la responsabilité, les dommages essentiellement accidentels et résultant de la réalisation d'un risque seraient automatiquement indemnisés par une mutualité. Dès lors, « *dans ce domaine, l'idée de responsabilité et le mot même devraient être bannis : la mutualité garantit ou ne garantit pas contre tel ou tel dommage* » [314]. Plus récemment, on a pu défendre l'impérieuse nécessité de rétablir la cohérence de la responsabilité civile et de lui redonner pleinement une fonction normative en admettant, en

---

*civil moderne*, 2^e^ éd., LGDJ, 1948, n° 169, p. 309 ; R. SAVATIER, *Vers la socialisation des risques et de la responsabilité, D.H.* 1931, chr., pp. 9-12 ; Y. LAMBERT-FAIVRE, *L'évolution de la responsabilité civile d'une dette de responsabilité à une créance d'indemnisation, RTD civ.* 1987, pp. 1-19 ; M. DELMAS-MARTY, *Pour un droit commun*, Seuil, 1994, pp. 25-28 ; L. CADIET, *Sur les faits et méfaits de l'idéologie de la réparation, art. précit.*

[308] L. ENGEL, *Vers une nouvelle approche de la responsabilité. Le droit français face à la dérive américain, Esprit*, juin 1993, pp. 5-31.

[309] J.-CL. MONIER, *Personne humaine et responsabilité civile, Dr. et Cult.*, n° 31, *Métamorphoses de la responsabilité*, 1996, pp. 51-63.

[310] R. DEMOGUE, *La notion de sujet de droit, RTD civ.* 1909, p. 611.

[311] A. DECOCQ, *Essai d'une théorie générale des droits sur la personne*, préf. G. Levasseur, LGDJ, Bibl. dr. pr., t. 21, 1960 ; R. NERSON, *Les droits extrapatrimoniaux*, thèse Dijon, 1939.

[312] G. VINEY, *thèse précit.* ; G. VINEY, *L'avenir des régimes d'indemnisation indépendants de la responsabilité civile, in Le juge entre deux millénaires, Mélanges offerts à P. DRAI, op. cit.*, pp. 671-687 ; PH. PIERRE, *Vers un droit des accidents, Contribution à l'étude du report de la responsabilité sur l'assurance privée*, thèse Rennes, 1992 ; PH. REMY, *Critique du système français de responsabilité civile, Dr. et Cult.*, n° 31, *Métamorphoses de la responsabilité*, 1996, pp. 33-49, spéc. p. 34 ; CH. RUSSO, *De l'assurance de responsabilité à l'assurance directe, Contribution à l'étude d'une mutation de la couverture des risques*, préf. G. J. MARTIN, Nouvelle bibliothèque de thèses, vol. 9, Dalloz, 2001.

[313] A. TUNC, *Évolution du concept juridique de responsabilité, Dr. et Cult.*, n° 31, *Métamorphoses de la responsabilité*, 1996, pp. 19-31, *spéc.* pp. 28 -29 ; *adde* : A. TUNC, *La responsabilité civile, op. cit.*, n° 154, pp. 123-127, et postface n° 16, pp. 177-179, A. TUNC, *Les problèmes contemporains de la responsabilité civile délictuelle, RIDC,* 1976, pp. 757-777.

[314] A. TUNC, *Évolution du concept juridique de responsabilité, art. précit., spéc.* p. 29.

parallèle à l'action en indemnisation, « *une action expiatoire* »[315]. À la suite de ces auteurs, nous pouvons retenir qu'afin de se différencier des mécanismes de pure indemnisation, la responsabilité civile doit demeurer un instrument de réparation, de sanction et de prévention des dommages et ne pas se transformer en simple mécanisme de réparation. Dans cette optique, la conception de la responsabilité doit revêtir une certaine dimension éthique[316] ou morale[317].

**680. La permanence des fonctions traditionnelles de la responsabilité dans la responsabilité de plein droit.** La nécessité de distinguer la responsabilité des mécanismes de pure indemnisation ne signifie pas pour autant qu'il faille absolument revenir à la faute, multiplier les recours à l'assurance directe, ou instituer une action spécifique supplémentaire. Une responsabilité de plein droit, ou sans faute, peut parfaitement demeurer un mécanisme de responsabilité dûment doté de toutes les fonctions attachées à cette qualité.

Ainsi, la responsabilité de plein droit des commettants n'est pas démunie de toute dimension éthique ou morale. La responsabilité pèse sur la personne morale ou physique qui bénéficie de l'activité d'autrui. C'est la fameuse théorie du risquc-profit. En somme, la responsabilité est imputable à celui qui exerce une autorité économique sur autrui et en tire les bénéfices. Un tel fondement revêt indéniablement une conception morale ou éthique et permet de conforter la place de la responsabilité des commettants au sein des mécanismes de la responsabilité civile.

Par conséquent, si on souhaite maintenir aux responsabilités de plein droit du fait non professionnel d'autrui la qualité de responsabilité, il convient de leur attribuer un fondement moral ou éthique. Dans cette hypothèse, le fait dommageable n'ayant pas été causé à l'occasion d'une activité économique ou professionnelle, il est naturel d'écarter la théorie du risque-profit. La faute réapparaît alors en tapinois. Si elle n'est plus une condition de la responsabilité du fait non professionnel d'autrui, elle peut en constituer le « *fondement rationnel* »[318]. La responsabilité du fait d'autrui est dès lors imputable à la personne qui exerce une autorité sur autrui. Cette autorité doit néanmoins être suffisamment importante et être effectivement exercée lors de la réalisation de l'acte dommageable pour que le répondant développe un sentiment de responsabilité[319]. Lorsque sa responsabilité est retenue, il peut prendre conscience de l'existence de son pouvoir et de sa possibilité d'éviter à l'avenir de nouveaux dommages[320]. En conséquence, le rattachement de la responsabilité de plein droit du fait non professionnel d'autrui à l'exercice d'un réel pouvoir sur autrui permet d'écarter le poncif, selon lequel la responsabilité de plein droit serait « *déresponsabilisante* »[321].

---

315 CL. GRARE, *thèse précit.*,

316 Y. LAMBERT-FAIVRE, *L'éthique de la responsabilité*, *RTD civ.* 1998, pp. 1-22. *Cf.* également : P. KAYSER, *Le sentiment de la justice et le développement de la responsabilité civile en France*, in *Jalons d'une recherche émérite, Écrits de P. KAYSER parus de 1981 à 2001*, PUAM, 2003, pp. 255-309.

317 G. RIPERT, *La règle morale dans les obligations civiles*, *op. cit.*, n^os^ 112-132, pp. 198-244.

318 CH. RADÉ, *L'impossible divorce de la faute et de la responsabilité civile*, *D.* 1998, pp. 301-305. *Cf.* également : PH. LE TOURNEAU, *La verdeur de la faute dans la responsabilité civile (ou de la relativité de son déclin)*, *RTD civ.* 1988, pp. 506-519, spéc. p. 512 ; CH. RADÉ, *Le renouveau de la responsabilité du fait d'autrui, (apologie de l'arrêt Bertrand, deuxième Chambre civile, 19 février 1997)*, *D.* 1997, chr., pp. 279-285 ; S. FRÉMEAUX, *La faute indirecte des parents*, *RRJ* 2000, pp. 1367-1380.

319 P. KAYSER, *Le sentiment de la justice et le développement de la responsabilité civile en France*, *art. précit.*

320 *Cf.* A. TUNC, *La responsabilité civile*, *op. cit.*, n° 165, p. 139 : « *La responsabilité automatique est un moyen, non seulement d'éviter des discussions parfois longues et coûteuses, mais de donner à quelqu'un l'intérêt à faire tout son possible pour éviter les dommages (…). Une responsabilité automatique est un moyen puissant de leur demander attention et qualité, même en cas d'assurance, car l'assureur lui-même fera peut-être pression pour obtenir une plus grande diligence* ».

321 H. LÉCUYER, *Une responsabilité déresponsabilisante*, *Dr. fam.*, mars 1997, Repères, p. 3. Cette critique se retrouve chez Planiol lorsqu'il fustige le développement de la théorie du risque. En effet,

**681. Première délimitation des pouvoirs pouvant fonder la responsabilité du fait non professionnel d'autrui.** L'analyse des fonctions de la responsabilité nous permet ainsi d'affirmer que la responsabilité du fait non professionnel d'autrui doit être fondée sur l'exercice d'un pouvoir. Nous pouvons dès lors procéder à une première délimitation de ce pouvoir sur autrui. Ce dernier doit être suffisamment important pour que celui qui l'exerce prenne conscience de son pouvoir et de sa faculté d'empêcher un nouvel acte dommageable. Seul un réel pouvoir sur l'activité d'autrui répond à cette exigence. Concrètement, cela signifie que la responsabilité pour autrui peut, dans l'absolu, être fondée sur l'exercice d'un pouvoir de garde intellectuelle ou matérielle, de détention ou de direction, puisque toutes ces prérogatives permettent d'agir sur l'activité d'autrui.

En revanche, il paraît impossible de fonder une responsabilité de plein droit du fait d'autrui sur l'exercice de l'autorité parentale. Ce fondement serait en effet beaucoup trop large. Si certains parents exercent pleinement l'autorité parentale, d'autres n'exercent qu'une portion très restreinte de cette autorité en raison d'une intervention judiciaire. Rappelons-le, la décision du juge des enfants de confier un enfant mineur à un tiers sur le fondement d'une mesure d'assistance éducative transfère la garde du mineur tout en maintenant l'exercice de l'autorité parentale aux parents. Dans cette hypothèse, les parents ont perdu le contrôle effectif du mode de vie et des activités quotidiennes de leur enfant. Leur pouvoir résiduel n'a rien de comparable avec le plein exercice de l'autorité parentale. Par conséquent, il ne nous semble pas logique de fonder la responsabilité parentale sur l'exercice de l'autorité parentale. On pourrait certes objecter que la décision de placement peut résulter d'une insuffisance fautive des parents à l'origine du fait dommageable du mineur et qu'il serait légitime de retenir la responsabilité de plein droit des parents. Toutefois, cet automatisme dans le raisonnement ne nous paraît pas en accord avec une conception morale de la responsabilité de plein droit du fait d'autrui. Le postulat, selon lequel la mesure d'assistance éducative trouverait son origine dans une insuffisance fautive des parents, n'est pas toujours vérifié. Il nous semble plus judicieux de rendre pleinement responsable du fait du mineur la personne exerçant un réel pouvoir sur son activité. Rien n'interdit, par ailleurs, de rechercher la responsabilité des parents sur le fondement de l'article 1382 du Code civil, s'il s'avère qu'une faute de leur part est à l'origine du dommage.

Aussi, il résulte de cette première délimitation des pouvoirs susceptibles de fonder une responsabilité de plein droit du fait non professionnel d'autrui que seuls les pouvoirs de garde et de direction pourraient être utilisés. Un second raisonnement, fondé sur une analyse des fonctions spécifiques de la responsabilité du fait non professionnel d'autrui, va maintenant nous permettre d'effectuer une nouvelle délimitation des pouvoirs pouvant servir de fondements à cette responsabilité.

### b. Deuxième étape : le fondement de la responsabilité du fait non professionnel d'autrui sur un pouvoir de garde ou de détention

**682. Limitation de la responsabilité du fait non professionnel d'autrui dans l'Ancien droit français.** La responsabilité du fait non professionnel d'autrui doit demeurer une exception. Elle ne peut systématiquement se superposer à la responsabilité personnelle. Si le système juridique franc retenait le principe de la responsabilité collective des familles en

---

selon Planiol, la mise en place de responsabilités objectives condamne l'homme « *à la plus stupide immobilité, car il n'est peut-être pas un seul de ses actes, même inoffensif en apparence, qui ne puisse être ensuite pour quelqu'un un malheur. La vie humaine comporte toujours des risques* », *cf.* M. PLANIOL, *Études sur la responsabilité civile*, *Rev. crit.* 1905, p. 289. De même, Hauriou accusa la loi du 9 avril 1898 relative à l'indemnisation des travailleurs victimes d'accidents du travail de tendre « *à la multiplication des accidents : à l'insouciance des ouvriers, assurés d'une pension d'invalidité, correspondra celle des patrons, couverts par la prime d'assurance* », *cf.* M. HAURIOU, note sous CE, 10 et 17 février 1905, *Tomaso greco* et *Auxerre*, *S.* 1905, 3, 113.

cas de dommage causé par un de ses membres, l'influence du Christianisme et de la culture gréco-latine[322] au Moyen Âge fit triompher le principe de la responsabilité individuelle[323]. Selon ce principe, l'auteur du dommage doit le réparer[324]. La responsabilité est la contrepartie de la liberté. Pour autant, l'attachement à une conception de la responsabilité fondée sur la liberté de la personne ne doit pas conduire à une négation de la responsabilité du fait d'autrui. En effet, en se conformant à une perception particulièrement rigoureuse de cette théorie de la liberté, on pourrait être tenté d'affirmer que chaque individu étant, par principe, libre et autonome, chacun ne devrait être responsable que de ses propres actes, c'est-à-dire de ses propres choix[325], et ne pourrait être responsable du fait d'autrui. Cette idée ne doit pas être retenue.

D'ailleurs, elle a été écartée par certains partisans de la liberté humaine. Ainsi, saint Thomas d'Aquin, s'interrogeant sur la possibilité d'exercer la vengeance envers une personne autre que l'auteur du dommage, estime que, si un homme ne peut jamais être puni d'une peine spirituelle pour le péché d'un autre, il est admis qu'une personne puisse être tenue du fait d'autrui pour trois motifs. Le premier repose sur une analyse de la situation de l'auteur du dommage. Une responsabilité du fait d'autrui peut être retenue lorsqu'« *un homme, sur le plan temporel, est la propriété d'un autre, et la punition de celui-ci l'atteint lui-même ; c'est ainsi que par leur corps les enfants appartiennent à leur père et les esclaves à leurs maîtres* »[326]. Le deuxième se fonde sur une transmission du péché de l'un à l'autre, « *soit par imitation : ainsi les enfants imitent les péchés de leurs parents, et les esclaves ceux de leurs maîtres pour pécher plus hardiment ; soit par mode de mérite : ainsi les péchés des sujets leur méritent un chef pécheur (...) ; soit par une certaine connivence ou lâcheté : parfois les bons partagent la punition temporelle des méchants parce qu'ils n'ont pas condamné leurs*

[322] Par principe, le droit romain est attaché à la responsabilité personnelle. Néanmoins, la première idée de ce qui deviendra la responsabilité du fait des tiers est apparue à propos des dommages causés par des personnes en puissance, ou *alieni juris*. Ainsi, en vertu de l'action noxale, le *pater familias*, ou plus généralement le maître, pouvait abandonner le coupable *alieni juris* à la victime ou payer l'amende comme s'il était lui-même le coupable. La charge de la réparation pesait sur la personne qui exerce l'autorité au moment de l'action. En conséquence, si le délinquant change de famille, par exemple s'il est adopté, l'action est dirigée contre le père adoptif. Cette idée est d'ailleurs formulée par l'adage *Noxa caput sequitur*. De même, s'il est émancipé, il répond personnellement de ses actes. En somme, l'action noxale s'expliquait par des considérations financières. L'*alieni juris* ne disposant pas de patrimoine personnel, le père ou le maître devait payer à sa place. Toutefois, on ne pouvait contraindre le père ou le maître à la faire puisqu'il n'était pas coupable. Aussi, pouvait-il remettre la personne de l'*alieni juris* à la victime. *Cf.* F. DE VISSCHER, *Le régime romain de la noxalité, De la vengeance collective à la responsabilité individuelle*, 1947 ; H. LÉVY-BRUHL, *Sur l'abandon noxal, in Mélanges PH. MEYLAN*, vol. I, Droit romain, Imprimerie centrale de Lausanne, 1963, pp. 193-209 ; J.-L. GAZZANIGA, *Introduction historique au droit des obligations*, PUF, Droit fondamental, droit civil, 1992, n° 198, pp. 226-227 ; J.-PH. LÉVY et A. CASTALDO, *Histoire du droit civil, op. cit.*, n° 621, pp. 893-895

[323] G. VINEY, *Introduction à la responsabilité civile, op. cit.*, n$^{os}$ 9-12, pp. 12-20 ; O. DESCAMPS, *Les origines de la responsabilité pour faute personnelle dans le Code civil de 1804*, préf. d'A. LEFEBVRE-TEILLARD, LGDJ, Bibl. dr. pr., t. 436, 2005, pp. 232-251.

[324] Cette idée a été exprimée par Loysel dans deux adages connus : « *Tous les délits sont personnels ; et en crime n'y a point de garant* » ; « *Qui fait la faute la boit* ». *Cf.* A. LOYSEL, *Institutes coutumières, op. cit.*, t. 2, n° 797, p. 168 et n° 825, p. 204.

[325] J. JULIEN, *La responsabilité civile du fait d'autrui ruptures et continuités, thèse précit.*, n° 50, p. 77. L'auteur explique d'ailleurs que l'Ancien Testament se prononçait en ce sens : « *On ne fera point mourir les pères pour les enfants, et l'on ne fera point mourir les enfants pour les pères ; on fera mourir chacun pour son péché* » (*Deutéronome* 24, 16). Cependant, comme le rappelle l'auteur, cette affirmation doit être nuancée, puisque cette règle ne s'appliquait pas aux crimes commis contre Dieu : « *Je suis un Dieu jaloux, qui punis l'iniquité des pères sur les enfants jusqu'à la troisième et quatrième génération de ceux qui me haïssent* » (*Deutéronome* 5, 9).

[326] TH. D'AQUIN, *Somme théologique*, deuxième partie, second volume, q. 108, art. 4, Les éditions du Cerf, t. 3, 1985, p. 674.

*péchés* »[327]. Le troisième enfin met en avant la fonction sociale de la responsabilité du fait d'autrui. Elle permet en effet d'« *insister sur l'unité de la société humaine en vertu de laquelle chacun doit veiller à ce que les autres ne pèchent pas ; et aussi* [de] *faire détester le péché, puisque la peine due à l'un rejaillit sur tous, comme ne faisant qu'un seul corps* »[328]. Par conséquent, pour saint Thomas d'Aquin, la défense d'une conception de la responsabilité fondée sur la liberté personnelle n'est pas incompatible avec l'élaboration d'un système de responsabilité du fait d'autrui, dès lors que la responsabilité est fondée sur un rapport d'autorité. Cette idée se retrouve, avec un peu plus de précisions, dans les écrits de Domat et Pothier[329].

Pour Domat et Pothier, véritables codificateurs officieux du droit positif de la fin de l'Ancien Régime, la responsabilité du fait non professionnel d'autrui devait être rattachée à l'exercice d'un droit de puissance, qui comportait un pouvoir de contrainte physique. Si Domat traite des cas particuliers de l'hôtelier, du voiturier, du palefrenier dont le maître répond, des commettants liés par les actes de leurs préposés, des artisans, des maîtres d'école, entendus au sens large du terme[330], des père et mère et des tuteurs, il termine son exposé en énonçant un principe d'allure générale : « *l'ordre qui lie les hommes en société ne les oblige pas seulement à ne nuire en rien par eux-mêmes à qui que ce soit, mais oblige aussi à tenir tout ce qu'il possède en un tel état que personne n'en reçoive ni mal, ni dommage* »[331]. Cette liaison de la responsabilité à la possession pouvait, à cette époque, concerner aussi bien les choses que les personnes. Aussi, il semble possible d'admettre l'existence d'une responsabilité du fait d'autrui fondée sur l'exercice d'un droit de puissance chez Domat. Cette idée se retrouve chez Pothier, puisque ce dernier retient la responsabilité des personnes « *qui ont sous leur puissance* »[332] l'auteur du dommage. Il s'agit notamment des « *pères, mères, tuteurs et précepteurs* »[333].

**683. Limitation de la responsabilité du fait non professionnel d'autrui dans le Code civil de 1804.** En 1804, inspirés par les idées de Domat et Pothier et par une conception individualiste du droit, les rédacteurs du Code civil ont étroitement limité le domaine de la responsabilité du fait non professionnel d'autrui[334]. Selon l'article 1384 du Code civil, seules les victimes d'un mineur pouvaient rechercher la responsabilité d'une tierce personne sur le fondement d'une présomption de faute. Cette limitation présuppose qu'un régime spécifique de responsabilité du fait non professionnel d'autrui ne peut être invoqué qu'en présence d'un dommage causé par une personne ne disposant pas d'une autonomie intellectuelle suffisante

---

[327] TH. D'AQUIN, *ibid.*

[328] TH. D'AQUIN, *ibid.*

[329] J. DOMAT, *Les lois civiles dans leur ordre naturel*, Livre II, Titres VIII et IX, *in Œuvres complètes de J. Domat,* par J. REMY, Firmin Didot, 1828, t. 1er, pp. 470-493 ; R.J. POTHIER, *Traité des obligations*, *in Oeuvres de Pothier* publiées par M. SIFFREIN, t. 1er, Partie I, Chapitre I, pp. 158-160 et Partie II, Chapitre VI, pp. 444-445.

[330] Pour Domat, le concept de maître d'école s'étend à toute personne qui en reçoit une autre chez elle.

[331] J. DOMAT, *Les lois civiles dans leur ordre naturel*, *op. cit*, p. 473. Ce point a été relevé par l'Avocat général Dontenwille dans ses conclusions précédant l'arrêt *Blieck* du 29 mars 1991 : *JCP G* 1991, II, 21673, spéc. p. 170.

[332] R.J. POTHIER, *Traité des obligations*, *op. cit.*, n° 121, p. 160.

[333] R.J. POTHIER, *ibid.*

[334] *Cf.* C.B.M. TOULLIER, *Droit civil des français*, t. 11, *op. cit.*, n° 243, p. 339, à propos de l'article 1384, alinéa 1er du Code civil : « *Cette première disposition de notre article n'est autre chose qu'une exception, ou plutôt c'est la limitation du grand principe d'imputation, "on ne répond point du fait d'autrui" ; voilà le principe. Excepté du fait des personnes "dont on doit répondre" ; voilà la limitation* » et n° 258, p. 359 : « *On peut répondre du fait d'autrui en vertu de la loi ; mais il faut que sa disposition soit expresse et formelle ; car cette responsabilité étant contraire à la raison, on ne peut, en cette matière raisonner par analogie* ».

pour être pleinement reconnue autonome civilement. Plus généralement, en 1804, l'instauration d'un régime de responsabilité du fait d'autrui apparaît comme une réponse à l'incertitude de la victime d'obtenir réparation sur le fondement de la responsabilité du mineur, tant en raison de son insolvabilité que de son immaturité d'esprit.

Ainsi, dans l'esprit des rédacteurs du Code civil, un régime spécifique de responsabilité du fait non professionnel d'autrui ne pouvait être instauré que pour les dommages causés par une personne ne contrôlant pas juridiquement son mode de vie. *A contrario*, le dommage causé par une personne contrôlant juridiquement son mode de vie ne pouvait justifier la mise en œuvre d'un régime spécifique de responsabilité du fait non professionnel d'autrui. Par exemple, la victime d'un majeur soigné dans un établissement pour une maladie physique ne pouvait invoquer une responsabilité spécifique du fait d'autrui. Seules les responsabilités personnelles de l'établissement et du malade pouvaient être recherchées sur le fondement de l'article 1382 du Code civil.

Toutefois, si le dommage causé par une personne autonome juridiquement, en dehors de toute activité professionnelle, ne pouvait justifier la recherche d'une responsabilité du fait d'autrui sur le fondement de l'article 1384 du Code civil, il serait inexact d'affirmer que toutes les victimes de personnes placées sous la garde d'autrui pouvaient se prévaloir d'un régime spécifique de responsabilité du fait d'autrui. Seules les victimes d'un mineur pouvaient invoquer l'article 1384 du Code civil. Aucune règle particulière n'était édictée pour les handicapés mentaux majeurs. Pourtant, ne disposant pas nécessairement des facultés suffisantes pour organiser leur mode de vie, ils pouvaient faire l'objet d'une mesure d'enfermement ou d'une procédure d'interdiction. Dans ces deux hypothèses, ils se retrouvaient sous la garde d'autrui et ne disposaient plus juridiquement de la faculté d'organiser leur mode de vie. La perception de la responsabilité du fait non professionnel d'autrui paraît très embryonnaire en 1804.

**684. Interrogations contemporaines sur le domaine de la responsabilité du fait non professionnel d'autrui.** Quelles sont les conséquences des profondes mutations de la responsabilité du fait d'autrui sur son domaine ? Doit-on admettre que l'élargissement du domaine de la responsabilité du fait d'autrui, autorisé par la relecture de l'article 1384, alinéa 1er du Code civil, permet d'utiliser cette responsabilité non seulement pour les dommages causés par une personne gardée, mais également pour les dommages causés par une personne simplement sous la direction d'autrui ? Doit-on, au contraire, estimer que la responsabilité du fait d'autrui ne peut être invoquée qu'en présence d'un dommage causé par une personne gardée ?

Ces questions sont particulièrement sensibles. La Cour de cassation semble conférer un large domaine d'application à la nouvelle responsabilité du fait d'autrui de l'article 1384, alinéa 1er du Code civil[335]. De même, l'avant-projet Catala reprend cette idée, en admettant l'existence d'une responsabilité de plein droit du fait d'autrui pour les dommages causés par une personne « *dont l'état ou la situation nécessite une surveillance particulière* »[336]. Toutefois, si ces choix jurisprudentiels et doctrinaux semblent admettre l'existence d'une responsabilité du fait d'autrui pour des dommages causés par une personne gardée ou dirigée par autrui, ils laissent subsister un doute, puisqu'ils fondent la responsabilité du fait d'autrui sur le pouvoir de contrôler le mode de vie d'autrui. Or, selon nous, seules les situations de garde d'autrui comportent un pouvoir de contrôle du mode de vie d'autrui. Aucune directive certaine n'est donnée. Aussi, dans une perspective de réorganisation de la responsabilité du fait non professionnel d'autrui, doit-on faire prévaloir une perception large et fonder cette responsabilité sur un pouvoir de garde ou de direction d'autrui, ou, au contraire, doit-on

---

[335] *Cf. supra* nos 569-610.

[336] Art. 1357 de l'avant-projet de réforme du droit des obligations et de la prescription. *Cf. supra* nos 665-667.

redonner sa véritable signification à la notion de « *contrôle du mode de vie* » et limiter la responsabilité du fait d'autrui aux dommages causés par une personne gardée ? La réponse à ces questions appelle une réflexion sur la notion même de responsabilité de plein droit du fait non professionnel d'autrui et sur son articulation avec la responsabilité du fait personnel.

Si la responsabilité du fait professionnel d'autrui peut se justifier par l'existence d'un lien de nature juridique et économique et par le profit tiré de l'activité d'une autre personne, la responsabilité du fait non professionnel d'autrui poursuit une logique différente. Dans quelle mesure le dommage causé par une personne en dehors d'une activité économique peut-il justifier la recherche de la responsabilité de plein droit d'un tiers ?

**685. Liberté et responsabilité du fait personnel.** Il faut ici rappeler le lien, maintes fois proclamé par les philosophes[337], et repris par les rédacteurs du Code civil, entre la liberté et la responsabilité. Présupposant le rejet du déterminisme, cette théorie considère que la responsabilité est une qualité de l'homme libre[338]. Fondamentalement, une telle assertion est susceptible de revêtir deux significations. D'une part, la responsabilité peut être associée à une conception subjective de la liberté. En ce sens, la responsabilité est une contrepartie de la faculté de distinguer le bien du mal, c'est-à-dire du libre-arbitre. D'autre part, la responsabilité peut être associée à une conception objective de la liberté. La responsabilité est alors une contrepartie de la liberté civile[339] reconnue à tout individu par les multiples déclarations nationales et internationales. Dès lors, l'association de la responsabilité à la liberté signifie qu'une personne pleinement autonome intellectuellement et civilement est responsable du dommage qu'elle cause à un tiers. Autrement dit, la responsabilité est la conséquence de la faculté décisionnelle d'une personne. Cette analyse conforte la primauté de la responsabilité personnelle. Toutefois, ce lien entre la responsabilité et la faculté décisionnelle d'une personne permet également de déterminer les hypothèses, dans lesquelles il est possible de rechercher la responsabilité de plein droit d'un tiers en présence d'un dommage causé par une personne en dehors de toute activité professionnelle.

**686. Limitation de la responsabilité du fait d'autrui aux situations de garde d'autrui.** Afin de déterminer le domaine de la responsabilité du fait non professionnel d'autrui, il est primordial de retenir que l'association de la responsabilité à la liberté individuelle signifie qu'une personne pleinement autonome, intellectuellement et civilement, est responsable du dommage qu'elle cause à un tiers. La responsabilité personnelle est la sanction de la faculté décisionnelle d'une personne, c'est-à-dire de son aptitude à diriger son mode de vie et ses activités quotidiennes. Cette première observation est essentielle. Une personne pleinement libre doit être pleinement responsable de ses actes.

L'existence d'une responsabilité de plein droit du fait non professionnel d'autrui a pour conséquence d'attribuer à un tiers la qualité de garant de l'activité dommageable d'une personne. À la différence des systèmes de responsabilité du fait d'autrui pour faute prouvée ou présumée, il ne s'agit pas de considérer qu'une personne a commis une faute et peut, à ce titre, être responsable du fait d'un tiers, mais de la rendre automatiquement responsable du fait d'autrui. Même si la responsabilité de plein droit n'est pas totalement étrangère à la notion

---

[337] J. JULIEN, *thèse précit.*, n^os 45-57, pp. 72-84 ; Y. LAMBERT-FAIVRE, *L'éthique de la responsabilité, art. précit.*, spéc. pp. 2-3 ; PH. MALAURIE, *Liberté et responsabilité, Defrénois*, 2004, pp. 351-354.

[338] A. SÉNIK, *Déterminisme et liberté : l'interminable débat ?*, *in* M. VACQUIN, *La responsabilité, La condition de notre humanité*, Éditions Autrement, Série Morales, n° 14, 1994, pp. 34-50.

[339] Rappelons-le, la liberté civile ne correspond pas à une liberté anarchique. Elle suppose un encadrement étatique minimal de la liberté. *cf.* G. CORNU (dir.), *Vocabulaire juridique de l'Association Henri Capitant*, *op. cit.*, p. 513 : « *Liberté civile : Faculté innée, inhérente à la personnalité reconnue à tout individu de se déterminer par sa seule volonté dans sa vie personnelle (privée ou professionnelle). Ex. liberté de choisir sa religion, son mode de vie, le lieu de sa résidence, sa profession, etc.* »

de faute, son objectif premier n'est pas de sanctionner le comportement fautif d'une personne. Au contraire, l'adoption d'un régime de responsabilité de plein droit a été justifiée par la nécessité de rendre responsable un tiers du fait dommageable d'autrui et par l'impossibilité d'identifier systématiquement la faute de ce tiers responsable pour autrui[340]. Même si la faute semble rester le fondement rationnel de la responsabilité de plein droit du fait non professionnel d'autrui, cette faute est assez évanescente et il n'est pas certain qu'elle permette de fonder une responsabilité pour faute. En somme, la responsabilité de plein droit reconnaît à un tiers la qualité de garant du fait dommageable d'autrui. Il ne pourra y échapper qu'en invoquant la force majeure[341].

Dès lors, la reconnaissance de l'existence d'un garant pour le fait dommageable d'autrui risque d'être incompatible avec l'idée selon laquelle chacun doit être responsable de ses actes[342]. Il arrive qu'on justifie l'existence d'une responsabilité du fait d'autrui par celle d'une assurance. Un tel argument n'est pas pleinement convaincant. Si le tiers peut s'assurer, il en est de même pour l'auteur du dommage. En somme, la reconnaissance d'une responsabilité de plein droit du fait non professionnel d'autrui, ayant pour conséquence d'attribuer à un tiers la qualité de garant du fait dommageable d'autrui, risque de porter atteinte au principe en vertu duquel chacun, en sa qualité de personne libre disposant pleinement de son pouvoir décisionnel, est responsable de son fait non professionnel.

Néanmoins, il peut arriver que le pouvoir général de décision d'une personne ait été transmis à un tiers. Ces hypothèses correspondent aux situations de garde ou de détention d'autrui. L'établissement d'un pouvoir de garde ou de détention d'autrui a pour conséquence de transférer à un tiers le pouvoir décisionnel par principe attaché aux personnes, puisque ces pouvoirs de garde et de détention permettent de contrôler le mode de vie d'une personne à sa place et éventuellement ses activités quotidiennes. La personne gardée ou détenue ne dispose plus de la plénitude de sa liberté, c'est-à-dire de la plénitude de son pouvoir décisionnel.

Sur ce point, les situations de garde ou de détention doivent être clairement distinguées des situations de direction d'autrui. Ces dernières ne portent pas atteinte à la liberté et à l'autonomie de la personne. La personne, placée sous la direction d'autrui, dirige pleinement son mode de vie et peut toujours mettre fin au pouvoir de direction du tiers. Par conséquent, tandis que la personne gardée ou détenue n'a pas choisi d'être sous l'autorité d'autrui et ne peut, par sa seule volonté, mettre fin à cet état, la personne placée sous la direction d'autrui a accepté d'être sous l'autorité d'un tiers et peut mettre fin, par sa seule volonté, à cet état de subordination. La garde ou la détention d'autrui ont pour conséquence de transférer, totalement ou partiellement, le pouvoir décisionnel d'une personne à un tiers. En revanche, la direction d'autrui ne prive pas la personne de ce pouvoir. Elle demeure libre de mettre fin à cette situation de direction d'autrui.

Subséquemment, si la responsabilité est la sanction de la faculté décisionnelle d'une personne et si les situations de garde ou de détention d'autrui correspondent aux seules hypothèses dans lesquelles cette faculté décisionnelle est partiellement ou totalement transmise à un tiers, il convient d'admettre qu'une responsabilité de plein droit du fait non professionnel d'autrui peut exister uniquement lorsque l'auteur du dommage se trouve sous la garde ou la détention d'autrui. Autrement dit, la responsabilité étant associée à la faculté décisionnelle d'une personne, il nous semble logique de faire peser cette responsabilité sur la

---

340 G. VINEY, obs. sous Civ. 2e, 19 février 1997, *JCP G* 1997, II, 22848, spéc. p. 251.

341 *Cf. infra* nos 719-724.

342 *Cf.* M. FABRE-MAGNAN, *Droit des obligations, 2 – Responsabilité civile et quasi-contrats*, PUF, Thémis droit privé, 2007, n° 122, p. 279 : « *L'idée de responsabilité du fait d'autrui heurte aussi chez nous l'idée d'égalité entre les individus. Être responsable pour autrui signifie en effet a priori que ce "autrui" n'est pas entièrement responsable de ses actes et c'est alors qu'il n'est pas entièrement libre. Pour le dire en d'autres termes, si une personne est responsable pour les faits d'autrui, c'est que cet "autrui", d'une façon ou d'une autre, lui est subordonné* ».

personne qui a reçu partiellement ou totalement le pouvoir de décision de l'auteur du dommage. La responsabilité suit le transfert du pouvoir de décision[343].

**687. Seconde délimitation des pouvoirs pouvant fonder la responsabilité du fait non professionnel d'autrui.** L'analyse des fonctions spécifiques de la responsabilité de plein droit du fait d'autrui nous permet ainsi d'affirmer que la responsabilité du fait non professionnel d'autrui doit être fondée sur l'exercice d'un pouvoir de garde ou de détention. La responsabilité du fait d'autrui est alors la contrepartie du transfert partiel ou total du pouvoir décisionnel de l'auteur du dommage. Dès lors, les victimes d'un mineur, d'un handicapé mental hospitalisé sous contrainte ou d'une personne retenue par l'administration pénitentiaire doivent pouvoir bénéficier d'une responsabilité de plein droit du fait d'autrui.

En revanche, les victimes d'une personne simplement placée sous la direction d'autrui ne peuvent invoquer la responsabilité de plein droit du fait non professionnel d'autrui. L'auteur du dommage reste par principe libre de ses actes. Le pouvoir de direction d'autrui ne constitue pas un pouvoir suffisamment contraignant pour pleinement contrer la volonté de la personne dirigée. Cette dernière conserve le contrôle de son mode de vie. Par exemple, il nous semble impossible de rechercher la responsabilité de plein droit d'un tiers du fait d'une personne majeure hospitalisée en service libre dans un établissement psychiatrique ou dans un hôpital ordinaire. De même, une telle responsabilité devrait être écartée pour les dommages causés par un majeur handicapé mental placé dans un centre d'aide par le travail ou dans un institut médico-pédagogique, ou par un majeur membre d'une association sportive, d'un club de supporter ou d'une association de majorettes.

Nous mesurons bien qu'une telle conception de la responsabilité du fait non professionnel d'autrui revient sur un certain nombre de solutions admises par la Cour de cassation et s'oppose à certaines propositions. Il nous semble toutefois que l'association de la responsabilité à la liberté individuelle de l'homme relève d'une conception pleinement respectueuse de la personne humaine. Dès lors qu'une personne est autonome intellectuellement et civilement, elle doit par principe être pleinement responsable de ses actes. Dans une telle hypothèse, il ne nous semble pas cohérent d'admettre une responsabilité de plein droit du fait d'autrui. L'existence d'une telle responsabilité aurait pour conséquence de reconnaître à un tiers la qualité de garant. L'auteur du dommage ne serait plus systématiquement pleinement responsable. Une telle solution pourrait finalement nier son autonomie. Il est d'ailleurs permis de penser que cette conception de la responsabilité est confortée par certaines options législatives. En effet, la loi du 11 février 2005 pour l'égalité des droits et des chances, la participation et la citoyenneté des personnes handicapées[344] rappelle que, par principe, les personnes handicapées conservent le libre choix de leur mode de vie[345]. Concrètement, en l'absence d'hospitalisation sous contrainte, un handicapé mental conserve la maîtrise de son mode de vie. S'il est placé dans un centre d'aide par le travail, il demeure libre de le quitter. Le respect de cette autonomie impose, selon nous, l'absence d'une responsabilité de plein droit du fait d'autrui. Notons, par ailleurs, qu'il ne faudrait pas déduire de l'existence d'une assurance contractée par le dirigeant d'autrui l'opportunité de consacrer une responsabilité de plein droit. En effet, cette logique de la recherche de l'assurance risque, en définitive, de perturber de façon excessive le droit de la responsabilité et d'aboutir à des

---

[343] Une telle affirmation n'a pas pour conséquence de nier systématiquement la responsabilité personnelle de l'auteur du dommage. En effet, une personne gardée n'est pas nécessairement privée de la totalité de son pouvoir décisionnel. Aussi, dès lors que la personne gardée n'est pas dépourvue de discernement et dispose d'un certain pouvoir décisionnel, il convient de retenir sa liberté personnelle. La responsabilité demeure bien la sanction de la liberté. *Cf. infra* n[os] 735-802.

[344] Loi n° 2005-102 du 11 février 2005 pour l'égalité des droits et des chances, la participation et la citoyenneté des personnes handicapées.

[345] F. KESSLER, *L'autonomie des personnes handicapées dans la loi du 11 février 2005, Premières observations*, *RDSS* 2005, pp. 382-393.

solutions contradictoires[346]. S'il peut arriver que la personne exerçant un pouvoir de direction d'autrui soit assurée, il ne faudrait pas oublier que l'auteur du dommage pourrait également l'être.

En revanche, une telle affirmation n'interdit pas à la victime de rechercher la responsabilité pour faute d'un tiers. Ainsi, elle peut rechercher la responsabilité d'une personne exerçant un pouvoir de direction sur l'auteur du dommage sur le fondement de l'article 1382 du Code civil. On pourrait dès lors envisager l'existence d'une responsabilité pour faute présumée. L'utilité d'une telle présomption est néanmoins très discutable. Si la personne exerçant un pouvoir de direction est un bénévole, la présomption de faute pourrait être excessive et ignorer le caractère gratuit de son action. De même s'il s'agit d'un professionnel, sa responsabilité devrait pouvoir être recherchée assez facilement et l'affirmation d'une présomption légale n'est peut-être pas nécessaire.

Par ailleurs, il est possible que la responsabilité des associations sportives du fait de leurs membres s'intègre dans un système réorganisé de responsabilité de plein droit du fait professionnel d'autrui fondé sur un lien de dépendance économique et sur la théorie du risque-profit. Néanmoins, il n'est pas certain que la responsabilité des clubs amateurs puisse être recherchée sur ce fondement. Dans cette hypothèse, dans une logique de pure indemnisation, il serait peut-être opportun d'écarter l'idée d'une responsabilité de plein droit et de mettre en avant l'assurance directe des joueurs[347]. On peut d'ailleurs observer que la loi n° 2000-627 du 6 juillet 2000 sur l'organisation et la promotion des activités physiques et sportives a précisé que dorénavant les assurances accidents corporels ne sont plus nécessairement forfaitaires[348]. Elles peuvent davantage prendre en compte la réalité du préjudice. Si cet assouplissement législatif de l'assurance directe en matière sportive est certainement le bienvenu, les compagnies d'assurances peuvent toujours limiter contractuellement le montant de l'indemnisation.

À l'issue de cette deuxième étape, le domaine de la responsabilité de plein droit du fait non-professionnel d'autrui apparaît comme devant être étroitement délimité. Seules les victimes de personnes placées sous la garde ou la détention d'autrui peuvent bénéficier d'une telle responsabilité. Toutefois, si cette étape permet de délimiter le domaine de la responsabilité du fait non professionnel d'autrui, elle n'est pas suffisante. En effet, les pouvoirs de garde ou de détention peuvent se scinder en une composante intellectuelle et une composante matérielle. Il convient dès lors de se demander si la responsabilité doit être rattachée à la première, à la seconde ou aux deux.

c. Troisième étape : le fondement de la responsabilité civile du fait non professionnel d'autrui sur le pouvoir de garde intellectuelle

**688. Analyse théorique.** Précédemment, nous avons retenu que la responsabilité de plein droit du fait non professionnel d'autrui est justifiée par le transfert du pouvoir de contrôler son mode de vie. Il s'ensuit que seules les victimes de personnes gardées ou détenues peuvent rechercher la responsabilité de plein droit d'une tierce personne. Par ailleurs, il ressort de l'étude des situations de garde et de détention d'autrui que celles-ci

---

[346] On remarquera simplement sur ce point que la reconnaissance de l'existence de responsabilités du fait d'autrui sur le fondement de l'article 1384, alinéa 1er a été initialement admise en droit français en raison de l'existence d'une assurance (A.P. 29 mars 1991, *Blieck*, *précit.*), alors qu'elle a été refusée en droit belge parce que la personne dont la responsabilité était recherchée n'était pas assurée (Cass. belge, 19 juin 1997, *précit.*).

[347] On a également suggéré que la victime pourrait simplement mettre en cause le Fonds de garantie des victimes d'actes de terrorisme et d'autres infractions : H. GROUTEL, *Joueurs ou voyous ?*, *RCA*, octobre 1995, chr. 36.

[348] Sur les modifications apportées par la loi n° 2000-627 du 6 juillet 2000 : H. GROUTEL, *Les fédérations sportives battues par K.-O.*, *RCA*, octobre 2000, chr. 21.

comportent une composante intellectuelle et une composante matérielle. La garde ou la détention intellectuelle permet de contrôler le mode de vie d'une personne et la garde ou la détention matérielle de contrôler ses activités quotidiennes. Si le pouvoir de garde ou de détention intellectuelle est toujours exercé dès qu'une situation de garde ou de détention est établie, il n'en est pas de même pour le pouvoir de garde ou de détention matérielle. En effet, il est envisageable que la personne gardée ou détenue dispose d'une certaine liberté dans l'organisation de ses activités quotidiennes. Elle n'en demeure pas moins sous l'autorité contraignante de la personne qui exerce le pouvoir de garde ou de détention intellectuelle. Cette dernière peut l'obliger à rester dans un endroit déterminé et aller à l'encontre de sa volonté. Cette affirmation se vérifie également lorsque le pouvoir de garde ou de détention matérielle est exercé par une personne autre que celle qui exerce le pouvoir de garde ou de détention intellectuelle. En somme, le pouvoir de garde ou de détention intellectuelle confère, par principe, un pouvoir décisionnel prépondérant qui permet d'aller à l'encontre de la volonté de la personne gardée ou détenue, si elle a conservé une certaine liberté dans la gestion de ses activités quotidiennes, ou de celle de la personne qui exerce le pouvoir de garde ou de détention physique. En conséquence, si la responsabilité de plein droit du fait non professionnel d'autrui est justifiée par le transfert d'un véritable pouvoir décisionnel à autrui, il nous semble logique de rattacher cette responsabilité de plein droit à l'exercice du pouvoir de garde ou de détention intellectuel d'autrui.

**689. Analyse pratique.** Une analyse pratique conforte cette solution. En effet, nous avons précédemment constaté que les tribunaux et la doctrine ont régulièrement tenté d'établir un système cohérent et équilibré de responsabilité du fait des mineurs. Dans cette recherche, il est fréquemment apparu qu'il serait inopportun de fonder un tel système de responsabilité sur la notion de garde matérielle, afin de ne pas faire peser une lourde responsabilité sur une personne bénévole. Le recours à la garde matérielle aurait pour conséquence de rendre pleinement responsables les grands-parents, les proches ou les associations assurant bénévolement la garde d'un mineur.

En outre, si les conditions d'une action en responsabilité ne doivent pas être commandées par le droit des assurances, il est indéniable que l'adoption d'un régime de responsabilité de plein droit est une incitation à l'assurance, voire un argument favorable au développement d'une obligation de s'assurer. Or, le gardien matériel ne pensera pas nécessairement à s'assurer pour les dommages que pourraient causer la personne gardée. Les grands-parents, hébergeant leurs petits-enfants pendant les vacances, n'auront pas nécessairement la présence d'esprit de s'assurer. En revanche, il semble logique que les parents, exerçant en permanence le pouvoir de garde intellectuelle, souscrivent une assurance pour couvrir la charge financière qui pourrait leur incomber en cas de dommages causés par leurs enfants mineurs.

**690. Troisième délimitation des pouvoirs pouvant fonder la responsabilité du fait non professionnel d'autrui.** En résumé, cette troisième étape permet de préciser les conditions de la responsabilité de plein droit du fait non professionnel d'autrui. La responsabilité de plein droit devant rester un mécanisme de responsabilité et ne pas être réduit à un simple mécanisme d'indemnisation, il convient de la fonder sur l'exercice d'un réel pouvoir d'autorité sur la personne d'autrui. Ce pouvoir d'autorité peut être circonscrit à l'aide d'une réflexion sur la notion même de responsabilité du fait non professionnel d'autrui. Une personne pleinement libre étant par principe responsable de son fait non professionnel et la responsabilité de plein droit du fait non professionnel d'autrui ayant pour objectif premier d'attribuer la qualité de garant responsable à un tiers, un tel mécanisme ne devrait être admis qu'en présence d'un dommage causé par une personne gardée ou détenue, seules personnes à ne plus disposer juridiquement de la plénitude de leur pouvoir décisionnel. Plus précisément, la responsabilité de plein droit du fait non professionnel d'autrui devrait être fondée sur la composante intellectuelle des pouvoirs de garde et de détention. En conclusion, si on restreint le raisonnement à la responsabilité civile du fait non professionnel d'autrui, nous devons dès lors admettre que seule la garde intellectuelle peut servir de fondement à cette responsabilité, puisque nous n'avons pas identifié de situations dans lesquelles une personne privée pourrait exercer un pouvoir de détention sur autrui. Un tel constat ne peut toutefois pas être transposé en droit administratif. Aussi, poursuivant cette logique de réorganisation du droit de la responsabilité du fait non professionnelle d'autrui, nous pouvons maintenant envisager une refonte du droit de la responsabilité administrative autour de ces notions de garde et de détention intellectuelles d'autrui une refonte similaire du droit de la responsabilité administrative.

### *2. L'affirmation de la garde intellectuelle dans la responsabilité administrative du fait non professionnel d'autrui*

**691.** Par ses arrêts du 11 février 2005[349] et du 1er février 2006[350], le Conseil d'État a introduit en droit administratif l'idée d'une responsabilité sans faute du fait d'autrui fondée sur la garde intellectuelle d'autrui, tout en refusant d'abandonner sa jurisprudence traditionnelle fondée sur la théorie du risque créé. Cette réception d'une responsabilité initialement développée en droit civil est, pour l'instant, limitée à la responsabilité du fait des mineurs délinquants ou placés en exécution d'une mesure d'assistance éducative. Néanmoins, il est indéniable que cette nouvelle jurisprudence témoigne d'un profond bouleversement dans le raisonnement du Conseil d'État. Elle pourrait avoir de multiples applications et remettre de l'ordre dans la responsabilité du fait non professionnel d'autrui. Actuellement, la responsabilité sans faute du fait non professionnel d'autrui n'est plus exclusivement fondée sur l'existence d'un risque créé, elle peut être directement fondée sur un rapport d'obligation et être la contrepartie de l'exercice d'un pouvoir sur autrui. Or, il ne nous semble guère opportun de maintenir ces deux fondements. Au contraire, il serait préférable d'admettre pleinement **(a)** et exclusivement **(b)** l'existence d'une responsabilité sans faute fondée sur la garde intellectuelle d'autrui en droit administratif.

#### a. La réception pleine et entière d'une responsabilité sans faute fondée sur la garde intellectuelle d'autrui en droit administratif

**692.** À l'instar du droit civil, il semble possible que le droit administratif développe un système global de responsabilité sans faute du fait non professionnel d'autrui fondé sur la garde intellectuelle. Un tel choix alignerait le droit de la responsabilité administrative sur le droit de la responsabilité civile et s'inscrirait dans une tendance favorable à une banalisation du droit administratif **(α)**. Par ailleurs, les décisions du Conseil d'État du 11 février 2005 et du 1er février 2006, qui ont introduit l'idée d'une responsabilité sans faute fondée sur la garde en droit administratif, ont, d'une part, appliqué cette responsabilité aux victimes d'un mineur en danger ou délinquant et, d'autre part, pris le soin de préciser que cette responsabilité s'applique aux tiers. Or, en droit administratif, une tendance doctrinale et jurisprudentielle préconise l'adoption de régimes de responsabilité différents selon que la victime est un tiers ou un usager du service public[351]. Reprenant cette distinction, nous pourrons envisager la situation des tiers, victimes d'une personne gardée ou détenue **(β)**, puis celle des personnes gardées ou détenues, victimes d'une autre personne gardée ou détenue **(γ)**.

---

[349] CE, 11 février 2005, *GIE Axa Courtage*, *Lebon*, p. 45, *précit.*

[350] CE, 1er février 2006, *Garde des Sceaux, ministre de la Justice c/ Mutuelle assurance des instituteurs de France (MAIF)*, *Lebon* p. 42, *précit.*

[351] F.-B. BENOIT, *Le régime et le fondement de la responsabilité de la puissance publique*, *JCP G* 1954, I, 1178 ; F.-B. BENOIT, *Le droit administratif français*, Dalloz, 1968, nos 1239-1248, pp. 687-690 ; J. MOREAU, *thèse précit.*

*α. De la spécificité à la banalisation de la responsabilité administrative*

**693. Le déclin de la spécificité de la responsabilité administrative.** Depuis l'arrêt *Blanco* du Tribunal des Conflits du 8 février 1873, on retient traditionnellement que « *la responsabilité, qui peut incomber à l'État pour les dommages causés aux particuliers par le fait des personnes qu'il emploie dans le service public, ne peut être régie par les principes qui sont établis dans le Code civil, pour les rapports de particulier à particulier* »[352]. Le droit de la responsabilité administrative est perçu comme un droit autonome et spécial. À partir de cette idée, le Conseil d'État a pu développer des régimes spécifiques de responsabilité sans faute fondés sur la théorie du risque ou le principe d'égalité devant les charges publiques. De même, cette autonomie du droit de la responsabilité administrative a permis l'élaboration de tout un système de responsabilité pour faute distinguant notamment la faute manifeste et d'une particulière gravité, la faute lourde et la faute simple, afin de protéger, dans certaines hypothèses, l'activité de l'administration. Plus généralement, la spécialité et l'autonomie du droit de la responsabilité administrative ont été justifiées, d'une part, par la volonté de préserver l'intérêt général et de le protéger contre la pression des intérêts privés et, d'autre part, par le désir d'assurer la compétence du juge administratif, en accréditant l'idée que la compétence du juge judiciaire serait inappropriée pour connaître de règles spécifiques[353].

Pour autant, la spécialité du droit de la responsabilité administrative n'interdit pas au juge d'emprunter certaines règles au droit civil en vertu de son pouvoir discrétionnaire[354]. Il n'est d'ailleurs pas rare que le juge administratif fasse preuve de pragmatisme et applique des règles du droit privé[355]. Ainsi, le Conseil d'État n'hésite pas à recourir aux articles 1153 et 1154 du Code civil sur les intérêts moratoires et compensatoires, et sur leur capitalisation[356]. De même, il a jugé que l'action oblique de l'article 1166 du Code civil peut éventuellement fonder une action contre l'État à raison d'un engagement que celui-ci se serait abstenu de tenir vis-à-vis de l'employeur du requérant[357]. Par ailleurs, la référence aux principes du droit civil, parfois effectuée par les juges administratifs, peut apparaître comme un procédé linguistique permettant de contourner l'obstacle de l'autonomie du droit de la responsabilité administrative. Par conséquent, l'autonomie du droit de la responsabilité administrative est, sur certains points, très relative. Cette relativité est d'autant plus importante que la spécialité du droit de la responsabilité administrative décroît fortement, au point que certains auteurs n'hésitent plus à remettre en cause son autonomie[358] et son exorbitance[359], et à parler de

---

[352] T. confl. 8 février 1873, *Blanco*, *Lebon*, 1er suppl. 61, concl. DAVID ; *GAJA*, n° 1, pp. 1-7 ; *S.* 1873, 2, 153, concl. DAVID ; *D.* 1873, 3, 17, concl. DAVID.

[353] CH. GUETTIER, *Disparition, maintien ou réformation de la dualité de juridiction ?*, *in Vers de nouvelles normes en droit de la responsabilité publique ?*, Actes du colloque organisé par l'Université de Paris 13 les 11 et 12 mai 2001, pp. 149-183, spéc. pp. 152-159.

[354] B. PLESSIX, *thèse précit.*, nos 907-948, pp. 783-809 ; M. DEGUERGUE, *L'exorbitance du droit de la responsabilité administrative*, *in L'exorbitance du droit administratif en question(s)*, Études réunies par F. MELLERAY, Actes du colloque organisé par l'Institut de droit public de l'Université de Poitiers les 11 et 12 décembre 2003, LGDJ, Collection de la Faculté de droit et de sciences sociales, t. 6, 2004, pp. 201-218, spéc. pp. 208-209.

[355] CH. GUETTIER, *La responsabilité en droit administratif*, *in* PH. LE TOURNEAU, *Droit de la responsabilité et des contrats*, *op. cit.*, n° 138, p. 50. *Adde* : CH. GUETTIER, *Disparition, maintien ou réformation de la dualité de juridiction ?*, *art. précit.*, spéc. pp. 159-165.

[356] CE, 21 mars 1973, *Sté CFI Avignon*, *Lebon*, p. 240 ; CE, 13 décembre 2002, *Cie d'assurances « Les Lloyd's de Londres »*, *Lebon*, p. 460 ; *RCA* 2003, comm. 210, note CH. GUETTIER.

[357] CE, 20 octobre 2000, *M. Perreau*, *Lebon*, p. 455 ; *LPA*, 4 juillet 2001, p. 22, note CH. GUETTIER.

[358] M. SOUSSE, *La notion de réparation de dommages en droit administratif français*, *thèse précit.*, pp. 63-80.

[359] M. DEGUERGUE, *L'exorbitance du droit de la responsabilité administrative*, *art. précit.*

« *civilisation croissante de la responsabilité administrative* »[360]. L'utilisation de la garde intellectuelle d'autrui pour fonder les responsabilités sans faute du fait des mineurs délinquants, puis des mineurs en danger, en est une nouvelle illustration. Sur le plan fondamental, cette évolution du droit de la responsabilité administrative n'est guère surprenante. Elle s'inscrit dans un mouvement général de banalisation du droit administratif.

**694. La « *banalisation* » du droit administratif.** Cette « *civilisation croissante de la responsabilité administrative* »[361] témoigne de la mutation du droit administratif[362] et s'inscrit dans une évolution plus générale tendant au déclin de l'exorbitance du droit administratif[363]. Actuellement, on ne met plus en avant le caractère inégalitaire du droit administratif qui « *a pour objet essentiel de déterminer les rapports entre, d'une part, des collectivités publiques, qui agissant dans un but d'intérêt général, sont, de ce fait, investies de pouvoirs spéciaux, et, d'autre part, des particuliers qui, n'étant mus que par des mobiles d'ordre privé, doivent s'incliner devant des impératifs plus puissants, mais qui, en leur qualité de citoyens, jouissent des droits comportant un minimum incompressible* »[364]. De même, on ne souligne plus le développement du droit public au détriment du droit privé[365]. En revanche, la doctrine constate une banalisation du droit administratif, c'est-à-dire une « *tendance à soumettre celle-ci aux règles qui régissent les relations juridiques privées, ou à des règles inspirées de celles qui régissent les relations juridiques privées* »[366], sous l'influence d'aspirations d'essence individualiste et égalitariste[367]. Le nouvel individualisme, porté par le libéralisme économique et le développement des droits fondamentaux, s'oppose aux spécificités du droit administratif[368]. De même, l'égalitarisme, exigeant que les usagers d'un service public soient traités de la même façon que les usagers d'un service privé, appelle une uniformisation de leurs traitements juridiques au profit du droit privé. En droit de la responsabilité, cette idée de la banalisation du droit administratif se traduit, ou devrait se traduire, par une uniformisation du traitement juridique des dommages, mettant en exergue l'obsolescence d'un régime

---

[360] D. DE BÉCHILLON, *Le Conseil d'Etat, le Code civil et le droit de la responsabilité*, in *Journées d'étude à l'occasion du bicentenaire du Code civil*, vol. 2, *Le Conseil d'Etat et le Code civil*, journée du 26 novembre 2004, Les éditions des journaux officiels, 2005, pp. 280-289, spéc. p. 282.

[361] D. DE BÉCHILLON, *ibid*.

[362] CURAPP, *Le droit administratif en mutation*, PUF, 1993 ; G. PEISER, *Mort ou transfiguration du droit administratif en l'an 2000, in Etat, société et pouvoir à l'aube du XXI^e^ siècle, Mélanges en l'honneur de F. BORELLA*, Presses Universitaires de Nancy, 1999, pp. 365-381 ; R. DRAGO, *La tenaille, Réflexions sur l'état du droit administratif, in* Université Panthéon-Assas (Paris II), *Clés pour les siècle*, Dalloz, 2000, pp. 436-442 ; J.-CL. VÉNÉZIA, *Le droit administratif français est-il encore un droit dérogatoire au droit commun ?, in État, Loi Administration, Mélanges en l'honneur d'E.P. SPILIOTOPOULOS*, Sakkoulas-Bruylant, 1998, pp. 453-459.

[363] F. MELLERAY, *L'exorbitance du droit administratif en question(s), AJDA* 2003, pp. 1961-1964 ; F. MELLERAY (dir.), *L'exorbitance du droit administratif en question(s)*, Actes du colloque organisé par l'Institut de droit public de l'Université de Poitiers les 11 et 12 décembre 2003, LGDJ, Collection de la Faculté de droit et de sciences sociales, t. 6, 2004.

[364] M. LETOURNEUR, *Quelques réflexions sur la codification du droit administratif, in Études juridiques offertes à L. JULLIOT DE LA MORANDIÈRE*, Dalloz, 1964, pp. 277-292, spéc. p. 277.

[365] R. SAVATIER, *Du droit civil au droit public à travers les personnes, les biens et la responsabilité civile, op. cit.* ; R. SAVATIER, *Droit privé et droit public, D.* 1946, chr. VII, pp. 25-28 ; J. RIVERO, *Droit public et droit privé : Conquête ou statu quo ?, D.* 1947, chr. XVIII, p. 69-72 ; *contra* H. MAZEAUD, *Défense du droit privé, D.* 1946, chr. V , pp. 17-18.

[366] J.-B. AUBY, *Le mouvement de banalisation du droit des personnes publiques et ses limites, in Études offertes à J.-M. AUBY*, Dalloz, 1992, pp. 3-16, spéc. p. 3.

[367] J.-B. AUBY, *art. précit.* ; M. DEGUERGUE, *L'exorbitance du droit de la responsabilité administrative, art. précit.*, spéc. pp. 204-205 ; S. BERNARD, *La recherche de la rentabilité des activités publiques et le droit administratif*, préf. J.-P. BIAYS, LGDJ, Bibl. dr. pub., t. 218, 2001.

[368] J.-B. AUBY, *La bataille de San Romano, Réflexions sur les évolutions récentes du droit administratif, AJDA* 2001, pp. 912-926, spéc. pp. 925-926.

inégalitaire ou moins protecteur des victimes. Dès lors, peut-on, dans cette logique de la banalisation du droit administratif, admettre la généralisation de la responsabilité de plein droit, ou sans faute, du fait non professionnel d'autrui fondée sur la garde intellectuelle en droit administratif ? La « *vague de la banalisation et de la subjectivation du droit administratif* »[369] pourrait-elle remodeler l'ensemble de la responsabilité administrative du fait des personnes gardées ? Les conséquences pourraient être importantes.

*β. L'affirmation d'une responsabilité administrative sans faute du fait des dommages causés à un tiers par une personne gardée ou détenue fondée sur la garde ou la détention intellectuelle*

**695. Avantage spécifique de la garde d'autrui pour la responsabilité du fait des mineurs.** Si le Conseil d'État a admis l'existence d'une responsabilité administrative sans faute fondée sur la garde intellectuelle d'autrui, cette reconnaissance demeure fragile et suscite des interrogations sur son opportunité et son étendue. Actuellement, le Conseil d'État applique la responsabilité sans faute du fait des personnes gardées aux tiers, victimes d'un mineur en danger[370] ou délinquant[371] et semble favorable à son application aux dommages causés par les pupilles de l'État[372]. Une telle évolution est opportune. Elle permet un alignement sur la jurisprudence judiciaire et contribue à l'édification d'un ensemble cohérent de responsabilités du fait des mineurs fondé sur la garde intellectuelle d'autrui. Toutefois, ce développement de la responsabilité administrative du fait des mineurs fondée sur la garde d'autrui reste à confirmer. Certains auteurs ont exprimé leur désaccord face à l'adoption d'un régime de responsabilité sans faute fondé sur la garde pour les dommages causés aux tiers par un mineur[373]. À cet effet, ils ont mis en avant l'imprécision de la notion de garde et les conséquences qui s'ensuivent sur la détermination du gardien d'autrui. Aussi ont-ils préconisé un réexamen de la théorie du risque et son application aux mineurs en danger aux motifs, d'une part, que le retrait d'un « *enfant de son milieu habituel, sans son consentement, pour le confier à ce qui constitue pour lui des étrangers, ne peut que le désorienter et le conduire au moins temporairement à des conduites agressives ou turbulentes* »[374] et, d'autre part, que « *la distinction "enfance délinquante/enfance en danger" est de moins en moins opérée par ceux qui sont directement chargés de lui venir en aide* »[375]. Si le premier argument peut sembler quelque peu réducteur, le second nous semble beaucoup plus pertinent. Pour autant, cette absence de distinction entre les mineurs en danger et les mineurs délinquants ne permet pas d'en déduire l'application systématique d'une responsabilité fondée sur la notion de risque créé. En effet, cette dernière reste indéniablement attachée à la dangerosité d'une personne. Or, le mineur en danger ne peut raisonnablement être qualifié de dangereux. La théorie du risque montre donc ici ses limites. Seule une déformation de cette notion permettrait d'en étendre le domaine d'application. Par ailleurs, cette analyse doctrinale se limite aux mineurs délinquants et en danger, elle n'apporte aucune indication quant aux pupilles de l'État. Il paraît extrêmement difficile de leur reconnaître la qualité de personne potentiellement dangereuse. Sur ce point, une fois définie, la notion de garde d'autrui présente un avantage par rapport à la théorie du risque. Ne s'intéressant qu'au lien d'obligation existant entre l'auteur du dommage et la personne responsable, elle évite ce délicat débat sur la dangerosité

---

[369] M. DEGUERGUE, *ibid.*

[370] CE, 11 février 2005, *GIE Axa Courtage*, *Lebon*, p. 45, *précit.*

[371] CE, 1er février 2006, *Garde des Sceaux, ministre de la Justice c/ Mutuelle assurance des instituteurs de France (MAIF)*, *Lebon* p. 42, *précit.*

[372] CE, 5 juillet 2006, *Caisse régionale des assurances mutuelles de la Somme*, *précit.*

[373] G. CHAVRIER, *Les responsabilités du département du fait des dommages résultant de l'organisation et de l'exécution du service public de placement des mineurs en danger*, *JCP A* 2004, 1064, spéc. pp. 142-143 ; G. LEBRETON, *Mise en garde contre l'irruption de la garde dans le droit de la responsabilité administrative*, *D.* 2007, pp. 2817-2821.

[374] G. CHAVRIER, *art. précit.*, spéc. p. 143.

[375] G. CHAVRIER, *ibid.*

de la personne. Dès lors, elle peut être invoquée pour servir de fondement à la responsabilité du fait de mineurs dangereux ou non.

**696. Avantage spécifique de la garde d'autrui pour la responsabilité du fait des majeurs.** Les conclusions des commissaires du gouvernement et les avis de la doctrine témoignent d'une certaine réserve quant à l'application de la responsabilité sans faute fondée sur la garde intellectuelle aux majeurs[376]. Pourtant, l'utilisation d'une telle responsabilité pourrait s'avérer utile pour les dommages causés aux tiers par des majeurs gardés par l'administration. Actuellement, l'utilisation de la théorie du risque pour retenir la responsabilité sans faute d'une personne publique est insuffisante pour permettre l'édification d'un ensemble cohérent de responsabilités du fait des dommages causés aux tiers par un majeur gardé. De par ses spécificités, elle ne permet pas d'apporter une égalité de traitement aux tiers victimes d'un majeur gardé. En effet, le Conseil d'État affirme avec force que la théorie du risque ne peut être invoquée qu'en présence d'un risque créé par une personne publique. Concrètement, la haute juridiction administrative limite l'application de cette théorie aux dommages causés par des délinquants ou des handicapés mentaux faisant l'objet de méthodes plus libérales de traitement ou de rééducation. Cette condition a pour conséquence de restreindre le domaine d'application de la responsabilité sans faute et établit ainsi des différences peu satisfaisantes entre les victimes. La théorie du risque ne peut être invoquée par la victime d'un prisonnier qui se serait évadé d'un établissement pénitentiaire en dehors de tout traitement en milieu libre ou ouvert. Dans cette hypothèse, la responsabilité de l'administration pénitentiaire ne peut être recherchée qu'en apportant la preuve d'une faute lourde ou d'une faute simple si on étend la solution de l'arrêt du 17 décembre 2008[377]. De même, la victime d'un handicapé mental évadé d'un établissement psychiatrique devra apporter la preuve d'une faute du gardien. Alors que dans toutes ces hypothèses l'auteur du dommage est placé sous la garde d'une personne publique, les victimes ne sont pas traitées de la même façon. Même si l'évasion peut indiquer une faute de surveillance du gardien, il n'en demeure pas moins que la victime devra prouver ce défaut de surveillance. De nouveau, nous devons constater la supériorité de la notion de garde d'autrui. Ne s'intéressant qu'au lien de droit existant entre l'auteur du dommage et la personne responsable, elle évite de s'interroger sur les circonstances à l'origine du dommage causé aux tiers. Les tiers victimes peuvent toujours bénéficier de la responsabilité sans faute.

**697. Avantage de la garde d'autrui pour la responsabilité du fait des mineurs et des majeurs.** À ces avantages spécifiques reconnus à la notion de garde d'autrui pour fonder une responsabilité sans faute du fait des mineurs et une responsabilité sans faute du fait des majeurs, il convient d'ajouter qu'elle présente un avantage plus général en permettant de mettre fin aux subtilités jurisprudentielles, qui limitent l'application de la responsabilité sans faute fondée sur la théorie du risque à l'aide d'une analyse fondée sur le lien de causalité. En effet, en dépit de la reconnaissance d'un risque spécial, il arrive que le Conseil d'État écarte l'application de la théorie du risque en ayant recours au lien de causalité. Cette attitude aboutit à un ensemble complexe de décisions dont la logique est difficilement discernable. L'appréciation de l'existence du lien de causalité semble reposer sur une analyse spatio-temporelle relevant davantage de la casuistique que d'une véritable théorie[378]. La distance

---

[376] *Cf. supra* n° 624.

[377] *Cf. supra* n$^{os}$ 530.

[378] CE, 24 février 1965, *Caisse primaire de la sécurité sociale de la Région parisienne* et CE, 26 mars 1965, *Ministre de la Justice c/ Compagnie d'assurance La Zürich, D.* 1966, p. 322, note J. VINCENT et J. PRÉVAULT : Dans ces deux arrêts, le Conseil d'Etat refusa de retenir la responsabilité pour risque de l'Etat au motif de l'inexistence d'un lien de causalité entre le dommage et le fonctionnement d'une institution prenant en charge des mineurs délinquants. Dans le premier arrêt, un mineur délinquant placé à

entre le lieu du dommage et l'établissement chargé de la garde de l'auteur du dommage semble jouer un rôle primordial. Ceci pourrait suggérer une réintroduction de la notion de risque spécial de voisinage. Mais, les juges prennent également en considération le lien entre la dangerosité du responsable et le dommage. Une telle solution a pu surprendre. En effet, on admet en général que la théorie du risque exclut toute appréciation restrictive des circonstances de l'espèce en raison de la généralité du fait générateur de la responsabilité. En somme, soit le risque créé par la mise en œuvre d'une certaine politique pénale se réalise, soit il ne se réalise pas[379]. La haute juridiction administrative a néanmoins souhaité développer un raisonnement différent, limitant ainsi l'application de la responsabilité sans faute. Le Conseil d'État joue « *sur deux claviers : celui des principes où il proclame volontiers la responsabilité sans faute, et celui de la pratique, où sous prétexte d'absence de lien de causalité, il refuse trop souvent l'indemnisation* »[380]. La situation de la victime n'est dans cette hypothèse guère satisfaisante. Même s'il ne semble pas impossible de revenir sur cette limitation de l'application de la théorie du risque, un recours à la notion de garde d'autrui permettrait de mettre fin à une telle jurisprudence. Le rattachement de la responsabilité sans faute au rapport d'obligation existant entre l'auteur du dommage et le responsable pour autrui permettrait d'écarter les restrictions fondées sur une analyse du lien de causalité entre le fonctionnement du service et le dommage. Dès lors que l'auteur du dommage est confié à la garde d'autrui, le gardien est responsable de plein droit.

**698. Applications concrètes d'un système de responsabilité sans faute fondée sur la garde intellectuelle d'autrui.** La notion de garde d'autrui présente d'indéniables avantages par rapport à la théorie du risque pour fonder une responsabilité sans faute à l'égard des tiers. En conséquence, il nous paraît opportun de défendre l'élaboration d'un système de responsabilité sans faute du fait des dommages causés par les personnes gardées aux tiers en droit administratif. À l'instar de ce que nous avons proposé pour le droit civil[381], la responsabilité sans faute pourrait être rattachée à la garde ou à la détention intellectuelle d'autrui.

Les responsabilités du fait des pupilles de l'État, des mineurs en danger et des mineurs délinquants confiés à une personne publique seraient fondées sur la garde intellectuelle. Par exemple, la responsabilité sans faute du fait des pupilles de l'État ne pèserait pas sur les parents nourriciers, mais sur le préfet-tuteur, du moins dans l'hypothèse où l'on renforcerait ses pouvoirs[382].

De même, l'administration pénitentiaire devrait être responsable de plein droit des dommages causés par les personnes dont elle a la garde ou la détention intellectuelle. Par opposition aux solutions actuelles, le recours à la notion de garde d'autrui permettrait de

---

l'institution publique d'éducation surveillée de Neufchâteau (Vosges) s'était enfui dans la nuit du 8 au 9 août 1958. Le 29 août, au volant d'une voiture qu'il avait volé à Paris, il provoqua un accident mortel. Dans la seconde affaire, un mineur placé à l'institution publique d'éducation surveillée de Lamotte-Beuvron (Loir-et-Cher), parti en permission régulière chez ses parents dans la banlieue lyonnaise, n'est pas rentré à l'expiration de cette permission qui prenait fin le 4 janvier 1959. Le 7 janvier à Aix-en-Provence, il s'empare d'une voiture et cause, presque aussitôt, un accident où il devait trouver la mort. Le véhicule ayant été gravement endommagé, la compagnie d'assurance demande à l'Etat le remboursement des frais qu'elle a dus avancer. *Cf.* également : CE, 27 mars 1985, *Mme Henry*, *Lebon*, p. 92 ; *JCP G* 1986, II, 20550, note J.-L. CROZAFON ; *Rev. adm.* 1985, 259, note B. PACTEAU ; *RFDA* 1985, 575, concl. A. CAZIN D'HONINCTHUN. En l'espèce, un majeur délinquant a bénéficié d'une permission de sortie du 27 au 30 septembre 1975 à l'issue de laquelle il n'a pas réintégré l'établissement de Saint-Martin-de-Ré. Le 8 avril 1976, il a tué une personne à l'occasion d'une tentative de vol à Nice.

[379] J.-L. CROZAFON, note sous CE, 27 mars 1985, *Mme Henry*, *JCP G* 1986, II, 20550.

[380] F. MODERNE, note sous CE, 9 mars 1966, *Trouillet*, *JCP G* 1966, II, 14811.

[381] *Cf. supra* n$^{os}$ 677-690.

[382] *Cf. supra* n$^{os}$ 352-353.

retenir une responsabilité de plein droit pour les dommages causés par un prisonnier évadé. En revanche, il n'apporterait pas de grandes différences par rapport aux solutions actuellement retenues par le Conseil d'État sur le fondement de la théorie du risque[383]. Les victimes d'un prisonnier bénéficiant d'une permission de sortie ou d'une semi-liberté pourront toujours bénéficier d'un régime de responsabilité sans faute, puisque ces prisonniers conservent leur qualité de personne gardée. De même, l'exclusion de la responsabilité sans faute pour les dommages causés par une personne graciée ou bénéficiant d'une remise de peine n'est pas remise en cause par l'adoption d'une responsabilité fondée sur la garde d'autrui. Étant libérées, ces personnes ne sont plus sous la garde de l'administration pénitentiaire. Néanmoins, il ne devrait plus être possible de retenir une responsabilité sans faute pour les dommages causés par des prisonniers bénéficiant d'une libération conditionnelle. Actuellement, le Conseil d'État accepte d'appliquer la théorie du risque. Cette jurisprudence n'est toutefois pas à l'abri des critiques, puisqu'elle fait de la libération conditionnelle une modalité d'exécution de la peine d'emprisonnement, alors qu'en réalité les liens entre l'établissement pénitentiaire et le bénéficiaire d'une libération conditionnelle sont totalement rompus. Il n'est plus sous la garde de l'administration pénitentiaire. L'adoption d'un régime de responsabilité sans faute fondé sur la garde d'autrui devrait donner toute sa force à cette idée. Les victimes de prisonniers bénéficiant d'une libération conditionnelle, d'une remise de peine ou d'une grâce devraient être traitées de la même façon sur le terrain de la responsabilité. Les personnes à l'origine du dommage sont redevenues libres et autonomes. Il ne devrait plus être possible de rechercher la responsabilité sans faute de l'administration pénitentiaire.

En ce qui concerne les établissements psychiatriques, l'adoption d'un régime de responsabilité sans faute fondé sur la notion de garde d'autrui ne modifierait pas les solutions retenues sur le fondement de la théorie du risque[384]. Les victimes d'un handicapé mental placé sous contrainte bénéficiant de méthodes libérales de traitement pourront toujours invoquer une responsabilité sans faute, puisque ces malades demeurent sous la garde intellectuelle d'autrui. De même, les victimes d'un handicapé mental en service libre, ne pouvant actuellement invoquer la théorie du risque, ne pourront bénéficier de cette nouvelle responsabilité fondée sur la garde d'autrui, puisque ces malades ne sont pas placés sous la garde d'autrui. En revanche, le recours à la notion de garde permettrait d'appliquer la responsabilité sans faute aux victimes d'un handicapé mental évadé.

Ainsi, l'adoption d'une responsabilité sans faute fondée sur la garde ou la détention intellectuelle permettrait d'apporter une réponse identique au problème de l'action en réparation des tiers victimes de personnes détenues ou gardées. Dans ce même souci de ne pas établir de différences injustifiées entre les victimes, nous devons envisager l'application de cette responsabilité sans faute aux dommages causés par une personne détenue ou gardée à une autre personne détenue ou gardée.

---

[383] *Cf. supra* n[os] 548-550. On peut d'ailleurs observer que, dans ses conclusions sous l'arrêt *Garde des Sceaux, ministre de la Justice contre Consorts A.* rendu par le Conseil d'Etat le 15 février 2006 et rejetant l'application de la théorie du risque aux dommages causés par un ancien détenu libéré avant le terme de sa condamnation en raison de décrets de grâce collective et de remise de peine, le Commissaire du gouvernement Guyomar précise : « *Ajoutons, pour terminer, que, quelles que soient les évolutions susceptibles d'affecter la jurisprudence Thouzellier à la suite de la décision GIE Axa Courtage (Sec., 11 février 2005), la responsabilité pour risque constitue le seul cadre poura apprécier, dans l'hypothèse qui nous intéresse, s'il y a lieu ou non d'engager la responsabilité sans faute de l'Etat. La notion de garde ne saurait, en tout étazt de cause, servir de fondement à l'engagement de la responsabilité de l'Etat. Une fois libéré, au terme de sa détention, l'ancien détenu ne se trouve en effet plus sous la garde du service public pénitentiaire* », *cf.* M. GUYOMAR, concl. sous CE, 15 février 2006, *Garde des Sceaux, ministre de la Justice contre Consorts A.*, *RFDA* 2006, pp. 615-618, *spéc.* p. 618.

[384] *Cf. supra* n[os] 551-553.

*γ. L'affirmation d'une responsabilité administrative sans faute du fait des dommages causés à une personne gardée ou détenue par une autre personne gardée ou détenue fondée sur la garde ou la détention intellectuelle*

**699. La distinction doctrinale entre les usagers et les tiers.** Face à la multiplicité des conditions de la responsabilité administrative, certains auteurs, principalement Messieurs Francis-Paul Bénoit et Jacques Moreau, ont affirmé qu'il existe bien une règle générale gouvernant le choix et l'utilisation de ces conditions[385]. Selon ces auteurs, le choix de l'un ou l'autre de ces régimes dépend de la qualité de la victime, c'est-à-dire de la nature du rapport qui existait entre la victime et l'administration lorsque le dommage a été causé. À la catégorie des usagers, c'est-à-dire des particuliers qui sont en rapport avec un service public, correspond la condition de la faute administrative[386] et à la catégorie des tiers, c'est-à-dire des personnes qui subissent un dommage alors qu'elles n'avaient aucun rapport avec l'administration, correspond celle du dommage anormal[387]. Cette analyse de la responsabilité administrative se défend de tout dogmatisme. Elle se fonde uniquement sur les choix librement opérés par les juridictions administratives, qui « *auraient pu être différents* [et] *peuvent se modifier* »[388]. Monsieur Francis-Paul Bénoit explique d'ailleurs que « *cette théorie a pour seul objet de dépeindre l'état du droit positif ; elle n'a évidemment aucune prétention normative, et encore moins métajuridique* »[389]. Aussi permet-elle de présenter les différences de régimes entre les tiers victimes d'une personne gardée qui peuvent bénéficier, à l'exception des victimes de prisonniers ou d'handicapés mentaux évadés, de la théorie du risque et les usagers victimes d'une autre personne gardée qui ne peuvent obtenir réparation que sur le fondement de la faute.

**700. Relativité de la distinction doctrinale entre les usagers et les tiers.** Tous les auteurs n'ont pas souscrit à cette analyse de la responsabilité administrative. Étudiant la responsabilité des établissements psychiatriques du secteur public à l'égard des tiers[390], Monsieur Franck Moderne a expliqué que l'application de la théorie du risque n'est pas justifiée par la qualité de tiers, mais par le recours à des méthodes psychothérapeutiques nouvelles. Par conséquent, il lui semble normal que les tiers victimes d'un handicapé mental évadé ne puissent pas bénéficier de la théorie du risque. Ils sont, dans cette hypothèse, traités comme les usagers victimes d'autres usagers. Ce raisonnement peut être transposé aux victimes des prisonniers et s'oppose à la distinction doctrinale entre les tiers et les usagers. En somme, le régime de la responsabilité administrative n'est pas rattaché à la condition de la victime, mais à la mise en œuvre de méthodes nouvelles de traitement. Le recours à la responsabilité de plein droit est donc bien justifié par les conditions de garde de l'auteur du dommage et non par la qualité de la victime. Dès lors, l'utilisation de la notion de garde pour fonder une responsabilité sans faute n'a-t-elle pas pour conséquence d'étendre le bénéfice de cette responsabilité à tous les tiers et aux autres usagers ?

---

[385] F.-B. BENOIT, *Le régime et le fondement de la responsabilité de la puissance publique*, *art. précit.* ; F.-B. BENOIT, *Le droit administratif français*, *op. cit.*, n$^{os}$ 1239-1248, pp. 687-690 ; J. MOREAU, *thèse précit.*

[386] F.-B. BENOIT, *Le droit administratif français*, *op. cit.*, n$^{os}$ 1242-1243, pp. 688-689 ; J. MOREAU, *thèse précit.*, n$^{os}$ 130-186, pp. 122-168.

[387] F.-B. BENOIT, *Le droit administratif français*, *op. cit.*, n$^{os}$ 1242-1243, pp. 688-689 ; J. MOREAU, *thèse précit.*, n$^{os}$ 110-129, pp. 106-121.

[388] F.-B. BENOIT, *Le droit administratif français*, *op. cit.*, n$^{o}$ 1244, p. 689.

[389] F.-B. BENOIT, *ibid.*

[390] F. MODERNE, *Responsabilité des établissements psychiatriques du secteur public à l'égard des tiers*, *RDSS* 1970, pp. 200-207.

**701. L'indifférenciation souhaitable entre les victimes.** La théorie selon laquelle la condition des victimes commande le régime de la responsabilité administrative n'est pas pertinente. Elle semble davantage être le fruit d'une perception idéologique de la responsabilité que l'explication de distinctions jurisprudentielles. En effet, il est inexact d'affirmer que le Conseil d'État souhaite établir une distinction entre les tiers et les usagers. Une telle affirmation sous-entendrait que les usagers victimes ont mérité leur sort et ne peuvent bénéficier des mêmes règles protectrices que les tiers. Une telle conception de la responsabilité administrative paraît contestable[391]. L'adoption d'un régime de responsabilité sans faute du fait des personnes gardées fondé sur la notion de garde intellectuelle élargit le domaine de la responsabilité sans faute. Détachée de la théorie du risque créé, elle est susceptible d'être invoquée non seulement par des tiers, victimes d'un handicapé mental ou d'un prisonnier évadé, mais également par un usager victime d'un autre usager gardé. L'application de la responsabilité sans faute fondée sur la garde intellectuelle aux usagers ferait franchir une nouvelle étape à la responsabilité du fait des dommages causés à une personne gardée par une autre personne gardée. Elle s'appliquerait aux dommages entre mineurs gardés par l'administration, aux dommages entre handicapés mentaux hospitalisés dans un établissement psychiatrique public, ou encore aux dommages causés par un prisonnier à un autre prisonnier.

Une étape importante dans cette direction a été marquée par un arrêt du Conseil d'État du 13 novembre 2009[392]. En l'espèce, trois mineurs placés dans le foyer d'action éducative d'une commune, sur décision judiciaire au titre de l'ordonnance du 2 février 1945, avaient agressé un jeune majeur placé dans ce même foyer. Alors que la victime avait la qualité d'usager, le Conseil d'État n'a pas hésité à retenir la responsabilité sans faute de l'État sur le fondement de la garde d'autrui, « *la circonstance que* [la victime], *bénéficiaire d'une mesure de protection judiciaire "jeune majeur", d'une part, et les auteurs de l'agression, mineurs placés au titre de l'ordonnance du 2 février 1945 relative à l'enfance délinquante, d'autre part, soient tous usagers du service public de la justice, ne pouvait faire obstacle à ce que la victime bénéficie* [de ce] *régime de réparation* ». Le domaine de cette solution reste encore limité. Pour autant, il semble possible de l'étendre à toutes les autres situations de garde d'autrui. Ceci marquerait une importante évolution.

Actuellement, le Conseil d'État exige une faute simple pour les dommages entre prisonniers et entre handicapés mentaux. L'adoption d'un régime de responsabilité fondée sur la garde intellectuelle pourrait entraîner l'application d'un régime de responsabilité sans faute. Une nouvelle étape serait franchie. Elle risque néanmoins de susciter de nombreuses réactions doctrinales, ranimant, en particulier, une question fréquemment débattue : peut-on admettre une responsabilité sans faute pour les dommages causés par un prisonnier à un autre prisonnier ?

Avant l'introduction dans le droit administratif d'un régime de responsabilité sans faute fondé sur la garde intellectuelle d'autrui, les avis étaient déjà partagés. Ainsi, envisageant

---

[391] *Cf.* J.-M. AUBY, *Le contentieux administratif du service public pénitentiaire*, *RDP* 1987, pp. 547-578, spéc. p. 548 : « *La jurisprudence la plus novatrice, celle qui a appliqué un régime de responsabilité sans faute aux dommages causés par des détenus en permission de sortie a été commandée par le souci de protéger les tiers et de faire accepter des mesures peu appréciées par l'opinion publique. Les progrès ont été très faibles en ce qui concerne le contentieux ouverts aux "usagers". Il serait profondément injuste de manifester quelque indifférence à l'égard de cette situation et de n'accepter des réformes qu'en tant qu'elles intéressent les tiers dont la personne ou les biens peuvent être mis en péril par des détenus. L'attitude fondée sur l'opinion selon laquelle les délinquants incarcérés ont bien mérité leur sort ne saurait en aucune manière justifier un quelconque laxisme dans la conception et la mise en œuvre de la légalité applicable à ce service public* ».

[392] CE, 13 novembre 2009, *Garde des Sceaux, Ministre de la Justice c/ Association tutélaire des inadaptés*, *JCP G* 2010, note 32, A. VAN LANG ; *JCP A*, 18 janvier 2010, p. 40, concl. I. DE SILVA, note N. ALBERT.

l'existence d'une responsabilité fondée sur la notion de garde, Monsieur Éric Péchillon a défendu l'introduction d'une responsabilité du fait des prisonniers fondée sur un régime de faute présumée[393]. En parallèle, d'autres auteurs ont défendu l'application d'un système de responsabilité sans faute pour les dommages causés par un prisonnier à un autre prisonnier. Ainsi, Monsieur Jean Duffar s'est demandé si « *l'administration pénitentiaire qui a totalement pris en charge sa personne ne devrait pas rendre le prisonnier physiquement intact à l'expiration de sa détention* »[394]. Deux considérations lui ont permis d'apporter une réponse positive. D'une part, l'administration expose le détenu à un danger qu'elle connaît, d'autre part, elle empêche le détenu de se soustraire à ce danger. Par conséquent, il lui paraît concevable qu'un prisonnier, contraint de vivre avec d'autres prisonniers dangereux au point de ne pas pouvoir s'y soustraire, puisse bénéficier d'un régime de responsabilité sans faute. En somme, « *l'autorité complète qui s'exerce sur les prisonnier* [donnerait] *la mesure de la responsabilité qui pèse sur l'administration* »[395].

Après l'introduction en droit administratif d'un régime de responsabilité sans faute fondé sur la garde d'autrui, la doctrine s'est interrogée sur les futures applications de cette responsabilité. En général, ils ont reflété la prudence, voire la circonspection des commissaires du gouvernement intervenus dans ces affaires[396]. Ainsi, Madame Claire Landais et Monsieur Frédéric Lenica considèrent que la solution du 11 février 2005 pourrait s'appliquer aux dommages causés par des handicapés mentaux, mais aussi, « *même si ce serait plus audacieux* »[397], aux détenus. Très certainement ces réticences trouvent leur origine dans l'éventuelle application d'une responsabilité sans faute aux dommages causés par un prisonnier à un autre prisonnier.

Or, selon nous, il est possible de défendre l'application générale de la responsabilité sans faute du fait des personnes gardées aux tiers et aux usagers. Tout d'abord, cette solution donnerait une perception unitaire et cohérente de la responsabilité du fait non-professionnel d'autrui. Dès lors qu'une personne ne dispose pas de sa pleine autonomie juridique et ne contrôle pas son mode de vie, elle ne dispose plus de la plénitude de la liberté, qui justifie la primauté de la responsabilité individuelle et l'exclusion d'une responsabilité sans faute du fait non professionnel d'autrui. Dans cette hypothèse, il est possible qu'un tiers soit responsable sans faute du fait non professionnel d'autrui. Ensuite, même si la responsabilité sans faute, fondée sur un pouvoir de garde, n'est pas totalement étrangère à la notion de faute, elle n'a pas pour objectif premier de stigmatiser la conduite de l'administration. Aussi, elle ne s'oppose pas à la volonté de ne pas encadrer excessivement l'activité de l'administration. Enfin, il nous semble important de tenir compte de la situation de la victime. Placé dans un établissement pénitentiaire souvent surpeuplé, il n'est pas rare qu'un prisonnier soit agressé

---

[393] E. PÉCHILLON, *Sécurité et droit du service public pénitentiaire, thèse précit.*, n° 956, p. 523.

[394] J. DUFFAR, note sous CE, 26 mai 1978, *Wachter*, *D.* 1978, pp. 711-714, spéc. p. 714.

[395] J. DUFFAR, *ibid.*

[396] CH. DEVYS, concl. sous CE, 11 février 2005, *GIE Axa Courtage*, *RFDA* 2005, pp. 595-601, spéc. p. 601 : « *Nous préciserons, d'autre part, que la solution que vous pourriez retenir aujourd'hui et qui se limite en réalité à adopter la solution de la jurisprudence judiciaire selon laquelle une décision du juge des enfants prises en application de l'article 375 du Code civil doit s'analyser comme un transfert de garde, ne vous conduit en rien à une application des principes dégagés par l'article 1384 aux majeurs dont l'administration à la garde* ». ; M. GUYOMAR, concl. sous CE, 1er février 2006 *Garde des Sceaux, ministre de la Justice c/ Mutuelle assurance des instituteurs de France (MAIF)*, pp. 602-613, *spéc.* p. 613 : « *Nous pensons en outre que le recours à la notion de garde n'est pas sans limite. Certes, nous envisageons de possibles évolutions de jurisprudence dans la ligne de celle que nous appelons de nos vœux aujourd'hui. Par exemple, s'agissante de la responsabilité de l'administration pour les dommages causés par les pupilles de l'Etat pour laquelle prévaut un régime de présomption de faute. Mais, sans qu'il soit possible d'en cantonner a priori le champ, nous sentons, presque intuitivement, que cette notion trouve particulièrement bien à s'appliquer lorsque sont en cause des mineurs* ».

[397] CL. LANDAIS et F. LENICA, note sous CE, 11 février 2005, *GIE Axa Courtage*, *AJDA* 2005, chr. pp. 663-666, spéc. p. 666.

par un autre prisonnier. Il nous semble contestable de retenir un régime restrictif de responsabilité en invoquant les difficiles conditions d'incarcération. Régulièrement, l'état des prisons en France est dénoncé. Il est sans doute urgent que les pouvoirs publics remédient à cet état, afin d'apporter une certaine sécurité aux personnes retenues dans les établissements pénitentiaires et d'écarter un régime restrictif de responsabilité uniquement fondé sur les difficultés existantes.

Ainsi, en droit administratif, les personnes exerçant un pouvoir de garde ou de détention intellectuelle pourraient être responsables sans faute des dommages causés par une personne gardée ou détenue, c'est-à-dire par un mineur, par un majeur handicapé mental ou par un majeur gardé ou détenu par une autorité administrative ou judiciaire. La généralisation de la responsabilité sans faute fondée la garde ou la détention intellectuelle invite dès lors à s'interroger sur le devenir de la responsabilité sans faute fondée sur la théorie du risque créé.

b. L'exclusivité de la garde intellectuelle d'autrui pour fonder la responsabilité sans faute du fait non professionnel d'autrui

**702. Énoncé du problème.** Le développement d'une responsabilité sans faute fondée sur la garde d'autrui pose la question du devenir de la responsabilité fondée sur la théorie du risque. La responsabilité de plein droit du gardien se cumule-t-elle ou se substitue-t-elle à la responsabilité pour risque ? En réalité, la question présente un intérêt uniquement lorsque le gardien responsable n'est pas l'auteur du risque. Le cumul de la responsabilité pour risque et de la responsabilité fondée sur la garde ne présente guère d'intérêt pour les prisonniers majeurs et les handicapés mentaux majeurs hospitalisés sous contrainte. En effet, l'État est le gardien des prisonniers et se trouve à l'origine du risque, lorsque des méthodes libérales de traitement pénitentiaire sont mises en œuvre. Qu'elle soit fondée sur la théorie du risque ou sur la garde intellectuelle d'autrui, la responsabilité sans faute pèse toujours sur l'État. De même, les établissements psychiatriques sont les gardiens des handicapés mentaux hospitalisés sous contrainte et sont à l'origine du risque, lorsque des méthodes libérales de traitement psychiatrique sont mises en œuvre. La responsabilité sans faute leur incombe invariablement. En revanche, le problème du cumul de la responsabilité fondée sur la garde et de la responsabilité fondée sur la théorie du risque présente un réel intérêt pour les mineurs délinquants. En effet, tandis que la théorie du risque permet de retenir la responsabilité sans faute de l'État, la théorie de la garde d'autrui fait peser cette responsabilité sur le gardien intellectuel du mineur, c'est-à-dire sur la personne publique ou privée qui contrôle son mode de vie. Un cumul des théories du risque et de la garde d'autrui permettrait alors une multiplication des responsabilités sans faute, tandis que le rejet d'un tel cumul devrait faire peser une telle responsabilité uniquement sur le gardien intellectuel.

**703. Réponses de la Cour de cassation et du Conseil d'État.** Naturellement incompétente pour trancher cette question, la Cour de cassation a néanmoins pris soin de préciser dans sa décision du 9 décembre 1999 que l'engagement de la responsabilité d'une association, gérant un centre destiné à l'accueil de mineurs délinquants, sur le fondement de l'article 1384, alinéa 1<sup>er</sup> du Code civil se fait « *sans préjudice de la responsabilité de l'État du fait des dommages causés par des mineurs délinquants confiés à des établissements chargés de leur rééducation dans le cadre d'une mesure de liberté surveillée* » [398]. Dans son arrêt du 1er février 2006[399], confirmé depuis par un arrêt du 26 juillet 2007[400] et un arrêt du 16 juin 2008[401], le

[398] Civ. 2e, 9 décembre 1999, *Bull. civ.* II, n° 189, *précit.* ; *cf.* également Civ. 2e, 7 mai 2003, *Bull. civ.* II, n° 129, *précit.*, *supra* n° 573.

[399] CE, 1er février 2006, *Garde des Sceaux, ministre de la Justice c/ Mutuelle assurance des instituteurs de France (MAIF)*, *Lebon* p. 42, *précit.*

[400] CE, 26 juillet 2007, *Garde des Sceaux, ministre la justice c/ M. et Mme Jaffuer*, *précit.*

[401] CE, 16 juin 2008, *Association Montjoie et MAIF*, *précit.*

Conseil d'État a admis, en dépit de l'avis contraire du Commissaire du gouvernement Guyomar, le cumul des responsabilités sans faute fondées sur la garde et la théorie du risque[402]. Plus exactement, il a admis la coexistence des responsabilités sans faute fondées sur la garde et sur le risque créé, et a reconnu que l'État devait être le débiteur final de l'intégralité de l'indemnité réparatrice en sa qualité de créateur de risque spécial. L'action en responsabilité contre le créateur du risque confère dans cette hypothèse une garantie au gardien d'autrui. Les réactions doctrinales à cet arrêt furent variées. Certains auteurs ont défendu ce cumul et, s'inspirant de cette solution, ont préconisé l'instauration d'un « *régime de responsabilité unique, qui quelque soit le statut dans lequel se trouverait le mineur au moment de la réalisation du dommage causé au tiers, ferait de l'État le responsable primaire à l'égard des victimes* »[403]. En somme, l'État serait responsables des dommages causés par les mineurs délinquants ou en danger et disposerait d'une action récursoire fondée sur la faute contre les collectivités et organismes chargés de la garde du mineur à l'origine du dommage. Monsieur Christophe Guettier propose ainsi de retenir la règle suivante : « *L'État est civilement responsable des dommages causés aux tiers par des mineurs placés sous un régime administratif. Il peut exercer une action récursoire contre les personnes de droit public ou de droit privé qui accueillent ces mineurs lorsque la responsabilité de ces personnes se trouve engagée* »[404]. En revanche, d'autres auteurs, reprenant les arguments développés par le Commissaire du gouvernement Guyomar, se sont opposés à ce cumul de responsabilités sans faute[405]. Il convient dès lors de reprendre les termes du débat. Les arguments défavorables au cumul de responsabilités semblent alors prépondérants.

**704. Éléments favorables à un cumul.** Selon le Commissaire du gouvernement Guyomar, deux arguments peuvent être avancés pour défendre le maintien de la théorie du risque. En premier lieu, cette théorie permet « *de ne pas sortir l'État du champ de la responsabilité, de le laisser, à tout le moins en qualité de co-auteur du dommage, juridiquement redevable des dommages causés par les mineurs délinquants* »[406]. Autrement dit, le maintien de la responsabilité fondée sur la théorie du risque permet de rappeler le rôle prépondérant de l'État dans l'orientation de la rééducation des mineurs. En second lieu, l'étude générale du droit de la responsabilité administrative révèle qu'il n'est pas hostile aux cumuls de responsabilités. Ainsi, l'action en responsabilité des tiers victimes d'accidents de travaux publics est susceptible d'être exercée sur le fondement de la théorie du risque contre le maître de l'ouvrage (collectivité publique ou concessionnaire), l'entrepreneur ou l'un et l'autre solidairement[407]. Il n'est donc pas impossible de maintenir la responsabilité sans faute fondée sur la théorie du risque, tout en développant de nouveaux cas de responsabilités sans faute reposant sur la notion de garde d'autrui. Par ailleurs, ce cumul de responsabilités disparaît lorsque se pose la question de la contribution à la dette. En effet, le Conseil d'État ne retient pas un partage par parts viriles, mais charge l'État de l'intégralité du payement de l'indemnité réparatrice en sa qualité de créateur de risque spécial. L'adoption d'un tel système de garantie au profit des gardiens d'autrui suscite dès lors des réactions hostiles au cumul des responsabilités fondées sur la théorie du risque et la garde d'autrui.

---

402 M. GUYOMAR, concl. sous CE, 1er février 2006, *préc., spéc.* pp. 607-613.

403 CH. GUETTIER, note sous CE, 1er février 2006, *Garde des Sceaux, ministre de la Justice c/ Mutuelle assurance des instituteurs de France (MAIF)*, *RCA* 2006, comm. 142 ; *adde* : CH. GUETTIER, note sous CE, 11 février 2005, *GIE Axa Courtage*, *RDP* 2006, pp. 523-532.

404 CH. GUETTIER, note sous CE, 11 février 2005, *préc.*, spéc. p. 532.

405 CL. LANDAIS et F. LENICA, note sous CE, 1er février 2006, *Garde des Sceaux, ministre de la Justice c/ Mutuelle assurance des instituteurs de France (MAIF)*, *AJDA* 2006, chr. pp. 586-588.

406 M. GUYOMAR, concl. sous CE, 1er février 2006, *préc., spéc.* p. 608.

407 CE, 4 mars 1955, *Ville d'Orléans*, *Lebon*, p. 140.

**705. Éléments favorables à une exclusivité de la responsabilité fondée sur la garde.** La solution adoptée par le Conseil d'État dans son arrêt du 1er février 2006 « *revient à priver d'effets concrets la généralisation du fondement de la garde en continuant de faire peser sur l'État la totalité de la dette* »[408]. Seule la substitution d'une responsabilité fondée sur la garde à celle fondée sur le risque spécial permettrait d'éviter une telle conséquence. Outre cette considération non négligeable, plusieurs arguments, tant théoriques que pratiques, peuvent justifier un abandon de la responsabilité sans faute fondée sur la théorie du risque au profit de celle fondée sur la garde intellectuelle d'autrui.

Sur le plan théorique, on ne peut nier que le fondement de la jurisprudence *Thouzellier* n'est plus d'actualité. Il semble anachronique de regarder aujourd'hui les méthodes éducatives prévues par l'ordonnance de 1945 pour le traitement pénal des mineurs comme « libérales » par rapport au droit commun qui serait la méthode répressive par l'enfermement. Il n'y a donc pas un risque spécial. Le traitement libéral des mineurs délinquants est devenu le principe et l'enfermement l'exception. Certes, une évolution de la politique pénale reste possible, mais actuellement, les méthodes libérales semblent prévaloir[409].

Sur le plan pratique, deux arguments majeurs militent en faveur du rejet du cumul des responsabilités de plein droit. En premier lieu, la coexistence des responsabilités sans faute a pour conséquence de mettre deux fois à contribution l'État : « *une première fois, en amont, en finançant les primes d'assurances via le prix de journée versée au gardien et une seconde fois, en aval, lorsqu'il est condamné sur le terrain de la responsabilité pour risque à indemniser la victime ou à rembourser à l'assureur du gardien les sommes versées à la victime* »[410]. Seul l'abandon de la responsabilité fondée sur la théorie du risque permet de mettre fin à cette incongruité. En second lieu, la coexistence des responsabilités sans faute est de nature à susciter des difficultés au sujet de l'évaluation des dommages et de l'indemnisation des victimes, lorsque le mineur délinquant, à l'origine du dommage, est gardé par un établissement privé[411]. En effet, si on accepte le cumul des responsabilités sans faute, la victime peut agir contre l'État devant le juge administratif et contre l'établissement privé devant le juge civil. La compétence des deux ordres juridictionnels risque d'avoir des conséquences sur l'indemnisation des victimes. Par principe, ces dernières ne doivent pas recevoir plus que la somme représentant la réparation intégrale de leur dommage. Or, le

---

[408] M. GUYOMAR, concl. sous CE, 1er février 2006, *préc.*, *spéc.* p. 610.

[409] Le Commissaire du gouvernement Guyomar s'est appuyé sur la décision n° 2002-461 du 29 août 2002 du Conseil constitutionnel (*JO*, 10 septembre 2002, p. 14953) pour affirmer que le recours à des méthodes alternatives à l'incarcération des mineurs restera le droit commun. Cette idée doit être relativisée. En effet, cette décision a affirmé l'existence d'un nouveau principe fondamental reconnu par les lois de la République composé de deux branches. La première énonce la règle de « *l'atténuation de la responsabilité pénale des mineurs en fonction de l'âge* » et la seconde celle de la « *nécessité de rechercher le relèvement éducatif et moral des enfants délinquants par des mesures adaptées à leur âge et à leur personnalité prononcées par une juridiction spécialisée ou selon des procédures appropriées* ». Or, cette seconde branche du nouveau principe fondamental reconnu par les lois de la République ne s'oppose pas à l'incarcération des mineurs. En effet, le Conseil constitutionnel a affirmé dans une décision du 20 janvier 1994 (CC n° 93-334 DC du 20 janvier 1994, Rec., p. 27) que « *l'exécution des peines privatives de liberté en matière correctionnelle et criminelle a été conçue non seulement pour protéger la société et assurer la punition du condamné, mais aussi pour favoriser l'amendement de celui-ci et préparer son éventuelle réinsertion* ». Dès lors, la recherche du relèvement éducatif et moral du mineur délinquant est-elle si différente de la poursuite de l'amendement et de la réinsertion du condamné adulte ? Aussi, ce nouveau principe fondamental reconnu par les lois de la République ne devrait pas s'opposer à des mesures d'enfermement pénal des mineurs. *Cf.* en ce sens : J. ROUX, *La reconnaissance par le Conseil constitutionnel du principe fondamental reconnu par les lois de la République relatif à la justice des mineurs (A propos de la décision n° 2002-461 DC du 29 août 2002)*, *RDP* 2002, pp. 1731-1768, spéc. pp. 1738-1742.

[410] M. GUYOMAR, concl. sous CE, 1er février 2006, *préc.*, *spéc.* p. 612.

[411] G. VINEY, obs. sous Civ. 2e, 9 décembre 1999, *JCP G* 2000, I, 241, n° 12.

respect de ce principe risque d'être difficilement conciliable avec l'autorité et le caractère exécutoire des deux décisions rendues à l'encontre de défendeurs différents par des juges relevant de deux ordres juridictionnels distincts. Si l'un des juges est informé de l'indemnisation complète de la victime, il devra se dessaisir. Toutefois, ceci suppose que son évaluation du dommage soit concordante avec celle du juge qui a statué. Par ailleurs, le problème risque de présenter une certaine acuité si le premier juge a ordonné une indemnisation partielle. L'abandon du cumul des responsabilités sans faute permettrait d'éviter de telles difficultés.

En définitive, la question du maintien de la responsabilité sans faute fondée sur la théorie du risque ne présente un réel intérêt que pour les mineurs délinquants. Dans toutes les autres hypothèses, le responsable sur le fondement de la théorie du risque est également le responsable sur le fondement de la garde d'autrui. Or, le maintien de la responsabilité fondée sur la théorie du risque est financièrement contestable. Il est sans doute plus pertinent de la supprimer. La responsabilité du fait des personnes gardées serait grandement simplifiée et partant plus accessible au justiciable. Le Commissaire du gouvernement Guyomar a néanmoins suggéré qu'une responsabilité subsidiaire de l'État soit maintenue, afin de faire face à l'éventuelle insolvabilité du gardien intellectuel, par exemple parce qu'il n'aurait pas souscrit de police d'assurances. Certes, cette considération ne peut être négligée. Toutefois, une réponse pourrait être trouvée en instaurant une obligation de s'assurer. Une telle question invite dès lors à s'interroger sur le régime de la responsabilité de plein droit du fait non professionnel d'autrui fondée sur la garde intellectuelle.

## B. LA MISE EN ŒUVRE DE LA RESPONSABILITÉ DE PLEIN DROIT DU FAIT NON PROFESSIONNEL D'AUTRUI FONDÉE SUR LA GARDE INTELLECTUELLE

**706.** La mise en œuvre de la responsabilité de plein droit du fait non professionnel d'autrui appelle quelques précisions portant sur l'exercice de l'action en responsabilité **(1)** et sur le régime de cette responsabilité **(2)**.

### *1. L'exercice de l'action en responsabilité du fait non professionnel d'autrui*

**707.** L'affirmation d'une conception unitaire de la responsabilité de plein droit du fait non professionnel d'autrui, applicable en droit administratif et en droit civil, pose deux grandes questions quant à l'exercice de l'action en responsabilité. En effet, on peut s'interroger, d'une part, sur l'opportunité du maintien de la dualité de juridiction en la matière **(a)** et, d'autre part, sur l'articulation de cette responsabilité du fait non professionnel d'autrui avec les responsabilités du fait professionnel d'autrui **(b)**.

#### a. Le maintien du dualisme juridictionnel

**708. L'éventualité d'une compétence exclusive du juge judiciaire.** L'affirmation de la spécialité de la responsabilité administrative par l'arrêt *Blanco* du 8 février 1873 a permis non seulement de préserver l'intérêt général, en autorisant l'adoption de règles spécifiques protectrices de l'activité administrative, mais également de conforter la compétence des juges administratifs[412]. La spécificité des règles de la responsabilité administrative conforte l'intervention d'un juge spécialisé, c'est-à-dire du juge administratif. Dès lors, la disparition des spécificités de la responsabilité administrative pourrait s'accompagner d'une disparition de la compétence des juridictions administratives et d'une unification du contentieux. Une simple réforme législative serait suffisante. En effet, le Conseil constitutionnel estime

---

[412] CH. GUETTIER, *Disparition, maintien ou réformation de la dualité de juridiction ?, art. précit.*, spéc. pp. 152-159.

que le principe de séparation des autorités administratives et judiciaires, qui domine le régime de la répartition de la compétence entre les deux ordres de juridiction, n'a de valeur constitutionnelle que dans la mesure où il se confond avec le principe réservant au juge administratif l'annulation et la réformation des décisions de la puissance publique[413]. Par conséquent, le législateur pourrait transférer aux tribunaux judiciaires des contentieux tels que celui de la réparation des dommages causés par des personnes gardées par un établissement public. L'affirmation d'une conception unitaire de la responsabilité du fait non professionnel d'autrui autour de la garde intellectuelle entraînant la disparition des responsabilités administratives fondées sur la théorie du risque, sur une présomption de faute, ou sur la preuve d'une faute ou d'une succession de fautes, une unification du contentieux de la responsabilité du fait non professionnel d'autrui au profit du juge judiciaire devient envisageable. Elle serait conforme aux vœux de certains auteurs de lier la compétence au fond[414].

**709. Le maintien de la dualité de juridiction.** Outre le fait que le débat sur le maintien de la dualité de juridiction peut, à certains égards, paraître dépassé[415], il ne nous semble pas opportun de remettre présentement en cause la compétence des juridictions administratives. En effet, le contentieux entourant les personnes gardées ne se réduit pas à la responsabilité du fait des dommages qu'elles pourraient causer. Il comporte également les actions en responsabilité du gardien à l'égard du gardé ou les actions visant à contester une décision administrative prise par le gardien. Il s'agit, par exemple, des décisions de placement prises par l'administration pénitentiaire. Aussi, dès lors qu'une personne a été placée sous la garde d'une personne publique, il nous semble opportun de reconnaître la compétence du juge administratif pour toutes les actions qui mettent en cause le gardé et le gardien public. La reconnaissance d'une conception unitaire de la responsabilité du fait des personnes gardées autour de la garde intellectuelle ne devrait pas justifier l'émergence d'un bloc de compétence au profit du juge judiciaire. En revanche, la qualité du gardien devrait justifier la compétence exclusive d'une juridiction pour toutes les actions liées à ce rapport d'autorité sur autrui. Deux blocs de compétence devraient être reconnus. La garde publique justifie la compétence du juge administratif et la garde privée celle du juge judiciaire. Cette première observation permet de déterminer le juge compétent pour les actions en responsabilité du fait non

---

[413] CC, déc. n° 86-224 DC du 23 janvier 1987, *Loi transférant à la juridiction judiciaire le contentieux des décisions du Conseil de la concurrence*, *Rec.* 1987, pp. 8-12, spéc. p. 11.

[414] En ce sens : F. JULIEN-LAFERRIÈRE, *La dualité de juridiction, un principe fonctionnel ?*, *in L'unité du droit, Mélanges en hommage à R. DRAGO*, Economica, 1996, pp. 396-426, spéc. p. 426 : « *"Simplicité et stabilité sont donc les qualités nécessaires des règles de compétence." Trois moyens peuvent se conjuguer pour atteindre cet objectif : que tout juge ait cette préoccupation présente à l'esprit quand il est confronté à une question de compétence, afin de la résoudre de la façon "la plus compréhensible et la plus fonctionnelle pour le justiciable "; que le législateur, dans les limites que lui a imposées le Conseil constitutionnel, mette davantage en œuvre la méthode des "blocs de compétence", pour éviter les trop nombreuses parties de ping-pong entre les deux ordres de juridiction ; que la détermination du juge compétent soit autant que possible liée au droit applicable et* que la compétence suive donc le fond, *afin que la juridiction judiciaire connaisse des litiges mettant en œuvre les règles du droit privé et la juridiction administrative de ceux qui mettent en œuvre les règles du droit public* ». Dans cette même optique, d'autres auteurs ont suggéré la création « *d'un système mettant dans une organisation juridictionnelle unique des juridictions spécialisées* », afin de « *mette fin au dualisme de la justice administrative, qui conduit actuellement à faire juger de la matière administrative par un juge judiciaire qui n'est pas formé pour cela* », *cf.* R. DRAGO et M.-A. FRISON-ROCHE, *Mystères et mirages des dualités des ordres de juridictions et de la justice administrative*, *APD*, t. 41, *Le privé et le public*, Sirey, 1997, pp. 135-148, spéc. pp. 147-148.

[415] CH. GUETTIER, *Disparition, maintien ou réformation de la dualité de juridiction ?*, *art. précit.*, spéc. pp. 165-183.

professionnel d'autrui. Il convient maintenant d'envisager l'articulation de cette action en responsabilité avec les responsabilités du fait professionnel d'autrui.

b. L'exclusion de la responsabilité du fait non professionnel d'autrui par la responsabilité du fait professionnel d'autrui

**710. La solution *a priori* logique : le cumul des responsabilités.** Réorganisée, la responsabilité du fait non professionnel d'autrui devrait peser uniquement sur le gardien intellectuel. Aucun cumul de responsabilités de plein droit du fait non professionnel d'autrui ne peut être envisagé, sauf si plusieurs personnes exercent conjointement le pouvoir de garde intellectuelle. En revanche, cette réorganisation laisse subsister un doute quant au rapport de cette nouvelle responsabilité du fait non professionnel d'autrui avec la responsabilité des commettants ou des artisans. En effet, il est concevable qu'une personne gardée exerce une activité professionnelle et commette un dommage à cette occasion. Il s'agit, par exemple, des mineurs en apprentissage ou des prisonniers placés auprès d'un employeur. De prime abord, il semblerait que la responsabilité du commettant ou de l'artisan puisse être recherchée ainsi que celle du gardien intellectuel, puisque ce dernier exerce toujours son pouvoir. La victime disposerait donc d'une faculté de cumul et d'option[416]. Elle pourrait ainsi poursuivre simultanément les deux répondants potentiels, aux fins de condamnation *in solidum*, ou agir contre l'un d'entre eux.

**711. La solution jurisprudentielle : l'application hiérarchisée des responsabilités.** Lorsque la responsabilité des père et mère est en concours avec celle des commettants ou des artisans, la Cour de cassation retient traditionnellement que « *les différentes responsabilités du fait d'autrui ne sont pas cumulatives mais alternatives* »[417]. Il faut en déduire qu'en cas de concours idéal des responsabilités des parents, des commettants et des artisans, l'une d'entre elles devrait prévaloir soit de manière exclusive, soit de manière préférentielle. Dans cette dernière hypothèse, la seconde responsabilité ne pourrait être recherchée que dans la mesure où la première ne serait pas satisfactoire. L'analyse de la jurisprudence révèle que la Cour de cassation a rejeté la logique de l'application exclusive au profit d'un système d'application hiérarchisée avec une responsabilité de premier rang et une responsabilité de second rang[418].

**712. La solution préconisée : l'application exclusive des responsabilités.** La complexité de l'application hiérarchisée des responsabilités en concours n'a pas échappé à la doctrine[419]. La distinction entre responsables de premier rang et de second rang présente l'inconvénient d'obscurcir la situation de la victime, exposée à un risque de procédure sans effet mais pas sans coûts. Aussi, certains auteurs ont-ils préconisé d'accepter le cumul de responsabilités[420]. En revanche, d'autres auteurs ont mis en avant des considérations liées au droit des assurances, afin de refuser le cumul de la responsabilité des parents avec celle des commettants ou des artisans[421]. Ils font observer que les polices d'assurance « *responsabilité civile chef de famille* » excluent du champ de la garantie les dommages causés dans le cadre

---

[416] F. LEDUC, *Les rapports entre les différentes responsabilités du fait d'autrui*, *in La responsabilité du fait d'autrui, Actualité et évolutions*, Colloque organisé par le Centre de Droit de la responsabilité de l'Université du Maine le 2 juin 2000, *RCA* 2000, n° hors série, pp. 18-26, spéc. n° 6, pp. 19-20.

[417] Civ. 2e, 18 mars 1981, *Bull. civ.* II, n° 69 ; *RTD civ.* 1981, 855, note G. DURRY ; *D.* 1981, SC, 319, obs. CH. LARROUMET ; Crim., 2 octobre 1985, *Bull. crim.*, n° 294.

[418] F. LEDUC, *art. précit.*, n° 7, p. 21.

[419] F. LEDUC, *art. précit.*, n° 8, pp. 21-22 ; F. TERRÉ, PH. SIMLER et Y. LEQUETTE, *Les obligations*, *op. cit.*, n° 857, pp. 860-862 ; PH. BRUN, *Responsabilité civile extracontractuelle*, *op. cit.*, n° 485, p. 314.

[420] G. VINEY et P. JOURDAIN, *Les conditions de la responsabilité*, *in Traité de droit civil* sous la direction de J. GHESTIN, LGDJ, 3e éd., 2006, n° 891, pp. 1146-1148 ; PH. BRUN, *op. cit.*, n° 579, p. 302.

[421] F. LEDUC, *art. précit.*, n° 8, p. 22

d'une activité professionnelle[422]. Or, la délimitation conventionnelle de la garantie s'applique de la même façon à la responsabilité personnelle de l'assuré et à sa responsabilité pour autrui[423]. Par conséquent, la responsabilité des parents du fait des dommages causés par leur enfant mineur à l'occasion d'une activité professionnelle n'est pas couverte par leur assurance. Ce point fondamental met en exergue l'opposition entre la responsabilité du fait professionnel d'autrui et la responsabilité du fait non professionnel d'autrui. La généralisation de cette idée permet de défendre une application exclusive des responsabilités du fait d'autrui.

**713. Application de la solution préconisée.** Dans cette optique, le gardien intellectuel d'autrui devrait être responsable de plein droit du fait dommageable causé par la personne gardée en dehors de toute activité professionnelle. En revanche, l'employeur de la personne gardée devrait être responsable de plein droit du dommage causé par la personne gardée dans le cadre de son activité professionnelle. Il est vrai que ce clivage pourrait présenter quelques difficultés, lorsque les faits dommageables peuvent être rattachés à la vie personnelle et à la vie professionnelle de l'auteur du dommage[424]. On pourrait utiliser la notion d'abus de fonction afin de délimiter le champ de ces deux responsabilités. Le commettant serait responsable en l'absence d'abus de fonction de son préposé. Corrélativement, le gardien intellectuel serait responsable de plein droit du gardé dès lors que ce dernier aurait commis un abus de fonction. L'abus de fonction permettrait de distinguer la responsabilité du fait non professionnel du gardé de la responsabilité du fait professionnel du gardé.

Cette proposition suppose néanmoins que les critères de l'abus de fonction permettent de distinguer clairement les fait dommageables qui relèvent de la vie professionnelle et ceux qui relèvent de la vie personnelle. Or, il est manifeste que les critères, actuellement retenus par la Cour de cassation pour définir l'abus de fonction du préposé, ne le permettent pas[425]. En effet, la haute juridiction considère que l'abus de fonction est caractérisé lorsque le « *préposé a agi hors des fonctions auxquelles il était employé, sans autorisation et à des fins étrangères à ses attributions* »[426]. Se substituant à une conception subjective[427], cette perception objective de l'abus de fonction réduit son domaine. La recherche de l'abus de fonction se concentre pour l'essentiel sur le point de savoir si l'acte est ou non objectivement indépendant du rapport de préposition[428]. Il n'est pas rare que des faits, qui *a priori* relèvent de la vie personnelle du salarié, engagent la responsabilité du commettant[429]. Ainsi, dans un arrêt du 3 juillet 1991, la Cour de cassation a admis la responsabilité du commettant dans l'hypothèse où un chauffeur-livreur de camion, ayant décidé d'aller rendre visite à son frère le dimanche, a causé un

---

[422] Sur ce point *cf.* : Y. LAMBERT-FAIVRE et L .LEVENEUR, *Droit des assurances*, 12e éd., Dalloz, 2005, n° 634, p. 477.

[423] Cette règle a pu être qualifiée de « *principe de concordance* », *cf.* H. GROUTEL, *Assurance et responsabilité du fait d'autrui, in La responsabilité du fait d'autrui, Actualité et évolutions, op. cit.*, pp. 27-30, spéc. p. 29.

[424] F. TERRÉ, PH. SIMLER et Y. LEQUETTE, *Les obligations, op. cit.*, n° 836, p. 838-839 ; N. MOLFESSIS, *Vie professionnelle, vie personnelle et responsabilité des commettants du fait de leurs préposés, Dr. social*, 2004, pp. 31-39.

[425] Pour un aperçu des difficultés éprouvées par la Cour de cassation au sujet de la notion d'abus de fonction, *cf.* N. MOLFESSIS, *La jurisprudence relative à la responsabilité des commettants du fait de leurs préposés ou l'irrésistible enlisement de la Cour de cassation, in Ruptures, Mouvements et continuité du droit, Autour de Michelle GOBERT*, Economica, 2004, pp. 495-548, spéc. pp. 512-526.

[426] A.P., 19 mai 1988, *GAJC* n° 215 ; *Gaz. Pal.* 1988, 2, 640, concl. M. DORWLING-CARTER ; *D.* 1988, 513, note CH. LARROUMET ; *Defrénois* 1988, 1097, obs. J.-L. AUBERT ; *RTD civ.* 1989, 89, note P. JOURDAIN.

[427] G. VINEY et P. JOURDAIN, *Les conditions de la responsabilité, op. cit.*, nos 804-805, pp. 1000-1008.

[428] PH. BRUN, *Responsabilité civile extracontractuelle, op. cit.*, n° 457, p. 292.

[429] N. MOLFESSIS, *Vie professionnelle, vie personnelle et responsabilité des commettants du fait de leurs préposés, art. précit.*, spéc. p. 33.

accident en état d'ébriété. La Cour a retenu que le commettant avait autorisé le chauffeur à conserver le camion et que la visite chez son frère lui permettait d'avancer son trajet prévu uniquement à partir du lendemain. En revanche, elle n'a pas tenu compte du fait que la circulation est interdite le dimanche, que le chauffeur n'avait pas été autorisé à conduire ce jour là, qu'il se trouvait en état d'ébriété et qu'il allait voir son frère[430]. Il serait sans doute opportun de revenir sur la définition de l'abus de fonction du préposé, afin qu'elle corresponde davantage à la finalité de la responsabilité des commettants. En effet, il nous semble que la responsabilité des commettants, fondée sur la théorie du risque-profit, devrait être engagée uniquement lorsque le préposé a causé un dommage en relation étroite avec l'exercice de ses fonctions. Dans cette optique, il serait possible de reprendre la conception subjective de l'abus de fonction, selon laquelle le commettant n'est pas responsable des dommages causés par son préposé agissant à des fins étrangères à ses attributions et sans autorisation[431]. Ces deux éléments devraient bien entendu être cumulatifs. Certes, une telle perception de la responsabilité des commettants serait plus restrictive. Néanmoins, elle lui redonnerait une certaine cohérence, puisque le commettant ne devrait plus être responsable des faits non professionnels de son préposé. Corrélativement, elle redonnerait toute sa place à la responsabilité du fait personnel. Le dommage causé en dehors de toute activité professionnelle devrait uniquement engager la responsabilité de l'auteur du dommage[432]. Il est difficile d'admettre que dans une telle hypothèse son employeur puisse être responsable, même s'il a utilisé le véhicule de l'entreprise.

Une définition de l'abus de fonction plus conforme du le clivage existant entre la vie professionnelle et la vie personnelle permettrait de distinguer clairement les responsabilités du fait professionnel et du fait non professionnel d'autrui. Tandis que l'employeur serait responsable de plein droit du fait dommageable subjectivement dépendant du rapport de préposition, le gardien intellectuel serait responsable de plein droit pour tous les autres faits dommageables.

---

[430] Civ. 2e, 3 juillet 1991, *Bull. civ.* II, n° 209.

[431] Cette conception a été initialement développée par la deuxième chambre civile de la Cour de cassation (*Cf.* par ex. : Civ. 2e, 14 juin 1957, *JCP G* 1957, II, 10188, note R. RODIÈRE ; *D.* 1958, 53, note R. SAVATIER), et reprise par les Chambres réunies (Ch. réunies, 9 mars 1960, *GAJC*, t. 2, n° 211 ; *JCP G* 1960, II, 11559, note R. RODIÈRE ; *D.* 1960, 329, note R. SAVATIER), puis par l'Assemblée plénière de la Cour de cassation (A.P., 10 juin 1977, *JCP G* 1977, II, 18730, concl. GULPHE ; *D.* 1977, 465, note CH. LARROUMET ; *Defrénois* 1977, 1517, note J.-L. AUBERT ; *RTD civ.* 1977, 774, note G. DURRY ; A.P., 17 juin 1983, *JCP G* 1983, II, 20120, concl. P.-A. SADON, note F. CHABAS ; *RTD civ.* 1983, 749, note G. DURRY ; A.P., 15 novembre 1985, *JCP G* 1986, II, 20568, note G. VINEY ; *D.* 1986, 81, note J.-L. AUBERT ; *RTD civ.* 1986, 128, note J. HUET.

[432] On peut d'ailleurs observer qu'après avoir abandonné la conception subjective de l'abus de fonction, la Cour de cassation semble revenir en arrière. Ainsi, dans un arrêt du 3 juin 2004 (Civ. 2e, 3 juin 2004, *Bull. civ.* II, n° 275 ; *JCP G* 2005, I, 132, n° 5, note G. VINEY ; *RCA* 2004, comm. n° 250, note H. GROUTEL ; *RTD civ.* 2004, 742, note P. JOURDAIN), la Cour de cassation a retenu une conception beaucoup plus subjective de l'abus de fonction. En l'espèce, le salarié d'une entreprise, qui était venu chercher du courrier pour son employeur, s'était introduit dans le véhicule d'un transporteur routier arrêté devant le bureau de poste. Au moment où ce-dernier sorti du bureau de poste, il fut grièvement blessé par le brusque recul de son véhicule provoqué par le salarié. La Cour de cassation refusa de retenir la responsabilité de son commettant. Appliquant les trois conditions de l'abus de fonction déterminées en 1988, elle affirma qu'il avait agit hors de ses fonctions auxquelles il était employé - alors même que les faits avaient été accomplis à l'occasion de l'exécution du contrat de travail -, puisqu'il avait agi par l'effet d'une initiative personnelle sans rapport avec sa mission. Une telle solution revient indéniablement sur la conception objective de l'abus de fonction. On retrouve cette idée dans un arrêt de la Chambre criminelle du 30 janvier 2007 (Crim., 30 janvier 2007, n° 06-83405). En l'occurrence, un salarié avait commis une agression sexuelle sur la personne d'un autre salarié dans les locaux de la société, sur son lieu de travail et celui de la victime. La Cour de cassation a, de nouveau, écarté la responsabilité du commettant en considérant que les trois conditions de l'abus de fonction étaient réunies. Elle affirme en effet que le salarié avait « *agi en dehors de ses fonctions de dessinateur* ».

Par conséquent, l'exercice de l'action en responsabilité du fait non professionnel d'autrui exige de rechercher non seulement l'identité du gardien intellectuel afin de déterminer la juridiction compétente, mais également la nature de l'acte dommageable, afin de déterminer s'il faut bien agir contre le gardien intellectuel et non contre l'employeur de la personne gardée. Ces premières précisions sur l'exercice de l'action la responsabilité du fait des personnes gardées ou détenues doivent être complétées par une étude du régime de cette responsabilité.

***2. Le régime de la responsabilité du fait non professionnel d'autrui***

**714.** Par ses arrêts du 19 février[433] et du 26 mars 1997[434], la Cour de cassation a affirmé que les responsabilités des alinéas 1er et 4 de l'article 1384 du Code civil sont des responsabilités de plein droit. Cette évolution ne doit nullement être remise en cause dans la perspective d'une réorganisation de la responsabilité du fait non professionnel d'autrui autour de la garde intellectuelle. Au contraire, l'utilisation du critère de la garde intellectuelle est étroitement associée à la reconnaissance d'un régime de responsabilité de plein droit. En effet, il peut arriver qu'une personne gardée commette un dommage alors qu'elle n'était pas sous la garde matérielle d'autrui. Réserve faite de l'éventuelle responsabilité de l'auteur du dommage, seule la responsabilité du gardien intellectuelle peut *a priori* être recherchée. L'adoption d'un régime de responsabilité pour faute présumée pourrait aboutir à des solutions dont l'artifice ne saurait échapper. La faute du gardien intellectuel risquerait d'être très évanescente. En 1997, l'adoption d'un régime de responsabilité de plein droit pour la responsabilité des père et mère, au détriment d'un régime de responsabilité pour faute présumée, a d'ailleurs été justifiée par la volonté de mettre fin à une jurisprudence extrêmement aléatoire et imprécise, qui admettait l'existence d'une faute dans des circonstances très contestables[435]. Aussi doit-on conserver un régime de responsabilité de plein droit. Plus fondamentalement, l'adoption d'un tel régime, en matière de responsabilité du fait non professionnel d'autrui, confère au gardien intellectuel responsable la qualité de garant du fait dommageable causé par la personne gardée. Cette idée de garantie est fondamentale. En amont, elle permet de justifier l'existence de la responsabilité du fait non professionnel et de limiter son domaine aux personnes gardées. En aval, l'idée de garantie détermine les caractères du fait dommageable **(a)** et les limites de la responsabilité du gardé **(b)**, et suggère l'adoption d'un régime d'assurance obligatoire **(c)**.

---

[433] Civ. 2e, 19 février 1997, *Bull. civ.* II, n° 56 ; *R.*, 277 ; *GAJC*, t. 2, nos 208-209 (II) ; *D.* 1997, 265, note P. JOURDAIN ; *D.* 1997, SC, 290, obs. D. MAZEAUD ; *JCP G* 1997, II, 22848, concl. R. KESSOUS, note G. VINEY ; *RTD civ.* 1997, 648, note J. HAUSER ; *Gaz. Pal.*, 1997, 2, 572, note F. CHABAS ; *Gaz. Pal.* 1998, 1, 171, note B. PUILL ; *Dr. fam.* 1997, comm. 83, note P. MURAT; CH. RADÉ, *Le renouveau de la responsabilité du fait d'autrui (apologie de l'arrêt Bertrand, deuxième chambre civile, 19 février 1997)*, *D.* 1997, chr., pp 279-285 ; F. LEDUC, *La responsabilité des père et mère : changement de nature*, *RCA* 1997, chr. 9; M.-CH. LEBRETON, *La responsabilité parentale à la croisée des chemins*, *LPA*, 15 septembre 1997, pp. 12-16 ; *REDP* 1999, vol. 7, n° 4, 481, A.C. PAPACHRISTOS, F. WERRO, P. DE TAVERNIER, U. HÜBNER et J.-M. GARDETTE.

[434] Crim, 26 mars 1997 (3 arrêts), *Bull. crim.*, n° 124 ; *GAJC*, t. 2, nos 218-219, pp. 343-354 ; *JCP G* 1997, II, 22868, rapport F. DESPORTES ; *JCP G* 1997, I, 4070, nos 19-23, obs. G. VINEY ; *JCP G* 1998, II, 10015, note M. HUYETTE ; *D.* 1997, 496, note P. JOURDAIN ; *D.* 1998, SC, 201, obs. D. MAZEAUD ; *Dr. et Pat.*, septembre 1997, p. 86, note F. CHABAS ; *RCA* 1997, comm. 292, note H. GROUTEL ; *Dr. fam.* 1997, n° 98, note P. MURAT ; F. ALT-MAES, *L'hébergement chez ses parents du mineur placé : un conflit de responsabilités ?*, *LPA*, 5 octobre 1999, pp. 14-21.

[435] Sur cette jurisprudence : *cf.* P.-D. OLLIER, *La responsabilité civile des père et mère, Étude critique de son régime légal (article 1384, alinéas 4 et 7 du Code civil)*, *thèse précit.*, nos 130-232, pp. 134-223 ; E. BLANC, *La responsabilité des parents du fait de leurs enfants*, préf. A. BESSON, Librairie du journal des notaires et des avocats, 1953, nos 82-95, pp. 119-137 ; A. TUNC, *L'enfant et la balle, Réflexions sur la responsabilité civile et l'assurance*, *JCP G* 1966, I, 1983, spéc. n° VII.

a. Les caractères du fait dommageable

**715. La jurisprudence *Fullenwarth*.** La détermination du fait dommageable à l'origine de la responsabilité pour autrui a suscité quelques débats jurisprudentiels et doctrinaux à propos de la responsabilité des parents. Initialement, même si l'article 1384, alinéa 7 ne visait que le «*fait donnant lieu à cette responsabilité*», la majorité de la doctrine considérait qu'une simple participation causale de l'enfant dans la réalisation du dommage était insuffisante. La responsabilité des père et mère ne pouvait être engagée que sur le fondement d'un fait fautif du mineur[436]. Afin de pallier les difficultés d'appréciation du caractère fautif de l'acte de très jeunes enfants dénués de discernement, la Cour de cassation affirma qu'il fallait rechercher si l'acte était objectivement illicite[437]. Un tel système semblait satisfaisant. Tout en respectant la conception subjective de la faute, il permettait à la victime de rechercher la responsabilité des parents en présence d'un acte dommageable illicite. Néanmoins, dans son arrêt *Fullenwarth* du 9 mai 1984, l'Assemblée plénière de la Cour de cassation remit en cause cette jurisprudence bien établie en affirmant que «*pour que soit présumée, sur le fondement de le l'article 1384, alinéa 4, la responsabilité des père et mère d'un mineur habitant avec eux, il suffit que celui-ci ait commis un acte qui soit la cause directe du dommage invoqué par la victime*»[438]. Cette formule ne passa pas inaperçue. Un simple fait causal direct semblait suffisant pour engager la responsabilité des parents. La doctrine se partagea sur l'interprétation de l'arrêt *Fullenwarth*. Certains auteurs estimèrent qu'un simple fait causal direct était désormais suffisant pour engager la responsabilité des parents. D'autres jugèrent au contraire que les mots employés par la Cour de cassation avaient peut-être dépassé sa pensée et que la responsabilité parentale était toujours subordonnée à l'existence d'un fait fautif du mineur. Dans un premier temps, la jurisprudence maintint son attachement à cette conception de la responsabilité parentale. Si les différentes décisions rendues sur le fondement de l'article 1384, alinéa 4 du Code civil reprenaient la formule de l'Assemblée plénière, elles ne semblent l'avoir appliquée qu'à des hypothèses où le caractère du fait fautif du mineur n'était guère contestable[439]. Puis, dans un second temps, la Cour de cassation confirma la solution de l'arrêt *Fullenwarth*. Un fait illicite n'est plus exigé. Il suffit que le fait du mineur soit la cause directe du dommage.

**716. La jurisprudence *Levert*.** La deuxième chambre de la Cour de cassation abandonna explicitement l'exigence de l'illicéité de l'acte dommageable du mineur dans son arrêt *Levert* du 10 mai 2001[440]. En l'espèce, des mineurs fréquentant un collège avaient

---

[436] M.-CH. LEBRETON, *L'enfant et la responsabilité civile, thèse précit.*, n$^{os}$ 69-83, pp. 90-106.

[437] Par ex. : Civ. 1$^{re}$, 20 décembre 1960, *JCP G* 1961, II, 12031, note A. TUNC ; *D.* 1961, 141, note P. ESMEIN ; *RTD civ.* 1961, 317, note A. TUNC ; Civ. 2$^{e}$, 13 juin 1974, *Bull. civ.* II, n° 198 ; *RTD civ.* 1975, 311, note G. DURRY.

[438] A.P., 9 mai 1984, *Fullenwarth*, *GAJC*, n° 208 ; *JCP G* 1984, II, 20255 (2$^{e}$ espèce), note N. DEJEAN DE LA BÂTIE ; *D.* 1984, 515 (2$^{e}$ espèce), note F. CHABAS.

[439] F. LEDUC, *Le spectre du fait causal*, *RCA* 2001, chr. 20 ; M.-CH. LEBRETON, *La responsabilité parentale : l'abandon d'un système de responsabilité classique pour un système d'indemnisation*, *RRJ* 2002, pp. 1262-1278, spéc. p. 1265. Dans un arrêt du 25 juin 1986, la deuxième Chambre civile de la Cour de cassation exprima son attachement au fait fautif du mineur, puisqu'elle refusa de retenir la responsabilité du père au motif « *que la preuve n'est pas rapportée (…) de la participation fautive* [du mineur] *à la réalisation du dommage* », *cf.* Civ. 2$^{e}$, 25 juin 1986, n° 85-11911.

[440] Civ.2$^{e}$, 10 mai 2001, *Levert*, *Bull. civ.* II, n° 96 ; *D.* 2001, 2851, rapp. P. GUERDER, note O. TOURNAFOND ; *D.* 2002, SC, 1315, obs. D. MAZEAUD ; *RTD civ.* 2001, 601, note P. JOURDAIN ; *JCP G* 2001, II, 10613, note J. MOULY ; *JCP G* 2002, I, 124, n$^{os}$ 20-21, obs. G. VINEY; *Defrénois*, 1275, note E. SAVAUX ; H. GROUTEL, *L'enfant mineur ravalé au rang de simple chose ?*, *RCA* 2001, chr. 18 ; F. LEDUC, *Le spectre du fait causal, art. précit.* ; J. JULIEN, *Remarques en contrepoint sur la responsabilité des parents*, *Dr. fam.* 2002, chr. n° 7 ; M.-CH. LEBRETON, *La responsabilité parentale : l'abandon d'un système de responsabilité classique pour un système d'indemnisation, art. précit.* ;

organisé pendant la récréation une partie de rugby. À l'occasion d'un plaquage, un élève fut blessé à l'œil. La Cour d'appel écarta l'action en responsabilité contre les parents de l'auteur du plaquage au motif que ce dernier n'avait commis aucune faute. La Cour de cassation censura cette décision en affirmant, dans un attendu de principe, que « *la responsabilité de plein droit encourue par les père et mère du fait des dommages causés par leur enfant mineur habitant avec eux n'est pas subordonnée à l'existence d'une faute de l'enfant* ». Dorénavant, il ne fait plus de doute que la responsabilité parentale peut exister sans la seconde. Cette jurisprudence a d'ailleurs été solennellement confirmée par deux arrêts de l'Assemblée plénière de la Cour de cassation du 13 décembre 2002[441] et régulièrement reprise depuis par la Cour de cassation[442].

**717. Le cantonnement de la jurisprudence *Levert*.** Les visas des arrêts du 13 décembre 2002 ont attiré l'attention et suscité une certaine perplexité. En effet, ces visas portent non seulement sur les alinéas 4 et 7 de l'article 1384 du Code civil, mais aussi sur l'alinéa 1er de ce même article. Aussi, on a pu se demander si cette solution pouvait être transposée aux responsabilités du fait d'autrui admises sur le fondement de l'article 1384, alinéa 1er du Code civil, voire à la responsabilité du fait des commettants[443]. La Cour de cassation semble vouloir cantonner cette responsabilité du fait causal d'autrui à la responsabilité parentale et peut-être aux responsabilités reposant sur la garde d'autrui.[444] En effet, mettant fin aux hésitations des juridictions du fond[445], la haute juridiction refuse d'appliquer cette jurisprudence aux clubs sportifs[446] et aux commettants[447]. Dès lors, on ne peut qu'être frappé par la divergence de solutions.

---

F. NIBOYET, *Consécration du caractère autonome de la responsabilité des parents du fait de leurs enfants*, *LPA*, 3 décembre 2001, pp. 10-14. *Cf.* également : D. MAZEAUD, *Famille et responsabilité (Réflexion sur quelques aspects de la « l'idéologie de la réparation »*, *in Le droit privé français à la fin du XXe siècle, Études offertes à P. CATALA*, Litec, 2001, pp. 569-593 ; PH. BRUN, *Le nouveau visage de la responsabilité du fait d'autrui (Vers l'irresponsabilité des petits ?)*, *in Études à la mémoire de CH. LAPOYADE-DESCHAMPS*, Presses universitaires de Bordeaux, 2003, pp. 105-118.

[441] A.P., 13 décembre 2002, *Bull. A.P.*, n° 4 ; *R.* 475 ; *BICC*, 1er mars 2003, concl. R. DE GOUTTES, avis B. LE CORROLLER ; *D.* 2003, 231, note P. JOURDAIN ; *JCP G* 2003, I. 154, n[os] 46-48, obs. G. VINEY ; *JCP G* 2003, II, 10010, note A. HERVIO-LELONG ; *Gaz. Pal.* 7-8 mars 2003, 52, note F. CHABAS ; *Dr. fam.* 2003, comm. 23, note J. JULIEN ; H. GROUTEL, *Responsabilité du fait d'autrui : l'inexorable progression*, *RCA* 2003, chr. n° 4 ; M. SALUDEN, *La responsabilité des parents n'est pas subordonnée à une faute du mineur*, *RJPF*, mai 2003, pp. 20-22 ; J.-CL. MONTANIER, *Les enfants, les parents et la Cour de cassation*, *Dr. fam.* 2003, chr. n° 13 ; J.-B. LAYDU, *Vers une nouvelle simplification de la responsabilité des père et mère*, *LPA*, 18 avril 2003, pp. 16-20. Le second arrêt a fait l'objet d'une rectification : A.P., 17 janvier 2003, *D.* 2003, 591, note P. JOURDAIN.

[442] Civ. 2e, 3 juillet 2003, *Bull. civ.* II, n° 230 ; *JCP G* 2004, II, 10009, note R. DESGORCES ; J.-B. LAYDU, *Responsabilité des père et mère : autonomie confirmée*, *LPA*, 29 mars 2004, pp. 10-12 ; Civ. 2e, 29 avril 2004, *Bull. civ.* II, n° 202.

[443] G. VINEY, obs. sous A.P., 13 décembre 2002, *JCP G* 2003, I, 154, spéc. n° 47 ; P. JOURDAIN, note sous A.P., 13 décembre 2002, *D.* 2003, 231.

[444] *Contra* P. JOURDAIN, note sous Civ. 2e, 20 novembre 2003, *RTD civ.* 2004, 106.

[445] Certaines Cours d'appel ont retenu la responsabilité de clubs sportifs sur le fondement d'un simple fait causal : CA Agen, 5 décembre 2000, *Juris-Data* n° 140828, CA Bordeaux, 20 mars 2001, *Juris-Data* n° 140816 ; CA Bordeaux, 22 mai 2001, *Juris-Data* n° 150084 ; CA Pau, 23 juin 2003, *C.J.A.M.P.* 2003, 614, obs. V. LARRIBAU-TERNEYRE. D'autres ont continué a exigé la preuve d'une faute du joueur à l'origine du dommage : CA Aix-en-Provence, 27 février 2002, *JCP G* 2003, II, 10097, note C. BLOCH.

[446] Civ. 2e, 20 novembre 2003, *Bull. civ.* II, n° 356 ; *JCP G* 2004, II, 10017, note J. MOULY ; *RTD civ.* 2004, 106, note P. JOURDAIN ; *D.* 2004, 300, note G. BOUCHÉ ; *Gaz. Pal.* 9-11 mai 2004, 5, note Y. DAGORNE-LABBÉ ; J.-CH. SAINT-PAU, *Le fait d'autrui source de responsabilité : fait causal ou fait générateur ?*, *RCA* 2004, chr. n° 1 ; Civ. 2e, 13 mai 2004, *Bull. civ.* II, n° 232 ; CH. RADÉ, *La résurgence de la faute dans la responsabilité civile du fait d'autrui*, *RCA* 2004, étude 15 ; Civ. 1re, 16 mai 2006, *Bull. civ.* I, n° 249 ; *LPA*, 25 juillet 2006, 15, note M. BRUSORIO. *Cf.* également : J. MOULY, *Les paradoxes de*

**718. L'exigence d'un fait illicite de la personne gardée.** S'il est vrai que l'adoption de la théorie du fait causal permet de contourner les difficultés de l'appréciation et de la preuve de la faute d'un mineur[448], ses inconvénients sont si importants qu'ils justifieraient son abandon. La théorie du fait causal métamorphose la responsabilité parentale au point de lui retirer, selon nous, sa qualité de responsabilité. Peut-on encore parler de responsabilité du fait d'autrui, alors que les parents peuvent être amenés à réparer les conséquences d'un acte, qui serait insusceptible d'engager leur propre responsabilité s'ils en avaient été les auteurs[449] ? Un tel paradoxe pourrait, à terme, aboutir à l'émergence d'une responsabilité sans faute du fait personnel. Dans cette hypothèse, la responsabilité de l'article 1382 du Code civil ne serait plus fondée sur la faute, mais sur un simple fait causal[450]. En somme, l'introduction d'une responsabilité fondée sur un simple fait à l'origine d'un dommage suggère une profonde mutation du droit de la responsabilité et l'affirmation d'un véritable « *droit à la sûreté* »[451], en vertu duquel tout dommage est réparable. Il n'est pas sûr que la responsabilité civile en sorte grandie. Afin de conserver au droit de la responsabilité tout son sens, il est nécessaire

---

*la responsabilité civile dans le domaine des activités sportives*, *JCP G* 2005, I, 134 ; A.P., 29 juin 2007, *R.*, p. 438 ; *Bull. civ.*, n° 7 ; *D.* 2007, 2408, note J. FRANÇOIS ; *D.* 2007, 2903, obs. PH. BRUN ; *RTD civ.* 2007, 742, note P. JOURDAIN ; *JCP G* 2007, II, 10150, note J.-M. MARMAYOU ; *JCP E* 2007, 2198, note CH. RADÉ ; *Gaz. Pal.*, 7-8 novembre 2007, note P. POLÈRE ; J. FRANÇOIS, *Fait générateur de la responsabilité du fait d'autrui : confirmation ou évolution ?*, *D.* 2007, pp. 2408-2414 ; M. MEKKI, *La responsabilité délictuelle des clubs sportifs du fait de leurs adhérents : les jeux sont faits... rien ne va plus !*, *RLDC*, octobre 2007, pp. 17-23 ; J. MOULY, *La responsabilité civile des associations sportives du fait de leurs membres : l'exigence confirmée de la faute de l'auteur du dommage*, *LPA*, 24 septembre 2007, pp. 3-12 ; S. HOCQUET-BERG, *Essai transformé pour la responsabilité indirecte pour faute d'autrui*, *RCA* 2007, étude 17 ; M. BRUSORIO-AILLAUD, *Responsabilité des associations sportives du fait de leurs membres : l'assemblée plénière aussi exige une faute caractérisée*, *LPA*, 13 septembre 2007, pp. 9-13 ; F. BRELUQUE, *Quand le rugby marque des points...*, *LPA*, 25 octobre 2007, pp. 14-21 ; *LPA*, 7 janvier 2008, p. 16, note A. VIGNON-BARRAULT.

[447] Civ. 2e, 8 avril 2004, *Bull. civ.* II, n° 194 ; *D.* 2004, 2601, note Y.-M. SERINET ; *RTD civ.* 2004, 517, note P. JOURDAIN ; CH. RADÉ, *La résurgence de la faute dans la responsabilité civile du fait d'autrui*, *art. précit.* Cet arrêt a été rendu à propos d'un dommage causé par un joueur professionnel au cours d'une compétition sportive sur le visa de l'article 1384, alinéa 5 du Code civil.

[448] R. DE GOUTTES, conclusions sous A.P., 13 décembre 2002, *BICC*, 1er mars 2003.

[449] *Cf.* not. : O. TOURNAFOND, note sous Civ. 2e, 10 mai 2001, *D.* 2001, 2851 ; F. LEDUC, *Le spectre du fait causal*, *art. précit.* ; J. MOULY, note sous Civ. 2e, 10 mai 2001, *JCP G* 2001, II, 10613 ; E. SAVAUX, note sous Civ. 2e, 10 mai 2001, *Defrénois*, 1275 ; D. MAZEAUD, *Famille et responsabilité (Réflexions sur quelques aspects de « l'idéologie de la réparation »*, *art. précit.*, spéc. p. 577.

[450] O. TOURNAFOND, note sous Civ. 2e, 10 mai 2001, *précit.* ; F. LEDUC, *Le spectre du fait causal*, *art. précit.*, cet auteur estime d'ailleurs que cette éventualité n'est pas invraisemblable. En effet, cette idée a été défendue par ceux que Henri et Léon Mazeaud appelaient les partisans de la théorie du risque intégral : « *tout fait causant à autrui un dommage oblige à réparation. La responsabilité civile existe dès lors que deux éléments sont réunis : un dommage, un lien de causalité entre ce dommage et l'activité du défendeur. C'est la théorie du risque intégral : quiconque agit doit subir les risques de son activité, qu'elle s'exerce soit isolément et directement, soit par l'intermédiaire d'autres activités ou d'autres forces* » (H. et L. MAZEAUD et A. TUNC, *Traité théorique et pratique de la responsabilité civile délictuelle et contractuelle*, t. 1, *op. cit.*, n° 347, p. 425). Cette idée ancienne est encore défendue aujourd'hui. Ainsi, la Fondation nationale entreprise et performance propose de réécrire l'article 1382 du Code civil et d'y consacrer le principe d'une responsabilité fondée sur un simple fait causal. La nouvelle rédaction serait la suivante : « *Tout fait quelconque de l'homme qui génère pour autrui un dommage oblige celui par la cause duquel il est arrivé à le réparer* ». Elle précise également que « *l'introduction du verbe générer se veut évidemment le rappel du concept de fait générateur, entendu au sens de l'acte causal* » (FONDATION NATIONALE ENTREPRISE ET PERFORMANCE, Mission 1994, *Responsabilité individuelle, garanties collectives, Accidents corporels : réduire les risques et réparer sans faute*, PUF, Politique d'aujourd'hui, 1998, pp. 120-138).

[451] CH. RADÉ, *Réflexions sur les fondements de la responsabilité civile, 1. L'impasse, 2. Les voies de la réforme : la promotion du droit à la sûreté*, *D.* 1999, pp. 313-319 et 323-327.

d'écarter cette jurisprudence de la Cour de cassation et de défendre une responsabilité du fait des personnes gardées fondée sur la preuve d'un acte illicite. Le gardien d'autrui est garant du fait illicite du gardé, mais non de tous les actes dommageables qu'il pourrait causer. Par ailleurs, cette idée de garantie n'exclut pas les limitations classiques de la faute de la victime et de la force majeure.

b. Limites de la responsabilité du gardien intellectuel d'autrui

**719. L'exonération par la force majeure ou la faute de la victime.** L'affirmation de la responsabilité de plein droit du fait non professionnel d'autrui n'écarte pas pour autant toute possibilité d'exonération pour les gardiens. Ces derniers peuvent toujours invoquer la force majeure ou la faute de la victime. En présence d'un cas de force majeure, l'exonération sera totale. En revanche, la faute de la victime aura, conformément au droit commun, un effet d'exonération totale ou partielle, selon qu'elle aura on non présenté les caractères de la force majeure. Quelques précisions relatives à la définition et à l'appréciation de la force majeure doivent être apportées.

**720. La définition de la force majeure.** Après plusieurs hésitations jurisprudentielles[452], l'Assemblée plénière de la Cour de cassation s'est prononcée sur les critères de la force majeure le 14 avril 2006[453]. Dans ce deux arrêts, elle retient que la force majeure est caractérisée lorsque l'événement à l'origine du dommage était irrésistible et imprévisible. Par conséquent, la force majeure ne devrait être admise qu'en présence d'un événement irrésistible et imprévisible. Néanmoins, une lecture attentive ne permet pas d'exclure qu'un événement irrésistible, mais prévisible, puisse constituer un cas de force majeure. De même, on peut s'interroger sur le devenir du critère de l'extériorité. En réalité, dans ses arrêts du 14 avril 2006, la Cour de cassation s'est abstenue de donner une définition précise de la force majeure. Pour admettre la force majeure, elle s'est simplement contentée d'affirmer que « *cette exigence est satisfaite lorsque cette faute présente, lors de l'accident, un caractère imprévisible et irrésistible* ». Cela ne signifie pas que l'imprévisibilité et l'irrésistibilité doivent être systématiquement réunies. Il serait donc possible d'admettre qu'un événement prévisible, mais irrésistible, constitue un cas de force majeure[454]. Ceci est d'autant plus probable qu'à la suite des ces arrêts, les première et deuxième chambres civiles de la Cour de cassation ont développé des jurisprudences opposées. Tandis que la deuxième Chambre s'est conformée à la solution de l'Assemblée plénière en exigeant la preuve de l'irrésistibilité et l'imprévisibilité de l'événement[455], la première Chambre civile n'a pas perçu l'imprévisibilité comme une réelle condition de la force majeure, mais plutôt comme un indice de la force majeure[456].

**721. L'appréciation de la force majeure - Énoncé du problème.** S'il ne fait aucun doute que l'appréciation des conditions de la force majeure s'effectue, en matière délictuelle, au moment de la réalisation du fait dommageable, il convient de se demander, en présence

---

[452] P.-H. ANTONMATTÉI, *Contribution à l'étude de la force majeure*, préf. B. TEYSSIÉ, LGDJ, Bibl. dr. pr., t. 220, 1992 ; *adde Ouragan sur la force majeure*, *JCP G* 1996, I, 3907.

[453] A.P., 14 avril 2006 (2 arrêts), *D.* 2006, 1577, note P. JOURDAIN ; *RLDC*, juillet-août 2006, 1, note M. MEKKI ; L. BLOCH, *Force majeure : le calme après l'ouragan ?*, *RCA* 2006, étude 8 ; D. NOGÉRO, *La maladie du débiteur en cas de force majeure*, *D.* 2006, pp. 1566-1569.

[454] En ce sens : P. JOURDAIN, note sous A.P., 14 avril 2006, *D.* 2006, pp. 1577-1582, spéc. p. 1581.

[455] Civ. 2e, 21 décembre 2006, *RCA* 2007, comm. 45 ; Civ. 2e, 21 décembre 2006, *RCA* 2007, comm. 46 ; Civ. 2e, 5 avril 2007, *RCA* 2007, comm. 178, obs. H. GROUTEL. Sur tous ces arrêts : *RTD civ.* 2007, 574, note P. JOURDAIN.

[456] Civ. 1re, 10 mai 2006, *Bull. civ.* I, n° 279 ; Civ. 1re, 27 juin 206, *Bull. civ.* I, n° 334, *RCA* 2006, comm. 267 ; Civ. 1re, 27 juin 2006, *Bull. civ.* I, n° 335 ; *RCA* 2006, comm. 268 ; Civ. 1re, 21 novembre 2006, *Bull. civ.* I, n° 511. Sur tous ces arrêts : *RTD civ.* 2007, 574, note P. JOURDAIN.

d'une responsabilité du fait non professionnel d'autrui, si les caractères de la force majeure doivent s'apprécier dans la personne du gardien intellectuel responsable pour autrui ou dans celle du gardé à l'origine du dommage. Cette question a fait l'objet de nombreux débats à propos de la responsabilité des père et mère. En effet, si l'arrêt *Bertrand* du 19 février 1997 a affirmé que la responsabilité parentale est une responsabilité de plein droit, il s'est montré beaucoup plus elliptique sur la question de l'appréciation des critères de la force majeure. La doctrine témoigne d'une certaine hésitation retenant tantôt que la force majeure peut être appréciée par rapport au mineur ou aux parents[457], tantôt qu'elle doit être appréciée uniquement par rapport aux parents[458]. De son côté, la jurisprudence a, semble-t-il, pris parti pour cette dernière solution[459]. En réalité, ces hésitations doctrinales sont nourries par des considérations propres à la force majeure et par les dispositions spécifiques à la responsabilité des père et mère. Ces deux points peuvent être repris, afin de dégager une solution applicable à la responsabilité du fait non professionnel d'autrui fondée sur la garde intellectuelle.

**722. Critiques du rejet de l'appréciation de la force majeure dans la personne du mineur.** En premier lieu, si on conçoit la responsabilité de plein droit comme une véritable garantie du fait d'autrui, il serait souhaitable d'apprécier les conditions de la force majeure dans la personne du mineur[460]. La responsabilité des parents serait donc écartée, lorsque le dommage trouve juridiquement sa cause dans un événement imprévisible et irrésistible pour le mineur. Toutefois, de nombreux auteurs écartent cette solution, puisque, selon la jurisprudence *Levert*[461], la responsabilité des parents suppose que le fait du mineur soit la cause directe du dommage. Dès lors, si la cause directe du dommage est un événement imprévisible et irrésistible et non le fait du mineur, la mise hors de cause des parents ne résulte pas d'une véritable exonération, mais simplement du constat que les conditions de sa responsabilité ne sont pas réunies[462]. Le détour par la force majeure serait, dans cette hypothèse, inutile. Un tel argument peut néanmoins surprendre. En effet, on ne peut oublier l'étroite interaction entre la force majeure et les conditions d'une responsabilité. Très souvent, la force majeure a pour conséquence de montrer que toutes les conditions d'une action en responsabilité ne sont pas réunies. Ainsi, les auteurs admettent que la force majeure permet d'établir que le fait reproché à une personne n'était pas fautif, ou n'était pas la cause juridique du dommage[463]. Dans ces hypothèses, la force majeure ne peut être réellement perçue comme

---

[457] F. TERRÉ, PH. SIMLER et Y. LEQUETTE, *Les obligations*, *op. cit.*, n° 823, p. 824 ; P. JOURDAIN, note sous Civ. 2e, 19 février 1997, *RTD civ.* 1997, pp. 668-670.

[458] G. VINEY, note sous Civ. 2e, 19 février 1997, *JCP G* 1997, II, 22848 ; PH. BRUN, *Responsabilité civile extracontractuelle*, *op. cit.*, n° 432, p. 276 ; F. LEDUC, *La responsabilité des père et mère : changement de nature*, *art. précit.*, spéc. p. 8 ; CH. CARON, *La force majeure : talon d'Achille de la responsabilité des père et mère ?*, *Gaz. Pal.* 1998, II, doc., pp. 1130-1137.

[459] Civ. 2e, 2 décembre 1998, *Bull. civ.* II, n° 292 ; *JCP G* 1999, II, 10165, note M. JOSSELIN-GALL ; *RTD civ.* 1999, 410, note P. JOURDAIN ; *Dr. et Pat.*, avril 1999, 78, obs. F. CHABAS ; D. POHÉ, *Ombre et lumière sur la force majeure dans la responsabilité parentale (À propos de l'arrêt de la 2e chambre civile de la Cour de cassation du 2 décembre 1998)*, *RRJ* 2002, pp. 239-254.

[460] G. VINEY, note sous Civ. 2e, 19 février 1997, *JCP G* 1997, II, 22848 ; PH. BRUN, *op. cit.*, n° 526, p. 265.

[461] *Cf. supra* n° 716.

[462] PH. BRUN, *op. cit.*, n° 526, p. 265 ; F. LEDUC, *art. précit.*, spéc. p. 8 ; D. POHÉ, *art. précit.*, spéc. p. 245 ; *rappr.* J.-CL. BIZOT, *La responsabilité civile des père et mère du fait de leur enfant mineur : de la faute au risque*, *in Rapport de la Cour de cassation 2002, La responsabilité*, p. 171.

[463] Sur le fondement de la force majeure, *cf.* : J. RADOUANT, *Du cas fortuit et de la force majeure*, thèse Paris, 1920 ; A. TUNC, *Force majeure et absence de faute en matière contractuelle*, *RTD civ.* 1945, pp. 235-259 ; A. TUNC, *Force majeure et absence de faute en matière délictuelle*, *RTD civ.* 1946, pp. 171-211 ; F. CHABAS, *L'influence de la pluralité des causes de dommages sur le droit à réparation*, préf. H. MAZEAUD, LGDJ, Bibl. dr. pr., t. 78, 1967, n° 176, p. 148 ; P. JOURDAIN, *Recherches sur l'imputabilité en matière de responsabilités civile et pénale*, thèse Paris II, 1982, nos 526 et s. ;

une cause d'exonération[464]. En effet, l'exonération s'entend de la décharge, totale ou partielle, d'une responsabilité que l'on aurait normalement assumée[465]. Autrement dit, l'exonération intervient uniquement lorsque les conditions de la responsabilité d'une personne sont réunies. Par conséquent, on ne saurait retenir que, dans la responsabilité du fait des mineurs, la force majeure ne peut être appréciée dans la personne du mineur en mettant simplement en avant que cela revient à replacer le débat sur les conditions de la responsabilité.

**723. Critiques de la solution de l'appréciation de la force majeure dans la personne des parents.** En revanche, la doctrine admet généralement que la force majeure puisse être appréciée dans la personne des parents. À cet effet, les auteurs s'appuient sur le septième alinéa de l'article 1384 du Code civil, selon lequel les parents sont responsables « *à moins qu'ils ne prouvent qu'ils n'ont pu empêcher le fait* » qui justifie la recherche de leur responsabilité[466]. Développant cette idée, certains auteurs ont expliqué que, loin d'instituer une responsabilité pour faute présumée, cet alinéa serait, depuis 1804, le support d'une responsabilité de plein droit[467].

Deux arguments ont été invoqués. Le premier, relevant d'une analyse exégétique, s'intéresse à la notion d'empêchement. Cette notion aurait une signification particulière et sa teneur serait précisée par l'article 1148 du Code civil. Celui-ci disposant qu'« *il n'y a lieu à aucun dommages et intérêts lorsque, par suite d'une force majeure ou d'un cas fortuit, le débiteur a été empêché de donner ou de faire ce à quoi il était obligé, ou a fait ce qui lui était interdit* », il faudrait en déduire que l'empêchement est la conséquence, la « *suite d'une force majeure ou d'un cas fortuit* ». Le second s'appuie sur les travaux préparatoires du Code civil et plus particulièrement sur le rapport de Bertrand de Greuille au Tribunat : « *si les père et mère parviennent à prouver qu'ils ont été dans l'impossibilité d'empêcher le fait dont on se plaint, alors la garantie disparaît, parce que l'impossibilité bien constante équivaut à la force majeure, qui ne donne aucune action à celui qui en est la victime* »[468].

Toutefois, ces arguments ne sont pas pleinement convaincants. D'une part, il n'est pas certain que les rédacteurs du Code civil aient conféré un sens précis à la notion d'empêchement et, d'autre part, certains passages des travaux préparatoires attestent que les rédacteurs ont souhaité instaurer une responsabilité pour faute présumée et non une responsabilité de plein droit[469]. Il nous semble difficile de déduire d'une disposition, fondant une responsabilité pour faute présumée du fait d'autrui, une règle pour apprécier la force majeure dans une responsabilité de plein droit du fait d'autrui. L'émergence d'un nouveau régime de responsabilité, distinct des dispositions initiales du Code civil, appelle un remodelage des règles existantes. Il est vrai, toutefois, qu'une telle évolution exige l'intervention du législateur.

Par conséquent, on ne peut affirmer que l'appréciation de la force majeure dans la personne des parents est imposée par le Code civil. Au contraire, une telle appréciation aurait pour conséquence de réintroduire une analyse guère compatible avec le développement d'une responsabilité de plein droit fondée sur la garde intellectuelle du mineur. En effet,

---

P.-H. ANTONMATTÉI, *Contribution à l'étude de la force majeure, thèse précit.*, n$^{os}$ 197 et s. ; G. VINEY et P. JOURDAIN, *Les conditions de la responsabilité*, *op. cit.*, n° 403, pp. 284-286.

[464] PH. BRUN, *Responsabilité civile extracontractuelle*, *op. cit.*, n$^{os}$ 270-272, pp. 172-173.

[465] G. CORNU (dir.), *Vocabulaire juridique de l'Association Henri Capitant*, *op. cit.*, p. 363.

[466] G. VINEY, note sous Civ. 2$^{e}$, 19 février 1997, *JCP G* 1997, II, 22848 ; PH. BRUN, *Responsabilité civile extracontractuelle*, *op. cit.*, n° 432, p. 276 ; F. LEDUC, *La responsabilité des père et mère : changement de nature*, *art. précit.*, spéc. p. 8.

[467] CH. RADÉ, *Le renouveau de la responsabilité du fait d'autrui (apologie de l'arrêt Bertrand, deuxième chambre civile, 19 février 1997)*, *art. précit.*, n° 6, p. 281.

[468] B. DE GREUILLE, Rapport au Tribunat, séance du 16 pluviôse an XII, *in* P.A. FENET, *Recueil complet des travaux préparatoires du Code civil*, *op. cit*, t. XIII, p. 476.

[469] P.A. FENET, *Recueil complet des travaux préparatoires du Code civil*, *op. cit*, t. XIII, pp. 488-489.

l'appréciation de la force majeure pourrait conduire à s'interroger sur la faute personnelle des parents[470]. De la force majeure à la faute des parents, il n'y a qu'un pas, qui pourrait être favorisé par l'adoption d'une conception souple de la notion de force majeure. Le risque est réel, tant la définition de la force majeure est variable[471]. Pour qu'il y ait force majeure, il faudrait que l'évènement imprévisible et irrésistible invoqué par les parents ait bel et bien eu pour effet de les placer dans l'impossibilité d'empêcher le fait dommageable de l'enfant. Pour l'admettre, il faudrait avoir au préalable vérifié que, sans cet événement perturbateur, les parents auraient effectivement été en situation d'empêcher le fait dommageable. Aussi, la théorie de la force majeure ne pourrait être invoquée si l'enfant était autonome ou se trouvait chez un tiers lorsqu'il a causé le dommage. Dans de telles hypothèses, les parents ne pouvaient rien faire. Dès lors, nous pouvons en déduire que la force majeure serait plus facilement admise pour les jeunes enfants que pour les grands adolescents disposant de plus d'autonomie[472]. Certes, ce serait un renversement par rapport aux solutions admises dans un système de présomption de faute[473], néanmoins, une telle appréciation de la force majeure dans la personne des parents nous semble quelque peu étrangère à la fonction de garantie qui se dégage de la responsabilité de plein droit.

**724. La solution retenue : l'appréciation dans la personne du gardé.** Dans l'optique d'une réorganisation de la responsabilité du fait non professionnel d'autrui autour de la garde intellectuelle, nous devons écarter l'article 1384, alinéa 7, dont le caractère obsolète apparaît immédiatement dans un régime de responsabilité de plein droit. Fondamentalement matérielle, la force majeure ne peut s'apprécier que dans l'acte de la personne gardée : « *la simplicité et la logique commandent par conséquent d'envisager une exonération de nature matérielle uniquement au regard des causes matérielles du dommage* »[474]. Le responsable pour autrui ayant une fonction de garant du fait dommageable causé illicitement pas autrui, il est logique que les conditions de la responsabilité soient appréciées dans la personne de l'auteur du dommage.

c. La couverture du risque financier par une assurance obligatoire

**725. L'adoption d'un régime d'assurance obligatoire.** La fonction de garantie de la responsabilité du fait des personnes gardées risque de faire peser une lourde charge financière sur le gardien intellectuel. Un tel risque devrait l'inciter à se couvrir en souscrivant une assurance de responsabilité. Toutefois, face à l'extrême efficacité de la responsabilité de plein droit, on ne peut se contenter d'une simple incitation. Il serait souhaitable d'adopter un mécanisme d'assurance obligatoire[475]. S'il est vrai que l'assurance obligatoire n'est pas

---

[470] M.-CH. LEBRETON, *thèse précit.*, n° 159, p. 190 ; D. POHÉ, *Ombre et lumière sur la force majeure dans la responsabilité parentale (A propos de l'arrêt de la 2e chambre civile de la Cour de cassation du 2 décembre 1998), art. précit*, spéc. pp. 251-252.

[471] Ce retour de la faute par l'intermédiaire de la force majeure est d'ailleurs classique. On a ainsi dénoncé « *la sporadique transformation de la notion de cause étrangère par une jurisprudence qui se contente d'un événement "normalement imprévisible et irrésistible" : ce "normalement" (qui apparaît ou disparaît des formules de la Cour de cassation au gré des espèces) ramène la preuve de la force majeure à celle de l'absence de faute* », *cf.* PH. RÉMY, *Critique du système français de responsabilité civile, Dr. et Cult.*, n° 31, *Métamorphoses de la responsabilité*, 1996, pp. 33-49, spéc. pp. 37-38.

[472] F. LEDUC, *La responsabilité des père et mère : changement de nature, art. précit.*, spéc. p. 9.

[473] P.-D. OLLIER, *thèse précit.*, n$^{os}$ 136-179, pp. 139-177.

[474] J. JULIEN, *La responsabilité civile du fait d'autrui ruptures et continuités, thèse précit.*, n° 286, p. 402.

[475] Sur les assurances obligatoires, *cf.* : Y. LAMBERT-FAIVRE et L. LEVENEUR, *Droit des assurances, op. cit.*, n° 20, pp.15-16 ; Y. LAMBERT-FAIVRE, *Les assurances obligatoires*, *in* F. EWALD et J.-H. LORENZI (dir.), *Encyclopédie de l'assurance*, Economica, 1998, pp. 541-556 ; A. FAVRE ROCHEX et G. COURTIEU, *Le droit des assurances obligatoires*, préf. G. DURRY, LGDJ, 2000 ; C. RENODON-

nécessairement satisfaisante sur le terrain des libertés individuelles, il n'en demeure pas moins qu'un tel mécanisme semble opportun en présence d'une responsabilité de plein droit[476]. Si la liberté contractuelle a été un postulat du libéralisme du XIXe siècle, la liberté du XXe siècle trouve ses limites dans le bien commun et les nécessités sociales. Le développement des assurances obligatoires participe de cette idée : la protection des victimes apparaît comme un objectif d'utilité sociale supérieur au maintien d'une totale liberté contractuelle[477]. Concrètement, l'assurance obligatoire du gardien permettrait de garantir à la victime d'être indemnisée et d'éviter que le responsable de plein droit ne supporte le poids financier d'une responsabilité trop lourde. L'assurance obligatoire n'aurait pour conséquence que d'alléger le responsable du fardeau de la charge financière. Fondée sur l'exercice d'un pouvoir sur autrui, la responsabilité du fait non professionnel d'autrui conserve les caractéristiques d'un mécanisme de responsabilité. Si la charge financière se réduit pour le responsable au payement des primes d'assurance, la fonction normative de la responsabilité joue pleinement son rôle. Exerçant un pouvoir exorbitant sur la personne d'autrui, la mise en œuvre de sa responsabilité souligne, d'une certaine façon, une lacune plus ou moins sensible dans l'exercice de ce pouvoir.

Toutefois, l'obligation de s'assurer devrait être cantonnée aux hypothèses où elle s'avère absolument nécessaire. Concrètement, cette obligation devrait surtout peser sur les personnes privées exerçant un pouvoir de garde intellectuelle. En effet, ces personnes présentent assurément un risque d'insolvabilité. En revanche, il ne paraît guère nécessaire d'imposer une obligation de s'assurer aux établissements gérés par une personne publique. Garantis par une collectivité publique ou par l'État, ils ne présentent pas un réel risque d'insolvabilité. Cette obligation de s'assurer pourrait donc être limitée aux personnes privées exerçant un pouvoir de garde intellectuelle.

**726. L'efficacité de l'obligation de s'assurer.** L'obligation d'assurance constitue une avancée importante en faveur des victimes et des responsables pour autrui. Toutefois, son efficacité sera fortement réduite si les gardiens intellectuels d'autrui ne s'assurent pas. En effet, il est possible que des gardiens intellectuels refusent ou négligent de s'assurer par manque d'informations. De tels comportements peuvent notamment se rencontrer dans les milieux économiquement défavorisés[478]. D'une façon générale, la question de l'efficacité des assurances obligatoires n'est pas ignorée par le droit des assurances[479]. Ainsi, la non exécution des obligations d'assurance relatives à la circulation des véhicules terrestre à moteur[480], aux travaux de bâtiment, aux engins de remontée mécanique[481], à l'exploitation

DELUBRIA et J. ROUSSEL, *Les assurances obligatoires*, préf. G. DURRY, L'argus, 1984 ; *Assurances obligatoires : fin de l'exception française ?*, *Risques*, 1992, n° 12, pp. 6-116.

[476] F. ALT-MAES, *Les nouveaux droits reconnus à la victime d'un mineur*, *JCP G* 1992, I, 3627, n[os] 21-23.

[477] A. FAVRE ROCHEX et G. COURTIEU, *Le droit des assurances obligatoires*, *op. cit.*, n[os] 1-00 à 1-05, pp. 7-9. Mais une recherche plus précise peut mettre en évidence la diversité des fondements des assurances obligatoires. Ainsi, elles peuvent être justifiées non seulement par la protection des consommateurs, mais aussi par la volonté d'organiser un secteur professionnel, d'assurer la sécurité d'opérations dans lesquelles des biens ou des fonds sont confiés, de constituer des moyens nécessaires à la réparation des risques catastrophes... *Cf.* C. RENODON-DELUBRIA et J. ROUSSEL, *Les assurances obligatoires*, *op. cit.*, n[os] 27-35, pp. 30-35.

[478] B. PUILL, *Vers une réforme de la responsabilité des père et mère du fait de leurs enfants ?*, *D.* 1988, chr. XXVIII, pp. 185-192, spéc. n° 28, p. 192.

[479] A. FAVRE ROCHEX et G. COURTIEU, *Le droit des assurances obligatoires*, *op. cit.*, n[os] 1-56 à 1-95, pp. 29-41.

[480] Article R. 211-14 du Code des assurances.

[481] Article L. 243-3 du Code des assurances.

d'installations nucléaires et de transport des substances qu'elles produisent[482] est punie de sanctions pénales, motivées par les risques graves que peuvent générer ces activités. Néanmoins, les manquements aux autres obligations de s'assurer sont rarement sanctionnés par les textes. Ils sont sanctionnés indirectement par l'intermédiaire de sanctions administratives privatives d'un droit ou de sanctions civiles par la mise en jeu de la responsabilité civile.

Sans aller jusqu'à une sanction pénale, le législateur pourrait exiger des professionnels, pouvant assurer la garde intellectuelle de mineur, qu'ils produisent un certificat d'assurance afin d'être autorisés à exercer leur activité. Les centres de rééducation pour mineurs, les instituts médico-pédagogiques et les hôpitaux psychiatriques pourraient donc être assujettis à une telle formalité. En revanche, la sanction civile, née de l'absence d'assurance, risque de ne pas être très utile en l'occurrence. Elle risque surtout d'aggraver la situation du responsable pour autrui.

Pour les personnes privées non professionnelles, c'est-à-dire les parents ou les personnes physiques exerçant un pouvoir de garde intellectuel, il convient d'adopter d'autres solutions pour donner toute son efficacité à l'assurance obligatoire. Dans cette optique, une information systématique des nouveaux parents et des tiers notamment par les organismes sociaux paraît essentielle. D'autre part, sur le terrain financier, on pourrait songer à un mécanisme de couverture de la prime d'assurance par les organismes sociaux pour les familles les plus défavorisées, par exemple par les caisses d'allocations familiales[483]. De telles propositions devraient ainsi minimiser les risques de défauts d'assurances.

Par ailleurs, l'obligation de s'assurer ne peut être pleinement efficace que si elle s'accompagne d'une obligation corrélative, pour l'assureur, d'assurer[484]. Il est vrai que dans la quasi-totalité de la petite centaine d'assurances obligatoires, l'assureur reste libre de refuser sa garantie. Seules cinq assurances peuvent être effectivement souscrites en dépit du refus opposé par l'assureur grâce à une procédure spécifique. Il s'agit de l'assurance automobile[485], de l'assurance construction[486], de l'assurance des catastrophes naturelles[487], de l'assurance des remontées mécaniques[488] et de l'assurance de responsabilité civile médicale[489]. Dans ces cinq hypothèses, le législateur a mis en œuvre une procédure qui permet aux souscripteurs, qui essuient un refus, de saisir un bureau central de tarification[490], lequel va fixer le tarif applicable au risque et l'imposer à l'assureur choisi par le candidat à l'assurance. S'il est vrai qu'un tel mécanisme heurte le principe de la liberté contractuelle, il nous semble particulièrement justifié lorsque les souscripteurs sont obligés de s'assurer. Quelle serait l'efficacité de l'obligation de s'assurer, si elle n'était pas confortée par une obligation d'assurer ? Cette question revêt une importance toute particulière, lorsque l'obligation de s'assurer concerne un grand nombre de personne. Une telle hypothèse correspond à la situation des automobilistes, mais aussi à celle des gardiens d'autrui. Aussi devrait-on imposer une obligation d'assurer aux assureurs et envisager l'instauration d'un mécanisme faisant intervenir un bureau central de tarification, afin de résoudre les éventuels conflits entre assureurs et assurés.

---

[482] Article 18 de la loi du 30 octobre 1968 relative à la responsabilité civile dans le domaine de l'énergie nucléaire.

[483] B. PUILL, *Vers une réforme de la responsabilité des père et mère du fait de leurs enfants ?*, *art. précit.*, spéc. n° 28, p. 192.

[484] S. CORONE, *L'assureur peut-il refuser d'assurer ?*, *L'argus*, 2 février 2001, pp. 28-30.

[485] Article L. 212-1 du Code des assurances.

[486] Article L. 243-4 du Code des assurances.

[487] Article L. 125-6 du Code des assurances.

[488] Article L. 220-5 du Code des assurances.

[489] Article L. 252-1 du Code des assurances.

[490] Y. LAMBERT-FAIVRE et L. LEVENEUR, *Droit des assurances*, *op. cit.*, n[os] 813-815, pp. 650-652 ; G. DURRY, *Le bureau central de tarification*, *Risques*, 1992, n° 12, pp. 89-96.

# CONCLUSION DU CHAPITRE 2

**727.** L'arrêt *Blieck*, rendu par la Cour de cassation le 29 mars 1991, et l'arrêt *GIE Axa Courtage*, rendu par le Conseil d'État le 11 février 2005, ont ouvert de nouvelles perspectives à la responsabilité du fait d'autrui. L'analyse des décisions de la Cour de cassation et du Conseil d'État révèle l'apparition d'une responsabilité de plein droit du fait d'autrui fondée sur la notion de contrôle du mode de vie d'autrui. En somme, il faudrait admettre que ces hautes juridictions ont consacré une responsabilité de plein droit fondée sur la garde intellectuelle d'autrui. À la lecture de ces solutions, on pourrait presque admettre sans aucun problème l'existence d'un principe de responsabilité du fait non professionnel d'autrui fondé sur la garde intellectuelle.

Néanmoins, la Cour de cassation ne semble pas avoir une idée aussi précise de la responsabilité du fait non professionnel d'autrui. L'absence de définition de la notion de contrôle du mode de vie apparaît très rapidement comme une source d'instabilités et d'erreurs jurisprudentielles. Une étude des solutions jurisprudentielles, à l'aide des notions précédemment définies de garde intellectuelle, de garde matérielle et de direction d'autrui, a permis de mettre en évidence l'existence d'incohérences et d'une plus grande diversité des fondements qu'il n'y paraît de prime abord. Si certaines décisions attribuent justement le contrôle du mode de vie au gardien intellectuel d'autrui, il apparaît que d'autres solutions attribuent ce pouvoir à des personnes ne disposant en réalité que d'un pouvoir de garde matérielle sur autrui. Cette analyse a également révélé que la Cour de cassation n'est pas opposée au développement d'une responsabilité de plein droit fondée sur un simple pouvoir de direction. En conséquence, cette notion de contrôle du mode de vie, abondamment utilisée par la Cour de cassation, masque une grande diversité des fondements. La haute juridiction ne semble pas avoir une réelle conception de la responsabilité du fait non professionnel d'autrui. De même, on ne peut ignorer l'intervention du législateur en 2002 à propos de la responsabilité des parents du fait de leurs enfants mineurs. Le maintien du critère de la cohabitation et l'abandon de la condition de l'exercice du droit de garde révèle avant tout une absence de réflexion sur l'organisation de la responsabilité du fait des mineurs. Indéniablement, en dépit d'évolutions certaines, l'appréhension législative et jurisprudentielle de la responsabilité du fait non professionnel d'autrui pâtit d'une absence de conception globale.

En parallèle, le développement par le Conseil d'État d'une responsabilité de plein droit fondée sur le contrôle de la vie d'autrui pourrait apporter des réponses au problème de la réparation des dommages causés par des personnes placées sous la garde d'une personne publique. Le Conseil d'État paraît favorable à une responsabilité de plein droit fondée sur la garde intellectuelle d'autrui. Toutefois, cette jurisprudence est encore très récente et ses contours sont imprécis. Par ailleurs, le maintien par la haute juridiction administrative de sa responsabilité fondée sur la théorie du risque pour la réparation des dommages causés par des personnes gardées risque de perturber la compréhension de la responsabilité administrative du fait des personnes gardées.

**728.** Aussi, une réflexion générale sur la responsabilité du fait des personnes gardées a pu s'imposer. L'étude des droits étrangers et des propositions de réformes a souligné la grande diversité des solutions envisageables. Certaines d'entre elles ont pu être écartées.

Ainsi, les propositions françaises, issues de l'avant-projet de réforme du droit des obligations et de la prescription, ne semblent guère convaincantes. Derrière la volonté apparente de fonder la responsabilité du fait non professionnel d'autrui sur le contrôle du mode de vie, se cache en réalité une diversité des fondements. Ce constat conforte l'idée selon laquelle l'élaboration d'une responsabilité du fait d'autrui, fondée sur l'exercice d'un pouvoir, ne peut être réalisée sans une étude préalable de droit des personnes.

**729.** En réutilisant les notions dégagées dans notre première partie, il est apparu que l'unité de la responsabilité du fait non professionnelle d'autrui pouvait être consacrée en mettant en avant les notions de garde et de détention intellectuelles. Les personnes exerçant de tels pouvoirs devraient être les seules personnes susceptibles d'être responsables de plein droit du dommage causé par une personne gardée. Par ailleurs, cette étude générale sur la responsabilité du fait des personnes gardées a permis de conclure à sa spécificité. La responsabilité du fait d'autrui fondée sur la garde ou la détention intellectuelles d'autrui devrait être la seule hypothèse de responsabilité générale du fait non professionnel d'autrui. Ces conclusions permettent d'établir une responsabilité pleinement respectueuse des différentes fonctions de la responsabilité et de la liberté individuelle. La responsabilité générale du fait non professionnel d'autrui ne peut exister que dans l'hypothèse où l'auteur du dommage ne dispose pas de la plénitude de sa liberté individuelle. En revanche, la personne possédant la maîtrise de son mode de vie et, par conséquent jouissant de la plénitude de sa liberté individuelle, doit, par principe, être seule responsable du dommage qu'elle cause à un tiers en dehors de toute activité économique. En somme, si on rattache la responsabilité à la liberté personnelle, le domaine de la responsabilité du fait non professionnel doit être étroitement limité aux hypothèses où une personne est placée sous l'autorité contraignante d'autrui. Cette autorité particulièrement forte repose sur la volonté de la priver de son autonomie et de sa liberté ou sur le constat de l'absence ou de l'insuffisance de son autonomie naturelle.

# CONCLUSION DU TITRE 1

**730.** L'influence de la garde et de la détention d'autrui sur le droit de la responsabilité du fait d'autrui pourraient être très importante. La garde et la détention intellectuelles d'autrui pourraient assurer l'unité et la spécificité de la responsabilité de plein droit du fait non professionnel d'autrui. Ces fondements permettraient d'instaurer un système de responsabilité du fait d'autrui cohérent et équilibré. Ce serait un système cohérent, puisque toutes les personnes assurant la garde ou la détention intellectuelles d'autrui seraient responsables de plein droit des dommages causés par les personnes gardées ou détenues. Ce serait un système équilibré, puisqu'il permettrait aux victimes de personnes gardées ou détenues de bénéficier d'une responsabilité de plein droit et justifierait l'attribution de cette responsabilité exceptionnelle par l'exercice d'un pouvoir, non moins exceptionnel, de contrôle du mode de vie d'autrui. Pour la personne responsable, la responsabilité de plein droit, dûment rattachée à l'exercice d'un pouvoir de garde ou de détention intellectuelles, serait pleinement prévisible et corrélée par sa situation vis-à-vis de l'auteur du dommage. Si la responsabilité est la contrepartie de la liberté, la responsabilité de plein droit du fait non professionnel d'autrui devrait être admise uniquement lorsque l'auteur du dommage a perdu le contrôle de son mode de vie, c'est-à-dire lorsqu'il est placée dans une situation de garde ou de détention. Le tiers assurant le contrôle de son mode de vie pourrait alors tenir un rôle de garant et être pleinement responsable des dommages causés par la personne gardée ou détenue.

**731.** Il faudrait donc admettre que, lorsqu'une personne cause un dommage à autrui en dehors de son activité professionnelle ou, plus généralement d'une activité économique, son acte entraîne la responsabilité d'un tiers uniquement si elle est placée sous la garde ou la détention d'autrui. Cet acte, de nature à engager la responsabilité de la personne ayant la garde ou la détention intellectuelle d'autrui, ne devrait pas être un simple fait causal, mais un fait illicite. Par ailleurs, le responsable de plein droit du fait non professionnel d'autrui ne pourrait échapper à sa responsabilité qu'en invoquant l'existence d'un cas de force majeure s'appréciant dans la personne du gardé. Afin d'assurer l'efficacité de cette responsabilité de plein droit, il serait judicieux d'admettre le principe d'une assurance obligatoire des personnes assurant la garde ou la détention intellectuelle d'autrui. Cette obligation ne devrait toutefois pas être imposée aux personnes publiques assurant la garde ou la détention intellectuelle d'autrui.

**732.** Ainsi, il est possible de formuler cette responsabilité du fait non professionnel d'autrui fondée sur la garde ou la détention intellectuelle sous la forme d'une proposition d'article, dont la rédaction serait la suivante :

« ***Toute personne physique ou morale, exerçant un pouvoir de garde ou de détention intellectuelle sur une autre, est responsable de plein droit du dommage causé par le fait illicite, de nature non professionnelle, de cette dernière*** ».

Bien évidemment, l'admission d'un tel texte serait subordonnée à la reconnaissance corrélative d'une disposition générale sur les pouvoirs de garde et de détention d'autrui et leurs composantes[1]. Elle devrait également s'accompagner de la suppression des dispositions relatives à la responsabilité parentale dans l'article 1384 du Code civil et de la formule très générale de l'article 1384, alinéa 1$^{er}$ du Code civil en vertu de laquelle on est responsable du « *fait des personnes dont on doit répondre* ». Les dispositions relatives à la responsabilité des instituteurs pourraient également être sorties de cet article.

**733.** Cette règle aurait vocation à être introduite dans le Code civil. Elle devrait néanmoins s'appliquer indifféremment aux personnes privées et aux personnes publiques assurant la garde intellectuelle d'autrui. S'il ne semble pas nécessaire de revenir sur le principe de la dualité de juridiction, il est néanmoins impératif que les juges judiciaires et administratifs appliquent la même règle. Une situation de garde d'autrui est susceptible de faire intervenir une personne publique et une personne privée. Ainsi, l'Aide sociale à l'enfance peut avoir la garde intellectuelle d'un mineur et remettre sa garde matérielle à un établissement privé. L'application de la responsabilité du fait d'autrui fondée sur la garde intellectuelle par le juge judiciaire et le juge administratif permettrait d'éviter des jurisprudences contraires. De prime abord, l'application d'une règle du Code civil par le juge administratif pourrait aller à l'encontre de la solution affirmée par l'arrêt *Blanco* du Tribunal des conflits du 8 février 1873. Toutefois, il est manifeste que le Conseil d'État n'hésite pas à appliquer, dans certaines circonstances, des dispositions du droit privé. Tantôt il se fonde expressément sur une disposition du Code civil, tantôt il invoque les principes du droit civil. Sur ce point, le choix peut être laissé au juge administratif. On peut simplement remarquer qu'une application directe de cette disposition éviterait l'utilisation de procédés, dont l'intérêt pour le justiciable est douteux.

**734.** Ainsi, l'influence de la notion de garde d'autrui sur la responsabilité du fait d'autrui est considérable. Elle permettrait de remanier en profondeur la rédaction de l'article 1384 du Code civil. Il convient maintenant de s'interroger sur son influence sur la responsabilité du fait personnel.

[1] *Cf.* définitions, *supra* n° 279-280.

# Titre 2

# UN FACTEUR DE RENOUVELLEMENT DE LA RESPONSABILITÉ DU FAIT PERSONNEL

**735.** L'éventuelle transposition de la conception unitaire de la garde d'autrui dans le droit de la responsabilité n'aurait pas uniquement des conséquences sur la responsabilité du fait d'autrui. En raison de ses caractéristiques, la notion de garde d'autrui peut également avoir une influence sur la responsabilité du fait personnel et justifier l'instauration de règles spécifiques.

Tout d'abord, cette influence peut se ressentir sur la responsabilité personnelle du gardé. De prime abord, on pourrait estimer que l'affirmation d'une responsabilité de plein droit du gardien intellectuel du fait du gardé devrait justifier l'admission d'une immunité de responsabilité au profit du gardé. Une telle solution n'est toutefois pas dictée par la notion de garde d'autrui. Si le gardien d'autrui dispose d'un fort pouvoir contraignant et contrôle le mode de vie d'autrui, la personne gardée peut disposer d'une certaine liberté justifiant sa responsabilité personnelle. Toutefois, dans certaines hypothèses, la garde d'autrui est justifiée par l'absence ou l'insuffisance d'autonomie naturelle d'une personne. Cet élément devrait être pris en compte pour admettre la responsabilité de la personne gardée et pourrait rejaillir sur l'ensemble du droit de la responsabilité.

Ensuite, la garde d'autrui conférant des pouvoirs exceptionnels à une personne sur une autre personne, il est naturel que leur inexécution entraîne la responsabilité du gardien à l'égard du gardé. Cette responsabilité peut être civile, administrative ou pénale. En premier lieu, cette responsabilité peut être civile ou administrative. Elle entraîne alors l'application des règles traditionnelles de la responsabilité civile ou administrative. Toutefois, la recherche de la responsabilité du gardien risque d'être perturbée par l'éventuelle scission de la garde intellectuelle et de la garde matérielle et par la possible interaction de la responsabilité du fait d'autrui et de la responsabilité du fait personnel. Ces questions, suscitées par la notion de garde d'autrui, pourraient, de nouveau, justifier des évolutions de nature à se répercuter sur l'ensemble du droit de la responsabilité. En second lieu, cette responsabilité peut être pénale. L'inexécution des pouvoirs exceptionnels de la garde d'autrui peut, dans certaines hypothèses, être suffisamment grave pour constituer un trouble à l'ordre social et justifier l'existence d'une sanction pénale.

Enfin, la garde d'autrui établit un lien d'obligation entre deux personnes dans l'intérêt de la société et de la personne gardée. Les tiers doivent par conséquent respecter ce pouvoir sur autrui. Le caractère exorbitant de ce pouvoir sur autrui peut de nouveau justifier l'existence d'infractions pénales permettant de poursuive les tiers qui ne le respecteraient pas. La garde d'autrui a alors une influence sur la responsabilité pénale des tiers.

Dès lors, ces différents aspects de l'influence de la garde sur la responsabilité du fait personnel invitent à s'intéresser à la responsabilité de la personne gardée **(Chapitre 1)**, puis à la responsabilité du gardien d'autrui et des tiers **(Chapitre 2)**.

Chapitre 1

# L'INCIDENCE DE LA GARDE D'AUTRUI SUR LA RESPONSABILITÉ PERSONNELLE DU GARDÉ

**736.** Si l'existence d'une situation de garde d'autrui pourrait justifier celle d'une responsabilité de plein droit du fait non professionnel d'autrui, on peut se demander si elle ne devrait pas avoir des conséquences sur la responsabilité personnelle du gardé. Peut-on associer à la situation de garde d'autrui une immunité de responsabilité au profit de la personne gardée ? La faculté offerte à la victime d'une personne gardée d'engager systématiquement la responsabilité de plein droit du gardien intellectuel peut-elle justifier la reconnaissance d'une immunité au profit de la personne gardée ? En dépit de propositions doctrinales favorables à une telle immunité, il nous semble que l'idée d'une immunité des personnes gardées doit être rejetée. En effet, malgré son placement sous la garde d'autrui, la personne gardée conserve une certaine liberté susceptible de fonder sa responsabilité personnelle. Aussi, le placement d'une personne sous la garde d'autrui ne saurait s'accompagner de l'attribution d'une immunité absolue **(Section 1)**. Pour autant, on ne peut affirmer que toutes les personnes gardées peuvent être responsables de leur fait personnel. En effet, dans certaines hypothèses, l'existence d'une situation de garde d'autrui est justifiée par un état intellectuel déficient ou insuffisamment développé. Il s'agit en particulier des jeunes enfants et des handicapés mentaux hospitalisés sous contrainte. La garde d'autrui est alors la réponse à l'impossibilité du gardé d'organiser avec suffisamment de conscience son mode de vie et, parfois, ses activités quotidiennes. Si cette considération n'a aucun effet dans un système de responsabilité fondé sur la faute objective, il en est différemment dans un système fondé sur une conception subjective de la faute. La faute objective permet de rechercher la responsabilité d'une personne gardée dénuée de discernement, alors que la conception subjective ne le permet pas. Après avoir marqué son attachement à la faute subjective, le droit français a consacré la conception objective de la faute, en raison notamment des lacunes de la responsabilité du fait d'autrui. Or, le développement d'une responsabilité cohérente et équilibré du fait des personnes gardées, assorti à la volonté de différencier la responsabilité des mécanismes de pure indemnisation, pourrait fortement réduire l'intérêt de la faute objective et justifier un retour à la conception classique de la faute **(Section 2)**.

## SECTION 1
## LE REJET DE L'IMMUNITÉ DE LA PERSONNE GARDÉE

**737.** La reconnaissance d'une responsabilité du fait non professionnel d'autrui fondée sur la garde intellectuelle permet aux victimes des actes des personnes gardées de bénéficier d'une responsabilité de plein droit. Cette responsabilité pourrait, en conséquence, justifier l'affirmation de l'immunité des personnes gardées. (**§ 1**). Néanmoins, l'idée d'une telle immunité est très contestable. Elle aboutirait à une exclusion injustifiable de la responsabilité de l'article 1382 du Code civil. Si la responsabilité est bien la sanction de la liberté de la personne, le placement sous la garde d'autrui n'annihile pas totalement cette liberté. Le refus d'une immunité de la personne gardée est dès lors souhaitable (**§ 2**).

## § 1. L'ÉVENTUELLE ADMISSION D'UNE IMMUNITÉ DES PERSONNES GARDÉES

**738.** Poursuivant le développement de la responsabilité des commettants du fait de leurs préposés, l'Assemblée plénière de la Cour de cassation a affirmé le principe de l'immunité du préposé dans son arrêt *Costedoat* du 25 février 2000[1]. En présence d'une responsabilité de plein droit du fait d'autrui, la Cour de cassation a affirmé le principe de l'immunité de l'auteur du dommage. L'organisation d'une responsabilité de plein droit du fait non professionnel d'autrui, fondée sur la garde intellectuelle, pourrait justifier une transposition de cette jurisprudence. Le gardien intellectuel serait responsable de plein droit du fait dommageable du gardé et ce dernier bénéficierait d'une immunité de principe. Loin d'être ignorée, une telle transposition a été expressément évoquée par le Conseiller Le Corroller dans son rapport rendu à propos des arrêts du 13 décembre 2002 sur la responsabilité du fait causal des mineurs[2]. Il n'a d'ailleurs pas hésité à identifier un parallèle « *saisissant* »[3] entre la responsabilité des commettants et celle des parents. Envisagée pour les mineurs, cette immunité pourrait être étendue à toutes les personnes gardées, dès lors que leur fait dommageable est susceptible d'engager, de plein droit, la responsabilité de leurs gardiens intellectuels. Par conséquent, l'immunité du préposé pourrait servir de modèle (**A**) à l'immunité des personnes gardées (**B**).

### A. LE MODÈLE : L'IMMUNITÉ DES PRÉPOSÉS

**739.** En affirmant que « *n'engage pas sa responsabilité à l'égard des tiers le préposé qui agit sans excéder les limites de la mission qui lui a été impartie par son commettant* »,

---

[1] A.P., 25 février 2000, *Costedoat*, *Bull. civ. A.P.*, n° 2 ; *GAJC* n° 217 ; *JCP G* 2000, II, 10295, concl. R. KESSOUS, note M. BILLIAU ; *JCP G* 2000, I, 241, n$^{os}$ 16-19, obs. G. VINEY ; *D.* 2000, 673, note PH. BRUN ; *RTD civ.* 2000, 582, note P. JOURDAIN ; *Gaz. Pal.* 2000, 2, 1462, note F. RINALDI ; *RJDA* 2000, 395, obs. J.-P. DORLY ; *Bull. Joly* 2000, n° 146, note J.-F. BARBIERI ; *Dr. et Pat.*, mai 2000, p. 107, obs. F. CHABAS ; R. KESSOUS et F. DESPORTES, *Les responsabilités civile et pénale du préposé et l'arrêt de l'Assemblée plénière du 25 février 2000*, *R.* 2000, pp. 257-275 ; H. GROUTEL, *Revirement de jurisprudence au sujet de la responsabilité des préposés*, *RCA* 2000, chr. 11 ; CH. RADÉ, *Les limites de l'immunité civile du préposé*, *RCA* 2000, chr. 22 ; J.-F. BARBIERI, *Responsabilité de l'entreprise et responsabilité de ses salariés. À la recherche de l'équilibre perdu*, *in Mélanges dédiés au Président M. DESPAX*, Presses de l'Université des Sciences Sociales de Toulouse, 2001, pp. 141-158. Antérieurement, cette solution avait été retenue par la Chambre commerciale de la Cour de cassation dans son arrêt *Société des Parfums Rochas* du 12 octobre 1993 : Com., 12 octobre 1993, *Bull. civ.* IV, n° 338 ; *D.* 1994, 124, note G. VINEY ; *JCP G* 1995, II, 22493, note F. CHABAS ; *RTD civ.* 1994, 111, note P. JOURDAIN ; *Defrénois* 1994, 812, note J.-L. AUBERT. *Cf.* également : Civ. 1$^{re}$, 30 octobre 1995, *Bull. civ.* I, n° 383 ; *JCP G* 1996, I, 3944, n$^{os}$ 13-15, obs. G. VINEY ; *RTD civ.* 1996, 636, note P. JOURDAIN. Postérieurement, on peut observer que certaines juridictions du fond ont exprimé quelques réticences à entériner la solution de la Cour de cassation : CA Besançon, 9 mai 2001, *RCA* 2001, comm. 315, note L. GRYNBAUM. Cet arrêt affirme en effet « *qu'aucune disposition légale n'interdit au commettant d'exercer une action récursoire contre le préposé dont il doit répondre, sans qu'il soit nécessaire d'établir une faute lourde à la charge de ce dernier* ».

[2] B. LE CORROLLER, rapport sous A.P., 13 décembre 2001, *BICC* 1$^{er}$ mars 2003.

[3] B. LE CORROLLER, rapport sous A.P., 13 décembre 2001, *précit.*

l'arrêt *Costedoat* du 25 février 2000[4] a posé le principe d'une immunité limitée des préposés[5]. Si le principe de l'immunité peut être aisément expliquée par l'existence d'un rapport de subordination **(1)**, la détermination de ses limites s'avère plus délicate **(2)**.

### *1. Le principe de l'immunité des préposés*

**740. La superposition de responsabilités.** Initialement, la responsabilité des commettants était conçue comme une garantie financière à destination des victimes des préposés. Ces dernières pouvaient agir contre le préposé, le commettant ou les deux[6]. Si la victime agissait contre le préposé fautif, ce dernier ne pouvait appeler en garantie le commettant[7]. En revanche, le commettant condamné pouvait recourir contre le préposé fautif[8]. La sévérité de ces solutions a été régulièrement dénoncée[9]. On faisait notamment observer que le préposé travaille pour le compte et sous l'autorité de son commettant. Il ne dispose pas d'une pleine liberté d'action, doit accomplir la mission qui lui a été confiée avec les moyens que lui donne son employeur et subit les contraintes que celui-ci lui impose. Par conséquent, « *le rendre responsable personnellement et intégralement de tous les dommages causés dans le cadre de ses fonctions revient à lui faire supporter indirectement les conséquences d'éventuels défauts d'organisation de l'entreprise qui ne lui sont pourtant pas imputables* »[10]. Ces considérations n'étaient pas ignorées par le législateur et les tribunaux. Au contraire, plusieurs solutions ont adouci la condition des salariés, sans pour autant remettre en cause le principe de la responsabilité personnelle du préposé. Ainsi, pour l'application de la responsabilité du fait des choses de l'article 1384, alinéa 1er du Code civil, la Cour de cassation considère depuis longtemps que l'utilisation par le préposé, dans le cadre de ses fonctions, de moyens matériels mis à sa disposition par son employeur n'a pas pour effet de lui conférer la qualité de gardien des objets. Le commettant conserve la garde du matériel utilisé par son préposé[11]. De même, l'article 36, alinéa 3 de la loi du 13 juillet 1930 sur le contrat d'assurance interdit à l'assureur du commettant d'exercer contre le préposé le recours subrogatoire[12]. Ces premières solutions témoignent d'une certaine prise en considération de la situation des préposés.

**741. La substitution de responsabilités.** La Cour de cassation a néanmoins souhaité aller plus loin dans la protection des préposés. L'arrêt *Costedoat* du 25 février 2000 accorde une immunité civile au préposé. Dorénavant, l'intégralité de la réparation des dommages causés aux tiers par l'activité d'une entreprise est à la charge du commettant. Cette solution traduit de profondes mutations dans la perception de la responsabilité des commettants.

---

[4] A.P., 25 février 2000, *Costedoat*, *Bull. civ. A.P.*, n° 2, *précit.*

[5] M. BACACHE, *L'immunité du préposé*, *in* O. DESHAYES (dir.), *Les immunités de responsabilité civile*, pp. 15-36, PUF, 2009.

[6] J. FLOUR, J.-L. AUBERT et E. SAVAUX, *Droit civil, Les obligations, 2. Le fait juridique*, Armand Colin, 13e éd., 2009, n° 219, p. 264.

[7] Civ. 2e, 6 février 1974, *Bull. civ.* II, n° 53 ; *D.* 1974, 409, note PH. LE TOURNEAU.

[8] Req., 22 juillet 1881, *D.P.* 1892, I, 235 ; Civ. 2e, 20 mars 1979, *Bull. civ.* I, n° 95 ; *D.* 1980, note CH. LARROUMET.

[9] M.-TH. RIVES-LANGE, *Contribution à l'étude de la responsabilité des maîtres et des commettants (Pour une nouvelle approche de la question)*, *JCP G* 1970, I, 2309.

[10] G. VINEY, note sous Com, 12 octobre 1993, *D.* 1994, p. 126.

[11] Il s'agit de la règle de l'incompatibilité des qualités de gardien et de préposé : Civ., 27 février 1929, *S.* 1929, I, 297, note L. HUGUENEY ; Civ., 30 décembre 1936, *D.P.* 1937, I, 5, rapport L. JOSSERAND, note R. SAVATIER ; *S.* 1937, I, 137, note H. MAZEAUD ; Civ. 2e, 11 octobre 1989, *Bull. civ.* II, n° 175 ; Civ. 2e, 1er avril 1998, *RTD civ.* 1998, note P. JOURDAIN. *Cf.* également : M.-A. PEANO, *L'incompatibilité entre les qualités de gardien et de préposé*, *D.* 1991, chr. XI, pp. 51-55.

[12] Article L. 121-12, alinéa 3 du Code des assurances.

Elle ne se superpose plus à la responsabilité des préposés, elle s'y substitue[13]. De même, cette responsabilité de plein droit s'explique moins par la théorie du risque lié à l'exercice d'un pouvoir sur autrui, que par la théorie du risque-profit. Le commettant est le seul responsable des dommages causés par ses salariés dans la mesure où il profite de leur activité. Néanmoins, l'immunité du préposé n'est pas absolue. L'Assemblée plénière de la Cour de cassation l'a restreinte aux dommages causés dans « *les limites de la mission impartie par* [le] *commettant* ». Cette formule a alors suscité des interrogations quant son interprétation.

***2. Les limites de l'immunité des préposés***

**742. L'arrêt *Costedoat* : le dépassement des limites de la mission.** L'arrêt Costedoat a exclu l'immunité du préposé lorsque celui-ci a excédé « *les limites de la mission qui lui a été impartie par son commettant* ». Indéniablement, cette limite, essentielle à la compréhension de l'immunité du préposé, ne se caractérise pas par sa clarté. De multiples interprétations ont été proposées par la doctrine. Ainsi, on a immédiatement rapproché le dépassement des limites de la mission du préposé de l'abus de fonction. Certains auteurs ont d'ailleurs préconisé un rapprochement de ces deux notions dans un souci de simplification[14], conférant ainsi un domaine très large à l'immunité du préposé[15]. D'autres auteurs, conscients de l'influence de la jurisprudence administrative sur l'existence de l'immunité du préposé[16], ont suggéré de prolonger la comparaison et d'utiliser la notion de faute personnelle détachable des fonctions[17]. En droit administratif, cette faute se caractérise par son caractère objectivement détachable des fonctions du préposé et sa gravité exceptionnelle. Par transposition, la victime pourrait agir contre le préposé uniquement en présence d'une faute personnelle détachable de ses fonctions[18]. Enfin, certains auteurs ont suggéré de raisonner à partir de la gravité de la faute. Le préposé ne serait pas responsable de ses fautes d'imprudence et de négligence. En revanche, il devrait répondre de ses fautes intentionnelles[19]. Ce rapide aperçu des propositions doctrinales témoigne de grandes

---

[13] Pour autant, le préposé n'est pas irresponsable. Il bénéficie simplement d'une immunité. Cette distinction a été clairement mise en évidence dans un arrêt du 12 juillet 2007 de la première Chambre civile de la Cour de cassation. Par cet arrêt, la Cour de cassation a affirmé que l'immunité du préposé ne fait pas obstacle à l'action récursoire de l'assureur du commettant contre l'assureur du préposé, « *cette immunité n'emportant pas l'irresponsabilité de son bénéficiaire* ». Civ. 1re, 12 juillet 2007, *Bull. civ.* I, n° 270 ; *JCP G* 2007, II, 10162, note S. HOCQUET-BERG ; *D.* 2007, 2908, note S. PORCHY-SIMON ; *RCA* 2007, comme 334, note H. GROUTEL ; *RTD civ.* 2008, 109, note P. JOURDAIN.

[14] H. GROUTEL, *Revirement de jurisprudence au sujet de la responsabilité des préposés, art. précit.* L'auteur souligne en effet que « *si l'on prend l'arrêt à la lettre, a contrario le préposé qui excède les limites serait seul responsable, ce qui correspond, dans le tableau traditionnel, au seul agissement hors des fonctions. Dès lors, même autorisé et/ou agissant à des fins non étrangères à ses fonctions, le préposé serait seul responsable. C'est impensable. Aussi le dépassement des limites de la mission doit-il être apprécié comme l'était jusqu'à présent l'abus de fonction* ».

[15] PH. BRUN, *Responsabilité civile extracontractuelle*, *op. cit.*, n° 464, p. 298 ; M. BILLIAU, note sous A.P., 25 février 2000, *JCP G* 2000, II, 10295, n° 8 ; G. VINEY, obs. sous A.P., 25 février 2000, *JCP G* 2000, I, 241, n° 18.

[16] On peut d'ailleurs noter que ce rapprochement avec la jurisprudence administrative a été expressément effectué par l'Avocat général Kessous dans ses conclusions sous l'arrêt *Costedoat*. *Cf.* R. KESSOUS, concl. sous A.P., 25 février 2000, *JCP G* 2000, II, 10295, spéc. pp. 744-745.

[17] G. VINEY, obs. sous A.P., 25 février 2000, *JCP G* 2000, I, 241, n° 18.

[18] Elle pourrait de surcroît agir contre le commettant si cette faute personnelle ne constitue pas un abus de fonction. Dans cette hypothèse, le commettant dispose d'un recours intégral contre son préposé.

[19] CH. RADÉ, *Les limites de l'immunité civile du préposé*, *art. précit.* ; PH. BRUN, note sous A.P., 25 février 2000, *D.* 2000, 673, spéc. n° 22, p. 677. *Cf.* également en ce sens : M.-TH. RIVES-LANGE, *Contribution à l'étude de la responsabilité des maîtres et des commettants*, *art. précit.* ; G. AUZERO, *L'application de la notion de faute personnelle détachable des fonctions en droit privé*, *D. aff.* 1998, pp. 502-508.

difficultés dans la mise en œuvre de ce principe d'immunité et de la diversité des solutions envisageables. L'évolution jurisprudentielle conforte ces constations.

**743. Les décisions postérieures : les hésitations jurisprudentielles.** La Cour de cassation n'a pas donné de conception précise de la notion de dépassement des limites de la mission impartie par le commettant. Les arrêts postérieurs de la Cour de cassation ont simplement apporté quelques indications. Néanmoins, on peut observer qu'ils ont presque toujours écarté l'immunité du préposé. Cette attitude de la Cour de cassation pourrait révéler une certaine hésitation sur l'existence de l'immunité du préposé. Ainsi, il ressort de l'arrêt *Cousin* du 14 décembre 2001 que la faute pénale intentionnelle du préposé, même exécutée sur l'ordre du commettant, fait disparaître l'immunité du préposé[20]. Cette solution, opposée aux conclusions du Premier avocat général de Gouttes[21], est pleinement justifiée. L'infraction pénale volontaire témoigne du désir de son auteur de passer outre les interdits de la société. Il serait surprenant de supprimer la condamnation civile, qui constitue dans cette hypothèse le complément de la responsabilité pénale[22]. Néanmoins, il est difficile de voir dans cette première limite de l'immunité du préposé une illustration de la règle posée par l'arrêt *Costedoat*. En effet, la faute pénale intentionnelle du préposé a été commise dans l'exécution de sa mission sur l'ordre du commettant. Aussi, cet arrêt n'apporte aucune précision quant à l'interprétation de la notion de dépassement des limites de la mission.

Par la suite, prolongeant cette solution, la Cour de cassation a affirmé que la seule commission d'une infraction intentionnelle[23], ou même la seule constatation d'une infraction intentionnelle[24], en l'absence de toute condamnation pénale, était suffisante pour engager la responsabilité du préposé. Par ailleurs, après avoir, dans un premier temps, écarté la responsabilité d'un préposé pour une simple faute non intentionnelle[25], la haute juridiction a retenu la responsabilité d'un préposé, titulaire d'une délégation de pouvoir, auteur d'une faute qualifiée au sens de l'article 121-3 du Code pénal, celle-ci fut-elle commise dans l'exercice de ses fonctions[26]. Elle n'a donc plus posé comme principe l'exigence d'une faute intentionnelle. Ultérieurement, la Cour de cassation a précisé que l'immunité du préposé devait être écartée non seulement en présence d'une infraction pénale, mais aussi d'une faute

---

[20] A.P., 14 décembre 2001, *Cousin*, *Bull. civ.* A.P., n° 17 ; *R.*, 144 ; *BICC*, 1er mars 2002, concl. R. DE GOUTTES ; *D.* 2002, 1230, note J. JULIEN ; *D.* 2002, SC, 1317, obs. D. MAZEAUD ; *D.* 2002, SC, 2117, obs. B. THUILLIER ; *RTD civ.* 2002, 108, note P. JOURDAIN ; *JCP G* 2002, II, 10026, note M. BILLIAU ; *JCP G* 2002, I, 124, nos 22-24, obs. G. VINEY ; *JCP E*, 2002, 275, note C. BRIERE ; *Gaz. Pal.* 2002, 124, concl. R. DE GOUTTES, note Y. MONNET ; *Dr. et Pat.*, mars 2002, 94, obs. F. CHABAS ; H. GROUTEL, *La responsabilité personnelle du préposé (suite)*, *RCA* 2002, chr. 4.

[21] En effet, le Premier avocat de Gouttes a considéré, dans ses conclusions, que « *le principe posé par l'arrêt "Costedoat" ouvre la voie à l'existence possible d'une responsabilité pénale du préposé sans responsabilité civile, puisque la juridiction pénale peut déclarer pénalement responsable de l'infraction le préposé, mais écarter sa responsabilité civile si les faits reprochés ont été commis dans les limites de la mission qui lui avait été impartie par son commettant* ». Il a également précisé que « *cette dissociation des responsabilité pénale et civile ne heurte aucun principe supérieur* ». *Cf.* R. DE GOUTTES, concl. sous A.P., 14 décembre 2001, *Gaz. Pal.* 2002, pp. 125-131, spéc. p. 126.

[22] H. GROUTEL, *La responsabilité personnelle du préposé (suite), art. précit.*

[23] Crim., 7 avril 2004, *Bull. crim.*, n° 94, *RCA* 2004, comm. 215 ; Soc., 21 juin 2006, *Bull. civ.* V, n° 223 ; *D.* 2006, 2831, note M. MINÉ ; *JCP G* 2006, II, 10166, note F. PETIT ; *RCA* 2006, comm. 255, note CH. RADÉ.

[24] Civ. 2e, 21 septembre 2004, *Bull. civ.* II, n° 402 ; *RCA* 2005, comm. 2.

[25] Crim., 28 juin 2005, *RCA* 2005, comm. 276, note H. GROUTEL.

[26] Crim., 28 mars 2006, *Bull. crim.*, n° 91, *RCA* 2006, comm.. 289; *JCP G* 2006, II, 10188, note J. MOULY ; *RTD civ.* 2007, 135, note P. JOURDAIN. *Cf.* également : Crim., 13 mars 2007, n° 06-85422 ; A. VIALARD, *Les nouvelles frontières de la jurisprudence Costedoat, à propos de l'arrêt de la chambre criminelle de la Cour de cassation en date du 13 mars 2007 (Jean-Pierre Robert et navire La Normande)*, *RCA* 2007, étude 13.

intentionnelle[27]. Ainsi, dans un arrêt du 21 février 2008, la Cour de cassation a affirmé, par un attendu de principe, que « *n'engage pas sa responsabilité à l'égard des tiers, le préposé qui agit sans excéder les limites de la mission qui lui est impartie par son commettant, hors le cas où le préjudice de la victime résulte d'une infraction pénale ou d'une faute intentionnelle* »[28]. Il faut donc en déduire que, dorénavant, n'importe quelle infraction pénale ou faute intentionnelle écarte l'immunité du préposé.

En parallèle, un arrêt du 9 avril 2002[29] a retenu que l'immunité civile du préposé ne vaut que dans le cadre de l'article 1384, alinéa 5 du Code civil, c'est-à-dire uniquement lorsque la responsabilité délictuelle du commettant est recherchée. Par conséquent, si la victime invoque la responsabilité contractuelle de son débiteur, les préposés demeurent personnellement responsables de leurs fautes à l'origine du dommage. De nouveau, nous devons en déduire que cet arrêt n'apporte aucune précision pour interpréter la limite posée par l'arrêt *Costedoat* à l'immunité du préposé.

Ensuite, par un arrêt du 13 novembre 2002[30], la Cour de cassation a refusé d'appliquer l'immunité du préposé au médecin salarié d'un établissement de santé eu égard à « *l'indépendance professionnelle intangible dont bénéficie le médecin, même salarié, dans l'exercice de son art* ». De même, dans un arrêt du 10 décembre 2002[31], la haute juridiction a écarté l'application de la jurisprudence *Costedoat* aux agents généraux d'assurance. Il ressort de ces solutions une volonté de tenir compte de la nature des fonctions exercées par le salarié. Dès lors que le préposé dispose d'une certaine liberté dans son activité, sa responsabilité personnelle pourrait être recherchée. Cette orientation jurisprudentielle a été abandonnée par la Cour de cassation dans deux arrêts du 9 novembre 2004[32]. Reprenant la formule de l'arrêt *Costedoat*, la haute juridiction a jugé que « *le médecin salarié, qui agit dans excéder les limites de la mission qui lui est impartie par l'établissement de santé privé, n'engage pas sa responsabilité à l'égard du patient* ». Le second arrêt applique la même solution à une sage-femme salariée. Il est encore manifeste que ces décisions ne délivrent aucune information précise pour comprendre la notion de dépassement des limites de la mission. En 2002, pour écarter l'immunité du préposé, la Cour de cassation s'est fondée sur le rapport d'autorité existant entre le médecin salarié et l'établissement de soin. Elle s'est donc éloignée des règles posées par l'arrêt *Costedoat*. Ce dernier justifie implicitement l'immunité du préposé par sa participation à l'activité de l'entreprise. Or, tel est bien le cas du médecin salarié. Si on reconnaît la qualité de préposé au médecin salarié et si on admet l'existence d'une immunité du préposé en raison de sa participation à l'activité de l'entreprise, il convient indubitablement d'admettre l'immunité du médecin agissant dans les limites de la mission

---

[27] Civ. 2e, 20 décembre 2007, *Bull. civ.* II, n° 274 ; *D.* 2008, 1248, note J. MOULY ; *RTD civ.* 2008, 315, note P. JOURDAIN ; *RCA* 2008, comm. 50, note H. GROUTEL ; Civ. 2e, 21 février 2008, *D.* 2008, 2125, note J.-B. LAYDU ; *JCP G* 2008, I, 186, note PH. STOFFEL-MUNCK ; *RCA* 2008, comm. 124, note H. GROUTEL.

[28] Civ. 2e, 21 février 2008, *précit.*

[29] Civ. 2e, 9 avril 2002, *Bull. civ.* II, n° 114 ; *JCP G* 2002, I, 186, nos 20-22, obs. G. VINEY ; *RTD civ.* 2002, 516, note P. JOURDAIN ; *Dr. et Pat.*, juillet-août 2002, 96, obs. F. CHABAS ; CH. RADÉ, *Il faut sauver la jurisprudence Costedoat !*, *RCA* 2002, chr. 13.

[30] Civ. 1re, 13 novembre 2002, *Bull. civ.* II, n° 263 ; *D.* 2003, 580, note S. DEIS-BEAUQUESNE ; *D.* 2003, SC, 459, obs. P. JOURDAIN ; *JCP G* 2003, II, 10096, note M. BILLIAU ; *JCP G* 2003, I, 154, n° 51, obs. G. VINEY ; *Gaz. Pal.* 2003, 1000, note F. CHABAS ; *RCA* 2003, comm. n° 50, note H. GROUTEL ; *LPA*, 29 mai 2003, note J.-F. BARBIERI.

[31] Civ. 1re, 10 décembre 2002, *Bull. civ.* I, n° 299 ; *D.* 2003, 510, concl. J. SAINTE-ROSE ; *JCP G* 2003, I, 154, n° 52, obs. G. VINEY.

[32] Civ. 1re, 9 novembre 2004, *Bull. civ.* I, n° 260 et 262 ; *JCP G* 2005, II, 10020, rapp. D. DUVAL-ARNOULD, note S. PORCHY-SIMON ; *JCP G* 2005, I, 132, nos 8-10, obs. G. VINEY ; *D.* 2005, 253, note F. CHABAS ; *RTD civ.* 2005, 143, note P. JOURDAIN ; *JCP E*, 2005, 572, note A. VIOTTOLO ; *LPA*, 22 décembre 2004, note J.-F. BARBIERI ; *Gaz. Pal.*, 9-11 janvier 2005, 16, note N. BANGOURA ; *LPA*, 22 février 2006, pp. 3-14, note E. REVAUX et G. GUERLIN.

impartie par son commettant, c'est-à-dire dans son activité médicale[33]. En somme, une éventuelle contestation de cette jurisprudence devrait davantage porter sur l'existence du lien de préposition ou du principe même de l'immunité, que sur les conditions de cette immunité.

En définitive, il résulte de cette évolution jurisprudentielle hésitante[34] que le préposé bénéficie d'une immunité de principe, qu'il perd lorsqu'il dépasse les limites de la mission qui lui est impartie par son commettant, c'est-à-dire lorsqu'il a commis une infraction pénale ou une faute intentionnelle. L'affirmation de cette règle dans le droit de la responsabilité du fait des préposés rejaillit alors sur les autres branches de la responsabilité du fait d'autrui. Ne devrait-on pas transposer cette immunité de l'auteur du dommage aux autres hypothèses de responsabilités du fait d'autrui ? Ce modèle d'immunité ne pourrait-il pas donner lieu à des copies ? Cette éventualité a été expressément envisagée pour la responsabilité des père et mère, elle pourrait être généralisée à l'ensemble de la responsabilité du fait des personnes gardées.

### B. LA COPIE : L'IMMUNITÉ DES PERSONNES GARDÉES

**744.** L'évolution de la responsabilité parentale vers un régime de responsabilité de plein droit fondée sur un simple fait causal du mineur a soulevé des interrogations sur l'opportunité du maintien de la responsabilité des mineurs et l'adoption d'une immunité à leur profit. Cette question a été développée par le Conseiller Le Corroller, lorsque l'Assemblée plénière de la Cour de cassation s'est prononcée sur le fait causal du mineur le 13 décembre 2002[35]. La solution admise pour les préposés est présentée comme un modèle devant être transposé aux enfants mineurs. En conséquence, l'immunité de la personne gardée pourrait résulter d'une certaine conception de la responsabilité du fait d'autrui **(1)**. Elle ne devrait toutefois pas être absolue **(2)**.

#### *1. Le principe de l'immunité de la personne gardée*

**745. Proposition du Conseiller Le Corroller.** La question de l'immunité de l'auteur du dommage dans la responsabilité du fait non professionnel d'autrui a été surtout développée à propos de la responsabilité des parents du fait de leurs enfants mineurs. Plus exactement, cette idée a été développée après sa présentation, par le Conseiller Le Corroller, comme le complément naturel de l'adoption d'une responsabilité des père et mère fondée sur la preuve d'un simple fait causal du mineur. Le Conseiller Le Corroller observe que, traditionnellement, la victime d'un mineur peut agir contre le mineur et ses parents ou contre l'un ou l'autre de ces répondants. Dans ce schéma, la responsabilité parentale se superpose à la responsabilité personnelle de l'auteur du dommage. Or, l'objectivation de la responsabilité parentale et l'abandon de l'exigence d'un fait illicite du mineur invitent à repenser la conception de la responsabilité parentale. Détachée de la faute et de la cohabitation, la responsabilité des père et mère peut être plus facilement mise en œuvre. D'autre part, l'abandon de l'exigence d'un fait illicite signifie que dorénavant les père et mère peuvent être responsables, alors que la responsabilité de leur enfant mineur à l'origine du dommage ne peut être recherchée. Par ailleurs, le développement de nouveaux cas de responsabilité du fait des mineurs sur le fondement de l'article 1384, alinéa 1er du Code civil permet de trouver systématiquement un tiers responsable de plein droit du fait du mineur. À partir de ces constatations, le Conseiller

---

[33] G. VINEY, obs. sous Civ. 1re, 9 novembre 2004, *JCP G* 2005, I, 132, n° 9 ; *rappr.* S. PORCHY-SIMON, *Regard critique sur la responsabilité civile de l'établissement de santé du fait du médecin*, *in Droit et économie de l'assurance et de la santé, Mélanges en l'honneur d'Y. LAMBERT-FAIVRE et D.-CL. LAMBERT*, Dalloz, 2002, pp. 361-374, spéc. nos 4-16, pp. 363-368.

[34] N. MOLFESSIS, *La jurisprudence relative à la responsabilité des commettants du fait de leurs préposés ou l'irrésistible enlisement de la Cour de cassation*, *art. précit.*, spéc. nos 34-44, pp. 526-534.

[35] B. LE CORROLLER, rapport sous A.P., 13 décembre 2002, *BICC*, 1er mars 2003.

Le Corroller s'est demandé s'il ne serait pas « *logique, à tout le moins dans ses rapports avec le tiers victime, de faire bénéficier l'enfant d'une "immunité" puisque le fait causal se rattache à coup sûr à la sphère d'intervention de ses parents qui ont voulu exercer sur sa personne les pouvoirs que la loi leur confère et dont la responsabilité constitue la contrepartie* »[36]. Il répond par l'affirmative à cette interrogation et prône une transposition de la jurisprudence relative à l'immunité du préposé. La responsabilité des père et mère devrait se substituer à la responsabilité du mineur.

**746. Propositions doctrinales et généralisation.** Peu d'auteurs se sont véritablement interrogés sur la proposition du Conseiller Le Corroller. Tandis que certains auteurs l'ont simplement mentionnée comme un signe annonciateur d'une nouvelle évolution de la Cour de cassation[37], d'autres l'ont pressentie[38] ou l'ont développée[39]. Indéniablement, cette question ne peut être ignorée. Elle risque fort d'être un nouveau sujet de controverses doctrinales et jurisprudentielles. Une étude doctrinale a suggéré d'admettre l'existence d'une immunité au profit des mineurs et, corrélativement, celle d'une garantie des dommages causés illicitement par les mineurs pesant sur les parents ou les tiers[40]. Une telle solution ne porterait pas atteinte aux droits de victimes et permettrait, de surcroît, d'écarter la responsabilité du mineur fautif. L'auteur de cette proposition préconise d'appliquer cette immunité à « *toute la période de la vie offerte pour s'exercer à la majorité* »[41]. On le comprend aisément. Cette immunité est justifiée par l'existence d'un garant jusqu'à la majorité de l'enfant et la volonté d'écarter l'effet de la faute de la victime mineure sur la réparation de son dommage. Pour l'enfant mineur, même adolescent, « *le dommage subi paraît déjà un avertissement d'éducation suffisant, sans que le système juridique vienne en outre, par la privation de la réparation insister utilement sur sa faute* »[42]. L'auteur limite néanmoins le domaine de cette immunité aux enfants mineurs. Il refuse de l'étendre aux majeurs dont les facultés mentales sont altérées. Bien que leur situation soit proche de celle des mineurs en bas âge, il retient leur pleine et entière responsabilité. La justification d'une telle distinction réside dans l'absence de protection personnelle systématique des majeurs incapables. L'article 489-2 du Code civil devrait conserver toute son efficacité.

**747. Solution envisageable : l'immunité des personnes gardées.** Dans la continuité de ces propositions, on pourrait estimer que l'affirmation d'une responsabilité de plein droit du fait d'autrui fondée sur la garde intellectuelle pourrait s'accompagner de la reconnaissance

---

[36] B. LE CORROLLER, *ibid.*

[37] J.-CL. MONTANIER, *Les enfants, les parents et la Cour de cassation, art. précit.*, spéc. n° 26.

[38] PH. BRUN, *Le nouveau visage de la responsabilité du fait d'autrui (Vers l'irresponsabilité des petits ?), in Études à la mémoire de CH. LAPOYADE-DESCHAMPS, op. cit.*, pp. 105-118, spéc. n[os] 17-24, pp. 113-118.

[39] M.-S. PAYET, *Vers la reconnaissance d'un principe d'irresponsabilité du mineur en matière délictuelle et quasi-délictuelle, LPA*, 20 août 2002, pp. 4-11 (1re partie) et 21 août 2002, pp. 3-8 (2nde partie) ; CH. RADÉ, *Plaidoyer en faveur d'une réforme de la responsabilité civile, D.* 2003, pp. 2247-2255, *spéc.* n° 30, p. 2254 ; CH. RADÉ, *Faut-il reconnaître l'existence d'un principe général de responsabilité du fait d'autrui ?, in Responsabilité civile et assurances, Études offertes à H. GROUTEL*, LexisNexis Litec, 2006, pp. 375-390, *spéc.* n° 12, pp. 381-382 et n[os] 26-30, pp. 388-390.

[40] M.-S. PAYET, *art. précit.*

[41] M.-S. PAYET, *art. précit.*, (1re partie), n° 19, p. 11.

[42] M.-S. PAYET, *art. précit.*, (1re partie), n° 18, p. 11. *Rappr.* CH. LAPOYADE-DESCHAMPS, *Les petits responsables (Responsabilité civile et responsabilité pénale de l'enfant), D.* 1988, chr. XLIX, pp. 299-305, spéc. p. 305 : l'auteur considère que la responsabilité civile du mineur pourrait être maintenue à condition « *qu'elle ne se retourne pas contre l'enfant lorsque celui-ci est victime d'un dommage, sans quoi il continuerait à subir un double châtiment : le dommage éprouvé, la réparation diminuée (ou supprimée)* ». Il suggère néanmoins de limiter cette exception aux mineurs de moins de seize ans, reprenant ainsi la règle de l'article 3 de la loi du 5 juillet 1985 relatives aux accidents de la circulation.

d'une immunité au profit des personnes gardées. Elle serait la conséquence de l'existence d'un pouvoir de garde. Placée sous l'autorité contraignante d'autrui et disposant de ce fait d'un garant responsable de son fait illicite, la personne gardée pourrait bénéficier d'une immunité, qui néanmoins ne devrait pas être absolue.

### *2. Les limites de l'immunité de la personne gardée*

**748. Proposition du Conseiller Le Corroller.** Poursuivant la transposition de l'immunité des préposés aux mineurs, le Conseiller Le Corroller suggère de limiter l'immunité des mineurs. À cet effet, il ne retient pas la notion de dépassement des limites de la mission impartie par le répondant. Cette mise à l'écart semble logique. Le gardien ne donne pas véritablement une mission à la personne gardée. Il contrôle son mode de vie. En revanche, le Conseiller Le Corroller prône une transposition de la solution dégagée par l'arrêt *Cousin* du 14 décembre 2001[43]. Il faudrait ainsi réserver « *le cas du mineur qui a été pénalement condamné pour une infraction intentionnelle, dans la mesure où le juge répressif ne saurait considérer la réparation du dommage comme le simple épilogue d'une affaire civile mais comme un complément indispensable de la répression, la réinsertion, qui est la finalité même du traitement mis en œuvre, pouvant dépendre de l'indemnisation qui conduit à une responsabilisation* »[44]. Ce faisant, le Conseiller Le Corroller reconnaît un rôle éducatif à la répression civile de l'infraction pénale intentionnelle[45].

**749. Proposition doctrinale.** Les auteurs, favorables à l'immunité des mineurs, souhaitent également la limiter. Ainsi, on a pu préconiser la levée de cette immunité en présence d'une faute intentionnelle du mineur[46]. En revanche, l'immunité devrait être maintenue si le mineur a commis une faute inexcusable[47], c'est-à-dire lorsqu'il a commis une faute d'une particulière gravité en ayant conscience d'un danger et la volonté téméraire de prendre le risque de sa réalisation sans raison valable[48]. Le maintien de l'immunité serait principalement justifié par l'inexpérience du mineur.

**750. Solution envisageable : la limite de la faute intentionnelle.** Il résulte de ces diverses propositions que l'éventuelle généralisation de l'immunité suggérée pour les mineurs à l'ensemble des personnes gardées pourrait être limitée par la faute intentionnelle de la personne gardée. On perçoit que, dans une telle hypothèse, il serait inopportun d'écarter la responsabilité personnelle de l'auteur du dommage et de ne retenir que la responsabilité d'un tiers garant. Ainsi, la reconnaissance de la nécessité de limiter l'immunité des mineurs, ou des personnes gardées, révèle que cette immunité n'est pas souhaitable dans certaines situations. On peut même se demander si cette idée ne devrait pas être généralisée et s'il ne serait pas préférable de rejeter le principe d'une immunité des personnes gardées.

---

[43] A.P., 14 décembre 2001, *Cousin*, *Bull. civ.* A.P., n° 17 ; *précit.*

[44] B. LE CORROLLER, rapport sous A.P., 13 décembre 2002, *BICC*, 1er mars 2003.

[45] *Cf.* R. MERLE et A. VITU, *Traité de droit criminel*, t. 1, *op. cit.*, n° 154, p. 223. Ces auteurs expliquent à propos de l'autonomie des tribunaux répressifs dans l'application pénale des concepts extra-pénaux : « *Ainsi s'explique de la même manière l'attitude particulariste des juridictions pénales dans la solution civile des problèmes de réparation du préjudice consécutif à l'infraction : dans la mesure où le dommage est intimement lié à l'infraction, le juge répressif ne considère pas sa réparation comme le simple épilogue d'une affaire civile, mais comme un complément indispensable de la répression* ». *Cf.* également : F. ALT-MAES, *La responsabilité civile et pénale : un outil de la socialisation des mineurs ?*, *LPA*, 27 juin 2000, pp. 18-26.

[46] M.-S. PAYET, *art. précit.*, (2nde partie), nos 33-34, pp. 7-8.

[47] M.-S. PAYET, *art. précit.*, (2nde partie), nos 35-37, p. 8.

[48] G. VINEY, *Remarques sur la distinction entre faute intentionnelle, faute inexcusable et faute lourde*, *D.* 1975, chr. XLII, pp. 263-270 ; G. BRIERE DE L'ISLE, *La faute inexcusable (Bilan et perspectives)*, *D.* 1970, chr. XV, pp. 73-76.

## § 2. L'IMPOSSIBLE ADMISSION D'UNE IMMUNITÉ DES PERSONNES GARDÉES

**751.** La reconnaissance d'une immunité écarte la responsabilité d'une personne. De prime abord, une telle affirmation semble contraire au principe développé par le Conseil constitutionnel, selon lequel l'article 1382 du Code civil traduit une « *exigence constitutionnelle* »[49]. Néanmoins, l'étude de ce principe et de la jurisprudence du Conseil constitutionnel ne permet pas de dégager des arguments pertinents pour rejeter l'existence d'une immunité des personnes gardées (**A**). En revanche, une analyse des fondements de la responsabilité du fait d'autrui permet de comprendre l'articulation entre la responsabilité du gardien et celle du gardé et, en définitive, de conclure au rejet de l'immunité de la personne gardée. Plus fondamentalement, cette conclusion met en exergue l'opposition entre la responsabilité du fait professionnel et la responsabilité du fait non professionnel d'autrui (**B**).

### A. L'INEFFICACITÉ DE L'INVOCATION DE LA VALEUR CONSTITUTIONNELLE DE L'ARTICLE 1382 DU CODE CIVIL

**752.** Dans sa décision du 9 décembre 1999 relative à la loi sur le pacte civil de solidarité, le Conseil constitutionnel s'est prononcé sur la faculté de rupture unilatérale prévue dans ce type de contrat. On lui reprochait de s'apparenter à une répudiation contraire au principe de la sauvegarde de la dignité humaine. Pour écarter ce grief, le Conseil constitutionnel a notamment rappelé que l'article 517-7 du Code civil prévoit que « *le partenaire auquel la rupture est imposée pourra demander réparation du préjudice éventuellement subi, notamment en cas de faute tenant aux conditions de la rupture* ». Afin, sans doute, de donner plus de force à cette affirmation, les juges de la rue de Montpensier ont ajouté que « *dans ce dernier cas, l'affirmation de la faculté d'agir en responsabilité met en œuvre l'exigence constitutionnelle posée par l'article 4 de la Déclaration des droits de l'homme et du citoyen de 1789 dont il résulte que tout fait quelconque de l'homme qui cause à autrui un dommage oblige celui par la faute duquel il est arrivé à le réparer* »[50]. De prime abord, si la responsabilité pour faute de l'article 1382 du Code civil traduit une « *exigence constitutionnelle* », il est vain d'envisager une quelconque immunité. Le législateur et, *a fortiori,* la jurisprudence ne peuvent aller à l'encontre de ce principe et empêcher de rechercher la responsabilité pour faute d'une personne. Nous devrions dès lors conclure au rejet de l'immunité des personnes gardées pour inconstitutionnalité. Néanmoins, on peut être sceptique quant au grief d'inconstitutionnalité de l'immunité des personnes gardées. En effet, de nombreuses incertitudes entourent la constitutionnalisation de l'article 1382 du Code civil. Aussi, il est difficile d'affirmer avec certitude qu'elle s'oppose à la reconnaissance d'une immunité au profit des personnes gardées (**1**). Par ailleurs, l'opportunité de la constitutionnalisation de la responsabilité pour faute paraît en elle-même très contestable. Une déconstitutionnalisation de cette responsabilité serait sans doute souhaitable. Une telle conclusion justifie d'autant plus l'inefficacité de l'invocation de la valeur constitutionnelle de l'article 1382 du Code civil (**2**).

---

[49] CC, 9 novembre 1999, déc. n° 99-419 DC, *Rec.*, 116 ; *JCP G* 2000, I, 280, n° 1, obs. G. VINEY ; *D.* 2000, SC, 424, note S. GARNERI ; PH. BRUN, *La constitutionnalisation de la responsabilité pour faute, in La responsabilité pour faute*, Actes du colloque organisé par le Centre de droit de la responsabilité de l'Université du Maine et le Centre de recherches en droit privé de Tours le 17 janvier 2003, *RCA* juin 2003, pp. 37-42 ; J. TRAULLÉ, *L'éviction de l'article 1382 du Code civil en matière extracontractuelle*, Bibl. dr. priv., t. 477, LGDJ, 2007, n[os] 236-277, pp. 200-236.

[50] CC, 9 novembre 1999, déc. n° 99-419 DC, *Rec.*, n° 70, p. 129.

### *1. Les interrogations sur la constitutionnalisation de l'article 1382 du Code civil*

**753. Les solutions de 1982 à 1989 : une conception constitutionnelle de la responsabilité civile fondée sur le principe d'égalité.** Avant cette décision du 9 décembre 1999, le Conseil constitutionnel s'était déjà prononcé sur la valeur constitutionnelle de l'article 1382 du Code civil et avait progressivement construit une jurisprudence fondée sur une interprétation du principe d'égalité[51]. On pouvait déduire de ses décisions du 22 octobre 1982[52], du 20 juillet 1983[53] et du 17 janvier 1989[54] la règle suivante : le législateur ne peut déroger à l'obligation pour une personne de répondre des conséquences dommageables de son fait personnel fautif qu'à la double condition que l'exemption soit limitée aux fautes de faible gravité et que l'indemnisation de la victime soit assurée par une autre voie, qu'il s'agisse d'un régime spécial d'indemnisation ou d'une substitution de responsabilité[55]. On remarquera d'ailleurs que ce principe ne résulte pas d'une seule décision du Conseil constitutionnel, mais de la conjonction de ces trois décisions de 1982, 1983 et 1989. Les auteurs s'accordent pour admettre le cumul des diverses conditions posées par ces décisions, tant la sanction de la faute et le droit à la réparation de la victime semblent être liés dans l'esprit du juge constitutionnel[56]. Cela est d'autant plus logique qu'une faute légère peut être à l'origine d'un préjudice important. Si une immunité peut éventuellement être accordée à l'auteur du dommage, la victime ne saurait rester sans réparation.

**754. La décision du 27 juillet 1994 : une solution d'opportunité.** Ces deux exigences établies par le Conseil constitutionnel semblaient bien établies, lorsqu'une décision du 27 juillet 1994[57], portant sur les lois relatives à la bioéthique, est venue semer le doute. En effet, il était reproché à l'article 10 de la loi relative au respect du corps humain de prohiber toute action en responsabilité à l'encontre du tiers donneur intervenant dans une procréation médicalement assistée, ainsi que tout établissement d'un lien de filiation entre le tiers donneur et l'enfant issu de la procréation. Le Conseil constitutionnel justifie ces interdictions en affirmant « *qu'aucune disposition ni aucun principe à valeur*

---

[51] N. MOLFESSIS, *Le Conseil constitutionnel et le droit privé*, préf. M. GOBERT, LGDJ, Bibl. dr. pr. t. 287, 1997, spéc. n$^{os}$ 370-376, pp. 293-299 ; N. MOLFESSIS, *Les sources constitutionnelles du droit des obligations*, actes du colloque du 16 février 1996 organisé par l'Association Henri Capitant des amis de la culture juridique française, LGDJ 1996, pp. 65-108, spéc. n$^{os}$ 18-25, pp. 78-84 et n$^{os}$ 36-40, pp. 93-98 ; M. LEHOT, *Le renouvellement des sources internes du droit et le renouveau du droit de la responsabilité civile*, thèse Le Mans, 2001 ; PH. BRUN, *La constitutionnalisation de la responsabilité pour faute, art. précit.* ; F. CHABAS, *L'article 1382 du Code civil peau de vair ou peau de chagrin ?, in Études offertes à J. DUPICHOT, Liber amicorum*, Bruylant, 2004, pp. 79-98.

[52] CC, 22 octobre 1982, n° 82-144 DC, *Rec.*, 61 ; *D.* 1983, 189, note F. LUCHAIRE ; *Gaz. Pal.* 1983, 1, 60, note F. CHABAS.

[53] CC, 20 juillet 1983, n° 83-162 DC, *Rec.*, 49.

[54] CC, 17 janvier 1989, n° 88-248 DC, Rec., 18.

[55] PH. BRUN, *La constitutionnalisation de la responsabilité pour faute, art. précit.*, n° 20, p. 40. On remarquera néanmoins que la décision de 1989 n'est pas dépourvue d'ambiguïté. Sa rédaction dit le contraire de ce qu'elle veut exprimer. Le Conseil affirme en effet que « *nul de saurait par une disposition générale de la loi, être exonéré de toute responsabilité personnelle quelle que soit la gravité de l'acte qui lui est imputé* ». De prime abord, la décision laisse entendre que la gravité de la faute ne devrait pas être prise en compte, l'exonération de responsabilité ne sera dès lors jamais admise. Or, en réalité, le Conseil constitutionnel a stigmatisé dans cette décision l'indifférence du législateur à l'égard de la nature ou de la gravité de l'acte. En somme, l'édiction d'un régime exonératoire qui ne prendrait pas en compte la gravité de l'acte serait inconstitutionnelle.

[56] N. MOLFESSIS, *Les sources constitutionnelles du droit des obligations, art. précit.*, spéc. n$^{os}$ 19-22, pp. 79-81 ; PH. BRUN, *La constitutionnalisation de la responsabilité pour faute, art. précit.*, n° 20, p. 40 ; M. LEHOT, *thèse précit.*, n° 395, pp. 568-570.

[57] CC, 27 juillet 1994, n° 94-343/344 DC, *Rec.*, 100 ; CH. RADÉ, *Le principe de la responsabilité personnelle dans la jurisprudence du Conseil constitutionnel, LPA*, 8 septembre 1995, pp. 4-8.

*constitutionnelle ne prohibe les interdictions prescrites par le législateur d'établir un lien de filiation entre l'enfant issu de la procréation et l'auteur du don et d'exercer une action en responsabilité à l'encontre de celui-ci* »[58]. Une telle solution a légitimement laissé penser que le Conseil revenait sur sa jurisprudence. Un tel revirement semblait toutefois de pure opportunité. Le donneur de produits du corps humain se livre à une activité totalement gratuite et désintéressée. Dans cette hypothèse, l'exigence d'un régime d'immunité absolue a pour objectif de protéger des personnes qui ne retirent aucun profit de la situation dommageable. Il n'en demeure pas moins que cette décision témoigne de l'inopportunité de la constitutionnalisation de la responsabilité pour faute. Le droit de la responsabilité semble requérir une certaine souplesse. L'élévation de la responsabilité pour faute au rang de règle à valeur constitutionnelle risque de lui retirer cette faculté d'adaptation.

**755. La décision du 9 décembre 1999 : liberté et responsabilité pour faute.** Jusqu'en 1999, le Conseil constitutionnel s'est bien gardé d'ériger la responsabilité pour faute au rang de principe à valeur constitutionnelle. Il préféra appréhender la question de la responsabilité civile par l'intermédiaire du principe d'égalité. Cette prudence cessa avec la décision du 9 décembre 1999. Se fondant sur l'article 4 de la Déclaration des droits de l'homme et du citoyen de 1789, le Conseil constitutionnel affirme que la responsabilité de l'article 1382 du Code civil a valeur constitutionnelle. Si ce fondement a pu surprendre[59], il rappelle néanmoins le lien existant entre la responsabilité et la liberté individuelles. Il n'en demeure pas moins que cette affirmation très générale a pu susciter des interrogations sur sa portée et son opportunité[60].

**756. La décision du 27 juillet 2000 : une source d'interrogations.** Les suites de la décision de 1999 ne sont d'ailleurs pas dépourvues de surprises. Une décision du 27 juillet 2000[61], relative à la loi du 1er août 2000 sur la responsabilité des hébergeurs de sites internet, a pu semer le doute[62]. Cette loi disposait à l'origine que les personnes physiques ou morales fournisseurs d'hébergement « *ne sont pénalement ou civilement responsables que si, ayant été saisies par une autorité judiciaire, elles n'ont pas agi promptement pour empêcher l'accès à ce contenu ou si, ayant été saisi par un tiers estimant que le contenu qu'elles hébergent est illicite ou lui cause un préjudice, elles n'ont pas procédé aux diligences appropriées* ». Ce texte ne faisait aucune distinction entre les responsabilités civile et pénale. Aussi a-t-il été censuré par le Conseil constitutionnel pour violation du principe de légalité des délits et des peines, auquel l'article 34 de la Constitution confère un caractère constitutionnel. Toutefois, le Conseil n'a pas annulé la totalité de la disposition attaquée. Il a seulement supprimé le second cas de responsabilité. Par conséquent, la rédaction actuelle du texte semble signifier que l'hébergeur échappe à toute responsabilité en l'absence de saisine par l'autorité judiciaire. Une telle solution est totalement incompatible avec la décision du 9 décembre 1999. En général, la doctrine préfère y voir « *la marque d'une maladresse* [plutôt] *que celle d'une*

---

[58] CC, 27 juillet 1994, n° 94-343/344 DC, *Rec.*, n° 16, p. 104.

[59] G. VINEY, obs. sous CC, 9 novembre 1999, *JCP G* 2000, I, 280, n° 1 : « *Établir un lien d'équivalence entre cette définition de la liberté et la prescription de l'article 1382 qui impose à l'auteur d'un dommage causé par sa faute de la réparer en versant à la victime une compensation, généralement pécuniaire, procède d'une méthode d'interprétation particulièrement audacieuse* ».

[60] *Cf. infra* nos 759-760.

[61] CC, 27 juillet 2000, 2000-433 DC, *Rec.*, 121 ; *JCP G* 2000, I, 280, nos 26-28, obs. G. VINEY ; *CCE* 2000, comm. 20, obs. J.-CH. GALLOUX ; A. LEPAGE, *Du sens de la mesure en matière de responsabilité civile sur internet : la loi, la jurisprudence et le fournisseur d'hébergement, D.* 2001, pp. 322-327.

[62] Certains auteurs considèrent que cette décision marque un retour en arrière : F. CHABAS, *L'article 1382 du Code civil peau de vair ou peau de chagrin ?, art. précit.*, spéc. pp. 85-86.

*volonté délibérée de "déconstitutionnaliser" l'article 1382* »[63] du Code civil et suppose ainsi que le recours à cet article est toujours possible[64].

**757. La décision du 22 juillet 2005.** Si le Conseil constitutionnel a longtemps hésité sur la valeur constitutionnelle de l'article 1382 du Code civil, il semble néanmoins avoir pris une position plus tranchée dans une décision du 22 juillet 2005[65]. Confronté au problème de la responsabilité des établissements de crédit pour soutien abusif eux entreprises en difficultés, le législateur est intervenu en 2005, à l'occasion de la réforme du droit des procédures collectives, en affirmant, au sein d'un nouvel article L. 650-1 du Code de commerce que les partenaires financiers « *ne peuvent être tenus pour responsables des préjudices subis du fait des concours consentis, sauf les cas de fraude, d'immixtion caractérisées dans la gestion du débiteur ou si les garanties prises en contrepartie des concours sont disproportionnés à ceux-ci* ». Ce nouvel article avait donc pour objectif de limiter la responsabilité civile des établissements de crédit[66]. La validité de cette disposition a donc été contestée au nom du principe de responsabilité pour faute personnelle. Le Conseil constitutionnel l'a néanmoins déclarée conforme. Deux considérations soutiennent son affirmation. D'une part, il affirme que « *si la faculté d'agir en responsabilité met en œuvre l'exigence constitutionnelle posée par les dispositions de l'article 4 de la Déclaration des droits de l'homme et du citoyen aux termes desquelles : "La liberté consiste à pouvoir faire tout ce qui ne nuit pas à autrui", cette exigence ne fait pas obstacle à ce que, en certaines matières, pour un motif d'intérêt général, le législateur aménage les conditions dans lesquelles la responsabilité peut être engagée* ». D'autre part, il précise que la détermination des cas de responsabilité (fraude, immixtion caractérisée dans la gestion du débiteur et prise de garanties disproportionnées) permet d'encourager le financement des entreprises en difficultés et, par conséquent, satisfait « *un objectif d'intérêt général suffisant* ». Autrement dit, l'intérêt général peut justifier une mise à l'écart de la responsabilité civile de l'article 1382 du Code civil.

**758. Le bilan : de nombreuses incertitudes sur la valeur constitutionnelle de l'article 1382 du Code civil.** En dépit de la décision du 22 juillet 2005, l'appréciation de la responsabilité pour faute par le juge constitutionnel laisse apparaître un certain nombre d'incertitudes. Tout d'abord, il apparaît que le Conseil constitutionnel est lui-même embarrassé par l'encadrement constitutionnel de la responsabilité civile. La décision du 27 juillet 1994 constitue sur ce point un exemple manifeste. Ensuite, le Conseil constitutionnel semble avoir quelques difficultés pour appréhender la constitutionnalisation de la responsabilité pour faute. Tantôt il dégage un corps de règles constitutionnelles régissant le droit de la responsabilité à partir d'une interprétation du principe d'égalité, tantôt il affirme simplement la valeur constitutionnelle de l'article 1382 du Code civil. Enfin, l'affirmation expresse de la valeur constitutionnelle de l'article 1382 du Code civil par la décision du 9 décembre 1999 et celle du 22 juillet 2005 soulève plusieurs interrogations quant à sa portée. En effet, la décision du 9 décembre 1999 a pu surprendre par sa généralité. *Stricto sensu*, il résulte de cette décision que le législateur ne peut en aucun cas écarter la responsabilité de l'article 1382 du Code civil. Une telle affirmation est rapidement parue comme excessive. On peut en effet estimer qu'il n'est pas de principe qui ne connaisse des exceptions ou des aménagements[67]. Il semble d'ailleurs acquis que la loi de 1881 sur la liberté de la presse

---

[63] PH. BRUN, *La constitutionnalisation de la responsabilité pour faute*, *art. précit.*, n° 17, p. 39.

[64] G. VINEY, obs. sous CC, 27 juillet 2000, *JCP G* 2000, I, 280, n° 28.

[65] CC., 22 juillet 2005, n° 2005-522 DC, *JCP G* 2006, I, 111, n° 8, obs. PH. STOFFEL-MUNCK.

[66] R. ROUTIER, *De l'irresponsabilité du prêteur dans le projet de loi de sauvegarde des entreprises*, *D.* 2005, pp. 1478-1481 ; *Le cantonnement de la responsabilité pour soutien abusif, Commentaire de l'article L. 650-1 du Code de commerce*, *Gaz. Pal.* 2005, pp. 3012-3015.

[67] PH. BRUN, *art. précit.*, n° 32, p. 42.

établit un régime spécial de responsabilité qui écarte l'application de l'article 1382 du Code civil[68]. On a dès lors pu s'interroger sur le caractère novateur de la décision du 9 décembre 1999 et se demander si les règles précédemment dégagées de 1982 à 1989 ont été purement et simplement abandonnées ou si, au contraire, elles subsistaient et déterminaient les limites de ce principe à valeur constitutionnelle. En ce sens, on pouvait estimer que le législateur pouvait accorder une immunité de responsabilité aux auteurs de fautes légères sous la condition que le droit à réparation de la victime soit garanti par ailleurs en se fondant sur le principe d'égalité. La décision de 2005 vient préciser les contours de la valeur constitutionnelle de l'article 1382 du Code civil sans pour autant trancher définitivement le débat. Le législateur peut accorder une immunité de responsabilité si l'intérêt général le commande. On peut dès lors s'interroger sur ce critère de l'intérêt général. La notion risque finalement d'être suffisamment imprécise pour justifier ou écarter une immunité. En outre, il n'est pas évident que cette solution ait écarté les solutions induites des décisions antérieures. Il est fort probable que le principe d'égalité joue toujours un rôle pour contrôler les atteintes portées à l'article 1382 du Code civil. En ce sens, lorsque deux personnes sont placées dans une situation différente, il serait toujours possible de prévoir un aménagement de la responsabilité du fait personnel[69].

Fondamentalement, ces différentes observations soulignent l'existence de nombreuses incertitudes autour de la constitutionnalisation de l'article 1382 du Code civil. Les décisions du Conseil constitutionnel ne permettent pas d'exclure catégoriquement l'éventuelle immunité des personnes gardées. Elle pourrait en effet rentrer dans la catégorie des exceptions au principe énoncé par le Conseil constitutionnel. Aussi convient-il d'admettre que la référence à la valeur constitutionnelle de la responsabilité personnelle ne permet pas de rejeter avec certitude l'immunité des personnes gardées. On peut par ailleurs douter de l'opportunité de la constitutionnalisation de la responsabilité de l'article 1382 du Code civil. Si la déconstitutionnalisation de la responsabilité du fait personnel n'a, semble-t-il, pas encore été réalisée par le Conseil constitutionnel, elle pourrait être souhaitable.

### *2. L'inopportunité de la constitutionnalisation de l'article 1382 du Code civil*

**759. Un encadrement excessif du droit de la responsabilité pour faute.** L'article 1382 du Code civil, « *véritable constitution de la France* »[70], a-t-il besoin d'être érigé en principe constitutionnel ? Rien n'est moins sûr. La constitutionnalisation de la responsabilité pour faute risque de rigidifier le droit positif en restreignant le pouvoir d'intervention du législateur[71]. Ce danger d'un encadrement trop contraignant du droit positif n'est pas une fiction. La décision du 27 juillet 1994 nous montre bien que le Conseil constitutionnel a été lui-même gêné par les règles qu'il avait antérieurement dégagées sur le fondement du principe d'égalité. En dépit de la prudence du juge constitutionnel, le corps de règles dégagé à partir des décisions de 1982, 1983 et 1989 s'est avéré trop contraignant[72]. Le droit de la responsabilité ne semble guère se prêter à une constitutionnalisation. Plus généralement, si le

---

[68] Il faut toutefois observer que cette solution résulte non de la loi, mais de la jurisprudence. *Cf.* A.P., 12 juillet 2000, *Bull. civ.* n° 8 ; *D.* 2000, SC, 463, obs. P. JOURDAIN ; *JCP G* 2000, I, 280, n$^{os}$ 2-8, obs. G. VINEY.

[69] J. TRAULLÉ, *L'éviction de l'article 1382 du Code civil en matière extracontractuelle, thèse précit.*, n° 275, p. 234.

[70] J. CARBONNIER, *Droit civil, introduction, op. cit.*, n° 112, p. 218. *Adde* : J. CARBONNIER, *Le Code civil, in* P. NORA (dir.), *Les lieux de mémoire*, II, *La nation*, t. 2, Gallimard, 1986, pp. 293-315, spéc. p. 309. Y. GAUDEMET, *Le Code civil, « constitution civile de la France », in 1804-2004, Le Code civil, un passé, un présent, un avenir*, 2004, pp. 297-308.

[71] G. VINEY, obs. sous CC, 9 décembre 1999, *JCP G* 2000, I, 280, n° 1 ; PH. BRUN, *La constitutionnalisation de la responsabilité pour faute, art. précit.*, n° 27, p. 41.

[72] PH. JESTAZ, *Les sources d'inspiration de la jurisprudence du Conseil constitutionnel, in La légitimité de la jurisprudence du Conseil constitutionnel*, Economica, Études juridiques, n° 8, 1999, pp. 3-13, spéc. pp. 11-12.

Conseil constitutionnel peut constitutionnaliser des droits ou principes consacrés par le droit privé[73], il faut admettre que, dans certaines hypothèses, la constitutionnalisation peut être délicate.

Cette idée a d'ailleurs été développée à propos de la liberté contractuelle. Pendant longtemps, le Conseil constitutionnel a fait preuve d'une grande prudence vis-à-vis de la liberté contractuelle en refusant de lui conférer une valeur constitutionnelle[74]. Une telle attitude relevait d'un profond pragmatisme[75]. En effet, si la liberté contractuelle est un des principes de base du droit des contrats, il n'en demeure pas moins que le législateur a tendance à restreindre cette liberté, le plus souvent en vue de protéger la liberté de la partie faible. En somme, on faisait valoir que la reconnaissance de la valeur constitutionnelle de la liberté contractuelle contraignerait le Conseil constitutionnel à admettre la constitutionnalité du principe et de ses limites. C'est pourquoi, il était préférable « *ne pas constitutionnaliser un principe aussi friable* »[76]. Une telle attitude était empreinte de prudence et de réalisme. Depuis, le Conseil constitutionnel semble davantage enclin à conférer une valeur constitutionnelle à la liberté contractuelle. Dans une décision du 19 décembre 2000, le juge constitutionnel s'est en effet expressément référé à « *la liberté contractuelle qui découle de l'article 4 de la Déclaration des droits de l'homme et du citoyen* »[77]. Pour autant, certains auteurs estiment que cette constitutionnalisation est très relative et incertaine[78]. Sans doute est-ce un signe de la nécessaire prudence dont il faudrait faire preuve à l'égard de grands principes privatistes comme la liberté contractuelle, mais aussi la responsabilité du fait personnelle.

**760. Une contamination de l'ensemble du droit de la responsabilité.** La valeur constitutionnelle de l'article 1382 du Code civil est d'autant plus inopportune qu'elle pourrait s'appliquer à toutes les règles de responsabilité, entraînant de ce fait une profonde sclérose du droit de la responsabilité. En effet, on a pu remarquer que le Conseil constitutionnel fonde la valeur constitutionnelle de la responsabilité pour faute sur l'article 4 de la Déclaration des droits de l'homme et du citoyen de 1789. Or, ce rattachement à la liberté individuelle ne devrait pas être limité à la responsabilité pour faute. Il devrait être possible de l'étendre à toutes les règles de responsabilité. Dans cette hypothèse, il faudrait attribuer une valeur constitutionnelle à toutes ces règles[79]. Assurément, on ne peut admettre une telle généralité. La constitutionnalisation de la responsabilité pour faute semble finalement très inopportune.

En conséquence, même si le rattachement avancé par le Conseil constitutionnel entre la responsabilité et la liberté paraît pertinent, il est extrêmement difficile d'écarter le principe

---

[73] G. ROUHETTE, *Le droit privé dans la jurisprudence du Conseil constitutionnel*, in *La légitimité de la jurisprudence du Conseil constitutionnel*, *op. cit.*, pp. 39-52.

[74] CC, 3 août 1994, dn° 94-348 DC, *Rec.*, 117 ; *JCP G* 1995, II, 22404, note Y. BROUSSOLLE. Cet arrêt affirme ainsi : « *aucune norme de valeur constitutionnelle ne garantit le principe de la liberté contractuelle* ». Sur les évolutions ultérieures *cf.* : PH. TERNEYRE, *Le législateur peut-il abroger les articles 6 et 112 du Code civil ? Sur la valeur constitutionnelle de la liberté contractuelle*, in *Mélanges en l'honneur du professeur G. PEISER*, Presses Universitaires de Grenoble, 1995, pp. 473-486 ; D. ROUSSEAU, *Les principes de la libre administration locale et d'égalité à l'épreuve de l'aménagement du territoire*, *RFDA* 1995, pp. 876-883 ; N. MOLFESSIS, *Les sources constitutionnelles du droit des obligations*, *art. précit.*, n$^{os}$ 13-14, pp. 74-76.

[75] PH. JESTAZ, *Les sources d'inspiration de la jurisprudence du Conseil constitutionnel*, *art. précit.*, pp. 9-11.

[76] D. ROUSSEAU, *Chronique de jurisprudence constitutionnelle 1994-1995*, p. 25.

[77] CC, 19 décembre 2000, n° 2000-437 DC, *Rec.*, 190.

[78] Sur cette question : F. MODERNE, *La liberté contractuelle est-elle vraiment et pleinement constitutionnelle ?*, *RFDA* 2006, pp. 2-11 ; A. DUFFY, *La constitutionnalisation de la liberté contractuelle*, *RDP* 2006, pp. 1569-1600 ; PH. TERNEYRE, *Secteur public et concurrence : la convergence des principes, à propos de la liberté contractuelle*, *AJDA* 2007, pp. 1906-1911.

[79] G. VINEY, obs. sous CC, 9 décembre 1999, *JCP G* 2000, I, 280, n° 1.

d'une immunité des personnes gardées en se fondant sur la valeur constitutionnelle de l'article 1382 du Code civil, en raison, d'une part, des profondes incertitudes entourant sa portée et, d'autre part, de l'inopportunité de son existence, qui peut laisser présager une évolution, voire une déconstitutionnalisation de ce principe. En revanche, une analyse, prenant en compte le fondement spécifique de la responsabilité du fait d'autrui envisagée et l'articulation de la responsabilité du gardien avec celle de la personne gardée, permet d'écarter le principe d'une immunité de l'auteur du dommage.

### B. L'EFFICACITÉ D'UNE ANALYSE DES FONDEMENTS DE LA RESPONSABILITÉ DU FAIT D'AUTRUI

**761.** La jurisprudence relative à l'immunité des préposés et les propositions doctrinales prônant sa transposition aux mineurs ne peuvent être perçues comme une simple participation à « *l'œuvre d'adaptation* (...) *des principes de la responsabilité aux réalités de notre temps* »[80] ou comme des « *effets de mode* »[81]. Au contraire, il est possible d'y voir une invitation à s'interroger sur l'articulation de la responsabilité du fait d'autrui avec celle de l'auteur du dommage et, par extension, sur les fondements de la responsabilité pour autrui. Peut-on admettre, eu égard aux fondements de ces responsabilités pour autrui, que la responsabilité de l'auteur du dommage soit retenue de la même façon que la responsabilité du garant ? L'existence de la seconde supprime-t-elle celle de la première ?

Les réponses à ces questions, fondées sur une recherche des fondements des différentes hypothèses de responsabilité du fait d'autrui, permettent de mesurer à quel point le parallèle, défendu par le Conseiller Le Corroller, entre la responsabilité parentale et la responsabilité des commettants n'a rien de « *saisissant* »[82]. Au contraire, ces deux responsabilités pour autrui constituent des illustrations des responsabilités du fait non professionnel et du fait professionnel d'autrui et répondent, de ce fait, à des logiques différentes. Afin de bien montrer les divergences existant entre ces deux responsabilités et l'impossibilité de développer des raisonnements similaires, il convient d'envisager brièvement la place de la responsabilité des préposés par rapport à la responsabilité des commettants **(1)**, puis la place de la responsabilité des gardés par rapport à la responsabilité des gardiens intellectuels d'autrui **(2)**.

#### *1. La place de la responsabilité des préposés par rapport à la responsabilité des commettants*

**762. Logique de la responsabilité des commettants.** L'organisation d'un système de responsabilité de plein droit du fait des préposés suit une logique fondée sur la théorie du risque-profit et non sur la faute. Si la faute peut constituer le fondement rationnel de la responsabilité de plein droit du fait des personnes gardées, cette idée ne peut être transposée à la responsabilité des commettants du fait de leurs préposés[83]. La responsabilité des commettants n'est pas réellement la contrepartie de l'exercice d'un pouvoir sur la personne du préposé. Il est d'ailleurs notable que certains préposés disposent d'une très grande autonomie dans l'exécution de leur mission[84]. L'intensité du pouvoir du commettant sur la personne du préposé est très variable. En revanche, dans toutes les hypothèses, le commettant espère tirer un profit économique de l'activité qu'il a créée. Cette responsabilité a donc bien pour objectif premier de faire peser la charge financière d'un dommage né d'une activité économique sur la

---

[80] R. KESSOUS, concl. sous A.P., 25 février 2000, *Costedoat*, *JCP G* 2000, II, 10295, p. 747.

[81] F. TERRÉ, PH. SIMLER et Y. LEQUETTE, *Droit civil, Les obligations*, *op. cit.*, n° 838, p. 841.

[82] B. LE CORROLLER, rapport sous A.P., 13 décembre 2001, *BICC* 1er mars 2003.

[83] CH. RADÉ, *L'impossible divorce de la faute et de la responsabilité civile*, *art. précit.*, spéc. p. 304.

[84] N. MOLFESSIS, *La jurisprudence relative à la responsabilité des commettants du fait de leurs préposés ou l'irrésistible enlisement de la Cour de cassation*, *art. précit.*, spéc. nos 9-19, pp. 500-512.

personne à l'origine de cette activité[85]. Toutefois, elle ne peut totalement annihiler la responsabilité personnelle du préposé, sanction de sa liberté individuelle. D'ailleurs, on retient, non sans raison, que l'observation des ordres émanant d'employeurs privés ne peut être assimilée au commandement de l'autorité légitime[86], cause traditionnelle d'irresponsabilité en droit civil et en droit pénal. Une telle solution, discutée par certains auteurs[87], souligne la préservation de la liberté individuelle du préposé. Dès lors, la rencontre de ces deux idées justifie que le préposé ne supporte la charge financière de la réparation qu'en présence d'une faute intentionnelle de sa part. En revanche, la réparation d'un dommage résultant d'une faute de négligence ou d'imprudence du préposé dans l'exécution de sa mission devrait incomber au commettant à l'origine de cette mission.

**763. Articulation souhaitable des responsabilités des commettants et des préposés.** Plusieurs schémas ont été envisagés afin de maintenir la responsabilité personnelle du préposé et de l'articuler avec la responsabilité des commettants. Ainsi, on a suggéré d'admettre la responsabilité du préposé à titre subsidiaire, lorsque le commettant ne peut être mis en cause ou lorsqu'il se révèle insolvable et non assuré[88]. Cette proposition a néanmoins pour conséquence d'inverser le mécanisme de l'article 1384, alinéa 4 du Code civil. Le préposé devient le garant de son commettant[89]. La subsidiarité du préposé est difficile à justifier[90].

De même, on a pu envisager une appréciation souple de la notion de faute du préposé[91]. Cette solution avait d'ailleurs été retenue par la Chambre commerciale de la Cour de cassation dans son arrêt du 12 octobre 1993[92]. En appliquant cette idée, on devrait admettre « *que le préposé qui agit dans le cadre de sa mission ne commet pas de faute dès lors que le comportement qu'il adopte est ordonné ou autorisé, fût-ce tacitement par le commettant, sauf en cas d'ordre manifestement illégal, et qu'il n'y a pas non plus de faute à reprocher à l'employé qui a utilisé, comme il le pouvait, les moyens insuffisants mis à sa disposition par son employeur* »[93]. Toutefois, si une telle proposition devait être retenue, il faudrait admettre que la faute du préposé n'est plus une condition de la responsabilité des commettants, afin de ne pas retreindre son application. Une telle suggestion risque d'avoir des conséquences dangereuses.

---

[85] G. VINEY et P. JOURDAIN, *Les conditions de la responsabilité*, *op. cit.*, n° 791-1, pp. 976-978.

[86] Crim., 31 mars 1933, *Gaz. Pal.* 1933, 1, 973 ; Crim., 12 janvier 1977, *Bull. crim.*, n° 18 ; Civ. 2e, 22 novembre 1978, *Bull. civ.* II, n° 246.

[87] *Cf.* not. P. JOURDAIN, note sous Com., 12 octobre 1993, *Société des Parfums Rochas*, *RTD civ.* 1994, p. 113 ; H. et L. MAZEAUD et A. TUNC, *Traité théorique et pratique de la responsabilité civile délictuelle et contractuelle*, t. 1, *op. cit.*, n° 497, pp. 545-547.

[88] P. JOURDAIN, note sous A.P., 25 février 2000, *Costedoat*, *RTD civ.* 2000, p. 584 ; G. DURRY, *Plaidoyer pour une révision de la jurisprudence Costedoat (ou une hérésie facile à abjurer), in Ruptures, Mouvements et continuité du droit, Autour de Michelle GOBERT*, *op. cit.*, pp. 549-558.

[89] N. MOLFESSIS, *La jurisprudence relative à la responsabilité des commettants du fait de leurs préposés ou l'irrésistible enlisement de la Cour de cassation*, *art. précit.*, spéc. n°39, p. 530.

[90] G. VINEY, *La responsabilité personnelle du préposé*, *in Études à la mémoire de CH. LAPOYADE-DESCHAMPS*, *op. cit.*, pp. 83-104, spéc. p. 94.

[91] CH. RADÉ, *Les limites de l'immunité civile du préposé (à propos de l'arrêt Costedoat)*, *RCA* 2000, chr. 22 ; G. VINEY, *La responsabilité personnelle du préposé*, *art. précit.*, spéc. pp. 94-95.

[92] Com., 12 octobre 1993, *Société des Parfums Rochas*, *Bull. civ.* IV, n° 338, *précit.* La Cour de cassation confirme la décision de la Cour d'appel qui a relevé que les salariés avaient agi dans le cadre de la mission qui leur était impartie par leur employeur et qui en a déduit « *qu'aucune faute personnelle susceptible d'engager leur responsabilité n'était caractérisée* ».

[93] G. VINEY, *La responsabilité personnelle du préposé*, *art. précit.*, spéc. pp. 94-95.

Aussi peut-on se rallier à une autre proposition, qui repose sur la distinction entre l'obligation et la contribution à la dette[94]. Selon cette analyse, pour que le préposé ne supporte pas la charge de la réparation des dommages dus à l'activité du commettant, il suffirait d'aménager la responsabilité au stade de la contribution à la dette, c'est-à-dire dans les rapports entre le commettant et le préposé, sans toucher au rapport entre le préposé et la victime. En somme, la victime pourrait toujours agir contre le préposé et le commettant, mais le préposé ne supporterait la charge définitive de la responsabilité qu'en présence d'une faute caractérisée. Le préposé pourrait appeler le commettant en garantie ou recourir contre lui, s'il n'a pas commis une faute caractérisée[95]. Corrélativement, le commettant pourrait appeler le préposé en garantie ou recourir contre lui, si ce dernier a commis une faute caractérisée. On le comprend immédiatement, cette proposition présente l'avantage de maintenir la responsabilité du préposé, tout en s'assurant qu'il ne supportera le poids financier de la réparation du dommage qu'en présence d'une faute caractérisée de sa part. Bien évidemment, il resterait à caractériser une telle faute. Il pourrait s'agir d'une faute intentionnelle ou non présentant une certaine gravité.

L'adoption de cette solution permettrait de respecter la spécificité de la responsabilité des commettants, consistant à faire peser sur le commettant la charge financière des dommages nés de l'activité de l'entreprise, et de ne pas totalement écarter la responsabilité du fait personnel du préposé. Cette logique diffère profondément de la responsabilité des gardiens intellectuels du fait des personnes gardées.

***2. La place de la responsabilité des gardés par rapport à la responsabilité des gardiens intellectuels***

**764. Logique de la responsabilité des gardiens intellectuels.** À la différence de la responsabilité des commettants, la responsabilité de plein droit des gardiens intellectuels ne repose pas sur la notion de risque-profit, mais sur l'exercice d'un pouvoir spécifique : le pouvoir de garde intellectuelle. Ce pouvoir est la réponse à une absence ou à une perte de la liberté individuelle de la personne. Il peut être justifié par l'état mental, l'immaturité ou la seule volonté de priver une personne de son autonomie et confère à son titulaire un pouvoir contraignant de contrôle du mode de vie du gardé. Le pouvoir de garde intellectuelle permet à son titulaire de prendre des décisions contraignantes pour un tiers. Si la responsabilité personnelle constitue bien la contrepartie de la liberté subjective et objective, c'est-à-dire du pouvoir décisionnel de chacun, il est logique que le gardien intellectuel, exerçant un pouvoir décisionnel très général portant sur l'ensemble du mode de vie du gardé, devienne responsable du fait causé par le tiers[96].

**765. Articulation souhaitable des responsabilités des gardiens intellectuels et des gardés.** Ce rappel sur la logique de la responsabilité des gardiens intellectuels d'autrui permet d'envisager l'articulation des responsabilités des gardiens intellectuels et des gardés. En effet, la justification de la responsabilité du fait non professionnel des personnes gardées repose sur la liaison traditionnelle de la responsabilité et de la liberté objective et subjective. Si la responsabilité du gardien intellectuel est justifiée par le transfert du pouvoir décisionnel du

---

[94] J. FLOUR, J.-L. AUBERT et E. SAVAUX, *Droit civil, Les obligations, 2. Le fait juridique*, *op. cit.*, n° 222, p. 273. *Rappr.* M.-TH. RIVES-LANGE, *Contribution à l'étude de la responsabilité des maîtres et des commettants (Pour une nouvelle approche de la question)*, *art. précit.*

[95] On observera néanmoins que cette dernière précision n'apparaît pas dans la proposition de MM. Aubert et Savaux. Ils affirment en effet que dans l'hypothèse où la victime agirait contre le préposé, ce dernier pourrait « *appeler le commettant en garantie ou recourir contre lui pour le tout après avoir indemnisé la victime* ». *cf.* : J. FLOUR, J.-L. AUBERT et E. SAVAUX, *Droit civil, Les obligations, 2. Le fait juridique*, *op. cit.*, n° 222, p. 274.

[96] *Cf. supra* n$^{os}$ 678-690.

gardé, nous devrions en déduire que le gardé, ne disposant plus de ce pouvoir, ne devrait en aucun cas être responsable. Il faudrait donc admettre l'irresponsabilité du gardé. Une telle affirmation est néanmoins excessive. Elle ne tient compte ni de la diversité des profils des personnes gardées, ni de l'intensité variable du pouvoir de garde.

La garde d'autrui regroupe des hypothèses très différentes. Tout d'abord, certaines personnes peuvent être placées sous la garde d'autrui en raison de leur incapacité mentale. Il s'agit par exemple des mineurs en bas âge ou des handicapés mentaux. Dans ces hypothèses, la personne gardée ne dispose d'aucune liberté subjective, puisqu'elle ne peut prendre une décision en ayant pleinement conscience de ses enjeux, et sa liberté objective est restreinte. Ensuite, certaines personnes, disposant de leur capacité mentale, peuvent être maintenues sous la garde d'autrui, parce qu'on estime qu'elles ne sont pas pleinement matures. Cette hypothèse vise les adolescents. Ils disposent de leur liberté subjective, mais ne sont pas objectivement libres. Enfin, d'autres personnes peuvent être placées sous la garde d'autrui uniquement dans l'objectif de les priver de leur liberté objective. Il s'agit, par exemple, des prisonniers retenus dans les établissements pénitentiaires.

La multiplicité des facettes de la garde d'autrui se manifeste également par la variabilité de l'intensité du pouvoir de garde. Le gardien intellectuel peut, en principe, exercer le pouvoir de garde matérielle et retenir la personne gardée auprès de lui. Il peut également transférer ce pouvoir de garde matérielle à un tiers, l'exercer partiellement ou ne pas l'exercer. Dans ces deux dernières hypothèses, la personne gardée retrouve une certaine liberté objective. Si par ailleurs elle dispose de sa liberté subjective, elle exerce indéniablement un véritable pouvoir décisionnel. Cette situation correspond, par exemple, à celle des grands adolescents, qui disposent progressivement d'un pouvoir de décision abandonné par leurs gardiens, à celle des handicapés mentaux en sortie d'essai ou encore à celle des prisonniers bénéficiant d'une permission de sortir ou d'un régime de semi-liberté. Par ailleurs, même si une personne est enfermée, elle peut conserver une certaine liberté. Nul doute que les personnes retenues dans un établissement pénitentiaire disposent d'une certaine liberté d'action.

Ainsi, la personne gardée n'est pas toujours totalement privée de son autonomie. Elle peut conserver une partie de sa liberté objective et également disposer de sa liberté subjective. Si on raisonne à partir de la conception objective de la responsabilité pour faute, on peut admettre que la préservation d'une partie de la liberté objective du gardé justifie la possibilité de rechercher sa responsabilité pour faute. Une autre question rejaillit immédiatement. Le raisonnement fondé sur la garde d'autrui souligne l'absence de liberté subjective de certaines personnes gardées. Ne conviendrait-il pas de prendre en compte cet élément afin d'écarter leur responsabilité ? Une telle question fait en réalité ressurgir le débat sur l'objectivité ou la subjectivité de la faute.

**766. Conclusion de la section.** Si l'existence d'une situation de garde d'autrui justifie que la victime d'une personne gardée puisse rechercher la responsabilité de plein droit du gardien intellectuel, on ne peut déduire de cette situation de garde d'autrui l'existence d'une immunité de responsabilité au profit de la personne gardée. Cette conclusion ne résulte pas nécessairement de l'affirmation de la valeur constitutionnelle de l'article 1382 du Code civil par la décision du Conseil constitutionnel du 9 décembre 1999. Cette décision reste très incertaine dans son contenu et son opportunité. Si le rattachement avancé par le Conseil constitutionnel entre la responsabilité et la liberté peut être retenu, il ne semble guère opportun de le constitutionnaliser. En reprenant ces idées, on peut admettre que le maintien de la responsabilité personnelle de la personne gardée est justifié par l'analyse de la notion de garde d'autrui et par ce rattachement de la liberté et de la responsabilité individuelles. N'étant pas totalement dénuée de sa liberté personnelle, la personne gardée doit demeurer responsable de son fait personnel et ne peut bénéficier d'une immunité. Le raisonnement retenu diffère profondément de celui qui pourrait être développé pour les préposés. Leur fait dommageable intervenant dans le cadre de l'activité de l'entreprise doit par principe engager la responsabilité du commettant. Seul un fait dommageable intentionnel pourrait justifier la recherche de leur responsabilité personnelle. Par conséquent, la première incidence de la notion de garde d'autrui sur la responsabilité personnelle du gardé est de justifier le rejet d'une immunité absolue de la personne gardée. Définie par rapport à la liberté individuelle, la notion de garde d'autrui justifie non seulement l'existence d'une responsabilité de plein droit du gardien intellectuel du fait dommageable du gardé, mais aussi le maintien de la responsabilité personnelle de la personne gardée. Mais, la notion de garde d'autrui souligne également que si la personne gardée peut conserver une partie de sa liberté objective, il est possible qu'elle ne dispose pas de sa liberté subjective. Ce second aspect pourrait influer sur l'existence de la responsabilité de la personne gardée dans une conception subjective de la responsabilité.

## SECTION 2
## L'ADMISSION D'UNE RESPONSABILITÉ SUBJECTIVE DE LA PERSONNE GARDÉE

**767.** Le placement sous la garde d'autrui est parfois justifié par l'absence de liberté subjective de la personne. S'il est possible que les personnes gardées disposent d'une certaine liberté objective, il n'est pas évident qu'elles soient pleinement conscientes de leurs actes. Si on admet que la responsabilité est la contrepartie de la liberté individuelle, il convient de se demander si cette responsabilité suppose que l'auteur du dommage dispose d'une certaine liberté objective lorsqu'il cause le dommage, ou si elle exige de surcroît sa pleine la liberté subjective. Tandis que la première proposition sera retenue dans un système fondé sur la faute objective, la seconde le sera dans un système fondé sur la faute subjective. L'association systématique d'une responsabilité de plein droit du fait non professionnel d'autrui à la notion de garde d'autrui permet d'adopter une attitude plus souple par rapport à la responsabilité de la personne gardée et de revenir à la conception traditionnelle de la responsabilité pour faute fondée sur la preuve d'une faute subjective. En effet, l'adoption d'une conception objective de la faute en droit de la responsabilité peut être perçue comme la conséquence des déficiences du droit de la responsabilité du fait d'autrui, qui ne permettaient pas à de nombreuses victimes de personnes ne disposant pas de toutes leurs facultés mentales de rechercher aisément la responsabilité d'un tiers (**§ 1**). La généralisation de la responsabilité de plein droit du fait d'autrui permettrait de pallier ces défauts. Même si le système proposé ne permettrait pas de trouver un responsable de plein droit pour tous les dommages causés par des personnes dépourvues de leurs facultés mentales, il nous semble que le progrès apporté dans l'organisation de la responsabilité du fait d'autrui pourrait justifier un retour à la conception subjective de la faute (**§ 2**).

### § 1. L'OBSOLESCENCE DE LA RESPONSABILITÉ DU FAIT PERSONNEL FONDÉE SUR LA FAUTE OBJECTIVE

**768.** Traditionnellement, la doctrine et la jurisprudence étaient attachées au principe de la faute subjective. Ainsi retenaient-elles l'irresponsabilité de la personne atteinte de troubles mentaux et de l'*infans*, quitte à oublier la situation des victimes. Deux grandes directions furent envisagées pour remédier à l'absence d'indemnisation des victimes de personnes atteintes de troubles mentaux ou de mineurs dénués de discernement. La première préconisait une simple modification des règles de la responsabilité civile soit en consacrant la faute objective, soit en développant la responsabilité du fait d'autrui. La seconde prônait l'élaboration d'un mécanisme d'indemnisation, distinct des règles de la responsabilité, fondé sur l'équité ou sur la collectivisation de la réparation. Confrontés à ce choix, le législateur, puis la jurisprudence, choisirent la voie de l'objectivation de la faute (**A**). Si cette position permet de remédier à l'absence d'indemnisation des victimes de personnes dénuées de discernement, la mise en lumière de ses effets négatifs révèle que le choix opéré est très critiquable (**B**).

### A. L'OBJECTIVATION DE LA FAUTE PERSONNELLE : UNE CONSÉQUENCE DE LA DÉFICIENCE DE LA RESPONSABILITÉ DU FAIT D'AUTRUI

**769.** L'abandon du critère de l'imputabilité s'est déroulé en deux temps. Le mouvement a été initié par le législateur en 1968, à propos des personnes atteintes de troubles mentaux, (**1**) et a été prolongé par l'Assemblée plénière de la Cour de cassation en 1984, à propos des mineurs (**2**).

#### *1. L'abandon de l'imputabilité de la faute pour les personnes atteintes de troubles mentaux*

**770.** L'abandon de l'imputabilité de la faute pour les personnes atteintes de troubles mentaux résulte de l'intervention du législateur. Mettant fin à leur traditionnelle irresponsabilité (**a**), la loi du 3 janvier 1968 consacre leur pleine et entière responsabilité (**b**).

##### a. L'irresponsabilité initiale des personnes atteintes de troubles mentaux

**771. L'affirmation de l'irresponsabilité pour troubles mentaux.** Si le Code civil de 1804 a organisé la protection patrimoniale des personnes atteintes de troubles mentaux, il est resté muet sur la question de leur responsabilité. Très rapidement, les auteurs prônèrent l'irresponsabilité du malade mental en invoquant des arguments de nature historique et morale[97]. On fit référence à Pothier qui considérait que les insensés ne sont capables « *ni de malignité, ni d'imprudence* »[98] et on expliqua que la faute comporte nécessairement une dimension subjective. Il serait inconvenant de condamner un aliéné qui est inconscient de la portée de ses actes. Admettre le contraire reviendrait à vider la notion de faute de toute sa substance morale. Même si cette conception était parfois critiquée en raison de ses effets

---

[97] Sur ce principe, *cf.* : J. E. LABBÉ, *De la démence au point de vue de la responsabilité et de l'imputabilité en matière civile*, *Rev. crit.* 1870, pp. 109-129 ; E.-H. PERREAU, *L'aliéné est-il responsable des dommages par lui causés ?*, *Rev. crit.* 1902, pp. 405-408 ; A. GR. D. NEAGU, *Responsabilité civile extra-contractuelle de l'aliéné*, *thèse précit.*, pp. 76-97 ; J. LIMOUZINEAU, *Le problème de la responsabilité civile extra-contractuelle de l'aliéné en France*, *thèse précit.*, pp. 15-29 ; A. RABUT, *De la notion de faute en droit privé*, LGDJ 1949, n[os] 42-48, pp. 57-64 ; CH. DEMOLOMBE, *Cours de Code Napoléon*, t. 31, *Traité des engagements qui se forment sans convention*, *op. cit.*, n[os] 485-493 ; pp. 420-427 ; G. BAUDRY-LACANTINERIE, *Traité théorique et pratique de droit civil*, *op. cit.*, t. 15, n[os] 2857-2863, pp. 545-550 ; M. PLANIOL et G. RIPERT, *Traité pratique de droit civil français*, t. 6, *Obligations*, avec le concours de P. ESMEIN, *op. cit.*, n[os] 496-498, pp. 689-693 ; R. SAVATIER, *Traité de la responsabilité civile en droit français civil, administratif, professionnel, procédural*, t. 1, *Les sources de la responsabilité civile*, *op. cit.*, n[os] 201-205, pp. 248-255 ; R. RODIÈRE, *La responsabilité civile*, Rousseau et Cie, 1952, n[os] 1407-1408, pp. 39-41. Ce principe de nature philosophique se retrouve notamment chez Kant pour lequel seul un être raisonnable a le pouvoir d'agir d'après la représentation des lois, seul il a la volonté, *cf.* E. KANT, *Fondements de la métaphysique des mœurs*, (trad. V. DELBOS, revue et modifiée par F. ALQUIE), *in* E. KANT, *Œuvres philosophiques*, t. 2, Gallimard, Bibliothèque de la Pléiade, 1985, p. 260.

[98] R. J. POTHIER, *Traité des obligations*, *op. cit.*, t. 1, n° 118, p. 158. Cette idée se retrouve également chez Domat. Il affirme ainsi que « *s'il arrive quelque dommage par une suite imprévue d'un fait innocent sans qu'on puisse imputer de faute à l'auteur de ce fait, il ne sera pas tenu d'une telle suite* », *cf.* J. DOMAT, *Les lois civiles dans leur ordre naturel*, *in Œuvres complètes de J. DOMAT*, par J. REMY, Firmin Didot, 1828, t. 1er, p. 480.

négatifs pour les victimes de personnes atteintes de troubles mentaux, elle fut largement admise par la doctrine et consacrée par la jurisprudence[99].

**772. La perception des inconvénients de l'irresponsabilité pour troubles mentaux.** L'adoption du principe de l'irresponsabilité des personnes atteintes de troubles mentaux présenta immédiatement de nombreux inconvénients. En effet, elle s'avéra difficile à mettre en œuvre en raison de l'indétermination des maladies entraînant l'irresponsabilité. Face à cette difficulté, la jurisprudence dégagea trois états intellectuels susceptibles de justifier l'irresponsabilité d'une personne. Étaient irresponsables, les personnes dont les facultés mentales étaient totalement abolies, celles n'ayant pas conscience de leurs actes au moment de la commission du fait dommageable et celles qui, même pleinement conscientes, avaient obéi à une impulsion irraisonnée et irrésistible[100]. En somme, la notion de troubles mentaux pouvait être plus ou moins étendue et restreindre d'autant la réparation des victimes. Or, le développement croissant de l'idéologie de la réparation rendit de moins en moins supportable l'absence de réparation de la victime en raison de la démence de l'auteur du dommage[101].

**773. La limitation de l'irresponsabilité et la recherche de palliatifs.** Progressivement, la jurisprudence entreprit de restreindre la portée du principe de l'irresponsabilité pour troubles mentaux et rechercha des palliatifs afin d'assurer la réparation des victimes.

Les tribunaux interprétèrent plus restrictivement la notion d'absence de raison[102] et refusèrent de tenir compte du trouble mental de l'auteur d'un dommage, lorsqu'il résultait d'une faute antérieure[103]. De même, la Cour de cassation admit dans son arrêt *Trichard* du 18 décembre 1964[104] que le principe de l'irresponsabilité ne s'applique qu'à la responsabilité pour faute et non à la responsabilité de plein droit du fait des choses de l'article 1384, alinéa 1er du Code civil. L'adoption d'une telle solution annonçait l'objectivation de la faute. En effet, si la responsabilité du fait des choses ne repose pas en apparence sur la faute du responsable, elle est rattachée à la garde matérielle de la chose. Or, le rattachement de la responsabilité du fait des choses à la direction, l'usage et le contrôle de la chose, c'est-à-dire à un pouvoir de maîtrise de l'objet à l'origine du dommage, peut supposer une certaine conscience de la part du responsable. Aussi, l'application de la responsabilité du fait des

---

[99] Req., 14 mai 1866, *D.P.* 1867, 1, 296 : cet arrêt est très explicite, il affirme en effet « *que pour l'emploi de l'expression faute, la loi suppose évidemment un fait dépendant de la volonté, qu'un insensé n'ayant pas de volonté ne saurait être responsable, même civilement des faits par lui accomplis pendant l'état de démence* » ; Req., 21 octobre 1901, *D.P.* 1901, 1, 524 ; Req., 30 juillet 1906, *D.P.* 1907, 1, 315 ; Civ. 2e, 11 mars 1965, *D.* 1965, 575, note P. ESMEIN ; Civ. 2e, 28 avril 1965, *D.* 1965, 758, note P. ESMEIN ; Civ. 2e, 15 décembre 1965, *D.* 1966, 397.

[100] A. BRETON, note sous Montpellier, 30 juillet 1930, *S.* 1931, 2, pp. 33-38, *spéc.* pp. 34-35.

[101] On invoqua alors l'hypothèse du riche dément et de la victime réduite à la pauvreté par l'absence d'indemnisation. Cette hypothèse a notamment été développée par Baudry-Lacantinerie, *cf.* G. BAUDRY-LACANTINERIE, *Traité théorique et pratique de droit civil*, *op. cit.*, t. 15, n° 2859, pp. 546-548. Sur l'appréciation de cette hypothèse, *cf.* PH. LE TOURNEAU, *La responsabilité civile des personnes atteintes d'un trouble mental*, *JCP G* 1971, I, 2401, n° 6 : « *Et les esprits sensibles de brosser le spectacle de la veuve et de l'orphelin réduits à la misère à la suite de la disparition du soutien de famille, victime d'un fou, alors que, dans le même temps, ce dernier jouit agréablement d'immenses revenus. Sans doute ce tableau est-il forcé, les auteurs se sont-ils laissés entraîner par leur imagination, car on raisonne toujours comme si la victime était misérable et le fou milliardaire. Heureusement, il n'en est pas toujours de la sorte. Néanmoins, cette situation était choquante et paraissait heurter profondément l'équité* ».

[102] H. et L. MAZEAUD et A. TUNC, *Traité théorique et pratique de la responsabilité civile délictuelle et contractuelle*, t. 1, *op. cit.*, n° 470, pp. 520-521.

[103] H. et L. MAZEAUD et A. TUNC, *op. cit.*, t. 1, nos 471-473, pp. 521-522.

[104] Civ. 2e, 18 décembre 1964, *Trichard*, *D.* 1965, 191, concl. R. SCHMELCK, note P. ESMEIN ; *JCP G* 1965, 14304, note N. DEJEAN DE LA BÂTIE ; *RTD civ.* 1965, 351, note R. RODIÈRE.

choses aux personnes atteintes de troubles mentaux pouvait annoncer une évolution plus significative.

En parallèle, les tribunaux s'efforcèrent de trouver un tiers qui puisse être condamné à la place du malade mental. Ils retinrent la responsabilité des personnes physiques ou morales qu'ils considéraient comme tenues d'exercer une obligation de garde ou de surveillance sur la personne du malade mental. Néanmoins, en l'absence de dispositions spécifiques contenues dans le Code civil, cette responsabilité pour autrui devait être rattachée à la responsabilité pour faute de l'article 1382 du Code civil[105].

En somme, la jurisprudence a emprunté deux directions pour remédier au problème de la réparation des dommages causés par des personnes atteintes de troubles mentaux. La différence entre ces deux solutions est fondamentale. La première s'intéressait à la responsabilité personnelle du malade mental et cherchait à réduire le domaine de son irresponsabilité. Cette voie à conduit à admettre que les malades mentaux peuvent être responsables du fait des choses dont ils ont la garde. Une telle jurisprudence témoignait d'une volonté de ne plus différencier le handicapé mental et la personne saine d'esprit sur le terrain de la responsabilité civile. La seconde suggérait de rechercher la responsabilité de personnes tierces exerçant un pouvoir de surveillance sur la personne atteinte de troubles mentaux. Cette démarche a eu pour conséquence d'admettre assez facilement l'existence d'un pouvoir de surveillance sur la personne d'autrui. Elle relevait d'une logique de protection de la personne atteinte de troubles mentaux et de la nécessité d'organiser des règles spéciales pour la réparation des dommages qu'elle pourrait causer. Toutefois, elle pouvait également être liberticide, puisque la reconnaissance du pouvoir de garde ou de surveillance sur autrui ne reposait sur aucune analyse de droit des personnes. Face à ces deux démarches jurisprudentielles, le législateur ne choisit pas de développer la seconde, qui eût été conforme à sa politique de protection de la personne, mais entreprit d'admettre la responsabilité personnelle de l'aliéné.

b. La responsabilité des personnes atteintes de troubles mentaux : la loi du 3 janvier 1968

**774. La cohérence du projet gouvernemental à l'origine de la loi du 3 janvier 1968.** Au lieu de développer la responsabilité du fait des malades mentaux, le projet gouvernemental, à l'origine de la loi du 3 janvier 1968, s'intéressa à la responsabilité de la personne atteinte de troubles mentaux[106]. Dans l'absolu, ce choix n'était pas dénué de logique. En effet, la personne atteinte de troubles mentaux n'est pas nécessairement placée sous l'autorité d'un tiers lors de la commission du dommage. Il est d'ailleurs possible que les troubles mentaux se manifestent, pour la première fois, lors de la réalisation de l'acte dommageable. Il n'est donc pas toujours possible de trouver un tiers responsable du fait de la personne mentalement déficiente. Dès lors, on peut comprendre que le gouvernement se soit intéressé à la question de la responsabilité de l'auteur du dommage. Son raisonnement resta par ailleurs très cohérent. En effet, en 1902, le législateur s'était déjà interrogé sur l'opportunité de retenir la responsabilité des personnes atteintes de troubles mentaux. Dans cette optique, une proposition de loi avait suggéré de modifier l'article 1382 du Code

---

[105] *Cf. supra* n[os] 509-513.

[106] G. VINEY, *Réflexions sur l'article 489-2 du Code civil, À partir d'un système de réparation des dommages causés sous l'empire d'un trouble mental, une nouvelle étape de l'évolution du droit de la responsabilité civile*, *RTD civ.* 1970, pp. 251-267 ; R. SAVATIER, *Le risque, pour l'homme, de perdre l'esprit et ses conséquences en droit civil*, *D.* 1968, chr. XIX, pp. 109-116 ; PH. LE TOURNEAU, *La responsabilité civile des personnes atteintes d'un trouble mental*, *JCP G* 1971, I, 2401 ; J.-J. BURST, *La réforme du droit des incapables majeurs et ses conséquences sur le droit de la responsabilité civile extracontractuelle*, *JCP G* 1970, I, 2307 ; N. M. K. GOMAA, *La réparation du préjudice causé par les malades mentaux*, *RTD civ.* 1971, pp. 29-60 ; CH. BLAEVOET, *La responsabilité des inconscients*, *Gaz. Pal.* 1968, 1, pp. 113-114.

civil et de retenir la règle suivante : « *Tout fait quelconque de l'homme, qui cause à autrui un dommage, oblige celui par le fait duquel il est arrivé à le réparer. Le dément sera responsable civilement du préjudice par lui causé* »[107]. Une telle proposition, aboutissant à une disparition de la faute et de l'illicéité dans le droit de la responsabilité, dénote une volonté de retenir la responsabilité des personnes dénuées de discernement et de transformer le droit de la responsabilité en mécanisme d'indemnisation systématique. En 1968, cette idée ne se retrouve pas. Le projet de loi s'inscrit dans une réforme du droit des personnes et est dirigé par un idéal de protection de la personne atteinte de troubles mentaux. Il tient compte des spécificités mentales de ces personnes pour justifier l'application de règles protectrices. L'aménagement de leur responsabilité personnelle devait s'inscrire dans cette logique. Cette idée fut bien perçue par les rédacteurs du projet de loi. Inspiré des exemples étrangers fondés sur l'équité[108], le texte initial disposait que « *celui qui a causé un dommage à autrui, alors qu'il était sous l'empire d'un trouble mental, n'en est pas moins obligé à réparation. Mais les juges pourront, en ayant égard à la situation respective de la victime et de l'auteur du dommage, modérer l'indemnité mise à sa charge* ». Une telle disposition, dérogeant au principe de la responsabilité intégrale, permettait d'affirmer son caractère exceptionnel et de la présenter davantage comme une règle d'équité qu'une règle de responsabilité.

**775. La remise en cause de cette cohérence par les parlementaires.** La cohérence du projet gouvernemental ne fut néanmoins pas respectée par le législateur. Ce dernier s'opposa à l'attribution d'un pouvoir modérateur au juge. L'article 489-2 du Code civil - devenu en 2007 l'article 414-3 du Code civil - fut réduit à la formulation suivante : « *celui qui a causé un dommage à autrui, alors qu'il était sous l'empire d'un trouble mental, n'en est pas moins obligé à réparation* ». L'adoption de cet article suscita quelques interrogations sur sa portée. En dépit de travaux préparatoires explicites, certains auteurs estimèrent que cet article instaurait un mécanisme de réparation *sui generis* fondé sur l'équité et totalement indépendant de la responsabilité de l'article 1382 du Code civil. Sa place dans le Code civil, l'absence des termes « *responsabilité* » et « *faute* » en feraient un mécanisme distinct de règles de la responsabilité. En somme, il s'agirait d'une règle d'équité ne remettant pas en cause la subjectivité de la faute[109]. En revanche, d'autres auteurs expliquèrent qu'au contraire, l'article 489-2 du Code civil constitue une véritable règle de responsabilité, qui porte un coup décisif au principe de l'irresponsabilité des personnes dépourvues d'autonomie[110], et rejoint les

---

[107] Chambres de députés, séance du 19 février 1902, *JO, déb. parlementaires*, 1902, p. 770.

[108] *Cf.* par ex. : article 1386 bis du Code civil belge : « *Lorsqu'une personne se trouvant en état de démence, ou dans un état grave de déséquilibre mental ou de débilité mentale la rendant incapable du contrôle de ses actions, cause un dommage à autrui, le juge peut la condamner à tout ou partie de la réparation à laquelle elle serait astreinte si elle avait le contrôle de ses actes. Le juge statue selon l'équité, tenant compte des circonstances et de la situation des parties* ». Ce texte, adopté par une loi du 16 avril 1935, confirme le droit commun de l'irresponsabilité du dément en fondant son obligation de réparer sur le terrain de l'équité. Sur cet article, *cf.* H. DE PAGE, *Traité élémentaire de droit civil belge*, t. 2, *Les incapables, Les obligations (Première partie)*, *op. cit.*, n° 916, pp. 884-890.

[109] N. M. K. GOMAA, *La réparation du préjudice causé par les malades mentaux*, *art. précit. Rappr.* R. SAVATIER, *Le risque, pour l'homme, de perdre l'esprit et ses conséquences en droit civil*, *art. précit.*, *spéc.* n° 11, p. 115 : « *en réalité nous pensons qu'il ne s'agit pas proprement d'une faute, - laquelle ne saurait de concevoir que subjectivement, - mais de l'incidence d'un risque, celui qui consiste à perdre l'esprit, et qui pèse désormais sur le malade seul, non sur les tiers qu'il a lésés !* »

[110] G. VINEY, *Réflexions sur l'article 489-2 du Code civil, A partir d'un système de réparation des dommages causés sous l'empire d'un trouble mental, une nouvelle étape de l'évolution du droit de la responsabilité civile*, *art. précit.*, pp. 251-267 ; PH. LE TOURNEAU, *La responsabilité civile des personnes atteintes d'un trouble mental*, *art. précit.* ; J.-J. BURST, *La réforme du droit des incapables majeurs et ses conséquences sur le droit de la responsabilité civile extra-contractuelle*, *art. précit.*

défenseurs de la faute objective[111]. La Cour de cassation trancha cette controverse en affirmant que l'article 489-2 du Code civil énonce effectivement un principe de responsabilité[112], qui doit être appliqué aussi bien aux majeurs qu'aux mineurs, dès lors qu'ils ont atteint l'âge du discernement[113]. En définitive, la solution retenue par le législateur est aux antipodes de la logique. Tantôt il faut tenir compte de l'état mental de la personne afin de la protéger, tantôt il faut en faire abstraction et traiter la personne atteinte de troubles mentaux comme si elle était saine d'esprit. Il faut bien reconnaître qu'un tel système ne semble guère cohérent. Ce choix législatif est d'autant plus regrettable qu'il a ouvert la voie à l'affirmation de la responsabilité des *infans*.

### *2. L'abandon de l'imputabilité de la faute pour les mineurs dénués de discernement*

**776.** Transposant l'analyse du législateur développée à propos des personnes atteintes de troubles mentaux, l'Assemblée plénière de la Cour de cassation a mis fin au principe de l'irresponsabilité de l'*infans* **(a)** par ses arrêts du 9 mai 1984 **(b)**.

a. L'irresponsabilité initiale de l'*infans*

**777. L'affirmation de l'irresponsabilité de l'*infans*.** Le Code civil ne comporte aucune disposition sur la responsabilité extracontractuelle des *infans*. La rédaction très générale de l'article 1382 du Code civil ne permet pas d'établir une distinction entre les personnes conscientes et les personnes dénuées de discernement. Néanmoins, la rédaction de l'article 1310 du Code civil a pu soulever quelques interrogations. En effet, cet article déclare que le mineur « *n'est point restituable contre les obligations résultant de son délit ou de son quasi-délit* ». De prime abord, cet article semble consacrer la capacité délictuelle du mineur. Toutefois, on peut également constater que cette disposition se situe dans une section du Code intitulée « *De l'action en nullité ou en rescision des conventions* », dont toutes les dispositions visent les adolescents et non les jeunes enfants[114]. Face à cette incertitude, il revint à la jurisprudence et à la doctrine de trancher la question[115]. Dans l'ensemble, de même qu'elle défendait l'irresponsabilité des personnes atteintes de troubles mentaux, la doctrine prôna l'irresponsabilité des mineurs dénués de discernement en invoquant de nouveau des arguments historiques et moraux[116]. Cependant, certains auteurs, prenant appui sur l'article 1310 du Code civil, défendirent une conception objective de la faute et le principe de la

---

[111] H. et L. MAZEAUD et A. TUNC, *op. cit.*, t. 1, n° 470, pp. 520-521 ; N. DEJEAN DE LA BÂTIE, *Appréciation in abstracto et appréciation in concreto en droit civil français*, préf. H. MAZEAUD, LGDJ, Bibl. dr. pr., t. 57, 1965.

[112] Civ. 2e, 4 mai 1977, *D.* 1978, 393, note R. LEGEAIS ; *RTD civ.* 1977, 772, note G. DURRY. Cet arrêt affirme en effet que la Cour d'appel a relevé à bon droit que « *l'article 489-2 du Code civil ne prévoit aucune responsabilité particulière et s'applique à toutes les responsabilités prévues aux articles 1382 et suivants dudit code* ».

[113] Civ. 1re, 20 juillet 1976, *JCP G* 1976, II, 18793 (1re espèce), note N. DEJEAN DE LA BÂTIE ; *RTD civ.* 1976, 783, note G. DURRY.

[114] H. et L. Mazeaud H. et L. MAZEAUD et A. TUNC, *op. cit.*, t. 1, n° 449, p. 504 et n° 462, p. 512.

[115] M.-CH. LEBRETON, *L'enfant et la responsabilité civile, thèse précit.*, nos 222-225, pp. 263-269 ; X. BLANC-JOUVAN, *La responsabilité de l'« infans », RTD civ.* 1957, pp. 28-60 ; F. WAREMBOURG-AUQUE, *Irresponsabilité ou responsabilité civile de l' « infans », RTD civ.* 1982, pp. 329-359.

[116] CH. DEMOLOMBE, *Cours de Code Napoléon*, t. 31, *Traité des engagements qui se forment sans convention, op. cit.*, nos 494-495, pp. 428-430 ; G. BAUDRY-LACANTINERIE, *Traité théorique et pratique de droit civil, op. cit.*, t. 15, n° 2864, p. 550-552 ; M. PLANIOL et G. RIPERT, *Traité pratique de droit civil français*, t. 6, *Obligations*, avec le concours de P. ESMEIN, *op. cit.*, nos 497, pp. 690-691 ; R. SAVATIER, *Traité de la responsabilité civile en droit français civil, administratif, professionnel, procédural*, t. 1, *Les sources de la responsabilité civile*, *op. cit.*, nos 199-200, pp. 247-248 ; R. RODIÈRE, *La responsabilité civile*, *op. cit.*, nos 1407-1408, pp. 39-41.

responsabilité des mineurs en bas âge[117]. Logiquement, retenant l'irresponsabilité des déments, la jurisprudence affirma le principe de l'irresponsabilité de l'*infans*[118].

**778. La limitation de l'irresponsabilité et la recherche de palliatifs.** Progressivement, l'absence d'indemnisation des victimes des enfants en bas âge fut de moins en moins acceptée. La jurisprudence entreprit alors de restreindre le champ de l'irresponsabilité de l'*infans* et rechercha des palliatifs.

Les tribunaux firent preuve de sévérité dans l'appréciation du discernement[119]. Certaines décisions n'hésitèrent pas à retenir la responsabilité civile de mineurs âgés de six ou huit ans en considérant, très discutablement, qu'ils disposaient de leur capacité de discernement. Par exemple, la Cour d'appel de Paris reconnut, dans un arrêt du 6 juin 1959, la responsabilité d'une fillette de six ans qui, en jouant à bicyclette, dans un square, avait blessé une personne assise sur un banc[120]. Les juges de la Cour d'appel affirmèrent que « *la responsabilité civile suppose le discernement* » et déduisirent l'existence du discernement du « *caractère sérieux de l'enfant* ». *A contrario*, cet arrêt pourrait accorder une prime à l'indiscipline et à l'inattention…

En parallèle, la jurisprudence chercha à élargir le domaine de la responsabilité pour faute présumée du fait des mineurs. Mais, ainsi que nous l'avons précédemment observé, cette tendance jurisprudentielle fut freinée par l'adoption de la loi du 5 avril 1937[121] et par la stricte limitation du domaine de la responsabilité du fait d'autrui[122]. Par ailleurs, la responsabilité parentale était limitée par la notion de cohabitation. Quelques décisions indiquèrent néanmoins une nouvelle piste de réflexion en développant une conception plus abstraite de la cohabitation et, par extension, de la responsabilité des père et mère[123]. De nouveau, nous pouvons constater que la jurisprudence avait envisagé deux solutions afin de remédier au problème de la réparation des dommages causés par des personnes dénuées de discernement. Tandis que la première favorisait une conception objective de la faute, la seconde souhaitait développer la responsabilité du fait des mineurs. Au lieu d'accentuer la réflexion sur la responsabilité du fait d'autrui, la Cour de cassation affirma le principe de la responsabilité de l'*infans*.

b. La responsabilité de l'*infans* : les décisions de l'Assemblée plénière de la Cour de cassation du 9 mai 1984

**779. Les solutions du 9 mai 1984.** Par cinq arrêts du 9 mai 1984, l'Assemblée plénière de la Cour de cassation consacra le principe de la responsabilité de l'*infans*[124]. Dorénavant, la

---

[117] H. et L. MAZEAUD et A. TUNC, *op. cit.*, t. 1, n$^{os}$ 456-467, pp. 507-519 ; *adde* H. MAZEAUD, *La « faute objective » et la responsabilité sans faute*, *D.* 1985, chr. III, pp. 13-14.

[118] Aix, 19 juin 1877, *D.* 1879, 5, 365. Sur cette question, *cf.* X. BLANC-JOUVAN, *La responsabilité de l' « infans », art. précit.*

[119] A. RABUT, *thèse précit.*, n° 47, p. 63 ; M.-CH. LEBRETON, *thèse précit.*, n$^{os}$ 227-231, pp. 269-274, cet auteur souligne toutefois que cette tendance n'était pas uniforme. Certaines décisions écartent la responsabilité pour absence de discernement de mineurs disposant en principe d'une telle capacité. *Cf.* par ex. : Civ. 2$^{e}$, 8 février 1962, *Bull. civ.* II, n° 180 : cet arrêt énonce « *que les capacités de réflexion et de jugement d'un enfant de onze ans ne sont pas suffisamment développées pour qu'il puisse avoir pleine conscience de tous les dangers qu'il y a à jouer avec un arc* ».

[120] Paris, 6 juin 1959, *D.* 1959, SC, 76.

[121] *Cf. supra* n$^{os}$ 490-491.

[122] Civ. 2$^{e}$, 15 février 1956, *D.* 1956, 410, note E. BLANC ; Civ. 2$^{e}$, 24 novembre 1976, *D.* 1977, p. 595, note CH. LARROUMET

[123] *Cf. supra* n$^{os}$ 501-502.

[124] A.P., 9 mai 1984, *Bull. civ.* A.P., n$^{os}$ 1-5 ; *D.* 1984, concl. J. CABANNES, note F. CHABAS ; *JCP G* 1984, II, 20255, note N. DEJEAN DE LA BÂTIE ; *JCP G* 1984, II, 20256, note P. JOURDAIN ; *JCP G* 1984, II, 20291, rapport FÉDOU ; *RTD civ.* 1984, 508, note J. HUET ; *Defrénois*, 1984, 1015, note J.-L. AUBERT ;

responsabilité ne requiert plus le discernement de l'auteur du dommage. Le critère de l'imputabilité disparaît de la responsabilité civile. La volonté d'abandonner toute subjectivité dans l'appréciation de la faute et de la garde de la chose apparaît indiscutablement[125]. Logiquement, cette solution s'applique indifféremment aux mineurs à l'origine d'un dommage et aux mineurs victimes. L'objectivation de la faute est complète.

**780. Interrogations sur la cohérence de la responsabilité civile.** De prime abord, ces solutions de 1984 ne sont guère surprenantes. Elles permettent de réintroduire une certaine cohérence dans le droit de la responsabilité civile délictuelle. Dorénavant, toutes les personnes dénuées de discernement sont responsables de leur fait personnel et des choses dont elles ont la garde. Aucune distinction n'est effectuée entre les personnes atteintes de troubles mentaux et les mineurs en bas âge, « *l'heure est aux choses simples dans une matière complexe* »[126]. En somme, cette évolution jurisprudentielle s'imposait. Elle est la conséquence directe de l'adoption de l'article 489-2 par le législateur de 1968. Elle a néanmoins reproduit l'incohérence de la loi de 1968, qui consiste à instaurer une protection patrimoniale des personnes atteintes de troubles mentaux et, dans le même temps, à les assimiler à des personnes saines d'esprit sur le terrain de la responsabilité civile. La transposition de cette idée à l'*infans* est peut-être encore plus marquante. Nul ne doute que l'*infans* ait besoin d'une protection personnelle et patrimoniale. Son statut personnel tient compte des spécificités propres à son état mental. Est-il cohérent de traiter la question de sa responsabilité comme s'il était pleinement conscient, c'est-à-dire en faisant abstraction de son état mental ? Cette interrogation peut suggérer, à elle seule, un retour de la notion d'imputabilité dans le droit de la responsabilité civile. Elle s'inscrit néanmoins dans une critique plus générale de l'objectivation de la faute.

## B. CRITIQUE DE L'OBJECTIVATION DE LA FAUTE

**781.** La principale critique de l'objectivation de la faute réside dans sa perception unilatérale de la situation des dommages causés par une personne dénuée de discernement. Uniquement préoccupés par la protection de la victime, le législateur et les juges ont oublié l'impératif de protection de la personne dénuée de discernement, qu'ils défendent traditionnellement **(1)**. Cet oubli est d'autant plus manifeste, qu'ils ont admis sans difficulté que la faute objective de la victime dénuée de discernement peut limiter son droit à réparation. Cette conséquence est paradoxale. Alors que l'adoption de la faute objective était sensée favoriser la réparation des victimes, elle se retourne, dans cette hypothèse, contre la victime **(2)**.

---

G. VINEY, *La réparation des dommages causés sous l'empire d'un état d'inconscience : un transfert nécessaire de la responsabilité vers l'assurance*, *JCP G* 1985, I, 3189 ; R. LEGEAIS, *Responsabilité civile des enfants et responsabilité civile des parents (après les arrêts de l'Assemblée plénière de la Cour de cassation du 9 mai 1984)*, *Defrénois*, 1985, pp. 557-564 ; H. MAZEAUD, *La « faute objective » et la responsabilité sans faute*, *art. précit.* ; B. PUILL, *Vers une réforme de la responsabilité des père et mère du fait de leurs enfants ?*, *D.* 1988, chr. XXVIII, pp. 185-192 ; CH. LAPOYADE-DESCHAMPS, *Les petits responsables (Responsabilité civile et responsabilité pénale de l'enfant)*, *D.* 1988, chr. XLIX, pp. 299-305 ; R. LEGEAIS, *Le mineur et la responsabilité civile, À la recherche de la véritable portée des arrêts de l'Assemblée plénière du 9 mai 1984*, in *Écrits en hommage à G. CORNU, Droit civil, procédure, linguistique juridique*, PUF, 1994, pp. 253-272. *Cf.* également : M.-CH. LEBRETON, *thèse précit.*, n[os] 240-247, pp. 282-290 ; M. CARCENAC, *De la responsabilité sans faute à la « faute objective »*, *RGAT* 1998, pp. 32-49.

[125] *Contra* : R. LEGEAIS, *Le mineur et la responsabilité civile, À la recherche de la véritable portée des arrêts de l'Assemblée plénière du 9 mai 1984*, *art. précit.*

[126] J. CABANNES, concl. sous A.P., 9 mai 1984, *D.* 1984, p. 527.

### *1. L'ignorance de la condition des personnes dénuées de discernement auteurs d'un dommage*

**782. Le développement d'une logique d'indemnisation.** L'objectivation de la faute répond à une pure logique d'indemnisation. Elle se manifeste par l'ignorance de la situation de l'auteur du dommage. Peu importe que l'auteur du dommage ne dispose pas de toutes ses capacités intellectuelles. Peu importe qu'il soit éventuellement placé sous un régime de protection patrimoniale ou personnelle. L'objectif est la protection de la victime. Dans cette optique, le législateur et le juge n'hésitent pas à adopter une attitude paradoxale. Tandis qu'en droit des personnes, ils n'hésitent pas à affirmer la nécessité de protéger les personnes ne disposant pas de leur pleine capacité mentale, ils considèrent qu'en droit de la responsabilité, cet impératif de protection doit céder devant l'impératif supérieur de protection de la victime. Une telle attitude dénote une certaine incohérence dans la perception de la condition des personnes dénuées de discernement, voire un rejet de leur besoin de protection.

**783. La dénaturation de la faute.** Plus fondamentalement, le développement de la faute objective traduit une dénaturation de la responsabilité pour faute. L'abandon de l'imputabilité de la faute entraine un abandon de la fonction normative de la responsabilité pour faute pour les personnes dénuées de discernement. Il ne fait aucun doute que la responsabilité pour faute d'un enfant de trois ans ne revêt aucune dimension préventive et ne peut être perçue comme la sanction d'un comportement. L'abandon du critère de l'imputabilité de la faute marque ainsi l'abandon de la fonction normative de la responsabilité[127]. La responsabilité pour faute ne poursuit dès lors qu'un objectif d'indemnisation. Une telle constatation dénote une méconnaissance de la véritable nature de la responsabilité pour faute. Il est quelque peu artificiel de retenir une faute dans de telles hypothèses. Par ailleurs, si cette recherche de l'indemnisation des victimes se traduit par une négligence de la condition des personnes dénuées de discernement, lorsqu'elles sont à l'origine d'un dommage, elle perd toute sa réalité lorsque l'auteur d'un dommage invoque la faute de la victime dénuée de discernement.

### *2. L'ignorance de la condition des personnes dénuées de discernement victimes d'un dommage*

**784. Les conséquences de l'objectivation de la faute sur la faute de la victime.** L'objectivation de la faute est absolue. Par conséquent, la victime d'une personne dénuée de discernement peut rechercher sa responsabilité sur le fondement de l'article 1382 du Code civil. L'objectivation de la faute poursuit dans une telle hypothèse une logique d'indemnisation. Cette logique n'est toutefois pas parfaite. En effet, l'auteur d'un dommage causé à une personne dénuée de discernement pourra également rechercher la responsabilité pour faute de la victime et obtenir ainsi une diminution de sa responsabilité. On peut même craindre que ce soit le principal effet de l'objectivation de la faute. Il est en effet possible que la recherche de la responsabilité de la personne inconsciente ne soit pas effectuée en raison de son insolvabilité. En revanche, on peut imaginer que la faute de la victime inconsciente sera plus souvent invoquée pour diminuer le montant de l'indemnité. En cas d'accident subi par un très jeune enfant ou par un adulte privé de ses facultés mentales, il est presque toujours possible de reprocher à la victime une faute de maladresse. L'admission de la responsabilité de l'inconscient suscite de nombreux partages de responsabilité et réduit l'indemnisation de la victime[128].

---

[127] G. VINEY, *La réparation des dommages causés sous l'empire d'un état d'inconscience : un transfert nécessaire de la responsabilité vers l'assurance*, *art. précit.*, n° 17.
[128] G. VINEY, *art. précit.*, n° 18.

**785. L'iniquité de ces conséquences.** Dans une chronique restée célèbre, Christian Lapoyade-Deschamps a exprimé l'illogisme et l'injustice de l'application de la faute objective dans l'appréciation de la faute de la victime[129]. D'une part, cette solution serait illogique parce qu'elle priverait la victime dénuée de discernement d'une réparation. On parviendrait ainsi « *au résultat exactement inverse de celui qu'on s'était fixé : indemniser à tout prix* »[130]. D'autre part, cette solution serait injuste parce qu'elle « *frappe les plus faibles, ceux qu'il faudrait précisément protéger contre les dangers d'un monde où ils ne sont pas encore vraiment entrés* »[131]. Les arrêts *Lemaire* et *Derguini* de l'Assemblée plénière de la Cour de cassation du 9 mai 1984[132] en fournissent des exemples explicites. Dans ces deux espèces, l'Assemblée plénière, rejetant toute considération psychologique ou morale, reproche à un enfant de cinq ans de s'être élancé imprudemment sur un passage protégé et à un enfant de treize ans de ne pas avoir coupé le courant avant de dévisser une ampoule électrique. Sans s'attacher au fait que, dans les deux cas, l'enfant a été mortellement blessé, elle décide d'effectuer un partage de responsabilité en oubliant la gravité des fautes de l'auteur du dommage. L'automobiliste a renversé la fillette sur un passage piéton signalé par des panneaux, alors qu'il avait aperçu de loin la présence d'enfants, et l'électricien avait inversé les fils électrique sur la boîte de jonction desservant un local, sans procéder ensuite à une vérification élémentaire qui s'imposait. Non seulement la faute objective ignore la condition de la victime dénuée de discernement, au point de la traiter comme une personne disposant de ses pleines capacités intellectuelles, mais encore, elle se retourne contre la victime en diminuant le montant de son indemnisation.

Cette idée n'a d'ailleurs pas échappé aux auteurs qui préconisaient depuis de nombreuses années de reconnaître la responsabilité des personnes privées de discernement[133]. Par ailleurs, la Cour de cassation ne semble pas insensible à cette idée et essaye de corriger cet effet néfaste de la faute objective. Les moyens utilisés par la Cour de cassation ne sont toutefois pas toujours très convaincants. Ainsi, dans un arrêt du 14 juin 2005[134], la Chambre criminelle de la Cour de cassation a écarté la faute d'une victime en bas âge en considérant que la faute de l'auteur du dommage était la cause exclusive du dommage. En l'espèce, un mineur de trois ans, qui s'était introduit dans le tunnel d'un appareil de lavage de véhicules automobiles dont l'accès était interdit par un panneau a eu le pied gauche sectionné par un engrenage. La Cour

---

[129] CH. LAPOYADE-DESCHAMPS, *Les petits responsables (Responsabilité civile et responsabilité pénale de l'enfant), art. précit.,. Cf.* également : M.-CH. LEBRETON, *L'enfant et la responsabilité civile, thèse précit.*, n$^{os}$ 307-315, pp. 364-373. Pour une réflexion actualisée autour de l'article de Christian Lapoyade-Deschamps, *cf.* J. CASTAIGNÈDE, *Les petits responsables. Réflexions sur la responsabilité pénale et la responsabilité civile du mineur, in Études à la mémoire de CH. LAPOYADE-DESCHAMPS, op. cit.*, pp. 119-139.

[130] CH. LAPOYADE-DESCHAMPS, *Les petits responsables (Responsabilité civile et responsabilité pénale de l'enfant), art. précit.*, p. 303.

[131] CH. LAPOYADE-DESCHAMPS, *ibid.*

[132] A.P., 9 mai 1984, *Bull. civ.* A.P. n$^{os}$ 2 et 3.

[133] M. Chabas écrit ainsi : « *Il est navrant de se dire qu'un petit enfant innocent - qu'on nous permette d'appeler ainsi celui qui n'a commis qu'une faute objective - supportera toute sa vie le poids de sa "faute"* » et plus loin « *A quoi sert d'avoir tant réclamé le triomphe de l'appréciation in abstracto totale, d'avoir prôné la responsabilité de l'infans ? Hélas, il est responsable envers lui-même. La logique juridique est un piège* ». *Cf.* F. CHABAS, note sous A.P., 9 mai 1984, *D.* 1984, pp. 533 et 534. De même, M. Dejean de la Bâtie écrit : « *En l'occurrence, on ne peut manquer d'être ému à l'idée du lourd handicap économique que risque de faire peser sur un jeune enfant un geste qu'il a accompli alors qu'il ne pouvait encore en comprendre la portée* ». Puis, il termine ainsi : « *Nous reconnaîtrons cependant, que dans cette vallée de larmes où s'affrontent les victimes innocentes et des enfants inconscients, la réponse jurisprudentielle la plus sage ne saurait satisfaire entièrement. Même si on l'a souhaitée de longue date, on accueille sans joie cette victoire de la raison* ». *Cf.* N. DEJEAN DE LA BÂTIE, note sous A.P., 9 mai 1984, *JCP G* 1984, II, 20255.

[134] Crim., 14 juin 2005, *RCA* 2005, comm. 275 ; *RTD civ.* 2006, 125, note P. JOURDAIN.

de cassation ne conteste pas la réalité de la faute de l'enfant, mais son rôle dans la réalisation du dommage. Elle estime en effet que la faute de la société exploitant l'appareil de lavage est la cause exclusive du dommage. Cette analyse paraît très contestable. Sans la faute de l'enfant le dommage ne se serait pas réalisé. Afin d'écarter l'effet néfaste de la faute de la victime dénuée de discernement, il eût été préférable de revenir sur l'objectivité de la faute et d'éviter une utilisation erronée du lien de causalité.

En somme, le recours à la faute objective ne permet pas de trouver une solution équilibrée, prenant en compte les intérêts de la victime et de la personne responsable, et aboutit, au contraire, à des solutions profondément iniques. Les inconvénients de la faute objective peuvent alors justifier un retour à la faute subjective. Ce retour serait d'autant plus envisageable qu'il accompagnerait l'émergence de nouveaux modes d'indemnisation des victimes des personnes dénuées de discernement.

## § 2. LA RENAISSANCE DE LA RESPONSABILITÉ DU FAIT PERSONNEL FONDÉE SUR LA FAUTE SUBJECTIVE

**786.** L'adoption de la faute objective ne convainc pas. Non seulement elle dénature le droit de la responsabilité en le détachant de sa dimension morale, mais de surcroît, elle ne permet pas d'instaurer un système d'indemnisation satisfaisant. Un retour à la faute subjective semble souhaitable et peut être consacré en prévoyant l'adoption de mécanismes d'indemnisation dans certains cas particuliers **(A)**. Dès lors, il s'ensuit que les personnes gardées doivent pouvoir être responsables de leur fait personnel. Cette conséquence invite à s'interroger sur l'articulation concrète de la responsabilité personnelle des gardés et de la responsabilité des gardiens du fait des gardés **(B)**.

### A. RÉAFFIRMATION SOUHAITABLE ET RÉALISABLE DE LA FAUTE SUBJECTIVE

**787.** Les critiques portées à l'objectivation de la faute sont en elles-mêmes suffisantes pour justifier son abandon et un retour à la faute subjective. Une telle solution est d'autant plus judicieuse que la renaissance de la faute subjective est à la fois souhaitable et réalisable. En effet, tandis que certains facteurs propres à la notion de faute subjective la rendent souhaitable **(1)**, d'autres facteurs externes la rendent réalisable **(2)**.

#### *1. Les facteurs propres à la notion de faute subjective*

**788. Corrélation entre la liberté et la responsabilité.** Lorsque nous avons envisagé le domaine de la responsabilité du fait non professionnel d'autrui, nous avons mis en avant l'étroite corrélation entre la liberté personnelle et la responsabilité[135]. Dès lors qu'une personne est objectivement et subjectivement libre, elle peut assumer les conséquences de ses actes dommageables. La relation entre la liberté et la responsabilité donne tout son sens à la notion de responsabilité et la différencie clairement des mécanismes d'indemnisation. La responsabilité ne se limite pas à une fonction d'indemnisation, mais comporte également une dimension normative et préventive. Elle remplit pleinement ces deux dernières fonctions, lorsqu'elle est associée à la liberté objective et subjective. Seule une personne consciente de ses actes peut avoir le sentiment de sa responsabilité. Admettre la responsabilité des personnes atteintes de troubles mentaux et des mineurs dénués de discernement revient à écarter la fonction normative à la responsabilité pour faute.

---

[135] *Cf. supra* n° 685.

**789. Corrélation entre le droit de la responsabilité et le droit des personnes.** Par ailleurs, le recours à la faute subjective permet de rétablir une certaine harmonie entre le droit des personnes et le droit de la responsabilité. En effet, en droit des personnes, nul ne doute que les personnes dénuées de discernement doivent faire l'objet d'une protection personnelle et patrimoniale, et peuvent par conséquent se retrouver sous la garde d'autrui. En somme, le droit des personnes considère qu'elles doivent faire l'objet d'une protection spécifique et ne peuvent être traitées comme les personnes disposant de leurs pleines capacités intellectuelles. L'utilisation de la faute subjective traduit cette idée en droit de la responsabilité. N'ayant pas pleinement conscience de leurs actes, les personnes dénuées de discernement ne peuvent être responsables comme les personnes disposant de toutes leurs capacités.

En définitive, ces facteurs propres à la faute subjective confortent l'intérêt de sa renaissance. Certains facteurs étrangers à la faute subjective pourraient, par ailleurs, rendre réalisable son retour.

*2. Les facteurs étrangers à la notion de faute subjective*

**790.** Le retour à la faute subjective exige quelques aménagements. Nous ne pouvons oublier que la faute objective a été développée afin d'assurer une indemnisation aux victimes. Cette idée ne doit pas être écartée. Un retour à la faute subjective devrait s'accompagner de l'adoption de mécanismes de responsabilité ou de réparation permettant de satisfaire ce légitime souci de protection des victimes. L'affirmation d'un système de responsabilité du fait d'autrui fondé sur la garde pourrait constituer une première réponse à ce problème en assurant la réparation de nombreuses victimes de personnes dénuées de discernement. Néanmoins, on ne peut ignorer que toutes les personnes atteintes de troubles mentaux ne sont pas nécessairement placées sous la garde d'autrui. Aussi, l'émergence d'un système de responsabilité de plein droit du fait des personnes gardées n'est pas suffisante pour permettre un retour de la faute subjective **(a)**, il convient de prévoir à titre subsidiaire l'instauration d'un système d'indemnisation déconnecté du droit de la responsabilité **(b)**.

a. Le retour à la faute subjective favorisé par l'émergence d'un système de responsabilité du fait des personnes gardées

**791. Renouvellement du débat de la réparation des dommages causés par des personnes privées de discernement.** Avant la loi du 3 janvier 1968 et les arrêts du 9 mai 1984, les tribunaux ont envisagé deux solutions pour remédier au problème de l'indemnisation des dommages causés par des personnes dénuées de discernement. La première consistait à réduire l'irresponsabilité de ces personnes et la seconde à rechercher la responsabilité d'un tiers. Ces deux solutions étaient néanmoins loin d'être parfaites. La voie de la réduction de l'irresponsabilité des personnes privées de discernement se heurtait au principe de la faute subjective. De même, celle de la recherche de la responsabilité d'un tiers était limitée par les caractéristiques de la responsabilité du fait d'autrui et, en particulier, son éclatement. En fonction des situations, la responsabilité du tiers pouvait être une responsabilité pour faute prouvée, relevant de l'article 1382 du Code civil, ou une responsabilité pour faute présumée, relevant de l'article 1384 du Code civil. En somme, au vu de la jurisprudence, la résolution du problème de la responsabilité du fait des personnes dénuées de discernement exigeait un remaniement soit des règles de la responsabilité du fait personnel, soit des règles de la responsabilité du fait d'autrui. En 1968, le législateur a opté pour la première solution. Ce choix s'avère en définitive très contestable. Or, une redécouverte de la responsabilité du fait d'autrui nous a permis d'élaborer un système de responsabilité du fait d'autrui fondé sur la garde intellectuelle d'autrui. Un tel système a notamment pour conséquence d'admettre l'existence d'un répondant de plein droit des dommages causés par une personne gardée en raison de son état mental insuffisamment développé ou déficient. Son affirmation renouvelle le débat sur le problème de la réparation des dommages causés par des personnes dénuées de discernement et pourrait accompagner un abandon de l'objectivation de la faute.

**792. Responsabilité de plein droit du fait d'autrui et faute subjective.** L'émergence d'un système de responsabilité de plein droit du fait d'autrui fondé sur la garde intellectuelle offre une nouvelle solution aux victimes de personnes dénuées de discernement. La dénaturation législative et jurisprudentielle de la responsabilité du fait personnel, justifiée par la volonté de trouver une solution au problème de l'indemnisation de ces victimes, perd de sa légitimité. En effet, une personne dénuée de discernement peut se trouver sous la garde d'autrui. Cette situation est particulièrement vraie pour les mineurs. Tous les mineurs se trouvant en principe sous la garde d'autrui, les victimes de mineurs dénués de discernement pourront systématiquement trouver un gardien intellectuel responsable. En revanche, ne serait-ce qu'en raison de l'imprévisibilité des troubles mentaux, tous les adultes atteints de tels troubles ne sont pas sous la garde d'autrui. Seuls les handicapés mentaux hospitalisés sous contrainte sont placés sous la garde d'un tiers. Dans toutes ces hypothèses de garde d'autrui, la victime d'une personne dénuée de discernement pourra rechercher la responsabilité de plein droit de son gardien intellectuel. Le recours à la faute objective n'est dès lors plus nécessaire. Par ailleurs, l'admission d'une faute subjective ne devrait pas être un obstacle à la mise en œuvre de la responsabilité du fait d'autrui. Il faudrait en effet, en reprenant la doctrine[136] et la jurisprudence[137] classiques, retenir que la responsabilité du gardien responsable est engagée sur le fondement d'un fait objectivement illicite. L'affirmation d'un système de responsabilité de plein droit du fait des personnes gardées ne saurait néanmoins suffire pour justifier un abandon de la faute subjective. En effet, tous les majeurs atteints de troubles mentaux ne sont pas placés sous la garde d'autrui. Il pourrait dès lors être pertinent de maintenir la faute objective de l'article 414-3 du Code civil. Il reste qu'une telle solution ne serait guère cohérente. Aussi peut-on consacrer un abandon général de la faute objective et instituer un mécanisme subsidiaire, intervenant en l'absence de responsabilité de plein droit du fait des personnes gardées.

b. Le retour à la faute subjective favorisé par l'émergence d'un système d'indemnisation collective pour les dommages causés par des personnes inconscientes non gardées

**793. Rejet d'un système de réparation fondé sur l'assistance ou l'assurance.** Si le problème de la réparation des dommages causés par des majeurs atteints de troubles mentaux peut être résolu par l'admission d'un système de responsabilité du fait d'autrui, d'autres mécanismes peuvent également être invoqués, sans pour autant que la responsabilité personnelle fondée sur une faute objective s'impose.

En premier lieu, il serait possible d'adopter le système préconisé par le projet gouvernemental à l'origine de la loi du 3 janvier 1968 et reconnaître un pouvoir modérateur au juge. Ce système défendu par de nombreux auteurs[138] et adopté par certaines législations

---

[136] Toullier fut le seul des commentateurs du Code civil du XIX^e siècle à déclarer que la responsabilité du père ne saurait être engagé quand l'action n'est pas imputable à l'enfant. (C.M.B. TOULLIER, *Droit civil français suivant l'ordre du Code*, Warée, 4^e éd., 1824, t. 11, n^os 270-271). La majorité de la doctrine considéra que les parents demeuraient responsables d'un enfant non discernant. Cette idée fut précisée par Demogue, qui fit référence à l'acte objectivement illicite du mineur (R. DEMOGUE, *Traité des obligations en général*, t. 5, A. Rousseau, 1925, t. 5, n° 820, p. 7). Par la suite, cette idée fut reprise par de nombreux auteurs (R. SAVATIER, *Traité de la responsabilité civile en droit français civil, administratif, professionnel, procédural*, t. 1, *Les sources de la responsabilité civile*, *op. cit.*, n° 248, p. 318 ; M. PLANIOL et G. RIPERT, *Traité pratique de droit civil français*, t. 6, *Obligations*, avec le concours de P. ESMEIN, *op. cit.*, n° 630, p. 858).

[137] *Cf.* par ex. : Civ. 15 juin 1948, *JCP G* 1949, II, 4659, note R. SAVATIER ; *RTD civ.* 1952, note E. BECQUÉ ; Civ. 1^re, 20 décembre 1960, *D.* 1961, 178, note P. ESMEIN ; *JCP G* 1961, II, 12031, note A. TUNC.

[138] P. ESMEIN, *La faute et sa place dans la responsabilité civile*, *RTD civ.* 1949, pp. 481-490 ; G. RIPERT, *La règle morale dans les obligations civiles*, *op. cit.*, n° 125, pp. 230-231 et n° 154, p. 280 ;

étrangères[139] permet au juge de proportionner la dette de réparation aux facultés contributives de la victime et de l'auteur du dommage. Rompant avec le principe de la réparation intégrale, il ne relève pas de la responsabilité civile, mais d'une obligation d'assistance pesant sur la personne atteinte de troubles mentaux à l'égard de la victime. Une telle solution doit néanmoins être écartée, puisqu'elle ne permet pas une indemnisation totale de la victime.

En second lieu, on pourrait envisager l'instauration d'un système d'assurance obligatoire de l'incapable. Souvent préconisée[140], cette solution permettrait d'indemniser les dommages causés, voire subis, par les mineurs et les majeurs incapables. Toutefois, si cette solution peut constituer une solution efficace au problème des dommages causés par un mineur, elle ne permet pas de résoudre complètement celui des dommages causés par les personnes majeures atteintes de troubles mentaux, puisqu'elles ne sont pas nécessairement placées sous un régime de protection lorsqu'elles causent un dommage à autrui. Par ailleurs, l'instauration d'un système d'assurance obligatoire requerrait la reconnaissance de l'autonomie de l'assurance par rapport à la responsabilité[141]. En effet, si l'assurance de l'incapable reste liée à la responsabilité de l'incapable, elle ne résout pas le problème de l'imputabilité de la faute.

**794. Compétence subsidiaire d'un fonds de garantie.** En revanche, il est concevable que les troubles mentaux soient perçus comme un risque social au même titre que la maladie physique, la vieillesse ou une calamité naturelle et fassent l'objet d'une prise en charge collective. Il est ainsi possible d'envisager l'intervention d'un fonds de garantie pour les dommages causés par des majeurs atteints de troubles mentaux, non-placés sous la garde d'autrui[142]. On pourrait, à cet effet, étendre la compétence du fonds de garantie des victimes d'actes de terrorisme et d'autres infractions, afin de ne pas participer à l'accroissement de ces « *guichets multiples* »[143]. Ce fonds de garantie n'interviendrait qu'à titre subsidiaire. Si le handicapé mental est placé sous la garde d'autrui, la victime devrait rechercher la responsabilité du gardien intellectuel d'autrui, garantie par une assurance obligatoire.

En définitive, le retour à la faute subjective en droit français semble pleinement réalisable. Si on écarte en parallèle l'idée d'une immunité des personnes gardées, il convient d'admette que la responsabilité personnelle des personnes gardées peut toujours être recherchée, du moment que le critère de l'imputabilité est respecté. Dès lors, cette possibilité de rechercher la responsabilité personnelle de la personne gardée impose de s'interroger sur son articulation pratique avec la responsabilité des gardiens du fait des gardés.

---

PH. LE TOURNEAU, *La responsabilité civile des personnes atteintes d'un trouble mental, art. précit.*, n$^{os}$ 44-49.

[139] *Cf.* par ex. : article 1386 bis du Code civil belge, *précit. supra* note 108, p. 486.

[140] *Cf.* not. J. LIMOUZINEAU, *Le problème de la responsabilité civile extra-contractuelle de l'aliéné en France, thèse précit.* ; G. VINEY, *Réflexions sur l'article 489-2 du Code civil, A partir d'un système de réparation des dommages causés sous l'empire d'un trouble mental, une nouvelle étape de l'évolution du droit de la responsabilité civile, art. précit., spéc.* p. 253 ; G. VINEY, *La réparation des dommages causés sous l'empire d'un état d'inconscience : un transfert nécessaire de la responsabilité vers l'assurance, art. précit.*, n$^{os}$ 22-25.

[141] G. VINEY, *La réparation des dommages causés sous l'empire d'un état d'inconscience : un transfert nécessaire de la responsabilité vers l'assurance, art. précit.*, n° 25.

[142] CH. BLAEVOET, *La responsabilité des inconscients, art. précit.* ; G. VINEY, *Réflexions sur l'article 489-2 du Code civil, À partir d'un système de réparation des dommages causés sous l'empire d'un trouble mental, une nouvelle étape de l'évolution du droit de la responsabilité civile, art. précit., spéc.* p. 253.

[143] PH. BRUN, *Responsabilité civile extracontractuelle, op. cit.*, n° 846, p. 556.

### B. L'ARTICULATION PRATIQUE DE LA RESPONSABILITÉ DU FAIT DE LA PERSONNE GARDÉE ET DE LA RESPONSABILITÉ DE LA PERSONNE GARDÉE

**795.** Il résulte du rejet de l'immunité des personnes gardées et de l'admission corrélative de leur responsabilité personnelle que la victime d'une personne gardée pourra agir contre l'auteur du dommage ou son gardien intellectuel. Cette option soulève alors le problème des actions récursoires pouvant exister entre le gardé et le gardien, si l'un d'entre eux a versé la totalité de l'indemnité à la victime de la personne gardée. En effet, il est possible que le gardien, responsable de plein droit, exerce une action récursoire contre le gardé, responsable sur le fondement d'une faute. De même, on peut théoriquement envisager une action du gardé contre son gardien en invoquant une faute de celui-ci. Afin d'envisager les différentes actions envisageables et compte tenu du fait que certains gardiens intellectuels d'autrui ne seront pas nécessairement assurés soit parce qu'aucune obligation d'assurance ne pèsera sur eux, soit parce qu'ils auront négligé l'obligation de s'assurer, il convient d'envisager les actions récursoires en l'absence d'assurance **(1)**, puis les actions subrogatoires en présence d'assurances **(2)**.

#### *1. Les actions récursoires en l'absence d'assurance*

**796. L'absence de dispositions législatives.** Aucune disposition générale ne vient encadrer les actions récursoires en l'absence d'assurance de responsabilité. Aussi, la jurisprudence et la doctrine[144] ont progressivement dégagé quelques règles en se fondant sur la subrogation de l'article 1251-3° du Code civil. Ces solutions jurisprudentielles et ces interprétations ou propositions doctrinales pourraient s'appliquer aussi bien aux éventuelles actions récursoires exercées par le gardien contre le gardé, qu'à celles exercées par le gardé contre le gardien.

**797. L'action récursoire du gardien contre le gardé.** Traditionnellement, la Cour de cassation admettait très largement l'action récursoire du responsable pour autrui contre l'auteur du dommage. Cette idée régresse actuellement. Ainsi, tandis qu'elle acceptait l'action du commettant contre son préposé[145], la Cour de cassation est opposée à une telle action depuis l'arrêt *Costedoat* du 25 février 2000[146]. En revanche, la jurisprudence n'est pas opposée à une action récursoire des parents contre leur enfant mineur[147]. Diversement appréciée par la doctrine[148], cette action peut théoriquement aller très loin, puisqu'en l'état du droit positif, l'imputabilité n'est plus une condition de la responsabilité. Par conséquent, il est

---

[144] *Cf.* en particulier : P. CANIN, *Les actions récursoires entre coresponsables*, préf. N. DEJEAN DE LA BÂTIE, Litec, 1996.

[145] P. CANIN, *thèse précit.*, n^os^ 61-67, pp. 80-88.

[146] A.P., 25 février 2000, *Costedoat*, *Bull. civ. A.P.*, n° 2, *précit.* S'il est vrai que l'arrêt vise la responsabilité du préposé à l'égard des tiers, il règle nécessairement la question du recours du commettant contre son préposé. En effet, « *on peut envisager de régler spécifiquement la question du recours en maintenant intacte l'obligatiion à la dette, mais certainement pas l'inverse* » (PH. BRUN, *La responsabilité extracontractuelle*, *op. cit.*, note n° 259, p. 285). Il serait en effet surprenant de priver la victime de la faculté d'agir contre le préposé et de permettre au commettant d'exercer une action récursoire contre ce dernier. Cette solution n'a toutefois pas été retenue par certains juges du fond. Ainsi, dans un arrêt du 9 mai 2001, la Cour d'appel de Besançon a affirmé qu' « *aucune disposition légale n'interdit au commettant d'exercer une action récursoire contre le préposé, sans qu'il soit nécessaire d'établir une faute lourde à la charge de ce dernier* », Besançon, 9 mai 2001, *RCA* 2001, comm. 315, note L. GRYNBAUM.

[147] Par ex. : Rouen, 7 mai 2003, *RCA* 2003, comm. 254, note CH. RADÉ.

[148] Pour : P. CANIN, *thèse précit.*, n° 68, p. 89. Contre : CH. RADÉ, note sous Rouen, 7 mai 2003, RCA 2003, comm. 254.

envisageable que les parents exercent une action récursoire contre leur enfant mineur dénué de discernement. On a souvent tendance à avancer des arguments moraux pour proscrire une telle action des parents contre leurs enfants mineurs. Il semble néanmoins impossible d'interdire toute action récursoire contre les mineurs au nom de la morale. En effet, la morale elle-même pourrait justifier l'existence d'un tel recours, si les parents disposent de faibles moyens financiers et si leur enfant possède un important patrimoine. Certes, cette hypothèse peut sembler marginale et très hypothétique, puisque les parents devraient obligatoirement être assurés. Toutefois, il est permis de penser qu'un trop grand encadrement normatif pourrait, en définitive, s'avérer être un carcan rigide pour le juge. Dans d'autres hypothèses de garde d'autrui, l'action récursoire est admise sans difficultés. Ainsi, en l'absence de dispositions législatives et jurisprudentielles, rien ne s'oppose à une action récursoire de l'État contre une personne prisonnière ou détenue. En somme, il convient d'admettre que le gardien d'autrui non assuré peut éventuellement exercer une action récursoire contre le gardé.

**798. L'action récursoire du gardé contre le gardien.** Par opposition, la jurisprudence et la doctrine refusent toute action récursoire de l'auteur d'un dommage contre la personne qui exerce un pouvoir d'autorité sur elle et peut, par conséquent, être responsable de son fait. Ce refus a été clairement exprimé pour les préposés[149]. Ce refus se justifiait par le caractère accessoire de la responsabilité des commettants énoncée dans l'intérêt des victimes et non des préposés[150]. Par ailleurs, on a pu déduire de l'exclusion traditionnelle de l'action récursoire du préposé contre le commettant, l'absence d'action récursoire de l'enfant contre ses parents[151] et, plus généralement, l'absence d'action récursoire des personnes placées sous l'autorité ou la surveillance d'autrui à l'encontre de la personne exerçant ce pouvoir d'autorité[152]. En transposant ces solutions, nous devons admettre que la personne gardée ne devrait disposer d'aucune action récursoire contre son gardien. En effet, dès lors que le gardé est conscient et dispose d'une certaine liberté, il doit en assumer les conséquences et être responsable. Cette analyse des actions récursoires risque toutefois de demeurer assez hypothétique. L'adoption d'un régime d'assurance obligatoire pour les personnes gardées et l'éventuelle assurance des personnes gardées peuvent la remettre en cause.

***2. Les actions subrogatoires en présence d'assurances***

**799. Principe de l'action subrogatoire de l'assureur du responsable.** Lorsque le gardien ou le gardé est assuré, l'action récursoire est intentée par l'assureur qui se trouve subrogée dans les droits de l'assuré. En somme, il est subrogé dans les droits de l'assuré qui est lui-même subrogé dans les droits de la victime[153]. À la différence du droit de la responsabilité, le droit des assurances a édicté des principes généraux afin de réglementer ces actions subrogatoires. L'article L. 121-12 du Code des assurances exige logiquement que l'assureur du responsable soit subrogé dans ses droits, lorsqu'il a versé l'indemnité d'assurance. Il faut ici distinguer la situation de l'assureur du gardien de celle de l'assureur du gardé.

En application de l'article L. 113-1, alinéa 2 du Code des assurances, l'assureur du gardé ne peut prendre en charge les dommages résultant d'une faute intentionnelle de l'assuré. Dans une telle hypothèse, il n'est donc pas tenu de verser une indemnité. Afin de limiter le domaine d'exclusion de l'assurance, la Cour de cassation a développé une conception restrictive de la faute intentionnelle de l'assuré. Elle effectue une distinction entre le

---

[149] Cette solution est ancienne : Paris, 20 octobre 1934, *D.H.* 1934, 529 ; Civ. 2e, 15 mai 1957, *Bull. civ.* II, n° 349 ; Crim., 16 octobre 1958, *Bull. crim.*, n° 636 ; Civ. 2e, 17 mars 1961, *Bull. civ.* II, n° 234.

[150] P. CANIN, *thèse précit.*, nos 79-80, pp. 97-99.

[151] P. CANIN, *thèse précit.*, n° 81, p. 99.

[152] P. CANIN, *thèse précit.*, nos 78-86, pp. 97-103.

[153] G. VINEY et P. JOURDAIN, *Les effets de la responsabilité*, 2e éd., LGDJ, 2001, n° 434, p. 784.

dommage recherché et le dommage réalisé. La faute intentionnelle exige la volonté de commettre l'acte dommageable et la recherche du résultat. Cette solution a été appliquée un peu moins rigoureusement à une époque, mais il semblerait que la Cour de cassation veuille réaffirmer une conception restrictive de la faute intentionnelle[154]. Ainsi, dans un arrêt du 27 mai 2003, elle affirme que « *la faute intentionnelle au sens de l'article L. 113-1 du Code des assurances, qui implique la volonté de créer le dommage tel qu'il est survenu, n'exclut de la garantie due par l'assureur à l'assuré, condamné pénalement, que le dommage que cet assuré a recherché en commettant l'infraction* »[155]. En conséquence, la victime de la personne détenue ou gardée pourra bénéficier de la garantie de l'assurance de l'auteur du dommage, dès lors que ce dernier n'a pas eu l'intention de commettre l'acte dommageable et le dommage réalisé.

En revanche, selon l'article L. 121-2 du Code des assurances, « *l'assureur est garant des pertes et dommages causés par des personnes dont l'assuré est civilement responsable en vertu de l'article 1384 du Code civil, quelles que soient la nature et la gravité des fautes de ces personnes* ». Il en ressort que l'assureur du gardien d'autrui doit prendre en charge tous les dommages causés par la faute de la personne gardée.

Dès lors, lorsque l'assureur du gardé ou du gardien a versé une indemnité, il peut *a priori* disposer d'une action subrogatoire contre le gardien ou le gardé. Néanmoins, dans certaines hypothèses, son action peut se heurter à une immunité.

**800. Limitations de l'action subrogatoire de l'assureur du responsable.** L'article L. 121-12, alinéa 3 du Code des assurances exclut le recours de l'assureur du responsable contre certaines personnes[156]. Il s'agit des personnes apparentées à l'assuré (enfants, descendants, ascendants, alliés en ligne directe), des personnes dépendant économiquement de l'assuré (préposés, employés ou domestiques) et des personnes vivant au foyer de l'assuré. L'étude de la jurisprudence révèle que ce dernier critère de la cohabitation avec l'assuré est diversement apprécié. Ainsi, la Cour de cassation a admis qu'il s'appliquait aux enfants pensionnaires d'un collège assuré[157], mais non à l'enfant gardé pendant les vacances par l'assuré[158]. Ce critère introduit une certaine souplesse, mais aussi une relative incertitude dans l'admission ou dans le rejet de l'immunité.

Deux idées sont généralement avancées pour justifier ces exclusions. En premier lieu, les auteurs avancent des considérations morales et expliquent que l'assuré n'aurait pas exercé de recours contre ces personnes, s'il avait dû répondre lui-même des dommages. Par conséquent, il serait anormal que l'assureur puisse le faire[159]. En second lieu, les auteurs mettent en avant des considérations de nature plus juridique, tirées du fait que l'assureur garantit l'assuré contre les conséquences du sinistre causé par les personnes dont il est civilement responsable en vertu de l'article 1384 du Code civil[160]. Dès lors, l'assuré étant civilement responsable du fait de son enfant, de son préposé ou d'une personne dont il doit répondre, l'admission d'une subrogation au profit de l'assureur du responsable à l'encontre de son enfant, de son préposé ou d'une personne dont il doit répondre aurait pour conséquence de permettre à l'assureur de

---

[154] Y. LAMBERT-FAIVRE et L. LEVENEUR, *Droit des assurances*, *op. cit.*, n° 394, p. 297 ; PH. BRUN, *Responsabilité civile extracontractuelle*, *op. cit.*, n$^{os}$ 630-631, p. 414.

[155] Civ. 1re, 27 mai 2003, *RCA* 2003, comm. 282, obs. H. GROUTEL.

[156] F. LEDUC, *L'immunité et le droit des assurances*, *in* O. DESHAYES (dir.), *Les immunités de responsabilité civile*, PUF, 2009, pp. 91-107.

[157] Civ. 1re, 2 juillet 1991, *Bull. civ.* I, n° 224 ; *RGAT* 1991, 857, note R. MAURICE ; H. GROUTEL, *Menaces sur la subrogation de l'assureur*, *RCA* 1991, chr. 27.

[158] Civ. 2e, 17 mai 1988, *RGAT* 1988, note J. BIGOT.

[159] G. VINEY et P. JOURDAIN, *Les effets de la responsabilité*, *op. cit.*, n° 432, p. 782 ; Y. LAMBERT-FAIVRE et L. LEVENEUR, *op. cit.*, n° 609, p. 450 ; J. BONNARD, *Droit des assurances*, Litec, 2005, n° 497, p. 149.

[160] Article L. 121-2 du Code des assurances.

répéter l'indemnité qu'il lui a préalablement versée au titre du contrat d'assurance[161]. Cette seconde idée ne peut toutefois pas expliquer toutes les immunités prévues par l'article L. 121-12, alinéa 3 du Code des assurances. En effet, elle justifie uniquement l'immunité des personnes qui peuvent engager la responsabilité du fait d'autrui de l'assuré.

**801. Exception à la limitation de l'action subrogatoire de l'assureur du responsable.** Si les immunités légales sont d'ordre public[162], elles ne sont pas pour autant absolues. Deux exceptions légale et jurisprudentielle limitent l'application de ces immunités. En premier lieu, selon l'article L. 121-12, alinéa 3 *in fine* du Code des assurances, l'interdiction d'exercer un recours subrogatoire contre les personnes énumérées cesse lorsque ces personnes ont agi par « *malveillance* ». Initialement, la Cour de cassation a donné une interprétation large de cette disposition. Ainsi, elle a affirmé dans un arrêt du 5 janvier 1970 que « *ce texte, en visant la malveillance commise par l'une des personnes qu'il énumère, ne distingue pas selon que l'acte de malveillance a causé un dommage à l'assuré, à l'assureur ou à un tiers ; qu'ainsi il est applicable dès lors que l'acte fautif a été accompli avec l'intention de causer le dommage à celui qui en a été effectivement la victime* »[163]. Actuellement, la Cour de cassation retient une interprétation très stricte de cette disposition[164], puisqu'elle considère que la malveillance ne doit pas s'exercer à l'encontre de la victime, mais de l'assuré lui-même. En somme, cette solution a pour conséquence de renforcer l'immunité des personnes visées à l'article L. 121-12, alinéa 3 du Code des assurances. Lorsque le dommage est causé à un tiers, il est rare que la malveillance s'exerce à l'encontre de l'assuré. En second lieu, la jurisprudence écarte les immunités légales lorsque le bénéficiaire de cette immunité est lui-même assuré[165]. Dans cette hypothèse, on estime que l'assuré victime n'aurait pas hésité à agir contre cet assureur auquel aucun lien affectif, familial ou de travail ne le liait.

**802. Application aux actions subrogatoires des assureurs des gardiens et des gardés.** Il ressort de cette étude que l'assureur du gardien ne devrait pas pouvoir exercer une action subrogatoire à l'encontre de la personne gardée, puisque le gardien est responsable de plein droit des faits dommageables du gardé, sauf si ce dernier est assuré ou a commis un acte de malveillance à l'encontre de son gardien. Outre d'éventuelles considérations liées à la morale, cette solution se justifie surtout par la volonté d'éviter que l'assureur ne recoure indirectement contre son assuré. Par ailleurs, si le gardé est responsable et s'il est assuré, en l'état actuel du droit, l'assureur du gardé ne peux exercer une action subrogatoire contre le gardien, s'il présente une des qualités visées par l'article L. 121-12, alinéa 3 du Code des assurances. Il serait d'ailleurs opportun d'élargir cette catégorie et de prévoir dans une telle hypothèse que l'assureur du gardé ne peut agir contre le gardien. Une telle solution présenterait l'avantage d'harmoniser les recours en l'absence et en présence d'un assureur. De nouveau, une telle immunité devrait céder en présence d'un acte de malveillance du gardien envers le gardé ou d'une assurance du gardien.

---

[161] Y. LAMBERT-FAIVRE et L. LEVENEUR, *op. cit.*, n° 609, p. 450 ; J. BIGOT, *Les recours de l'assureur*, *in Traité de droit des assurances*, t. 3, *Le contrat d'assurance*, sous la direction de J. BIGOT, LGDJ, 2002, n° 1687, p. 1176.

[162] Civ., 28 octobre 1947, *D.* 1948, 13, note P. L.-P.

[163] Civ. 1re, 5 janvier 1970, *Bull. civ.* I, n°1 ; *D.* 1970, 185, note G. C.-M. ; *JCP G* 1970, II, 16265, note R. LINDON.

[164] Civ. 1re, 6 mars 1985, *Bull. civ.* I, n° 97 ; *D.* 1986, 29, note CL.-J. BERR et H. GROUTEL ; *JCP G* 1985, II, 20502, note Y. R. ; *RGAT* 1985, 247, note J. BIGOT ; A.P., 13 novembre 1987, *Bull. civ.* A.P., n° 5 ; *Gaz. Pal.* 1988, 1, 120, note H. MARGEAT et J. LANDEL ; *RGAT* 1988, 111, concl. L. CHARBONNIER, obs. R. BOUT.

[165] A.P., 3 juin 1983, *D.* 1983, 537, concl. J. CABANNES ; Civ. 1re, 8 décembre 1993, *D.* 1994, 235, note B. BEIGNIER. Sur ce point *cf.* : Y. LAMBERT-FAIVRE et L. LEVENEUR, *op. cit.*, n° 613, pp. 453-454 ; J. BIGOT, *Les recours de l'assureur*, *op. cit.*, n° 1691, p. 1178.

# CONCLUSION DU CHAPITRE 1

**803.** L'élaboration d'un système de responsabilité du fait d'autrui invite à s'interroger sur la responsabilité personnelle de la personne à l'origine du dommage. Cette question, soulevée par la jurisprudence à propos des préposés, commence à s'étendre aux mineurs. L'idée d'une immunité, retenue par la Cour de cassation pour les préposés, est reprise pour les mineurs. Plus généralement, cette proposition pourrait être transposée à toutes les personnes gardées. Or, il nous semble que cette idée doit être rejetée. L'adoption d'une immunité pour les personnes gardées ne correspond pas, selon nous, à la nature de la responsabilité du fait des personnes gardées. Le gardien intellectuel est responsable de plein droit des dommages causés par la personne gardée, parce qu'il exerce sur elle un pouvoir de contrainte extrêmement fort. L'exercice d'un tel pouvoir limite la liberté de la personne gardée, c'est-à-dire son pouvoir décisionnel. Il est dès lors logique que la responsabilité afférente à cette liberté soit transmise à la personne qui exerce ce pouvoir décisionnel en lieu et place de la personne gardée. Néanmoins, la personne gardée conserve toujours une part de sa liberté individuelle. Dans une conception de la responsabilité associée à la liberté, cette part de liberté, ou de pouvoir décisionnel, peut justifier le maintien de sa responsabilité personnelle. Il convient dès lors de rejeter le principe d'une immunité. Par ailleurs, la référence à la liberté de la personne impose de tenir compte de sa liberté objective, mais aussi de sa liberté subjective. En ce sens, seules les personnes gardées, disposant d'un certain pouvoir décisionnel et de capacités de discernement, devraient pouvoir être personnellement responsables. En somme, la responsabilité du gardien intellectuel du fait du gardé et la responsabilité personnelle du gardé peuvent coexister. Un tel constat justifie alors l'existence d'un système d'actions récursoires, fortement influencé par l'obligation d'assurance du gardien intellectuel. Ainsi, parce qu'elle fonde un système de responsabilité du fait d'autrui et est parfois justifiée par l'absence de discernement d'une personne, la garde d'autrui a une véritable influence sur la responsabilité personnelle du gardé. Elle pourrait, en particulier, justifier un retour de la faute subjective dans le droit de la responsabilité. Par ailleurs, parce qu'elle impose des devoirs au gardien et constitue une mesure de protection de la personne, la garde d'autrui peut justifier la recherche de la responsabilité personnelle des gardiens d'autrui et des tiers.

## Chapitre 2

# L'INCIDENCE DE LA GARDE D'AUTRUI SUR LA RESPONSABILITÉ PERSONNELLE DES GARDIENS ET DES TIERS

**804.** L'existence d'une situation de garde d'autrui a également une influence sur la responsabilité personnelle du gardien d'autrui et des tiers. Perçu comme une prérogative exorbitante du droit commun, le pouvoir de garde permet de contrôler le mode de vie et les activités quotidiennes d'une autre personne, dans l'intérêt de cette dernière et celui de la société. Dès lors, une mauvaise exécution du pouvoir de garde par le gardien ou un non-respect de ce pouvoir par un tiers peut justifier la recherche de la responsabilité civile du gardien ou du tiers et, en présence d'un comportement particulièrement répréhensible, celle de leur responsabilité pénale. Il convient, par conséquent, d'envisager la question de la responsabilité personnelle des gardiens et des tiers à la fois sous l'angle de la responsabilité civile, ou administrative, et sous celui de la responsabilité pénale. L'étude de la responsabilité civile, ou administrative, du tiers à l'égard du gardien ou du gardé n'appelle toutefois pas d'importants développements. La recherche de la responsabilité des tiers se traduit par une mise en œuvre classique des règles de la responsabilité extracontractuelle. Aussi, cette première étude s'intéressera uniquement à la responsabilité civile, ou administrative, des gardiens à l'égard des personnes gardées. Il est en effet manifeste que la recherche de la responsabilité civile, ou administrative, des gardiens d'autrui pour inexécution de leur mission de garde d'autrui suscite d'épineux problèmes liés à la possible scission de la garde en une garde intellectuelle et une garde matérielle et à la nature délictuelle ou contractuelle de la responsabilité encourue (**Section 1**). En revanche, l'étude de la responsabilité pénale portera à la fois sur la responsabilité pénale des gardiens et des tiers, puisqu'un certain nombre d'incriminations permettent d'assurer le respect du pouvoir de garde sur autrui. Il n'est toutefois pas certain que la liste des infractions existantes soit suffisamment exhaustive et les caractéristiques de ces infractions suffisamment précises pour assurer le bon exercice et le respect de ce pouvoir exorbitant sur la personne d'autrui (**Section 2**).

## SECTION 1
## L'INCIDENCE DE LA GARDE D'AUTRUI SUR LA RESPONSABILITÉ CIVILE OU ADMINISTRATIVE DES GARDIENS

**805.** La garde d'autrui constitue un pouvoir sur autrui. À ce titre, la garde confère des droits mais aussi des devoirs. Leur inexécution justifie la recherche de la responsabilité civile ou administrative du gardien à l'égard de la personne gardée. Or, l'exercice du pouvoir de garde sur la personne d'autrui peut s'effectuer selon des modalités très diverses. Tantôt il est exercé par une seule et même personne, tantôt il est scindé en un pouvoir de garde intellectuelle et un pouvoir de garde matérielle exercés par des personnes différentes. Par conséquent, l'étude de la responsabilité civile des gardiens d'autrui envers les personnes gardées soulève deux problèmes principaux. La personne gardée victime d'un dommage peut rechercher la responsabilité de son gardien intellectuel (**§ 1**) ou celle de son gardien matériel (**§ 2**).

## § 1. LA RESPONSABILITÉ DU GARDIEN INTELLECTUEL À L'ÉGARD DE LA PERSONNE GARDÉE

**806.** La personne gardée peut rechercher la responsabilité de son gardien intellectuel et matériel pour plusieurs raisons. Il est possible qu'elle ait été victime d'un acte accompli par une autre personne gardée par le même gardien (**A**), par un tiers ou par son gardien (**B**).

### A. LA PERSONNE GARDÉE INTELLECTUELLEMENT VICTIME D'UN ACTE ACCOMPLI PAR UNE AUTRE PERSONNE GARDÉE PAR LE MÊME GARDIEN

**807.** Cette première hypothèse, dans laquelle une personne gardée intellectuellement est victime d'un acte accompli par une autre personne gardée par le même gardien, se subdivise en deux sous-hypothèses. L'auteur du dommage peut être une autre personne gardée intellectuellement (**1**) ou une personne gardée matériellement (**2**).

#### *1. La personne gardée intellectuellement victime d'un acte accompli par une autre personne gardée intellectuellement par le même gardien*

**808. Présentation générale.** Dans une première hypothèse, la personne gardée intellectuellement peut rechercher la responsabilité de son gardien parce qu'elle a été victime d'une autre personne dont il assure également la garde intellectuelle. Il s'agit, par exemple, de la situation d'un mineur, confié par une décision judiciaire d'assistance éducative à un foyer, victime d'un autre mineur également confié par décision judiciaire, ou de la situation d'un handicapé mental hospitalisé sous contrainte victime d'un autre handicapé mental hospitalisé sous contrainte, ou encore de celle d'un prisonnier victime d'un autre prisonnier. Le juge civil et le juge administratif ont diversement apprécié ces situations.

**809. L'approche du juge civil.** Le juge civil a fait preuve d'une certaine hésitation dans la détermination des actions envisageables. Ainsi, la cour d'appel de Pau a retenu, dans une décision du 12 mars 1997[1], la responsabilité contractuelle d'un foyer pour le dommage causé à un mineur, placé en exécution d'une décision judiciaire d'assistance éducative, par d'autres mineurs placés selon la même procédure. La Cour d'appel a considéré que le placement judiciaire du mineur avait entraîné la formation d'un contrat entre les parents de la victime, pris en leur qualité de représentant légal du mineur, et le foyer. Elle a en a déduit que la victime ne pouvait invoquer qu'une obligation de sécurité de moyens. En somme, pour la Cour d'appel, la détermination de l'action en responsabilité envisageable doit être dirigée par la situation de la victime et non par celle de l'auteur du dommage.

Face à une telle décision, on peut être doublement étonné. En effet, il résulte de cette solution une volonté d'établir une différence de traitement entre les victimes de mineurs placés dans un foyer par décision judiciaire. Tandis que les tiers peuvent bénéficier de la

---

[1] Pau, 12 mars 1997, *LPA*, 25 juin 1999, pp. 29-35, note N. CALATAYUD ; *RDSS* 2000, 144, obs. J.-M. LHUILLIER.

responsabilité de plein droit du fait d'autrui fondée sur l'article 1384, alinéa 1er du Code civil, les autres usagers du foyer ne peuvent invoquer qu'une obligation de sécurité de moyens. La différence de traitement entre les victimes est alors flagrante. Elle l'est d'autant plus que le recours à la responsabilité contractuelle est incompréhensible. En effet, il semble impossible d'admettre l'existence d'un contrat entre la victime et le foyer. L'hébergement du mineur dans le foyer ne résulte pas d'un contrat passé entre ses parents et l'établissement, mais d'une décision du juge des enfants. Même si l'article 375-1 du Code civil dispose que le juge « *doit toujours s'efforcer de recueillir l'adhésion de la famille* », on ne peut déduire de cet article que l'accord des parents est obligatoire pour ordonner une mesure d'assistance éducative. Au contraire, le juge des enfants peut ordonner le placement du mineur. Cette idée est d'ailleurs confortée par l'article D. 311 du Code de l'action sociale et des familles. Issu du décret n° 2004-1274 du 26 novembre 2004, cet article prévoit que le placement judiciaire des mineurs, en exécution d'une mesure d'assistance éducative ou d'une mesure de réinsertion de l'ordonnance du 2 février 1945, ne donne pas lieu à la signature d'un contrat de séjour, mais uniquement à l'établissement d'un document individuel de prise en charge. En somme, il est impossible d'affirmer que le mineur placé en exécution d'une mesure d'assistance éducative ou d'une mesure de réinsertion de l'ordonnance de 1945 est contractuellement lié au foyer.

Par conséquent, il n'est guère étonnant que cette solution de la cour d'appel de Pau n'ait pas été retenue par la Cour de cassation. Par un arrêt du 20 janvier 2000[2], cette dernière a cassé la décision de la cour d'appel de Pau au visa de l'article 1384, alinéa 1er du Code civil et a retenu que « *la personnes physique ou morale à qui le juge des enfants confie la garde d'un mineur en danger en application des articles 375 et suivants du Code civil, ayant pour mission d'organiser, de diriger et de contrôler le mode de vie du mineur, est responsable des dommages qu'il cause à cette occasion, y compris aux autres enfants placés dans un établissement* ». La solution de la Cour de cassation rétablit une certaine logique. Elle écarte la qualification contractuelle et applique la responsabilité du gardien intellectuel du fait d'autrui dégagée sur le fondement de l'article 1384, alinéa 1er du Code civil. Pour la Cour de cassation, lorsqu'une personne gardée intellectuellement est victime d'une autre personne gardée intellectuellement, il faut appliquer les règles de la responsabilité du fait d'autrui. Cette solution présente l'avantage de ne faire aucune distinction entre les victimes. Un tel souci devrait très certainement être repris par le juge administratif.

**810. L'approche du juge administratif.** Ainsi que nous l'avons observé, les fondements traditionnels de la responsabilité administrative du fait des personnes gardées établissent une distinction entre les victimes[3]. Au soutien de cette théorie, certains auteurs expliquent que les tiers, victimes d'un usager de l'administration, peuvent fonder leur action en responsabilité sur la théorie du risque, tandis que les usagers, victimes d'autres usagers, doivent nécessairement établir la faute de l'administration[4]. Il est toutefois apparu que cette distinction reste assez relative, puisqu'en l'état du droit positif, les tiers, victimes d'un prisonnier ou d'un handicapé mental évadé, ne peuvent invoquer la théorie du risque[5]. Par ailleurs, un important arrêt du Conseil d'État du 13 novembre 2009[6] a remis en cause la

---

[2] Civ. 2e, 20 janvier 2000, *Bull. civ.* II, n° 15 ; *R.*, 398 ; *JCP G* 2000, I, 241, n° 14, obs. G. VINEY ; *D.* 2000, 571, note M. HUYETTE ; *RTD civ.* 2000, 588, note P. JOURDAIN ; *RCA* 2000, comm. 111, note P. VAILLIER ; *RDSS* 2000, 420, note E. ALFANDARI ; *RDSS* 2000, 431, note J.-M. LHUILLIER.

[3] *Cf. supra* n° 699.

[4] F.-P. BENOIT, *Le régime et le fondement de la responsabilité de la puissance publique*, *JCP G* 1954, I, 1178 ; J. MOREAU, *L'influence de la situation et du comportement de la victime sur la responsabilité administrative, thèse précit.*

[5] *Cf. supra* n° 700.

[6] CE, 13 novembre 2009, *Garde des Sceaux, Ministre de la Justice c/ Association tutélaire des inadaptés*, *JCP G* 2010, note 32, A. VAN LANG ; *JCP A*, 18 janvier 2010, p. 40, concl. I. DE SILVA, note N. ALBERT.

distinction traditionnelle entre tiers et usagers, en retenant que « *la circonstance que* [la victime], *bénéficiaire d'une mesure de protection judiciaire "jeune majeur", d'une part, et les auteurs de l'agression, mineurs placés au titre de l'ordonnance du 2 février 1945 relative à l'enfance délinquante, d'autre part, soient tous usagers du service public de la justice, ne pouvait faire obstacle à ce que la victime bénéficie du régime de réparation* » fondée sur la responsabilité sans faute du gardien d'autrui. Le renouveau des fondements de la responsabilité administrative invite donc à revoir ce clivage entre tiers et usagers. Nous avons ainsi retenu que la responsabilité de plein droit du fait des personnes gardées par l'administration devrait pouvoir être invoquée non seulement par les tiers, mais aussi par les usagers[7].

**811. Synthèse.** En résumé, dans cette première hypothèse, la victime dispose théoriquement de deux actions à l'encontre de son gardien. En premier lieu, elle peut rechercher la responsabilité personnelle du gardien sur le fondement d'une mauvaise exécution de son pouvoir de garde à son égard. Ayant fait l'objet d'un placement judiciaire, aucun contrat n'a été conclu entre la victime et le gardien. Par conséquent, la responsabilité du gardien est de nature délictuelle. Le gardé devrait alors apporter la preuve de la faute du gardien[8]. En second lieu, la victime peut rechercher la responsabilité de son gardien en sa qualité de gardien intellectuel de l'auteur du dommage. Autrement dit, elle peut rechercher la responsabilité du gardien intellectuel du fait du dommage causé par une personne gardée. Il n'est pas responsable de son fait personnel, mais du fait d'autrui. La condition de l'usager victime devrait être alignée sur celle des tiers victimes. Tiers et usagers peuvent invoquer la responsabilité de plein droit du fait des personnes gardées.

Par ailleurs, si la personne gardée intellectuellement peut être victime d'un acte accompli par une autre personne ayant le même statut, il est également possible qu'elle soit victime d'un acte accompli par une personne simplement placée sous la garde matérielle de son gardien.

***2. La personne gardée intellectuellement victime d'un acte accompli par une personne gardée matériellement par le même gardien***

**812. Présentation générale.** Il est possible qu'une personne gardée intellectuellement soit victime d'un acte accompli par une personne gardée matériellement par la même personne. Si une telle hypothèse est assez rare, elle n'est pas inexistante. Par exemple, il est possible qu'un institut médico-pédagogique reçoive des mineurs en danger placés par le juge des enfants et des mineurs placés en exécution d'une mesure de protection administrative avec l'accord de leurs parents. Tandis que l'institut dispose d'un pouvoir de garde intellectuel sur le premier, le second est simplement sous sa garde matérielle.

**813. Responsabilités envisageables.** La personne gardée intellectuellement n'a pas été placée par contrat. Si elle est victime d'un dommage causé par une personne placée sous la seule garde matérielle de son gardien, elle peut uniquement rechercher la responsabilité délictuelle de son gardien. En principe, elle devra apporter la preuve de l'existence d'une faute dans la garde matérielle de l'auteur du dommage. En revanche, elle pourra rechercher la responsabilité du gardien intellectuel de l'auteur du dommage.

Ainsi, le mineur, placé judiciairement dans un institut médico-pédagogique et blessé par un autre mineur confié par ses parents, peut exercer une action contre l'institut médico-pédagogique en apportant la preuve d'une faute et une action contre les parents du mineur en invoquant la responsabilité de plein droit du gardien intellectuel d'autrui.

---

[7] *Cf. supra* n° 699-703.
[8] *Cf. infra* n^os^ 814-820.

En somme, dans ces différentes hypothèses, la personne gardée intellectuellement peut toujours rechercher un responsable de plein droit. Il n'en est pas de même lorsqu'elle est victime d'un dommage causé par son gardien ou par un tiers.

### B. LA PERSONNE GARDÉE INTELLECTUELLEMENT VICTIME D'UN ACTE ACCOMPLI PAR SON GARDIEN OU UN TIERS

**814.** Une personne placée sous la garde intellectuelle d'autrui peut être victime d'un dommage causé par son gardien ou par un tiers. Ne se trouvant pas dans une situation contractuelle, le gardé peut rechercher la responsabilité de son gardien uniquement sur le fondement de la responsabilité délictuelle. Si son statut relève du droit civil, il peut notamment invoquer la responsabilité pour faute de l'article 1382 du Code civil ou la responsabilité du fait des choses de l'article 1384, alinéa 1$^{er}$ du même code. Si son statut *relève* du droit administratif, il peut rechercher la responsabilité de l'administration sur le fondement d'une faute prouvée. Si l'existence d'un rapport d'autorité entre la victime et le responsable du dommage ne peut écarter l'application d'une éventuelle responsabilité, il est possible qu'elle ait des conséquences sur l'appréciation de cette responsabilité. Il faut néanmoins déterminer la nature de cette influence. Sur ce point, on peut estimer souhaitable un recours systématique à la faute simple et un abandon de la faute qualifiée **(1)**. En effet, l'appréciation de la faute simple semble être une solution satisfaisante pour apprécier la responsabilité du gardien à l'égard du gardé **(2)**.

#### *1. Une responsabilité fondée sur la preuve d'une faute simple*

**815.** Si l'exigence d'une faute simple pour engager la responsabilité du gardien intellectuel à l'égard du gardé est admise depuis longtemps en droit civil, il n'en est pas de même en droit administratif. Ce c'est qu'à la suite d'une longue et lentre évolution que ce dernier a accepté de retenir la responsabilité d'un établissement psychiatrique **(a)** et et celle du service public pénitentiaire **(b)** sur le fondement d'une faute simple.

a. La responsabilité des établissements psychiatriques

**816. La responsabilité des établissements psychiatriques à l'égard des gardés.** Depuis son arrêt *Hawezack* du 5 janvier 1966[9], le Conseil d'État se contente de la preuve d'une faute simple pour engager la responsabilité des établissements psychiatriques[10] à raison des dommages subis par les personnes gardées[11]. Dorénavant, leur responsabilité n'est plus fondée sur la faute manifeste et de particulière gravité[12] ou la faute lourde[13]. Concrètement,

---

[9] CE, 5 janvier 1966, *Hawezack*, *Lebon*, p. 6 ; *RDP* 1966, 1017 ; *D.* 1966, 317, note F. MODERNE.

[10] Toutefois, avant cet arrêt, il n'était pas rare que le Conseil d'Etat retienne la responsabilité d'un établissement psychiatrique en ne faisant aucune mention à une faute qualifiée. Pour autant, on ne pouvait affirmer que le Conseil d'Etat avait abandonné l'exigence d'une faute qualifiée. *Cf.* CE, 12 décembre 1930, *Demoiselle Richter*, *D.P.* 1930, 3, 71, note H. L. ; CE, 8 janvier 1931, *Lebon*, p. 5 ; CE, 22 janvier 1936, *Veuve Duxent*, *Gaz. Pal.* 1936, 1, 282 ; CE, 14 juin 1933, *Dame Rivoal*, *Gaz. Pal.* 1933, 2, 468 ; CE, 7 octobre 1955, *Département du Rhône et Dame Rosati*, *Lebon*, p. 470 ; CE, 9 juillet 1958, *Département de Seine-et-Marne*, *Lebon*, p. 1016.

[11] Sur cette question, *cf.* PH. UZEL, *La responsabilité des hôpitaux psychiatriques et leur assurance*, *RHF*, 1983, n° 358, pp. 101-158 et n° 359, pp. 206-253, spéc. n$^{os}$ 42-128, pp. 109-135.

[12] CE, 12 avril &924, *Ludemann*, *Lebon*, p. 409 ; CE, 27 octobre 1933, *Dame Guillaumie*, *Lebon*, p. 974 ; CE, 21 décembre 1934, *Dame veuve Pannetier*, *Lebon*, p. 1224 ; CE, 2 décembre 1936, *Dame veuve Brun*, *Lebon*, p. 1054 ; CE, 29 janvier 1936, *Consorts Chatry*, *Lebon*, p. 139 ; CE, 19 janvier 1945, *Département des Basses-Pyrénées c. Prat*, *Lebon*, p. 20 ; *D.* 1946, 39, concl. LEFAS ; CE, 4 janvier 1952, *Dame Roustan*, *Lebon*, p. 823 ; CE, 9 janvier 1957, *Dame veuve Nasi*, *Lebon*, p. 23 ; CE, 11 février 1959, *Assistance publique à Marseille c. Dame veuve Filippi*, *Lebon*, p. 103 ; CE, 18 mai 1960, *Hôpital de Châtellrault*, *Lebon*, p. 1124.

une faute simple est suffisante pour engager la responsabilité de l'établissement psychiatrique public en cas de suicide, de dommages accidentels ou encore de dommages causés par un tiers extérieur à l'établissement. Cette évolution est justifiée. Elle prend pleinement en considération la condition des handicapés mentaux hospitalisés. Le placement d'un handicapé mental dans un établissement spécialisé dans le traitement des maladies mentales n'a pas pour unique objectif la protection de la société. Bien au contraire, le placement est d'abord justifié par la santé mentale d'une personne et le besoin de la protéger. Par conséquent, il est logique que la recherche de la responsabilité des établissements psychiatriques à raison des dommages subis par leurs pensionnaires ne soit pas entravée par le recours à une faute qualifiée.

**817. L'utilisation traditionnelle de la faute simple en droit civil.** En droit civil, il résulte de l'article 1382 du Code civil que toute personne qui, par sa faute cause un préjudice à autrui, est obligée de le réparer. Par principe, aucune gradation des fautes n'est envisagée[14]. Cette règle fondamentale doit être respectée en toutes circonstances, y compris lorsque la faute a été commise au sein d'une famille[15], ou entre des personnes fortement liées humainement ou juridiquement[16]. L'existence d'une relation exceptionnelle entre plusieurs personnes ne peut justifier l'adoption d'un mécanisme de responsabilité fondé sur la gravité de la faute. Cette idée générale s'applique à toutes les situations de garde d'autrui. Le gardé peut agir en responsabilité contre son gardien intellectuel sans avoir à apporter la preuve d'une faute qualifiée. Cette solution est désormais retenue dans toutes les branches du droit, puisque le droit pénitentiaire a abandonné la faute qualifiée au profit de la faute simple.

b. La responsabilité du service public pénitentiaire

**818. L'utilisation traditionnelle de la faute qualifiée en droit pénitentiaire.** Traditionnellement, le juge administratif ne retenait la responsabilité de l'Administration pénitentiaire, à raison des dommages subis par un prisonnier, que sur le fondement de la faute lourde. Le recours à la faute lourde, dont on a pu souligner le caractère fuyant, donnait aux juges un certain pouvoir discrétionnaire dans l'appréciation de la faute de l'administration gardienne des prisonniers. En adoptant un tel fondement, le Conseil d'État mettait en avant l'aspect sécuritaire de la mission de garde de l'Administration pénitentiaire[17] et permettait au juge de tenir compte des difficultés de la tâche de l'administration. Cette idée ne semble pas totalement en accord avec une conception plus complète de la garde d'autrui, tenant compte de la situation des personnes gardées et de celle des tiers. Par ailleurs, l'examen de la

---

[13] CE, 22 décembre 1936, *Veuve Apard*, *Lebon*, p. 1144 ; CE, 3 février 1937, *Hospices civils de Montpellier*, *Lebon*, p. 149 ; CE, 4 novembre 1955, *Demoiselle Magnan*, *Lebon*, p. 522 ; CE, 10 novembre 1961, *Eveillard*, *Lebon*, p. 639 ; CE, 31 janvier 1964, *Consorts Bonnery*, *Lebon*, p. 75 ; CE, 12 février 1964, *Dame Simonpietri*, *Lebon*, p. 1008.

[14] G. VINEY et P. JOURDAIN, *Les conditions de la responsabilité*, *op. cit.*, n[os] 596-600, pp. 618-624.

[15] F. GONTHIER et M. LAMARCHE, *Faute en famille*, *in Études à la mémoire de CH. LAPOYADE-DESCHAMPS*, *op. cit.*, pp. 177-190 ; F. CHABAS, *Du lien de parenté ou d'alliance entre la victime et l'auteur du dommage*, *in Mélanges dédiés à G. MARTY*, Université des Sciences sociales de Toulouse, 1978, pp. 291-303.

[16] S'il est vrai que le salarié, victime d'un accident de travail ou d'une maladie professionnelle, ne peut rechercher la responsabilité de son employeur que sur le fondement d'une faute intentionnelle ou d'une faute inexcusable, selon les articles L. 451-1 et suivants du Code de la sécurité sociale, cette exception au principe, d'après lequel une faute quelconque justifie la responsabilité de son auteur, est justifiée par l'intégration de l'indemnisation des accidents du travail dans le mécanisme de la Sécurité sociale. Cette dernière joue un rôle comparable à celui d'une assurance obligatoire de la responsabilité de l'employeur. *Cf.* G. VINEY et P. JOURDAIN, *Les conditions de la responsabilité*, *op. cit.*, n° 600, pp. 623-624.

[17] E. PÉCHILLON, *Sécurité et droit du service public pénitentiaire*, *thèse précit.*, n[os] 707-714, pp. 381-385.

jurisprudence révèle un manque de cohésion et l'absence d'une ligne directrice. L'appréciation de la faute se caractérise tantôt par un certain libéralisme, tantôt par une sévérité marquée[18].

Ainsi, le juge a pu retenir la responsabilité de l'Administration pénitentiaire en raison d'une faute de surveillance (meurtre d'un détenu à cause d'une négligence du service de surveillance[19], suicide d'un détenu[20]), ou d'une faute personnelle non détachable du service (intoxication d'un détenu par un médicament donné par erreur par un surveillant[21], violences subies par un détenu du fait d'un tiers introduit dans l'établissement avec la complicité d'un surveillant[22], meurtre d'un détenu par un surveillant[23]). De même, le Conseil d'État a pu retenir la responsabilité de l'administration sur le fondement d'une mauvaise organisation du service pénitentiaire. À ce titre, si la haute juridiction administrative a écarté la responsabilité de l'État pour des accidents survenus en cours de travail, lorsque ce travail était correctement organisé, avec des précautions normales[24], elle a retenu la responsabilité de l'État en raison du décès d'un détenu dans un incendie provoqué par des matériaux inflammables entreposés sans précaution[25] ou encore de l'aggravation de l'état de santé d'un détenu par des conditions rigoureuses de détention sans contrôle médical suffisant[26].

**819. L'abandon de la faute qualifiée.** Précédemment, lorsque nous avons envisagé la responsabilité du service public pénitentiaire à raison des dommages causés par un usager à un tiers ou à un autre usager, nous avons constaté que la jurisprudence s'est progressivement dirigée vers un abandon de la faute lourde[27]. Cette tendance a été initiée par l'arrêt *Chabba* rendu le 23 mai 2003 par le Conseil d'État[28] à propos du suicide d'un détenu. Selon cet arrêt, la preuve d'une succession de fautes simples imputables au service pénitentiaire est suffisante[29]. Si cette solution n'en demeurait pas moins énigmatique, la succession de fautes simples pouvant être assimilée à une faute lourde[30], un arrêt du 9 juillet 2007 est venu dissiper

---

[18] E. PÉCHILLON, *thèse précit.*, n° 731, pp. 393-394, et pour une typologie des dommages susceptibles d'engager la responsabilité du service public pénitentiaire : n<sup>os</sup> 735-749, pp. 395-404. *Cf.* également : J. MOREAU, *La responsabilité de l'État à raison du fonctionnement des établissements pénitentiaires, in Mélanges en l'honneur du Doyen P. BOUZAT*, A. Pedone, 1980, pp. 205-216.

[19] CE, 25 janvier 1952, *Lebon*, p. 60.

[20] CE, 14 novembre 1973, *Dame Zanzi*, *JCP G* 1975, II, 18008, note G. POULON ; *D.* 1974, 315, note F. MODERNE ; B. DUTHEILLET-LAMONTHÉZIE, *A propos d'un arrêt récent du Conseil d'État : la responsabilité de la puissance publique en raison des fautes des services pénitentiaires*, *RSC* 1975 pp.183-188.

[21] CE, 24 juillet 1929, *Lebon*, p. 831.

[22] CE, 30 janvier 1948 *Veuve Bernard*, *Veuve Cros*, *Lebon*, p.47 et p. 156, *JCP G* 1948, II, 4133, concl. CELIER ; CE, 24 mars 1950, *Lebon*, p. 875 ; *contra* : 9 avril 1948 *Veuve Ciais*, *Lebon*, p. 156 ; CE, 10 novembre 1958, *Veuve Desjardins*, *Lebon*, p. 549 ; CE, 23 novembre 1951, *Dame Veuve Gené*, *Lebon*, p. 555 ; CE, 24 mars 1950, *Bizière*, *Lebon*, p. 191 ; CE, 18 novembre 1960, *Veuve Fargeaud d'Epied*, *Lebon*, p. 640.

[23] CE, 13 février 1952, *Lebon*, p. 107.

[24] CE, 24 mars 1937, *Lebon*, p. 430 ; CE, 25 janvier 1952, *D.* 1952, 580, note G. MORANGE.

[25] CE, 7 mai 1956, *Lebon*, p. 190

[26] CE, 30 janvier 1948, *Lebon*, p. 48 ; CE, 10 février 1956, *Lebon*, p. 751.

[27] *Cf. supra* n<sup>os</sup> 525-529.

[28] CE, 23 mai 2003, *Mme Chabba* ; *Lebon*, p. 240 ; *AJDA* 2004, 157, note N. ALBERT ; *JCP A* 2003, 1751, note J. MOREAU ; S. DELIANCOURT, *La responsabilité pour faute de l'Etat du fait des suicides en milieu carcéral*, *JCP A* 2005, 1124.

[29] Cette solution a été reprise par certains juges du fond à propos de suicides de prisonniers : CAA Nancy, 17 mars 2005, *Sidhoum*, req. n° 00NC00415 ; CAA Marseille, 15 novembre 2004, *Garde des Sceaux, ministre de la Justice c/ Dage* ; *JCP A* 2005, 1092, note F. LEMAIRE ; TA Rouen, 17 septembre 2004, *Mme Denise L.* ; *AJDA* 2005, 737, note H. ARBOUSSET.

[30] *Cf. supra* n° 528.

les doutes[31]. La responsabilité de l'administration pénitentiaire peut être engagée à raison d'une succession de fautes simples ou d'une faute simple isolée en cas de suicide d'un prisonnier[32]. Pour autant, l'on a pu s'interroger sur la portée de cette solution. Doit-elle s'appliquer à tous les dommages subis par les prisonniers ? De prime abord, le domaine d'application de cette solution reste limité aux suicides des prisonniers. Pour autant, une généralisation de la faute simple était souhaitable. La reconnaissance de la qualité d'usager du service public aux prisonniers impose en effet de rendre l'Administration pénitentiaire responsable de leur sécurité[33]. L'exigence d'une succession de fautes simples s'opposait à cette idée. Finalement, le Conseil d'État s'est rallié à cette logique par un arrêt *Zaouiya* du 17 décembre 2008[34]. Dorénavant, une faute simple est suffisante pour engager la responsabilité du service public pénitentiaire lorsqu'un détenu est victime d'un codétenu. L'adoption d'un modèle fondé sur la faute simple est finalement préférable, d'autant plus qu'il n'écarte pas toute appréciation de la faute des gardiens d'autrui.

***2. L'appréciation de la faute simple***

**820. L'influence de la garde d'autrui sur la perception de la faute.** Le contexte particulier dans lequel ces actions en responsabilité contre le gardien intellectuel peuvent s'exercer leur confère un caractère spécifique. Classiquement, l'appréciation de la faute en tant que fait générateur de responsabilité se fait par référence au modèle abstrait du bon père de famille[35]. C'est le principe de l'appréciation *in abstracto* de la faute. On l'oppose à l'appréciation *in concreto*. Tandis que l'appréciation *in abstracto* répond à une exigence de sécurité, l'appréciation *in concreto* correspond davantage à une exigence de justice[36]. Néanmoins, le principe d'une appréciation *in abstracto* de la faute n'interdit pas de prêter au modèle du bon père de famille des caractéristiques propres à l'auteur de la faute. Traditionnellement, on admet que si la faute est appréciée *in abstracto* par rapport à un modèle de référence, sans tenir compte des aptitudes, qualités ou infirmités de l'agent, certains éléments interviennent nécessairement, car le modèle de référence doit être inséré dans les conditions où se trouvait l'auteur du dommage[37]. Dès lors, il est possible d'admettre que l'appréciation de la faute du gardien envers le gardé doit tenir compte du lien existant entre l'auteur du dommage et la victime. Ainsi, l'enfant qui a reçu une correction mémorable de son père ne devrait pas pouvoir l'assigner en responsabilité pour lui demander réparation des préjudices subis, sauf naturellement si l'attitude du père a pris une tournure dramatique et tombe sous l'emprise de la loi pénale. De même, l'intervention du personnel pénitentiaire pour remettre de l'ordre ne devrait pas donner lieu à une action en responsabilité si un prisonnier a été physiquement réprimé, sauf naturellement en cas d'excès.

L'existence d'un pouvoir de garde sur autrui doit donc avoir une influence sur l'appréciation de la faute du gardien à l'égard du gardé. En revanche, il n'est plus opportun de maintenir l'exigence d'une faute qualifiée pour mettre en œuvre la responsabilité de certains

---

[31] *Cf. supra* n° 529.

[32] CE, 9 juillet 2007, *LPA*, 9 octobre 2007, pp. 14-21, concl. M. GUYOMAR ; *AJDA* 2007, 2094, note H. ARBOUSSET.

[33] E. PÉCHILLON, *thèse précit.*, n^os^ 957-963, pp. 524-527 ; P. PONCELA, *La responsabilité du service public pénitentiaire à l'égard de ses usagers détenus*, *RSC* 2000, pp. 232-238.

[34] CE, 17 décembre 2008, *Zaouiya*, AJDA 2009, p. 432, concl. I. DE SILVA ; I. DE SILVA, *La rénovation du régime de responsabilité de l'État du fait des services pénitentiaires*, *AJDA* 2009, p. 416 ; L. DE GRAËVE, *Le droit à la vie et l'administration pénitentiaire, Soumission du monde carcéral aux exigences de prévention*, *RFDA* 2009, p. 947. *Cf. supra* n° 530.

[35] N. DEJEAN DE LA BÂTIE, *thèse précit.*, n^os^ 56-62, pp. 54-61 et n^os^ 156-211, pp. 137-174 ; G. VINEY et P. JOURDAIN, *op. cit.*, n^os^ 462-472, pp. 350-361 ; PH. LE TOURNEAU, *Droit de la responsabilité et des contrats*, *op. cit.*, n^os^ 6706-6707, pp. 1198-1199.

[36] N. DEJEAN DE LA BÂTIE, *thèse précit.*, n° 6, p. 5.

[37] G. VINEY et P. JOURDAIN, *op. cit.*, n^os^ 464-472, pp. 352-361.

gardiens d'autrui pour les dommages causés ou subis par les personnes placées sous leur garde. Ainsi, l'établissement d'une situation de garde d'autrui emporte des conséquences sur la responsabilité du gardien intellectuel à l'égard de la personne placée sous son autorité. Il convient maintenant d'envisager la responsabilité du gardien matériel à l'égard de la personne gardée.

## § 2. LA RESPONSABILITÉ DU GARDIEN MATÉRIEL À L'ÉGARD DE LA PERSONNE GARDÉE

**821.** L'étude de la responsabilité du gardien matériel à l'égard de la personne gardée peut être menée selon la logique suivie pour l'étude de la responsabilité du gardien intellectuel à l'égard du gardé. La personne gardée matériellement peut rechercher la responsabilité de son gardien, parce qu'elle a été victime d'un acte accompli par une autre personne gardée par le même gardien **(A)**, par un tiers ou par son gardien **(B)**.

### A. LA PERSONNE GARDÉE VICTIME D'UN ACTE ACCOMPLI PAR UNE AUTRE PERSONNE GARDÉE PAR LE MÊME GARDIEN

**822.** Cette première hypothèse, dans laquelle une personne gardée matériellement est victime d'une autre personne gardée par la même personne, se subdivise en deux sous-hypothèses. L'auteur du dommage peut être une autre personne gardée matériellement **(1)** ou une personne gardée intellectuellement **(2)**.

#### *1. La personne gardée matériellement victime d'un acte accompli par une autre personne gardée matériellement par le même gardien*

**823.** Il peut arriver qu'une personne placée sous la garde matérielle d'autrui cause un dommage à une personne gardée matériellement par le même gardien. Cette hypothèse se rencontre fréquemment à propos des mineurs. Ainsi, un mineur confié par ses parents à une colonie de vacances ou à un établissement scolaire peut être victime d'un autre mineur placé dans les mêmes conditions. De même, un mineur placé dans un institut médico-pédagogique par ses parents peut être victime d'un autre mineur. Cette hypothèse peut également concerner des situations familiales. Un mineur confié à un membre de sa famille soit victime d'un autre mineur confié à la même personne. Dans ces différentes hypothèses, une personne placée sous la garde matérielle d'autrui est victime d'une autre personne matériellement gardée par la même personne. Il convient de reprendre cette hypothèse en envisageant la responsabilité du gardien privé **(a)** et celle du gardien public **(b)**.

##### a. La responsabilité du gardien privé

**824. La responsabilité des proches.** Si le placement d'une personne gardée auprès d'un membre de sa famille s'effectue par l'intermédiaire d'un contrat entre le gardien intellectuel et le gardien matériel, on admet en général qu'il n'emporte pas la création d'un contrat entre le membre de la famille et la personne gardée[38]. Dès lors, si la personne gardée est victime d'un dommage, elle ne peut rechercher que la responsabilité délictuelle de son gardien matériel.

**825. La responsabilité des autres gardiens matériels. La solution traditionnelle.** Lorsque la personne gardée est confiée à une personne autre qu'un proche, il est possible d'admettre que son placement repose sur le fondement de deux contrats. Le premier, conclu

---

[38] F. CHABAS, note sous Civ. 1re, 21 juin 1977 et Civ. 2e, 5 mai 1978, *JCP G* 1979, II, 19066.

entre son gardien et le tiers, permet le transfert temporaire du pouvoir de garde matérielle du mineur. Le second conclu entre le gardé, le plus souvent par l'intermédiaire de son représentant légal, et le gardien matériel organise les relations entre eux.

La personne gardée matériellement, victime d'une autre personne ayant le même statut, ne peut invoquer que la responsabilité contractuelle de l'établissement[39]. La Cour de cassation s'est prononcée récemment sur cette question dans un arrêt du 24 mai 2006[40]. En l'espèce, un mineur, confié en internat à un institut médico-psychologique dirigé par une association à la suite d'une décision d'orientation prise par une Commission départementale d'action sociale, avait été blessé par un autre mineur placé dans le même internat selon une procédure similaire. La cour d'appel d'Aix-en-Provence avait appliqué la responsabilité du fait des mineurs de l'article 1384, alinéa 1er du Code civil, au motif que l'institut médico-psychologique s'était vu confier la mission d'organiser, de diriger et de contrôler le mode de vie de la victime et de l'auteur du dommage[41]. La Cour de cassation a censuré ce raisonnement. Elle affirme tout d'abord que la responsabilité de l'association gérant l'institut médico-pédagogique « *ne pouvait être retenue du chef de la situation personnelle de la victime mais exclusivement au regard des conditions de placement du mineur ayant commis le fait dommageable* ». Par la suite, la Cour explique qu'en l'espèce, l'auteur du dommage « *n'ayant pas été confié (...) par une décision de justice, la responsabilité de cette association ne pouvait être recherchée que sur le fondement contractuel* ». En somme, en l'absence de placement judiciaire de l'auteur du dommage, la responsabilité de l'association gérant l'institut médico-pédagogique est fondée sur le lien contractuel existant entre elle et la victime. La responsabilité est fondée sur le manquement à une obligation contractuelle de sécurité contenue dans ces contrats. L'institut médico-pédagogique doit assurer la sécurité de ses usagers et peut à ce titre être responsable. Il reste à caractériser cette obligation de sécurité. Sur ce point, la Cour de cassation a tendance à admettre l'existence d'une simple obligation de sécurité de moyens[42]. Le gardien matériel s'engage à mettre tout en œuvre pour assurer la sécurité de la personne gardée.

Cette responsabilité contractuelle du gardien matériel à l'égard de la personne dont il assure la garde matérielle doit, dans cette hypothèse, s'articuler avec la responsabilité de plein droit du gardien intellectuel de l'auteur du dommage. Autrement dit, la personne placée sous la garde matérielle d'autrui victime d'une autre personne placée sous la garde matérielle de la même personne peut rechercher soit la responsabilité contractuelle de son gardien matériel, soit la responsabilité délictuelle du gardien intellectuel de l'auteur du dommage.

**826. La responsabilité des autres gardiens matériels. Les solutions issues de l'application de la loi du 2 janvier 2002.** Ainsi que nous l'avons observé[43], la loi n° 2002-2 du 2 janvier 2002 a rénové le statut des usagers des établissements sociaux et médico-sociaux. Il résulte de ce texte, complété par un décret n° 2004-1274 du 26 novembre 2004, qu'un contrat de séjour est signé pour les placements dans les établissements sociaux et médico-

---

[39] J.-M. LHUILLIER, *Les conséquences du développement du droit des usagers sur la responsabilité dans les établissements et services sociaux et médico-sociaux*, *RDSS* 2001, pp. 563-571, *spéc.* pp. 566-567.

[40] Civ. 2e, 24 mai 2006, *Bull. civ.* II, n° 136, *précit.* On observera toutefois qu'à une époque, les chambres de la Cour de cassation étaient divisées quant à la nature de la responsabilité d'une personne morale ou physique recevant la garde matérielle d'un mineur. Ainsi, si la première Chambre civile défendait l'application de la responsabilité contractuelle, la deuxième Chambre civile appliquait la responsabilité délictuelle *cf.* par exemple : Civ. 1re, 21 juin 1977 et Civ. 2e, 5 mai 1978, *JCP G* 1979, II, 19066, note F. CHABAS.

[41] Aix-en-Provence, 11 mars 2004, *Juris-Data* n° 2004-237506.

[42] *Cf. infra* n° 836.

[43] *Cf. supra* n° 110.

sociaux. Toutefois, ce contrat ne s'applique qu'aux placements d'une durée supérieure à deux mois et peut être refusé par l'usager.

Ainsi, lorsqu'un mineur est confié par ses parents à un institut médico-pédagogique, la responsabilité de cet établissement à l'égard du mineur est par principe de nature contractuelle. Le mineur victime doit invoquer un manquement à l'obligation de sécurité. Toutefois, si le placement est inférieur à deux mois ou si le représentant légal du mineur refuse ce contrat de séjour, la responsabilité est de nature délictuelle.

b. La responsabilité du gardien public

**827. Solution traditionnelle et solution issue de la loi de 2002.** En principe, lorsqu'une personne gardée est confiée à un établissement public, on admet que la responsabilité de cet établissement à l'égard de la personne gardée est de nature extracontractuelle. Cette solution est toutefois remise en cause pour les établissements sociaux et médico-sociaux par la loi du 2 janvier 2002. En effet, lorsqu'un contrat de séjour est signé, la responsabilité est une responsabilité de nature contractuelle. La responsabilité sera donc fondée sur un manquement à l'obligation de sécurité de moyens. Par ailleurs, si le contrat est un contrat civil, l'affaire devrait être jugée par le juge judiciaire.

***2. La personne gardée matériellement victime d'une personne gardée intellectuellement par le même gardien***

**828.** Nous avons déjà constaté que, dans certaines hypothèses, il est possible qu'une seule et même personne exerce simultanément un pouvoir de garde intellectuelle sur certaines personnes et uniquement un pouvoir de garde matérielle sur d'autres. Si la personne gardée intellectuellement peut être victime d'un dommage causé par la personne gardée matériellement, l'inverse est également possible. Cette hypothèse correspond, en particulier, au placement des mineurs dans un établissement social ou médico-social. Ainsi, un institut médico-pédagogique peut héberger des mineurs placés en exécution d'une décision judiciaire d'assistance éducative et des mineurs placés selon une procédure de placement administratif. Il convient dès lors de déterminer la nature de la responsabilité du gardien, lorsque la personne placée sous sa seule garde matérielle est victime d'une personne placée sous sa garde intellectuelle. Nous avons vu que la loi n° 2002-2 du 2 janvier 2002 et le décret n° 2004-1274 du 26 novembre 2004 ont profondément remanié le statut des usagers des établissements sociaux et médicaux sociaux. Ces changements ne sont pas sans influence sur le droit de la responsabilité. Aussi, pouvons-nous distinguer les solutions retenues sous l'empire du droit antérieur à la loi du 2 janvier 2002 et du décret du 26 novembre 2004 **(a)** et celles issues de l'application de ces textes **(b)**.

a. Solutions antérieures à la loi du 2 janvier 2002 et au décret du 26 novembre 2004

**829. Le placement dans un établissement privé.** Avant la loi du 2 janvier 2002, on admettait en général que le placement d'un mineur dans un établissement social ou médico-social de droit privé par ses parents aboutissait à la conclusion d'un contrat entre le mineur et cet établissement[44]. Dans l'absolu, deux responsabilités peuvent être envisagées. D'une part, en se fondant sur le contrat existant entre la victime et le gardien matériel, on peut invoquer une responsabilité de nature contractuelle. D'autre part, en se fondant sur le pouvoir de garde intellectuelle exercé sur l'auteur du dommage, on peut invoquer la responsabilité de plein droit du fait de la personne gardée. L'alternative est importante. Tandis que l'invocation du contrat emporte l'application d'une responsabilité fondée sur une obligation de sécurité de moyens, l'invocation de la responsabilité du fait de la personne gardée permet à la victime de bénéficier d'une responsabilité de plein droit.

---

[44] *Cf. supra* n° 110.

*A priori*, en application du principe du non-cumul des responsabilités délictuelle et contractuelle, nous devrions écarter la responsabilité délictuelle du fait de la personne gardée. Il n'en demeure pas moins que cette solution n'est guère satisfaisante. En effet, elle exclut l'application de la responsabilité de plein droit du fait des personnes gardées. Autrement dit, il faudrait admettre que le gardien intellectuel d'autrui pourrait échapper à la responsabilité de plein droit du fait des personnes gardées, lorsque le dommage a été causé à une personne sur laquelle il exerce uniquement un pouvoir de garde matérielle. Corrélativement, il faudrait en déduire que, dans cette hypothèse, la victime d'une personne gardée ne peut bénéficier de la responsabilité de plein droit du fait des personnes gardée. De telles conséquences semblent peu en accord avec la volonté d'élaborer un système cohérent et équilibré de responsabilité du fait non professionnel d'autrui.

Afin de rétablir une certaine cohérence, plusieurs solutions sont possibles. L'une d'entre elles consiste à maintenir la responsabilité contractuelle et à substituer une obligation de sécurité de résultat à l'actuelle obligation de sécurité de moyens. Toutefois, une telle solution pourrait aboutir à une application de l'obligation de sécurité de résultat pour tous les dommages causés à une personne gardée matériellement. Ceci paraît excessif.

On comprend dès lors que le choix de la responsabilité contractuelle n'est guère satisfaisant. Une autre solution propose de revenir sur le principe du non-cumul des responsabilités délictuelle et contractuelle. Présentement, il serait nettement plus judicieux de recourir à la responsabilité délictuelle du fait de la personne gardée. La victime bénéficierait alors d'une responsabilité de plein droit. Aucune distinction ne serait faite entre les victimes. Cette solution pourrait facilement être retenue. Il conviendrait pour cela d'écarter le principe du non-cumul des responsabilités délictuelle et contractuelle[45]. Or, on ne peut nier que ce principe est ignoré par certains droits étrangers[46] et de plus en plus contesté en France. Non sans raisons, l'avant-projet Catala de réforme du droit des obligations et de la prescription propose de l'écarter pour la réparation des dommages corporels[47]. Par ailleurs, on peut observer que dans son arrêt du 24 mai 2006, la Cour de cassation a affirmé, à propos d'un dommage causé par un mineur gardé matériellement à un autre mineur gardé matériellement, que l'auteur du dommage « *n'ayant pas été confié* [à l'association] *par décision de justice, la responsabilité de cette association ne pouvait être recherchée que sur le fondement contractuel* ». *A contrario*, on pourrait en déduire que, lorsque l'auteur du dommage est placé sur le fondement d'une décision judiciaire, la responsabilité délictuelle du fait d'autrui pourrait être invoquée. Le lien contractuel entre la victime et le gardien intellectuel de l'auteur du dommage ne devrait pas s'y opposer. Certes, une telle lecture reste incertaine. Il n'en demeure pas moins que cette solution serait opportune.

Mais, on pourrait également suggérer la disparition de l'obligation de sécurité dans de tels contrats. L'action de la victime serait alors nécessairement délictuelle.

**830. Le placement dans un établissement public.** Avant la loi du 2 janvier 2002, on retenait que le mineur placé avec le consentement de ses parents dans un établissement public social ou médico-social n'était pas dans une situation contractuelle mais réglementaire[48].

---

[45] Sur ce principe : G. VINEY, *Introduction à la responsabilité*, *op. cit.*, n$^{os}$ 216-231, pp. 611-635.

[46] La thèse du cumul des responsabilités délictuelles et contractuelles est ainsi admise en Allemagne, en Suisse, en Italie en Grèce ou encore au Japon. *Cf.* G. VINEY, *Introduction à la responsabilité*, *op. cit.*, n° 217, p. 613.

[47] Article 1341 de l'Avant-projet de réforme du droit des obligations et de la prescription : « *En cas d'inexécution d'une obligation contractuelle, ni le débiteur ni le créancier ne peuvent se soustraire à l'application des dispositions spécifiques à la responsabilité contractuelle pour opter en faveur de la responsabilité extracontractuelle. Toutefois, lorsque cette inexécution provoque un dommage corporel, le cocontractant peut, pour obtenir réparation de ce dommage, opter en faveur des règles qui lui sont plus favorables* ».

[48] *Cf. supra* n° 110.

Dès lors, s'il est victime d'un dommage causé par un autre mineur gardé intellectuellement par la même personne, rien ne s'oppose à ce qu'il invoque la responsabilité de plein droit fondée sur la garde intellectuelle du mineur. En somme, on ne peut qu'être frappé par la diversité des solutions retenues en fonction des établissements. Toutefois, si l'adoption de la loi du 2 janvier 2002 a unifié le statut des usagers des établissements sociaux et médicaux-sociaux en prévoyant la conclusion d'un contrat de séjour, elle n'a pas pour autant mis fin à la diversité des solutions envisageables, puisqu'un tel contrat ne sera pas systématiquement conclu.

b. Solutions issues de l'application de la loi du 2 janvier 2002 et du décret du 26 novembre 2004

**831. L'existence d'un contrat de séjour.** La loi n° 2002-2 du 2 janvier 2002 et le décret n° 2004-1274 du 26 novembre 2004 ont prévu qu'un contrat de séjour peut être conclu pour les placements non contraignants d'une durée supérieure à deux mois. Cette règle s'applique aussi bien aux établissements privés qu'aux établissements publics. Dans une telle hypothèse, il faut donc admettre que le mineur gardé matériellement est lié par un contrat à son gardien. Si le mineur gardé matériellement est victime d'un mineur gardé intellectuellement par la même personne, nous nous retrouvons dans la situation précédemment envisagée. Par application du principe du non-cumul, le mineur devrait obligatoirement agir contre son gardien sur le fondement de la responsabilité contractuelle. Dès lors, nous retrouvons la critique développée pour les placements non contraignants des mineurs dans un établissement privé sous l'empire du droit antérieur à la loi du 2 janvier 2002. Toutefois, à présent, cette critique doit être étendue aux placements dans un établissement privé ou public. L'application d'une responsabilité de nature contractuelle empêche l'application de la responsabilité de plein droit du fait de la personne gardée intellectuellement. Dans un souci de cohérence et de logique, il serait sans doute opportun, tout du moins pour les préjudices corporels, d'écarter, dans cette hypothèse, le principe du non-cumul des responsabilités délictuelle et contractuelle ou l'existence d'une obligation de sécurité[49].

**832. L'absence de contrat de séjour.** La loi du 2 janvier 2002 et le décret d'application du 26 novembre ont écarté la conclusion d'un contrat de séjour pour les placements non contraignants d'une durée prévisionnelle inférieure à deux mois et ont précisé que l'usager, ou son représentant légal, peut toujours refuser la conclusion d'un contrat de séjour. Un document individuel de prise en charge est alors établi. Aucun lien contractuel n'existe alors entre l'usager et l'établissement social ou médico-social. Dans ces hypothèses, le mineur gardé matériellement, victime d'un mineur gardé intellectuellement par le même établissement social ou médico-social, peut invoquer la responsabilité de plein droit du fait des personnes gardées intellectuellement. Cette conclusion renforce l'iniquité de la solution applicable en présence d'un contrat de séjour. L'usager aurait tout intérêt à refuser la conclusion d'un contrat de séjour, afin de pouvoir éventuellement bénéficier de l'application de la responsabilité de plein droit du fait des personnes gardées.

**833.** En dehors de ces différentes hypothèses, dans lesquelles une personne gardée matériellement est victime d'un dommage causé par une autre personne gardée intellectuellement ou matériellement par le même gardien, il peut arriver que la personne gardée soit victime d'un acte accompli par son gardien ou par un tiers.

---

[49] *Cf. supra* n° 829.

## B. LA PERSONNE GARDÉE VICTIME D'UN ACTE ACCOMPLI PAR SON GARDIEN OU PAR UN TIERS

**834. Responsabilité délictuelle ou contractuelle.** Précédemment, nous avons observé qu'il n'existe pas systématiquement un contrat entre une personne gardée et son gardien matériel. En effet, la remise d'un enfant mineur par ses parents à ses grands-parents n'entraîne pas la conclusion d'un contrat entre ces derniers et le mineur. De même, depuis la loi du 2 janvier 2002, le placement d'un enfant mineur par ses parents dans établissement médico-social peut s'accompagner, ou non, de la conclusion d'un contrat. En l'absence de contrat entre la personne gardée et le gardien matériel, la personne gardée victime de son gardien, d'un tiers ou d'un accident ne peut invoquer que la responsabilité délictuelle. En revanche, en présence d'un contrat, la personne gardée matériellement peut rechercher la responsabilité contractuelle de son gardien matériel. Son action sera alors fondée sur l'obligation de sécurité contenue dans le contrat.

**835. L'obligation de sécurité du gardien matériel à l'égard du gardé.** Il est possible qu'une personne gardée matériellement soit victime d'un dommage causé par son gardien ou un tiers, ou victime d'un accident et qu'elle soit contractuellement liée à son gardien matériel. Ainsi, un mineur peut être victime d'un dommage alors qu'il se trouvait sous l'autorité d'une baby-sitter, d'une colonie de vacances, ou encore d'une association sportive. De même, cette hypothèse vise les dommages causés à un mineur placé par contrat dans un institut médico-pédagogique et ayant conclu un contrat de séjour. La responsabilité encourue repose alors sur le contrat liant la personne gardée au gardien matériel et plus spécialement sur l'obligation de sécurité qu'il contient. Découvertes à propos des contrats de transports en 1911[50], insérées par le juge de « *vive force dans le*[s] *contrat*[s] »[51], les obligations de sécurité ont proliféré dans l'ensemble des contrats[52]. Même si en apparence « *c'est artifice que de faire entrer là-dedans des bras cassés et des morts d'hommes ; les tragédies sont de la compétence des articles 1382 et suivants du Code civil* »[53], le juge a admis, dans de très nombreux contrats, l'existence d'une obligation de sécurité. Les contrats portant sur la garde matérielle d'autrui ne font pas exception à cette idée. Le gardien matériel d'autrui doit en effet assurer la sécurité de la personne qu'on lui confie. Le régime de ces obligations est néanmoins variable, l'obligation de sécurité est tantôt de moyens, tantôt de résultat.

**836. Une obligation de moyens ou de résultat.** Le plus souvent, l'obligation de sécurité mise à la charge des gardiens matériels est une obligation de moyens. Toutefois, il n'est pas exclu qu'elle soit une obligation de sécurité de résultat.

Ainsi, à propos des baby-sitters, une distinction peut être effectuée en fonction de l'âge des enfants et du caractère professionnel ou non de la garde. Pour la surveillance des jeunes enfants par une nourrice professionnelle, la jurisprudence admet une obligation de résultat[54]. La Cour de cassation ayant précisé que cette obligation pèse sur les gardiennes d'enfants en

---

[50] Civ., 21 novembre 1911, *GAJC*, n° 262 ; *S.* 1912, 1, 73, note CH. LYON-CAEN ; *D.* 1913, 1, 249, note L. SARRUT.

[51] L. JOSSERAND, *Le contrat dirigé*, *D.H.* 1933, pp. 89-92, *spéc.* p. 90 ; *adde* : L. JOSSERAND, *L'essor moderne du concept contractuel*, *in Recueil d'Études en l'honneur de F. GÉNY*, t. 2, *Les sources générales des systèmes juridiques actuels*, Librairie du recueil Sirey, 1934, pp. 333-346 ; L. LEVENEUR, *Le forçage du contrat*, *in Que reste-t-il de l'intangibilité du contrat ?*, *Dr. et Pat.*, mars 1998, pp. 69-77.

[52] G. VINEY et P. JOURDAIN, *Les conditions de la responsabilité*, *op. cit.*, n[os] 498-501-1, pp. 450-473.

[53] J. CARBONNIER, *Droit civil*, t. 4, *Les obligations*, PUF, Thémis Droit privé, 22e éd. refondue, 2000, n° 295, p. 520.

[54] Civ. 1re, 7 juillet 1954, *D.* 1955, 589, note P. ESMEIN ; *JCP G* 1955, II, 8745, note R. SAVATIER ; *RTD civ.* 1955, 497, note H. MAZEAUD ; Civ. 1re, 13 janvier 1982, *Bull. civ.* I, n° 24 ; *RTD civ.* 1982, 769, note G. DURRY.

bas âge, il est permis de penser que, pour des enfants plus âgés, la Cour de cassation se contenterait d'une obligation de moyens[55]. De même, la Cour de cassation ayant retenu la qualité de professionnel de la nourrice, on peut hésiter quant à la transposition de cette solution aux personnes assurant bénévolement la garde matérielle d'un mineur en bas âge. L'admission d'une obligation de moyen pourrait être plus conforme au caractère bénévole de l'engagement du gardien[56]. De telles solutions seraient d'autant moins surprenantes que la haute juridiction n'hésite pas à développer, en la matière, toute une dialectique. Si elle admet qu'une assistante maternelle est tenue d'une obligation de sécurité de résultat quant à la surveillance des mineurs en bas âge, elle affirme que « *la personne, rémunérée ou non, qui se voit confier des enfants en bas âge, n'est tenue que d'une obligation de moyens quant à leur santé* ». Cette solution affirmée, dans un arrêt du 18 novembre 1997[57], ne semble pas constituer un revirement de jurisprudence. Elle établit simplement une distinction. Si on peut exiger d'une assistante maternelle un contrôle très attentif des faits et gestes d'un mineur en bas âge, en imposant une obligation de sécurité de résultat, on ne peut imposer qu'elle garantisse la santé de ce mineur, alors qu'elle n'a *a priori* aucune compétence médicale[58].

En parallèle, la Cour de cassation fait peser une obligation de sécurité de moyens sur certains gardiens matériels d'un mineur. Elle a admis, par exemple, qu'une obligation de sécurité doit être assumée par les personnes recevant la garde matérielle d'un mineur dans le cadre d'un contrat d'enseignement sportif ou intellectuel[59]. De même, la jurisprudence impose une obligation de sécurité de moyens à certaines personnes assurant la garde matérielle d'un mineur en dehors de toute activité d'enseignement. Ceci est notamment valable pour l'organisateur d'une colonie de vacances[60], un centre municipal de loisirs[61] ou une association sportive[62]. En revanche, dès lors que l'obligation de sécurité ne se rattache plus directement à la mission de garde, la jurisprudence admet parfois l'existence d'une obligation de résultat. Ainsi, la Cour de cassation considère l'organisateur d'une colonie de vacances est tenu d'une obligation de sécurité de résultat en ce qui concerne la qualité de l'alimentation[63].

Il résulte de cette jurisprudence que l'élément décisif pour déterminer le degré de l'obligation de sécurité est le degré d'autonomie de la personne gardée. Si elle est

---

[55] En ce sens : J.-M. LHUILLIER, *La responsabilité de la baby-sitter, ou la « nuit juridique », in Drôle(s) de droit(s), Mélanges en l'honneur d'E. ALFANDARI*, Dalloz, 1999, pp. 377-387, *spéc.* pp. 384-385.

[56] J. FROSSARD, *La distinction des obligations de moyens et de résultat*, préf. R. NERSON, LGDJ, Bibl. dr. pr., t. 67, 1965, *spéc.* n[os] 455-456, pp. 260-262. *Contra* : G. DURRY, *La responsabilité de ceux qui se chargent des enfants d'autrui, R..T.D.civ.* 1982, pp. 769-772, *spéc.* p. 771 « *Ainsi devrait-on, selon nous, être aussi sévère pour tous ceux qui acceptent de garder un enfant très jeune, fût-ce bénévolement. Car celui qui accepte de rendre ce service doit savoir qu'il accaparera son attention, parce que telle est la nature de l'obligation qu'il a assumée, serait-elle sans contrepartie* ».

[57] Civ. 1re, 18 novembre 1997, *Bull. civ.* I, n° 318 ; *JCP G* 1998, I, 144, n° 9, obs. G. VINEY ; *RTD civ.* 1998, 116, note P. JOURDAIN ; *D.* 1998, SC, 197, obs. PH. DELEBECQUE ; *Gaz. Pal.* 1998, 2, 450, note I. OMARJEE ; A. CATHELINEAU, *La responsabilité des assistantes maternelles : apparence et réalité, RCA* 1998, chr. 8.

[58] G. VINEY, obs. sous Civ. 1re, 18 novembre 1997, *JCP G* 1998, I, 144, n° 9.

[59] Civ. 1re, 13 février 1969, *Bull. civ.* I, n° 59 ; Civ. 1re, 17 janvier 1995, *Planet Wattohm, Bull. civ.* I, n° 43 ; *D.* 1995, 350, note P. JOURDAIN ; *JCP G* 1995, I, 3853, n[os] 9-14, obs. G. VINEY ; *RGAT* 1995, 529, obs. PH. REMY ; H. GROUTEL, *Obligation de sécurité et responsabilité du fait des choses : enfin !, RCA* 1995, chr. 16.

[60] Civ. 1re, 2 décembre 1975, *Bull. civ.* I, n° 355 ; Civ. 1re, 21 juin 1977, *Bull. civ.* I, n° 287 ; *JCP G* 1979, II, 19066, note F. CHABAS ; Civ. 1re, 27 janvier 1982 (2 arrêts), *Bull. civ.* I, n[os] 47 et 52 ; *RTD civ.* 1982, 768, note G. DURRY ; Civ. 1re, 10 février 1993, *Bull. civ.* I, n° 66 ; *D.* 1993, 605, note J. BONNARD ; Civ. 1re, 10 février 1998, *Bull. civ.* I, n° 57.

[61] Civ. 1re, 1er février 1983, *Bull. civ.* I, n° 47 ; *JCP G* 1984, II, 20129, note F. CHABAS.

[62] Civ. 1re, 16 mai 2006, *Bull. civ.* I, n° 249 ; *LPA*, 25 juillet 2006, 15, note M. BRUSORIO.

[63] Civ. 1re, 2 juin 1981, *Bull. civ.* I, n° 190 ; *RTD civ.* 1982, 769, note G. DURRY.

complètement abandonnée aux mains de son gardien, l'obligation de sécurité devrait être une obligation de résultat. En revanche, si elle dispose d'une certaine autonomie, cette obligation n'est plus qu'une obligation de moyens[64]. On comprend dès lors que la responsabilité personnelle du gardien à l'égard du gardé appelle de nombreuses distinctions reflétant d'une certaine façon la multiplicité des facettes de la mission de garde d'autrui. À cet encadrement de la mission du gardien d'autrui par la responsabilité civile, vient se superposer un encadrement par la responsabilité pénale.

## SECTION 2
## L'INCIDENCE DE LA NOTION DE GARDE D'AUTRUI SUR LA RESPONSABILITÉ PÉNALE DES GARDIENS ET DES TIERS

**837.** L'existence d'une situation de garde d'autrui peut également avoir des conséquences sur le terrain de la responsabilité pénale. Ceci, en soi, n'est guère surprenant. L'établissement d'un pouvoir de garde sur la personne d'autrui est justifié tantôt par l'absence ou l'insuffisance d'autonomie d'une personne, tantôt par la volonté de priver une personne de sa pleine liberté. Dans toutes ces hypothèses, une personne détient un pouvoir exceptionnel sur la personne d'autrui, afin de remplir une mission déterminée dans l'intérêt de la personne et de la société. La loi pénale, assurant le respect de l'ordre social, ne peut se désintéresser d'un tel pouvoir exorbitant. Aussi sanctionne-t-elle, dans certaines hypothèses, l'inexécution du pouvoir de garde **(§ 1)** et les atteintes à ce pouvoir **(§ 2)**.

### § 1. LA SANCTION PÉNALE DE L'INEXÉCUTION DU POUVOIR DE GARDE

**838.** L'attribution d'un pouvoir de garde d'autrui confère à une personne le droit et le devoir de contrôler le mode de vie et les activités quotidiennes d'une autre personne. En sa qualité de pouvoir, la garde d'autrui impose à son titulaire d'agir dans l'intérêt de la personne gardée. Son inexécution totale prive le gardé d'une protection ou de soins justifiés par son infériorité juridique et parfois naturelle. Un grave manquement peut dès lors justifier une sanction pénale. Tandis que certaines infractions sanctionnent une inexécution totale de la mission de garde d'autrui **(A)**, d'autres sanctionnent une mauvaise exécution de cette mission **(B)**.

#### A. L'INEXÉCUTION TOTALE DE LA MISSION DE GARDE D'AUTRUI

**839.** L'inexécution totale de la mission de garde d'autrui se traduit concrètement par un abandon de la personne gardée. Le gardien renonce à exécuter sa mission en dehors de toute décision judiciaire. Une telle renonciation illégale constitue un grave manquement du gardien à ses obligations envers la personne gardée et la société. Le droit pénal entend sanctionner ces comportements. Cette sanction revêt deux formes selon la qualité de la personne gardée ou détenue. L'abandon peut être sanctionné sur le fondement de l'infraction de délaissement d'autrui **(1)** sur celui de l'infraction de connivence à évasion **(2)**.

---

[64] *Cf.* en ce sens : G. DURRY, *La responsabilité de ceux qui se chargent des enfants d'autrui*, *RTD civ.* 1982, pp. 769-772.

### *1. Le délaissement de la personne gardée*

**840.** L'ancien Code pénal confondait les enfants et les personnes hors d'état de se protéger et incriminait leur délaissement dans des textes communs. Le nouveau Code pénal établit maintenant une distinction. Le délaissement d'une personne hors d'état de se protéger est une hypothèse particulière de mise en danger d'autrui. Cette disposition très générale peut s'appliquer à certaines personnes gardées **(a)**. Le délaissement de mineur est rattaché au droit pénal de la famille et peut sanctionner l'attitude de certains gardiens d'un mineur **(b)**. Dans ces deux hypothèses, toutes les personnes amenées à assurer la garde intellectuelle ou la garde matérielle d'autrui peuvent être pénalement sanctionnées pour délaissement.

a. Le délaissement d'une personne hors d'état de se protéger elle-même

**841. L'infraction**. L'article 223-3 du Code pénal incrimine « *le délaissement, en un lieu quelconque, d'une personne qui n'est pas en mesure de se protéger en raison de son âge ou de son handicap physique ou psychique* »[65]. Cette incrimination a pour objectif de sanctionner la personne qui, chargée d'une personne fragile, se défait de ce fardeau. Perçu sous cet aspect, le délaissement apparaît comme l'expression juridique de l'abandon[66]. Autrement dit, le délaissement peut être défini comme « *le fait pour toute personne (parent ou familier de la victime, préposé ou infirmier, etc...) de laisser à sa solitude une personne incapable d'assurer seule sa propre sécurité* »[67]. Auparavant, sous l'empire de l'ancien Code pénal, on considérait que le délaissement était étroitement associé à une obligation de « garde ». Ainsi, Émile Garçon affirmait que le délaissement consiste en « *tout fait matériel par lequel celui qui a la garde d'un enfant ou d'un infirme l'abandonne en disparaissant, l'isole ainsi de lui, sans esprit de retour, pour se décharger du devoir d'en prendre soin, et sans s'être assuré qu'un autre a volontairement consenti à remplir cette obligation* »[68]. Aujourd'hui, pour fonder cette infraction, la notion de garde n'a plus lieu d'être, puisque l'existence d'un lien juridique entre la victime et l'auteur du délaissement n'est pas exigée par l'article 223-3 du Code pénal. Il n'en demeure pas moins que cette infraction est toujours applicable aux situations de garde d'autrui.

De prime abord, cette infraction ne semble pas s'appliquer à toutes les personnes gardées. En effet, on peut estimer que la référence à l'état physique ou psychique de la personne limite son application aux situations de garde d'autrui justifiées par l'absence ou l'insuffisance de l'autonomie de la personne gardée. Cette infraction ne pouvant s'appliquer aux mineurs de moins de quinze ans pour lesquels une infraction spécifique est prévue à l'article 227-1 du Code pénal[69], elle pourrait s'appliquer aux mineurs de plus de quinze ans, si ces derniers présentent des signes de vulnérabilité en raison de leur état physique ou psychique, ou aux handicapés mentaux hospitalisés sous contrainte.

Néanmoins, il n'est pas impossible d'appliquer cette infraction à toutes les personnes gardées ou détenues. L'instauration d'un pouvoir particulièrement contraignant les place dans une situation d'infériorité qui les rend vulnérables. L'infraction de délaissement d'une

---

[65] Sur cet infraction : F. DREIFUSS-NETTER, *Délaissement d'une personne hors d'état de se protéger*, *J.-Cl. Pénal Code*, art. 223-3 et 223-4, 2000 ; A. GOUTTENOIRE-CORNUT, *Abandon d'enfant ou de personne hors d'état de se protéger*, *Rép. pén. Dalloz*, 2002, n[os] 3-24 ; pp. 2-4 ; M. VÉRON, *Droit pénal spécial*, Armand Colin, 10e éd., 2004, n[os] 148-149, p. 97 ; M.-L. RASSAT, *Droit pénal spécial, Infractions des et contre les particuliers*, Dalloz, 5e éd., 2006, n[os] 352-353, pp. 397-398 ; J. PRADEL et M. DANTI-JUAN, *Manuel de droit pénal spécial, Droit commun, Droit des affaires*, Éditions Cujas, 3e éd. revue et augmentée au 1er juillet 2004, 2004, n[os] 672-675, pp. 469-470.

[66] M.-L. RASSAT, *op. cit.*, n°352, p. 397.

[67] F. DREIFUSS-NETTER, *art. précit.*, n° 7, p. 3.

[68] E. GARÇON, *Code pénal annoté*, éd. par M. ROUSSELET, M. PATIN et M. ANCEL, Librairie Sirey, 1956, t. 2, art. 348 à 353, n° 20, p. 361.

[69] *Cf. infra* n° 843.

personne hors d'état de se protéger pourrait alors être invoquée par un détenu ou un prisonnier. On remarque d'ailleurs, à la lecture de certains arrêts, que l'infraction de délaissement a pu être invoquée à l'encontre du personnel d'un établissement pénitentiaire à la suite du suicide d'un détenu[70].

**842. La sanction**. Cette infraction constitue en principe un délit sanctionné par une peine de cinq ans d'emprisonnement et de 750 000 euros d'amende[71]. Elle se transforme en crime, puni de quinze ans de réclusion criminelle, si le délaissement a entraîné une mutilation ou une infirmité permanente, et de vingt ans s'il a provoqué la mort[72]. Par ailleurs, dans tous les cas, les coupables encourent l'interdiction des droits civiques, civils et de famille et les peines complémentaires énumérées par l'article 223-17 du Code pénal. À côté de cette infraction générale, le Code pénal a prévu une infraction spécifique pour les mineurs de quinze ans.

b. Le délaissement d'un mineur de quinze ans

**843. L'infraction**. L'article 227-1 du Code pénal incrimine le « *délaissement d'un mineur de quinze ans en un lieu quelconque* »[73]. Cette infraction est constituée par le seul fait que la victime est un mineur de quinze ans ou moins. Elle n'exige pas que le mineur délaissé soit hors d'état de se protéger en raison de son état physique ou psychique. Cependant, le Code pénal écarte cette infraction « *si les circonstances ont permis d'assurer la santé et la sécurité* » du mineur. Dès lors, si le mineur est remis à une institution ou à une personne désireuse de s'en charger, notamment en vue d'une adoption, l'infraction n'est pas constituée. De nouveau, la généralité du texte interdit de réserver l'infraction aux personnes tenues d'une obligation juridique à l'égard d'un mineur. Un individu qui trouverait un nouveau-né dans un jardin et qui l'abandonnerait dans un terrain vague pourrait être condamné sur le fondement de l'article 227-1 du Code pénal[74]. Il n'en demeure pas moins que cette infraction sera plus facilement admise contre le gardien du mineur, qui a l'obligation de le protéger.

**844. La sanction**. La peine encourue pour cette infraction dépend des conséquences du délaissement. L'infraction constitue en principe un délit puni de sept ans d'emprisonnement et de 100 000 euros d'amende[75]. Cependant, si le délaissement a entraîné une mutilation ou une infirmité permanente, l'infraction devient un crime puni de vingt ans de réclusion criminelle. Si le délaissement est suivi de la mort du mineur, la durée de la réclusion criminelle peut être portée à trente ans[76]. Par ailleurs, dans tous les cas, les personnes physiques coupables de ces infractions encourent également les peines complémentaires de l'article 227-29 du Code pénal.

Ainsi, le délaissement permet de sanctionner pénalement les gardiens intellectuels ou matériels d'autrui, qui abandonneraient volontairement la personne gardée et renonceraient par conséquent à leur mission de garde. Lorsque le pouvoir de garde est justifié par la seule volonté de priver une personne de sa liberté, notamment parce qu'elle a commis une

---

[70] Crim., 17 octobre 2000, pourvoi n° 00-80.937 ; Crim., 2 mars 2004, pourvoi n° 03-82.987.

[71] Article 223-3 du Code pénal.

[72] Article 223-4 du Code pénal.

[73] Sur cette infraction : F. DREIFUSS-NETTER, *Délaissement de mineur*, *J.-Cl. Pénal Code*, art. 227-1 et 227-2, 1998 ; A. GOUTTENOIRE-CORNUT, *Abandon d'enfant ou de personne hors d'état de se protéger*, *art. précit.*, n$^{os}$ 25-50, pp. 4-7 ; M. VÉRON, *op. cit.*, n$^{os}$ 322-323, pp. 199-200 ; M.-L. RASSAT, *op. cit.*, n$^{os}$ 352-353, pp. 397-399 ; J. PRADEL et M. DANTI-JUAN, *op. cit.*, n$^{os}$ 664-671, pp. 466-469.

[74] F. DREIFUSS-NETTER, *Délaissement de mineur*, *art. précit.*, n° 14, p. 4.

[75] Article 227-1 du Code pénal.

[76] Article 227-2 du Code pénal.

infraction, le gardien peut également être sanctionné sur le fondement de l'infraction de connivence à évasion.

### *2. La connivence dans l'évasion d'une personne gardée ou détenue*

**845. L'infraction**. L'article 434-33 du Code pénal incrimine « *le fait, par toute personne chargée de sa surveillance, de faciliter ou de préparer, même par abstention volontaire, l'évasion d'un détenu* »[77].

On constate immédiatement que le champ d'application de cet article repose sur la notion de personne détenue. Cette notion est définie par l'article 434-28 du Code pénal. Globalement, cette catégorie vise l'ensemble des personnes retenues dans le cadre d'une procédure pénale[78]. En revanche, sont exclues les personnes faisant l'objet d'une détention administrative, dont les étrangers en situation irrégulière et les malades mentaux faisant l'objet d'un internement administratif. Si on peut admettre que cette disposition ne vise pas les handicapés mentaux, puisque l'inexécution totale de la mission de garde pourrait constituer l'infraction de délaissement d'une personne hors d'état de se protéger, on peut se demander si on ne devrait pas modifier cette infraction et l'étendre aux gardiens d'étrangers en situation irrégulière. En l'état du droit positif, on pourrait simplement envisager l'infraction d'aide à l'entrée et au séjour irréguliers prévue par l'article L. 622-1 du Code de l'entrée et du séjour des étrangers et du droit d'asile.

En ce qui concerne l'infraction proprement dite, il est notable que le Code pénal punit plus sévèrement que les simples tiers ces gardiens, lorsqu'ils laissent volontairement s'évader un prisonnier. En effet, s'ils sont complices de l'évasion, leur responsabilité est plus lourde que celle d'un complice ordinaire, puisque leur faute ne consiste pas seulement à s'associer au délit de l'évadé, mais également à violer leur devoir professionnel. Aussi, le législateur ne les considère pas seulement comme des complices, mais comme les auteurs d'une infraction autonome, plus grave que celle commise par le détenu et qui peut être poursuivie, même lorsque l'évadé n'est pas punissable.

La connivence à évasion suppose un acte volontaire du gardien, qui consiste à préparer ou à faciliter l'évasion d'un prisonnier. Cet acte peut être un acte positif ou négatif. La simple abstention du gardien suffit à consommer l'infraction, dès lors que cette abstention est volontaire et ne constitue pas une simple négligence. En somme, la renonciation dans la garde du prisonnier est susceptible d'engager la responsabilité pénale du gardien.

**846. La sanction**. Le délit de connivence des gardiens de prisonniers et de détenus est puni de dix ans d'emprisonnement et de 150 000 euros d'amende. Ces peines peuvent s'accompagner d'une privation des droits civiques, civils et de famille, ainsi que d'une interdiction professionnelle. La connivence des gardiens revêt une nature criminelle lorsque le concours apporté consiste en la fourniture ou l'usage d'une arme ou d'une substance explosive ou incendiaire ou toxique. Elle est alors passible de quinze ans de réclusion criminelle et de 225 000 euros d'amende.

---

[77] Sur cette infraction : D. THOMAS, *Évasion, remise ou sortie irrégulière d'objets*, *J.-Cl. Pénal Code*, art. 434-27 à 434-37, 2003, n[os] 111-130, pp. 18-20 ; P. BEAU, *Évasion*, *Rép. pén.*, Dalloz, 1998, n[os] 90-102, pp. 10-11 ; M. VÉRON, *op. cit.*, n[os] 628-630, pp. 380-381 ;

[78] Article 434-28 du Code pénal : « *Pour l'application du présent paragraphe, est regardée comme détenue toute personne :*

*1° Qui est placée en garde à vue ;*

*2° Qui se trouve en instance ou en cours de présentation à l'autorité judiciaire à l'issue d'une garde à vue ou en exécution d'un mandat d'amener ou d'arrêt ;*

*3° Qui s'est vu notifier un mandat de dépôt ou un mandat d'arrêt continuant de produire effet ;*

*4° Qui exécute une peine privative de liberté ou qui a été arrêtée pour exécuter cette peine ;*

*5° Qui est placée sous écrou extraditionnel.* »

En résumé, on peut constater que l'abandon volontaire de sa mission par le gardien intellectuel ou matériel d'autrui peut être pénalement sanctionné sur le fondement de l'infraction de délaissement. Par ailleurs, l'abandon volontaire de sa mission par le gardien d'un prisonnier peut, dans certaines circonstances, être pénalement sanctionné sur le fondement de l'infraction de connivence dans l'évasion. De telles infractions permettent ainsi de sanctionner un grave manquement à la mission de garde. Si le législateur semble avoir une conception relativement cohérente en sanctionnant pénalement l'inexécution totale de la mission de garde d'autrui, il semble beaucoup moins cohérent lorsqu'il envisage la mauvaise exécution de cette mission.

## B. LA MAUVAISE EXÉCUTION DE LA MISSION DE GARDE D'AUTRUI

**847.** La personne investie d'un pouvoir de garde dispose de prérogatives exceptionnelles dans l'intérêt de la personne gardée et de la société. Si les infractions de délaissement des mineurs et des personnes hors d'état de se protéger ont pour objectif d'assurer un certain respect de cette mission, elles ne sont pas suffisantes. Il est en effet fort possible que le gardien d'autrui n'abandonne pas totalement la personne gardée, mais exécute mal sa mission. Le droit pénal n'ignore pas la mauvaise exécution de la mission de garde d'autrui. Toutefois, le souci d'établir une certaine cohérence entre les différentes situations de garde d'autrui révèle l'incomplétude des dispositions du droit pénal. Le législateur s'est surtout intéressé à la condition des mineurs et a un peu ignoré les autres personnes gardées. En outre, le système retenu pour les mineurs n'est pas parfait. Aussi, ce système d'infractions pénales, visant à sanctionner la mauvaise exécution du pouvoir de garde, peut être développé **(1)**. Pour les majeurs gardés, le système d'infractions pénales reste à élaborer **(2)**.

### *1. Un système d'infractions à développer pour la garde des mineurs*

**848.** L'exercice de l'autorité parentale confère un ensemble de droits et de devoirs aux parents dans l'intérêt de l'enfant et de la société. Le pouvoir de garde, permettant de contrôler son mode de vie et ses activités quotidiennes, constitue la prérogative centrale de cette autorité. Certaines infractions pénales spécifiques peuvent être rattachées à une inexécution ou à une mauvaise exécution de ce pouvoir de garde. Ainsi, la défaillance dans l'exercice du pouvoir de garde peut être pénalement sanctionnée, lorsqu'elle se traduit par une privation d'aliments ou de soins à l'égard d'un mineur **(a)**, ou lorsqu'un parent se soustrait à son obligation de garde **(b)**.

#### a. La privation d'aliments ou de soins envers un mineur : la mauvaise exécution du pouvoir de garde matérielle d'un mineur

**849. L'infraction *de lege lata*.** L'article 227-15 du Code pénal incrimine « *le fait, par un ascendant ou toute autre personne exerçant à son égard l'autorité parentale ou ayant autorité sur un mineur de quinze ans, de priver celui-ci d'aliments ou de soins au point de compromettre sa santé* »[79]. Cette infraction n'est pas dénuée d'ambiguïtés[80]. On peut s'interroger sur le sens à donner à l'expression « *personnes exerçant (…) l'autorité parentale ou ayant autorité sur un mineur* ». La détermination des obligations non respectées à l'origine de cette infraction nous fournit d'utiles informations sur ce point. En effet, cette infraction suppose une privation d'aliments ou de soins. Dès lors, il semblerait que cette infraction

[79] Sur cette infraction : J. AMAR, *Privation d'aliments ou de soins envers un mineur*, *J.-Cl. Pénal*, art. 227-15 et 227-16, 2005 ; A. GOUTTENOIRE-CORNUT, *Abandon d'enfant ou de personne hors d'état de se protéger, art. précit.*, n$^{os}$ 53-86, pp. 7-10 ; M. VÉRON, *op. cit.*, n$^{os}$ 345-346, p. 211 ; M.-L. RASSAT, *op. cit.*, n$^{os}$ 298-299, pp. 338-339 ; J. PRADEL et M. DANTI-JUAN, *op. cit.*, n$^{os}$ 591-596, pp. 431-434.

[80] A. GOUTTENOIRE-CORNUT, *art. précit.*, n° 62, p. 8.

sanctionne une défaillance dans la prise en charge matérielle de l'enfant[81], c'est-à-dire une défaillance dans sa garde matérielle. Cette infraction devrait donc s'appliquer à toutes les personnes assurant la garde matérielle d'un mineur. En utilisant expressément la notion de garde d'autrui, nous pouvons retenir que cet article incrimine en réalité « *le fait, par une personne* ***ayant la garde matérielle d'un mineur****, de priver celui-ci d'aliments ou de soins au point de compromettre sa santé* ». Cette reformulation de l'article 227-15 du Code pénal ne modifie en rien sa portée. Elle se rapproche de celle de l'article 312 de l'ancien Code pénal qui visait toutes les « *personnes chargées de la garde* » de l'enfant.

**850. L'infraction *de lege ferenda*.** Selon l'article 227-15 du Code pénal, l'infraction de privation de soins ou d'aliments envers un mineur est limitée aux mineurs de quinze ans. Or, le pouvoir de garde matérielle existe sur les enfants jusqu'à leur majorité. Il est envisageable que les mineurs de quinze à dix-huit ans fassent l'objet de mauvais traitements. On peut dès lors envisager un alignement de cette infraction sur la durée d'exercice du pouvoir de garde. Cette solution serait en accord avec celle retenue pour délimiter le domaine temporel de l'infraction d'abandon matériel ou moral d'un mineur[82].

**851. La sanction.** En principe, la privation de soins ou d'aliments constitue un délit puni de sept ans d'emprisonnement et de 100 000 euros d'amende[83], ainsi que des peines complémentaires de l'article 227-29. Toutefois, en cas de mort du mineur, l'infraction constitue un crime puni de trente ans de réclusion criminelle[84].

En parallèle à cette infraction, visant en particulier les gardiens matériels d'un mineur, vient se superposer une infraction rattachée à la garde intellectuelle d'un mineur.

b. L'abandon moral ou matériel d'enfant

**852. L'infraction *de lege lata*.** Si certaines infractions sanctionnent certains manquements dans l'exécution de la mission de garde des mineurs[85], l'article 227-17 du Code pénal constitue une disposition générale sanctionnant une mauvaise exécution dans la mission de garde intellectuelle du mineur. Cet article incrimine « *le fait, par le père ou la mère, de se soustraire, sans motif légitime, à ses obligations légales, au point de compromettre la santé, la sécurité, la moralité ou l'éducation de son enfant mineur* »[86]. Cette disposition soulève quelques interrogations. Si la détermination du champ d'application de cet article quant aux victimes ne pose aucun problème, il n'en est pas de même pour les personnes responsables. En effet, il est manifeste que cet article s'applique à tous les mineurs victimes d'un abandon moral ou matériel. Le champ d'application de cette infraction est dès lors plus vaste que celui de la privation de soins ou du délaissement de mineur retreint aux mineurs de quinze ans. En ce qui concerne les personnes responsables, l'article 227-17 du Code pénal vise très largement les père et mère. *A priori*, l'absence de référence à l'exercice de l'autorité parentale dans le texte permet de considérer que seul le lien de filiation conditionne les poursuites. L'exercice de l'autorité parentale ou du pouvoir de garde ne semble pas nécessaire[87]. Néanmoins, on ne peut oublier que cette infraction a pour objectif de sanctionner un manquement des parents à leurs obligations légales. Dès lors, elle suppose l'existence d'un pouvoir sur la personne du mineur et ne se fonde pas exclusivement sur l'existence d'un lien

---

[81] A. GOUTTENOIRE-CORNUT, *art. précit.*, n° 105, p. 12.

[82] *Cf. infra* n^os^ 852-854.

[83] Article 227-15 du Code pénal.

[84] Article 227-16 du Code pénal.

[85] Par ex. : le non-respect de l'obligation scolaire prévu à l'article 227-17-1 du Code pénal.

[86] Sur cette infraction : A. GOUTTENOIRE-CORNUT, *art. précit.*, n^os^ 88-120, pp. 11-14 ; M. VÉRON, *op. cit.*, n^os^ 347-250, pp. 211-213 ; M.-L. RASSAT, *op. cit.*, n^os^ 673-675, pp. 703-705.

[87] A. GOUTTENOIRE-CORNUT, *art. précit.*, n° 93, p. 11.

de filiation[88]. Plus précisément, si on retient que ce manquement doit avoir pour conséquence de compromettre gravement la sécurité, la santé, la moralité ou l'éducation de l'enfant, on peut estimer que cette infraction vise la prérogative principale de l'autorité parentale, c'est-à-dire le pouvoir de garde intellectuel. En effet, on a tendance à considérer que l'abandon moral ou matériel du mineur a pour objectif de sanctionner des défaillances parentales dans l'éducation ou le gouvernement moral de l'enfant. Lorsqu'il s'agit d'une défaillance dans la prise en charge matérielle de l'enfant, on devrait plutôt avoir recours à la privation d'aliments et de soins de l'article 227-15 du Code pénal[89].

**853. L'infraction *de lege ferenda*.** On peut s'interroger sur l'opportunité d'étendre le domaine d'application de cette infraction à tous les gardiens intellectuels de mineurs. En effet, il est possible qu'une personne physique ou morale exerce le pouvoir de garde intellectuelle en lieu et place des parents. Il serait dès lors logique de les sanctionner pareillement, si elles manquent à leur mission de garde au point de compromettre la santé, la moralité et la sécurité de l'enfant qui leur a été confié. *De lege feranda*, l'article 227-17 du Code pénal pourrait être ainsi rédigé : « *Le fait, par* ***le gardien intellectuel d'un mineur****, de se soustraire sans motif légitime, à ses obligations légales au point de compromettre la santé, la sécurité, la moralité ou l'éducation* ***d'un*** *enfant mineur est puni de deux ans d'emprisonnement et de 30 000 euros d'amende* ».

**854. La sanction**. L'abandon matériel ou moral de mineurs est puni de deux ans d'emprisonnement et de 30 000 euros d'amende. En outre, le coupable encourt les peines complémentaires de l'article 227-29 du Code pénal et cette infraction est assimilée à celle d'abandon de famille pour l'application de l'article 373, 3° du Code civil entraînant la perte de l'autorité parentale.

À partir des textes en vigueur, il serait donc possible de développer un système d'infraction applicable aux gardiens intellectuels et matériels des mineurs. Pour les majeurs, un tel système reste encore à élaborer.

***2. Un système d'infractions à élaborer pour la garde des majeurs***

**855. *De lega lata* : l'absence d'infractions spécifiques**. Le droit positif ne comporte aucune infraction spécifique concernant la mauvaise exécution de la garde des personnes majeures. Seule l'inexécution totale est sanctionnée[90]. Par ailleurs, un recours aux infractions en vigueur semble insuffisant. L'infraction de non-assistance à personne en péril[91] pourrait être utilisée pour sanctionner une mauvaise exécution de la mission de garde d'autrui. Cette infraction est d'ailleurs souvent invoquée à l'encontre du personnel pénitentiaire après le suicide d'un détenu[92]. Toutefois, cette infraction est subordonnée à l'existence d'un péril. Or, une infraction destinée à sanctionner la mauvaise exécution de la garde d'autrui devrait réprimer le fait de mettre en péril la personne gardée. Tandis que le péril est la condition préalable de l'omission de porter secours, le péril devrait être un élément constitutif de l'infraction destinée à sanctionner la mauvaise exécution de la garde d'autrui.

**856. *De lege ferenda* : l'instauration d'infractions spécifiques.** Afin de sanctionner la mauvaise exécution de la mission de garde d'un majeur, il faudrait instaurer une infraction spécifique. On peut toutefois s'interroger sur l'opportunité de sanctionner pénalement de tels

---

[88] M. VÉRON, *op. cit.*, n° 347, p. 212.

[89] A. GOUTTENOIRE-CORNUT, *art. précit.*, n° 106, p. 12.

[90] *Cf. supra* n^os^ 841-842, 845-846.

[91] Article 223-6, alinéa 2 du Code pénal.

[92] Crim., 17 octobre 2000, pourvoi n° 00-80937 ; Crim., 25 septembre 2001, pourvoi n° 01-81524 ; Crim., 14 novembre 2001, pourvoi n° 01-80814.

comportements. Sur ce point, on ne peut que constater la volonté du législateur de sanctionner les mauvais traitements et l'abandon matériel et moral des mineurs. Ces infractions se fondent sur l'infériorité des mineurs qui sont placés sous l'autorité d'autrui jusqu'à leur majorité et sur la spécificité de ce rapport d'autorité. Ces infractions spécifiques viennent sanctionner le mauvais comportement du gardien, détenteur d'un pouvoir exorbitant sur la personne d'autrui. Or, les majeurs gardés sont placés sous la même autorité contraignante que les mineurs. Ils peuvent également être victimes d'un mauvais exercice de ce pouvoir de garde. Il est dès lors logique de transférer les infractions retenues et généralisées pour les mineurs aux majeurs gardés.

**857. Synthèse : les sanctions pénales de la mauvaise exécution du pouvoir de garde d'autrui**. Si on admet une transposition des infractions relatives à la mauvaise exécution du pouvoir de garde d'autrui aux majeurs, il serait possible de retenir deux infractions susceptibles de s'appliquer aux gardiens des mineurs et des majeurs.

La première infraction aurait pour objectif de sanctionner la privation volontaire d'aliments ou de soins, c'est-à-dire la mauvaise exécution du pouvoir de garde matérielle. En reprenant la formulation de l'article 227-15 du Code pénal, on pourrait proposer l'infraction suivante : « ***le fait, par une personne ayant la garde matérielle d'autrui, de priver la personne gardée d'aliments ou de soins au point de compromettre sa santé est puni de sept ans d'emprisonnement et de 100 000 euros d'amende*** ».

La seconde infraction aurait, quant à elle, pour objectif de sanctionner la mauvaise exécution de la mission de garde intellectuelle d'autrui, c'est-à-dire d'organisation, de direction et de contrôle du mode de vie d'autrui. En reprenant la formulation de l'article 227-17 du Code pénal, on pourrait soumettre l'infraction suivante : « ***Le fait, par le gardien intellectuel d'autrui, de se soustraire sans motif légitime, à ses obligations légales au point de compromettre la santé, la sécurité, la moralité ou l'éducation de la personne gardée est puni de deux ans d'emprisonnement et de 30 000 euros d'amende*** ».

En somme, de telles infractions permettraient d'établir un système complet d'infractions pénales sanctionnant l'inexécution de ce pouvoir exorbitant sur la personne d'autrui qu'est le pouvoir de garde d'autrui. Par ailleurs, si le droit pénal prescrit au gardien d'autrui de bien exécuter sa mission, il impose également aux tiers de ne pas porter atteinte au pouvoir de garde d'autrui.

## § 2. LA SANCTION PÉNALE DE L'ATTEINTE AU POUVOIR DE GARDE

**858.** Le droit pénal peut également assurer la protection du pouvoir de garde en sanctionnant les atteintes qui pourraient lui être portées par un tiers. Ainsi, il peut sanctionner l'obstruction d'un tiers à l'exercice du pouvoir de garde **(A)** et la soustraction de la personne gardée par un tiers **(B)**.

### A. L'OBSTRUCTION DU POUVOIR DE GARDE

**859.** L'exercice régulier du pouvoir de garde peut être entravé par l'intervention d'un tiers. Cette dernière revêt des aspects différents selon la situation de la personne gardée. Lorsque la garde de la personne est justifiée par son absence totale ou partielle d'autonomie naturelle, l'obstruction du tiers peut être sanctionnée sur le fondement de la non-représentation de personne **(1)**. En revanche, lorsque la garde est justifiée par la volonté de priver une personne de sa liberté et de son autonomie, l'intervention du tiers dans l'exécution régulière du pouvoir de garde ne peut être sanctionnée que si elle constitue une connivence dans l'évasion de la personne gardée ou détenue **(2)**.

***1. La non-représentation de personne***

**860.** En droit positif, l'infraction de non représentation de personne n'existe qu'à propos des mineurs. Le délit de non-représentation de l'enfant est destiné à assurer le respect de droits sur la personne du mineur. Plus précisément, les auteurs admettent que cette infraction est rattachée à la garde du mineur[93]. Dans une perception globale de la garde d'autrui, il nous semble que cette infraction spécifique à la garde des mineurs **(a)** pourrait être transposée à la garde des handicapés mentaux majeurs **(b)**.

a. La non-représentation de mineur

**861. L'infraction**. L'article 227-5 du Code pénal incrimine « *le fait de refuser indûment de représenter un enfant mineur à la personne qui a le droit de le réclamer* »[94]. Il sanctionne ainsi le fait de ne pas représenter un enfant mineur non seulement à ceux qui ont le droit de le réclamer en vertu d'une décision de justice provisoire ou définitive, ou d'une convention judiciairement homologuée, mais aussi à ceux qui tiennent leur droit de la loi. Plus précisément, en assurant le respect du « *droit de réclamer* » un enfant mineur, l'article 227-5 du Code pénal protège les détenteurs du pouvoir de garde intellectuel ou d'un droit de visite, puisque ces droit et pouvoir permettent de « *réclamer* » la garde matérielle d'un enfant mineur.

Cette infraction a de multiples applications. Elle permet de sanctionner le gardien d'un mineur qui refuse de respecter le droit de visite d'un tiers, mais aussi le bénéficiaire d'un droit de visite qui ne respecterait pas le droit du gardien intellectuel de reprendre l'enfant auprès de lui. La non-représentation d'enfant pourrait néanmoins être justifiée dans certaines hypothèses. L'article 227-5 du Code pénal sanctionne uniquement les personnes qui refusent « *indûment* » de représenter l'enfant. Certaines décisions ont justifié le refus de remettre l'enfant par l'existence d'un danger pour l'enfant[95] et notamment du risque d'un enlèvement du mineur à l'étranger[96]. En revanche, la Cour de cassation reconnaît que la résistance de l'enfant ne constitue « *ni une excuse légale ni un fait justificatif à moins de circonstances exceptionnelles* »[97]. Rarement admises, ces circonstances peuvent se trouver dans l'âge du mineur proche de la majorité[98] ou dans les mauvais traitements infligés précédemment aux enfants[99]. À défaut, le prévenu doit user de son autorité pour vaincre la résistance du mineur sous peine de commettre le délit.

**862. La sanction**. L'infraction de non-représentation de mineur est sanctionnée d'un an d'emprisonnement et de 15 000 euros d'amende[100]. Le coupable encourt par ailleurs les peines complémentaires de l'article 227-29 du Code pénal. Les peines sont portées à trois ans d'emprisonnement et 45 000 euros d'amende, si l'enfant est retenu au-delà de cinq jours sans que ceux qui ont le droit de le réclamer sachent où il se trouve, ou s'il est retenu indûment

[93] *Cf.* par ex. : M.-L. RASSAT, *op. cit.*, n° 655, pp. 686-688.

[94] Sur cette infraction : A. GOUTTENOIRE, *Atteintes à l'autorité parentale (Non-représentation d'enfant - Soustraction de mineur), Rep. pén.*, Dalloz, 2003, n$^{os}$ 5-46, pp. 2-6 ; M. VÉRON, *op. cit.*, n$^{os}$ 330-333, pp. 204-206 ; M.-L. RASSAT, *op. cit.*, n$^{os}$ 654-659, pp. 685-692 ; J. PRADEL et M. DANTI-JUAN, *op. cit.*, n$^{os}$ 649-661, pp. 456-464.

[95] Crim., 15 décembre 1976, *Bull. crim.*, n° 368.

[96] Dijon, 19 décembre 1984, *Gaz. Pal.* 1985, 1, 256, note J.-P. DOUCET ; *RSC* 1985, 812, obs. G. LEVASSEUR.

[97] Crim., 21 février 1973, *Bull. crim.*, n° 92 ; Crim., 18 avril 1988, *D.* 1989, 461, note J.-F. RENUCCI ; Crim., 17 juin 1992, *Bull. crim.*, n° 245.

[98] Crim., 14 mars 1972, *JCP G* 1973, II, 17405, note M.R.

[99] Crim., 15 décembre 1976, *Bull. crim.*, n° 368.

[100] Article 227-5 du Code pénal.

hors du territoire de la République[101]. De telles peines permettent ainsi d'assurer le respect du pouvoir de garde. On peut dès lors s'interroger sur l'éventuelle transposition de cette infraction aux handicapés mentaux majeurs.

b. La non-représentation de handicapé mental majeur hospitalisé sous contrainte

**863. Objectifs de l'infraction de non-représentation de handicapé mental majeur gardé**. Des similitudes apparaissent immédiatement entre la condition des mineurs et celle des handicapés mentaux hospitalisés sous contrainte. Elles se caractérisent toutes les deux par l'existence d'un pouvoir de garde justifié par une absence ou une insuffisance d'autonomie naturelle. Or, si le délit de non-représentation de mineur permet d'assurer l'effectivité du droit de visite ou d'hébergement d'un tiers, il permet également d'assurer le respect des prérogatives du gardien intellectuel du mineur, qui, en sa qualité de principal organisateur de la vie du mineur, peut, par principe, reprendre l'enfant mineur auprès de lui et décider de son lieu de vie. Dans cette seconde hypothèse, il est manifeste que la finalité du délit de non-représentation est la protection du mineur. Le pouvoir de garde intellectuelle est conféré afin de protéger le mineur. Par conséquent, toute mesure permettant de protéger ce pouvoir assure la protection de la personne gardée. Dès lors, la reconnaissance d'un délit de non-représentation des handicapés mentaux majeurs permettrait d'assurer l'efficacité du pouvoir de garde des établissements psychiatriques et la protection de la personne gardée.

**864. L'infraction de non-représentation de handicapé mental majeur hospitalisé sous contrainte**. Concrètement, cette infraction pourrait être constituée à l'occasion d'une sortie d'essai. Un tiers pourrait s'interposer dans la garde du handicapé mental et empêcher, sans pour autant l'enlever ou le séquestrer, sa restitution à son gardien intellectuel. Si un tel comportement est sanctionné pour les mineurs gardés, il serait sans doute opportun d'introduire une infraction similaire pour les handicapés mentaux gardés. En transposant l'article 227-5 du Code pénal, on pourrait retenir l'infraction suivante : « ***Le fait de refuser indûment de représenter un handicapé mental hospitalisé sous contrainte à la personne qui a le droit de le réclamer est puni d'un an d'emprisonnement et de 15 000 euros d'amende*** ».

L'adjonction d'un délit de non-représentation de handicapé mental à celui de non-représentation de mineur permettrait ainsi de sanctionner l'entrave d'un tiers à l'exercice régulier du pouvoir de garde. Ces délits se distinguent naturellement de la connivence d'un tiers dans l'évasion d'un détenu ou d'un prisonnier, qui a pour objectif de sanctionner l'intervention d'un tiers dans l'exercice du pouvoir de garde ou de détention de l'autorité publique sur un prisonnier.

***2. La connivence dans l'évasion d'une personne gardée ou détenue***

**865. L'infraction**. L'article 434-32 du Code pénal incrimine « *le fait, par toute personne, de procurer à un détenu tout moyen de se soustraire à la garde à laquelle il était soumis* ». Selon l'article 434-28 du Code pénal, le terme de « *détenu* » vise ici les personnes retenues dans le cadre d'une enquête ou d'une condamnation pénale[102]. En revanche, il ne désigne pas les étrangers en situation irrégulière ainsi que les malades mentaux faisant l'objet d'un internement administratif. En l'état du droit positif, pour les étrangers retenus, nous pouvons simplement envisager l'application de l'infraction d'aide à l'entrée et au séjour irréguliers. Il n'est pas évident que cette infraction corresponde exactement à l'hypothèse présentement envisagée. Si on souhaite avoir une conception globale des atteintes à la garde ou à la détention d'autrui, il serait sans doute souhaitable, ainsi que nous l'avons déjà observé à propos de la connivence des gardiens[103], d'étendre le domaine d'application de la

[101] Article 227-9 du Code pénal.
[102] *Cf.* note 78.
[103] *Cf. supra* n° 845.

connivence des tiers à toutes les personnes dont la garde ou la détention est exclusivement justifiée par la volonté de les priver de leur liberté. Concrètement, cette infraction sanctionne l'intervention volontaire d'un tiers dans la mission de garde ou de détention d'un prévenu ou d'un prisonnier. Par un acte positif, il les aide à échapper au pouvoir de garde ou de détention, qui s'impose à eux.

**866. La sanction**. Par principe, le délit de connivence à évasion est puni de trois ans d'emprisonnement et de 45 000 euros d'amende. Par ailleurs, aux termes de l'article 434-44 du Code pénal, l'interdiction des droits civils, civiques et de famille et la confiscation de la chose, qui a servi ou était destinée à commettre l'infraction, peuvent être ordonnées. La durée de l'emprisonnement et le montant de l'amende sont susceptibles d'être augmentés dans certaines circonstances, notamment en cas de violence, d'effraction ou de corruption[104].

Ainsi, l'admission de telles infractions permet de sanctionner les tiers qui tenteraient d'entraver l'exercice régulier du pouvoir de garde. L'intervention d'un tiers est parfois plus forte. Elle ne consiste plus en une simple attitude d'obstruction, mais en un enlèvement ou une soustraction de la personne gardée ou détenue.

## B. LA SOUSTRACTION DE LA PERSONNE GARDÉE

**867.** La soustraction de la personne gardée par un tiers constitue une très forte atteinte au pouvoir de garde et à la sécurité de la personne gardée. Le Code pénal ne comporte aucune disposition spécifique pour la soustraction des personnes majeures gardées. Néanmoins, les dispositions générales relatives à l'enlèvement d'une personne peuvent s'appliquer **(1)**. En revanche, il a organisé tout un système d'infractions à propos de la soustraction des mineurs **(2)**.

### *1. La soustraction de majeur*

**868. L'infraction**. L'article 224-1 du Code pénal incrimine « *le fait, sans ordre des autorités constituées et hors les cas prévus par la loi, d'arrêter, d'enlever, de détenir ou de séquestrer une personne* »[105]. De prime abord, cette infraction très générale permet d'assurer le respect de la liberté personnelle. L'élément fondamental est la privation de liberté d'aller et venir. Toutefois, il est également permis de penser que cette infraction, caractérisée par l'appréhension physique d'une personne, protège également le pouvoir de garde ou de détention sur la personne d'autrui. En effet, cet article précise que seules les personnes autorisées par la loi ou une autorité publique peuvent retenir une personne. En conséquence, le fait pour une personne, ne disposant ni d'un pouvoir de garde ou de détention sur la personne d'autrui, ni d'une autorisation légale, judiciaire, ou conventionnelle, d'arrêter, d'enlever, de détenir et de séquestrer une personne peut être pénalement sanctionné. Dans cette hypothèse, l'infraction d'enlèvement et de séquestration protège à la fois la personne gardée et le pouvoir du gardien d'autrui.

**869. La sanction**. Le crime d'enlèvement, de séquestration, de détention ou d'arrestation est puni en principe de vingt ans de réclusion criminelle, mais la peine peut être réduite à cinq ans d'emprisonnement avec une amende de 75 000 euros si la victime est libérée volontairement avant le septième jour depuis son appréhension. Les peines complémentaires de l'article 224-9 du Code pénal peuvent également être prononcées.

---

[104] Article 434-27 du Code pénal.

[105] Sur cette infraction : M.-L. RASSAT, *Enlèvement, arrestation, détention et séquestration arbitraires*, *J.-Cl. Pénal Code*, art. 224-1 à 224-5, 2003 ; M. VÉRON, *op. cit.*, n[os] 184-189-2, pp. 116-119 ; M.-L. RASSAT, *op. cit.*, n[os] 369-380, pp. 415-428 ; J. PRADEL et M. DANTI-JUAN, *op. cit.*, n[os] 324-345, pp. 275-286.

Par ailleurs, le Code pénal contient plusieurs dispositions permettant de prononcer des peines plus lourdes en présence de circonstances aggravantes[106]. En marge de ces dispositions générales, le Code pénal comporte des dispositions spécifiques pour la soustraction des mineurs.

### *2. La soustraction de mineur*

**870.** Afin d'assurer le respect du pouvoir de garde sur les mineurs et d'assurer aux mineurs l'entière protection et la sécurité dues à leur jeune âge, le Code pénal sanctionne la soustraction de mineur par un ascendant **(a)** et la soustraction de mineur par une personne autre qu'un ascendant **(b)**.

a. La soustraction de mineur par un ascendant

**871. L'infraction**. L'article 227-7 du Code pénal incrimine « *le fait, par tout ascendant, de soustraire un enfant mineur de ceux qui exercent l'autorité parentale ou auxquels il a été confié ou chez qui il a sa résidence* »[107]. Tandis que la non représentation de mineur réprime une attitude passive d'obstruction, cette infraction sanctionne l'acte positif d'enlèvement. Concrètement, elle constitue une atteinte à la garde matérielle du mineur. Toutefois, son objectif ne se limite pas à la protection de la garde matérielle. La soustraction d'un mineur le prive de la protection de ses gardiens intellectuels et matériels. L'objectif de cette infraction est donc bien d'assurer la protection des diverses prérogatives de l'autorité parentale.

La référence à « *ceux qui exercent l'autorité parentale ou auxquels il a été confié ou chez qui il a sa résidence* » peut dès lors sembler ambiguë. Elle n'apporte aucune précision pertinente pour la compréhension de l'infraction. Cette dernière est constituée par l'enlèvement de l'enfant et cet enlèvement porte atteinte à l'ensemble des prérogatives de l'autorité parentale, dont le pouvoir de garde. En revanche, il convient de préciser la qualité de l'« *ascendant* » à l'origine de l'infraction. En effet, cette qualité désigne aussi bien les grands-parents que les parents du mineur. Néanmoins, on ne peut reprocher aux ascendants, qui disposent de l'intégralité du pouvoir de garde intellectuelle - c'est-à-dire d'un pouvoir de garde intellectuelle non dénué du droit d'hébergement - ou qui ont reçu la garde matérielle du mineur par convention ou décision judiciaire[108], d'enlever l'enfant. Par opposition, si un ascendant n'exerce qu'un pouvoir de garde intellectuelle privé de la faculté de prendre l'enfant auprès de lui, il devrait être possible de le poursuivre pénalement s'il venait à enlever l'enfant[109]. En définitive, l'infraction serait mieux caractérisée si l'article 227-7 du Code pénal se contentait d'incriminer « *le fait, par tout ascendant, **d'enlever un enfant mineur. Cette infraction ne peut être constituée lorsque l'ascendant dispose de l'intégralité du pouvoir de garde intellectuelle ou lorsqu'il a reçu la garde matérielle du mineur par convention ou décision judiciaire*** ».

Par ailleurs, on peut observer qu'à la différence de l'article 356 de l'ancien Code pénal, l'article 227-7 du nouveau Code pénal n'exige pas que la soustraction se fasse sans fraude ou violence. Dès lors, si l'infraction se fait avec fraude ou violence, on pourrait admettre, en vertu du principe *specialia generalibus derogant*, que cet article écarte les dispositions plus

---

[106] Articles 224-2 à 224-5-2 du Code pénal.

[107] Sur cette infraction : F. DREIFUSS-NETTER, *Atteintes à l'exercice de l'autorité parentale*, *J.-Cl. Pénal Code*, art. 227-5 à 227-11, 2001, n^os^ 42-61, pp. 10-12 ; A. GOUTTENOIRE, *Atteintes à l'autorité parentale (Non-représentation d'enfant - Soustraction de mineur), art. précit.*, n^os^ 47-85, pp. 6-10 ; M. VÉRON, *op. cit.*, n^os^ 335-336, p. 207 ; M.-L. RASSAT, *op. cit.*, n° 653, pp. 684-685 ; J. PRADEL et M. DANTI-JUAN, *op. cit.*, n^os^ 633-639, pp. 449-452.

[108] Il s'agit de la remise d'un enfant à un tiers sur le fondement de l'article 373-3 du Code civil. *Cf. supra* n^os^ 311-313.

[109] Si le mineur est confié à un tiers sur le fondement de l'article 373-3 du Code civil, le tiers exerce le pouvoir de garde matérielle et les parents conservent le pouvoir de garde intellectuelle. En principe, ils ne peuvent pas, de leur propre initiative, reprendre l'enfant auprès d'eux. Ils exercent un pouvoir de garde intellectuelle diminué. *Cf. supra* n° 313.

sévères de l'article 224-1 du Code pénal[110]. Toutefois, la majorité des auteurs estiment, au contraire, que dans l'hypothèse où l'ascendant userait de violence ou de fraude, il faudrait appliquer les dispositions plus sévères relatives à l'enlèvement et à la séquestration de l'article 224-1 du Code pénal[111]. On pourrait également estimer qu'une séquestration succède à une soustraction réalisant ainsi un cumul d'infractions[112].

**872. La sanction**. Les peines principales réprimant la soustraction de mineur par un ascendant sont relativement modérées, afin de tenir compte du contexte de conflit familial dans lequel s'inscrit le comportement réprimé. L'ascendant est passible d'un emprisonnement d'un an et d'une amende de 15 000 euros et les peines complémentaires de l'article 227-29 du Code pénal peuvent être prononcées. Les peines sont portées à trois ans d'emprisonnement et à 45 000 euros d'amende, si le mineur a été retenu plus de cinq jours sans que ceux qui ont le droit de le réclamer sachent où il se trouve ou s'il est retenu indûment hors du territoire de la République[113] ou si le coupable a été déchu de l'autorité parentale[114].

b. La soustraction de mineur par une personne autre qu'un ascendant

**873. Les infractions.** Lorsque la soustraction d'un mineur est le fait d'une personne autre qu'un ascendant, l'article 227-8 du Code pénal exige que l'acte soit commis sans fraude ni violence[115]. L'enlèvement commis avec violence ou avec fraude est sanctionné sur le fondement de l'enlèvement de droit commun commis avec la circonstance aggravante de minorité[116]. Ces infractions assurent le respect des prérogatives de l'autorité parentale. Le consentement du mineur ne saurait les justifier. En ce qui concerne l'auteur de l'infraction, il convient d'admettre qu'il s'agit de toutes les personnes, autres que les ascendants, qui ne disposent pas du pouvoir de garde intellectuelle ou du pouvoir de garde matérielle. En effet, si une personne a reçu la garde matérielle d'un mineur et refuse de le restituer à ses parents, titulaires de l'exercice du pouvoir de garde intellectuelle, son comportement ne devrait pas être incriminé sur le fondement de l'enlèvement, mais sur celui de la non-représentation de mineur[117]. En somme, il conviendrait d'admettre que l'article 227-8 du Code pénal incrimine « *le fait, par une personne autre que celles mentionnées à l'article 227-7,* ***d'enlever****, sans fraude ni violence, un enfant mineur.* ***L'enlèvement réalisé avec violence ou fraude est sanctionné sur le fondement de l'article 224-1. Ces infractions ne peuvent être constituées lorsque la personne a la garde intellectuelle ou la garde matérielle du mineur*** ».

**874. La sanction**. L'enlèvement d'un mineur par une personne autre qu'un ascendant est puni plus sévèrement. La soustraction du mineur réalisée sans fraude ni violence est passible de cinq ans d'emprisonnement et de 75 000 euros d'amende, ainsi que des peines complémentaires de l'article 227-29 du Code pénal. L'enlèvement qui a été réalisé avec violence ou fraude est passible des peines prévues pour l'enlèvement de droit commun. Ces peines sont aggravées lorsque la victime est un mineur de quinze ans[118].

---

[110] M.-L. RASSAT, *op. cit.*, n° 650, pp. 681-682.

[111] A. GOUTTENOIRE, *art. précit.*, n° 59, pp. 7-8 ; M. VÉRON, *op. cit.*, n° 335, p. 207.

[112] J. PRADEL et M. DANTI-JUAN, *op. cit.*, n° 636, pp. 450-451.

[113] Article 227-9 du Code pénal.

[114] Article 227-10 du Code pénal.

[115] Sur cette infraction : F. DREIFUSS-NETTER, *Atteintes à l'exercice de l'autorité parentale*, *art. précit.*, n[os] 42-61, pp. 10-12 ; A. GOUTTENOIRE, *art. précit.*, n[os] 47-85, pp. 6-10 ; M. VÉRON, *op. cit.*, n[os] 337-338, pp. 207-208 ; M.-L. RASSAT, *op. cit.*, n[os] 651-652, pp. 682-684 ; J. PRADEL et M. DANTI-JUAN, *op. cit.*, n[os] 640-648, pp. 452-456.

[116] Articles 224-1 à 224-5 du Code pénal.

[117] A. GOUTTENOIRE, *art. précit.*, n° 69, p. 9 ; J. PRADEL et M. DANTI-JUAN, *op. cit.*, n[os] 640-648, pp. 452-456.

[118] Article 224-5 du Code pénal.

# CONCLUSION DU CHAPITRE 2

**875.** L'attribution d'un pouvoir de garde d'autrui à une personne s'accompagne corrélativement de la possibilité de rechercher sa responsabilité si elle ne respecte pas ses obligations. Par ses spécificités et son caractère exceptionnel, ce pouvoir de garde influe sur la responsabilité du fait personnel du gardien d'autrui.

En premier lieu, il influe sur sa responsabilité civile et justifie l'instauration de tout un système de responsabilité. Ainsi, la responsabilité du gardien intellectuel d'autrui à l'égard de la personne gardée est de nature délictuelle. Très souvent, la personne gardée recherchera sa responsabilité sur le fondement de la preuve d'une faute simple. L'absence de qualification de la faute ne signifie toutefois pas que les spécificités de la garde d'autrui ne doivent pas être prises en compte par le juge. Au contraire, l'analyse *in abstracto* de la faute permet de justifier certains comportements liés à l'autorité reconnue par le pouvoir de garde. Lorsque la garde matérielle est transmise à un tiers, la responsabilité de ce tiers à l'égard de la personne gardée est, par principe, de nature contractuelle et le gardien matériel est tenu d'une obligation de sécurité de moyens. Cette solution doit néanmoins être écartée lorsque la personne, placée sous sa garde matérielle, est victime d'une personne, placée sous sa garde intellectuelle et matérielle. La responsabilité contractuelle du fait personnel du gardien doit alors être écartée au profit de sa responsabilité délictuelle du fait d'autrui.

En second lieu, le pouvoir de garde influe sur sa responsabilité pénale. Le gardien d'autrui exerce un pouvoir exorbitant du droit commun dans l'intérêt de la personne gardée et de la société. L'abandon et la mauvaise exécution de sa mission peuvent être pénalement sanctionnés. Le système existant n'a pas pleinement pris en compte cette idée. Toutes les situations de garde d'autrui ne sont pas traitées de la même façon. Le législateur s'est surtout intéressé aux mineurs. Dans une approche globale de la garde d'autrui, il nous a semblé logique de proposer de compléter l'arsenal des infractions. Ainsi, devraient être sanctionnés l'abandon total du pouvoir de garde, mais aussi la mauvaise exécution du pouvoir de garde intellectuel et la mauvaise exécution du pouvoir de garde matérielle. Ces infractions sanctionnant des comportements volontaires et d'une particulière gravité auraient pour objectif d'inciter au respect et au bon exercice du pouvoir de garde.

**876.** Par ailleurs, la garde d'autrui influe sur la responsabilité du fait personnel des tiers. En effet, la garde d'autrui justifie l'instauration d'infractions pénales applicables aux tiers, afin d'assurer son respect. Sont ainsi sanctionnés pénalement des comportements constitutifs d'une obstruction au pouvoir de garde ou la soustraction de la personne gardée. De nouveau, une adaptation et une généralisation des infractions existantes peuvent être proposées afin de tenir compte de l'émergence d'une conception globale de la garde et des spécificités liées à son éventuelle scission en une garde intellectuelle et une garde matérielle.

# CONCLUSION DU TITRE 2

**877.** L'influence de la conception renouvelée de la garde d'autrui sur le droit de la responsabilité du fait personnel pourrait être importante. Tout d'abord, on pourrait estimer que l'affirmation d'un système de responsabilité du fait d'autrui fondé sur la garde intellectuelle d'autrui devrait s'accompagner d'une immunité au profit de la personne gardée. Cette idée, défendue par certains auteurs, n'est toutefois pas exigée par la notion de garde d'autrui. En effet, si l'existence d'une situation de garde d'autrui établit un transfert du pouvoir décisionnel de la personne gardée au profit de son gardien, il est néanmoins possible que la personne gardée dispose d'une certaine liberté objective et subjective, lorsqu'elle est pleinement consciente de ses actes. Cette liberté objective et subjective, support d'un certain pouvoir décisionnel, peut fonder la responsabilité personnelle de la personne gardée. En somme, l'existence d'une situation de garde d'autrui ne peut annihiler la responsabilité personnelle de la personne gardée. En revanche, elle peut souligner, dans certaines hypothèses, l'absence de liberté subjective. Or, dans une perception de la responsabilité fondée sur la liberté individuelle, il est légitime d'écarter la responsabilité de la personne privée de liberté subjective. Il conviendrait dès lors de revenir sur les solutions de l'Assemblée plénière de la Cour de cassation du 9 mai 1984 et supprimer l'article 489-2 du Code civil. Les dommages causés par des personnes atteintes de troubles mentaux non placées sous la garde d'autrui devraient être pris en charge à titre subsidiaire par un fonds d'indemnisation.

**878.** Ensuite, la garde d'autrui influe sur la responsabilité civile ou administrative du gardien d'autrui. Ce pouvoir exorbitant sur la personne d'autrui justifie que la responsabilité de son détenteur soit recherchée sur le fondement d'une faute simple et non d'une faute qualifiée. L'appréciation de la faute par le juge est suffisante pour prendre en considération les spécificités de la mission de garde d'autrui. Par ailleurs, l'éventuelle scission en une garde matérielle et une garde intellectuelle rejaillit sur le droit de la responsabilité et peut justifier certains aménagements, comme la mise à l'écart du principe du non-cumul des responsabilités délictuelle et contractuelle ou de l'obligation de sécurité dans certains contrats.

**879.** Enfin, la garde d'autrui influe sur la responsabilité pénale du gardien d'autrui et des tiers. Le pouvoir de garde d'autrui constitue une prérogative exorbitante du droit commun, attribuée dans certaines circonstances dans l'intérêt d'une personne et de la société. L'ordre social est dès lors hautement concerné par le respect de ce pouvoir sur autrui. Aussi, le droit pénal peut assurer sa bonne exécution et son respect en sanctionnant de graves comportements du gardien ou de tiers s'y opposant. Cet aspect partiellement pris en compte par le droit positif pourrait être renforcé par une généralisation de certaines infractions.

# CONCLUSION DE LA SECONDE PARTIE

**880.** La transposition de la conception unitaire et globale de la garde d'autrui dans le droit de la responsabilité pourrait avoir une influence sur les règles de la responsabilité du fait d'autrui et de la responsabilité du fait personnel. Dans une perspective très générale, la transposition de la garde d'autrui en droit de la responsabilité permet de ciseler un ensemble de règles cohérent et équilibré prenant en compte la situation des gardiens intellectuel et matériel d'autrui, de la personne gardée et des tiers. En somme, ce système de règles est profondément marqué par la notion de garde.

**881.** Tout d'abord, il se caractérise par l'affirmation d'une règle de responsabilité du fait d'autrui en vertu de laquelle : « ***Toute personne physique ou morale, exerçant un pouvoir de garde ou de détention intellectuelle sur une autre, est responsable de plein droit du dommage causé par le fait illicite, de nature non professionnelle, de cette dernière*** ». Cette règle de portée générale, devant être appliquée aussi bien par le juge judiciaire que par le juge administratif, a vocation à se présenter comme la seule responsabilité générale du fait non professionnel d'autrui. En effet, seules les situations de garde ou de détention d'autrui permettent de contrôler le mode de vie d'autrui. Le transfert d'un certain pouvoir décisionnel à un tiers peut justifier la responsabilité de plein droit de ce tiers en cas de dommage causé par la personne gardée ou détenue. En revanche, une personne simplement placée sous la direction d'autrui conserve la maîtrise de son mode de vie. Conservant la plénitude de sa liberté d'action, elle doit être personnellement responsable des dommages qu'elle pourrait causer. Ces dommages ne peuvent entraîner la responsabilité de plein droit d'un tiers. Il est néanmoins toujours possible de rechercher la responsabilité d'un tiers sur le fondement d'une faute.

**882.** Ensuite, en droit des personnes, la notion de garde d'autrui met l'accent sur la nécessaire protection des personnes dénuées de discernement. Cette recherche d'une forte protection rend inique l'admission parallèle d'une responsabilité fondée sur la faute objective. Il est illogique de protéger ces personnes en droit de la personne et d'admettre qu'elles puissent commettre une faute en droit de la responsabilité. Ce paradoxe est d'autant plus gênant qu'il peut avoir pour conséquence d'opposer à une victime dénuée de discernement sa propre faute intervenue dans la réalisation du dommage. Aussi, cet idéal de protection de la personne gardée invite à un retour à la faute subjective. Par ailleurs, il ne convient pas d'admettre une immunité au profit de la personne gardée sous prétexte de l'existence d'une responsabilité de plein droit du fait d'autrui. Dès lors que la personne gardée est consciente de ses actes et dispose d'une parcelle d'autonomie, elle doit pouvoir être responsable personnellement.

**883.** Enfin, la transposition de la notion de garde d'autrui en droit de la responsabilité oriente l'appréciation de la responsabilité civile et pénale du gardien d'autrui et des tiers. En particulier, elle se traduit par un encadrement pénal des graves manquements et atteintes volontaires à la mission de garde d'autrui.

**884.** En définitive, la transposition de la conception unitaire de la garde d'autrui en droit de la responsabilité doit nous faire admettre qu'à ce pouvoir exceptionnel sur autrui s'adjoint un ensemble de responsabilités non moins exceptionnelles.

# CONCLUSION GÉNÉRALE

**885.** L'histoire de la notion de garde d'autrui est marquée par de nombreuses interrogations sur son existence et sa définition. Actuellement, cette notion est en prise avec deux tendances contradictoires. Tandis que le législateur a banni toutes les références apparentes à la notion de garde d'autrui en droit de la famille et l'a reléguée au rang d'attribut innommé de l'autorité parentale, la Cour de cassation et le Conseil d'État l'ont remise en avant en lui conférant le rôle de fondement d'une nouvelle responsabilité de plein droit du fait d'autrui. Toutefois, si la notion de garde d'autrui a été redécouverte par le droit de la responsabilité du fait d'autrui, son étude ne peut se limiter aux solutions dégagées par les hautes juridictions administrative et judiciaire. En effet, une première approche de ces arrêts permet uniquement de constater que cette notion de garde d'autrui est employée à propos du placement des mineurs en danger ou délinquants. Une seconde approche, plus souple, raffine ce constat et nous conduit à admettre que la notion de garde d'autrui peut être rattachée aux pouvoirs, attribués judiciairement, de retenir la personne d'autrui et de contrôler son mode de vie. Toutefois, cette conclusion ne permet toujours pas de déterminer avec précision les contours de la notion de garde d'autrui et son rôle précis au sein de la responsabilité du fait d'autrui. Les incertitudes et les incohérences entourant certaines solutions en attestent. Aussi, constituant un pouvoir sur autrui, la garde d'autrui devait logiquement être appréhendée par l'intermédiaire d'une étude de droit des personnes.

**886.** Une première démarche, fondée sur une étude des différentes manifestations, passées et présentes, de la notion de garde d'autrui n'a pas permis de dégager une conception précise de cette notion. Au contraire, il est apparu que sa perception traditionnelle est profondément éclatée et incomplète. Si le terme de garde est parfois associé à l'exercice d'un pouvoir de rétention sur autrui, ce rattachement ne se vérifie pas systématiquement. Le législateur, la jurisprudence et la doctrine n'hésitent pas à associer cette notion de garde d'autrui à des réalités très différentes et n'emploient pas toujours ce terme pour qualifier des situations pourtant analogues. Or, si on souhaite attacher à la notion de garde d'autrui des conséquences juridiques précises, il est nécessaire de mettre fin à ce désordre.

**887.** Aussi, une seconde démarche nous a conduit à élaborer une conception unitaire de la garde d'autrui en utilisant le lien, mis en avant par la Cour de cassation et le Conseil d'État, entre cette notion et le pouvoir de retenir autrui. Nous avons ainsi pu dégager l'existence de trois situations différentes : la garde, la détention et la direction d'autrui. En outre, il est apparu que la garde et la détention d'autrui comportent deux dimensions : l'une intellectuelle et l'autre matérielle. Ces conclusions peuvent être regroupées et explicitées en trois propositions :

- **Proposition n° 1** : Affirmer que **la garde d'autrui** est la situation dans laquelle une personne exerce sur autrui les pouvoirs de garde intellectuelle, comprenant les pouvoirs de contrôler son mode de vie et de déterminer son lieu de vie, et de garde matérielle, comportant les pouvoirs de contrôler ses activités quotidiennes et de le retenir physiquement.

Ces pouvoirs, attribués par le législateur, le juge ou une autorité administrative, sont indisponibles. Le pouvoir de garde matérielle peut néanmoins être temporairement transmis à un tiers. Ces pouvoirs sont confiés à une personne afin qu'elle remplisse une mission ou effectue une prestation distincte de la simple rétention d'autrui et doivent être exercées dans l'intérêt de la personne et de la société.

- **Proposition n° 2** : Affirmer que **la détention d'autrui** est la situation dans laquelle une personne exerce sur autrui les pouvoirs de détention intellectuelle, comprenant les pouvoirs de contrôler son mode de vie et de déterminer son lieu de vie, et de détention matérielle, comportant les pouvoirs de contrôler ses activités quotidiennes et de le retenir physiquement. Ces pouvoirs, attribués par le législateur, le juge ou une autorité administrative, sont indisponibles. Le pouvoir de détention matérielle peut néanmoins être temporairement transmis à un tiers. Ces pouvoirs ont pour finalité la simple rétention d'autrui dans l'intérêt de la personne et de la société.

- **Proposition n° 3** : Affirmer que **la direction d'autrui** est la situation dans laquelle une personne exerce un pouvoir d'autorité sur autrui ne pouvant être qualifié de pouvoir garde ou de détention.

**888.** Le rattachement de la garde d'autrui au pouvoir de retenir autrui ne présente pas le seul avantage de permettre de dégager une définition de cette notion. Il permet également de déterminer son domaine d'application. Tous les mineurs et toutes les personnes visées à l'article 5 § 1 de la Convention européenne de sauvegarde des droits de l'Homme et des libertés fondamentales peuvent être placés sous la garde d'autrui. La garde constitue ainsi soit une réponse à l'absence ou à l'insuffisance d'autonomie d'une personne, soit une réponse à la volonté de priver une personne de son autonomie. Une telle délimitation ne dispense pas pour autant d'une réflexion sur l'opportunité de reconnaître un pouvoir de garde dans chacune des hypothèses où un tel pouvoir est envisageable. Ainsi, il est apparu qu'il était inopportun d'organiser une procédure visant à instaurer un pouvoir de garde sur les alcooliques, les toxicomanes ou les vagabonds. L'organisation d'une simple procédure d'assistance semble préférable à l'instauration d'un pouvoir extrêmement contraignant sur la personne d'autrui. Par ailleurs, cette réflexion sur l'opportunité de l'existence d'un pouvoir de garde d'autrui nous a amené à écarter toute attribution d'un tel pouvoir aux proches d'un handicapé mental. Seuls les établissements spécialisés devraient pouvoir exercer un tel pouvoir. Cette délimitation du domaine de la garde d'autrui nous conduit à faire la proposition suivante :

- **Proposition n° 4** : Le domaine de la garde d'autrui se limite à l'autorité parentale et à certains cas envisagés par l'article 5 § 1 de la Convention européenne de sauvegarde des droits de l'Homme et des libertés fondamentales. Plus précisément, peuvent être soumis à un pouvoir de garde : les mineurs, les handicapés mentaux hospitalisés sous contrainte, les personnes condamnées pénalement et les personnes atteintes d'une maladie contagieuse.

**889.** En outre, après avoir constaté que la garde et la détention d'autrui partagent le même fondement, mais se distinguent par leurs finalités, nous avons pu déterminer le domaine de la détention d'autrui. Cette délimitation du domaine de la détention d'autrui peut être ainsi résumée :

**- Proposition n° 5** : Le domaine de la détention d'autrui est limité par les dispositions de l'article 5 § 1 de la Convention européenne de sauvegarde des droits de l'Homme et des libertés fondamentales. Plus précisément, peuvent être soumises à un pouvoir de détention : les personnes poursuivies pénalement, les étrangers n'ayant pas respecté les règles de l'immigration et les personnes en état d'ivresse sur la voie publique. Par ailleurs, en présence de circonstances exceptionnelles, les personnes susceptibles de troubler l'ordre public peuvent être détenues à titre préventif.

**890.** La différence entre les composantes intellectuelle et matérielle de la garde et de la détention a permis de s'interroger sur le fonctionnement des différentes situations de garde et détention d'autrui et, en définitive, de suggérer une réorganisation globale de ces relations d'autorité sur autrui autour de ces deux composantes. La conception unitaire de la garde d'autrui se révèle être un instrument particulièrement opportun pour mettre en exergue le fonctionnement des situations de garde d'autrui. On devrait, par exemple, retenir que la remise d'un mineur à un tiers sur le fondement de l'article 375 du Code civil transfère l'intégralité du pouvoir de garde, tandis que celle effectuée sur le fondement de l'article 373-3 du Code civil ne transmet que le pouvoir de garde matérielle. De même, tandis que l'établissement psychiatrique exerce l'intégralité du pouvoir de garde sur les handicapés mentaux internés, il n'exerce plus que le pouvoir de garde intellectuelle sur les handicapés mentaux en sortie d'essai. Toutes les conclusions, dégagées à propos de l'étude de l'organisation des situations de garde et de détention d'autrui, peuvent nous inciter à faire la proposition suivante :

**- Proposition n° 6** : Retranscrire dans les textes la distinction entre, d'une part, la garde intellectuelle et matérielle et, d'autre part, la détention intellectuelle et matérielle, afin de caractériser les pouvoirs des différentes personnes intervenant dans la garde ou la détention d'autrui.

**891.** L'approche unitaire de la garde d'autrui a permis de l'associer étroitement à la liberté individuelle. Cette association de la garde et de la liberté individuelle produit des effets dans le droit de la responsabilité.

**892.** Dans un premier temps, il est apparu que la garde d'autrui pourrait être un facteur de réorganisation de la responsabilité de plein droit du fait non professionnel d'autrui. En effet, si, traditionnellement, aucune conception globale de la responsabilité du fait des personnes gardées ne s'est dégagée, les juges judiciaire et administratif ont progressivement développé un système de responsabilité de plein droit du fait des personnes gardées. L'analyse révèle que certaines solutions jurisprudentielles reposent sur ce que nous avons appelé la garde intellectuelle. Néanmoins, ce fondement n'est pas pleinement consacré, puisque certaines de ces solutions, en apparence fondées sur le pouvoir de contrôle du mode de vie d'autrui et donc sur la garde intellectuelle, sont en réalité fondées sur des pouvoirs correspondant, selon nous, à la notion de garde matérielle. Par ailleurs, la garde intellectuelle d'autrui ne constitue pas systématiquement le fondement de la responsabilité du fait non professionnel d'autrui. En effet, la garde intellectuelle est concurrencée par la direction d'autrui dans son rôle de fondement de la responsabilité du fait non professionnel des handicapés mentaux majeurs. De même, le choix du législateur de fonder la responsabilité des père et mère sur l'exercice de l'autorité parentale pourrait témoigner d'un rejet du critère de la garde intellectuelle. En somme, la conception actuelle de la responsabilité du fait non professionnelle d'autrui manque de cohérence.

**893.** Or, l'utilisation de la conception unitaire de la garde d'autrui pourrait favoriser l'affirmation d'une conception cohérente de la responsabilité du fait non professionnel d'autrui. Dans cette optique, il faut retenir que la responsabilité de plein droit du fait non professionnel d'autrui confère à une personne le rôle de garant de la réparation des préjudices consécutifs aux faits illicites d'une autre personne commis en dehors de son activité professionnelle. La responsabilité de plein droit du fait non professionnel d'autrui devrait dès lors être étroitement acceptée, afin de ne pas éclipser la primauté de la responsabilité individuelle. En effet, si la responsabilité est bien la contrepartie de la liberté individuelle, il convient d'admettre qu'une personne pleinement autonome, intellectuellement et civilement, doit être responsable du dommage qu'elle cause à un tiers et ne devrait pas avoir un garant responsable de plein droit de ses actes. La responsabilité personnelle est la sanction de la faculté décisionnelle d'une personne, c'est-à-dire de son aptitude à contrôler son mode de vie et ses activités quotidiennes. Par conséquent, la responsabilité de plein droit du fait non professionnel d'autrui ne peut exister que dans l'hypothèse où l'auteur du dommage ne dispose pas de l'intégralité de sa liberté objective ou subjective. Une telle conception de la responsabilité du fait d'autrui est en plein accord avec la volonté de respecter l'autonomie de la personne. En somme, la responsabilité du fait non professionnel d'autrui devrait être exclusivement associée aux situations de garde ou de détention d'autrui. Plus exactement, elle devrait être fondée sur l'exercice du pouvoir de garde ou de détention intellectuelle d'autrui, afin de peser sur la personne qui dispose du pouvoir prépondérant sur la personne gardée ou détenue. Cette règle devrait s'appliquer aux personnes publiques et privées assurant la garde ou la détention intellectuelle d'autrui.

**894.** Indéniablement, la réception des notions de garde et de détention dans la responsabilité du fait d'autrui manifesterait une volonté de redonner une certaine place à la responsabilité personnelle. En l'absence de pouvoir de garde ou de détention, il ne serait pas possible de rechercher la responsabilité de plein droit d'un tiers. En revanche, il serait toujours envisageable de rechercher la responsabilité d'une tierce personne sur le fondement d'une faute prouvée. Ainsi, les établissements sociaux et médico-sociaux qui ne disposent pas d'un pouvoir de garde intellectuelle sur leurs usagers, ne devraient pas être responsables de plein droit des dommages que ces derniers pourraient causer. Contrairement à la solution de l'arrêt *Blieck*, rendu par l'Assemblée plénière de la Cour de cassation le 29 mars 1991, il faudrait admettre qu'une association gérant un centre d'aide par le travail ne peut être responsable de plein droit des dommages causés par un de ses membres majeurs. Cette solution serait pleinement en accord avec la volonté proclamée de respecter l'autonomie des personnes handicapées. Le respect de l'autonomie de la personne devrait se traduire, en droit de la responsabilité, par l'absence de garant responsable de plein droit du fait non professionnel d'autrui, lorsque l'auteur du dommage n'est pas placé sous la garde intellectuelle de quelqu'un.

**895.** Finalement, la réception de la garde et de la détention d'autrui dans la responsabilité du fait d'autrui nous conduit à faire la proposition suivante :

> **- Proposition n° 7** : Substituer l'article suivant aux responsabilités du fait d'autrui des alinéas 1$^{er}$ et 4 de l'article 1384 Code civil : « *Toute personne physique ou morale, exerçant un pouvoir de garde ou de détention intellectuelle sur une autre, est responsable de plein droit du dommage causé par le fait illicite, de nature non professionnelle, de cette dernière* ». Cette disposition devrait s'appliquer indifféremment aux personnes privées et aux personnes publiques assurant la garde ou la détention intellectuelle d'autrui.

**896.** L'articulation, mise en évidence par une étude de droit des personnes, entre la garde et la détention d'autrui et la liberté individuelle, pourrait être retranscrite dans le droit de la responsabilité et délimiter ainsi le domaine de la responsabilité du fait d'autrui par rapport à la responsabilité du fait personnel. La réception de la garde et de la détention d'autrui dans le droit de la responsabilité se trouverait alors associée à l'adoption d'une conception de la responsabilité fondée sur la liberté personnelle et à la volonté de redonner une certaine place à la responsabilité du fait personnel. Mais, la transposition de la conception unitaire de la garde d'autrui en droit de la responsabilité pourrait avoir d'autres conséquences et, en particulier, favoriser un retour à la faute subjective. Dénuée de sa liberté subjective, une personne ne devrait pas être responsable. La responsabilité du fait non professionnel d'autrui fondée sur la garde, complétée par l'intervention à titre subsidiaire d'un fonds de garantie, devrait permettre d'assurer l'indemnisation de la victime. En revanche, l'existence d'une situation de garde ou de détention d'autrui ne devrait pas annihiler la responsabilité personnelle de la personne gardée ou détenue, dès lors que cette dernière dispose de sa liberté subjective et d'une partie de sa liberté objective. Ces deux idées aboutissent aux deux propositions suivantes :

> - **Proposition n° 8** : L'adoption d'une responsabilité de plein droit du fait non professionnel de la personne gardée ou détenue ne doit pas entraîner la consécration d'une immunité de responsabilité au profit de la personne gardée ou détenue.
>
> - **Proposition n° 9** : L'adoption d'une responsabilité de plein droit du fait non professionnel d'autrui de la personne gardée ou détenue, complétée par l'intervention d'un fonds de garantie pour les dommages causés par les personnes dénuées de discernement non gardées ou détenues, doit s'accompagner d'un retour à la faute subjective.

**897.** Par ailleurs, l'étude de la responsabilité des gardiens à l'égard des personnes gardées a révélé la nécessité d'adapter certains points de la responsabilité du fait personnel. Il semble ainsi opportun de généraliser le recours à la faute simple lorsque la personne gardée recherche la responsabilité de son gardien.

> - **Proposition n° 10** : Affirmer que la responsabilité des gardiens à l'égard des personnes gardées est fondée sur la preuve d'une faute simple.

**898.** Enfin, la garde et la détention d'autrui constituant des situations exceptionnelles dans laquelle une personne dispose d'un pouvoir particulièrement contraignant sur autrui, une adaptation des infractions pénales existantes peut être recommandée.

> - **Proposition n° 11** : Adapter certaines infractions pénales afin d'assurer la protection des situations de garde d'autrui et de détention d'autrui.

**899.** En somme, le recours au droit des personnes permet l'élaboration d'un système de responsabilité pleinement respectueux de la personne des victimes et des responsables. En effet, la redéfinition de la garde d'autrui, axée sur l'articulation existant entre sa dimension intellectuelle et matérielle et son rattachement à la liberté individuelle, favorise une meilleure compréhension de certaines relations complexes d'autorité sur autrui. Or, cette association étroite de la garde d'autrui et de la liberté personnelle peut être transposée dans le droit de la responsabilité et devenir l'instrument d'une réorganisation de la responsabilité du fait non professionnel d'autrui et d'une redécouverte de la responsabilité individuelle. Loin d'être « *désuète* »[1], « *imprécise* »[2] et « *inutile* »[3], la garde d'autrui apparaît alors comme une notion moderne, précise et utile. Loin d'être une « *notion-fantôme* »[4] se manifestant ponctuellement dans quelques textes juridiques, la garde d'autrui peut être une notion d'une vitalité surprenante pour rapprocher, dans un même régime, des situations juridiques en apparence plus ou moins éloignées. Ainsi est-il permis d'espérer que, parfois, la garde ne meure pas et se rende.

---

[1] M. DOLEZ, *Rapport fait au nom de la commission des lois constitutionnelles, de la législation et de l'administration générale de la République sur la proposition de loi (n° 3074) de M. Jean-Marc Ayrault et les membres du groupe socialiste et apparentés, relative à l'autorité parentale*, *rapp. précit.*, p. 23.

[2] P. MAZEAUD, *Rapport fait au nom de la commission des lois constitutionnelles, de la législation et de l'administration générale de la République sur le projet de loi (n° 617) sur l'exercice de l'autorité parentale*, *rapp. précit.*, p.14.

[3] P. MAZEAUD, *ibid.*

[4] PH. SIMLER, *La notion de garde de l'enfant (sa signification et son rôle au regard de l'autorité parentale)*, *art. préci.*, pp. 685-728, *spéc.* n° 3, p. 690.

# BIBLIOGRAPHIE

## DROIT FRANÇAIS

### I. OUVRAGES GÉNÉRAUX ET SPÉCIAUX

**ABLEIGES (J. D')**, *Le grand coutumier de France*, nouvelle édition par R. DARESTE et E. LABOULAY, A. Durand, 1866.

**ALBERNHE (TH.)** et **TYRODE (Y.)**, *Législation en santé mentale*, t. 2, *Pratique médico-hospitalière*, Duphar Upjohn, 1993.

**ALFANDARI (E.)**, *Action et aide sociales*, 4e éd., Dalloz, 1989.

**ANCEL (M.)**, *La défense sociale nouvelle*, 3e éd., 1981.

**AQUIN (ST. TH. D')**, *Somme théologique*, Les éditions du Cerf, 1985.

**ATIAS (CH.)**, *Épistémologie juridique*, Dalloz, 2002.

**AUBERT (J.-L.)**, *Introduction au droit et thèmes fondamentaux du droit civil*, 10e éd., Armand Colin, 2004.

**AUBRY (CH.)** et **CH.-F. RAU (CH.-F.)**,
- *Droit civil français*, 7e éd. sous la direction de P. ESMEIN et A. PONSARD, t. 1, par A. PONSARD, Librairies Techniques, 1964.
- *Droit civil français*, 7e éd. sous la direction de P. ESMEIN et A. PONSARD, t. 6, par A. PONSARD et N. DEJEAN DE LA BÂTIE, Librairies Techniques, 1975.
- *Droit civil français*, 6e éd. par P. ESMEIN, t. 9, 1953.

**BACACHE-GIBEILI (M.)**, *Les obligations, La responsabilité civile extracontractuelle*, *in Droit civil*, sous la direction de CH. LARROUMET, Tome V, 1re éd., Economica, 2007.

**BAUDRY-LACANTINERIE (G.)**,
- *Traité théorique et pratique de droit civil*, 3e éd., L. Larose et L. Tenin, 1908, t. 5.
- *Traité théorique et pratique de droit civil*, 3e éd., L. Larose et L. Tenin, 1908, t. 15.

**BEAUMANOIR (PH. DE)**, *Les coutumes du Beauvoisis*, nouvelle édition par le comte Beugnot, J. Renouard, 1842, t. 1.

**BÉNABENT (A.)**, *Droit civil, La famille*, 11e éd., Litec, 2003.

**BENOIT (F.-B.)**, *Le droit administratif français*, Dalloz, 1968.

**BENTHAM (J.)**,
- *Traités de législation civile et pénale, Vue générale d'un corps complet de législation*, Bruxelles, 1829.
- *Traités de législation civile et pénale, Principes du Code civil*, Bruxelles, 1829.

**BERGER (V.)**, *Jurisprudence de la Cour européenne des droits de l'Homme*, 9e éd., Sirey, 2004.

**BERNARDET (PH.)**, **DOURAKI (TH.)** et **VAILLANT (C.)**, *Psychiatrie, droits de l'homme et défense des usagers en europe*, érès, 2002.

**BEUDANT (CH.)**, *Cours de droit civil français*, 2e éd., t. 3 bis, *L'état et la capacité des personnes*, avec la collaboration d'A. Breton, Rousseau et Cie, 1936.

**BIGOT (J.)** (dir.), *Traité de droit des assurances*, t. 3, *Le contrat d'assurance*, LGDJ, 2002.

**Blondy (P.)**, **Morin (G. et M.)**, *La réforme de l'administration légale, de la tutelle et de l'émancipation,* t. 1, *Étude de la loi n° 64-1230 du 14 décembre 1964*, 3e éd., Répertoire du Notariat Defrénois, 1972.
**Boistel (A.)**, *Cours de philosophie du droit*, 1899.
**Bonnard (J.)**, *Droit des assurances*, Litec, 2005.
**Bongert (Y.)**, *Quelques aspects de la prison au XVIIIème siècle, in études dédiées à la mémoire de G. Debove*, Travaux et recherches de l'Université de Droit et de la Santé de Lille, Série Mélanges n° 2, PUF 1983, pp. 69-99.
**Borgetto (M.)** et **Lafore (R.)**, *Droit de l'aide et de l'action sociale*, 7e éd., Montchrestien, Domat droit public, 2009.
**Boulanger (F.)**,
- *Droit civil de la famille*, t. 2, *Aspects comparatifs et internationaux*, Economica, 1994.
- *Les rapports juridiques entre parents et enfants, Perspectives comparatistes et internationales*, Economica, 1998.
**Bouloc (B.)**,
- *Pénologie*, 3e éd., Dalloz, 2005.
- *Procédure pénale*, 20e éd., Dalloz, 2006.
**Bouzat (P.)** et **Pinatel (J.)**, *Traité de droit pénal et de criminologie*, t. 1, *Droit pénal général* par P. Bouzat, 2e éd, Dalloz, 1970.
**Brun (Ph.)**, *Responsabilité civile extracontractuelle*, 2e éd., Litec, 2009.
**Caballero (F.)** et **Bisiou (Y.)**, *Droit de la drogue*, 2e éd., Dalloz, 2000.
**Capitant (H.)**, **Terré (F.)** et **Lequette (Y.)**, *Les grands arrêts de la jurisprudence civile*, 11e éd., Dalloz, 2000.
**Carbasse (J.-M.)**, *Histoire du droit pénal et de la justice criminelle*, PUF, Droit fondamental, droit pénal, 2000.
**Carbonnier (J.)**,
- *Essais sur les lois*, 2e éd., Répertoire du notariat Defrénois, 1995.
- *Flexible droit*, 10e éd., LGDJ, 2001.
- *Droit civil, les personnes*, 21e éd. refondue, PUF, Thémis droit privé, 2000.
- *Droit civil*, t. 2, *La famille, les incapacités*, 12e éd., PUF, Thémis droit privé, 1983.
- *Droit civil*, t. 2, *La famille, l'enfant, le couple*, 21e éd. refondue, PUF, Thémis, droit privé, 2002.
**Caroli (F.)**, *Hospitalisation psychiatrique, ancienne et nouvelle loi*, PUF, Nodules, 1991.
**Castan (N.)** et **Zysberg (A.)**, *Histoire des galères, bagnes et prisons en France de l'Ancien Régime*, Privat, 2002.
**Catala (P.)** (dir.), *Avant-projet de réforme du droit des obligations et de la prescription*, La Documentation française, 2006.
**Chapus (R.)**, *Droit administratif général*, 15e éd., Montchrestien, Domat droit public, 2001, t. 1.
**Chardon (O.-J.)**, *Traité des trois puissances, maritale, paternelle et tutélaire*, Cotillon, 1843, t. 3.
**Charrier (J.-L.)**, *Code de la Convention européenne des droits de l'Homme*, Litec, 2005.
**Chauveau (A.)** et **Hélie (F.)**, *Théorie du Code pénal*, LGDJ, 1888, 6e éd., t. 6.
**Chrestien de Poly (J.-P.)**, *Essai sur la puissance paternelle*, A. Egron, 1820.
**Cohen-Jonathan (G.)**, *La Convention européenne des droits de l'Homme*, Economica, PUAM, 1989.
**Colin (A.)** et **Capitant (H.)**, *Cours élémentaire de droit civil français*, 10e éd. entièrement refondue et mise à jour par L. Julliot de La Morandière, t. 1er, Dalloz, 1942.
**Colombet (Cl.)**, *La famille*, 6e éd., PUF, 1999.
**Conte (Ph.)**, *Droit pénal spécial*, 2e éd. Litec, 2005.
**Conte (Ph.)** et **Maistre du Chambon (P.)**,
- *Procédure pénale*, 4e éd., Armand Colin, 2002.
- *Droit pénal général*, 7e éd., Armand Colin, 2004.

**Coquille (G.)**, *Institution au droict des françois*, A L'Angelier, 1607.
**Cornu (G.)** (dir.), *Vocabulaire juridique de l'Association Henri Capitant*, PUF, Quadrige, 2001.
**Cornu (G.)**,
- *L'apport des réformes récentes du Code civil à la théorie du droit civil*, Cours de droit civil, Les cours de droit, DES, 1970-1971.
- *Droit civil, La famille*, Montchrestien, Domat droit privé, 8e éd., 2003.
- *Linguistique juridique*, 3e éd., Montchrestien, 2005.
**Courbe (P.)**, *Droit de la famille*, 4e éd., Armand Colin, 2005.
**Dabin (J.)**,
- *Le droit subjectif*, Dalloz, 1952.
- *Droit subjectif et prérogatives juridiques. Examen des thèses de M. Paul Roubier*, Académie Royale de Belgique. Classe des lettres et des sciences morales et politiques. Mémoires, t. 54, Fasc. 3, 1960.
**Daes (E.-I. A.)**, *Liberté de l'individu en droit : étude des devoirs de l'individu envers la communauté et limitations des droits et des libertés de l'homme en vertu de l'article 29 de la Déclaration universelle des droits de l'Homme*, Nations Unies, 1990.
**De Schutter (O.)** et **Kaminsky (D.)** (dir.), *L'institution du droit pénitentiaire, Enjeux de la reconnaissance de droits aux détenus*, Bruylant-LGDJ, La pensée juridique, 2002.
**Decocq (A.)**, *Droit pénal général*, Armand Colin, 1971.
**Delmas-Marty (M.)**,
- *Raisonner la raison d'Etat. Vers une Europe des droits de l'homme*. Les Voies du droit, PUF, 1989.
- *Pour un droit commun*, Seuil, 1994.
**Delvincourt (Cl.-E.)**, *Institutes de droit civil français*, 2e éd., P. Gueffier, 1809
**Demante (A.-M.)** et **Colmet de Santerre (E.)**, *Cours analytique du Code civil*, t. 5, 2e éd., Plon, 1883.
**Demogue (R.)**,
- *Traité des obligations en général*, t. 3, A. Rousseau, 1923.
- *Traité des obligations en général*, t. 5, A. Rousseau, 1925.
- *Les notions fondamentales du droit privé, Essai critique pour servir d'introduction à l'étude des obligations*, éditions La Mémoire du Droit, 2001.
**Demolombe (Ch.)**,
- *Cours de Code Napoléon*, t. 6, *Traité de l'adoption et de la tutelle officieuse, De la puissance paternelle*, 5e éd., Durand-Hachette, 1875.
- *Cours de Code Napoléon*, t. 7, *Traité de la minorité, de la tutelle et de l'émancipation*, 5e éd., Durand-Hachette, 1874.
- *Cours de Code Napoléon*, t. 8, *Traité de la minorité, de la tutelle et de l'émancipation*, 5e éd., Durand-Hachette, 1874.
- *Cours de Code Napoléon*, t. 31, *Traité des engagements qui se forment sans convention*, 5e éd., A. Lahure, 1882.
**Deshayes (O.)** (dir.), *Les immunités de responsabilité civile*, PUF, 2009.
**Desportes (F.)** et **Le Gunehec (F.)**, *Droit pénal général*, 12e éd., Economica, 2005.
**Deyon (P.)**, *Le temps des prisons, Essai sur l'histoire de la délinquance et les origines du système pénitentiaire*, Université de Lille III, Éditions universitaires, 1975.
**Diderot (D.)** et **Alembert (J. Le rond d')**, *Encyclopédie ou dictionnaire raisonné des sciences, des arts et des métiers par une société de gens de lettres*, t. 7, 1757.
**Domat (J.)**, *Les lois civiles dans leur ordre naturel*, Livre II, Titres VIII et IX, *in Œuvres complètes de J. Domat*, par J. Remy, Firmin Didot, 1828, t. 1er.
**Duez (P.)**, *La responsabilité de la puissance publique (en dehors du contrat)*, Dalloz, 1938.
**Duguit (L.)**,
- *Les transformations du droit public*, Armand Colin, 3e éd., 1925.
- *Traité de droit constitutionnel*, 3e éd., t. 3, E. de Boccard, 1930.

**DUPONT (M.), ESPER (CL.) et PAIRE (CH.),** *Droit hospitalier*, 5e éd., Cours Dalloz, 2005.

**DURANTON (A.),**

- *Cours de droit français suivant le Code civil*, 2e éd., t. 3, Alex-Gobelet, 1828.
- *Cours de droit français suivant le Code civil*, 2e éd., t. 13, Alex-Gobelet, 1831.

**DUVAL-ARNOULD (D. ET M.),** *Droit et santé de l'enfant*, Masson, 2002.

**ESQUIROL (E.),** *Des maladies mentales*, t. 2, 1838, Privat, réimpression 1998.

**FABRE-MAGNAN (M.),** *Droit des obligations, 2 – Responsabilité civile et quasi-contrats*, PUF, Thémis, droit privé, 2007.

**FAVOREU (L.), GAÏA (P.), GHEVONTIAN (R.), MÉLIN-SOUCRAMANIEN (F.), PFERSMANN (O.), PINI (J.), ROUX (A.), SCOFFONI (G.) et TREMEAU (J.),** *Droits des libertés fondamentales*, 4e éd., Dalloz, 2007.

**FAVRE ROCHEX (A.) et COURTIEU (G.),** *Le droit des assurances obligatoires*, préface G. DURRY, LGDJ, 2000.

**FAŸ-SALLOIS (F.),** *Les nourrices à Paris au XIXe siècle*, Histoire Payot, 1996.

**FENET (P.-A.),**

- *Recueil complet des travaux préparatoires du Code civil*, 1827, t. 6.
- *Recueil complet des travaux préparatoires du Code civil*, 1827, t. 10.
- *Recueil complet des travaux préparatoires du Code civil*, 1827, t. 12.
- *Recueil complet des travaux préparatoires du Code civil*, 1827, t. 13.

**FENOUILLET (D.) et VAREILLES-SOMMIÈRES (P. DE)** (dir.), *La contractualisation de la famille*, Economica, études juridiques, t. 14, 2001.

**FLOUR (J.), AUBERT (J.-L.) et SAVAUX (E.),** *Droit civil, Les obligations*, t. 2, *Le fait juridique*, 13e éd. par E. Savaux, Armand Colin, 2009.

**FOUCAULT (M.),**

- *Surveiller et punir*, Gallimard, Tel, 2000.
- *Histoire de la folie à l'âge classique*, Gallimard, Tel, 2001.

**FOYER (J.) et LABRUSSE-RIOU (C.)** (dir.), *L'autorité parentale à l'épreuve...*, Economica, Perspectives économiques et juridiques, 1983.

**FRIGOT**, *Coutume de Normandie, avec l'extrait des différents commentateurs*, G. Joubert, Coutances, t. 1er, 1779.

**FUSTEL DE COULANGES (N.-D.),** *La Cité antique*, Champs-Flammarion, 1983.

**GARÇON (E.),**

- *Code pénal annoté*, éd. M. ROUSSELET, M. PATIN et M. ANCEL, Sirey, 1956, t. 2.
- *Code pénal annoté*, éd. par M. ROUSSELet, M. PATIN et M. ANCEL, 1942, t. 3, fasc. 2.

**GAUDEMET (Y.),** *Traité de droit administratif*, t. 1, *Droit administratif général*, 16e éd., LGDJ, 2001.

**GAZZANIGA (J.-L.),** *Introduction historique au droit des obligations*, PUF, Droit fondamental, droit civil, 1992.

**GÉNY (F.),** *Science et technique en droit privé positif, Nouvelle contribution à la critique de la méthode juridique*, Sirey, 1921.

**GIRARD (P. F.),** *Manuel élémentaire de droit romain*, réédition présentée par J.-PH. LÉVY, Dalloz, 2003.

**GOUBEAUX (G.),** *Les personnes*, Traité de droit civil sous la direction de J. GHESTIN, LGDJ, 1989.

**GRAMATICA (F.),** *Principes de défense sociale*, Cujas, 1964.

**GUILBAUD (J.),** *La chasse et le droit*, 15e éd. par F. Colas-Belcour, Litec, 1999.

**GUINCHARD (S.) et MONTAGNIER (G.)** (dir.), *Lexique des termes juridiques*, 14e éd., Dalloz, 2003.

**GUINCHARD (S.) et *alii*,** *Droit processuel, Droit commun et droit comparé du procès*, 3e éd., Dalloz, 2005.

**HAURIOU (M.),** *Précis de droit constitutionnel*, Librairie du recueil Sirey, 1929.

**HERZOG-EVANS (M.),** *Droit de l'application des peines*, Dalloz, 2005.

**JHERING (R. VON)**, *L'esprit du Droit romain*, traduction d'O. DE MEULENAERE, 3e éd. revue et corrigée, t. 1, A. Marescq, 1886.
**JOSSERAND (L.)**,
- *Cours de droit civil positif français*, Librairie du recueil Sirey, 1930, t. 1.
- *Cours de droit civil positif français*, Librairie du Recueil Sirey, 1930, t. 2.
- *De l'esprit des droits et de leur relativité. Théorie dite de l'Abus des Droits*, 2e éd., Dalloz, 1939.
**JULIEN-LAFERRIÈRE (F.)**, *Droit des étrangers*, PUF, Droit fondamental, Droit politique et théorique, 2000.
**KANT (E.)** *Fondement de la métaphysique des mœurs*, (trad. V. Delbos, revue et modifiée par F. Alquie), *in* E. Kant, *Œuvres philosophiques*, t. 2, Gallimard, Bibliothèque de la Pléiade.
**KELSEN (H.)**, *Théorie pure du droit*, trad. de la 2e éd. par CH. EISENMANN, Paris, Dalloz, 1962.
**LAFERRIÈRE (E.)**, *Traité de la Juridiction administrative et des recours contentieux*, LGDJ 1989, réimpression de l'édition de 1888, t. 2
**LAMBERT-FAIVRE (Y.)** et **LEVENEUR (L.)**, *Droit des assurances*, 12e éd., Dalloz, 2005.
**LAROMBIÈRE (L.)**, *Théorie et pratique des obligations*, t. 7, Durand et Pédone-Lauriel, 1885.
**LAURENT (F.)**,
- *Principes de Droit civil français*, t. 4, Durand-Pédone, 1870.
- *Principes de Droit civil français*, t. 20, Durand-Pédone, 1876.
**LE MOYNE (N.-T.)** (dit DES ESSARTS), *Dictionnaire universel de police*, Moutard, Paris, 1787, t. 4.
**LE TOURNEAU (PH.)** et **CADIET (L.)**, *Droit de la responsabilité civile et des contrats*, Dalloz, 2000-2001.
**LE TOURNEAU (PH.)**, *Droit de la responsabilité et des contrats*, Dalloz, 2006.
**LEBRETON (G.)**, *Libertés publiques et droits de l'homme*, 7e éd., Armand Collin, 2005.
**LEFEBVRE-TEILLARD (A.)**, *Introduction historique au droit des personnes et de la famille*, PUF, Droit fondamental, Droit civil, 1996.
**LEGEAIS (R.)**, *L'autorité parentale, Étude de la loi n° 70-459 du 4 janvier 1970 et des textes qui l'ont complétée*, Répertoire du notariat Defrénois, 1973.
**LEROY (J.)**, *Droit pénal général*, LGDJ, 2003.
**LÉVI-STRAUSS (CL.)**, *Anthropologie structurale*, II, Plon, Paris, 1973.
**LÉVY (J.-PH.)** et **CASTALDO (A.)**, *Histoire du droit civil*, 1re éd., Dalloz, 2002.
**LÉVY-BHRUL (H.)**, *Cours de droit*, Licence 1re année, 1952-1953, Les cours de droit.
**LOCRÉ (J.-G.)**, *La législation civile, commerciale et criminelle de la France ou commentaire et complément des Codes français*, t. 13, Treutell et Würtz, 1828.
**LOISEAU (C.)**, *L'hospitalisation psychiatrique, Loi du 27 juin 1990*, T.S.A. éditions, Dominantes, 1991.
**LONG (M.)**, **WEIL (P.)**, **BRAIBANT (G.)**, **DELVOLVÉ (P.)** et **GENEVOIS (B.)**, *Les grands arrêts de la jurisprudence administrative*, 15e éd., Dalloz, 2005.
**LOYSEL (A.)**, *Institutes coutumières*, Slatkine reprints, 1971, réimpression de l'édition de 1846.
**LHUILLIER (J.-M.)**,
- *Aide sociale à l'enfance, Guide pratique*, 7e éd., Berger-Levrault, Les Indispensables, 2004.
- *Le droit des usagers dans les établissements et services sociaux et médico-sociaux*, 2e éd., éditions ENSP, 2005.
**MADIOT (Y.)**, *Considérations sur les droits et devoirs de l'homme*, Bruylant, 1998.
**MAIRET (G.)**, *Le principe de souveraineté. Histoire et fondements du pouvoir moderne*, Gallimard, Folio/Essais, 1997.
**MALAURIE (PH.)**, *Les personnes, Les incapacités*, Defrénois, 2003.
**MALAURIE (PH.)**, **AYNÈS (L)** et **STOFFEL-MUNCK (PH.)**, *Les obligations*, Defrénois, 1re éd. 2003 et 4e éd., 2009.

**MALEVILLE (J. DE)**, *Analyse raisonnée de la discussion du Code civil au Conseil d'Etat*, 3e éd., t. 1, 1822.
**MALINVAUD (PH.)**, *Introduction à l'étude du droit*, 10e éd., Litec, 2004.
**MARCADÉ (V.)**,
- *Explication théorique et pratique du Code civil*, Delamotte et fils, 1873, t. 2.
- *Explication théorique et pratique du Code civil*, 8e éd., Delamotte fils et Cie, 1889, t. 5.
**MASSIP (J.)**,
- *L'abaissement de l'âge de la majorité et ses conséquences, Etude de la loi n° 74-631 du 5 juillet 1974 et des textes qui l'ont complétée, Répertoire du notariat Defrénois*, 1975.
- *Les incapacités (Étude théorique et pratique)*, Répertoire du notariat Defrénois, 2002.
**MAURER (B.)**, *Le principe de respect de la dignité humaine et la Convention européenne des droits de l'Homme*, La Documentation française, 1999.
**MAYAUD (Y.)**, *Droit pénal général*, PUF, Droit fondamental, 2004.
**MAYNZ (CH.)**, *Cours de droit romain*, 3e éd., Librairie Polytechnique d'A. Decs et Librairie de A. Durand et Pedone, 1870.
**MAZEAUD (H. et L.)** et **TUNC (A.)**, *Traité théorique et pratique de la responsabilité civile délictuelle et contractuelle*, t. 1, Montchrestien, 5e éd., 1957.
**MAZEAUD (H. et L.)**, **MAZEAUD (J.)** et **CHABAS (F.)**,
- *Leçons de droit civil, La famille*, 7e éd. par L. LEVENEUR, Montchrestien, 1995.
- *Leçons de droit civil*, t. 1, vol. 2, *Les personnes*, 8e éd. par F. LAROCHE-GISSEROT, Montchrestien, 1997.
**MELLERAY (F.)** (dir.), *L'exorbitance du droit administratif en question(s)*, Actes du colloque organisé par l'Institut de droit public de l'Université de Poitiers les 11 et 12 décembre 2003, LGDJ, Collection de la Faculté de droit et de sciences sociales, t. 6, 2004.
**MERLE (R.)** et **VITU (A.)**, *Traité de droit criminel*, t. 1, *Problèmes généraux de la science criminelle. Droit pénal général*, 7e éd., Cujas, 1997.
**MERLIN (M.)**, *Répertoire universel et raisonné de jurisprudence*, 5e éd., t. 13, H. Tarlier, 1826.
**MERVEILLEUX**, *Traité du droit de garde noble et bourgeoise*, 1763.
**MONNIER (R.)**, *Manuel élémentaire de droit romain*, 6e éd. revue et complétée, Domat Montchrestien, 1947.
**MONTESQUIEU**, *Œuvres complètes*, t. 2, Gallimard, Bibliothèque de la Pléiade, 1989.
**MOURLON (F.)**, *Répétitions écrites sur le premier examen du code civil*, 7e éd., A. Marescq, 1866, t. 1.
**MURDOCH (J.-L.)**, *L'article 5 de la Convention européenne des droits de l'Homme. La protection de la liberté et de la sûreté de la personne*. Dossiers sur les droits de l'homme n°12. Les éditions du Conseil de l'Europe, 1994.
**MUYART DE VOUGLANS (P.-F.)**, *Les loix criminelles de France dans leur ordre naturel*, Paris, Merigot, Crapart, B. Morin, 1780.
**PERELMAN (CH.)** et **VANDER ELST (R.)** (dir.), *Les Notions à contenu variable en droit*, Bruylant, 1984.
**PETIT (J.-G.)**, **FAUGERON (CL.)** et **PIERRE (M.)**, *Histoire des prisons en France (1789-2000)*, Privat, 2002.
**PHILIPPE (M.-D.)**, *Lettre à un ami, itinéraire philosophique*, Ed. Universitaires, 1990.
**PIRSON (R.)** et **VILLÉ (A. DE)**, *Traité de la responsabilité civile extra-contractuelle*, t. 1, Bruylant-LGDJ, 1935.
**PLANIOL (M.)** et **RIPERT (G.)**,
- *Traité pratique de droit civil français*, t. 1, *Les personnes, état et capacité*, avec le concours de R. SAVATIER, LGDJ, 1925.
- *Traité pratique de droit civil français*, t. 2, *Les personnes, état et capacité*, avec le concours de A. ROUAST, LGDJ, 1926.
- *Traité pratique de droit civil français*, t. 6, *Obligations*, avec le concours de P. ESMEIN, LGDJ, 1930.

**PLAWSKI (S.),** *Droit pénitentiaire*, Publications de l'université de Lille III, 1977.

**PORTALIS (J.-E.-M.)**, *Discours préliminaire du premier projet de Code civil*, Éditions confluences, Voix de la cité, 1999.

**POTHIER (R. J.)**,

- *Traité des obligations, in Œuvres de Pothier*, publiées par M. Siffrein, t. 1, 1821.
- *Coutumes d'Orléans*, publiée par M. SIFFREIN, 1821.
- *Traité de la garde-noble et bourgeoise, in Œuvres de Pothier* publiées par M. Siffrein, 1822, t. 12.
- *Traité des personnes et des choses, in Œuvres de Pothier* publiées par M. Siffrein, 1823, t. 13.

**PRADEL (J.)**, *Droit pénal général*, 15e éd., Cujas, 2004.

**PRADEL (J.)** et **DANTI-JUAN (M.),** *Manuel de droit pénal spécial, Droit commun, Droit des affaires*, éditions Cujas, 3e éd. revue et augmentée au 1er juillet 2004, 2004.

**PROUDHON (J.-B.-V.)**, *Traité sur l'état des personnes et sur le titre préliminaire du Code civil*, 3e éd. considérablement augmentée par A. VALETTE, V. Lagier, 1843, t. 2.

**RASSAT (M.-L.),** *Droit pénal spécial, infractions des et contre les particuliers*, 4e éd., Dalloz, 2003.

**RAYMOND (G.)**, *Droit de l'enfance et de l'adolescence*, Litec, Pratique professionnelle, 4e éd., 2003.

**RENODON-DELUBRIA (C.)** et **ROUSSEL (J.)**, *Les assurances obligatoires*, préface G. DURRY, L'argus, 1984.

**RENUCCI (J.-F.)**, *Droit européen des droits de l'homme*, LGDJ, 1999.

**RENUSSON (PH. DE)**, *Traitez du droit de garde-noble et bourgeoise qu'on appelle bail en plusieurs coustumes*, 1724.

**RIPERT (G.)**,

- *Le régime démocratique et le droit civil moderne*, 2e éd., LGDJ, 1948.
- *La règle morale dans les obligations civiles*, 4e éd., LGDJ, 1949, réimpression 2000.

**RIVERO (J.)** et **MOUTOUH (H.)**, *Libertés publiques*, t. 2, 7e éd. mise à jour, PUF, Thémis droit public, 2003.

**RIVIER (A.)**, *Précis de droit de famille romain*, Librairie nouvelle de droit et de jurisprudence Arthur Rousseau, 1891.

**ROBERT (J.-H.)**, *Droit pénal général*, 6e éd. refondue, PUF, 2005.

**ROBERT (J.)** et **DUFFAR (J.)**, *Droits de l'homme et libertés fondamentales*, 7e éd., Montchrestien, Domat droit public, 1999.

**RODIÈRE (R.)**, *La responsabilité civile*, Rousseau et Cie, 1952.

**ROGUIN (E.)**,

- *Étude de science juridique pure. La Règle de droit*, F. Rouge, 1889.
- *La science juridique pure*, t. 3, LGDJ, 1923.

**ROLAND (H.)** et **BOYER (L.),** *Adages du droit français*, 4e éd., Litec, 1999.

**ROSSI (P.)**, *Traité de droit pénal*, Librairie de Guillaumin, 4e éd., 1872, t. 2.

**ROUBIER (P.)**, *Droits subjectifs et situations juridiques*, Dalloz, 1963.

**ROUSSEAUD DE LA COMBE (G. DU),** *Traité des matières criminelles, suivant l'ordonnance du mois d'août 1670, et les édits, déclarations du roi, arrêts et règlements intervenus jusqu'à présent*, 4e éd. revue et augmentée considérablement, sur les notes manuscrites de l'auteur, par Maître N. G. du Rousseaud de la Combe, t. 1, Paris, Théodore Le Gras, 1761.

**RUBELLIN-DEVICHI (J.)** (sous la dir.), *Droit de la famille*, Dalloz, 2001.

**SAVATIER (R.)**,

- *Du droit civil au droit public à travers les personnes, les biens et la responsabilité civile*, LGDJ, 2e éd., 1950.
- *Traité de la responsabilité civile en droit français civil, administratif, professionnel, procédural*, t. 1, *Les sources de la responsabilité civile*, 2e éd., LGDJ, 1951.

**SAVIGNY (F.C. VON)**, *Traité de droit romain*, traduit de l'allemand par CH. GUENOUX, Firmin Didot, 1855, t. 2.

**SCHATTNER (M.)**, *Souffrance et dignité humaine, pour une médecine de la personne*, Mame, 1995.
**SERPILLON (F.)**, *Code criminel ou commentaire sur l'Ordonnance de 1670*, Lyon, Perisse, 1767, t. 2, pp. 601-647.
**SOURDAT (A.)**, *Traité général de la responsabilité*, 6e éd., par L. SOURDAT, Marchal et Godde, 1911, t. 2.
**SPIELMANN (D.)**, *L'effet potentiel de la Convention européenne des droits de l'Homme entre personnes privées*, Bruylant, 1995.
**STARCK (B.), ROLAND (H.), BOYER (L.)**,
- *Obligations*, t. 1, *Responsabilité délictuelle*, 5e éd., Litec, 1996.
- *Droit civil, Les obligations*, t. 2, contrat, 6e éd., Litec, 1998.
**STEFANI (G.), LEVASSEUR (G.)** et **BOULOC (B.)**, *Droit pénal général*, 19e éd., Dalloz, 2005.
**SUDRE (F.), MARGUÉNAUD (J.-P.), ANDRIANTSIMBAZOVINA (J.), GOUTTENOIRE (A.) et LEVINET (M.)**, *Les grands arrêts de la Cour européenne des Droits de l'Homme*, 3e éd., PUF, Thémis Droit privé, 2005.
**TAUDIÈRE (H.)**, *Traité de la puissance paternelle*, A. Pedone, 1898.
**TERRÉ (F.)**, *Introduction générale au droit*, Dalloz, 8e éd., 2009.
**TERRÉ (F.)** et **FENOUILLET (D.)**, *Droit civil, Les personnes, La famille, Les incapacités*, 7e éd., Dalloz, 2005.
**TERRÉ (F.), SIMLER (PH.)** et **LEQUETTE (Y.)**, *Droit civil, Les obligations*, 10e éd., Dalloz, 2009.
**TEYSSIÉ (B.)**, *Droit civil, Les personnes*, 11e éd., Litec, 2010.
**THÉVENET (A.)**, *L'aide sociale aujourd'hui, Nouvelle étape pour la décentralisation*, 15e éd. actualisée, ESF éditeur, Actions Sociales/Référence, 2004.
**TOULLIER (C.-B.-M.)**,
- *Le droit civil français suivant l'ordre du Code*, 5e éd., J. Renouard et Cie, 1839, t. 2.
- *Droit civil français suivant l'ordre du Code*, 4e éd., Warée, 1824, t. 11.
**TUNC (A.)**, *La responsabilité civile*, Economica, 2e éd., 1990.
**VAN DROOGHENBROECK (S.)**, *La proportionnalité dans le droit de la Convention européenne des droits de l'Homme, prendre l'idée simple au sérieux*, Publications des Facultés universitaires de Saint-Louis, Bruylant, 2001.
**VELU (J.)** et **ERGEC (R.)**, *La Convention européenne des droits de l'Homme*, Bruylant, 1990.
**VÉRON (M.)**, *Droit pénal spécial*, 10e éd., Armand Colin, 2004.
**VILLERS (R.)**, *Rome et le droit privé*, Albin Michel, L'évolution de l'humanité, 1977.
**VINEY (G.)**, *Introduction à la responsabilité*, *in Traité de droit civil* sous la direction de J. GHESTIN, 3e éd., LGDJ, 2008.
**VINEY (G.)** et **JOURDAIN (P.)**,
- *Les conditions de la responsabilité in Traité de droit civil* sous la direction de J. GHESTIN, LGDJ, 2e éd., 1998.
- *Les conditions de la responsabilité*, *in Traité de droit civil* sous la direction de J. GHESTIN, LGDJ, 3e éd., 2006.
- *Les effets de la responsabilité*, 2e éd., LGDJ, 2001.
**VISSCHER (F. DE)**, *Le régime romain de la noxalité, De la vengeance collective à la responsabilité individuelle*, 1947.
**WALINE (M.)**, *Précis de droit administratif*, t. 1, Montchrestien, 1969.

## II. THÈSES ET MÉMOIRES

**ABOAF (J.H.)**, *L'état de nécessité et la responsabilité délictuelle*, LGDJ, 1942.
**ALBERTI (J.)**, *La responsabilité civile des instituteurs*, Aix-Marseille, 1942.
**ANIZON (M.)**, *Le droit de garde et de correction dans la législation française contemporaine*, Paris, 1904.

**ANTONMATTÉI (P.-H.)**, *Contribution à l'étude de la force majeure*, préface B. TEYSSIÉ, LGDJ, Bibl. dr. priv., t. 220, 1992.
**BARDOUX (J.)**, *Vagabonds et Mendiants devant la loi*, A. Rousseau, 1906.
**BARLON (C.)**, *De la volonté dans le droit extrapatrimonial de la famille*, Reims, 2000.
**BAYLAC (P.)**, *Condition de l'enfant naturel*, Toulouse, 1895.
**BECQUART (J.)**, *Les mots à sens multiples en droit civil français, Contribution au perfectionnement du vocabulaire juridique*, préface R. CASSIN, PUF, 1928.
**BECQUÉ (J.)**, *La protection de la victime d'un dommage corporel et de ses proches dans le cadre contractuel*, Montpellier, 1943.
**BENOÎT-RENAUDIN (C.)**, *La responsabilité du préposé*, Paris I, 2008.
**BERLET (E.)**, *De la puissance du chef de famille en droit romain*, Strasbourg, 1866.
**BERNARD (S.)**, *La recherche de la rentabilité des activités publiques et le droit administratif*, préface J.-P. BIAYS, Bibliothèque de droit public, t. 218, LGDJ, 2001.
**BERRA (D.)**, *Le principe de libre disposition des biens en droit civil : contribution à la notion d'indisponibilité*, Nancy, 1969.
**BERRY (E.)**, *Le fait d'autrui*, Poitiers, 2003.
**BESSON (A.)**, *La notion de garde dans la responsabilité du fait des choses*, Dijon, 1927.
**BICHOT (J.)**, *L'autonomie de la responsabilité du fait des choses et du fait d'autrui devant la jurisprudence contemporaine*, Dijon, 1933.
**BLANC (E.)**, *La responsabilité des parents du fait de leurs enfants*, préface A. BESSON, Librairie du journal des notaires et des avocats, 1953.
**BOILLOT (CHR.)**, *La transaction et le juge*, préface P. LE CANNU, Presses Universitaires de la Faculté de Droit de Clermont-Ferrand, Université d'Auvergne, LGDJ, 2003.
**BORN (A.)**, *Du droit de garde en matière de divorce et de séparation de corps*, Paris, 1904.
**BOUMAZA (A.)**, *Hospitalisation psychiatrique et droits de l'homme*, vol. 1 : *Le régime médico-administratif de l'hospitalisation psychiatrique*, Ed. du CTNERHI, 2002.
**BRACONNIER (S.)**, *Jurisprudence de la Cour européenne des droits de l'homme et droit administratif français*, préface Y. MADIOT, Bruylant, 1997.
**BRUN (PH.)**, *Les présomptions dans le droit de la responsabilité civile*, thèse Grenoble II, 1993.
**BUHLER, (K.)**, *La responsabilité civile du fait des mineurs*, Caen, 1999.
**CANIN (P.)**, *Les actions récursoires entre coresponsables*, préface N. DEJEAN DE LA BÂTIE, Litec, 1996.
**CARVAL (S.)**, *La responsabilité civile dans sa fonction de peine privée*, préface G. VINEY, LGDJ, Bibliothèque de droit privé, t. 250, 1995.
**CHABAS (F.)**, *L'influence de la pluralité des causes de dommages sur le droit à réparation*, préface H. Mazeaud, LGDJ, Bibliothèque de droit privé, t. 78, 1967.
**CHAPUS (R.)**, *Responsabilité publique et responsabilité privée, Les influences réciproques des jurisprudences administrative et judiciaire*, LGDJ, 1953.
**COMTE (P.)**, *Du droit de garde dans la puissance paternelle*, Paris, 1898.
**CORNU (G.)**, *Étude comparée de la responsabilité délictuelle en droit privé et en droit public*, préface A. AMIAUD, Editions Matot-Braine, 1951.
**COULON (C.)**, *L'obligation de surveillance*, préface CH. JAMIN, Economica, Recherches juridiques, n° 5, 2003.
**COURTEAUD (A.)**, *La responsabilité civile des instituteurs avant et après la loi du 5 avril 1937*, Grenoble, 1938.
**DAVID (R.)**, *La protection des minorités dans les sociétés par actions*, Sirey, 1929.
**DEBET (A.)**, *L'influence de la Convention européenne des droits de l'Homme sur le droit civil*, préface L. LEVENEUR, Dalloz, Nouvelle bibliothèque de thèses, volume 15, 2002.
**DECOCQ (A.)**, *Essai d'une théorie générale des droits sur la personne*, préface G. LEVASSEUR, LGDJ, Bibl. dr. priv., t. 21, 1960.
**DEGUERGUE (M.)**, *Jurisprudence et doctrine dans l'élaboration du droit de la responsabilité administrative*, préface J. MORAND-DEVILLER, LGDJ, Bibl. dr. pub., t. 171, 1994.

**DEJEAN DE LA BÂTIE (N.)**, *Appréciation in abstracto et appréciation in concreto en droit civil français*, préf. H. MAZEAUD, LGDJ, Bibl. dr. pr., t. 57, 1965.

**DEL CONT (C.)**, *Propriété économique, dépendance et responsabilité*, préface F. COLLART DUTILLEUL et G. J. MARTIN, L'Harmattan, Logiques juridiques, 1997.

**DELFOSSE-CICILE (M.-L.)**, *Le lien parental*, préface F. TERRÉ, Editions Panthéon-Assas, 2003.

**DELVOLVÉ (P.)**, *Le principe d'égalité devant les charges publiques*, préface G. VEDEL, LGDJ, Bibliothèque de droit public, t. 88, 1969.

**DESCAMPS (O.)**, *Les origines de la responsabilité pour faute personnelle dans le Code civil de 1804*, préface A. LEFEBVRE-TEILLARD, Bibliothèque de droit privé, t. 436, LGDJ, 2005.

**DONNIER (J.-B.)**, *L'autorité en droit privé*, Aix-Marseille, 1992.

**DOURAKI (TH.)**, *La Convention européenne des doits de l'homme et le droit à la liberté de certains malades et marginaux*, avant-propos de P.-H. TEITGEN, préface A.-CH. KISS, Bibliothèque de droit international, t. 97, LGDJ, 1986.

**DRACY (G.)**, *La responsabilité de l'Etat du fait des accidents scolaires, (Eléments pour une réforme de la loi du 5 avril 1937)*, Paris II, 1976.

**DREYFFUSS-NETTER (FR.)**, *Les manifestations de volonté abdicatives*, préface P. TERCIER, LGDJ, Bibliothèque de droit privé, t. 185, 1985.

**DREYFUS (F.)**, *La garde de la structure dans la responsabilité du fait des choses inanimées*, Paris I, 1980.

**DU BOIS DE GAUDUSSON (J.)**, *L'usager du service public administratif*, préface J.-M. AUBY, Bibl. dr. pub., t. 115, LGDJ, 1974.

**DUCOIN (CH.)**, *Essai d'une théorie générale de la renonciation en droit civil français*, Lyon, 1913.

**DUVAL-ARNOULD (D.)**, *Le corps de l'enfant sous le regard du droit*, préface G. CORNU, Bibl. dr. priv., t. 238, LGDJ, 1994.

**FABISCH (J.)**, *Essai sur l'état de nécessité*, Grenoble, 1903.

**FALCONETTI (H.)**, *Quelques observations sur la notion de garde en droit romain*, mémoire DES, 1955.

**FAUVARQUE-COSSON (B.)**, *Libre disponibilité des droits et conflits de lois*, préface Y. LEQUETTE, Bibl. dr. priv., t. 272, LGDJ, 1996.

**FONTAINE (H.)**, *De la condition civile de l'enfant naturel à Rome et en France*, Paris, 1881.

**FORIERS (P.)**, *L'état de nécessité en droit pénal*, préface M. PHILONENKO, Bruylant, Sirey, 1951.

**FROSSARD (J.)**, *La distinction des obligations de moyens et de résultat*, préface R. NERSON, LGDJ, Bibliothèque de droit privé, t. 67, 1965.

**FROSSARD (S.)**, *Les qualifications juridiques en droit du travail*, préface J.-M. BÉRAUD, LGDJ, Bibliothèque de droit du travail, t. 33, 2000.

**FROUVILLE (O. DE)**, *L'intangibilité des droits de l'homme en droit international. Régime conventionnel des droits de l'homme et droit des traités*, A. Pedone, 2004.

**FRUMER (PH.)**, *La renonciation aux droits et libertés. La Convention européenne des droits de l'Homme à l'épreuve de la volonté individuelle* ; Bruylant, Editions de l'Université de Bruxelles, 2001.

**GAILLARD (E.)**, *Le pouvoir en droit privé*, préface G. CORNU, Economica, Droit civil, série études et recherche, 1985.

**GALLIOU-SCANVION (A.-M.)**, *L'enfant dans le droit de la responsabilité délictuelle*, Presses universitaires du Septentrion, 2001.

**GAREIL (L.)**, *L'exercice de l'autorité parentale*, préface L. Leveneur, Bibliothèque de droit privé, t. 413, LGDJ, 2004.

**GAUTRON (P.)**, *Le contrôle des tribunaux sur l'exercice du droit de garde de la puissance paternelle durant le mariage*, Rennes, 1931.

**GOLDMAN (B.)**, *La détermination du gardien responsable du fait des choses inanimées*, Lyon, 1946.

**GRAMMATIKAS (G.)**, *Théorie générale de la renonciation en droit civil (étude parallèle du droit français et du droit hellénique)*, préface J. CARBONNIER, LGDJ, 1971.

**GRARE (CL.)**, *Recherches sur la cohérence de la responsabilité délictuelle, L'influence des fondements de la responsabilité sur la réparation*, préface d'Y. LEQUETTE, Dalloz, Nouvelle bibliothèque de thèses, volume 45, 2005.

**GROSMAITRE (A.)**, *La responsabilité des maîtres dans l'enseignement public et dans l'enseignement privé*, LGDJ, 1939.

**GUILBERT (F.)**, *Liberté individuelle et hospitalisation des malades mentaux*, préface F. TERRÉ, Librairies Techniques, 1974.

**GUINCHARD (S.)**, *L'affectation des biens en droit privé français*, préface R. NERSON, Bibliothèque de droit privé, t. 145, LGDJ, 1976.

**HOLLET (D.)**, *La responsabilité de l'administration du fait des personnes physiques placées sous sa surveillance*, Toulon, 1996.

**IONNESCU (D. G.)**, *De la condition de l'enfant naturel en droit romain*, Paris, 1881.

**JANVILLE (TH.)**, *La qualification juridique des faits*, préface S. GUINCHARD, PUAM, 2004.

**JEANPIERRE (R.)**, *La responsabilité civile des instituteurs*, Nancy, 1938.

**JOURDAIN (P.)**, *Recherches sur l'imputabilité en matière de responsabilités civile et pénale*, Paris II, 1982.

**JULIEN (J.)**, *La responsabilité civile du fait d'autrui ruptures et continuités*, préface PH. LE TOURNEAU, PUAM, 2001.

**LAFON (J.)**, *La responsabilité civile du fait des malades mentaux*, LGDJ, 1958.

**LALLEMENT (P.)**, *L'état de nécessité en matière civile*, PUF, 1922.

**LEBRETON (M.-CH.)**, *L'enfant et la responsabilité civile*, préface d'Y. FLOUR, Publications des Universités de Rouen et du Havre, 1999.

**LEGUY (Y.)**, *L'intérêt personnel de l'enfant et les relations familiales*, Rennes, 1973.

**LE GUIDEC (R.)**, *La notion d'intérêt de l'enfant en droit civil français*, Nantes, 1973.

**LEHOT (M.)**, *Le renouvellement des sources internes du droit et le renouveau du droit de la responsabilité civile*, Le Mans, 2001.

**LIMOUZINEAU (J.)**, *Le problème de la responsabilité civile extra-contractuelle de l'aliéné en France*, thèse Dijon, 1932.

**LLORENS-FRAYSSE (F.)**, *La présomption de faute dans le contentieux administratif de la responsabilité*, préface J.-A. MAZÈRES, Bibl. dr. pub., t. 149, LGDJ, 1985.

**LOISEAU (G.)**, *Le nom, objet d'un contrat*, préface J. GHESTIN, Bibl. dr. priv., t. 274, LGDJ, 1997.

**LUCHET (J.)**, *L'arrêt Blanco, La thèse de la compétence administrative en matière de responsabilité civile de l'Etat*, Librairie du Recueil Sirey, 1935.

**LUQUET (L.)**, *Du droit nécessaire*, Paris, 1902.

**MAZOHIÉ (G.)**, *Le droit de garde*, Paris, 1904

**MEKKI (M.)**, *L'intérêt général et le contrat. Contribution à une étude de la hiérarchie des intérêts en droit privé*. LGDJ, Bibl. dr. priv., t. 411, préface J. GHESTIN, 2004.

**MILLARD (E.)**, *Famille et droit public, Recherches sur la construction d'un objet juridique*, préface J.-A. MAZÈRES, avant-propos de M.-A. COHENDET, Bibliothèque de droit public, t. 182, LGDJ, 1995.

**MOINE (I.)**, *Les choses hors commerce, une approche de la personne humaine juridique*, préface d'E. LOQUIN, Bibl. dr. priv., t. 271, LGDJ, 1997.

**MOLFESSIS (N.)**, *Le Conseil constitutionnel et le droit privé*, préface M. GOBERT, Bibl. dr. priv., t. 287, LGDJ, 1997.

**MOREAU (J.)**, *L'influence de la situation et du comportement de la victime sur la responsabilité administrative*, préface F.-P. BENOIT, Bibl. dr. publ., t. 7, LGDJ, 1957.

**MORIAUD (P.)**, *De la justification du délit par l'état de nécessité*, thèse Genève, 1889.

**MOTULSKY (H.)**, *Principes d'une réalisation méthodique du droit privé, La théorie des éléments générateurs des droits subjectifs*, préface P. ROUBIER, réédition présentée par M.-A. FRISON-ROCHE, Dalloz, 2002.

**MARCHAND (G. F.)**, *De l'état de nécessité en droit pénal*, Paris, 1902.
**MAZOHIÉ (G.)**, *Le droit de garde*, Paris, 1904.
**NEIRINCK (C.)**, *La protection de la personne de l'enfant contre ses parents*, préface B. TEYSSIÉ, Bibl. dr. priv., t. 182, LGDJ, 1984.
**NEAGU (A. GR. D.)**, *Responsabilité civile extra-contractuelle de l'aliéné*, Paris, 1927.
**NERSON (R.)**, *Les droits extrapatrimoniaux*, Dijon, 1939.
**NIZARD (L.)**, *Les circonstances exceptionnelles dans la jurisprudence administrative*, LGDJ, 1962.
**OLLIER (P.-D.)**, *La responsabilité civile des père et mère, Etude critique de son régime légal (article 1384, alinéas 4 et 7 du Code civil)*, préface J. CARBONNIER, LGDJ, Bibl. dr. priv., t. 24, 1961.
**PAILLET (M.)**, *La faute du service public en droit administratif français*, préface J.-M. AUBY, LGDJ, Bibl. dr. pub., t. 136, 1980.
**PALLARD (R.)**, *L'exception de nécessité en droit civil*, préface R. SAVATIER, LGDJ, 1949.
**PASCAL (G.)**, *De la condition de l'enfant naturel en droit romain*, Aix-en-Provence, 1889.
**PÉCHILLON (E.)**, *Sécurité et droit du service public pénitentiaire*, préface F. CHAUVIN, LGDJ, Bibl. dr. pub., t. 204, 1998.
**PÉRÈS (C.)**, *La règle supplétive*, préface G. VINEY, Bibl. dr. priv., t. 421, LGDJ, 2004.
**PIERRE (PH.)**, *Vers un droit des accidents, Contribution à l'étude du report de la responsabilité sur l'assurance privée*, Rennes, 1992.
**PIRON (M.)**, *La responsabilité civile des membres de l'enseignement, loi du 5 avril 1937*, Dijon, 1939
**PLESSIX (B.)**, *L'utilisation du droit civil dans l'élaboration du droit administratif*, préface J.-J. BIENVENU, Editions Panthéon-Assas, Droit public, 2003.
**PRADEL (J.)**, *La condition civile du malade*, préface G. CORNU, Bibl. dr. priv., t. 39, LGDJ, 1960.
**PRÉVAULT (J.)**, *L'internement administratif des aliénés*, préface M. GARÇON, LGDJ, 1955.
**PUECH (M.)**, *L'illicéité dans la responsabilité civile extracontractuelle*, préface d'A. RIEG, Bibl. dr. priv., t. 129, LGDJ, 1973.
**RABUT (A.)**, *De la notion de faute en droit privé*, LGDJ 1949.
**RADOUANT (J.)**, *Du cas fortuit et de la force majeure*, Paris, 1920.
**REBOURG (M.)**, *La prise en charge de l'enfant par son beau-parent*, préface H. FULCHIRON, Defrénois, Doctorat et Notariat, 2003.
**RÉGLADE (S.)**, *Les enfants des parents divorcés, étude juridique*, Paris, 1939
**RICHER (L.)**, *La faute du service public dans la jurisprudence du Conseil d'Etat*, Economica, 1978.
**ROIG (C.)**, *Les circonstances exceptionnelles dans la jurisprudence et la doctrine*, Paris, 1958.
**RUSSO (CH.)**, *De l'assurance de responsabilité à l'assurance directe, Contribution à l'étude d'une mutation de la couverture des risques*, préface G. J. MARTIN, Dalloz, Nouvelle bibliothèque de thèses, vol. 9, 2001.
**SANDRAS (C.)**, *L'intérêt de l'enfant dans le droit des personnes et de la famille*, thèse Paris II, 2000.
**SERVEL (J.-P.)**, *La notion d'intérêt de l'enfant. Essai sur les fondements de l'autorité et des décisions parentales*, Aix-Marseille III, 1978.
**SIBICIANO (N.)**, *Théorie générale des renonciations en droit civil français*, Paris, 1932.
**SOUSSE (M.)**, *La notion de réparation de dommages en droit administratif français*, préface J.-M. PONTIER, LGDJ, Bibl. dr. pub., t. 174, 1994.
**TANON (P.)**, *Du droit de garde confié par les tribunaux à des particuliers, à des associations ou à l'assistance publique sur les enfants victimes ou coupables de délits (articles 4 et 4 de la loi du 19 avril 1898)*, Paris 1905.
**TEBOUL (G.)**, *Usages et coutume dans la jurisprudence administrative*, préface R. CHAPUS, LGDJ, Bibl. dr. pub., t. 153, 1989.

**TRAULLÉ (J.)**, *L'éviction de l'article 1382 du Code civil en matière extracontractuelle*, préface P. JOURDAIN, Bibl. dr. priv., t. 477, LGDJ, 2007.
**TUNC (A.)**, *Le contrat de garde*, préface H. Solus, Dalloz, 1942.
**UZEL (PH.)**, *La responsabilité des hôpitaux psychiatriques et leur assurance*, *RHF* 1983, n° 358, pp. 101-158 et n° 359, pp. 206-253.
**VALLET (J.)**, *Etude de droit comparé sur la protection légale de la santé de l'aliéné*, thèse Paris, 1910.
**VINEY (G.)**, *Le déclin de la responsabilité individuelle*, préface d'A. TUNC, Bibl. dr. priv., t. 53, LGDJ, 1965.

## III. CHRONIQUES ET ARTICLES

**ALT-MAES (F.)**,
- *Les nouveaux droits reconnus à la victime d'un mineur*, *JCP G* 1992, I, 3627.
- *L'hébergement chez ses parents du mineur placé : un conflit de responsabilités ?*, *LPA*, 5 octobre 1999, pp. 14-21.
- *La garde, fondement de la responsabilité du fait des mineurs*, *JCP G* 1998, I, 154.
- *La responsabilité civile et pénale : un outil de la socialisation des mineurs ?*, *LPA*, 27 juin 2000, pp. 18-26.

**AMAR (J.)**, *Privation d'aliments ou de soins envers un mineur*, *J.-Cl. Pénal*, art. 227-15 et 227-16, 2005.
**AMSELEK (P.)**, *La responsabilité sans faute des personnes publiques d'après la jurisprudence administrative*, *in Recueil d'études en hommage à CH. EISENMANN*, éditions Cujas, 1977, pp. 233-262.
**ANCEL (M.)**, *Examen de conscience de la défense sociale : le problème du traitement des délinquants*, *RSC* 1978, pp. 945-955.
**ANTONMATTÉI (P.-H.)**, *Ouragan sur la force majeure*, *JCP G* 1996, I, 3907.
**ARBOUSSET (H)**, *La responsabilité de l'état dans le domaine pénitentiaire, en débat : comment interpréter l'arrêt Chabba à la lumière des jurisprudences postérieures ?*, *RPDP* 2007, pp. 563-582.
**AREND (P.)**, *Convention européenne des droits de l'Homme et libertés contractuelles*, *BDH* 1995, pp. 64-76.
**ARRIGHI DE CASANOVA (C.)** et **DOUVRELEUR (O.)**, *La codification par ordonnances, À propos du Code de commerce*, *JCP G* 2001, I, 285.
**ARTUS (D.)**, *Le mineur placé en application des articles 375 et suivants du Code civil et le contentieux de la responsabilité devant le juge administratif*, *D.* 2001, pp. 18-20.
**AUBY (J.-B.)**,
- *Le mouvement de banalisation du droit des personnes publiques et ses limites*, *in Études offertes à J.-M. AUBY*, Dalloz, 1992, pp. 3-16.
- *La bataille de San Romano, Réflexions sur les évolutions récentes du droit administratif*, *AJDA* 2001, pp. 912-926.

**AUBY (J.-M.)**,
- *Le contentieux administratif du service public pénitentiaire*, *RDP* 1987, pp. 547-578.
- *La loi n° 90-527 du 27 juin 1990 relative aux droits et à la protection des personnes hospitalisées en raison de troubles mentaux et à leurs conditions d'hospitalisation*, *JCP G* 1990, I, 3463.

**AUSSEL (J.-M.)**, *La contrainte et la nécessité en droit pénal*, *in Quelques aspects de l'autonomie du droit pénal*, Dalloz, 1956, p. 253.
**AUZERO (G.)**, *L'application de la notion de faute personnelle détachable des fonctions en droit privé*, *D. aff.* 1998, pp. 502-508.
**BACACHE (M.)**, *L'immunité du préposé*, *in Les immunités de responsabilité civile*, pp. 15-36, PUF, 2009.

**BADEL (M.)**, *Les relations entre la puissance publique, les associations prestataires de services et les usagers des services sociaux, RAJS,* juin 2004, pp. 24-35.

**BARBATO (J.-CH.)**, *Le renouveau de la garde des personnes en droit administratif, RFDA* 2007, pp. 780-788.

**BARBIERI (J.-F.)**, *Responsabilité de l'entreprise et responsabilité de ses salariés. à la recherche de l'équilibre perdu, in Mélanges dédiés au Président M. DESPAX*, Presses de l'Université des Sciences Sociales de Toulouse, 2001, pp. 141-158.

**BATTEUR (A.)**, *La responsabilité parentale en cas de séparation du couple, in Demain La famille* : 95e congrès des notaires, *LPA*, 28 avril 1999, pp. 69-76.

**BEAU (P.)**, *Évasion, Rép. pén.*, Dalloz, 1998.

**BÉCHILLON (D. DE)**, *Le Conseil d'État, le Code civil et le droit de la responsabilité, in Journées d'étude à l'occasion du bicentenaire du Code civil*, vol. 2, *Le Conseil d'État et le Code civil*, journée du 26 novembre 2004, Les éditions des journaux officiels, 2005, pp. 280-289.

**BEHAR-TOUCHAIS (M.)**, *Nouvelles orientations en matière de responsabilité du fait d'autrui, A propos de l'arrêt de l'Assemblée plénière du 29 mars 1991, RJDA* 1991, pp. 487-493.

**BÉNÉZECH (M.), RAGER (P.)** et **TIGNOL (J.)**,

- *Réflexions médico-légales théoriques et pratiques sur la loi du 27 juin 1990 relative à l'hospitalisation des malades mentaux, Annales médico-psychologiques,* vol. 149, n° 4, 1991, pp. 348-352.
- *Loi du 27 juin 1990 : et pourquoi pas revenir au traitement moral et badigeonner les murs de l'asile à la peinture fluo ?, Annales médico-psychologiques,* vol. 149, n° 4, 1991, pp. 353-356.

**BENOIT (F.-P.)**, *Le régime et le fondement de la responsabilité de la puissance publique, JCP G* 1954, I, 1178.

**BÉRAUD (R.)**, *L'indisponibilité juridique, D.* 1952, chron. XXXVIII, pp. 187-190.

**BERNIGAUD (S.)**, *Les enjeux de la réforme de la protection de l'enfance, Dr. fam.* 2007, étude 23.

**BERTOL (D.)**, *L'articulation entre la responsabilité parentale et la responsabilité des tiers, gardiens temporaires des mineurs, LPA*, 24 juin 2005, pp. 14-20.

**BIZOT (J.-CL.)**, *La responsabilité civile des père et mère du fait de leur enfant mineur : de la faute au risque, in Rapport de la Cour de cassation 2002, La responsabilité*, p. 171.

**BLAEVOET (CH.)**, *La responsabilité des inconscients, Gaz. Pal.* 1968, 1, pp. 113-114.

**BLANC (E.)**, *La condition de cohabitation et la responsabilité des parents, Gaz. Pal.* 1952, 1, pp. 27-29.

**BLANC (G.)**, *A propos de la responsabilité des grands-parents... (Brève contribution à la réflexion sur la responsabilité du fait d'autrui), D.* 1997, pp. 327-329.

**BLANC-JOUVAN (X.)**, *La responsabilité de l' « infans », RTDciv* 1957, pp. 28-60.

**BLIN-FRANCHOMME (M.-P.)**, *Le critère de « garde » des personnes au regard du principe général de responsabilité civile du fait d'autrui, LPA*, 24 novembre 1997, pp. 5-10.

**BLOCH (L.)**, *Force majeure : le calme après l'ouragan ?, RCA* 2006, étude 8.

**BON (P.)**,

- *La responsabilité des services publics d'activités sanitaires et sociales utilisant des méthodes libérales, RDSS* 1984, pp. 440-454.
- *La responsabilité du fait des personnes dont on a la garde : sur un rapprochement des jurisprudences administrative judiciaire, RFDA* 1991, pp. 991-1002.

**BONFILS (PH.)**,

- *Le droit pénal substantiel des mineurs, AJ Pénal*, février 2005, pp. 45-48.
- *Les dispositions relatives au droit pénal des mineurs délinquants dans la loi de prévention de la délinquance, D.* 2007, pp. 1027-1034.

**BONNARD (J.)**, *La garde du mineur et son sentiment personnel, RTDciv* 1991, pp. 49-67.

**Bonnet (P.)** et **Mucchielli (P.)**, *Responsabilité délictuelle et quasi délictuelle, Aspects de la jurisprudence récente de la Cour de cassation, in Rapport de la Cour de cassation 1997*, La Documentation française, 1998, pp. 55-65.

**Bonnotte (Ch.)**, *La contestation des décisions de maintien en rétention administrative et en zone d'attente devant le juge judiciaire et le juge administratif, AJDA* 2004, pp. 694-703.

**Boré (J.)**, *La responsabilité des parents pour le fait des choses ou des animaux dont leur enfant mineur à la garde, JCP G* 1968, I, 2180.

**Boulanger (F.)**,

- *Faut-il revoir les règles d'attribution de l'autorité parentale ? (examen critique de la loi n° 93-22 du 8 janvier 1993), D.* 1999, chron., pp. 233-236.
- *Modernisation ou utopie ? : la réforme de l'autorité parentale par la loi du 4 mars 2002, D.* 2002, pp. 1571-1577.

**Bouloc (B.)**, *Délais de garde à vue et de détention provisoire au regard des dispositions de la Convention européenne des droits de l'Homme et des libertés fondamentales, RSC* 1989, pp. 69-77.

**Boullez (C.)**, *Les relations parents-enfants dans la loi du 8 janvier 1993 : l'autorité parentale, Gaz. Pal.* 1993, doc., pp. 828-837.

**Boyer (J.)**, *Le juge judiciaire et l'étranger en rétention administrative : la nouvelle donne constitutionnelle, Gaz. Pal.*, 1er mars 2005, pp. 2-9.

**Brazier (M.)**, *L'autorité parentale (commentaire de la loi n° 70-459 du 4 juin 1970), JCP G* 1970, I, 2362.

**Breluque (F.)**, *Quand le rugby marque des points..., LPA*, 25 octobre 2007, pp. 14-21.

**Breton (A.)**, *Théorie générale de la renonciation aux droits réels. Le déguerpissement en droit civil français. RTD civ* 1928, pp. 261-364.

**Brière (C.)**,

- *Réflexions sur le droit pénal des mineurs : de l'éducatif au répressif, LPA*, 20 décembre 2002, pp. 4-10.
- *La coparentalité : mythe ou réalité ?, RDSS* 2002, pp. 567-580.

**Briere de l'Isle (G.)**, *La faute inexcusable (Bilan et perspectives), D.* 1970, chron. XV, pp. 73-76.

**Bru (V.)**, *Les problèmes juridiques relatifs aux nouvelles méthodes de traitement des maladies mentales, RDSS* 1981, pp. 167-210.

**Brun (Ph.)**,

- *Le nouveau visage de la responsabilité du fait d'autrui (Vers l'irresponsabilité des petits ?), in Études à la mémoire de Ch. Lapoyade-Deschamps*, Presses universitaires de Bordeaux, 2003, pp. 105-118.
- *La constitutionnalisation de la responsabilité pour faute, in La responsabilité pour faute*, Actes du colloque organisé par le Centre de droit de la responsabilité de l'Université du Maine et le Centre de recherches en droit privé de Tours le 17 janvier 2003, *RCA*, juin 2003, pp. 37-42.

**Bruschi (C.)**, *L'altération des facultés mentales en droit romain, in La détérioration mentale, Droit, histoire, médecine et pharmacie*, Actes du colloque interdisciplinaire d'Aix-en-Provence (7-8 juin 2000), PUAM, 2002, pp. 51-65.

**Brusorio-Aillaud (M.)**,

- *Non-extension du principe général de responsabilité du fait d'autrui aux syndicats, LPA*, 3 janvier 2007, pp. 15-20.
- *Responsabilité des associations sportives du fait de leurs membres : l'assemblée plénière aussi exige une faute caractérisée, LPA*, 13 septembre 2007, pp. 9-13.

**Burst (J.-J.)**, *La réforme du droit des incapables majeurs et ses conséquences sur le droit de la responsabilité civile extracontractuelle, JCP G* 1970, I, 2307.

**Buy (F.)**, *Responsabilité générale du fait d'autrui : après les sportifs, les majorettes !, LPA*, 7 avril 2003, pp. 11-14.

**CADIET (L.)**, *Sur les faits et méfaits de l'idéologie de la réparation, in Le juge entre deux millénaires, Mélanges offerts à P. DRAI*, Dalloz, 2000, pp. 495-510.
**CAMBASSEDES (M.-J.)**, *Les sanctions de substitution dans la loi du 11 juillet 1975 et dans l'avant-projet de code pénal, JCP G* 1980, I, 2977.
**CARBONNIER (J.)**,
- *Rapport général sur les renonciations au bénéfice de la loi en droit privé*, Travaux de l'Association Henri Capitant, t. 13, 1963, pp. 283-297.
- *Le Code civil, in* P. NORA (dir.), *Les lieux de mémoire*, II, *La nation*, t. 2, Gallimard, 1986, pp. 293-315.
**CAPITANT (H.)**, *La responsabilité du fait des choses inanimées d'après l'arrêt des Chambres réunies du 13 février 1930, D.H.* 1930, chron., pp. 29-32.
**CARCENAC (M.)**, *De la responsabilité sans faute à la « faute objective », RGAT* 1998, pp. 32-49.
**CARON (CH.)**, *La force majeure : talon d'Achille de la responsabilité des père et mère ?, Gaz. Pal.* 1998, II, doc., pp. 1130-1137.
**CARTIER (M.-E.)**, *Contrainte et nécessité, in Les causes d'irresponsabilité pénale*, Annales de l'Université des Sciences sociales de Toulouse, t. 30, 1982, pp. 27-63.
**CASILE-HUGUES (G.)**, *Le droit pénal et la criminologie face à l'altération des facultés mentales, in La détérioration mentale, Droit, histoire, médecine et pharmacie*, Actes du colloque interdisciplinaire d'Aix-en-provence (7-8 juin 2000), PUAM, 2002, pp. 171-181.
**CASTAIGNÈDE (J.)**,
- *La loi n° 2002-1138 du 9 septembre 2002 : un nouveau regard porté sur le droit pénal des mineurs, D.* 2003, pp. 779-785.
- *Les petits responsables. Réflexions sur la responsabilité pénale et la responsabilité civile du mineur, in Études à la mémoire de Ch. LAPOYADE-DESCHAMPS*, Presses universitaires de Bordeaux, 2003, pp. 119-139.
- *La responsabilité pénale du mineur évolution ou révolution ?, RPDP* 2004, pp. 273-284.
**CASTELLA (C.)** et **SANCHEZ (M.)**, *La réforme de la justice pénale des mineurs par la loi du 9 septembre 2002, Dr. fam.* 2002, chron. 28.
**CATALA (P.)**, *La métamorphose du droit de la famille, in 1804-2004, Le Code civil, un passé, un présent, un avenir*, Dalloz, 2004, pp. 341-358.
**CATHELINEAU (A.)**, *La responsabilité des assistantes maternelles : apparence et réalité, RCA* 1998, chron. 8.
**CAYLA (J.-S.)**,
- *Un aspect de la loi « Sécurité et liberté » : la protection de la liberté des malades hospitalisés pour troubles mentaux, RDSS* 1981, pp. 243-245.
- *La sectorisation psychiatrique, RDSS* 1985, p. 473-479.
- *Évaluation de la loi sur les droits et la protection des malades mentaux hospitalisés, RDSS* 1995, pp. 495-496.
**CÉRÉ (J.-P.)**, *La loi n° 2002-1138 du 9 septembre 2002 et l'amélioration du fonctionnement et de la sécurité des établissements pénitentiaires, D.* 2002, pp. 3224-3228.
**CHABAS (F.)**,
- *Du lien de parenté ou d'alliance entre la victime et l'auteur du dommage, in Mélanges dédiés à G. MARTY*, Université des Sciences sociales de Toulouse, 1978, pp. 291-303.
- *L'interprétation de l'article 1384, alinéa 1^er du Code civil en droit français, in Les obligations en droit français et en droit belge, convergences et divergences*, Bruylant, Dalloz, 1994, pp. 271-279.
- *L'article 1382 du Code civil peau de vair ou peau de chagrin ?, in Études offertes à J. DUPICHOT, Liber amicorum*, Bruylant, 2004, pp. 79-98.
**CHAMPENOIS-MARMIER (M.-P.)** et **SANSOT (J.)**, *La loi n° 90-527 du 27 juin 1990 relative aux droits et à la protection des personnes hospitalisées en raison de troubles mentaux et à leurs conditions d'hospitalisation, ALD* 1991, pp. 123-134.
**CHAPELLE (A.)**, *Les pactes de famille en matière extra-patrimoniale, RTD civ.* 1984, pp. 411-437.

**CHASSAING (J.-F.),**
- *Les trois codes français et l'évolution des principes fondateurs du droit pénal contemporain, RSC* 1993, pp. 445-453.
- *Vagabondage et histoire du droit pénal, synthèse sur le problème du vagabondage du Moyen Âge au XIX^e^ siècle, in Des vagabonds aux S.D.F., Approches d'une marginalité*, actes du colloque d'histoire du droit de Saint-Étienne, 20 et 21 octobre 2000, organisé par le Centre d'études et de recherches sur l'administration publique de Saint-Étienne et le Centre d'études et de recherches d'histoire du droit de l'Université de Saint-Étienne, Publications de l'Université de Saint-Étienne, 2002, pp. 15-21.
**CHAVRIER (G.),**
- *Essai de justification et de conceptualisation de la faute lourde, AJDA* 2003, pp. 1026-1031.
- *Les responsabilités du département du fait des dommages résultant de l'organisation et de l'exécution du service public de placement des mineurs en danger, JCP A* 2004, 1064.
**CHEVALIER (J.),** *L'obligation en droit public, APD*, t. 44, *L'obligation*, Dalloz, 2000, pp. 179-194.
**CHEVALLIER (J.-Y.),** *L'état de nécessité (Le rôle du Doyen P. Bouzat dans la reconnaissance de l'infraction nécessaire en droit positif), in Mélanges en l'honneur du Doyen P. BOUZAT*, A. Pedone, 1980, pp. 117-134.
**CLEMENTE (M.),** *évaluation de la loi du 27 juin 1990, les projets d'évolution, Gest. hosp.*, 1977, pp. 777-780.
**COELHO (J.),** *Hospitalisations psychiatriques sous contrainte : plaidoyer pour une réforme, RDSS* 2006, pp. 249-262.
**COEURET (A.),** *Loi n° 90-527 du 27 juin 1990 relative aux droits et à la protection des personnes hospitalisées en raison de troubles mentaux et à leurs conditions d'hospitalisation, RTD civ.* 1990, pp. 704-707.
**COLLET-ASKRI (L.),** *Responsabiliser par la sanction (commentaire du titre III de la loi du 9 septembre 2002 portant réforme du droit pénal des mineurs), RDSS* 2003, pp. 140-157.
**COLOMBET (CL.),** *Commentaire de la loi du 4 juin 1970 sur l'autorité parentale, D.* 1971. chron. I, pp. 1-32.
**CORINUS-LE PUIL (L.),** *L'enfant : un adulte en miniature ou un être en devenir ? Plaidoyer pour une approche globale du phénomène délinquantiel, RPDP* 2004, pp. 285-312.
**CORMIER (M.),** *La décentralisation en matière sanitaire, sociale et médico-sociale : une étape transitoire ?, JCP A* 2005, 1008.
**CORNU (G.),** *L'âge civil, in Mélanges en l'honneur de P. ROUBIER*, Librairies Dalloz et Sirey, 1961, t. 2, pp. 9-36.
**CORONE (S.),** *L'assureur peut-il refuser d'assurer ?, L'argus*, 2 février 2001, pp. 28-30.
**CORPART (I.),** *Le déclin de l'émancipation des mineurs, JCP N* 2003, n° 1523, pp. 1399-1404.
**COUCHEZ (G.),** *La fixation à dix-huit ans de l'âge de la majorité, JCP G* 1975, I, 2684.
**COUSSIRAT-COUSTERE (V.),** *Article 8 § 2, in La Convention européenne des droits de l'Homme. Commentaire article par article*, sous la direction de L.-E. PETTITI, E. DECAUX et P.-H. IMBERT, Economica, 2^e^ éd., 1999, pp. 323-351.
**COUVRAT (P.),** *Une première approche de la loi du 19 décembre 1997 relative au placement sous surveillance électronique, RSC* 1998, pp. 374-378.
**COUZINET (J.-F.),** *La notion de faute lourde administrative, RDP* 1977, pp. 283-334.
**CRISTOL (D.),**
- *La garde d'autrui, un fondement inédit au cœur d'un nouveau régime de responsabilité administrative sans faute, RDSS* 2005, pp. 466-476.
- *Ancrage et extension de la responsabilité pour risque de l'état du fait des mineurs délinquants, RDSS* 2008, pp. 360-367.
- *Nouveaux éclairages jurisprudentiels relatifs aux protections sociale et judiciaire de l'enfance en danger de l'enfance délinquante, RDSS*, 2008, p. 926.
**DAGORNE-LABBÉ (Y.),**
- *La condition de cohabitation du mineur est-elle compatible avec la responsabilité de plein doit de ses parents ?, LPA*, 29 décembre 1997, pp. 12-14.

- *L'évolution de la notion de cohabitation de l'enfant mineur avec ses parents, LPA*, 9 novembre 2000, pp. 16-19.
**DANTI-JUAN (M.)**, *État de nécessité, in Répertoire de droit pénal et de procédure pénale*, Dalloz, 1997.
**DAUCHY (J.-M.)**, *Le contrôle par la Cour européenne des droits de l'Homme des décisions administratives d'internement psychiatrique, RDSS* 2001, pp. 474-490.
**DE MEYER (J.)**, *Article 5 § 1 ; in La Convention européenne des droits de l'Homme : Commentaire article par article* sous la direction de L.-E. PETTITI, E. DECAUX et P.-H. IMBERT, Economica, 2e éd., 1999, pp. 189-201.
**DEBENE (M.)**, *La modernisation de la loi de 1838 sur les aliénés, Commentaire de la loi n° 90-527 du 27 juin 1990 relative aux droits et à la protection des personnes hospitalisées en raison des troubles mentaux et à leurs conditions d'hospitalisation, AJDA* 1990, pp. 871-883.
**DEBOUY (CH.)**, *Le droit français de la responsabilité administrative : métamorphose ou permanence ? in Les métamorphoses de la responsabilité*, Sixièmes Journées René Savatier, Poitiers, 15 et 16 mai 1997, Publications de la Faculté de droit et des sciences sociales de Poitiers, t. 32, PUF, pp. 243-295.
**DECAUX (E.)**, *Droits, devoirs et responsabilités dans la Déclaration, in* C.N.C.D.H., *La déclaration universelle des droits de l'Homme 1948-1998. Avenir d'un idéal commun*, Paris, La Documentation française, 1999, pp. 131-144.
**DEGUERGUE (M.)**,
- *Le contentieux de la responsabilité : politique jurisprudentielle et jurisprudence politique, in Des principes fondateurs à l'effectivité de la règle : bilan et perspectives d'un droit en mutation, AJDA* 1995, n° spécial, pp. 211-226.
- *L'exorbitance du droit de la responsabilité administrative, in L'exorbitance du droit administratif en question(s)*, études réunies par F. Melleray, Actes du colloque organisé par l'Institut de droit public de l'Université de Poitiers les 11 et 12 décembre 2003, LGDJ, Collection de la Faculté de droit et de sciences sociales, t. 6, 2004, pp. 201-218.
**DEKEUWER-DEFOSSEZ (F.)**, *L'autorité parentale à l'épreuve de la loi Kouchner, RGDM* 2004, pp. 99-104.
**DEKEUWER-DÉFOSSEZ (F.)** et **VAUVILLÉ (F.)**, *Droits de l'Homme et droits de l'Enfant (Commentaire de la loi "Malhuret" du 22 juillet 1987), D.* 1988, chron., pp.137-148.
**DEL PISTOIA (L.)** et **BATTISTA-GIORDANO (G.)**, *L'Italie, in* J. POSTEL et CL. QUÉTEL (dir.) *Nouvelle histoire de la psychiatrie*, Dunod, Psycho sup, 2004, pp. 554-561.
**DELIANCOURT (S.)**, *La responsabilité pour faute de l'Etat du fait des suicides en milieu carcéral, JCP A* 2005, 1124.
**DELVOLVÉ (P.)**, *La responsabilité du fait d'autrui en droit administratif, in Mélanges dédiés à G. MARTY*, Université des Sciences sociales de Toulouse, 1978, p. 407-447.
**DEMAN (R.)**, *Droit de garde et gardiens de fait, JCP G* 1964, I, 1830.
**DEMESSE (TH.)**, *Article 1384, alinéa 1er du Code civil : rien de nouveau ?... (Le principe général de responsabilité aquilienne du fait d'autrui), RGAR* 1991, 11854.
**DEMOGUE (R.)**, *La notion de sujet de droit, RTD civ.* 1909, pp. 611-655.
**DESBOIS (H.)**, *Le nouveau régime de la responsabilité des instituteurs d'après la loi du 5 avril 1937, D.H.* 1937, pp. 53-56.
**DESMOTTES (G.)**, *La loi sur l'autorité parentale, RTDSS* 1970, pp. 229-250.
**DESPOTOPOULOS (C.)**, *Sur la famille d'après Aristote, in Réformes du droit de la famille, APD*, t. 20, 1975, pp. 71-87.
**DOURAKI (TH.)**, *La protection internationale des malades mentaux contre les traitements abusifs, in Mélanges en en hommage à L.-E. PETTITI*, Bruylant, 1998, pp. 309-322.
**DRAGO (R.)**,
- *L'état d'urgence (Lois des 3 avril et 7 août 1955) et les libertés publiques, RDP* 1955, pp. 670-705.
- *La notion d'obligation : droit public et droit privé, APD*, t. 44, *L'obligation*, Dalloz, 2000, pp. 43-49.

- *La tenaille, Réflexions sur l'état du droit administratif*, *in* Université Panthéon-Assas (Paris II), *Clés pour le siècle*, Dalloz, 2000, pp. 436-442.

**DRAGO (R.)** et **FRISON-ROCHE (M.-A.)**, *Mystères et mirages des dualités des ordres de juridictions et de la justice administrative*, *APD*, t. 41, *Le privé et le public*, Sirey, 1997, pp. 135-148

**DREIFUSS-NETTER (F.)**,

- *Délaissement de mineur*, *J.-Cl. Pénal Code*, art. 227-1 et 227-2, 1998.

- *Les manifestations de volonté tendant à la création ou à l'extinction des liens familiaux*, *in Le rôle de la volonté dans les actes juridiques*, *Études à la mémoire du professeur A. RIEG*, Bruylant, 2000, pp. 263-288.

- *Délaissement d'une personne hors d'état de se protéger*, *J.-Cl. Pénal Code*, art. 223-3 et 223-4, 2000.

- *Atteintes à l'exerice de l'autorité parentale*, *J.-Cl. Pénal Code*, art. 227-5 à 227-11, 2001.

**DRZEMCZEWSKI (A.)**, *La Convention européenne des droits de l'Homme et les rapports entre particuliers*, *CDE* 1980, p. 3.

**DUBLUNEAU (J.)**, *La prévention sociale contre l'alcoolisme*, *in La prévention des infractions contre la vie humaine et l'intégrité de la personne*, publié sous la direction de A. Besson et M. Ancel, Cujas, 1956, t. 2, pp. 333-347.

**DUBOUIS (L.)**, *La loi du 27 juin1990 assure-t-elle une protection des personnes hospitalisées en raison de troubles mentaux conforme au droit européen ?*, *in Etudes offertes à J.-M. AUBY*, Dalloz, 1992, pp. 727-738.

**DUEZ (P.)**, *Le développement jurisprudentiel de la responsabilité de la puissance publique*, *Rev. crit.* 1925, pp. 588- 618.

**DUFFY (A.)**, *La constitutionnalisation de la liberté contractuelle*, *RDP* 2006, pp. 1569-1600.

**DUFOUR (A.)**, *Autorité maritale et autorité paternelle dans l'École du droit naturel moderne*, *in Réformes du droit de la famille*, *APD*, t. 20, Sirey, 1975, pp. 89-125.

**DUMONT (F.)**, *La responsabilité de l'article 1384 alinéa 4 du Code civil à l'épreuve de la séparation des parents*, *LPA*, 14 janvier 1998, pp. 27-33.

**DUPUY (P.-M.)**, *Responsabilité*, *in* D. ALLAND et S. RIALS (dir.), *Dictionnaire de la culture juridique*, Lamy-PUF, 2003, pp. 1341-1347.

**DURRY (G.)**,

- *La responsabilité de ceux qui se chargent des enfants d'autrui*, *RTD civ.* 1982, pp. 769-772.

- *Le bureau central de tarification*, *Risques*, 1992, n° 12, pp. 89-96.

- *Plaidoyer pour une révision de la jurisprudence Costedoat (ou une hérésie facile à abjurer)*, *in Ruptures, Mouvements et continuité du droit, Autour de Michelle GOBERT*, Economica, 2004, pp. 549-558.

**DURRY (G.)** et **GOBERT (M.)**, *Réflexions sur la réforme de la tutelle et de l'administration légale*, *RTD civ.* 1966, pp. 5-36.

**DUTHEILLET-LAMONTHÉZIE (B.)**, *A propos d'un arrêt récent du Conseil d'état : la responsabilité de la puissance publique en raison des fautes des services pénitentiaires*, *RSC* 1975 pp.183-188.

**EDELMAN (B.)**, *Le concept juridique d'humanité*, *in Le droit, la médecine et l'être humain, propos hétérodoxes sur quelques enjeux vitaux du XXI^e^ siècle*, PUAM, 1996, p. 245-269.

**EISENMANN (CH.)**, *Sur le degré d'originalité du régime de la responsabilité extra-contractuelle des personnes (collectivités) publiques*, *JCP G* 1949, I, 742 et 751.

**EISSEN (M.-A.)**, *Le principe de proportionnalité dans la jurisprudence de la Cour européenne des droits de l'Homme*, *in La Convention européenne des droits de l'Homme : Commentaire article par article*, sous la direction de L.-E. PETTITI, E. DECAUX et P.-H. IMBERT, Economica, 2$^{e}$ éd., 1999, pp. 65-81.

**ENGEL (L.)**, *Vers une nouvelle approche de la responsabilité. Le droit français face à la dérive américain*, *Esprit*, juin 1993, pp. 5-31.

**ESMEIN (P.),**

- *Le fondement de la responsabilité contractuelle rapprochée de la responsabilité délictuelle, RTD civ.* 1933, pp. 627-692.
- *L'article 1384 du Code civil est-il applicable à celui qui heurte une chose immobile ?, D.H.* 1937, pp. 5-68.
- *La responsabilité du dommage causé par une chose volée, Gaz. Pal.* 1942, doc., pp. 5-7.
- *La faute et sa place dans la responsabilité civile, RTD civ.* 1949, pp. 481-490.

**ESPER (CL.),** *Mineurs hospitalisés et loi du 4 mars 2002, Actualités JuriSanté*, n° 42, juillet 2003, pp. 4-9.

**EUDIER (F.)** et **CHAMBONCEL-SALIGUE (P.),** *Réforme de la protection de l'enfance : le défi de la coopération, RJPF*, 1re partie, novembre 2007, pp. 8-12, 2nde partie, décembre 2007, pp. 8-11.

**FAURÉ (G.),** *Vers l'émergence d'une majorité sanitaire ?, in La loi du 4 mars 2002 : continuité ou nouveauté en droit médical ?*, sous la direction de G. Fauré, PUF, CEPRISA, 2003, pp. 101-110.

**FAVIER (Y.),** *Pupilles de la Nation*, Répertoire de droit civil Dalloz, 2005.

**FEYDEAU (M.-T.), ROBINEAU (M.-L.)** et **CLAUX (P.-J.),** *Autorité parentale conjointe, Gaz. Pal.*, doc., pp. 363-364.

**FIERENS (J.),** *La dignité humaine comme concept juridique, in L'odyssée des droits de l'homme*, Actes du colloque international de Grenoble d'octobre 2001, t. 1 *Fondations et naissances des Droits de l'homme*, textes réunis et présentés par J. FERRAND et H. PETIT, L'Harmattan, La librairie des humanités, 2003, p. 171.

**FLAUSS-DIEM (J.),** *Consentement médical et autonomie de l'adolescent en droit anglais, in Droit des personnes et de la famille : mélanges à la mémoire de D. HUET-WEILLER : liber amicorum*, Presses Universitaires de Strasbourg, LGDJ, Les Publications de la Maison des sciences de l'homme de Strasbourg, 1994, p. 115.

**FLOUR (Y.),** *Faute et responsabilité civile : déclin ou résistance ?, Droits*, n° 5, *Fin de la faute ?*, 1987, pp. 29-43.

**FOSSIER (TH.),**

- *Les libertés et le gouvernement de la personne incapable majeure, JCP G* 1985, I, 3195.
- *L'objectif de la réforme du droit des incapacités : protéger sans jamais diminuer, Defrénois*, 2005, art. 38076, pp. 3-34
- *L'exercice de l'autorité parentale par les parents séparés, Quarante mois d'application de la loi du 4 mars 2002, Dr. fam.* 2005, étude 15.
- *La réforme de la protection des majeurs, Guide de lecture de la loi du 5 mars 2007, JCP G* 2007, I, 118
- *La protection de la personne, un droit flexible, Dr. fam.* 2007, étude 17

**FRANÇOIS (J.),** *Fait générateur de la responsabilité du fait d'autrui : confirmation ou évolution ?, D.* 2007, pp. 2408-2414.

**FRÉMEAUX (S.),** *La faute indirecte des parents, RRJ* 2000, pp. 1367-1380.

**FROMENT (J.-CH.),**

- *L'assignation à domicile sous surveillance électronique, l'exécution de la peine et les libertés publiques, Rev. Pén.* 1996, pp. 121-131
- *Vers une « prison de droit » ?, RSC* 1997, pp. 537-560.

**FROMONT (M.),** *Le principe de proportionnalité, AJDA*, 20 juin 1995, n° spécial, pp. 156-166.

**FULCHIRON (H.),**

- *L'effacement de la notion de garde*, Droit de l'enfance et de la famille, Entretiens juridiques de l'Université Jean Moulin, Centre Droit de la famille, 9 octobre 1987, n° 26, 1987-88, pp.46-51.
- *Une nouvelle réforme de l'autorité parentale, Commentaire de la loi n° 93-22 du 8 janvier 1993 à la lumière de l'application de la loi « Malhuret », D.* 1993, chron., pp. 117-122.

- *L'autorité parentale rénovée (Commentaire de la loi du 4 mars 2002 relative à l'autorité parentale, Defrénois.* 2002, art. 37580, pp. 959-997.
- *Autorité parentale et familles recomposées, in Droit des personnes et de la famille : mélanges à la mémoire de D. HUET-WEILLER : liber amicorum,* Presses Universitaires de Strasbourg, LGDJ, Les Publications de la Maison des sciences de l'homme de Strasbourg, 1994, pp. 141-163.
**FULCHIRON (H.)** et **GOUTTENOIRE-CORNUT (A.)**,
- *Réformes législatives et permanence des pratiques : à propos de la généralisation de l'exercice en commun de l'autorité parentale par la loi du 8 janvier 1993, D.* 1997, chron., pp. 363-369.
- *Autorité parentale, in Répertoire de droit civil,* Dalloz, 2004.
**GALLIOU-SCANVION (A.-M.)**,
- *Une responsabilité enfin trouvable ou les voies de l'indemnisation de victimes d'enfants de parents divorcés, Gaz. Pal.* 1997, 1, doc., pp. 658-661.
- *L'article 1384, alinéa 1er, et la responsabilité du fait d'autrui : un fardeau non transférable sur les épaules du tuteur, D.* 1998, pp. 240-242.
- *La chambre criminelle et la responsabilité du fait d'autrui : le tuteur emporté dans le tourbillon de l'article 1384, alinéa 1er, LPA,* 16 juin 2000, pp. 17-20.
**GAN (O.)**, *La responsabilité délictuelle du fait des agissements d'un mineur faisant l'objet d'une mesure de placement : évolution ou révolution ?, Gaz. Pal.* 1999, doc. pp. 101-104.
**GANSHOF VAN DER MEERSCH (W. J.)**, *La Convention européenne des droits de l'Homme a-t-elle dans le cadre du droit interne, une valeur d'ordre public ? in Les droits de l'homme en droit interne et en droit international.* Actes du 2e colloque international sur la Convention européenne des droits de l'Homme (Vienne, 18-20 octobre 1965), Presses Universitaires de Bruxelles, 1968, pp. 155-251.
**GASSIN (R.)**, *Les fondements juridiques de la réinsertion des délinquants en droit positif français, RSC* 1986, pp. 155-182 et pp. 443-460.
**GAUDEMET (Y.)**, *Le Code civil, « constitution civile de la France », in 1804-2004, Le Code civil, un passé, un présent, un avenir,* 2004, pp. 297-308.
**GEFFROY (CL.)**,
- *Entre la tendresse et l'impuissance ou la modification de l'article 433 du Code civil par la loi n° 89-487 du 10 juillet 1989, in La terre, la famille, le juge, études offertes à H.-D. Cosnard,* Economica, Travaux et Recherches, série Faculté de droit et science politique de Rennes, 1990, pp. 207-222.
- *La protection tutélaire des majeurs en matière personnelle, JCP G* 1993, I, 3724.
- *La tutelle des pupilles de l'Etat, Propos critiques et propositions pour l'avenir, JCP G* 1999, I, 142.
**GEORGEL (J.)**, *Enseignement public, J.-Cl. Adm.,* fasc. 230, 2004.
**GHESTIN (J.)**, *L'ordre public, notion a contenu variable, en droit privé français, in* CH. PERELMAN et R. VANDER ELST (dir.), *Les Notions à contenu variable en droit,* Bruylant, 1984, p. 77 et s.
**GIACOPELLI (M.)**, *Les dispositions procédurales de la loi n° 2002-1138 du 9 septembre 2002 applicables aux mineurs et majeurs délinquants, Continuité ou rupture ?, JCP G* 2003, I, 139.
**GISSER (F.)**, *Réflexions en vue d'une réforme de la capacité des incapables mineurs. Une institution en cours de formation : la prémajorité, JCP G* 1984, I, 3142.
**GOBERT (M.)**,
- *L'enfant et les adultes, À propos de la loi du 4 juin 1970, JCP G* 1971, I, 2421.
- *Réflexions sur les sources du droit et les « principes » de l'indisponibilité du corps humain et de l'état des personnes (à propos de la maternité de substitution), RTD civ.* 1992, pp. 489-528.
**GOLDMAN (B.)**, *Garde de la structure et garde du comportement, in Mélanges en l'honneur de P. ROUBIER,* Librairies Dalloz et Sirey, 1961, t. 2, pp. 51-71.
**GOMAA (N. M. K.)**, *La réparation du préjudice causé par les malades mentaux, RTD civ.* 1971, pp. 29-60.

**GONTHIER (F.)** et **LAMARCHE (M.)**, *Faute en famille, in Études à la mémoire de* CH. LAPOYADE-DESCHAMPS, Presses universitaires de Bordeaux, 2003, pp. 177-190.
**GOUREVITCH (M.)**, *La législation sur les aliénés en France de la Révolution à la Monarchie de Juillet, in* J. POSTEL et CL. QUÉTEL (dir.) *Nouvelle histoire de la psychiatrie*, Dunod, Psycho sup, 2004, pp. 172-179.
**GOUTAL (M.)**, *Le centre d'accueil thérapeutique à temps partiel : une alternative à l'hôpital de jour ?*, *Inf. Psy.* 1992, pp. 11-18.
**GOUTTENOIRE (A.)**,
- *La consécration de la coparentalité par la loi du 4 mars 2002, Dr. fam.* 2002, chron. 24.
- *Abandon d'enfant ou de personne hors d'état de se protéger, Rép. pén. Dalloz*, 2002.
- *Atteintes à l'autorité parentale (Non-représentation d'enfant - Soustraction de mineur), Rep. pén.*, Dalloz, 2003.
- *La loi du 5 mars 2007 réformant la protection de l'enfance : à la recherche de nouveaux équilibres, D.* 2007, pp. 1090-1097.
**GOUTTENOIRE-CORNUT (A.)** et **MURAT (P.)**, *L'intervention d'un tiers dans la vie de l'enfant, Dr. fam.* 2003, chron. 1.
**GRABOY-GROBESCO (A.)**, *Les séjours psychiatriques sous contrainte et l'évolution des droits des malades, AJDA* 2004, pp. 65-72.
**GRAËVE (L. DE)**, *Le droit à la vie et l'administration pénitentiaire, Soumission du monde carcéral aux exigences de prévention, RFDA* 2009, p. 947.
**GRIDEL (J.-P.)**,
- *Glose d'un article imaginaire inséré dans le Code civil en suite de l'arrêt Blieck « Chacun répond, de plein droit, du dommage causé par celui dont il avait mission de régler le mode de vie ou contrôler l'activité », in Le juge entre deux millénaires, Mélanges offerts à P. DRAI*, Dalloz, 2000, pp. 609-613.
- *L'acte éminemment personnel et la volonté propre du majeur en tutelle, in La protection de la personne*, Rapport de la Cour de Cassation 2000, La Documentation française, 2001, pp. 79-92.
- *L'acte éminemment personnel du mineur, Gaz. Pal.* 2003, doc, pp. 765-771.
**GROUTEL (H.)**,
- *La cohabitation, condition de la responsabilité des parents du fait de leurs enfants mineurs, RCA* 1989, chron. 17.
- *La responsabilité du fait d'autrui : un arrêt à moitié historique, RCA* 1991, chron. 9.
- *Les dispositions sur l'assurance : un ensemble peu rassurant, in* E. BOURNAZEL (dir.), *Droit du sport, La loi n° 92-652 du 13 juillet 1992*, Dalloz, 1994, pp. 77-89.
- *Obligation de sécurité et responsabilité du fait des choses : enfin !, RCA* 1995, chron. 16.
- *Joueurs ou voyous ? (A propos de deux arrêts sur la responsabilité civile des associations sportives) RCA* 1995, chron. 36.
- *Assurance et responsabilité du fait d'autrui, in La responsabilité du fait d'autrui, Actualité et évolutions*, Colloque organisé par le Centre de Droit de la responsabilité de l'Université du Maine le 2 juin 2000, *RCA* 2000, n° hors série, pp. 27-30.
- *Revirement de jurisprudence au sujet de la responsabilité des préposés, RCA* 2000, chron. 11.
- *Les fédérations sportives battues par K.-O., RCA* 2000, chron. 21.
- *L'enfant mineur ravalé au rang de simple chose ?, RCA* 2001, chron. 18.
- *Menaces sur la subrogation de l'assureur, RCA* 1991, chron. 27.
- *La responsabilité personnelle du préposé (suite), RCA* 2002, chron. 4.
- *Responsabilité du fait d'autrui : l'inexorable progression, RCA* 2003, chron. 4.
**GUÉDON (J.-PH.)**, *La résidence alternée de l'enfant après la séparation de ses parents, LPA*, 3 septembre 2004, pp. 3-12.
**GUÉRARD (S.)**, *L'article 136 du Code de procédure pénale : réflexions à partir de deux décisions récentes du Tribunal des conflits, RRJ* 1999, pp. 219-235.

**GUETTIER (CH.),**
- *Existe-t-il une responsabilité administrative du fait d'autrui ?, in La responsabilité du fait d'autrui, Actualité et évolutions*, Colloque organisé par le Centre de Droit de la responsabilité de l'Université du Maine le 2 juin 2000, *RCA* 2000, n° hors série, pp. 41-51.
- *Disparition, maintien ou réformation de la dualité de juridiction ?, in Vers de nouvelles normes en droit de la responsabilité publique ?*, Actes du colloque organisé par l'Université de Paris 13 les 11 et 12 mai 2001, pp. 149-183.
- *Faute civile et faute administrative, in La responsabilité pour faute*, Actes du colloque organisé par le Centre de droit de la responsabilité de l'Université du Maine et le Centre de recherches en droit privé de Tours le 17 janvier 2003, *RCA*, juin 2003, pp. 66-74.
- *Du droit de la responsabilité administrative dans ses rapports avec la notion de risque, AJDA* 2005, pp. 1499-1505.

**HARICHAUX (M.) ET FOSSIER (TH.),** *La tutelle à la personne des incapables majeurs : l'exemple du consentement à l'acte médical, RDSS* 1991, pp. 1-14.

**HAUSER (J.),**
- *Réflexions sur la protection de la personne de l'incapable, in Mélanges offerts à P. RAYNAUD*, Dalloz Sirey, 1985, pp. 227-236.
- *Incapacité juridique et emploi, Dr. soc.* 1991, pp. 553-562.
- *Jeunes majeurs et vieux mineurs, in Droit comparé des personnes et de la famille, Liber Amicorum M.-TH. MEULDERS-KLEIN*, Bruylant, 1998, pp. 315-334.
- *Droits de l'enfant, état des lieux, JDJ* 2001, n° 208, pp. 13-19.

**HIRSCH (J.),** *Est-il juste d'étendre la responsabilité du fait des personnes dont on doit répondre ?, RGAR* 1996, 12554.

**HOCQUET-BERG (S.),**
- *La responsabilité civile des associations sportives fondée sur l'article 1384 alinéa 1er du Code civil, LPA*, 2 février 1996, pp. 16-22.
- *Essai transformé pour la responsabilité indirecte pour faute d'autrui, RCA* 2007, étude 17.

**HUET-WEILLER (D.),** *Réflexions sur l'indisponibilité des actions relatives à la filiation (à propos de quelques décisions récentes), D.* 1978, chron. XLII, pp. 233-240.

**HUGON (CH.),** *La responsabilité civile délictuelle des services chargés d'une mesure d'assistance éducative, Dr. fam.* 2004, étude 25.

**HUYETTE (M.),** *L'autorité parentale face aux mesures d'assistance éducative, in L'autorité parentale en question*, ouvrage issu des journées d'études des 13 et 14 décembre 2001 du Laboratoire d'Etudes et de Recherches Appliquées au Droit Privé (LERADP) de l'Université du Droit et de la Santé de Lille 2, Presses Universitaires du Septentrion, 2003, pp. 165-175.

**JAULT (F.),** *La notion de responsabilité parentale, Dr. et Pat.*, juin 2005, pp. 58-63.

**JESTAZ (PH.),** *Les sources d'inspiration de la jurisprudence du Conseil constitutionnel, in La légitimité de la jurisprudence du Conseil constitutionnel*, Economica, études juridiques, n° 8, 1999, pp. 3-13.

**JONAS (C.),** *La réparation des dommages causés aux tiers par les malades mentaux : évolution et perspectives, RDSS* 1990, pp. 1-20.

**JOSSELIN-GALL (M.),**
- *Un pas en arrière sur le chemin de la reconnaissance d'un principe général de responsabilité du fait d'autrui, JCP N* 1998, pp. 1217-1221.
- *La responsabilité du fait d'autrui sur le fondement de l'article 1384, alinéa 1er. Une théorie générale est-elle possible ?, JCP G* 2000, I, 268.

**JOSSERAND (L.),**
- *Le travail de refoulement de la responsabilité du fait des choses, D.H.* 1930, chron., pp. 5-8.
- *La responsabilité du fait des automobiles devant les Chambres réunies de la Cour de cassation, D.H.* 1930, chron., pp.25-28.
- *Le contrat dirigé, D.H.* 1933, pp. 89-92.

- *L'essor moderne du concept contractuel*, in *Recueil d'Etudes en l'honneur de F. Gény*, t. 2, *Les sources générales des sytèmes juridisques actuels*, Librairie du recueil Sirey, 1934, pp. 333-346.
- *Le gardien de l'automobile, le voleur et la victime d'un accident*, *D.H.*, 1936, chron., pp. 37-40.

**Jourdain (P.)**,
- *La responsabilité du fait d'autrui à la recherche de ses fondements*, in *Études à la mémoire de Ch. Lapoyade-Deschamps*, Presses universitaires de Bordeaux, 2003, pp. 67-81.
- *Existe-t-il un principe général de responsabilité du fait d'autrui*, in *La responsabilité pour faute*, Actes du colloque organisé par le Centre de droit de la responsabilité de l'Université du Maine et le Centre de recherches en droit privé de Tours le 17 janvier 2003, *RCA*, juin 2003, pp. 5 -9.

**Julien (J.)**, *Remarques en contrepoint sur la responsabilité des parents*, *Dr. fam.* 2002, chron. 7.

**Julien-Laferrière (F.)**,
- *La dualité de juridiction, un principe fonctionnel ?*, in *L'unité du droit, Mélanges en hommage à R. Drago*, Economica, 1996, pp. 396-426.
- *Une modification d'ampleur de l'ordonnance du 2 novembre 1945*, *AJDA* 2004, pp. 260-270.

**Kayser (P.)**, *Le sentiment de la justice et le développement de la responsabilité civile en France*, in *Jalons d'une recherche émérite, écrits de P. Kayser parus de 1981 à 2001*, PUAM, 2003, pp. 255-309.

**Kessler (F.)**, *L'autonomie des personnes handicapées dans la loi du 11 février 2005, Premières observations*, *RDSS* 2005, pp. 382-393.

**Kessous (R.)** et **Desportes (F.)**, *Les responsabilités civile et pénale du préposé et l'arrêt de l'Assemblée plénière du 25 février 2000*, *R.* 2000, pp. 257-275.

**Khun (A.)** et **Madignier (B.)**, *Surveillance électronique : la France dans une perspective internationale*, *RSC* 1998, pp. 671-686.

**Kimmel-Alcover (A.)**, *L'autorité parentale à l'épreuve de la santé des mineurs : chronique d'un déclin annoncé*, *RDSS* 2005, pp. 265-277.

**Koenig (P.)**, *La protection des libertés publiques dans le régime de l'état d'urgence (étude de l'application sur les plans administratif et judiciaire des lois des 3 avril et 7 août 1955)*, *Rev. admin.* 1958, pp. 19-29.

**Labbé (J. E.)**, *De la démence au point de vue de la responsabilité et de l'imputabilité en matière civile*, *Rev. crit.* 1870, pp. 109-129.

**Laharie (M.)**, *Le malade mental dans la société médiévale*, in J. Postel et Cl. Quétel (dir.) *Nouvelle histoire de la psychiatrie*, Dunod, Psycho sup, 2004, pp. 57-75.

**Lalaut (Cl.)**, *Le contrat et la Convention européenne des droits de l'Homme*, *Gaz. Pal.* 1999, doc., pp. 554-564.

**Lambert-Faivre (Y.)**,
- *L'évolution de la responsabilité civile d'une dette de responsabilité à une créance d'indemnisation*, *RTD civ.* 1987, pp. 1-19.
- *L'éthique de la responsabilité*, *RTD civ.* 1998, pp. 1-22.
- *Les assurances obligatoires*, in F. Ewald et J.-H. Lorenzi (dir.), *Encyclopédie de l'assurance*, Economica, 1998.

**Laouenan (O.)**, *Les conventions sur l'autorité parentale depuis la loi du 4 mars 2002*, *JCP G* 2003, I, 149.

**Lapoyade-Deschamps (A.)**, *Les renonciations en droit de la famille*, *D.* 1993, chron. LXIX, pp. 259-264.

**Lapoyade-Deschamps (Ch.)**, *Les petits responsables (Responsabilité civile et responsabilité pénale de l'enfant)*, *D.* 1988, chron. XLIX, pp. 299-305.

**Larguier (J.)**, *Alcoolisme et mesures de sûreté*, *JCP G* 1954, I, 181.

**Lasserre-Capdeville (J.)**, *L'appréciation du rapport d'autorité en matière de responsabilité du fait d'autrui*, *RRJ* 2005, pp. 685-705.

**LASSERRE-KIESOW (V.)**, *La garde et la responsabilité du fait d'autrui sur le fondement de l'article 1384, alinéa 1 ou 4 du Code civil, LPA*, 11 octobre 2001, pp. 12-19.

**LAUR (R.)**, *Contraventions contre les personnes (Deuxième classe), Divagation d'animaux dangereux, J.-Cl. pénal*, art. R. 622-2.

**LAVIELLE (B.)** et **LEBUR (F.)**, *Le juge des libertés et de la détention : béni-oui-oui ou terminator ?, Gaz. Pal.* 2001, doc., pp. 1168-1175.

**LAYDU (J.-B.)**,

- *Entre cohérence et incertitudes (Réflexions autour d'un arrêt de la deuxième Chambre civile de la Cour de cassation du 9 décembre 1999), RRJ* 2000, n° 3, pp. 1265-1274.
- *Un essai transformé : la responsabilité du fait d'autrui fondée sur l'article 1384 alinéa 1 du Code civil dans le domaine sportif, RRJ* 2000, pp. 1803-1813.
- *Totale abstraction (Réflexions autour d'un arrêt de la deuxième chambre civile de la Cour de cassation du 29 mars 2001), LPA*, 8 novembre 2001, pp. 12-17.
- *Quelques précisions sur la responsabilité des associations d'assistance éducative fondée sur l'article 1384, alinéa 1er du Code civil, LPA*, 16 janvier 2003, pp. 16-22.
- *Vers une nouvelle simplification de la responsabilité des père et mère, LPA*, 18 avril 2003, pp. 16-20.
- *Du rugby…aux majorettes ; l'application de l'article 1384, alinéa 1 dans le domaine sportif, suite…, LPA*, 30 septembre 2003, pp. 9-14.
- *Responsabilité des père et mère : autonomie confirmée, LPA*, 29 mars 2004, pp. 10-12.
- *Cohabitation parents-enfants : démantèlement confirmé, LPA*, 3 novembre 2004, pp. 7-9.

**LAZERGUES (CH.)**, *Fallait-il modifier l'ordonnance n° 45-174 du 2 février 1945 ?, RSC* 2003, pp. 172-183.

**LE GUNEHEC (F.)**, *La loi d'orientation et de programmation pour la justice réformant la justice pénale des mineurs, Loi n° 2002-1138 du 9 septembre 2002, JCP G* 2002, Actualité, 450.

**LE TOURNEAU (PH.)**,

- *La responsabilité civile des personnes atteintes d'un trouble mental, JCP G* 1971, I, 2401.
- *La verdeur de la faute dans la responsabilité civile (ou de la relativité de son déclin), RTD civ.* 1988, pp. 506-519.
- *Les obligations professionnelles, in Mélanges dédiés à L. BOYER*, Université des Sciences sociales de Toulouse, 1996, pp. 365-404.

**LE TOURNEAU (PH.)** et **JULIEN (J.)**, *La responsabilité extra-contractuelle du fait d'autrui dans l'avant-projet de réforme du Code civil, in Études offertes à Geneviève VINEY*, LGDJ, 2008, pp. 579-593.

**LEBRET (J.)**, *Quelques problèmes juridiques posés par le traitement des alcooliques, in La prévention des infractions contre la vie humaine et l'intégrité de la personne*, publié sous la direction de A. BESSON et M. ANCEL, Cujas, 1956, t. 1, pp. 153-170.

**LEBRETON (G.)**, *Mise en garde contre l'irruption de la garde dans le droit de la responsabilité administrative, D.* 2007, pp. 2817-2821.

**LEBRETON (M.-CH.)**,

- *La responsabilité parentale à la croisée des chemins, LPA*, 15 septembre 1997, pp. 12-16.
- *Vers une interprétation restrictive de la jurisprudence Blieck, LPA*, 24 février 1997, pp. 6-9.
- *La responsabilité parentale : l'abandon d'un système de responsabilité classique pour un système d'indemnisation, RRJ* 2002, pp. 1262-1278.

**LÉCUYER (H.)**, *Une responsabilité déresponsabilisante, Dr. fam.*, mars 1997, Repères, p. 3.

**LEDUC (F.)**,

- *La responsabilité des père et mère : changement de nature, RCA* 1997, chron. 9.
- *L'état actuel du principe général de responsabilité délictuelle du fait des choses, in La responsabilité du fait des choses, réflexions autour d'un centenaire*, Economica, 1997, pp. 35-59.

- *Les rapports entre les différentes responsabilités du fait d'autrui, in La responsabilité du fait d'autrui, Actualité et évolutions*, Colloque organisé par le Centre de Droit de la responsabilité de l'Université du Maine le 2 juin 2000, *RCA* 2000, n° hors série, pp. 18-26.
- *Le spectre du fait causal*, *RCA* 2001, chron. 20.
- *L'immunité et le droit des assurances, in Les immunités de responsabilité civile*, PUF, 2009, pp. 91-107.
**LÉGAL (A.)**, *La prévention des infractions contre la vie ou l'intégrité physique commises sous l'influence de l'alcool, in La prévention des infractions contre la vie humaine et l'intégrité de la personne*, publié sous la direction de A. BESSON et M. ANCEL, Cujas, 1956, t. 1, pp. 129-152.
**LEGEAIS (R.)**,
- *Un article à surprises ou le nouvel essai de généraliser la responsabilité civile du fait d'autrui, D.* 1965, chron. XXXI, pp. 131-134.
- *La responsabilité civile introuvable ou les problèmes de la réparation des dommages causés par les mineurs, in Mélanges dédiés à G. MARTY*, Université des sciences sociales de Toulouse, 1978, pp. 775-798.
- *Responsabilité civile des enfants et responsabilité civile des parents (après les arrêts de l'Assemblée plénière de la Cour de cassation du 9 mai 1984), Defrénois*, 1985, pp. 557-564.
- *Les ajustements égalitaires de l'autorité parentale, Defrénois*, 1988, art. 34243.
- *La responsabilité civile du fait d'autrui : un aspect du nouveau dynamisme du droit français de la responsabilité civile, in Evolutions récentes du droit en France et en Allemagne*, Colloque franco-allemand Marburg-Poitiers, Marburg : Institut für Rechtsvergleichung, Philipps-Universität, 1993, pp. 33-45.
- *Le mineur et la responsabilité civile, À la recherche de la véritable portée des arrêts de l'Assemblée plénière du 9 mai 1984, in Écrits en hommage à G. CORNU, Droit civil, procédure, linguistique juridique*, PUF, 1994, pp. 253-272.
**LEJIN (P. P.)**, *Criminogenèse*, *RSC* 1979, pp. 497-511.
**LEMAIRE (F.)**, *La responsabilité des services départementaux d'aide sociale à l'enfance : entre évolution et confirmation*, *RDSS* 2004, pp. 441-450.
**LEMAIRE (PH.)**, *La sous-utilisation des alternatives à l'enfermement*, *RPDP* 1995, n° 2, pp. 212-215.
**LEMOULAND (J.-J.)**, *La résidence alternée, dix-huit mois plus tard*, *RJPF*, septembre 2003, pp. 6-11.
**LEPAGE (A.)**, *Du sens de la mesure en matière de responsabilité civile sur internet : la loi, la jurisprudence et le fournisseur d'hébergement, D.* 2001, pp. 322-327.
**LEROYER (A.-M.)**,
- *L'enfant confié à un tiers : de l'autorité parentale à l'autorité familiale*, *RTD civ.* 1998, pp. 587-606.
- *Autorité parentale et contrat, in* D. FENOUILLET et P. DE VAREILLES-SOMMIÈRES (dir.), *La contractualisation de la famille*, Economica, études juridiques, t. 14, 2001, pp. 153-171.
**LESSONA (S.)**, *Essai d'une théorie générale de la renonciation en droit civil*, *RTD civ.* 1912, pp. 361-387.
**LETOURNEUR (M.)**, *Quelques réflexions sur la codification du droit administratif, in études juridiques offertes à L. JULLIOT DE LA MORANDIÈRE*, Dalloz, 1964, pp. 277-292.
**LEVENEUR (L.)**,
- *Le forçage du contrat, in Que reste-t-il de l'intangibilité du contrat ?, Dr. et Pat.*, mars 1998, pp. 69-77.
- *Le choix des mots en droit des personnes et de la famille, in* N. MOLFESSIS (dir.), *Les mots de la loi*, Études Juridiques n° 5, Economica, 1999, pp. 11- 29.
- *Renforcer l'autorité parentale et promouvoir les droits de l'enfant ? in L'autorité parentale en question*, ouvrage issu des journées d'études des 13 et 14 décembre 2001 du Laboratoire d'Etudes et de Recherches Appliquées au Droit Privé (LERADP) de l'Université du Droit et de la Santé de Lille 2, Presses Universitaires du Septentrion, 2003, pp. 43-66.

**Leverbe (E.)**, *Le civilement responsable du fait du mineur*, *RCA*, février 2005, pp. 15-18.
**Levy (M.)**, *La loi du 2 janvier 2002 rénovant l'action sociale et médico-sociale : changement et/ou continuité*, *RDSS* 2002, pp. 423-464.
**Lévy-Bruhl (H.)**, *Sur l'abandon noxal*, *in Mélanges Ph. Meylan*, vol. I, Droit romain, Imprimerie centrale de Lausanne, 1963, pp. 193-209.
**Lhuillier (J.-M.)**,
- *La responsabilité de la baby-sitter, ou la « nuit juridique »*, *in Drôle(s) de droit(s), Mélanges en l'honneur d'E. Alfandari*, Dalloz, 1999, pp. 377-387.
- *Les conséquences du développement du droit des usagers sur la responsabilité dans les établissements et services sociaux et médico-sociaux*, *RDSS* 2001, pp. 563-571.
**Lienhard (A.)** et **Rondey (C.)**, *Incidences juridiques et pratiques des codifications à droit constant (à propos du nouveau Code de commerce)*, *D.* 2001, chron., pp. 521-526.
**Llorens-Fraysse (F.)**, *Le poids de la faute dans la responsabilité administrative*, *Droits*, n° 5, *Fin de la faute*, PUF, 1987, pp. 65-76.
**Lochak (D.)**, *Réflexions sur les fonctions sociales de la responsabilité administrative à la lumière des récents développements de la jurisprudence et de la législation*, *in Le droit administratif en mutation*, PUF, 1993, pp. 275-316
**Lorho (G.)**, *Chroniques du nouveau Code pénal : les peines de substitution ont-elles disparu ?*, *Dr. pén.* 1993, chron. 49.
**Louis-Lucas (P.)**, *Un arrêt récent sur la responsabilité civile du fait d'autrui*, *JCP G* 1933, pp. 105-109.
**Louvet (J.)**, *La nouvelle loi relative à l'autorité parentale*, *Gaz. Pal.* 1970, II, doc., pp. 42-46.
**Luchaire (F.)**,
- *La lecture actualisée de la Déclaration de 1789*, *in La Déclaration des droits de l'homme et du citoyen et la jurisprudence*, Actes du colloque des 25 et 26 mai 1989 au Conseil constitutionnel, PUF, Recherches politiques, 1989, pp. 215-233.
- *La sûreté : droit de l'homme ou sabre de M. Prudhomme ?*, *RDP* 1989, pp. 609-634.
**Machelon (J.-P.)**, *La loi de 1838 sur les aliénés : la résistance au changement*, *RDP* 1984, pp. 1005-1024.
**Maistre du Chambon (P.)**, *Brèves observations sur quelques aspects de l'avant-projet de recodification du droit de la responsabilité civile*, *in Responsabilité civile et assurances, études offertes à H. Groutel*, LexisNexis Litec, 2006, pp. 263-277.
**Malaurie (Ph.)**,
- *Les antinomies des règles et de leurs fondements*, *in Le droit français à la fin du XX^e^ siècle, Études offertes à Pierre Catala*, Litec, 2001, pp. 25-31.
- *Liberté et responsabilité*, *Defrénois*, 2004, pp. 351-354.
**Marcus-Helmons (S.)** et **Daubie (C.)**, *Observations relatives aux arrêts De Wilde, Ooms et Versyp des 18 juin 1971 et 10 mars 1972*, *RDIDC* 1972, pp. 244-266.
**Markesinis (B.S.)**, *La perversion des notions de responsabilité civile délictuelle par la pratique de l'assurance*, *RIDC* 1983, pp. 301-317.
**Marnierre (E.S. de la)**, *Exercice en commun de l'autorité parental sur les enfants dont les parents sont divorcés ou célibataires, Loi du 22 juillet 1987*, *Gaz. Pal.* 1987, Doc., pp. 638-642.
**Martaguet (P.)** et **Robert (Ph.)**,
- *La responsabilité des établissements de rééducation en cas de fugue des mineurs*, *RSC* 1962, pp. 723-741.
- *Responsabilité des établissements de rééducation par le fait des mineurs, Aperçus complémentaires à propos de décisions récentes*, *RSC* 1964, pp. 325-339.
- *La responsabilité des établissements de rééducation (Solution ou évolution ?)*, *D.* 1966, chron. V, pp. 17-22.
**Marteau-Petit (M.)**, *La dualité des critères de mise en œuvre du principe de responsabilité du fait d'autrui (La distinction entre le contrôle du mode de vie de personnes et le contrôle exercé sur une activité)*, *R.R.J.* 2002, pp. 255-270 et p. 817.

**MASSIP (J.)**, *Les modifications apportées au droit de la famille par la loi du 8 janvier 1993, Defrénois* 1993, art. 35569, pp. 673-683.
**MATHIEU (B.)**, *Le droit des personnes malades, LPA* (n° spécial), 19 juin 2002, pp. 10-18.
**MATHIOT (A.)**, *La théorie des circonstances exceptionnelles, in L'évolution du droit public, études en l'honneur d'A. MESTRE*, Sirey, 1956, pp. 413-428.
**MATUTANO (E.)**, *Fondements de la responsabilité sans faute de l'Adminsitration consécutive aux méthodes libérales de rééducation des mineurs, D.* 2009, pp. 2698-2700.
**MAZEAUD (D.)**, *Famille et responsabilité (Réflexion sur quelques aspects de la « l'idéologie de la réparation », in Le droit privé français à la fin du XX$^{e}$ siècle, études offertes à P. CATALA*, Litec, 2001, pp. 569-593.
**MAZEAUD (H.)**,
- *La faute dans la garde, RTD civ.* 1925, p. 793-855.
- *En attendant l'arrêt des Chambres réunies : garde matérielle et garde juridique, D.H.* 1937, chron. XII, pp. 45-52.
- *Défense du droit privé, D.* 1946, chron. V , pp. 17-18.
- *La « faute objective » et la responsabilité sans faute, D.* 1985, chron. III, pp. 13-14.
**MEILLON (D.)**, *Un nouveau fondement pour la responsabilité sans faute des personnes publiques : la garde d'autrui, R.D.P.* 2006, pp. 1221-1246.
**MEKKI (M.)**, *La responsabilité délictuelle des clubs sportifs du fait de leurs adhérents : les jeux sont faits... rien ne va plus !, RLDC*, OCTOBRE 2007, PP. 17-23.
**MELLERAY (F.)**, *L'exorbitance du droit administratif en question(s), AJDA* 2003, pp. 1961-1964.
**MEYZEAUD-GARAUD (M.-CH.)**, *Application de la responsabilité du fait d'autrui aux associations accueillant des mineurs sous un régime de liberté surveillée, LPA,* 23 mars 2000, pp. 20-23.
**MISTRETTA (P.)**, *La loi n° 2002-303 du 4 mars 2002 relative aux droits des malades et à la qualité du système de santé, Réflexions critiques sur un Droit en pleine mutation, JCP G* 2002, I, 141.
**MODERNE (F.)**,
- *Responsabilité de la puissance publique à raison des dommages causés par les mineurs placés dans des institutions privées, RTDSS* 1970, pp. 178-196.
- *Responsabilité des établissements psychiatriques du secteur public à l'égard des tiers, RDSS* 1970, pp. 200-207.
- *Mise en jeu de la responsabilité administrative en raison des dommages subis par un malade mental à l'intérieur d'un établissement psychiatrique, RTDSS* 1970, pp. 405-412.
- *La responsabilité des services pénitentiaires à raison des dommages subis par les détenus, RPDP* 1979, pp. 575-582.
- *Sûreté, in* O. DUHAMEL et Y. MÉNY (dir.) *Dictionnaire constitutionnel*, PUF, 1992, pp. 1006-1009.
- *La liberté contractuelle est-elle vraiment et pleinement constitutionnelle ?, RFDA* 2006, pp. 2-11.
**MOLFESSIS (N.)**
- *Les sources constitutionnelles du droit des obligations*, actes du colloque du 16 février 1996 organisé par l'Association Henri Capitant des amis de la culture juridique française, LGDJ 1996, pp. 65-108.
- *Le renvoi d'un texte à un autre, in* N. MOLFESSIS (dir.), *Les mots de la loi*, Études Juridiques n° 5, Economica, 1999, pp. 55-72.
- *Deux figures législatives en vogue : l'abrogation par mégarde et la résurrection fortuite, RTD civ.* 2000, pp. 688-695.
- *Vie professionnelle, vie personnelle et responsabilité des commettants du fait de leurs préposés, Dr. social*, 2004, pp. 31-39.

- *La jurisprudence relative à la responsabilité des commettants du fait de leurs préposés ou l'irrésistible enlisement de la Cour de cassation, in Ruptures, Mouvements et continuité du droit, Autour de Michelle GOBERT*, Economica, 2004, pp. 495-548.

**MONÉGER (F.)**,

- *Le rapprochement de la jurisprudence du Conseil d'Etat et de la Cour de cassation en matière de « responsabilité du fait des personnes soumises à la surveillance d'autrui » (à propos des arrêts Ingremeau, Conseil d'Etat, 19 octobre 1990 et Blieck, Assemblée plénière, 29 mars 1991), RDSS* 1991, pp. 401-408.
- *La loi du 8 janvier 1993 et les droits de l'enfant, RDSS* 1993, pp. 223-236.

**MONIER (J.-CL.)**, *Personne humaine et responsabilité civile, Dr. et Cult.*, n° 31, *Métamorphoses de la responsabilité*, 1996, pp. 51-63.

**MONTANIER (J.-CL.)**, *Les enfants, les parents et la Cour de cassation, Dr. fam.* 2003, chron. 13.

**MOREAU (J.)**, *La responsabilité de l'état à raison du fonctionnement des établissements pénitentiaires, in Mélanges en l'honneur du Doyen P. BOUZAT*, A. Pedone, 1980, pp. 205-216.

**MOULOUNGUI (CL.)**, *L'issue financière de la paternité probable et de la paternité simulée, LPA*, 17 février 1997, pp. 4-6.

**MOULY (J.)**,

- *Les paradoxes de la responsabilité civile dans le domaine des activités sportives, JCP G* 2005, I, 134.
- *La responsabilité civile des associations sportives du fait de leurs membres : l'exigence confirmée de la faute de l'auteur du dommage, LPA*, 24 septembre 2007, pp. 3-12.

**MORANÇAIS-DEMEESTER (M.-L.)**, *Vers l'égalité parentale, Loi n° 87-570 du 22 juillet 1987 sur l'exercice de l'autorité parentale, D.* 1988, chron., pp. 7-14.

**MOREL (P.)** et **QUÉTEL (CL.)**, *Les thérapeutiques de l'aliénation mentale au XIX^e^ siècle, in* J. POSTEL et CL. QUÉTEL (dir.) *Nouvelle histoire de la psychiatrie*, Dunod, Psycho sup, 2004, pp. 314-326.

**MOREL (V.)**, *La réforme de la rétention administrative des étrangers, Procédures*, chron. 3, mars 2004, pp. 3-6.

**MULON-MONTÉRAN (E.)**, *La nouvelle autorité parentale, R.J.P.F.*, avril 2002, pp .6-9.

**MURAT (P.)**, *Indisponibilité de la filiation et perspectives d'avenir (variations libres sur un thème controversé) in Droit des personnes et de la famille, Mélanges à la mémoire de D. HUET-WEILLER : liber amicorum*, Presses Universitaires de Strasbourg, LGDJ, Les Publications de la Maison des sciences de l'homme de Strasbourg, 1994, pp. 341-356.

**NAUROIS (L. DE)**, *Le contrôle judiciaire de la puissance paternelle sur la personne de l'enfant, Rev. crit.* 1936, pp. 460- 545.

**NEIRINCK (C.)**, *Autorité parentale, retrait, J.-Cl. civil*, art. 371 à 387, fasc. 40, 1998.

**NEPVEU (P.)**, *De l'attribution des droits de garde et de visite dans les familles désunies (À l'occasion d'un arrêt de la Cour d'appel de Paris), J.C.P. G.* 1965, I, 1903.

**NIBOYET (F.)**, *Consécration du caractère autonome de la responsabilité des parents du fait de leurs enfants, LPA*, 3 décembre 2001, pp. 10-14.

**NICOLAS-MAGUIN (M.-F.)**, *A propos de la garde conjoint des enfants de parents divorcés, D.* 1983, chron., pp. 111-118.

**NICOLAU (G.)**, *L'héritière (Réflexions sur la loi n° 90-527 du 27 juin 1990 relative aux droits et à la protection des personnes hospitalisées en raison de troubles mentaux et à leurs conditions d'hospitalisation), D.* 1991, chron., pp. 29-36.

**NOGÉRO (D.)**, *La maladie du débiteur en cas de force majeure, D.* 2006, pp. 1566-1569.

**OPPELT-REVENEAU (M.-E.)**, *La protection de la personne de l'incapable majeur, LPA*, 4 novembre 1999, pp. 4-10.

**OPPETIT (B.)**, *Sur la coutume en droit privé, Droits* 1986, n° 3, pp. 39-50

**OPSAHL (M.-T.)**, *La convention et le droit au respect de la vie familiale en ce qui concerne l'unité de la famille et la protection des droits des parents et tuteurs familiaux dans l'éducation des enfants, in Vie privée et droits de l'homme.* Actes du troisième colloque sur la

Convention européenne des droits de l'Homme (Bruxelles, 30 septembre – 3 octobre 1970), Bruylant, 1973, pp. 243-322.

**OST (F.)** et **VAN DROOGHENBROECK (S.)**, *La responsabilité, face cachée des droits de l'homme*, *in* E. BRIBOSIA et L. HENNEBEL (dir.), *Classer les droits de l'homme*, Bruylant, 2004, pp. 87-133.

**PAILLARD (CH.)**, *Vers une admission de la responsabilité de plein droit du département du fait des dommages causés par les pupilles de l'état ?*, *JCP A* 2006, 1225.

**PAILLET (M.)**, *Existe-t-il une responsabilité de droit commun, in Vers de nouvelles normes en droit de la responsabilité publique ?*, Actes du colloque organisé par l'Université Paris XIII le 11 et 12 mai 2001, Les colloques du Sénat, pp. 89-103.

**PASCUAL (I.)**, *Vers une extension, aux associations de chasse, de la responsabilité du fait d'autrui, issue de l'article 1384, alinéa 1er, du Code civil ? (à propos de l'arrêt rendu par la deuxième Chambre civile de la Cour de cassation, le 5 mars 1997)*, *RRJ* 1999, pp. 151-165.

**PAULIAT (H.)**, **SAINT-JAMES (V.)**, **DEFFIGIER (CL.)** et **SAUVIAT (A.)**, *L'effet horizontal de la CEDH, in CEDH et droit privé. L'influence de la jurisprudence de la Cour européenne des droits de l'Homme sur le droit privé français*, sous la direction de J.-P. MARGUÉNAUD, Mission de recherche « Droit et Justice », La Documentation française, 2001, pp. 75-100.

**PAULIN (A.)**, *Placer n'est pas...(forcément) exonérer !*, *LPA*, 9 février 2007, pp. 6-14.

**PAYET (M.-S.)**, *Vers la reconnaissance d'un principe d'irresponsabilité du mineur en matière délictuelle et quasi-délictuelle*, *LPA*, 20 août 2002, pp. 4-11 (1re partie) et 21 août 2002, pp. 3-8 (2nde partie).

**PEANO (M.-A.)**, *L'incompatibilité entre les qualités de gardien et de préposé*, *D.* 1991, chron. XI, pp. 51-55.

**PEISER (G.)**, *Mort ou transfiguration du droit administratif en l'an 2000, in État, société et pouvoir à l'aube du XXIe siècle, Mélanges en l'honneur de F. Borella*, Presses Universitaires de Nancy, 1999, pp. 365-381.

**PELLOUX (R.)**,

- *L'arrêt de la Cour européenne des droits de l'Homme dans l'affaire Lawless*, *AFDI* 1961, pp. 251-266.
- *Les arrêts de la Cour européenne des droits de l'Homme dans les affaires de vagabondage*, *AFDI* 1972, p. 443.

**PENY (CH.)**, *La genèse de la loi du 27 juin 1990 : évaluation de la réforme du statut des personnes atteintes de troubles mentaux, in La détérioration mentale, Droit, histoire, médecine et pharmacie*, Actes du colloque interdisciplinaire d'Aix-en-Provence (7-8 juin 2000), PUAM, 2002, pp. 243-274.

**PÉRON-MAGNAN (P.)**, *L'ère moderne des thérapeutiques biologiques*, *in* J. POSTEL et CL. QUÉTEL (dir.) *Nouvelle histoire de la psychiatrie*, Dunod, Psycho sup, 2004, pp. 406- 417.

**PERREAU (E.-H.)**,

- *L'aliéné est-il responsable des dommages par lui causés ?*, *Rev. crit.* 1902, pp. 405-408.
- *La loi du 5 avril 1937 et la responsabilité civile des membres de l'enseignement public*, *R.T.D.civ.* 1938, pp. 1-22.

**PHILIP (L.)**, *Les internements administratifs*, *D.* 1962, chron. XXII, pp.135-142.

**PHILIPP (D.)**, *De la responsabilité à la solidarité des personnes publiques*, *RDP* 1999, pp. 593-631.

**PHILIPS-NOOTERS (S.)**, *La bioéthique, une menace pour les droits de l'homme ? Du discours à la réalité in Dignité humaine et hiérarchie des valeurs : les limites irréductibles*, Actes du colloque organisé par le Centre des droits de l'homme de l'Université catholique de Louvain, Academia-Bruylant, 1999, pp. 33-56.

**PHILLIPSON (G.)**, *The Human Rights Act, "Horizontal Effect" and the Common Law : a Bang or a Whimper?*, *The Modern Law Review*, 1999, pp. 824-849.

**PICCA (G.)**, *Faut-il « démocratiser » les prisons*, *RSC* 1973, pp. 926-932.

**PINATEL (J.)**, *Philosophie carcérale, technologie politique et criminologie clinique*, *RSC* 1975 pp. 753-766.

**PITOUN (A.)** et **ENDERLIN-MORIEULT (CH.-S.)**, *Placement sous surveillance électronique*, Répertoire de droit pénal et de procédure pénale, Dalloz, 2003.

**PLANIOL (M.)**, *Études sur la responsabilité civile*, *Rev. crit.* 1905, pp. 277-292 et 1906, pp. 80-99.

**PLAWSKI (S.)**,
- *Le problème de la peine privative de liberté dans la société moderne*, *RPDP* 1983, pp. 221-227.
- *La semi-liberté*, *RSC* 1985, pp. 15-29.

**POHÉ (D.)**, *Ombre et lumière sur la force majeure dans la responsabilité parentale (A propos de l'arrêt de la 2e chambre civile de la Cour de cassation du 2 décembre 1998)*, *RRJ* 2002, pp. 239-254.

**POISSON (E.)**, *L'abaissement de l'âge de la majorité*, *D.* 1976, chron. VI, pp. 21-30.

**PONCELA (P.)**, *La responsabilité du service public pénitentiaire à l'égard de ses usagers détenus*, *RSC* 2000, pp. 232-238.

**PONSEILLE (A.)**, *Le sort de la condition de cohabitation dans la responsabilité civile des père et mère du fait dommageable de leur enfant mineur*, *RTD civ.* 2003, pp. 645-666.

**PONTAVICE (E. DU)**,
- *Droit de la famille et droit au bonheur*, *in Mélanges offerts à Monsieur le Professeur P. VOIRIN*, LGDJ, 1967, pp. 678-709.
- *La réforme de la législation sur la tutelle et l'administration légale des mineurs après deux années d'application*, Annales de la Faculté de droit et des sciences économiques de Clermont, Librairie Dalloz, 1967, pp. 7-84.

**PORCHY-SIMON (S.)**, *Regard critique sur la responsabilité civile de l'établissement de santé du fait du médecin*, *in Droit et économie de l'assurance et de la santé, Mélanges en l'honneur de Y. LAMBERT-FAIVRE et D.-CL. LAMBERT*, Dalloz, 2002, pp. 361-374.

**POUMARÈDE (M.)**, *L'avènement de la responsabilité civile du fait d'autrui*, *Mélanges en l'honneur de PH. LE TOURNEAU*, Dalloz, 2007, pp. 839-874.

**POUSSON-PETIT (J.)**, *La protection personnelle des malades mentaux dans les principaux droits européens*, *REDP* 1995, vol. 3, n° 3, pp. 383-425.

**PRADEL (J.)**,
- *Le recul de la courte peine d'emprisonnement avec la loi n° 75-624 du 11 juillet 1975*, *D.* 1976, chron. XIII, pp. 63-72.
- *Les nouvelles alternatives à l'emprisonnement créées par la loi n° 83-466 du 10 juin 1983*, *D.* 1984, chron. XIX, pp. 111-117.
- *Quelques observations sur le statut pénal du mineur en France depuis la loi n° 2002-1138 du 9 septembre 2002*, *RIDC* 2004, pp. 187-191.
- *Quelques observations sur la courte peine d'emprisonnement en droit français*, *RPDP* 2007, pp. 291-300.

**PROUTIÈRE-MAULION (G.)**, *La notion de cohabitation dans la responsabilité des père et mère*, *L.P.A.*, 26 septembre 2002, pp. 6-14.

**PUILL (B.)**, *Vers une réforme de la responsabilité des père et mère du fait de leurs enfants ?*, *D.* 1988, chron. XXVIII, pp. 185-192.

**QUÉTEL (CL.)**,
- *Le vote de la loi de 1838*, *in* J. POSTEL et CL. QUÉTEL (dir.) *Nouvelle histoire de la psychiatrie*, Dunod, Psycho sup, 2004, pp. 180-186.
- *La vie quotidienne dans un asile d'aliénés à la fin du XIXe siècle*, *in* J. POSTEL et CL. QUÉTEL (dir.) *Nouvelle histoire de la psychiatrie*, Dunod, Psycho sup, 2004, pp. 327-333.

**RADÉ (CH.)**,
- *L'impossible divorce de la faute et de la responsabilité civile*, *D.* 1998, pp. 301-305.
- *Le principe de la responsabilité personnelle dans la jurisprudence du Conseil constitutionnel*, *LPA*, 8 septembre 1995, pp. 4-8.
- *Le renouveau de la responsabilité du fait d'autrui (apologie de l'arrêt Bertrand, deuxième chambre civile, 19 février 1997)*, *D.* 1997, chron., pp. 279-285.

- *Réflexions sur les fondements de la responsabilité civile, 1. L'impasse, 2. Les voies de la réforme : la promotio du droit à la sûreté, D.* 1999, pp. 313-319 et 323-327.
- *Les limites de l'immunité civile du préposé, RCA* 2000, chron. 22.
- *Il faut sauver la jurisprudence Costedoat !, RCA* 2002, chron. 13.
- *Plaidoyer en faveur d'une réforme de la responsabilité civile, D.* 2003, pp. 2247-2255.
- *La résurgence de la faute dans la responsabilité civile du fait d'autrui, RCA* 2004, étude 15.
- *Faut-il reconnaître l'existence d'un principe général de responsabilité du fait d'autrui ?, in Responsabilité civile et assurances, études offertes à H. Groutel*, LexisNexis Litec, 2006, pp. 375-390.

**Rassat (M.-L.),** *Enlèvement, arrestation, détention et séquestration arbitraires, J-Cl. pénal*, Art. 224-1 à 224-5, fasc. 20, 2003.

**Raymond (G.)**, *De la réalité de l'absence du couple conjugal à la fiction de l'unité du couple parental, commentaire de la loi n° 87-570 du 22 juillet 1987, JCP G* 1987, I, 3299.

**Raynaud (P.)**,
- *La renonciation à un droit, sa nature et son domaine en droit civil, RTD civ.* 1936, pp. 763-809.
- *La puissance paternelle et l'assistance éducative, in Mélanges R. Savatier*, Dalloz, 1965, pp. 807-820.

**Rebourg (M.)**, *Les principes directeurs de la loi du 5 mars 2007 réformant la protection juridique des majeurs, Dr. fam.* 2007, étude 16

**Redon (M.)**, *L'interruption volontaire de la grossesse de la mineure ou l'exercice interposé du droit parental, D.* 2001, pp. 1194-1195.

**Rémy (Ph.)**, *Critique du système français de responsabilité civile, Dr. et Cult.*, n° 31, *Métamorphoses de la responsabilité*, 1996, pp. 33-49.

**Renchon (J.-L.),** *Indisponibilité, ordre public et autonomie de la volonté dans le droit des personnes et de la famille, in Le Code civil entre ius commune et droit privé européen*, études réunies et présentées par A. Wijffels, Bruylant, 2005, pp. 269-332.

**Rexand-Pourias (N.),** *Le renforcement de l'objectivation de la responsabilité du fait d'autrui, LPA* 9 juillet 2003, pp. 21-27.

**Reynaud (P.)**, *Responsabilité des père et mère et résidence alternée, AJ Famille*, avril 2002, pp. 133-135.

**Richevaux (M.),** *Jeunes, in Juris-Classeur Travail Traité*, volume 2, fascicule 9-15, 2002.

**Ripert (G.)**,
- *Abus ou relativité des droits. À propos de l'ouvrage de M. Josserand : de l'esprit des droits et de leur relativité, Rev. crit.*, 1929, p. 33.
- *Ébauche d'un droit civil professionnel, in Études de droit civil à la mémoire de H. Capitant*, Dalloz, 1939, pp. 677-693.

**Rivero (J.),**
- *Droit public et droit privé : Conquête ou statu quo ?, D.* 1947, chron. XVIII, p. 69-72.
- *La protection des droits de l'homme dans les rapports entre personnes privées, in René Cassin, Amicorumque disciplorumque liber*, t. 3, A. Pedone, 1971, pp. 311-322.
- *La liberté consiste à faire tout ce qui ne nuit pas à autrui, REDP* 1990.

**Rives-Lange (M.-Th.),** *Contribution à l'étude de la responsabilité des maîtres et des commettants (Pour une nouvelle approche de la question), JCP G* 1970, I, 2309.

**Rivier (M.-Cl.)**, *L'introuvable statut du beau-parent, in L'autorité parentale en question*, ouvrage issu des journées d'études des 13 et 14 décembre 2001 du Laboratoire d'Etudes et de Recherches Appliquées au Droit Privé (LERADP) de l'Université du Droit et de la Santé de Lille 2, Presses Universitaires du Septentrion, 2003, pp. 177-185.

**Robert (J.),** *Le statut pénal de l'enfant mineur, étude de droit comparé, présentation du thème, RIDC* 2004, pp. 155-158.

**Robert (Ph.)**, *La responsabilité de l'Etat du fait des mineurs en rééducation, JCP G* 1971, I, 2389.

**ROCHFELD (J.)**, *Droits fonctions versus droits subjectifs : quels modèle pour la famille ?, RTD civ.* 2002, pp. 377-384.

**ROGER (PH.)**, *L'hospitalisation sous contrainte, RGDM* 2004, pp. 275-292.

**ROLLAND (R.)**, *La double nature de la responsabilité délictuelle du fait d'autrui : garde ou surveillance d'autrui ?, LPA*, 19 septembre 2000, pp. 4-11.

**ROTMAN (E.)**, *La politique du traitement à la lumière de la troisième édition de « La défense sociale », RSC* 1984, pp. 573-577.

**ROUAST (A.)**,

- *Les droits discrétionnaires et les droits contrôlés, RTD civ.* 1944, pp. 1-19.
- *La nouvelle législation de la tutelle et de l'administration légale (loi du 14 décembre 1964), JCP G* 1965, I, 1917.

**ROUBIER (P.)**,

- *L'arrêt des chambres réunies du 2 décembre 1941 et la théorie générale de la responsabilité civile, JCP G* 1942, I, 257.
- *Les prérogatives juridiques, APD*, Nouvelle série n° 5, 1960, pp. 65-131.

**ROUSSEAU (D.)**,

- *Les principes de la libre administration locale et d'égalité à l'épreuve de l'aménagement du territoire, RFDA* 1995, pp. 876-883.
- *Rapport de synthèse, in* Commission européenne pour la démocratie par le droit, *Le principe du respect de la dignité de la personne humaine*, Actes du séminaire Unidem de Montpellier (1998), Éditions du Conseil de l'Europe, 1999, pp. 109-113.

**ROUTIER (R.)**,

- *De l'irresponsabilité du prêteur dans le projet de loi de sauvegarde des entreprises, D.* 2005, pp. 1478-1481.
- *Le cantonnement de la responsabilité pour soutien abusif, Commentaire de l'article L. 650-1 du Code de commerce, Gaz. Pal.* 2005, pp. 3012-3015.

**ROUX (J.)**, *La reconnaissance par le Conseil constitutionnel du principe fondamental reconnu par les lois de la République relatif à la justice des mineurs (à propos de la décision n° 2002-461 DC du 29 août 2002), RDP* 2002, pp. 1731-1768.

**ROUX (J.-A.)**, *L'état de nécessité et le délit nécessaire, RPDP* 1900, pp. 1411-1423.

**RUBELLIN-DEVICHI (J.)**,

- *Une importante réforme en droit de la famille : la loi n° 93-22 du 8 janvier 1993, JCP G* 1993, I, 3659.
- *Le principe de l'intérêt de l'enfant dans la loi et la jurisprudence française, JCP G* 1994, I, 3739.

**SAINT-PAU (J.-CH.)**, *Le fait d'autrui source de responsabilité : fait causal ou fait générateur ?, RCA* 2004, chron. 1.

**SAINTE-ROSE (J.)** et **MUCCHIELLI (P.)**, *Le contrôle du juge judiciaire sur la rétention administrative, Gaz. Pal.* 1996, *doc.*, pp. 989-994.

**SALAS (D.)**, *Du déclin de la faute à la tentation du bouc émissaire, Dr. et Cult.*, n° 31, *Métamorphoses de la responsabilité*, 1996, pp. 7-18.

**SALUDEN (M.)**, *La responsabilité des parents n'est pas subordonnée à une faute du mineur, RJPF* mai 2003, pp. 20-22.

**SALVAGE-GEREST (P.)**,

- *L'adoption plénière de l'enfant du conjoint après la loi du 22 décembre 1976, JCP G* 1982, I, 3071.
- *Le juge des affaires familiales (De l'homme orchestre du divorce à l'homme orchestre de l'autorité parentale), Dr. fam.* avril 2003, chron. 12.

**SAVATIER (R.)**,

- *Vers la socialisation des risques et de la responsabilité, D.H.* 1931, chron., pp. 9-12
- *La responsabilité générale du fait des choses que l'on a sous sa garde a-t-elle pour pendant une responsabilité générale du fait des personnes dont on doit répondre ?, D.H.* 1933, pp. 81-84.

- *Commentaire de la loi du 5 avril 1937 sur la responsabilité civile des instituteurs et de l'État, Les lois nouvelles*, 1937, pp. 242-255.
- *Droit privé et droit public, D.* 1946, chron. VII, pp. 25-28.
- *Le contrôle de la puissance paternelle, D.* 1947, chron., 21.
- *Le rajeunissement de la tutelle française des mineurs, D.* 1965, chron. VIII, pp. 51-62.
- *Le risque, pour l'homme, de perdre l'esprit et ses conséquences en droit civil, D.* 1968, chron. XIX, pp. 109-116.
- *L'état de nécessité et la responsabilité civile extra-contractuelle, in Études de droit civil à la mémoire de H. Capitant*, Topos Verlag AG, Librairie Duchemin, 1977, pp. 729-752.
- *Le gouvernement des juges en matière de responsabilité civile, in Introduction à l'étude du droit comparé, Recueil d'Études en l'honneur d'E. Lambert*, t. 1, pp. 453-466.

**Schmelck (R.)**, *Evolution de la politique pénale et pénitentiaire, Gaz. Pal.* 1979, doc., pp. 573-578.

**Sénik (A.)**, *Déterminisme et liberté : l'interminable débat ?, in* M. Vacquin (dir.) *La responsabilité, La condition de notre humanité*, Éditions Autrement, Série Morales, n° 14, 1994, pp. 34-50.

**Serlooten (P.)**, *Vers une responsabilité professionnelle ?, in Mélanges offerts à P. Hébraud*, Université des Sciences sociales de Toulouse, 1981, pp. 805-821.

**Silva (I. de)**, *La rénovation du régime de responsabilité de l'État du fait des services pénitentiaires, AJDA* 2009, p. 416.

**Simler (Ph.)**, *La notion de garde de l'enfant (sa signification et son rôle au regard de l'autorité parentale), R.T.D.civ.* 1972, pp. 685-728.

**Soulier (G.)**, *Réflexions sur l'évolution et l'avenir du droit de la responsabilité de la puissance publique, RDP* 1969, pp. 1039-1103.

**Sourioux (J.-L.)** et **Lerat (P.)**, *L'euphémisme dans la législation récente, D.* 1983, chron. XXXIX, pp. 221-222.

**Stella Maranca (F.)**, *Les « regulae iuris » et la « definitio in iure civili »*, traduit par F. Pissard et P. Quaden, *in Recueil d'études sur les sources du droit en l'honneur de F. Gény*, Librairie du Recueil Sirey, 1934, t. 2, *Les sources générales des systèmes juridiques actuels*, pp. 91-111.

**Stirn (B.)**, *Du Code civil écarté au Code civil appliqué, in Journées d'étude à l'occasion du bicentenaire du Code civil*, vol. 2, *Le Conseil d'État et le Code civil*, journée du 26 novembre 2004, Les éditions des journaux officiels, 2005, pp. 260-266.

**Sudre (F.)**,
- *L'Europe des droits de l'homme, Droits*, 1991, n° 14, pp. 105-114.
- *Les obligations positives dans la jurisprudence européenne des droits de l'homme, RTDH* 1995, p. 363.

**Tapia (M.)**, *Décadence et fin éventuelle du principe d'identité des fautes pénale et civile, Gaz. Pal.*, 2003, pp. 686-706.

**Tavernier (P.)**, *Article 15, in La Convention européenne des droits de l'Homme. Commentaire article par article*, sous la direction de L.-E. Pettiti, E. Decaux et P.-H. Imbert, Economica, 2$^{e}$ éd., 1999, pp. 489-503.

**Terneyre (Ph.)**,
- *Le législateur peut-il abroger les articles 6 et 112 du Code civil ? Sur la valeur constitutionnelle de la liberté contractuelle, in Mélanges en l'honneur du professeur G. Peiser*, Presses Universitaires de Grenoble, 1995, pp. 473-486.
- *Secteur public et concurrence : la convergence des principes, À propos de la liberté contractuelle, AJDA* 2007, pp. 1906-1911.

**Terré (F.)**, *À propos de l'autorité parentale, in Réformes du droit de la famille*, A.P.D., t. 20, Sirey, 1975, pp. 44-55.

**Thèry (R.)**, *L'intérêt de la famille, J.C.P. G.* 1972, I, 2485.

**THOMAS (D.)**,
- *Évasion, remise ou sortie irrégulière d'objets*, *J.-Cl. Pénal Code*, art. 434-27 à 434-37, 2003.
- *Le droit à la sûreté*, *in* R. CABRILLAC, M.-A. FRISON-ROCHE et T. REVET (Dir.), *Libertés et droits fondamentaux*, 11e éd., Dalloz, 2005, pp. 325-350.

**THOURET (S.)**, *La loi n° 2002-305 du 4 mars 2002 relative à l'autorité parentale ou la recherche d'une véritable coparentalité*, *Procédures*, 2002, chron. 7, pp. 8-14.

**TOUBLANC (A.)**, *De la prétendue disparition de la faute lourde en matière de responsabilité médicale*, *A.J.D.A.* 2004, pp. 1173-1178.

**TOULLIER (M.)**, *Refoulement des étrangers à la frontière : quoi de neuf ? L.P.A.*, 23 août 2005, pp. 3-14.

**TRIDI (A.)**, *Une relecture de l'article 1384 du Code civil : dans la mouvance objectiviste*, *L.P.A.*, 13 mars 1992, pp. 4-10.

**TUNC (A.)**,
- *Force majeure et absence de faute en matière contractuelle*, *RTD civ.* 1945, pp. 235-259.
- *Force majeure et absence de faute en matière délictuelle*, *RTD civ.* 1946, pp. 171-211.
- *La détermination du gardien dans la responsabilité du fait des choses inanimées*, *JCP G* 1960, 1, 1592.
- *Logique et politique dans l'élaboration du droit spécialement en matière de responsabilité civile*, *in Mélanges en l'honneur de J. DABIN*, Bruylant-Sirey, 1963, t. 1, pp. 317-339.
- *L'enfant et la balle, Réflexions sur la responsabilité civile et l'assurance*, *JCP G* 1966, I, 1983.
- *Les problèmes contemporains de la responsabilité civile délictuelle*, *RIDC* 1976, pp. 757-777.
- *Évolution du concept juridique de responsabilité*, *Dr. et Cult.*, n° 31, *Métamorphoses de la responsabilité*, 1996, pp 19-31.

**VANCOSTENOBLE (D.), VILLENEUVE (PH.)** et **VILLENEUVE (H.)**, *Bilan de la loi du 27 juin 1990 relative aux droits et à la protection des personnes hospitalisées en raison de troubles mentaux*, *Gest. hosp.*, 1996, pp. 277-281.

**VANDENDRIESSCHE (X.)**, *Le droit des hospitalisations psychiatriques : derniers développements*, *R.D.S.S.* 1992, pp. 1-24.

**VANDERLINDEN (J.)**,
- *Code et codification dans la pensée de Jeremy Bentham*, *Tijdschrift voor Rechtgeschiedenis*, 1964, pp.45-78.
- *Langue et droit*, *in Langue et droit*, XVème congrès international de droit comparé, Bristol, 1998, collection des rapports par E. JAYME, Bruylant, 1999, pp. 65-121.

**VANWELKENHUYZEN (A.)**, *Le respect des droits de l'homme et la législation belge pour la répression du vagabondage et de la mendicité*, *RBDI* 1973, pp. 338-372.

**VASSAUX-VANOVERSCHELDE (J.)**, *Le droit de l'enfant à sa famille dans la loi n° 93-22 du 8 janvier 1993*, *ALD* 1994, pp. 4-14.

**VAUVILLÉ (F.)**,
- *La pratique de l'émancipation judiciaire ou l'ambivalence d'une institution marginale*, *D.* 1990, pp. 283-290.
- *Du principe de coparentalité*, *LPA*, 18 octobre 2002, pp. 4-11.

**VEAUX-FOURNERIE (P.)** et **VEAUX (D.)**, *Chasse, pêche et autres loisirs sans fondement contractuel*, *J.-Cl. civil*, Art. 1382 à 1386, fasc. 451-1, 1994.

**VÉNEZIA (J.-CL.)**, *Le droit administratif français est-il encore un droit dérogatoire au droit commun ?*, *in État, Loi, Administration, Mélanges en l'honneur d'E.P. SPILIOTOPOULOS*, Sakkoulas-Bruylant, 1998, pp. 453-459.

**VERDIER (P.)**, *Le contrat de séjour est-il un vrai contrat ?*, *RAJS*, juin 2004, pp. 36-43.

**VERHAEGEN (J.)**, *L'humainement acceptable en droit de la justification*, *in Licéité en droit positif et références légales aux valeurs, Contribution à l'étude du règlement juridique des conflits de valeurs en droit pénal, public et international*, Bibliothèque de la faculté de droit de l'université catholique de Louvain, XIV, Bruylant, 1982, pp. 137-157.

**Vérin (J.)**,
- *L'avenir de la prison, RSC* 1973, pp. 734-740.
- *La prison : comment s'en débarrasser ?, RSC* 1974, pp. 906-917.
- *La resocialisation sur la sellette, RSC* 1978, pp. 416-426.

**Viatte (J.)**, *L'autorité parentale, commentaire de la loi n°70-459 du 4 juin 1970, Journal des notaires et des avocats et journal du notariat*, 1970, art. 49641, pp. 777-800.

**Vialard (A)**, *Les nouvelles frontières de la jurisprudence Costedoat, à propos de l'arrêt de la chambre criminelle de la Cour de cassation en date du 13 mars 2007 (Jean-Pierre Robert et navire La Normande), RCA* 2007, étude 13.

**Vignon-Barrault (A.)**,
- *Le placement judiciaire du mineur : un nouveau critère d'application de l'article 1384, alinéa 1er, RLDC*, novembre 2006, pp. 14-21.
- *Promenades aériennes et vols d'agrément : attention danger ! (à propos d'un arrêt de la première chambre civile du 27 février 2007), RCA* 2007, étude 16.

**Vincent (J.)** et **Prévault (J.)**, *La responsabilité civile du fait des mineurs inadaptés, D.* 1965, chron. XXXIII, pp. 201-206.

**Viney (G.)**,
- *Réflexions sur l'article 489-2 du Code civil, À partir d'un système de réparation des dommages causés sous l'empire d'un trouble mental, une nouvelle étape de l'évolution du droit de la responsabilité civile, RTD civ.* 1970, pp. 251-267.
- *Remarques sur la distinction entre faute intentionnelle, faute inexcusable et faute lourde, D.* 1975, chron. XLII, pp. 263-270.
- *De la responsabilité personnelle à la réparation des risques, APD*, n° 22, *La responsabilité*, Sirey, 1977, pp. 5-22.
- *La réparation des dommages causés sous l'empire d'un état d'inconscience : un transfert nécessaire de la responsabilité vers l'assurance, JCP G* 1985, I, 3189.
- *Vers un élargissement de la catégorie des « personnes dont on doit répondre » : la porte entrouverte sur une nouvelle interprétation de l'article 1384, alinéa 1er, du Code civil, D.* 1991. chron. 32, pp. 157-161.
- *L'harmonisation des droits de la responsabilité civile en Europe, in Droit et économie de l'assurance et de la santé, Mélanges en l'honneur d'Y. Lambert-Faivre et D.-Cl. Lambert*, Dalloz, 2002, pp. 417-430.
- *La responsabilité personnelle du préposé, in Études à la mémoire de Ch. Lapoyade-Deschamps*, Presses universitaires de Bordeaux, 2003, pp. 83-104.
- *Projet de réforme du droit des obligations : les éléments clés en matière de droit de la responsabilité, RLDC*, décembre 2005, pp. 13-17.
- *Le droit de la responsabilité dans l'avant-projet Catala, in La création du droit jurisprudentiel, Mélanges en l'honneur de Jacques Boré*, Dalloz, 2007, pp. 473-497.

**Vitu (A.)**, *Atteintes à la liberté individuelle par des personnes exerçant une fonction publique, J.-Cl. pénal*, Art. 432-4 à 432-6, fasc. 10, 2004.

**Wachsmann (P.)**, *La liberté individuelle dans la jurisprudence du Conseil constitutionnel, RSC* 1988, pp. 1-15.

**Waline (J.)**, *L'évolution de la responsabilité extra-contractuelle des personnes publiques, in* Rapport public du Conseil d'Etat de 1994, Études et Documents, n° 46, La documentation française, pp. 459-477.

**Waline (M.)**, *Loi du 5 avril 1937, D.P.* 1938, 4, pp. 41-43.

**Warembourg-Auque (F.)**, *Irresponsabilité ou responsabilité civile de l'« infans », RTD civ.* 1982, pp. 329-359.

**Weens (Ch.)**, *Questions de responsabilité soulevées à propos d'un incendie de forêt causé par un aliéné, Rev. crit.* 1935 pp. 87-116.

**Zeidenberg (S.)**, *À la recherche de la source de la responsabilité parentale, RRJ* 2001, pp. 1351-1368.

**Ziller (J.)**, *Le principe de proportionnalité, AJDA*, 20 juin 1996, n° spécial, pp. 185-188.

## IV. RAPPORTS PARLEMENTAIRES

**DOLEZ (M.)**, *Rapport fait au nom de la commission des lois constitutionnelles, de la législation et de l'administration générale de la République sur la proposition de loi (n° 3074) de M. J.-M. AYRAULT et les membres du groupe socialiste et apparentés, relative à l'autorité parentale*, Rapport n° 3117, Ass. Nat., 13 juin 2001.

**JOZEAU-MARIGNÉ (L.)**, *Rapport au Sénat au nom de la Commission des lois*, J.O. Doc. Parl., Sénat, 1970, n° 197.

**LARDEUX (A.)**, *Rapport fait au nom de la commission des affaires sociales sur le projet de loi réformant la protection de l'enfance*, Rapport n° 393, Sénat, 14 juin 2006.

**LEBLANC (E.)**, *Rapport supplémentaire au nom de la commission des lois*, J. O. Doc. parl., Sénat, 1932, annexe n° 850.

**MAZEAUD (P.)**, *Rapport fait au nom de la commission des lois constitutionnelles, de la législation et de l'administration générale de la République sur le projet de loi (n° 617) sur l'exercice de l'autorité parentale*, Rapport n° 693, Ass. Nat., 5 mai 1987.

**PÉCRESSE (V.)**, *Rapport fait au nom de la commission des affaires culturelles, familiales et sociales sur le projet de loi réformant la protection de l'enfance*, Rapport n° 3256, Ass. Nat., 13 juillet 2006.

## V. RAPPORTS

**ALFANDARI (E.)**, **DEKEUWER-DEFOSSEZ (F.)**, **MONÉGER (F.)**, **VERDIER (P.)** et **VERKINDT (P.-Y.)**, *Affirmer et promouvoir les droits de l'enfant après la Convention internationale des droits de l'enfant*, Rapport au secrétaire d'Etat à la Famille, aux Personnes âgées et aux Rapatriés, La Documentation française, Collection des rapports officiels, 1993.

**BRAUN (TH.)** et **STOURM (M.)**, *Les personnes âgées dépendantes*, Rapport au secrétaire d'Etat chargé de la sécurité sociale, La documentation française, 1988.

**DEKEUWER-DÉFOSSEZ (F.)**, *Rénover le droit de la famille. Propositions pour un droit adapté aux réalités et aux aspirations de notre temps*. Rapport au garde des Sceaux, ministre de la Justice, La Documentation française, 1999, pp. 73-74.

**FAVARD (J.)** (dir.), *Rapport sur le dispositif de protection des majeurs*, avril 2000, *Tutelle infos*, 2000, n° 107, pp. 7-81.

**JOLY (P.)**, *Prévention et soins des maladies mentales, Bilan et perspectives*, rapport présenté au Conseil économique et social, 1997.

**LESEMANN (F.)** et **MARTIN (CL.)** (dir.), *Les personnes âgées, Dépendance, soins et solidarités familiales, Comparaisons internationales*, La documentation française, 1993.

**LOPEZ (A.)**, **YENI (I.)**, **VALDES-BOULOUQUE (M.)** et **CASTOLDI (F.)**, *Propositions de réforme de la loi du 27 juin 1990 relative aux droits et à la protection des personnes hospitalisées en raison de troubles mentaux et à leurs conditions d'hospitalisation*, rapport de l'Inspection générale des affaires sociales et de l'Inspection générale des services judiciaires, mai 2005.

**QUESTIAUX (N.)**, *Rapport sur les conséquences pour les droits de l'homme des développements récents concernant les situations dites d'état de siège ou d'exception*, doc. E/CN.4/Sub.2/1982/15.

**THÉRY (I.)**, *Couple, filiation et parenté aujourd'hui. Le droit face aux mutations de la famille et de la vie privée*, Odile Jacob, La Documentation française, 1998.

**FONDATION NATIONALE ENTREPRISE ET PERFORMANCE**, Mission 1994, *Responsabilité individuelle, garanties collectives, Accidents corporels : réduire les risques et réparer sans faute*, PUF, Politique d'aujourd'hui, 1998.

**RAPPORT DE L'I.G.S.J. ET DE L'I.G.A.S.**, *L'organisation des soins aux détenus, Rapport d'évaluation*, Juin 2001.

**RAPPORT DE I.G.A. ET DE L'I.G.A.S.**, *Les conditions de rétention administrative : état des lieux et normes souhaitables*, 2004.

**Rapport du Conseil d'État**, *Statut et protection de l'enfant*, La Documentation française, Les études du Conseil d'Etat, 1991.
**Rapport public du Conseil d'État**, *Responsabilité et socialisation du risque*, La documentation française, études et documents n° 56, 2005.

# Droits étrangers

## Droit allemand

### I. Ouvrage

**Ferrand (F.)**, *Droit privé allemand*, Dalloz, 1997.

### II. Article

**Fedtke (J.)** et **Magnus (U.)**, *Liability for damage caused by others under German Law*, *in* J. Spier (dir.), *Unification of tort law : Liability for damage caused by others, Principles of European Tort Law*, vol. 7, Kluwer Law International, 2003, pp. 105-131.

## Droit anglais

**Flauss-Diem (J.)**,
- *L'introduction de la « responsabilité parentale » en droit anglais*, *LPA*, 7 août 1991, pp. 38-46.
- *La responsabilité civile du commettant en droit anglais vue par un juriste français*, *in Le droit social - Le droit comparé, Etudes dédiées à la mémoire de P. Ortscheidt*, Annales de la Faculté de droit de Strasbourg, n° 6, Presses Universitaires de Strasbourg, 2003, pp. 117-135.

**Rogers (W.V.H.)**, Liability for damage caused by others under english law, *in* J. Spier (dir.), Unification of tort law : Liability for damage caused by others, Principles of European Tort Law, vol. 7, Kluwer Law International, 2003, pp. 63-84.

## Droit autrichien

**Koziol (H.)** et **Vogel (K.)**, *Liability for damage caused by others under austrian law*, *in* J. Spier (dir.), *Unification of tort law : Liability for damage caused by others, Principles of European Tort Law*, vol. 7, Kluwer Law International, 2003, pp. 11-35.

## Droit belge

### I. Ouvrages

**Cornelis (L.)**, *Principes du droit belge de la responsabilité extra-contractuelle*, vol. 1, *L'acte illicite*, Bruylant, Maklu, Ced.samson, 1991.

**DALCQ (R.O.)**, *Les Novelles, Droit civil*, t. 5, *Traité de la responsabilité civile*, vol. 1, *Les causes de la responsabilité*, 2e éd., Maison Ferdinand Larcier, 1967.

**DE PAGE (H.)**,

- *Traité élémentaire de droit civil belge*, t. 2, *Les incapables, Les obligations (Première partie)*, 3e éd., Bruylant, 1964,
- *Traité élémentaire de droit civil belge*, t. 2, *Les personnes*, volume 2, 4e éd. par J.-P. MASSON, Bruylant, 1990.

**MASSON (J.-P.)** et **MASSAGER (N.)**, *Droit des personnes, Chronique de jurisprudence 1994-1998*, Les dossiers du Journal des tribunaux, n° 25, Larcier, 2000.

## II. ARTICLES

**BRANDON (I.)**, *La mise en observation*, *in* C. BENOIT, I. BRANDON et J. GILLARDIN, *Malades mentaux et incapables : émergence d'un nouveau statut civil, Malades mentaux et incapables : émergence d'un nouveau statut civil*, Publications des Facultés universitaires de Saint-Louis, 1994, p. 79.

**COUSY (H.)** et **DROSHOUT (D.)**, *Liability for damage caused by others under belgian law*, *in* J. SPIER (dir.), *Unification of tort law : Liability for damage caused by others, Principles of European Tort Law*, vol. 7, Kluwer Law International, 2003, pp. 37-54.

**DALCQ (R.O.)**, *Les responsabilités du fait d'autrui - une évolution s'impose-t-elle ?*, *in Mélanges PH. GÉRARD*, Bruylant, 2002, pp 3-14.

**DE CLERCQ (M.)**, *Le bilan de deux ans d'application de la loi*, *in* C. Benoit, I. Brandon et J. Gillardin (dir.), *Malades mentaux et incapables : émergence d'un nouveau statut civil*, Publications des Facultés universitaires de Saint-Louis, 1994, pp. 167-184.

**DEMESSE (TH.)**, *Article 1384, alinéa 1er du Code civil : rien de nouveau ?... (Le principe général de responsabilité aquilienne du fait d'autrui)*, *R.G.A.R.*, 1991, 11854.

**DUBUISSON (B.)**,

- *Autonomie et irresponsabilité du mineur*, *in* P. JADOUL, J. AMBON et B. VAN KEIRSBLICK (dir.), *L'autonomie du mineur*, Publications des Facultés universitaires Saint Louis, Bruxelles, Travaux et Recherches n° 37, 1998, pp. 79-159.
- *Les responsabilités du fait d'autrui (articles 1355 à 1362) : point de vue d'un juriste belge, in L'avant-projet de réforme du droit de la responsabilité (Actes du colloque organisé par l'Université Panthéon-Sorbonne (Paris I) le 12 mai 2006), RDC* 2007, pp. 125-137.

**FAGNART (J.-L.)**, *L'interprétation de l'article 1384, alinea 1er du Code civil en droit belge*, *in Les obligations en droit français et en droit belge, convergences et divergences*, Bruylant, Dalloz, 1994, pp. 281-296.

**HIRSCH (J.)**, *Est-il juste d'étendre la responsabilité du fait des personnes dont on doit répondre ?*, *R.G.A.R.*, 1996, 12554.

**MOREAU-MARGÈVE (I.)**,

- *Une règle générale de responsabilité délictuelle du fait d'autrui en droit belge ?*, *in Responsabilités et assurances*, Mélanges R.O. DALCQ, Larcier, 1994, pp. 439-465.
- *Prudente sagesse...*, *JT* 1997, pp. 705-706.

**ROMAIN (J.-F.)**, *Existe-t-il un principe général de responsabilité présumée pour autrui, en matière extra-contractuelle (article 1384, alinéa 1er, du Code civil) ?*, *R.G.A.R.* 1997, 12851.

**SCHMIDT (J.J.)**, *Extension de la responsabilité du fait d'autrui ?, Nil novi sub cassatio*, *R.G.D.C.* 1997, 478.

# DROIT DES ÉTATS UNIS D'AMÉRIQUE

**SCHWARTZ (G.T.)**, *Liability for damage caused by others under U.S. law*, *in* J. SPIER (dir.), *Unification of tort law : Liability for damage caused by others, Principles of European Tort Law*, vol. 7, Kluwer Law International, 2003, pp. 279-287.

# DROIT QUÉBÉCOIS


## I. OUVRAGES

**BAUDOUIN (J.-L.)** et **DESLAURIERS (P.)**, *La responsabilité civile*, 5e éd., Les éditions Yvon Blais, 1998.
**KARIM (V.)**, *Les obligations*, vol. 1, 2e éd., Wilson et Lafleur, 2002.

## II. ARTICLES

**COTE (P.-A.)**, *La loi de 1985 sur le divorce et le droit civil*, *L.R.D.B.* 1987, t. 47, n° 5, pp. 1181-1185.
**LESAGE (R.)**, *Garde ou autorité parentale ; l'emprise de la sémantique*, *L.R.D.N.* 1988, volume 91, nos 1-2, pp. 46-59.
**MASSE (CL.)**, *La responsabilité civile*, *in La réforme du Code civil*, t. 2, *Obligations, contrats nommés*, Les Presses de l'Université de Laval, 1993, pp. 235-357.
**MAYRAND (A.)**, *La garde conjointe (autorité parentale conjointe) envisagée dans le contexte social et juridique actuel*, *in Droit et enfant*, Les Editions Yvon Blais, 1990, pp. 19-38.

# DROIT SUISSE

**KILLIAS (K.)**, *Précis de criminologie*, Ed. Staempfli & Cie SA Berne, 1991
**STETTLER (M.)**, *Traité de droit privé suisse*, Volume III, t. II, 1, *Le droit suisse de la filiation*, Éditions universitaires Fribourg, 1987.

# INDEX ALPHABÉTIQUE

(Les nombres renvoient aux numéros des paragraphes)

**- V -**

# TABLE DES MATIÈRES

# SECONDE PARTIE
# L'OPPORTUNE TRANSPOSITION DE LA CONCEPTION UNITAIRE DE LA GARDE D'AUTRUI EN DROIT DE LA RESPONSABILITÉ

*Ouvrages parus récemment dans la même collection*

Tome 400.- ROBINE (D.) : *La sécurité des marchés financiers face aux procédures collectives.* Préface de P. Le Cannu. 2003.
Tome 401.- DELICOSTOPOULOS (I.) : *Le procès civil à l'épreuve du droit processuel européen.* Préface de S. Guinchard. 2003.
Tome 402.- PEGLOW (K.) : *Le contrat de société en droit allemand et en droit français comparé.* Préface de J.-B. Blaise. 2003.
Tome 403.- GELOT (B.) : *Finalités et méthodes objectives d'interprétation des actes juridiques.* Préface de Y. Flour. 2003.
Tome 404.- SANCHEZ CORDERO (J.) : *Les biens culturels précolombiens. Leur protection juridique.* Préface de M. Grimaldi. 2004.
Tome 405.- VACRATE (S.) : *La société créée de fait, essai de théorisation.* Préface de H. Lécuyer. 2003.
Tome 406.- KONE (M.) : *Le nouveau droit commercial des pays de l'OHADA : une comparaison avec le droit français.* Préface de B. Saintourens. 2003.
Tome 407.- BOSKOVIC (O.) : *La réparation du préjudice en droit international privé.* Préface de P. Lagarde. 2003.
Tome 408.- LOKIEC (P.) : *Contrat et pouvoir, essai sur les transformations du droit privé des rapports contractuels.* Préface de A. Lyon-Caen. 2004.
Tome 409.- BAYARD-JAMMES (F.) : *La nature juridique du droit du copropriétaire immobilier. Analyse critique.* Préface de D. Tomasin. 2003.
Tome 410.- BARUCHEL (N.) : *La personnalité morale en droit privé. Éléments pour une théorie.* Préface de B. Petit. 2004.
Tome 411.- MEKKI (M.) : *L'intérêt général et le contrat. Contribution à une étude de la hiérarchie des intérêts en droit privé.* Préface de J. Ghestin. 2004.
Tome 412.- LIMBACH (F.) : *Le consentement contractuel à l'épreuve des conditions générales des contrats. De l'utilité du concept de la déclaration de volonté.* Préface de C. Witz. 2004.
Tome 413.- GAREIL (L.) : *L'exercice de l'autorité parentale.* Préface de L. Leveneur. 2004.
Tome 414.- DANIS-FATÔME (A.) : *Apparence et contrat.* Préface de G. Viney. 2004.
Tome 415.- PRADEL (X.) : *Le préjudice dans le droit de la responsabilité.* Préface de P. Jourdain. 2004.
Tome 416.- DEVERS (A.) : *Le concubinage en droit international privé.* Préface de H. Fulchiron. 2004.
Tome 417.- THEOCHAROPOULOU (G.) : *Les établissements bancaires et les prises de participations en droit français et en droit hellénique.* Préface de P. Merle. 2004.
Tome 418.- PAPANDRÉOU-DETERVILLE (M.-F.) : *Le droit anglais des biens.* Avant-propos de C. Witz. Préface de G. Samuel. 2004.
Tome 419.- LAITHIER (Y.-M.) : *Étude comparative des sanctions de l'inexécution du contrat.* Préface de H. Muir Watt. 2004.
Tome 420.- SCHERER (M.) : *Le nom en droit international privé.* Préface de P. Lagarde. 2004.
Tome 421.- PÉRÈS-DOURDOU (C.) : *La règle supplétive.* Préface de G. Viney. 2004.
Tome 422.- NAJJAR (N.) : *L'arbitrage dans les pays arabes face aux exigences du commerce international.* Préface de E. Gaillard. 2004.
Tome 423.- FONGARO (E.) : *La loi applicable à la preuve en droit international privé.* Préface de B. Beignier et J. Foyer. 2004.
Tome 424.- MOREL-MAROGER (J.) : *Les opérations de banque en droit international privé.* Préface de P. Mayer.

Tome 425.- AZZI (T.) : *Recherche sur la loi applicable aux droits voisins du droit d'auteur en droit international privé.* Préface de H. Gaudemet-Tallon. 2005.
Tome 426.- WINTGEN (R.) : *Étude critique de l'opposabilité : les effets du contrat à l'égard des tiers en droit français et allemand.* Préface de J. Ghestin. 2004.
Tome 427.- SIMON (F.-L.) : *Le juge et les autorités du marché boursier.* Préface de P. Merle. 2004.
Tome 428.- BORGHETTI (J.-S.) : *La responsabilité du fait des produits. Étude de droit comparé.* Préface de G. Viney. 2004.
Tome 429.- LEBOIS (A.) : *Le droit de location des auteurs et titulaires de droits voisins.* Préface de A. Lucas. 2004.
Tome 430.- PEROZ (H.) : *La réception des jugements étrangers dans l'ordre juridique français.* Préface de H. Gaudemet-Tallon. 2005.
Tome 431.- KESSLER (G.) : *Les partenariats enregistrés en droit international privé.* Préface de P. Lagarde. 2004.
Tome 432.- BAKOUCHE (D.) : *L'excès en droit civil.* Préface de Michelle Gobert. 2005.
Tome 433.- LEMAIRE (S.) : *Les contrats internationaux de l'Administration.* Préface de ce P. Mayer. 2005.
Tome 434.- CARDUCCI (G.) : Lex specialis *et* lex generalis *des contrats internationaux.*
Tome 435.- MOULOUL (A.) : *Le régime juridique des sociétés commerciales dans l'espace OHADA : l'exemple du Niger.* Préface de P. Delebecque. 2005
Tome 436.- DESCAMPS (O.) : *Les origines de la responsabilité pour faute personnelle dans le Code civil de 1804.* Préface de A. Lefebvre-Teillard. 2005.
Tome 437.- MAS (F.) : *La conclusion des contrats du commerce électronique.* Préface de M. Vivant. 2005.
Tome 438.- PERRU (E.) : *L'impayé.* Préface de G. Goubeaux. 2005.
Tome 439.- HASCHKE-DOURNAUX (M.) : *Réflexion critique sur la répression pénale en droit des sociétés.* Préface de P. Le Cannu. 2005.
Tome 440.- MOJUYÉ (B.) : *Le droit des produits dérivésfinanciers (swaps, options, futures...) en France et aux États-Unis.* Préface de C. Jauffret-Spinosi. 2005.
Tome 441.- LUCAS-PUGET (A.-S.) : *Essai sur la notion d'objet du contrat.* Préface de M. Fabre-Magnan. 2005.
Tome 442.- JAULT (A.) : *La notion de peine privée.* Préface de F. Chabas. 2005.
Tome 443.- LECLERC (O) : *Le juge et l'expert. Contribution à l'étude des rapports entre le droit et la science.* Préface de A. Lyon-Caen. 2005.
Tome 444.- BOUTONNET (M.) : *Le principe de précaution en droit de la responsabilité civile.* Préface de C. Thibierge. 2005.
Tome 445.- CHAABAN (R.) : *La caducité des actes juridiques. Étude de droit civil.* Préface de Y. Lequette. 2006.
Tome 446.- BACHAND (F.) : *L'intervention du juge canadien avant et durant un arbitrage commercial international.* Préface de Ch. Jarrosson. 2005.
Tome 447.- LAVEFVE-LABORDERIE (A.-S.) : *La pérennité contractuelle.* Préface de C. Thibierge. 2005.
Tome 448.- BECQUET (S.) : *Le bien industriel.* Préface de T. Revet. 2005.
Tome 449.- BONNET (D.) : *Cause et condition dans les actes juridiques.* Préface de P. de Vareilles-Sommières. 2005.
Tome 450.- GAU-CABÉE (C.) : *Droits d'usage et Code civil. L'invention d'un hybride juridique.* Préface de J. Poumarède. 2006.
Tome 451.- LEQUETTE (S.) : *L'authenticité des œuvres d'art.* Préface de J. Ghestin. 2006.
Tome 452.- POULET (L.) : *Transaction et protection des parties.* Préface de Y. Lequette. 2005.
Tome 453.- VIGNERON (S.) : *Étude comparative des ventes aux enchères publiques mobilières.* Préface de G. Samuel et G. Vernandet. 2006.
Tome 454.- ASCENSI (L.) : *Du principe de la contradiction.* Préface de L. Cadiet. 2006.
Tome 455.- GOURDON (P.) : *L'exclusivité.* 2006.
Tome 456.- BOURASSIN (M.) : *L'efficacité des garanties personnelles.* Préface de V. Brémond et M.-N. Jobard-Bachellier. 2006.
Tome 457.- WILLIATTE-PELLITTERI (L.) : *Contribution à l'élaboration d'un droit civil des événements aléatoires dommageables.* 2009.

Tome 458.- BLANC-JACOB (B.) : *Le congé dans le bail immobilier urbain.* Préface de Ph. Delebecque et Avant-propos de J.-L. Aubert. 2006.
Tome 459.- RIZZI (A.) : *La protection des créanciers à travers l'évolution des procédures collectives.* Préface de C. Champaud. 2006.
Tome 460.- MOULY-GUILLEMAUD (C.) : *Retour sur l'article 1135 du Code civil. Une nouvelle source du contenu contractuel.* Préface de D. Ferrier, Avant-propos de C. Atias et R. Cabrillac. 2006.
Tome 461.- MEYER (N.) : *L'ordre public en droit du travail. Contribution à l'étude de l'ordre public en droit privé.* Préface de J. Pelissier. 2006.
Tome 462.- OUAISSI (H.) : *Les incidences des restructurations d'entreprise sur la situation collective des salariés.* Préface de B. Teyssié. 2006.
Tome 463.- POILLOT (E.) : *Droit européen de la consommation et uniformisation du droit des contrats.* Préface de P. de Vareilles-Sommières. 2006.
Tome 464.- CHARDEAUX (M.-A.) : *Les choses communes.* Préface de G. Loiseau. 2006.
Tome 465.- JOLY-PASSANT (E.) : *L'écrit confronté aux nouvelles technologies.* 2006.
Tome 466.-CHOLET (D.) : *La célérité de la procédure en droit processuel.* Préface de G. Gudicelli-Delage. 2006.
Tome 467.- CHANTEPIE (G.) : *La lésion.* Préface de G. Viney. 2006.
Tome 468.- NEYRET (L.) : *Atteintes au vivant et responsabilité civile.* Préface de C. Thibierge. 2006.
Tome 469.- EMERICH (Y.) : *La propriété des créances. Approche comparative.* Préface de F. Zénati. 2006.
Tome 470.- BOULOGNE-YANG-TING (C.) : *Les incapacités et le droit des sociétés.* Préface de G. Virassamy. 2006.
Tome 471.- TOSI (I.) : *Acte translatif et titularité des droits.* Préface de M.-L. Mathieu-Izorche. 2006.
Tome 472.- GUÉGAN-LÉCUYER (A.) : *Dommages de masse et responsabilité civile.* Préface de P. Jourdain, Avant-propos de G. Viney. 2006.
Tome 473. – SHI (J.) : *La codification du droit civil chinois au regard de l'expérience française.* Préface de D. Marty.2006.
Tome 474. – BÉLANGER (L.) : *La condition de survie et l'acte juridique.* Préface de P. Delmas Saint-Hilaire. 2007.
Tome 475. – ETIENNEY (A.) : *La durée de la prestation.* Préface de T. Revet. 2008.
Tome 476. – ASUNCION PLANES (K. de la) : *La réfaction du contrat.* Préface de Y. Picod. 2006.
Tome 477. – TRAULLÉ (J.) : *L'éviction de l'article 1382 du Code civil en matière extracontractuelle.* Préface de P. Jourdain. 2007.
Tome 478. – MEADEL (J.) : *Les marchés financiers et l'ordre public.* Préface de M. Germain. 2007.
Tome 479. – TURENNE (S.) : *Le juge face à la désobéissance civile en droits américain et français comparés.* Préface de C. Spinosi. 2007.
Tome 480. – FORRAY (V.) : *Le consensualisme dans la théorie générale du contrat.* 2007.
Tome 481. – MOISSINAC-MASSENAT (V.) : *Les conflits de procédures et de décisions en droit international privé.* Préface de H. Muir Watt. 2007.
Tome 482. – MONTAS (A.) : *Le quasi-contrat d'assistance. Essai sur le droit maritime comme source de droit.* Préface de Y. Tassel. 2007.
Tome 483. – MINIATO (L.) : *Le principe du contradictoire en droit processuel.* Préface de B. Beignier. 2007.
Tome 484. – GENICON (T.) : *La résolution du contrat pour inexécution.* Préface de L. Leveneur. 2007.
Tome 485. – DISSAUX (N.) : *La qualification d'intermédiaire dans les relations contractuelles.* Préface de C. Jamin. 2007.
Tome 486. – LE GALLOU (C.) : *La notion d'indemnité en droit privé.* Préface de A. Sériaux. 2007.
Tome 487. – JEULIN (I.) : *Les techniques fiduciaires à l'aune du principe de spécialité des personnes morales.* Préface de C. Jubault. 2007.
Tome 488. – HECQUET (M.) : *Essai sur le dialogue social européen.* Préface de B. Teyssié. 2007.
Tome 489. – BERLIOZ (P.) : *La notion de bien.* Préface de L. Aynès. 2007.
Tome 490. – LACROIX (C.) : *La réparation des dommages en cas de catastrophes.* Préface de M.-F. Steinle-Feuerbach. 2008.
Tome 491. – PINNA (A.) : *La mesure du préjudice contractuel.* Préface de P.-Y. Gautier. 2007.
Tome 492. – PETIT (F.) : *La vocation au tripartisme du contrat de transport de marchandises.* Préface de J. Vallansan. À paraître.

Tome 493. – BALLOT-LENA (A.) : *La responsabilité civile en droit des affaires. Des régimes spéciaux vers un droit commun.* Préface de Ph. Dubois. 2008.
Tome 494. – NIBOYET (F.) : *L'ordre public matrimonial.* Préface de J. Revel. 2008.
Tome 495. – LECUYER (S) : *Appréciation critique du droit international privé conventionnel. Pour une autre approche de l'harmonisation des relations privées internationales.* Préface de M.-N. Jobard-Bachellier. 2007.
Tome 496. – CAILLAUD (P.) : *Le diplôme.* Préface de A. Supiot. À paraître.
Tome 497. – BOLARD (V.) : *L'étique dans la réalisation méthodique du droit privé. Principes pour un exercice rationnel et légitime du pouvoir de juger.* Préface de P. Mayer. À paraître.
Tome 498. – POPINEAU-DEHAULLON (C.) : *Les remèdes de justice privée à l'inexécution du contrat. Étude comparative.* Préface de M. Goré. 2008.
Tome 499. – THERON (J.) : *L'intervention du juge dans les transmissions de biens.* Préface de C. Saint-Alary-Houin. 2008.
Tome 500. – SAUTONIE (L.) : *La fraude paulienne.* Préface de Wicker. 2008.
Tome 501. – FOHRER-DEDEURWAERDER (E.) : *La prise en considération des normes étrangères.* Préface de B. Audit. 2008.
Tome 502. – GUENZOUI (Y.) : *La notion d'accord en droit privé.* Préface de C. Hannoun. 2009.
Tome 503. – SINDRES (D.) : *La distinction des ordres et des systèmes juridiques dans les conflits de lois.* Préface de H. Muir-Watt. 2008.
Tome 504. – GRAYOT (S.) : *Essai sur le rôle des juges civils et adminstratifs dans la prévention des dommages.* Préface de G. Viney. 2009.
Tome 505. – LATINA (M.) : *Essai sur la notion de condition dans les contrats.* Préface de D. Mazeaud. 2009.
Tome 506. – SOFIANATOS (G. Alex.) : *Injonctions et engagements en droit de la concurrence. Étude de droit communautaire français grec.* Préface de Cl. Lucas de Leyssac. 2009.
Tome 507. – DURAND (F.) : *L'apparence en droit fiscal.* Préface de Th. SCHMITT. 2009.
Tome 508.– MARTIN (A.-C.) : *L'imputation des risques entre contractants.* Préface de D. Ferrier. 2009.
Tome 509.– GOLDIE-GENICON (Ch.) : *Contribution à l'étude des rapports entre le droit commun et le droit spécial des contrats.*Préface de Y. Lequette. 2009.
Tome 510.– QUIEVY (J.-F.) : *Anthropologie juridique de la personne morale.* Préface de R. Martin. 2009.
Tome 511.– HISSUNG-CONVERT (N.) : *La spéculation boursière face au droit 1799-1914.* Préface de B. Gallinato-Contino. 2009.
Tome 512.– TRICOIRE (J.-P.) : *Les concours d'action en matière immobilière.* Préface de Jean-Louis Bergel. 2009.
Tome 513.– BOURDOISEAU (J.) : *L'influence perturbatrice du dommage corporel en droit des obligations.* Préface de Fabrice Leduc. 2009.
Tome 514.– BERNABÉ (B.) : *La récusation des juges. Étude médiévale, moderne et contemporaine.* Préface de Jacques Krynen. 2009.
Tome 515.– SIGUOIRT (L.) : *La preuve du paiement des obligations monétaires.* Préface de Grégoire Loiseau. 2010.
Tome 516.– KLEINER (C.) : *La monnaie dans les relations privées internationales.* Préface de Pierre Mayer. 2010.
Tome 517.– REDENIUS-HOEVERMANN (J.) : *La responsabilité des dirigeants dans les sociétés anonymes en droit français et droit allemand.* Préface de Michel Germain. 2010.
Tome 518. – PIGNARRE (L.-F) : *Les obligations en nature et de somme d'argent en droit privé. Essai de théorisation à partir d'une distinction.* Préface de Jean-Pierre Tosi. 2010.
Tome 519 – DUBOIS de LUZY (A.) : *L'interposition de personne.* Préface de Bertrand Ancel. 2010.
Tome 520 – BENOIT-RENAUDIN (C.) : *La responsabilité du préposé.* Préface de Philippe Delebecque. 2010
Tome 521 – PERDRIX (L.) : *La garde d'autrui.* Préface de Geneviève Viney. 2010

Lextenso éditions

L.G.D.J.

33 rue du Mail, 75002 Paris

Dépôt légal : juillet 2010

IMPRIM'VERT®

Achevé d'imprimer par Corlet, Imprimeur, S.A. - 14110 Condé-sur-Noireau
N° d'Imprimeur : 71401 - *Imprimé en France*